ZEIT-
Geschichte der Bonner Republik 1949–1999

Herausgegeben von
Marion Dönhoff, Helmut Schmidt,
Theo Sommer

Zusammengestellt von
Karl-Heinz Janßen

Rowohlt

1. Auflage März 1999
Veröffentlicht im Rowohlt Verlag GmbH, Reinbek bei Hamburg

Umschlaggestaltung Beate Becker
Satz aus der Garamond PostScript PageOne
Gesamtherstellung Clausen & Bosse, Leck
Printed in Germany
ISBN 3 498 01314 9

Vorwort

Die ZEIT ist drei Jahre und drei Monate älter als die Bundesrepublik Deutschland. Als der westdeutsche Staat am 23. Mai 1949 ins Leben trat, war die Hamburger Wochenzeitung schon bei einer Auflage von rund 75 000 angelangt. «Und neues Leben blüht aus den Ruinen» – mit diesem Ruf begrüßte ihr Leitartikler die zweite deutsche Demokratie. Ein kritischer Unterton war nicht zu überhören, doch auch nicht die wohlwollende Ermunterung: «Das Bonner Grundgesetz ist kein Werk schöpferischer Phantasie. Aber geben wir diesem Gesetz und denen, die es handhaben werden, zunächst einmal eine Bewährungsfrist! Es stehen so gute Dinge darin wie die Abschaffung der Todesstrafe und die Bereitschaft zu Europa, zur kollektiven Sicherheit und zum Verzicht auf nationale Hoheitsrechte zugunsten einer übernationalen Ordnung. Das Grundgesetz tastet sich in die Zukunft. Das gleiche gilt für Deutschland.»

So ist es in der Tat gekommen – und fünfzig Jahre lang blieben Zeitgeschichte und ZEIT-Geschichte eng ineinander verwoben. Aus den alten Bänden des Blattes sprechen die Nöte und Vordringlichkeiten, die Denkfiguren und Argumentationsmuster der Handelnden und Denkenden dreier aufeinanderfolgender Generationen. Die vergilbten Blätter spiegeln die politischen Kontroversen eines halben Jahrhunderts wider, seine großen intellektuellen Auseinandersetzungen, die wechselnden Moden auch der modernen Zeiten. Die großen Linien der Entwicklung werden darin sichtbar: vom Wirtschaftswunder zur Massenarbeitslosigkeit; von der dynamischen Rente zum Wohlfahrtsstaat; vom Kalten Krieg zur offenen Welt; vom Hoffen auf Europa zur Realität Europa, was auch hieß: von der D-Mark zum Euro; vom Engagement der Gruppe 47 über die postmoderne Beliebigkeit zu neuer Sinnsuche; von der biederen Welt der Buchgemeinschaften in den Cyberspace des Informationszeitalters; von der Eingliederung der rund fünfzehn Millionen Ostflüchtlinge zur Integration von sieben Millionen Ausländern.

Fünfzig Jahre Bundesrepublik Deutschland – das bedeutet rund 2600 ZEIT-Ausgaben, von denen die meisten seit den Siebzigern schon Nummer für Nummer den Textumfang der «Buddenbrooks» erreichten. Jede Auswahl aus solcher Fülle bleibt notgedrungen Stückwerk. Indessen ist es Karl-Heinz Janßen, der sich der mühevollen Aufgabe des Sichtens und Siebens unterzog, durch wägende und wagende Auswahl gelungen, das erste Halbjahrhundert der Bundesrepublik wieder lebendig werden zu lassen. Janßen gehörte von 1963 bis 1998 der ZEIT-Redaktion an und hat vor drei Jahren mit seinem Band «Die Zeit in der ZEIT» eine Geschichte des Blattes vorgelegt, die zum Standardwerk geworden ist.

Auf den folgenden Seiten tauchen die Namen vieler Autoren auf, die den Älteren nur noch Erinnerung sind und der jungen Generation allenfalls vom Hörensagen bekannt. Sie alle haben, jeder auf seine Weise, daran mitgewirkt, Deutschland seine heutige Form und Gestalt zu geben, seine historische Bewegungsrichtung und seine demokratische Konsistenz. Auf diesem Fundament kann die Bundesrepublik getrost den Weg in ihr zweites Halbjahrhundert antreten.

Der vorliegende Band ist dem Andenken des Mannes gewidmet, der die ZEIT im Februar 1946 gegründet hat und der danach fast ein halbes Jahrhundert lang die Unruh im Uhrwerk der Zeitung war: Gerd Bucerius. Er war einer der großen Verleger der Nachkriegszeit und zugleich – wie einige Beiträge in diesem Band belegen – ein glänzender Journalist, ein bohrender Rechercheur, ein temperamentvoller Schreiber, ein begnadeter Polemiker. Eine seriöse, gehaltvolle, anspruchsvolle Wochenzeitung, die eine Auflage von einer halben Million erreichte und sich obendrein rentierte – dieses Kunststück brachte außer ihm keiner fertig. Der ZEIT-Stiftung Ebelin und Gerd Bucerius gebührt Dank für die Unterstützung, die sie der Veröffentlichung dieses Bandes hat angedeihen lassen.

Die drei Herausgeber der ZEIT wünschen dem Werk eine weite

Verbreitung. Die jüngste Geschichte unseres Landes tritt dem Leser darin noch einmal als erlebte, aus dem Augenblick geschilderte und kommentierte Geschichte entgegen. Dieser Unmittelbarkeit des Moments, ungeschminkt wiedergegeben und auch im nachhinein nicht redigiert oder korrigiert, verdankt die vorliegende Artikelsammlung ihren besonderen Reiz und ihren besonderen Wert. Sie macht dem lesenden Publikum ein Stück Vergangenheit zugänglich, das in die Zukunft fortwirken wird.

Hamburg im Februar 1999

Marion Gräfin Dönhoff
Helmut Schmidt
Theo Sommer

1949

19. Mai 1949

Ernst Friedlaender

«Und neues Leben blüht aus den Ruinen»

Deutschland hat sich ein Grundgesetz gegeben, dessen geographischer Geltungsbereich durch die Macht des Ostens, dessen Souveränitätsrechte durch die Mächte des Westens beschränkt werden. Wir haben auch westlich des Eisernen Vorhangs keine volle politische Freiheit. Drei Hypotheken belasten hier in Zukunft unsere staatliche Souveränität: das Besatzungsstatut, das Ruhrstatut und das Statut der alliierten Sicherheitsbehörde. Insoweit das Grundgesetz diese drei Hypotheken mit keinem Wort erwähnt, ist es eine Verfassung des Als-Ob. Dies war natürlich dem Parlamentarischen Rat bekannt. Er lieferte, genau gesagt, den deutschen Beitrag zu einer Verfassung, die in Wirklichkeit aus dem deutschen Grundgesetz und den drei alliierten Dokumenten besteht. Schon haben die Militärgouverneure eine Reihe von Vorbehalten zum Grundgesetz, wenn auch in verbindlichen Formen, angemeldet. Nicht zum ersten Male haben sie den Parlamentarischen Rat daran erinnert, daß wir kein wirklich freies Volk sind, wie wohltuend sich auch unser Dasein von dem der Ostzone unterscheiden mag. Und deshalb gilt allerdings: diese Verfassung ist vorläufig. Jedes Volk unter militärischer Besetzung muß seinen staatlichen Zustand als vorläufig betrachten, auch dann, wenn die Besatzungsmächte Demokratien sind. Eine «Besatzungsdemokratie» ist ein widerspruchsvolles Gebilde, dem keine ewige Dauer beschieden sein kann. Dennoch war es gut, daß uns der Parlamentarische Rat mit dem Datum des 8. Mai an die bedingungslose Kapitulation erinnerte. Er lenkte damit unsere Aufmerksamkeit fort von dem, was vielleicht einmal sein wird, und hin zu dem, was war. Es ist besser und heilsamer, wenn man politisch Erreichtes mit einem tatsächlichen Nichts der Vergangenheit vergleicht und nicht mit einem möglichen Alles der Zukunft.

Allerdings, eine geschriebene Verfassung haben, das heißt noch nicht: in wirklicher politischer Verfassung sein. Aber wenn wir überhaupt in Verfassung kommen wollen, so muß das damit beginnen, daß wir uns für das nunmehr verkündete Grundgesetz wirklich interessieren, obwohl wir darüber nicht abstimmen dürfen. Man kann dieses Grundgesetz nicht damit abtun, daß man ihm das Zeugnis der Langatmigkeit und dem Parlamentarischen Rat das Zeugnis der Langweiligkeit ausstellt. Auch nicht damit, daß man resigniert erklärt, die staatsrechtlichen Sachverständigen der Parteien, aus denen der Parlamentarische Rat bestand, seien ohnehin keine echten Repräsentanten des deutschen Volkes gewesen. Und am unsachlichsten ist das Urteil des berühmten «Mannes auf der Straße», der Wohnungsbau, Flüchtlingshilfe und Lastenausgleich für wichtiger hält als jede Verfassung. Gerade die notleidendsten deutschen Probleme können erst dann wirklich gefördert werden, wenn es bei uns wieder zentrale Instanzen gibt, und ohne ein Grundgesetz können wir dahin nicht gelangen. Worin sie bestehen, wie sie zusammenarbeiten, das geht jeden einzelnen von uns an.

Das Bonner Grundgesetz begründet den parlamentarischen Bundesstaat. Das heißt: dieser Staat ist weder extrem zentralistisch noch extrem föderalistisch, er ist vielmehr sowohl zentral wie föderativ. In einem zentralistischen Einheitsstaat, der nicht diktatorisch ist, geht die gesamte Staatsgewalt vom einheitlichen Staatsvolke aus. In einem föderalistischen Staatenbund liegt die letzte Staatsgewalt in der Hand politischer Teilgebilde, das wären im deutschen Falle die Länder. Der deutsche Bundesstaat dagegen kennt beides: ein deutsches Volk und seine Gliederung in Länder. Die Staatsgewalt teilt sich nicht nur nach

Funktionen, also nach Legislative, Exekutive und Rechtsprechung, sondern auch innerhalb dieser Funktionen nach Zentralgewalt und Ländergewalt. Es ist bezeichnend, daß die Tatsache des Bundesstaats im Grundgesetz selbst für unabänderlich erklärt wird.

Der neue Staat ist parlamentarisch, insofern als die vollziehende Gewalt an das Gesetz und somit an die gesetzgebende Gewalt gebunden ist. Dieses Vorrecht der Legislative vor der Exekutive ist das Kennzeichen eines parlamentarischen Staates. Die Mitwirkung der Länder an der Gesetzgebung besteht zunächst darin, daß ihnen alle Gesetzgebungsbefugnisse vorbehalten bleiben, die nicht im Grundgesetz ausdrücklich dem Bunde, also der Zentralinstanz, zugesprochen werden. Der Bund hat auf einigen Gebieten die ausschließliche, auf anderen die «konkurrierende» Gesetzgebungsgewalt. Im konkurrierenden Sektor kann der Bund Gesetze erlassen, wenn dies im Interesse der Länder selbst oder der Gesamtheit, insbesondere der Rechts-, Wirtschafts- und Sozialeinheit erforderlich ist. Soweit hier der Bund von seinem Gesetzgebungsrecht keinen Gebrauch macht, haben die Länder die Befugnis zur Gesetzgebung.

Die Länder sind aber an der Gesetzgebung außerdem dadurch beteiligt, daß sie bei Bundesgesetzen durch den Bundesrat mitwirken, der sich aus Vertretern der Länderregierungen zusammensetzt. Die Länderexekutive ist also an der Bundeslegislative beteiligt. In den Fällen, in denen wesentliche Länderrechte berührt werden – das Grundgesetz bestimmt sie im einzelnen –, sind Bundesgesetze an die Zustimmung des Bundesrats gebunden. In allen anderen Fällen freilich hat der Bundesrat nur die Möglichkeit eines Einspruchs mit aufschiebender Wirkung gegen vom Bundestag beschlossene Gesetze. Der Bundestag, gewählt in allgemeiner, unmittelbarer, gleicher, freier und geheimer Wahl, wie seinerzeit der Reichstag, ist die eigentlich beschlußfassende Instanz. Immerhin begründet das Zustimmungsrecht des Bundesrats ein Zweikammersystem. Vor allem bedarf jede Änderung des Grundgesetzes einer Zweidrittelmehrheit von Bundestag und Bundesrat. Berücksichtigt man ferner, daß die Länder durch die Landtage auch die Hälfte der Mitglieder der Bundesversammlung stellen, die den Bundespräsidenten zu wählen hat, und daß bei Verschiebungen von Ländergrenzen eine Volksbefragung in den betreffenden Gebieten beziehungsweise eine Zustimmung des Bundesrats erforderlich ist, so läßt sich sagen, daß der föderative Charakter des neuen Staates erheblich stärker ausgeprägt ist, als er es in der Weimarer Republik war. Das gilt auch auf dem langumstrittenen Gebiet des Finanzwesens. Im ganzen werden wir einen Staat mit knapp ausreichenden zentralen Befugnissen bei stark betonten föderativen Sicherungen haben. Trotzdem bezeichnet die Bayernpartei das Grundgesetz als Schundgesetz.

Aber wird unser Staat demokratisch sein? Sicherlich in dem Sinne, daß das Grundgesetz die klassischen Grundrechte garantiert und sogar zu unmittelbar geltendem Recht erklärt. Auch folgt im normalen Geschäftsgang das Zusammenspiel von Bundestag, Bundesrat, Bundespräsident und Bundesregierung der demokratischen Tradition. Der Bundespräsident hat sogar geringere Befugnisse als seinerzeit der Reichspräsident. Der Bruch mit der überlieferten Demokratie beginnt dort, wo Sicherungen gegen eine neue «Machtergreifung» eingebaut worden sind. Gebranntes Kind scheut das Feuer, und viele Mitglieder des Parlamentarischen Rats sind «gebrannte Kinder». Der Volkswille in der Form des Mehrheitswillens ist nicht der höchste Souverän dieses Grundgesetzes. Dies zeigt sich schon darin, daß die beiden Artikel, in denen die Menschenrechte und der Charakter des Staates umschrieben und garantiert werden, überhaupt unabänderlich bleiben sollen. Hier werden also bestimmte Inhalte und Werte über den formalen Volkswillen gestellt, und das allein begründet einen neuen, bisher nicht eindeutig definierten Begriff der Demokratie. Des weiteren wird eine positive Minderheit im Bundestag ausdrücklich gegen eine negative Mehrheit geschützt. Die Bundesregierung kann nicht gestürzt werden, sofern nicht die Opposition zugleich einen neuen Bundeskanzler ernennt. Die in sich uneinige oppositionelle Mehrheit bleibt also machtlos. Das geht so weit, daß gegenüber einer solchen widerstrebenden Mehrheit sogar der Gesetzgebungsnotstand erklärt werden kann, bei dem schließlich durch Zusammenwirken von Bundespräsident, Bundesregierung und Bundesrat der Bundestag, also die eigentliche Volksvertretung, aus der Gesetzgebung völlig ausgeschaltet wird. Es gibt also den Fall, daß Instanzen der Bundesexekutive und die im Bundesrat vertretenen Mitglieder der Länderexekutive allein über die Bundeslegislative zu bestimmen haben.

Die praktischen Konsequenzen einer solchen Regelung sind noch nicht erprobt. Sie können brauchbar sein, solange sich eine gesunde Mitte gegen zwei extreme Flügel verteidigt. Aber wie wird es, wenn nur ein extremer Flügel als Zünglein an der Waage vorhanden ist und daneben zwei gleichstarke verfassungstreue Parteien, die keine Koalition miteinander einzugehen bereit sind, obwohl sie nur zusammen die Mehrheit besitzen? Darf dann eine dieser beiden Parteien auf dem Wege über den Gesetzgebungsnotstand praktisch diktatorische Vollmachten erhalten? Man kann auch den Teufel mit Beelzebub austreiben. Und weiter: «Die Lehre ist frei», sagt das Grundgesetz. Aber es fügt hinzu: «Die Freiheit der Lehre entbindet nicht von der Treue zur Verfassung.» Das ist ein sehr problematischer Satz. Denn wer bestimmt, was «Treue zur Verfassung» bedeutet? Und was bleibt von der Unabhängigkeit der Richter übrig, wenn das Bundesverfassungsgericht, das in seiner Mehrheit aus nichtrichterlichen, also politischen Mitgliedern bestehen kann, Bundesrichter vorzeitig pensionieren und sogar entlassen darf, falls sie «innerhalb oder außerhalb des Amts gegen die Grundsätze des Grundgesetzes» verstoßen. Das sind politische Kautschukbegriffe von bedenklicher Dehnbarkeit. Das Grundgesetz geht offenbar von dem Dogma aus, daß diktatorisch soviel bedeutet wie extremistisch, daß also linientreue Verfassungsparteien gegen alle diktatorischen und intoleranten Gelüste gefeit sind. Man muß die Gültigkeit dieses Dogmas bezweifeln.

Fraglos haben unsere Parteien einiges aus der Weimarer Erfahrung gelernt. Aber daß möglicherweise die Freiheit auch gegen sogenannte demokratische Parteien geschützt werden müßte, das ist für diese Parteien unvorstellbar. Das Grundgesetz festigt ihr politisches Monopol. Das deutsche Volk kann zunächst nur abwarten, ob die Parteien ihre Chance mit mehr Sachlichkeit, Toleranz und politischem Weitblick nutzen werden als bisher. Die Wahl Bonns zur vorläufigen Bundeshauptstadt nebst näheren Begleitumständen war kein Heldenstück der CDU. Die Rede Schumachers in Hamburg war kein Heldenstück für die SPD. Bald wird der eigentliche Wahlkampf beginnen. Wir wollen in seinem Verlauf nicht hören, daß jeweils die gegnerische Partei besatzungshörig ist. Wir wollen nicht hören, daß irgendeine Partei sich im Streben nach der Einheit Deutschlands, im Gefühl der Verbundenheit mit der Ostzone allein auf weiter Flur befindet. Und wir wünschen wirklich einmal zu erleben, daß Abgeordnete nichts anderes sind als «Vertreter des ganzen Volkes, an Aufträge und Weisungen nicht gebunden und nur ihrem Gewissen unterworfen». So nämlich übernahm es das Bonner Grundgesetz aus der Weimarer Verfassung.

Papier ist geduldig. Es kommt weit mehr auf den Geist an, der das politische Leben erfüllt, als auf die Paragraphen, die es beschreiben. Das Bonner Grundgesetz ist kein Werk schöpferischer Phantasie. Aber geben wir diesem Gesetz und denen, die es handhaben werden, zunächst einmal eine Bewährungsfrist! Es stehen so gute Dinge darin wie die Abschaffung der Todesstrafe und die Bereitschaft zu Europa, zur kollektiven Sicherheit und zum Verzicht auf nationale Hoheitsrechte zugunsten einer übernationalen Ordnung. Das Grundgesetz tastet sich in die Zukunft. Das gleiche gilt für Deutschland. Nach vielen Irrtümern und Enttäuschungen stehen wir wieder an einem Anfang. Wieviel neues Leben aus den Ruinen blühen kann, das liegt vor allem jetzt an uns selbst.

25. August 1949

Marion Gräfin Dönhoff

Koalition des Wiederaufbaus

Wenn es in dem Entwurf über die neuen wirtschaftspolitischen Richtlinien einer der drei großen deutschen Parteien heißt: die Wirtschaft müsse dem günstigsten Verhältnis zwischen Preisen und Löhnen zustreben, um jedem Schaffenden den höchsten Reallohn zu gewährleisten, es sei ferner erforderlich die Großstädte zu entproletarisieren und eine europäische Zollunion zu errichten, so würde man nicht ohne weiteres erraten, daß dies das Programm der FDP ist. Es könnte nämlich ebensowohl das der SPD oder der CDU sein. Wieso auch eigentlich nicht? Alle Parteien sind ja schließlich vor die gleichen Probleme gestellt: Wiederaufbau des Produktionsapparates und der internationalen Handelsbeziehungen, Hebung des Lebensstandards, Beseitigung der Arbeitslosigkeit, der Wohnungsnot und des Flüchtlingselends, und niemand kann behaupten, daß man irgendeines dieser Ziele vollkommen ohne Planung oder ganz ohne private Initiative erreichen kann. Wäre also eine Koalition des nationalen Wiederaufbaus zwischen den drei großen Parteien unter den heutigen Umständen nicht das Gegebene? Der normale Staatsbürger wird diese Frage sicherlich bejahen, aber der Parteifunktionär ist anderer Meinung.

Der hessische Ministerpräsident Stock hatte sich kürzlich für eine Koalition zwischen seiner Partei (der SPD) und der CDU eingesetzt, sofort wurde in einer offiziellen Stellungnahme des SPD-Parteivorstandes mitgeteilt, daß Ministerpräsident Stock zu einer solchen Äußerung keineswegs autorisiert gewesen sei. Man fragt sich, warum man eigentlich Persönlichkeiten wählt, wenn diese dann nicht ihre Meinung sagen dürfen. Wir leben offenbar in einer merkwürdigen Scheinwelt, in der nicht tatsächliche Aufgaben und persönliche Urteile entscheidend sind, in der die Politik vielmehr von Schlagworten und doktrinären Bekenntnissen beherrscht wird.

Gewiß, die angelsächsischen Demokratien zeigen uns, daß es durchaus zweckmäßig ist, die Regierung einer einzigen Partei zu überlassen und ihre Auffassungen und Entschlüsse durch die Kritik der Opposition korrigieren zu lassen. Das aber setzt auf beiden Seiten Objektivität voraus und das Bewußtsein, daß auch Opposition machen eine konstruktive Aufgabe ist und nicht dem Sturmangriff in einem Fußballmatch gleichkommt. Bei der Neigung der Deutschen, sachliche Probleme in weltanschauliche Dogmen umzuwerten und durch sachliche Meinungsverschiedenheiten persönlich beleidigt zu sein, müssen wir uns jedenfalls auf einiges gefaßt machen, wenn es nicht zu einer Koalition kommen sollte und der bittere Wermut der SPD in Professor Erhards schäumenden Freiheitstrunk zu fließen beginnt.

Die Wahl zum Bundestag hat wieder einmal die ganze Problematik einer Parteidemokratie aufgedeckt. Das Volk, das als Ganzes sehr wohl die Aufgaben kennt, auf die es jetzt ankommt, ist durch die spezifisch parteipolitische Fragestellung gezwungen worden, sich eine Repräsentanz zu wählen, die für seine Wünsche nur teilweise repräsentativ ist. Denn die Alternative Planwirtschaft oder Freihandel, auf die sich die beiden stärksten Parteien festgelegt hatten, ist ja keineswegs die für jeden Wähler im Hinblick auf alle Probleme und für die Dauer von vier Jahren entscheidende Frage. Es wäre ebenso sinnlos, das Volk zu kategorisieren in solche, die für oder gegen die Todesstrafe sind oder in solche, die lieber Wein oder lieber Bier trinken. Wenn man das deutsche Volk in 31 Millionen Wähler-Einheiten atomisiert und dann, an ihre Leidenschaft appellierend, sie veranlaßt, sich für eines der verschiedenen wirtschaftlichen Glaubensbekenntnisse zu entscheiden und alle anderen als feindlich anzusehen, so kann man kaum erwarten, daß auf diese Weise eine befriedigende Regierung zustande kommt. Die Unzulänglichkeit dieses Systems muß bei einer einseitig bürgerlich zusammengesetzten Regierung zur Radikalisierung der Rechts-

und der Linksparteien führen, darum wäre es auch im Hinblick auf die außenpolitischen Probleme sehr zu wünschen, wenn sich die Parteigewaltigen doch noch zu einer Koalition entschließen könnten.

1950

15. Dezember 1949

RICHARD TÜNGEL

Deutsche Aufrüstung – ja oder nein?

Soll die Deutsche Bundesrepublik im Rahmen einer europäischen Armee Truppen oder gar ein eigenes Kontingent aufstellen? Soll also Westdeutschland in naher oder absehbarer Zukunft mit Genehmigung oder auf Wunsch der westlichen Alliierten ganz oder teilweise aufrüsten oder besser gesagt: sich aufrüsten lassen? Darüber ist im Ausland seit einem Monat lebhaft diskutiert worden, und deutsche Politiker haben sich hierdurch, gefragt und ungefragt, zu Feststellungen verleiten lassen, die nicht immer glücklich formuliert waren. Dabei sollte doch kein Zweifel darüber herrschen, daß diese so plötzlich aufgetauchte Frage für Deutschland schicksalhaft und äußerst gefahrvoll ist. Eine falsche Entscheidung – auch wenn sie im Augenblick noch theoretisch sein mag – könnte unkontrollierbare Folgen haben. Um so nötiger ist es, alle möglichen Konsequenzen und alle übersehbaren Aspekte sachlich, genau und leidenschaftslos zu prüfen.

Die Begründung, mit der man insbesondere in den Vereinigten Staaten mehr oder minder offiziell eine deutsche Aufrüstung fordert, lautet: Deutschland muß zur Verteidigung Europas beitragen. Die deutschen Politiker ihrerseits verlangen: Sicherheit. Man habe, so argumentieren sie, der Deutschen Bundesrepublik jede Möglichkeit genommen, sich zu verteidigen. So müßten also die vereinigten Streitkräfte der Atlantikpaktstaaten verpflichtet sein, unseren Staat gegen den Osten zu schützen. Was schiene naheliegender, als beide Forderungen zu kombinieren, Westdeutschland also die Aufstellung von Kontingenten innerhalb einer gesamteuropäischen Streitmacht zu erlauben, um auf diese Weise Westeuropa und die Deutsche Bundesrepublik gemeinsam zu verteidigen? Doch so einfach dieser Schluß scheint, so kompliziert dürfte das sein, was sich aus ihm entwickeln kann.

Wir wollen einmal von allen psychologischen Momenten absehen und die Frage nicht stellen, ob es heute überhaupt schon möglich wäre, das Mißtrauen zu überwinden, das bei unseren ehemaligen Feinden, insbesondere in Frankreich, immer noch gegen uns herrscht. Wir wollen also annehmen, daß wir aufgefordert würden, deutsche Kontingente innerhalb einer – im übrigen noch gar nicht vorhandenen – europäischen Armee aufzustellen. Was hätten wir Deutschen damit gewonnen? Sicherheit? Gegen wen? Gegen einen sowjetischen Gegner, der Europa angreift?

Man rechnet heute, daß die russische Armee 20000 einsatzbereite Panzer hat und 16000 schwere Bomber. Wo eigentlich glaubt man einen Angriff dieser Streitkräfte in Europa aufhalten zu können? Sicherlich nicht diesseits des Rheins, das haben die diesjährigen Herbstmanöver der Alliierten eindeutig bewiesen. Schon durch Rückzugsgefechte aber würde in einem solchen Angriffskriege ein großer Teil Westdeutschlands zerstört werden. Den Rest würden Bombenangriffe vernichten. Deutsche Kontingente würden vielleicht als «Exiltruppen» weiter in den westlichen Armeen kämpfen dürfen, aber Friedensschlüsse nach dem letzten Kriege haben erwiesen, daß Exiltruppen nicht immer ihre Heimat wiedersehen. Welche «Sicherheit» könnten also deutsche Kontingente in einer europäischen Armee im Falle eines sowjetischen Angriffskrieges für uns bedeuten?

Man könnte einwenden, daß gut bewaffnete deutsche Truppen in genügender Anzahl zusammen mit der übrigen Streitmacht Europas die sowjetische Armee nicht nur aufzuhalten, sondern zurückzuschlagen vermöchten. Aber wer eigentlich soll sie bewaffnen? Die Vereinigten Staaten sind kaum in der Lage, die anderen Armeen Europas notdürftig zu versorgen. Das Kriegspotential der deutschen Fabriken ist restlos demontiert. Was uns an industriellen Werken geblieben ist, brauchen wir, um durch Herstellung von Exportgütern Devisen für unsere Nahrungsmittel- und Rohstoffeinfuhr zu verdienen. Wir hätten auch gar nicht das Geld, uns eine Aufrüstung zu leisten. Man erklärt uns zwar im Ausland, es sei ungerecht, daß wir durch unsere Abrüstung so große Summen sparten, aber man vergißt, wieviel wir – von den Besatzungskosten ganz abgesehen – für den Wiederaufbau unserer Städte und eine notdürftige Hilfe für unsere Flüchtlinge ausgeben müssen. Eine Armee auszurüsten, könnten wir uns überhaupt nicht gestatten, selbst wenn man dies von uns verlangte. Eine mangelhaft ausgerüstete und womöglich noch zahlenmäßig schwache Truppe jedoch würde nichts anderes vermögen, als uns zu schaden, indem sie uns in Kämpfe verwickelt, durch die wir zugrunde gehen.

Noch viel ernstere Bedenken werden sich einstellen, sobald man die Frage der Aufrüstung unter dem Gesichtspunkt Gesamtdeutschlands betrachtet. Eine Teilnahme der Deutschen Bundesrepublik an einer europäischen Streitmacht könnte den Kreml berechtigen, entsprechende Truppen der Sowjetzone in eine östliche Armee einzugliedern. Damit wäre für eine absehbare Zukunft kaum noch eine Möglichkeit vorhanden, eine Einigung Deutschlands herbeizuführen. Allerdings hat der Kreml bisher andere Ansichten über die Lösung des deutschen Problems bekanntgegeben. Und auch diese Pläne sollten bei einer eventuellen Entscheidung des Bundesparlaments und der Bundesregierung sehr wohl berücksichtigt werden.

Bei seiner Rede zum letzten Jahrestag der russischen Revolution hat Malenkow ein einziges außenpolitisches Ziel genannt. Er sagte, die kommunistische Revolution müsse vor allem in Deutschland durchgeführt werden, denn dies bedeute die Herrschaft über Europa. Über die Art, wie dies geschehen soll, haben weder der sowjetische General, der an den Verhandlungen der Rote-Kreuz-Konferenz in Genf teilnahm, noch Wyschinski in der UNO irgendwelche Zweifel gelassen. Beide haben verlangt, den Bürgerkrieg für legal zu erklären. Nun haben die Sowjets schon mehrfach darauf gedrängt, daß die Besatzungsmächte Deutschland räumen sollen. Wenn dann aber nach russischem Plan von der SED ein Bürgerkrieg inszeniert wird, müßten westdeutsche Truppen zweifellos eingreifen. Dadurch würde die europäische Armee, zu der die deutschen Kontingente ja gehören sollen, in den Kampf verwickelt werden. Das wiederum würde den Beginn eines neuen Weltbrandes bedeuten.

Der deutsche Bundespräsident Dr. Heuss hat zwar erklärt, eine solche Hypothese sei absurd, Deutsche seien nicht geschaffen, einen Bürgerkrieg zu führen. Wir widersprechen dem deutschen Bundespräsidenten gewiß nicht gern, aber man möge uns erlauben, bescheiden anzumerken, daß es im Laufe der deutschen Geschichte nur wenige Perioden gegeben hat, in denen Deutsche nicht auf Deutsche geschossen haben.

Es spricht also nicht nur eine verständliche Sehnsucht des deutschen Volkes nach einem friedlichen Dasein, sondern Vernunft selbst dagegen, heute eine Aufrüstung Westdeutschlands zu erwägen oder gar zu erörtern. «Ein amerikanisches Bataillon in Berlin ist dem Weltfrieden heute dienlicher als eine ganze deutsche Division», sagte kürzlich ein offizieller amerikanischer Sprecher in Frankfurt, und Hamburgs Bürgermeister Brauer hat aus dem gleichen Gesichtspunkt heraus in einer Rede in den Vereinigten Staaten erklärt, es wäre gut, wenn amerikanische Truppen noch lange in Deutschland blieben. Wir wollen hinzufügen: Die USA werden nicht an Elbe und Rhein, sondern Elbe und Rhein werden in den USA verteidigt. Je stärker die militärische Macht der Vereinigten Staaten wird, je bessere Waffen sie an die Mächte des Atlantikpaktes abgeben können, desto größer wird die Sicherheit Westdeutschlands sein, desto eher wird auch ganz Deutschland zu einem Frieden kommen.

14. September 1950

Claus Jacobi

Heimwehr statt deutscher Armee

Haben Sie schon die neue deutsche Uniform gesehen?» – mit diesen Worten wandte sich Bundeskanzler Dr. Adenauer am Schluß einer Pressekonferenz in der vergangenen Woche an die anwesenden Journalisten. «Nein» war die erwartungsvolle Antwort. Darauf Adenauer: «Ich auch nicht.» Sprach's und ging verschmitzt lächelnd von dannen. «Ich auch *noch* nicht», hätte er ebensogut sagen können, wenn ihm der Bericht des außenpolitischen Kommentators der amerikanischen Nachrichtenagentur *Associated Press* schon vorgelegen hätte, der einen Tag später seine Meldung aus New York mit den Worten begann: «Eines ist sicher in diesen ungewissen Tagen: eine erfolgreiche Verteidigung Europas gegen einen kommunistischen Angriff ist nur bei einer ... Wiederaufrüstung Westdeutschlands möglich.» Wahrlich, wenn das Tempo der letzten Wochen in der Wiederaufrüstungsdebatte noch eine Weile anhält, darf man mit Fug erwarten, daß im nächsten Jahr vormilitärische Übungen auf dem Stundenplan der Kindergärten stehen werden. Was heute in- und ausländischen Politikern, Militärs und Korrespondenten glatt über die Lippen fließt, hätte noch vor Jahresfrist einen Drew Middleton zu ganzen Artikelserien inspiriert. Allein diese Groteske hat auch ihre ernste Seite: daß es dabei um unseren Kopf, um unser Leben geht.

Man mag der Politik des Bundeskanzlers manche Mängel nachweisen. Aber man kann ihm nicht vorwerfen, daß er in der «Remilitarisierung» leichtfertig zu Werke ginge. Erst als der Ausbruch des Korea-Konflikts es offenbar werden ließ, daß weiteres Zaudern tödlich wirken könnte, schob er die letzten Bedenken beiseite. Die Wahl des nun notwendig gewordenen militärischen Beraters bestätigte diese Haltung aufs neue; nicht einer jener geschäftigen Bruderschafts-Generäle, kein interviewfreudiger Manteuffel oder Guderian, sondern ein ruhiger und besonnener Mann, General Graf Schwerin, wurde vom Kanzler für diesen Posten ausgesucht. Und auch an die Alliierten hat Dr. Adenauer trotz der drohenden Gefahr keine überspannten Forderungen gestellt, so wenig, wie er etwas für Deutschlands Beitritt in den Europa-Rat gefordert hat. Des Kanzlers Entscheidung für den Westen war bedingungslos, war und ist es noch heute. So fordert er denn nicht, aber er hofft zu Recht, daß die Alliierten erkennen mögen, welche politischen und militärischen Voraussetzungen sie heute zu erfüllen haben. Voraussetzungen, die sich daraus ergeben, daß ein gefesselter Mann, dessen Kopf in einem Löwenmaul liegt, mit wenig Vertrauen in die Zukunft blickt.

So wie ein Polizist für die Sicherheit eines von ihm entwaffneten Amokläufers verantwortlich ist, so sind es die Westmächte für die militärische Sicherheit der Bundesrepublik. Niemand kann sie aus dieser moralischen Verpflichtung entbinden. Das aber heißt nicht, daß wir ihnen dabei nicht helfen könnten. Zur Aufrechterhaltung der Ruhe und Ordnung in der Bundesrepublik sollte baldmöglichst eine Schutztruppe aufgestellt werden, eine Art *Home Guard*, die schlagkräftig genug ist, jeden Aufruhr, jeden Putsch, ja jeden Bürgerkrieg erfolgreich zu beenden. Ihre Aufgabe wäre weder rein polizeilicher noch militärischer Art; ihre Stärke müßte auf jeden Fall der der sowjetzonalen Polizei entsprechen. Mit anderen Worten: Für die äußere Sicherheit, als Garantie gegen einen Generalangriff aus dem Osten sind nach wie vor die Westmächte verantwortlich; je mehr Divisionen sie über den Atlantik schicken, desto besser. Für die innere Sicherheit jedoch können und wollen wir – sobald die äußeren Voraussetzungen erfüllt sind – selbst sorgen. Dies sei die «militärische Botschaft» der Deutschen an New York.

7. Dezember 1950

MARION GRÄFIN DÖNHOFF

Wir müssen wissen, was wir wollen!

Was soll eigentlich auf die Dauer werden? Es wird einem angst und bange, wenn man zusieht, wie die sogenannten großen Lebensfragen unseres Volkes zum Spielball der flüchtigen, aber leidenschaftlichen Emotionen unserer Politiker werden. Spielball ist eigentlich ein viel zu leichtbeschwingter Begriff, denn längst sind die Wahlkämpfe, die während der letzten drei Sonntage in den verschiedenen Ländern ihren Abschluß fanden, zu einem rauhen Fußballmatch geworden. Rauh und fern von jeder Würde war der Ton, in dem der Kanzler dem Führer der Opposition, der jahrelang wegen seiner antinationalsozialistischen Gesinnung im KZ gesessen hat, Goebbelsscher Agitationsmethoden beschuldigte. Und gewiß nicht weniger geschmacklos war die Replik Schumachers, der entsprechend der 1945 üblichen Devise «Wer heute noch lebt, hat selber schuld» die Tatsache bemängelte, daß Adenauer nicht im KZ gewesen ist.

Doch sind dies schließlich nur Fragen des Protokolls und der Methode. Viel besorgniserregender ist die Sprunghaftigkeit, mit der die Frage unserer Verteidigung je nach Weltlage hysterisch diskutiert oder ebenso bereitwillig bagatellisiert wird. Als im Juni völlig unerwartet der Krieg in Korea ausbrach, bemächtigte sich fast aller Deutschen eine panische Angst. Regierung und Opposition beknieten die Hohe Kommission, zusätzliche alliierte Divisionen nach Westdeutschland zu schicken und die Genehmigung zur Aufstellung deutscher Polizeiverbände zu erteilen. Militärische Berater wurden von beiden Seiten des Hauses gern gesehen, und alle waren sich darin einig, daß schleunigst etwas oder vielmehr alles zur Verteidigung der Bundesrepublik geschehen müsse. – Als dann MacArthur langsam wieder Herr der

Lage wurde, vergaß man allenthalben die Sorgen von gestern: kein Mensch sprach mehr von den Polizeiverbänden, der militärische Berater fiel in Ungnade, und die Alliierten bedachten wieder nur mehr die Frage, was gefährlicher sei: Deutschland zu bewaffnen oder die Verteidigung Westeuropas ohne die Deutschen aufzubauen.

Inzwischen ist trotz der neuerlichen Krise in Korea oder besser: der drohenden Kriegsgefahr in Ostasien, bei uns keine Änderung eingetreten, weil inzwischen die SPD entdeckt hat, daß die Parole wider die Remilitarisierung, verknüpft mit der Verheißung «Für den Frieden», eine gute Wahlpropaganda abgäbe. In das allgemein dumpfe Empfinden: Nie wieder Krieg und Zerstörung, nie wieder Militaristen als entscheidende politische Instanz, nie wieder Kanonenfutter und vor allem nicht für die Sieger, die uns die Ehre abgesprochen haben, fiel die Theorie von der Neutralisierung wie eine beglückende Erlösung.

Wer aber glaubt eigentlich an die Möglichkeit einer solchen Neutralisierung? Die SPD offenbar nicht. Dr. Schumacher bezeichnete neulich die Feststellung Lehrs, er rechne mit einer Million Kriegsdienstverweigerer, kurzerhand als «Quatsch» und sagte: «Wenn wir im Sinne der SPD eine Wehrverfassung bekommen, dann gibt es keine Kriegsdienstverweigerer», denn man könne dem einzelnen nicht das Recht zuerkennen, sich als Individuum einer Gefahr zu entziehen, der auch die Allgemeinheit ausgesetzt ist. – In der Tat, wir sind alle einer ganz außergewöhnlichen Gefahr ausgesetzt, und die Alternative lautet nicht: Entscheide dich für den Frieden oder den Krieg – denn das steht jenseits unserer Macht –, sondern die Frage lautet: Wollen wir uns angesichts der drohenden Kriegsgefahr kampflos dem Schicksal ergeben, das die Ostzone 1945 fand: Verschleppungen, Vergewaltigungen, Zwangsorganisationen und Konzentrationslager, oder sind wir bereit, wenn es nötig wird, mit der Waffe in der Hand für unsere Freiheit zu kämpfen? Diese Frage aber kann nur grundsätzlich erwogen und entschieden werden, grundsätzlich, das heißt jenseits parteipolitischer Wahlpropaganda und unabhängig von den wechselnden Heeresberichten aus Korea.

1951

4. Januar 1951

Jan Molitor

Sturm auf Helgoland

Spät abends ein Telephonanruf: «Wir versprechen Ihnen eine Sensation aus einer Sache, die uns eine Herzensangelegenheit ist.» Anderen Morgens rückten sie mit der Sprache heraus, die beiden Heidelberger Studenten, deren Name heute in aller Mund ist: Georg von Hatzfeld, der Sohn des rheinischen Dichters, und René Leudesdorff aus Ostpreußen; Jurastudent der eine, Theologiestudent der andere. «Wir werden nach Helgoland gehn und dort so lange bleiben, bis alle Welt weiß, daß das Unrecht an der Insel wiedergutgemacht werden muß!» – Kälte … Stürme über der See … kein Raum für eine Unterkunft, es sei denn in dem noch immer aufrechten Flakturm … vielleicht auch keine Möglichkeit, Nachricht zu geben … «Entweder ein kleiner Sender», erwiderte Hatzfeld unbekümmert, «oder eine Brieftaube.» Man konnte die Bemerkungen einiger britischer Politiker schon voraussagen (in die ja dann sogar ein deutscher Landrat einstimmte), es handele sich um einen «Dummenjungenstreich», um «Abenteuerlust», um «Geltungsbedürfnis». Aber was der Wirklichkeit entspricht und von gewissen Politikern nicht verstanden wurde – dem *Volke* wurde es sofort klar: Die beiden Studenten wollten eine wagemutige Demonstration um eine gute Sache; sie sind Idealisten, die nach Helgoland gingen, weil sie an Deutschland und Europa glauben: der eine – Hatzfeld – unruhig-gewandt, von schneller Entschlußkraft und anregend, der andere – Leudesdorff – ruhig, still und durchhaltend. Man rätselt so viel am Charakter der heutigen

Jugend herum. Da saßen die beiden, kühl und begeistert zugleich, und wußten, was sie wollten. Anderen Tages fuhren sie los, und dann hörte man, ihre Brieftaube (denn mit dem Sender hatte es offenbar nicht geklappt) sei eingetroffen: «Helgoländer, kommt und helft uns, eure Heimat wiederzugewinnen.»

Zugegeben, eben dies waren unsere Zweifel gewesen: daß sie nachfolgen würden, die anderen «Invasoren», bei Kälte, Sturm und der Erwartung, daß die *Air Force* die Insel nach wie vor bombardieren würde, obwohl sie es vielleicht bequemer hätte, wenn sie statt Helgoland eine der unbewohnten Orkney-Inseln zum Übungsziel der Bombenflüge wählte. «Zwei Möglichkeiten», sagte der junge Hatzfeld, «– entweder wir geraten unter die Bomben, dann wären wir nicht bloß – mundtot gemacht, oder das, was wir tun, wirkt wie ein Anruf an alle vernünftigen Leute, egal, was mit uns passiert.» – Mittlerweile sind viele ihnen nach Helgoland gefolgt, vor allem Helgoländer, aber auch der Historiker Prinz zu Löwenstein, der Leiter der «Deutschen Aktion», und mit ihm ein junger Amerikaner, der – was alle verlegen macht, die von «Nationalismus junger Deutscher» sprechen – diesen jungen Deutschen recht gibt.

Wie immer die «friedliche Invasion» Helgolands ausgehen wird – wer Europa aufbauen will, sollte sich mit jungen Menschen wie diesen «Invasoren» beschäftigen. Sie könnten seine besten Bundesgenossen sein!

29. März 1951

Staatssekretär Prof. Dr. Walter Hallstein

Wandlung und Entwicklung des Schuman-Planes

Der Friede der Welt kann nicht gewahrt werden ohne schöpferische Anstrengungen, die der Größe der Bedrohung entsprechen.»

Mit diesen Worten leitete der französische Außenminister Schuman jene Erklärung vom 9. Mai 1950 ein, die unter dem Namen Schuman-Plan in die Geschichte eingehen sollte. Diese Erklärung war in sich selbst bereits eine solche schöpferische Tat. Als daher die Vertreter von sechs Regierungen im Juni des vergangenen Jahres in Paris zusammentraten, ging es nicht mehr um die Frage einer grundsätzlichen Zustimmung zum Schuman-Plan, sondern nur noch darum, welche Gestalt er im einzelnen erhalten sollte. Daß eine solche Entwicklung in so kurzer Zeit überhaupt möglich war, ist das Verdienst jener Männer, die den Plan ausgearbeitet hatten. Denn bereits die Erklärung vom 9. Mai und später das erste Arbeitsdokument, das der Konferenz von französischer Seite als Diskussionsgrundlage vorgelegt wurde, enthielten ein durchdachtes und in sich geschlossenes System von Bestimmungen und Institutionen.

Die Aufgabe nun, die die Konferenz in den letzten neun Monaten zu bewältigen hatte, bestand darin, die in den genannten Dokumenten enthaltenen Ideen in Vertragsnormen umzuformen, sie zu entfalten und auszubauen, um eine tragbare Grundlage für die Existenz und das Wirken der neuzuschaffenden supranationalen Einrichtungen herzustellen. Dabei hat man sich nicht darauf beschränkt, nur die gegebenen französischen Vorschläge zum Gegenstand der Beratungen zu machen. Aus der gleichen Gesinnung europäischer Zusammenarbeit und der *Solidarität der Tat*, wie sie in der Erklärung vom 9. Mai gefordert worden war, trugen die einzelnen Delegationen von sich aus durch neue Vorschläge und Anregungen dazu bei, das Vertragssystem zu bereichern und zu vervollkommnen. Die jetzt paraphierten Entwürfe sind das Ergebnis echter Gemeinschaftsarbeit, und nur schwer kann man heute noch von der einen oder anderen Bestimmung sagen, auf wessen Initiative sie gerade diese Formulierung und diesen Inhalt gefunden hat.

Unverändert blieb die Zielsetzung: Erhaltung des Friedens, Ausschluß jeder Möglichkeit eines Krieges zwischen Frankreich und Deutschland, Errichtung gemeinsamer Grundlagen für die wirtschaftliche Entwicklung, Hebung des Lebensstandards, Aufbau Europas und echte Gemeinschaft unter den Völkern. Diese Forderungen der Erklärung vom 9. Mai finden sich fast wörtlich in der Präambel des Vertragsentwurfes wieder. Zu keiner Stunde der Verhandlungen wurde eines dieser Ziele in Frage gestellt, sie waren «das Gesetz der Konferenz» – ebenso, wie sie in Zukunft das Gesetz der *Europäischen Gemeinschaft für Kohle und Stahl* sein werden.

Auch die *wirtschaftlichen* Bestimmungen konnten im Prinzip unverändert in den Vertrag übernommen werden. Allerdings findet sich wohl kaum ein Satz, der in seinem Wortlaut nicht gewandelt worden wäre. Es ist an sich schon eine schwierige Aufgabe, die Vielseitigkeit des wirtschaftlichen Lebens in Tatbestände einzuordnen, die über Jahrzehnte hinaus Bestand und Sinn behalten sollten. Dies jedoch für zwei verschieden organisierte und arbeitende Grundindustrien in sechs hochentwickelten europäischen Ländern durchzuführen, erforderte ganz besondere Sorgfalt und erhebliche Anstrengungen.

Grundsätzlich anders hingegen verhielt es sich bei dem sogenannten «institutionellen» Teil, also bei jenen Bestimmungen, die die staats- und verfassungsrechtliche Grundlage für die Gemeinschaft darstellen. Denn hier hat auch die ursprüngliche *Konzeption* des französischen Planes bemerkenswerte Veränderungen erfahren. Kann man noch sagen, daß das Gesetz des Wirtschaftens und der Wirtschaftlichkeit in allen Industrien gleich oder ähnlich ist, so haben sich andererseits in den europäischen Ländern mit ihren jahrhundertealten Traditionen solche Unterschiede des *staatsrechtlichen* Denkens entwickelt, daß aus diesen Erfahrungen heraus neue Vorschläge entstehen mußten. Als Beispiel soll hier nur auf die bundesstaatlichen Verfassungen Deutschlands hingewiesen werden, die es den Deutschen erleichtern, Lösungen für jene Fragen zu finden, die sich aus dem Verhältnis zwischen höherer Staatseinheit und Gliedstaat ergeben, Fragen, die dem seit Jahrhunderten in einem zentralistischen Staatswesen lebenden Franzosen weit schwerer zugänglich sind.

Während in dem französischen Vorschlag mehrere Institutionen vorgesehen waren, die ohne inneren Zusammenhang nebeneinander bestehen sollten – unter denen die Hohe Behörde als Träger der überstaatlichen Rechte gedacht war, entwickelte sich im Laufe der Verhandlungen die Erkenntnis, daß entsprechend dem allgemein geltenden Staatsrecht nur *eine* höhere Einheit «Rechtspersönlichkeit» und Träger von Rechten und Pflichten sein könne, die dann *im einzelnen* von ihren Organen im Rahmen ihrer jeweiligen Aufgaben und Befugnisse vertreten wird. So entstand die *Europäische Gemeinschaft für Kohle und Stahl*, während die Hohe Behörde als zentrale Verwaltungsstelle nur noch *eines* ihrer Organe ist. Neben sie traten *zwei* weitere bedeutsame Organe, die in den ersten Vorschlägen in dieser Gestalt noch nicht enthalten waren: der Ministerrat und das Gericht.

Der von der holländischen Delegation ausgegangene Vorschlag zur Bildung eines Ministerrates beruhte auf der richtigen Erkenntnis, daß die «Europäisierung» einzelner Industriezweige leicht zu Spannungen zwischen der sich nur auf Kohle und Stahl beziehenden Wirtschaftspolitik der Gemeinschaft und der im Hoheitsbereich der Mitgliedsstaaten verbleibenden übrigen Wirtschaftspolitik führen könne. Es bedarf daher eines Organes, das das Handeln der Gemeinschaft mit dem der Regierungen unablässig koordiniert, damit keine Friktionen und Nachteile für den einen oder anderen entstehen. Durch die Rechte und Befugnisse, die der Vertragsentwurf dem Ministerrat gewährt, scheint diese Verzahnung zwischen Gemeinschaft und Mitgliedsstaaten in hinreichendem Maße sichergestellt zu sein.

Die Einrichtung des Gerichtshofes in seiner gegenwärtigen Form beruht auf dem Bestreben, vorwiegend der deutschen Delegation, einen umfassenden Rechtsschutz innerhalb der Gemeinschaft gewährleistet zu sehen. Diese Notwendigkeit ergab sich aus der merkwürdigen und bisher einzigartigen Konstruktion des Vertragssystems. Der Vertrag nämlich ist gleichzeitig die *Verfassung* und das *Gesetz* für die Organe der Gemeinschaft. Die materiellen Bestimmungen sind Ausdruck einer Art Wirtschaftsphilosophie, so zum Beispiel: das Gebot des wirtschaftlichen Prinzips oder das Verbot jeder Diskriminierung. Da diese Bestimmungen bindende Kraft besitzen, bedarf es einer Instanz, die die Einhaltung der Vorschriften garantiert. Jean Monnet hat diesen tieferen Grund des deutschen Gedankens vom umfassenden Rechtsschutz einmal richtig formuliert, als er von dem Gerichtshof als einem *gardien de l'objectivité de la Haute Autorité* gesprochen hat. Denn nur ein unabhängiges Gericht ist in der Lage, das Recht bei der Anwendung und Auslegung des Vertrages zu wahren.

Dieser starke Rechtsschutz war aber auch noch aus einem weiteren Grund erforderlich: Die in demokratischen Gemeinwesen übliche parlamentarische Kontrolle ist im Falle der Hohen Behörde nur unvollständig entwickelt. Die Befugnisse der Gemeinsamen Versammlung sind entgegen den weitergehenden deutschen Vorstellungen, die nach einer fortschrittlichen europäischen Lösung strebten, recht beschränkt. Immerhin sind in der Gemeinsamen Versammlung doch Ansatzpunkte für eine Entwicklung in Richtung auf ein Europäisches Parlament vorhanden, die bei der geplanten personellen Verbindung mit dem Europa-Rat und der Übernahme weiterer Befugnisse, so etwa bei der Europäischen Armee des Pleven-Planes und anderen europäischen Integrationsplänen weiter gefördert werden können.

Neben diesen erwähnten Ergänzungen zu den ersten französischen Vorschlägen finden sich in dem Vertragswerk eine Reihe weiterer Bestimmungen, die in den ersten Entwürfen nicht vorgesehen waren. Dazu gehören auf dem Gebiet der Wirtschaft unter anderem die über die Kartelle und über die Zusammenschlüsse von Unternehmen sowie Bestimmungen der Übergangskonvention.

Eine für Deutschland entscheidende Auswirkung des Gedankens der europäischen Gemeinschaft hat im Vertrag noch keinen Ausdruck gefunden, obwohl ihre Verwirklichung nur durch den Schuman-Plan ermöglicht wird. Waren im Arbeitsdokument noch die Deutschland auferlegten Verpflichtungen erwähnt, so wird die Welt nun bei der Unterzeichnung des Vertrages durch die Außenminister Kenntnis erhalten von einem Schritt der französischen Regierung, der eine völlig neue Situation hinsichtlich der besatzungsrechtlichen Beschränkungen auf dem Gebiet von Kohle und Stahl zur Folge haben wird. Diese Geste Frankreichs wird vielleicht am deutlichsten beweisen, welchen Fortschritt *die Solidarität der Tat* zwischen den im Schuman-Plan vereinten europäischen Staaten bereits erreicht hat.

Die Gründung der *Europäischen Gemeinschaft für Kohle und Stahl* ist kein Abschluß, sondern eine neue Aufgabe. Jetzt gilt es, dieses Vertragswerk mit Leben zu erfüllen und zu einer Realität des europäischen Alltags zu machen. Es bleibt zu hoffen, daß sich die geeigneten Männer finden werden, die diese Aufgabe meistern und das begonnene Werk fortentwickeln werden, um schließlich das allen gemeinsame Ziel zu erreichen:

Die europäische Föderation, die zur Bewahrung des Friedens unerläßlich ist.

10. Mai 1951

Marion Gräfin Dönhoff

Frischer Wind in Straßburg

Es weht ein frischer Wind in Straßburg! Fast könnte man meinen, der Abschluß des Schuman-Planes habe das Vorstellungsvermögen und die Tatkraft der bisher nicht sonderlich einfallsreichen Straßburger Versammlung neu beflügelt. Bisher erschien alles so festgelaufen, so aussichtslos. Niemand schien den Mut zu haben, eine Aufgabe wirklich anzupacken. Zwar hielten alle im Laufe der Zeit viele schöne Reden über die europäische Gemeinschaft, wenn es aber zu konkreten Beschlüssen und Maßnahmen kommen sollte, dann zögerten sie. Nichts geschah. – Anders diesmal. Möglich, daß wir Deutschen Straßburg diesmal mit anderen Augen sehen. Schließlich sind wir dort zum erstenmal als gleichberechtigte Partner vertreten! Wir haben also unsere eigene außenpolitische Selbständigkeit wiedererlangt. Mehr noch: Wir wissen, daß es in Zukunft keine europäischen Probleme geben kann, zu denen die deutsche Stimme nicht gehört wird.

Und es gibt der Probleme sehr viele – eben das hat Straßburg gezeigt. Der Ministerrat, der vorige Woche seine Tagung abschloß, hat viele neue Fragen aufgeworfen, deren Behandung bisher allzu utopisch erschien. Jetzt aber sollen sie während der nächsten vierzehn Tage von der Beratenden Versammlung diskutiert werden.

Ein Antrag auf Vereinfachung des westeuropäischen Paßwesens und auf Abschaffung des Visumzwanges wurde angenommen. Der holländische Außenminister Stikker wies als Vorsitzender der Tagung insbesondere auf die Initiative hin, die gerade die deutsche Jugend, die, wie er sagte, mehr als andere junge Menschen in der Welt ihre Ideale eingebüßt hätte, in dieser Frage ergriffen habe. – Der italienische Außenminister Graf Sforza machte den erregenden Vorschlag, die europäische zivile Luftfahrt solle in einer Luftverkehrsunion zusammengeschlossen werden. Auf diese Weise würde auch Deutschland Gelegenheit haben, wieder eine eigene zivile Luftfahrt aufzubauen, wobei außerdem das Übergewicht der amerikanischen Linien auf dem europäischen Kontinent beseitigt würde. Ferner sollen die Möglichkeiten geprüft werden, ob die Post-, Telefon- und Telegrafengebühren vereinheitlicht werden können. Und wieder wurde auch die Frage einer europäischen Agrarunion diskutiert.

Für Deutschland aber hat Bundeskanzler Adenauer in Straßburg einen besonderen Erfolg errungen, da es ihm gelang, den Ministerrat zu bewegen, einen Sachverständigenausschuß einzusetzen, der sämtliche Möglichkeiten einer internationalen Lösung des deutschen Flüchtlingsproblems prüfen soll. Es gelang Adenauer, wie der Vorsitzende des Ministerrats auf einer Pressekonferenz sagte, durch seine persönliche Überzeugungskraft die anfangs vorhandenen Bedenken der Außenminister zu zerstreuen. Er habe «soviel Sympathie und den unbedingten Willen zu helfen erweckt», daß schon in wenigen Monaten mit tatkräftigen gesamteuropäischen Maßnahmen zugunsten der deutschen Flüchtlinge zu rechnen sei. Und wirklich bedeutet es etwas, daß gerade die linksgerichtete Pariser Zeitung *Combat* den deutschen Bundeskanzler beglückwünschte, weil er bereits am ersten Tag seine Stimme erhoben habe, um die Lösung eines Problems zu fordern, das man bisher der Bundesrepublik allein überlassen habe, obgleich es der Quadratur des Kreises gleichkäme.

Der Erfolg, den Adenauer in Straßburg zweifellos gehabt hat, ist vor allem *einer* Tatsache zuzuschreiben: Man glaubt ihm, der gegen so viele Widerstände den Schuman-Plan durchsetzte, daß das deutsche Volk sich danach sehnt, aus der nationalen Enge herauszuwachsen, hinein in eine größere europäische Gemeinschaft!

1952

13. März 1952

Richard Tüngel

Moskau spielt die deutsche Karte aus

Die Frage eines deutschen Friedensvertrages wurde auf einmal wieder lebhaft diskutiert und diesmal überraschenderweise auf dem politischen Forum der Bundesrepublik. Als Grotewohl am 13. Februar einen Appell an die vier Besatzungsmächte richtete, auf Grund der Potsdamer Beschlüsse einen Friedensvertrag für Deutschland auszuarbeiten, lautete das Urteil bei der SPD wie bei den Regierungsparteien: Propagandamanöver! Schon weil die Mitwirkung Deutschlands an den Vertragsverhandlungen nicht verlangt worden wäre, sei der Vorschlag wertlos. Als acht Tage später die Antwort der Sowjetunion vorlag, in der eine Teilnahme Deutschlands an den Friedensverhandlungen vorgeschlagen wurde, sah man in ihr allgemein nur einen Versuch, die Verhandlungen über den Pleven-Plan zu stören. Über Nacht hat sich diese Einstellung gewandelt. Heute lautet das Urteil in der Bundesrepublik ersichtlich anders.

Am 4. März kündigte der stellvertretende Vorsitzende der SPD, Erich Ollenhauer, auf einer Pressekonferenz in Stuttgart an, daß die SPD Bundeskanzler Adenauer auffordern werde, er möge die drei Westmächte bitten, sie sollten zu dem Appell Grotewohls Stellung nehmen. Man könne es nicht nur der Sowjetunion überlassen, sich zu diesem Vorschlag zu äußern. Zwei Tage später wurde in Bonn bekanntgegeben, daß Dr. Adenauer einen persönlichen Brief Dr. Schumachers erhalten habe, in dem die gleiche Forderung vorgetragen werde. Es müsse, so hieß es in diesem Brief, nicht nur den Alliierten die Stellung der Bundesrepublik zu den Grotewohlschen Vorschlägen klargemacht, sondern auch verlangt werden, daß die Westmächte ihrerseits versuchen sollten, Gewißheit über die Absichten des Kremls zu erlangen. Und endlich ließ auch die Regierung erklären, der Bundeskanzler habe schon vor Erhalt dieses Briefes aus eigenen Stücken ein entsprechendes Verlangen an die drei Hohen Kommissare gerichtet und sie gebeten, sein Memorandum ihren Regierungen weiterzuleiten.

Woher dieser plötzliche Elan? Nun, in Südwestdeutschland ging der Wahlkampf seinem Höhepunkt entgegen. Die SPD hatte die Parole ausgegeben, diese Wahlen bildeten einen Test für die wahre Einstellung des deutschen Volkes zu den Problemen der großen Politik. Die Bonner Regierungsparteien hatten diese Herausforderung angenommen. Dadurch erhielt der Wahlkampf ein ganz falsches Gesicht. Statt auf die Themen einzugehen, die ihm zugrunde lagen, welche Forderungen nämlich die Abgeordneten der einzelnen Landesteile, die jetzt zum Südweststaat vereint werden, in der verfassunggebenden Versammlung erheben sollten, stritt man sich über Außen- und Innenpolitik der Bundesregierung. Da konnte denn natürlich ebenso wie das Thema des Wehrbeitrages auch die Frage der Wiedervereinigung mit der Sowjetzone nicht fehlen.

Doch sollte man das Interesse an den deutschen Ostproblemen, das plötzlich so sichtbar geworden ist, nicht einfach mit dem Schlagwort: Wahlparolen abtun. Es hat sich doch wohl einiges geändert. Nicht in der Politik des Bundeskanzlers. Für ihn ist immer noch die Wiedervereinigung Deutschlands nur denkbar, wenn die Bundesrepublik zuvor in Europa aufgeht. In seiner Radiounterhaltung mit Ernst Friedlaender sagte er: «Erst wenn der Westen stark ist, ergibt sich ein wirklicher Ausgangspunkt für friedliche Verhandlungen, mit dem Ziel, nicht nur die Sowjetzone, sondern das ganze versklavte Europa östlich des Eisernen Vorhangs zu befreien, friedlich zu befreien.» Das ist die alte Linie seiner Politik, und Dr. Adenauer kann sie von sich aus nicht ändern, ehe sich die Konstellation nicht gründlich wandelt.

Anders Dr. Schumacher: Es liegt im Wesen der Opposition, daß ihre Politik wendiger sein kann als die der Regierung. So ist jetzt die Stellung der SPD zum Wehrbeitrag, verglichen mit der Bundestagsdebatte, sehr viel präziser geworden. Die SPD, sagte Ollenhauer, würde bereit sein, über eine sinnvolle Verteidigung Europas zu reden, doch müßte die Basis eine wirkliche Partnerschaft sein, nicht ein undurchführbarer Kompromiß zwischen Partnerschaft und vertraglich vereinbarten Rechten eines Besatzungsregimes ... Aber auch die Ostpolitik der SPD hat sich gewandelt.

Sie war begreiflicherweise sehr schroff und zornig gegen die SED gerichtet, und damit auch gegen den Kreml, den Schutzpatron der Pieck und Grotewohl. Wenn Schumacher und Ollenhauer jetzt von den Alliierten verlangen, sie sollten die Stellung des Polit-Büros zum deutschen Friedensvertrag klären, so ist dies eine bemerkenswerte Wendung. Sie ist erfolgt, weil man in der SPD glaubt, der Kreml sei bereit, die SED fallenzulassen. So ungefähr steht es wenigstens in einem langen Artikel des «Neuen Vorwärts», des «Zentralorgans der Sozialdemokratischen Partei Deutschlands». Und Dr. Schumacher selbst sagte in einer Ansprache im Stuttgarter Rundfunk: «Das System der Sowjetdiktatur in der sowjetischen Besatzungszone ist von Grund auf so erschüttert, daß Herr Ulbricht und die maßgebenden Parteiinstanzen tatsächlich bereits von einer Staatskrise in der SED sprechen.»

Es ist schwer zu sagen, wie ernst diese zweifellos vorhandene Krise ist und ob es stimmt, daß der Widerstand in der Sowjetzone täglich wächst. Jedenfalls muß man die Möglichkeit ins Auge fassen, daß der Kreml wirklich einmal dieser schlecht funktionierenden Partei überdrüssig und bereit sein wird, mit dem Westen über Deutschland zu verhandeln. Was soll dann geschehen? Wir sind in diesem Fall völlig darauf angewiesen, die Westmächte sich für uns informieren und für uns handeln zu lassen, denn wir haben nirgendwo in der Welt, nicht einmal in Berlin, einen Diplomaten sitzen, der einen losen Faden zu den Sowjets unterhielte. Aber werden die Alliierten, wenn sie für uns handeln, es in unserem Sinne tun?

Diese Frage gewinnt im Augenblick außerordentliche Bedeutung, denn allerdings hat inzwischen die Sowjetunion eine Note direkt an die drei Westmächte gerichtet, in der sie den sofortigen Abschluß eines Friedensvertrages mit Deutschland vorschlägt, mit Bedingungen, die außerordentlich großzügig aussehen, aber bei näherer Prüfung noch viele Vorbehalte erkennen lassen: So sind weder die östliche Grenze, die nach dem «Potsdamer Abkommen» festgelegt werden soll, noch die Fragen der freien Wahlen genau definiert. Wie werden sich die Westmächte zu dieser Note stellen?

In Frankreich sieht man die Teilung Deutschlands nicht ungern. Für die Vereinigten Staaten würde ein Friedensschluß mit Deutschland nur erträglich sein, wenn er eine sichtbare Niederlage Sowjetrußlands bedeutete, wenn also das vereinigte Deutschland bewaffnet westlich des Limes stünde, den die USA gegen Sowjetrußland zu errichten bemüht sind.

In England endlich legt man sich nach keiner Seite fest. Man ist nicht daran interessiert, die Gegensätze zur Sowjetunion zu verschärfen, man ist aber erst recht nicht geneigt, um eines deutschen Friedensvertrages willen die Beziehungen zu Amerika trüben zu lassen.

In diese Situation stößt die sowjetische Note. Man hat in Moskau begonnen, die Bedeutung der Anstrengung zur europäischen Integration zu verstehen. Die Sowjetregierung versucht sich in den historischen Vorgang, der in dem Entschluß zur deutschen Wiederbewaffnung liegt und den sie nicht verhindern kann, einzuschalten. Damit ist jetzt ein neues Element in die nach allen Windrichtungen totgefahrene Situation gekommen, das eine neue Analyse und neue Schlußfolgerungen ermöglicht. Es sollte keine Mühe, aber auch keine Vorsicht dabei gescheut werden. Denn das Objekt ist die deutsche Einheit im Frieden.

1953

19. März 1953

JAN MOLITOR

«Da war mir klar: ich mußte Flüchtling werden ...»

Berlin, im März

Daß man in Berlin doch immer dies schlechte Gewissen hat, wenn man zu Besuch aus dem Westen rasch hinüberflog in die alte Reichshauptstadt, in der man früher lebte! Allen, denen es ebenso geht, sei hier ein Rat erteilt: Hütet euch, Berlin zu loben! Der Kurfürstendamm strahlt zwar noch mehr im Licht als ehedem, und was die Leipziger Straße, die in den Ostsektor geriet, verloren hat, ersetzt die Schloßstraße in Steglitz. Aber hütet euch! Wer beim Wiedersehen und in der Freude, daß sein Heimweh besänftigt wurde, anfängt, Berlin und die Berliner zu loben, der sieht im Gesicht seines berlinischen Freundes und Kameraden von einst ein Lächeln aufsteigen, gemischt aus Stolz, Ironie, Überlegenheit und Wehmut. «Wann geht dein Flugzeug?» antwortet der Berliner, und dann ist man still.

Ja, und dann startet das Flugzeug, und von 50 Passagieren sind 46 Flüchtlinge: die haben tagelang, wochenlang in Berlin herumgestanden; nun ist ihnen beschieden, im Westen vor Baracken und Amtsstuben, vor Schreibtischen und vor Registrierkarteien herumzustehen. Aber in Berlin haben sie doch wenigstens eins erfahren, was vor 1948, vor der Währungsreform, auch im Westen noch sehr stark vorhanden war und was sich dann *peu à peu* verringerte: Solidarität,

Hilfsbereitschaft, Nächstenliebe ... nennt's wie ihr wollt; die Worte klingen abgegriffen, weil sie den Heuchlern, aber auch den Organisatoren und Propagandisten zu oft von der Zunge gerollt sind; aber wer will, kann dennoch verstehen, was diese Worte bedeuten ...

Mir fiel auf: In Berlin sind die Lokale – auch die teuren – billiger als in Westdeutschland. Erklärung: Es fehlt allgemein das Geld. Mir fiel auf: Als der Rundfunk seine – übrigens glänzend gelungenen – Veranstaltungen zum Besten der Flüchtlinge darbot, waren an den Spenden trotz der Geldknappheit am meisten die Berliner beteiligt, prozentual gerechnet; det fiel mir uff. Und dann: Die kleinen Händlersleute mit den Obst- und Coca-Cola-Ständen, die sich vor dem Amtssitz des Senators für das Sozialwesen in der Kuno-Fischer-Straße aufgebaut haben, sie lassen manches krumme Geldstück gerade, manche Ost-Mark, det fiel mir ooch noch uff: West-Mark sein. Sogar die «fliegenden Händler» mit ihren «Bauchläden» handeln so großzügig gegenüber den Flüchtlingen, die hier eintreffen. Sie wissen: viele kommen ohne einen Pfennig Geld. Ach, wie schön, wollte Walter von Cube, der bayerische Rundfunk-Chefredakteur, die «selbstmörderische Humanität» besitzen, sich ein Weilchen in die Kuno-Fischer-Straße zu stellen. Keine Angst! Man macht sich da nicht schmutzig. Der idyllische Lietzensee liegt dort und sieht unter der ersten Frühlingssonne heiter, sauber, freundlich aus, und die meisten Flüchtlinge, die sich zum Registriertwerden anstellen, haben ihre besten Anzüge am Leibe, ihre Sonntagskleider: das gibt dem Flüchtlingselend eine gepflegte Note.

Die Leute sind auch nicht so, daß sie schimpfen, wenn ihnen das Warten zu lange wird. Sie tun den Mund nicht auf. Entweder schweigen sie, weil sie nicht gewöhnt sind, den Mund aufzutun, oder weil sie – auch hier noch – Angst vor Verrätern haben. Wenn Walter von Cube aber in der Kuno-Fischer-Straße stünde, so würde der Anblick der Flüchtlinge gewiß sein Herz rühren. Gewiß wäre er dann auch bereit zu prüfen, was Wahres oder Unwahres an seiner im bayerischen Rundfunk verkündeten Theorie ist, daß der Osten absichtlich die Flüchtlinge nach Westdeutschland presse, um unseren Wirtschaftsaufbau zu stören, und daß wir im Westen uns dagegen wehren sollten, indem wir die Grenzen sperren.

Im Treppenhaus des Gebäudes in der Kuno-Fischer-Straße kann man ein paar alten Leutchen behilflich sein, einige Inschriften zu entziffern. «Flüchtlinge, fahrt nicht mit der S-Bahn.» – Die S-Bahn gehört bekanntlich in ganz Berlin den Ostberlinern. Man sieht es schon daran, daß gerade in diesen Tagen auch auf den westlichen S-Bahnhöfen die Fahnen halbmast zum Tode des tschechischen Diktators Gottwald wehen. Auf diesen Bahnhöfen kann es vorkommen, daß Beamte der Ostberliner Behörden die Flüchtlinge – mitten im Berliner Westen – «einkassieren», wie der rohe Ausdruck heißt. – «Hütet euch vor Spitzeln!» Nun, diese Inschrift hindert die alten Leute nicht, offen zu erzählen, warum sie geflohen sind. «Unser Dorf ist fast leer. Da wohnt kaum noch einer.» – «Meine Söhne sind vor drei Wochen fort. Ich kriege keine Rente. Ich will in den Westen, weil die alten Leute dort eine Rente kriegen.» Man hat sie ungehindert gehen lassen. – Sollte Cube recht haben, als er im Münchener Rundfunk sagte, die Sowjets schickten die Leute absichtlich in den Westen?

Auch junge Leute, Achtzehn- und Zwanzigjährige, sind da und stehn in Reih' und Glied, als wollten sie eine Kolonne bilden. – «Ihr gehört zusammen, nicht?» – «Jawoll, gestern, in der Fabrik, wurden sie aussortiert. 200 Jungens mußten antreten, frisch von den Maschinen weg. Und da hieß es, wir sollten uns sofort freiwillig melden. Uniform ... Kaserne ... So wie wir da beieinander standen, wir zehn, sind wir getürmt.» – «Wie stellt ihr euch das Leben im Westen vor?» – «Nun, möglich, daß wir da auch Soldat werden sollen – was meinen Sie? Egal. Besser dort als im Osten.» – «Hättet ihr bleiben können?» – «In Kasernen, ja.» – Sie stellen sich den Westen golden vor, diese Jungen. Wer – mit Cube – warnt, sie aufzunehmen, hätte vielleicht recht, wenn er nicht wüßte: jetzt sind sie da, jetzt können sie nicht zurück.

Viele, die in der Kuno-Fischer-Straße stehen – und immer wieder treffen vom nahen S-Bahnhof Witzleben her neue ein – sind Bauern. Ruhige Leute, aus deren Gesichtern man nichts lesen kann. Sie bleiben stumm, sie trauen fremden Menschen nicht. Aber traut wenigstens einer dem anderen? – Ein einbeiniger Mann sitzt in der Sonne auf einem Mauervorsprung. Ein Paar kommt vorbei: sie, die Frau, trägt ein Kind; er, der Mann, schiebt den Kinderwagen, in dem ein Koffer liegt. Staunende Begrüßung. Das Paar und der Einbeinige sind aus demselben Dorf. «Dort müßt ihr 'rein», sagt der Einbeinige und deutet mit dem Krückstock auf eine Tür und macht sich erbötig, auf den Kinderwagen aufzupassen. Wie sie zusammenhalten! Doch da nestelt der Einbeinige an seinem Handgelenk. «Nimm meine Uhr als Pfand für den Kinderwagen», sagt er, «ihr sollt nicht denken, ich hau' mit eurem Koffer ab ...» Und die Bauersleute, nur leicht verlegen, nahmen das Pfand. Man hat in der Sowjetzone gelernt, einander zu mißtrauen! –

Dieser Bauer verlangt, einen Ausweis zu sehen, bevor er Antwort gibt. Dann erzählt er, daß er aus der Uckermark kommt. Ein mittlerer Bauer. Zehn Hektar. Er spricht nicht den uckermärkischen Akzent, er ist Rumäniendeutscher, aus der Bukowina. Er ist mit seinen Eltern in ein uckermärkisches Dorf gekommen und hat ein einheimisches Mädchen geheiratet. «Meine Eltern haben eine Siedlung bekommen. Drei Hektar. Die Eltern können sich noch halten?» – «Warum können sich die Eltern halten?» – «Weil die kleinen Siedler nicht so vom Soll geplagt sind.» – «Und Sie?» – «Nun, zuerst ging alles gut. In den ersten Jahren brauchte ich nur zwei Zentner Fleisch abzuliefern; im vorigen Jahre sollten es 22 Zentner sein; und das war unmöglich. Vorgestern wurde ich aufs Amt bestellt. ‹Sabotage›, sagten sie zu mir, ‹Volksvermögen schlecht verwaltet›. Die anderen Bauern sind vor kurzem in die ‹Produktionsgenossenschaft› eingetreten, in die Kolchose. Schnell sagte ich: ‹Das will ich auch.› Sie sagten: ‹Zu spät.› Da war mir klar, ich mußte Flüchtling werden. Gestern abend berieten wir das, meine Frau und ich. Wir sagten der Schwiegermutter, wir wollten zu einer Hochzeit nach Jüterbog fahren; wir nahmen das Kind, den Kinderwagen, einen Drei-Tage-Koffer, und jetzt sind wir hier.» – «Und die Schwiegermutter weiß es nicht?» – «Nein, wir wollten es ihr schreiben. Wenn sie mit dem Brief beweisen kann, daß sie nichts wußte – vielleicht darf sie dann wohnen bleiben in dem Haus ...»

Es *muß* ein *System* vorhanden sein. Aber wo faßt man es? Wo ist der Zugang zu dem Geheimnis, daß jetzt so viele Bauern aus der Sowjetzone fliehen? Panik kann's nicht sein. Da lehnt am Vorgartenzaun in der Kuno-Fischer-Straße ein Bauer, der nicht aussieht, als ob man ihm Angst einjagen könnte. Hakennase, energisches Gesicht. Er trägt Jägerhut und Lodenmantel; neben ihm steht eine Aktentasche. So sah ich ihn an drei aufeinanderfolgenden Tagen und wechselte jedesmal ein paar Worte mit ihm.

«Das System ist», sagt er, «die mittleren Bauern kaputt zu machen.» – «Sind Sie ein mittlerer Bauer?» – «Ich habe einen Hof von 100 Morgen. Als ich aus dem Krieg heimkam, war vieles in Unordnung, aber zuerst ging alles glänzend. Die Bauern wurden reich. Der Zentner Raps brachte 3000 Mark, der Zentner Weizen 1000 Mark. Die Menschen hungerten, den Bauern ging es gut. Je mehr man dann vom Aufstieg sprach, desto schlechter ging es den Bauern. Im vorigen Jahr fing das Kesseltreiben gegen die sogenannten Großbauern an. Die kleinen Bauern, die weniger als zehn Hektar bestellen, haben heute pro Morgen drei bis vier Zentner Korn abzuliefern, die größeren Betriebe 40 Zentner pro Morgen. Das hält keiner aus.» – «Ist es wahr, daß die Produktionsgenossenschaften, die Kolchosen, ein geringeres Ablieferungssoll haben?» – «Ein weit geringeres Soll, 20 Prozent!» – «Wenn man also wirklich von der Kolchose, von dem zusammengeworfenen Großbetrieb prozentual weniger verlangte als vom mittleren Bauern – wie ist das möglich? Welches Interesse besteht dann eigentlich, Kolchosen zu schaffen?» – «Es ist das Prinzip. Und das Prinzip ist heilig.» –

«Was werden Sie im Westen tun?» – «Landarbeiter werden.» – «Hätten Sie das nicht auch in der Sowjetzone haben können?» – «Nein, eben nicht», sagte der Landwirt und wird erregt. «Was glauben Sie? Was denkt ihr heute im Westen? Glaubt ihr wirklich, ein Bauer verließe seinen Hof, sein Land, sein Haus, wenn's nicht Not hätte, höchste Not? Ein Bauer? Ich wollte gern als Arbeiter, als Enteigneter daheim leben, wie gern! Aber es ist keine Wahl. Ich bin nicht vor der Enteignung davongelaufen, sondern vorm – Zuchthaus. Es gilt doch dies schreckliche Gesetz: Enteignet werden kann nur, wer ‹Sabotage› trieb. Wer aber ‹Sabotage› trieb, wird mit wenigstens fünf Jahren Zuchthaus bestraft. Flucht oder Zuchthaus – das war die Wahl für alle Bauern, die Sie hier jetzt in der Kuno-Fischer-Straße sehen.» – «Ja, trieben Sie und trieben alle die Tausende von Bauern denn Sabotage?» – Der Bauer sieht mich fassungslos an, fassungslos über so viel westliche Dummheit. «Es ist ein und dieselbe Litanei», sagt er. «Ihr im Westen ruft uns auf, doch ja zu bleiben und deutschen Boden zu bewahren. Und ihr warnt uns –: Westdeutschland sei überfüllt. Aber was glaubt ihr, wie die Möglichkeiten der Entscheidung liegen? Die Berliner wissen Bescheid, auch manche Amerikaner. Ihr kriegt einen Schrecken, wenn plötzlich neue Flüchtlinge in Strömen kommen und bitten, schreien, flehen: ‹Helft uns!› Anders die Westberliner. Ich würde gern in Berlin bleiben. Aber was soll ich hier? Ein Bauer auf Asphalt? Ich warte nur hier …» – «Worauf?» – «Auf meine Frau und meine Tochter. Ich stehe von morgens bis abends hier am Zaun und warte.» – «Kommen sie noch?» – «Hoffentlich …»

25. Juni 1953

Marion Gräfin Dönhoff

Die Flammenzeichen rauchen

Als die Pariser am 14. Juli 1789 die Bastille stürmten, wobei sie 98 Tote zu beklagen hatten und 7 Gefangene befreiten, ahnten sie nicht, daß dieser Tag zum Symbol für die Französische Revolution werden würde. Er wurde es, obgleich alle wesentlichen Ereignisse: die Erklärung der Menschenrechte, die Ausarbeitung der neuen Verfassung, die Abschaffung der Monarchie zum Teil erst Jahre später erfolgten. – Der 17. Juni 1953 wird einst und vielleicht nicht nur in die deutsche Geschichte eingehen als ein großer, ein symbolischer Tag. Er sollte bei uns jetzt schon zum Nationaltag des wiedervereinten Deutschland proklamiert werden. Denn an diesem 17. Juni hat sich etwas vollzogen, was wir alle für unmöglich hielten.

Hatte nicht schon Nietzsche gesagt: «Wer aber erst gelernt hat, vor der Macht der Geschichte den Rücken zu krümmen und den Kopf zu beugen, der nickt zuletzt chinesenhaft-mechanisch sein ‹Ja› zu jeder Macht ... und bewegt seine Glieder in dem Takt, in dem irgendeine Macht am Faden zieht.» Hatten wir nicht längst resigniert vor der Macht des totalitären Apparates, gegen den jede Auflehnung zwecklos sei? Hatten nicht viele jene Jugend für verloren angesehen, die im totalen Staat Hitlers geboren und im totalen Staat der SED herangewachsen war? Und nun?

Nun kam der 17. Juni. Am Morgen hatten ein paar Bauarbeiter in der Stalinallee in Berlin gegen die Erhöhung der Arbeitsnorm revoltiert. Spontan kam ein Protestmarsch zustande, ohne eigentliches Ziel zunächst und ohne jegliche Organisation. Hunderte stießen dazu, bald waren es Tausende, Zehntausende und mehr. Nach 24 Stunden stand Ostberlin im offenen Aufruhr, ohne Waffen, mit Steinen und Stangen gingen die Arbeiter gegen die russischen Panzer vor. In Leipzig brannten die Leuna-Werke, in Magdeburg wurde das Zuchthaus gestürmt ... Streik auf den Werften, Streik bei Zeiß-Jena, auf allen Bahnstrecken, in den Kohlen- und Uranbergwerken. Staatseigene Läden, Polizeistationen und Propagandabüros standen in Flammen. Die Volkspolizei ließ sich teilweise widerstandslos entwaffnen. Eine aus Magdeburg geflüchtete Arbeiterin berichtete über den Sturm der Magdeburger auf das Volkspolizeipräsidium. Die Volkspolizisten hätten die Tore geöffnet, ihre Waffen übergeben und die Uniformröcke ausgezogen. «Ich sah, wie Offiziere der Volkspolizei, die dem Vordringen der Arbeiter Widerstand entgegensetzten, aus den Fenstern des ersten Stocks geworfen und verprügelt wurden.»

Als Demonstration begann's und ist eine Revolution geworden! Die erste wirkliche deutsche Revolution, ausgetragen von Arbeitern, die sich gegen das kommunistische Arbeiterparadies empörten, die unbewaffnet, mit bloßen Händen, der Volkspolizei und der Roten Armee gegenüberstanden und die jetzt den sowjetischen Funktionären ausgeliefert sind. Straße für Straße und Haus für Haus wird jetzt durchsucht nach Provokateuren und Personen, die sich nicht dort aufhalten, wo sie gemeldet sind. Allein in Ostberlin befanden sich nach dem Aufstand mehrere tausend Personen in Haft, zum Teil in Schulen, die provisorisch in Gefängnisse umgewandelt worden sind. Sehr viele ganz junge sind dabei. In einer Liste von «überführten Provokateuren», die das SED-Organ veröffentlichte, gehört die Mehrzahl den Jahrgängen von 1933 bis 1936 an. Das ist die Jugend, von der man uns glauben machen wollte, sie habe den Sinn für die Freiheit verloren.

Es ist Blut geflossen – vielleicht sehr viel Blut. Der Ausnahmezustand wurde verhängt, und dort, wo bisher die kommunistischen Bürgermeister herrschten, regieren wieder wie 1945 die Rotarmisten. Der Ostberliner Bürgermeister Ebert stellte fest: «Unsere sowjetischen Freunde haben durch ihr energisches und mit großer Umsicht geführtes Eingreifen uns und der Sache des Friedens einen großen Dienst geleistet.» Das ist die einzige Stimme aus dem Kreise der «deutschen» Regierungsfunktionäre, gegen die der Aufstand sich in erster Linie richtete. Also eine Revolution, die zu nichts geführt hat?

Nein, so ist es nicht. Diese Revolution hat im Gegenteil ein sehr wichtiges Ergebnis gehabt. Das, was der britischen Diplomatie und den amerikanischen Bemühungen nicht gelungen war, das haben die Berliner Arbeiter fertiggebracht: sie haben am Vorabend der Vierer-Verhandlungen im Angesicht der ganzen Welt offenbar werden lassen, auf wie schwachen Füßen die Macht des Kreml und seiner Werkzeuge in Ostdeutschland (und vermutlich in allen Volksdemokratien) steht. Es ist deutlich geworden, daß dieses Gebiet, zu dessen Fürsprecher und Schutzpatron jene sich so gern aufwerten, sie aus ganzem Herzen haßt und verachtet, ja, daß sie sich nicht einmal auf die Volkspolizei verlassen können. Es ist ferner offenbar geworden, daß mit dem richtigen Instinkt für die Schwächemomente des totalitären Regimes man selbst diesem schwere Schläge versetzen kann – ganz zu schweigen davon, daß dieses System in vollem Umfang: politisch, wirtschaftlich und psychologisch Schiffbruch erlitten hat. Und schließlich ist für alle noch eines ganz eindeutig klargeworden, daß nämlich jetzt die Einheit Deutschlands die wichtigste Etappe in der weiteren politischen Entwicklung sein muß.

Jener 17. Juni hat ein Bild enthüllt, das nicht mehr wegzuwischen ist: die strahlenden Gesichter jener Deutschen, die seit Jahren in Sorge und Knechtschaft lebten und die plötzlich, wie in einem Rausch, aufstanden, die fremden Plakate herunterrissen, die roten Fahnen verbrannten, freie Wahlen zur Wiedervereinigung forderten ... Und die nun wieder schweigend, von neuen Sorgen erfüllt, an ihre Arbeitsstätten wandern. Manch einem in der Bundesrepublik mag erst in diesen Tagen klargeworden sein, daß das, was dort drüben geschieht, uns alle angeht und nicht nur jene, die die Verhandlungen führen. Der 17. Juni hat unwiderlegbar bewiesen, daß die Einheit Deutschlands eine historische Notwendigkeit ist. Wir wissen jetzt, daß der Tag kommen wird, an dem Berlin wieder die deutsche Hauptstadt ist. Die ostdeutschen Arbeiter haben uns diesen Glauben wiedergegeben, und Glauben ist der höchste Grad der Gewißheit.

Einen Moment lang bestand die Frage, was wird die sowjetische Antwort sein, Fortsetzung des Kurswechsels oder verschärfter Terror? Die Entscheidung ist zugunsten des Kurswechsels gefallen. Hören wir die Erklärungen des Zentralorgans der SED nach jenen Ereignissen: Das «Neue Deutschland» schreibt am 18. Juni, «natürlich muß uns, der Partei der Arbeiterklasse, die gewichtige Frage zu denken geben, wie konnte es geschehen, daß nennenswerte Teile der Berliner Arbeiterschaft, der Berliner Werktätigen, unzweifelhaft ehrliche und gutwillige Menschen, von einer solchen Mißstimmung erfüllt waren, daß sie nicht bemerkten, wie sie von faschistischen Kräften ausgenutzt wurden. Hier liegen zweifellos schwerwiegende Versäumnisse unserer Partei vor. Sie wird viel besser lernen müssen, die Massen zu achten, auf ihr Wort zu hören, um ihr tägliches Leben besorgt zu sein.»

Am 22. Juni stellt das SED-Zentralkomitee abschließend eindeutig fest, «wenn Massen von Arbeitern die Partei mißverstehen, *ist die Par-*

tei schuld, nicht der Arbeiter». Unter dem Vorsitz von Ministerpräsident Grotewohl wurden im weiteren Verfolg der Politik des «neuen Kurses» der Bevölkerung eine Reihe von Zugeständnissen gemacht. Der Kreml will also weiter die Ostzone «anschlußfähig» machen, weil er sie für die Neutralisierung Gesamtdeutschlands vertauschen will. Reimann hat dies in seiner Pressekonferenz in Bonn am 18. Juni – am Tage danach – sehr deutlich gesagt, indem er noch einmal, fast wörtlich, jenen Passus zitierte, der sich wie ein roter Faden als Hauptforderung durch die vier sowjetischen Noten des vorigen Jahres hindurchzog. Grundsatz des Friedensvertrages müsse sein, so sagte er, «Deutschland wird keinerlei Militärbündnisse oder Koalitionen eingehen, die sich gegen Staaten richten, die im Krieg gegen Deutschland standen».

In Tyrannos

Bei dem Aufstand in Berlin starben für die Freiheit:

Willi Goettling, geb. 14. 4. 1911, Berlin-Reinickendorf, Berliner Straße 60
Horst Bernhagen, geb. 16. 3. 1932, Berlin SW 68, Jessenstraße 41
Gerhard Santura, geb. 6. 5. 1934, Berlin NW 21, Bochumer Straße 4
Werner Sensitzki, geb. 17. 6. 1937, Berlin N 65, Müllerstraße 33
Rudi Schwander, geb. 3. 8. 1938, Berlin N 4, Anklamer Straße 26
Gerhard Schulze, geb. 8. 9. 1911, Berlin-Steglitz, Leydenstraße 39
Edgar Krawetzke, geb. 16. 3. 1933, Berlin-Charlottenburg, Wielandstraße 13
Dr. Oskar Pohl, geb. 1928, Berlin-Grunewald, Seebergsteig 24

Sie stehen hier für alle diejenigen, die in diesen Tagen zwischen Elbe und Oder fielen und deren Namen nirgends verzeichnet sind.

Es muß schlecht um Moskau bestellt sein, wenn es um der potentiellen EVG willen die Berliner Schlappe – die nicht ohne Rückwirkungen auf die Satellitenstaaten bleiben dürfte – einzustecken bereit ist. Wir aber wissen, wie rasch in der vorigen Woche die sowjetischen Nachschubdivisionen über die Oder geworfen wurden. Das wird uns eine Warnung sein. Gesamtdeutschland soll nicht, wie die Deutschen der Ostzone, eines Tages genötigt sein, sich mit Steinen gegen die roten Panzer zu verteidigen.

1954

29. April 1954

Wolfgang Krüger

«Die Arbeitszeit muß kürzer werden»

Die in den Jahren nach der Währungsreform zur Mode gewordene Rede vom «deutschen Wirtschaftswunder» ist uns allmählich selbst unheimlich geworden. In der Tat ist dieser Slogan nicht nur höchst mißverständlich – etwa in dem Sinne, als ob wir nun schon für alle Zeiten über den Berg wären –, sondern auch sachlich falsch. Der allerdings überraschend schnelle Aufstieg der deutschen Wirtschaft aus Schutt und Asche, der sich von Jahr zu Jahr in ruckartigen Steigerungen der Produktionszahlen und der Masseneinkommen auswies und nun auch in nahezu beängstigenden Zahlungsbilanzüberschüssen sichtbar wird, ist ja alles andere als ein Wunder, sondern die Folge der höchst realen Tatsache, daß wir *arbeiten* können. Es mehren sich sogar die Stimmen, die behaupten, daß wir in den letzten Jahren in dieser Hinsicht des Guten zuviel getan und über dem hastigen Wiederaufbau unserer äußeren Fassade anderes vergessen hätten, was *auch* zum Lebensglück gehört – daß uns also dieses Wirtschaftswunder, auf lange Sicht gesehen, doch recht teuer zu stehen gekommen ist.

Hierzu ist zu bemerken – und auch gegenüber unseren kritischen westlichen Nachbarn, denen unser Arbeitseifer und unser so rasches *«come back»* auf den Weltmärkten unliebsam in die Glieder gefahren ist –, daß wir ja in der Situation nach 1945 nichts anderes tun konnten, als zuzupacken, wo immer sich Gelegenheit dazu ergab, ohne Rücksicht auf Gesundheit, Familienleben und das andere, von dem man sagt, daß es ebenfalls zu einem erfüllten Leben gehört. Und gewiß soll weiterhin der Mann unseres Lobes sicher sein, der keine Anstrengungen scheut, sein Glück auf dem Fundament der eigenen Leistung statt fremder Hilfe aufzubauen. Aber auch das ist nun eine Tatsache: die Arbeit ist uns über das erträgliche Maß hinaus zum Mittel- und Angelpunkt geworden und in Bereiche eingedrungen, die einst ganz dem privaten Leben vorbehalten waren. Die Arbeit und die Erfordernisse der Produktion bestimmen unseren Daseinsrhythmus, während die Muße nur noch den Sinn der «Freizeit» hat, in der Körper und Geist mit den für die Fortführung der Arbeit notwendigen Energien wieder aufgeladen werden.

Diese Stunden der Muße hatten einst einen anderen Inhalt. Den Griechen und Römern war sie Mittelpunkt des Daseins und der Raum der eigentlichen Lebenserfüllung, in dem Kampf und Spiel, musische und geistige Betätigung, frei von allen Zwecken des Alltags, miteinander wechselten, während die Arbeit, als eines freien Mannes unwürdig, den Sklaven überlassen blieb. Erst im Laufe des Mittelalters wurde die Arbeit als ein *Teil* der sittlichen Lebensführung anerkannt, bis sie dann mit der Emanzipation des Bürgertums in der Neuzeit mehr und mehr zu einem zentralen *Eigenwert* wurde, dem die Muße nur noch als eine die Kräfte wieder sammelnde Arbeitspause zugeordnet war. Protestantismus und Calvinismus gaben der Arbeit eine Art religiöser Weihe. Im Leistungserfolg des einzelnen sah man den sichtbaren Ausdruck des auf der Arbeit ruhenden göttlichen Segens. Der berufliche Erfolg, der sich in barer Münze auszahlte, wurde zum Maßstab der gesellschaftlichen Stellung wie des Lebensglücks …

Am Vorabend einer Maidemonstration, auf deren Programm nach alter Tradition, in diesem Jahre aber mit besonderem Nachdruck, die Forderung nach einer Verkürzung der Arbeitszeit steht, dürfte es nützlich sein, sich dieser geschichtlichen Zusammenhänge zu erinnern. Denn nur aus der verhängnisvollen *Einseitigkeit* der historischen Entwicklung, die den Menschen (nicht allein den Arbeiter) wieder auf den Stand eines – mutatis mutandis – Sklaven der Arbeit zurückwarf, ist die Schärfe der Sprache zu verstehen, die seit Jahr und Tag den

Festreden zum «Feiertag der Arbeit» ihr Gepräge gibt. Hinter den Massenaufmärschen am 1. Mai mit ihren Forderungen nach humanen Arbeitsbedingungen und kürzeren Arbeitszeiten steht ein *echtes* Anliegen des Menschen unserer Zeit, der sich noch immer nicht ganz aus den arbeits- und produktionswütigen Traditionen des 19. Jahrhunderts frei gemacht hat – aber wirksam sind auch noch die alten *Ressentiments*, die sich in den Tagen von Marx und Engels, als es noch Arbeitszeiten von 14 und 16 Stunden gab, als politischer Explosivstoff in den Massen angesammelt hatten.

Auch der in der vergangenen Woche in der «Welt der Arbeit» veröffentlichte Leitartikel von Walter Freitag, mit dem der erste DGB-Vorsitzende die diesjährigen Maifeierlichkeiten einläutete, ist nicht frei von grollenden Erinnerungen an diese Zeiten – ganz abgesehen davon, daß die hinter uns liegenden Roboterexzesse ja nicht die persönliche Schuld einzelner oder einer Gruppe waren, sondern historisches *Schicksal*, mit dem die Generationen vor uns nicht fertig wurden. Besser und der Sache, um die es geht, dienlicher wäre es, wenn man nun endlich wenigstens in diesem Jahr in den Maiaufrufen auch anderes gelesen hätte, was den Zeichen der Zeit mehr entspricht, etwa davon, daß sich auch die Einstellung der Unternehmer zu den traditionellen Maiforderungen erheblich gewandelt hat. Denn wenn der DGB in diesem Jahr die Parole der Arbeitszeitverkürzung besonders unterstreicht und dabei auf die guten Erfahrungen hinweist, die in vielen Betrieben mit der Fünftagewoche gemacht worden sind, dann ist das ein klarer Beweis *auch* für die Bereitschaft der Arbeitgeber, aus freiem Entschluß die Arbeitsbedingungen zugunsten der Arbeitnehmer zu ändern und die Arbeitszeiten zu kürzen, wo immer es sich machen läßt. Gewiß sind es nicht nur und überall soziale Rücksichten, die zur Einführung der Fünftagewoche geführt haben. Produktionstechnische Gründe haben dabei oft sogar eine entscheidende Rolle gespielt. Aber gerade das ist doch wohl auch ein Zeichen dafür, daß die Möglichkeiten für die Einführung des «langen Wochenendes» von Betrieb zu Betrieb verschieden sind und sich damit dieses Faktum einer allgemeinen gesetzlichen Regelung im Augenblick noch entzieht.

Aber die Fünftagewoche (in der baden-württembergischen Industrie, die allerdings in dieser Hinsicht anderen Gebieten Westdeutschlands weit voraus ist und für die genauere Zahlenangaben vorliegen, haben sie 30 v. H. der Betriebe eingeführt, von denen aber nur etwa die Hälfte 45 Wochenstunden und weniger arbeiten) ist nicht gleichbedeutend mit der Vierzigstundenwoche. Darauf kommt es dem DGB an, und zwar bei *vollem Lohnausgleich.*

Es ist erfreulich, daß die Forderung nach der Vierzigstundenwoche nicht nur mit dem Hinweis auf die immer stärker werdenden Anspannungen im arbeitsteiligen modernen Produktionsprozeß begründet werden – daß wir mehr Zeit für den Menschen in uns frei machen müssen und daß die Rationalisierung erst damit ihre Krönung erfahren wird, darüber sind wir uns einig –, sondern sogar einen neuen Zungenschlag erkennen läßt. Jedenfalls ist in dem Maiartikel des DGB-Vorsitzenden zu lesen, daß «die sozialen Forderungen der Arbeitnehmer sich der wirtschaftlichen Entwicklung anpassen müssen». Wenn sich also hier nun auch so etwas wie ein Wandel der Einstellung andeutet, der Wille, nun auch die *ökonomischen Realitäten* in den Blick zu bekommen, so ist doch das Ergebnis dieser Bemühungen enttäuschend. Denn wenn man sich über die Konjunktur und die auf sie gerichteten Maßnahmen noch streiten kann, so dürfte doch *das* ein *nicht* zu praktizierender Vorschlag sein, auftretende Absatzschwierigkeiten, die ja immer zugleich wohl Liquiditätsschwierigkeiten sind, dadurch zu beseitigen, daß man in den Betrieben die Arbeitszeiten zurücksetzt, aber die Lohnkosten auf der gleichen Höhe läßt. Auch der Hinweis, daß wir in der Bundesrepublik gegenüber allen anderen vergleichbaren westlichen Industriestaaten die längsten Arbeitszeiten haben und daß in den USA und Kanada – Ländern also mit uns weit überlegener Boden- und Kapitalausstattung – das «große Wochenende» seit langem Tatsache ist, ist kein schlüssiger Beweis dafür, daß wir uns das nun ebenfalls schon leisten können.

Aber wir werden uns dieser Entwicklung nicht entziehen können. Der deutsche Arbeiter wird gut tun, am kommenden 1. Mai, wenn von den Rednertribünen herab vielleicht wieder die alten Vokabeln von der «Ausbeutung» und der «Unterdrückung» zu hören sind, daran zu denken, daß heute dergleichen niemand will. Aber in einer Volkswirtschaft, die unter dem Druck der internationalen Konkurrenz noch immer um ihre Konsolidierung und ihr Gleichgewicht ringt, stoßen sich die Dinge hart im Raume. Der Zeitpunkt für die Einführung der Vierzigstundenwoche wird im übrigen weniger von der Konjunktur als von der weiteren Aufwärtsentwicklung der *Produktivität* abhängen. Allerdings können wir eines Tages vor der Alternative stehen: entweder höhere Löhne oder kürzere Arbeitszeiten. Auf jeden Fall werden die Gewerkschaften in ihrer Lohnpolitik etwas kürzer treten müssen, um den Raum für die Verwirklichung ihres großen Maianliegens frei zu machen.

7. Oktober 1954

DEUTSCHES INSTITUT FÜR WIRTSCHAFTSFORSCHUNG

Bundesrepublik hält Spitze

Die westdeutsche Wirtschaft befindet sich auch im Herbst 1954 im Rahmen der internationalen Konjunktur sozusagen in der Spitzenposition. Sie steht eindeutig in einem verhältnismäßig starken Aufschwung. Nach den vierteljährlichen Ergebnissen der sog. volkswirtschaftlichen Gesamtrechnung ergab sich – nach den Berechnungen des Deutschen Instituts für Wirtschaftsforschung – für das zweite Vierteljahr 1954 ein Zuwachs des realen Bruttosozialprodukts gegenüber dem entsprechenden Vierteljahr 1953 von rund 7 v. H., was einschließlich der Einfuhr eine Zunahme des verfügbaren Güterstromes von rund 9 v. H. bedeutet. Allen Anzeichen über den anhaltenden Aufschwung im Herbst nach kann man im Durchschnitt des laufenden Jahres gegenüber dem Vorjahr wieder mit einem bedeutenden Zuwachs des Sozialprodukts in Höhe von 7 bis 8 v. H. rechnen. Die Indexzahl für die industrielle Produktion für August, die (1936 = 100) bei 171 liegt, ist um rund 10 v. H. höher als die Zahl für August 1953 (156) und bestätigt – mit allen anderen Indizien – die Tatsache der unvermindert anhaltenden, ja, sich vermutlich weiter verbreiternden Belebung. Westdeutschland hat im Herbst 1954 die Vollbeschäftigung erreicht, ohne daß die Konjunktur, etwa in den Preistendenzen, Anzeichen hektischer Übersteigerung zeigt.

Aber auch in der Konjunkturpolitik hält Westdeutschland eindeutig eine gewisse Spitzenposition. In seinen Bemühungen um die Befreiung des internationalen Austausches zwecks Weckung aller weltwirtschaftlich konjunkturstützenden Kräfte, die zweifellos in einem freien internationalen Warenaustausch liegen, wird es zur Zeit von keinem anderen Land übertroffen. So macht es nicht nur laufend auf dem Wege zur Einführung der Konvertibilität die stärksten Fortschritte, es ist gegenwärtig auch – international gesehen – die stärkste treibende Kraft in Richtung auf eine allgemeine Konvertibilität, und zwar so sehr, daß es neuerdings beinahe in einer etwas vereinsamten Sonderposition steht. In dem Augenblick, in dem überall wieder stärkere restriktive Kräfte am Weltmarkt sichtbar werden – ganz offensichtlich in Auswirkung der amerikanischen «recession» 1953/54, die eben doch für den Weltmarkt nicht ohne Folgen blieb –, ist diese Widerstandsposition gegen eine konjunkturell bedenkliche Entwicklung am Weltmarkt doppelt bemerkenswert.

Diese Position ist allerdings zum großen Teil die Folge einer gewissen konjunkturellen Sonderentwicklung der westdeutschen Wirtschaft in den letzten Jahren. Die 1950/51 während der damaligen deutschen Zahlungsbilanzkrise aufgezwungene kreditäre Restriktionspolitik, die besonders starken Produktivitätsfortschritte in Deutschland, die mit dem ersten Faktor zusammen allmählich eine beachtliche Distanz zu dem oft spürbar höheren Preisniveau im Ausland erzeugten, und die weltkonjunkturell bedingte Entwicklung der «terms of trade» zugunsten Deutschlands u. ä. m. haben der Bundesrepublik eine exzeptionelle Exportsituation geschenkt, die zu der durch zunehmenden

Konkurrenzdruck gekennzeichneten, bereits etwas verkrampften Situation am Weltmarkt in einem gewissen Widerspruch steht. Diese Exportentwicklung ist aber die Grundlage der – durch anhaltende Überschüsse gekennzeichneten – günstigen Situation der öffentlichen Finanzen, der anhaltenden Entspannung des Geld- und mehr und mehr auch des Kapitalmarktes und der neuen Belebung der internen Investitionstätigkeit, also alles in allem der ausgezeichneten deutschen Konjunktur innen und außen.

So richtig und wichtig es ist, daß auf dieser Grundlage Westdeutschland heute der Vorkämpfer für die Befreiung der Weltmärkte von einengenden Bindungen ist, so richtig und wichtig ist es ebenfalls, daß die konjunkturell-marktwirtschaftlichen Kräfte, die in der gegenwärtigen westdeutschen Situation enthalten sind, schließlich auch ungehindert zum Zuge kommen. Nach allen alten Regeln des Marktgeschehens muß sich eine international derartig günstige Sonderposition in einer allmählich verstärkten Belebung des Binnenmarktes auswirken, die – über einen Anstieg der Binneninvestitionen und somit vor allem des Binnenkonsums – die Einfuhr erhöht und damit den Absatz anderer Länder an uns erweitert. Würde dies administrativ verhindert werden, so wäre der Ruf nach der Weltmarktbefreiung in einer augenblicklich so günstigen eigenen Position doch nur ein bedenklicher Lippendienst. In Wirklichkeit laufen jedoch die marktmäßigen Reaktionen bereits in der sachlich «richtigen» Richtung: die Binneninvestitionen beleben sich, der Kapitalzins gleitet weiter ab und zieht neue Investitionsvorhaben in den Rentabilitätsbereich. Die Sorge vor einem «Mißverhältnis» von Anlagewerten, Eigenkapital und Fremdfinanzierung, die gelegentlich als Hemmung weiterer Investitionsbelebung genannt wird, kann in einer solchen Situation kaum mehr durch die Steigerung der Selbstfinanzierung (Eigenmittel), aber schließlich sehr einfach über die Vermehrung des Eigenkapitals auf dem Wege der Aktienemissionen erreicht werden. Deswegen ist das baldige «Durchziehen» der Zinssenkung am Kapitalmarkt so wichtig. Der Binnenkonsum ferner dürfte ab Herbst dieses Jahres doch wieder merklich zu wachsen beginnen. Die – insgesamt bis jetzt keineswegs übermäßig starken – Lohnsteigerungen gehören ganz in dieses Bild der «richtigen» konjunkturellen Reaktionen. Ob allerdings die Finanzpolitik rechtzeitig einsieht, daß die Zeiten des konjunkturpolitisch relativ gefahrlosen Abschöpfens von Überschußmitteln in die Kassen des Staates bald vorbei sein dürften und auch vorbei sein müssen, ist weniger sicher.

Es bleibt jedoch offen, ob eine derartige «richtige», durch administrative Maßnahmen nicht verzögerte, sondern eher noch erleichterte konjunkturelle Reaktion der Bundesrepublik – neben weiterem deutschen Drängen auf Befreiung des Welthandels von administrativen, währungspolitischen und handelspolitischen Hemmungen – die Entwicklung am Weltmarkt, die im Zeichen der verzögerten Konvertibilität zur Zeit eher wieder gewissen neuen Restriktionen zuneigt, noch aufzuhalten vermag. Doch wird wohl selbst dann, wenn dies kaum mehr zu erwarten wäre, der bessere Weg vermutlich auch im Endresultat immer noch der erfolgreichere bleiben.

18. November 1954

Erwin Topf

Rüstung ohne Berufsstörung

Mit großer Eindringlichkeit hat Professor Erhard der deutschen Öffentlichkeit in den letzten Monaten, nach Erreichen der «historischen Stationen» von London und Paris, immer wieder versichert, daß Aufbau und Ausrüstung der Streitkräfte sich gewissermaßen «ohne Berufsstörung» vollziehen würden, nämlich ohne Einschränkung der für die soziale Marktwirtschaft gültigen Verfahrensregeln, ohne Abstriche vom insgesamt erreichten Lebensstandard, und auch: ohne alle Rüstungsgewinne, ohne jedes Rüstungsgewinnlertum. Dergleichen hört man gerne – freilich glaubt man's nicht überall. Aber in wesentlichen Punkten hat unser Bundeswirtschaftsminister schon recht mit seinen Prognosen. Zum mindesten *könnte* der Ablauf der Dinge so sein, wie er es anstrebt – *dann* nämlich, wenn wir alle, jeder auf seinem Posten, gehörig aufpassen und wenn wir insbesondere dafür sorgen, daß die *Finanzierung* der im Zusammenhang mit der Rüstung entstehenden Kosten (wie überhaupt: die Finanzierung aller öffentlichen Aufgaben) auf einer soliden Basis erfolgt.

Auf einer soliden Basis: das heißt also, durch *Steuern* und, gelegentlich auch, über «kapitalmarktgerecht» ausgestattete, begebene, untergebrachte und bediente Anleihen – aber *keinesfalls* durch Inanspruchnahme der Notenbank. Insoweit brauchen wir ja auch nicht die geringsten Besorgnisse wegen eines etwaigen Ausweichens in eine inflationäre Entwicklung zu haben. Die Unabhängigkeit und Integrität unserer Notenbankleitung ist gesichert, ist unantastbar. Auf der anderen Seite steht die Bürokratie des Bundesfinanzministeriums in der Rolle des getreuen Ekkeharts der Steuerzahler – eher übervorsichtig, bestimmt aber nicht anfällig im Sinne einer falschen Großzügigkeit, und auch dann, wenn einmal der «gute Hausvater» Fritz Schäffer aus seinem Amte geschieden sein wird, mit hinreichender Autorität ausgestattet, um jede Fehlentwicklung verhindern zu können.

Nun wird es freilich im Verlauf der nächsten Jahre sehr darauf ankommen, ob die uns im Hinblick auf eine solide und «inflationsfreie» Rüstungsfinanzierung zugemutete steuerliche Belastung nicht *zu schwer* ausfällt und dadurch das für den «zivilen Bereich» verbleibende Sozialprodukt nicht zu stark beschneidet, das heißt also zu einer Einschränkung des allgemeinen Lebensstandards führt. Nach den bisher vorliegenden Zahlenangaben, wonach es bei Rüstungsausgaben in Höhe von etwa 9 Milliarden DM jährlich (bei einem Sozialprodukt in der Größenordnung von 150 Milliarden) sein Bewenden haben soll, wäre für solche Bedenken kein besonderer Anlaß gegeben: der Betrag von 9 Milliarden, der in den neuen Haushaltsplan für 1955/56 (für «auslaufende» Besatzungskosten – demnächst als Stationierungskosten bezeichnet – und die «anlaufenden» eigenen Rüstungskosten) eingestellt ist, war ja bereits in gleicher Höhe für das laufende Haushaltsjahr vorgesehen, (nämlich für Besatzungskosten und beim Anlaufen der EVG entstehende Lasten). Da die sogenannte «Erstausstattung an schweren Waffen» nicht im eigenen Lande erstellt werden *kann* – und *darf* – und da die Bundesrepublik nicht so finanzstark ist, daß man ihr den *Kauf* dieser Erstausstattung in den USA oder bei einer sonstigen «Waffenschmiede» zumuten kann – es handelt sich ja hierbei um ein Objekt, das eher auf 20 als auf 15 Milliarden DM zu veranschlagen sein dürfte –, so bleibt praktisch nur die Möglichkeit, die Lieferungen in einer Art von Pacht- und Leihverträgen vorzunehmen.

Das würde zugleich bedeuten, daß erheblich zu Buch schlagende Zahlungen in Auslandswährung *nicht* erforderlich werden, daß also kein Devisen- oder Transferproblem – zusätzlich zur «inneren Aufbringung» der Rüstungskosten – entstehen wird. Im Gegenteil: sobald wir – nach Ablauf von anderthalb Jahren etwa – keine Stationierungskosten mehr aufzubringen haben, sobald also die hier in der Bundesrepublik stationierten NATO-Verbände ausschließlich vom jeweiligen Heimatlande her zu unterhalten sind, werden laufend erhebliche Devisenbeträge nach Westdeutschland einfließen: soviel nämlich, wie (in Mark-Währung) für den Unterhalt der fremden Truppe jeweils gebraucht wird. – Schon heute ermöglichen ja die Dollar-Gegenwerte, die (für die DM-Ausgaben unserer Dauergäste aus den USA) der Zentralbank zufließen, weitgehend eine Schließung der «Dollar-Lücke» in der westdeutschen Zahlungsbilanz.

Wie steht es nun aber mit dem «menschlichen Arbeitspotential» – wird es künftig ausreichen, da ja heute schon Mangel an Facharbeitern ist? Vielfach macht man sich ernsthafte Sorgen darum, ob die Erzeugung von Verbrauchswaren und der Ausbau der Produktionsanlagen sowie die Herstellung von Ausfuhrgütern – für die wir «im Tausch» den Zusatzbedarf aller Art importieren – uneingeschränkt und im erforderlichen Umfange fortgeführt werden kann, wenn erst einmal 500 000 arbeitsfähige Männer «unproduktiv» beschäftigt werden ... Nun, man darf auch insoweit die Dinge nicht dramatisieren – sie freilich auch nicht bagatellisieren wollen. Aber zunächst müssen einmal die Größenordnungen richtig gesehen werden: mindestens 150 000 aus jener Zahl von 500 000 Mann sind ja «Stammpersonal», also Berufssoldaten, das heißt Ausbilder, Techniker, Verwaltungsleute und ähnliches. In ihrer Mehrzahl werden sie verheiratet sein; wenn nun für sie – und ihre Familien – neue Wohnungen in oder bei den «Truppenunterkünften» – das werden wohl mehr «Lager» als Kasernen alten Stils sein – aus Mitteln des Rüstungshaushalts zu schaffen sind, so bedeutet das ja, daß anderwärts Wohnungen frei werden und daß sich der zivile Wohnungsbedarf entsprechend verringert. In vielen Fällen wird es sich bei ihnen auch um Männer handeln, die bisher schon in dieser oder jener Form aus öffentlichen Mitteln versorgt wurden und die nicht insoweit «produktiv» tätig waren, daß sie der Gesamtwirtschaft *marktgängige* Erzeugnisse oder Dienstleistungen zur Verfügung stellten. – Die Zahl der 350 000 Dienstpflichtigen der jüngeren Jahrgänge aber ist in Relation zu stellen *einmal* zur Zahl der Erwerbstätigen insgesamt, von 16,8 Millionen – von denen ja natürlich auch nicht alle «produktiv Schaffende» sind! –, und *andererseits* zur Zahl der registrierten Erwerbslosen, unter denen immerhin noch 400 000 voll «Einsatzfähige» (wenn auch zum Teil fernab von geeigneten Arbeitsplätzen wohnend) vorhanden sein mögen.

Der zahlenmäßige Ausgleich derart, daß allmählich Erwerbslose in die freiwerdenden Arbeits- und Wohnstätten der jungen Soldaten nachrücken – soweit diese eben überhaupt vordem erwerbstätig waren! – ist also kein besonderes Problem: zunächst, das heißt: ehe die geburtenschwachen Jahrgänge ins erwerbsfähige Alter kommen. Auch *dann* braucht man noch keine «großzügigen Planungen» für die Einfuhr von Hunderttausenden italienischer Wanderarbeiter in Szene zu setzen. Ehe wir dergleichen auf uns nehmen müssen, werden die Lükken im Nachwuchs ja wohl aus den «Reserven» aufgefüllt werden können, die in Gestalt von bisher nicht berufstätigen Frauen und Mädchen vorhanden sind; es werden sich auch viele Sozialrentner wieder zur Arbeitsaufnahme entschließen, wenn die äußeren Bedingungen hierfür – am Arbeitsplatz selber und bezüglich der «Anfahrt» dahin – besser auf ihre Wünsche abgestimmt werden, und wenn der Anreiz höherer Verdienste entsteht. Vor allem aber werden wir uns alle, jeder an seiner Stelle, noch mehr als bisher darum bemühen müssen, den Kostenaufwand in der Erzeugung von Waren oder beim Zurverfügungstellen von Dienstleistungen immer weiter herunterzudrücken – also anders gesagt: den Produktivitätsgrad der knapp werdenden menschlichen Arbeitskraft so weit wie irgend möglich zu erhöhen. Dieses Rationalisieren ist zwar vielfach, aber durchaus nicht immer und überall ein Problem der Schaffung neuer oder der Verbesserung vorhandener technischer Anlagen durch mehr oder minder teure, daß heißt Kapital erfordernde und bindende zusätzliche Investitionen. Auch da werden wir vorankommen, ohne daß nun etwa der Rüstungsbereich den zivilen «Lebensraum» einzuengen brauchte.

Auf einem anderen Blatt steht freilich, ob Professor Erhard in seinem Optimismus recht behält, wenn er meint, man könne unsere künftigen Streitkräfte dazu veranlassen, daß sie ihren Bedarf nicht über einen eigenen organisatorischen Apparat «beschaffen» – also etwa mit Rüstungsstab, Rüstungsinspektionen, Rüstungskommandos –, sondern daß sie ihn schlicht und simpel «einkaufen» … zu marktgerechten Preisen und Konditionen. Das wird gehen, soweit es sich um den *marktgängigen Bedarf* handelt – im weiteren Sinne: also zum Beispiel auch eingeschlossen Dienstbekleidung, Schuhwerk, Unterkunftsgerät, Werkzeug, technische Öle und Fette, Material für Kraftfahrzeugreparaturen. Hier kann man den Intendanturrat, (oder wie man den sach- und geschäftskundigen Beamten künftig nennen mag …) gemeinsam mit dem Truppeningenieur schalten und walten lassen. Beim Einkauf von Kraftstoff wird die Sache schon schwieriger, und auch bei der Vergabe großer Bauaufträge; sie geht bestimmt nicht, soweit Ausrüstung beschafft werden muß – vom geländegängigen Kraftwagen angefangen –, die *nicht-marktgäniger Art* ist. Da wird man um Kostenermittlung und Preisüberwachung nicht herumkommen; es muß ja eben unter allen Umständen verhindert werden, daß Rüstungsgewinne (wie sie in der Börsenhausse der letzten Wochen zum Teil schon antizipiert worden sind …) entstehen: über jenes Maß an Erträgen hinaus, wie sie, mit mehr oder minder großem Risiko, in der heutigen Marktwirtschaft zu erzielen sind.

1955

12. Mai 1955

Richard Tüngel

Der Sinn der Souveränität

Die Bundesrepublik Deutschland ist souverän», sagte der Bundeskanzler in seiner Proklamation zum 5. Mai, und so steht es auch im Pariser Protokoll über die Beendigung des Besatzungsregimes. Sie hat «die volle Macht eines souveränen Staates über ihre inneren und äußeren Angelegenheiten». Die Opposition ist mit dieser Feststellung nicht einverstanden. Sie spricht von einer Scheinsouveränität. Dic politische Bewegungsfreiheit sei schwerwiegend eingeschränkt, so durch den Beitritt zur NATO und den Aufenthalt ausländischer Streitkräfte in der Bundesrepublik. Von der Souveränität Deutschlands könne erst nach der Wiedervereinigung gesprochen werden.

Offenbar herrscht hier eine erhebliche Sprach- und Begriffsverwirrung. Über eine absolute Souveränität haben in unseren Tagen nur Hitler und Stalin verfügt, insofern nämlich, als sie unbedenklich jeden Vertrag brachen. In der Tat schränkt ja ein völkerrechtlicher Vertrag die Souveränität jedes beteiligten Staates hinsichtlich der Materie ein, über den er geschlossen wird. Wenn Amerika und Großbritannien ein Bündnis haben, kann keiner der beiden Staaten souverän über Fragen entscheiden, die den Bündnisvertrag berühren. Doch ändert das nichts daran, daß beide Staaten souverän sind.

Nicht anders steht es um die Bundesrepublik. Die gefährliche Bedrohung Europas durch die Sowjetunion zwingt uns, umfassende Bündnisse zu schließen und fremden Mächten zu gestatten, Truppen innerhalb unserer Grenzen zu stationieren. Dies wurde festgelegt durch einen vom Bundestag und Bundesrat frei gefaßten Beschluß. Die Verträge können also unsere Souveränität – die es uns ja gerade möglich macht, Bündnisse zu schließen – nicht beeinträchtigen.

Was nun endlich die von der Opposition im Bundestag zitierte Wiedervereinigung angeht, so hat sie gewiß mit der heute akuten Frage, ob die Bundesrepublik jetzt souverän sei oder nicht, gar nichts zu tun. Und wir wollen bei dieser Gelegenheit einmal sagen: dies ständige Sprechen über die Wiedervereinigung bei allen Parteien, das in den allermeisten Fällen leeres Geschwätz ist, höhlt diesen Begriff, der uns teuer sein sollte, völlig aus und erweckt dadurch im Volke steigende Skepsis.

Worin aber besteht nun die neugewonnene Souveränität der Bundesrepublik? Darin, daß wir selber über uns verfügen und nicht mehr über uns verfügt wird. Um sich dies deutlich zu machen, braucht man nur an die Viermächte-Konferenzen über Deutschland zu denken, die zwei Pariser (1946), die von Moskau (1947), und die von London (1947), auf denen man über uns verhandelte, ohne uns vorher überhaupt zu fragen. Noch auf der Berliner Konferenz (1954) bestand die Möglichkeit, daß eine Entspannung auf unsere Kosten gefunden wurde. Die souveräne Bundesrepublik jedoch braucht das Resultat künftiger Ost-West-Verhandlungen nicht mehr zu akzeptieren.

In den vergangenen Jahren verlangte die Opposition ständig, wir sollten handeln, als ob wir souverän wären. Mit anderen Worten, wir sollten den westlichen Alliierten Vorschriften machen, wie sie ihre Deutschlandpolitik zu führen hätten. Dies war aber ganz unmöglich, denn unsere Politik mußte ja erst einmal darauf ausgehen, für die Bundesrepublik die Souveränität zu erlangen, ein schwieriges Unterfangen, da ja normalerweise Politik erst aus der Souveränität heraus betrieben werden kann. Die SPD verwechselte die sich mit den Jahren steigernde Zurückhaltung der Besatzungsmächte mit einer echten Souveränität der Bundesrepublik und kam dadurch zu jener «Als-ob-Politik», die sie in eine sterile Opposition trieb. Sie konnte sich diese Politik nur leisten, weil sie im Innersten überzeugt war, es werde Adenauer gelingen, von den Westmächten die Souveränität zu erlangen. Daß sie heute die gewonnene Souveränität als eine Scheinsouveränität darstellen will, ist wohl nicht aus Mangel an politischer Einsicht, sondern aus einer Enttäuschung über die Mißerfolge der eigenen Parteipolitik zu erklären.

Eines jedenfalls steht fest. Seit dem 5. Mai, der uns die Souveränität brachte, kommt die Frage auf uns zu: Wie soll unsere künftige Außenpolitik aussehen? Bisher hatten alle Verhandlungen ein einziges Ziel: für die Bundesrepublik die Souveränität zu erlangen. Das ist nun durch die Pariser Verträge erreicht, was wir der Zähigkeit des Bundeskanzlers zu verdanken haben und dem Ansehen, dessen er sich in der freien Welt erfreut. Wir müssen also jetzt zum erstenmal die Ziele unserer Außenpolitik überdenken.

Viele Stimmen, die sich anläßlich der Vertragshinterlegungen vom 5. Mai im westlichen Ausland erhoben, haben uns gezeigt, daß wir dort in offenbar weiten Kreisen immer noch als potentiell gefährlich gelten. Da ist zunächst einmal der Rapallo-Komplex, also die Furcht, daß wir versuchen könnten, durch ein Übereinkommen mit Moskau einen massiven Druck auf unsere westlichen Verbündeten auszuüben. Dabei wird offenbar vergessen, daß die Westmächte eine viel ernster zu nehmende Möglichkeit haben, durch Verhandlungen mit Moskau auf uns einen Druck auszuüben. Moskau könnte *uns* mit dem Geschenk der Sowjetzone und der deutschen Ostgebiete ködern und *die Alliierten* mit einer Entspannung im Fernen Osten. Die potentielle Gefahr verteilt sich also ziemlich gleichmäßig auf beide Seiten.

Psychologisch wohl ernster zu nehmen ist die Besorgnis, wir könnten die NATO in kriegerische Ereignisse verwickeln, indem wir selbständig eines Tages in die Sowjetzone einrücken, um mit Gewalt zu holen, was man uns auf friedlichem Wege verweigert. Das Beispiel Hitlers, des Einmarsches in Österreich, der Besetzung der Tschechoslowakei, des Überfalls auf Polen ist nicht vergessen. Gegen den Schwachen einigt sich niemand, wohl aber gegen den, der stärker wird. Wir müssen damit rechnen, daß man uns schärfer, ja mißtrauischer beobachtet, wenn wir auf Grund der Souveränität zu einer selbständigen Politik befähigt und durch den Aufbau einer Armee in die Lage kommen, dieser Politik Nachdruck zu verleihen.

Um so mehr muß es ein Ziel unserer Außenpolitik sein, das Vertrauen unserer westlichen Alliierten in unsere Vertragstreue zu stärken. Bisher gibt es einen Mann, der für das westliche Ausland der Träger dieses Vertrauens ist: Bundeskanzler Dr. Adenauer. Es ist daher wichtig, daß er sichtbar einen Nachfolger heranzieht, und auch einen Außenminister ernennt, damit sich das Vertrauen, das er genießt, auf diese beiden übertragen kann. Auch sollten wir jede Gelegenheit suchen, unsere Verbindung zum Westen, sei es auf politischem, wirtschaftlichem oder kulturellem Gebiet, eng zu gestalten.

Beherrschendes Thema unserer Außenpolitik wird zwangsläufig das Verhältnis zum Osten sein. Gewiß behalten die Bestimmungen des Vertrages über die Änderung des Besatzungsregimes den drei Besatzungsmächten «die bisher von ihnen innegehabten Rechte und Verantwortlichkeiten in bezug auf Berlin und auf Deutschland als Ganzes einschließlich der Wiedervereinigung Deutschlands und einer friedensvertraglichen Regelung» vor. Aber Angelegenheit unserer Außenpolitik ist es zweifellos, für eine solche Politik der Alliierten und für einen Friedensvertrag, an dem die Sowjetunion beteiligt ist, die nötigen Voraussetzungen schaffen zu helfen.

Beides, nämlich unsere West- und unsere Ostpolitik, müssen im Dienste des gesamtdeutschen Zieles stehen. Das heißt aber zunächst, über den Zeitpunkt zu entscheiden, zu dem eine gesamtdeutsche Regelung überhaupt getroffen werden kann. Es müßten nämlich, um eine gemeinsame Verwaltung der Bundesrepublik, der Sowjetzone und der Stadt Berlin herzustellen, die Exekutivkräfte vorhanden sein, die diese Aufgabe durchführen können. Es muß ein Plan vorliegen, wie am Tage X die Übernahme erfolgen soll. In dieser Hinsicht muß aber noch viel geschehen.

So verlangt die neugewonnene Souveränität von uns in erster Linie die Konzeption einer Außenpolitik. Sie wird in ihren Einzelheiten noch zu überdenken sein. Eines aber kann man heute schon mit Sicherheit sagen: sie wird uns nicht vom Westen trennen dürfen.

22. September 1955

MARION GRÄFIN DÖNHOFF

Das Moskauer Ja-Wort

Die Engländer haben ein Sprichwort: *You can't unscramble eggs*; wenn man einmal Rührei gemacht hat, dann kann man nicht mehr ganze Eier daraus machen. Mit anderen Worten: Man muß sich klar darüber sein, was man will, ehe man anfängt zu braten.

Waren wir uns denn eigentlich im klaren darüber, was wir wollten und zu gewähren bereit waren, als unsere Delegation nach Moskau abreiste? Die Herstellung diplomatischer Beziehungen ist doch das einzige, was wir zu vergeben haben und was den Sowjets wirklich ungemein wichtig ist. Mußte man da nicht ganz grundsätzlich sagen: diese Konzession nur im Austausch gegen das, was uns am wichtigsten ist, gegen einen Terminkalender für die Wiedervereinigung? War man aber dieser Ansicht, durfte man dann überhaupt fahren, wenn man sich nicht stark genug fühlte, durchzuhalten oder notfalls abzureisen? Warum ist der Kanzler, der sich doch nicht gescheut hatte, starke Worte mit starken Worten zu erwidern, gegen den Rat seiner diplomatischen Experten am letzten Nachmittag umgefallen? Bis dahin hatte er doch stets gesagt, die Rückgabe der Gefangenen sei keine Vorbedingung, sondern gehöre zu der Normalisierung selbst! Und wieso heißt es eigentlich in dem abschließenden Briefwechsel: «Ich habe die Ehre, Ihnen zu bestätigen, daß die *Bundesregierung* den Beschluß gefaßt hat ..., vorbehaltlich der Zustimmung des Bundeskabinetts und des Bundesrates.» Was heißt Bundesregierung? Ist der Kanzler die Bundesregierung? Im zweiten Absatz heißt es noch einmal: «Die *Bundesregierung* bringt die Überzeugung zum Ausdruck ...» Im dritten Absatz: «Die *Bundesregierung* geht hierbei davon aus ...» Nochmals: Wer ist die Bundesregierung?

Wir zweifeln daran, daß man das Ergebnis von Moskau einen Erfolg nennen kann. Natürlich ist jedermann glücklich, daß die Kriegsgefangenen endlich zurückkehren, natürlich wird sich niemand *ad infinitum* gegen diplomatische Beziehungen zu dem großen Nachbarn im Osten wenden. Die Frage ist nur: Sind die gegenseitigen Konzessionen wirklich gleichwertig? Und: Ist der Zeitpunkt jetzt, wenige Wochen vor der Genfer Konferenz, wirklich mit Bedacht gewählt?

Die Sowjetunion hatte den Kanzler eingeladen, um die Aufnahme der diplomatischen Beziehungen zu besprechen. Der Kanzler hatte darauf geantwortet, er wolle *auch* über die Wiedervereinigung und die Kriegsgefangenen verhandeln. Aber in Moskau wurde die Frage der Wiedervereinigung von den Russen als völlig abwegig abgetan: «Wir wären ja dumm», sagte Chruschtschow, «wenn wir dazu beitrügen, daß *Gesamt*deutschland zur *NATO* beitritt und dadurch die Kräfte verstärkt würden, die gegen uns gerichtet sind.» Und an anderer Stelle: «Warum sollten wir gegen die DDR sein? ... Nach unserer Meinung ist die DDR die Zukunft.» Schon vorher, auf der Rückreise von Genf, hatten Bulganin und Chruschtschow in Pankow erklärt, nie würden sie zulassen, daß die «Fortschritte und Errungenschaften» in ihrer Zone «preisgegeben» würden. Die Sowjets also werden nicht müde, immer von neuem zu erklären, daß sie die DDR unter allen Umständen als kommunistisches Regime und souveränen Staat erhalten möchten. Das aber heißt: Keine Wiedervereinigung, es sei denn unter östlichen Vorzeichen.

Nachdem auf diese Weise der *eine* deutsche Programmpunkt in der Versenkung verschwunden war, konzentrierten sich die Verhandlungen auf die Rückgabe der Kriegsgefangenen. Die Sowjets verstanden es meisterhaft, diese ihre Konzession immer höher zu hängen und immer teurer werden zu lassen, bis schließlich am Montagabend bei dem großen Empfang im Kreml zwischen dem achten und dem zehnten Glas Sekt Bulganin dem neben ihm sitzenden Kanzler plötzlich erklärte, er könne die Kriegsgefangenen haben, wenn diplomatische Beziehungen hergestellt würden. Wer zugegen war, konnte aus der Anspielung des Kanzlers in seiner offiziellen Rede diesen Zusammenhang kaum entnehmen. Und viele machten sich einen falschen Vers darauf. Noch immer – kurz vor dem Schluß der Konferenz – war kein Ergebnis in Sicht. Das Treffen schien gescheitert. Wir wissen, daß bei den folgenden Verhandlungen die Ansichten innerhalb der deutschen Delegation geteilt waren: Außenminister von Brentano, Staatssekretär Hallstein und Botschafter Blankenhorn waren *gegen* das Abkommen, das der Kanzler am Dienstagabend unterschrieb, wobei die Russen dafür sorgten, daß in den offiziellen Dokumenten – dem Kommuniqué und dem Briefwechsel – nur die deutsche Bereitwilligkeit, Botschafter auszutauschen, aufgenommen wurde, nicht dagegen das sowjetische Zugeständnis hinsichtlich der Kriegsgefangenen und auch nicht die deutschen Vorbehalte.

Was also ist geschehen? Wir haben im Austausch für diplomatische Beziehungen die Rückkehr der Kriegsgefangenen erwirkt. Annähernd zehntausend Menschen werden nach mindestens zehnjähriger Leidenszeit endlich Freiheit und Heimat wiedersehen. Und vielleicht wird es sogar noch gelingen, auch die Zivilverschleppten frei zu bekommen. Ohne Zweifel eine große Sache, eine ganz große Sache. Aber die Freude ist nicht ungetrübt, denn die Gegenleistung: Aufnahme diplomatischer Beziehungen mit Moskau bedeutet (darum haben die Sowjets ja so hart dafür und wir so lange dagegen gekämpft) wenigstens im Augenblick Hinnahme der Zweiteilung Deutschlands.

Bisher hatten wir alles daran gesetzt, dies zu vermeiden. Die Bundesrepublik ist in den Londoner Protokollen und dem Deutschlandvertrag als die einzig legitimierte deutsche Regierung anerkannt worden. Die Bundesrepublik hat ferner sowohl im Londoner Schuldenabkommen wie auch im Israel-Vertrag für ganz Deutschland gezahlt. Die Existenz *zweier* deutscher Botschaften in Moskau ist die erste Abweichung von dieser bisher streng durchgehaltenen Linie. Der Vertrag: diplomatische Beziehungen gegen Rückgabe der Kriegsgefangenen, bedeutet also, wenn man sich der Methode bedient, lebende Menschen (nicht tote Seelen) zu bilanzieren, daß die Freiheit der Zehntausend die Knechtschaft der siebzehn Millionen besiegelt.

Aber darf die Kritik wirklich so weit gehen? Ist die Chance für die Wiedervereinigung *nach* Moskau geringer als *vor* Moskau? – Es steht fest, daß es den Sowjets in erster Linie um Sicherheit geht, um das Verbot der Atomwaffen, um Neutralität der NATO, um Abrüstung – natürlich auch um die Erhaltung der kommunistischen DDR, aber das ist nur ein Teil des übergeordneten Sicherheitsgedankens. Die einzigen, die der Sowjetunion Sicherheit gewähren oder bei Nichterfüllung der Voraussetzungen verweigern können, sind die Westmächte. Unsere große Stärke war, daß die drei Westmächte in Genf, und nach Genf jeder noch einmal einzeln, uns zugesagt haben, sie würden sich auf das von Rußland gewünschte kollektive Sicherheitssystem nur einlassen, wenn die Russen ihrerseits der deutschen Wiedervereinigung zustimmten.

Hier also sitzt der einzig wirksame Hebel für die deutsche Wiedervereinigung; hier die einzige Hoffnung, die es für uns gibt. Wie aber können wir vom Westen erwarten, daß er sich unter bestimmten Voraussetzungen mit den Russen nicht an den Tisch setzt, um über Sicherheit zu verhandeln (an der er ja doch auch interessiert ist), wenn wir mit den Russen in Moskau Freundschaftsbeteuerungen austauschen? Die Pariser *Monde* hat schon geschrieben: Wenn die beiden sich so gut verstehen, dann sollten sie doch die Frage der Wiedervereinigung untereinander regeln.

Unsere Außenpolitik ist nicht geschmeidig, sie ist nur inkonsequent: Wir haben die Pariser Verträge unterzeichnet und uns damit in eine einmütige Westfront eingeordnet, wobei wir das Risiko in Kauf nahmen, daß die Russen ernst machen würden mit ihrer Drohung, nach Abschluß der Verträge nicht mehr über die Wiedervereinigung zu sprechen. Jetzt nun, nachdem es soweit ist, jetzt, da von russischer Seite mehrfach und in aller Deutlichkeit gesagt wurde, daß sie alles tun werden, um die Wiedervereinigung unter westlichen Vorzeichen zu verhindern, jetzt, wo feststeht, daß die Wiedervereinigung, wenn überhaupt, nur mit Hilfe der Westmächte zu erreichen ist, werden in Moskau freundschaftliche Beteuerungen ausgetauscht, die uns im Osten nichts nützen und die den Westen verschnupfen. Wir haben einen falschen außenpolitischen Zug getan; und wir haben es merkwürdig eilig, ihn durch den Bundestag bestätigen zu lassen.

Ein falscher Zug? Vielleicht auch die unausweichliche Entscheidung in einer tragischen Situation, nachdem das Angebot – Kriegsgefangene gegen diplomatische Beziehungen – erst einmal ausgesprochen war. Es ist leicht, im eigenen Namen zu handeln, wie Friedrich der Große, der während des Siebenjährigen Krieges in seinem Testament bestimmte, wenn er in Gefangenschaft gerate, sei er nicht mehr Preußens König, weil sonst seine Freilassung nur zu Erpressungen verwandt werden würde. Nein, die Situation, in der Konrad Adenauer stand, war ohnegleichen.

Ein falscher Zug außenpolitisch und ein gefährlicher Zug innenpolitisch. Denn was bedeutet die Errichtung einer sowjetischen Botschaft in Bonn? Bei der Pressekonferenz, die Adenauer am Morgen seiner Abreise in Moskau hielt, lautete eine der ersten Fragen (die ein Ostzonen-Journalist stellte): «Was wird aus der Deutsch-Sowjetischen Friedensgesellschaft?» Die Deutsch-Sowjetische Friedensgesellschaft ist eine jener Organisationen, die das «fortschrittliche Gedankengut» der DDR – der ja angeblich die Zukunft gehört – in der Bundesrepublik verbreiten möchte. Jene Frage machte also sehr deutlich, was uns bevorsteht: eine Vielfalt von Vereinigungen, Gesellschaften, Veranstaltungen, Freundschaftsreisen und Friedensbotschaften. Und dies nicht nur im politischen und kulturellen Bereich – auch die Wirtschaftler werden einer solchen Offensive ausgesetzt sein.

Auf eine rhetorische Frage des Kanzlers in Moskau, wie wohl die Welt in hundert Jahren aussehen werde, hat Chruschtschow geantwortet: «Das kann ich Ihnen genau sagen, denn das hat Karl Marx alles schon geschrieben.» In sowjetischer Sicht ist alles, auch das soeben geschlossene Abkommen, nur ein Meilenstein auf dem Weg, den Marx der Menschheit vorgezeichnet hat. Darüber sollten wir uns klar sein.

13. Oktober 1955

Jan Molitor

Die letzten Soldaten des Großen Krieges

Hatten wir geglaubt, es sei Frieden? Schon seit zehn Jahren Frieden? Jetzt erst kehren die letzten Soldaten des Großen Krieges heim.

Als am Sonntagmittag im Lager Friedland plötzlich Tausende von wartenden Menschen die Blicke auf die ferne Landstraße am Hang richteten, sah man dort siebzehn schwere Omnibusse langsam näherfahren, gefolgt von einer langen Kette Privatautos. Im Lager begann die Glocke zu läuten. Die Wartenden rührten sich nicht. Über manches Gesicht rollten Tränen. Schließlich näherten sich die Omnibusse, einer nach dem anderen, dem «Begrüßungsplatz», kurvten dort, und jetzt konnte man die Insassen deutlich sehen. Sie blickten durch die Wagenfenster mit ernsten Mienen zu uns hinunter, junge und alte Männer; einige hatten Blumen in der Hand; alle winkten mit kleinen, engen, hilflosen Bewegungen, hielten den Unterarm steif und drehten die Hand im Gelenk. Man hörte den Schrei einer alten Frau, die ihren Sohn wiedererkannte …

War es dies, was einem die Kehle zuschnürte? Plötzlich stand da ein Mann in abgetragenem Fliegerblau und wandte einem den Blick zu, sagte auch ein Wort, irgendein nichtssagendes Soldatenwort. Man hätte ihm antworten müssen! Aber die Kehle war zugeschnürt. Er wandte sich ab. Ich sah an meinem Anzug hinunter … nein, nicht, daß ich mich der Bügelfalten schämte, aber … Als ich den Mann im Fliegerblau eingeholt hatte, traten inmitten des Gedränges andere Heimkehrer hinzu, und wir schoben uns durch die Menge nach vorn; irgendeiner würde jetzt eine Begrüßungsrede halten.

Schließlich standen die Männer ziemlich geschlossen. Auf einmal löste sich auch der Krampf in der Kehle, weil man endlich begriff, was so unfaßbar schien, daß man beim Anblick dieser Männer stumm blieb: sie alle standen noch unterm Gesetz ihrer Soldatengewohnheit: zehn Jahre nach dem Kriege. «In dieser Kluft», sagte ich höchst überflüssigerweise zum Fliegerblauen, «bin ich auch jahrelang herumgelaufen und herumgeflogen. Komisch, daß das Zeug so lange hält!» – «Hat irgendwo in 'ner Kiste gelegen; bin kein Flieger, bin Panzermann ...»

Er hörte aufmerksam die Grußworte des niedersächsischen Ministerpräsidenten Hellwege, faltete die Hände, als Bischof Lilje das «Vaterunser» beten ließ, nickte zu den Worten der Bundestags-Alterspräsidentin Frau Lüders, als sie sagte: ‹Seid nicht ungeduldig gegenüber euren Angehörigen› und klatschte aufgeregt in die Hände und rief «Bravo» und «Jawohl», als Vizekanzler Blücher von ihrer Pflicht sprach, dem Kanzler zu danken. «Wir sind die letzten Soldaten des Großen Krieges», sagte der Sprecher der Heimkehrer. «Wir weinen und schämen uns der Tränen nicht ...» und sprach von den vielen, vielen Gräbern, in die sie ihre Toten gelegt, und sagte, daß sie selbst, die wenigen Überlebenden, von der Liebe der Deutschen daheim seien aufrechtgehalten worden. Als die Nationalhymne gesungen wurde, hub mein Nebenmann mit kräftiger Stimme an: «Deutschland, Deutschland über alles», schwieg dann jäh, als ein junges Mädchen mit kräftigem Sopran sang: «Einigkeit und Recht und Freiheit». Er sah sich um und drehte seine alte Soldatenmütze in der Hand. Ihm fehlten zehn Jahre ...

Der fliegerblaue Panzermann, aber auch alle anderen bemühten sich, mit jedem, der in der Nähe stand, ins Gespräch zu kommen. Es waren nichtssagende Gespräche. «Schön, daß die Sonne scheint ... Fein warm habt ihr's hier ... Als wir vor zehn Tagen in Swerdlowsk abfuhren, hatte es da 20 Grad Kälte ...» Dergleichen waren die Gespräche. Man sprach vom Wetter. Landser unterhielten sich über den Kasernenzaun mit den Zivilisten draußen: so war es. Es gingen Frauen und Kinder, aber auch Männer mit selbstgemalten Schildern, die sie an Stangen trugen, durch das Gedränge: «Wer weiß etwas über ...»; dann folgte Name, Dienstgrad, Feldpostnummer. Manchmal traten Frauen an die letzten Soldaten heran: «Bitte, bitte, ist Karl Müller dabei?» – «Kann nicht dabei sein, liebe Frau. Wir sind die Buchstaben A und B und W und H–G.» Man hat die letzten Soldaten nach dem Alphabet, dem russischen, entlassen; und da die Russen kein H haben, statt dessen stets ein G nehmen, kam die Kombination H–G zustande.

Der allerletzte Kern der deutschen Osttruppen, zehn Jahre zurückgehalten, meist wider jedes menschliche Recht, oft zusammengewürfelt in den Straflagern mit Menschen aller Völker der russischen Erde, in einem Durcheinander, das niemand, nicht einmal die sowjetischen Kerkermeister durchschauen konnte, und dann nach dem Alphabet entlassen: so vermählte sich Barbarei mit Bürokratie.

Zwei Szenen vom «Begrüßungsplatz» seien noch verzeichnet: «Mensch, Jupp, alter Kumpel – daß du auch mit diesem Transport gekommen bist!» – «Mensch, Paul, oller Dussel, bin ja schon seit zwei Jahren hier.» – Der andere, der eine blaue Steppjacke trägt, schlägt sich vor die Stirn. «Stimmt, Jupp! Ich wurde ja vor zwei Jahren aus dem Transport wieder rausgeholt. Na, wie is' es denn so hier? Bist ja mächtig fein in Schale, Jupp.» – «Wie es so is', Paul. Und wenn du nach Bochum kommst, haste bei mir immer 'ne Bleibe ...» Neben dem Omnibus Nummer 15 steht ein älterer Mann, weißhaarig und in einer Wolljacke; hat einen Feldblumenstrauß in der rissigen Hand, trägt die Blumen aufrecht, und es sieht aus, als hielte er sich daran fest. Angestarrt von den Umstehenden, heult er hemmungslos und stöhnt vor sich hin: «Wir sind durch meine Heimat gefahren, und nun bin ich hier.» – «Warum auch nich», tröstet Paul. «Hast doch deine Familie im Westen! Mann, du warst doch unterwegs ganz vernünftig. Und jetzt drehste durch?» – «Ich hatte das nich überlegt», sagt der weinende Soldat, «ich bin durch unsere Kreisstadt gefahren. Ich dachte immer: Zu Hause is zu Hause ...» – «Ja, denken mußte nich!»

Allmählich verlor sich der Kontakt zwischen «Soldaten» und «Zivilisten». Die Heimkehrer standen in Gruppen beieinander. Sie nahmen gruppenweise ihre Habseligkeiten aus den abgestellten Autobussen, gingen gruppenweise zu den Baracken hinüber. Für sie ist der Krieg jetzt gerade erst zu Ende gegangen. Wir anderen sahen ihnen zu. Ihre Bewegungen, ihre Haltung, ihr gruppenhaftes Beieinandersein war uns vertraut und fremd zugleich. Wir sahen noch einmal die letzte Station des Großen Krieges.

«Jungens, ihr habt's gut», rief eine forsche Stimme. «Kriegt 6000 Mark und einen Kulturbeutel.» – Einer der Männer in blauer Wattejacke blieb stehen, sah den Rufenden an und tippte sich an die Stirn ... (Die 6000 Mark, von denen die zum Empfang der Heimkehrer Gekommenen ziemlich oft redeten, sind die staatlichen Beihilfen. Der «Kulturbeutel» muß ein Begriff sein, der aus dem Russischen nach Friedland gekommen ist: er enthält Seife, Schwamm, Rasierzeug, Zahnpaste und ähnliches, und das Wort erinnert mich daran, daß die Russen einen Park mit Denkmälern und Limonadebuden einen «Kulturpark» und daß sie ein Klosett mit Wasserspülung ein «Kultur-Klo» nennen.)

Zwischen den Baracken hinter dem Lagerzaun gingen ältere, schüchterne Herren umher, die nicht Wolljacken, nicht Steppdecken, nicht verblichene Uniformröcke, sondern blaue und dunkelblaue «Sonntagsanzüge» mit Hüten trugen: daran erkannte man die Heimkehrer der Generalstransporte aus dem Lager Woikowo. Derartig bürgerlich verkleidet, hatten sie auf der Durchgangsstation Moskau eine Stadtrundfahrt machen und erleben dürfen, daß Vertreter der Sowjetbehörde geschwind versuchten, sich mit ihnen anzubiedern. Nicht nur, daß im klassenlosen Staat die Ränge der Generale durch bürgerliche Anzüge und durch ein Kaviarpaket ausgezeichnet wurden – einige, für prominenter gehaltene Männer wurden sogar gebeten, sich in ein Gästebuch einzutragen. Einer der Generale erwiderte: «Seit wann bitten Henker ihre Delinquenten, sich ins Gästebuch einzutragen?»

Nur Seydlitz hat den Sowjets für ihre Wohltaten gedankt, Seydlitz, vor dem man zur Zeit des «Dritten Reiches» in Gesellschaften gewarnt wurde: «Kein Wort gegen Hitler, wenn Seydlitz kommt: er ist hitlertreu!» und der dann in der Gefangenschaft die schwarz-weiß-rot umränderten Flugzettel unterzeichnete, in denen die Truppe aufgefordert wurde, zu den Sowjets überzulaufen. Im Lager Friedland eingetroffen, hat er dann die inzwischen sattsam bekannten Reden geführt vom «Deutschen Reich» und der sowjet-deutschen Freundschaft, die er ein Jahrzehnt früher als Adenauer entdeckt habe, und daß seine Farben Schwarz-Weiß-Rot seien. Insgesamt Tiraden, die er, in seiner Heimatstadt Verden angekommen, prompt widerrief. In Friedland hieß es: «Ich will Politiker werden», in Verden: «Ich denke nicht daran, Politiker zu werden.» – Aber einer der Heimkehrer, ein früherer Oberst, sagte zu alledem: «Es gibt derlei Herren mehr, die einmal Schwarz-Weiß-Rot mit dem Hakenkreuz trugen und heute Schwarz-Weiß-Rot mit dem Hammer und Sichel für ein zukunftsträchtiges Banner halten. Die reden dann von Rapallo und der Seeckt-Tradition. O, mein Freund, da brät noch allerhand heran, was interessanter ist als die müßige Frage, warum wir – gerade wir zehn Jahre lang in Straf- und Schweigelagern zurückgehalten wurden. Übrigens: Haben Sie gesehen, wer hier die Matadoren sind?»

Die Matadoren unter den ersten Transporten waren Baur, weil er der Pilot des «Führers» war, und ein harmlos-ärmlich aussehendes Männlein, der Hitlers Kammerdiener gewesen war und jetzt den ausländischen Journalisten versprach, er werde bald seine Memoiren schreiben. Und schon notierte er eifrig Adressen, an die er sich wenden wolle, habe er erst sein Werk beendet ...

Übrigens: Die Sowjets halten Wort. Rund zweitausend Heimkehrer sind bisher in Deutschland angekommen; die Mehrzahl kam in den Westen; viele, die nach Mitteldeutschland gehörten, fuhren gleich weiter westwärts, als sie sahen, daß die Volkspolizisten es der Bevölkerung verboten, ihre letzten Soldaten des Großen Krieges zu begrüßen. Einer sagte: «Dem Vopomann, der mich in Fürstenwalde festhalten wollte, erzählte ich ganz ruhig: ‹Hier hängen zwanzig Ohrfeigen in der Luft. Wie viele soll ich dir pflücken?› Da machte er

‹Pühh› und verduftete … Aber jetzt? Was machen wir jetzt? Ich kenne hier im Westen keinen Hund, keine Katz'.» – «Es ist Arbeit genug vorhanden.» – «Gut, dann werden wir sehen», sagte der Landser und schenkte seine Soldatenmütze einem Kind: «Willst du 'n Andenken? Bitte …»

1956

4. Oktober 1956

Marion Gräfin Dönhoff

Mehr Zeit – wozu?

«Was fehlt uns noch, um so frei zu sein, wie die Vögel sind? Nur Zeit, nur Zeit! Was fehlt uns noch, um so froh zu sein wie die Vögel sind? Nur Zeit, nur Zeit!»

Richard Dehmel

Als vor rund hundert Jahren, am 1. Mai 1848, im englischen Parlament das Gesetz über die zehnstündige Arbeitszeit (für Frauen und Kinder) mit viel Eloquenz durchgebracht wurde, war dies vornehmlich dem Historiker *Macaulay* zu danken, der zur Opposition gewandt sagte:

«Niemals werde ich glauben, daß das, was eine Bevölkerung stärker und gesünder und besser und weiser macht, sie am Ende ärmer machen kann. Ihr versucht, uns zu schrecken, indem ihr uns erzählt, in einigen deutschen Fabriken arbeiteten die jungen Leute siebzehn Stunden von vierundzwanzig; sie arbeiteten so stark, daß sich dort unter Tausenden nicht einer finde, der die nötige Größe erreiche, um in die Armee aufgenommen zu werden; und ihr fragt, ob wir uns, wenn wir dieses Gesetz annehmen, gegen derartigen Wettbewerb zu halten vermögen. Sir, ich lache über den Gedanken an solchen Wettbewerb. Wenn wir jemals genötigt sein sollten, die erste Stellung unter den Industrievölkern abzutreten, so werden wir sie nicht an ein Volk von kümmerlichen Zwergen, sondern nur an ein uns körperlich und geistig überlegenes Volk abtreten.»

Damals war man seiner Sache ganz sicher. Es schien nur darauf anzukommen, dem Menschen, der von Natur – wie man meinte – vernünftig und gut sei, in der besten aller Welten (die durch den Fortschritt immer noch schöner zu werden versprach) eine Chance, und das hieß: *mehr Zeit* zu geben.

1956 auf dem Parteitag der SPD klang es ganz anders. Carlo Schmid sagte unter dem stürmischen Beifall der Versammlung: «Nur, wenn der Mensch auch ohne den Zwang der Arbeitsdisziplin etwas mit sich anzufangen vermag, wird die lange Freizeit für ihn ein Segen sein. Sonst wird sie ein Fluch, und dieser Fluch wird Langeweile heißen: geistige und seelische Verödung, der auch der hochspezialisierte Diplomingenieur verfallen wird – auch er kann mitsamt seiner Mathematik zum Höhlenmenschen des Atomzeitalters werden.»

Zwischen diesen beiden Äußerungen liegen viele bittere Erfahrungen und Enttäuschungen. Weit war der Weg vom Optimismus jener Generation, die gerade die ersten Schritte in das Reich des technischen Fortschritts getan hatte, bis zu dem Zivilisationspessimismus unserer Tage, der das Abbild Gottes nicht mehr auf den Höhen der Menschheit wandeln sieht, sondern in den Niederungen einer technisierten, geist- und seelenlosen Umwelt.

Noch Ende des vorigen Jahrhunderts war ein Arbeitstag von dreizehn und vierzehn Stunden keine Seltenheit, waren Männer und Frauen schon mit vierzig Jahren menschliche Wracks. Kein Wunder, daß die Verkürzung der Arbeitszeit als oberstes und wichtigstes Ziel angesehen wurde. Ein Ziel, das nur mit Hilfe des technischen Fortschritts erreicht werden konnte, der durch Einschaltung immer neuer Maschinen und die Erschließung immer neuer Energiequellen die Ergiebigkeit der menschlichen Arbeitskraft in fast unvorstellbarer Weise zu steigern vermochte.

Gelang es ganz allmählich, soviel Freizeit zu schaffen, daß der Arbeiter sich immer besser ausruhen und regenerieren konnte, so stehen wir heute bereits vor der Tatsache, daß die Freizeit, die mittlerweile den Umfang der Arbeitszeit übertrifft, zu einem eigenen Problem wird. Angesichts eines zweitägigen Wochenendes (in USA spricht man bereits von einem dreitägigen Wochenende) ist die Frage, wie man diese Freizeit sinnvoll gestalten soll, nicht mehr ohne weiteres zu beantworten.

Warum glauben wir nicht mehr wie Dehmel daran, so frei und so froh wie die Vögel werden zu können, jetzt, da sich zum erstenmal abzeichnet, daß wir genug der kostbaren Zeit haben werden? Warum befällt uns die Sorge vor dem Überfluß, den wir so sehr herbeisehnten? Es ist eine merkwürdige Ironie, daß der Mensch auf dem Weg in die Freiheit sich freiwillig in neue Knechtschaft begab – ja, daß er ausgerechnet seine Befreier, den technischen Fortschritt und die Hebung des Lebensstandards, zu seinen neuen Sklavenhaltern erkor.

Es gibt Plätze in Nordrhein-Westfalen, wo auf den Baustellen angeschrieben steht: «10- bis 11stündige Arbeitzeit garantiert!» Eine eigenartige Werbung, die zeigt, daß es vielen Leuten in Deutschland gar nicht auf mehr Freizeit, sondern allein auf mehr Geld ankommt. Mehr Geld, um ein Moped zu kaufen, oder eine Musiktruhe, um nicht einmal, sondern dreimal in der Woche ins Kino zu gehen, um die alten Erbstücke des Hausrats gegen ein modernes «Herrenzimmer» zu vertauschen, um zu reisen, fernzusehen, sich auszustaffieren und um nur ja nicht sich selber und seiner Muße überlassen zu bleiben.

Gewiß, man kann verstehen, daß ein Volk, das seine Ersparnisse zweimal in einer Generation verlor, das am Ende des Zweiten Weltkrieges ohne Obdach, ohne Sicherheit und mit den Erfahrungen einer langen Periode der Massenarbeitslosigkeit einer ungewissen Zukunft entgegensah, geneigt war, die materiellen Besitztümer zu überschätzen, vor allem in einem Wirtschaftssystem, dessen Wesen es ist, die Begehrlichkeit anzureizen und die Möglichkeit zur Befriedigung zu bieten.

Wenn heute niemand mehr ganz ohne Bedenken das allein-seligmachende Dogma der Arbeitszeitverkürzung predigt, so mag dies nicht nur an dem Pessimismus unserer Zeit liegen, sondern auch an der Kenntnis volkswirtschaftlicher Zusammenhänge, die in unserer leidgeprüften Generation weit verbreiteter ist als je zuvor. Niemand ist mehr so unbefangen, daß er eine willkürliche Besserstellung irgendwelcher Einkommensgruppen ohne Zusammenhang mit dem Ganzen propagierte.

In Deutschland gibt es heute etwa 3,2 Millionen Arbeiter, deren tarifliche Arbeitszeit auf weniger als 48 Stunden festgelegt wurde. Der DGB hofft, wie es heißt, in naher Zukunft für weitere 5 Millionen (dann wären es fast die Hälfte aller Beschäftigten) die gleichen Bedingungen auszuhandeln. Nun kommt Arbeitszeitverkürzung bei gleichbleibendem Lohn – und das ist ja die Voraussetzung – einer Lohnerhöhung gleich. Wenn beispielsweise bei der metallverarbeitenden Industrie der Prozeß der Arbeitszeitverkürzung von 48 Stunden auf 40 Stunden in drei Stufen (wahrscheinlich über drei Jahre verteilt) vorgenommen wird, so entspricht das voraussichtlich einer durchschnittlichen Erhöhung des Stundenlohns von jährlich 6 bis 7 v. H. Man könnte zwar einwenden, bei gleichbleibender Gütererzeugung sei dies lediglich ein Verteilungsproblem und wenn die Lohn- und Gehaltsempfänger in entsprechendem Umfang sparten, dann werde dadurch nicht einmal die Investitionsrate geschmälert.

Es gibt nun aber im Zeichen der Vollbeschäftigung keine Garantie dafür, daß die Gütererzeugung die gleiche bleibt. Der 1. Vorsitzende der IG Bergbau, Gutermuth, gab zu, daß der Förderausfall bei Steinkohle beträchtlich sein wird und daß «unser Arbeitszeitprogramm mit einer Kohlenpreiserhöhung verbunden ist». Wenn nicht durch neue Verfahren die Produktion gesteigert wird, muß man annehmen, daß bei dem Drei-Stufen-Programm in der ersten Phase rund 7 Millionen Tonnen mehr teure amerikanische Kohle eingeführt werden müssen als bisher. Der Preis der US-Kohle aber liegt um rund 30,– DM je Tonne höher als der der einheimischen.

Es wird also sicherlich Preissteigerungen und in der Landwirtschaft vielleicht sogar unlösbare Schwierigkeiten geben, doch möchte man meinen, daß unsere Industrie, die auf dem Wege der Selbstfinanzierung in den letzten Jahren ihren Produktionsapparat wieder aufgebaut hat, in der Lage sein wird, auch mit diesen Anforderungen fertig zu werden.

Vielleicht werden wir sogar feststellen müssen, daß die Arbeitszeitverkürzung dem modernen *Menschen* sehr viel größere Probleme stellt als der modernen *Wirtschaft*, die Inflation, Bombenhagel und die Zerreißung der wirtschaftlichen Einheit überstanden hat – denn der Mensch ist im Gegensatz zur Wirtschaft unberechenbar und offenbar auch ohne Vernunft. Darum sollten die Gewerkschaften es nicht nur als ihre Aufgabe betrachten, dem arbeitenden Menschen bessere materielle Lebensbedingungen zu erkämpfen, sondern ihm auch die nötige Einsicht vermitteln, damit diese umwälzende Neuerung eine sinnvollere Lebensführung ermöglicht.

29. November 1956

Marion Gräfin Dönhoff

Baustopp für Bonn

Die uralte Geschichte vom Samariter, der dem, der unter die Mörder fiel, beistand, kann zwei verschiedenartige Kommentare herausfordern: die Freude darüber, daß es noch Samariter gibt, und die mit Abscheu getroffene Feststellung, daß Mörder unter uns leben. Beide Versionen sind richtig, aber für sich allein genommen, ist jede der beiden Feststellungen unvollständig. Zwar mag der eine zuerst die Figur des Samariters sehen, dem anderen zunächst die Tat des Mörders ins Auge fallen, aber wer mit der politischen Wirklichkeit zu tun hat, muß wissen, daß es nirgends in der Welt und zu keiner Zeit nur Samariter oder nur Mörder gab.

Dies muß man sich vor Augen halten, wenn man im Licht der fürchterlichen Ereignisse im Osten unsere eigene Situation überdenkt. Am 18. Oktober, gerade ehe die sowjetischen Kanonen ihre volksdemokratische Stimme in Ungarn erhoben, forderten wir an dieser Stelle, Berlin müsse wieder Sitz der Regierung werden. Uns schien, daß nach zehnjährigem Wiedervereinigungsgeschwätz nun wirklich der Moment gekommen ist, die Beschwörungen zukünftigen Tuns einzustellen und sich auf das zu konzentrieren, was im Moment getan werden kann: mit der Verlagerung von Ministerien und Bundesorganen nach Berlin zu beginnen und den weiteren Ausbau von Bonn einzustellen. – In einer Art Stoßtruppunternehmen hat dann der CDU-Abgeordnete Bucerius der CDU/CSU-Fraktion am 26. Oktober den Antrag abgerungen, Berlin wieder zur Hauptstadt zu machen und dort sogleich mit dem Wiederaufbau eines Parlamentsgebäudes zu beginnen. In Berlin selbst brachten SPD, CDU und FDP gemeinsam am 30. Oktober den Dringlichkeitsantrag ein, die deutsche Hauptstadt Berlin zur Aufnahme von Bundesorganen auszubauen.

Inzwischen sind nun – vielleicht weil im außenpolitischen Bild die Mörder so sehr in den Vordergrund getreten sind – die zaghaften Geister wieder eingeschüchtert worden. «Die Bonner» hätten, wie es heißt, verhindern wollen, daß die Tagung des Kuratoriums «Unteilbares Deutschland» in der vergangenen Woche in Berlin stattfand – ein Versuch, der glücklicherweise scheiterte, während leider erfolgreich verhindert wurde, daß der Bundespräsident vor diesem Forum sprach. Als wäre der geplante Umzug nach Berlin eine Art «Ritt gen Ostland» und nicht der legitime Umzug aus der provisorischen Hauptstadt in die angestammte! So, als habe es sich bei jenem Antrag um den übermütigen Einfall von Kindern gehandelt, die der Hafer sticht, und die erschreckt von ihrem Vorhaben ablassen, weil ein Erwachsener die Stirn runzelt.

Der Ausbau Bonns zur provisorischen Hauptstadt hat, auch wenn nur zwei Ministerien neu gebaut wurden, mehrere hundert Millionen verschlungen. Heute könnte man die Neu- und Umbauten für die 8000 Beamten und Angestellten der sechzehn Ministerien noch nutzbringend für diejenigen Institutionen, die nicht unbedingt mit umziehen müssen, verwerten; wenn aber jetzt für die 2500 Beamten und Angestellten des Verteidigungsministeriums ein Wolkenkratzer zum veranschlagten Preis von 55 Millionen DM gebaut werden soll, dann fängt die ganze Sache an, unsinnig zu werden. Berlin ist die Hauptstadt Deutschlands – Bonn ein Provisorium. Das Wesen des Provisoriums ist, daß man sich von vornherein darüber im klaren ist, daß es in absehbarer Zukunft sein Ende finden muß. Elf Jahre sind eine lange Frist für ein Provisorium. Nirgendwo steht geschrieben, daß es noch weiterdauern *muß*. Und ebenfalls steht nirgendwo geschrieben, daß der Sonderstatus von Berlin verletzt würde, wenn der Sitz der Bundesrepublik dorthin verlegt wird. Beweis: Als die Regierung der DDR in Pankow, also in Ostberlin, etabliert wurde, hat keine der ehemaligen vier Besatzungsmächte Einspruch erhoben.

Der Ausschuß des Berliner Abgeordnetenhauses, der unter Führung von Präsident Brandt die Möglichkeiten prüfte, Berlin zur Aufnahme von Bundesbehörden auszubauen, hat am 26. November seinen Bericht erstattet, aus dem hervorgeht, daß die technischen Schwierigkeiten (Unterbringung) weit geringer sind, als man zunächst angenommen hatte. Es hat sich nämlich herausgestellt, daß Bonn heute über 150000 Quadratmeter Bürofläche verfügt und daß Berlin 182000 Quadratmeter Bürofläche zur Verfügung stellen kann.

Der Regierende Bürgermeister, Professor Otto Suhr, hat in der vorigen Woche einen Baustopp für Bonn gefordert. Das bedeutet, wenn zusätzlicher Raum benötigt wird, dann sollen nicht mehr Neubauten in Bonn errichtet, sondern mit der Verlegung von Ministerien nach Berlin begonnen werden. Also zum Beispiel das Postministerium nach Berlin und das Verteidigungsministerium in das neue Gebäude des Postministeriums in Bonn. Seit Ernst Lemmer an der Spitze des Postministeriums steht, scheint die Hoffnung, daß dies auch wirklich geschieht, gerechtfertigt.

Für das Etatsjahr, das am 31. März 1957 endet, stehen für Bonner

Bauten noch 30 Millionen zur Verfügung, die verplant, aber noch nicht ausgegeben sind; ferner stehen im Budget des Rechnungsjahres 1956: 55 Millionen für das Bundesverteidigungsministerium und 40 Millionen für die Wohnungsbauten der Angestellten des Bundesverteidigungsministeriums. Mit diesen Summen kann man in Berlin den vielfachen Effekt erzielen, weil ja so riesige Gebäude, wie der Block in der Bendlerstraße mit 24 000 Quadratmetern und das Europa-Haus mit 27 000 Quadratmetern, noch stehen und nur ausgebaut werden brauchen.

Die Festredner aller Parteien und Konfessionen pflegen bei jeder passenden Gelegenheit ein Bekenntnis zur deutschen Einheit abzulegen und Berlin als Vorposten der Freiheit zu preisen. Als Aufenthaltsort aber scheinen sie die Etappe vorzuziehen. Man sollte alle, die so eindringliche Reden halten, beim Wort nehmen und sie als Vorkämpfer für den Umzug nach Berlin in das Goldene Buch der Hauptstadt eintragen, um sie in bestimmten Abständen an ihre Bekenntnisse zu erinnern. Auch der Kanzler sprach im vorigen Jahr in Berlin eindrucksvoll von Berlin als dem Vorposten der freien Welt.

Ein Drittel der 9000 Studenten der Freien Universität und ein Drittel der 6000 Studenten der Technischen Hochschule kommen aus der Zone. Noch sehr viel mehr würden kommen – denn weit hinaus ins Land reichen die Ausstrahlungen dieses Vorpostens, wenn, wie die Berliner hoffen, beide Akademien wirklich zu hauptstädtischen Universitäten ausgebaut würden.

Warum das Provisorium nicht noch länger dauern kann? Weil etwas geschehen muß, wenn dieses Deutschland nicht für immer ein Krüppel bleiben soll. Weil uns nichts als Geschenk in den Schoß fallen wird, morgen so wenig wie heute, weder die Wiedervereinigung noch der Umzug in die Hauptstadt. Die Wiedervereinigung hängt nicht von uns ab, der Umzug nach Berlin aber setzt *immer* einen Entschluß voraus, bedeutet immer Mühsal und Risiko. Je länger der Entschluß hinausgeschoben wird, desto größer wird das Beharrungsvermögen des Provisoriums, desto geringer die Hoffnung, beide Teile wieder aneinanderzufügen. Berlin ist die Klammer, die an der Nahtstelle beide Teile Deutschlands zusammenheftet, darum sollten wir uns alle die Forderungen des Kuratoriums «Unteilbares Deutschland» zu eigen machen. Sie lauten:

1. *Bundestag und Bundesrat mögen beschließen: Berlin ist die Hauptstadt Deutschlands.*
2. *Die Organe der Bundesrepublik, die Bundesministerien und sonstigen Institutionen des Bundes sind alsbald nach Berlin zu verlegen, soweit nicht aus zwingenden Gründen einzelne Bundesbehörden bis zur Wiedervereinigung noch in Bonn verbleiben müssen.*
3. *Bauten, die für oberste Bundesbehörden erforderlich werden, sind nur noch in Berlin durchzuführen.*
   Mit dem Wiederaufbau des alten Reichstagsgebäudes und der Errichtung eines neuen Parlamentsgebäudes in Berlin ist unverzüglich zu beginnen.
   Die Freie und die Technische Universität in Berlin sind zu hauptstädtischen Universitäten auszubauen.

6. Dezember 1956

GERD BUCERIUS

Epische Politik

Die Bundesregierung könne «zum gegenwärtigen Zeitpunkt die Verlegung ihrer Regierungstätigkeit nach Berlin nicht verantworten» (Kabinettsbeschluß vom 28. November 1956). Minister Lemmer wurde jedoch gestattet, einige Postbeamte nach Berlin zu versetzen. – Wir haben den leidenschaftlichsten Befürworter der Hauptstadt Berlin, den Bundestagsabgeordneten Dr. Gerd Bucerius, um ein Wort hierzu gebeten.

Wer eigentlich hat in der Bundesrepublik – darüber möchte ich gern belehrt werden – über die nationalen Grundfragen zu bestimmen: *Parlament oder Bundesregierung*. Da bereiten mehrere der vom Volk gewählten Abgeordneten einen *Entschluß des Bundestages* vor. Der Beschluß will die Behauptung *wahrmachen*, die Bundesrepublik vertrete das *ganze* Deutschland; er will den Anspruch auf Wiedervereinigung der Deutschen endlich auch von der anerkannten Hauptstadt der Deutschen und nicht nur aus einem rheinischen Winkel geltend machen. Diese Abgeordneten – sie wurden inzwischen mit dem Epitheton «balladenhaft» zu Phantasten gestempelt und damit aus dem Areopag der ruhebedürftigen, epischen Politiker verwiesen –, diese Abgeordneten also haben der CDU/CSU-Fraktion die mit angehaltenem Atem erteilte Zustimmung zu einem Gesetz abgerungen, das Berlin zur Hauptstadt der Bundesrepublik machen will.

Sie konnten es nicht mehr ertragen – und sie werden es auch in Zukunft nicht ertragen! –, daß mit sanftem Augenaufschlag Berlin die «Hauptstadt eines wiedervereinigten Deutschlands» genannt wird, während man sich immer fester in Bonn eingräbt. Sie werden schwindlig, wenn eines «heldenhafte Widerstand Berlins in der Blokkade» oder gar Berlin «als Schaufenster der Nation» immer wieder gepriesen wird. Die Bundesrepublik als Warenhaus mit Berlin als Schaufenster, ist das heute des deutschen Knaben Wundertraum?

Würde und Souveränität der Bundesrepublik könnten in der «Viersektorenstadt» verletzt werden. Als ob die Verlegung der Hauptstadt nach Berlin eine Anerkennung *und nicht ein Protest* gegen die Teilung Deutschlands wäre! Die einzige Form des Protests, die es jedermann verbietet, auf einen deutschen Verzicht auf Wiedervereinigung zu spekulieren oder uns vorzuhalten, wir meinten es im Grunde ja nicht ernst mit der Wiedervereinigung!

In dieser unruhigen Welt sei die «Hauptstadt Berlin» mitten im sowjetisch besetzten Deutschland gefährdet und gefährlich; man fordere Moskau ja geradezu heraus. Das ist merkwürdigerweise *eine* Formel für *zwei* verschiedene Meinungen. Die einen bangen um die Sicherheit der Stadt und der Bundesregierung; die anderen befürchten, ihr Koexistenzgeschwätz könnte beeinträchtigt werden: man müsse mit den Russen reden, nicht sie reizen. Beide treffen sich im Nichtstun. Der Atem der Geschichte wird zwar beschworen, aber nur in *Ungarn*. Man bewundert den Kampf um die Freiheit, aber nur in Polen. *Wir* bleiben auf der sicheren Seite. Große Veränderungen im Machtbereich der Sowjets werden begierig erwartet, aber das Risiko sollen ja die anderen tragen. Wir wollen nur gewinnen; nichts, aber auch gar nichts riskieren, nicht einmal die Heimkehr in die deutsche Stadt Berlin.

Die Zone darf (Ost-)Berlin zur Hauptstadt machen; *wir* aber müssen Berlin verleugnen. Und dann registrieren wir auch noch befriedigt die Anerkennung aus Paris und Pankow für den Beschluß der Bundesregierung, auf Berlin als Hauptstadt zu verzichten. Ruhe ist die erste Bürgerpflicht. Armes Berlin …

Herr Bundeskanzler: Sie bemühen sich seit langem darum, in Deutschland eine Verteidigung aufzubauen. Jahrelang lautete die Reaktion darauf in der Bundesrepublik: «Ohne mich.» In Berlin aber zögerte man keinen Moment – weder bei der Gründung der SED noch bei der Blockade, die materielle Existenz aufs Spiel zu setzen und die

Freiheit und Unabhängigkeit zu verteidigen. Wo eigentlich, glauben Sie, wird Ihre Politik gemacht?

Der geeignete Zeitpunkt für die Übersiedlung nach Berlin sei eine politische Frage. Richtig. Aber nun ist es ja nicht so, daß man, würde der Beschluß heute gefaßt, morgen umziehen könnte. Da die Regierung unteilbar ist, also nicht teilweise in Bonn und Berlin sein kann, muß für Berlin erst ein exakter Bauplan entworfen werden, dann erst kann gebaut werden. Die Planung dauert ein Jahr, die Ausführung mindestens ein Jahr. Erst dann kann die ganze Regierung mit dem Parlament nach Berlin übersiedeln. Vielleicht ist in zwei Jahren der Zeitpunkt gerade ganz besonders «geeignet». Wer weiß das heute? Faßt man den Beschluß aber erst dann, wenn der Zeitpunkt geeignet erscheint, gerät man unter Umständen nach weiteren zwei Jahren in Schwierigkeiten.

Als Bürger täte es mir leid, wenn die von mir gewählte Regierung – die ich, der Himmel vergebe es mir, immer noch für die beste aller möglichen Bundesregierungen halte – sich einer Täuschung hingäbe. Es ist aber eine Täuschung, zu meinen, man könne das Gewissen der Nation mit einem Kabinettsbeschluß erschlagen. Berlin wird auf der Tagesordnung bleiben, dafür werden wir sorgen!

1957

18. April 1957

MARION GRÄFIN DÖNHOFF

Der zweite Sündenfall

Wie sagte der Kanzler bei seiner ersten Stellungnahme zu dem Aufruf der Atomwissenschaftler?: Die Feststellung, ein kleines Land wie die Bundesrepublik schütze sich am besten, wenn es freiwillig auf Atomwaffen verzichtet, sei «rein außenpolitischer Natur». Er knüpfte daran die Schlußfolgerung: «Zu ihrer Beurteilung muß man Kenntnisse haben, die diese Herren nicht besitzen. Denn sie sind nicht zu mir gekommen.» Merkwürdig, wir dachten, in einer Demokratie könne jeder seine Meinung sagen, sogar zu außenpolitischen Fragen – sogar, wenn er nicht zuvor beim Regierungschef war.

Und wie sagte Minister Balke, der zuständige Atomminister?: «Die Atomwaffen sind der Politik von den Wissenschaftlern angeboten worden»; daher seien *sie* die Verantwortlichen. Mit anderen Worten, Robert Koch ist *posthum* für den Bakterienkrieg zur Rechenschaft zu ziehen und der Erfinder des Messers für alle Morde, die mit diesem Werkzeug begangen wurden.

Das sind nun wirklich eigenartige Antworten und Reaktionen. Offenbar sind Politiker heute so sehr hineingeflochten in einen unpersönlichen Mechanismus, in dieses ganze Gestrüpp von kollektiven Belangen und objektiven Zuständigkeiten, daß sie einer ganz einfachen menschlichen Aussage fassungslos gegenüberstehen. Denn wie kam es zu der öffentlichen Stellungnahme dieser Gelehrten, die sonst stets ängstlich darauf bedacht sind, nicht aus ihrem wissenschaftlichen Raum herauszutreten? Eigentlich genügt ein Blick in das Gesicht Professor Hahns, um zu wissen, wie tragisch das Schicksal jenem Menschen mitgespielt hat, den es dazu ausersah, mit der Erfindung der Uranspaltung gewissermaßen den zweiten Sündenfall der Menschheit vorzubereiten; eine Beobachtung, die jene Kollegen, die mit Otto Hahn zusammen waren, als ihn die Nachricht von Hiroshima erreichte, in bewegten Worten bestätigen.

Wer kann es diesen Forschern verargen, wenn sie, von der Last der Verantwortung bedrängt, ihrem Herzen Luft machen? Ob freilich solche Stimmen im Bereich der Politik gehört werden und beherzigt werden können, ist eine andere Frage. Und es bleibt auch zweifelhaft, ob jene Wissenschaftler sich von der Verantwortung, in die sie schuldlos hineingestellt wurden, freikaufen können, indem sie sagen: «Ich weiß zwar, daß in diesem Hause ein Mord begangen wird, aber ich gehe ins Nebenzimmer und will mit der ganzen Sache nichts zu tun haben» – denn einer solchen Stellungnahme kommt doch wohl der Wunsch gleich, die Ausrüstung der Bundeswehr mit taktischen Atomwaffen verhindern zu wollen, sich im übrigen aber mit den Gegebenheiten abzufinden und festzustellen: «Wir leugnen nicht, daß die gegenseitige Angst vor den Wasserstoffbomben heute einen wesentlichen Beitrag zur Erhaltung des Friedens in der ganzen Welt und der Freiheit in einem Teil der Welt leistet.»

Darauf in der Tat kommt es an, auf die Verhinderung des dritten Weltkrieges! Auf die Dauer wird das nur durch Abrüstung möglich sein. Die Bereitschaft zur Abrüstung, also der Zustand, der diesem Entschluß vorausgehen muß, hängt aber ganz zweifellos von dem Grad der Angst ab, der die Beteiligten erfüllt. Eben aus diesem Grunde – und das geben ja auch die Wissenschaftler zu – spielen die Atomwaffen als Abschreckungsmittel eine entscheidende Rolle für die Erhaltung des Friedens. Augenblicklich versucht der Kreml wieder einmal, durch individuelle Einschüchterung der westeuropäischen Staaten von Norwegen bis zur Bundesrepublik, die Ausweitung des amerikanischen Atompotentials zu verhindern. Nur, wenn diese billigen Versuche nicht von Erfolg gekrönt werden, wird man die Sowjetunion zu ernsthaften Verhandlungen über die Abrüstung bringen können, das heißt, dazu: selber einen Preis zu zahlen.

So gesehen, erscheint der menschlich so begreifliche Appell der Atomwissenschaftler sachlich nicht ganz folgerichtig, denn in der globalen Auseinandersetzung bedeutet ja jede geographische Einengung des amerikanischen Atompotentials eine Schwächung der Voraussetzungen für die Abrüstung, und also für den Frieden. Für den Kriegsfall aber, den es unter allen Umständen zu verhindern gilt, spielt es militärisch gesehen vermutlich gar keine Rolle, ob die Bundeswehr mit taktischen Atomwaffen ausgestattet ist oder nicht, weil es bei der Natur der Waffen gleichgültig ist, ob sie links oder rechts des Rheins stehen.

Minister Strauß erklärt:

«1. Der Verzicht der Bundesregierung auf die Herstellung von Atomwaffen im Gebiet der Bundesrepublik gilt nach wie vor.

2. Die Bundesregierung ist an niemanden, weder offiziell noch inoffiziell, weder direkt noch indirekt mit der Aufforderung herangetreten, Forschungsaufträge atomarer Art auf militärischem Gebiet zu übernehmen.

3. Das Problem, ob Euratom Atomwaffen herstellen solle, stellt sich zur Zeit überhaupt nicht.

4. Die Belieferung der Bundeswehr mit strategischen Atomwaffen, welcher Art auch immer, steht nicht zur Debatte, und zwar weder jetzt noch in Zukunft.

5. Zur Debatte steht lediglich, ob taktische Atomwaffen amerikanischer Produktion – und dies nicht vor 1959 – im Rahmen einer allgemeinen Ausstattung der europäischen NATO-Streitkräfte mit diesen Waffen auch an die Bundeswehr geliefert werden sollen. Wenn dies geschähe, dann nur unter dem Vorbehalt, daß diese Waffen nicht Eigentum der Bundeswehr sein würden, und daß ihre Verwendung nur mit amerikanischer Genehmigung erfolgen könnte.

6. Die Amerikaner werden sich gegenüber allen NATO-Partnern, die sie mit Atomwaffen ausrüsten, das ‹Verschlußrecht› sichern, das heißt, sie werden die Waffen so präparieren, daß niemand in der Lage ist, sie ohne amerikanische Genehmigung in Gebrauch zu nehmen –

gleichgültig, ob nun zwei oder fünfzehn Länder mit ihnen ausgestattet sind.»

Als frei erfunden bezeichnete der Bundesverteidigungsminister Meldungen, daß er den Verteidigungsplan geändert hätte. Der Verteidigungsplan für das Heer stehe bis zum 1. April 1958 und auch für die nächsten sechs Monate darüber hinaus fest. Hinsichtlich der Stärke, der Gliederung und der Ausrüstung des Heeres nach dem 1. Oktober 1958 seien allerdings noch nicht endgültige Entscheidungen getroffen.

19. September 1957

Marion Gräfin Dönhoff

Gerichtstag nach der Wahl

Kurz vor dem Wahlsonntag erzählte uns Peter, das jüngste Mitglied unserer Setzerei, daß er zum erstenmal wählen werde. Er sagte, er habe die Redner aller Parteien angehört, um sich wirklich ein Bild zu machen. Dann stellte er trocken und abwägend Beobachtungen an, so wie einer, der ein Auto oder ein Motorrad kaufen will, Leistung, Benzinverbrauch, Fahreigenschaften gegeneinander abschätzt. Viele junge Leute, ja große Teile des Volkes haben so gewählt. Nicht Begeisterung für eine Partei trieb sie in die Versammlungen, sondern nüchternes politisches Interesse: sie wollten informiert werden, wollten beteiligt sein und mitentscheiden. 88 v. H. aller Deutschen gingen schließlich zur Wahl – in USA hält man 60 bis 65 v. H. für eine gute Wahlbeteiligung, in der Schweiz kommt man selten bis an 60 v. H. heran.

Was erwarten all diese Menschen heute, da der Wahlkampf vorbei ist und sowohl die vielen lächelnden Porträts als auch die böse anklagenden Plakate von den Häuserwänden abgeschrubbt werden? Ganz gewiß erwarten sie eines: jene Partei, die nun noch einmal vier weitere Jahre die Regierung bilden wird und der ein so großer Teil des Volkes das Vertrauen schenkt, möge sich klar darüber sein, daß sie *alle* Deutschen vertritt. Sie erwarten, daß der Kanzler, der während der letzten Wochen in erster Linie Parteiführer sein mußte, von nun an wieder für das ganze Volk da ist. Ja, und noch vieles andere erwarten sie, beispielsweise, daß jene bösartige und überhebliche Formel für alle Zeiten verschwindet, die da lautet: Christentum gegen Marxismus – so als habe die Partei, die sich christlich nennt, deshalb das Monopol auf christliche Gesinnung.

Die Deutschen sind ängstlich geworden. Manch einer, der am letzten Sonntag für die CDU stimmte, stellt sich jetzt die bange Frage, ob die Partei mit 54 v. H. nicht vielleicht zuviel Macht bekommen habe; ob nicht Ämterpatronage, Begünstigungen, Korruption, kurz, so eine Art allgemeiner «Muschelei» im Schatten der absoluten Majorität ausbrechen könnte. Ja, die Gegner der CDU, aber auch einige Pessimisten in den eigenen Reihen hegen schon die Befürchtung, die Partei werde ein Wahlgesetz ausklügeln, das ihr in Zukunft besondere Vorteile brächte. Sicher zu Unrecht.

Die CDU wird, so paradox das klingen mag, mit dem großen Vertrauen, das sie in den Sattel hob, auch des äußersten Argwohns gewärtig sein müssen. Zwei, drei falsche Schritte, Machtmißbrauch, Rücksichtslosigkeit, Anmaßung ... und das Zutrauen schlägt um in Mißtrauen, Achtung in Gleichgültigkeit und Überdruß.

Welche Chance für Konrad Adenauer, nach acht Jahren erfolgreicher Tätigkeit noch einmal das Votum des Volkes zu bekommen und noch einmal vier Jahre vor sich zu haben (wo doch einige unserer Nachbarn ihre Wirkungszeit nach Monaten rechnen)! Verdient? Gewiß! Und doch auch gleichzeitig ein Geschenk, das jeden Tag neu verdient werden muß. Denn um es noch einmal zu sagen: Dies ist eine nie wiederkehrende Chance. Und jeder Tag, der nicht genutzt wird, ist unwiederbringlich vorbei.

Niemand wird es leicht haben nach dieser Wahl, am allerwenigsten die SPD, für die die Versuchung groß sein muß, sich mit fadenscheinigen Begründungen über ihr eigenes Versagen hinwegzutäuschen, über den Mangel an Programm und Wirklichkeitssinn, über das Fehlen politischer Führer oder ihre Überwucherung durch das Funktionärstum, über den schwerfälligen bürokratischen Apparat, der dem «braven Funktionär» als Pfründe ein Mandat verheißt und darum für freie unabhängige Geister bald keinen Platz mehr haben wird. Die letzten Unabhängigen in der SPD sollten darüber wachen, daß ihre Partei sich nicht nach kurzer Katerstimmung mit den Aussichten auf die Hamburger Bürgerschaftswahlen tröstet; sie sollten ihre Partei von Grund auf revolutionieren; sie sollten schließlich das verstaubte Bild, das die SPD vom Deutschen hat, *up to date* bringen.

Der Hang zum Wirtschaftswunder, der Neomaterialismus der Deutschen, die Sehnsucht nach Sicherheit seien schuld an diesem Wahlergebnis, so kommentieren einige SPD-Funktionäre. Wirklich, die satten Mägen? Waren die Bundesdeutschen nicht ebenso satt und zufrieden, als im Oktober letzten Jahres die SPD bei den Kommunalwahlen in Niedersachsen von 32 v. H. auf 39 v. H. anstieg und in Nordrhein von 36 auf 44 v. H.? Nein, der Umschwung von jenem Oktober 1956 (als laut Demoskopie die beiden großen Parteien Kopf an Kopf lagen) zum 15. September 1957, an dem 30 v. H. für die SPD und 50 v. H. für die CDU stimmten, dieser Umschwung ist woanders zu suchen.

Also nicht Wirtschaftswunder und Sehnsucht nach Sicherheit? Doch, *Sehnsucht nach Sicherheit!* Genau dies. Aber das ist kein erbärmliches Bangen, sondern ein höchst legitimes Bedürfnis für ein Volk, in dem jeder vierte im Laufe der letzten zwölf Jahre seine Heimat verlor und jeder dritte seine Habe. Und dem noch heute jede Woche 6000 bis 7000 Flüchtlinge aus der Zone zuströmen. Ein legitimes Bedürfnis für ein Volk, das seinen Staat und damit seine geschichtliche Behausung verlor, das nicht wie viele andere am Rande des Abgrunds wandelte, sondern das mitten drin, tief unten im Abgrund saß – und dies alles auch noch aus eigener Schuld.

Nur wenige mögen sich in aller Klarheit darüber Rechenschaft gegeben haben: aber als damals, im November 1956, die sowjetischen Panzer in Ungarn jene Arbeiter, Frauen und Kinder niederwalzten, die mit bloßen Händen ihre Freiheit zu erringen trachteten, da ging in den Deutschen etwas vor, was mindestens das Unterbewußtsein vieler veränderte. Die SPD aber bemerkte dies nicht. Sie erinnerte sich nur, daß einmal vor langer Zeit das Stichwort «Ohne mich» ein großer Schlager gewesen war. Und dieser längst verblühten Parole hat sie stur und bedenkenlos ihre Wahlpropaganda anvertraut. War es Propaganda für ein echtes Ziel oder waren es Scheinargumente, deren man sich nur bediente, weil sie zugkräftig schienen? Das ist nie klar geworden.

Beim Bundesparteitag der SPD im Jahre 1956 zu München hätten die beiden großen Probleme – die Sozialisierung und die Wehrfrage – ausdiskutiert werden müssen. Aber nichts dergleichen geschah. Man versenkte sich in die gewiß wichtigen Atomprobleme, berauschte sich an den Aufgaben von übermorgen und vergaß dabei feige die Anforderungen des Heute und Morgen, ja, man war froh, daß niemand große Neigung verspürte, die aktuellen Fragen zu debattieren.

In Wirklichkeit hat die SPD den *Wehrfragen* und dem *Problem der Landesverteidigung* nie klar ins Auge gesehen, nie sich und ihren Anhängern reinen Wein eingeschenkt. Immer war da eine gewisse Unehrlichkeit.

Als es um den Beitritt zur EVG ging, da hieß es: Nein, niemals; denn ‹da haben die Deutschen keine Gleichberechtigung›. Ganz anders wäre es natürlich, so fügten SPD-Politiker hinzu, wenn es sich um die NATO handle, also um eine Verteidigungsgemeinschaft Gleichberechtigter. Dann kam der Tag, an dem die Bundesrepublik vor der Frage stand, in die NATO einzutreten, und schon beeilten sich die SPD-Leute, neue Ausflüchte zu suchen und zu finden. Sie verlangten ein kollektives Sicherheitssystem im Rahmen der UNO, sie propagierten den höchst abwegigen *Bonin*-Plan und beschworen historische Reminiszenzen in der Paulskirche zu Frankfurt. Und als das Parlament die allgemeine Wehrpflicht diskutierte, da begeisterten sie sich plötzlich für ein Berufsheer, um schließlich jetzt, bei der Wahlparole «Schluß mit der Wehrpflicht», durchblicken zu lassen, daß das Ganze überhaupt höchst überflüssig sei.

Und daß diese Partei gleichzeitig eine Außenpolitik proklamiert, die angesichts von Chruschtschows Reden in Pankow und Sorins Verhalten in London vielen riskant erscheint, das ist der Hauptgrund für die Absage der Wähler an die SPD.

Für uns Deutsche, die wir am Rande der freien Welt leben, gibt es gar nicht so viele verschiedene mögliche Verhaltensweisen. Wenn wir erhalten wollen, was wir erwarben, und wenn wir (was unbedingt nötig ist) in der vor uns liegenden Phase eine aktivere Ostpolitik treiben wollen, dann ist wichtiger als alles andere, daß eine vernünftige Übereinstimmung der beiden großen Parteien in diesen Fragen herbeigeführt werde.

Das krampfhafte Betonen der Verschiedenheit mag in Wahlzeiten notwendig sein; aber wenn man bedenkt, daß *beide* Parteien letzten Endes Sicherheit wollen, daß *beide* unter allen Umständen den Atomkrieg zu verhindern trachten, dann sollte es doch wohl möglich sein, auf außenpolitischem Gebiet *die* gemeinsame Linie zu finden, welche die Voraussetzung für eine politische Weiterentwicklung ist. Es wäre verhängnisvoll, wollte die SPD sich jetzt schmollend zurückziehen oder sich zornentbrannt radikalisieren. Wir brauchen eine funktionierende Opposition genauso notwendig wie eine funktionsfähige Regierung, das heißt: eine SPD, die über genug Mandate verfügt, um abwechselnd mit der CDU ein Kabinett bilden zu können. Um das aber zu erreichen, muß die SPD verantwortungsvoller und nicht radikaler werden.

Unser Volk ist ohnehin zweigeteilt. Deshalb können wir nicht wollen, daß innerhalb der Bundesrepublik noch eine weitere Kluft entsteht. Eine große Koalition wäre freilich ein Verstoß gegen den Geist und die Spielregeln der Demokratie. Aber die CDU, die den Sieg verdient hat, hat die Möglichkeit, eine Brücke zu schlagen und zu beweisen, daß sie den Staat nicht als ihr Besitztum betrachtet: *Ein* Mann der SPD ist gewählt worden, weil er sich als Persönlichkeit und nicht als Parteifunktionär bewiesen hat: Professor *Carlo Schmid*, der als einziger im Lande Baden-Württemberg sein Mandat in direkter Wahl und dabei 6000 Stimmen mehr erhielt als seine Partei. Was hindert uns daran, ihn an die Spitze des Staates zu stellen, wenn im nächsten Jahr der Bundespräsident neu gewählt werden muß – und leider nicht mehr Theodor Heuss heißen wird. Carlo Schmid wäre ein großartiger Präsident. Wir sind für ihn. Wer ist es noch?

31. Oktober 1957

FRITZ RENÉ ALLEMANN

Wie stark ist Adenauer?

Politik ist manchmal ein sonderbares Geschäft. Hat nicht der Bundeskanzler soeben einen Wahlsieg hinter sich, wie er noch keinem deutschen Politiker beschieden war? Haben nicht die Unterlegenen dieses Kampfes eben noch mit ernsten Mienen und krauser Stirn vor den Gefahren gewarnt, die aus solcher Allmacht für die junge deutsche Demokratie entstehen könnten? Und jetzt dann diese Schwierigkeiten bei der Regierungsbildung; der Kanzler, im Kreuzfeuer der Ansprüche stehend, konnte sein Kabinett nicht programmgemäß bereits am Tag nach seiner Wiederwahl auf die Beine stellen; Termine mußten verschoben, Ministerstühle zurechtgerückt, Wünsche der Interessenten ausgeglichen, konfessionelle und regionale Paritäten berücksichtigt werden, und die Presse kolportiert den Stoßseufzer des Siegers, daß er lieber drei Wahlkämpfe führen als eine Bundesregierung zusammenstellen möchte.

Wo bleibt, fragt der Bürger und reibt sich die Augen, bei diesem Spiel denn die gefürchtete Allmacht, wo das persönliche Regiment des starken Mannes? Und staunend sieht es der Betrachter mit an, daß dieselbe Opposition, die schon ängstlich die autoritäre Fuchtel niedersausen sah, sich nun über die «*Farce*» der allzu langen Verhandlungen wortreich beschwert: war ihr der Kanzler zuerst viel zu stark, so ist er ihr jetzt auf einmal viel zu schwach, weil er die Knoten im Regierungsstrick behutsam aufzulösen und neu zu schürzen sucht, statt sie gewaltsam durchzuhauen. Man mag sich über solche Paradoxien amüsieren. Man mag, wenn man will, auch einfach in die resignierte Feststellung ausweichen, ein deutscher Regierungschef werde es offenbar seinen politischen Gegnern niemals recht machen können: man nimmt ihm nicht nur die starke, sondern auch die sanfte Hand nun einmal übel. Viel nützlicher aber scheint es, an diesem Beispiel ein wenig über Wesen und Grenzen dessen nachzudenken, was man die Bonner *Kanzlerdemokratie* nennt.

Sicher ist das politische System der Bundesrepublik in den vergangenen acht Jahren nicht nur von der Persönlichkeit Adenauers beherrscht, sondern auch auf diese Persönlichkeit hin ausgerichtet worden – möglicherweise mehr, als das für die Zukunft dieses Systems gut ist. Und doch stellt sich heute (nicht zum erstenmal) heraus, daß diese Persönlichkeit mindestens bei der Wahl ihrer Mitarbeiter keineswegs so frei ist, wie man das glauben möchte, wenn man das Wort von der *Kanzlerdemokratie* ernst nimmt.

Jeder britische Premier, selbst ein vergleichsweise schwacher, kann sich seine Minister-Mannschaft leichter nach eigenem Gusto zusammenstellen, als das der Regierungschef Westdeutschlands auch nach einer geradezu plebiszitären Bestätigung wie der des 15. September vermag. Warum? Offenbar deshalb, weil der Bundeskanzler zwar *im Staate* die «Richtlinien der Politik» bestimmen kann, weil er aber *in seiner Partei* alles andere als ein unbeschränkter Herr und Meister ist. *Die Regierung dirigiert er; der Partei gegenüber tritt er aber nicht so sehr als «Führer» denn als Koordinator auf, der eine Vielfalt von Interessen unter einen Hut zu bringen hat.*

Gerade dem Umstand, daß er sich dieser Aufgabe mit so viel Vorsicht und taktischer Anpassungsfähigkeit unterzieht, verdankt Konrad Adenauer seine Autorität mindestens im selben Maße wie der Kraft und dem Übergewicht seiner Persönlichkeit. Denn ein so vielschichtiges (und dazu so junges) Gebilde wie die Christlich-Demokratische Union, die eben nicht nur konfessionell, sondern auch sozial und regional durchaus «Union» heterogener und manchmal widersprüchlicher Elemente ist, stellt seinen Chef immer wieder vor den Zwang, die Einheit durch Ausgleich der Interessen zu erhalten und zu befestigen.

Da muß dafür gesorgt werden, daß keiner zu kurz kommt, der eine feste und wohlorganisierte Hausmacht hinter sich hat, damit diese Macht nicht eines Tages eigene Wege geht: den Evangelischen muß die Furcht vor der katholischen Majorisierung genommen werden; die Unternehmer wachen mit Argusaugen darüber, daß der verdächtige Gewerkschaftsflügel nicht etwa zu mächtig wird (und umgekehrt); die größeren Landesgruppen, Parteien in der Partei, sind gegeneinander so auszubalancieren, daß sie nicht etwa Kristallisationskerne einer innerparteilichen Opposition abgeben. Nur wenn keiner dieser «Flügel» das Gefühl hat, benachteiligt zu werden, nur wenn jeder seinen Anteil an der Macht erhält, kann der Kanzler sicher sein, seine parlamentarische Mehrheit auch wirklich als Instrument seiner Politik handhaben zu können.

Dieses Kunststück ist ihm auch diesmal wieder gelungen. Nicht sogleich zwar, nicht auf Anhieb – und ganz gewiß auch nicht ohne Schweiß und ohne einige persönliche Ungerechtigkeiten gegen treue Paladine, die keinen großen und einflußreichen Haufen hinter sich haben und die nicht ganz ins ministerielle Rechenexempel hineinpassen können. *Kurt Georg Kiesinger*, in vielen parlamentarischen Schlachten bewährter Fechter für Adenauers Außenpolitik, kann ein Lied davon singen. Gerne wäre er Minister für gesamtdeutsche Fragen geworden – aber nein, der Stuhl *Jakob Kaisers* ist für *Ernst Lemmer* reserviert, der ihn zwar gar nicht wollte, der aber sein geliebtes Postministerium für den ellbogenkräftigen bayerischen Nachwuchspolitiker *Stücklen* frei machen mußte. Kiesinger sollte mit der Justiz entschädigt werden, aber die bot sich am Ende als der einzig mögliche Ausweg für *Schäffer* an, den die CSU unbedingt wieder im Kabinett sehen und den der Kanzler doch auf keinen Fall mehr als Finanzminister dulden wollte. Also Europaminister? Aber nein, *Brentano* und *Hallstein* mögen keinen «Reisenden in Integration» neben sich dulden. Und so bleibt dem liebenswürdigen Württemberger nur noch der bewährte Ausweg in die

Diplomatie. Ja, wenn er evangelisch wäre (wo er doch, nach einem unvergessenen Wort Adenauers, «so evanjelisch aussieht»): Protestantische Parlamentarier von Rang und Namen sind in der CDU immer gesucht. Oder wenn er das Glück hätte, ein Bayer zu sein! Die CSU, die sorgt für ihre Leute. Aber er ist Schwabe und ein guter, obgleich recht liberaler Sohn der römischen Kirche, und für einen Politiker dieser unglückseligen Mischung gibt es im Zusammensetzspiel, das sich Kabinettsbildung nennt, unglücklicherweise keine vernünftige Stelle ...

Es wäre leicht, über die Vorgänge hinter den Kulissen (wo das dritte Kabinett Adenauer zusammengebastelt wurde) eine böse Satire zu schreiben. Aber es wäre auch billig. Denn in Wirklichkeit zeigen diese Vorgänge doch nur, daß Adenauer nicht halb so selbstherrlich ist, wie es ihm seine Kritiker gerne nachsagen: auch er muß manchmal manövrieren, wo er vielleicht lieber diktieren würde. Es geht ihm ein wenig wie den alten deutschen Kaisern, von denen auch selbst die mächtigsten mit ihren Herzögen und Fürsten zu rechnen hatten. Auch das ist eine Art, Macht zu verteilen (und damit übermäßige Konzentration der öffentlichen Gewalt zu verhindern). Keine ideale freilich, und wahrscheinlich auch keine, die dem Ansehen der Demokratie sonderlich gut bekommt.

Etwas mehr Autorität gegenüber den Interessengruppen in der Regierungspartei und etwas mehr Konzilianz gegenüber der Opposition ergäben wahrscheinlich, alles in allem, eine bessere Mischung. Aber wer der Autorität mißtraut, sollte sich lieber nicht über den Kuhhandel entrüsten. Und es ist jedenfalls immer noch besser, wenn die Ansprüche ausgehandelt werden, als wenn sie mit dem großen Hammer geschlichtet würden.

Eine unbequeme Frage freilich bleibt auch dann offen, wenn man das einsieht (und wenn man sich daran erinnert, daß auch andere und ältere Demokratien nicht immer ohne gewagte innenpolitische Balanceakte auskommen). Das ist die Frage, wie wohl ein Kanzler, dem nicht das Prestige Konrad Adenauers zu Gebote steht, sich in dem Irrgarten der partikularen Forderungen und Wünsche zurechtfinden und wie er jemals den Ausgang ins Freie der eigenen Entscheidung finden soll.

1958

17. April 1958

THEO SOMMER

Auf Biegen oder Brechen?

Die Verwirrung ist groß in den deutschen Landen: Die SPD wünscht eine Volksbefragung zur Ausrüstung der Bundeswehr mit Atomwaffen, die Regierungskoalition trachtet sie unter allen Umständen zu verhindern. Die Sozialdemokratie aber will die Befragung auf Biegen oder Brechen erzwingen.

In den nächsten Tagen wird die SPD dem Bundestag einen entsprechenden Gesetzentwurf vorlegen – obwohl dieser nicht die geringste Aussicht hat, von der Mehrheit des Hauses angenommen zu werden (inzwischen ist selbst die FDP-Bundestagsfraktion, aus deren Bänken am Schluß der letzten Parlamentsdebatte so lauthals der Ruf «nationaler Notstand!» erscholl, von dem sozialdemokratischen Vorhaben abgerückt). Im günstigsten Fall – wenn der Antrag nicht schon im Plenum rundweg abgelehnt wird – blüht ihm ein stilles Begräbnis im Rechtsausschuß.

Im SPD-Hauptquartier macht man sich darüber nichts vor. Die sozialdemokratischen Richtkanoniere visieren deshalb ihr Ziel im indirekten Verfahren an: nun soll die Volksbefragung in den *Ländern* durchgesetzt werden. Und der Streit über die Zulässigkeit solcher Umfragen wogt jetzt auch in den Landeshauptstädten hin und her ...

Nun sind die Rechtsgutachten, die das Kabinett beim Bundesjustiz- und beim Bundesinnenministerium über die Verfassungswidrigkeit der Volksbefragung bestellt hat, in ihren Schlußfolgerungen sicherlich nicht unanfechtbar. Es gibt durchaus Staatsrechtler, die den einzelnen Landesregierungen, die ja über den Bundesrat an der Gesetzgebung des Bundes teilnehmen, das Recht zusprechen, sich von der Volksstimmung in ihrem Lande zu unterrichten. Und die These, Volksbefragungen seien jenen Volksentscheiden gleichzustellen, die das Grundgesetz ausschließt – diese These ist (wie sehr sie auch den *politischen Kern* der Auseinandersetzung treffen mag) zumindest formaljuristisch unhaltbar. Auch ist es gewiß zu bedauern, daß der CDU nichts Besseres eingefallen ist, als das Bundesverfassungsgericht zu bemühen. Wieder einmal soll den Karlsruher Richtern die Last einer politischen Entscheidung aufgebürdet werden. *Politik per einstweiliger Verfügung* – auch das ist eine Denaturierung unserer Staatsordnung.

Indes: Diese Erwägungen muten beinahe unerheblich an angesichts der weitaus schwerwiegenderen Frage, die Theodor Eschenburg unlängst an dieser Stelle aufwarf – der Frage an die SPD: «Volksbefragung – und was dann?» (DIE ZEIT, 3. April 1958). Bisher haben die Sozialdemokraten noch keine Antwort gegeben, aus der ersichtlich wäre, wie sie sich dieses «Was dann» eigentlich vorstellen.

«Angenommen, die Volksbefragung würde als Ergebnis eine Ablehnung der atomaren Rüstung haben und hätte in diesem Sinne eine politische Wirkung auf Regierung und Parlament, so könnte das für jede Regierung ein schweres Handicap in ihrer Außenpolitik bedeuten», schrieb Eschenburg. Hätte aber die Volksbefragung *keine* politische Wirkung auf die Regierung, dann wäre in den Augen des Volkes eine ungeheure Diskreditierung der Demokratie die Folge.

Und genau hier ist der Punkt, an dem zu fragen ist: Kann irgendeine Partei eine solche Gefährdung unseres parlamentarisch-demokratischen Staatswesen verantworten – eines noch keineswegs in sich gefestigten Staatswesens? Darf irgend jemand hier eine Entscheidung auf Biegen oder Brechen erzwingen wollen, wo doch das, was dabei verbogen oder gar zerbrochen werden kann, das Fundament dieses unseres Staates ist – nämlich das Ordnungsprinzip der *repräsentativen* Demokratie?

Es stimmt bedenklich, wenn selbst ein sonst so besonnener Politiker wie Hamburgs SPD-Bürgermeister *Brauer* erklärt, *die Wähler dürften zwischen zwei Wahltagen nicht tatenlos zusehen, wie die Regierung mit dem Schicksal des Volkes verfahre.* Was, um Himmels willen, sollen sie, die nach dem Grundgesetz zwar die Träger der Staatsgewalt sind, die aber nicht unmittelbar regieren, eigentlich anderes tun?

Dabei haben es die Sozialdemokraten gar nicht nötig, außerparlamentarische Mittel zu ergreifen, um die Meinung des Volkes zweifelsfrei zu erforschen. Denn in diesem Jahre noch sind fünf Landtagswahlen fällig, die ihnen Gelegenheit bieten, an das Volk zu appellieren. Man sage nicht, die Zeit dränge – so schnell schießen die Preußen nicht, auch nicht bei der Atombewaffnung. Es ist nicht einzusehen, weshalb die SPD so fragwürdige Wege einschlägt, wo sie doch die Möglichkeit hat, ihren Argumenten in den Landtagswahlen Geltung zu verschaffen und so im *Bundesrat* jene Mehrheit zu erobern, die ihr im Bundestag versagt geblieben ist.

Es gibt in der Bundesrepublik keine freie Marktwirtschaft der Politik: so hat es das Grundgesetz gewollt, das *jede Entscheidungskonkurrenz zwischen Parlament und Volk ausschaltete.* Eingedenk der wenig erbaulichen Erfahrungen der Weimarer Republik haben seine Väter bewußt Schranken in die Verfassung eingebaut, die ein Abgleiten in die plebiszitäre Anarchie – oder die plebiszitäre Diktatur – verhindern sollen. *«Cave canem!»* rief *Theodor Heuss* damals im Parlamentarischen Rat aus, als dort über Volksbegehren gesprochen wurde. Heuss war es auch, der im Parlamentarischen Rat das Volksbegehren *«die Prämie für jeden Demagogen»* nannte …

1959

10. April 1959

MARION GRÄFIN DÖNHOFF

Konrad Adenauer

Eigentlich hatten die meisten von uns geglaubt, sie kennten den großen alten Mann, seine Reaktionen, sein Gespür für Macht, seine Beharrlichkeit und seinen Instinkt festzuhalten – Eigenschaften, die man oft als Starrheit empfand. Aber wie schon so oft hat Konrad Adenauer gerade in dem Moment jene Theorien erschüttert, in denen sie unbezweifelbarer schienen denn je.

Niemand hätte dem Bundeskanzler die Elastizität zugetraut, abseits von allen bisherigen Erwägungen, gewissermaßen aus heiterem Himmel den Entschluß zu fassen, sein Amt in Frage zu stellen; in wahrstem Sinne des Wortes *sein* Amt, denn erst durch ihn wurde es geprägt in Form und Inhalt. Niemand hätte ihm die jugendliche Kraft zugetraut, sein, Konrad Adenauers Bild für einen Augenblick ganz wegzuwischen und dann wieder neu konzipieren zu können. Denn Flexibilität war nicht gerade das Epitheton, das ihm (vor allem in letzter Zeit) zuerkannt wurde, weder von seinen Bewunderern noch von seinen Kritikern.

Konrad Adenauer wird nun dieses Amt einem Nachfolger überlassen, den er bestimmt (den er nur als Bundespräsident bestimmen kann), und wird damit einen entscheidenden Einfluß auf die Kontinuität der Politik ausüben. Er selber wird die Arena des Kampfes verlassen und über den um die Macht streitenden Parteien stehen. In der größeren Ruhe und Distanziertheit des höchsten Amtes im Staate wird er als Schirmherr und Wächter der Bundesrepublik noch lange wirken können. Vielleicht wird sich zeigen, daß er von dort aus mehr Einfluß auf den Lauf der Dinge ausüben wird, als man sich bisher träumen lassen konnte. Denn in diesem Amt stecken viele, bisher noch nicht erschlossene Reserven. Es wird interessant sein zu sehen, wieviel Gewicht das Amt des Bundespräsidenten auch in einer sozusagen antipräsidial angelegten Verfassung dann bekommt, wenn es jemand übernimmt, der all das nicht nur an Eigenschaften, sondern vor allem auch an Renommee und Assoziationen *mitbringt*, was in diesem Hause nicht *entstehen* kann.

Multipliziert man die beiden Faktoren Dauer und Einwirkungsmöglichkeiten miteinander, so kann es sehr wohl sein, daß die Summe an politischem Einfluß, die Konrad Adenauer als Staatsoberhaupt haben wird, größer ist als die, die ihm als Bundeskanzler verblieben wäre. Der Kanzler hat immer in Millimetern gemessen und Maßarbeit geleistet. Das sollte diejenigen beruhigen, die fürchten, ohne den gewohnten Steuermann würde das Schiff in schwerer See vom sicheren Kurs abkommen. Das ist ja gerade das Überzeugende an diesem Entschluß: daß Adenauer selber die Ablösung überwacht, die Kontinuität also gewährleistet ist. Und daß jüngere Kräfte die Politik der neuen Phase, der wir entgegengehen, in die Hand nehmen können und dabei doch kein Erdrutsch entsteht.

Und noch etwas: Man spricht oft von der Regierungsmaschinerie, und dann meint man zu sehen, wie ein Rädchen zwangläufig in das andere greift, wie keines aus seiner Bahn herauskann und Funktionäre das Ganze jeweils an- und abstellen. Angesichts solcher Vorstellungen ist es dann wirklich bewegend zu sehen, wieviel Spontaneität – und das heißt doch nicht nur Geist, sondern auch Menschlichkeit – noch immer am Werke ist. Das gilt auch für die 63 Männer, die in jener historischen Sitzung den entscheidenden Entschluß faßten, Adenauer für das Amt des Bundespräsidenten zu nominieren.

12. Juni 1959

Marion Gräfin Dönhoff

Mit dem Volke spielt man nicht

Bundeskanzler *Adenauer* hat den Beschluß, nun doch nicht für das Amt des Bundespräsidenten zu kandidieren, mit der *außenpolitischen* Situation Deutschlands begründet: Es sei angesichts der sich verschlechternden außenpolitischen Lage besser, so sagte er, wenn er bleibe. Besser? Er müßte außenpolitische Wunder vollbringen, wenn der Schaden, den dieser wankelmütige Entschluß auf *innenpolitischem* Gebiet angerichtet hat, vergessen oder gar wettgemacht werden sollte.

Denn wie sieht schließlich die Bilanz der letzten Tage und Wochen aus?

Außenpolitisch:

Der Kanzler hat dem Ausland ganz eindeutig vor Augen geführt, daß alle Deutschen, bis auf einen, unzuverlässig sind. Er, dem seit Jahren das Vertrauen des Auslands sicher ist, hat nicht versucht, den Personalkredit «Konrad Adenauer» in einen Realkredit «Bundesrepublik Deutschland» umzuwandeln. Er hat es nicht versucht, schlimmer noch: er hat diesen notwendigen (und möglichen) Prozeß nun sogar verhindert.

Innenpolitisch:

1. Der *Kanzler* hat «sich selbst angeschossen», und es ist fraglich, ob er je wieder der alte sein wird.
2. Der *Vizekanzler* ist schwer lädiert – Ausgang noch ungewiß.
3. Der *Bundespräsident* leidet still, aber darum nicht weniger ernsthaft. Sein Amt wurde in dem vielfältigen Hin und Her entscheidend abgewertet.

4. Die *Fraktion* ist – von ein paar Ausnahmen abgesehen – zu zwar zornigen, aber doch zu Ja-Sagern abgestempelt worden.
5. Der Ruf aller denkbaren *Nachfolger* für die beiden höchsten Ämter im Staat wurde schwer geschädigt.
6. Das Gefühl, in der *Demokratie* sei der einzelne und sein freier Wille gut geborgen, weil die Institutionen und die Spielregeln ausschlaggebend seien und nicht die Willkür des Regierenden, scheint in Frage gestellt.
7. Jetzt wird das alte Vorurteil und die mühsam überkommene Skepsis, *Politik sei ein schmutziges Geschäft*, wieder in alter Frische erstehen: «Da sieht man es wieder, daß keiner wegfahren kann, ohne daß der andere ihn betrügt.»
8. Der Begriff der *Autorität*, im «tausendjährigen Reich» bis auf den Grund verschlissen und seither mit unendlicher Mühe, Hege und Pflege wenigstens in den Grundlagen wiederhergestellt, ist achtlos zertreten worden.

Dies ist die erschreckende Bilanz weniger Wochen. Das Erstaunlichste aber ist, daß der große Trümmerhaufen nicht etwa von den Widersachern der Demokratie angerichtet wurde oder von den neidischen Gegnern derer, die unseren Staat in den harten Jahren nach dem Zusammenbruch aufgebaut haben, sondern gerade von denen, die all dies vollbrachten: *von ihnen selbst.*

Aber selten nur werden die Starken von ihren Gegnern erledigt. Gewöhnlich gehen sie an ihren eigenen Fehlern zugrunde.

Konrad Adenauer ist häufig mit *Bismarck* verglichen worden. Und manchem erschien dieser Vergleich zwischen dem Recken aus dem Sachsenwald und dem Reineke Fuchs aus dem Rhöndorfer Rosengarten ein wenig gewagt. Dennoch, vieles sprach dafür.

Zwar: Die Menschen sind vergeßlich – das Erreichte erscheint immer selbstverständlich. Aber die historischen Akten registrieren es, daß *Konrad Adenauer Deutschland aus einem verachteten, rauchenden Trümmerhaufen zu einem geachteten Staat zusammengeschmiedet hat,* dessen politische Wünsche und Notwendigkeiten innerhalb der westlichen Koalition eine wesentliche Rolle spielen. Unter seiner Regierung wurde aus einem zusammengetriebenen Haufen zerlumpter, geflüchteter, ausgebombter, hungernder, verängstigter Menschen eine zufriedene (vielleicht allzu zufriedene) bürgerliche Gesellschaft ohne schwere soziale Spannungen.

Soweit die Geschichtsbücher bis zur Jahreswende 1959 ... Aber die Fortsetzung? Wer wird in Zukunft noch das Wort eines demokratischen Regierungschefs ernst nehmen können, der erst das Grundgesetz ändern wollte, um die Amtszeit des Bundespräsidenten um zwei Jahre zu verlängern ... der dann seinen Vizekanzler auf diesen Posten kaltzustellen trachtete ... der am 7. April seinen Beschluß verkündete, selber Bundespräsident werden zu wollen (wegen der «Kontinuität» ...), schließlich aber (zwei Monate später!) erklärte, daß er wegen der gleichen Kontinuität Bundeskanzler bleiben müßte? *«Die geschichtliche Logik ist noch genauer als die preußische Oberrechnungskammer»*, sagte Bismarck.

Heute ist der Kanzler ein Opfer seiner Menschenverachtung geworden. Er glaubte dem Volk und den Mitgliedern seiner Fraktion ohne jede Rücksicht alles zumuten zu können. Die Fraktion aber, die ihren Chef schon erhöht und – gebändigt sah, erhielt die Quittung für ihr vorzeitiges Frohlocken. Hätte sie sich nicht soviel zugute getan auf ihre künftige Selbstherrlichkeit und die fortan geringen Kompetenzen ihres bisher mächtigen Chefs – es wäre diese *Staatskrise* vielleicht an uns vorübergegangen.

Aber was kann man erwarten von Abgeordneten, die vor zwei Monaten *einstimmig* den damaligen Beschluß des Kanzlers bejubelten und von denen jetzt, da er ihn widerrief, kaum einer aufbegehrte? ‹Konrad Adenauer Bundespräsident? Ja, Bundespräsident!› ... Konrad Adenauer Bundeskanzler? Ja, Bundeskanzler!

Wer dächte da nicht an Hamlets Phantasien und Polonius' Echo: *Hamlet:* «Seht ihr die Wolke dort, beinahe in Gestalt eines Kamels?» – *Polonius:* «Beim Himmel, sie sieht auch wirklich aus wie ein Kamel!» – *Hamlet:* «Mich dünkt, sie sieht aus wie ein Wiesel.» – *Polonius:* «Sie hat einen Rücken wie ein Wiesel.» – *Hamlet:* «Oder wie ein Walfisch.» – *Polonius:* «Ganz wie ein Walfisch!»

Auch aus ministeriellem Munde war keine Empörung zu vernehmen. Nur *ein* denkwürdiger Ausspruch bleibt zu verzeichnen: Bundesverkehrsminister *Seebohm*, so berichtet die WELT, stellte fest, der Bundeskanzler habe sein Mandat vom Volk erhalten ... «bis Gott ihm das Ruder aus der Hand nimmt». Ein Minister, der seit der Gründung der Bundesrepublik amtiert und der das Einmaleins der Demokratie trotzdem noch nicht erfaßt hat, nämlich das Alternieren verschiedener Regierungen! – «Ihr seid mir scheene Demokraten.»

Nein, wenn *Eugen Gerstenmaier* nicht wäre und ein paar Unabhängige, die vergeblich nach Gesinnungsgenossen ausspähen, könnte man verzweifeln an so viel Untertanengeist, der obendrein mit Nibelungentreue verbrämt ist: «Und im Unglück nun erst recht.»

Was *soll*, was *kann* in dieser Situation geschehen? Die Antwort lautet kurz und bündig: Nichts, was die Verhältnisse grundsätzlich verändern könnte. Eine Rebellion des Parlaments – beispielsweise ein *konstruktives Mißtrauensvotum*, das den Sturz des Kanzlers herbeiführt – ist in Anbetracht von Genf und Berlin nicht möglich; es würde unsere außenpolitische Stellung ja entscheidend schwächen.

Einer Fronde *innerhalb* der CDU/CSU aber könnte nur *ein* Mann Wirkung verleihen: *Ludwig Erhard*; dann nämlich, wenn er erklärte, angesichts der Behandlung, die der Kanzler ihm zuteil werden ließ, sei er nicht bereit, weiter im Kabinett zu verbleiben. *Ein Rücktritt Erhards würde zweifellos zum Aufruhr der Fraktion und zu einer Kabinettskrise führen.* Es ist freilich kaum anzunehmen, daß ein so loyaler Geist wie Erhard seine Hebelstellung zu solchem Druck benutzt, zumal in einem Augenblick, in dem Böswillige meinen könnten, er täte es nur, um selber Kanzler zu werden. Was Erhard aber verlangen kann, das ist eine Rehabilitierung durch den Kanzler, der ihm (seinem Vizekanzler) das Zeugnis ausstellte, er habe in der Außenpolitik das Ziel der Klasse noch nicht erreicht und müsse noch zwei Jahre nachsitzen.

Und was die Fraktion anlangt, so wäre es wirklich eine Schande, wenn sie die Nichtachtung der Demokratie, der hier so sichtbar Ausdruck verliehen wurde, schweigend erduldete – und ohne Protest vor der Öffentlichkeit einzulegen. Die Staatsraison der Demokratie verlangt nicht, daß die Repräsentanten des Volkes durch dick und dünn zum Regierungschef stehen, sondern daß sie dort rebellieren, wo sich Ansätze von Willkür zeigen und die Institutionen der Republik nicht respektiert werden.

12. Juni 1959

THEODOR ESCHENBURG

Warum es zur Kanzler-Krise kam

Adenauer hat am 7. April die *Präsidentschaftskandidatur* angenommen, ohne sich vorher mit seiner Fraktion über seinen *Nachfolger* geeinigt zu haben. Das hat sich als schwerer Fehler erwiesen, der bei der virtuosen taktischen Begabung dieses geistesgegenwärtigen Mannes nur aus einem Fehler in seinem institutionellen Denken zu erklären ist: Adenauer hatte eine falsche Vorstellung von der *verfassungspolitischen Position des Bundespräsidenten.* Nachträglich hat er seinen Fehler zu korrigieren versucht, während die Fraktion ihn gegen Adenauer auszunutzen trachtete.

Der Kanzler und seine Bundestagsfraktion hatten beide ihre Rechnung ohne *den Wirt* gemacht. Der Streit ging darum: *Wer* ist der Wirt? Nach der Verfassung ist's keiner allein; aber dies wollten beide nicht einsehen.

Die *Fraktion* kümmerte die Frage wenig, ob der zehn Jahre lang amtierende, mächtige alte Kanzler sich für das Amt des Staatsoberhauptes, das in Distanz zur Regierung und zu den Parteien stehen sollte, überhaupt eignen würde. Sie sah in Adenauers Präsidentschaftskandidatur nur die Gelegenheit, ihm das Kanzleramt in ehrenvollster Form abzunehmen und ihn als Schutzpatron einer CDU-Regierung zu behalten.

Als Adenauer die Kandidatur Erhards zum Bundespräsidenten kurz vorher betrieben hatte, hat auch ihn dessen Eignung für dieses Amt nicht sonderlich interessiert. Ihm war es vielmehr darum gegangen, Erhard als Kanzlernachfolger *auszuschalten*. Das eigentliche Problem, nämlich eine Persönlichkeit zu finden, die den Funktionen der ranghöchsten bundesrepublikanischen Institution entspreche, wurde weder von der Fraktion noch von Adenauer ernsthaft beachtet. Eine Institutionsmißachtung! Sie lag bei beiden darin, daß jeder von ihnen einen Präsidentschaftskandidaten vorschlug aus dem Motiv heraus, daß *dieser* nicht Kanzler bleiben oder *jener* nicht Kanzler werden sollte.

Als der listige *Adenauer*, von der Fraktion überlistet, die Präsidentschaftskandidatur annahm, glaubte er durch seine Persönlichkeit das Amt des Staatsoberhauptes abweichend von der Konstruktion des Grundgesetzes so verwandeln zu können, daß er selbst in der *Villa Hammerschmidt* als eine Art *Oberkanzler* wirken würde. Die Funktionen von Bundespräsident und Bundeskanzler hoffte er gleichsam ineinanderschieben zu können. Dazu wäre aber notwendig gewesen, daß er als Bundespräsident dank seiner Autorität den neuen Bundeskanzler faktisch allein ernennen und entscheidend dessen Regierungsbildung beeinflussen konnte. Er wollte also auch die vom Grundgesetz im Verfahren der Kanzlerbestimmung bewußt getrennten Funktionen von Bundespräsident und Bundestag in seiner Hand als Staatsoberhaupt vereinigen.

Gerade das aber wünschte die *Fraktion* nicht. Sie wollte den Präsidentschaftskandidaten Adenauer, bevor er noch gewählt und bevor er noch sein Amt angetreten hatte, zwingen, ihren Kandidaten, der nicht der seine war, zu akzeptieren. Es ging ihr um eine Wahlkapitulation ihres Präsidentschaftskandidaten. Sie wollte die Funktionen von Bundespräsident und Bundestag ebenfalls ineinanderschieben – nur in umgekehrter Richtung.

In diesem Streit wurden von beiden Seiten Kompromisse erwogen. Jede von beiden hielt zwar an ihrem Kanzlerkandidaten fest, war aber zur Umbesetzung im Kabinett zugunsten von Ministerkandidaten der

Gegenseite bereit. Vor allem ging es um den Posten des *Vizekanzlers*, aus dem man einen *Nebenkanzler* machen wollte.

Man scheint sogar an eine *Erweiterung der Kompetenzen des Vizekanzlers* gedacht zu haben; doch dessen Kompetenzen hat nach dem Grundgesetz und der Geschäftsordnung der Bundesregierung allein der Bundeskanzler zu bestimmen. Man wollte dem Bundeskanzler also die ihm in erster Linie zustehende Regierungsbildung aus der Hand nehmen, um auf diese Weise seine Richtlinienbefugnisse einzuschränken. Und weder Adenauer noch die Fraktion hatte die Stilwidrigkeit gekümmert, die damit entstand, daß der zum Bundespräsidenten Gewählte als Kanzler zunächst mehr als zwei Monate weiter amtieren würde. Bedenkenlos war man bereit, Verfassungswandlungen hinzunehmen – nicht etwa, weil für diese ein institutionelles Bedürfnis bestand, sondern weil sie den augenblicklichen taktischen Zwecken entsprach. *Die Institutionen waren zum Objekt der Taktik Adenauers und seiner Fraktion geworden.*

In der *Methode* der Kandidatenbeurteilung besteht allerdings zwischen Adenauer und der Fraktionsmehrheit ein sehr erheblicher Unterschied. Adenauer sieht, wie ich glaube, unvergleichlich viel schärfer die *Funktionseignung der Kandidaten* für den Kanzlerposten als die Fraktionsmajorität. Für diese ergibt sich schlechthin aus der Popularität Erhards dessen Eignung zum Kanzler. Sie blickt wie fasziniert auf den Werbungswert des «*Ersatz-Adenauers*» für die nächsten Wahlen und scheint die entscheidende Frage nach der Eignung dieses großen Spezialisten für die Regierungsführung nicht ernstlich gestellt zu haben.

Was mich betrifft: Ich neige dazu, Adenauers Bedenken anzuerkennen und zu glauben, daß Adenauer in der *Personenfrage* wohl recht habe. Ihm *persönliche* Motive bei der Bewertung des Kandidaten zu unterschieben, ist allzu billig. Die patriarchalische Sorge darum, wie sein Amt *nach* ihm geführt wird, ist wohl echt und ernst. *Aber dies ändert nichts daran, daß er nach der Verfassung kein Recht hat, darüber allein zu entscheiden.*

Ebensowenig hat aber die Fraktion ein Recht, dem künftigen Bundespräsidenten ihren Kandidaten aufzuzwingen. Beide – Adenauer *und* die Fraktion – haben ihre *Machtposition* auszunutzen versucht, um durch eine Verfassungswandlung ihre Zwecke zu erreichen. Beide scheiterten aneinander.

Als Adenauer merkte, daß er praktisch gar nicht in der Lage war, die Alleinentscheidung über die Kanzlerbestellung zu treffen, warf er die Kandidatur zum höchsten Amt der Bundesrepublik weg. Der Listige hatte die Überlistung der Fraktion durchschaut und wollte die Fraktion jetzt überspielen. Er verzichtete nicht deshalb, weil er sich dem Amt nicht gewachsen fühlte, sondern weil es seinen Machtansprüchen nicht genügte. Sein Verzicht richtete sich zwar gegen Erhards Nachfolge *im Kanzleramt*, traf aber auch die *Autorität der Institution des Bundespräsidenten*. Adenauers Motive mögen noch so berechtigt gewesen sein, seine Mittel – eben die des Widerrufes seiner Kandidaturannahme – haben eine *Autoritätskrise* hervorgerufen, die höchst beklagenswert ist: *eine Krise seiner eigenen Autorität.*

Adenauer hat durch seinen letzten Schritt seine an sich schon bekannte, so häufig beklagte *Institutionsgeringschätzung* auf die Spitze getrieben, er hat sie so übertrieben, daß er seine eigene Autorität – und diesmal vielleicht nicht nur für den Augenblick – in Frage gestellt hat. Die Fraktion aber wehrte sich nicht gegen Adenauer wegen seiner Institutionsmißachtung, sondern weil sie sich von ihm politisch überspielt sah.

Mangelndes Institutionsbewußtsein sowohl Adenauers als auch der Fraktion haben diese Krise heraufbeschworen. Was ist zu tun? *Es kommt jetzt sehr auf die Persönlichkeit des neuen Bundespräsidenten an.* Nur wer selbst nicht an dem Prozeß, der zur Institutionskrise geführt hat, beteiligt war, sollte eine Chance erhalten, dieses Amt zu bekleiden.

4. September 1959

THEO SOMMER

Der Draht nach Washington

Bonn, Anfang September

Selbst abgebrühten Diplomaten und den zynischen Journalisten verging in den Eisenhower-Tagen zu Bonn das Spötteln. Die warme Herzlichkeit, die dem amerikanischen Präsidenten von der ersten bis zur dreiundzwanzigsten Stunde seines Aufenthaltes am Rhein entgegenschlug, war unverkennbar echt. Nichts Organisiertes haftete ihr an, nichts Befohlenes: *Solchen* Jubel kann man gar nicht befehlen. Ein hoher Beamter im Auswärtigen Amt traf den Nagel auf den Kopf, als er sagte: *«Man kann die Leute zwar auf die Straßen zitieren, man kann ihnen auch Fähnchen in die Hand drücken, aber begeistern kann man sie nicht ...»*

Sie waren aber nicht «zitiert» worden. Sie kamen von selbst, und sie kamen von weit her. Dreihunderttausend säumten am Mittwochabend die Strecke vom Flughafen zur Residenz des US-Botschafters: Zigtausende verstopften am Donnerstag die *Koblenzer Straße* und blockierten die Kreuzung vor dem *Palais Schaumburg*; Scharen von Menschen räumten am Nachmittag enttäuscht ihre Beobachtungsposten, als bekannt wurde, daß Eisenhower nicht mit dem Kraftwagen, sondern im Hubschrauber zum Flugplatz zurückkehren werde. Zwischen Wahn und Godesberg, so schien es, gab es in diesen Tagen keine Parteien mehr – es gab nur Begeisterte.

Die Menschen am Rhein trieb nicht die Neugier, auch nicht der Kitzel, der den Besiegten juckt, wenn er sich plötzlich dem Sieger von einst gegenübersieht. Und es war gewiß weder pompöse Heldenverehrung noch bloßer karnevalistischer Rummel, der die Rheinländer auf die Straßen lockte. Der jubelnde Empfang, den sie dem Präsidenten der Vereinigten Staaten bereiteten, galt dem mächtigsten Freund der Bundesrepublik, dem Führer jener Allianz, der sich die Westdeutschen in ihrer großen Mehrheit heute fest zugehörig fühlen.

Eisenhowers Triumphzug nach Godesberg ließ erkennen: Hierzulande ist kein Boden für antiamerikanische Gefühle. Im Gegenteil, das Volk weiß, daß die Allianz mit Amerika die sicherste Grundlage aller deutschen Außenpolitik ist, und es will an dieser Allianz nicht rütteln. *«Freundschaftliche Beziehungen zu England und Frankreich, gewiß»*, so schrieb ein britischer Beobachter. *«Aber das ist eine Angelegenheit der Politiker. Die freundschaftlichen Beziehungen zu den USA hingegen sind mittlerweile zur Sache des Volkes geworden. In die politischen wie in die psychologischen Fundamente des gegenwärtigen Deutschland ist die amerikanisch-deutsche Verbundenheit geradezu eingebaut.»*

So wurden denn in der Tat die Sympathie- und Vertrauenskundgebungen der Rheinländer für den eiligen Gast aus Washington zum eigentlichen Politikum dieses Besuchs. In Zukunft mag es innen- und außenpolitisch weit schwerer wiegen als der Inhalt der knapp vierstündigen Gespräche, die der Bundeskanzler mit *Dwight D. Eisenhower* führte. Und wenn diese Gespräche – einsame Dialoge unter den diskreten Augen des Chefdolmetschers *Weber* – zu dem Ergebnis führten, daß der Draht zwischen Bonn und Washington heute wieder straffer gespannt ist als seit langem, so hat die Herzenswärme der rheinischen Bevölkerung daran gewiß entscheidenden Anteil. Sie hat den amerikanischen Präsidenten – nach seinen eigenen Worten – «überwältigt», und sie hat unzweifelhaft ihren Eindruck auch auf Konrad Adenauer nicht verfehlt. Eindringlicher als die schwarz-rot-goldenen Litfaßsäulenplakate der Bundesregierung, die von manchem als «ängstliches Pfeifen im Dunkeln» ausgelegt wurden, hat sie verdeutlicht: *«Deutschland vertraut Eiesenhower.»*

An diesem Vertrauen waren in letzter Zeit am *Potomac* nicht nur leise Zweifel aufgetaucht. Der Draht nach Washington – für die Bundesrepublik so lebenswichtig wie einst für Bismarck der Draht nach Petersburg – war erschlafft, und es schien, als hing er seit dem Tode des Außenministers *John Foster Dulles* auf der amerikanischen Seite in der Luft. Der Kanzler, der sich jahrelang in innerer Übereinstimmung mit dem außenpolitischen Bevollmächtigten Eisenhowers gewußt hatte, war sich plötzlich nicht mehr sicher: Würde der Präsident ohne Dulles festbleiben? Oder würde er weich werden, wenn er Chruschtschow von Angesicht zu Angesicht gegenüberstünde?

Diesseits und jenseits des Atlantiks sind derlei Zweifel jetzt verflogen. Eisenhower bleibt fest – daran ist nach seinen Erklärungen in Bonn nicht zu deuteln. Nachdrücklich hat er die amerikanische Garantie für Berlin erneuert, und ebenso nachdrücklich hat er zur Wiedervereinigungsfrage versichert, er werde weiterhin eine *«gerechte Lösung in Frieden anstreben, die den Wünschen des deutschen Volkes entspricht und Frieden und Sicherheit in Europa gewährleistet»*. Einem Ausverkauf der Freiheit in Mitteleuropa wird er seine Zustimmung niemals geben.

Diese Festigkeit des großen Verbündeten hat den Bundeskanzler augenscheinlich beeindruckt. Hinzu kam ja, daß Eisenhower in Bonn absolut nicht wie ein kranker Mann wirkte, der sich nur mühsam in den Einzelheiten der Weltprobleme zurechtfand. Er strahlte gelokkerte Selbstsicherheit aus, straffe Konzentration und geistige Beweglichkeit.

So stellte er sich auch der Presse vor: mit klarem Blick für die komplexen Realitäten der Ost-West-Auseinandersetzung, ohne Illusion über die Erfolgschancen seiner Begegnung mit dem sowjetischen Ministerpräsidenten, aber nicht bar aller Hoffnung. Und auf jeden Fall zu dem Versuch entschlossen, das Eis des Kalten Krieges zum Schmelzen zu bringen, ohne dabei vitale westliche Interessen preiszugeben.

Die Treue Eisenhowers aber hat Konrad Adenauer mit Vertrauen vergolten: des Präsidenten Versuch, das Eis zu schmelzen, besitzt seine volle Unterstützung. Die Bedenken, die der Kanzler vordem gehegt haben mochte, sind im selben Augenblick belanglos geworden, da ihm klar wurde, daß er sich mit seinem amerikanischen Besucher über die Ziele der westlichen Politik völlig einig ist. Er weiß jetzt, daß Eisenhower die Sicherheitsmarge kennt, die es bei der Gipfeltour zu zweit einzuhalten gilt, und er weiß, daß sich der Präsident nicht auf gefahrvolle Seitenpfade locken lassen wird. Und so hat denn der

Kanzler dem Versuch zugestimmt, einen neuen Weg zu beschreiten – einen neuen Weg zu den alten Zielen.

Dies ist also das wichtigste Ergebnis des Besuchs in Bonn: die Bundesregierung unterstützt das amerikanische Bemühen, zunächst Entspannung zu suchen und *danach* erst zu Vereinbarungen mit den Sowjets zu belangen. Sie will vor der Welt nicht das Odium auf sich laden, als Störenfried dazustehen, als einzig Schmollender, wo alle lächeln. Und sie will vor allem dem Kreml keinen Ansatzpunkt bieten, wo Chruschtschows grober Keil eindringen könnte, um die Bundesrepublik von ihren Verbündeten zu trennen.

Wenn es einen Mißklang gab in der Harmonie der Bonner Jubelfanfaren, so waren es höchstens die aufdringlichen Hornstöße der Vertriebenenorganisationen. Sehr deutlich hat sich der Präsident von ihren Forderungen distanziert: «Wir versuchen jetzt, das Eis ein wenig zu schmelzen, und wir wollen die Dinge im Augenblick nicht komplizieren, indem wir über die Oder-Neiße-Linie sprechen. Wir versuchen, eine etwas bessere Atmosphäre zu schaffen ...» Sehr auffällig aber hat sich auch die Bundesrepublik bemüht, den Eindruck der Vertriebenenparolen wieder zu verwischen und Eisenhowers offensichtlichem Wunsch zu entsprechen, Bonn möge sein Verhältnis zu den östlichen Nachbarn – zumal zu Polen – auf eine neue Grundlage stellen. In seiner Rundfunkansprache zum zwanzigsten Jahrestag des Kriegsausbruchs fand der Kanzler staatsmännische, ja warme Töne – Töne, wie sie auch seine Antwort auf Chruschtschows letztes Schreiben kennzeichneten.

Im übrigen hat sich Konrad Adenauer bemüht, im Gespräch mit Eisenhower einem amerikanisch-französischen Ausgleich den Weg zu bereiten, und er hat sich ferner der Unterstützung des Präsidenten für eine Bereinigung des getrübten deutsch-englischen Verhältnisses versichert. Wer ihn nach den Gesprächen sah, als er sich – müde, aber frohgestimmt – zu seinem Außenminister hinbeugte, während *Ikes* Düsenmaschine mit pfeifenden Aggregaten über das Betonfeld zur Startbahn rollte, der konnte sich des Eindrucks nicht erwehren: Die Schlußformel von der Zusammenarbeit zwischen den Vereinigten

Staaten und der Bundesrepublik als «Eckpfeiler» ihrer Außenpolitik war mehr als eine Kommuniqué-Phrase. Der Draht nach Washington ist wieder straff gespannt.

Die Bestätigung dafür kam, als Eisenhowers *Boeing 707* die deutschen Grenzen in Richtung London überflog und der Präsident dem Kanzler ein Danktelegramm sandte, das mit den Worten begann: «Lieber Freund ...»

So hatte zuvor nur Dulles mit Konrad Adenauer verkehrt. Das Vakuum, das nach dessen Tod im deutsch-amerikanischen Verhältnis eingetreten war, ist nun ausgefüllt. *«Der Kontakt zwischen Präsident Eisenhower und mir ist ebenso herzlich, wie er zwischen dem verstorbenen Staatssekretär John Foster Dulles und mir gewesen ist»*, schrieb der Kanzler.

20. November 1959

Robert Strobel

Sieg der Reformer in Bad Godesberg

Die Reformer haben auf dem Godesberger Parteitag der SPD einen so durchschlagenden Erfolg erzielt, wie dies kaum jemand vorauszusagen gewagt hätte. Ganze sechzehn Stimmen von insgesamt 340 brachten die Gegner des *reformierten Programms* bei der Generalabstimmung auf. Und auch bei den Teilabstimmungen über die am heftigsten umstrittenen Abschnitte – wie *Landesverteidigung, Verhältnis zu den Kirchen* und *Gemeineigentum* – blieben sie in hoffnungsloser Minderheit.

Gewiß hat die geschickte Regie des Parteivorstandes manches zu dem überwältigenden Sieg der Reformer beigetragen. Aber der Grund für den allgemeinen Stimmungswandel, der diesen Parteitag unverkennbar beherrschte, liegt darin, daß sich unser Gesellschaftsbild gewandelt hat. Die Mitglieder und Anhänger der SPD ziehen die Folgerungen aus der sozialen und wirtschaftlichen Situation der Arbeiterschaft.

Der Arbeiter ist eben nicht mehr der Staatsbürger minderen Ranges, für den einst die revolutionären Parteiparolen in die Welt gesetzt wurden. Die meisten Forderungen seiner proletarischen Vorgänger sind erfüllt. Die Auseinandersetzung, die er heute mit dem wirtschaftlich Stärkeren führt, liegt jenseits ideologischer Prinzipien: Sie geht interessenbetont um den ihm angemessen erscheinenden Anteil am Sozialprodukt. Und diesen gleichen Kampf führen Hunderttausende Angestellte, Handwerker und kleine Unternehmer.

Es hat lange Zeit gedauert, bis sich in der SPD die Einsicht durchgesetzt hat, daß sie auch all diesen Gruppen eine politische Interessengemeinschaft anbieten könnte. Sie mußte sich allerdings von den ideologischen Parolen trennen, die gerade jene Gruppen abstoßen.

Deshalb ist in dem neuen Programm nicht mehr von *Sozialisierung* die Rede. Und die Forderung, große Betriebe in Gemeineigentum zu überführen, will man, wie *Ollenhauer* sagte, nur in den Fällen aufrechterhalten, in denen dies zur «Gewährleistung einer gesunden Ordnung der wirtschaftlichen Machtverhältnisse» notwendig sei.

Die Sozialisten möchten auch ihr Verhältnis zu den Kirchen auf eine neue Grundlage stellen. Nichts mehr vom alten Prinzip der Trennung von Kirche und Staat. Statt dessen Bereitschaft der Partei zur Zusammenarbeit mit den Kirchen im Sinne «einer freien Partnerschaft». Aber am deutlichsten wurde die Umkehr der SPD, als es um die Landesverteidigung ging: Die aus alter Zeit wohlbekannte These, die Landesverteidigung sei rundweg abzulehnen, verstummte, als *Erler*, redegewandt und überzeugend in seiner Argumentation wie so oft, der Versammlung zurief, man müsse sich für die Freiheit der demokratischen Ordnung auch dann einsetzen, wenn sie von außen bedroht werde. Im gleichen Sinne hatte sich vorher *Herbert Wehner* ausgesprochen, der – mehr noch als auf dem Parteitag in Stuttgart – in Godesberg als die beherrschende Gestalt der Versammlung erschien. Hatte man aber in Stuttgart noch in ihm den Exponenten des linken Flügels vermuten können, so trat er in Godesberg leidenschaftlich gegen linksradikale Tendenzen auf. Und seine Worte klangen geradezu beschwörend, als er sich gegen den «Ausschließlichkeitsanspruch» des Marxismus im Gedankengefüge der Partei wandte.

Meinte Wehner es ernst? Ließ er nicht offen, *wie* die Sozialdemokraten die Macht gebrauchen würden, wenn sie sie erst einmal hätten? Freilich, daß die SPD mit anderen Zielsetzungen regieren würde als die CDU, versteht sich. Aber die Besorgnis, Wehner könnte sich dann von den Spielregeln der Demokratie entfernen, erhielt in Godesberg keine Nahrung. Er scheint sich zu der Erkenntnis durchgerungen zu haben, daß seine Partei eine von der Mehrheit der Bevölkerung akzeptierte allgemeine Ordnung anstreben müsse.

Es wird eine lange und schwere Aufgabe sein, dieses neue Grundsatzprogramm auch bei den vielen kleinen Parteimitgliedern draußen im Lande zur Richtschnur ihres Handelns zu machen. Doch ist der allgemeine Zug einer politischen Nüchternheit, die ohne ideologischen Ballast auskommen will, unverkennbar. Dies aber kann im Sinne einer gesunden demokratischen Entwicklung unseres Staates nur begrüßt werden.

1960

8. Juli 1960

ROBERT STROBEL FRAGT

Herbert Wehner antwortet

ZEIT: *Hat die außenpolitische Debatte nach Ihrer Meinung irgend etwas Positives hervorgebracht?*

Wehner: Ich glaube schon, denn man wird später über nichts mehr diskutieren können, was in den Bereich der Außenpolitik und der Wiedervereinigungspolitik gehört, ohne auf diese Debatte zurückzukommen und die Vorschläge, die in ihr vorgetragen wurden. Wie immer man sich auch zu ihnen stellt. Ob man sie für ein taktisches Manöver hält, oder glaubt, daß diese Vorschläge aus einer bestimmten Sicht der Tatsachen geboren wurden.

ZEIT: *Sie sagten in der Debatte, die SPD gehe davon aus, daß das europäische und atlantische Vertragssystem Grundlage und Rahmen für alle Bemühungen der Außen- und Wiedervereinigungspolitik seien. Ist daraus zu schließen, daß Sie die Zugehörigkeit der Bundesrepublik zur NATO nicht mehr als ein Hindernis für die Wiedervereinigung betrachten?*

Wehner: Wir sind keine Leute, die Verträge brechen. Weder können wir sie brechen, solange wir in der Opposition sind, noch haben wir vor, sie zu brechen, wenn wir an der Regierung wären. Einmal geschlossene Verträge sind für jede Politik, die hier gemacht wird, Ausgangspunkt und Rahmen. Wenn das bisher bezweifelt wurde, möchte ich wissen, was man überhaupt von der SPD gehalten hat.

ZEIT: *Sie wissen, daß Ihnen der Bundesverteidigungsminister vorgeworfen hat, die SPD würde die Verträge nur mit innerem Widerstreben halten. Was sagen Sie dazu?*

Wehner: Ich habe am Vorabend der Debatte nachgelesen, wer alles seinerzeit gegen das Grundgesetz gestimmt hat. Und wenn ich sehe, wer alles uns nun im Bundestag fragt, ob wir denn die Verträge einhalten würden, dann kann ich mich nur wundern. Wobei ich immerhin hervorheben möchte, daß das Grundgesetz doch noch um einige Grade ernster zu nehmen ist als die Verträge. Wenn das so weitergeht, muß man an der Möglichkeit verzweifeln, in unserem Staat im demokratischen Sinne Politik machen zu können.

ZEIT: *Man hält Ihnen Ihr Eintreten für ein Disengagement vor. Die CDU fürchtet, die SPD könnte beim nächsten Lächeln Chruschtschows wieder auf solche Pläne zurückkommen. Ist diese Befürchtung begründet?*

Wehner: Ich fürchte, obwohl ich keine Kassandra sein möchte, daß wir nicht mehr in eine Lage kommen werden, wo über «*Disengagement*» gesprochen werden könnte. Es ist also nur noch ein rein akademisches Gesprächsthema. Ein solcher Plan würde doch überhaupt nur möglich sein, wenn unsere Partner in der NATO, denen gegenüber wir Verpflichtungen haben und die uns gegenüber Verpflichtungen haben, zu der Erkenntnis kommen sollten, daß ein solcher Versuch unternommen werden sollte. Es stünde doch immer ihre und unser aller Sicherheit dabei auf dem Spiel. Also könnten nur alle gemeinsam handeln und es könnte keine Macht überspielt werden.

ZEIT: *Strauß und Guttenberg warfen Ihnen vor, daß Sie die Bundeswehr nicht mit den unter den gegebenen Umständen notwendigen Waffen auszustatten bereit seien, zum Beispiel mit atomaren Raketen zur Abwehr von Flugzeugen. Was sagen Sie dazu?*

Wehner: Da greift man wieder einmal zu einem auf innerpolitische Wirkung berechneten Argument. Man möchte uns in den Augen der Soldaten als eine Partei hinstellen, der sie es zu verdanken haben, daß sie nicht alles bekommen, was sie brauchen. In Wirklichkeit aber bekommen unsere Soldaten doch genau die Waffen, die die NATO-Mächte insgesamt, und vor allen Amerika, ihnen zu geben für zweckmäßig halten. Hier geht es doch um Streitfragen, die noch nicht einmal zwischen Herrn Strauß und dem Pentagon ausgetragen sind. Das sind Dinge, die noch nicht einmal im Verteidigungsausschuß des Bundestages, einem Geheimausschuß, bis in die letzten Einzelheiten diskutiert worden sind. Und ich soll darauf öffentlich eine Antwort geben, obwohl wir noch nicht einmal vertraulich erfahren haben, was eigentlich zur Zeit der Stand der Erörterungen in diesen Fragen zwischen den Vertragspartnern ist.

ZEIT: *Vor kurzem argumentierte die SPD noch, die atomare Bewaffnung erschwere die Wiedervereinigung. Nun fürchten Sie, daß Wiedervereinigungsgespräche in absehbarer Zeit nicht aktuell sein würden. Wird nicht dadurch Ihren Bedenken gegen die atomare Bewaffnung der Boden entzogen?*

Wehner: Was würden Sie denn sagen, wenn ich Ihnen die Gegenfrage stellen würde: Glauben Sie, die atomaren Waffen erleichtern die Wiedervereinigung? Wir haben eine verständliche Position in dieser Frage. Wir erkennen die Verträge an. Wir würden sie, wenn wir an der Regierung wären, durchführen, und zwar loyal und dem Sinne nach. Wir würden, wenn wir an der Regierung wären, wahrscheinlich auch die jeweilige Situation sehr genau überlegen, soweit sie die Bewaffnung und zumal die atomare Bewaffnung betrifft. Das NATO-Mitglied Norwegen wird nicht deswegen als ein schlechteres oder gar böswilliges NATO-Mitglied angesehen, weil es eine Sonderstellung einnimmt. Norwegen läßt in Friedenszeiten seine Flugplätze nicht von anderen als norwegischen Militärflugzeugen benützen. Und das gleiche gilt dort für Raketen. Die Dänen haben eine andere Sonderstellung. Sie haben es abgelehnt, auf Bornholm bestimmte militärisch-technische Einrichtungen bauen zu lassen. Niemand wirft ihnen das vor. Sollte es also einmal für eine Wiedervereinigungssituation in Deutschland Möglichkeiten geben, vielleicht nur hauchdünne, so wäre zu bedenken, was wir im Rahmen des NATO-Bündnisses in irgendeinem Punkte tun oder auch nicht unbedingt tun sollten. Denn im NATO-Bündnis können ja die Rollen durchaus verteilt gespielt werden.

ZEIT: *Was könnte nach Ihrer Auffassung zur Erarbeitung eines gemeinsamen außenpolitischen Mindestprogramms der Parteien geschehen?*

Wehner: Wir haben die Regierung aufgefordert, zusammen mit den Oppositionsparteien zu prüfen, was getan werden könnte für den Fall, daß wir es mit einseitigen Maßnahmen zur Veränderung des jetzigen Status in dem gespaltenen Deutschland zu tun hätten. Dabei handelt es sich um Mittel der Politik, um Fragen der Verteidigung und des Zusammenwirkens mit den Partnern, um einer Situation gerecht zu werden, die auf uns zukommen könnte. Ich habe das vorgeschlagen. Wenn andere darauf spucken oder wenn sie sagen, das alles sei nur Taktik, so kann ich als demokratischer Parlamentarier nur erwidern: Ich habe es versucht. Ich kann die Regierung nicht zwingen. Niemand kann sie dazu zwingen. Das könnte bestenfalls die öffentliche Meinung.

ZEIT: *Worauf führen Sie die verstärkte Kampagne der SED gegen die Sozialdemokraten und Sie zurück?*

Wehner: Sie haben unseren Deutschland-Plan zunächst abgelehnt, dann sind sie scheinbar auf Teile des Planes eingegangen. Vor einigen Monaten haben sie einen eigenen «Deutschland-Plan des Volkes» herausgebracht. Ein tolles Stück! Es ist ein Versuch, die westdeutschen Sozialdemokraten und andere, die mit Adenauer nicht übereinstimmen, dazu zu bringen, daß sie hier eine Politik machen, die von der SED-Führung drüben bestimmt würde, während sie selbst keinerlei Einfluß auf die SED-Führung hätten. Wir haben diesen Vorschlag mit dem Hohn zurückgewiesen, den er verdient. Nachdem wir jeden Zweifel ausgelöscht haben, daß der Deutschland-Plan Basis für irgendeine Kooperation zwischen SED und Sozialdemokraten sein könnte, ist es verständlich, daß sie nun heftig und häßlich schreien.

ZEIT: *Trifft es zu, daß gegen das Godesberger Programm draußen im Lande stärkerer Widerstand geleistet wird, als es auf dem Parteitag in Godesberg erkennbar wurde, insbesondere gegen die Stellungnahme des Programms zu den Wehrfragen und den Kirchen?*

Wehner: Das Programm wurde mit großer Mehrheit beschlossen und wurde auch so draußen von den Parteimitgliedern aufgenommen. Besonders in den Gebieten, in denen die konfessionellen Spannungen eine Bedeutung haben, wurde es sozusagen als befreiend empfunden, als etwas, was den Sozialdemokraten helfen könnte, sich als eine Partei verständlich zu machen, die nicht die Kirchen verdrängen oder ihnen Vorschriften machen möchte. Aber es wäre natürlich vermessen zu behaupten, daß in so kurzer Zeit alle Mitglieder der SPD, auch diejenigen, die vielleicht ihre entscheidenden geistigen Eindrücke vor 30 oder 40 Jahren erhalten haben, nun imstande wären, rasch umzudenken. Manche müssen noch mit den Gedanken ringen, die sie aus jenen vergangenen Zeiten schöpften. Auch einige Junge, die durch die Literatur aus jener Zeit maßgeblich beeinflußt wurden, ringen noch mit diesem Programm.

ZEIT: *Gilt das auch für den wirtschaftspolitischen Teil des Programms?*

Wehner: Ich habe gerade bei Diskussionen mit älteren Gewerkschaftsfunktionären, die Sozialdemokraten sind, gespürt, daß sie erst langsam an die Tatsache herangeführt werden müssen, daß man dieses Programm nicht mit der Elle messen darf, um festzustellen, wieviel mehr oder wieviel weniger Verstaatlichungsmöglichkeiten es bietet. Dieses Programm kann nur als Ganzes verstanden werden, als ein Versuch, die Demokratie im Sinne des Grundgesetzes zu einer Demokratie für alle und in allen Bereichen weiterzuentwickeln. Wir wollen in diese Weiterentwicklung auch den wirtschaftlichen und sozialen Bereich einbeziehen.

Das ist wohl auch unsere eigentliche Differenz mit der CDU. Herr Heck (Bundestagsabgeordneter der CDU), der die bisher interessanteste Gesamtbewertung unseres Programms und der Unterschiede zwischen uns und der CDU gegeben hat, schrieb, die SPD wolle die Demokratisierung bis in die letztmöglichen Konsequenzen betreiben; seine Partei lehne das aber ab, weil damit an die Freiheit der Gesellschaft gerührt werde.

Manche Sozialdemokraten müssen erst begreifen, daß dieser Kampf um eine Änderung der Lebensverhältnisse und der Gesellschaftsordnung ein Kampf im Rahmen dieses Staates sein und bleiben muß, daß jede Reserve gegenüber dem Staat, das heißt der Bundesrepublik, in das sozialdemokratische Denken dieser Zeit nicht mehr hineinpaßt. Insofern geht es auch an uns vorbei, was in der außenpolitischen Debatte an Vorwürfen und Behauptungen gegen uns aufgebracht wurde, als suchten wir einen dritten Weg zwischen Freiheit und Unfreiheit. Da gibt es keinen dritten Weg. Es geht um die Gestaltung der Freiheit.

1961

21. Juli 1961

JOSEF MÜLLER-MAREIN

Abstimmung mit den Füßen

Jenes Wort, daß die Flucht eine «Abstimmung mit den Füßen» sei, stammt von Lenin – aus der Zeit, da er «mit den Füßen» gegen den Zaren gestimmt hatte und in der Schweiz lebte. Als er nach Rußland heimgekehrt war, prägte er ein anderes Wort: «Man muß darüber nachdenken, auf welche Weise das Proletariat, das einen so starken Apparat des Zwanges wie die Staatsgewalt in der Hand hält, auch den Bauern als Werktätigen heranziehen und seinen Widerstand besiegen oder ihn unschädlich machen kann.»

Mag dies in der Sowjetunion gelungen sein – in Sowjetdeutschland ist es nicht gelungen. Vorab die Bauern haben mit den Füßen gegen das Regime gestimmt: zuletzt im Sommer 1960, als Ulbricht die Landwirtschaft kollektivierte. Soweit sie daheim blieben, stimmten sie dann auch auf die andere Weise gegen Ulbricht: mit den Händen in der Hosentasche. Zumindest wird auch heute Unzufriedenheit über die Ernährung immer wieder als Grund dafür genannt, daß sich seßhafte Bürger in Flüchtlinge verwandeln. Zwar spielt die Sorge um das tägliche Brot eine große Rolle in Mitteldeutschland, wo man im Falle gefüllter Läden auf Vorrat kauft und ißt, und wo man von Furcht gepackt wird, wenn es, wie augenblicklich, nur ein halbes Pfund Butter je Woche auf «Kundenliste» gibt und obendrein noch Milch und Kartoffeln rationiert sind. Aber natürlich gibt es andere und gewichtigere Ursachen dafür, daß soeben die «Flüchtlingskurve» weit über das «Normale» hinaus gestiegen ist und gegenwärtig noch immer zu steigen scheint.

Was heißt da «normal»? In den ersten vier Monaten dieses Jahres sind 66 000 Menschen aus Mitteldeutschland geflüchtet; 4000 je Woche – das nennt man die «normale Quote». Die vorige Woche aber begann mit einem Flüchtlingsstrom von 400 je Tag. Diese Zahl stieg. Verdoppelte sich. Am Dienstag meldeten sich 1335 Flüchtlinge in Westberlin. Täglich flieht die Einwohnerschaft eines Dorfes, wöchentlich die eines Landfleckens, monatlich die einer Kleinstadt, jährlich die einer Großstadt. Die derzeitige Welle aber ist, nach der Statistik, die größte seit dem Jahre 1953.

Damals 1953: «Säuberung» der CDU (Ost), nachdem «Außenminister» Dertinger am 15. Januar verhaftet worden war (im Februar retteten sich 31 613 Menschen aus der Sowjetzone, im März 58 605). Es folgte der Aufstand vom 17. Juni (im gleichen Monat flüchteten 40 381). *Heute:* Im ersten Halbjahr 1961 sind bereits 103 159 Flüchtlinge in der Bundesrepublik erschienen: die Einwohnerschaft einer Großstadt.

Nachdem in den vorigen Jahren die Bauern in großen Scharen flüchteten, spürt man jetzt mehr und mehr, daß die Facharbeiter und Industriehandwerker es leid sind, in der Zone zu leben: sie, die noch am ehesten verwöhnt wurden! Hier liegt eine Tendenz, die sich wirtschaftlich katastrophal für die «DDR» auswirken kann. «Wir müssen davon ausgehen», so hat der Generalsekretär der Zonen-LDP, *Manfred Gerlach*, schon vor Monatsfrist erklärt, *«daß es sich bei fast allen republikflüchtigen Handwerkern um wertvolle Menschen handelt. Und da sie meist über gutes Einkommen verfügt haben, müssen die Gründe für ihr Weggehen in Sorgen um ihre Zukunft, in Problemen des Wirtschaftsablaufes, in geistig-politischen Konflikten und in falscher Behandlung durch die Staats- und Wirtschaftsorgane liegen.»* Viel einfacher hätte dieser Funktionär sagen können: «Sie flüchteten, weil unser Staat nichts taugt!»

Es gibt einen einzigen «normalen» Grund für das Anwachsen des Flüchtlingsstromes: Der Juli ist Urlaubszeit. Da gelingt die Flucht noch am ehesten unbemerkt. Aber wesentlich ist, daß die *Berlin-Krise* eine Unruhe ausgelöst hat, an der wenig fehlt, und die Panik ist da.

Diese Unruhe hat sich schon jetzt zu einer allgemeinen Verzweiflung gesteigert: Seit der Gründung der «Deutschen Demokratischen Republik» im Jahre 1949 sind mehr als zweieinhalb Millionen ihrer Einwohner geflüchtet. *Dieses Land der heute noch 17 Millionen Menschen ist das einzige Gebiet der Welt, in dem – trotz Geburtenüberschusses – die Einwohnerzahl abnimmt.* Mehr als die Hälfte der Flüchtlinge sind junge Leute unter 25 Jahren – Menschen also, die während des «Dritten Reiches» geboren wurden und die nie etwas anderes als das autoritäre Regime kennengelernt haben. Da 80 v. H. der Flüchtlinge den Weg über Westberlin nehmen, fragt die Bevölkerung sich heute: Was, wenn dieser Weg nach Chruschtschows und Ulbrichts Willen versperrt wird? Man flüchtet also, solange dieser Fluchtweg noch möglich ist: das «offene Loch», wie die Sowjetfunktionäre schimpfen, «das eine Konsolidierung unseres Staates erschwert». Die Konsolidierung eines Staates von Eingesperrten!

In diesem unserem Jahrhundert menschlicher Wanderungen und Entwurzelung hat das Bild des Flüchtlings viele Erscheinungen. Wir sahen gehetzte Opfer von Verfolgungen, ausgemergelte Gestalten, atemlos. Wir sahen Trecks, die sich in langsamer Qual über das zugefrorene Haff oder über zerstörte Landstraßen dahinbewegten.

Die Flüchtlinge des Jahres 1961 sehen anders aus: Junge Leute und Menschen mittleren Alters. Ordentlich gekleidet. Nichts Gehetztes, nichts Hastiges, nichts Flüchtiges ist an ihnen. Geduldig stehen sie in *Berlin-Marienfelde*, wo ein großer Komplex zwei- und dreistöckiger Steinbauten sich «Notaufnahmelager» nennt, vor den Türen und Schaltern der Registrierstellen. Haben ihre Papiere in der Hand. Nehmen zur Kenntnis, daß sie für einen oder zwei Tage verpflegt, für ein paar Nächte untergebracht und irgendwann einer kurzen Vernehmung unterzogen werden. Erhalten die Einweisung in ein bestimmtes Bundesland und dann den Anrechtschein auf einen Platz in einem Flugzeug, das sie in den Westen bringt.

Zehn Prozent unter ihnen gehören – so sagt die Statistik – zu den «politisch Verfolgten», die Anrecht auf Haftentschädigung, auf Sozialversicherung, auf bevorzugte Wohnungszuweisung haben. Aber alle

Flüchtlinge merken jetzt, was es bedeutet, daß die Bundesrepublik Deutschland den Anspruch darauf erhebt, der einzig rechtmäßige deutsche Staat zu sein. Sie werden nicht erst «eingebürgert», sie *sind* deutsche Bürger. Sie *können* den Rat, sich da- oder dorthin zu begeben, annehmen, aber sie *müssen* nicht. Sie dürfen sich frei bewegen – sei es selbst, daß sie nach Mitteldeutschland zurückkehren wollten. Man rechnet, daß im höchsten Falle 10 v. H. dieser Neuflüchtlinge jährlich tatsächlich zurückkehren (und viele von ihnen flüchten bald zum zweitenmal nach Westen). Man läßt sie ungeniert passieren mit Hab und Gut.

Auf diese «Rückflüchtlinge» sind die Sowjetfunktionäre ungeheuer stolz, sie, die doch selber «Republikflucht» als ein Verbrechen bestrafen. Wie viele würden erst das Reich ihrer Macht verlassen, erlaubten sie bloß das gleiche Recht der Freizügigkeit, das die Bundesrepublik gewährt und gewähren muß: aus demokratischem Prinzip! Die Zone, in der heute vor allem die alten Leute zurückbleiben, wäre längst nicht mehr von 17 Millionen bewohnt. Ein bitteres Scherzwort sagt: «Die deutsche Wiedervereinigung findet auf westdeutschem Boden statt.» Daran ist viel Wahres.

Den Hauptteil der Neu-Flüchtlinge stellen die Arbeiter, es folgen die Bauern, die Intellektuellen, unter ihnen viele Ingenieure, Lehrer, Professoren, und man hört, daß in manchen Gegenden Mitteldeutschlands ein Kranker, der einen Arzt braucht, bis zu 60 Kilometer Weges zurücklegen müsse. In den letzten sieben Jahren sind mehr als 3000 Ärzte geflüchtet. Und was die Fachkräfte unter den jungen Technikern und Akademikern angeht – wutentbrannt haben die Funktionäre drüben ausgerechnet, daß sie für ihre Ausbildung vier Milliarden D-Mark Ost gezahlt hätten, die ihnen durch die Flucht verlorengehen. Derart kapitalistisch begründen sie die Strenge ihrer «Republikfluchtgesetze»!

Die Tragödie der Flüchtlinge aber spielt sich zwar auf deutschem Boden ab, doch ist sie nicht von ausschließlich deutscher Problematik. Sie flüchten ja nicht nur von der Sowjetzone in die Bundesrepublik – sie flüchten von Ost nach West. Sie entziehen sich der Diktatur und setzen ihre Zuversicht auf die Demokratie. Sie überschreiten die Grenze, welche die beiden Welthälften trennt.

Gottlob brauchen wir, die wir derzeit eine halbe Million von Arbeitskräften aus anderen Ländern Europas beschäftigen, uns keine Sorgen darüber zu machen, daß wir die Neu-Flüchtlinge, die von Deutschland nach Deutschland emigrieren, nicht bei uns schaffen, wohnen, leben lassen könnten. Aber das Prinzip sollte überall in den freien Ländern anerkannt werden, wenigstens das Prinzip: Die Menschen, die über die Grenzen zweier Welten fliehen, tragen ein Schicksal, das es verdient, weltweit verstanden zu werden.

18. August 1961

MARION GRÄFIN DÖNHOFF

Quittung für den langen Schlaf

Diese Generation kann nicht mehr geistig, sondern nur noch durch Ereignisse geführt werden.

Winston Churchill,
1939 nach Kündigung des deutsch-britischen
Flottenabkommens durch Hitler

Diesen 13. August wird man so bald nicht vergessen. Auch wer an diesem Tage nicht in Berlin war, wird diesen Sonntag vor Augen behalten, denn im Fernsehen konnte man ja miterleben, wie die Panzer am Potsdamer Platz und am Brandenburger Tor auffuhren, die Kampfgruppen ausschwärmten, die Volkspolizei Betonpfeiler einrammte, Stacheldraht quer durch Berlin spannte und den Asphalt aufriß.

Ich weiß nicht, ob je zuvor eine Nation am Bildschirm zuschauen konnte, wie für einen Teil ihrer Bevölkerung das Kreuz zurechtgezimmert wurde. Für einen Teil oder vielleicht doch für alle? Es heißt immer, der Frieden sei unteilbar und die Freiheit – aber wahrscheinlich ist auch das Kreuz unteilbar. Die Leute haben es nur noch nicht gemerkt.

Der Regierende Bürgermeister von Berlin sagte in einer sehr bewegenden Sitzung des Abgeordnetenhauses: «Dies ist die Stunde der Bewährung für das ganze Volk.» Er hat recht, es geht uns alle an. Es ist nur ein Zufall, daß dieser Stacheldraht quer durch Berlin geht – im Grunde schneidet er dem deutschen Volk mitten durchs Herz.

Wenn's denn wirklich so schwer vorzustellen ist: Es könnte ja auch sein, daß Köln von Deutz auf diese Weise getrennt wäre, daß auf der einen Seite der Königsallee in Düsseldorf, das Mains in Frankfurt, der Alster in Hamburg, der Maximilianstraße in München Panzer und Maschinengewehre aufgefahren wären und kein Bürger lebend die andere Seite erreichte. Wirklich: Berlin ist kein isolierter Fall, Berlin geht uns alle an. Wenn wir hier versagen, dann geschieht es uns recht, wenn auch wir uns eines Tages innerhalb und nicht mehr außerhalb jenes KZs befinden, das an diesem 13. August mit Stacheldraht seine letzten Ausgänge verbarrikadiert hat.

Besonders verwunderlich allerdings wäre dies gewiß nicht. Die Politik der letzten Wochen und Monate ist schlechterdings unverständlich. Zunächst war doch die Antwort auf Chruschtschows Drohungen mit dem Separatfrieden: «Verhandlungen kommen nicht in Frage.» Dann hielt Kennedy jene glänzende Rede, in der er ganz deutlich machte, worauf es ankommt, nämlich darauf, zweigleisig zu fahren: vermehrt zu rüsten und gleichzeitig zu verhandeln. Es folgte die Pariser Außenministerkonferenz, die diese Richtlinien im Detail ausarbeiten wollte.

Ihr Ergebnis: ein Katalog militärischer und wirtschaftspolitischer Maßnahmen und nebenbei gewisse Andeutungen, wenn Chruschtschow schön brav sei und sich ganz gesittet benähme, werde man vielleicht einmal – noch könne man nicht sagen, wann – mit ihm reden.

Ob dieses angesichts der Kennedy-Rede und ihrer Richtlinien wirklich kuriose Ergebnis durch Bonner und Pariser Wünsche beeinflußt wurde oder ob es, wie die Dementis aus beiden Städten behaupten, dem Wunsch aller vier Teilnehmer entsprach, ist schwer festzustellen.

Verwunderlich freilich wäre es nicht, wenn sich das Gerücht bestätigte, Washington und London hätten einen festen Termin nennen wollen, doch hätten de Gaulle und Adenauer sich widersetzt. Das Weltbild jener beiden alten Herren, das vom 19. Jahrhundert geprägt wurde, mag ihnen die Vorstellung eingeben, es sei ihr erstgeborenes und angestammtes Recht, zu bestimmen, wann Gespräche mit dem mächtigen Emporkömmling stattfinden: natürlich nur als Belohnung, nicht unter Druck! De Gaulle hielt es ja auch jahrelang für unter seiner Würde, mit Bourgiba oder dem FLN zu verhandeln.

Komisch ist allerdings – doch dies nur nebenbei: Wenn wir gerade mal nicht unter Druck stehen (wie zum Beispiel damals, als die ZEIT vorschlug, ganz Berlin zum Sitz der UN zu machen), wird auch nicht verhandelt, «weil ja gar keine Veranlassung dazu besteht».

Die Außenminister waren also übereingekommen, «äußerste Entschlossenheit» zu zeigen. Chruschtschow will keinen Krieg, so hieß es, und wenn wir ihm klarmachen, daß wir vor nichts zurückscheuen, dann wird er es nicht wagen, irgendwelche Verletzungen zu begehen. Das ist eine Politik, die unter bestimmten Umständen, und folgerichtig vertreten, durchaus Sinn haben kann. Sie wird aber gänzlich unsinnig, wenn schon zwei Tage später *Kennedy, Rusk* und auch *Adenauer*, jeder vor seinem entsprechenden Publikum, munter darüber plaudern, daß man sich demnächst mit dem Sowjetchef zu Verhandlungen zusammensetzen werde. Was übrigens die in Paris kundgetane Bereitschaft zu militärischen Maßnahmen anbetrifft, so sagte Bundeskanzler Adenauer in Kiel: *«Es ist müßig, zur Zeit von einer Verlängerung der Wehrpflicht und von einer Einberufung von Reservisten in der Bundesrepublik zu sprechen.»*

Also weder das eine noch das andere? Für beide Alternativen bringt man keinerlei Konsequenz auf: Die Kriegsdrohung, von vielen, nicht zuletzt von Strauß als Allheilmittel gepriesen, ist einfach eine unglaubwürdige Abschreckung und darum nichts wert. (Zumal man nie wirklich eine Politik der Stärke getrieben hat.) Und Verhandlungsangebote, die genau darum um so wichtiger wären, sind nur dann etwas wert, wenn sie präzis mit Terminangaben ausgesprochen werden. Wäre auf der Pariser Außenministerkonferenz oder auch vorher ein fester Terminkalender beschlossen worden, dann hätte Chruschtschow jetzt wahrscheinlich nicht das Risiko auf sich genommen, den Viermächte-Status von Berlin mit brutaler Gewalt einseitig zu brechen. (Daß in der Zwischenzeit sicherlich noch einmal 60 000 Menschen die Flucht ergriffen hätten, wäre ihm unter solchen Umständen wahrscheinlich auch egal gewesen.)

Aber so? So hat Chruschtschow sich entschlossen, das Risiko zu laufen und das Kernstück aus dem Separatfriedensvertrag vorwegzunehmen. Und siehe da, außer wortreichen Protesten und gewissen wirtschaftlichen Drohungen passierte nichts. «Ja, wenn ich gewußt hätte, daß das so leicht ist ...», mag er heute denken.

Man fragt sich wirklich, wozu eigentlich die vielen westlichen Beratungen – bei denen, wie zuletzt in Paris, weit über hundert Sachverständige zusammenkamen –, wozu sie eigentlich dienten, wenn nicht dazu, einen Katalog *automatischer* Reaktionen auf sowjetische Verletzungen aufzustellen. Seit Monaten hat Chruschtschow angekündigt, daß er den Viermächte-Status außer Kraft setzen werde, und jetzt, nachdem er es getan hat, fangen die westlichen Alliierten an zu beraten, wie man diesen Rechtsbruch beantworten soll. Offenbar sind sie ganz verloren, wenn der Gegner nicht alles genauso macht, wie sie sich das vorgestellt haben. Wenn er mit Punkt drei beginnt statt mit Punkt eins, dann ergreift sie vollständige Ratlosigkeit.

Was da am 13. August in Berlin geschehen ist, das ist ein Markstein in der Nachkriegsgeschichte – so wie es 1948 der Fenstersturz in Prag war oder der Auszug der Sowjets aus der Kommandantur. Etwas Entscheidendes hat sich geändert. Jetzt beginnt eine neue Phase. Wir sind dem Abgrund ein gut Stück nähergerückt.

Und was tun wir? Antwort: gar nichts! Und was sagen wir? Ein Sprecher des Auswärtigen Amtes sagte am Tage danach, die Vorgänge in Berlin seien so ungeheuerlich, daß es genüge, das Ausland darüber zu *informieren*. Die NATO fand, die Impulse für ihre Haltung müssen von den drei westlichen Großmächten ausgehen, und in Washington versuchte man, sich darauf «herauszureden», daß die sowjetzonalen Schritte ja nicht den freien Zugang von Westdeutschland nach Westberlin betreffen, für den allein sie aufzukommen hätten.

Die Alliierten müssen jetzt ihre Beschlüsse fassen – und wir? Wir sollten sofort diesen gespenstischen Wahlkampf einstellen: Die Parteien müssen jetzt gemeinsam nachdenken und sich nicht gegenseitig bekämpfen. Zwei Minuten Arbeitsruhe ist nicht genug. Protestmärsche der Gewerkschaften müßten in Hamburg, im Ruhrgebiet, in der Pfalz stattfinden, Demonstrationen der Bevölkerung, Unterschriftensammlungen in der Arbeiterschaft. Warum fährt Minister Lemmer nicht nach Moskau? Diese an sich natürliche Reaktion für den zuständigen Minister liegt so außerhalb des bei uns üblichen, daß sie ganz abwegig erscheint.

Warum wird die UN nicht angerufen? Selten noch gab es einen Fall, der so geeignet war für dieses Gremium wie die Schande des Ulbricht-Staates. Ist nicht das simpelste, das letzte aller Menschenrechte das Recht auf ungehinderte Flucht? Gewiß, man kann gegen jeden dieser Schritte einwenden, daß er einen siegestrunkenen Diktator nicht entscheidend beeindrucken werde. Aber das Schlimmste, was ein Staatsmann in einer solchen Situation tun kann, ist doch, nichts zu tun, denn das kommt einer Bankrotterklärung gleich.

Ist es wirklich so leicht bei uns, das Recht und die Menschlichkeit aus den Angeln zu heben, ohne daß etwas passiert? Ist das heute noch so einfach, wie es schon einmal war?

25. August 1961

WALTER GONG

Für ihn ist der Wahlkampf aus

18. August, 14 Uhr.

Willy Brandts Fahrer wartet am falschen Ausgang des Bundestages. Die Sondersitzung ist vorbei; der Regierende Bürgermeister von Berlin hat seine Rede gehalten – und es war eine harte und eine gute Rede. Viermal hatte sie den einmütigen Beifall des Hauses – von rechts nach links – ausgelöst, öfter und stärker war der Beifall als bei der Erklärung des Bundeskanzlers. Nun macht sich Willy Brandt auf die Suche nach seinem Wagen durch ein Spalier von Leuten: Sie applaudieren und rufen «Bravo, Willy!» Er aber geht gesenkten Hauptes, mit abwesendem Blick, ohne sein berühmtes Lächeln. Kaum sinkt er in die Polster seines Wagens, da schlägt er schon brüsk eine Zeitung auf und verdirbt den herbeistürzenden Pressephotographen ihr Motiv. Unter der Sonnenbräune liegen Schatten der Erschöpfung.

«Warum haben Sie so gar nicht auf den Beifall der Menschen reagiert?» frage ich den Bürgermeister von Berlin und Spitzenkandidaten der SPD im Bonner «Haus Berlin». «Das ist doch sonst nicht Ihre Art. Können Sie sich das im Wahlkampf eigentlich leisten?»

Brandt schwenkt das Eis im Whiskyglas. Es klimpert leise. «Wissen Sie, ich glaube, die Zeit ist nicht danach, Applaus einzustecken und für Ovationen zu danken. Als ich am 13. August zum Potsdamer Platz kam, applaudierten die Leute auch und riefen mir allerhand zu. Da habe ich gesagt: Kinder, laßt das sein!»

Soll man, *darf* man den Kanzleranwärter der SPD trotz der Beton- und Stacheldrahtsperren in Berlin fragen, wie er sich den weiteren *Wahlkampf* vorstellt? Ich frage. Die Antwort kommt langsam und überlegt über seine Lippen: *«Ich habe den Wahlkampf praktisch abge-*

blasen. Für mich gibt es keinen Wahlkampf mehr; für mich gibt es nur noch den Kampf um Berlin. Höchstens einen Tag in der Woche werde ich mir für Wahlversammlungen freihalten – und die werden Berlin gewidmet sein, oder besser gesagt, dem deutschen Schicksal. Es ist mir egal, ob mir das bei den Wählern nützt oder schadet. Gewiß, das Pendel kann so oder so ausschlagen. Vielleicht werden einige sagen: Nun dürfen wir erst recht unseren verehrten Herrn Bundeskanzler nicht im Stich lassen – der wird schon wissen, was in dieser Krise zu tun ist …»

Nebenan schrillen die Telephone, Fernschreiben werden gebracht, es ist viel Bewegung im «Haus Berlin». Aber Willy Brandt braucht offensichtlich eine Atempause. Er plaudert weiter. «Ich habe immer Pech mit ersten Malen. Als ich zum erstenmal ein Buch geschrieben hatte und es auch gedruckt sah – es war am 8. April 1940 in Oslo –, fühlte ich mich als Autor. Am 9. April rückten in Norwegen die Deutschen ein, und aus war der Zauber. Am 12. August 1961 glaubte ich, zum erstenmal seit Monaten ausschlafen zu können; seit Mai habe ich die Bundesrepublik abgeackert und 15 bis 20mal am Tage vor den Wählern gesprochen. Zum erstenmal brauchte ich nicht mehr mit dem Auto durchs Land zu fahren; wir hatten einen Sonderwagen der Bundesbahn; ich freute mich auf den Schlaf. Um 1/2 5 Uhr morgens am 13. August weckt mich in Hannover ein Beamter der niedersächsischen Regierung und berichtet mir über Berlin. Da habe ich erst mal etwas sehr Kräftiges gesagt und dann: Nun ist aber der Ulbricht bei mir endgültig abgemeldet. Wenn der mich nicht mal ausschlafen läßt!»

Der heitere Augenblick ist rasch verflogen, Brandt versucht, die Berliner Situation zu analysieren: *«Niemand weiß, wohin die psychologische Situation der Deutschen ausschlagen wird. In Ostberlin und der Zone herrscht Haß und dumpfe Verzweiflung. Für die Westberliner hat sich die Wirklichkeit des Lebens von einem Tag zum anderen grundlegend verändert. Diese Menschen haben doch von einer Hoffnung gelebt – eines Tages werden wir wieder Hauptstadt – und nun … Weiß man das eigentlich? Westberlin hat mehr Einwohner als viele Mitgliedstaaten der UNO. Warum appellieren wir nicht an die Vereinten Nationen? Warum reden wir dauernd drum herum – um das Problem, mit dem sich die Welt befassen muß, das ihr auf der Haut brennt? Was geschah, um die Krise abzuwenden? Nichts! Und was geschieht jetzt? Wiederum nichts!»*

Aber habe denn nicht Adenauer versucht, eine «harte» Gegenmaßnahme – die *Wirtschaftsblockade* des Ostens – durchzusetzen? Brandt schüttelt zweifelnd den Kopf. «Ich bin über die Besprechung des Kanzlers mit Botschafter Smirnow noch immer nicht unterrichtet. Und dann weiß ich auch nicht, ob der Kanzler mit seiner genialen Begabung für Vereinfachungen wirklich präzis das Richtige gemeint hat. Die Wirtschaftsblockade war doch als Gegenmaßnahme zum *Separatfrieden* geplant. Den gibt's formell aber noch nicht. Für das, was geschehen ist, hatte man eben noch nichts geplant ...»

Brandt wird zum Telephon gerufen. Die Worte von der «genialen Begabung zum Vereinfachen» seines großen Widersachers klingen nach. Wie war es doch, wer hat mir damals diese reizende Geschichte der Begegnung Brandt – Adenauer nach des Berliner Bürgermeisters Amerika- und Weltreise 1959 erzählt? Brandt sei gleich zu Adenauer gekommen, und dessen erste Frage habe gelautet: «Na, wat hat der Dulles gesagt?» Und da habe Brandt die damals umhergeisternde «Agententheorie» wiedergegeben, die der schon vom Tode gezeichnete Außenminister Eisenhowers noch kurz vor der Einlieferung ins Walter-Reed-Krankenhaus akzeptiert zu haben schien: Wenn die Russen unbedingt wollten, daß die DDR-Funktionäre den Passierstempel in die alliierten Passierscheine nach Berlin drücken, dann wäre das doch nicht gar so schlimm: *«Identification, not control»*. Darauf habe Adenauer gesagt: «Ja, dat is schön und jut, aber hat der Dulles denn nichts von den dicken Dingern gesagt, die sie abfeuern können, wenn die Russen zu frech werden? Von den Stempeln, davon weiß ich nichts. Das hat mir der Dulles niemals gesagt ...»

Willy Brandt kommt ins Zimmer zurück. Er strahlt: «Vizepräsident Johnson kommt und mit ihm General Clay – der hat angeboten, wieder Stadtkommandant von Berlin zu werden, wie zu Zeiten der Blockade – unter Verzicht auf zwei von seinen vier Generalssternen. Das ist die erste Antwort auf meinen *Brief an Kennedy.*

Und wissen Sie was? Heute wurde ich doch schon von einem CDU-Pressedienst angegriffen, weil ich es gewagt habe, direkt an den Präsidenten der USA zu schreiben! Es wurde verbreitet, das sei so ein typisches Merkmal meiner Arroganz. Als ob ich über den Kopf der Bundesregierung hinweg verhandelte! Als ob der Regierende Bürgermeister der Kampfstadt Berlin nicht an den amerikanischen Präsidenten schreiben könne, den er, notabene, länger (und wahrscheinlich besser) kennt als der Bundeskanzler! Hier, Sie dürfen den Brief lesen, aber bitte *vertraulich*, die Sowjets sollen ihn nicht mitlesen – und außerdem muß ich es natürlich Kennedy als dem Empfänger überlassen, ob er ihn ganz oder teilweise oder gar nicht veröffentlichen lassen wird …»

Der Brief ist eine einzige Aufforderung zu Taten für Berlin. Zum Schluß: «Ich schätze die Lage ernst genug ein, um Ihnen, verehrter Herr Präsident, mit dieser letzten Offenheit zu schreiben, wie sie nur unter Freunden möglich ist, die einander voll vertrauen.»

Ein Mitarbeiter Brandts öffnet die Tür und berichtet: «Die *Frankfurter Allgemeine Zeitung* hat den Brief, sie bringt ihn morgen!» Steinerne Verblüffung. Hastige Beratungen. Woher kann sie's haben? War doch «streng geheim», verschlüsselt sogar. Nur zwei Kopien – eine ging an Botschafter Duckwitz zur Unterrichtung von Außenminister von Brentano, eine an Staatssekretär Globke zur Unterrichtung des Bundeskanzlers … Und dann druckt's eine Tageszeitung?

Telephongespräche mit Frankfurt. Der Redakteur am anderen Ende des Telephondrahtes lehnt es standhaft ab, auf die Veröffentlichung zu verzichten. Wer hat ihm den Text gegeben und wozu?

Der Auftritt ist vorbei. Willy Brandt zuckt die Achseln. «Erst greift man mich wegen des Briefes an, dann spielt man ihn einer Zeitung zu, ich frage mich, was nachher kommt …»

Nachher kommt dies: *19. August, 10 Uhr*: Vizepräsident der Vereinigten Staaten Lyndon B. Johnson erscheint auf der Durchreise nach Berlin in Bonn, geschickt von Kennedy, dem Brandt schrieb: Er wird freudig empfangen. Und bald wird es so dargestellt, als sei Johnson eigentlich auf Initiative Bonns nach Berlin geflogen …

25. August 1961

Egon Vacek

Truppen, Tränen, Transparente

Berlin, Ende August

Der Zimmerkellner knirschte: «*Der soll bloß nich jlooben, det er uff unsre Tränen Kahn fahren kann.*» – «Wieso? Gehn Sie nicht hin, wenn er kommt?» – «*Nee, ick könnte mir vergessen. Aber meine Frau, die jeht, damit wenstens eine aus de Familie pfeift. Unsre Nerven, werter Herr, die sind so gut, dat der das gar nich aushält ...*»

«Der» – damit war der Kanzler der Bundesrepublik Deutschland gemeint: Konrad Adenauer. *Germania est omnis divisa in partes tres* – in Westdeutsche, in Zonendeutsche, in Berliner? Erst halbierte Ulbricht ungestraft Berlin, dann schien es, als wollte es Konrad Adenauer so weit kommen lassen, daß man ihn in dieser Stadt nicht mehr «Konny», sondern «Adenauer» nannte. Schließlich wurde der Repräsentant einer früheren Besatzungsmacht mit frenetischem Jubel empfangen. Und dann hieß auch Adenauer wieder «Konny».

Die Berliner hatten Witterung für das politisch Notwendige, als Lyndon Johnson in Vertretung des US-Präsidenten Kennedy seine hünenhafte Cowboy-Figur durch Berlin spazierenführte. «Mensch, der hätte uffn Jaul durch die Stadt traben soll'n!» Sie jubelten und winkten aus Berechnung, aber auch aus echter Herzlichkeit. Die Berliner wollten, daß Lyndon Johnson mehr nach Hause zurückbringen sollte, als er mitgebracht hatte: er brachte die Versicherung der amerikanischen Treue; er erhielt die Liebeserklärung von 2 $^1/_2$ Millionen Berlinern. Dies wird der zweitmächtigste Mann der USA nie vergessen. Argumente lassen sich wegdiskutieren, ein Liebesverhältnis nicht.

Die Berliner haben zwar zuerst ein wenig besorgt, doch dann immer befriedigter den Weg des Cowboys in Berlin verfolgt: wie er immer wieder seine Wagenkolonne halten ließ, um den Menschen die

Hand zu drücken, und wie er immer gerührter wurde. Details wurden zum Indiz: «Haben Sie gesehen, auf seinem Schlips sind zwei gekreuzte Schwerter», meinte ein modisch versierter Fotograf.

Nie zuvor – oder sagen wir vorsichtiger: nie seit 1945 – hat in Berlin ein Mann so viele Menschen auf die Straße gebracht wie Lyndon Johnson. Und nie zuvor hat man in Berlin einer Truppenparade so begeistert zugejubelt wie dem Zuge der 1500 US-Mannen in Trucks, Jeeps und auf Selbstfahrlafetten. Als die Soldaten durch die Stadt marschierten, den Kurfürstendamm entlang, regnete es Blumen. («Alles von Fleurop arrangiert», so soll ein schockierter Kommentator im Ostradio gezischt haben.) Und die jungen Offiziere spreizten immer wieder unter dem Beifall der Menge Zeige- und Mittelfinger. Großes V wie Victory.

Sieg? Dieser Kampf hat erst begonnen. Ein US-Offizier sagte mir später vor der *Clay*-Kaserne: «Wie verlassen müssen sich die Berliner fühlen, wenn ihnen unsere kleine Einheit schon so viel Hilfe bedeutet.»

«Washington ist näher als Bonn – », so sagte ein Transparent vor dem Schöneberger Rathaus. Und wie sah es in Tempelhof aus, als Johnsons Flugzeug erwartet wurde? Hier stand Willy Brandt, dort der noch vor Johnson eingetroffene Bundesaußenminister von Brentano. Endlich löste sich jeder der beiden von seiner Gruppe. Sie drückten einander die Hand. Keiner hörte, was die beiden zueinander sagten. Es schien wenig genug.

Schließlich warf Brentano etwas hilflos die Hand nach außen, drehte seinen Hut vor der Brust, und Willy Brandt drehte den seinen auf dem Rücken. Und auch später, als eine halbe Million Westberliner vor dem Rathaus Schöneberg den Mann aus Texas feierten, als sie ebenso dem Blockadebrecher Clay zujubelten, blieb der Mann aus Bonn im Hintergrund und wurde knapp in einem Nebensatz erwähnt. Washington war näher als Bonn …

«Der Kanzler wollte mit Johnson kommen, aber die Amis wollten es nicht», so rumorte es in den Gerüchtemühlen. Aber auch das wäre viel zu spät gewesen. Sie hatten Adenauer am Sonntag erwartet, am

Sonntag, dem 13. August, als Deutsche mit dem Bau einer Chinesischen Mauer durch Berlin begannen. Es ist für die Berliner unerheblich, ob der Kanzler unabkömmlich war, weil die Lage Konsultationen mit den Verbündeten erforderte. «Ick dachte, die haben sich in Paris abjesprochen.» Am 13. August – oder gar nicht. Konrad Adenauer kam am 22. August. Neun Tage später – und es war gut, daß er kam. Was jetzt in Berlin geschah, muß man mit eigenen Augen gesehen haben: die amerikanischen Panzer waren verschwunden. Ihr Anblick war kriegerisch gewesen, dramatisch, aber unaufhaltsam wuchs die Betonmauer quer durch Berlin. Noch sieht sie frisch aus, noch ist nicht überall der Stacheldraht verrostet. Aber bald wird Gras über dieser Mauer wachsen und Grün wird in Berlin dann zur Farbe der Hoffnungslosigkeit.

Jetzt stand der Kanzler an dieser Mauer. Sein Empfang in der Halle des Tempelhofer Feldes war still gewesen. Bei Johnsons hatte eine Kapelle *«I was working on the railroad»* und «Berliner Luft» geschmettert. Von den Rängen hatten Besucher, von den Hangars die Monteure gejubelt. Diesmal war es still. Es rief kein Besucher, es rief kein Monteur, wie früher doch so oft: «Konny, Konny, Konny ...»

Der Händedruck zwischen dem Regierungschef und dem «Regierenden» in Berlin war demonstrativ kurz. Keiner der beiden hat gelächelt. Unversöhnt selbst in dieser Stunde, obwohl sie doch Einigkeit gefordert hätte, stellten sich Adenauer und Brandt vor die Mikrophone. Brandt hoffte auf ein «Interesse» des Kanzlers, und Adenauer versicherte, die Berliner seien nicht abgeschrieben (wie weit ist es gekommen, daß ein deutscher Regierungschef so etwas noch versichern muß!).

Als Konrad Adenauer zum Tor 9 des Tempelhofer Flughafens hinausfuhr, stand dort eine dünne Menschenschar. Dem Wagen des Kanzlers senkte sich ein Transparent vor die blitzblanke Windschutzscheibe: «Hurra, der Retter ist schon da.» Das Wort «schon» war rotgedruckt. Dann wieder ein Transparent: «Wer nicht kommt zur rechten Zeit ...» und «Darauf einen Magenbitter». Im geschlossenen Kabriolett saß neben dem Kanzler Brandts Stellvertreter *Amrehn*

(CDU). Willy Brandt war nicht mitgefahren. Und schließlich vor dem Flüchtlingslager Marienfelde wieder ein Transparent: «Weil für ihn so wichtig die Wahl, ist Berlin 'ne Qual ...»

Derartige Transparente also auf des Kanzlers Fahrt durch Berlin. Und alle klagten sie ihn an. Erst im Flüchtlingslager hellte sich seine Miene auf. Hier drückten die Flüchtlinge dem Mann die Hand, der für sie die Freiheit verkörpert. Hier war von der Kluft zwischen Bonn und Berlin nichts zu spüren. Hier danken alte Menschen mit Tränen in den Augen dem neuen Herbergsvater. Und als Ernst Lemmer sich aus einem Fenster des Flüchtlingslagers herausbeugte und rief: «Ich bin der Spionageminister», da lachten sie.

Wenige Minuten später steht Konrad Adenauer an der Mauer. Und hinweg über die zwei Meter hohen Betonblöcke und durch den Stacheldraht hindurch richten sich die Linsen des Zonenfernsehens auf den deutschen Kanzler. Lautsprecher grölen ein Spottlied, und dann geifert ein ulbrichtscher Mauer-Mann: «Ja, lieber Konny, so ist es! Hier biß schon einmal einer erst in den Teppich und dann ins Gras. Entscheide dich, Konny, noch ist es Zeit.»

Die Reporter drängen Adenauer, er solle eine Antwort geben. Er sagt ihnen: «Ich habe keinen Lautsprecher.»

Richtig! Sollen sich ein Zonenschandmaul und ein in freien Wahlen gewählter deutscher Regierungschef über den Stacheldraht hinweg anpöbeln? Welche Ehre für Herrn Ulbricht!

Adenauer fährt zum Brandenburger Tor. Hier kommt es noch ärger. Hier steht er knappe dreißig Meter einem jungen Leutnant der Volkspolizei gegenüber, der ihn über ein Handmikrophon angeifert: «Guten Tag, werter Herr Bundeskanzler. Sie kommen spät, aber Sie kommen. Sehen Sie sich hier das Ergebnis Ihrer Politik an! Sie haben zusammen mit Willy Brandt die Berlin-Krise verschuldet. Wir haben gehandelt. Wir waren so frei. Gute Heimreise, Herr Bundeskanzler!»

Konrad Adenauer hatte sich schon nach den ersten Worten umgedreht. Und während über den Platz, der zum Symbol der deutschen Teilung geworden ist, eine Spottversion des Schlagers «Da sprach der alte Häuptling der Indianer» dem Kanzler in den Rücken fährt, steigt er mit unbewegtem Gesicht in den Wagen, ruhig und gelassen.

Die Stimmung unter den Menschen, die Zeugen dieser Szene sind, ist umgeschlagen. Ebenso, wie die Vertrauenskrise zwischen den Berlinern und den Amerikanern rasch beseitigt wurde, als Lyndon Johnson eintraf, so scheint jetzt der Spott der Sowjets die Berliner und Adenauer wieder einigen zu sollen. Übrigens ist der letzte Teil dieser denkwürdigen Fahrt Konrad Adenauers durch Berlin noch der beklemmendste. Der Weg führt an der neuen «Grenze» und am St.-Hedwigs-Friedhof vorbei, wo uniformierte Angehörige der «Betriebskampfgruppen» dabei sind, die Eingänge nach Westen zu vermauern. Sie stapfen über die Gräber und stoßen mit den Betonklötzen gegen die weißen Flügel von Marmorengeln, welche die Toten behüten sollen. Aber was soll's? Sie achten die Lebenden nicht, was scheren sie da die Toten!

Aus den Fensterhöhlen der Bernauer Straße, deren Eingänge und Kellerfenster schon seit Tagen vermauert sind, beugen sich die Ostberliner heraus. Meist sind es ältere Menschen. Fast alle haben sie Taschentücher – zum Winken und zum Weinen. Einige winken aus dem Dunkel der Zimmer heraus, einige bewegen nur ganz kurz die Hand und sehen sich ängstlich um. Aber andere schwenken ihre Tücher offen und demonstrativ. Und immer wieder Tränen. Immer wieder rotverweinte Gesichter. Eine Galerie stummer Verzweiflung, die in wenigen Tagen geräumt sein wird, weil Ulbricht diese Häuser jetzt evakuieren läßt ...

Und weil Konrad Adenauer zu den Fenstern hinaufwinkt, und weil die Menschen aus ihren Gefängniszellen winken, die einst ihre Wohnungen waren, wird es den Offizieren der «Vopos» zuviel: erst scheuchen sie die Menschen auf den Straßen fort. Dann lassen sie Winkende aus Häusern herausholen und zu Transportwagen zerren.

Das Schicksal spart sich für solche Momente besondere Pointen auf: in dem Augenblick, da der Bundeskanzler an der Ecke Bernauer Straße / Swinemünder Straße vorbeifährt – seinen Staatsgeschäften und einer ungewissen politischen Zukunft der Deutschen entgegen, die er regiert –, da zerren hier die Vopos einen Mann in entgegengesetzte Richtung. Er hat dem Kanzler zugewinkt. Und er winkt selbst dann noch, als er abgeführt wird. Er reißt immer wieder den Arm los, um zu winken …

8. September 1961

Rolf Zundel

Kanzlerdämmerung in Bonn

Konrad Adenauer hat ein erstaunliches Kunststück zuwege gebracht: Es ist ihm gelungen, seiner Partei viele Wähler abspenstig zu machen. Vor zwei Monaten noch hat kaum jemand ernstlich daran gezweifelt, daß die CDU/CSU mit absoluter Mehrheit in den Bundestag einziehen werde. 52, 55, 58, ja 60 Prozent – so standen die Wetten. «Hoffentlich erreicht die CDU nicht gar die Zweidrittel-Mehrheit», soll damals ein führender Sozialdemokrat geseufzt haben …

Heute, nach den letzten Umfrageergebnissen, liegen SPD und CDU Kopf an Kopf. Wider alle Regeln, die besagen, daß die Zahl der Unentschiedenen um so geringer wird, je näher die Wahl rückt, ist diese Zahl bis vor zwei Wochen gewachsen – auf Kosten der CDU. Jetzt, da sie wieder abnimmt, profitiert zunächst die Sozialdemokratie davon und nicht des Kanzlers Partei.

«Konrad Adenauer hat der CDU den Wahlkampf kaputtgemacht», sagt man bei der SPD. Und ein Freund der CDU, ein Verehrer des Kanzlers überdies, meinte resignierend: «Von einem bestimmten Augenblick an ging alles schief. Konrad Adenauer ließ es geschehen, daß sich vielen Bundesdeutschen während der Berlin-Krise ein fatales Bild einprägte: Der Bundeskanzler macht Wahlkampf, und dazu noch in schlechtem Stil; Willy Brandt verteidigt die Freiheit in Berlin.» Dies Bild sei falsch, erklären die Verteidiger des Kanzlers. Um so schlimmer, sagen seine Kritiker, daß er es entstehen ließ!

Auf jeden Fall hat Adenauer die Wahlkampftaktik seiner Partei in Verwirrung gebracht. Es dauerte einige Zeit, bis sich die CDU wieder fing. Wenn es um schnelle Reaktionen ging, war die SPD immer um eine Nasenlänge voraus. Es war wie in der Geschichte vom Hasen und dem Igel: Hatte die CDU keuchend das Ziel erreicht, stand dort gewiß schon ein SPD-Mann und rief: «Ich bün all dor!»

Was Wunder, daß in der CDU Groll gegen den Parteiführer entstanden ist, ja, daß sich sogar eine *Fronde* wider Konrad Adenauer gebildet hat! Wie stark sie ist? Dreißig Abgeordnete oder fünfzig? Sicher ist nur soviel: Diese Männer, überzeugte Christliche Demokraten, die mit Ehrfurcht von der Persönlichkeit und hoher Achtung von den Leistungen des Kanzlers sprechen und die an den Prinzipien seiner Politik nicht zweifeln, wollen die Regierungsgeschäfte nach dem 17. September nicht mehr in die Hände des 85jährigen legen. Sie setzen auf *Ludwig Erhard.*

Freilich ist die Situation der Rebellen nicht einfach. Nicht, daß es *ihrem* Kanzlerkandiaten an Qualitäten fehlte – Erhard ist ein hochverdienter, von augenfälligen Erfolgen bestätigter Wirtschaftspolitiker. Er ist, entgegen all den peinlichen Andeutungen Adenauers, auch ein Politiker mit Sinn und Begabung für die auswärtigen Angelegenheiten und obendrein, seinem Ruf zum Trotz, ein talentierter Administrator: Schließlich hat ihn die Fraktion längst zu ihrem Kanzlernachfolger designiert. Die Schwierigkeit liegt anderswo. Höben die Frondeure Ludwig Erhard jetzt auf den Schild – sie setzten sich dem Vorwurf aus, die Wahlchancen ihrer Partei zu vermindern. Eine Rebellion *vor* den Wahlen ist schlechterdings unmöglich. Und selbst von einer Rebellion *nach* den Wahlen zu sprechen, wäre gefährlich, weil es die Wähler verwirren muß. Noch schweigen deshalb die Frondeure.

Zwei Wochen vor der Wahl sieht es so aus, als ob die CDU/CSU nur noch eine relative Mehrheit im Bundestag erhalten wird. Dann wird die CDU/CSU, die ja immer noch stärkste Partei ist, den Kandidaten für das Amt des Bundeskanzlers stellen. Aber was dann? Der Kandidat wird, wenn die Rebellen in der Minderheit bleiben, Konrad Adenauer heißen. Die Rebellen könnten dann im Bundestag gegen Adenauer stimmen. Die SPD wählt ihn ohnehin nicht, bei der FDP ist die Neigung ebenfalls gering. Damit aber würde Konrad Adenauer nicht die im ersten Wahlgang erforderliche absolute Mehrheit erhalten.

Im folgenden zweiten Wahlgang werden die Kandidaten aus der Mitte des Bundestags vorgeschlagen. Es wäre denkbar, daß dann *Adenauer, Erhard, Brandt* und vielleicht sogar *Mende* nominiert werden. Wahrscheinlich wird keiner die erforderliche absolute Mehrheit erhalten.

Damit wäre ein dritter Wahlgang notwendig, in dem die einfache Mehrheit zur Wahl genügt. Wenn die CDU/CSU diese Wahl gewinnen will, muß sie sich auf *einen* Kandidaten einigen. Tut sie es nicht, so wird Willy Brandt das Rennen machen. Um dies zu verhindern, würden wohl auch die engagiertesten CDU-Rebellen zähneknirschend wieder für Konrad Adenauer stimmen.

Es muß nicht so kommen, wie es hier geschildert wurde; ausgeschlossen ist es indessen nicht. Ohne die Hilfe anderer Parteien können die CDU-Rebellen jedenfalls Konrad Adenauer kaum mattsetzen. Manche von ihnen hoffen, daß vielleicht sogar die Sozialdemokraten bereit wären, für Ludwig Erhard zu stimmen – nur um eine Regierung Adenauer zu verhindern.

6. Oktober 1961

Gerd Bucerius

Ein Kabinett der Besten

Als am 17. September um sechs Uhr abends die Türen der Wahllokale geschlossen wurden, war ich in meinem Stimmbezirk dabei, wie der Wahlvorsteher mit der Auszählung der Stimmen begann. Jeden Wahlzettel las er laut vor. Und da hieß es immer wieder: Erststimme Bucerius, Zweitstimme FDP – Erststimme Bucerius, Zweitstimme FDP ... Es bestätigte sich also, was uns Tausende unserer Wähler in der Woche vor der Wahl bereits gesagt hatten: die CDU ja, Adenauer nein. Eine CDU ohne Adenauer, das war es also, was die Wähler wünschten. Umsonst hatten wir gewarnt, die FDP sei – mit wenigen Ausnahmen – eine Ansammlung von Einzelgängern ohne Programm, auf deren Wahlversprechen kein Verlaß ist. Umsonst: aus Sorge vor Adenauer gaben so viele Wähler der FDP ihre Stimme, daß ihre Fraktion sich um die Hälfte vergrößerte.

Am Dienstag nach der Wahl verkündete Erich Mende den fünfhundert im Bundeshaus versammelten Journalisten: *Wir akzeptieren als Kanzler jeden, nur nicht Adenauer.* Am Montag, dem 2. Oktober, saß derselbe Erich Mende im Palais Schaumburg mit eben diesem Bundeskanzler Adenauer zusammen und pflegte Beratungen über die Koalition.

Inzwischen hatte nämlich Adenauer mit der SPD verhandelt und damit – genau, wie er es beabsichtigt hatte – der FDP einen solchen Schrecken eingejagt, daß sie zu allem bereit war. Den Kanzler selbst focht dabei wenig an, daß er vor der Wahl gesagt hatte, er werde auswandern, wenn die SPD je zur Regierung käme, denn das bedeute ja den Untergang Deutschlands. Und die Verhandlungsführer der SPD hinderten jene Aussprüche nicht, jetzt ihre «volle Übereinstimmung» mit Adenauer festzustellen. Einige Tage danach, am 27. September, wandte sich die CDU/CSU-Fraktion allerdings von diesem Machiavellismus erschrocken ab; eine Koalition mit der SPD einzugehen, nur um Adenauer zu retten – das schien denn doch zuviel.

Auf der anderen Seite war die CDU/CSU-Fraktion aber auch nicht bereit, Adenauer ausgerechnet der FDP zu opfern. Darum wollte – und mußte – sie Mendes Übermut brechen. Jetzt aber, nachdem die FDP vor dem 85jährigen Kanzler kapitulierte, hat die CDU die Möglichkeit, noch einmal innezuhalten und von neuem zu überlegen. Was steht zur Diskussion?

Adenauer soll auf Zeit – für ein oder zwei Jahre – gewählt werden. Das aber ist aus zwei Gründen die schlechteste aller denkbaren Lösungen. Erstens: Der Adenauer der Jahre, die vor uns liegen, wird nicht mehr der Kanzler sein, den wir 1957 wählten. Das Alter und die ungeheuerliche Arbeitslast haben selbst ihn schließlich verbraucht. Nach dem 13. August wurde ein ganzes Volk Zeuge, wie der große und von Millionen aufrichtig verehrte Mann in der schwersten Stunde der Bundesrepublik versagte. Wer am 14. August die Fernsehsendung sah, in der Adenauer und sein Außenminister Brentano sich gegenseitig anstammelten: «Nein, zur Panik ist keine Veranlassung», dem sitzt der Schreck heute noch in den Gliedern.

Die CDU täte gut daran, sich an diese Sendung zu erinnern, bevor sie Adenauer wiederwählt. Sie hat ganz gewiß bessere Männer als den Adenauer des Jahres 1961. Und schließlich geht es bei der Kanzlerwahl nicht darum, einem verdienten Mann Dankbarkeit und Pietät zu erweisen, sondern darum, nach kühler Überlegung den besten Mann an die Spitze zu stellen.

Seit dem 13. August hat es keine Rede, kein Wort und keine Handlung des Kanzlers gegeben, in der er dem Volke die Lage gedeutet hätte; eine solche Darlegung aber wäre nötig gewesen angesichts der aus aller Welt auf uns eindringenden Nachrichten und Spekulationen.

Dies alles ändert nichts an der Tatsache, daß Adenauers Verdienste um Deutschland für alle Zeiten in das Buch der Geschichte eingetragen sind. Was er – und er allein – von 1949 bis 1959 (als der Streit um den Bundespräsidenten ausbrach) schuf, wird das Fundament der deutschen Politik auch in Zukunft sein. Dies wird wieder klar werden, wenn sich der Pulverdampf dieser Tage erst einmal verzogen hat.

Der zweite Grund, warum ein Kabinett Adenauer auf Zeit die schlechteste aller Lösungen ist, hat nichts mit der Person Konrad Adenauers zu tun, sondern hängt grundsätzlich mit der Befristung zusammen. Eine terminierte Regierung, also eine Regierung, deren Sterbedatum man bereits genau kennt, wird zwangsläufig schwach sein. Die Widersacher innen und außen werden ihre Taktik auf diesen Termin einstellen; Chruschtschow könnte eine neue Krise genau darauf abstimmen.

Denjenigen, die mit dem Argument «Man wechselt doch nicht mitten im Strom das Pferd» für eine neue, aber befristete Kanzlerschaft Adenauers eintreten, sei gesagt, daß gerade die Befristung ein Musterbeispiel für jenen Pferdewechsel mitten im Strom darstellt. Denn nach Ablauf jener 12 oder 24 Monate geht die Koalitionshandelei ja wieder von neuem los: Wer wird dann Kanzler werden? Die Verfassung bietet keine Handhabe – auch wenn alle Mitglieder des Bundestages es wollten –, dies schon heute festzulegen. Selbst wenn man einen Koalitionsvertrag schlösse, könnte man die Nachfolge des Kanzlers nicht fixieren, denn die Abgeordneten, die ja nur ihrem Gewissen unterworfen sind und die geheim abstimmen, kann man nicht binden. Also in spätestens zwei Jahren neue Koalitionsverhandlungen, und wieder drei Parteien, die das Spiel um die Macht beginnen!

Schließlich, und auch das muß bedacht werden, würde Adenauer uns gewiß nicht die Kabinettsreform bieten, die die harte Zukunft von uns verlangt. Ein paar FDP-Leute würden Posten bekommen: um wieder Kanzler zu werden, scheint Adenauer kein Preis zu hoch zu sein. Aber würden wir beispielsweise einen neuen Außenminister bekommen? Die Kraft, das Kabinett aus seiner vieljährigen gehorsamen Routine herauszureißen, ihm neue Initiative zu verleihen, diese Kraft hat Adenauer bestimmt nicht mehr.

Nein, eine «Übergangslösung» in dieser Krise – das könnte tödlich sein. Die CDU sollte dem über alles verdienten Konrad Adenauer noch einmal zurufen: Er selbst möge Erhard als seinen Nachfolger vorschlagen!

Professor Ludwig Erhard hat in diesen Wochen viele, die auf ihn hoffen, enttäuscht. Hätte er sich – und wie berechtigt wäre dies gewesen – geweigert, weiter unter Adenauer zu dienen, so hätte der Kanzler zurücktreten müssen. Denn ohne Erhard hätte es kein Kabinett gegeben.

Die Last, Adenauer zu verabschieden, die hätte Erhard nicht der CDU-Fraktion aufbürden dürfen, wenn er ein Staatsmann sein wollte, so sagen seine Kritiker. Nun, wer Erhard seit zwölf Jahren kennt, kennt auch seine Loyalität, die ihn schon zweimal hinderte, den Kanzler zu stürzen. Wir haben schon oft erlebt, daß Erhard auf ein Ziel vorläufig verzichtete; nie, daß er es aufgab. Erhard ist nicht (wie Adenauer) ein Alleingänger, der jede Beratung kühl zurückweist und hart auf seine Gegner losgeht. Erhard sucht ein Team ihm befreundeter Berater.

Er ist empfindsam, zögert manchmal, wenn er meint, daß sich die Dinge vielleicht ohne Kraftanstrengung zu seinen Gunsten ordnen werden. Aber zwei so hochpolitische Entscheidungen wie die Aufhebung der Zwangswirtschaft 1948 und die Aufwertung der D-Mark 1960 hat er im richtigen Moment gegen den Widerstand aller erzwungen: 1948 gegen die Besatzungsmächte, 1960 gegen den Kanzler und seine Freunde in der Wirtschaft.

In einem Kabinett Erhard würde nicht befohlen, sondern nach Beratung entschieden. Die Probleme würden neu untersucht, die alten Vorstellungen nicht in die Zukunft hinübergeschleppt werden. Und das wäre heute sehr nötig. Sollten sich aber politische Differenzen ergeben, so könnte der Kanzler Erhard jederzeit von seinem verfassungsmäßigen Recht Gebrauch machen und den betreffenden Minister entlassen.

Was also müßte geschehen? Die CDU / CSU sollte am 12. Oktober beschließen, Professor Erhard ihr Vertrauen zu schenken. Der Bundespräsident würde ihn dann am 17. Oktober dem Bundestag als Kanzlerkandidaten vorschlagen, und Erhard würde im ersten Wahlgang mit absoluter Mehrheit gewählt werden – mit den Stimmen der

CDU/CSU und den meisten der FDP. Erhard brauchte nicht wie Adenauer vor der Wahl eine Koalition auszuhandeln oder ein Kabinett zusammenzustellen, denn die FDP kann nicht ausweichen, wenn ihr Erhard präsentiert wird – sie muß ihn wählen. Adenauer muß verhandeln, links und rechts; Erhard kann sein Kabinett bestimmen.

Erhard kann sich im Bundestag die besten Leute aussuchen, und je größer das Reservoir, desto größer die Chancen, das bestmögliche Kabinett zu bekommen. Er findet in der CDU/CSU *Strauß, Schröder, Gerstenmaier, Kiesinger.* Die FDP könnte den Abgeordneten *Scheel* für ein neues Europa- und Entwicklungsministerium stellen, in dem Mainzer *Atzenroth* vielleicht einen Finanzminister präsentieren – beides solide Männer mit liberaler Gesinnung.

Erhard wäre durch keinen Koalitionshandel gebunden: Was hinderte ihn – einmal auf vier Jahre gewählt –, auch Sozialdemokraten zu bitten, die Last der Regierung in den bitteren Jahren, die vor uns liegen, mit ihm zu teilen? Er findet in *Erler, Mommer, Seuffert* (einem der besten Finanzfachleute im Bundeshaus) Männer von Qualität und Charakter. *Brandt* dagegen ist in Berlin unentbehrlich. *Krone, Lücke, Stücklen, Höcherl,* Professor *Balke,* alle von der CDU/CSU, stehen jedem Kabinett gut an, ebenso *Lenz* (Trossingen), *Dahlgrün* (Hamburg) und *von Kühlmann-Stumm* von der FDP; *Deist, Helmut Schmidt* und *Carlo Schmid* von der SPD. Gute Leute gibt es mehr als gebraucht werden, wenn man sich nicht auf die eine Fraktion beschränkt, die in zwölf Jahren manche ihrer guten Männer (*Etzel, Brentano, Schäffer*) in der Regierungsarbeit verschleißen mußte.

Also: Statt eines zusammengestückelten Koalitionskabinetts ein Kabinett der Besten, geführt von dem CDU-Mann Erhard, der in seinem Amte wachsen wird. Dies sei ein Notstandskabinett ohne Notstand? Nun denn – was eigentlich muß noch geschehen, damit wir erkennen, daß ein Notstand vorliegt?

10. November 1961

Robert Strobel

Mit knapper Mehrheit

Nur 259 von den 309 Abgeordneten der unter so viel Ärger und Zeitverlust zustande gebrachten Regierungskoalition gaben Dr. Adenauer bei der Kanzlerwahl am Dienstag ihre Stimme. Es haben offenbar 21 Abgeordnete aus dem Regierungslager gegen ihn votiert, und 26 enthielten sich der Stimme.

Es ist nicht anzunehmen, daß diese Anti-Adenauer-Demonstration – denn eine solche war es – nur auf das Konto der FDP geht. Hier muß mancher CDU- und CSU-Abgeordnete, der bei der offenen Abstimmung in der Fraktionssitzung nicht zu opponieren wagte, heimlich seinem Ärger Ausdruck verschafft hat. Es war offensichtlich der lange, unerfreuliche Streit um Erhard und mit ihm, der hier nachgewirkt hat. Der knappe Sieg ist kein gutes Omen für dieses Kabinett und diese Koalition.

Gewiß, vor zwölf Jahren hat Dr. Adenauer mit nur einer Stimme gesiegt und dann mit dieser noch sehr viel kleineren Mehrheit das Fundament für seine späteren Erfolge gelegt. Aber damals war er jünger, er hatte mehr Spannkraft. Und jene Koalition war auch noch nicht durch so viel böse Auseinandersetzungen vorbelastet.

Dennoch bleibt Adenauer, solange ihn seine Gesundheit nicht im Stich läßt, die dominierende Gestalt in dieser Koalition. Er wird versuchen – und meist wohl mit Erfolg –, dem Kabinett seinen Stil, seine Konzeption aufzuzwingen, wie er es in den vorangegangenen Legislaturperioden getan hat. Noch immer geht eine starke amalgamierende Kraft von ihm aus. Ihr werden sich die neuen Minister der FDP kaum entziehen können. Man weiß bei der FDP nur zu gut, wie schwer es ihre Vertreter im Kabinett haben werden, dem zielstrebigen, erfahrenen Kanzler gegenüber ihren Standpunkt zu wahren und sich neben den zum Teil so begabten und bewährten Kollegen von der CDU / CSU zu behaupten.

Andererseits werden freilich die FDP-Minister immer daran denken müssen, daß hinter ihnen eine skeptische, empfindliche Fraktion steht. Eine Fraktion, die sie jederzeit desavouieren könnte, wie sie mehrmals ihre Koalitionsunterhändler desavouiert hat. Denn die FDP hat nur scheinbar ihre Meinungsverschiedenheiten überwunden. In Wirklichkeit wird sie noch immer von starken Gegensätzen in Spannung gehalten. Das hat sich auch im Ergebnis der Kanzlerwahl wieder gezeigt. Die Anti-Adenauer-Gruppe um Dehler, Döring, Kohut, Achenbach muß doch stärker sein, als es ihre internen Gegner aus der Gruppe Mende wahrhaben möchten. Es wird für die Fraktionsführung und die Bundesminister der Freien Demokraten nicht leicht sein, die oppositionslüsterne Gruppe bei der Stange zu halten.

In das Regierungsgespann ist also ein schwieriges Pferd eingereiht worden. Der Kanzler wird mit diesem Gespann vorsichtiger fahren müssen, als er es bei seiner bisher sehr viel homogeneren Parlamentsmehrheit gewohnt war. Es wird nicht zuletzt von der außenpolitischen Entwicklung abhängen, wie weit es ihm gelingt, diese divergierenden Gruppen zusammenzuhalten.

Diese Koalition hat nicht nur die Bürde der Gegensätze zwischen CDU / CSU und FDP zu tragen. In der Union selbst ist der Verdruß groß. Viele haben ihn bei der Abstimmung bezwungen, um dem peinlichen Hin und Her ein Ende zu machen. Aber mancher auf dem linken Flügel wartet mißtrauisch ab, wie sich die Dinge wohl entwikkeln werden. Die Regierung wird vorsichtig operieren müssen, wenn sie die lauernden Kritiker nicht vorzeitig reizen will.

Daß der allzeit Adenauer-getreue *Gerhard Schröder* nun Außenminister wird und vielleicht als Kanzlerkandidat «aufgebaut» werden soll, das mag manchen in der Union wenig freuen. Am wenigsten aber wohl *Franz Josef Strauß. Ludwig Erhard*, dessen Prestige durch die Auseinandersetzungen der letzten Wochen spürbar gelitten hat, geht nur verdrossen mit. Käme es in eineinhalb bis zwei Jahren zur Ablösung Dr. Adenauers, dann hätte Erhard vermutlich noch immer die besten Chancen, sein Nachfolger zu werden. Aber wohl kaum einer in dieser Koalition glaubt an diese Termine – soweit sie nicht vom lieben Gott gesetzt werden.

Wo man hinschaut, ist also Anlaß zu Streitigkeiten, zu Reibereien, zu Eifersüchteleien. Von den sachlichen Gegensätzen in der Sozialpolitik, in einer Reihe von Finanz- und Steuerfragen – um nur einige Streitpunkte zu nennen – ganz zu schweigen. Die Aufgabe, die Dr. Adenauer in diesem vierten Kabinett vor sich sieht, ist also sehr viel schwerer, als es zu Beginn des Wahlkampfes den Anschein hatte. Auch wenn man die Außenpolitik aus der Betrachtung ganz ausschließt …

1962

2. November 1962

HANS GRESMANN

Spiegel-Affäre, Staats-Affäre

Kein Zweifel, daß während der vergangenen Woche in erregten und besorgten Diskussionen die Namen *Kennedy* und *Chruschtschow* hierzulande so häufig genannt worden sind wie nie zuvor. Kein Zweifel aber auch, daß in dieser Woche in erregten und besorgten Diskussionen die Namen *Augstein* und *Strauß* womöglich noch häufiger fielen. Kaum hatte sich die Kuba-Krise, die die Welt zu erschüttern drohte, ein wenig beruhigt, da brach die «Spiegel»-Affäre über uns herein. Und sie hat in der Tat unser Land auf das heftigste erschüttert.

Dies der Sachverhalt: In einer nächtlichen Aktion wurden von einem polizeilichen Großaufgebot die Arbeitsräume des *Spiegel* in der Hamburger Zentralredaktion und im Bonner Büro durchsucht und versiegelt, wurde Material sichergestellt, wurde der Herausgeber *Rudolf Augstein* samt einigen Redakteuren festgenommen. Nach Angaben der Bundesanwaltschaft bestand der Verdacht des Landesverrats, der landesverräterischen Fälschung und der aktiven Bestechung – und zwar «auf Grund von Veröffentlichungen, die sich mit wichtigen Fragen der Landesverteidigung in einer Art und Weise befaßten, die den Bestand der Bundesrepublik sowie die Sicherheit und Freiheit des deutschen Volkes gefährdet». Weiterhin hat die Bundesanwaltschaft erklärt, Feststellungen hätten den Verdacht gerechtfertigt, daß die Redaktion des *Spiegel* in den Besitz zahlreicher und bedeutungsvoller Informationen aus dem Bereich der Landesverteidigung gelangt sei, und zwar durch Verrat, für den nach Lage der Dinge namentlich Angehörige der Bundeswehr in Betracht kämen.

Schon in dieser Stellungnahme wurde deutlich, daß in das Verfahren, das von Karlsruhe eingeleitet wurde, ganz offenbar nicht nur *Spiegel*-Leute verwickelt waren. Präzise Informationen darüber liegen noch nicht vor – wie denn überhaupt jeder Außenstehende, der gegenwärtig zur Sache selbst, also zum Tatverdacht, der gegen *Spiegel*-Redakteure und andere Personen erhoben wird, Stellung nehmen will, Gefahr läuft, sich in einem undurchsichtigen Dschungel hoffnungslos zu verirren. Darstellungen und Gegendarstellungen, Widersprüche allerorten, Spekulationen, Anschuldigungen, Dementis. Die Sache ist wahrhaft und auf höchst verdächtige Weise verworren.

Nun gut: Das Verfahren schwebt. Der Bundesgerichtshof, an dessen Integrität zu zweifeln niemand einen berechtigten Anlaß hat, wird feststellen müssen, wieweit die Anschuldigungen zutreffen. Die Aufmerksamkeit einer überaus skeptischen und leidenschaftlich ergriffenen Öffentlichkeit richtet sich auf diesen Rechtsvorgang wie nie zuvor auf ein Verfahren in der Geschichte der Bundesrepublik. Hier wird sich nichts vertuschen lassen.

Zum ersten Aspekt dieser Affäre, zum Inhaltlichen, sei also noch kein Wort gesagt. Zum zweiten aber, zur Frage der *Methode*, nach der hier vorgegangen wurde, lassen sich auch heute schon sehr kritische Vorbehalte anmelden. Der dreiwöchige Zeitverzug zwischen dem Erscheinen des inkriminierten Artikels und dem polizeilichen «Eingreifen» wird in Karlsruhe und Bonn mit der Notwendigkeit begründet, daß alles sorgfältig geprüft und vorbereitet werden mußte. Bei der polizeilichen, spektakulär aufgezogenen Aktion im Hamburger Pressehaus war indes von sorgfältiger Vorbereitung nicht viel zu spüren. Schließlich ging es darum, in schnellem Zugriff belastendes Material sicherzustellen – in einem kompliziert konstruierten Zeitungsunternehmen. Die Planung war aber offenbar so angelegt, als handele es sich etwa um eine Bäckerei. Nur ein einziger Staatsanwalt war zur Stelle, der (überanstrengt und schier verzweifelt) die Fülle des Materials zu prüfen hatte.

So zog sich die Aktion schleppend hin, aus der Durchsuchung ist eine Behinderung geworden. Die Räume des *Spiegel* (auch Archiv, auch Feuilletonzimmer) blieben über Gebühr lange unter Verschluß. Hätten nicht andere Hamburger Redaktionen den Kollegen vom *Spiegel* gleichsam Asyl gegeben, so wäre es fraglich gewesen, ob die nächste Nummer hätte erscheinen können.

Vielleicht hängt diese Verschleppung kein bißchen mit bösem Willen zusammen, sondern allein mit Tolpatschigkeit, mangelnder Überlegung, ja, Unfähigkeit. Mag sein. Aber die Handlungsweise der Ermittlungsbehörde hat dem Verdacht Nahrung gegeben, es sollte hier ein mißliebiges Presseorgan unter legalem Vorwand auch wirtschaftlich geschädigt werden. Dieser schwere Verdacht muß geprüft werden.

Die «Affäre Spiegel» hat aber noch einen dritten, einen enthüllenden, einen beklemmenden Aspekt. Die Menschen in der Bundesrepublik, sofern sie nur irgend und sei es auf die simpelste Weise Anteil nehmen an politischen Dingen, haben auf die Verhaftungen und auf die Beschlagnahme fast einhellig so reagiert: «Da hat der Strauß nun endlich Rache genommen!» Wohlgemerkt, es gab da nicht nur die vielen, die *für* den «Spiegel» und *gegen* Strauß Partei ergriffen, es gab auch solche, die frohlockend meinten, der Minister habe es den Burschen aber ganz schön gegeben.

Der Minister habe es den Burschen gegeben ... Diese Meinung konnte sich bilden, obgleich doch ein jeder erfuhr, daß eine institutionell unabhängige Institution, ein oberstes Bundesgericht, zwischen dem «Rächer» und seinem «Opfer» stand.

Es ist, als habe ein greller Blitz das Dämmerlicht unserer politischen Landschaft erhellt. Plötzlich wurde deutlich, wie wenig ins demokratische Bewußtsein dieses Volkes die rechtsstaatlichen Normen eingedrungen sind. Muß es nicht erscheinen, als sei für den Bürger dies nicht ein Staat, in dem das klare Recht herrscht, sondern in dem allerwegen «gemuschelt» wird? Woran liegt das? Wer trägt die Schuld daran?

Was den Bundesverteidigungsminister anlangt, so verhält er sich doch ganz offenbar so, daß seine Bewunderer und Gegner ihm alles zutrauen. Haben sie nicht damit schon – auch seine Bewunderer – gegen ihn votiert? Denn ein Mann, dem man *alles* zutraut, auch Handlungen, die das Recht und die Verfassung verletzen, kann doch wohl nicht mit rechten Dingen als ein demokratischer Minister gelten. So ist diese Affäre über ihren Anlaß hinausgewachsen.

Über die Redakteure des *Spiegel* werden die Gerichte befinden. Wo sich Schuld beweisen läßt, wird sie gesühnt werden müssen – auch dann, wenn die Beschuldigungen im Konflikt zwischen den Sicherheitsforderungen des Staates und dem Informationsanspruch der Öffentlichkeit nur irrenden Gewissens die Grenze des gesetzten Rechtes überschritten haben.

Franz Josef Strauß aber wird vor keinem Gericht stehen. Bei ihm geht es nicht um ein kriminelles Delikt. Bei ihm geht es um die moralische Amtseignung, um die Vertrauenswürdigkeit eines Mannes, auf dem nach so vielen (oft nur unzureichend entkräfteten) Beschuldigungen ein Makel blieb – eines Mannes, dem man «einfach alles zutraut».

Freilich: Wer kennt nicht das Argument, dies sei ein tüchtiger und kompetenter Minister, den man um keinen Preis entbehren möchte? Was aber soll man von einem Verteidigungsminister – also dem obersten Geheimnisträger – halten, der sich am vergangenen Mittwoch bei einem Empfang des Bundespräsidenten auf Schloß Brühl seiner Umgebung in einem Zustand präsentierte, dessen Schilderung – wie die *«Frankfurter Rundschau»* schrieb – die Verletzung der Intimsphäre bedeuten könnte? Einem Verteidigungsminister, der nicht den Eindruck erweckte, als sei er noch nüchternen, klaren Sinnes und zu Entscheidungen fähig – zu Entscheidungen, die während jener kritischen Abendstunden, da die Kuba-Krise in einen ernsten Konflikt zu münden drohte, in jedem Augenblick von ihm hätten verlangt werden können.

16. November 1962

Marion Gräfin Dönhoff

Wer denkt noch an den Staat?

Nein und abermals nein: So haben wir uns das neue Deutschland nicht vorgestellt. Dieses neue Deutschland, von dem man doch annehmen konnte, daß es mit mehr Ernst, größerer Integrität und geschärftem Bewußtsein für Verantwortung und geschichtliche Perspektiven aufgebaut und geleitet werden würde. So nicht.

Erschreckend ist das Bild, das die letzten Tage und Wochen enthüllten. Für wen gibt es eigentlich noch Dinge, die höher stehen als die eigenen Gesichtspunkte, Ziele, Triebe oder Wünsche? Je weiter oben in der Hierarchie, desto seltener scheinen solche Leute zu werden.

Dem *Kanzler* geht die Erhaltung der Koalition, die sein Regiment garantiert, über alles andere, denn er glaubt ja, daß nur er in der Lage sei, die Bundesrepublik sicher durch die Wirren der Zeit zu steuern. Und angesichts dieses «geheiligten» Zweckes scheint ihm dann jedes Mittel recht zu sein.

Der *Justizminister*, der mit seiner Rücktrittsdrohung die Koalitionskrise heraufbeschworen hatte, stellte für sein Verbleiben vier Bedingungen. Nur eine davon wurde ihm erfüllt. Sie war die objektiv belangloseste, für ihn aber subjektiv die wichtigste: seine persönliche Genugtuung durch Maßregelung der beiden Staatssekretäre. Und also blieb er und jene gingen. Ein Minister, der vor einem Jahr das Justizministerium übernahm, das Adenauer der FDP als Koalitionsköder angetragen hatte, obgleich die Freien Demokraten mit keinem geeigneten Mann aufwarten konnten, ein Minister also, der so unbedeutend ist, daß er schon aus diesem Grunde gelegentlich nicht informiert wird – er bleibt, während ein bewährter Staatssekretär gehen muß.

Und der *Verteidigungsminister*? Vierzehn Tage lang ließ er alle Welt darüber rätseln, wer wohl die Verhaftung von Conrad Ahlers in Spanien veranlaßt haben könnte, und blieb bei seiner Behauptung: «Ich habe mit der Sache (also mit der Spiegel-Affäre) nichts zu tun, im wahrsten Sinne des Wortes nichts zu tun.» Dann aber, im Parlament in die Enge getrieben, mußte er zugeben, daß er persönlich das entscheidende Telephongespräch mit Oberst Oster in Madrid geführt hatte. Doch auch er ließ seinen Staatssekretär die Sache ausbaden.

Zwar hatte Franz Josef Strauß auf der offenen Bühne des Parlaments mit großer Geste erklärt, er trage die volle politische und parlamentarische Verantwortung für alles, was in seinem Ministerium geschehen ist. Aber er selber weiß am besten, daß dies eine hohle Phrase ist, denn es gibt in der Bundesrepublik keine parlamentarische Verantwortung der Minister. Man kann ja keinen einzelnen Minister aus dem Kabinett herausbrechen und stürzen, man kann nur versuchen, ihn zum Rücktritt zu veranlassen, aber das bringt in diesem Fall offenbar niemand fertig. Und darum blieb Minister Strauß, und Staatssekretär Hopf wurde beurlaubt. Man muß sich das einmal vorstellen, da bleibt ein Minister und läßt den Staatssekretär, der sich schützend vor ihn stellte, über die Klinge springen. In was für Zuständen leben wir eigentlich? Wie war es überhaupt möglich, daß ein solcher Stil sich ausbreiten konnte?

Ein hoher Beamter im alten Preußen, so heißt es, sei einmal auf dem Sterbebett gefragt worden, woran er denke. Die bei vollem Bewußtsein gegebene Antwort habe gelautet: «*An den Staat.*» An den Staat, der nach damaliger Auffassung nicht eine aus Notwendigkeit und Nützlichkeitserwägungen geschaffene Einrichtung war, sondern ein seltsames Zusammenwirken göttlicher Offenbarung und menschlicher Konzeptionen.

Wer aber denkt heute noch an den Staat? Wem sind die Institutionen noch wichtig in einer Zeit, in der sich alles um individuelle Sicherheit, Wohlstand und persönliches Glück dreht? In einer Zeit, in der der Lebensstandard zum Angelpunkt aller Dinge geworden ist?

Da hat man staatsbürgerlichen Unterricht an den Schulen eingeführt, aber an höchster Stelle in Bonn ist von Staatsbewußtsein wenig zu spüren. Als der Innenminister, der doch zugleich der *Verfassungsminister* ist, vom Parlament in die Enge getrieben wurde, meinte er begütigend, die Bundesdienststellen hätten bei der Festnahme von Ahlers in Spanien wohl «etwas außerhalb der Legalität» gehandelt – womit nur noch einmal *ex cathedra* jener widerwärtige Stil bestätigt wurde, von dem zuvor die Rede war. Jene Auffassung nämlich, die demokratischen Spielregeln und der formal vorgezeichnete Weg möchten wohl für die Untertanen ganz gut sein, die Führenden aber brauchten sich nicht daran zu halten, weil sie die Richtung auch ohne den vorgeschriebenen Weg fänden. Wenn man einen Freund hat, der gute Beziehungen zur spanischen Polizei besitzt, dann ruft man den eben an; das ist doch viel einfacher als der umständliche bürokratische Weg.

«Je mehr Macht einer in den Händen hat, desto stärker ist er verpflichtet, die Grenzen zu wahren», belehrte der Bundeskanzler den *Spiegel.* Er selber jedoch ist sich in schöner Unschuld der Macht, die er in Händen hält, und der Verantwortung, der er verpflichtet ist, offenbar gar nicht bewußt: *«Leute, die dem Spiegel so viel Anzeigen geben, stehen nicht hoch in meiner Achtung.»* Protesttelegramm einer Firma: «Soll die Freiheit der Werbung beschränkt werden?» Erklärung einer anderen: «Wir lassen uns durch Adenauers Ausführungen nicht einschüchtern.»

Und weiter: Im staatsbürgerlichen Unterricht wird dem Volk klargemacht, daß jemand, der sich in Untersuchungshaft befindet, bis zu dem Moment, da seine Schuld vor Gericht bewiesen ist, für unschuldig gilt. Der Kanzler aber, der es besser wissen sollte, sprach vor dem Bundestag von einem Blatt, das *«systematisch, um Geld zu verdienen, Landesverrat treibt»*. Womit er suggestiv unterstellt, daß Rudolf Augstein des Landesverrats und der Bestechung überführt und rechtskräftig verurteilt sei. Und auch die Bemerkung, *«Wenn Ahlers zufällig in Deutschland gewesen wäre, hätte ihn dasselbe Mißgeschick getroffen, es ist daher unerheblich, ob er in Malaga oder in Hamburg verhaftet wurde – darüber rege ich mich nicht auf»*, zeugt nicht gerade davon, daß rechtsstaatliche Bedenken des Kanzlers Schlaf beschatten. Ob legitim in

Hamburg oder «etwas außerhalb der Legalität» in Spanien – verhaftet ist verhaftet, punktum. Diese lapidare Art zu denken ist typisch für ihn und sein Regime.

Strauß ist zwar intellektuell viel differenzierter, aber in der Anlage genauso autoritär. Und bei ihm, der aus einer jüngeren Generation stammt, ist dies nun wirklich unverzeihlich. Die unabhängige englische Wochenzeitung *Spectator* schrieb vor ein paar Tagen: *«Mehrfach ist der Verteidigungsminister persönlich von der NATO zur Ordnung gerufen worden, weil er Geheimmaterial in öffentlichen Reden und Aufsätzen verwandte, wenn es darum ging, seine Forderung nach atomarer Artillerie zu unterstützen.»*

In der Tat kann sich niemand so ganz des Gefühls erwehren, daß der Verrat militärischer Geheimnisse, dessen die *Spiegel*-Leute angeklagt sind, vielleicht nicht beanstandet worden wäre, wenn der Verrat im Sinne der Straußschen Thesen positiv gewirkt hätte. Mit anderen Worten, daß ein solcher Verrat nur dann verfolgt wird, wenn er den Konzeptionen des Verteidigungsministers zuwiderläuft.

Das ist ein schwerer Vorwurf, ein sehr schwerer Vorwurf. Daß er erhoben wird, hat Strauß sich selbst zuzuschreiben. Immer wieder werden Klagen laut über seine autoritäre Amtsführung. Mit dem Argument «Feind hört mit» werden in der Bundesrepublik alle militärpolitischen Diskussionen unterdrückt, an denen die angelsächsischen Länder so reich sind. Dabei könnte man sehr wohl geltend machen, daß «der Feind» noch nie so eindeutigen Aufschluß bekam wie neulich, als das, was im *Spiegel* stand, von höchster Stelle mit dem Etikett *«militärisches Geheimnis»* versehen wurde. In USA, wo militärische Probleme von bekannten Fachleuten in vielen Details diskutiert werden, ist es jedenfalls für «den Feind» viel schwerer, ein zutreffendes Bild zu gewinnen, denn dort gibt es kaum eine Theorie, die nicht öffentlich vertreten wird.

Es kann sehr wohl sein, daß eines Tages, wenn der Staub sich gelegt hat, den die *Spiegel*-Affäre aufwirbelte, herauskommen wird, daß der ganzen Geschichte sehr viel weniger kriminelle Sensationen und sehr viel mehr ernsthafte militärpolitische Kontroversen zugrunde liegen, als man im Augenblick glaubt. Seit Strauß' Presseoberst, der Berufsdementierer *Schmückle*, im Januar dieses Jahres in einem Artikel, der viel Ärgernis verursachte, schrieb: *«Die Idee vom konventionellen Krieg in Europa ist militärische Alchemie»* und die einzige Realität sei der atomare Krieg, seither weiß man, daß es unter den hohen Offizieren der Bundeswehr unversöhnliche Gegensätze gibt. Diejenigen, deren Anschauungen den Auffassungen von Strauß und Schmückle zuwiderlaufen – hinsichtlich der atomaren Bewaffnung und wohl auch hinsichtlich der Berlin-*Planung* –, sind zum Schweigen verdammt, denn in Bonn wird nicht diskutiert.

Gar nicht geschwiegen hat in den letzten Wochen die deutsche Öffentlichkeit. Noch nie gingen die Wogen staatsbürgerlicher Erregung bei uns so hoch wie jetzt während der Spiegel-Affäre. Noch nie wurden so viele protestierende Resolutionen verfaßt, so viele Diskussionen abgehalten.

In Bonn war man zornig, weil der erste Gedanke fast aller Bundesbürger der Sorge um die Pressefreiheit galt und nicht dem Abscheu gegen einen möglichen Landesverrat des *Spiegels*. Aber das hat Bonn sich selbst zuzuschreiben. Wenn eine Regierung einen Minister in ihren Reihen duldet, der keine moralische Glaubwürdigkeit mehr besitzt, einen Minister, der das Parlament an der Nase herumführt und seine Untergebenen nicht schützt; wenn die Fälle sich häufen, in denen Bonner Skandale von *Schmeisser* bis *Kilb* vertuscht werden; wenn es möglich ist, daß in einem Staat Leute wie Dusenschön frei herumlaufen und in Koblenz ein Kriminaldirektor wegen Verbrechen gegen die Menschlichkeit angeklagt ist – dann darf niemand sich wundern, wenn das Volk die Autoren eines Nachrichtenmagazins, die dazu neigen, alles in der Schlüssellochperspektive zu sehen, für Helden und Märtyrer der Freiheit hält.

23. November 1962

ROLF ZUNDEL

Kanzler-Autorität aus zweiter Hand

Wer hätte sich noch vor zwei Jahren diese Situation vorstellen können: Bundeskanzler Adenauer wird vom geschäftsführenden Vorsitzenden der CDU, Hermann-Josef Dufhues, aufgefordert, zu handeln und zu regieren. Er, dem jahrelang der Vorwurf gemacht wurde, er handele zu schnell und regiere zu viel, muß sich von seiner eigenen Partei sagen lassen, es sei höchste Zeit, daß er die Initiative ergreife; er, unter dem die Initiative in seiner Partei verkümmerte, weil jegliche Aktivität an seinem Führungswillen zerbrach, wird aufgefordert, die Führung nicht entgleiten zu lassen. Zwar gilt als sicher, daß die Erklärung von Dufhues mit dem Kanzler abgesprochen war, aber der erschütternde Eindruck bleibt: Konrad Adenauer muß mit geborgter Autorität regieren.

Nur wenige Jahre liegt es zurück, daß in Bonn Regierungsparteien wie Opposition unter der starken Hand Adenauers seufzten. Damals war der Kanzler am politischen Himmel der Bundesrepublik der Fixstern, um den, angezogen durch Bewunderung oder Haß, alle anderen Planeten und Trabanten kreisten. Er war die ordnende Kraft im Zentrum der Macht. *Kanzlerdemokratie* nannte man diese politische Konstellation und wollte damit sagen, daß Konrad Adenauer den weiten Spielraum, den ihm das Grundgesetz ließ, bis an die Grenzen (und manchmal darüber hinaus) mit seiner Autorität durchdrang.

Bewunderung für Adenauer, Haß? Diese Gefühle sind schwächer geworden. Neue Gefühle breiten sich aus: Bedauern, Mitleid – ein Mitleid, das jegliche Autorität tötet. Und allmählich wächst die erschreckende Erkenntnis, daß der Autoritätsverfall des Kanzlers nicht mehr aufzuhalten ist, daß seine ordnende Kraft nicht mehr ausreicht, daß er hilflos hineingerissen wird in den Wirbel widerstrebender

Interessen. So nur ist es zu verstehen, daß die Krise in Bonn solche Dimensionen annehmen konnte. Zum ersten Mal ist der Kanzler von den Ereignissen überrollt worden. Schlimmer noch, er sah nicht einmal, welche Lawine sich auf ihn zuwälzte.

Hätte man sich diese Situation vor drei Jahren vorstellen können? *Herbert Wehner* weist den Gedanken einer großen Koalition zurück – so wie man ein lästiges Stäubchen vom sauberen Anzug flippt: «*Nicht unter den gegenwärtigen Umständen*». Später, wenn die CDU einigermaßen Ordnung im eigenen Hause gemacht habe, könne man ja vielleicht darüber reden …

Wahrlich, es geht längst nicht mehr nur um den *Spiegel* oder um Strauß. An dieser Krise wurde deutlich, daß die Bundesrepublik führungslos ist. Und sie ist es nicht erst seit heute, sondern spätestens schon seit der letzten Bundestagswahl. Damals hat Konrad Adenauer in die Konstruktion einer Kanzlerschaft auf Zeit eingewilligt – mit dem Hintergedanken, er könne das Ende seiner Amtszeit nach eigenem Ermessen bestimmen. Die FDP (aber auch die CDU) machte dieses Spiel mit. Sie nahm aus parteiegoistischen Gründen ein staatspolitisches Übel in Kauf: einen schwachen Kanzler von FDP-Gnaden.

Der Kanzler hat nicht vermocht, wie er vielleicht gehofft hatte, dieser Regierung, wie den andern zuvor, seinen Stempel aufzudrücken. So schleppte sich die Koalition von Krise zu Krise, und die Regierungsautorität verfiel immer rascher: Querelen zwischen dem Kanzler und dem Vizekanzler, zwischen dem Außenminister und dem Verteidigungsminister, zwischen dem Arbeitsminister und dem Familienminister, zwischen FDP und CDU. Der Erbfolgestreit begann schon während der Regierungszeit des Kanzlers, die politische Moral wurde von Partei- und Ressortegoismen überwuchert. Und die letzten Tage beweisen es: Diese Regierung ist zu geschlossener Aktion unfähig.

Wie soll es weitergehen? Die FDP hat ihre Minister aus dem Kabinett zurückgezogen. Sie wird die Koalition nicht fortsetzen, solange Strauß Verteidigungsminister bleibt. Das bringt die CDU/CSU in eine Zwangslage, in die sie nie hätte geraten dürfen. Gibt die CDU/CSU Strauß preis, so zeigt sie vor aller Öffentlichkeit ihre

Schwäche: Sie läßt sich von ihrem kleinen Koalitionspartner und der Opposition einen Mann aus dem Kabinett herausschießen und kann sich dagegen nicht wehren. Behält sie ihn, so behält sie einen Minister, der sie in den Augen der Öffentlichkeit schwer belastet.

Nur einer hätte der Krise wenigstens ihren schärfsten Stachel nehmen können: Franz Josef Strauß selbst. Ein freiwilliger Rücktritt des Verteidigungsministers vor vierzehn Tagen – er hätte der Regierung wieder einen Teil ihrer Handlungsfreiheit zurückgegeben. Doch zu solchem Handeln, das menschliche Größe erfordert, war Strauß weder willens noch fähig. *«Ich bleibe Verteidigungsminister, eine andere Entwicklung kann ich mir nicht vorstellen»*, erklärte er ungehalten am Wochenende. Sollte er sich jetzt noch anders besinnen, es würde ihm nichts mehr nützen. Alle Welt wüßte: hier mußte ein Minister aus seinem Amt hinausgeprügelt werden, und der Kanzler ließ es geschehen, weil er nichts daran ändern konnte.

Aber wäre mit dem Rücktritt von Strauß die Krise gelöst? Wohl kaum. Es wäre Zeit gewonnen, doch Zeit wozu? Kann irgend jemand in der FDP, der weiter denkt als bis zu den bayerischen Landtagswahlen vom kommenden Sonntag, im Ernst glauben, daß zwischen den heillos zerstrittenen Koalitionspartnern ein besseres Vertrauensverhältnis entstehen werde, wenn nur Strauß gegangen sei? Kann irgend jemand annehmen, der Rücktritt des Verteidigungsministers genüge, um dem Autoritätsschwund des Kanzlers Einhalt zu gebieten?

Der Kanzler mag noch eine Reihe von Tricks versuchen, um im Sattel zu bleiben; aber der Alte wird nie wieder der alte sein. Er mag versuchen, aus der FDP einige Abgeordnete herauszubrechen; doch auf wen will er dabei rechnen? Die Freien Demokraten schreckt das Schicksal der Überläufer von 1956, von denen die meisten inzwischen in der politischen Versenkung verschwunden sind. Zerbrechen würde die FDP wohl nur dann, wenn ihre Führer es unternähmen, mit der SPD zusammen eine neue Regierung zu bilden. Aber Mende ist klug genug, diesen Schritt nicht zu tun.

Die SPD ins Spiel zu bringen, nützt dem Kanzler ebenfalls wenig. Der Wink mit der großen Koalition fruchtet bei den Freien Demokraten nicht mehr. Die SPD ist nur zu einer Allparteienregierung bereit – und dies auch nur dann, wenn weder Strauß noch Adenauer mehr dem Kabinett angehören. Für ein solches Kabinett aber würden auch die Freien Demokraten ohne Zögern ihre Minister stellen. Die Große Koalition bietet Konrad Adenauer also keinen Ausweg mehr.

In diesen Tagen spürt der Kanzler, wie wenig Freunde er in Bonn besitzt. *Strauß* stützt Adenauer nur, solange Adenauer Strauß stützt. Von *Erhard*, den er jahrelang brüskiert hat, darf der greise Regierungschef keine Hilfe erwarten – und wieviel zählte schon die Hilfe eines Mannes, von dem es jetzt in Bonn heißt, er sei in dieser Krise, ohne daß es eigentlich jemand gemerkt habe, endgültig zur Randfigur der deutschen Politik geworden? Bundestagspräsident *Gerstenmaier* ist am Montag nach Israel geflogen, Außenminister *Schröder* begleitet Bundespräsident Lübke durch Asien ...

Gewiß, die CDU wird einiges versuchen, diesmal den Kanzler noch zu retten – aus taktischen Gründen. Auf diese Krise noch einen Kanzlersturz – das will die Regierungspartei ihren Wählern nicht zumuten. Aber wie viele stehen noch zum Kanzler, weil sie glauben, er sei der Mann, jede Krise zu meistern?

Es mag Konrad Adenauer gelingen, nach den bayerischen Wahlen durch ein Kabinettsrevirement größeren oder kleinen Umfangs diese Koalition, deren Schöpfer und Gefangener er ist, notdürftig wieder zusammenzuflicken. Es mag ihm dann sogar gelingen, Minister Strauß aus dem Kabinett zu entfernen – vor allem dann, wenn die Position des Ministers durch einen Rückschlag der CSU bei den bayerischen Wahlen geschwächt wird. Geht die CSU allerdings als unbestrittener Sieger aus diesen Wahlen hervor, dann wird es schwer sein, die Partei zur Koalitionsräson zu bringen. Auf jeden Fall muß der Kanzler mit aller Vorsicht verfahren. Geht er einen Schritt zu weit, so gerät er in Gefahr, daß ihn der fallende Franz Josef Strauß mitreißt.

Gelingt Adenauer die Kabinettsumbildung, so kann er sich wohl noch einige Zeit im Amt halten. Die Krise in Bonn aber wird damit nicht gelöst, sondern nur prolongiert. Der Verfall der Regierungsautorität wird sich fortsetzen, solange der Kanzler noch im Amt ist.

14. Dezember 1962

Robert Strobel

Adenauers fünftes Kabinett

Noch einmal wallten in der Endphase der Bonner Koalitionsverhandlungen die politischen Leidenschaften auf. Aber es waren nicht die Gegensätze zwischen der Union und der FDP, die diesen Verhandlungsabschnitt so sehr verschärften. Es war ein Kampf der CSU gegen die CDU. Genauer: Franz Josef Strauß rebellierte gegen den Bundeskanzler.

Adenauer hatte am Montag erreicht, was ihm in der vorigen Woche noch nicht gelungen war: Ministerpräsident *von Hassel* erklärte sich bereit, die Leitung des Verteidigungsressorts zu übernehmen. Damit hatte Strauß nicht gerechnet. Er hatte alles darangesetzt, gerade dieses, sein Ressort, der CSU zu erhalten. Bundesinnenminister Höcherl sollte es übernehmen. Er sollte Straußens Platzhalter sein. Im Herbst, wenn Erhard an Stelle Adenauers in das Palais Schaumburg einziehen soll, wollte Strauß wieder in die Ermekeil-Kaserne zurückkehren.

Damit ist es nun vorbei. Denn die Ernennung von Hassels bedeutet keine Übergangslösung. Mindestens bis zum Ende der Legislaturperiode wird aller Wahrscheinlichkeit nach im Verteidigungsressort kein Wechsel mehr eintreten. Gerade das wollte Strauß verhindern. Adenauer aber erzwang es aus mehreren Gründen. Einer der wichtigsten ist, daß er die Bundeswehr nicht einem Zick-Zack-Kurs an der Spitze ihres Ministeriums aussetzen wollte. Auch aus den Reihen hoher Offiziere sind anscheinend Bedenken gegen eine solche Interimslösung vorgebracht worden. Und sie richteten sich, wie man hört, schließlich auch gegen Strauß selbst, dessen Ansehen in der Bundeswehr durch die jüngsten Vorgänge gelitten hat.

Der neue Verteidigungsminister von Hassel wird es nicht immer leicht haben. Das ist, nachdem er entgegen den Wünschen von Strauß dieses Amt übernahm, unschwer vorauszusagen. Und das war wohl einer der Gründe für sein Zögern. Daß die mühsam und mit viel Verdruß zusammengeflickte Koalition noch schwerer zu manövrieren sein wird als die bisherige, liegt auch auf der Hand. Freilich hat man nun in der FDP eingesehen, daß – sollte es wieder in Kürze zu einer Koalitionskrise kommen – die Große Koalition unvermeidlich sein würde. Diese Einsicht könnte die Gemüter dämpfen ...

14. Dezember 1962

Marion Gräfin Dönhoff

Verpaßte Gelegenheit

Die neue Regierungszeit der alten Koalition fängt gut an: ein Minister der CDU, *Paul Lücke*, erklärte am Vorabend der «Eheschließung», die FDP sei nicht regierungsfähig; der Vorsitzende des außenpolitischen Ausschusses *Wilhelm Kopf* und der Abgeordnete *Max Güde*, einst Generalbundesanwalt, stellten beide öffentlich fest, die große Koalition mit der SPD wäre ihnen wesentlich lieber gewesen als die kleine mit der FDP – eine Meinung, die sehr viele Leute teilen; und gegen den CSU-Abgeordneten *von Guttenberg* schließlich hat die bayerische CSU ein Parteiverfahren eingeleitet, weil er im Auftrag *Adenauers*, aber ohne Wissen von Strauß, mit der SPD Unterhaltungen geführt hat. Ausgerechnet *Strauß*, der vor kurzem den Staatssekretär im Justizministerium bewog, ohne Wissen seines Ministers zu handeln, hat es nötig, andere der Illoyalität zu bezichtigen. Ausgerechnet die CDU, die sich nie an den Koalitionsvertrag mit der FDP gehalten hat, wirft den Freidemokraten vor, sie seien unzuverlässig und daher nicht bündnisfähig. So viele Glashäuser und so viele Steine! Das kann gut werden.

Eigentlich waren es die *back-bencher* und das Fußvolk der beiden großen Parteien, die die CDU-SPD-Koalition verhindert haben. Die Führung wußte es besser, konnte sich aber nicht durchsetzen. Die *Frankfurter Allgemeine* kommentierte in erstaunlicher Verkennung der Realität, wer für die CDU-SPD-Koalition gewesen sei, habe ganz übersehen, daß *«der Sinn der beiden großen Parteien gerade darin liegt, daß die eine Partei ständig eine praktische Alternative zur Politik der anderen bereithält»*. Das gleicht wirklich der Feststellung: *«Wenn einer von uns stirbt, zieh ich aufs Land.»* Das ist es ja gerade, was viele Demokraten besorgt macht (und warum sie sich die große Koalition wünschten) – daß nämlich die zweite Partei ihre praktische Alternative bisher nur *theoretisch* bereithielt und auch nicht viel Wahrscheinlichkeit besteht, daß dies nach Ablauf der ersten sechzehn Jahre ohne weiteres anders wird.

Das Mißtrauen, mit dem die beiden Koalitionspartner einander betrachten, wird nur noch übertroffen durch den Vertrauensschwund des Publikums gegenüber beiden. Letzterer wäre vielleicht aufgefangen worden, wenn die CDU / CSU diese Krise dazu benutzt hätte, wenigstens die grundsätzlichen institutionellen Reformen durchzuführen, von denen im ersten Schrecken so kühn die Rede war.

Hätte man tatsächlich Familien- und Gesundheitsministerium sowie Flüchtlings- und Gesamtdeutsches Ministerium zusammengelegt und das Bundesratsministerium abgeschafft – also drei Ministerien eingespart –, hätte man tatsächlich in den beiden heute am stärksten beanspruchten Ministerien nach englischem Muster Staatsminister eingeführt, die den Außen- und Wirtschaftsminister bei Reisen und Repräsentationsanlässen vollgültig vertreten und also entlasten, dann hätten die Bürger das Gefühl haben können, daß in Bonn mit neuer Entschlossenheit regiert wird. Aber so?

1963

8. November 1963

DIETER E. ZIMMER

Die Gruppe 47 in Saulgau

Über die Gruppe 47 ist im letzten Jahr viel geredet worden – zuviel. Zum Teil hatte es unerhebliche Gründe: Es war ein Jubiläumsjahr, Glück- und Unglückswunschadressen wurden dargebracht, ein Almanach erschien, hier und da wurde die verstrichene Zeit mit Diplom- und Doktorarbeiten quittiert.

Anderes wirkte nachhaltiger: das Manifest, anläßlich der *Spiegel*-Aktion vor einem Jahr von einigen Teilnehmern an der Berliner Gruppentagung (und vielen anderen) aufgesetzt und unterzeichnet, das dank einiger mißverständlicher Formulierungen «die Gruppe» in den Ruf brachte, eine Verschwörung von Landesverrätern zu sein; der «Fall Schnurre», mit dem die Gruppe nichts zu schaffen hatte und der doch dazu führte, daß an den Rundfunkanstalten ernstlich nach geheimen Einflüssen des linksintellektuellen Gruppengeistes gefahndet wurde; das Wort von der «geheimen Reichsschrifttumskammer», mit dem Josef-Hermann Dufhues bekundete, mit wieviel feindseligem Mißtrauen und wie geringen Kenntnissen die Regierungspartei dem literarischen Leben in Deutschland gegenübersteht, und das auch ein gerichtlicher Vergleich nicht aus der Welt genommen hat; oder die Rache- und Morddrohungen, die eine langjährige Teilnehmerin an den Gruppentagungen, Ruth Rehmann, erhielt, weil sie in einem in der *Süddeutschen Zeitung* veröffentlichten Prosastück das Veteranenwesen nicht eben ehrfurchtsvoll verklärt hatte.

Auf solche Art wurde die Dämonisierung der Gruppe betrieben.

Nicht sie spielte sich hoch, das besorgten ihre Feinde. Es fällt nicht schwer, vorauszusagen, was eine demoskopische Untersuchung heute über ihre Geltung ermitteln würde: nämlich daß sie eine staatszersetzende (und, in bundesdeutscher Logik, folglich kryptokommunistische) Organisation sei, eine Art von Racket, der einigen Auserwählten Protektion gewährt, dem ahnungslosen Leser seine Lektüre aufzwingt und Verlage und Redaktionen unterwandert – oder aber, daß es sich um eine Gemeinschaft von Auserwählten handele, einen Musenhain, in den aufgenommen zu werden höchste Ehre und eine Bürgschaft für ewigen Ruhm bedeutet.

Es ist ein Nimbus von Mißverständnissen, der die Gruppe heute umhüllt, und wozu er führt, zeigte sich, am Rande, auch auf ihrer diesjährigen Tagung im schwäbischen Saulgau. Im Lokalblatt, der *Schwäbischen Zeitung*, fielen Worte wie «Schriftsteller-Olymp» und «erlauchter Kreis», und um die Wirkung der Gruppe zu verdeutlichen, griff der Autor des Artikels zu biblischen Bildern: Weihrauch und Schwefeldampf. Und auf der anderen Seite erregten sich einige Saulgauer Gemeinderäte («Männer, die wohl nie ein Buch in der Hand gehabt haben», wie ein Einheimischer sagte) am Stammtisch darüber, daß ausgerechnet ihr sauberer und frommer Ort Männern wie Böll und Hochhuth (von denen der eine nicht da war, der andere nie das mindeste mit der Gruppe 47 zu tun hatte) Herberge gewähren sollte. Bezeichnenderweise wuchs sich dieser Umstand innerhalb der Gruppe zu dem Gerücht aus, Gemeinderat, Lehrer und Pfarrer hätten darauf gedrungen, die «Kommunistenbande» zu vertreiben. Die Wahrheit über die Zustände in Deutschland liegt weniger im Inhalt solcher Behauptungen; sie liegt in dem nahezu reflexhaften Prozeß der Umdeutung, diesem Mechanismus der Unvernunft.

Saulgau erreicht man auf dem Verkleinerungsweg – die Bahnhöfe werden immer winziger, die Aufenthalte immer länger. Das Hotel, das die hundert Schriftsteller, Fast-Schriftsteller, Kritiker, Literaturprofessoren, Verleger und Journalisten aufnahm, die Hans Werner Richter einer Einladung für würdig befunden hatte, war ehemals eine Relaisstation der Thurn-und-Taxisschen Post zwischen Stuttgart und dem

Bodensee. Die Trinksprüche der reichhaltigen Weinkarte waren unter Schweiß gereimt worden. Über dem Sessel, auf dem die Lesenden Platz nahmen, hing das Ölporträt eines Mannes mit Adenauer-Physiognomie (*«Magnus Kleber ex Riedlingen, 1756»*). Die meisten Anreisenden hatten einen weiten Weg; sie kamen aus Helsinki, Stockholm und dem Oslo-Fjord, aus Boston, Procida, La Spezia – und die Weite des Wegs, den die deutschen Schriftsteller heute haben, um zusammenzukommen (mit anderen Worten: das Fehlen einer literarischen Kapitale), ist einer der Gründe dafür, daß die Gruppe 47, allen Prophezeiungen zum Trotz, weiterbestanden hat und weiterbestehen wird. Träfe man sich ohnehin alle Tage, so wäre sie überflüssig.

Einige Schriftsteller aus der DDR waren eingeladen worden: Johannes Bobrowski, Peter Huchel, Christa Reinig, Günter Kunert, Manfred Bieler. Die Ausreisegenehmigung sollte nur Bobrowski erhalten, der Preisträger des letzten Jahres, und nur unter der Bedingung, daß eine Delegation ihn begleite. Im letzten Augenblick dann ließ man ihn doch alleine fahren; nur ein Herr M. W. Schulz aus Leipzig begleitete ihn und las selber aus einem robusten Kriegsroman, der ihm wenig Beifall eintrug.

Eine Seuche muß unter den Russen ausgebrochen sein. Von den Schriftstellern, die eingeladen waren (unter ihnen Wosnessenskij und Bella Achmadulina) kam, angeblich wegen plötzlicher Erkrankung, niemand; nur zwei der Funktionäre, die vorsichtshalber mit eingeladen worden waren, erschienen, begleitet von zwei Beamten der Sowjetischen Botschaft. Ein Paket war bestellt worden, erhalten hatte man, so wurde gespottet, die Verpackung samt Bewachung.

Dichterlesungen gab es überall und allerzeit: vorne der Meister, ihm gegenüber ein andächtiges Auditorium. Auch daß sich Dichter zu Gruppen, Schulen oder Zirkeln oder in Salons oder Kneipen zusammenfinden, ist seit langem üblich, und das kritische Gespräch über Literatur ist so alt wie diese selbst. Doch der Modus der Gruppe 47 dürfte etwas Neues und ganz und gar Einmaliges sein: Der Schriftsteller liest aus einem *work in progress* und hat schweigend anzuhören, was Kollegen und Kritiker zugunsten oder zuungunsten seines Textes vorzubringen haben. Schonung wird nicht geübt, und auch die ältesten Siebenundvierziger sind vor härtesten Urteilen nicht völlig sicher.

Es ist Hans Werner Richters gar nicht genug zu würdigendes Verdienst, daß er es verstanden hat, der Gruppe eine Art konstitutioneller Unbestimmtheit zu erhalten: daß er sie weder zerflattern ließ, noch ihr eine zu straffe Organisation auferlegte. Weder handelt es sich um zwanglose Zusammenkünfte mehr oder weniger befreundeter Kollegen zu geselligem Plausch, noch um einen auf bestimmte Ideologien oder Ästhetiken eingeschworenen Verein mit Präsident, Schatzmeister, Sekretariat und Tagesordnungen. Die Mischung aus Caféhaus und literarischem Seminar, die die Gruppe heute ist, dürfte einzigartig sein – und um so erstaunlicher, als sie in einem Land verwirklicht wurde, das zwar nicht unbedingt die Ordnung, aber die Organisation liebt und in dem kein Kegelklub ohne ausführliche Statuten auskommt. Daher auch die Schwierigkeit, die Gruppe 47 zu definieren; nur was sie alles nicht ist, läßt sich leicht sagen. Noch nicht einmal, wer zu ihr gehört, steht fest. Alle, die jemals an ihren Tagungen teilgenommen haben? Die immer wieder Eingeladenen? Die gerade Anwesenden? Unmöglich zu sagen. Ist Richter der Kern, so wird es um ihn herum schnell diffus und schließlich vollends unbestimmbar. «Ich weiß, wer dazugehört», sagte er zum Schluß dieser Tagung. «Aber ich habe es noch nie gesagt und werde es niemals sagen.»

Im Unterschied zur letzten Tagung in Berlin, die verstört war durch Kubakrise und *Spiegel*-Affäre und Bedrohlicheres vor Augen hatte als Formulierungen von fragwürdiger Qualität, wurde in diesem Jahre drei Tage und Nächte lang ganz allein von Literatur gesprochen. Nicht über die SS-Grade im Verfassungsschutz, nicht über den Befehlsnotstand, nicht über den Regierungswechsel erhitzten sich die Geister, sondern über falsche Konjunktive, zweifelhafte Partizipalkonstruktionen und Fragen wie: Läßt sich Banales durch Banales darstellen? Braucht es neue ästhetische Maßstäbe, um «statische» Prosa wie die von Peter Weiss oder Gisela Elsner zu beurteilen? Wo ist die Linie, die Literatur von bloßer Unterhaltung trennt – oder gibt es nur Unterhaltungsliteratur?

Fünfundzwanzig Autoren lasen, fünfzehn von ihnen zum ersten Male, nämlich: *Hans Frick* (so etwas wie eine Erzählung über deutsche Greueltaten im Osten), *Hubert Fichte* (den Anfang seines Romans «Das Waisenhaus»), *Kurt Sigel* (Gedichte in verschiedenen Manieren), *Erich Fried* (Gedichte), *Manfred Peter Hein* (Gedichte), *Hans Christoph Buch* (eine breite ländliche Anekdote), *Louis Jent* (ein Romankapitel), der Finne *Veijo Meri* (Günter Grass las für ihn: den Anfang des Romans «Das Hanfseil»), *Konrad Bayer* (kurze Prosastücke aus seinem Roman «Der sechste Sinn»), *Josef Janker* (Uwe Johnson las für ihn die Erzählung «Der Hausfreund»), *Uwe Fischer* (eine bemühte Erzählung mit dem Titel «Analyse eines Selbstmords»), *Max Walter Schulz* aus der DDR (ein Kapitel aus seinem Kriegsroman «Wir sind nicht Staub und Wind»), *Ulrich Becher* (zwei Abschnitte aus seinem Roman «Das Herz auf der Stirn»), *Christine Koschel* (Lyrik) und *Walter Alexander Bauer* (zwei anscheinend interpunktionslose Prosastücke).

Nicht zum ersten Male lasen: *Gabriele Wohmann* (eine Erzählung, in der eine frustrierte Frau eine Nacht hindurch das D-Zug-Abteil mit einem Mörder teilt), *Johannes Bobrowski* (zwei Stücke lyrischer Prosa über das Thema «Fortgehen»), *Rolf Haufs* (aus seinem Roman «Das Dorf S.»), *Hans Magnus Enzensberger* (alte und neue Gedichte), *Wolfgang Hildesheimer* (aus seinem Roman «Tynset»), *Gisela Elsner* (aus ihrem als «Beitrag» bezeichneten Roman «Die Zwergriesen»), *Peter Weiss* (Moritaten und Monologe aus einem Drama um Marat und de Sade), *Dieter Wellershoff* (aus dem Hörspiel «Bau eine Laube»), *Ruth Rehmann* (aus einem Roman vom Veteranentum) und *Helmut Heißenbüttel* (Gedichte).

Von denen, die ihr Debüt gaben, kamen nur wenige (wie Hubert Fichte) glimpflich und nur zwei gut davon; Erich Fried (der freilich kein Anfänger ist und den entdeckt zu haben sich die Gruppe schwerlich zugute halten darf) und der Wiener Konrad Bayer. Zwar griff die Kritik, erfreut, nach manchem Tristen endlich einmal guten Gewissens lachen zu können, arg hoch («Ich und Kosmos!» – «Kosmologie!» – «Anthropologie!»), und Ernst Bloch, zum erstenmal Gast der

Gruppe 47, der am Abend zuvor mit alttestamentlicher Geste ein Nichts von einer Geschichte auf den Kehricht gefegt hatte, bestätigte ausdrücklich, daß hier eine neue Form gefunden sei, von der die Philosophen etwas lernen könnten – aber eine kabarettistische Begabung vom Schlage Qualtingers, und vermutlich noch subtiler, ist der junge Konrad Bayer ohne Zweifel. Wie sich seine labyrinthischen Entwürfe gedruckt und im Zusammenhang ausnehmen, bleibt abzuwarten; eine originelle Sprechplatte aber gibt das zumindest.

Und sonst? Gisela Elsner präsentierte sich (trotz falscher Konjunktivketten) als möglicherweise doch ernstzunehmende Schriftstellerin. Man stritt sich darüber, ob in ihrer retardierenden Beschreibung einer Hochzeitsfeier die Form den Stoff verzehrt habe, ob sie mit erlesenen oder selbsterfundenen Techniken arbeite und ob es eine Schande sei, wenn Schriftsteller Stilmittel voneinander übernehmen (Sebastian Haffner: «Nur so entstehen doch literarische Epochen!») – und man bemerkte nicht, daß Form und Stoff hier einander nicht gleichgültig gegenüberstanden, sondern beide bestimmt waren von einer einzigen und intensiven Stimmung, dem kalten Haß auf die erstarrten Lebensformen einer kleinlichen, stickigen Bürgerwelt, die sich aus ihrer Kläglichkeit noch nicht einmal mehr herauszuwünschen vermag.

Wolfgang Hildesheimers Roman: eine Ausweitung dessen, was er in seinen «Vergeblichen Aufzeichnungen» unternommen hat. Ein Bewußtsein steckt seine Grenzen ab, erschöpft seinen Raum, um dann – zu schweigen? Es bleibt abzuwarten, wie sich der Ernst des letzten Wortes mit der gefälligen, fast mondänen Eleganz dieser Prosa vertragen wird.

Dieter Wellershoff: drei monologisierende Stimmen, sehr leise, sehr diskret, einer gemeinsamen Vergangenheit gedenkend, die sich entzieht, darum immer wieder die Zurücknahme des so vorsichtig Gesagten.

Hans Magnus Enzensberger: seine neuen Gedichte, von ihm selber deutlich von jenen früherer Stadien abgehoben («Wörterbuchakrobatik» sagte Grass diesen nach), verbeißen sich in keine Polemik, scheuen Metaphern und Folgerungen, sagen oft «ich», «ich sah», «ich las», nennen die Namen der Dinge, die Dinge beim Namen. Ein Dichter, der von seinen Meinungen, Erfahrungen und Wünschen nicht besessen ist, sondern sich vielmehr selber sieht, aus großer Distanz: «das besagt nichts» – «das ist möglich» – «es ist nicht schade um deinen namen».

Helmut Heißenbüttel: eine Lesung, die außerordentlich lehrreich war. Wer sie gehört hat, weiß in Zukunft, wie Heißenbüttel zu lesen ist – auf das Schweigen zwischen den Worten kommt es an. Günter Grass nannte ihn sogar und nicht zu Unrecht einen realistischen Lyriker, der dem Anschein entgegen durchaus zusammenhängende Texte böte, wenn auch in Bruchstücken. Im übrigen zeigte sich hier, wie sehr noch das kritische Instrumentarium fehlt, mit dem diese in einer «an sich selbst zweifelnden, verschwindenden Sprache» (Wellershoff) geschriebene Dichtung zuverlässig zu beurteilen wäre.

Und Peter Weiss: er ist jedesmal ein anderer. Wer geglaubt hat, nach dem «Gespräch der drei Gehenden» würde er sich auf eine modellhafte Miniaturprosa der reinen Phantasie zubewegen, sah sich eines anderen belehrt. Sein neues Drama, das im April in Berlin uraufgeführt werden soll (der vorläufige Titel lautet: «Die Verfolgung und Ermordung Jean-Paul Marats, dargestellt durch die Schauspielgruppe des Hospizes zu Charenton unter Anleitung des Herrn de Sade»), ist ein Historienstück im Moritatenton, die Französische Revolution und die Heraufkunft Napoleons aus der Irrenanstalt Charenton gesehen, eine Erörterung des Terrors, möglicherweise ein Thesenstück. Schriftsteller, die wie Weiss immer anders und immer voraus sind, sie bildeten die wahre Avantgarde, meinte Walter Höllerer – und nicht jene, die heute schreiben wie Weiss zur Zeit des «Schattens des Körpers des Kutschers». Möglicherweise mehr noch als von Weiss' Lesung (und den Trommelrhythmen, mit denen er sie unterstrich) war das Publikum von dem atemberaubenden exegetischen Impromptu beeindruckt, zu dem sie Hans Mayer inspirierte.

Das waren die Höhepunkte. Entdeckungen, die eine Vergabe des Preises der Gruppe 47 gerechtfertigt hätten (er ist den noch wenig bekannten Autoren vorbehalten), waren nicht darunter. Die meisten

Teilnehmer meinten, im Vergleich zu früheren Jahren sei das Ergebnis mager. Ein Eindruck, der wohl daher kam, daß das Niveau der Lesungen immer wieder jähe Baissen erlebte – und daß auch noch die anspruchslosesten Texte Fürsprecher fanden. Rein formale Kategorien bliesen sich da zu Werturteilen auf: «additives Prinzip», «episch-dramatische Mischgattung». So daß Walter Jens schließlich die Geduld verlor; er denke nicht daran, seine chirurgischen Bestecke, die für eine Herz-Lungen-Operation vorgesehen seien, für die Entfernung eines Hühnerauges zu benutzen – solches waren seine Worte.

«Die Kritik» – wer ist das? Es ist ein Saal voller Statisten und ein paar Köpfe, die wunderbarerweise imstande sind, einen einmal gehörten Text, ein herausgebrochenes Stück aus einem größeren Kontext, sofort zu sezieren und zu wiegen.

Walter Höllerer: immer sachlich, immer bereit, auch notfalls als erster zu sprechen, niemals ausfällig, wiegt er das Gehörte im Sinn. Seine Lieblingsredensart, in der die Zustimmung über alle Bedenklichkeit triumphiert: «Ich glaube schon ...»

Walter Jens: seine Lieblingsredensart ist «Was haben wir hier vor uns?» So nimmt er Abstand, legt den Kopf schief, kneift die Augen zusammen, prüft, um zu einem «Immerhin ...» zu kommen oder zu einem «Nein, nein, nein», das gleichzeitig aller Tollheit der Welt gilt.

Hans Mayer: so schnell wie er spricht keiner sonst, in diesen historischen Dimensionen denkt niemand. Ob er etwas gut findet oder nicht, weiß man oft nicht so recht – genug, daß er es einer gespannt lauschenden Versammlung als bedeutungsvolles geschichtliches Phänomen vor Augen führt.

Ivan Nagel: er ist auf die «weltliche Nützlichkeit» (Martin Walser) des Gehörten bedacht. Was bringt es ein? Welche Moral verrät es? Und ist nicht auch schlechter Stil unmoralisch?

Marcel Reich-Ranicki: auch in seinem leidenden Schweigen (und er schwieg viel in diesem Jahr) waltet er seines richterlichen Amtes.

Und von den kritisierenden Kollegen –

Günter Grass: ungeheuer aufmerksam und immer vom handwerklichen Detail her argumentierend;

Heinz von Cramer: zu leidenschaftlichem Widerspruch geneigt, immer einer Versammlung von *blockheads* gegenüber und zuweilen, aber gerne, zu krassen Attributen hingerissen («miserabel!», «grandios!»); im übrigen jemand, von dem man annimmt, daß ihn auch der Anblick eines natürlichen Bauern zu spöttischem Grimm reizen würde, so verabscheut er den Kult, der einst mit der Scholle getrieben wurde.

Hier also herrscht zuweilen ein rauher Ton. Manche Freunde der Gruppe haben nachzuweisen versucht, warum die Kritik, die viele der Lesenden über sich ergehen lassen müssen, schließlich doch nicht tödlich sei: Sie könnten sich damit trösten, daß sie falsch ausgewählt hätten, daß der Zusammenhang manches klären werde, daß die geneigten Hörer gerade nicht dabeigewesen seien.

Doch natürlich ist die Kritik manches Mal mörderisch. Gut für den Autor, der es dennoch nicht merkt. Ich habe sie sitzen sehen, unter sich, die Durchgefallenen, Geschlagenen, denen Prädikate wie *Hör-zu*-Niveau, letzter Dreck (der Ausdruck, der fiel, war noch rüder), liederlicher Stil, Eklektizismus, Bedeutungslosigkeit, Skandal, prätentiöse Erbärmlichkeit zuteil wurden oder Urteile wie: «Vom Alphabetismus her kommt man da nicht mehr heran.» Sie saßen da, noch fahler als die angestrengten anderen, und suchten ihr Selbstbewußtsein wiederherzustellen: «R. hat mich aber doch freundlich angesehen», «J. kann nicht richtig hingehört haben» ... Glücklich noch jene, deren Scheitern unmittelbar mit ihrem dicken Fell zusammenhängt oder mit ihrem von keiner Kritik erreichbaren Größenwahn.

Nicht, daß vor einer «Polizeiaufsicht» der Gruppe 47 gewarnt werden müßte – eine Gefahr für die deutsche Literatur, die Gefahr, daß hier zarte, wertvolle Reiser rücksichtslos zertreten werden, besteht wohl kaum. Die Kritiker huldigen keiner Standardmeinung, sie korrigieren sich gegenseitig, und was sich am Schluß, unter dem Strich, als Urteil ergibt, scheint selten ungerecht. Da es außerdem ungefähr das Urteil ist, das die betreffenden Autoren draußen, außerhalb der Klausur, in der freien Luft der Demokratie (die Günter Blöcker der

Gruppe irrigerweise entgegenhalten zu müssen glaubte), zu gewärtigen haben – denn alle Spielarten der Kritik sind hier prototypisch vertreten – können jene, an denen kein gutes Haar gelassen wurde, alle Hoffnung fahrenlassen.

Warum aber kommen sie, warum begeben sie sich in Gefahr? Es ist eine Art von hypnotischem Effekt: Je strenger und schonungsloser die Kritik, desto größer die Herausforderung, desto verführerischer die Möglichkeit, man könne vielleicht doch vor ihr bestehen. «Manipulationen» (eine Worterfindung der Unselbständigen) sind von der Gruppe nicht zu erwarten – daß sie dem Publikum mittelmäßige Begabungen aufnötigen könne, ist eine Legende, die ihre Gegner ersonnen haben. Aber wer vor ihr besteht, wird hoffen dürfen, auch vor dem anonymen Publikum zu bestehen; und wer vor ihr kneift, kneift vor den Ansprüchen seines Gewerbes. Darum begeben sie sich in Gefahr. Darum versenken sie die Einladungen nicht in den Papierkorb. Darum kommen sie.

Alles zugegeben: daß die Schonungslosigkeit dieser mündlichen Kritik der Literatur selbst keinen Schaden tut, daß jede Rücksicht die Kritik wertlos machte, daß die Literatur kein Reich der Milde ist, daß jeder, der Geschriebenes der Öffentlichkeit aussetzt, auf alles gefaßt zu sein hat – ich für mein Teil vermag Massaker nicht zu genießen, die eigentümliche Genugtuung, mit der manche Habitués der Gruppe vom «elektrischen Stuhl» sprechen, erfüllt mich mit Mißtrauen, der hier verhängte Ausnahmezustand, in dem die Notwendigkeit der Aufrichtigkeit nicht mehr wie sonst gegen die Notwendigkeit des Taktes abgewogen zu werden braucht, ist mein Fall nicht. Je besser die gelesenen Texte, je subtiler die Kritik, desto sympathischer wird auch das Gruppenritual – aber sobald sich Unwille und Gereiztheit breitmachen, sobald die Szene zum Tribunal wird, und in diesem Jahr wurde sie es immer und immer wieder, desto hartnäckiger stellte sich auch die Frage ein, wozu das grause Schauspiel wohl diene, wem noch mit allem diesem Aufwand ein Dienst erwiesen werde.

Drei Tage lang: ein ganzes Haus voll denkender Monomanen. Drei Tage lang: ein Gutteil der deutschen «Ausdruckswelt» unter einem

Dach. Drei Tage lang: Leute, die Verschiedenes wollen, die sich wenig Freundlichkeiten zu sagen haben, die oftmals ganz und gar nicht liebenswürdig übereinander gesprochen und geschrieben haben, beraten über die werdende Literatur. Drei Tage lang: Leute, von ähnlichem Ausdruckszwang besessen, die das Jahr hindurch ins Vage und Anonyme hinein arbeiten, spielen sich mit Erfolg das erhoffte, das sonst nie faßbare Publikum vor. Leicht ist das nicht; imposant ist es schon.

1964

19. Juni 1964

Robert Strobel

Heyes Schuß

Der Wehrbeauftragte des Bundestages, Vizeadmiral a. D. *Heye*, ist ein streitbarer Mann, der für die richtige Sache kämpft – mag es auch auf dem falschen Schlachtfeld sein. Im Bundestag und in der Bundesregierung ist man über ihn aufgebracht. Die einen sind es mehr, die anderen weniger, und einige tun nur so, als ob sie sich ärgerten, während ihnen in Wirklichkeit Heyes Danebengreifen vermutlich eine willkommene Gelegenheit gibt, die eigentliche Anklage, die Heye erhoben hat, mit lauten Protesten gegen den Formfehler des Wehrbeauftragten zu übertönen.

Am vergangenen Wochenende hat der Wehrbeauftragte einen sehr kritischen Jahresbericht über die Bundeswehr herausgegeben. So hart ist Heye mit der Bundeswehr bisher noch nicht ins Gericht gegangen. Sein Groll und seine Besorgnis sprachen auch noch aus den wohl von seinen Mitarbeitern korrekt zurechtfrisierten Formulierungen.

An diesem Bericht darf der Bundestag nicht vorbeigehen. Hier wird scharfe Kritik an den Gegnern der Inneren Führung geübt. Heye hält ihnen vor, daß sie die Wesenszüge einer modernen Soldatenführung verkennen, daß viele von ihnen zwar Lippenbekenntnisse zur Inneren Führung ablegten, in Wirklichkeit aber an dem überholten Bild des Soldaten, der nur Werkzeug zu sein und blind zu gehorchen habe, festhalten. Diese Schleifer mit ihrem «isolationistisch wirkenden Elitebewußtsein» und der mißverstandenen Kameradschaft stellten «nicht in erster Linie ein militärisches, sondern ein politisches Problem dar». Das war deutlich genug. Vielen mag es zu deutlich gewesen sein. Jedenfalls muß man darüber ausführlich sprechen: im Verteidigungsausschuß des Bundestages, im Bundesverteidigungsministerium, im Bundeskabinett und nicht zuletzt in der Öffentlichkeit.

Gewiß leidet das Gros der Bundeswehr nicht an Nagold-Auswüchsen. Die unverbesserlich Gestrigen sitzen auch nicht an den hohen und schon gar nicht an den höchsten Kommandostellen. Dort hat sich in der Stille ein Wechsel vollzogen, den man eine soziale Evolution nennen könnte. Die Repräsentanten des alten preußisch-soldatischen Kastengeistes sind aus dieser Führungsgruppe eliminiert. In den mittleren Schichten des Offizierskorps freilich, manchmal bis hinauf zum Oberst, gibt es noch viele, die nicht begreifen können oder wollen, daß man Rekruten auch ohne entwürdigende Barrasmethoden zu harten Soldaten ausbilden kann. In der Schweiz, in Schweden und anderen Ländern gibt es schließlich Beispiele dafür. Das wollen die «Schleifer» nicht wahrhaben.

Bei den meisten dieser Kommißköpfe ist es wohl innere Trägheit, die sie unfähig macht, moderne Erziehungsmethoden zu begreifen. Es gibt freilich auch geistig wendige Gegner der Inneren Führung: die Ideologen. Manche von ihnen, wie etwa der Münchner Schriftsteller *Winfried Martini*, versuchen, durch Vorträge und Broschüren ihre Ideologie in die Bundeswehr zu tragen.

Daß der Wehrbeauftragte darauf in seinem Bericht warnend hingewiesen hat, war seine Pflicht. Aber er ließ sich verleiten, fast gleichzeitig mit der Vorlage seines Jahresberichts seine Kritik auch in der Illustrierten «Quick» zu veröffentlichen – allerdings um einige Nuancen krasser, greller in den Farben. Da ist dann die Rede von der Gefahr, daß die Bundeswehr zum Staat im Staate werde, von der Gefahr, daß «eine Armee heranwächst, mit den Waffen von morgen, aber erzogen im Geiste von gestern», da heißt es, kein verantwortlicher Politiker habe bisher Alarm geschlagen.

Jetzt allerdings wurde Alarm geschlagen, wenn auch anders, als

Heye erwartet hatte. Die Bundesregierung, der Vorsitzende des Verteidigungsausschusses, Dr. *Jäger*, und andere Abgeordnete verwahrten sich energisch gegen seine Attacken. Heye freilich scheint dies nicht anzufechten. Er wollte den Gegnern der Inneren Führung einen «Schuß vor den Bug» setzen. Die Gischtwolke, die er mit seinem Illustriertenbericht aufwirbelte, mag im Augenblick die klare Sicht etwas verschleiern. Dies ändert aber nichts daran, daß Politiker und Offiziere sich seine Kritik zu Herzen nehmen sollten.

3. Juli 1964

MARION GRÄFIN DÖNHOFF

Ziesel, Strauß und die Bundeswehr

Die Führung der Bundeswehr hat es wahrhaftig nicht leicht. Es ist überall schwierig, für ein solcherart hierarchisch gegliedertes und hierarchisch bestimmtes Instrument den rechten Platz in der egalitären Gesellschaft einer Demokratie zu finden, für Deutschland aber gilt dieses im besonderen Maße. Die Vergangenheit sollte bewältigt, die Zukunft gewonnen, Tradition überwunden, eherne Gesetze nicht außer acht gelassen werden. Und während man sich noch mit diesen Problemen auseinandersetzte, mußten 400 000 Mann in acht Jahren aufgestellt und ausgebildet werden.

Derzeit konzentriert sich, ausgelöst durch den Bericht des Wehrbeauftragten, alles Interesse auf die Fälle, in denen Beschwerden eingegangen sind über Verstöße und Unterlassungen. Zuweilen jedoch muß man sich auch wundern über Bemühungen, die wohl positiv gemeint, aber leider negativ zu bewerten sind.

Da gibt eine Schule der *Technischen Truppe II LehrSTOffz – Meth.*

u. PSK – ein Merkblatt heraus, betitelt: «Hinweis für alle Soldaten!» Darin wird mit der Aufforderung «Sorget für die Verbreitung dieses Buches und seine Aufnahme in die Kompaniebücherei!» Kurt Ziesels Buch «Der deutsche Selbstmord» empfohlen.

Das Merkblatt beginnt:

«Jeder Vorgesetzte, der mit dem gebotenen Ernst sich dem *Mißbrauch* der freien Meinungsbildung und Meinungsäußerung entgegenstellt, wird sich mit diesem Buch auseinandersetzen wollen.

Der junge Soldat, der kritisch der heutigen Zeit gegenübersteht, wird es dankbar begrüßen, daß ihm hier einmal die Gegenseite dessen aufgezeigt wird, was er sich bisher – vielleicht widerspruchslos – als *seine Meinung* aufzwingen ließ, oder was man ihm als eine Meinung langsam einzuimpfen versucht hat.»

Läßt der Begriff «Mißbrauch der freien Meinungsbildung» schon Böses ahnen, so wird dieser Argwohn noch verstärkt, wenn man die angegebene Inhaltsübersicht dieses Buches liest. Da heißt ein Kapitel «Der *Spiegel* und die Wahrheit». Es enthält: «Eine Dokumentation über den Rufmord – Entstellte und verstellte Zitate – Die Lügen über Oberländer und Strauß – Die Hetze gegen die katholische Kirche – Halbwahrheiten als Mittel der Diffamierung.»

Das nächste Kapitel heißt: «Die *Spiegel*-Affäre und die deutsche Demokratie.» Es enthält: «Kraftprobe zwischen Staat und Meinungsdiktatur – Landesverrat als sittliche Pflicht – Die Kumpanei der Presse – Die Rolle von Franz Josef Strauß – Der Großbetrug am deutschen Volk.»

Wer sich etwa darüber wundert, wieso ein Angehöriger der Bundeswehr ausgerechnet darauf verfällt, Kurt Ziesels Gedanken zur Demokratie den Soldaten als Lehrstück zu empfehlen, dem mag vielleicht eine gewisse Erklärung sein, daß der ehemalige Verteidigungsminister *Franz Josef Strauß* offenbar auch ein Verehrer der Zieselschen Leitsätze ist. Dies geht aus einem Brief hervor, den Kurt Ziesel am 9. Januar 1964 an das Amtsgericht Rosenheim / Oberbayern schrieb. Über sein Buch «Der deutsche Selbstmord» heißt es darin: «In diesem Zusammenhang darf ich auch darauf hinweisen, daß die Landesleitung der CSU in München auf Veranlassung ihres Landesvorsitzenden, Dr. Franz Josef Strauß, zu Weihnachten 2000 Exemplare meines Buches von meinem Verlag gekauft und dieselben mit einer nachdrücklichen Empfehlung zur Verwertung in der politischen Arbeit an 2000 führende Persönlichkeiten des öffentlichen Lebens versandt hat.»

Kurt Ziesel, der auf dem Klappentext jenes Buches als der «Hecht im trüben Karpfenteich der Meinungsmacher» bezeichnet wird, weist gern auf seine Tätigkeit als «aktiver Widerstandskämpfer gegen die Machthaber des Dritten Reiches» hin. Es scheint aber, daß er mit seinem Widerstand verhältnismäßig spät begonnen hat. Mindestens möchte man dies meinen, wenn man einen Artikel liest, den er am 3. September 1944 im «Völkischen Beobachter» (Wiener Ausgabe) zum fünften Jahrestag des Kriegsbeginns geschrieben hat. Dort heißt es:

«Sind wir noch die alten, die einst mit knabenhafter Ungeduld in den großen Orlog zogen? Die Verwandlung, die jeden einzelnen von uns geformt hat, hat auch das Antlitz unserer Generation verändert ...

Wenn wir vor fünf Jahren unseren Feinden noch mit Zögern der Menschlichkeit entgegentraten, allzu bereit, auch ihren Standpunkt zu begreifen und immer wieder voll Vertrauen und Hoffnung auf Vernunft auf der anderen Seite, so treten wir in das sechste Kriegsjahr ein mit unversöhnlichem und wildem Haß. Uns gelüstet es nicht mehr nach einem Frieden des Verhandlungstisches mit den Mördern unserer Frauen und Kinder, wir haben kein Mitleid und keinen Funken menschlicher Liebe mehr für jene Völker, die die Kultur und Zivilisation unseres Erdteils in Trümmer gelegt haben. Die Vergeltung für ihr Wüten ist uns nicht nur eine Sache neuer Waffen, sondern eine Lebensnotwendigkeit geworden. Wenn wir vor fünf Jahren in den Krieg zogen, erst oberflächlich zu einem Volk gefügt, erst am Anfang einer sozialen und staatlichen Entwicklung, die unseren Idealen nahekam und der Welt ein erstes Beispiel gab, das Chaos des Jahrhunderts zu überwinden, so sind wir am Beginn des sechsten Kriegsjahres bis in die letzten Wurzeln unseres Daseins in Leid und Opfer und Entsagung und von den Schlägen eines schweren Schicksals geeint zu einer Volksgemeinschaft im schönsten und wahrsten Sinn des Wortes geworden. Vielleicht traf uns gerade aus diesem Grunde auch so ungeheuer der Anschlag auf den Führer, weil er uns aus dem inneren Zustand unseres Volkes so unbegreiflich war.

Sein Leben ist uns in diesen Jahren die Bürgschaft für das künftige Leben unseres Volkes geworden. An welchem Abgrund menschlicher Verworfenheit oder geistiger Umnachtung müssen jene Ehrgeizlinge gestanden haben, als sie, wider den Geist des ganzen Volkes sündigend, die Hand gegen den Führer erhoben. Es hätte wahrlich dieser Schandtat nicht bedurft, um uns selbst und der Welt zu zeigen, in welche verschworene Brüderschaft uns die fünf Jahre Krieg verwandelt haben ...

Wir sind angesichts unserer Toten hart geworden und fordern von der Heimat die gleiche Härte. Jeder, der sich wider den Geist des Krieges versündigt, muß vernichtet werden. Die kleinste Neigung zur Bereicherung, zum Mißbrauch der Kriegsverhältnisse, zum Entzug der eigenen und fremden Kraft für die kriegerische Anstrengung der Nation muß mit der Wurzel ausgerottet worden ...

Wir alle wissen nicht, ob wir heute in das letzte Jahr des Krieges eintreten oder ob das Schicksal noch mehr von uns fordert. Auch diese Ungewißheit macht uns nicht einen Augenblick schwankend. Wann immer uns Zweifel, Verzagtheit oder Müdigkeit ankommen, wann immer wir meinen, an der Grenze zu stehen, über die hinaus wir nicht mehr schreiten können, dürfen wir alle, Soldaten und Heimat, getrost den Blick auf den Mann richten, der uns führt. Er, der uns so wunderbar immer wieder bewahrt wurde, ist der Mittelpunkt unserer Kraft geworden. Durch ihn sind wir zu einem Volk zusammengewachsen, in ihm verkörpert sich uns das Ideal einer Gemeinschaft, die auf Treue und Gefolgschaft ruht. In einer Welt des Terrors, der Tyrannei des Geldes oder des Blutes steht sein Bild als das eines wahren Mannes seines Volkes vor uns, der hinter sich die große Freiwilligkeit der Hingabe von Millionen Männern und Frauen weiß.»

Das hätten die Reformer, das hätten die Gneisenaus und Scharnhorsts unserer Tage sich gewiß nicht träumen lassen: daß ihrer Bundeswehr eines Tages ein Mann als geistiger Lehrer empfohlen werden würde, der noch im September 1944 Adolf Hitler Kränze wand.

Ein Mann, der wenige Monate vor dem Ende des tausendjährigen Reiches Hitler noch den Bürgen für das künftige Leben unseres Volkes nennt, als Lehrmeister für den Bürger in Uniform?

10. Juli 1964

WERNER FINCK

Ein Brief an Heye

Herr Admiral!
Gestatten Sie mir, daß ich diese klassisch traditionelle, in meinem Munde möglicherweise ironisch klingende Anrede mit einem reformierten:

Verehrter Herr Heye!
vertausche. Das schließt von vornherein Mißverständnisse aus.

Als ich im Frühjahr dieses Jahres das Vergnügen hatte, Sie mit meinem «Braven Soldaten» bekannt zu machen, und auch bei meinen späteren Besuchen in Ihrer Dienststelle waren wir uns einig, daß wir beide an einem Strange ziehen: Es geht Ihnen wie mir um die Aufdekkung von Kommißständen beim «Militär». Nur tat ich das öffentlich mit komischen Mitteln, während Sie ernsthaft in aller Stille wirkten, im Windschatten gleichsam des Bundeshauses.

Ich ahnte damals noch nicht, daß diese Stille die Stille vor einem Sturm war, der dann durch unsere Blätter raste.

Mit Ihrem, für viele so unerquicklichen Fehltritt in den Hintern der Reaktion haben Sie es zum Bestseller der Tagesgespräche von Wochen gebracht. Wenn auch das Wild, das Sie in Ihren Jagdgründen verbellt haben, wirklich nur halb so wild war: Die Leute sind aufmerksam geworden.

Man streitet sich, ob es ein Fall Heye ist oder ein Fall Bundeswehr. Für mich war es ein Rückfall.

Vom Ausfall Trettners ganz zu schweigen und seiner Nachhilfestunde der Anfechtung.

Wie die Sache auch ausgehen mag: die von Ihnen gezeigte Zivilcourage ist in Deutschland – im Gegensatz zum Heldenmut – etwas so überaus Seltenes, daß man ihr nicht genug applaudieren kann. Ihr Galopp müßte auch dann noch bravourös genannt werden, wenn Sie sich dabei vergaloppiert haben sollten.

Die hochbrisante Bombe vom «Staat im Staate» haben Sie zwar gleich entschärft, aber auch so hat sie ihre Wirkung getan. Denn wenn der Alarm als solcher nun auch blind war, hat er doch vielen die Augen geöffnet: Seit dem Warnruf «Staat im Staate» beschäftigen sich unsere indolenten Staatsbürger plötzlich alle mit dem Staat. Bisher sahen sie den Staat – wenn überhaupt – nur in den Parteien, der Regierung und dem Parlament verkörpert. (Staat? Ist das nicht der, der uns immer mit seinen Steuern belästigt?) Aber nun scheint ihnen doch aufgegangen zu sein, daß es sich noch um etwas anderes handelt, um etwas, was in Gefahr geraten kann. Nun wird man vielleicht darüber nachdenken. Welch ein Fortschritt!

Außerdem: Haben wir nicht schon einen Staat im Staate? Ich meine jetzt unsere von Erhard so oft zitierten und erfolglos gerügten egozentralistischen Interessenverbände mit ihren Bonner Lobbyisten? Warum sollte der Machtgruppe Bundeswehr, wenn sie wirklich den Trend zur Kaste hätte, nicht billig sein, was der Machtgruppe Industrie und Wirtschaft recht zu sein scheint?

Der Vergleich hinkt, ich weiß es. Aber er marschiert wenigstens noch nicht.

Ihre Breitseite, in die Flanke der bundesdeutschen Indolenz, Herr Admiral, hat aber vor allem das Gute, daß das Thema: Blinder Gehorsam oder Einsicht in die Notwendigkeit, zum ersten Male in der breitesten Öffentlichkeit lebhaft diskutiert und selbst in Kreisen erörtert wird, in denen das Wort Bundeswehr bisher nicht erwähnt werden durfte. Das allein sollte genügen, Ihr so umstrittenes Bündnis mit der Illustrierten zu rechtfertigen.

Die eventuelle Neigung der «Bürger in Uniform» (einschließlich der Soldaten), sich selbständig zu machen, dürfte außerdem im selben Maße schwinden, wie das Interesse der Bürger ohne Uniform für die Probleme der Bundeswehr zunimmt.

Und das scheint jetzt der Fall zu sein. Und für dies alles bedanken sich nun die Militärs vom alten Schrot und Korn.

Ich danke Ihnen auch. Ohne Schrot. Aber mit einem Korn auf Ihr Wohl.

Ich hoffe, daß ich Ihnen mit dieser meiner Stellungnahme den Rücken gestärkt habe, in den man Ihnen gefallen ist. Ich wünsche Ihnen einen guten, nicht allzu langen(!) Erholungsurlaub und bleibe, vorausgesetzt, daß Sie das nicht noch mehr belastet,

Ihr, Sie wegen Ihres frechmütigen Unmutes nach wie vor hochschätzender

Werner Finck

1965

30. Juli 1965

Die Worte des Kanzlers

Eine aktuelle Zitatensammlung zum Thema: Der Staat und die Intellektuellen

Wir wollen darauf verzichten, in unserem Wahlkampf die Blechtrommel zu rühren … Ich kann die unappetitlichen Entartungserscheinungen der modernen Kunst nicht mehr ertragen. Da geht mir der Hut hoch.

(Bundeskanzler Ludwig Erhard auf dem Landesparteitag der baden-württembergischen CDU am 29. Mai 1965 in Ravensburg)

Heute von entarteter Kunst zu sprechen, Herr Erhard, heißt allen, die während der Nazizeit litten, abermals ins Gesicht zu schlagen. Haben Sie doch Schamgefühl, Herr Erhard, wenn Sie schon keinen Kunstverstand und keine Einsicht haben.

(Günter Grass auf seiner Wahlkampfreise für die Es-Pe-De in Hamburg am 6. Juli 1965)

Neuerdings ist es ja Mode, daß die Dichter unter die Sozialpolitiker und die Sozialkritiker gegangen sind. Wenn sie das tun, das ist natürlich ihr gutes demokratisches Recht, dann müssen sie sich aber auch gefallen lassen, so angesprochen zu werden, wie sie es verdienen, nämlich als Banausen und Nichtskönner, die über Dinge urteilen, von denen sie einfach nichts verstehen. Ich habe keine Lust, mich mit Herrn Hochhuth zu unterhalten über Wirtschafts- und Sozialpolitik, um das einmal ganz deutlich zu sagen und das Kind beim Namen zu nennen. Ich würde mir auch nicht anmaßen, Herrn Professor Heisenberg gute

Lehren über Kernphysik zu erteilen. Ich meine, das ist alles dummes Zeug. Die sprechen von Dingen, von denen sie von Tuten und Blasen keine Ahnung haben. Sie begeben sich auf die Ebene, auf die parterreste Ebene eines kleinen Parteifunktionärs und wollen doch mit dem hohen Grad eines Dichters ernst genommen werden. Nein, so haben wir nicht gewettet. Da hört der Dichter auf, da fängt der ganz kleine Pinscher an.

(Bundeskanzler Ludwig Erhard vor dem Wirtschaftstag der CDU/CSU in Düsseldorf am 9. Juli 1965)

Vielleicht ist der Pinscher nicht der Hundetyp, der Ihnen, Herr Bundeskanzler, zusagt; aber es liegt auf der Hand, daß es keinem unserer Schützlinge je eingefallen wäre oder einfiele, eine ehrwürdige Gestalt der Kirchengeschichte zu verleumden oder gar die Stellung des Arbeitnehmers in unserem Staat negativ zu beurteilen. Eine solche Gemüts- und Geisteshaltung ist dem deutschen Pinscher vollkommen fremd ... Er hat die deformierte Gesellschaft bejaht, er bejaht voll die formierte Gesellschaft und wird noch die chloroformierte Gesellschaft bejahen.

(Carl Amery im «Vorwärts» vom 21. Juli 1965)

Wen Schamgefühl nicht hindert, heute die Sprache eines Joseph Goebbels zu benutzen, wer sich ... nicht scheut, von Entartungserscheinungen der modernen Kunst zu sprechen ... der sollte nicht zur Wahl stehen. Ein Banause als Bundeskanzler ist eine Zumutung.

(Günter Grass am 9. Juli 1965 auf seiner Es-Pe-De-Reise in Bonn)

Ich muß diese Dichter nennen, was sie sind: Banausen und Nichtskönner, die über Dinge reden, von denen sie einfach nichts verstehen ... Es gibt einen gewissen Intellektualismus, der in Idiotie umschlägt ... Ich wende mich nachdrücklich gegen die Versuche intellektueller Snobs, den Wohlstand in der Bundesrepublik lächerlich zu machen ... Alles, was sie sagen, ist dummes Zeug.

(Bundeskanzler Ludwig Erhard am 11. Juli im Kölner Gürzenich vor

der 11. Bundestagung der Sozialausschüsse der Christlich-Demokratischen Arbeiterschaft)

Die Sprache des Bundeskanzlers hat sich bis zur Kenntlichkeit verändert. Diese Töne passen besser in die «Nationalzeitung».

(Professor Ernst Bloch zur «Frankfurter Rundschau» am 14. Juli 1965)

Äußerungen von Bundeskanzler Ludwig Erhard in Düsseldorf und Köln über die Schriftsteller Günter Grass und Rolf Hochhuth dürfen nicht als eine grundsätzliche Distanzierung von Schriftstellern oder Dichtern oder der Welt des Geistes verstanden werden.

(Bundespressechef Karl-Günther von Hase am 15. Juli 1965)

Besorgt macht mich eine doch recht weit erkennbare Tendenz unserer zeitgenössischen Literatur, im großen Affekt steckenzubleiben. Nehmen Sie im Vergleich dazu einen Dichter wie Balzac, der bei aller Schärfe seiner Kritik die Tatsachen seiner Zeit, das wirkliche Leben, völlig beherrschte. Auch Thomas Mann ist mit den Tatsachen außerordentlich sorgfältig umgegangen.

(Bundeskanzler Ludwig Erhard am 16. Juli 1965 vor dem Politischen Club der Evangelischen Akademie in Tutzing)

Kein deutscher Bundeskanzler sollte vergessen haben, daß die deutsche Intelligenz bereits zweimal in der jüngeren Geschichte des Vaterlandes wegen ihres kritischen Verhältnisses zum Staate aus der Politik herausgeschmäht worden ist. Einmal vor 1933, als das Wort von den «Asphaltliteraten» ein Synonym für «vaterlandslose Gesellen» war. Das andere Mal 1933, als man ihre Bücher verbrannte und die, die nicht fliehen konnten, auf jede Weise zum Schweigen zu bringen wußte.

(«Hamburger Abendblatt» am 12. Juli 1965)

In einer Demokratie, die diesen Namen verdient, können die Dichter über die Politiker sagen, was ihnen, den Dichtern, behagt. Eine halbe Demokratie wäre es aber – also gar keine –, in der die Politiker über die Dichter nicht sagen könnten, was ihnen, den Politikern, behagt. Der Dichter, der Wahlreden hält, hat sich in die politische Arena begeben. Diese unterscheidet sich von den Tagungen der Gruppe 47 dadurch, daß in der politischen Arena eine Krähe aufrichtig bemüht ist, der anderen ein Auge auszuhacken ... Die Wehleidigkeit des Kinderzimmers eignet sich nicht für den Versammlungssaal.

(Hans Habe im «Hamburger Abendecho» am 21. Juli 1965)

Das Ganze empfinde ich als äußerst peinlich, sowohl der uns gemeinsamen Sprache als auch der uns gemeinsamen politischen Aufgabe gegenüber.

(Heinrich Böll zur «Frankfurter Rundschau» am 14. Juli 1965)

Versteh ihn, diesen Anti-Dichter ... Ihn, der wirklich soviel von Blech versteht, daß er keinen Blechtrommler braucht. Er weiß, was unser wahres Vermögen ist. Bilde Du ihm mal einen Satz nach wie diesen: «Auf der Ebene der Vermögensbildung kann der einzelne seine Persönlichkeit zum Zuge bringen.» Die Weisheit dieses Satzes kannst Du nicht dadurch aus den Angeln heben, daß Du fragst: Zu welchem?

(g. r. in der «Frankfurter Allgemeinen Zeitung» am 13. Juli 1965)

Der Maßhalter kannte kein Maß mehr.

(«Der Spiegel» am 21. Juli 1965)

Nicht nur der politisch Andersdenkende war hier entrüstet, sondern mehr noch war der qualifizierte Wirtschaftswissenschaftler empört über den Abgrund von Ignoranz, der in den wirtschaftspolitischen Traktaten des «Stellvertreter»-Autors zutage getreten war ... Erhard hat hier einmal seinem Herzen Luft gemacht und mit einer Deutlichkeit auf den Tisch gehauen, wie man sie aus den ersten Jahren seiner politischen Tätigkeit kennt und wie man sie seither nur zu häufig vermißt hat. Auf seinem ureigensten Gebiet fühlte er sich in dummer Form angegriffen und schlug hart zurück.

(wd im «Industriekurier» am 15. Juli 1965)

Für mich persönlich ist gerade die Reaktion auf Hochhuths Arbeit über die heutigen Zustände in Westdeutschland bezeichnend, weil hier der Finger auf einen wunden Punkt gesetzt wurde ... Ich bin der Ansicht, daß die westdeutsche These, der Klassenkampf sei überholt, unrichtig ist. Die Gegensätze sind nur übertüncht ... Ich bedaure, daß die westdeutschen Autoren, die die heutige Gesellschaft kritisieren, nicht offen genug Stellung nehmen und sagen, daß sie für den Sozialismus sind. Wenn sie kritisieren, dann üben sie gleichzeitig auch Kritik an den sozialistischen Ländern ... Die Art Erhards zeigt, wie unsicher sich diese Kreise im Sattel fühlen. Es wird ja ihre Existenz angegriffen. Ich finde, daß diese Angriffe noch viel zu selten sind, auch wenn sie bewundernswert sind ...

(Peter Weiss in einem Interview mit der DDR-Nachrichtenagentur ADN, gedruckt in «Neues Deutschland» vom 19. Juli 1965)

Rolf Hochhuth ist ein höchst erfolgreicher Autor. Wie jedermann weiß, hat sein Schauspiel «Der Stellvertreter» – diese kühne Konfrontation zwischen Auschwitz und Papst Pius, zwischen dem größten Staatsverbrechen und der höchsten moralischen Autorität der Epoche, diese schreiende Anklage gegen das staatskluge Schweigen –, hat dieses ernste und edle Theaterstück nicht nur die deutschen Geister aufgerüttelt und eine Diskussion um die jüngste Vergangenheit hervorgerufen, wie sie in gleicher Breite und Heftigkeit bis dahin nicht vorgekommen war; es hat in der ganzen Welt Aufsehen gemacht. Was ficht den Bundeskanzler an, diesen Autor einen kleinen Pinscher zu nennen?

(Professor Dolf Sternberger im Hessischen Rundfunk am 13. Juli 1965)

Man sollte vorsichtig sein und sich nicht solche Blößen geben, wie der Bundeskanzler das tut.

(Rudolf Krämer-Badoni zur «Frankfurter Rundschau» am 13. Juli 1965)

Der Bundeskanzler hat die Regierungsgeschäfte zu führen, ist aber vom Bundestag nicht als oberster Sittenrichter bestellt …

(Flugblatt der Hochschulgruppe des Frankfurter Liberalen Studentenbundes Deutschland)

Erhard … ist selber ein Intellektueller! Deshalb ist es nicht sehr intelligent von ihm, mit Dreschflegeln um sich zu schlagen, wenn ihn einmal Männer seiner eigenen Zunft tadeln.

(Erich Lüth im «Hamburger Abendecho» am 21. Juli 1965)

Ich finde Herrn Erhard völlig ungereimt. Er selbst ist offenbar der Reflexion nicht mächtig und kämpft gegen die Intellektuellen mit dem an, was die Intellektuellen seit jeher bekämpfen: mit demagogischen Gemeinplätzen.

(Rolf Schroers zur «Frankfurter Rundschau» am 14. Juli 1965)

Ich finde diese Worte einfach unglaublich. Der Kanzler sollte nicht in die banausische Kerbe seines Amtsvorgängers Adenauer schlagen. Ich habe Erhards Ausführungen mit Mißvergnügen gelesen und bedaure sie.

(Erhart Kästner zur «Frankfurter Rundschau» am 13. Juli 1965)

Auf diese Sprachebene lassen wir uns nicht herabziehen.

(Martin Walser und Uwe Johnson zur «Frankfurter Rundschau» am 13. Juli 1965)

Wahrscheinlich hat Erhard sogar recht, wenn er meint, daß Hochhuth von Wirtschafts- und Sozialpolitik nichts verstehe. Aber er hätte das hohe Pathos seines Gerechtigkeitssinns doch vernehmen müssen …: das ist weiß Gott nicht die Sprache eines kleinen Pinschers.

(Professor Dolf Sternberger im Hessischen Rundfunk am 13. Juli 1965)

Herr Grass sagt, daß die Maske des liberalen Politikers Erhard gefallen sei, um den deutschen Kleinbürger zu enthüllen.

(«The Guardian» am 20. Juli 1965)

Ich bin stolz darauf, ein Pinscher zu sein.

(James Baldwin am 25. Juli in Hamburg nach der Aufführung seines Stücks «The Amen Corner» durch das American Negro Theatre)

24. September 1965

ROLF ZUNDEL

SPD – wählbar, aber nicht gewählt

Keine der Bundestagsparteien hat das Wahlziel erreicht: Der CDU gelang es nicht, die absolute Mehrheit zu erobern, die SPD wurde nicht stärkste Fraktion im Bundestag, und die FDP blieb unter zehn Prozent. Allerdings kamen CDU/CSU und FDP ihrem Wahlziel wesentlich näher als die SPD. Der Abstand zwischen der Union und den Sozialdemokraten beträgt noch immer 8,3 Prozent (1961: 9,1). Die psychologische Wirkung des Sieges aber war noch weit größer, als die Zahlen vermuten lassen. In den Monaten vor der Wahl und noch am Wahltag selbst hatten die Wähler geglaubt, die beiden großen Parteien lägen Kopf an Kopf; sie hatten sich auf die Ergebnisse der Meinungsforschungsinstitute verlassen. So wurde der Sieg der CDU/CSU zu einer Überraschung, ja zu einer Sensation.

Die Ergebnisse der Meinungsforschungsinstitute haben die Wahl sicher beeinflußt. Wenn dauernd davon die Rede war, die beiden großen Parteien seien gleichauf, dann mußte das im Sinne eines Zweiparteiensystems wirken. Das Interesse konzentrierte sich auf die beiden großen Parteien. Das Hauptwahlkampfthema der FDP, der kleineren dritten Partei – die Notwendigkeit, eine absolute Mehrheit der Union zu verhindern –, wurde nicht mehr so ernst genommen. Nach den letzten Meinungsumfragen vor der Wahl jedenfalls bestand kein Grund zu der Annahme, es werde einen Erdrutsch zur CDU geben. Noch Mitte September hieß es im Pressedienst des Allensbacher Instituts: «Es gibt keine Hinweise dafür, daß sich ein Teil der Wahlberechtigten derzeit ‹tarnen› würde, um am Wahltag einseitig für eine bestimmte Partei zu entscheiden.» Die FDP versuchte vergeblich, die Gefahr einer absoluten Unions-Mehrheit zu beschwören – die Wähler, die Journalisten und auch viele Politiker glaubten nicht daran.

Der Kopf-an-Kopf-Irrtum wirkte sich aber nicht nur für die FDP, sondern auch für die SPD negativ aus, und zwar deshalb, weil es der Union gelang, ihre Wählerreserven zu mobilisieren, indem sie das Schreckgespenst eines SPD-Sieges an die Wand malte. Die lauen CDU-Wähler brachte diese Drohung zur Urne, die lauen SPD-Wähler aber schien die Aussicht auf einen SPD-Sieg nicht im gleichen Maß zu elektrisieren. In allen CDU-Hochburgen, vor allem in den ländlichen Wahlkreisen, lag die Wahlbeteiligung erheblich über dem Bundesdurchschnitt, in den SPD-Domänen meist deutlich darunter. Nur im Ruhrgebiet ist es der sozialdemokratischen Organisation einigermaßen gelungen, das eigene Wählerpotential auszuschöpfen. In manchen anderen Bundesländern hat die SPD auch organisatorisch versagt.

Auffallend ist, wie verschieden diesmal die Parteien in den Bundesländern abgeschnitten haben. Bei den Bundestagswahlen 1961 hatte es einen durchgängigen Wahltrend gegeben. In allen Ländern, mit Ausnahme des Saarlandes, wo das Parteiensystem der Bundesrepublik noch nicht etabliert war, verlor die CDU Stimmen, sogar in Niedersachsen, wo die CDU vom Verfall der DP profitieren konnte. Am stärksten war der Rückgang in Baden-Württemberg, Nordrhein-Westfalen, Schleswig-Holstein und Hessen. Die SPD nahm in allen Bundesländern ziemlich gleichmäßig zu, ebenso die FDP.

Dieser einheitliche Trend wiederholte sich 1965 nicht. Diesmal gibt es einige Länder mit großen CDU-Gewinnen: Die beiden Stadtstaaten Bremen und Hamburg (7 und 5,9 Prozent Zunahme), Niedersachsen (5,7), Schleswig-Holstein (6,4) und Baden-Württemberg (4,9). In Niedersachsen nahm die CDU der SPD vier Wahlkreise ab, in Baden-Württemberg drei. In all diesen Ländern hat die SPD stagniert oder nur ganz geringe Fortschritte gemacht. Umgekehrt gibt es aber auch Länder, wo die SPD der große Wahlsieger ist: Nordrhein-Westfalen (5,3 Prozent Zunahme), Saarland (6,3); in beiden Ländern ist die CDU leicht, die FDP erheblich zurückgegangen.

Der Wahlsieg der CDU jedoch hat noch andere Gründe, vor allem:

- die Person des Kanzlers. Erhards Popularität wurde, wie die des volkstümlichen US-Präsidenten Eisenhower, durch Kritik an seiner Amtsführung im wesentlichen nicht geschmälert. Das Erhard-Image kippte, wenn überhaupt, nur bei den Studenten um.

- die günstige wirtschaftliche Situation. Bei steigendem Wohlstand ist die Neigung zum Wechsel gering.

Vermutlich wäre es der SPD auch mit einem anderen Kanzlerkandidaten und auch mit einer schärferen Opposition nicht gelungen, die CDU von der Führung zu verdrängen. Ihre Hauptschwierigkeit lag darin, daß sie immer noch versuchen mußte, die Vorurteile gegen «die Sozialisten» abzubauen. Sie tat es, indem sie Kontroversen in der Außenpolitik vermied, um ja nicht in den Geruch zu kommen, sie sei den Kommunisten gegenüber nachgiebiger. Sie schloß das Niedersachsen-Konkordat ab, um katholische Bedenken gegenüber der SPD abzubauen, sie propagierte ein großes «Ja», um nicht mehr als ewiger «Nein-Sager» zu gelten. Programmatische Differenzen zwischen CDU und SPD waren kaum mehr zu erkennen. Soweit war der SPD-Wahlkampf ein voller Erfolg. Ein Indiz dafür ist die Unsicherheit der Meinungsforschungsinstitute. Vor der letzten Bundestagswahl, so berichtet Allensbach, sei das Meinungsbild viel schärfer umrissen gewesen. Diesmal waren die Motive, für die eine oder die andere Partei zu stimmen, offenbar nicht so stark, und vor allem: Es gab für den schwankenden Wähler kein überwältigendes Motiv zur Stimmabgabe für die SPD. Die Sozialdemokraten waren zwar wählbar geworden, aber sie wurden nicht gewählt.

1966

14. Januar 1966

PAUL SETHE

Der Sieger heißt Barzel

Man spürt Rainer Barzels Meisterhand. Wieder einmal hat der Fraktionsvorsitzende der Christlichen Demokraten seine Partei davor bewahrt, das Opfer innerer Streitigkeiten zu werden. Wochenlang hat er zugesehen, besorgt zwar, aber nach außen hin doch schweigend, als die Gefahr heraufzog. Dann handelte er schnell und entschlossen.

Wenn die Öffentlichkeit noch lange hätte mitanhören müssen, wie angesehene Männer der Partei eine neue Regierung forderten – wenige Monate nach seinem triumphalen Wahlsieg, so wäre der Verlust an Ansehen und Glaubwürdigkeit für die Partei nicht aufzuhalten gewesen. Wieder, wie bei dem Streit zwischen «Atlantikern» und «Gaullisten», griff Barzel ein, freundlich ermahnend, beschwörend, in der Sache fest. Wieder hatte er Erfolg, wieder ist die Einigkeit hergestellt, wenigstens nach außen hin. Der Fraktionsvorstand hat sich einstimmig gegen die Große und für die Kleine Koalition ausgesprochen. Selbst Wortführer der Großen Koalition beugten sich der Forderung nach Geschlossenheit. Die Krise ist – vorläufig – beendet. Der Sieger in dem Streite heißt nicht Erhard, sondern Barzel.

Aber ebenso wie der Streit um die Außenpolitik innerhalb der Fraktion immer wieder aufbricht, so wird auch das Gefecht zwischen Anhängern und Gegnern der Großen Koalition weitergehen, lange Zeit unterirdisch und eines Tages wieder offen. Zu hart sind die sachlichen Gegensätze, zu bitter die persönlichen Feindschaften.

Auf den ersten Blick scheint es kein schlechter Gedanke zu sein, die Opposition in die Regierung aufzunehmen. Man braucht nicht Sozialdemokrat zu sein, um Beklemmung zu empfinden angesichts der Tatsache, daß eine große staatstreue Partei, hinter der die Mehrheit der deutschen Arbeiter steht, für weitere Jahre von der Regierungsverantwortung ausgeschlossen werden soll. Wer die lebendige Anteilnahme aller Schichten an dem Geschehen des Staates wünscht, wird den Gedanken sorgfältig erwägen, ob es nicht ein Segen für die Bundesrepublik wäre, wenn die Sozialdemokratische Partei in Bonn zur Mitführung der Staatsgeschäfte eingeladen würde. Vielleicht lohnte es sich wirklich, dafür die bekannten Nachteile einer Regierungsmannschaft der beiden großen Parteien in Kauf zu nehmen und sich mit dem Verlöschen des letzten Restes von Opposition im Parlament abzufinden.

Und wichtiger noch könnten die außenpolitischen Notwendigkeiten erscheinen. Die Bundesrepublik aus der einseitigen Stellung zu befreien, in die sie geraten ist, wird in den nächsten Jahren das wichtigste Ziel unserer Außenpolitik sein müssen. Je länger die Gespräche mit dem Osten aufgeschoben werden, um so schwieriger werden sie zu führen sein. Aber zu viele Politiker zögern, den ohnehin behutsamen Schritten des Außenministers zu folgen, weil sie heimgesucht sind von der Furcht, die Weimarer Zeit werde wiederkehren: Wer mit dem Osten zu sprechen anfange, werde bald von der gegnerischen Partei des mangelnden Nationalgefühls, des fahrlässigen Landesverrats angeklagt werden. Daß die Enthüllung der wahren Stellung der Bundesrepublik manche liebgewordene Illusion zerstören und manchen Traum beenden würde, das flüstert einem hinter der vorgehaltenen Hand mehr als ein nachdenklicher, aber ängstlicher Politiker zu. Schmerzliche Erkenntnisse offen anzusprechen, dazu wäre mancher eher bereit, wenn er aus der Nachbarpartei nicht erbitterte Schmähungen, sondern ermunternde Zurufe hörte.

Nicht in solchen staatspolitischen Überlegungen liegt jedoch der Anlaß für die Rufer nach einer Großen Koalition. Die Tatsache ist aufschlußreich, daß die meisten Rufer nicht daran denken, die Freien

Demokraten in diese außenpolitische Notgemeinschaft einzubeziehen. Der Bundespräsident freilich mag darin anders denken. Er will wohl die Sozialdemokraten hinzuziehen, wollte aber nicht immer die Große Koalition, sondern die Allparteienregierung.

Aber andere wollen anderes: mit der Großen Koalition das Mehrheitswahlrecht schaffen und so die Freien Demokraten zertrümmern. Die kleinere Partei hat durch ihre Bekundung eines selbständigen Willens bittere Feindschaft bei den beiden großen hervorgerufen, das soll sie jetzt das Leben kosten. Lieber nehmen die Anhänger des Mehrheitswahlrechts es in Kauf, daß einige Millionen von Staatsbürgern politisch verbittert, enttäuscht und heimatlos würden, als daß sie darauf verzichten möchten, den Kleineren für seinen mangelnden Unterwerfungswillen zu züchtigen.

Solche Erwägungen, wahrlich nicht die Forderung nach einer neuen Außenpolitik, bestimmen viele Wortführer der Großen Koalition. Die Hauptrufer sind genau die Leute, die immer noch von den guten alten Zeiten des Kalten Krieges träumen und denen schon Gerhard Schröder ein ruchloser Neuerer ist. Selten ist in den letzten Jahren die Sozialdemokratische Partei so beleidigt worden wie durch die Unterstellung, sie würde um des Eintritts in die Regierung willen zu jener unfruchtbaren, auf jeden Fall lange überholten Politik zurückkehren. Die Sozialdemokraten haben seit 1960 manche Zugeständnisse gemacht; dies aber, was Adenauer von ihnen fordern würde, werden sie zu leisten kaum bereit sein, und sie brauchten es auch nicht, weil in der Partei Adenauers die Erkenntnis von der Unwiederholbarkeit früherer Methoden gewachsen ist.

Man erzählt sich hübsche Dinge davon, wie freundschaftlich Konrad Adenauer seinen Rivalen von vorgestern, Willy Brandt, an seinem neunzigsten Geburtstag behandelt habe. Aber so leicht vergißt es sich nicht, daß Brandt die Haupthemmnisse bei der Politik der «kleinen Schritte» im Kreise der Freunde Adenauers gefunden hat. Wissen der Alt-Bundeskanzler und seine Freunde nicht, daß die Große Koalition das Ende der von ihm vertretenen Außenpolitik nicht aufhalten, sondern nur beschleunigen würde?

Nein, sie wissen es nicht, weil sie es nicht wissen wollen. Sie sprechen von Notstandsgesetzen und Finanzreform; als ob beides sich nicht auch im Zusammenspiel einer bestehenden Regierung mit einer bestehenden Opposition erreichen lasse und als ob leichtsinnige Ausgabenpolitik und Verschwendungssucht Krankheiten wären, die durch mechanische Gesetzesänderungen zu heilen wären.

Anderes ist den Rufern nach der Großen Koalition gewiß wichtiger: sie brächte das Ende der Kanzlerzeit Ludwig Erhards, und fällt der Herzog, muß der Mantel nach. Wenn Erhard geht, den Konrad Adenauer verachtet, dann wird, so mag er hoffen, auch Gerhard Schröder gehen, den er bitter befehdet.

Das Mittel zum Ziele ist nicht die Abstimmung nach einer parlamentarischen Feldschlacht, sondern die stete Erschütterung von Erhards Selbstbewußtsein. Konrad Adenauer hält seinen Nachfolger für eine ganz unpolitische Figur. So glaubt er, Erhard könne es nicht ertragen, ständig den Boden unter seinen Füßen wanken zu sehen, und gekränkt und verbittert werde er schließlich den Platz räumen.

Für den Augenblick sind die Gegner Erhards in seiner Partei zum Schweigen gebracht, aber gewiß nicht für immer. Eines Tages wird der Kampf wiederaufgenommen werden, oft in vertraulichen Gesprächen, sicherlich auch in Interviews, die wieder an die Stelle der Parlamentsdebatte treten.

Der Kanzler kann sich in diesem Streit auf den Willen der Wähler berufen. Aber zu welchem Erhard haben die Wähler sich bekannt? Bestimmt zu dem Ludwig Erhard von 1948, dem Manne der Entschlußfreudigkeit, des kühnen Wagnisses, des Mutes. Statt seiner haben in den letzten Monaten die Staatsbürger bestürzt einen anderen Erhard gesehen, der männliche Worte spricht und dann in brütender Lethargie versinkt. Spürten Konrad Adenauer und seine Freunde nicht das steigende Unbehagen im Lande, sie hätten nicht so offen von der Notwendigkeit zu sprechen gewagt, eine andere Regierung zu bilden.

Der Erhard von 1948 braucht die Angriffe nicht zu fürchten, wohl aber der Erhard vom Herbst 1965. Auch Ludwig Erhards Schicksalssterne ruhen in seiner eigenen Brust.

6. Mai 1966

DIETHER STOLZE

Wer rettet die D-Mark?

Der Sparer, so lautet ein Börsen-Bonmot, ist dumm und frech. *Dumm*, weil er das Geld nicht zu seinem Vergnügen ausgibt – *frech*, weil er dafür auch noch Zinsen verlangt. Nun, im Deutschland des Jahres 1966 ist der Sparer nur noch dumm: denn praktisch bekommt er ja gar keine Zinsen mehr, sondern muß mit ansehen, wie sich der Wert seiner Ersparnisse von Monat zu Monat, beinahe von Tag zu Tag vermindert.

Während unsere Wirtschaft noch zu prosperieren scheint, versiegt eine der wichtigsten Quellen ihrer Expansion: Seit Wochen ist der Kapitalmarkt so gut wie ausgetrocknet. Obwohl ständig höhere Zinsen geboten werden (und entsprechend die Kurse immer weiter fallen), wird in dem drittgrößten Industrieland der Welt nicht mehr genug Kapital gebildet, um die Nachfrage zu befriedigen. Wenn ein so besonnener Bankier wie *Hermann Josef Abs* einen sofortigen Stopp für jede Neuemission als einzige Rettung bezeichnet, dann kann es nur ein Urteil geben: Der Kapitalmarkt in der Bundesrepublik ist zusammengebrochen.

Bezahlen für diesen Zusammenbruch müssen die Sparer. Wer etwa vor zwei Jahren Geld in den als besonders sicher gepriesenen Pfandbriefen, in Staatsanleihen oder Industrieobligationen angelegt hat, büßte bis heute zehn Prozent seines Vermögens ein. Die Rechnung ist einfach: Der Kurssturz am Rentenmarkt hat die Substanz um rund 15 Prozent vermindert, weitere sieben Prozent hat der Kaufkraftschwund der Mark aufgezehrt. Dem Schwund von 22 Prozent stehen nur 12 Prozent Zinsen für zwei Jahre gegenüber.

Das sind keine Verluste, die nur eine kleine Schicht von «Kapitalisten» treffen: in der Bundesrepublik gibt es mehr als drei Millionen Menschen, die ihr Geld in Wertpapieren anlegen. Und für die noch größere Zahl der «einfachen» Sparer, die ihr Geld nur zur Sparkasse bringen, sieht die Bilanz nicht viel besser aus. Zwar sind sie von den dramatischen Kursstürzen verschont geblieben, aber die Zinsen auf Sparbüchern sind niedriger und gleichen den Kaufkraftverlust der Mark nicht mehr voll aus.

Und warum ist der Kapitalmarkt zusammengebrochen? Warum schmelzen die ersparten Milliarden der Bundesbürger immer rascher zusammen? *Karl Blessing* und seine Direktoren haben sich redlich bemüht, durch eine harte Notenbankpolitik den Preisauftrieb zu dämpfen. Aber das von ihnen angewendete klassische Rezept der Konjunkturpolitik mußte wirkungslos bleiben, weil es sich bei der Krise unserer Währung letztlich um eine Krise unserer Wirtschaftspolitik handelt – weil die Stabilisierung nur durch *politische Entscheidungen* und nicht durch monetäre Maßnahmen zu erreichen ist.

Während die Bundesbank auf die Bremse getreten ist, hat die Regierung weiter Gas gegeben – niemand darf sich wundern, daß wir so ins Schleudern geraten mußten. Die Bundesbank verkündete den Kampf gegen den inflationären Preisauftrieb als wichtigstes Ziel – das Parlament aber streute (mit offener oder stillschweigender Zustimmung der Regierung) Milliarden-Wahlgeschenke unter das Volk, um die heißgelaufene Verbrauchskonjunktur noch weiter anzuheizen. Frankfurt verteuerte den Kredit – Bonn aber sorgte durch hohe Zinszuschüsse für Wohnungsbau, Landwirtschaft, Verkehr und Gewerbebetriebe dafür, daß diese Maßnahme in weiten Bereichen wirkungslos blieb. Blessing ließ keinen Zweifel daran, daß seine restriktive Politik vor allem zur Sparsamkeit in den öffentlichen Haushalten zwingen sollte – aber Bund, Länder und Kommunen pumpten weiter munter Geld, zu sechs, sieben, acht und heute noch mehr Prozent (der Steuerzahler muß eben für die Zinsen aufkommen).

Die schlimmste Sünde von allen aber war, daß Bonn durch seine Subventions-Mißwirtschaft den *Strukturwandel in der Wirtschaft blockierte.* Das Unheil, das durch eine sentimentale, an verstaubten Idealen orientierte Wirtschaftspolitik angerichtet wird, kann man gar nicht drastisch genug darstellen. Nicht nur, daß uns die angeblichen

«Strukturhilfen» für kranke Branchen Milliarden und aber Milliarden Mark kosten (wobei die meisten Maßnahmen nur das Siechtum verlängern, statt die Krankheit zu kurieren) – sie binden auch wertvolle Arbeitskräfte, die in anderen Bereichen der Wirtschaft dringend gebraucht würden.

Neben der Unordnung in unserer Finanzpolitik stellt die Überbeschäftigung zweifellos den wichtigsten Inflationsherd dar. Aber den Mangel an Arbeitskräften haben wir selbst verschuldet. Hätte die Bundesregierung seit 1960 eine vernünftige Energiepolitik betrieben, dann würden heute 150000 Bergarbeiter an der Ruhr 80 Millionen Tonnen Kohle im Jahr fördern (die sich nicht zu Halden türmen brauchten) – 200000 wären in andere Branchen abgewandert. Weitere 200000 Arbeitskräfte hätten bei scharfer Rationalisierung aus der Landwirtschaft abgezogen werden können – etwa die Hälfte bei rechtzeitigem Einsatz von Datenverarbeitungsmaschinen aus der üppig wuchernden Bürokratie. Eine vorausschauende Politik bei den Bundesunternehmen (etwa durch frühzeitige Stillegung unrentabler Nebenstrecken bei der Bahn) hätte mindestens 100000 Arbeitskräfte freisetzen können. Also: Einige Jahre eine klare Wirtschaftspolitik – und in unserem Land brauchte es nur wenige unbesetzte Stellen und statt 1,3 Millionen höchstens eine Million ausländischer Arbeitskräfte zu geben.

Die Bundesbank klagt in ihrem Jahresbericht die Regierung an: «Im Endeffekt geht die Konservierung einer ökonomisch nicht mehr vertretbaren Produktionsstruktur immer auf Kosten der Produktivität der Gesamtwirtschaft und wirkt damit der Preisstabilität entgegen.» In der traditionell zurückhaltenden Sprache der Frankfurter Bankiers bedeutet das eine harte Kritik.

Muß man es deutlicher sagen? Wer weiterhin ohne sinnvollen Strukturplan Milliardenbeträge für den Bergbau, die Landwirtschaft oder andere Branchen ausgibt, wer den leistungssteigernden Wettbewerb durch «Schutzmaßnahmen» behindert, wer die Rationalisierung von Bahn, Post oder Behörden blockiert, der hilft mit, Sparer und Verbraucher zu betrügen. Überdies: Diese angeblich «soziale Politik» schädigt auch Hunderttausende von Arbeitnehmern, die längst besser bezahlte und angenehmere Berufe haben könnten (weniger anstrengend und gefährlich wie im Bergbau, nicht mit einer bei der Bahn noch weithin üblichen 50-Stunden-Woche).

Karl Blessing hat allein gegen die Inflation gekämpft – und er hat diesen Kampf verloren. Die Bundesrepublik erlebt den stärksten Preisauftrieb seit der Korea-Krise: Die Kosten der Lebenshaltung liegen um 4,3 Prozent höher als im Frühjahr 1965. Die Industrie, die von den Kreditrestriktionen am härtesten betroffen ist und wegen der hohen Zinskosten um ihre Konkurrenzfähigkeit fürchtet, fordert immer nachdrücklicher einen Kurswechsel: «Die Investitionen und damit das weitere Wachstum sind bei einer Fortsetzung der restriktiven Politik gefährdet.» Auch neutrale Wirtschaftswissenschaftler raten der Bundesbank bereits, den Kampf auf verlorenem Posten aufzugeben – etwa nach dem Motto «Wenn ihr schon die Preisstabilität nicht retten konntet, so rettet wenigstens den Kapitalmarkt».

In der Tat ist die weitere Expansion unserer Wirtschaft durch die Krise am Kapitalmarkt bedroht. Die Sparer in der Bundesrepublik beginnen das Vertrauen zu verlieren: In diesem Jahr wurden bisher zwölf Prozent weniger gespart als in der gleichen Zeit 1965, der Absatz festverzinslicher Wertpapiere ist sogar um ein Drittel zurückgegangen.

Dieser Rückgang der Sparneigung in der Bevölkerung ist ein unüberschbares Alarmzeichen – bisher hatten die Deutschen ungeachtet der Preissteigerungen von Jahr zu Jahr immer höhere Rekordsummen gespart. Die Bundesbank freilich wird sich zu einer Lockerung der Kreditbremsen nur bereit finden, wenn sichergestellt ist, daß sich nicht sofort Finanzminister Rolf Dahlgrün und seine Kollegen aus den Ländern und großen Gemeinden auf einen wieder ergiebiger gewordenen Kapitalmarkt stürzen. So münden alle Wege zur Sanierung in Bonn.

Der Zusammenbruch des Kapitalmarkts, der starke Preisauftrieb, der Vertrauensschwund bei den Sparern – all das sind nicht die einzigen wirtschaftlichen Sorgen, die uns heute bedrücken. Bei der Eröffnung der Hannover-Messe warnte Maschinenbau-Präsident *Ludwig*

Reiners: «Statt in eine Stabilisierung ohne Stagnation, wie es dem Sachverständigenrat vorschwebte, laufen wir Gefahr, in eine *Stagnation ohne Stabilität* zu geraten.» Klagen ertönen aus vielen Bereichen der Wirtschaft, aus dem Maschinenbau, der Textilindustrie, dem Baugewerbe, der Stahlindustrie.

Und von dem neuen Exportboom, der nach den Prophezeiungen so vieler Schönredner die *«vorübergehenden konjunkturellen Schwierigkeiten»* wegblasen würde, ist noch immer nichts zu spüren. In den ersten drei Monaten ist die Einfuhr weiterhin schneller gewachsen als unser Export, der Außenhandelsüberschuß hat sich erneut verringert. Auch in Hannover hat sich die Hoffnung auf eine Auftragsflut aus dem Ausland in den ersten Tagen nicht erfüllt. Zwar wird über die Messe meist pflichtschuldigst unter dem abgedroschenen Motto «vorsichtiger Optimismus» berichtet – im persönlichen Gespräch aber verhehlen die Manager der großen Unternehmen nicht ihre Sorgen.

Es hat keinen Sinn, lange darum herumzureden: Die Verantwortung dafür, daß der Mark wieder Vertrauen entgegengebracht wird und unsere Wirtschaft nicht in eine ernste Krise gerät, liegt bei der Regierung, bei Ludwig Erhard vor allem. Vom Finanzminister ist nicht mehr viel zu erwarten: Rolf Dahlgrün muß vier Minister zu Hilfe rufen, um den nächsten Haushalt ausgleichen zu können, und spricht angesichts der bisher schwersten Finanzkrise der Bundesrepublik davon, die dringend notwendige Finanzreform könne ruhig erst nach 1969 vom nächsten Bundestag beraten werden.

Aber Ludwig Erhard steht im Wort: Er hat die Vorschläge der Sachverständigen abgelehnt und einen noch schnelleren Abbau der Preissteigerungen versprochen. Nun muß er dafür sorgen, daß die Regierung durch vernünftiges und entschlossenes Handeln ein Vorbild gibt. Der Kanzler ist dazu stark genug (die CDU braucht ihn noch immer als Wahllokomotive, die FDP als Beschützer vor der Großen Koalition) – er muß nur wollen.

15. Juli 1966

Rolf Zundel

Erhard bis zum bitteren Ende?

Bundeskanzler Erhard muß es sich gefallen lassen, daß er beim Wort genommen wird. Nach seinem Triumph im September des letzten Jahres sagte er, die Bundestagswahl sei für ihn erst dann gewonnen, wenn die Union auch die Landtagswahlen in Nordrhein-Westfalen erfolgreich bestanden habe. An Rhein und Ruhr aber haben die Christlichen Demokraten am letzten Sonntag die bitterste Niederlage ihrer Geschichte erlitten.

Ist Erhard also der eigentliche Verlierer in Nordrhein-Westfalen? Dafür spricht einiges. Das Kabinett in Düsseldorf konnte sich sehen lassen, der Landesvater Meyers war weithin bekannt und beliebt. Der sozialdemokratische Kandidat Kühn und die Mitglieder seines Schattenkabinetts mögen ebenfalls tüchtige Politiker sein, an Bekanntheit und Popularität konnten sie es mit ihren Gegenspielern nicht aufnehmen. Die personelle Alternative der SPD bot dem normalen Wähler wenig Anreiz.

An politischen Alternativen hatten die Sozialdemokraten ebenfalls wenig zu bieten. Ob Kultur-, Wirtschafts- oder Finanzpolitik – die Parteien des Landes unterschieden sich allenfalls in Nuancen. Nur die Freien Demokraten wagten einige kritische Bemerkungen zum Thema Subventionierung des Bergbaus. Die beiden großen Parteien aber nahmen es hin, daß die Subventionen, mit deren Hilfe der Streik im Bergbau abgewendet wurde, nicht für eine Strukturreform der Wirtschaft eingesetzt wurden. Jedenfalls gab es, vergleicht man die landespolitischen Aussagen von CDU und SPD, kein zwingendes Motiv, sich für die Sozialdemokraten zu entscheiden.

Die CDU dagegen behauptet, die Entscheidung sei in der Landespolitik gefallen. Die Sozialdemokraten hätten nur deshalb gewonnen, weil sie die Wirtschaftskrise an der Ruhr maßlos übertrieben und mit der Existenzangst der Menschen ihr politisches Geschäft gemacht hätten. Durch diese Panikmache seien die Wähler gegen die Regierungspartei und den Bundeskanzler aufgehetzt worden.

Selbst wenn die Angst vor der wirtschaftlichen Entwicklung nur Einbildung gewesen wäre, so hat Ludwig Erhard sicher zum falschen Rezept gegriffen, als er versuchte, sie durch Beschimpfung der Verängstigten auszutreiben. Niemand reagiert empfindlicher als der eingebildete Kranke, wenn sein Leiden nicht ernst genommen wird. Im übrigen scheint das Unbehagen nicht nur im Revier virulent gewesen zu sein. Selbst in dörflich-katholischen Gegenden hat die SPD beträchtliche Gewinne erzielt. Der Stimmungsumschwung war im ganzen Lande zu spüren.

War es aber wirklich reine Panikmache? Vor vier Jahren noch hätten die Sozialdemokraten mit allen psychologischen Kniffen aus diesen Ängsten kein Kapital schlagen können. Heute aber ist Grund zur Sorge vorhanden, und diese Sorge beunruhigt nicht nur die SPD. Landauf, landab ergehen sich Wirtschaftsführer in düsteren Prognosen über die Entwicklung, und der eifrigste Mahner und Warner ist ja der Kanzler selbst. Aber je länger er mahnt und warnt, um so mehr wächst das Gefühl, er sei nicht der Mann, diese Entwicklung zu steuern. Zu oft hat man erlebt, daß Erhard sich anstellte, als wolle er den Pelion auf den Ossa türmen, und nachher blieb's beim Backenaufpusten.

Die CDU darf sich nicht täuschen: Die Wahl in Nordrhein-Westfalen ist kein Betriebsunfall. Der Stimmungsumschwung kam nicht über Nacht, er hat sich von langer Hand vorbereitet. Zu lange schon hat Erhard eine vernünftige Politik nur gepredigt, sich aber nicht durchgesetzt. Von Krise zu Krise hat der Kanzler treffende Diagnosen zum Besten gegeben, aber selten entsprechend gehandelt. Die Regierung hat es nicht verhindert, daß der Kapitalmarkt ruiniert wurde, sie war außerstande, den Preisanstieg zu dämpfen, sie hat es zugelassen, daß ein Teil der deutschen Industrie auf den Weltmärkten nicht mehr wettbewerbsfähig ist. Im Jahr 1948 war es Erhards großes Verdienst, dem wirtschaftlichen Wettbewerb die Bahn zu öffnen, heute wird er des Wettlaufs um Subventionen nicht mehr Herr. Die klägliche Rolle des Kanzlers in der Deutschlandpolitik sei hier nur am Rande erwähnt – denn in dieser Sache hatte niemand viel erwartet. Daß er aber auf seinem eigenen Gebiet Schiffbruch erleidet, das tut ihm schweren Abbruch.

All diese Krisen sind für sich genommen nicht lebensgefährlich, aber sie können es in der Summe leicht werden. Bisher haben sich viele damit getröstet, der Kanzler könne sehr wohl das Notwendige tun, wenn er nur wolle. Nach dem Debakel in Nordrhein-Westfalen aber sticht Erhards bester Trumpf nicht mehr: seine Unentbehrlichkeit als Wahllokomotive. Selbst wenn er jetzt etwas durchsetzen wollte, er könnte es nicht mehr gegen die eigene Partei.

Muß Erhard es überdies noch hinnehmen, daß in Düsseldorf eine Große Koalition geschlossen wird – und ausgeschlossen ist dies nicht –, so wäre dies ein zusätzlicher Affront gegen den Kanzler. Schließlich ist er der Vorkämpfer der Kleinen Koalition, das Bündnis zwischen Sozialdemokraten und Christlichen Demokraten scheint ihm fluchwürdig, Anathema. Der Verfall der CDU-Machtposition hat sichtbar begonnen.

Die Union trägt daran selbst ein gerüttelt Maß an Schuld. Schließlich hat sie Ludwig Erhard zum Kanzler gekürt, und zwar nicht, weil sie ihn für einen glänzenden Regierungschef hielt, sondern weil er ihr als Wahlkämpfer unentbehrlich schien. Und sie hat auch ihr Teil dazu beigetragen, dem Kanzler das Geschäft schwerzumachen. War es nicht gang und gäbe in Bonn, daß sich Politiker der Union über die Schwächen ihres Kanzlers mokierten und augenzwinkernd zu verstehen gaben, Ludwig Erhard sei zwar ein ehrenwerter Mann, aber als Regierungschef natürlich nicht der Richtige? Die CDU hat die Schwächen des Kanzlers durch ihr eigenes Verhalten potenziert.

Aber das sind Reflexionen über die Vergangenheit. Tatsache ist heute, daß eine fatale politische Kettenreaktion im Gange ist: Machtverfall erzeugt Vertrauensschwund, und das schwindende Vertrauen beschleunigt wiederum den Machtverfall. Heute erwartet im Grunde niemand mehr, daß Erhard diese Entwicklung zu stoppen vermag. Vielleicht hätte ein Erfolg in Nordrhein-Westfalen dem Kanzler über den Berg geholfen. Doch ist das zweifelhaft. Jetzt aber, nach dem Wahldebakel, ist Schlimmes zu befürchten. Wer hofft noch, daß die Regierung sich der Stabilisierungsgesetze, sofern sie überhaupt durchkommen, wirklich zu bedienen vermag, wo doch die gleiche Regierung schon ihre jetzigen Vollmachten bei früheren Notfällen nicht ausgenutzt hat. Der Zweifel hat sich zu tief eingefressen. Mit unbegreiflichem Fatalismus läßt es die Regierung zu, daß die Krankheit des Bergbaus auch auf die Stahlindustrie übergreift.

Wer in der CDU glaubt eigentlich noch an den Erfolg der Regierung Erhard? Daß Barzel versucht hat, der erste Mann in der Partei zu werden, war keineswegs nur der Vorwitz eines jungen Mannes, sondern auch ein Symptom dafür, daß in der CDU das Gefühl herrscht, die Führungsposition der Partei sei in Wahrheit vakant. Und daß Barzel scheiterte, lag weniger daran, daß die Union Erhard als Parteiführer wollte, als daß sie Barzel nicht wollte.

Wenn dies aber so ist, dann kann es sich die Christlich Demokratische Union nicht länger erlauben, diese Regierung und diesen Regierungschef im Amt zu belassen. Es genügt nicht, daß die Oberen der Partei in vertrautem Gespräch über die mangelnde Amtseignung des Kanzlers klagen und keine Konsequenzen aus dieser Erkenntnis ziehen. Auf diese Weise wird der Regierung schwerer Schaden zugefügt und die Partei systematisch zugrunde gerichtet.

Es ist hierzulande freilich schwer, einen Kanzler zu stürzen. Und daß Erhard aus eigenen Stücken seinen Platz räumt, ist kaum vorstellbar. Er wird nicht einsehen, daß er als Kanzler seine früheren Verdienste verdunkelt und sich jener Dankbarkeit beraubt, die ihm das Volk bisher entgegengebracht hat. Es wird sich schon einer finden müssen, der nach dem Königsmantel greift; von selber wird er ihn nicht ablegen.

In Bonn allerdings sind Parlamentsferien. Und die Führer der CDU mögen hoffen, nach der Sommerpause werde die Erregung verraucht sein. Es gelte nur abzuwarten. Die nächsten Wahlen würden schon freundlicher ausfallen. Jetzt müsse man nur zusammenstehen und vernünftige und konsequente Politik machen. Wie oft hat man dies in den letzten Jahren gehört! Auch für die CDU gilt: Der Weg zum Bankrott ist mit guten Vorsätzen gepflastert. Wenn nicht ein Wunder geschieht, wird die Union weiterregieren wie bisher – mit einem Kanzler, an den sie selber nicht mehr glaubt. Zum Schaden der eigenen Partei und des Landes.

2. September 1966

Diether Stolze

Des Kanzlers Niederlage

Wie ein Löwe werde der Kanzler diesmal kämpfen, versicherten seine Freunde. In seinem Urlaub am Tegernsee hatte sich Erhard dazu durchgerungen, den Haushalt des nächsten Jahres um 1,5 Milliarden Mark zu kürzen. Noch während der Kabinettssitzung am Freitag wurde die Parole ausgegeben: «Der Kanzler führt straffer als sonst.» Am Ende aber, kurz vor Mitternacht, verließ ein besiegter Kanzler den Kabinettssaal: nichts, aber auch gar nichts hatte er erreicht.

Pardon, dieses Urteil ist nicht ganz korrekt: In Nachahmung der in der Markenartikelbranche beliebten Übung wurde der Haushalt auf 73,9 statt auf 74 Milliarden Mark begrenzt – der optische Effekt ist unverkennbar. Dazu benötigten der Kanzler und seine Minister fast 14 Stunden. Der FDP blieb es vorbehalten, die Reduzierung um 100 Millionen Mark als «persönlichen Erfolg für Dahlgrün» zu werten – die CDU verfiel wenigstens in Schweigen. Leider kann man den Etatentwurf für 1967 nicht mit Schweigen übergehen – an ihm ist so gut wie nichts in Ordnung.

- Der Etat ist zu hoch. Die Ausgaben steigen um 7,2 Prozent, während 1967 die reale Leistung der Volkswirtschaft – vom Kanzler immer wieder als Maßstab gesetzt – nur um 3,5 bis 4 Prozent zunehmen dürfte. Das schlechte Beispiel wird bei den Sozialpartnern Schule machen.
- Der Etat «steht» noch nicht. Dahlgrün war auch diesmal wieder so leichtfertig, zwei Milliarden Mark Einnahmen einzusetzen, die ihm nur sicher sind, wenn die Länder im Steuerstreit kapitulieren. Bis zur Stunde kann davon keine Rede sein – Hamburgs Bürgermeister Weichmann hat sogar angekündigt, er werde den Haushaltsentwurf im Bundesrat als verfassungswidrig ablehnen.
- Der Etat ist unsolide. In Wahrheit will Bonn 76 Milliarden Mark ausgeben. Dahlgrün kaschiert das, indem er 2 Milliarden Mark etwas außerhalb der Legalität finanziert.
- Der Etat ist nicht realistisch. Bonn weiß bereits, daß es um eine Subventionierung des Koksverbrauchs der Stahlindustrie nicht mehr herumkommen wird – aber im Etat ist dafür kein Geld ausgewiesen. Das ist nur ein Beispiel: schon heute steht fest, daß die Regierung *diesen* Entwurf gar nicht einhalten kann.

Die Liste der Einwände ließe sich verlängern. Aber letztlich geht es nicht um Details des Etats, sondern um politische Führung. Der Kanzler, so weiß man, ist letztlich am Widerstand von Arbeitsminister Katzer gescheitert, der sich von seinen Forderungen nichts abhandeln lassen wollte. Erhard hat sich selbst desavouiert, als er um Mitternacht nicht mehr für notwendig hielt, was ihm am Morgen noch unerläßlich erschienen war: eine drastische Reduzierung des Etats als Auftakt für eine Selbstbesinnung in Bonn. Und so wird, wieder und wieder, über Erhards Arbeit als Kanzler das Motto stehen: Am Widerstand gescheitert …

9. September 1966

Karl-Heinz Janssen

Neue Linke – Aufbruch in die Sackgasse?

Der SDS, die aktivste und stärkste politische Studentengruppe in der Bundesrepublik

Genossinnen! Genossen! Unser Ziel ist die Organisierung der Permanenz der Gegenuniversität als Grundlage der Politisierung der Hochschulen!» Zugegeben, dieser Satz liest sich schauderhaft, aber er hört sich großartig, ja furchterregend an, wenn Rudi Dutschke vom Berliner SDS ihn formuliert. Jedesmal, wenn er im Großen Saal des Frankfurter Studentenhauses, wo der Sozialistische Deutsche Studentenbund seinen 21. Ordentlichen Bundeskongreß abhält, ans Rednerpult tritt, wird es still unter den Delegierten. Wie Peitschenschläge fahren seine Thesen auf das Auditorium nieder. Dutschke, Slawist und Experte in der Geschichte der Arbeiterbewegung, hat das Zeug zum Demagogen. Unter schwarzen Brauen blickt er finster drein, die Haarsträhnen fallen ihm in die Stirn, der schmächtige Körper scheint zu beben, sobald das Temperament mit ihm durchgeht. Und jeder weiß, wen (und was) er meint, wenn ihm im Eifer des Gefechts nur noch die Vornamen heraussprudeln: «Rosa – Karl – und Leo!»

Wer mit dem leibhaftigen Bürgerschreck auf so vertrautem Fuße lebt, kann einen Baron Guttenberg in der Tat das Gruseln lehren. Aber sind die SDSler wirklich jene gefährlichen Verschwörer, vor denen er jüngst die Bundesrepublik warnen zu müssen glaubte? Zumindest sehen sie so aus. Viele von ihnen könnten einem Bilderbuch der Revolution entsprungen sein: Ungekämmt, langmähnig, mit Rauschebärten und Koteletten, hemdsärmelig oder in Pullovern. Ihrem

Habitus und ihrer Gesinnung nach würden sie freilich eher in die Epoche der deutschen Romantik als in das Zeitalter der Gammler und Beatles hineinpassen.

Diesen jungen Heißspornen ist im letzten Jahr sichtbar der Kamm geschwollen. Die Durststrecke nach der gewaltsamen Trennung von der sozialdemokratischen Mutterpartei ist überstanden, die Finanzen sind geordnet, die Mitgliederzahlen steigen. Vietnam-Demonstrationen, Notstandskongresse und Studentenrevolten haben der Studentenschaft und der Öffentlichkeit vor Augen geführt: Der linkssozialistische SDS ist heute die aktivste und stärkste politische Studentengruppe in der Bundesrepublik. Er versteht sich selber als das verkörperte schlechte Gewissen der SPD, als ein notwendiges Korrelat unserer Wohlstandsgesellschaft. Seine Anziehungskraft ist so groß, daß die von der SPD aufgezogene Konkurrenzorganisation des Sozialdemokratischen Hochschulbundes (SHB) beinahe schon ein Anhängsel des SDS geworden ist. Von den westeuropäischen Linkssozialisten und der linken Opposition im Ostblock wird er heute bereits als gleichwertiger Partner akzeptiert.

Aber kann der SDS den Platz einer SPD, einer KPD ausfüllen? Die tagelangen Diskussionen in Frankfurt kreisten immer wieder um die Frage, was dieser Bund eigentlich sei: Studentengruppe oder Parteiersatz. «Chefideologe» Professor Wolfgang Abendroth befand, der SDS dürfe keine Ersatzorganisation für eine politische Partei werden, sondern müsse seinen Charakter als «einzige intakte und legale sozialistische Organisation mit festem eigenem sozialen Ort» beibehalten. Dann könne er am besten die außerparlamentarische demokratische Opposition stabilisieren helfen.

Doch auch Abendroth vermochte das Paradoxon nicht zu lösen, daß die «Neue Linke» eben keine Arbeiterbewegung ist – weder in Deutschland noch in anderen westlichen Ländern. Ohne parteipolitischen Rückhalt schwebt der SDS dauernd in der Gefahr, zu einer Sekte zu verkümmern. Wenn die SDS-Genossen ihr Studium absolviert haben, sind sie politisch heimatlos. Entweder werden sie – wovor Guttenberg Angst hat – zu «Seminar-Sozialisten», die sich in geistigen

Höhen fernab der politischen Tagesaktualitäten aufhalten, oder sie wandern in die Provinz ab, wählen SPD, DFU oder FDP und spenden allenfalls mal ein Scherflein für die SDS-Kasse. Oder sie kehren reumütig in den Schoß der SPD zurück, weil es sie nach den Pfründen der Politik gelüste.

Die erzwungene Isolierung, die dauernde Frustration begünstigen das Aufkommen von Richtungskämpfen und die Zersplitterung in Einzelgruppen aller Schattierungen, von den Anarchisten bis zu den Pekinesen. Der Frankfurter Kongreß brachte die Gegensätze ans Licht: Lang aufgestauter Unmut und (uneingestandene) Verzweiflung einiger Gruppen – Köln, München, Berlin – entluden sich in einem Aufstand gegen den Bundesvorstand. Nur wenige waren bereit, dem 1. Vorsitzenden, Helmut Schauer, zu bescheinigen, daß er den SDS «praxisnah» und realistisch geführt habe. Die meisten Redner waren dem Vorstand gram, weil er sich zu selbstherrlich, undemokratisch und bürokratisch über die verschiedenen Fraktionen hinweggesetzt und sich auf einer Position der Mitte, etwa zwischen «konkret» und der SPD, häuslich eingerichtet habe. Es fiel sogar das böse Wort «zentristisch», und was das unter Genossen bedeutet, kann nur ermessen, wer weiß, wie hart Lenin einst mit Leuten dieses Schlages ins Gericht gegangen ist: «Das ‹Zentrum› ist das Reich der harmlosen kleinbürgerlichen Phrase, des Lippenbekenntnisses zum Internationalismus, des feigen Opportunismus … das sind Leute der Routine, zerfressen von der faulen Legalität, korrumpiert durch die Atmosphäre des Parlamentarismus.»

Die «Radikalen» aus Köln, München und Berlin wollten darum tabula rasa: an der Spitze eine Troika (statt bisher 1. und 2. Vorsitzender) und als Spektrum aller Fraktionen einen erweiterten Beirat. Zugleich sollte die in Frankfurt, also in der Nähe des Bundesvorstands, beheimatete Redaktion des Verbandsorgans «Neue Kritik» von Grund auf umgekrempelt werden.

Fast schien es, als werde der alte Vorstand noch zwei Tage vor Ablauf seiner Amtszeit gestürzt. Aber mit beinahe altväterlicher Würde überstand Helmut Schauer den Sturm; er blieb gelassen auch dann, als ihm einige Genossen «mit innerem Hohnlachen» Fehler in der ideologischen Terminologie ankreideten. Er wußte nur zu gut, daß seine Kritiker über kein einheitliches Konzept verfügten.

Am radikalsten gebärdeten sich die jungen «Münchner», denen ihr *sit-in*-Sieg gegen einen ungeschickt agierenden ASTA zu Kopf gestiegen ist. Sie möchten am liebsten, wie weiland Karl Liebknecht, die «Revolution» von Demonstration zu Demonstration vorantreiben («Eskalation» war das große Zauberwort aller Radikalen), mit dem SDS als Speerspitze. Ihre seitenlange Kampfschrift, die «ein Schritt zur Eroberung der Staatsmacht» sein sollte, kam jedoch nicht ins Beschlußprotokoll. Den meisten Delegierten erschien der Antrag zu unausgegoren; Formulierungen wie, der SDS dürfe nicht «nur der abgetrennte linke Schwanz der Sozialdemokratie» bleiben, fielen der Lächerlichkeit anheim.

Klarer hingegen war das Konzept der Berliner, eines Häufleins brillanter Köpfe, um die man jede Partei nur beneiden könnte, allen voran Rudi Dutschke und der smarte Wolfgang Lefèvre, jener ASTA-Vorsitzende, der im letzten Jahr die Berliner Studenten-Revolte anführte. Sie haben den alten Leitsatz: «Der SDS ist so stark, wie er an der Hochschule ist» zum Programm erhoben. Die Hochschulpolitik soll als Transmissionsriemen herhalten, um die Massen in und außerhalb der Universität mit sozialistischem Bewußtsein zu erfüllen. (Irgendwo am Horizont zeigen sich verschwommen die Umrisse einer Studentengewerkschaft.)

Aber die Kölner verdammten solche Beschränkung als «Anarcho-Syndikalismus». Ihr Anführer Karlheinz Roth, Oppositionskandidat für den Posten des Bundesvorsitzenden, ein selbstbewußter Intellektueller mit betont ruhiger Diktion, will die Offensive über den Hochschulbereich hinaustreiben, jedoch auf differenziertere Art als die Münchner. Er meint, daß Protestaktionen gegen Vietnam und Notstand wie ein Strohfeuer verpuffen, wenn diese Probleme nicht zugleich in eine wissenschaftliche Analyse der gesellschaftlichen Verhältnisse eingebettet werden. Darum forderte er möglichst viele wirtschaftspolitische Seminare und Kongresse. Außerdem wünscht er den

Aufbau einer antikolonialen Linksbewegung in den EWG-Ländern und den assoziierten afrikanischen Staaten.

Doch dieses Konzept erschien dem alten Bundesvorstand und seinen Anhängern zu pompös und unrealistisch, da es die finanziellen, organisatorischen und qualitativen Möglichkeiten des SDS übersteigen würde. Der Unwille gegen die «Fetischisierung der Analyse» und die Kongreßwütigkeit der Kölner ging so weit, daß ihnen von den Berlinern ein Schein-Antrag unterschoben wurde des Inhalts, der SDS möge doch schleunigst auch einen Südtirol-Kongreß einberufen, um den sozialistischen Südtiroler Bauern zu helfen.

Angesichts solcher Widersprüche fiel es dem alten Vorstand nicht schwer, die Wahl seines Kandidaten, des Frankfurter Soziologen und Habermas-Schülers Freimut Reiche, durchzusetzen. Sein Programm ist bescheidener: Er will, einem Antrag der Marburger Gruppe folgend, zunächst die Grundschulung in der marxistisch-leninistischen Theorie systematisieren, um das Niveau-Gefälle zwischen den Gruppen in Berlin, Marburg und Frankfurt (hier ist der theoretische Marxismus ohnehin Gegenstand der Forschung und Lehre) und den anderen Hochschulgruppen auszugleichen. «Wir müssen die neuen Mitglieder nicht nur aufnehmen, sondern auch organisieren.»

Reiche, der – gleich seinem Gegner Roth – die meisten Delegierten nicht nur körperlich überragt, entstammt dem ästhetisierenden Berliner «Argumentclub». Für einen SDS-Vorsitzenden ist er vielleicht ein wenig zu intelligent, alldieweil zu skeptisch; seine Miene verzieht sich leicht zu einem sauren, resignierenden Lächeln. So mögen denn seine Gegner nicht ganz unrecht haben, die voraussagen, daß sich an der inneren Situation des Bundesvorstands in den nächsten Jahren kaum etwas ändern werde.

Immerhin haben die Radikalen die Genugtuung, daß einige ihrer Losungen in die Beschlüsse des Kongresses eingegangen sind. Die Berliner, die sich seinerzeit als erste mit den Vietcongs solidarisch erklärten, peitschten jetzt eine Resolution durch, die ein gutes Wort für Maos «Rote Garden» einlegt, deren Funktion es sei, «der Gefahr der

Restauration einer vorsozialistischen Gesellschaftsordnung vorzubeugen» und eine Entwicklung wie in der Sowjetunion und Jugoslawien zu vereiteln. Allerdings geht die Sympathie der SDS-Mitglieder für die Rotgardisten so weit nun auch wieder nicht: Sie wollen auch künftig Mozart-Platten hören und Sonnenbrillen tragen – ganz zu schweigen von den langen Haaren.

In dem Bestreben, einseitig gefärbten Berichten über China entgegenzuwirken, taten diese SDS-Mitglieder des Guten zuviel, sehr zum Ärger jener «Gemäßigten», die kaum einen ihrer innenpolitischen Anträge durchbekamen und nun ein wenig um ihre Reputation besorgt sind. Denn Solidaritätsbekundungen für die Revolutionäre allüberall schaffen noch kein sozialistisches Massenbewußtsein in der Bundesrepublik. In unabsehbarer Ferne liegt das Ziel, das der SDS seit einigen Jahren ansteuert: eine neue «nichtreformistische» Arbeiterbewegung. Dieses Ziel, heißt es, sei «nur schrittweise in langen Auseinandersetzungen» zu erreichen, und die Voraussetzungen müßten mit jedem Semesterbeginn, nach jedem Generationswechsel in unermüdlicher Sisyphusarbeit neu erkämpft werden: *Studium breve, escalatio longa …*

4. November 1966

Marion Gräfin Dönhoff

Im Labyrinth der Krise

Wenn Erhard geht – was kommt danach?

Wir hatten letzte Woche vier Möglichkeiten genannt, die sich jetzt in Bonn theoretisch anbieten: Minderheitsregierung, kleine Koalition wie gehabt, Große Koalition zwischen CDU und SPD, kleine Koalition zwischen SPD und FDP.

Wir hatten gehofft, in dieser Woche schon klarer aufzeigen zu können, welche dieser Lösungen wohl die wahrscheinlichste ist. Aber wer in aller Welt könnte sich heute zutrauen, etwas darüber zu sagen, was morgen in Bonn werden wird? Allenfalls einer, der Karten legen, Tische rücken oder aus Kaffeesatz wahrsagen kann, aber kaum jemand, der gewohnt ist, eine Situation rational zu analysieren und sich dann zu fragen: Wer hat welche Interessen, welche Ziele, wieviel Kraft und was für Gegenspieler?

Wenn Ludwig Erhard wirklich meint, er selber könne, nach allem was gewesen ist, eine neue Koalitionsregierung bilden, so ist das schon nicht mehr rational zu nennen. Weder die FDP noch die SPD werden in eine Koalition eintreten, die Ludwig Erhard führt. Seiner letzten Hoffnung, der grotesken Minderheitsregierung (Seebohm als Vizekanzler!), wird keine lange Dauer beschieden sein.

Theoretisch könnte die Minderheitsregierung zwar bis zum Ende der Legislaturperiode im Jahre 1969 dahinvegetieren – aber eben nur theoretisch. Eine solche Agonie in Permanenz würde zum totalen Verfall der Union führen, trüge dazu bei, überall in den Ländern die CDU / CSU aus der Regierung herauszudrängen und damit den Bundesrat allmählich zu einem Instrument der Opposition werden zu lassen.

Ein paar Wochen Zeit braucht die CDU/CSU allerdings, bevor sich herausschälen kann, welcher der potentiellen Nachfolger Erhards, die – sagen wir es bescheiden – größte Minorität hinter sich zu bringen vermag. Darum bot sich die Frist «bis nach den bayerischen Wahlen» geradezu an.

Die Analyse muß also jenseits der Person Erhards beginnen. Erste Frage: Was ist der letzte Termin, bis zu dem wir Ludwig Erhard als Kanzler ertragen müssen? Antwort: Äußersten Falles, nicht wahrscheinlicherweise, bis zu dem Datum, an dem der soeben gescheiterte Haushalt 1967 verabschiedet sein muß. Formal müßte dies am 31. Dezember 1966 geschehen, erfahrungsgemäß zieht sich dieser Vorgang freilich meist sehr viel länger hin.

Die Meinung, daß man laut Artikel 111 des Grundgesetzes notfalls auf die Verabschiedung des Haushalts verzichten könne, weil «die Bundesregierung ermächtigt ist, alle Ausgaben zu leisten, die nötig sind, um gesetzlich bestehende Einrichtungen zu erhalten und gesetzlich beschlossene Maßnahmen durchzuführen ...» ist zwar juristisch richtig, aber politisch unerheblich. Denn am Haushalt 1967 muß ja – da Steuererhöhungen nicht bewilligt wurden – gestrichen werden, und das geht nur mit Zustimmung des Parlaments. Es gibt also einen gewissen Sachzwang, der Termine setzt.

Keinerlei Sachzwang entsprang der Bruch der bisherigen Koalition. Fast ist es ein Rätsel, wieso ausgerechnet die CDU an der Finanzgebarung scheitern konnte. Von der Getreidepreisregelung 1964, die mit einer Milliarde Subventionen erkauft wurde, über die 6 Milliarden Wahlgeschenke im Herbst 1965 bis zu den 5,4 Milliarden DM, die den Amerikanern für Waffenkäufe bis zum 30. Juni 1967 zugesagt wurden – ohne daß sie ins Budget eingerückt, ohne daß eine Haushaltsklausel eingebaut worden wäre –, steigert sich die Leichtfertigkeit, mit der Milliardenbeträge hinausgeworfen wurden.

Schon unter Adenauer, dessen Faustregel bei allen Schwierigkeiten lautete: «Da jeben wir denen wat Jeld», war die Subventionspolitik eingerissen, und zwar eine ganz verkehrte: nicht Beihilfen zur Umstrukturierung, sondern Beihilfen für die Fußkranken, die das Tempo nicht mithalten konnten. Dies war ein Prinzip, mit dem man die Unrentablen auf Kosten der Rentablen künstlich am Leben erhielt.

Heute wissen wir, was jene Politik uns gekostet hat. Das Loch im Etat 1967 beträgt (wenn man die manipulierten Ausgaben von 1,7 Milliarden nicht abrechnet) 7,9 Milliarden, also mehr als 10 Prozent der gesamten Einnahmen. Und seit dem Fernsehinterview, bei dem Minister Heck sagte, *«daß wir im Schnitt die nächsten vier Jahre, also ab 1968, ein Defizit von 8 Milliarden zu decken haben»*, wissen wir, daß, wenn nichts geschieht, dieser Zustand bis 1972 so bleibt, daß also die Defizite sich gefährlich akkumulieren werden.

Es muß mithin etwas Grundlegendes geschehen. Die Partei, die siebzehn Jahre an der Regierung war, hat sich verbraucht. Sie hat die Homogenität, die ihre Stärke war, verloren. Sie ist im Gegenteil in mehrere Fraktionen und Richtungen zerfallen. Da gibt es die Spaltung in der Außenpolitik: Washington oder Paris? Und: Ostpolitik – ja oder nein? Da gibt es ganz heterogene Ansichten über Rüstungs- und Verteidigungspolitik, über Sozial-, Finanz- und Kulturpolitik. Diese Partei muß einmal die Möglichkeiten bekommen, sich zu regenerieren, sie muß Zeit haben, die Grundlagen ihrer Politik neu zu durchdenken und ihre Homogenität wiederzugewinnen. Es wäre das beste für sie, sie zöge sich aus der Regierung zurück und ginge in die Opposition.

Dies ist der eine Grund, warum wir in dieser Zeitung eine Koalition SPD/FDP vorgeschlagen haben. Die anderen Gründe – Übereinstimmung in der Außenpolitik und der Deutschlandfrage – sind in der vorigen Woche bereits geschildert worden. Gewiß, die Divergenzen zwischen den beiden Parteien in der Sozialfrage sind beträchtlich, aber dort könnte man sich einigen, zumal auch das Programm der SPD keine Steuererhöhung vorsieht.

Wir wünschen uns eine solche Koalition, weil sie die sauberste und überzeugendste Lösung wäre, aber wir müssen gleichzeitig zugeben, daß sie leider die unwahrscheinlichste ist. Ohne die Berliner Abgeordneten haben SPD und FDP zusammen 251 Sitze. Diese Koalition hätte also nur zwei Stimmen Mehrheit, und damit läßt sich schwer regieren, zumal wenn der Partner FDP heißt.

Die Antwort auf die Frage, was kommt, verengt sich also auf: Große Koalition oder kleine Koalition wie gehabt. Die SPD ist im Gegensatz zu früher dem Gedanken einer Großen Koalition gegenüber sehr zurückhaltend. Die Verlockung, sich mit einer so abgewirtschafteten Partei wie der CDU/CSU zu verheiraten, ist eben sehr viel geringer, als sie es 1963 war, zumal die Chancen der SPD, die Mehrheit in der Bundesrepublik zu erringen, inzwischen gestiegen sind. Stetig gestiegen sind und, so könnte man hinzufügen, weiter steigen werden, wenn die gleiche Regierung weiterwursteln würde wie bisher, also: Immobilismus in der Außenpolitik, Stagnation in der Wirtschaft.

Andererseits: Da man aber auch damit rechnen kann, daß unter einem Kanzler, der das Gesetz des Handelns bewußt handhabt, der ein überzeugendes Kabinett bildet, einen Finanzminister ernennt, der in der Wirtschaft Vertrauen erweckt – Josef Hermann Abs wäre eine solche Persönlichkeit – da man also auch mit einem neuen Elan der alten Koalition rechnen muß, der die Chancen der SPD für 1969 verringern würde, darf die SPD die Möglichkeit einer Großen Koalition aus ihren Erwägungen nicht ganz ausschalten.

In Bonn wird jeden Tag einem anderen der vier oder fünf denkbaren Kanzler-Anwärter der Lorbeer gewunden. Augenblicklich steht offenbar Barzel am höchsten im Kurs. Auf diese täglich wechselnden Stimmungen läßt sich keine Prognose aufbauen. Man kann nur gewisse Feststellungen treffen.

1. Die Priorität kommt den Fakten und Sachfragen zu.
2. Aus ihnen ergibt sich, daß nur zwei Koalitionsmöglichkeiten übrigbleiben: a) die alte Koalition, b) die Große Koalition.
3. Entsprechend regeln sich die Personenfragen. Kommt es zur alten Koalition, scheidet Barzel vermutlich aus, weil die FDP ihn nicht akzeptieren würde, in Frage kämen nur Schröder oder Gerstenmaier. Kommt es zur Großen Koalition, so scheidet Barzel aus, weil die SPD ihn nicht akzeptiert, solange es die Alternative Schröder oder Gerstenmaier gibt – wobei die SPD Gerstenmaier den Vorzug vor Schröder geben würde.

So gesehen hätte Barzel keine Chancen. Schröder eine und Gerstenmaier zwei. Voraussagen lassen sich jedoch schwer machen, zumal noch nicht zu übersehen ist, in welche Waagschale Franz Josef Strauß, der große Unberechenbare, sein Gewicht eigentlich werfen wird – ein Gewicht, das von den Wahlen in Bayern abhängt, deren Ausgang noch niemand kennt.

Häufig taucht in diesen Tagen die Vokabel *Krise* auf. Da ist die Rede von einer Staatskrise und von einer Krise der Demokratie. Wieso eigentlich? Eine Koalition ist geplatzt, ein Regierungschef hat seine politische Unzulänglichkeit erwiesen und muß ersetzt werden. Das ist alles. Jetzt kommt es nur darauf an, es besser zu machen als bisher – und das sollte nicht schwer sein.

2. Dezember 1966

THEO SOMMER

Koalition auf Bewährung

Demokraten sollen gewinnen wollen, aber sie müssen auch verlieren können.

Die Große Koalition, die jetzt in Bonn gebildet wird, ist nicht das Regierungsbündnis, für welches sich die ZEIT eingesetzt hat, und Kiesinger nicht unser Vorzugskandidat für den Kanzlerposten. Die Bedenken gegen beide bestehen weiter; eine Warnung erweist sich ja nicht dadurch schon als unberechtigt, daß sie fruchtlos blieb. Doch ist die Regierung der Großen Koalition offenbar die einzige, die im Augenblick zu bilden war, und es hätte keinen Sinn, ihr von Anbeginn den Krieg zu erklären. Es gilt hier das Wort von Wilhelm Busch: *«Wenn dir eine Gesellschaft nicht paßt, such dir eine andere, wenn du eine hast.»* Wie die Dinge liegen, haben wir keine andere. Und so sehr wir darob auch mit den Zähnen knirschen mögen – wir schulden der Regierung der Großen Koalition zunächst einmal die Chance, sich durch Leistung zu salvieren und die aufgekommenen Befürchtungen durch ihre politische Praxis und ihren politischen Stil zu widerlegen.

Die Verpflichtung zur Duldung des Siegers, die dem Verlierer in der Demokratie obliegt, umschließt freilich nicht die Kapitulation der Kritik, und schon gar nicht in diesem Fall. Große Koalition bedeutet kleine Opposition und wenig Kontrolle. Große Koalition bedeutet zugleich: die letzte Chance dieses Bonner Systems, in dessen Rahmen es fortan keine Alternative mehr gibt. Die nächste Regierungskrise wäre tatsächlich eine Staatskrise. Deswegen muß das schwarz-rote Herrschaftsbündnis mehr noch als jedes andere unausgesetzter, schärfer und kritischer Beobachtung unterzogen werden. Es braucht weder beflissene Apologeten noch blindwütige Gegner; es braucht unbestechliche Kritiker.

Wir werden in den nächsten Jahren applaudieren, wo Applaus fällig ist; wir werden bejahen, wo wir das ohne Gewissensbisse können; doch wir werden verneinen, wo Schweigen Schande brächte. Und die Maßstäbe unseres Urteils werden streng sein, weil die Probleme groß sind und die Gefahren auch. Die erste Urteilskategorie bildet die *Leistung* der Großen Koalition, die zweite bezieht sich auf den *Stil* ihrer Herrschaft.

Eine schwarz-rote Koalition, die weder die Kraft noch den inneren Zusammenhalt für eine Politik der Erneuerung nach innen und nach außen fände, wäre von vornherein der Verdammung preisgegeben. Für die Fortsetzung des alten Trotts genügten die alten Trotteure; dafür brauchten die Sozialdemokraten ihren guten Ruf wahrhaftig nicht zu kompromittieren. Und kompromittiert haben sie ihn, kein Zweifel. Das Gedächtnis der Menschen ist kurz – aber so kurz auch wieder nicht, daß sie sich nicht mehr an Fritz Erlers Wort vom Vorjahr erinnerten, wonach die SPD eine Große Koalition mit dem normalen Funktionieren der Demokratie für unvereinbar halte; oder an die Versicherungen Herbert Wehners und Helmut Schmidts, die SPD werde sich nicht mit Strauß auf eine Regierungsbank setzen. Große Koalition geschluckt, Kiesinger geschluckt, Strauß geschluckt – das summiert sich zu einem moralischen Defizit, das allein durch eine überzeugende Leistungsbilanz wettgemacht werden kann.

Illusionen sind dabei nicht am Platze. Große Reformwerke lassen sich nicht übers Knie brechen; sie brauchen Zeit. Vordringlich ist jedoch die Ordnung der Staatsfinanzen durch Verabschiedung eines Haushalts der Vernunft. Und wichtig ist auch, daß die Richtung der grundsätzlichen Reformen schon sehr bald sichtbar gemacht wird – vor allen Dingen die der finanziellen Neuordnung im Verhältnis von Bund, Ländern und Gemeinden.

Für die Deutschlandpolitik und die Osteuropa-Politik gilt ähnliches. Auch hier sind die Ziele nicht in Eilmärschen zu erreichen; entscheidend ist indes, daß bald neue Trassen abgesteckt werden. Wenn die Berichte und Gerüchte aus Bonn stimmen, dann hat die CDU auf diesem Felde den wesentlichen Forderungen der Sozialdemokraten zugestimmt: Einrichtung eines Amtes für innerdeutsche Regelungen und einer ständigen innerdeutschen Handelskommission; Kontakte und Verbindungen zwischen den Behörden beider Teile Deutschlands – auch Ministergespräche, wenn es sein muß und wenn es sich lohnt; eine Politik der Entspannung gegenüber Osteuropa samt Aufnahme diplomatischer Beziehungen, Annullierung des Münchner Abkommens und indirekte Anerkennung der Oder-Neiße-Linie in einem vertraglichen Gewaltverzicht, der sich auch auf die Zonengrenze erstreckt. Sogar Strauß soll diesem Programm seine Zustimmung nicht verweigert haben.

Allerdings scheinen sich bei der CDU noch kräftige Widerstände zu regen. Hier jedoch muß sich die SPD durchsetzen, wenn ihr Koalitionseintritt nicht ein politisch sinnloser Opfergang werden soll. Die CDU brauchte sich ihres Abrückens von den heiligen Kühen der fünfziger Jahre nicht zu schämen. Sie und Strauß könnten sich mit dem klugen Ausspruch Benjamin Constants trösten: *«Les faits ont cet avantage qu'on peut leur céder sans que l'amour-propre en souffre»* – die Tatsachen bieten den Vorteil, daß man ihnen nachgeben kann, ohne daß die Selbstachtung darunter leidet. Zu den Tatsachen gehört übrigens auch, daß die Sozialdemokraten, sollte sich die CDU der vereinbarten neuen Politik versagen, die neugewonnene sachliche und menschliche Nähe zu den FDP-Führern im Einzelfall ausnützen könnte, um bestimmte Maßnahmen im Parlament mit einer sozialliberalen Mehrheit durchzusetzen.

In der Praxis wird sich wohl zeigen, daß innerdeutsche Initiativen derzeit in Ostberlin wenig Gegenliebe finden. Das Geifern gegen die «Bunker-Regierung» in der SED-Presse legt diesen Schluß nahe, und der Hinweis auf die «Kumpanei» mit Strauß liefert einen plausiblen Vorwand für die Ostberliner Negation. Das wird hoffentlich nicht immer so bleiben. Die Unbeweglichkeit Ulbrichts sollte die Regierung jedoch erst recht in der Absicht bestärken, neue Pfade der Verständigung mit Osteuropa zu gehen. Irgendwann werden deshalb auch die Umrisse eines eventuellen Friedensvertrages angedeutet werden müssen. Und sehr bald schon stellt sich die Aufgabe, die alten Zusammenhänge zwischen Verteidigungspolitik, Bündnispolitik und Ostpolitik zu durchdenken.

Ebenso wichtig wie ihre Leistung wird für das Urteil über die Große Koalition freilich ihr Stil sein. Es genügt nicht, daß sie eine aktionsfähige, auf Erneuerung eingeschworene Regierung stellt; auch auf die Form ihres Regierens kommt es an. Denn die Modalitäten der Herrschaftsausübung werden darüber entscheiden, ob die parlamentarische Demokratie in Deutschland überleben kann. Vier Bedingungen müssen erfüllt sein, damit das normale Gegenüber von Regierung und Opposition so rasch wie möglich wiederhergestellt wird: Die Regierung der Großen Koalition muß sich eine Frist setzen; sie darf die Proporz-Entartung der Bürokratie nicht überhandnehmen lassen; sie darf das Parlament nicht zur Akklamationsmaschine herabwürdigen; sie muß in allen ihren Handlungen und Erwägungen transparent bleiben.

Es wäre schlimm, wenn die Ausnahmeregelung sich zum Dauerzustand verfestigen würde. Schlimm, weil dann die Aussicht verschwände, daß eines Tages wieder eine glaubwürdige und kräftige parlamentarische Alternative aus dem Kreis der gegenwärtigen Bundestagsparteien entsteht. Aus diesem Grunde sollte nichts geschehen, was bloß der Verewigung der schwarz-roten Zweierherrschaft dienen kann.

Vor allen Dingen wäre es falsch, die Bürokratie nun von oben nach unten durchzuproportionalisieren oder sie in «Einflußsphären» aufzuteilen – nach österreichischem Muster, wo die Eisenbahn «rot», die Post «schwarz» ist bis hinab zum letzten Weichensteller und Postboten. Pfründen versüßen die Macht und machen den Abschied von ihr schwer; deswegen empfiehlt sich Vorsicht bei ihrer Vergabe. Wohl müssen die SPD-Minister Staatssekretäre, Planungschefs und persönliche Referenten haben, die ihnen nahestehen, doch zur Neutralisierung der übrigen Hierarchie ist Überzeugungsarbeit tauglicher als ein Beamtenschub großen Ausmaßes.

Noch wichtiger aber wird es sein, dem Parlament seine Würde und seine Rolle als Entscheidungsorgan zu lassen. Im Bundestag manifestiert sich für das Volk die parlamentarisch-demokratische Ordnung; man darf ihn daher nicht umgehen, seiner Bedeutung entkleiden oder durch einen Koalitionsausschuß entmannen. Das Parlament darf nicht zum Anhängsel der übermächtigen Regierung werden. Und gerade, weil die Opposition klein ist, sollte man ihr zu ihren Stellungnahmen die Chance der Ausführlichkeit einräumen.

Schließlich aber kommt es darauf an, daß das Regierungsgeschehen transparent bleibt. Es darf sich nicht hinter Milchglasscheiben vollziehen, so daß die Öffentlichkeit nur den Anblick schwerfälliger Schatten hat; der Mangel an Kontrolle, den die Große Koalition unzweifelhaft bedingt, sollte ausgeglichen werden durch ein Mehr an Publizität. Das Volk muß ins Vertrauen gezogen werden, damit es das Vertrauen nicht verliert; das Kabinett muß sich ihm immer wieder neu erklären; sein Recht auf Aufklärung darf nicht von der Gewohnheit der Mauschelei und Klüngelei beschnitten werden. Käme es anders, so würde der Graswurzel-Boden, auf dem die Demokratie gedeihen soll, sehr rasch ausdörren und verkrusten.

Demokraten sollen gewinnen wollen, aber sie müssen auch verlieren können. Bloß die Demokratie – sie darf nicht verlieren. Damit sie das Experiment der Großen Koalition überlebt, muß sich die schwarz-rote Zwillingsherrschaft einerseits zur Leistung zwingen, andererseits vor systemwidriger Stillosigkeit und rücksichtsloser Selbstprivilegierung hüten. Es darf nicht sein, daß der zweite Bundeskanzler mit seiner Abschiedswarnung vor der Großen Koalition ebenso recht behält wie der erste Bundeskanzler mit seiner Abschiedswarnung vor Ludwig Erhard.

1967

9. Juni 1967

JÜRGEN ZIMMER

Füchsejagen in der Bismarckstraße

Als der Wagen des Schah um 19.56 Uhr vor der Oper hält, sind die Demonstranten auf der gegenüberliegenden Seite der Bismarckstraße zwischen den Barrieren der Polizei und einem übermannshohen Bauzaun zusammengedrängt. In der Stunde zuvor hatten Polizisten die Demonstranten von Zaun und Bäumen geprügelt, Rauchkerzen in die Menge geschleudert, Studenten über die Barriere gezerrt, getreten und zusammengeschlagen; Demonstranten hatten Polizisten mit Steinen verletzt.

Zwischen 19.57 Uhr und 20.09 Uhr herrscht Aufbruchstimmung. Der Schah ist in der Oper, die Demonstranten beginnen seitlich in die Krumme Straße abzuwandern. Die Parole «Zehn Uhr wiederkommen» wird durchgegeben. Die Bismarckstraße gleicht einem Heerlager der Polizei. Vor den Barrieren formieren sich in gestaffelten Reihen Polizisten, die ihre Gummiknüppel schlagbereit in der Hand halten. Auf dem Mittelstreifen der Straße fahren Krankenwagen vor.

Um 20.09 Uhr beginnt ein Massaker. Hat der Berliner Polizeipräsident Dünsing es vorausgeplant, als er für den abendlichen Einsatz den Befehl erteilte, die Straße freizuprügeln, sowie der Schah die Oper betreten habe? Ohne Ankündigung des Polizeilautsprechers, ohne Warnung durch die Polizisten, ohne akuten Anlaß prügeln Stoßtrupps auf die Demonstranten ein. In der Mitte entsteht für kurze Zeit ein Kessel. Als die Polizisten über die Barrieren prügeln, schreit ein Demonstrant «hinsetzen», aber die Polizisten schlagen auf die Sitzenden ein. Einige versuchen hochzukommen, lassen sich wieder fallen. Mädchen bitten: «Nicht schlagen», aber die Polizisten schlagen mit äußerster Kraft, schlagen auf Ohnmächtige, auf Liegende, auf Studenten, die ihren zusammengebrochenen Kommilitonen helfen wollen.

Ulrike Krüger, Philosophiestudentin aus Kassel, gehört zu den ersten Opfern. Mehrere Polizisten dreschen auf sie ein. «Die hatten verzerrte, entfesselte Gesichter», sagte sie später. «Die wußten doch, daß ich weglaufen wollte, und sie haben trotzdem geknüppelt.» Ich finde sie auf einer Wiese an der Krummen Straße, sie windet sich in Krämpfen, ihr Gesicht ist blutüberströmt, die Kleider sind verschmutzt. Später diagnostizieren sie im Westend-Krankenhaus eine Nierenprellung. Dort fallen auch Äußerungen wie diese: «Die dreckigen Studentinnen. Denen braucht man nur unter die Röcke zu sehen.» Als Ulrike Krüger am nächsten Tag starke spastische Schmerzen bekommt und der ärztliche Notfalldienst gerufen wird, weigert sich der Bereitschaftsarzt: «Wenn das mit der Prügelei zu tun hat, kann ich aus juristischen Gründen nicht kommen.»

Die Wienerin Elfriede Rosenstrauch steht vorn an der Barriere, als die Polizisten stürmen. Sie läßt sich fallen und schützt sich mit den Armen, «weil ich dachte, daß sie mich dann nicht schlagen». Sie wird von drei Polizisten verprügelt und versucht sich zu retten: «Ich bin einigermaßen heulend gerannt, ich wußte nicht wohin, überall schlugen Polizisten.»

In diesem Kessel versuchen an einer anderen Stelle die Demonstranten zu fliehen. Aber sie fallen übereinander und werden überrannt. Die Medizinstudentin Dina Ter-Nedden liegt eingeklemmt unter mehreren gestürzten Kommilitonen. «Ich dachte, ich müßte sterben. Ich konnte nicht den Brustkorb heben, um zu atmen.» In der Nähe schützt sich ihr Verlobter, Eugen Schwarze, mit den Armen gegen die Schläge. Als er dann versucht, ein ohnmächtiges Mädchen aufzuheben, um es durch die Polizeikette zu tragen, erhält er Schläge über die Stirn, wird bewußtlos und findet sich blutend über einer Barriere liegend wieder.

Ein Student wird im Tumult an die Barriere gedrückt und stemmt sich dagegen. Er bekommt einen Schlag auf den Hinterkopf und stürzt. Einem Polizisten reicht das nicht. «Der markiert doch bloß, hau ihm doch noch mal einen rüber, dann ziehen wir ihn raus.» Die Demonstranten verhindern das.

Es gibt auch andere Polizisten. Einen zum Beispiel, den man beobachtet, wie er mit ausgebreiteten Armen zwei seiner brutal prügelnden Kollegen aufzuhalten versucht. Einen anderen, der ausholt, um zu schlagen, und es sein läßt, als man ihm zuruft «wir gehen doch». Oder dieser, der sich bei einer schwerverletzten Studentin entschuldigt: «Um Gottes willen, glauben Sie bloß nicht, daß alle so sind.»

Während im mittleren Abschnitt die Prügelei im vollen Gang ist, nähert sich von der Wilmersdorfer Straße her ein Polizeiwagen und fordert über Lautsprecher die Demonstranten auf, die Bismarckstraße zu räumen. Die Polizisten schlagen nun auf der ganzen Front. Zur Krummen Straße hin bilden sie eine Gasse und prügeln einander die fliehenden Demonstranten zu. «Da haben wir Lust gehabt», sagt einer später.

Die Demonstranten drängen in panischem Schrecken in die Krumme Straße. Noch auf der Bismarckstraße wird ein Mädchen durch die Barriere gedrückt. Der Kaufmann Jürgen Bobe versucht zu helfen und bekommt dafür einen Faustschlag hinters Ohr. Er sieht, wie neben ihm ein junger Mann zu Polizisten sagt, er wolle auf die andere Straßenseite, sieht, wie vier oder fünf sich auf ihn stürzen, ihn niederknüppeln, ihm die Brille zerschlagen und, über ihn gebeugt, prügeln, während er schreit.

Hans Rüdiger Minow wird von sechs Polizisten angegriffen und über die Straße geschleift. Sie treten ihn und schlagen mit Fäusten und Knüppeln. Er versucht sich zu befreien, wird aber niedergeprügelt, dann wieder an den Haaren hochgezogen und auf den Hinterkopf geschlagen. Man schleift ihn zu einem Einsatzwagen auf dem Mittelstreifen. Minow gibt an, die Ausdrücke «Judenschwein» und «Kommunistenschwein» gehört zu haben. Man stellt ihn auf die zweite Stufe der Wagentreppe, hält ihn fest und prügelt ihn von neuem. Er bekommt einen Tritt und stürzt in den Mittelgang. Er und andere Zeugen im Wagen hören über Funk, daß der «Plan Füchsejagen» beginnen solle.

Gemeint ist vermutlich die Jagd der Polizisten in der Krummen Straße auf «Störer». Der Wasserwagen tritt in Aktion. «Störer», diese Typologie ergibt sich bald, sind vornehmlich Studenten mit Bart, Brillenträger, auffällig gekleidete Demonstranten und Mädchen, die in der Perspektive der Jäger als «Schlampen» gelten. Verletzte Demonstranten, die in den Hauseingängen Schutz suchen, werden von den Bewohnern zurückgetrieben. Zwei Ärzte wollen Verletzten helfen, die Polizei weist sie ab. Die Verletzten werden nur in die städtischen Krankenhäuser eingeliefert. Das private Martin-Luther-Krankenhaus bietet vergeblich seine Hilfe an.

Ein Haus, dessen Erdgeschoß als Abstellplatz für Autos ausgebaut ist, wird wiederholt zum Schauplatz von Verfolgungsszenen. Benno Ohnesorg wird hier um 20.30 Uhr von hinten erschossen. Auf der Wilmersdorfer Straße zünden Demonstranten Zeitungen an. Dann jagen Polizisten in periodischen Sprints die Demonstranten zur Kantstraße. Ein Polizeilautsprecher verbreitet auf dem Kurfürstendamm die Falschmeldung, ein Polizist sei erstochen worden. In der Nähe der Gedächtniskirche endet die Jagd.

Die Berliner Polizeigewerkschaft kommentiert: «Die Verhaltensweise einer Minderheit Wirrköpfiger und der sich zu ihnen gesellenden hysterischen, notorischen Radaumacher zeigt der Berliner Bevölkerung erneut, daß es dieser kleinen radikalen Clique darum geht, das Ansehen Berlins systematisch zu ruinieren. Die Berliner Polizeigewerkschaft verteidigt Sitte und Anstand. Sie verlangt, vom Kurs der weichen Welle bei der Behandlung solcher Kriminellen endlich abzugehen.»

16. Juni 1967

Dieter E. Zimmer

Ein toter Student

Der Name Benno Ohnesorg ist schnell zu einem Symbol geworden – einer Losung für die einen, einem Trauma für die andern; künftig wird er eine Station auf dem Wege zur Politisierung der deutschen Studentenschaft bezeichnen. So löst sich ein Name von dem, der ihn trug. Es liegt in der Natur dieser Dinge: Die Kugel aus der Dienstpistole des Kriminalobermeisters Karl-Heinz Kurras hätte ebenso einen anderen treffen können. Daß sie gerade Benno Ohnesorg traf, darin ist kein besonderer Sinn zu finden. Oder eben der, daß in solchen Angelegenheiten der persönliche Sinn gewöhnlich fehlt: Irgendeiner von Tausenden wurde erschossen, einer von vielen dumpf beunruhigten Studenten, und jeder andere hätte an seiner Stelle sein können.

Ein erstes offizielles Kommuniqué wollte wahrhaben, Ohnesorg sei einer der radikalen Rädelsführer gewesen (vielleicht, daß diesem Tod so etwas von seiner unerträglichen Beliebigkeit genommen werden sollte). Aber Ohnesorg, sechsundzwanzig Jahre alt, Student der Germanistik und Romanistik, seit fünf Wochen verheiratet, war nichts weniger als ein Fanatiker. Er gehörte keiner politischen Gruppe an; hin und wieder hatte er Veranstaltungen der Evangelischen Studentengemeinde besucht. An Demonstrationen hatte er bis zum Tag des Schah-Besuchs in Berlin nicht teilgenommen. Freunde beschreiben ihn als einen Menschen, dessen Charakter es widersprochen hätte, sich irgendeiner festgelegten Gruppe anzuschließen. Immer habe er sich offengehalten für die Argumente der anderen Seite; er habe, selber eher abwartend und passiv, den Ideologien und den Ideologen mißtraut.

Übereinstimmend heben sie seine Begabung wie seine Gewissenhaftigkeit und Zurückhaltung hervor. Jene sei schon aufgefallen, als er am Braunschweig-Kolleg das Abitur nachholte (die Eltern konnten den Kindern den Besuch der höheren Schule nicht bis zum Ende ermöglichen; so wurde er nach der mittleren Reife zunächst Dekorateur und gehörte dann zu den vierzig von vierhundert Bewerbern, die 1961 zum Studium am Braunschweig-Kolleg zugelassen wurden); sein Seminarleiter an der Freien Universität, bei dem er unlängst eine Arbeit über die Auslegungen des «Nathan» an deutschen Schulen schrieb, bestätigte sie.

Seine Gewissenhaftigkeit, sagen seine Freunde, machte ihn manchmal unbequem: Wo sie lässig über eine Frage hinwegredeten, hakte er nach und versuchte, sie so grundsätzlich wie möglich zu stellen. Seine kleine Bibliothek auf Kistenregalen unterschied sich deutlich von der üblichen Handbibliothek des Philologiestudenten: viele philosophische und soziologische Werke, kaum Belletristik.

Er war, sagen seine Freunde, eher verschlossen als gesellig, immer bedächtig; genau das Gegenteil von einem «Radikalinski», «Krakeeler», «Radaustudenten», «Krawallmacher».

Warum ging ein solcher Student zu einer Demonstration? Er hatte Bahman Nirumands Buch über Persien mit zunehmender Empörung gelesen und Nirumands Vortrag gehört; danach war er nicht mehr damit einverstanden, daß dieser Potentat nur mit Ehrungen und Jubel empfangen werden sollte. Daß er keine Tomaten und keine Mehltüten bei sich hatte, erübrigt sich zu sagen.

Es gab auch noch einen anderen Grund. Er verabscheute, sagen seine Freunde, alle Gewalttätigkeit. «Er hätte niemals nicht helfen können.» Als er sah, wie ein junger Demonstrant einen Stein aufhob, redete er ihm zu, ihn fallen zu lassen. Gerade weil er Gewalttätigkeit verabscheute, zog sie ihn an, wollte er sich selber davon überzeugen, ob es zutraf, was andere Studenten in den letzten Wochen über das brutale Vorgehen der Polizei behauptet hatten. Das war es, was ihn das Leben kostete.

16. Juni 1967

ROLF ZUNDEL

Die heimatlose Opposition

Die gleichen Studenten, die nach Meinung des Berliner Bürgermeisters Albertz ihre Freiheit mißbraucht und nach Auffassung ihrer spätbürgerlichen Kritiker statt eines angenehm temperierten politischen Engagements den Radau, das Happening, den Spektakel gesucht hatten, engagierten sich ein paar Tage später, als der Nahost-Konflikt ausbrach, auf eine Art, die viele ihrer Kritiker beschämte.

Typisch war eine Szene in Bonn. Auf dem Münster-Platz, wo die Studenten für ihren erschossenen Kommilitonen Ohnesorg Totenwache hielten, forderte Günter Grass zur Hilfe für Israel auf. Hunderte von Studenten waren gekommen. Wer sie diskutieren hörte, spürte immer wieder: Sie wollten mehr tun als Resolutionen fassen und Kundgebungen abhalten, sie wollten helfen, möglichst an Ort und Stelle.

Beides ist symptomatisch – sowohl der Protest gegen die Ordnung als auch die Sehnsucht nach vollem Engagement.

Was den Protest anlangt, so handelt es sich dabei nicht einfach um die Auseinandersetzung der jungen Generation mit einer strengen, verbindlichen Gesellschaftsordnung, die ernst genommen wird, auch wenn sie bekämpft wird. Diese Ordnung, deren Substanz im Verlauf der Geschichte immer dünner geworden ist, die erst säkularisiert und dann psychologisiert worden ist und die keine unmittelbare Geltungskraft mehr hat, stellt keine mächtige Bastion mehr dar, gegen die es sich anzurennen lohnt. Ordnung wird instrumental verstanden, als ein Mittel zur Verhaltenssteuerung.

Gerade weil aber die Identifizierung mit den verschiedenen Ordnungsgebilden – Volk, Staat, Parteien – so schwierig geworden ist, sucht die junge Generation nach anderen Wegen, um ihre Begeisterungsfähigkeit an den Mann zu bringen. Die Europa-Idee bot eine Zeitlang Befriedigung und Erfüllung. Seit der Strom der Europabegeisterung im politischen Pragmatismus versandet ist, zieht diese Idee nicht mehr. Vietnam, Notstandsgesetze und die Universitätsordnung kamen dafür ins Gesichtsfeld.

An diesen scheinbar so verschiedenartigen Formen des Engagements drückt sich vor allem zweierlei aus. Einmal wird eine radikaldemokratische Tendenz sichtbar, die sich politisch so äußert, daß die Freiheit des Individuums als oberster und wichtigster Verfassungsgrundsatz erlebt wird; staatliche Macht ist grundsätzlich verdächtig. Diese radikaldemokratische Strömung ist auch beim Streit um die Universitätsordnung spürbar. Was die Arbeiter schon fast vergessen haben, die Studenten haben es jetzt auf ihre Fahnen geschrieben: Mitbestimmung.

Zum zweiten spielt sich eine Rebellion gegen die politische Gebrauchsmoral ab, gegen jene Moral, die zum Beispiel den Vietnam-Konflikt eilfertig in das alte Schema des Kampfes zwischen den guten Demokraten und den bösen Kommunisten eingeordnet hatte. Dabei passiert es dann nicht selten, daß die Werte einfach umgedreht werden. Die Vietcong erscheinen als reine Helden.

Bei all dem geraten die Studenten zwangsweise in Widerspruch zu den Ordnungsmächten, die ja ihrer Natur nach dazu neigen, radikaldemokratische Tendenzen kurzzuhalten; wo die Freiheitsrechte des Individuums absolut gesetzt werden, wird schließlich der Staat unregierbar. Was die Moral angeht, so ist sie rein nur in Resolutionen zu verwirklichen. Die politische Aktion dagegen ist fast immer ein moralischer Kompromiß.

Selbst bei den Demonstrationen für Israel, wo sich die Studenten weithin im Einklang mit der öffentlichen Meinung befanden, war Widerspruch zum Establishment spürbar. Die Zurückhaltung der Bundesregierung, die erklärte Politik der Nichteinmischung war den Studenten zu wenig. Sie wollten nicht politische Klugheit, sondern moralisch eindeutige Parteinahme.

Diese Auseinandersetzung zwischen den Studenten und der Gesellschaft hat eine merkwürdige Entsprechung in der Theologie. Ein Teil der protestantischen Theologen und Gemeindemitglieder empfindet die moderne Theologie als einen Abfall von den alten Moral- und Glaubensnormen. Sie reagieren darauf mit einer Art moralisch-religiösem Fundamentalismus und ziehen unter dem Schlachtruf «saubere Moral und schlichter Glaube» gegen die modernen Zersetzungserscheinungen ins Feld.

Ähnlich ist auch die Antwort der Gesellschaft auf ihre Rebellen. Auch sie nimmt Zuflucht zum Fundamentalismus. Was den Theologen ein Alexander Evertz ist, der den Glaubensnotstand ausgerufen hat, ist den politischen Journalisten Matthias Walden oder Armin Mohler und den Politikern Heinrich Lübke und Paul Lücke. Auch unter den Professoren gewinnt die Meinung Raum, nun habe man lange genug den Firlefanz einer modernen Universitätsordnung geduldet, nun sei es Zeit, die Sache wieder in Ordnung zu bringen – in die alte Ordnung, versteht sich.

Es findet eine Eskalation der Extreme statt. Konservative werden zu den Reaktionären abgedrängt, und Liberale entdecken ihr Herz für einen modischen Anarchismus. Zwischentöne sind nur noch selten zu hören. Auf der Seite des Establishment steht ohne Zweifel der größte Teil der Bevölkerung. *Bild* artikulierte – und machte – durchaus die Mehrheitsmeinung. Auf der anderen Seite steht ein großer Teil der Studenten, Gewerkschaftler und Intellektuellen.

Dies ist neu für die Bundesrepublik. Die meisten Politiker scheinen davon nichts zu sehen, geschweige denn zu begreifen. Sie sind – und das kann man ihnen nicht einmal übelnehmen – an den Erfahrungen der Vergangenheit orientiert. Sie wollen den Staat, die Ordnung stabil erhalten. Sie vergessen dabei, daß Demokratie unter anderem auch den Sinn hat, den Protest gegen die etablierte Ordnung zu fördern und zu kanalisieren. Demokratie ist Revolution in verträglicher Dosis.

Das hat mit einem idealisierten Begriff von Demokratie überhaupt nichts zu tun, es ist vielmehr die Anwendung eines simplen sozialpsychologischen Gesetzes: Eine Gesellschaft, die ihre Konflikte nicht mehr austragen kann, ist auf dem Weg zur Radikalisierung.

Solange es eine wirksame Oppositionspartei gab, war diese Gefahr relativ gering. Was sich an Reformidealismus, an Aggressivitäten angestaut hatte, konnte sich zu einem guten Teil im Engagement für die Opposition entladen. Seit die Sozialdemokraten aufgehört haben, Oppositionspartei zu sein – das hat schon Jahre vor der Großen Koalition begonnen –, ist diese Aggressivität nicht mehr gebunden.

Dies bedeutet nicht, daß es für die Große Koalition im Herbst keine guten Gründe gab, es bedeutet auch nicht, daß die Koalition unverzüglich aufgelöst werden sollte. Wohl aber sollte den Politikern klarwerden, daß die Koalition nach Ablauf der Legislaturperiode zu Ende gehen muß. Man kann einer demokratischen Gesellschaft nicht auf die Dauer die Möglichkeit zum oppositionellen Engagement vorenthalten. Die Oppositionspartei ist es, die eine Brücke zwischen den Protestierenden und der etablierten Ordnung zu schlagen hätte.

16. Juni 1967

KAI HERMANN

Wie sich das angebahnt hat

Es ist ein sinnloses Unterfangen, in den sinnlosen Tod Benno Ohnesorgs Sinn hineininterpretieren zu wollen. Er starb, weil Polizeibeamte versagten. Nicht, weil Studenten das Demonstrationsrecht mißbrauchten – wie Berlins Regierender Bürgermeister noch immer meint behaupten zu müssen. Und nicht für die Sache jener Pop-Revolution, die milieugeschädigte Direktorensöhne der «Kommune I» vor dem Café Kranzler inszenieren möchten.

Was vor der Berliner Oper hätte deutlich werden können, sind Krisen, die man bisher beharrlich verschwiegen oder weggelogen hat: die Krise der westdeutschen Universität und ihrer Studentenschaft, jene

Krise, die verschwommen mit Generationskonflikt umschrieben wird, die Krise der Teilstadt Westberlin, die, um den Antikommunismus betrogen, an politischer Auszehrung dahinsiecht, die Krise ihrer miserabel geführten Polizei.

Berlins Politiker – und nicht nur sie – bewiesen in ihrer Mehrheit, wie wenig «heilsam» der tödliche Schuß sein wird, wie wenig bereit sie auch nur zur Analyse sind. Als Repräsentant der Ignoranz reduzierte der sozialdemokratische Abgeordnete Herbert Theiss die Probleme auf den Kampf der «arbeitenden Menschen» gegen eine Minderheit, die «die Stadt in eine Katastrophe zu stürzen» drohe. «Ausscheiden» müsse man die «Unbelehrbaren, die gesellschaftliche Umschichtung wollen» – dorthin schicken, von wo «sie ihre Aufträge haben».

Das Krankheitsbild ist überdeutlich geworden, nachdem der Kriminalobermeister von seiner Dienstwaffe Gebrauch machte. Von der Therapie scheint man jedoch weiter entfernt denn je. Konzeptionslosigkeit demonstriert die politische Führung, und Ratlosigkeit zwingt die Studenten auf die Straße.

Daß Tomaten, Milchtüten, dann Steine geworfen wurden und schließlich ein tödlicher Schuß gefallen ist, weiß man. Daß da nicht nur eine kleine Minderheit «stört», die nicht rechtzeitig «mit hartem Besen ausgekehrt» wurde, begreifen einige allmählich. Die Solidarisierung einer Mehrheit der Studentenschaft mit den «Randalierern» war der eigentliche Schock.

Geht es dieser Studentengeneration nicht besser als irgend einer vor ihr? Stipendien, Wohnheime, Gebrauchtwagen, politische Stabilität. Die Kriegsgeneration ist fassungslos und weist auf das eigene schwere Los: Hunger, Aufbau der Universitäten aus Trümmern, Kampf um Freiheit gegen den Kommunismus. Die Studenten der fünfziger Jahre berufen sich auf ihr Vorbild: hartes Studium, schnelle Examen, Karriere. Die Älteren können nicht begreifen, wie da eine neue Generation nach Weimarer Republik, Nazismus und Zusammenbruch bewußt Unruhe schaffen kann. In Berlin hat man längst eine Erklärung parat: politische Wohlstandskriminalität. Von studentischen Demonstranten als Kriminellen sprachen Presse und Regierung.

Die es sich nicht so einfach machen, schreiben vom «ideellen Vakuum», das entstanden sei, das zum «Engagement für einen gewissermaßen künstlichen Gegenstand» zwinge – so *Christ und Welt.*

Doch ist das Eintreten für eine Reform der Hochschule «Engagement für einen künstlichen Gegenstand»? Die Realität ihrer Universität war es nämlich, die in Berlin die Studenten zunächst zur Kritik, schließlich zum offenen Aufstand reizte. Die Universität war für sie ihre gesellschaftliche Wirklichkeit: autoritär, hierarchisch, ein Relikt aus dem vorigen Jahrhundert, unfähig, mit den gestellten Ansprüchen fertig zu werden. Gerade die Berliner Studenten spürten in ihrer Umwelt Restauration. Die Freie Universität war einmal als «fortschrittliche» Hochschule konzipiert. Sie sollte brechen mit jenen Traditionen, die mitverantwortlich waren für das Versagen der Hochschulen in der Weimarer Republik. Die Gründe hatten die Fundamente für eine neue Universität gelegt. Doch über ihnen wurde wie in Westdeutschland die alte Fassade restauriert. Was an Neuansätzen einmal da war, geriet in Vergessenheit.

So sollte die FU eine demokratische, eine politische Hochschule werden. Das politische Engagement wurde toleriert, ja gebilligt von der Öffentlichkeit, als die Blockadegeneration sich gegen die kommunistische Bedrohung engagierte, als die Studentenschaft in ihren Resolutionen die Politik der Bundesregierung billigte. Politischer Eifer fand noch einmal flammende Unterstützung, als sich nach dem Mauerbau Studenten zu Fluchthilfe- und Tunnelbaubrigaden zusammenfanden. Daß der Idealismus damals als Abenteurertum am Rande der Kriminalität endete, störte kaum jemanden. Im Gegenteil, als ein Rektor Waffenlager in Studentenheimen nicht dulden wollte, stieß er auf den geschlossenen Protest der Berliner Öffentlichkeit.

Den Studenten ging der antikommunistische Atem aus. Eine neue Generation interessierte sich plötzlich für die Problematik ihrer Universität. Und nun entdeckten Professoren, Politiker und Öffentlichkeit, daß sich «tagespolitische» Auseinandersetzungen nicht mit Würde und Tradition der deutschen Hochschule vertrugen.

Ein Rektor begann, politische Veranstaltungen der Studentenschaft zu zensieren, ein Assistent verlor seine Anstellung, weil er politisch unliebsam auffiel. Diese Maßnahmen zur «Entpolitisierung» der FU endeten mit einem generellen Verbot politischer Veranstaltungen in Hörsälen. Doch die Studenten akzeptierten repressiv ausgeübte Autorität nicht mehr. Sie verteidigten ihre Rechte nicht nur, sie begannen mit Reformplänen gegen Restaurationstendenzen zu kämpfen. Der Protest war zunächst meist leise. Kontemplation ging über Demonstration. Sie arbeiteten detaillierte Pläne zur Hochschul- und Studienreform aus.

Sie verschärften dadurch den Konflikt mit der Universitätsobrigkeit. Außerhalb der Hochschule fanden sie keine Hilfe, nicht einmal Gehör. Die Öffentlichkeit stellte sich gegen sie. Springers Zeitungen prägten den Begriff «Radauuniversität». Aus der universitätsinternen Auseinandersetzung wurde die Konfrontation mit dem «Establishment».

Nirgends waren die politischen und gesellschaftlichen Verhältnisse ungeeigneter für Reformexperimente als in der «Frontstadt». Doch gerade das provozierte die Studenten und gab ihnen die Freude an der Provokation. In Westberlin mußte die Opposition als Ruhestörung empfunden werden. Gemeinsamkeit ist dort die erste Bürgerpflicht.

Halb zog es die Studenten, halb trieb es sie in die Isolation. Das «Establishment» erschien ihnen besonders garstig in dieser Stadt: repräsentiert durch eine Presse, die ihrer selbstgewählten politischen Mission die Grundregeln des Journalismus geopfert hat. Ohne die Rolle der Berliner Boulevardzeitungen ist die Entwicklung von der Konfrontation zwischen Studenten und Öffentlichkeit zur Katastrophe nicht erklärbar.

Sie erzeugten Pogromstimmung, sie machten Dahlem zum Getto. Leitartikler und Karikaturisten schufen das Stereotyp des bärtigen, ungewaschenen Gammler-Studenten, der auf Kosten der arbeitenden Bevölkerung randaliert. Ihre Phantasie war unerschöpflich, wenn es um die Bestimmung des Begriffs demonstrierender Studenten ging: «Knalltütenkorps», «Radikalinskis und Herrschaften mit Linksdrall, denen der Steuerzahler das Studium ermöglicht», «hysterische Rudel von akademischen Halbstarken», «notorische Radaumacher», «politische Clique», «geschulte kommunistische Straßenkämpfer», «amüsierte Nichtstuer». Die Nachrichtenmanipulation dieser Zeitungen kannte keine Grenzen. Das letzte böse Beispiel: die Berichterstattung über die Ereignisse beim Schah-Besuch. Dutzende von Reportern hatten den Redaktionen Berichte und Photos der schweren Polizeiübergriffe geliefert. Doch zunächst informierte kein Bild, kein Wort in diesen Blättern die Öffentlichkeit. Die *BZ* resümierte den Polizeieinsatz, der rund fünfzig Verletzte und einen Toten gefordert hatte, befriedigt: «Wer Terror produziert, muß Härte in Kauf nehmen.»

Die Repräsentanten der Studentenschaft fühlen sich unschuldig an dieser Entwicklung. Zu Unrecht. Als man ihre Argumente nicht hörte, ließen sie das Argumentieren und verließen sich aufs Provozieren. Sie wollten mit den Köpfen durch Polizeikordons und liefen sie sich schließlich an Gummiknüppeln ein. Sie ließen es zu, daß eine Minderheit Ohnmacht mit Tomaten und Milchtüten demonstrierte. In der Dahlemer Diaspora schmiedete man Solidarität; sie schloß auch jene intellektuellen Neurotiker ein, die ihre sexuellen Probleme mit revolutionären Sandkastenspielen kompensieren. Wo Distanzierung die gemeinsame Abwehrfront zu schwächen schien, verzichtete man schließlich auch auf deutliche Differenzierung.

Der Konflikt mit der Gesellschaft wurde spätestens nach dem Schuß vor der Berliner Oper zum Totalen Krieg. Darüber können nächtelange Straßendiskussionen und Hunderttausende von Flugblättern, in denen sich die Studenten nun um Verbündete bemühen, nicht hinwegtäuschen. Auch die plötzliche Verständnis- und Verständigungsbereitschaft in einem Teil jener Presse, die bislang den Konflikt schürte, wird den Waffenstillstand kaum bringen. Die Mauer der Ressentiments, an der so lange gebaut wurde, ist weder in Wochen noch in Monaten abzutragen.

Die Chance, daß die Studenten den Weg aus der Isolierung herausfinden, scheint zur Zeit ebenso gering wie die Aussicht, daß ihr dieser Weg wirklich freigegeben wird. Nichts deutet darauf hin, daß die Stadt ihre Universität als «Unruheherd» akzeptieren will, daß sie die Unruhe nutzt, um sich selbst aus politischer Erstarrung zu lösen.

1968

15. März 1968

Gerd Bucerius

Wogegen sie kämpfen, das wissen sie

Der Besucher kam in Tempelhof an und fragte den Taxichauffeur, was denn in Berlin los sei. Der sagte behaglich: «Den Langhans haben wir ja wohl zusammengeschlagen.» Er fand es ganz in Ordnung, daß der Kommunarde *Langhans* (der zusammen mit *Teufel* gerade ein tolpatschiges Gericht zum Zirkus macht) Prügel bekommen hatte. Warum? «Die holen uns doch nur den Osten auf den Hals. Wir können uns in Berlin keinen Krach leisten.» – Ruhe ist die erste Bürgerpflicht.

Und dann bekam der Besucher eine druckfrische Ausgabe des *«Extradienst»*. Das ist das Mitteilungsblatt der Berliner «außerparlamentarischen Opposition», erscheint zweimal die Woche mit 2500 Auflage, aber jeden Monat sind es ein paar hundert Exemplare mehr. Da stand als erste Nachricht: Vor dem Verbot von Dutschkes Vietnam-Demonstration (Sonntag, 18. Februar) habe der Berliner Polizeipräsident *Moch* den Innensenator *Neubauer* (SPD) gewarnt: die Dutschke-Leute würden trotz des Verbotes demonstrieren; dann müsse die Polizei aufmarschieren, und es werde Tote geben.

Der Besucher war fast ein Jahr nicht in Berlin gewesen; nun wußte er: Hier war etwas los. Wenn sich die einen über Prügel freuen und die anderen mit Toten rechnen … Wie gut also, daß Günter Grass zu der Kundgebung *«Appell an die Vernunft»* aufgerufen hatte. Am vorigen Mittwoch wollten er und mehrere Gleichgesinnte (darunter der Besucher als einziger aus dem Westen) die Extreme zu versöhnen suchen.

Die Extreme sind: Senat, alle politische Funktionäre, die meisten Arbeiter und Bürger auf der einen, der Sozialistische Deutsche Studentenbund mit *Dutschke, Lefèvre* und fast alle Studenten auf der anderen Seite. Im Audimax der Technischen Universität preßten sich zweitausend Leute und tausend in einem weiteren Saal, der Lautsprecherübertragung hatte. Das Durchschnittsalter war zwanzig Jahre, viele jünger, ganz wenige älter. Die «Bürger» fehlten.

Als der Versammlungsleiter die fünf Redner aufrief, bekamen alle freundlichen Beifall. Alle, bis auf Günter Grass. Als der Schnauzbart sich vor dem Publikum erhob, gab es minutenlang Buh- und Ho-Tschi-Minh-Klatschen. Sein Gesicht wurde eine Nuance grauer und härter.

Erster Redner war *Heinz Brandt.* Er hatte den Rock ausgezogen, und man sah auf dem linken Unterarm in Blau die sechsstellige KZ-Nummer. Als er Hitler entkommen war, hatte ihn Ulbricht fast drei Jahre eingesperrt; das machte ihn dem Publikum sympathisch. Er schalt den Senat und den Bürgermeister, *seinen* Bürgermeister, denn Brandt ist Sozialdemokrat wie Bürgermeister Schütz. Am Unfrieden in der Stadt sei Schütz schuld; er bekämpfe die freiheitliche Linke in der Berliner SPD (Kämpfe im «Wohnküchenstil», sagte später Professor *Kade*), beuge sich der hetzerischen *Springer*-Presse (ganz großer Beifall).

Dem Besucher aus dem Westen (zweiter Redner) widerfuhr Merkwürdiges. Er war schon nach der Blockade in Berlin gewesen, hatte als Mitglied des Bundestages ein Amt angenommen, das beim Wiederaufbau Berlins helfen sollte – jede zweite Wohnung, fast alle Fabriken waren ja zerstört. Er hatte gesehen, wie die Berliner stolz waren auf ihren Sieg über Ulbrichts Blockade und darauf, wie sie mit geringer Hilfe (und viel gutem Zuspruch) aus dem Westen ihre Stadt wieder aufbauten. Er hört immer noch Bürgermeister Reuters Stoßseufzer: «Wir haben 300 000 Arbeitslose, wenn es erst einmal 200 000 sind …»

Deshalb dachte er sein Publikum mit einem Kompliment zu gewinnen und sprach von «der Stadt, deren Kraft und Leistung einmal das moralische Vorbild für die Bundesrepublik» gewesen sei.

Das Publikum hielt das für einen großartigen Witz; es lachte laut und herzlich. Die protestierende Jugend will nichts mehr wissen von den Leistungen und Erfolgen der zwanzig Jahre seit der Blockade. Das ist alles Großsprecherei alter Leute, «Opium fürs Volk», Gerede, mit dem die Herrschenden (das sind die Kapitalisten und die von ihnen ausgehaltenen SPD- und Gewerkschaftsbonzen) die Geburt der neuen, nun wirklich freiheitlichen Ordnung hindern wollen. Jede pathetische, auch nur liebenswürdige Wendung begegnete nachsichtigem Mitleid.

Nicht so Kritik am SDS und den Studenten. Der Redner meinte, es gebe im Berliner SDS Extremisten: die sprächen von Aufstand und Maschinenpistolen. Er sagte, die liberale Ordnung sei gefährdet, aber reparabel, und es gebe keinen Ersatz für sie. Und der Kapitalismus bringe immer noch die höchsten volkswirtschaftlichen Erträge. Er nannte Dutschke einen hochbegabten Intellektuellen, aber «gefährdet; er kann Massen bewegen, aber die Massen bewegen auch ihn», und die Gefahr des gewaltsamen Zusammenstoßes komme nicht nur von «rechts».

Das Publikum hörte es gespannt, aber gelassen. Es jubelte, wenn der Redner Schütz und seinen Senat attackierte, und es schwieg, wenn er Dutschke, dessen Meinung und dessen Freunde attackierte. Aber es schwieg nicht feindselig. Denn immerhin: Er ist ein Kapitalist, das ist seine Meinung; mit der muß man streiten. Er ist ja kein Verräter.

Ein «Verräter» aber war Günter Grass. Auf Günter Grass hatte die radikale Linke gehofft; ein Mißverständnis, denn Grass ist in der SPD, hat für sie im Wahlkampf 1964 geredet, er beschimpft zwar Schütz (mit Recht), lobt aber (nicht ganz so überzeugt) Willy Brandt. Die Jungen hatten geglaubt, sie könnten ihn mitreißen. Aber Grass ist renitent. Als er zum Pult ging, gab es Buh und Ho-Tschi-Minh-Klatschen, minutenlang. Der Schnauzbart, knapp über Pulthöhe, sank noch tiefer. Grass, als es ruhig wurde: *«Da Klatschen kein Argument ist, brauche ich darauf nicht zu antworten.»* Und siehe da: Dieselben Klatscher und Buher fanden das großartig, lachten lang und herzlich. Die erste Runde war an Günter Grass gegangen.

Grass schonte sein Publikum nicht. Natürlich schalt er den Senat, aber dann so: *«Solange der Terror des Senats dauert, kann ich die Dummheiten des SDS nicht bekämpfen.»* Und dann beschuldigte er auch den SDS: Gewalt nütze nicht, fordere nur Reaktion heraus. Es sei so einfach, gegen die NATO zu sein. Aber: *«Wir haben den NATO-Vertrag unterschrieben und müssen ihn halten. Wenn aber die Amerikaner in Vietnam mit Atombomben kämpfen, dann brechen sie den Vertrag, und wir könnten ihn lösen.»* Schließlich: *«Ich weiß nicht genug vom Vietcong, um ihm den Sieg zu wünschen.»* Tumult!

Ich weiß nicht, wer in Berlin außer Grass das in einem so tobenden Saal gewagt hätte. Grass ist – durch sein politisches Engagement – in Berlin eine moralische Kraft geworden, gehaßt zwar von der schwächlichen politischen Führung und der Springer-Presse, aber respektiert von den moralisch intakten, aber fanatisch-doktrinären Gegnern der liberalen Ordnung. Zum Schluß war der Beifall freundlich, aber Grass verzagt: *«Ob das überhaupt noch einen Sinn hat?»*

Ich meine: Ja.

Nachmittags war der Besucher aus dem Westen im «Republikanischen Club» verabredet, Wielandstraße Nr. 27. Der «Club», im zweiten Stock eines alten Prachthauses, ist so gemütlich wie eine Berliner Eckkneipe.

Lefèvre und einige seiner Freunde waren schon da, Dutschke kam 40 Minuten zu spät, das gehört zum Ritus. Aber er entschuldigte sich freundlich; das Flugzeug hatte Verspätung gehabt. Dreiviertel Stunden später wurde er schon ans Telephon und nach Helsinki gerufen, sofort, Flugverbindungen via Hamburg heraussuchen; wenn ich um 9 Uhr (abends) nicht in Malmö bin, hat's keinen Zweck mehr. Man muß ja viel zu Vorträgen reisen, die bringen Geld (Kapitalisten zahlen höhere Preise), und der Vietnam-Kongreß ist noch nicht bezahlt.

In der kurzen Zeit aber war er entspannt, aufmerksam, freundlich, bedacht, nicht zu kränken. Er wirkt dünnhäutig, empfindlich, spricht leise, melodisch, fast singend seine gewiß hundertfach vorformulierten Sätze: man denkt an den Priester bei der Messe. Jeder Satz klingt bedeutsam, aber schwer zu verstehen; man muß wohl länger mit ihm sprechen. Er ist immer grundsätzlich, wenig präzise im Detail. Er will, scheint mir, die neue Welt von oben aufbauen.

Seine Freunde: kräftig, pausbäckig und nachlässig gekleidet die einen; sie reden nicht viel. Sprechen tun die Schmallippigen, durch wenig Schlaf und Essen Anämischen. Sie sind «korrekt» angezogen und haben, 25jährig, Gelehrtengesichter. Sie sind klüger als der Durchschnitt der Studenten. Sie wissen viel und wissen es immer ganz genau; wenn man mit ihnen über Fakten streitet, versichern sie erstaunt: «Ihr Unterrichtungsstand ist aber sehr niedrig.» Immer diese Formeln.

Wohin sie wollen, das wissen sie gut. *«Die Herrschaft des Menschen über den Menschen muß auf das Geringstmögliche beschränkt werden.»* Gewiß. Und sie kämpfen *«gegen die autoritär-faschistische Tendenz unserer Gesellschaft»*. Im Kapitalismus sei der Krieg automatisch eingebaut. Nur die kapitalistischen USA führten noch Krieg. Da helfen die Hinweise auf Yemen, die russische Hilfe an Nasser, die 100 000 Toten in Nigeria wenig. Der Krieg Ho Tschi Minhs gegen den kapitalistischen Giganten hat sie fixiert. Daß Giaps Feldzüge soeben Hué zerstörten, Zehntausende von Toten hinterließen, gilt ihnen nicht. *«Das Volk kann untergehen, wenn nur die gerechte Sache siegt»*, sagten die Extremsten. Sie bestreiten gar nicht, daß der Kapitalismus mehr Güter produziert. Aber er verteilt sie falsch. Er weckt, um des «Profits» willen, unechte Bedürfnisse und hält dadurch die Masse in künstlicher Abhängigkeit. *«Liberal und rechtsstaatlich sind die Herrschenden nur, solange sie die ‹Abhängigen› damit betäuben können. Leisten die Abhängigen Widerstand, dann kommt der Polizeiknüppel.»*

Wogegen sie kämpfen, das wissen die Studenten; auch wohin sie einst wollen. Aber wie sie dahin kommen, das wissen sie nicht. Es soll gewiß nicht werden wie in der DDR oder Sowjetunion; auch da ist die Herrschaft (*«Repression»*) unerträglich. *Unsere organisatorischen Formen bilden sich erst keimhaft heraus.»* Keinesfalls Verstaatlichung. Aber vielleicht Übergang des Eigentums an Genossenschaften der in den einzelnen Betrieben Schaffenden. Also mehr «Mitbestimmung?» Um Gottes willen, nein, keine Macht den Gewerkschaften. Sie wissen nicht, wem sie mehr mißtrauen, Brenner oder Leber. *«Alle Macht den Räten, die ja nach dem gesellschaftlichen Bewußtsein gewählt und wieder abgewählt werden können.»* Aber wie man eine Stadt von zwei Millionen wie Berlin oder gar eine von zehn Millionen wie New York mit ständig wechselnden Räten verwalten will, das wissen sie nicht. *«Das Bewußtsein der Menschen muß verändert werden, dann werden alle friedlich miteinander leben.»*

Sie irren sich oft; sie unterschätzen die Konstanz der menschlichen Eigenschaften durch die Jahrtausende. Sie rasen dagegen, daß auch in einer Demokratie der Wille des Volkes nicht ungebrochen «nach oben» transmittiert werden kann; daß sich immer wieder Oligarchien bilden, die nur die eigenen und nicht die Interessen aller verfolgen. Sie wollen sich nicht damit begnügen, dieses häßliche Unkraut im demokratischen Garten immer wieder zu jäten; sie wollen ein System der ein für alle Male lupenreinen egalitären Gesellschaft.

Sie irren – aber ich beneide sie um ihren Glauben und ihre Redlichkeit. Die Gesellschaft wird sich vor ihnen bewähren müssen.

19. April 1968

THEO SOMMER

Die Vernunft bleibt auf der Strecke

Die Schüsse vom Gründonnerstag werden noch lange nachhallen in Deutschland. Das Attentat auf Rudi Dutschke und die Straßenschlachten der Ostertage markieren das Ende einer Epoche. Erst jetzt ist die Nachkriegszeit wirklich vorbei – eine Ära biederer Rationalität, in der sich die Kriegsgeneration der

Deutschen eine neue Welt zimmerte. Jetzt rührt sich die Friedensgeneration. Die Söhne wollen eine noch neuere Welt – die alte ist ihnen allzu brav, zu sehr dem Bestehenden verhaftet, zu wenig dynamisch. Die Väter hingegen verweisen stolz aufs Erreichte, dessen Unantastbarkeit ihnen höher steht als der jugendliche Drang zur Reform.

Dabei droht das eigentliche Positivum der letzten zwanzig Jahre verlorenzugehen: die Übereinkunft, bei aller Verschiedenheit der *Ziele* doch in der politischen *Methode* Vernunft walten zu lassen. Heute argumentiert die eine Seite mit Brandfackeln und Steinen, die andere mit Gummiknüppeln und Wasserwerfern. Zum erstenmal seit 1949 muß ernsthaft die Frage gestellt werden, ob Bonn nicht doch Weimar sei – oder werden könne. Selbst Leute, die allem Dramatisieren abhold sind, befürchten allerdings, daß es noch viel schlimmer kommen werde, ehe es besser werden kann. Ein halbtoter Dutschke reicht offenbar nicht aus, um Besinnung zu bewirken.

Und das ist das Schlimmste, was eine Woche nach dem Mordanschlag auf dem Kurfürstendamm konstatiert werden muß: Er hat zunächst keinerlei reinigende Wirkung gehabt. Eine Chance zur Katharsis scheint vertan. Die radikalen Studenten flüchten sich in einen wilden Amoklauf; die staatliche Gewalt ergab sich allenthalben einer abscheulichen Dreschflegelorgie; die hohe Obrigkeit schwelgte in widerlicher Selbstgefälligkeit, bis Bundesjustizminister Heinemann nach drei Tagen endlich das erste selbstkritische Wort sprach. Axel Springer aber, der nicht ohne früheres Zutun seiner Zeitungen zur Zielscheibe der Demonstrationen geworden war, brachte auch nach seiner Rückkehr aus Amerika nicht einen Satz heraus, nicht ein Wort der Erschütterung, nicht ein Wort der Einsicht. Und Einsicht wäre durchaus am Platze gewesen: daß er mit seiner heimlichen Sehnsucht nach der «disziplinierten Demokratie» über die Jahre hinweg dem Bonner Staat ans innerste Mark gegangen ist; daß er die linke «Intelligentia» verteufeln ließ und sie dadurch bloß bis aufs Blut reizte; daß er Sturm erntete, wo er Windstille hatte säen wollen. Nichts davon. Die meisten Springer-Blätter, hergestellt hinter Stacheldrahtverhauen und Polizeikordons, errichteten sich statt dessen Monumente der Selbstgerechtigkeit aus Druckerschwärze und Papier.

Wie sollte bei solch allseitiger Verblendung Versöhnung möglich sein? Jener neue Anfang, nach dem ein Fähnlein der Aufrechten in Berlin so beschwörend verlangte?

Nein – wenn aus den bösen Ereignissen der letzten Tage am Ende doch etwas Gutes kommen soll, dann muß zunächst die Einsicht sich Bahn brechen, daß keiner an der Fehlentwicklung unseres nationalen Lebens ohne Schuld ist: weder die Studenten noch die Springer-Presse, weder die Obrigkeit noch die Parteipolitiker. Der unselige Pistolenschütze Josef Bachmann darf nicht als Vorwand dazu herhalten, die notwendige Gewissenserforschung zu stoppen. Er ist, wie die meisten Attentäter der Geschichte, ein verstörter Einzelgänger, aber – wiederum wie die meisten seines Schlages – indirekt zugleich auch das Produkt des Milieus. Das Attentat ist stets der Punkt, an dem sich die beiden wesentlichen Antriebslinien alles historischen Geschehens kreuzen – ein individueller Wille und ein kollektives Bewußtsein. Mordanschläge sind nicht reiner Zufall.

Hier aber müssen sich die Studenten, jedenfalls ihre ultralinke Speerspitze im SDS, den Vorwurf gefallen lassen, daß sie selber durch die Propagierung der Gewalt als Mittel der politischen Auseinandersetzung mitgeholfen haben, den Boden für die Bluttat vom Gründonnerstag zu bereiten. Man darf dies nicht in dem billigen Sinne verstehen, der Beinahe-Ermordete sei schuld, nicht der Beinahe-Mörder. Doch läßt sich nicht übersehen, daß die SDS-Leute Gewalt gepredigt haben, wenn sie auch als «demonstrative und provokatorische *Gegen*gewalt» bemäntelt wurde.

Dutschke selber drückte sich da zwielichtig aus. Er baute stets mehr auf die Aufklärung der Menschen, die «Bewußtseinserweckung» bei den Massen, indes schloß er die Gewalt auch nicht ausdrücklich aus. Es sei nicht mehr die Zeit «nüchterner und kalter Reflexionen», sondern die der Mobilisation, sagte er unlängst, und er forderte zur Sprengung des Staatsapparates auf. Das freilich leistete jeder Art von willkürlicher, zur Violenz weisender Auslegung Vorschub. Kein Jonglieren mit Begriffen kann die Schreibtischtäterschaft des SDS, die geistige Vaterschaft an den Ausschreitungen der letzten Zeit aus der

Welt schaffen. Die Studenten – und nicht nur die Ultralinken – wollten die «provozierende Irrationalität». Sie weckten damit nur die irrationalen Kräfte auf der anderen Seite.

Nicht, daß es bei «Bild» und den Berliner Springer-Blättern eines Anstoßes bedurft hätte. Der permanenten Skandalisierung der Gesellschaft durch die Studenten setzten diese Publikationen eine permanente Verketzerung der Studenten entgegen – und der Ausdruck Pogromhetze erscheint dafür nicht zu weit hergeholt. Für Falschmeldungen (Humphrey-Besuch), hanebüchene Nachrichtenunterschlagung (nach dem Schah-Besuch), emotionelle Leserpostkampagnen (vorige Woche) fehlt es nicht an Beweisen. Ein Bündel von Zitaten belegt die wiederholte Aufforderung an die Berliner, die Justiz in die eigenen Hände zu nehmen – zuletzt am 7. Februar in «Bild»: «Man darf auch nicht die ganze Dreckarbeit der Polizei und ihren Wasserwerfern überlassen.» Dazu der greuliche Jargon: «Krawalltüten», «Politgammler», «immatrikulierter Mob». Wer auf diese Weise die Gosse beschwört, darf sich nicht wundern, daß er damit die Straße mobilisiert – und bei der Obrigkeit die Bremsen der Vernunft lockert. Die Schreibtischtäter auf den Redaktionen sind schlimmer als die vom SDS: Sie müßten es nämlich besser wissen.

Dennoch muß ganz klar gesagt werden: Was immer in den Springer-Blättern an Mißbilligenswertem steht – es rechtfertigt wohl legislative Maßnahmen gegen marktbeherrschenden Aufwiegeljournalismus, nicht jedoch die furiosen Sturmangriffe auf die Druckhäuser des Konzerns, nicht Steinwürfe und Brandstiftung, nicht den Versuch, die Pressefreiheit zu beschneiden, indem man die Auslieferung unliebsamer Zeitungen physisch blockiert. Dieser Versuch muß in der Tat unterbunden werden; denn wenn heute dem SDS gestattet würde, sich an Rechtsblättern zu vergreifen, wäre morgen auch kein Halten, wenn NPD-Sturmtrupps liberale und linke Veröffentlichungen berennen würden. Wie überhaupt die große Gefahr besteht, daß die Dutschkisten säen, wo eines Tages die Rechte ernten wird; daß das eine Extrem das andere hochschaukelt; daß statt der vom SDS erhofften Verbrüderung mit den Arbeitern bloß eine Lawine des kleinbürgerlichen Anti-Intellektualismus losgetreten wird.

Freilich: Schutz der Pressefreiheit darf auch nicht in hemmungslosen Polizeiterror ausarten. Zusammenstöße um der Legalität willen verschlimmern die Lage: sie fördern bloß die Solidarisierung der Studentenmehrheit mit der Minderheit der Ultras.

Wer die Ausschreitungen der Studenten verurteilt, muß auch die Ausschreitungen der Polizei verdammen. Sinnlose, blinde Knüppelei, wie wir sie überall zu Ostern beschert bekamen, kann selbst den unbefangenen Beobachter zur Sympathie für die Demonstranten zwingen. Dazu die Ratlosigkeit und Einfallslosigkeit der Regierenden: Ahlers erst mit seinen papierenen Verlautbarungen; Kiesinger dann beredt, aber ohne erkennbares tieferes Verständnis für das, was auf dem Spiele steht; schließlich Schütz in seiner hölzern-hilflosen Mir-kann-keiner-Attitüde. Armes Deutschland, dessen gewählte Herren dauernd Gespräche mit der außerparlamentarischen Opposition anbieten, aber dann vor Angst vergehen, wenn die SDS-Sprecher ein Tonbandgerät mitbringen!

Die Politiker jedoch – sie machten Osterferien. Wegen der Telephongebühren ließen sie sich von «Bild» einmal aus dem Sommerurlaub holen, aber diesmal stieß die Anregung, eine Sondersitzung einzuberufen, auf taube Ohren. Wann wird sich der Bundestag je mit einem neu auftauchenden Problem befassen, ehe es nicht schon im letzten Nachtprogramm stundenlang debattiert worden ist?

Unsere Abgeordneten haben die Zeitwende nicht begriffen – und nicht ihre Mitschuld an der Entfremdung der Jugend. Sie sind froh und zufrieden, wenn sie jedes Jahr einen halbwegs vertretbaren Haushalt zurechtzimmern, sie einigen sich mit ein bißchen Glück auch über diese oder jene Sachfrage. Aber die Wertfragen klammern sie aus. Die Wünsche der nachfolgenden Generation überhören sie. Sie suchen Übereinkunft im Stillstand, nicht in der Bewegung. In der Großen Koalition verwischen sie die Fronten, anstatt deren Verlauf sichtbar zu machen – was allein der außerparlamentarischen Opposition den Wind aus den Segeln nehmen könnte. Sie scheuen den Streit – obwohl allein aus der Reibung der Meinungen der Antrieb zum Fortschritt kommen kann. Konformität ist selbst innerhalb der

Fraktionen Trumpf – weshalb denn den Abweichlern gar nichts anders übrigbleibt, als ihre Vorstellungen außerhalb des Parlaments zu entwickeln.

Die radikale Mitte, aus der unser Volk lebt, hat sich all dies bisher bieten lassen. Sie hat zu sehr auf die Kraft der Kritik und die Automatik der Evolution vertraut. Von jetzt ab werden die Liberalen und die fortschrittlichen Konservativen wieder eine schärfere Klinge fechten müssen. Zwischen der ratlosen Gewalt der Regierenden ohne Programm und der fühllosen Gewalt der Protestierenden ohne Ziel muß es einen dritten Weg geben: die permanente Reform, die das Bestehende fortentwickelt, ohne seine Fundamente zu zertrümmern. Die Wandlungsfähigkeit muß zum bestimmenden Kriterium werden.

Der Anschlag auf Rudi Dutschke war nur der Anlaß, nicht der Grund zum Osteraufstand 1968. Der Grund liegt darin, daß die Jungen an der Kraft unseres Systems zur Wandlung verzweifeln. Die praktische Widerlegung ihrer These steht bisher noch aus. Notfalls wird sich die Demokratie auch mit Schlagstöcken und Tränengas ihrer Haut wehren müssen. Aber ehe es soweit ist, gibt es zwei andere Mittel: Überzeugung durch Dialog und Überzeugung durch Leistung. Der Verzicht darauf wäre die Kapitulation der Vernunft vor der Unvernunft, die Preisgabe der Mitte an die Extreme.

1969

31. Januar 1969

Rolf Zundel

Dramaturgie eines Skandals

Am schrecklichsten für die Zuschauer war das Lächeln, das ihn fast nie verließ, als er durch die Gänge des Bundeshauses geführt wurde. Es bildete keine undurchdringliche Maske, die gegen vieläugige Neugier schützte, dazu war es nicht hochmütig genug, drückte zu sehr Verlegenheit und dumpfes Staunen aus. Eugen Gerstenmaier, so hatte man den Eindruck, begriff nicht mehr, was ihm eigentlich geschah.

Er, der Hausherr, der hier vierzehn Jahre lang, zwar nicht von allen geliebt, aber doch respektiert, das Regiment geführt hatte, mit Amtsinsignien reichlich versehen – einem Mercedes 300, der die Nummer 1–1 führt, einer Dienstvilla, einer Suite im Bundeshaus, kurzum, ein Mann, der für sich und sein Amt Ehrerbietung verlangte und Würde verbreitete –, jetzt wurde er vorgeführt im eigenen Haus wie ein Untersuchungsgefangener, vor die Fraktionsführung zitiert, um sich dort, bildlich gesprochen, die Taschen umdrehen zu lassen. Welch ein Wandel!

Gerstenmaier hatte den Stil des Hauses geprägt, er hatte die buntbefrackten Saaldiener und das Präsidentensignal eingeführt. Und wenn der Gong tönte und die hallende Stimme aus dem Lautsprecher die Ankunft des Sitzungspräsidenten ankündigte, verstand keiner so gravitätisch in den Plenarsaal einzuziehen wie Eugen Gerstenmaier; er war jeder Zoll «der Präsident». Er trat in vielen Festakten als *Praeceptor Germaniae* auf, vereidigte Minister und Kanzler und wußte immer ein Staatsschauspiel daraus zu machen. Der Bundestagspräsident war es auch, der die Großen der Politik verabschiedete, ihnen die Laudatio hielt und sie mit der römischen Formel – «er hat sich um das Vaterland verdient gemacht» – aus dem Dienst am Staat entließ. Sein Rücktritt wurde um 9 Uhr, an einem grauen Freitagmorgen, vor fast leerem Haus verkündet. Sein Stellvertreter Schöttle verlas in geschäftsmäßigem Ton die Erklärung; das Ganze dauerte drei Minuten, dann ging das Parlament zur Tagesordnung über.

So tief und so schnell ist selten ein Politiker in der Bundesrepublik gestürzt. Knapp zwei Wochen lagen zwischen dem Bekanntwerden von Gerstenmaiers Wiedergutmachungszahlung und der Ankündigung seines Rücktritts. In drei Phasen vollzog sich der Sturz.

1. Die Nachricht über die Wiedergutmachungszahlung elektrisierte die Öffentlichkeit und schreckte den Präsidenten. Aber weder die Journalisten, die damals schon den Stab über ihn brachen, erwarteten im Ernst, Gerstenmaier werde über diese Nachricht zu Fall kommen; noch schätzte Gerstenmaier selber die Affäre richtig ein. Er war verärgert, in seiner Ehre gekränkt, aber nicht um sein Amt besorgt.

2. Bei seiner Pressekonferenz verpatzte der Bundestagspräsident mit fast traumwandlerischer Sicherheit alle Einsätze, ließ seiner Erbitterung in bösen Monologen freien Lauf («Nazi hätte man sein müssen», «Staat des Berechtigungswesens»), kokettierte mit seiner eigenen Schlauheit, beantwortete präzise Fragen nicht genau und glaubte am Ende, er hätte diese Prüfung mit Glanz bestanden. Hier wurde zum erstenmal deutlich, daß Gerstenmaier in seiner Egozentrik unfähig war, die Gefährlichkeit der Situation zu begreifen und entsprechend darauf zu reagieren.

3. Nach dieser Pressekonferenz wurde der Fall Gerstenmaier zum Thema Nummer eins der Innenpolitik. Die Abgeordneten, die am Wochenende in die Wahlkreise gefahren waren, kamen erschreckt und verstört nach Bonn zurück. So schlimm hatten sie sich die Reaktion nicht vorgestellt. Damit begann die dritte Phase, in der es nur noch darum ging, wie der widerstrebende Präsident am besten aus dem Schußfeld entfernt werden könnte.

So groß die Erregung war, so dürftig sind die Gründe, die offiziell für Gerstenmaiers Rücktritt angegeben wurden. Die CDU / CSU konstatierte allenfalls politische Unbedachtheit und sprach ihm Dank und Anerkennung aus. Die SPD, ähnlich wie die FDP, lieferte immerhin Stilkritik: Gerstenmaier habe «in dieser Auseinandersetzung nicht so reagiert, wie es der Sache entsprochen hätte». Diese Kritik, reichlich pauschal gehalten, bezieht sich wohl auf die Pressekonferenz; als Begründung oder Erklärung seines Rücktritts reicht sie nicht aus.

Der Bericht der SPD-Dreierkommission (Hirsch, Gscheidle, Sänger) und private Bemerkungen anderer Abgeordneter führen schon etwas näher an die wahren Gründe heran: Im SPD-Bericht steht der Satz: «Sein Ziel (die Anerkennung als Widerstandskämpfer und als Professor) verfolgte Gerstenmaier mit allen ihm zur Verfügung stehenden Mitteln, auch mit dem Einfluß, den ihm sein Amt als Präsident des Deutschen Bundestages möglich machte.» Mit anderen Worten: Er schaltete sich in die Formulierungen des Gesetzestextes ein, allerdings ohne Erfolg; insofern kann man nicht von einer *Lex Gerstenmaier* sprechen. Und er konferierte über die Anwendung dieses Gesetzes auf seinen Fall mit den höchsten zuständigen Stellen.

Im SPD-Bericht steht ferner der Satz: «Es zeigt sich in der Behandlung seines Antrags durch die Behörden eine außerordentlich großzügige Kulanz.» Diese Kulanz war freilich kein Ausnahmefall, es zeigte sich nämlich weiter, «daß bei Antragstellern mit einer guten Rechtsvertretung und bei Antragstellern, die im öffentlichen Leben eine Position bekleiden, im allgemeinen gleich verfahren wurde». Ein Satz, der brave Bürger veranlassen könnte, Klassenkämpfer zu werden. Allerdings wird daran auch deutlich: Gerstenmaiers Verfehlung bestand nicht darin, daß er sich anders als andere verhielt, sondern daß er das gängige Verhalten für Rechtens hielt und kein Hehl daraus machte. Er gab sich nicht einmal Mühe, den schönen Schein zu wahren.

Wer strenge moralische Maßstäbe anlegt, mag Gerstenmaier vorwerfen, er hätte spüren müssen, daß ein Mann seiner Position sich in eigener Sache äußerster Zurückhaltung befleißigen muß, weil sein Wort eben mehr Gewicht hat als das eines Durchschnittsbürgers, er kann nicht nach dem Grundsatz leben: Gleiches Recht für alle. Wenn sich der Bundestagspräsident direkt beim Innenminister nach dem Stand seiner Angelegenheiten erkundigt, so mag das der Intention nach nicht von der Aktion eines einfachen Mannes zu unterscheiden sein, der einer untergeordneten Behörde einen Brief schreibt; beide wollen Aufklärung, wollen ihr Recht. In der Wirkung sind beide Schritte nicht zu vergleichen.

Die öffentliche Meinung ist in diesem Punkt sehr streng. Sie verlangt von den Politikern zwar, sie sollten schlau und gerissen sein, aber nicht in eigener Sache. Hielt gilt der Grundsatz: Sie sollen leben wie die Lilien auf dem Felde, selbstgenügsam und lieblich anzuschauen. Dieses Bild hat Gerstenmaier nicht geboten.

Was die pekuniäre Seite der Sache angeht, so ist ziemlich sicher, daß es Gerstenmaier «in erster Linie, zumindest wahrscheinlich ausschließlich, um die rechtliche Klärung dieser Frage gegangen ist» (SPD-Bericht). Hier richten sich die Bedenken vor allem darauf, daß Gerstenmaier nicht gespürt hat, wie problematisch das Gesetz ist (das erstens die Angehörigen des öffentlichen Dienstes gegenüber anderen Verfolgten ungewöhnlich begünstigt und zweitens hohen Würdenträgern dieses Staates für Beschwernisse im NS-Regime Geld gewährt), und daß er das erhaltene Geld nicht sofort auf ein Sperrkonto gelegt hat. Auch hier offenbart sich eine Diskrepanz der Moralauffassung: Gerstenmaier fand es würdigenswert, daß er dieses Geld wieder verschenken wollte, die Öffentlichkeit meinte, es hätte gar nicht erst durch seine Hände gehen dürfen – oder er hätte sich doch mit dem Verschenken etwas mehr beeilen sollen.

Das auslösende Motiv für Gerstenmaiers Aktivität in Sachen Wiedergutmachung war nicht Geldgier (was nicht hinderte, daß seine Anwälte später auf Zahlung drängten). Auch die Anerkennung als Widerstandskämpfer war nicht der einzige Grund; sie hätte sich auch anders erreichen lassen. Das Unrecht, das ihm in der NS-Zeit widerfahren war, verdichtete sich ihm in einem einzigen Gedanken: die verhinderte Professur. Dies muß eine fixe Idee für ihn geworden sein. Nach Gerstenmaiers Rede vor der Fraktion berichtete ein Abgeordneter kopfschüttelnd: «Jetzt haben wir ihn zum zweiten Mann im Staat gemacht, aber das ist nichts. Er will Professor werden.» Dieser Wunsch war nur zu erfüllen, wenn Gerstenmaier Wiedergutmachung nach dem Gesetz für den öffentlichen Dienst verlangte. Gerstenmaier hat für seinen akademischen Ehrgeiz in politischer Münze bezahlen müssen.

Sicher haben sich auch schon andere Politiker ähnliche Stilmängel zuschulden kommen lassen und sind doch nicht darüber gestürzt. Mangelnder politischer Stil war auch nicht die Ursache für den Sturz Gerstenmaiers, allenfalls die Begründung. In Wirklichkeit ist der Präsident gestürzt worden, weil er Urheber und Opfer eines politischen Skandals wurde.

Skandale haben typische Abläufe. Sie entstehen durch eine Nachricht, die ohne Kommentar, allein durch die Verbreitung Empörung auslöst. Daß der Bundestagspräsident 281 000 Mark als Wiedergutmachungszahlung erhalten hat, war eine solche Nachricht. Sie rührte an die tiefsten Ressentiments gegen das Establishment, bestätigte die geläufigen Vorurteile: die an der Krippe sitzen ... und die Summe war so schön rund – nicht so wenig, daß man darüber hinweggehen konnte, nicht so viel, daß sie das Vorstellungsvermögen überstieg, gerade griffig: ein halber Lottogewinn. Die Verknüpfung mit der Wiedergutmachung machte das Thema vollends explosiv. Die Wiedergutmachungsgesetze sind nie populär gewesen; was an Praktiken davon bekannt wurde, weckte Argwohn, Ressentiments. Die Nachricht über die Wiedergutmachungszahlung an Gerstenmaier löste typische Reaktionen aus: den Zweifel, ob er wirklich so mutig widerstanden hatte, den Zweifel, ob man für Nöte, die man sich durch politische Gesinnung zugezogen habe, auch noch materiell entschädigt werden dürfe. Um in der politischen Gesellschaft wirklich als Widerstandskämpfer anerkannt zu werden, empfiehlt es sich, tot zu sein.

Gerstenmaier erfüllte noch mehr Voraussetzungen, um ideales Objekt für einen Skandal zu werden. Er hatte immer strengen Dienst am Staat gefordert; es scheint ein Urtrieb der Menschen zu sein, solche Leute als Heuchler zu «entlarven». Er hatte bei anderen Gelegenheiten gezeigt, daß er den Wert des Geldes zu schätzen wußte; deshalb hatte er es schwer, in diesem Fall sein Desinteresse glaubhaft zu machen. Und vor allem: Er hatte keine Freunde. Ohne ihre Hilfe ist ein Skandal unmöglich durchzustehen. Vor der Fraktion gebrauchte Gerstenmaier das Bild, er komme sich vor wie einer, der gegen einen Sturm anschreien müsse, aber er zweifle, ob er noch gehört werde. Die CDU hatte beschlossen, ein Opfer zu bringen, um die Empörung wieder zu besänftigen.

Gerstenmaier wurde plötzlich als eine Bedrohung für die eigene Partei, als Gefährdung des Regierungssystems empfunden. Hinterbänkler der CDU begannen mit belegter Stimme vom nicht wieder gutzumachenden Schaden für die Demokratie zu sprechen, einige Abgeordnete fragten besorgt, wieviel Prozent die Partei wegen Gerstenmaier einbüße, andere seufzten: Hoffentlich kommt nicht noch mehr ans Tageslicht. Die Parteiführung aber überlegte: Wie kann Gerstenmaier möglichst schnell und mit möglichst geringem Schaden aus dem Verkehr gezogen werden?

Der Fall Gerstenmaier wurde jetzt in erster Linie unter dem Aspekt der Parteiräson und der Staatsräson betrachtet. Eine grausame Betrachtungsweise – da zählt nicht mehr individuelle Schuld, nicht mehr persönliches Verdienst, nur noch die Wirkung. Gerstenmaier kämpfte wie ein Verzweifelter gegen diese Beurteilung. Er dachte an seine Ehre; die Fraktionsvorsitzenden dachten an das Anwachsen der NPD-Stimmen und an die Wirkung im Ausland. Gerstenmaier trat nicht aus eigener Überzeugung zurück; er wurde mit sanfter, aber unerbittlicher Gewalt aus seinem Amt gedrängt.

Skandalopfer werden nicht nach Verdienst behandelt, die Härte der Buße richtet sich nicht nach der Schwere der Verfehlung, sondern nach der erstrebten politischen Reinigungswirkung. An ihnen darf das Volk die Urgewalt seiner moralischen Macht erleben und wird, eben durch dies Opfer, mit dem System wieder versöhnt. Insofern ist der Skandal nur die Extremform staatsbürgerlicher Einflußnahme auf die Politik – eine eruptive Selbstreinigung, von Zeit zu Zeit notwendig und für das System äußerst heilsam: Der Sturz des einen wirkt als Warnsignal für alle anderen.

26. September 1969

MARION GRÄFIN DÖNHOFF

Bilanz der Großen Koalition

Nun geht also das Experiment der Großen Koalition zu Ende, jener Regierungskombination, bei deren Beginn die Mehrheit aller Kommentatoren meinte, sie beseitige jegliche Voraussetzung wirksamer Machtkontrolle und werde das Funktionieren des Parlamentarismus derart stören und behindern, daß es schließlich zur Machtergreifung des Proporz in Permanenz kommen müsse.

Theoretisch hatten jene Kritiker recht. Praktisch und für die besondere Situation der Bundesrepublik gesprochen, hatten sie unrecht – woraus wieder einmal deutlich wird, daß man in der Politik mit Lehrbüchern, Idealvorstellungen und Modellen nicht allzuviel anfangen kann.

Theoretisch hatten sie recht, denn soviel steht fest: Das demokratische System kann nur unter der Voraussetzung funktionieren, daß die Regierung jeweils zeitlich begrenzt ist. Dies wiederum setzt voraus, daß die parlamentarische Opposition glaubhaft ist. Das heißt, sie muß stark genug sein, um bei den nächsten Wahlen die Mehrheit erringen zu können, damit Regierung und Opposition dann ihre Rollen tauschen können. Dies aber ist nicht möglich, wenn 90 Prozent des Parlaments die Regierung stellen und nur 10 Prozent die Opposition bilden.

Praktisch aber hatten sie unrecht, weil bei uns die Voraussetzung für den Rollentausch einfach nicht gegeben war, sondern erst geschaffen werden mußte. Schließlich hatten ja während vier Legislaturperioden die CDU/CSU die Regierungsrolle, die SPD die Opposition in Erbpacht gehabt. Wir schrieben an dieser Stelle am 27. August 1965, also drei Wochen vor der letzten Wahl: «Bei uns würde daher die Große Koalition den Wechsel der Parteien nicht blockieren, sondern im Gegenteil wahrscheinlich erst einmal die Voraussetzung dafür schaffen. Denn offenbar muß dem deutschen Volk die SPD erst einmal zweispännig, also zusammen mit dem bewährten Führpferd, der CDU, vorgetrabt werden, ehe das Publikum es für möglich hält, daß man auch mit den Sozialisten ganz gut fahren kann.»

Die Große Koalition kam dann erst im Dezember 1966 zustande und wurde zu einem tiefen Einschnitt in der Geschichte der Bundesrepublik. Zum erstenmal entdecken nun auch breitere Schichten des Bürgertums, daß die SPD regierungsfähig ist. Von den drei Ministern, die sich der Öffentlichkeit als die interessantesten und wirkungsvollsten Mitglieder des Kabinetts darboten – Strauß, Brandt, Schiller –, gehören zwei der SPD an. Es hat sich ferner die prinzipielle Einstellung zu einigen großen Komplexen von Grund auf verändert: in der Wirtschafts- und Sozialpolitik, in der Außenpolitik und im Bereich der Justiz.

Um mit dem letzten zu beginnen: Die Große Koalition hat mehr liberale Reformen ermöglicht als die fünf vorangegangenen Kabinette. Ein neues Staatsschutzrecht ist an die Stelle der alten, vom Geist des Kalten Krieges regierten Gesetze getreten, und eine gründliche Durchforstung der Sittenparagraphen fand statt.

Während Erhard jede Form von Planung in der Wirtschaft als Häresie empfand, ist Schiller für Globalsteuerung. Darum wurden die Mittelfristige Finanzplanung und das Stabilitätsgesetz eingeführt, wurde bewußte Konjunktursteuerung betrieben, die Konzertierte Aktion erfunden und ein Finanz-, Sozial- und Agrarkabinett errichtet. Unter solchen Aspekten konnte endlich auch die Strukturkrise des Bergbaus tatkräftig angegangen werden. Die Reform der Finanzverfassung im Mai dieses Jahres gibt schließlich die Möglichkeit, daß drei Gemeinschaftsaufgaben – Bau von Hochschulen, regionale Wirtschaftspolitik und Agrarstrukturpolitik – nach bestimmten Regeln von Bund und Ländern gemeinsam geplant und finanziert werden.

Am Ende der Erhard-Ära war die Wirtschaft in einen katastrophalen Zustand geraten. Minister Heck stellte damals fest, daß der Haushalt bis zum Jahr 1970 jährlich ein Minus von 8 Milliarden aufweisen werde. Durch riesige Wahlgeschenke vor der Wahl von 1965 und durch zusätzliche Ausgaben war die Hochkonjunktur so angeheizt worden, daß in den Jahren 1965 und 1966 die Lebenshaltungskosten insgesamt um 7 Prozent gestiegen waren. Der notwendige Tritt auf die Kreditbremse hatte dann einen Investitionsstopp, Kurzarbeit, Entlassungen und schließlich 670 000 Arbeitslose gezeitigt.

Schiller hat mit seinem Konjunkturprogramm (im Frühjahr 1967: 2,5 Milliarden, im Herbst 1967: 5,3 Milliarden) die Wirtschaft wieder in Gang gebracht. Im darauffolgenden Jahr war der Aufschwung bereits deutlich erkennbar; trotzdem empfahlen die Fünf Weisen weitere Anregungsmittel, und Schiller beabsichtigte eine dritte Investitionsspritze zu geben, was, wie heute jedermann weiß, zweifellos zuviel gewesen wäre. In jenem Moment also bewährte sich die Große Koalition in besonderer Weise: Strauß fiel dem um seinen Erfolg bangenden Schiller in den Arm und verhinderte eine weitere Anfachung der Konjunktur.

Auch in der Sozialpolitik hat sich in der Ära der Großen Koalition der Aspekt von Grund auf verändert. Lag der Ansatz früher bei der Überzeugung, Fürsorge und Wohltätigkeit seien nun einmal unvermeidlich, so hat sich jetzt die Erkenntnis Bahn gebrochen, daß Sozialpolitik aus gesellschaftspolitischen Gründen notwendig ist und sich auch volkswirtschaftlich als Investition durchaus rechtfertigen läßt.

Heute verfügt das Arbeitsministerium mit rund 17 Milliarden Mark über den zweitgrößten Etat. Vorausschauende Berufsplanung und Anpassung an die sich verändernde Wirklichkeit sind die entscheidenden Motive der Sozialpolitik. Der entsprechende Erfolg in der Großen Koalition: das Berufsbildungsgesetz, das Arbeitsförderungsgesetz, die Lohnfortzahlung und die Gleichstellung der 11 Millionen Arbeiter mit den 5,6 Millionen Angestellten. Dies alles ist weitgehend das Verdienst des CDU-Ministers Katzer, der aber ohne die SPD im Kabinett dieses Programm nicht hätte durchsetzen, ja nicht einmal hätte konzipieren können.

In einer Zeit wie der heutigen, in der die Ereignisse sich überschlagen und Entwicklungen sich in so rasantem Tempo vollziehen, verliert man leicht den Maßstab für den Grad der Veränderungen. Blättert man aber die Dokumente der letzten drei Jahre noch einmal durch, dann staunt man, wie vieles im Bereich der Außenpolitik und der Beziehungen zur DDR heute für die öffentliche Meinung selbstverständlich geworden ist, was in der Adenauer- und Erhard-Ära ganz undenkbar gewesen wäre.

Anderthalb Jahrzehnte war in Bonn kein Brief aus Ostberlin angenommen, gelesen oder gar beantwortet worden. Im Sommer 1967 aber fand ein Briefwechsel auf höchster Ebene zwischen Kiesinger und Stoph statt. Bonn hat damals Verhandlungen über 16 konkrete Themen angeboten. Im gleichen Jahr hatte der Wirtschaftsminister den westdeutschen Unternehmern empfohlen, an der Leipziger Messe teilzunehmen, eine bis dato unvorstellbare Maßnahme.

Im Jahr darauf erklärte Bonn die Einrichtung paritätisch besetzter gesamtdeutscher Kommissionen für denkbar und führte den «Zeitungsaustausch» ein, der bis zum heutigen Tage einseitig blieb. Kurz vor den Prager Ereignissen waren schließlich Gespräche zwischen Schiller und Sölle, dem Außenhandelsminister der DDR, vorgesehen, die dann aber eben wegen jener Ereignisse nicht zustande kamen.

Einen Erfolg hat dieser Versuch, durch offizielle Kontakte mit DDR-Behörden zur Entspannung beizutragen, nicht gezeitigt; die einzige Antwort, die von seiten der DDR einging, war negativ, nämlich die Einführung der Paß- und Visapflicht im Jahre 1968. Das aber macht die Bonner Politik nicht weniger richtig.

Die Sowjetunion reagierte ebenfalls negativ, und zwar aus genau dem gleichen Grunde. Drohend wurde immer wieder vermerkt, die neue Ostpolitik der Bundesrepublik versuche die Solidarität des sozialistischen Lagers zu untergraben. Moskau befürchtet, daß die Kohäsion im östlichen Lager proportional zur Ausbreitung der Entspannung abnehmen würde, und hat darum hohe Barrieren gegen eben diese Politik errichtet.

So hat die neue Flexibilität der Ostpolitik leider zu nichts anderem geführt, als vor aller Welt deutlich sichtbar den Schwarzen Peter wieder loszuwerden, den der Osten während der Adenauer- und Erhard-Zeit Bonn ohne Schwierigkeiten hatte zuschieben können. Und noch etwas: Die Haltung der Bürger dem Osten gegenüber hat sich gewandelt. Trotz aller kalten Duschen, die aus Moskau, Ostberlin und anfangs auch aus Warschau kamen, haben sich 75 Prozent der Bevölkerung für eine Fortsetzung der Brandtschen Außenpolitik erklärt.

Die Große Koalition hat demnach nicht nur strukturelle Veränderungen hervorgebracht, sie hat auch die Bewußtseinslage der Bürger verändert. Übrigens in einer Weise, wie es einer SPD-Regierung im Alleingang nie möglich gewesen wäre, denn die SPD hat ja den Born der Weisheit auch nicht gepachtet. Sie hätte ohne die Partnerschaft sicherlich versucht, sehr viel kühnere Pläne – in den Jahren wirkungsloser Opposition erträumt – zu verwirklichen. Die Große Koalition aber zwang sie, die Grenzen der Realisierbarkeit solcher Ideen empirisch zu prüfen.

Jetzt ist der Weg frei für eine normale Innenpolitik, bei der die beiden großen Parteien einander in der Regierung abwechseln können. Das gemeinsame Regieren der beiden großen Parteien als Dauerlösung würde das Ende der Demokratie bedeuten. Diese Kombination war nur als einmalige Übergangslösung zu rechtfertigen. Der Übergang aber ist geschafft. Die Bundesrepublik ist in diesen letzten drei Jahren ein großes Stück weitergekommen.

26. September 1969

Momos

Es war eine traurige Wahlnacht

Da schien es im letzten Augenblick doch noch kritisch zu werden, *das müssen Sie mir glauben*, rief der Kanzler emphatisch, als er in Appels Runde, Gleicher unter Gleichen, unbewiesene Behauptungen aufstellte. (Doch weil er seine Gewährsmänner partout nicht preisgeben wollte, tat's auch der Glaube nicht mehr.)

Da wurde – ein Zeichen der Unsicherheit – das alte Horazische Bild vom gefährdeten Staatsschiff beschworen – wehe, wenn der christliche Steuermann die Brücke verläßt und des Abendlands Flagge in den Wogen versinkt! –, da sagte der Kanzler: Meinen Freunden im Ausland habe ich erzählt, daß ich die Devisenbörse zu schließen gedächte, aber dem Schiller verschwieg ich's, der redet im Wahlkampf so viel, und das darf er doch nicht.

Da inserierten deutsche Männer in «Bild», die hießen von der Heydte und Pascual Jordan und riefen mit ihren Kumpanen nach dem Staat mit Zuchthaus und hehrer Moral, die ließen allesamt die schwarzweißrote Katze aus dem Sack und zeigten Thadden, was 'ne teutsche Harke ist: Wählt nicht die gewissen Parteien, stimmt rechts und schafft wieder Ordnung, ihr Leute.

Und als es dann soweit war, am Sonntag um 6, und Frau Noelle ihre Prophezeiungen analysierte (Rot knapp vor Schwarz, Braun ohne Chancen), als bäuerliche Gemeinden die ersten Ergebnisse brachten (bergab, bergab, die Staatspartei), da schien es um Kanzler, Jordan und «Bild» tatsächlich geschehen.

Dann aber, es war 3 Minuten vor 7, wurde plötzlich die Trommel gerührt, beiläufig geschah es, fast nebenbei, Magister Wildenmann hob noch abwehrheischend die Linke, doch da war's schon heraus, *von diesem Körpertreffer wird sich der Gegner nicht mehr erholen*, hieß es kurz vorher bei einer Sportreportage, da war es heraus, daß *die Partei des Erfolges*, wie der Kanzler sie nannte, am späteren Abend, auch dieses Mal wieder, so Rainer Barzel, *vom deutschen Volk den Führungsauftrag erhalten hatte*.

Sechs Punkte rangierten die volksbeauftragten Führer vor ihren Verfolgern: Was Wildenmann schwante, malte Rohlinger aus ... 47,6 zu 41,1, es konnte toller nicht kommen. Schon gab der nimmermüde Scheel klein bei, schon meinte Generalsekretär Bruno Heck, die SPD hätte halt einen politischeren und nicht so einen Reklame-Wahlkampf aufziehen müssen: Schaut euch das Bild des Kanzlers an, ihr Sozialdemokraten, das ist politisch durch und durch, und wenn wir sagen, daß es auf ihn ankommt, dann kommt das an bei den Leuten!

Selbst Herr von Thadden gab sich elegisch, lieb Portugal, wie schön bist du, und was Herbert Wehner betrifft, der machte aus Worten kleine Granaten, er schoß und schimpfte auf die *Pendelbrüder* von der FDP und hatte die Heinemann-Wahl schon wieder vergessen.

In diesem Augenblick, da sich, wie anno 65, eine große Resignation auszubreiten begann, war es Karl Schiller, der als erster die immer noch mögliche Koalition mit den Freien Demokraten beschwor. Bewegend, der Moment: Da war also noch Hoffnung; man atmete auf, es wurde geklatscht in Bonn, erst zaghaft, dann lauter; der Optimismus, verkrampft zuerst, halb trotzig, halb galli-sophistisch (nach der Melodie geknurrt: und ihr habt doch gesiegt) ... dieser Optimismus setzte sich durch, Zuversicht kehrte zurück, und siehe da, die Kurse machten mit, sie kletterten, wenngleich in bescheidenen Grenzen, von Zehntelpunkt zu Zehntelpunkt, und als man dann den Schlußstrich zog, kamen immerhin respektable 12 Sitze Mehrheit für jene Linken zusammen, die vor dem Fest von der einen, der einzigen Stimme gesprochen hatten, die ihnen genüge.

Da aber hob ein großes Rätselraten an, im ZDF und mehr noch bei der ARD, die sich an diesem Abend um ein Quentchen politischer gab als die Mannschaft aus Mainz; mehr Journalisten-Kommentare (vorzüglich Harpprecht über die Verschwisterung der Nationalen mit dem N und dem C), mehr Detail-Informationen aus den einzelnen

Wahlbezirken und -kreisen, Rasner durchgefallen, Merseburger fragt weiter, keine Schlager (wohl aber ein Krimi), keine Kochbuch-Sentenzen: *Unter den Stars, die Sie hören, darf Hildegard Knef selbstverständlich nicht fehlen* (wieso eigentlich nicht?).

Immerhin konnte der Betrachter am Bildschirm gerade beim Wechselspiel zwischen Volksvertretern und Mimen wieder einmal erkennen, wie nah sich doch – kein Wunder bei diesem durchaus personalistisch aufgezogenen Wahlkampf! – Politik und Schaugeschäft sind: Konsum-Objekte für die Unwissenden! Als habe sich Willy Birgel entschlossen, Verse von Stefan George zu sprechen – so trat der Kanzler unter die Seinen, nach Art des Hofes längst schon von den Fernseh-Kammerdienern annonciert: *Jetzt öffnet er die erste Flasche Wein, schon werden die Kraftfahrer abgerufen und die Geheimpolizisten, wir warten alle auf Godot.* Und als er dann kam, da sagte er huldvoll, daß sich die SPD, dank dem Regierungsgeschäft unter seiner Aegide, ein wenig herausgemacht habe und daß er ein Glas Wein zu trinken gedenke, nach all den Reden im Wahlkampf. (Und später erfuhr man dann noch, daß Nixon ihm telephonisch Glück gewünscht habe, es gibt ja einen Draht für solche Fälle zwischen Bonn und Washington.)

Da war doch Willy Brandt aus anderem Holz, der legte seine Karten, während die Leute lachten und klatschten, fröhlich und laut auf den Tisch – und da liegen sie nun, und Walter Scheel, der weiß, daß seine Partei sich überall dort am stärksten erwies, wo sie mit den rosanen Leuten im Bund war (Minister Schröder gab das leiderfüllt zu) – dieser Scheel, dachte der Betrachter am Bildschirm um 1.30 Uhr am Montag, der würde die Karten schon nehmen, um wenigstens nicht jene 6 Prozent zu verärgern, die seine linke Phalanx sind (natürlich nicht so links wie einst, zur Zeit des Ahlener Programms, die Maoistenfront der CDU!). Aber Mende ist auf dem Posten, der hat schon telegraphiert, IOS spielt nicht mit, und daß der Weg von Ertl zu Unertl keine Negation, sondern eher eine Steigerung anzeigt: das verdeutlichte – zu einer Zeit, als Rohlinger zögernd und Wildenmann schneller den christlichen Vorsprung einschrumpfen ließen –

ein Mann mit einer weißen Blume am Revers, der hieß Ehmke und hatte gewaltig gewonnen. Er wußte nämlich, daß es in dieser Wahl zunächst nicht auf Programme (eher auf Schlag- und Reizworte), sondern auf Witzeerzähler, Charmeure und gestandene Männer, auf Vaterfiguren und jugendliche Helden und gebrannte Kinder von vierzig Jahren ankam – auf solche also, die wissen, mit welchem Image und welchen Werbemitteln man welche Ware am besten verkauft.

In der FDP-Zentrale, unter den redlichen Leuten, von denen man nach 11 kaum einen auf dem Bildschirm sah, wird man sich fragen: War sie zu intelligent, die Propaganda mit den Thesen ohne Bilderschrift? Haben wir uns, in mehr als einer Weise, zu weit vorgewagt? Wartet, wartet nur ein Weilchen, dann kommt Cornfeld auch zu uns? Nun, noch haben Scheel und Dahrendorf und Moersch und Maihofer in der Koalition mit den Sozialdemokraten die Chance, daß sich in den nächsten Jahren, in besseren Schulen, der Abstand zwischen Schrift und Bild ein wenig verringert. Ein ganz klein wenig vielleicht, republikanische Aufklärung ist ein schweres Geschäft, und die Barzels mit ihrem *Führungsanspruch* über das Stimmvieh, das nun wieder für vier Jahre seine Schuldigkeit getan hat, sind so fest wie je im Regiment. Gut sieht's nicht aus, im Land der Ordnung und der freien Marktwirtschaft: Das hat auch diese Wahl gezeigt, deren letzte Phase vor dem Bildschirm zu verfolgen lehrreich und sehr deprimierend war.

31. Oktober 1969

Theo Sommer

Deutsch sein zu zweit

Willy Brandt hat in der Deutschlandpolitik neue Richtmarken gesetzt. Dabei war, was er nicht sagte, ebenso bedeutsam wie das, was er aussprach. Seine Einlassungen und seine Auslassungen sind fast gleichermaßen gewichtig.

Das Wort *Wiedervereinigung* kam in der ganzen anderthalbstündigen Regierungserklärung nicht vor – zum erstenmal seit 1949. Erhard hatte 1965 noch erklärt: «Die Wiedervereinigung Deutschlands ist der Friede Europas»; Kurt Georg Kiesinger beklagte 1966 das «ungelöste Problem der Wiedervereinigung unseres Volkes». An Stelle des alten Begriffes verwendete der neue Kanzler jetzt zweimal den Ausdruck *Selbstbestimmung*, von der er nachdrücklich erklärte, die Deutschen hätten ein Recht darauf wie andere Völker auch. Indessen machte er klar, daß er die Erlangung dieses Selbstbestimmungsrechtes nicht als Problem der nächsten vier Jahre betrachte: «Aufgabe der praktischen Politik in den jetzt vorliegenden Jahren ist es, die Einheit der Nation dadurch zu wahren, daß das Verhältnis zwischen den Teilen Deutschlands aus der gegenwärtigen Verkrampfung gelöst wird.»

Auch ein *Alleinvertretungsrecht* nahm Brandt für die Bundesrepublik nicht mehr in Anspruch. Erhard hatte 1965 noch gesagt: «Die Bundesregierung hält seit ihrem Bestehen an ihrem Alleinvertretungsrecht für alle Deutschen fest. Das heißt, daß wir in einer Anerkennung oder einer internationalen Aufwertung der Zone einen unfreundlichen Akt erblicken würden.» Kiesinger postulierte 1966: «Auch diese Bundesregierung betrachtet sich als die einzige deutsche Regierung, die frei, rechtmäßig und demokratisch gewählt und daher berechtigt ist, für das ganze deutsche Volk zu sprechen.» Davon war diesmal keine Rede mehr; die Hallstein-Doktrin wurde nicht einmal mit einer Anspielung erwähnt.

Sucht man nach einer positiven Kennzeichnung der neuen Bonner Politik gegenüber Ostberlin, so ergibt sich viererlei:

Erstens: Die Regierung Brandt / Scheel anerkennt die Existenz zweier deutscher Staaten innerhalb einer deutschen Nation. Das drückt sich ganz banal darin aus, daß der Kanzler ungeniert von der DDR spricht; auch dies war für Bonner Regierungserklärungen ein Novum. Die Anerkennung des Faktums DDR schließt jedoch nicht die völkerrechtliche Anerkennung des ostdeutschen Staates ein: «Auch wenn zwei deutsche Staaten in Deutschland existieren, sind sie doch füreinander nicht Ausland; ihre Beziehungen zueinander können nur von besonderer Art sein.» Praktisch hat die SPD indessen ihre Unterschrift unter die Resolution zurückgezogen, die der Bundestag nach dem 21. August 1968 faßte, wonach eine «Anerkennung des anderen Teils Deutschlands ... als zweiter souveräner Staat deutscher Nation» nicht in Betracht komme.

Zweitens: Die Einheit der Nation gilt als Basis, auf der das Auseinanderleben der beiderlei Deutschen verhindert werden soll. Das Ziel: «... über ein geregeltes Nebeneinander zu einem Miteinander zu kommen.» Dies geht über die Absichten der Regierung Kiesinger / Brandt hinaus. Die Verklammerung der Deutschen soll über direkte Verhandlungen erreicht werden – «beiderseits ohne Diskriminierung» (auch Ostberlin muß uns also nennen, wie wir heißen: «Bundesrepublik Deutschland», nicht «westdeutsche Bundesrepublik») und mit dem Ziel «vertraglich vereinbarter Zusammenarbeit».

Drittens: Einen Vertragsentwurf hat Brandt weder mitgeliefert noch angekündigt. Konkret wurde er nur bei der Erklärung, daß seine Regierung bereit sei «zu verbindlichen Abkommen über den gegenseitigen Verzicht auf Anwendung oder Androhung von Gewalt auch gegenüber der DDR». Damit meint er offensichtlich direkte zweiseitige Abmachungen; auch hier geht er über den ursprünglichen Ansatz Kiesingers hinaus, der zunächst nur daran dachte, die DDR bei Gewaltverzichtsabkommen mit anderen Ostblockstaaten «einzubeziehen», ohne Übereinkünfte unmittelbar mit Ostberlin zu treffen.

Viertens: Die Hallstein-Doktrin, auch die gemilderte Kambodscha-

Formel vom Mai 1969, wurde nicht ausdrücklich fallen gelassen, aber stillschweigend außer Kraft gesetzt. «Unsere und unserer Freunde Einstellung zu den internationalen Beziehungen der DDR hängt nicht zuletzt von der Haltung Ostberlins selbst ab.» Das heißt im Klartext: Wir halten die Barrieren aufrecht, welche die DDR am Betreten des internationalen Parketts hindern, wir sind aber bereit, diese Haltung zu überprüfen, sobald das SED-Regime sich kooperationswillig zeigt.

Was Handel und Kultur, auch Handelsvertretungen der DDR im Ausland und Kulturaustausch anbelangt, gibt Bonn das Feld ab sofort frei («wollen wir unseren Landsleuten die Vorteile des internationalen Handels und Kulturaustausches nicht schmälern»). Der Besuch des stellvertretenden DDR-Ministers Beil in London durfte letzte Woche aus diesem Grunde schon ohne westdeutsche Proteste über die Bühne gehen. An der Blockierung des DDR-Beitritts zu internationalen Organisationen will die neue Bundesregierung so lange festhalten, bis sich Ostberlin zu urbanen innerdeutschen Umgangsformen bequemt, desgleichen an ihrer Mißbilligung der Aufnahme diplomatischer Beziehungen zu Ostberlin durch dritte Staaten. Doch sollen über die Feststellung hinaus, daß dies ein unfreundlicher Akt sei, weiter keine Maßnahmen getroffen werden – Bonner Botschafter werden deswegen nicht mehr abberufen.

Bundeskanzler Brandt ist in den Deutschland-Passagen seiner Regierungserklärung jeder einprägsamen Formel für seine neue Politik gegenüber Ostberlin sorgsam aus dem Weg gegangen – teils, um sich nicht auf prestigebefrachtete Festlegungen einzulassen, teils um der Opposition nicht mutwillig Angriffsflächen zu bieten. Diese Politik ist jedoch unverkennbar die Weiterentwicklung jener Gedanken, die Brandts Sozialdemokraten Ende 1966 in das Programm der Großen Koalition eingebracht hatten. Mit dem Etikett «abgestufte und bedingte Anerkennung der DDR» ließe sich seine Vorstellung von der gutnachbarlichen Koexistenz zweier deutscher Staaten am ehesten umreißen. Den Grad der Anerkennung, den Ostberlin in der Welt erlangt, kann es durch sein eigenes Verhalten weithin selber bestimmen.

Die weitere Entwicklung des deutsch-deutschen Verhältnisses hängt jetzt ganz von der SED-Führung ab. Brandt will die DDR weder isolieren noch in eine Ecke drängen; deswegen sähe er am liebsten auch gleichzeitige Verhandlungen mit Ostberlin, Warschau und Moskau. Die SED schuldet ihm jetzt eine Antwort. Wenn sie es nicht endlich über sich bringt, die Schützengräben des Kalten Krieges zu verlassen, würde sie zum zweitenmal binnen drei Jahren schuldig an der Fortdauer der feindseligen Konfrontation in Mitteleuropa.

31. Oktober 1969

KURT BECKER

Verankert im Westen

Bundeskanzler Brandt hat mit der Tradition aller seiner Vorgänger in Bonn gebrochen und sich in seiner Regierungserklärung nur kurz und allgemein mit den in früheren Jahren viel pathetischer angelegten Kapiteln der Sicherheitspolitik und der europäischen Einigung befaßt. Freilich deutet das nicht auf eine Schwenkung hin. Der Kanzler räumte da jeden Zweifel aus, der hierzulande und im Ausland noch bestanden haben mag, indem er feststellte: «Die Außenpolitik der Bundesregierung knüpft an die Friedensnote vom März 1966 und an die Regierungserklärung vom Dezember 1966 an, die damals die Zustimmung aller Fraktionen des Bundestags gefunden hatten. Der Wille zu Kontinuität und konsequenter Weiterentwicklung gestattet es, auf manche Wiederholungen zu verzichten.»

Aber wenn auch die Sicherheitspolitik – schon unter Erhard und Schröder eingeleitet und dann unter Kiesinger und Brandt weiterentwickelt – prinzipiell nicht in Frage gestellt wird, so werden doch wegen des ständigen Zwanges zum außenpolitischen Agieren und Reagieren unter veränderten weltpolitischen Bedingungen nicht alle künftigen Entscheidungen so ausfallen, wie dies unter einem Kanzler Kiesinger der Fall gewesen wäre. Die Absicht, den Atomsperrvertrag zu unterschreiben, ist sogar das erste Beispiel für einen Gegensatz zwischen Regierung und Opposition, der trotz übereinstimmender Bereitschaft zur Politik der Rüstungsbegrenzung kaum zu überwinden sein wird.

Aber nirgendwo sonst hat sich Brandt über generelle Bekenntnisse zu den nicht verzichtbaren Grundlagen der deutschen Sicherheitspolitik hinaus so festgelegt wie bei diesem Vertrag. Alles andere waren allgemeine Absichtserklärungen oder Einschätzungen der vitalen deutschen Interessen. So ist es auch nach seiner Regierungserklärung eher möglich, in einem Rückblick auf dieses Jahrzehnt den Weg zu rekonstruieren, den die deutsche Westpolitik von Adenauer über Erhard und Kiesinger bis heute zurückgelegt hat, und festzuhalten, welche Forderungen und Erwartungen während dieses Jahrzehnts preisgegeben werden mußten, als aus Brandts Erklärung präzise abzuleiten, wie die neue Bundesregierung ihre bescheidene außenpolitische Manövriermasse einzusetzen gedenkt. Statt Visionen enthält die Regierungserklärung eine stocknüchterne Aufzählung von feststehenden Größenordnungen, an denen sich die Regierung bei ihrer Politik der Kontinuität orientieren will. Dazu gehören:

Erstens: Die enge Bindung zu Amerika, deren Interessenübereinstimmung mit der Bundesrepublik keinen Zweifel an den amerikanischen Verpflichtungen gegenüber Europa, der Bundesrepublik und Berlin läßt.

Zweitens: Der feste Zusammenhalt in der Atlantischen Allianz, der unsere Sicherheit verbürgt und ohne den keine Entspannung erreicht werden kann. Die Bundesregierung will durch militärische Anstrengungen im Bündnis zum Kräftegleichgewicht in Europa beitragen, ist aber zugleich bereit, durch Abrüstung und Rüstungskontrolle auf Gegenseitigkeit die Politik der Friedenssicherung zu fördern.

Drittens: Das besondere Verhältnis zu Frankreich und die engen vertraglichen Bindungen zwischen Bonn und Paris könnten nach dem Wunsch der Bundesregierung ein Modell für partnerschaftliche Beziehungen in Europa sein. Mit dieser knappen Hervorhebung unterscheidet sich Brandt erheblich von den ausführlichen Passagen in Kiesingers Regierungserklärung von 1966, die freilich während eines Tiefpunktes deutsch-französischer Beziehungen abgegeben wurde und damals ein ebenso vergeblicher wie beschwörender Versuch war, außenpolitisches Einvernehmen mit Charles de Gaulle herzustellen.

Viertens: Die bevorstehende Gipfelkonferenz der europäischen Sechs über die Zukunft der EWG sieht Brandt entweder als eine Möglichkeit zu einem «mutigen Schritt nach vorn» oder als Auslöser einer «gefährlichen Krise». Außer der inneren Stärkung der EWG und ihrer Erweiterung durch Großbritannien wünscht der Kanzler auch die gemeinsame Zusammenarbeit in weltpolitischen Fragen. Aber er ließ es offen, welche organisatorische oder institutionelle Form er hierfür geeignet hält – ein Anhängsel zur EWG oder eine parallele Organisation. Und er hat auch, anders als seine Vorgänger, darauf verzichtet, die praktischen Erfordernisse europäischer Kooperation ideologisch zu überwölben oder für Denkmodelle der europäischen Einigung das künftige Verhältnis zwischen Europa und Amerika zu skizzieren. Der europäische Part in der Regierungserklärung stand völlig im Zeichen der Existenzkrise der EWG und der offensichtlichen Schwierigkeiten, Großbritannien einen festen Platz in Europa einzuräumen.

Fünftens: Eine europäische Sicherheitskonferenz hält der Kanzler für einen möglichen Ansatz zur Entspannung in Europa. Die Regierungserklärung geht in den Fragen der Abrüstung und Rüstungskontrolle weiter als frühere Bonner Erklärungen, denn der Kanzler brachte seine Genfer Rede vom Sommer 1968 pauschal mit in die Regierungserklärung ein. In dieser Genfer Rede befürwortete Brandt damals Verhandlungen über alle erdenklichen Formen der Rüstungsverminderung und -begrenzung, sofern nur das Kräftegleichgewicht zwischen Ost und West nicht zugunsten einer Seite verändert wird: regionale Abrüstungsmaßnahmen in Europa, Herabsetzungen oder Einfrierungen von Truppenstärken, Begrenzungen oder sogar Verzichte auf Waffen nuklearer oder konventioneller Qualität. Welche Schwenkung die deutsche Politik in diesen Fragen schon im März 1966 mit der Friedensnote und dann unter Kiesinger vollzogen hat, wird am deutlichsten bei einem Vergleich mit den Regierungserklärungen von Adenauer im Jahr 1961 und von Erhard in den Jahren 1963 und 1965. Atomarer Mitbesitz, globale statt regionale Rüstungsbegrenzungen und deren Verbindung mit politischen Veränderungen in Mitteleuropa waren die damals erhobenen Forderungen.

Auf eine kurze Formel gebracht: die künftige Sicherheitspolitik wird wie bisher das Prinzip des Kräftegleichgewichts in Europa befolgen, den politischen und militärischen Zusammenhalt mit den Verbündeten wahren, aber mehr als früher auf den Abbau der militärischen Konfrontation in Europa zugeschnitten sein.

Ob das zweite Kernstück der Westpolitik – die europäische Einigung – sich in der Praxis von der bisherigen Politik nennenswert entfernen kann, ist fraglich. Gegen den erklärten Widerstand Frankreichs wird auch die neue Bundesregierung nicht nach den Sternen greifen wollen. Brandts größerer Aufgeschlossenheit gegenüber Großbritannien, worin er sich von Kiesinger unterscheidet, sind dadurch enge Grenzen gezogen. Die versprochene Kontinuität der deutschen Außenpolitik auf den Feldern der Sicherheit und der europäischen Einigung entspricht nicht nur dem Willen der Regierung Brandt; die unverrückbaren Tatsachen erlauben auch kaum eine Alternative.

31. Oktober 1969

Marion Gräfin Dönhoff

Geöffnet nach Osten

Wer in der Bundesrepublik zu Fragen der Ostpolitik Stellung nimmt, wird entweder als Kalter Krieger oder als Traumtänzer klassifiziert – das weite Feld zwischen diesen beiden Extremen scheint nahezu menschenleer. Daran wird deutlich, wie emotionsgeladen das Vorfeld dieser Diskussion ist. Woran liegt das?

Es liegt nicht etwa daran, daß die Ziele der sowjetischen Politik zu vage, vieldeutig oder wechselhaft wären – sie stehen seit langem fest und werden von Moskau in ermüdender Monotonie bei jeder Gelegenheit immer wieder vorgetragen. Zuletzt geschah dies vor dem Weltforum der kommunistischen und Arbeiterparteien in Moskau im Januar 1969. In dem Hauptdokument der Konferenz hieß es:

«Es ist notwendig zu kämpfen: für die Unantastbarkeit der in Europa bestehenden Grenzen, insbesondere der Oder-Neiße-Grenze und der Grenze zwischen der westdeutschen Bundesrepublik und der DDR, für die völkerrechtliche Anerkennung der Deutschen Demokratischen Republik, für die Verhinderung des Zugangs Westdeutschlands zu Kernwaffen in jeglicher Form, für den Verzicht Westdeutschlands auf den Alleinvertretungsanspruch, für die Anerkennung Westberlins als besondere politische Einheit, für die Anerkennung der Ungültigkeit des Münchner Diktats von Anfang an, für das Verbot aller neonazistischen Organisationen.»

Dies sind auch die Forderungen, die auf den drei entscheidenden Konferenzen der kommunistischen Staaten in Bukarest im Juli 1966, in Karlsbad im April 1967, in Budapest im März 1969 akzeptiert wurden. Grundsätzlicher und weniger detailliert ausgedrückt lautet die Forderung Moskaus: Anerkennung der Realitäten, die der Zweite

Weltkrieg geschaffen hat, was etwa gleichbedeutend ist mit dem Wunsch, die sowjetischen Positionen in Osteuropa und in der DDR zu konsolidieren.

Es ist also nicht die Politik der Sowjetunion, die Anlaß zu verschiedenen Interpretationen gibt, sondern allein die Methode, mit der sie diese Ziele zu erreichen sucht. Wechselnd – je nach der Weltsituation – propagiert Moskau entweder Entspannung, weil dadurch die Desintegration in der NATO, vielleicht auch eventuelle neutralistische Neigungen in der Bundesrepublik gefördert werden sollen, oder es praktiziert eine harte Politik, die die Bundesrepublik als revanchesüchtig und kriegslüstern brandmarkt und sie mit der Anwendung der Feindstaatenklauseln bedroht, um Bonn auf diese Weise zur Annahme jener Forderungen zu zwingen.

Wer darauf mit der gleichen Härte reagiert, gilt bei uns als Kalter Krieger – wer sich die Entspannungsforderung zu Herzen nimmt, wird als Traumtänzer kategorisiert. Dabei kommt es doch darauf an, fest zu sein, ohne in die Zeiten des Kalten Krieges zurückzufallen, und Verständigungsbereitschaft ohne Illusionen zu kultivieren.

Die Regierungserklärung der Großen Koalition vom Dezember 1966 schaffte die Voraussetzungen für eine Verständigungspolitik: Zum erstenmal wurden die Grenzen von 1937 nicht erwähnt und als oberstes Ziel nicht die Wiedervereinigung genannt, sondern die Bemühung um Entspannung. Kiesinger erklärte, er wolle das Verhältnis zu den östlichen Nachbarn auf allen Gebieten verbessern und, wo es möglich sei, auch diplomatische Beziehungen aufnehmen. Dies geschah dann auch im Januar 1967 mit Bukarest, im Januar 1968 mit Belgrad.

Breschnjew hatte noch im April 1967 in Karlsbad besorgt darauf hingewiesen, daß Perioden hoher Spannung stets den Antikommunismus fördern, während, so sagte er, «unter den Bedingungen nachlassender internationaler Spannungen der Zeiger des politischen Barometers nach links wandert».

Die Ereignisse in der ČSSR aber zeigten dann, daß Entspannung das Streben nach Autonomie im Osten viel stärker als im Westen beeinflußt, und so endete diese erste Versuchsphase für beide Seiten höchst negativ. Beide zogen daraus ihre Lehren, die nun wohl die nächste Phase beherrschen werden. Bonns Erkenntnis lautet: Entspannung in Osteuropa kann nicht isoliert verfolgt werden, sondern nur dann, wenn sie mit der Sowjetunion synchronisiert wird. Und *Moskau* scheint erkannt zu haben, daß es seine Partner nur bei der Stange zu halten vermag, also die Solidarität des östlichen Lagers nur garantiert werden kann, wenn die Isolierwand zum Westen von den sozialistischen Staaten gemeinsam durchlöchert wird.

In der Tat waren Breschnjews Rede zum 1. Mai und die sowjetische Note vom 12. September, mit der das Bonner Aide-mémoire vom Juli 1969 beantwortet wurde, betont sachlich und ohne die üblichen Aggressionen. Selbst aus Polen kommen neuerdings zum erstenmal Töne, die erkennen lassen, daß man in Warschau bereit ist, die Beziehungen auch zur Bundesrepublik zu verbessern. Das hat zum Teil wirtschaftliche Gründe, zum Teil hängt es damit zusammen, daß Gomulka innenpolitisch an Sicherheit und außenpolitisch an Spielraum gewonnen hat.

Moskau und Warschau können sich im übrigen ausrechnen, daß die Situation in Zentraleuropa auf Jahre hinaus einfrieren würde, wenn jetzt der Wechsel in Bonn, der eine echte Zäsur darstellt, nicht genutzt wird. Beide haben offenbar eingesehen, daß Maximalforderungen nicht durchzusetzen sind, wenn man weiterkommen will. Weiterkommen aber müssen selbst die Russen, die nicht auf ewig an ihren Ost- und Westflanken ungeklärte Verhältnisse dulden können.

Auch die Bundesrepublik hat eingesehen, daß sie Abstriche vornehmen muß. Die Regierung Brandt ist zu Gesprächen mit Moskau, Warschau und Ostberlin bereit. Es sollen bilaterale, aber untereinander synchronisierte Gespräche sein. Sie werden die territoriale Integrität der heute bestehenden Verhältnisse in Form eines völkerrechtlich verbindlichen Gewaltverzichts vereinbaren.

Die neue Regierung in Bonn hat es sehr viel schwerer als die Große Koalition, denn sie muß nach zwei Seiten verhandeln – nach draußen unter der Devise: «Das Recht auf Selbstbestimmung, das auch für das deutsche Volk gilt, ist kein Verhandlungsgegenstand»; nach drinnen, der Opposition gegenüber, muß sie die Zusicherung territorialer Integrität – also die Anerkennung der Grenzen – gegen den Vorwurf verteidigen, sie gebe alle nationalen Belange preis.

Man kann nur hoffen, daß nach dem ersten Sturm der Emotionen die CDU/CSU-Opposition einsieht, wie sinnlos, ja frevelhaft es wäre, die Außenpolitik zum Schlachtfeld parteipolitischer Rivalität zu machen. SPD-Wähler und CDU-Wähler sind gleichermaßen daran interessiert, das Verhältnis zu unseren östlichen Nachbarn, soweit das möglich ist, zu verbessern. Der Zeitpunkt, dies auszuprobieren, zu versuchen, ob es möglich ist – er scheint jetzt gekommen zu sein.

31. Oktober 1969

RUDOLF W. LEONHARDT

Schule der Nation: die Schule

Als der Kanzler zu jenem Teil seiner Regierungserklärung kam, der sich mit Bildung und Ausbildung, Wissenschaft und Forschung beschäftigte, wirkte die Opposition friedlich und fromm wie sonst selten. Es gibt inzwischen unter den Bildungsexperten aller Parteien einen Consensus, der sehr weit geht; und innerhalb dieses Consensus ist viel leichter nach Ländern zu differenzieren als nach Parteizugehörigkeit. Das gilt jedenfalls so lange, wie man sich hütet, harte Prioritätsfragen zu beantworten und allzuweit in die Details zu gehen.

Der Kanzler hütete sich. Oder darf man es als sein Setzen von Prioritäten verstehen, wenn er (Exkanzler Kiesinger fühlte sich dabei getroffen) sagte: «Die Schule der Nation ist – die Schule»? Aber auch die Wichtigkeit der Hochschulen wurde ja betont und der Berufsausbildung und der Erwachsenenfortbildung. Es ist eben alles wichtig.

Am wichtigsten, neue Universitäten zu bauen. So konnte es scheinen, denn dazu wurde immerhin konkret gesagt: bevorzugt sollen diejenigen Universitätsprojekte gefördert werden, die innerhalb der kürzesten Frist realisierbar sind. Vernünftig, gewiß: denn es ist trotz allem, was dazu kommt, noch immer die Überfüllung der Institute, die am meisten zur reduzierten Funktionsfähigkeit unserer Universitäten beiträgt.

Als vergleichbar konkrete Maßnahme für die Schulen wurde die Einführung des zehnten Schuljahres genannt. Auch sie ist höchst wünschenswert, natürlich – aber sie provoziert doch sofort eine Gegenfrage, die der Kanzler unbeantwortet ließ und die dem zuständigen Bundesministerium wie den Länderkultusministerien noch viel Kopfzerbrechen machen wird. Sie lautet: Und wo sollen die qualifizierten Lehrer dafür herkommen?

Tatsache ist ja, daß in den meisten deutschen Oberschulen ein sachgemäßer und ausreichender Unterricht vor allem in den naturwissenschaftlichen Fächern nicht stattfindet. Tatsache ist, daß in den fortschrittsfreudigen Ländern jene Differenzierung, die den Weg zur Gesamtschule öffnen soll, nur auf dem Papier steht. Tatsache ist, daß überall zu viele Schüler in eine Klasse gehen. Tatsache ist, daß es für die notwendige Weiterbildung der Unterrichtenden vorerst nicht die geringste Chance gibt. Kurz: Tatsache ist, daß der Bedarf an Lehrern nicht annähernd erfüllt werden kann.

Tatsache ist auch, daß von den viel zu wenig Lehrern, die wir haben, wiederum nur ein kleiner Bruchteil geeignet und ausgebildet ist für die Art von Erziehung, wie sie den Bildungsplanern aller Parteien vorschwebt und die oft durch das Adverb «gesamt» charakterisiert wird, neuerdings auch gern durch «offen».

Gesamthochschulen und offene Schulen stehen in den Plänen der Bildungsreformer. Aber Papier ist geduldig. Die Wirklichkeit scheitert an den Lehrern. Wo es «offene Lehrer», «Gesamtprofessoren» gibt, sind sie einem glücklichen Zufall zu verdanken – und dem Zufall glückt nur selten etwas.

Kurzfristig sind solche Schwierigkeiten gar nicht zu lösen. Ein neues Institut mag sich in einem Jahr bauen lassen – aber in diesem neuen Institut unterrichten dann noch immer wie von alters her hochprivilegierte, privilegierte und unterprivilegierte Dozenten eine, wegen der Zahlenrelationen, anonyme Schar von Studenten, die auch ihrerseits verschiedenen Rängen des Privilegiertseins zugeordnet werden können.

Da liegt die Crux, deren man sich hell bewußt bleiben muß, bei den schönen Kanzlerworten: «Bildung und Ausbildung, Wissenschaft und Forschung stehen an der Spitze der Reformen ... Die Bildungsplanung muß entscheidend dazu beitragen, die soziale Demokratie zu verwirklichen.»

Das Ziel ist erreichbar. Aber die besten Einsichten allein helfen nicht. Ich erinnere mich noch deutlich der Zeit, als der Außenminister Willy Brandt sein Amt antrat. Auch damals sah er, oder hatte er sich überzeugen lassen, daß die Kulturpolitik ein wichtiger Teil der Außenpolitik ist – «die dritte Säule», wie er es später in einer vielzitierten Rede formulierte. Falls daraufhin wirklich etwas geschehen sein sollte, dann ist es meiner Aufmerksamkeit entgangen. Das in dieser Beziehung auffälligste Ereignis jener Zeit war, daß die Etats der Goethe-Institute, die deutsche Kultur im Ausland vertreten, einschneidend verkürzt wurden!

Wir dürfen annehmen, daß auch die neue Regierung sich völlig klar darüber ist: Von heute auf morgen läßt sich wenig ausrichten. Die Regierungserklärung sprach von einem «langfristigen Bildungsplan für die nächsten fünfzehn bis zwanzig Jahre».

Ebenso besteht wohl in Bonn kein Zweifel daran, daß «An-der-Spitze-der-Reformen»-Stehen Geld kostet, viel Geld. Die vom Kanzler angekündigte Aufstellung eines Bildungsbudgets für fünf bis fünfzehn Jahre (hoffentlich einigt man sich noch: auf fünfzehn!) läßt hoffen.

Einigermaßen zuversichtlich stimmt jedoch vor allem die für das

«Bundesministerium für Bildung und Wissenschaft», wie es jetzt richtiger heißt (statt: Bundesministerium für wissenschaftliche Forschung) gefundene Besetzung: Minister Leussink sowie seine Staatssekretäre Hamm-Brücher und Dohnanyi dürfen von unserer Seite jener Unterstützung gewiß sein, die der Bundeskanzler Solidarität durch Kritik nannte.

31. Oktober 1969

HARTWIG MEYER

Und nach der Aufwertung

Salopp könnte man sagen: Plisch wird seine in der Großen Koalition begonnene Wirtschaftspolitik mit einem anderen Plum fortsetzen. Plisch – das ist immer noch Karl Schiller; der neue Plum ist Alex Möller, von dem man im Augenblick nur sagen kann, daß er sich – offenbar in bewußtem *understatement* – als Finanzierungsgehilfe des Wirtschaftsministers bezeichnet hat. Vergebens werden selbst böswillige «Kapitalisten» der neuen Regierung zu unterstellen trachten, ihr wirtschaftspolitisches Programm sei rot oder auch nur rosa.

Vergebens wird man auch nach Sensationen in den wirtschaftspolitischen Passagen der Regierungserklärung Willy Brandts fahnden. Diese Passagen tragen eindeutig Karl Schillers Stempel. Die Sensation war der Regierungserklärung schon vorausgegangen: der hohe Aufwertungssatz von knapp 9,3 Prozent, mit dem sich der Wirtschaftsminister in eine für seine Strategie des wirtschaftlichen Wachstums «nach Maß» vorteilhafte Position hineinkatapultieren wollte.

In der Tat sind die Weichen für den Fall eines ausreichenden Bremseffektes der Aufwertung schon wieder auf maßvolle Expansion gestellt: Expansion nicht im Außenhandel, sondern auf dem heimischen Markt. So jedenfalls sind die beiden ersten der fünf Punkte zu verstehen, die Bundeskanzler Brandt unter das Motto «Stabilisierung ohne Stagnation» stellte: Erstens eine Finanzpolitik, die eine allmähliche Umorientierung des Güterangebotes auf dem Binnenmarkt fördert; zweitens Konsultationen mit der Bundesbank über eine nach der Aufwertung angemessene Linie der Geld- und Kreditpolitik.

Beide Punkte bedeuten nichts anderes, als daß Gemeinden, Länder und Bund grünes Licht für höhere Ausgaben erhalten und am Binnenmarkt für jene zusätzliche Kaufkraft sorgen sollen, die es den exportorientierten Industrien ermöglicht, künftig mehr daheim zu verkaufen als auf den Weltmärkten. Und die Konsultationen mit der Bundesbank laufen offensichtlich auf eine schrittweise Freigabe von Geld hinaus, das den Banken als Mindestreserve bei der Bundesbank entzogen worden war. Nach der überraschend hohen Aufwertung kann Schiller mit einem Gleichklang in der Frankfurter Taunusanlage rechnen. Und das bedeutet: Eine Krise im Stile des Jahres 1966 wird es diesmal nicht geben.

Weniger harmonisch dürfte es dagegen künftig in der Konzertierten Aktion hergehen, jenem regelmäßigen Treffen des Wirtschaftsministers, der Unternehmer, der Gewerkschaften und künftig auch der Bauern, in dem die Lohnpolitik vereinbart werden soll. Die Konzertierte Aktion, dritter Punkt des Programms, hatte zwar in der Krise gut funktioniert, als sich die Gewerkschaften aus Furcht vor Arbeitslosigkeit in ihren Lohnforderungen beschieden, ob dies aber auch in Zukunft der Fall sein wird, das erscheint fraglich. Die Gewerkschaften haben jetzt ihr eigenes programmiertes Konzept für den künftigen Lohnfortschritt, das den Schillerschen Vorstellungen von einer sozialen Symmetrie, von einem Gleichschritt der Unternehmer- und Arbeitnehmereinkommen zuwiderläuft. Die Gewerkschaften wollen mehr. Der SPD-Professor könnte also unversehens in die Lage kommen, mit den Unternehmern gegen zu hohe Lohnforderungen der Gewerkschaften zu Felde ziehen zu müssen.

Während des Wahlkampfes hat die CDU die SPD und besonders

den Wirtschaftsminister verdächtigt, er wolle mit seiner «Globalsteuerung» in die Totalsteuerung der Wirtschaft hineinschlittern. Schiller hat längst gekontert. Sein Stichwort ist Wettbewerbspolitik. Der Minister hat sich in diesem Falle am englischen Beispiel orientiert. Dort gibt es eine staatliche Monopolkommission, die jeder größeren Fusion von Unternehmen zustimmen muß. Schiller möchte ebenfalls eine vorbeugende Fusionskontrolle, um den Wettbewerb in der Wirtschaft zu erhalten. Besser, im Sinne der Ordo-Liberalen, hätte auch Ludwig Erhard, dem Wettbewerb alles war, nicht agieren können.

Selbst dort, wo am ehesten sozialistische Prinzipien verwirklicht werden könnten, in der Steuerpolitik, der Vermögensbildung und der Mitbestimmung gibt es kaum Ansätze zu konservativer Kritik am Regierungsprogramm der neuen Regierung. Gebremst durch den Einspruch der FDP wird die Kleine Koalition in der Frage der Mitbestimmung gerade das befürworten, was schon viele Unternehmer als überfällig betrachten – den Ausbau des Betriebsverfassungsgesetzes. Durch Absprache haben sich die Koalitionspartner darauf eingeschworen. Willy Brandt ging mit keinem Wort darüber hinaus.

Und die Vermögensbildung der Arbeitnehmer? Der Bundeskanzler hat seine Regierung auf einen Kurs festgelegt, der jedes Zwangssparen, etwa in Form eines Investivlohnes, ablehnt. Übrig blieben neue steuerliche Anreize für die «konventionellen» Sparformen, für das 312-Mark-Gesetz und auch das Bausparen.

Und die Steuerpolitik? Eine Steuerreform war schon das Ziel der Großen Koalition und der heutigen Opposition. Die Verdoppelung der Freibeträge für die Arbeitnehmer ist zwar ein «soziales» Geschenk, sie ändert aber nichts an dem System. Das einzige, was manche bange gemacht hatte, war eine Heraufsetzung der Vermögenssteuer. Willy Brandt sagte aber, daß «konfiskatorische» Steuern auf bestehende Vermögen nicht eingeführt werden sollten.

Nimmt man den Bundeskanzler beim Wort, so wird die Kleine Koalition in der Wirtschafts- und Sozialpolitik Kontinuität, aber keine Experimente bieten.

1970

27. März 1970

Rolf Zundel

Seit Erfurt ist alles anders

Nun haben wieder die kühlen Analytiker, die nüchternen Datenverarbeiter das Wort. Sie müssen das Treffen von Erfurt auf seinen Stellenwert in der Innen- und Außenpolitik untersuchen, Erfolg und Mißerfolg abwägen. Zu Recht, denn eine Binsenwahrheit lautet: Politik ist ein nüchternes Geschäft. Nie aber war es schwieriger, nüchtern und kühl zu bleiben, als vorige Woche in Erfurt.

Jenes maskenhaft starre Gesicht Willy Brandts, das ihn fast während der ganzen Reise charakterisierte, war gewiß nicht Ausdruck innerer Distanz. Es verbarg ein äußerstes Maß an politischem Engagement, an menschlicher Betroffenheit. Am Vorabend des Treffens, im Sonderzug, hatte Brandt im Kreise der Journalisten gesagt, von einem Bundeskanzler müsse man erwarten, daß er Gefühle habe, aber auch, daß er sie zu beherrschen wisse. Dieser Zwang zur Beherrschung war es, der ihn manchmal unnahbar erscheinen ließ. Noch bei der Rückkehr in Bonn, beim Empfang durch Partei- und Koalitionsfreunde, scheint er in Gedanken weit weg, zeigt er eine Art unpersönlicher Freundlichkeit. Erst im Bundestag, in der gewohnten Umgebung, im Austausch der alten Argumente, die sich, so scheint es, nicht verändert haben, angesichts vertrauter Gegner und bewährter Freunde, scheint Brandt wieder zum politischen Alltag zurückzufinden.

Die Koalition bereitet dem Kanzler, als er ans Rednerpult tritt, eine Ovation: Solchen Beifall hat der Bundestag lange nicht erlebt. Brandt berichtet mit rauher Stimme, die Sprache ist eher karg, aber präzise. Nichts vom Volkstribun ist zu spüren, keine Effekthascherei schleicht sich ein. Es ist die Rede eines Staatsmannes. Und wenn es Abgeordnete in der Koalition gab, die unsicher gewesen waren, ob die Reise nach Erfurt nicht doch zu riskant sei – jetzt ist alles vergessen. Sie feiern Willy Brandt – gerade weil er nach Erfurt fuhr – als deutschen Patrioten.

Diese Stimmung ist keineswegs auf Bundestagsabgeordnete beschränkt. Brandt hat eine elementare Grundstimmung geweckt, über deren Kraft sich vorher niemand eine rechte Vorstellung gemacht hatte. Die Opposition steht diesem Phänomen vorläufig recht hilflos gegenüber. Die sorgfältig abgestimmte und ausgehandelte Erklärung, die Barzel im Namen seiner Fraktion vor dem Bundestag abgibt, klingt erstaunlich antiquiert, fast so, als ob das Treffen in Erfurt nicht stattgefunden, als ob sich nichts ereignet hätte.

Die Begegnung des Bundeskanzlers mit dem Vorsitzenden des DDR-Ministerrats, Willi Stoph, ist ursprünglich gewiß nicht als die zentrale Aktion der deutschen Ostpolitik angelegt gewesen, sie hatte wohl eher die Funktion, die Gespräche in Moskau und in anderen osteuropäischen Staaten abzusichern und zu stützen, nicht zuletzt deshalb, weil in Deutschland der Gegensatz der Systeme am schroffsten und jegliche Entspannungsbemühung am schwierigsten ist. Die Reisen Bahrs nach Moskau, die Sondierungen von Duckwitz in Warschau aber blieben im Verständnis der Bundesbürger diplomatische Missionen, Expertengespräche. Die Reise Brandts nach Erfurt jedoch setzte Gefühle frei, an deren Existenz man eigentlich nicht mehr recht geglaubt hatte. Die Warnung, niemand dürfe auf dieses Treffen große Hoffnungen setzen, wurde zwar zur Kenntnis genommen, aber die Hoffnung ließ sich von der politischen Vernunft nicht gängeln.

Selbst in Bonn, wo Kanzlerreisen üblicherweise niemand mehr aufregen, drängten sich auf dem Bahnsteig die Menschen, als Brandt in den Zug einstieg, eine Gruppe von Kommunisten darunter, die, wie ihre Gesinnungsfreunde drüben, auf einem Transparent die Anerkennung der DDR forderten, aber in der Mehrzahl Menschen, die einfach dabeisein, dem Kanzler Glück für seine Reise wünschen wollten. Unpolitische Menschen? Vielleicht, aber was heißt das schon!

Die alte Dame aus Stuttgart, die Minister Ehmke 20 Mark schickte, damit er dem Kanzler Blumen für den Zug kaufen könne, der Mann, der eine Flasche Doornkaat ins Abteil reichte, die Leute, die dem Zug lange nachwinkten – sie mögen die letzten Formeln der Deutschlandpolitik nicht kennen, und ob es ein besonderes oder ein normales völkerrechtliches Verhältnis zwischen der Bundesrepublik und der DDR gibt, ist ihnen wahrscheinlich gleichgültig, aber sie setzten ihre Hoffnung, fast zu viel Hoffnung auf diese Reise. Und noch mehr gilt dies wohl für die Bürger der DDR.

Über die Grenze rollte der Zug, vorbei am Todesstreifen, an Stacheldrahtverhauen und am Minengürtel; von Uniformierten nirgendwo eine Spur. Im Grenzbahnhof Gerstungen steigen die offiziellen Reisebegleiter der DDR zu. Auf dem Bahnsteig wehen die Flaggen der beiden Staaten, zwei Offiziere haben davor Posten bezogen. Sonst aber ist der Bahnhof fast menschenleer, nur zwei Gleisarbeiter im weißen Regenschutz gehen übers Gelände. Höflich kühl ist der Gruß der DDR-Repräsentanten, die im Namen des Vorsitzenden des Ministerrats Brandt willkommen heißen und «der Erwartung Ausdruck geben», das Treffen in Erfurt möge einen guten Verlauf nehmen – wie das Protokoll es befiehlt.

Der Zug rollt weiter, und was nun geschieht, war in keinem Protokoll verankert. In allen Orten und Städten, durch die Brandt fährt, stehen Menschen in den Vorgärten, in denen die letzten Reste des Schnees liegen, am Fenster, auf der Straße, einige stumm und ohne sich zu rühren. Ein Arbeitstrupp in schweren Stiefeln, die Hände in den Taschen, blickt dem Zug nach. Aber die meisten, vor allem die Frauen, winken.

Über dem Wald tauchen die Mauern der Wartburg auf. Der Bahnhof Eisenach ist leer, an rauchgeschwärzten Mauern prangt ein rotes Transparent: «Die DDR ist unser sozialistisches Vaterland.» Ein Bahnbeamter, nicht ganz sicher, ob es seine Dienstvorschriften erlauben, hebt den Arm ein wenig und läßt ihn, während er sich umsieht, schnell wieder sinken. Eine Frau läßt ein Bettlaken flattern, im Dachfenster einer Fabrik drängen sich junge Burschen, lachend und winkend. Und als der Zug langsam auf dem Erfurter Bahnhof einrollt, ruft ein Mann herüber: «Endlich kommt ihr!»

Auch die offizielle Begrüßung auf dem Bahnhof läuft nicht ganz protokollgemäß ab. Im Nu sind die Delegationen von den Journalisten eingekeilt. «Ihr Außenminister ist wohl abgedrängt worden», frotzelt Brandt. Zum erstenmal wird ein Lächeln gewagt.

Nach der Vorstellung setzt sich die Kolonne, umschwärmt von Journalisten, in Bewegung und gelangt über einen riesigen roten Teppich, der vom Bahnsteig über die Treppen hinab durch die ganze Bahnhofsvorhalle reicht und links und rechts, Topf neben Topf, mit Blumen flankiert ist, zum Ausgang. Über den Bahnhofsvorplatz, auf dem ein Gerüst für die Fernsehkameras aufgebaut ist, durch ein Spalier von Zuschauern, geht es zum gegenüberliegenden Hotel «Erfurter Hof», dem Konferenzort.

Gerade in dem Augenblick, als Brandt und Stoph vor den Glastüren des Hotels angekommen sind, werden Rufe laut, schwellen an zu einem Schrei. Hunderte haben die Absperrung durchbrochen, einige Volkspolizisten, unterstützt von einigen Zivilisten, versuchen die Menge zu stoppen, sie werden mitgerissen. Erst vor dem Hotelportal gelingt es, den Ansturm zum Stehen zu bringen. Und während Brandt und Stoph hinter gläsernen Flügeltüren verschwinden, Volkspolizisten und Männer in Ledermänteln sich gegen die Flut stemmen, Hände gestreckt werden, eine alte Frau mit der hochgehaltenen Handtasche winkt, beginnen die Sprechchöre «Willy Brandt, Willy Brandt». Über der Menge zwei unbewegte Gesichter unter dem Stahlhelm der Volksarmee – die Ehrenposten, die, auf einem Podest stehend, den Eingang zum Hotel flankieren. Ihr starrer Blick geht über die Köpfe weg, hinüber zum Bahnhof, dort, wo auf rotem Transparent vom sozialistischen Vaterland DDR geschrieben steht.

«Um Gottes willen», sagt ein Journalist, der die DDR gut kennt, «hoffentlich geht das gut aus! Das ist Wasser auf die Mühlen derjenigen, die das Treffen nicht wollten.» Die Menge ruft weiter: «Willy Brandt ans Fenster! Willy Brandt ans Fenster!» Im zweiten Stock an einem Erkerfenster taucht Staatssekretär Ahlers auf und winkt. Die Sprechchöre brechen nicht ab. Und schließlich tritt Brandt ans Fenster, blickt über die jubelnde Menge, macht mit beiden Händen eine knappe, dämpfende Geste und verschwindet wieder. Fast augenblicklich wird es ruhig auf dem Platz. Die Ordner haben keine Mühe mehr. Noch stehen die Leute und warten, aber die gefährliche Spannung ist weg.

An diese Demonstration sind viele Vermutungen und Spekulationen geknüpft worden. Ein DDR-Funktionär versuchte, sie so zu erklären: «Den Genossen ist gesagt worden, sie sollten zu Hause bleiben, damit alles ohne Gedränge und ruhig ablaufen kann, und nun sind die Falschen gekommen.» «Die Omas und die Halbstarken», so meinte abschätzig ein kommunistischer Journalist. Westliche Beobachter dagegen machten flugs eine Anti-SED-Demonstration daraus. Beides ist vermutlich falsch. Hier wurde wohl nicht für oder gegen ein System demonstriert; die ältere Frau, die so kräftig die Handtasche geschwenkt hatte und blaue Flecken und zerrissene Strümpfe vergaß – «Daß ich das noch erleben durfte» –, wollte dabeisein, wenn Deutsche wieder mit Deutschen reden.

Am genauesten trifft immer noch der Satz Brandts in seinem Bundestagsbericht über die Erfurter Reise den Sachverhalt: «Es handelt sich nicht um eine Fiktion, sondern um eine Realität, wenn ich gestern in Erfurt von der fortdauernden und lebendigen Realität der Einheit der Nation gesprochen habe.» Allerdings ist dieses Zusammengehörigkeitsgefühl manchen DDR-Funktionären nicht ganz geheuer, weil es für viele Menschen der DDR offensichtlich keine Klassenfrage ist, sondern etwas Ursprünglicheres: «miteinander reden», «reisen können». Und weil es so schwerfällt, Willy Brandt zum Klassenfeind hochzustilisieren, scheint er für die DDR-Analytiker um Honecker gefährlicher als ein CDU-Kanzler.

Ähnliches gilt umgekehrt übrigens auch für Willi Stoph. Auch er entspricht nicht dem klassischen Bild, das man sich in der Bundesrepublik von Kommunisten gemacht hat. Und noch in der Schilderung der Kanzlerbegleiter klingt ein wenig das Erstaunen darüber durch. Conrad Ahlers findet ihn außerhalb der Politik geradezu einen «charmanten» Gesprächspartner, der über die Goethe-Forschung Bescheid weiß, fröhlich kalauern kann und nicht jede harmlose Frage mit einer Litanei aus der kommunistischen Orthodoxie beantwortet. Auch er ist, wenn man so will, für das andere politische System «gefährlich», weil er selbstsicher, gelassen wirkt, den Kommunismus respektabel macht.

Dies hindert Stoph gewiß nicht, seinen Standpunkt mit aller Härte zu vertreten. Im Konferenzraum, am langen, mit grünem Filz bespannten Tisch, an dem die Delegationen aufgereiht sitzen – die Bonner Delegation blickt auf ein Relief, das Jules Vernes «Reise um die Welt in 80 Tagen» darstellt, die Ostberliner auf ein Bild Walter Ulbrichts –, wiederholen Stoph und Brandt die alten, längst bekannten Standpunkte. Stoph fordert die völkerrechtliche Anerkennung der DDR als ersten Schritt und ohne Gegenleistung: «Für etwas Selbstverständliches zahlt man keine Preise.» «Menschliche Erleichterungen» sind bei ihm unter «Einmischungspolitik» und «Wirtschaftskrieg» rubriziert. Er verlangt Begleichung der Schulden, Regelung der Wiedergutmachungsleistungen. Die finanziellen Forderungen bewegen sich in astronomischen Höhen. Einmal wurde die nicht weiter spezifizierte Zahl von 100 Milliarden Mark genannt.

Brandt tritt weniger polemisch auf, aber er verteidigt einige Positionen hart – so den Status quo in Berlin, die Realität seiner Bindungen an die Bundesrepublik, ebenso die Formel, daß die beiden Staaten füreinander nicht Ausland sind; im ganzen aber ist seine Rede mehr darauf abgestellt, Terrain für Gemeinsamkeiten zu finden. Die völkerrechtliche Anerkennung der DDR durch Drittstaaten wird unter bestimmten Bedingungen für akzeptabel erklärt. Die gleichzeitige Mitgliedschaft der DDR und der Bundesrepublik in internationalen Organisationen, vor allem in der UNO – ebenfalls eine Forderung Stophs –, scheint nicht mehr ausgeschlossen, und für Vereinbarungen zwischen den beiden Staaten sollen die allgemein anerkannten Bedingungen des zwischenstaatlichen Rechts gelten.

Während die erste Runde der Gespräche zu Ende geht, sind vor dem Hotel die Morgendemonstrationen abgedrängt worden. Einige fügen sich nur widerstrebend. «Warum sollen wir hier nicht stehen dürfen?» murrt ein junger Mann; «Abhauen», zischt es ihm entgegen. Und als sich die Delegationen zum Mittagessen niederlassen, tönen vom Vorplatz Sprechchöre. In geschlossenen Trupps sind die Genossen angerückt und rufen: «Die Forderung an Willy Brandt – die DDR wird anerkannt» und «Hoch, hoch, hoch – es lebe Willi Stoph». Die Straßen um den Bahnhofsvorplatz sind inzwischen abgeriegelt, tief gestaffelt steht die Volkspolizei, ein Omnibus, quergestellt, versperrt die Hauptstraße. Der Bahnhof ist leer, die Schalter sind geschlossen, es riecht nach frischer Farbe.

Drinnen erklärt Stoph dem Bonner Regierungssprecher, er habe inzwischen das Protokoll der Pressekonferenz gelesen, auf der Ahlers als Antwort auf die besorgte Frage eines Journalisten nach den Arbeitsmöglichkeiten in Erfurt ironisch erwidert hatte, man fahre ja schließlich in ein «halbwegs zivilisiertes Land», und meint nun versöhnlich, dies sei ja offenbar nicht als Diskriminierung gemeint gewesen. Draußen skandierten die Sprechchöre: «Herrn Ahlers geben wir bekannt, wir sind ein zivilisiertes Land.» Es ist fast tragikomisch. Per Sprechchor wird die Zivilisation verteidigt. Der Drang nach Selbstbestätigung, nach Anerkennung der geleisteten Arbeit ist groß und keineswegs nur auf die Funktionärsschicht beschränkt. Nichts verletzte die Menschen drüben mehr als Herablassung.

Auch das Brimborium der Ehrenwache, die jede halbe Stunde im Paradeschritt zum Postenwechsel aufzieht, mit blankgeputzten Stiefeln und weißem Lederzeug, vorneweg ein Offizier mit gezogenem Degen, entspringt nicht zuletzt dem Bedürfnis nach Darstellung der eigenen, vollwertigen Staatlichkeit. Gerade dies macht die Gespräche zwischen den Regierungen der beiden deutschen Staaten so schwierig. Zusätzlich zu den verschiedenen Gesellschaftsordnungen, den außenpolitischen Zwängen kommt eine psychologische Schwierigkeit: Unsicherheit bei manchen SED-Funktionären, die überkompensiert werden muß. Auch hier gibt es wohl einen Unterschied zwischen

Stoph und seinen Mitarbeitern auf der einen Seite und anderen Funktionären. Über Stoph ist keiner der üblichen Funktionärswitze im Umlauf.

Wenn möglich, wird dem Selbstwertgefühl und den Zielen der Politik auch durch Tricks nachgeholfen. Die Bonner Delegation hatte kurz vor der Abreise den Wunsch angemeldet, der Kanzler wolle am Mahnmal im ehemaligen KZ-Lager Buchenwald einen Kranz niederlegen. Die DDR-Unterhändler hatten zugestimmt: Dies könne in der üblichen Form geschehen. So kam es, daß, für die Bonner überraschend, überraschend aber auch für viele Genossen, die Nationalhymnen der beiden Staaten gespielt wurden.

Die schreckliche Vergangenheit und Tischgespräche über Goethe – ist das der Rest der deutschen Gemeinsamkeit? Auch im Gespräch zwischen Stoph und Brandt ist es nicht gelungen, sich wenigstens über gemeinsame Kommissionen zu einigen. Offenbar fürchtet Ostberlin, damit könne seine Anerkennungsforderung unterlaufen werden. Das Schlußkommuniqué, auf DDR-Wunsch «Pressemitteilung» genannt, enthält nur einen wichtigen Satz: Die Gespräche sollen am 21. Mai in Kassel fortgesetzt werden.

Das mag wenig sein, aber doch große Folgen haben. Vielleicht ähnelt die Ostpolitik Brandts in manchen Zügen der Algerienpolitik de Gaulles. Auch der französische Staatschef hatte damals auf einem Weg, der von immer neuen interpretationsfähigen Formeln markiert war, Realitäten anerkannt, unhaltbare Positionen preisgegeben, aber damit den Frieden, neue außenpolitische Handlungsfreiheit und sogar besseren Kontakt zum ehemaligen Gegner erreicht.

Daß eine ähnliche Entwicklung auch in der deutschen Ostpolitik in Gang gekommen ist, daß Brandt diese Entwicklung nicht nur geschehen läßt, sondern als eine politische Chance ergreift, hat die Opposition überrascht, und schwieriger wird die Lage für sie besonders dadurch, daß Brandt von einer breiten patriotischen Grundströmung getragen scheint.

Es wirkte schon seltsam, als Barzel nach dem Bericht des Kanzlers im Bundestag alte Resolutionen zitierte, auch jene berühmte vom

28. September 1968, in der es hieß: «Die Anerkennung des anderen Teiles Deutschlands ... als zweiten souveränen Staat deutscher Nation kommt nicht in Betracht.» Um diese Bastionen wird heute nicht mehr gekämpft.

Selbst der Hinweis, daß die Aufnahme zweier deutscher Staaten in die Vereinten Nationen ein Verstoß gegen das im Grundgesetz festgelegte Recht auf Selbstbestimmung sei, wirkt fast schon wie ein Nachhutgefecht. Die Erwägung, das Verfassungsgericht in Karlsruhe anzurufen, um dort die Unvereinbarkeit der Deutschland-Politik mit dem Grundgesetz bescheinigt zu erhalten, wirkt fast wie eine Kapitulation vor der Politik. «Die Union hat den Kopf verloren», meinte Minister Ehmke, und Herbert Wehner wünscht den Christlichen Demokraten im Bundestag mit schneidender Ironie: «Gute Reise nach Karlsruhe.»

Die Wochen zwischen der Erfurter Begegnung und dem zweiten Treffen in Kassel werden noch manche harte, öffentlich geführte Auseinandersetzungen zwischen der Regierung und der Opposition bringen – so wie auch in Ostberlin, allerdings hinter verschlossenen Türen, diskutiert werden wird. Eine Hürde auf dem Weg nach Kassel ist zum Beispiel das Gesetz über freies Geleit, das von der anderen Seite im Sommer 1966 als «Handschellengesetz» bezeichnet und als Anlaß benutzt wurde, den Redneraustausch zwischen SED und SPD zu blockieren. Dieses Gesetz soll, so sagte Franke, entweder geändert oder ersatzlos gestrichen werden, und es wäre ein Wunder, wenn sich die Opposition diesem Wunsch ohne weiteres beugte.

Der Weg zu einem «geregelten Nebeneinander», gar zu einem «friedlichen Miteinander» liegt nach Erfurt nicht plötzlich als glatte Straße vor der deutschen Politik. «Niemand», so formulierte es Brandt im Bundestag, «kann es nach dem gestrigen Tage wissen – ich weiß es jedenfalls nicht –, ob langsam eine Verbesserung der Beziehungen zwischen den getrennten Teilen möglich sein wird.» Diese Warnung ist notwendig, gerade weil die Emotionen so stark, die Hoffnungen so groß, fast zu groß sind.

14. August 1970

MARION GRÄFIN DÖNHOFF

Ein Anfang in Moskau

Es könnte sein, daß die Ära, in der Politik vorwiegend darin bestand, die rechte Qualität und die ausreichende Quantität an Waffen zu schmieden, nun vorüber ist. Es könnte sein, daß jetzt die Zeit des Friedenschmiedens beginnt.

Den Vertrag, den Walter Scheel und seine Delegation in Moskau ausgehandelt haben, beschrieb der Bundesaußenminister bei seiner Rückkehr so: «Ein Vertrag, der uns, eingebettet in den Schutz der Allianz, in die Freundschaft mit unseren westlichen Partnern, jetzt auch ein Tor nach Osteuropa hin öffnet – ein Tor, das für uns in Deutschland neue Möglichkeiten eröffnet.»

Freunde im Westen und keine Feinde im Osten – das wäre in der Tat eine kaum je dagewesene Situation für uns. Bisher pflegten wir in Kriegszeiten nach dem Motto «Viel Feind, viel Ehr'» stets mehr oder weniger allein gegen alle anderen zu stehen, im Frieden aber allzuoft mit dem Osten gegen den Westen oder mit dem Westen gegen den Osten.

Der Moskauer Vertrag dagegen soll – das ist sein ausdrückliches Ziel – den Frieden in Europa fördern und der Entspannung dienen. Er soll die Grundlage abgeben für eine Normalisierung zunächst zwischen den Verhandlungspartnern und später dann, in einem langen Prozeß der Synchronisierung, vielleicht auch zwischen West und Ost. Normalisierung bedeutet dabei nicht eine Angleichung der verschiedenen Gesellschaftssysteme, sondern daß man so miteinander umgeht «wie normale Menschen», auch wenn die Rivalität bleibt.

Der Begriff «Normalisierung» hat die Opposition in der Diskussion über das von ihr so geschmähte Bahr-Papier zu besonderen Ausfällen veranlaßt. Sie behauptete, es sei doch ganz klar, daß die Russen darunter etwas ganz anderes verstünden als der Westen, und es sei typisch für die unpräzise, illusionäre Politik Willy Brandts, daß er sich solche Ziele setze.

Wer aber 1955 mit Konrad Adenauer in Moskau war, der erinnert sich sehr deutlich an dessen Worte: «Wir sind hierhergekommen, um normale und gute Beziehungen zwischen den beiden Völkern wiederherzustellen, und nicht nur – das würde nur ein kleiner Teil dieser Aufgabe sein –, um normale diplomatische Beziehungen herzustellen.» Und der alte Kanzler fügte hinzu, man könne normale Beziehungen nur auf einem normalen Zustand aufbauen, nicht auf einem abnormalen. Wer jetzt, fünfzehn Jahre später, Bundeskanzler Brandt beobachtete, wie er neben Ministerpräsident Kossygin vor der Ehrenkompanie auf dem Flugplatz Wnukowo stand, der hatte das Gefühl, daß im Gegensatz zu jener überaus feierlichen, etwas bühnenhaft wirkenden Veranstaltung von damals der gleiche Vorgang heute vielleicht weniger eindrucksvoll, dafür aber natürlicher wirkte.

Beide Seiten sind offenbar mit dem Vertrag zufrieden, sowohl Bonn wie Moskau. Ein leiser Zweifel meldet sich jedoch, ob denn beide auch wirklich aus den gleichen Gründen zufrieden sind: beide also um einer normalen Zukunft willen – und nicht etwa die Russen nur deshalb, weil sie endlich unsere Bestätigung ihrer Eroberungen des Zweiten Weltkrieges erhalten werden. Aber alle, die an den Moskauer Verhandlungen teilnahmen, die Optimisten und die Skeptiker gleichermaßen, sind erfüllt von dem Eindruck: Es geht auch den Sowjets um eine Normalisierung der Zukunft, um ein langfristiges Arrangement, um Vertrauen, um technischen Austausch, um wirtschaftliche Zusammenarbeit und Handel. «Die nächste Generation wird uns alle – uns und euch – verdammen, wenn wir nichts Besseres zu tun wissen, als das durch Arbeit gewonnene Kapital in die Rüstung zu stecken», das etwa sei bei den Sowjets der Tenor so mancher Unterhaltung gewesen.

Warum diese Erkenntnis gerade jetzt? War dies alles nicht auch vor zwei oder drei oder vor vier Jahren schon genauso richtig? Wieso also nun mit solcher Intensität und in solcher Eile?

Sicher, da sind wirtschaftliche Schwierigkeiten und der unzulängliche Lebensstandard der Massen, da ist China, und da wächst ein Europa heran, zu dem es gute Beziehungen herzustellen gilt. Aber für den spezifischen Zeitpunkt viel wichtiger mag gewesen sein, daß die intensive Begegnung mit den Deutschen – den anderen Deutschen – nach einem Vierteljahrhundert totaler Entfremdung und gegenseitiger Verteufelung einen Prozeß der Meinungsbildung in Gang gesetzt hat, für den es in den Jahren zuvor keinerlei Anlaß gab. Diese Begegnung in Verhandlungen, bei denen wochenlang ein Problem in all seinen Differenzierungen und Konsequenzen diskutiert und durchdacht wurde – dies löst neue Bewegung aus und gewinnt Eigengesetzlichkeit.

Alle Bonner Unterhändler hatten den Eindruck, das Hauptmotiv der Sowjets für den Wunsch, die Beziehungen zur Bundesrepublik zu normalisieren, sei wirtschaftlicher Natur. Da freilich müssen sich Zweifel regen.

Ich war im Frühjahr 1966 in Tokio, als eine sowjetische Delegation nach Japan kam, um über einen Vertrag zur gemeinsamen Erschließung Sibiriens zu verhandeln. Damals war das eine Sensation ohnegleichen – inzwischen hat man davon kaum mehr etwas gehört. Ich kannte einen der französischen Experten, die vor sechs oder sieben Jahren, zur Zeit des französisch-sowjetischen Honigmondes, in Moskau Verhandlungen führten und sich damals große Hoffnungen machten. Da war die Errichtung von Fabrikanlagen im Wert von vielen Milliarden vorgesehen. Hunderte von Spezialisten sollten in Frankreich ausgebildet werden – gehört hat man von alledem seither nichts mehr.

Jetzt ist der Bau eines Lastkraftwagenwerkes in der Sowjetunion vorgesehen, Kostenpunkt: vier Milliarden; je zur Hälfte soll es von Franzosen und Deutschen gebaut werden. Das ist ein gewaltiges Unternehmen, und man muß hoffen, daß die Russen diesmal nicht enttäuscht werden. Aber sind mehrere solcher Großvorhaben wirklich durchführbar? Professor Leussink wird im September in die Sowjetunion reisen. Es wäre schön, wenn auf dem Gebiet des Austausches von Wissenschaftlern etwas zustande käme. Aber ist auch das wirklich denkbar?

Über die Wirkungen des Vertrages werden manche düstere Prognosen aufgestellt. Die «Neue Zürcher Zeitung» meinte, er werde zur «fortdauernden Unterjochung der osteuropäischen Staaten» beitragen. Bestände diese Gefahr wirklich, so wäre ganz und gar unverständlich, warum alle Osteuropäer sich seit langem nichts sehnlicher wünschen als eine Normalisierung der Beziehungen zwischen Bonn und Moskau. Und «den Sog der Sowjetpolitik», dem die Bundesrepublik nach Meinung der «Welt» nun ausgesetzt sein wird, kann man sich weder auf dem ideologischen noch auf dem wirtschaftlichen Felde gut vorstellen.

Nein, der Vertrag ist in seiner neuen Form, zu deren Aushandlung die Bedenken der CDU sicher nicht wenig beigetragen haben, ein befriedigendes Verhandlungsergebnis. Auf beiden Seiten ist darum schwer gekämpft worden. Jetzt ist das Selbstbestimmungsrecht verankert worden, die Interventionsklauseln der UN-Charta sind ein für allemal vom Tisch, friedliche Veränderungen der bestehenden Grenzen sind nicht mehr zweifelhaft – und der Vertrag wird dazu beitragen, die alliierten Verhandlungen über Berlin zu einem befriedigenden Ergebnis zu bringen.

Dieses Verhandlungsresultat könnte die Grundlage für eine normalere Zukunft bilden, sofern wir weder in Euphorie verfallen noch uns von Rückschlägen entmutigen lassen. Solche Rückschläge werden gewiß nicht ausbleiben. Die Sowjetunion hat ja nicht beschlossen, ihre Deutschlandpolitik von Grund auf zu verändern; wir hingegen werden auch kaum der Versuchung ausgesetzt sein, die Sowjetunion nun mit ganz neuen Augen zu betrachten. Beide Regierungen sind lediglich übereingekommen, 25 Jahre nach Kriegsende die schwere Last der Vergangenheit aufzuarbeiten und sich gemeinsam um Entspannung und Normalisierung zu sorgen.

Entspannung und Normalisierung jedoch – das ist nicht ein einmaliger Akt, stellvertretend von Diplomaten und Juristen vorgenommen – es ist eine viele Jahre währende, mühsame, Ausdauer und Geduld erfordernde Kleinarbeit.

11. Dezember 1970

HANSJAKOB STEHLE

Schlußpunkt unter die Vergangenheit

«Wir alle müssen uns erst daran gewöhnen, daß nun ein neues Kapitel beginnt», sagte Wladyslaw Gomulka und blickte nachdenklich auf die barocke Pracht des polnischen Königsschlosses von Wilanow. Selbst seine engsten Mitarbeiter konnten sich nicht erinnern, den polnischen Parteichef je so gelöst in einem Kreis westlicher Besucher erlebt zu haben. Unbefangen unterhielt er sich mit deutschen Journalisten, während sich Willy Brandt und Ministerpräsident Cyrankiewicz wie alte Bekannte miteinander unterhielten. Die Gespenster der Vergangenheit, die sich an diesem 7. Dezember noch einmal erhoben und drückend auf die Gemüter gelegt hatten, waren in der Intimität dieser Mitternachtsstunde wie verscheucht. Nicht, daß Hochstimmung geherrscht hätte oder gar Begeisterung. Was sich da ausbreitete, war die Erleichterung von Genesenden, die sich langer und schwerer Krankheit entronnen fühlen.

«Nur nach ernster Gewissenserforschung» habe der Vertrag von Warschau unterschrieben werden können, hatte Brandt in seiner Fernsehansprache an die Deutschen gesagt. Am frühen Morgen war er aus dem Wohnflügel des Schlosses Wilanow in das einstige Vorzimmer des Königs Sobieski gegangen, um diese Rede von den Kameras aufzeichnen zu lassen. Hinter ihm hing ein Bild Alexanders des Großen, der dem besiegten Perserkönig mit Großmut begegnet. Noch rauher als sonst klang die Stimme des Kanzlers, als er den Schlesier Andreas Gryphius und den Ostpreußen Immanuel Kant zu Zeugen dafür anrief, daß «Ressentiments den Respekt vor der Trauer um das Verlorene verletzen», daß unerfüllbare Ansprüche und Vorbehalte dem Frieden schaden. «Uns schmerzt das Verlorene, und das leidgeprüfte polnische Volk wird unseren Schmerz respektieren.»

Eine Stunde später hörte eine schweigende Menge am Grabmal des Unbekannten Soldaten jene Hymne der Deutschen, die für sie, da sie den anderen Text nicht kennen, wie das alte Lied klingt – weshalb ihnen das polnische Fernsehen am Vorabend bei der Ankunft Brandts diese Töne erspart hatte. Nun aber wurden sie von der Kapelle der Warschauer Garnison in den trüben Dezembermorgen geschmettert, indes der Kanzler vor dem Denkmal verharrte.

Kurz danach schritt der Kanzler wiederum durch ein Spalier stummer Zeugen: Vor dem Denkmal für die Opfer des Warschauer Gettos, wo er vor den lodernden Pylonen in die Knie sank, überwältigt von der Erinnerung an das Ungeheuerliche. Zyniker des politischen Alltags mochten hinterher Fragezeichen hinter die Spontaneität dieser Geste setzen, aber sie war echt, eine Eingebung des Augenblicks. Brandt weiß nur zu gut, daß sich ein Staatsmann nur selten Emotionen leisten kann. Daß er es sich an diesem Tag nicht versagte, seiner Erschütterung Ausdruck zu geben, hat mehr als alle Reden dazu beigetragen, lange Verhärtetes in der polnischen Hauptstadt aufzubrechen. «Ob die Bundesrepublik einen solchen Kanzler schon verdient?» flüsterte mir ein sonst sehr kühler polnischer Beobachter bewegt zu ...

Viele der gewöhnlichen Maßstäbe schienen an diesem Tage nicht mehr zu stimmen. Nicht, daß die Unterschiede der Nationen, der Regime, der Mentalitäten plötzlich weggewischt worden wären. Sie erschienen jedoch für einen Augenblick belanglos angesichts des historischen Ereignisses: daß von nun an Deutschland zum erstenmal seit fünfzig Jahren die westliche Grenze seines polnischen Nachbarn hinnahm, daß es Brief und Siegel darauf gab. Doch der formale Akt, die Vertragsunterzeichnung im Palais des Ministerrats, wirkte seltsam blaß vor der Dimension der Geschichte, der vergangenen wie der künftigen.

«Wie oft haben wir unseren deutschen Partnern gesagt, sie sollten sich nicht auf jedes Detail kommender Normalisierungs-Schritte versteifen», sagte ein polnischer Teilnehmer der sechs Verhandlungs-Etappen, die zum Vertrag geführt hatten. «Wenn erst der Vertrag unter Dach wäre, würde vieles von selbst in Gang kommen.» Zwei Tage Brandt-Besuch in Warschau zeigten, daß diese Voraussage stimmte.

Es war für den Kanzler und seine Umgebung eine Überraschung, wie sich die Atmosphäre lockerte, wie da («viel stärker als bei der Unterzeichnung des Moskauer Vertrags», sagen die Beteiligten) ein europäisches Kulturempfinden über die ideologischen Klüfte hinweg Verbindungen, Verständigungen möglich machte, wie sich Verkrampfungen lösten.

In den offiziellen Äußerungen standen sorgsam ausgefeilte Positionen neben der Versicherung neuen Wohlwollens. Aber als Brandt in den beiden Tischreden, zu denen seine Begleiter Günter Grass und Siegfried Lenz manche glückliche Wendung beigetragen hatten, stärker den humanen, den geistigen Akzent zur Geltung brachte, da schien auch dem polnischen Ministerpräsidenten das Manuskript, das ihm seine Beamten gefertigt hatten, zu dürr. Er legte es genauso beiseite wie am nächsten Tag bei seinen Antworten, die von der Realität schon überholt waren. Aus der Bewegung des Augenblicks kam sein Gedanke, daß nun neben die Erinnerung an den unheilvollen 1. September 1939 jene an den 7. Dezember 1970 zu setzen sei – «nicht, um die Vergangenheit auszustreichen, sondern um sie zu überwinden».

Der Prozeß des Nachdenkens und des Umdenkens ist bei Deutschen und Polen durch den Vollzug dieser Unterschriften mehr gefördert worden, als man zu hoffen wagte. Widerstände, die es auch in Polen gibt, zerbröckeln. Selbst die Soldatenzeitung in Warschau erwies dem Vertrag gemessene Reverenz; und Kardinal Wyszynski, der noch vor kurzem geargwöhnt hatte, Bonn treibe «ein Spiel», schrieb seinen Namen als ersten unter eine Erklärung der katholischen Bischöfe, die sich auf dem Weg bestätigt sehen, den sie – allenthalben mißverstanden – schon 1966 eingeschlagen hatten. «Kardinal Döpfner kann ruhig nach Polen kommen», sagte Premier Cyrankiewicz.

1971

29. Oktober 1971

ROLF ZUNDEL

Mit Flach in die Schlacht

Das war gewiß nicht der größte Parteitag der Freien Demokraten. Wer 1967 die Schlacht von Hannover erlebt hat, den Großangriff auf den damaligen Parteivorsitzenden Mende und die alten Bastionen der Ostpolitik, wer in Freiburg 1968 dabei war und die Wahl Scheels, den Senkrechtstart Dahrendorfs und die Belagerung durch die Apo noch in Erinnerung hat – auf den wirkte der Freiburger Parteitag 1971 lange Zeit wie eine langweilige Pflichtübung: ohne große Spannung, ohne Höhepunkte.

Die Vorabende der früheren Parteikongresse waren meist der Konspiration gewidmet. Hinter den Kulissen wurde der Kampf vorbereitet, der nachher im Plenum ausgetragen wurde. Diesmal beschäftigte sich der Vorstand – ein völlig neues FDP-Gefühl – schlicht mit der Tagesordnung. Ralf Dahrendorf, der 1968 mit roter Nelke im Knopfloch und liberalen Höhenflügen für Stimmung gesorgt hatte, war diesmal eine kaum beachtete Randfigur. Walter Scheel, der 1968 nicht ohne Mühe auf den Posten des Parteivorsitzenden gehievt worden war, ist heute so unbestritten Erster Mann der Partei, daß er es sich leisten konnte, der Diskussion für viele Stunden den Rücken zu kehren und seinen Geschäften als Außenminister nachzugehen.

Die FDP beginnt sich allmählich auf ihre neue programmatische Linie einzupendeln. Der konservative Flügel ist schwächer geworden. Die Altliberalen sind zum Teil abgewandert, zum Teil haben sie resigniert. Der linke Flügel wagt, teils aus neugewonnener Einsicht, teils aus taktischen Überlegungen, nicht mehr, einen verkappten Sozialismus zu predigen. Über die Thesen zur Gesellschaftspolitik, die der Parteitag in Freiburg meist mit großen Mehrheiten beschloß, ist schon so lange in vorbereitenden Gremien und in den Landesverbänden beraten worden, daß sich manche gefährlichen Schärfen abgeschliffen haben. Eine breite Mittelgruppe trägt nun dieses Programm. Es wurde zwar hart diskutiert, aber die Partei spaltete sich nicht in unversöhnliche Gruppen. Seit vielen Jahren hat sich die FDP nicht mehr so geschlossen präsentiert.

Die Freien Demokraten hatten auch allen Grund dazu. Just zu Beginn des Parteitags mußte die FDP eine schwere Niederlage bei den Kommunalwahlen in Baden-Württemberg, im liberalen Stammland, verdauen. Die Rolle der FDP ist offensichtlich für viele Wähler nicht mehr oder noch nicht überzeugend. Sie haben kein überzeugendes Motiv, dieser Partei ihre Stimme zu geben. Nicht die Partei, so formulierte Dahrendorf mit ungeminderter Brillanz, ist gegenwärtig das Problem der FDP, sondern ihre Wähler sind es.

Die harte und vom Außenminister ungewohnte Polemik, mit der Walter Scheel in Freiburg wider die Union zu Felde zog – «diese Partei begreift selbst heute noch nicht, daß Reaktion nicht Politik bedeutet, und Politik nicht von Reaktionären gemacht werden darf» –, liefert allein dem Wähler noch kein Motiv, für die FDP zu stimmen. Wem dies allein wichtig ist, kann auch gleich die SPD wählen.

Gewiß, die Koalitionsbindung an die SPD darf heute von den Freien Demokraten nicht in Frage gestellt werden, sonst würden sich auch ihre neuen Wähler von ihr abwenden. Diese Gefahr besteht nach Freiburg mit Sicherheit nicht mehr: Die CDU von heute, so wurde in liberalem Überschwang formuliert, ist für die FDP nicht koalitionsfähig. Aber eine wirklich überzeugende Rolle kann die FDP nur spielen, wenn sie auf der Basis der sozial-liberalen Koalition ihre Korrektiv-Funktion im Bündnis deutlich macht und zeigt, wo die Differenzen zur SPD liegen. Dies hat Karl Hermann Flach, der neue Generalsekretär der Partei, in Freiburg getan.

Es ist ein Charakteristikum dieser liberalen Partei, die sensibel für neue Männer und neue Ideen ist, daß immer wieder ein neuer liberaler Phönix der Asche entsteigt: nach Döring und Dahrendorf jetzt Flach. Der neue Generalsekretär ist freilich kein Senkrechtstarter, auch kein praxisferner Ideengeschichtler. Er hat eine harte politische Schule durchgestanden: zuerst als junger Liberaler, der in Rostock unter den schwierigsten Bedingungen und unter großem persönlichen Risiko Politik zu machen versuchte, später als Bundesgeschäftsführer der FDP, der Organisation und Wahlkampf von der Pike auf gelernt hat. Und es spricht für seine politische Begabung, daß ausgerechnet er, den manche Jungdemokraten als Propheten eines links-progressiven Kurses verehren und den konservative Gegner der Partei als sozialistischen Verführer schildern, die Abgrenzung zur SPD am schärfsten gezogen hat.

Flach ging mit den linken Heilslehren ins Gericht: «Wir müssen uns immer wieder klarzumachen versuchen, daß allein die Veränderung der Eigentumsverhältnisse noch lange keine Verbesserung der Herrschaftsverhältnisse schafft und daß der Austausch der Machteliten und der sie tragenden Apparaturen, die Ablösung des Regimes einiger großer Kapitalseigner durch das Regime der Funktionäre nicht mehr Freiheit für mehr Menschen erzeugt.» So mancher wackere Delegierte, der die Entwicklung der Partei mit Sorge verfolgt hat, fühlte sich erleichtert und klatschte zufrieden Beifall.

Ebenso nahmen viele Delegierte, einschließlich der Minister, mit Genugtuung Flachs Warnung zur Kenntnis: «Wir müssen darauf achten, daß der notwendige Kampf um soziale Gerechtigkeit nicht zur Niveausenkung und Gleichmacherei führt, die Leistungsanreize abtötet und am Ende zu wenig erzeugt, was sozial gerecht verteilt werden kann.» Solche Mahnungen ausgerechnet von Flach zu hören, verschaffte jenen, die bei der Programmreform um die Leistungsfähigkeit der Wirtschaft bangen, ein selten gewordenes Glücksgefühl. «Auch das mußte ja einmal gesagt werden», meinte einer dieser Delegierten. «Und Flachs Satz schließlich – «ich persönlich schätze Willy Brandt jedenfalls zu sehr, um ihm eine absolute Mehrheit der SPD zu wünschen» – löste eine donnernde Ovation aus. Ein wenig erinnerte die

Situation an die Zeiten, als die FDP den CDU-Kanzler Erhard gegen seine eigenen Parteifreunde verteidigte.

Flach, der sich in Freiburg aus der journalistischen Reserve in den aktiven Dienst der FDP zurückgemeldet hatte, wurde mit überwältigender Mehrheit gewählt: Von 348 abgegebenen Stimmen erhielt er 345. Und alle Präsidiums- und Vorstandsmitglieder, wie sie da saßen, standen nach seiner Rede auf und eilten, Minister Genscher an der Spitze, zu ihm hin, um ihn zu beglückwünschen.

Die Partei verspricht sich von Flach viel, nicht zuletzt, daß er im inneren Betrieb, der in den letzten Jahren oft mit der linken Hand erledigt wurde, für Ordnung und Systematik sorgt. Seine Ankündigung, daß er notfalls auch mal «dazwischenfahren» werde, entlockte selbst dem konservativ-skeptischen Kühlmann-Stumm Zustimmung: «Genau das hat oft gefehlt!» Und Flach traf auch die Stimmung der Partei, als er davon sprach, es sei nun an der Zeit, daß die FDP jene Energien, die sie innerhalb der Partei eingesetzt und manchmal vergeudet habe, jetzt nach außen, auf den politischen Gegner richten müsse. Die Delegierten sind der langen und mühevollen Programmdiskussion, der Beschäftigung mit dem kränkelnden Innenleben der Partei müde, sie möchten in die Schlacht geführt werden. Sie haben genug von der Programmdiskussion, sie wollen jetzt Politik machen.

Die Beratung über die Freiburger Thesen hat die FDP bis an die Grenze ihrer Leistungsfähigkeit beansprucht. Daß diese Thesen überhaupt verabschiedet werden konnten, ist eine erstaunliche Sache. Am Rande des Existenzminimums, von manchen Wahlniederlagen geschüttelt, wagte sich die FDP an das für die Partei schwierigste, mit manchen Tabus abgesicherte Thema heran: an die Gesellschaftspolitik. Es ist noch gar nicht so lange her, daß die kapitalistische Wirtschaftsordnung in der FDP den Rang einer nicht diskussionsfähigen Heilslehre besaß, die jeder Reform entzogen war. Es liegt gar nicht so weit zurück, daß Eigentum in jeder Form als gottgegeben angesehen, jede Reform der Eigentumsordnung als finsterer Sozialismus verteufelt wurde.

Nichts zeigt besser den weiten Weg, den die FDP zurückgelegt hat, als die Tatsache, daß über diese Thesen nüchtern, fast wie über eine Selbstverständlichkeit diskutiert wurde – Thesen, in denen immerhin von einer gerechteren Verteilung des Zuwachses am Produktionskapital die Rede ist, in denen die soziale Bindung des Eigentums in einem neuen Bodenrecht exemplifiziert wird und eine Demokratisierung der Gesellschaft auch im Bereich der wirtschaftlichen Unternehmen gefordert wird.

Professor Maihofer, der mit geduldiger Penetranz die Programmdiskussion vorangetrieben hatte, konnte jetzt in Freiburg die Früchte seiner Arbeit ernten. Er mutete den Delegierten noch einmal viel zu. Er stieg tief hinab in die Brunnenstube der deutschen Geistesgeschichte, förderte bedeutende Zitate von Kant, Lorenz von Stein und Naumann zutage, um zu begründen, unter welchem Aspekt die Liberalen heute ihre Position und ihre Politik neu definieren müssen: So, wie es Aufgabe der alten Liberalen war, den Untertan zum Staatsbürger zu machen, so sei es den Liberalen von heute aufgegeben, den Untertan der Wirtschaft zum Wirtschaftsbürger zu machen.

Diese Idee ist auch vielen Sozialdemokraten nicht fremd. Der «liberale» Flügel der SPD könnte dieses Programm ebenfalls unterschreiben, und eine stattliche Reihe von Christlichen Demokraten steht ihm gleichfalls nicht fern. Es gibt also eine gemeinsame Überzeugung unter den Vernünftigen in allen Parteien, was das wichtigste Problem der modernen Gesellschaft sei: Wie kann die kapitalistische Ordnung humaner werden, ohne ihre Leistungsfähigkeit einzubüßen? Über diese Frage ist seit dem Godesberger Parteitag der SPD nie mehr so gründlich diskutiert worden wie bei der Vorbereitung des FDP-Parteitags.

Es sah so aus, als ob die FDP diese Diskussion gut überstehen würde, obwohl sich die Debatte immer wieder an gesetzestechnischen Details festhakte und obwohl mancher Delegierte fürchtete, am letzten Tag könnten an der Frage der Mitbestimmung noch einmal die Gegensätze aufbrechen. Die Feststellung scheint erlaubt: War dies auch nicht einer der faszinierendsten Parteitage der FDP, so doch gewiß einer der wichtigsten.

In Freiburg hat Scheel die Grenzen zur Union gezogen, hat Flach die Differenzen mit dem sozialdemokratischen Koalitionspartner deutlich gemacht und Maihofer nachgewiesen, daß die FDP eine liberale Partei ist. Jetzt müssen es «nur» noch die Wähler begreifen.

31. Dezember 1971

HANS SCHUELER

Fest im Sattel

Wenn es nach Franz Josef Strauß und seinem *Bayernkurier* geht, haben es die Deutschen 1971 mit Deutschland nicht gut gemeint. Denn «der Sturz der Regierung Brandt» mußte nach Ansicht des CSU-Vorsitzenden am Ende des ersten Jahres der sozial-liberalen Koalition «für jeden, der es gut meint mit Deutschland, der politische Wunsch für das kommende Jahr sein». Nun, am Ende des zweiten Jahres, sitzt diese Regierung Brandt fester denn je im Sattel.

In den Reihen der Opposition war damals das Wunschdenken noch stark, obgleich sich die Hoffnung auf einen parlamentarischen Regierungssturz spätestens Ende November 1970 verflüchtigt hatte. Als die peinliche Bestechungsaffäre um den FDP-Abgeordneten Karl Geldner publik geworden war, bestand keine Aussicht mehr auf Überläufer; das Reservoir an «Gewissenstätern» à la Mende und Zoglmann war ohnehin erschöpft. So blieb nur noch der vage Trost, es könnte sich irgendwo ein Anlaß zu Neuwahlen finden lassen, aus denen CDU und CSU siegreich hervorgehen würden. Die Erkenntnis, daß er sich aller Voraussicht nach nicht finden und daß die Opposition ihre ungewohnte Rolle bis zur regulären Bundestagswahl 1973 werde durchhalten müssen, dämmerte erst auf dem CDU-Programmparteitag im Januar 1971.

Nur Franz Josef Strauß will sie noch immer nicht wahrhaben. Wie sehr freilich auch er zurückgesteckt hat, zeigt sein jüngstes Weihnachtsgerücht: Für den Fall, daß die Ostverträge vom Bundesrat abgelehnt würden und im Bundestag daraufhin keine absolute Mehrheit fänden, wolle Willy Brandt die Vertrauensfrage stellen. Die Regierung muß sich also doch wohl gute Chancen bei den Wählern ausrechnen.

Die Tatsache, daß Sozialdemokraten und Freie Demokraten nach zwanzigjähriger und, wie es schien, schon in Erbpacht übergegangener Unionsherrschaft eine Regierungsmehrheit nicht nur erringen, sondern unter widrigen Umständen auch eindrucksvoll behaupten konnten, gehört zu den entscheidenden innerpolitischen Wendepunkten des Jahres 1971. Sie ist in das Bewußtsein der Bevölkerung eingegangen und hat sicher dazu beigetragen, daß die Popularitätskurve der Regierenden bei allen Meinungsumfragen kontinuierlich anstieg.

Die mit weit kräftigeren Parlamentsmehrheiten ausgestatteten Regierungen Adenauer und Erhard waren in fünf Legislaturperioden insgesamt fünfmal darauf angewiesen, Gesetzesvorlagen gegen den Einspruch der Länderkammer mit absoluter Mehrheit im Bundestag durchzusetzen. Sie unterlagen jedesmal. Die Regierung Brandt bestand ihre erste Probe im Spätherbst auf Anhieb. CDU und CSU hatten die Frage, ob ein Kündigungsschutz für Mietwohnungen im ganzen Bundesgebiet oder nur in Ballungsräumen gelten sollte, zum Abstimmungstest für die Ostverträge gemacht. Die Koalition setzte sich durch.

Von hier dürfte der mit der Verleihung des Friedensnobelpreises an den Kanzler endgültig zur Reife gelangte Entschluß des Oppositionsführers Rainer Barzel seinen Ausgang genommen haben, die «totale Konfrontation» zu beenden. Innenpolitisch war diese Konfrontation ohnehin mehr verbaler als grundsätzlicher Art.

Allerdings hat es die von den Zwängen der Geldentwertung rasch gedämpfte Fortschrittseuphorie der Regierenden ihren Gegnern auch im vergangenen Jahr leichtgemacht, die Kluft zwischen Wunsch und Wirklichkeit – von der Bildungspolitik bis zur Bundeswehr – jedermann vor Augen zu führen. Schon vor dem Rücktritt des Bundesfinanzministers Möller war der Zielkonflikt zwischen inneren Reformen einerseits und der Wirtschafts- und Währungsstabilität andererseits offenkundig geworden. Von seiner Lösung und nicht von der inzwischen weltweit akzeptierten Ostpolitik wird es abhängen, ob die Regierung Brandt auch nach 1973 noch eine Zukunft hat.

1972

23. Juni 1972

KARL-HEINZ JANSSEN

«Kein Zurück ins Reihenhaus»

Ulrike Meinhofs Weg vom Schreibtisch in den Untergrund

Ein Ausbau der technischen Kontakte zwischen der Bundesrepublik und der DDR könnte zunächst Erleichterungen im innerdeutschen Reiseverkehr ermöglichen, darüber hinaus könnte das Feld abgesteckt werden, innerhalb dessen offizielle Gespräche zum Zweck der Normalisierung der innerdeutschen Beziehungen stattfinden dürften, ohne daß eine der beiden Seiten Selbstbewußtsein und Prestige verliert.»

Ein Zitat aus Egon Bahrs Tutzinger Rede von 1963? Nein, diese Vorwegnahme der sozialliberalen Ostpolitik wurde im selben Jahr von der *konkret*-Kolumnistin Ulrike Meinhof formuliert – übrigens nach dem Attentat auf Präsident Kennedy, dessen Tod sie betrauerte («Die Ohnmächtigen setzten ihre Hoffnungen auf ihn»), noch ohne zu ahnen, daß er keineswegs beabsichtigt hatte, wie sie fälschlich annahm, die amerikanische Intervention in Vietnam zu beenden.

Manchem, der in den sechziger Jahren die Artikel dieser Publizistin zustimmend gelesen hat (der *konkret*-Verlag hat soeben eine Faksimile-Auswahl der Kolumnen herausgegeben), will es heute nicht in den Kopf, daß es dieselbe Frau war, die am vorigen Donnerstag in Hannover als Gewalttäterin verhaftet wurde – mit einer Dreieinhalb-Kilo-Bombe im Kosmetikkoffer. Gewiß, politisch ist sie immer eine Außenseiterin in dieser Gesellschaft gewesen. Aber was seinerzeit ihr Wollen und Trachten war, haben viele Liberale in diesem Lande ebenfalls angestrebt.

Ulrike Meinhofs Linksaußenposition Anfang der sechziger Jahre läßt sich abstecken mit den Daten: Anti-Atomtod-Bewegung, Deutsche Friedensunion, Sozialistischer Deutscher Studentenbund. Sie stritt gegen Strauß, gegen die Abendländer und Ostlandreiter; sie wollte es diesem Staat nicht nachsehen, daß er belastete Nazis in höchste Ämter aufrücken ließ und Kommunisten ihrer Gesinnung wegen verfolgte; sie führte einen (teilweise erfolgreichen) Kampf gegen die Notstandspläne und gegen die Macht des Springer-Konzerns: Überall, wo sie die Demokratie und den Frieden, drinnen wie draußen, bedroht sah, stellte sie sich in die vorderste Front.

Sie schrieb um so besser, je mehr sie sich mit moralischem Engagement, mit überschäumender Empörung, mit all dem Mitleid, dessen sie fähig war, für eine Sache einsetzte. Lügen, Phrasen und scheinheiliges Pathos waren ihr verhaßt. Ihre Ehrlichkeit (auch gegen sich selber) spricht aus jeder Zeile. Es sind Artikel eines flammenden Gewissens, von dem ihre Pflegemutter Renate Riemeck sagt, es sei «ein tief verstecktes christliches Gewissen. Sie weiß, daß sie nicht so lebt, wie sie leben sollte.»

Was Ulrike Meinhof mehr noch bewegte als die großen Weltläufte, das soziale Elend – am Fließband und in den Handwerksstuben, in Krankenhäusern und Fürsorgeanstalten, in Schulen und Obdachlosenasylen –, darüber ließ sie sich in *konkret* nur selten aus – um so mehr aber im Hörfunk. Nicht nur, was sie frühzeitig über den Krieg in Vietnam gesagt hat, verdient Respekt, sondern gleichfalls jene Artikel und Sendungen, in denen sie die Unterdrückung der Frauen in unserer Gesellschaft angeprangert hat.

Ihre Wandlung von der Publizistin zur Untergrundkämpferin durchlief mehrere Stationen. Es begann mit dem Eintritt der SPD in die Große Koalition: Enttäuscht, erbittert wendet sich Ulrike Meinhof ab – wie viele andere Linke («Man ist zum Opfer des eigenen Opportunismus geworden»); sie setzt nun auf die Außerparlamentarische Opposition, auf die Neue Linke. Aber damit schafft sie das Problem nicht aus der Welt, das sie während ihrer journalistischen Arbeit mehr und mehr bedrückt: Wie lassen sich die «guten Gedanken» vermitteln, damit sie auch den *Bild*-Leser erreichen?

Das (mißglückte) Pudding-Attentat Westberliner Kommunarden gegen den amerikanischen Vizepräsidenten Humphrey im Frühjahr 1967 ist nach ihrem Geschmack; aber sie verübelt es den Attentätern, daß sie, anstatt ihre Publizität nun auf Vietnam zu lenken, ihr Privatleben zur Schau stellen. Jenen, die schon damals vor der Bombenbastelei erschreckten und meinten, hier sei zum erstenmal die Grenze zwischen politischem Radikalismus und Kriminalität überschritten worden, entgegnet sie agitatorisch geschickt: «Nicht Napalmbomben auf Frauen, Kinder und Greise abzuwerfen ist demnach kriminell, sondern dagegen zu protestieren.»

Ihre Polemik läßt nur den Schluß zu, daß für sie angesichts des Massenmordes in Indochina ein bißchen politische Kriminalität wohl doch erlaubt sei. Und als im Oktober 1967 Flugblatt-Raketen gegen amerikanische Kasernen geschossen werden, hat die Idee der direkten Aktion sie schon fasziniert: «Diese Methode der Agitation ist waghalsig, ihr haftet der Geruch der Illegalität an. Es sind Frauen und Kinder, Ernten und Industrie, es sind Menschen, deren Leben dadurch gerettet werden soll. Die den Mut haben, zu solchen Methoden oppositioneller Arbeit zu greifen, haben offenbar den Willen zur Effizienz. Darüber muß nachgedacht werden.»

Nächste Station dieses Entwicklungsprozesses sind die Osterunruhen 1968 vor den Springer-Häusern (nach dem Mordanschlag gegen Rudi Dutschke): «Nun, da die Fesseln von Sitte und Anstand gesprengt worden sind, kann und muß neu und von vorn über Gewalt und Gegengewalt diskutiert werden.» Zustimmend zitiert sie den Ausspruch eines *black-power*-Kämpfers: «Widerstand ist, wenn ich dafür sorge, daß das, was mir nicht paßt, nicht länger geschieht.» Doch nicht nur das individuelle Widerstandsrecht proklamiert Ulrike Meinhof in diesem Artikel; sie sieht auch bereits die Stadtguerilla am bundesrepublikanischen Horizont heraufziehen: «Gegengewalt läuft

Gefahr, zu Gewalt zu werden, … wo ohnmächtige Wut überlegene Rationalität ablöst (!), wo der paramilitärische Einsatz der Polizei mit paramilitärischen Mitteln (!) beantwortet wird.»

Der großangelegte, aber praktisch wirkungslose «Notstandsmarsch» auf Bonn im Sommer 1968 ist ihr Anlaß zur Selbstkritik: «Wir (haben) mit den Mitteln der Heilsarmee Verbrechensbekämpfung betrieben.» Freilich, das Mittel, dessentwegen ihre späteren Kampfgefährten Baader und Ensslin vor Gericht stehen – die Kaufhaus-Brandstiftung – wird von Ulrike Meinhof (noch) verworfen, nicht zuletzt, weil es Unschuldige und auch die Täter selber ungeheuer gefährdet. Und doch gewinnt sie dieser Tat ein progressives Moment ab: «Es liegt in der Kriminalität der Tat, im Gesetzesbruch.»

Von dieser radikalen Position bis zum Sprung in die Illegalität ist es nicht mehr weit. Ulrike Meinhof, geplagt vom schlechten Gewissen, verzweifelt an der Unfähigkeit der Alten wie der Neuen Linken, Ziel und Praxis in Übereinklang zu bringen. Im «Konzept Stadtguerilla» kennt sie dann nur noch Verachtung für einen Lebensstil, der auch einmal ihr eigener gewesen ist: «Sie fürchten sich vor dem Vorwurf der revolutionären Ungeduld mehr als vor ihrer Korrumpierung in bürgerlichen Berufen.»

Nicht, daß sie nun gering dächte von denen, die am Hochofen oder am Schreibtisch, im Hörsaal oder im Lehrerzimmer an der Basis arbeiten, die kleinen Brötchen des Sozialismus backen, kritisches Bewußtsein wecken und verbreitern helfen, Demokratie im Alltag praktizieren – doch sie selber hat die Geduld verloren, will hier und heute die Guerilla aufbauen, und das heißt: um den Preis der Inhumanität. In einem vom *Spiegel* publizierten Tonbandprotokoll, dessen Authentizität zwar angezweifelt wird, ist der berüchtigte Satz festgehalten: «Die Bullen sind Schweine … und natürlich kann geschossen werden.»

Diesen Satz hat Ulrike Meinhof später als Notwehr interpretiert: «Wir schießen, wenn auf uns geschossen wird. Den Bullen, der uns laufen läßt, lassen wir auch laufen.»

Die letzte öffentliche Äußerung, die ihr zugeschrieben wird – ein Tonband, das vor einigen Wochen in der Frankfurter Universität einigen hundert Studenten vorgespielt wurde – war ein Appell an die «Genossen», es ihr gleichzutun, nämlich bewaffneten «Widerstand» zu leisten. 1968 schon fand Ulrike Meinhof: «Von Revolution reden heißt, es ernst meinen.» Sie hat ernst gemacht, «ohne den Rückzug in bürgerliche Berufe offenzuhalten, ohne die Revolution noch mal an den Nagel im Reihenhaus hängen zu können». Einmal auf dem Weg der Gewalt, wollte sie nicht mehr zurück.

23. Juni 1972

Sibylle Krause-Burger

«Uns bleibt es ein Rätsel»

Ein Gespräch mit den Eltern von Gudrun Ensslin

Am zweiten Sonntag nach Trinitatis stand Pfarrer Helmut Ensslin auf der Kanzel der Lutherkirche zu Bad Cannstatt und predigte seiner Gemeinde, nicht ganz ohne Pathos, ein «Kommet her zu mir alle, die Ihr mühselig und beladen seid». Der Mühseligen und Beladenen waren etliche zu seinem Gottesdienst erschienen, und ein paar Neugierige – zum Teil «von auswärts» – hatten sich hinzugesellt, «weil man doch hören will, was er jetzt so sagt».

Seine Predigt hielt sich peinlich genau an den Jesaia-Text, er bot also weit weniger, als Fürwitzige gehofft hatten. Sie ließ dennoch erkennen, daß Helmut Ensslin unverrückbar in dem, was er schlicht «die Wahrheit» nennt, verankert ist. Bindungen und Verwurzelungen, ohne die – wie er nach der Predigt hinzufügt – er «das alles nicht hätte ertragen können».

Mit «das alles» umschreibt er nicht nur den Kummer des Vaters über die Verwirrungen der Tochter, er meint auch den Kampf um sein eigenes Ansehen. Schon vor der Kirchentüre raunen sich einige seiner Gemeindeglieder zu, daß «so etwas» in einer Pfarrfamilie nicht passieren dürfe, wahrscheinlich sei Gudrun falsch erzogen worden. Tage zuvor, kurz nach der Stuttgarter Bombendrohung, hatten Gerüchte dem Pastor bereits einen Selbstmord angedichtet, und auf Helmut Ensslins Schreibtisch stapeln sich inzwischen Briefe, in denen er «mit christlichem Gruß» zum «Mordgehilfen», «Satan», «Schmutzfinken», zum «Schweinehund von Vater und Mensch» gestempelt und mit dem Rat versehen wird, doch seinen Hut zu nehmen und sauberen Kirchenmännern Platz zu machen.

Als zündender Funke für diese Flut pathologischen Hasses und Unsinns läßt sich unschwer ein Bericht der *Bild*-Zeitung ausmachen, demzufolge der Pfarrer vom «Format» seiner Tochter gesprochen haben soll, ein Zitat, das – wie Ensslin beweisen kann – aus dem Zusammenhang gerissen und falsch wiedergegeben worden ist. Aber ob falsch oder nicht, die Anschuldigungen und Verleumdungen lasten sichtbar auf ihm, und so wird verständlich, daß er zum Schluß des Gottesdienstes um Trost für all diejenigen bittet, «die durch Lüge und Irrtum besonders geschlagen sind», und daß er seine Gemeinde gleichsam sich selbst zur Ermutigung anstimmen läßt: «Tobe, Welt, und springe; ich steh hier und singe in gar sichrer Ruh. Gottes Macht hält mich in acht; Erd und Abgrund muß verstummen, ob sie noch so brummen.»

Vorerst allerdings ist die Welt um Pfarrer Helmut Ensslin noch nicht zur Ruhe gekommen, und es sieht ganz so aus, als ob sein Kampf für geraume Zeit noch andauert. Anfänglich war dieser Kampf nur ein Kampf des Vaters um die Tochter gewesen. Wobei nichts dafür spricht, daß hier ein dogmatischer Glaubensfanatiker der freiheitsdurstigen Tochter allzu enge Grenzen gesetzt habe. Helmut Ensslin erweist sich vielmehr als ein, obschon strenger, so doch aufgeschlossener und auf eine fast naive Art zugänglicher Mann. «Wir sind nie ein pietistisch-frommes Pfarrhaus gewesen», sagt er, und seine Frau grübelt heute nach, ob man mit den Morgenandachten für die Kinder nicht doch zuviel des Guten getan habe.

Gudrun Ensslins Entwicklung ist sicher nicht als eine Art allergischer Reaktion auf ihre Familie zu deuten, sondern sie paßt, abgesehen von der anarchistischen Schlußphase, durchaus in die Tradition dieses liberalen schwäbischen Pfarrhauses. Pfarrer Ensslins Aufgeschlossenheit bedingt naturgemäß, daß der Kampf um die Tochter niemals vordergründig geblieben ist. Von Anfang an war er ihr ein Gesprächspartner. Er hat ihr in vielen Diskussionen über den Nationalsozialismus Rede und Antwort gestanden und sich schließlich «in einer ganz existentiellen Weise» mit der Literatur der Protestbewegung beschäftigt, um die Landschaft zu erforschen, in der seine Tochter lebte, um «mitzudenken, ohne zuzustimmen». Er hat die Sozialisten Marx und Marcuse gelesen, er hat sich mit den Anarchisten Blanqui und Kropotkin befaßt, er ist in die «unersteiglichen Berge von Reform und Resignation» geraten und hat letzten Endes die «Ohnmacht» und die «Verzweiflung» der älteren Generation erfahren müssen.

Dieser Mann ist duch den Werdegang der Tochter selbst in einen Lernprozeß geraten, an dessen Ende zwar keine sensationellen Wandlungen, aber doch eine Reihe von Erkenntnissen standen. Die Erkenntnis etwa, daß diese Gesellschaft und nicht zuletzt ihr christlicher Teil in der Abwehr linker Tendenzen unmittelbar in die Nähe des Faschismus geraten könnte, daß das Christentum Karl Marx bis zum heutigen Tage nicht rational aufgearbeitet, dafür jedoch dämonisiert habe, daß Christus domestiziert, verkirchlicht und provinzialisiert worden sei und daß es «nicht ums Dogma, nicht um die fertig abgefüllten theologischen Flaschen geht, sondern um die Solidarität mit den Hungrigen in der Welt».

Wenn auch der politische, der ideologische und theologische Lernprozeß des Pfarrers Ensslin abgeschlossen sein mag – der Lernprozeß über das eigene Kind ist bei den Eltern noch in vollem Gange. «Die Gudrun war von klein auf so selbständig», sagen sie, schon als Kind habe sie soziales Engagement gezeigt und doch oft auch sehr egoistisch reagiert. Das Mädchen habe dann einer Freiheit gelebt, die alle, die in irgendeiner Ordnung saßen, aufregen mußte. Dennoch, am Anfang sei zu erkennen gewesen, «daß alles richtig war, was sie machte», aber auch: «Es ist wahr, daß wir durch unsere Gudrun von einem Schock in den anderen gefallen sind.» Und schließlich: «Uns ist vieles vollkommen rätselhaft geblieben.»

Zwar begreifen die Ensslins ihr Schicksal und das ihrer Tochter weniger unter dem individuellen Aspekt, eher als ein «unheimliches Stück Geschehen der gesamten Gesellschaft», und doch haben sich zwischen all den Ungewißheiten und Unsicherheiten auch Schuldgefühle breitgemacht. Ilse Ensslin quält sich mit der Frage, ob sie als Mutter von sieben Kindern für das einzelne vielleicht zuwenig Zeit hatte, und der Vater leidet darunter, daß er das, was ihn an Schuld bedrängt, nicht konkretisieren kann. «Wenn ich das könnte, würde ich die Glocken zur Reformation läuten lassen.»

14. Juli 1972

Rolf Zundel

Kann Schmidt die Bresche schließen?

Die Bundesregierung hat aus einer schlimmen Situation das Beste gemacht. Ob das Beste gut genug ist, ob es noch ausreicht, um dem Vertrauensschwund der Regierung Einhalt zu gebieten, wird sich freilich erst bei den Wahlen erweisen. Immerhin hat sich Helmut Schmidt in die Bresche kommandieren lassen, die der Rücktritt des Superministers Karl Schiller gerissen hat. Ihm trauen die Bürger wohl noch am ehesten zu, daß er die Lücke schließen kann. Die SPD glaubt, er sei am ehesten imstande, die Wahlkampfparole der Union zu entkräften, die Sozialdemokraten trieben in der Wirtschafts- und Gesellschaftspolitik unaufhaltsam nach links.

Karl Schiller konnte in der Tat nicht durch einen halben Genscher und einen halben Schmidt ersetzt werden, wie zunächst erwogen worden war; jeder sollte danach kommissarisch eine Hälfte des Superressorts mitverwalten. Schillers Nachfolge anzutreten war die Aufgabe für einen starken Mann, der sich ausschließlich diesem Posten widmen konnte. Die übrigen Veränderungen im Kabinett – Leber trat die Nachfolge Schmidts an, Lauritzen übernahm zusätzlich das Post- und Verkehrsministerium – sind denn auch mehr oder weniger Notbehelfe, die hingenommen wurden, um Schmidts Einsatz an der gefährdetsten Stelle der Koalition möglich zu machen. Der Überminister Lauritzen zumal ist eine Zwischenlösung bis zu den Neuwahlen, die nun, mehr als der Koalition lieb sein kann, unausweichlich geworden sind – unausweichlich im übrigen auch für die Union.

Die verantwortlichen CDU-Führer, voran Barzel, haben so nachdrücklich Neuwahlen gefordert, daß sie, ohne sich der Irreführung der Wähler schuldig und sich selber lächerlich zu machen, nicht mehr von dieser feierlichen Erklärung abrücken können. Anstatt mit dem Bundespräsidenten einen rechthaberischen Streit darüber zu führen, ob er nicht doch noch ein Türchen für das Mißtrauensvotum offenlassen müsse, täte die Union besser daran, sich auf den Wahltermin vom 3. Dezember einzustellen.

Der Verteidigungsminister Schmidt wäre für den Wahlkampf der SPD eine wichtige Figur gewesen, der Wirtschafts- und Finanzminister Schmidt kann, wenn er seine Rolle gut spielt, wahlentscheidend werden. Schmidt und Brandt – sie werden diesmal, ähnlich wie Schiller und Brandt 1969, die Hauptlast des SPD-Wahlkampfes zu tragen haben: Brandt als Friedenskanzler, Schmidt in der Rolle eines Garanten innenpolitischer Kontinuität und wirtschaftspolitischer Solidität.

Die Angriffsrichtung der Opposition ist unschwer auszumachen. Sie erhebt den Rücktritt Schillers zum Symbol für die Abkehr der Koalition von Marktwirtschaft und Stabilität, zugleich dient ihr die jüngste Regierungskrise als Beweis für die Führungsschwäche des

Kanzlers. So stilisiert sie Schiller zum Märtyrer der Marktwirtschaft und Schmidt zum Inflationspolitiker, der – so Barzel – ein gestörtes Verhältnis zur wirtschaftlichen Stabilität habe.

Tatsächlich kann der Rücktritt Schillers nicht, wie einige regierungsfromme Interpreten weismachen wollen, allein aus der persönlichen Unverträglichkeit des Wirtschaftsprofessors erklärt werden oder gar, wie Wehner meinte, aus Verärgerung darüber, daß ihm für ein neues Kabinett kein Ministerposten fest versprochen wurde. Schiller ist ein Mann strenger marktwirtschaftlicher Observanz, und als er schließlich auch in der Währungspolitik, dem letzten Bereich, wo er sich noch unangefochten glaubte, seine Prinzipien nicht mehr durchsetzen konnte, nahm er seinen Abschied. Seine Prinzipientreue war der SPD ebenso unangenehm wie seine Person. Die FDP hat ihre stille Liebe zu Schillers Politik erst wiederentdeckt, als der Minister Schiller nicht mehr zu retten war.

Freilich muß die Union die Logik schon erheblich strapazieren, um Schiller als Märtyrer in Anspruch nehmen zu können. Schließlich hat sich die Union schon für dirigistische Maßnahmen in der Währungspolitik ausgesprochen, als die Regierung ihrem Superminister noch die Stange hielt. Marktwirtschaftler vom Schlage Schillers haben in der Union fast noch größeren Seltenheitswert als in der Koalition. Wer die CDU / CSU-Fraktion durchmustert, findet außer Erhard niemanden. Und wenn von Schiller gesagt wird, er sei ein Fremder unter Genossen, so gilt für die Union: Sie behandelt ihren Erhard wie einen echten Klassiker – viel gelobt, doch kaum gelesen.

Was schließlich das wirtschaftspolitische Trumpf-As der Union angeht, den Schatten-Schatzkanzler Strauß, so sind seine Neigungen zum Dirigismus gewiß nicht geringer einzuschätzen als die Schmidts, und der neue sozialdemokratische Wirtschafts- und Finanzminister ist für die Verlockungen des Pragmatismus auch kaum anfälliger als etwa der Oppositionsführer Barzel. Ganz so verlaufen die Fronten also nicht, wie die Union jetzt glauben machen möchte.

Tatsache aber ist, daß die Bürger nicht mehr wie 1969 den Sozialdemokraten – und das hieß damals: Schiller – die größere Kompetenz in der Wirtschaftspolitik zutrauen. Und dieses Mißtrauen gegenüber der Koalition wird durch die ungewöhnliche Krisen-Neigung der Regierung noch gesteigert. Die Kabinettsmitglieder der SPD scheinen auf obstinate Weise darauf versessen, den Beweis für die Theorie zu liefern, daß Regierungen in der Regel nicht an den Leistungen der Opposition, sondern an den eigenen Fehlern scheitern. Den Bürgern geht es wirtschaftlich besser als je zuvor, doch niemand scheint es zur Kenntnis zu nehmen; alle Welt redet von der Krise. Und die Regierung läßt keine Gelegenheit aus, das Krisenbewußtsein wachzuhalten. Es wird gepflegt, gehätschelt und großgezogen – von Rücktritt zu Rücktritt.

Allmählich gerät auch der Kanzler, der lange Zeit fast unangreifbar erschien, in den Krisensog. Zwar gibt es auch da manche ungerechte Mäkelei. Dieselben Kritiker, die Brandt jetzt vorwerfen, er hätte eben schon eher wählen lassen sollen, warnten früher inständig davor, die Ostpolitik zum Gegenstand des Wahlkampfes zu machen. Dennoch ist kaum zu bestreiten, daß der Kanzler die innenpolitische Absicherung seiner Politik unzureichend, ja glücklos betrieben hat. Wer Schiller zum Superminister macht und damit das Schicksal der Koalition an dessen Erfolg bindet, dann aber den «Super» kurz vor dem Wahlkampf entläßt, der hat entweder damals einen schweren Fehler gemacht oder heute.

Ebensowenig waren die qualvoll-langwierige Bereinigung der Schiller-Krise oder deren Lösung ein Ausweis entschiedener Führungskunst. Jetzt das Amt des Superministers Helmut Schmidt anzuvertrauen, der FDP aber zu versprechen, sie habe nach den Wahlen Anspruch auf das Schatzkanzler-Amt – dies ist ein gefährlicher Kompromiß. Schmidt kann sich, will er nachhaltige Wirkung erzielen, nicht als Übergangsminister, als Lückenbüßer für Wahlkampfzwecke vorstellen; ebensowenig aber kann die FDP darauf verzichten, ihren Anspruch auf das Wächteramt in der Wirtschaftspolitik herunterzuschlucken. Hier ist ein Koalitionszwist vorprogrammiert, der spätestens nach den Wahlen aufbrechen wird.

Und trotzdem – Brandt wirkt auch in dieser Krise gelassen, selbstsicher; wie selbstverständlich gruppiert sich die Koalition um ihn. Er ist der ruhende Pol in der Flucht der Erscheinungen, im galoppierenden Wechsel von Ministern und Staatssekretären das politische Zentrum der Koalition. Man wird Brandt wohl nur mit einem Paradoxon gerecht: ein schwacher Regierungschef, aber ein starker Kanzler.

Allerdings ist nun Helmut Schmidt neben Willy Brandt in das wichtigste Kabinettsamt gerückt. Neben dem Kanzler taucht deutlicher als bisher die Figur des Nachfolgers auf – nicht zum aktuellen Gebrauch, aber als Wechsel auf die Zukunft. Derlei Spekulationen hat der Superminister Schiller nie provoziert. Er ist auch in den Tagen seiner höchsten Popularität Fachminister geblieben. Die SPD steckte sich Schiller ans Revers, aber sie schloß ihn nicht ins Herz. Schmidt dagegen ist ein Vollblut-Politiker, ein Fachminister nicht aus Neigung, sondern aus Staats- oder Parteiräson, und er hat seine Basis in der Partei gerade in jüngster Zeit sehr pfleglich behandelt. Gleichgültig, ob Schmidt nach den Wahlen Fraktionsvorsitzender wird oder Schatzkanzler der neuen Regierung – er wird der wichtigste SPD-Partner Brandts in den Regierungsgeschäften sein: eine Kombination, die attraktiv wirkt, aber auch explosiv ist.

Dies freilich sind Überlegungen, die alle unter dem Vorbehalt eines «Wenn» stehen: Wenn die Koalition die Wahlen gewinnt. Sollte sich die Lust am Untergang in der SPD weiter ausbreiten, sollten etwa Herbert Wehner und andere – entgegen Brandts Rat, dem Ausgeschiedenen keine Steine nachzuwerfen – den ehemaligen Superminister weiter in die öffentliche Opposition treiben, womöglich aus der SPD hinaus, sollten sich Fälle von Stillosigkeit à la Wetzel häufen, dann würde wohl auch der Einsatz von Helmut Schmidt an der Front der Wirtschaftspolitik das Blatt kaum mehr wenden können. Schiller mag zwar der Koalition nichts mehr nützen, schaden kann er ihr aber immer noch.

Wenn die Koalition noch ernsthaft die Absicht hat, den Wahlkampf zu gewinnen, wird es allmählich Zeit, daß die SPD zu Solidarität und Geschlossenheit zurückfindet. Solange sie die Bürger mit ihrer hausgemachten Krisen-Inflation unterhält, werden die Schwächen der Opposition gar nicht sichtbar. Das Mißvergnügen an der Regierung verdrängt dann die Überlegung, daß die Alternative, welche die CDU / CSU personell und politisch parat hält, dürftig und keineswegs ungefährlich ist.

8. September 1972

Sepp Binder

Die Chronik des Entsetzens

Das Inferno von Fürstenfeldbruck

Die Fenster des Verwaltungsgebäudes im olympischen Dorf waren verdunkelt. Im fahlen Scheinwerferlicht der vielen Polizeifahrzeuge hingen die olympischen Fahnen auf halbmast. Schaulustige ließen sich nur widerwillig von Absperrposten hinter die Hamburger Reiter zurückdrängen. Journalisten diskutierten erregt vor den verschlossenen Toren, und Kameramänner haderten mit ihrem Schicksal: Der Zutritt in die Wohnstätte der zehntausend Olympiateilnehmer war um diese Zeit selbst Sportlern mit Dorfausweis versagt. Es war Dienstag, der 5. September, 22 Uhr. Im ZDF hatte man Tschaikowskis Symphonie in b-moll eingespielt: Olympia muß Trauer tragen.

Nur für wenige Minuten hob sich plötzlich der Rauchschleier verwirrender Meldungen, der an diesem schwarzen Septembertag über den so jäh unterbrochenen Spielen lag. Einen Augenblick lang gewährte der Krisenstab, bestehend aus Bundesinnenminister Genscher, dem Münchner Polizeipräsidenten Schreiber und dem bayerischen Innenminister Bruno Merk, einen winzigen Einblick in seine Strategie. Auf einem provisorisch eingerichteten Landeplatz setzten drei

Bell-Hubschrauber des Bundesgrenzschutzes auf. Ein Bus, begleitet von mehreren Polizeifahrzeugen, fuhr in den offenen Kreis eines tiefgestaffelten Absperrkordons. Vermummte Gestalten stießen mehrere Männer mit über Kreuz gefesselten Händen in die beiden ersten Maschinen und kletterten hinterher. Der Krisenstab stieg in den dritten Hubschrauber, die Rotoren heulten auf, und nach wenigen Sekunden waren die rot-grün pulsierenden Positionslampen der Geistermaschinen am Münchner Nachthimmel verschwunden.

Doch während die Neugierigen in langen Karawanen zum Flughafen nach Riem rasten, drehten die Maschinen nach Westen ab und nahmen Kurs auf den Militärflughafen Fürstenfeldbruck. Die Polizei versuchte, das Gesetz des Handelns nach sechzehn Stunden an sich zu reißen; sie verlagerte den Ort des olympischen Dramas aus einem belebten, schwer kontrollierbaren Bereich in ihren Aktionsraum. 23 Stunden nach dem Beginn der brutalen Zerstörung des olympischen Friedens, Mittwoch drei Uhr morgens, traten die Polizeiverantwortlichen vor die erschütterte Welt: Die Aktion war gescheitert.

04.30 Uhr. Zwei Postbeamte sehen auf dem Weg zum Dienst mehrere Männer mit Trainingstaschen über ein verschlossenes, unbewachtes Nebentor ins olympische Dorf klettern. Die Postler tippen auf olympische Spätheimkehrer, die den Zapfenstreich verpaßt hatten. Wenige Minuten später dringt ein schwerbewaffneter Terrortrupp der palästinensischen Freischärler «Schwarzer September» in das Männerquartier der israelischen Mannschaft im vierten Stock der Conollystraße 31 ein. Die israelischen Sportler und ihre Betreuer wehren sich verzweifelt. Der Gewichtheber Moshe Weinberg und sein Mannschaftskamerad Joseph Romano sterben in den Salven der MP-Garben, drei Israelis können fliehen. Zwanzig Minuten später ist das Haus bereits hermetisch von der Polizei abgeriegelt.

07.12 Uhr. Über den Balkon der besetzten Wohnung werfen die Terroristen ein «Fünf-Punkte-Kommuniqué» mit ihren Zielen ab. In englischer Sprache fordern sie darauf ultimativ die Freilassung von rund zweihundert Arabern, die sich in israelischer Haft befinden. Zudem verlangen sie freies Geleit mit einer Maschine in ein arabisches

Land. Die Geiseln wollen sie mitnehmen. Die Guerillas nennen sich «revolutionäre Streitkräfte» und drohen Israel und der Bundesrepublik «eine sehr harte Lektion» an.

07.20 Uhr. Der Krisenstab beginnt zu tagen. Die ersten Verhandlungen mit der Terrorbande scheitern: Die Araber lehnen es ab, gegen Lösegeld in unbegrenzter Höhe die Geiseln freizulassen. Auch das Angebot von Innenminister Genscher und Regierungssprecher Ahlers, sich gegen die festgehaltenen Israelis austauschen zu lassen, scheitert. Das Ultimatum kann auf zwölf Uhr, später auf dreizehn Uhr verlängert werden.

10.27 Uhr. Der israelische Botschafter Ben Horin fliegt mit einer Bundeswehr-Sondermaschine nach München. Der Leiter des Bonner Büros der Arabischen Liga, Chatib, eilt herbei. Die ersten öffentlichen Stellungnahmen werden abgegeben. Die Weltöffentlichkeit ist bestürzt. Willi Daume nennt den Überfall ein «wahnwitziges Verbrechen» und hofft, «daß der olympische Friedensgedanke stärker ist als der politische Fanatismus zynischer Mörder». Avery Brundage ist für die Fortsetzung der Spiele. Das israelische Kabinett fordert die Unterbrechung der Wettbewerbe: «Man kann sich nicht vorstellen», so sagt Ministerpräsidentin Golda Meir, «daß die Spiele weitergehen können, als ob nichts geschehen wäre.»

10.35 Uhr. Im Schloß Nymphenburg und in Feldmoching beginnen planmäßig die Wettkämpfe der Dressurreiter und der Kanuten. Die Polizei räumt die umliegenden Wohnungen. In der Morgensonne vor dem Haus Nummer 31 sitzen drei Ungarn und essen Weintrauben. Die uruguayische Mannschaft, bislang Nachbarn der Israelis, darf zum Frühstück gehen und erzählt unterwegs: «Einen der Terroristen haben wir bereits gestern auf dem Flur gesehen.»

11.50 Uhr. Das ZDF stellt seine Berichterstattung von den Wettkampfstätten ein. Bundeskanzler Brandt ist unterwegs nach München.

14.53 Uhr. Das Ultimatum wird erneut verlängert. Ein IOC-Mitglied stellt fest: «Die Spiele fallen in Scherben.» Demonstrationszüge formieren sich vor dem olympischen Dorf und fordern den Abbruch der Spiele. Die DDR verurteilt «das verabscheuungswürdige Verbrechen auf das allerschärfste».

15.42 Uhr. Das IOC tagt. Der deutsche Schwergewichtsmeister Peter Hussing boxt gegen einen Peruaner. Das IOC beschließt, die olympischen Wettbewerbe für 24 Stunden zu unterbrechen. Eine Trauerfeier wird für den kommenden Tag im Olympiastadion angesetzt. Die Missionschefs erörtern den Ablauf der Schlußfeier am Ende der Spiele.

16.22 Uhr. Die ägyptische Mannschaft packt die Koffer und reist ab. Der siebenfache Goldmedaillengewinner Mark Spitz fliegt unter Sicherheitsvorkehrungen in die USA zurück. Spitz ist jüdischen Glaubens. Das Ultimatum wird auf 19.00 Uhr verschoben.

19.53 Uhr. Vor dem olympischen Dorf singen Demonstranten den Protestsong «We shall overcome». Sportler im Dorf stimmen ein. Der Bundeskanzler stellt lakonisch fest: «Die heiteren Spiele sind zu Ende.»

Doch während Verteidigungsminister Georg Leber im Fernsehen die Bereitstellung von Bundeswehrmaschinen für den Abtransport der Guerillas für denkbar hält, hat sich der Krisenstab längst festgelegt: Er will die Aktion auf deutschem Boden zu Ende bringen. Der Verhandlungsspielraum ist bis aufs äußerste ausgeschöpft worden. Es ist 21.00 Uhr. Die Terroristen weigern sich, einem Aufschub ihrer Forderungen bis zum nächsten Morgen zuzustimmen: «Ihr wollt uns nur hereinlegen.» Im Krisenstab sieht man in einem möglichen Abflug der Guerillas mit den Geiseln das sichere Todesurteil für die Israeli. Ein Gespräch des Bundeskanzlers mit dem ägyptischen Ministerpräsidenten scheitert an dessen Haltung.

In fieberhafter Eile wird der Flugplatz Fürstenfeldbruck zum polizeilichen Entscheidungsraum vorbereitet. Scharfschützen werden postiert, eine Boeing 727 zur Täuschung bereitgestellt. Nicht jede Situation jedoch läßt sich auf Generalstabskarten bis ins letzte Detail durchplanen. Der Risikospielraum ist der Gradmesser der Geiselgefährdung: Die landenden Hubschrauber werfen lange Schatten auf das Rollfeld. Die Zielsicherheit der Schützen ist verringert. Zwei Terroristen steigen aus den Maschinen, nehmen die Hubschrauberpiloten als zusätzliche Geiseln und inspizieren die Boeing 727. Das IOC beschließt in diesem Augenblick, die Spiele fortzusetzen.

22.34 Uhr. Der Feuerwechsel beginnt. Nicht alle Araber werden kampfunfähig geschossen. Ein Freischärler wirft eine Handgranate in einen Hubschrauber. Er geht in Flammen auf. MP-Salven auf die Löschfahrzeuge, auf den Hubschrauber und die Leitzentrale im Tower verhindern die Rettung der Geiseln. Die Chronik des Entsetzens nähert sich ihrem schockierenden Ende. Vor der Weltöffentlichkeit muß die Bundesrepublik eine erschütternde Bilanz ziehen: Keine der neun Geiseln überlebte das Inferno von Fürstenfeldbruck. Mit ihnen starb ein Münchner Polizist durch Kopfschuß. Vier Terroristen sind tot.

Die Zeit des Spielens ist vorbei. Die schlimmste Nacht der Bundesrepublik geht zu Ende. Die Tage der Trauer beginnen.

22. Dezember 1972

Theo Sommer

Ende und Beginn

Der 21. Dezember 1972: ein deutsches Datum – Zur Unterzeichnung des Grundvertrages

Kurz nach dem Ende des Ersten Weltkrieges sprach Walter Rathenau einmal von der Möglichkeit, «daß Deutschland zerplatzt». Er malte damals eine gespenstische Vision an den Horizont: «Ein behäbiger Rheinbund größten Stils von Konstanz bis Hannover wird pfleglich behandelt, und in der Form einer Republik Brandenburg bleibt das Nest der Sünde übrig, außerhalb deutscher Beziehungen und menschlicher Gemeinschaften, ein Wendenland, dem man es überläßt, zum Heidentum zurückzukehren oder sich nach den Methoden Bela Kuns zu verwalten ...»

Fünfzig Jahre später müssen wir Nachgeborenen bekümmert registrieren: Deutschland ist in der selbstausgelösten Explosion des Zweiten Weltkrieges tatsächlich zerplatzt, die staatliche Einheit der Deutschen derzeit nur noch eine ferne Option, kein Tagesordnungspunkt aktueller Politik. Zugleich jedoch dürfen wir in dieser Woche aufatmend feststellen: Die Gefahr, daß die DDR sich zu einer Wendenrepublik außerhalb deutscher Beziehungen und menschlicher Gemeinschaft entwickelt, wird mit der Unterzeichnung des Grundvertrages wieder ein gutes Stück geringer.

Man mag darüber streiten, ob dieser Vertrag in der einen oder anderen Klausel günstiger hätte ausfallen können oder müssen; aber es ist ein müßiger Streit. Aufs Ganze gesehen war ein derartiger Vertrag unvermeidbar, angelegt in der unerbittlichen Logik der Fakten, wie sie sich in den vergangenen zehn Jahren herausgebildet hatten, und begründet in einer Politik, deren Ansätze sich nach dem Bau der Mauer in sämtlichen Bundestagsparteien zeigten.

Der Mauerbau setzte im August 1961 den endgültigen Schlußpunkt hinter eine Epoche, in der sich die Bonner Staatsführung wider alle Hoffnung an die Idee geklammert hatte, «irgendwie» würde sich die Wiedervereinigung auf dem Wege gesamtdeutscher Wahlen – konkret also: durch Anschluß an die Bundesrepublik – bewerkstelligen lassen. Wohl löste er noch einmal eine Aufwallung der alten Gefühle aus, doch taten sich darin eher Verzweiflung und politische Ohnmacht kund als forderndes Wollen. Bald danach setzte sich vielerorts die Einsicht durch, daß Wiedervereinigungspolitik auf absehbare Zeit keine Chance besaß, mithin eine interimistische Politik der Nichtwiedervereinigung betrieben werden müsse. Wo die Teilung des Staates unüberwindbar geworden war, kam alles darauf an, die Trennung der Menschen zu überwinden.

Wir täten uns heute innenpolitisch leichter, wenn wir der Tatsache eingedenk blieben, daß solch eine Politik in allen Parteien Anhänger hatte. Konrad Adenauer selber machte den Sowjets im Juli 1962 die

Geheimofferte eines zehnjährigen Burgfriedens in der Deutschlandfrage gegen größere Freiheiten für die Menschen in der Zone. Ebenfalls 1962 erhob Wolfgang Schollwer, in der Ära Mende Herausgeber des FDP-Pressedienstes, die Forderung, die Wiedervereinigung im Politischen sei das Fernziel, das Nahziel jedoch müsse die Wiederverklammerung im Menschlichen sein: daher müsse der Westen die Zweitstaatlichkeit Deutschlands anerkennen. In Berlin aber entwikkelten Willy Brandt und Egon Bahr angesichts der Mauer ihr Konzept der «kleinen Schritte», das Teilregelungen an Stelle der einen großen Lösung ansteuerte.

Auch die Gegner dieser Politik saßen in allen Parteien. Adenauer unterlag am Ende jenen CDU-Politikern, die zynisch die These vertraten, man müsse «die deutsche Wunde offenhalten»; kleinere Regelungen könnten den Willen zur großen Lösung verkümmern lassen. Die FDP-Führung verwarf das Schollwer-Memorandum, wenngleich sich Mende zu dem Satz bekannte: «Wir müssen Ostberlin hinnehmen.» Herbert Wehner aber tat noch einige Jahre lang als Narretei ab, was Brandt und Bahr damals entwarfen.

Es bedurfte erst der zermürbenden Erkenntnis, daß Nichtstun zwar den nationalen Anspruch unangetastet ließ, zugleich jedoch die nationale Substanz aufzehrte, die sich ja nur in der lebendigen Begegnung der Menschen erhalten und erneuern konnte. Deswegen leitete Kiesinger 1966 seine neue Politik gegenüber Ostberlin ein: Lieber wenig als nichts. Sie lag auf der gleichen Linie wie später die Deutschlandpolitik Brandts und Scheels – und wenn sie scheiterte, so erklärt sich dies ebensosehr aus dem Einspruch von Franz Josef Strauß wie aus Ulbrichts Hartnäckigkeit. Nur Straußens Tiraden ist es überdies zuzuschreiben, wenn die Öffentlichkeit heute kaum wahrzunehmen vermag, daß auch die Union, bei allen Winkelzügen und trotz ihres Neins zum Grundvertrag, ihre Deutschlandpolitik längst auf eine neue Grundlage gestellt hat.

Am 21. Dezember 1972 endet eine Ära – wie am 13. August 1961. Die Unterzeichnung des Grundvertrages ist freilich nicht nur ein Schlußpunkt, sondern zugleich ein Ausgangspunkt. Die neue Epoche wird uns nicht der Notwendigkeit entheben, die Freiheit unserer Eigenentwicklung nach innen und außen abzusichern; sie kann uns nicht des letzten verbliebenen Hoffnungsfunkens berauben, daß die Einheit der Nation doch noch einmal im Belieben der Geschichte steht; und sie wird nach all den Jahren der Feindseligkeit auch nicht ohne Ärger und Schwierigkeiten mit der DDR abgehen. Aber die friedliche Stabilisierung der Situation in Mitteleuropa, die der Grundvertrag symbolisiert, ist das einzige Mittel, mit dem sich nach fast drei Jahrzehnten deutscher Teilung verhindern läßt, daß Rathenaus Vision vom Rheinbund und der mit ihm auf ewig verfeindeten Wendenrepublik gestaltende Macht über die Zukunft gewinnt.

1973

7. Dezember 1973

MARION GRÄFIN DÖNHOFF

Zurück zur Bescheidenheit

Der zweite autolose Sonntag liegt hinter uns. Soweit man einen Überblick gewinnen kann, scheint es, daß der uns von den Arabern verordnete Einbruch unerwarteter Ruhe – diese Zäsur abenteuerlich anmutender Stille und Beschaulichkeit – in dem hektischen Ablauf des normalen Wochenrhythmus von den meisten Betroffenen gar nicht als sonderlich unangenehm empfunden wird. Eher so, als wäre ein Amokläufer plötzlich angehalten und zur Besinnung gebracht worden.

Als sich die erste Kunde von den bevorstehenden Beschränkungen verbreitete, war die Reaktion vieler Menschen: Es konnte ja so auch gar nicht weitergehen. Und: Vielleicht wird sich jetzt einiges ändern. Was konnte nicht weitergehen? Was soll sich ändern?

Eines hat sich bereits verändert, mindestens bei einer intellektuellen Avantgarde: die Einstellung zum technischen Fortschritt. An die Stelle der Erwartung, es werde immer so weitergehen mit der himmelstürmenden Entwicklung, die fast ein Jahrhundert lang das Leben der Menschen fortlaufend bequemer und angenehmer gestaltet hat, ist der Zweifel getreten und frißt sich langsam hinein in den Fortschrittsglauben der Bürger.

Es begann etwa 1960, als in Amerika das Projekt eines zivilen Überschallflugzeuges diskutiert wurde. Damals entzündete sich eine Protestkampagne an diesem Vorhaben, weil zum erstenmal auch für den Laien augenfällig wurde, daß der Fortschritt zwar bestehende Probleme löst, aber gleichzeitig neue schafft, deren Kosten dann gewöhnlich die Gesellschaft belasten und nicht den, der den individuellen Profit davon hat. In diesem Fall: daß das Überschallflugzeug die Distanz zwischen Amerika und Europa in zweieinhalb Stunden bewältigt, aber dabei fünfzigmal mehr Lärm verursacht als ein normaler Jet. Jahrelang zog sich der Streit zwischen den beiden Interessentengruppen – der Industrie und den Umweltschützern – hin. Im Jahre 1966 wurde gefordert, daß ein *technology assessment* jeweils die sozialen und ökologischen Folgen von technischen Neuerungen im vorhinein prüft; 1972 ist eine solche Stelle endlich vom Kongreß bewilligt worden.

Diese Etappen von 1960 bis heute markieren einen Erkenntnisprozeß, der immer weitere Sachgebiete und immer neue gesellschaftliche Gruppen einbezieht. Er beschränkt sich nicht auf die Akademiker; und er macht auch nicht halt vor dem Auto, dem Fetisch der Industriegesellschaft. Als das Automobil einst erfunden wurde, dachte niemand daran, daß es außer Nutzen auch ansehnlichen Schaden stiften würde. Wenn es gerecht zuginge, müßte eigentlich der Käufer eines neuen Autos den Preis für seine Verschrottung gleich mitbezahlen.

Nichts gegen den Fortschritt. Und es ist ein Fortschritt, daß die Bevölkerungszahl nicht mehr von Seuchen, Armut und Kindersterblichkeit bestimmt wird, daß die Menschen nicht mehr durch schwere, gesundheitsschädigende Arbeit frühzeitig zermürbt werden, daß dank der Massenproduktion Güter heute Allgemeingut sind, die gestern nur den Reichen zugänglich waren. Aber wir haben mittlerweile auch einsehen müssen, daß wir die gigantischen Kräfte, die der Fortschritt entfesselt, nicht mehr in der Gewalt haben, daß von einer bestimmten Progression an Fortschritt häufig in Zerstörung umschlägt.

Das faszinierte Starren auf die Wachstumsraten hat uns für vieles andere blind gemacht. Wenn ausschließlich die ökonomischen Wertvorstellungen des Marktes für die Entscheidung, was und wie produziert werden soll, maßgebend sind, dann fallen natürlich alle außerkommerziellen Gesichtspunkte unter den Tisch. Darum konnten die Schäden, die die Industrie anrichtet – verpestete Luft, vergiftete Gewässer, häßliche Schutthalden –, Jahrzehnte hindurch unbemerkt anwachsen; darum beginnt man erst jetzt, den Vorwurf der Entfremdung des Menschen von seiner Arbeit – beispielsweise am Fließband – ernst zu nehmen.

Unsere Zeit hat sich ganz auf konkrete Probleme konzentriert, auf die Beherrschung der Natur, die Frage, wie man den größtmöglichen Nutzen bei möglichst geringem Aufwand erreicht. Die Antwort, das Erreichte kann sich sehen lassen. Der Wohlstand einer früher unvorstellbar großen Zahl von Bürgern hat einen früher ebenfalls unvorstellbaren Grad erreicht: Eigentumswohnung oder Häuschen, Auto, Reisen in alle Welt erscheinen heute einer breiten Schicht als selbstverständlich. Aber jeder Gott verlangt Opfer. Auch dem Gott Wohlstand wurde viel geopfert: geistige Werte, kreative Befriedigung, menschliche Wärme und Anteilnahme.

Heute beginnen die Menschen neue Fragen zu stellen. Es scheint, daß die Bewohner der nördlichen Region unserer Welt anfangen, sich in der von ihnen errichteten Industriegesellschaft zu langweilen. Sie ist ihnen zu utilitaristisch und aseptisch, zu automatisch und funktional. Viele empfinden sie nicht als inhuman, aber als ahuman. Also beginnt man wieder, nach dem Sinn des Lebens zu fragen, richtet sich das Interesse nicht mehr nur allein auf den wirtschaftlichen Erfolg, sondern auch auf die ökologischen und sozialen Folgen, die ihn begleiten.

Man möchte selber steuern, mitbestimmen, nicht mehr nur gezogen, gedrängt, gestoßen werden – von der Maschine, vom Markt, von irgendeinem Automatismus. Man will nicht mehr wie ein Eichhörnchen unablässig das Rad im Käfig drehen, sondern Zeit zum Nachdenken haben, sich sammeln und besinnen. Selbstverwirklichung und Kreativität sind Begriffe, die man immer öfter hört, vor allem von den Jungen; und auch in der gegenwärtigen Nostalgiewelle steckt ja ein Stück Sehnsucht nach einem freieren Dasein.

Wir befinden uns also mitten in einem Wandel des Bewußtseins. Wer das soeben erschienene Buch von Robert Jungk gelesen hat, der jahrelang zwischen Kalifornien und Wien, Stockholm und Neapel die Institute und geistigen Werkstätten besucht hat, die sich mit Fragen einer neuen Gesellschaft befassen, der bekommt eine Vorstellung von der Vielfalt der Untersuchungen und Debatten, die heute abseits des großen Showgeschäftes stattfinden.

Jahrelang haben sich diejenigen, die da meinen, «es kann doch nicht immer so weitergehen» gefragt, welche Faktoren sich ändern müßten, damit die ausschließliche Konzentration auf Wohlstand und Konsum, auf Erzeugung häufig künstlicher materieller Bedürfnisse und deren gewinnversprechende Befriedigung durchbrochen wird. Jetzt zeichnet sich nicht nur die Möglichkeit, sondern wohl auch die Notwendigkeit dazu ab. Jetzt nämlich treffen zwei Dinge zusammen: eine allmählich um sich greifende Bewußtseinsänderung vieler Menschen und die plötzlich eingetretene, vermutlich langfristige Knappheit an Energie – also die Kumulation von subjektiven und objektiven Faktoren.

Die ersten, die sich systematisch mit den Fragen von Versorgung und Knappheit beschäftigten, waren die Mitglieder des «Club of Rome», die Mitte der sechziger Jahre anfingen, darüber nachzudenken, wohin die derzeitige Dynamik des «unbegrenzten Wachstums» führt. Die Studie, die sie beim MIT in Auftrag gaben und die zum erstenmal ein globales Panorama des gegenwärtigen Zustands von Industrialisierung, Rohstoffabbau, Bevölkerungszuwachs und Nahrungsproduktion gibt, ist 1971 veröffentlicht worden. Sie kam zu dem Ergebnis, daß, wenn alles so weiterläuft, wenn also kein entscheidender Wandel eintritt, die Rohstoffvorräte der Welt in wenigen Generationen verbraucht sein werden.

Gegen diese Untersuchung läßt sich manches einwenden und ist viel eingewandt worden, aber eines läßt sich nicht bestreiten: Sie hat zum Nachdenken angeregt, hat eine Lawine losgetreten. Man muß in der Tat unsere Zielvorstellungen neu überdenken. Vielleicht ist ein wohlüberlegtes Gleichgewicht, ein Wachstum von zwei oder drei Prozent, auf die Dauer weit zuträglicher als die vorangegangenen Rekordleistungen, denen zahlreiche Minusposten (einschließlich wachsender Inflationsraten) gegenüberstehen. Überdies ist bisher nie zwischen nützlichem und sinnlosem Wachstum unterschieden worden.

Wir können aus der hochgetriebenen Industriegesellschaft gewiß nicht mehr umsteigen ins «einfache Leben», aber ein neuer Lebensstil ist absolut notwendig. Seine wesentlichen Charakteristika müssen Selbstbeschränkung und Konsumdisziplin sein: mehr öffentliche Verkehrsmittel, kleinere Autos, dauerhaftere Häuser, weniger Verpakkung und Wegwerfprodukte. Die Erwartungswerte im individuellen wie im Leben der Gesellschaft sollten nicht künstlich hochgepeitscht werden. Wenn es jetzt Mode würde, sich zu bescheiden, sich nicht imponieren zu lassen von Leuten, die mehr verbrauchen können und stärker auf die Konsumpauke hauen, würden wir ein Stück zusätzlicher Freiheit gewinnen.

Wir stehen an einem überaus wichtigen Scheideweg. Entweder wir versuchen bloß, alle Mangelerscheinungen so schnell wie möglich zu überwinden, um dann weiterzumachen wie bisher – oder wir nutzen die Gelegenheit, längst fällige Korrekturen vorzunehmen, auch wenn dabei zunächst Schwierigkeiten auftreten. Nur wenn wir nicht auf den vielgepriesenen Selbstheilungsprozeß vertrauen, sondern genug Phantasie und vor allem Mut haben, um die Entwicklung normativ zu steuern, werden wir die freie Wirtschaft retten können.

7. Dezember 1973

Rolf Zundel

Wie «entrückt» ist Willy Brandt?

Wohlwollende Beobachter sprechen vom Novembertief: So wie Konrad Adenauer im Spätherbst regelmäßig an einer Bronchitis gelitten habe, werde Willy Brandt von Melancholie heimgesucht und ziehe sich in sich selber zurück. Die Gegner reden laut von Führungsschwäche und Entscheidungsunfähigkeit; das freilich gehört zum Ritual der Opposition. Gefährlicher sind die kritischen und enttäuschten Freunde, die einen Stimmungswandel spüren und ebenso, wie sie früher alle politischen Erfolge Brandt anhängten, bis er herausgeputzt war wie ein Christbaum, nun ihr ganzes Unbehagen auf den Kanzler abladen.

Ein typisches Beispiel dafür ist Günter Grass, der alle Klischees des Mißvergnügens am Kanzler gesammelt hat: schlafmütziger Trott, Flucht in die Außenpolitik, mangelnde Tatkraft, beklommene Sprachlosigkeit, Entrücktheit. Um sämtliche Wünsche des Schriftstellers zu erfüllen, müßte der Bundeskanzler ein Übermensch sein: eine Mischung von Karl Marx, Franziskus von Assisi und Machiavelli.

Am härtesten freilich hat Herbert Wehner den Kanzler getroffen. Seine freiwillige Ein-Mann-Opposition gegen die Regierung war wirkungsvoller als jegliche Pflichtübung der Amts-Opposition. Was er in den letzten Wochen an strategischen Zielen verfochten hat, ist auf dem Felde der Ostpolitik schon fast vergessen, in der Innenpolitik selbst für seine Genossen kaum durchschaubar. Haften geblieben ist vor allem seine Kritik am Kanzler. Wer immer heute gegen Brandt zu Felde zieht, drapiert sich mit der Autorität Wehners.

Führungsschwäche? Die Bürger der Bundesrepublik sind da offenbar etwas verwöhnt. Wo ist denn in vergleichbaren Ländern ein Regierungsschef, der unangefochten wäre? Richard Nixon etwa, der aus der Schwäche in den politischen Aktionismus flüchtet (*a crisis a day keeps impeachment away*)? Pompidou, der mit dem Erbe de Gaulles nicht fertig wird? Edward Heath, der das Licht am Piccadilly nicht wegen der Araber abschalten muß, sondern weil er mit der Bergarbeitergewerkschaft nicht zu Rande kommt? Oder gar der italienische Ministerpräsident Rumor, als dessen größte Leistung gilt, daß er überhaupt noch im Amte ist? Politische Riesen sind sie alle nicht, einen Vergleich mit ihnen braucht Brandt nicht zu scheuen. Allenfalls läßt sich aus ihrer Misere folgern, daß die modernen Demokratien allesamt schwer regierbar geworden sind; da macht die Bundesrepublik keine Ausnahme.

Auch im Vergleich mit seinen Vorgängern im Kanzleramt schneidet Willy Brandt nicht schlecht ab. Kurt Georg Kiesinger wurde von Conny Ahlers als «wandelnder Vermittlungsausschuß» charakterisiert, was gar nicht so despektierlich gemeint war, sondern nur die nüchterne Beschreibung der Tatsache darstellte, daß die Richtlinienkompetenz des Kanzlers beim Koalitionspartner endete. Ludwig Erhards Regiment in seinen glücklichen Tagen hat Johannes Gross dem Sinne nach so geschildert: Es geschah nichts, aber auf anheimelnde Weise. Und was später geschah, war das Gegenteil dessen, was Erhard wollte. Konrad Adenauer? Gewiß, er hat lange Jahre mit großer Autorität regiert – in einer weniger schnellebigen Zeit freilich. Und die letzten vier Jahre seiner Amtszeit waren eine Periode fortschreitenden Autoritätszerfalls. Viele seiner Parteifreunde widmeten ihre Energie vor allem dem Problem, wie sie den «Alten» loswerden konnten.

Der Führungsstil Brandts allerdings ist nicht jedermanns Sache. Einer seiner Mitarbeiter beschreibt ihn so: Frühzeitiges Erkennen langfristiger Entwicklungen und behutsame Steuerung der Tendenzen. Ein Minister schildert diesen Stil folgendermaßen: Brandt ist wie ein Angler, der wartet, bis die Probleme bei ihm anbeißen. Das Dramatisch-Zupackende jedenfalls liegt ihm nicht, und selbst, wo er wichtige Entscheidungen trifft, geschieht es meist auf sehr unspektakuläre Weise. Die Einführung der Zwei-Staaten-Theorie in die Bonner Politik beispielsweise – sie ging mit solcher Selbstverständlichkeit vonstatten, daß viele zunächst gar nicht merkten, daß hier die Weiche für eine neue Politik gestellt wurde.

Ein solcher Führungsstil ist zeitraubend. Im Kabinett wird oft lange diskutiert, manchmal zu lange. Es gab Probleme, die bis zur Abstimmungsreife diskutiert worden waren und dann am Ende doch vertagt wurden. Aber keines der wirklich wichtigen Themen ist verschleppt worden. Was diese Regierung im ersten Jahr ihrer zweiten Amtszeit an wichtigen Beschlüssen produziert hat – von der Steuerreform bis zur Frage der Betriebsrenten –, hält jeden Vergleich mit einer früheren Regierung aus und rechtfertigt das Urteil vom «schlafmützigen Trott» bei weitem nicht. Das eigentliche Kuriosum besteht vielmehr darin, daß eine eher überdurchschnittlich aktive Regierung im Urteil der Öffentlichkeit so schlecht wegkommt.

Eine der Ursachen dafür mag darin liegen, daß sich jeder politische Stil abnützt; dies gilt auch für den Brandts, der auf behutsame Entwicklung, auf Integration zielt. Der Wunsch nach einer Kontrastfigur entsteht, oder wenigstens nach modischer Veränderung. Früher galt Brandt – in der Sprache der Kybernetiker – als ein ungewöhnlich lernfähiges System und das durchaus mit Recht. An solcher Lern- und Anpassungsbereitschaft scheint es jetzt zu mangeln. Ein Mangel? Vielleicht – aber vielleicht auch nicht. Jene Sprödigkeit, die Brandt im Umgang mit der öffentlichen Meinung und auch manchmal mit Politikern neuerdings zeigt, ist die negative Kehrseite einer positiven Eigenschaft: Er mag nicht mehr Stimmung machen. Und manchmal erscheint ihm das Aktenstudium weit erträglicher als der Umgang mit Menschen.

Kein Wunder, daß sich die Meinung einschleicht, der Kanzler sei «entrückt». Nur hat diese Entrücktheit herzlich wenig damit zu tun, daß Brandt sein eigenes Denkmal pflegt. Vielmehr ist zu spüren, daß ihm die Pflicht des Politikers für Dauerkommunikation – jede Entscheidung muß in einem Dutzend Gremien vertreten, erläutert, durchgesetzt und mit taktischen Manövern abgestützt werden – zusehends lästig fällt.

Brandt möchte ungestörter, mehr auf die Sache konzentriert arbeiten und manchmal wohl auch einfach ungestört sein. «Smiling Willy», um Kommunikation nach allen Seiten bemüht, ist nur noch eine ferne Erinnerung. Es scheint, daß Kanzler Brandt seine Endform erreicht hat: Wie der alte Adenauer indianerhafte Züge annahm, so wirkt Brandt, wenn er, den Kopf aufgestützt, die Augen halb geschlossen, die Debatten verfolgt, wie ein aus Wurzelholz geschnitzter Troll.

Wiewohl weit entfernt von der Blauäugigkeit Ludwig Erhards – ein großer Taktiker ist Brandt wohl nie gewesen. Das fein gesponnene Spiel mit den Begehrlichkeiten und Schwächen anderer liegt ihm nicht. In der Personalpolitik ist dieser Mangel, verstärkt durch eine große Scheu vor Veränderungen, besonders deutlich geworden, sonst hätte Brandt längst einigen Ballast im Kabinett abgeworfen. Solcher Mangel zeigt sich auch im Umgang mit der Fraktion.

Ein Beispiel dafür war Brandts Rede zur Energiekrise im Bundestag: ein nicht sonderlich aufregendes Dokument politischer Vernunft, ehrlich, sachlich, die Mitte haltend zwischen Dramatisierung und Verharmlosung. Dennoch war die SPD-Fraktion unzufrieden. «Was sollen wir am Wochenende im Wahlkreis unseren Leuten sagen?» tadelte einer der Abgeordneten. «Es genügt doch nicht zu erklären, man wolle versuchen, für die sozial Schwachen Hilfen vorzubereiten. Da fehlte ein handfester Beschluß, den wir den Wählern hätten verkaufen können.» Brandt ließ die soziale Flanke unabgesichert – ein kardinaler Fehler gegenüber seiner eigenen Partei.

Die politischen Antennen des Kanzlers arbeiten, so scheint es, gegenwärtig nicht störungssicher. Anders wohl ist es nicht zu erklären, daß er sich, wenn auch höchst widerwillig, von den Genossen an der Ruhr eine gewaltige Geburtstagsparty hatte aufschwätzen lassen, die dann später unter dem Eindruck wachsender öffentlicher Kritik wieder abgesagt wurde. Anders ist auch nicht zu verstehen, daß im Kanzleramt zuweilen falsche Vorstellungen über die Stimmung in der Fraktion herrschen. Die Mehrheit der Fraktion sieht nicht in Brandt, sondern in Herbert Wehner ihren Sprecher.

Brandt hat nie seine Hilfstruppen organisiert, wie es Adenauer getan hat; er hatte es lange Zeit auch gar nicht nötig, weil er die Partei verkörperte. Jetzt aber zeigt sich, daß manche Linken mit ihm unzufrieden sind, weil sie zunehmend konservative Züge an ihm zu bemerken glauben und in ihm überdies die Personifizierung einer immer unwilliger ertragenen Koalition sehen. Die Rechten aber sind ihm gram, weil ihn sein Konservativismus nicht daran hindert, die Linken mit Toleranz zu behandeln.

Die Freunde Brandts dagegen sehen in solchem Aufbegehren vor allem Disziplinlosigkeit, Mangel an Solidarität; sie wittern dahinter die heimliche Sehnsucht der SPD nach der Opposition. «Wie war es denn eigentlich?» empört sich einer von ihnen. «Es war doch Brandt, der die Ostverträge durchgesetzt hat. Er war es doch auch, der die Verantwortung für das Wahlkampfkonzept 1972 auf sich genommen hatte, als manche seiner heutigen Kritiker die Sache schon verloren gegeben und sich darauf eingespielt hatten, ihn nachher als den Schuldigen an der Niederlage bloßzustellen. Er war es, der mit seinem Einsatz diesen Wahlkampf gewonnen hat. Und Brandt war es schließlich, der den SPD-Parteitag von Hannover, von dem sich viele das Bild einer unheilbar zerstrittenen SPD erwartet hatten, vorbereitet und zu einem Erfolg gemacht hat! Wer von den Kritikern, die jetzt Brandt vorwerfen, er kümmere sich zu wenig um die Partei, hat denn mehr für die Partei getan?»

Brandt scheint, zumindest vorübergehend, die Selbstverständlichkeit irritiert zu haben, mit der alle Schwierigkeiten bei ihm und auf ihn abgeladen werden. Der Idee, zum Präsidenten hochgelobt zu werden, hat er nie etwas abgewinnen können. Wohl aber hat er sich gelegentlich des dänischen Sozialdemokraten Jens Krag erinnert, der auf dem Gipfel seiner politischen Karriere allen Ämtern und Würden entsagte. Daher mag der Eindruck stammen, daß die Distanziertheit Brandts manchmal bis zur Verdrossenheit und Gleichgültigkeit reiche.

Die Vorstellung freilich, diese Regierung könne auf den Kanzler Brandt verzichten oder gar die SPD auf den Parteivorsitzenden Brandt, ist vorläufig kaum mehr als eine interessante Denkübung von Außenseitern. Auch Herbert Wehner scheint diese Möglichkeit auszuschließen, obwohl er viel dazu beigetragen hat, daß sie denkbar geworden ist. Brandts Personalkredit ist nur begrenzt übertragbar – weder sein Ansehen im Ausland, das von keinem anderen Politiker der Bundesregierung erreicht wird, noch seine Wirkung als Kanzler und erst recht nicht seine Autorität in der SPD.

Die SPD-Linke ist nicht bereit, für Brandt «die Schmidts und Vogels» einzutauschen; sie halten das für eine selbstmörderische Operation. Und auch Helmut Schmidt steht keineswegs Schlange: Wie das Klischee vom führungsschwachen Brandt der Wirklichkeit nicht gerecht wird, so auch nicht das Vorurteil vom führungsbesessenen Schmidt. Gewiß drängt der Finanzminister auf größere innenpolitische Motorik, auf überzeugendere Krisenbewältigung; er möchte dem Volk etwas zumuten. Aber ein Kanzlersturz wäre nicht seine Sache. Schmidt weiß zudem, daß er selber als Kanzler mit offenem Widerstand der Linken, und keineswegs nur der radikalen Außenseiter, zu rechnen hätte. Schließlich weiß er auch: Es gibt keinen Hebel, um Brandt aus dem Kanzleramt zu hieven.

Warum also jene in der Presse öffentlich und in der SPD halböffentlich geführte Diskussion um die Führungsqualitäten von Brandt? Es zeigt sich darin ein Autoritätsschwund, der zum Teil objektive Gründe hat – im Führungsstil des Kanzlers, im Wechsel der Mode, in der schier unausrottbaren Sehnsucht nach einem sogenannten «starken Mann»; der zum Teil aber auch fahrlässig von der SPD herbeigeredet wird: Sie projiziert ihr politisches Unbehagen auf Brandt.

Wenn diese Entwicklung ungesteuert und ungebremst weitergeht, wird sie den Anfang vom Ende der Regierung Brandt markieren. Die Schutzmauern, die einst die SPD um Brandt errichtet hat und die sie jetzt im Begriff ist, selber zu schleifen, würden sich nicht einfach wieder aufrichten lassen. Die Weitsichtigeren in der SPD haben das schon gemerkt. Ein Vertreter der etablierten Fraktionslinken meinte: Wir sind bereit, Willy zu helfen, er muß uns nur die Gelegenheit dazu bieten.

Eine entscheidende, wenngleich schwer durchschaubare Rolle im Spiel um Brandt kommt Herbert Wehner zu. Die landläufige Version lautet, daß die beiden «nicht miteinander können». Tatsächlich gleicht das Verhältnis zwischen Brandt und Wehner dem der beiden Supermächte, es fehlt nur der direkte Draht: bewaffnete Koexistenz mit Kommunikationsschwierigkeiten. Zutreffender ist freilich eine andere Vision: Wie für die Supermächte, so gilt auch für die beiden SPD-Chefs: sie müssen miteinander, wenn es nicht zur Katastrophe kommen soll. Beide wissen das übrigens – wenngleich es ihnen schwerfällt, ihre Erkenntnis in Aktion umzusetzen. Sie brauchen Vermittler, aber in diese Rolle schlüpfen zuweilen auch Zwischenträger.

Die Frage bleibt, warum Wehner den Kanzler zur gefälligen Kritik ins Freie gestellt hat. Ein Teil der Wahrheit besteht wohl darin, daß er den Kanzler antreiben wollte, mangels direkter Kommunikation die gefährliche Methode der halböffentlichen Schelte wählte und dabei die Wirkung seines Tadels unterschätzte. Um Wehner besser zu begreifen, muß man jedoch zweierlei berücksichtigen:

1. Es gibt in der SPD eine starke Verdrossenheit über die Koalition; im Grunde herrscht die Meinung vor, der kleine Partner werde zu gut bedient und der Vorrat an gemeinsamer Poltik gehe dem Ende zu, spätestens 1976 sei er erschöpft.
2. Wehner gehört, obwohl er die Zusammenarbeit mit der FDP sorgsam gepflegt hat, zu jenen Politikern der SPD, die das Ziel einer Alleinregierung nie aus den Augen verloren haben: Die sozialistische Mehrheit soll in eine politische Mehrheit verwandelt werden.

Wehners erste Intervention, die den schleppenden Gang der Ostpolitik zum Anlaß nahm, richtete sich gegen das Auswärtige Amt, den FDP-Außenminister und den durch Koalitionsrücksichten gefesselten Kanzler. In seiner zweiten Intervention nahm Wehner den FDP-Wirtschaftsminister und den durch Koalitionsrücksichten behinderten Kanzler unter Feuer. Wehners Verdikt: Zuviel freies Spiel der Marktwirtschaft auf Kosten der sozial Schwachen. Dabei erinnert man sich auch, daß Wehner, sonst bei inhaltlichen Festlegungen seiner Poltik von karger Zurückhaltung, wiederholt erklärt hat, der wirtschaftspolitische Teil des Godesberger Programms sei noch nicht ausgeschöpft.

Wehner hat sich wieder einmal an die Spitze einer Bewegung gesetzt. Er will gewiß jetzt nicht die Koalition aufkündigen, aber er bemüht sich, den Anteil der Sozialdemokraten deutlicher zu machen. Und es mag durchaus sein, daß er nach der Niederlage der CDU-Sozialausschüsse auf einen größeren Zuzug aus dem Lager der Arbeitnehmer spekuliert. Mit anderen Worten: Er will zumindest die Möglichkeiten einer SPD-Alleinregierung offenhalten. Und er hat dabei den Kanzler rücksichtslos in eine Zerreißprobe zwischen Koalitionsrücksichten und Parteiloyalität gebracht. Diese ohnehin halsbrecherisch gefährliche Operation hat bisher nur eins bewirkt: eine Minderung der Autorität des Kanzlers.

Die Differenz ist zum Teil in den Rollen angelegt. Der SPD-Fraktionsvorsitzende muß sich zum Sprecher der Partei machen, der Kanzler kann es nicht immer. Zum Teil aber geht die Differenz auch auf eine unterschiedliche politische Einschätzung zurück. Wehners Wort von der Pendlerpartei war mehr als nur ein Ausrutscher, Brandts Rücksichtnahme auf die FDP ist nicht nur taktischer Natur.

Verdruß über die Führung und Verdruß über die Koalition bündeln sich also bei den Sozialdemokraten zur allgemeinen Malaise. Und als ob es damit nicht genug wäre, kommt obendrauf noch die Energiekrise. Anlaß zur Resignation oder eine Chance? Gewiß ist, daß Brandts politisches Schicksal davon abhängt, wie er diese Krise meistert. Es sieht so aus, als hätte er dies begriffen.

1. Februar 1974

Marion Gräfin Dönhoff

Mit 15 Prozent ins Verhängnis?

Selten hat ein neues Jahr in der Bundesrepublik mit so vielen Schreckensbotschaften begonnen. Verdreifachung des Ölpreises, wodurch vermutlich die Milliardenüberschüsse unserer stets aktiven Handelsbilanz mit einem Schlage in ein Defizit verwandelt werden. Warnstreiks und Lohnforderungen der Gewerkschaften, die bei Bewertung aller Nebenansprüche etwa 20 Prozent betragen, wo schon 10 Prozent die Wirtschaft mit 50 Milliarden Mark belasten würden. Schließlich: mehr Inflation und weniger Wachstum.

Zwanzig Milliarden mehr für Mineralöl, mehr als 50 Milliarden zusätzlich für Löhne und Gehälter – wo soll das alles herkommen? Im vorigen Jahr ist das Sozialprodukt noch um 5,5 Prozent gewachsen, für 1974 hat Wirtschaftsminister Friderichs eine Wachstumsrate vorausgesagt, «die gegen Null tendieren wird». Also, wachsende Ansprüche bei gleichbleibendem Kuchen: Wir werden wohl Uri Geller zum Finanzminister machen müssen, um solche Wünsche befriedigen zu können; Helmut Schmidt dürfte kaum in der Lage sein, dieses übernatürliche Wunder zu vollbringen.

Nehmen wir nur einmal die Autoindustrie, die von beidem betroffen ist: vom hohen Benzinpreis und von den steigenden Löhnen. In der Bundesrepublik stehen zur Zeit etwa eine Million Gebrauchtwagen «auf Halde» und rund 400 000 fabrikneue Wagen auf Lager. So viele unverkaufte Fahrzeuge hat es hierzulande noch nie gegeben. Der Vorstandsvorsitzende des Volkswagenwerkes, Rudolf Leiding, meint, wenn die sechs VW-Werke alle Forderungen der Gewerkschaften erfüllen wollten, müßte jeder Volkswagen – unter Berücksichtigung der Tatsache, daß auch die Materialkosten erheblich steigen werden – rund 1000 Mark mehr kosten. Träte dieser Fall wirklich ein, so würde das Tief in der Wohnungsbau-Konjunktur sehr bald von der Absatzkrise der Autoindustrie übertroffen werden.

Zwei Millionen Angestellte und Arbeiter des öffentlichen Dienstes (einschließlich Post und Bahn) fordern zur Zeit 15 Prozent Lohnerhöhung, zuzüglich Urlaubsgeld von 300 Mark, teilweise von 400 Mark. Die Postgewerkschaft verlangt zusätzlich noch Urlaubsverlängerung und Erhöhung der Beihilfen zu jedem Lehrgang um 175 Mark. Heinz Kluncker, der Durchhalte-ÖTV-Chef, fühlt sich offenbar als Partisanenheld – in der *Report*-Sendung sagte er: «Wir müssen die Arbeitgeber treffen, wo wir können» –, er hat anscheinend ganz vergessen, daß seine Tarifpartner der Bund, die Länder und Gemeinden sind, daß er also nicht irgend jemandes Profite schmälert, sondern daß es die Arbeiter sind, die letzten Endes die Zeche bezahlen müssen. Denn überhöhte Lohnforderungen zeitigen nun einmal in der Wirtschaft ein zusätzliches Beschäftigungsrisiko.

Kluncker läßt aber ganz außer acht, daß die Mitglieder seiner Gewerkschaft das große Privileg haben, praktisch unkündbar zu sein, während es zur Zeit in der freien Wirtschaft 500 000 Arbeitslose und 100 000 Kurzarbeiter gibt. Beide Zahlen werden in den nächsten Monaten noch wesentlich steigen.

Das Bundeswirtschaftsministerium hat bei der Analyse, wie sich die Lohnpolitik auf die Konjunkturentwicklung auswirkt, zwei hypothetische Alternativen untersucht: Was geschieht, wenn die Effektivverdienste um 10 Prozent, was, wenn sie um 12 Prozent steigen? Antwort: Im ersten Fall bleibt die Arbeitslosenquote bei 2 Prozent, im zweiten Fall steigt sie auf 3 Prozent. Mit anderen Worten: Mit ihren Forderungen entscheiden die Gewerkschaften selbst über den Beschäftigungsstand.

ÖTV und DAG gebärden sich der Regierung gegenüber wie feindliche Großmächte. Sie stellten Ultimaten und nannten die 8,5 Prozent, das erste Angebot der öffentlichen Hand, eine «Brüskierung», «völlig indiskutabel», «unverfroren niedrig». Auch die warnenden Worte des Kanzlers in der vorigen Woche, eine zweistellige Zahl für die Lohnerhöhung sei nicht zu verantworten, haben nichts gefruchtet. Das letzte Angebot von Innenminister Genscher, der die Verhandlungen führt: 9,5 Prozent, mindestens aber 130 Mark, wurde von ÖTV und DAG wiederum abgelehnt, weil es nicht den Erwartungen ihrer Organisationen entsprach.

Erst also schüren die Gewerkschaftsführer übertriebene Erwartungen, dann nennen sie ihren Verhandlungspartner unsozial, weil dieser gesamtwirtschaftliche Bedenken geltend macht. Dabei – dies muß betont werden – ist dieser Verhandlungspartner nicht ein «ausbeuterischer Kapitalist», sondern ein Mitglied des Kabinetts. Wenn die Frage der Lohnerhöhungen mit oder ohne Streik für die 2 Millionen Arbeiter und Angestellten des öffentlichen Dienstes entschieden sein wird, dann folgen auf dem Fuße weitere Lohnforderungen für die 4,6 Millionen Angehörigen der metallverarbeitenden Industrie, die 15 bis 18 Prozent zuzüglich Nebenleistungen verlangen.

Die meisten Bürger in unserem Lande haben noch gar nicht begriffen, daß wir am Beginn einer wirtschaftlichen Talfahrt stehen, die durch den bevorstehenden Inflationsschub dieses Jahres – zwei Prozent allein durch Ölverteuerung und ein bis zwei Prozent durch Lohnerhöhungen – beschleunigt wird. Noch vermag niemand zu sagen, wie tief hinunter sie führt. Aber leichtfertige Versprechungen, verstiegene Erwartungen, zunehmende Geldentwertung, abnehmendes Wirtschaftswachstum, dies alles addiert sich rasch zum wirtschaftlichen Verhängnis, in dessen Gefolge sich leicht politischer Radikalismus einstellt.

Die fetten Jahre sind vorüber, jetzt kommen die mageren. Nie wieder wird es uns, jedenfalls nicht in absehbarer Zeit, so gut gehen wie während der letzten Jahre. Wenn es in Zukunft gelingt, die Arbeitsplätze zu sichern und die Realeinkommen zu halten, dann können wir weiß Gott zufrieden sein.

Überdies: Wo eigentlich steht geschrieben, daß man jedes Jahr mehr verdienen muß und daß die Welt zusammenbricht, wenn dies nicht der Fall ist? Gewiß, bisher war es so. Die Reallöhne sind von Jahr zu Jahr gestiegen; in den fünf Jahren von 1969 bis 1973 sahen die jährlichen Steigerungen folgendermaßen aus: 7,3; 11,6; 5,6; 4,1; 5,6 Prozent. Ein konkretes Beispiel für den gewachsenen Wohlstand: 1962 besaßen 1,7 Millionen Arbeiter einen Pkw, zehn Jahre später waren es dreimal soviel: 5,2 Millionen. Ein Polster ist also da. Wir können ruhig den Gürtel enger schnallen. Schlimm genug, daß die Araber unsere Wirtschaft bedrohen. Daß wir selbst auch noch mit Hand anlegen, um sie zu ruinieren, ist mehr, als ein normal denkender Mensch begreifen kann.

Es ist ja gerade die Kumulierung von Ölpreiserhöhung und Lohnsteigerung, die so gefährlich ist. Energiepreis und Lohn sind nun einmal die beiden Grundfaktoren, welche die Rentabilität der einzelnen Betriebe und auch der Volkswirtschaft bestimmen. Wahrscheinlich gibt es kaum einen Industriezweig, in dem der Energieverbrauch nicht fünf bis zehn Prozent der Kosten darstellt. Es gehören also keine großen volkswirtschaftlichen Kenntnisse dazu, um sich vorzustellen, was es bedeutet, wenn dieser Kostenfaktor plötzlich verdreifacht oder, falls die Länder am Persischen Golf den Preis wirklich wieder reduzieren sollten, auch nur verdoppelt wird. Die Bundesrepublik muß 60 Prozent ihres Energiebedarfs und 95 Prozent ihres Mineralöls einführen.

Im Grunde ist gar nicht zu verstehen, mit welcher Leichtfertigkeit alle Bundesregierungen und auch die Regierungen aller anderen europäischen Länder das Problem ihrer Energieversorgung bisher gehandhabt haben, obgleich doch jedermann weiß, daß unsere Existenz in Krieg und Frieden auf unbeeinträchtigter Energieversorgung beruht. Da geben wir – wie auch die meisten anderen Staaten – über 20 Prozent des Etats für Verteidigung aus, aber für Mineralöl, das für die Verteidigung ebenso unentbehrlich ist wie für die Wirtschaft, sind wir auf die Partner unseres potentiellen Gegners angewiesen! Dabei war dies nicht immer so: Von 1960 bis 1973 ist der Mineralölverbrauch von 31 Millionen auf 140 Millionen Tonnen gesteigert worden, während der Steinkohleverbrauch um ein Drittel zurückging.

Um diesen Zustand allmählich zu verändern, sind bis 1980 dreistellige Milliardenbeträge erforderlich, wenn Kernenergie sowie Vergasung und Verflüssigung der Kohle vom Staat und der privaten Wirtschaft vorangetrieben werden sollen. Auch unter diesem Aspekt ist es absurd, wenn die Gewerkschaften so tun, als ob die Gewinne der Unternehmer verpraßt würden. Sie werden nicht verpraßt, sie werden in diesem Moment dringend benötigt, um die absolut erforderlichen Umstellungen zu finanzieren. Die Investitionen von heute sind schließlich die Arbeitsplätze von morgen. Man sollte annehmen, daß diese Erkenntnis auch in den Schulen, in denen die Gewerkschaften ihren Nachwuchs ausbilden, gelehrt wird.

Die meisten Menschen, Organisationen und auch Völker zerstören sich selbst – selten, daß man andere dafür verantwortlich machen kann. Wir haben ein besonderes Talent dafür.

1. März 1974

THEO SOMMER

Vom Mißbrauch der Freiheit

Vor sechs Jahren, nach den Schüssen auf Rudi Dutschke und den Straßenschlachten von Ostern 1968, fragten sich viele in unserem Lande, ob am Ende Bonn nicht doch Weimar sei. Im Amoklauf der radikalen Studenten, inmitten der Dreschflegelorgie der staatlichen Gewalt drohte die zwanzig Jahre alte Übereinkunft verlorenzugehen, bei aller Verschiedenheit der Ziele doch in der *Methode* der politischen Auseinandersetzung Vernunft walten zu lassen. Heute, nach den Straßenschlachten des blutigen Frankfurter Karnevals, stellen ebenso viele Bürger die besorgte Frage, ob denn in der Bundesrepublik argentinische Verhältnisse einreißen sollen. Dürfen

Stadtguerilla-Kader künftig der Obrigkeit auf der Nase herumtanzen und den Rahmen jener Ordnung zerstören, in der allein Bürgerfreiheit sich verwirklichen kann.

Mittlerweile wissen wir, daß die Befürchtungen von 1968 grundlos gewesen sind. Alle haben damals in den Abgrund geblickt; alle sind sie erschrocken; alle haben gelernt. Die Reform-Impulse, die jenem plötzlichen Bewußtwerdungsprozeß entsprangen, haben der Politik unseres Landes überfällige Bewegungsantriebe vermittelt. Der größte Teil der jugendlichen Rebellen von 1968 ist inzwischen integriert. Sie haben sich, empfindlicher gegen Ungerechtigkeit und drängender, ungeduldiger als die Etablierten, auf den langen Marsch durch die Institutionen begeben. Für die meisten ist es ein Marsch aus dem Protest in den Pragmatismus geworden.

Drei Dinge sind freilich von damals übriggeblieben. Das ist zum ersten eine radikale neue Gleichheits-Ideologie, die in der direkten Erbfolge Dutschke-Roth-Wiezcorek weitergegeben worden ist, aber darüber hinaus auf den ganzen linken Flügel des sozialdemokratischen Establishments Einfluß gewonnen hat. Zum zweiten hat sich unter der studentischen Jugend eine Truppe strammer, disziplinierter Kommunisten festgesetzt, die Spartakus-Speerspitze der ansonsten aussichtslosen DKP. Drittens aber machen uns jene Irrsinnsfransen an dem buntgemusterten Teppich unseres politischen Lebens zu schaffen, die heute als Chaoten, Maoisten, Polit-Rocker Anarchie und Terror zu verbreiten suchen; ihre Ahnentafel beginnt ebenfalls bei Dutschke und führt über Baader-Meinhof hin zu den KPD / KSV-Provokateuren und den brutalen Schlägern von Frankfurt.

Mit diesem Erbe von 1968 müssen Staat und Gesellschaft fertig werden – und sie können es auch. Aber sie dürfen dabei die dreierlei Stränge, in die sich die Linke aufgespalten hat, nicht blind über einen Leisten schlagen. Die verschiedenen Probleme bedürfen verschiedener Remedur.

Die orthodoxen Kommunisten der DKP, die auf Moskau und Ostberlin schwören, brauchen uns nicht den Schlaf zu rauben. Solange es in der DDR ein kommunistisches Regime gibt wie das heutige, haben seine Ableger und Anhänger diesseits von Mauer und Stacheldraht keine Chance, aus dem Getto der Unscheinbarkeit auszubrechen. Anders wäre es, wenn sie sich zu einer eigenständigen Linie aufschwingen könnten wie die Italiener, aber dazu fehlt ihnen sowohl die intellektuelle Substanz als auch das politische Format.

So bleibt vorläufig das wichtigste dies: daß die orthodoxen Kommunisten zwar den Klassenkampf anzuheizen suchen und eine ganz andere, eine sozialistische Republik wollen, daß sie aber blinden Aktionismus verurteilen, wie ihn die Chaoten betreiben. Nicht, daß sie grundsätzlich gegen revolutionäre Aktion, gegen Gewalt wären, doch sie handeln nicht ins Blaue hinein. In der heute – und wohl noch für lange Zeit – gegebenen Situation sind sie für Zurückhaltung: staatstragend also, geradezu systemerhaltend. Man sieht es an den Universitäten, wo sie im Spektrum der Studentenorganisationen fast schon die Rolle der stabilisierenden Mitte spielen. Man sah es auch in Frankfurt, wo der Spartakus die Türen des Gebäudes verriegelte, in dem er seinen Bundeskongreß abhielt, während draußen Steine flogen und Wasserwerfer in Aktion traten. Die westdeutschen Kommunisten sind heute genauso für Ruhe und Ordnung wie 1968 ihre französischen Genossen.

Anders die Anarchisten und Terroristen, die mit Molotow-Cocktails das System sprengen wollen. Auch ihnen gegenüber bedarf es demokratischer Gelassenheit. Die Frankfurter Polizei verdient in diesem Zusammenhang ein Lob: Sie hat selbst in Bedrängnis nicht die Nerven verloren. Und gewiß sind alle jene im Unrecht, die jetzt – wie Hessens CDU-Chef Dregger – eine neuerliche Verschärfung des Demonstrationsrechtes verlangen. Es wäre widersinnig, den Mißbrauch eines Grundrechtes mit dessen Aufhebung zu ahnden. Allenfalls geht es darum, seinen Gebrauch so zu regulieren, daß niemand zu Schaden kommt.

Denn Gelassenheit kann angesichts der anarchistischen Auswüchse allein nicht ausreichen. Die Obrigkeit muß zugleich ihre Entschlossenheit beweisen, den Rechtsstaat zu verteidigen. In der Abwägung des Demonstrationsrechtes gegenüber dem Sicherheitsbedürfnis des einzelnen Bürgers wird die Genehmigung von Protestmärschen künftighin an schärfer gefaßte Voraussetzungen geknüpft werden müssen. Wo die begründete Vermutung besteht, daß ein Veranstalter für friedlichen Ablauf nicht garantieren kann, sollte man die Genehmigung lieber verweigern. So bedauerlich solch eine eingeschränkte Handhabung des geltenden Demonstrationsrechtes auch ist – das Gemeinwesen darf nicht kampflos vor gesetzlosem Treiben kapitulieren. Und wo der Verdacht zu beweisen ist, daß gewählte Studentenkörperschaften dem friedensbrecherischen Tun Vorschub leisten, sogar dazu anstiften, da hilft alles nichts: da müssen sie in ihre Schranken gewiesen werden. Das Gesetz muß für alle verbindlich bleiben.

Es ist dies kein Aufruf an die Organe des Staates, Schluß zu machen mit der rechtsstaatlichen Zimperlichkeit, wohl aber ein Appell, die rechtsstaatlichen Möglichkeiten voll auszuschöpfen. Im rechtsfreien Raum, wo nur noch die Gewalt und die Brutalität entscheiden, kann auch die Freiheit nicht mehr gedeihen. Sie wird dort zum Privileg des Stärkeren.

Dies ist ein guter liberaler Standpunkt, dessen sich keiner zu schämen braucht. Niemand sollte für Fortschritt halten, was bloß Aggression ist. Gewalt an Stelle eines Programms – sie darf sich keine Toleranz erschleichen. Demokraten müssen eine bestimmte Vorstellung dessen bewahren, was Zivilisation, was Zivilisiertheit bedeutet. Sie müssen darauf beharren, daß Zwecke wohlfeil sind, letztlich aber die angewandten Mittel über die Sittlichkeit der Zwecke entscheiden. Sie müssen sich dem demokratischen Zwang zur Übereinkunft beugen: der Einsicht, daß man das Parlament, daß man eine Mehrheit der Wähler von der Richtigkeit einer Politik überzeugen muß. Das ist das Herzstück aller Demokraten. Und gerade der liberale Rechtsstaat kann davon nicht ab. Reformen – notwendiger Wandel also – lassen sich nur mit legalen Mitteln bewirken.

Die Obrigkeit, die sich gegen Terror zur Wehr setzt, hat dabei ein starkes Argument auf ihrer Seite, dem auch Liberale sich nicht verschließen können. Der Respekt vor der freiheitlich verfaßten Ordnung beruht ja nicht bloß auf ihren philosophischen Vorzügen, sondern in erster Linie auf der Einsicht in die praktischen Vorteile, die sie gewährt. Wenn allzu viele Bürger auf die Idee kämen, die freiheitliche Gesellschaft lohne sich nicht, sie schaffe vielmehr ständige Unruhe, wesentliche Funktionsabläufe des Gemeinwesens seien dauernd gestört, anarchistische Ausschreitungen und ewige Scherereien seien letztlich der Preis der Freiheit – kein Zweifel, daß sich dann viele aus dem Lager der Freiheitlichen hinwegstehlen würden. Zur Überzeugungskraft der Demokratie gehört auch, daß sie funktioniert. Schon aus diesem Grunde muß sie sich gegen Saboteure wehren, um ihrer eigenen Attraktivität willen.

Wenn wir Glück haben, dann haben sich in den Frankfurter Straßenschlachten nur die letzten Ausläufer einer verebbenden gewalttätigen Bewegung manifestiert; wenn nicht, wird sie sehr bald zum Verebben gebracht werden. Langfristig wird jedenfalls die Auseinandersetzung mit den Ideologen der Gleichheit und der Gleichmacherei für die Zukunft unseres Gemeinwesens nicht minder wichtig sein als die Auseinandersetzung mit den Steinewerfern vom Frankfurter Westend. Dabei wird es im Kern um die Frage gehen, ob wir eine Gesellschaft haben wollen, in der alle gleich sind, oder eine, in der alle gleiche Chancen haben; ob wir die Entfaltung der Überdurchschnittlichen verhindern, weil es Unterprivilegierte gibt; ob wir den Gleichheitsanspruch nur auf die staatsbürgerlichen Rechte erstrecken oder auch auf die soziale Stellung der Menschen; ob wir die Ungleichheit verteidigen, wie Ralf Dahrendorf gesagt hat, die Pluralität, die Konkurrenz, den Wettbewerb; oder ob wir alles von vornherein in ein graues Einerlei der Egalität tunken wollen. Letztlich geht es hierbei um die Frage nach der Gerechtigkeit. Läßt sich die Ungerechtigkeit beseitigen? Oder läßt sie sich nur mildern?

Diese Frage wird im Mittelpunkt der kommenden politischen Auseinandersetzung stehen. In letzter Zeit ging der Trend hin zu ständigem Wandel, zu Ergebnisgleichheit an Stelle der Chancengleichheit, zu fortgesetztem Aufbegehren gegen wirkliche und vermeintliche Privilegien. Aber intellektuelle Trends haben ihr Auf und Ab. Sie provozieren jeweils ihr Gegenteil. Die Rebellion gegen das Bestehende wird umschlagen in eine Revolte gegen das Revoltieren. Die Masse der Bürger ist des ewigen Kitzels müde. Sie will heute Ruhe und morgen Beständigkeit.

Wer dieses Bedürfnis zu lange mißachtet, wer den Gesetzen nicht mehr Geltung zu verschaffen vermag oder verschaffen will, treibt die Bürger schließlich zur Ablehnung des Rechtsstaates. Dann glauben sie, wie die Argentinier an Perón, nicht mehr an die Gesetze, sondern an den starken Mann.

8. März 1974

Rolf Zundel

Der Schock von Hamburg

Das Wahlergebnis von Hamburg ist für die Sozialdemokraten ein Schock. Die Stadt galt bisher als der Inbegriff politischer Stabilität: ein *rocher de bronce* inmitten wechselnder politischer Tendenzen. Seit 1957 schien die Vorherrschaft der SPD unerschütterlich, eine Art Naturgesetz; und eherne Regel schien ebenso, daß die CDU-Opposition die protestierende Begleitkompanie des sozialdemokratischen Regiments stellte, immer zur Stelle, aber ohne Belang.

Seit Sonntag stimmt dieses Bild nicht mehr. Die SPD rutschte um über 10 Prozentpunkte ab, weit unter die absolute Mehrheit und ist nun auf die Hilfe der Freien Demokraten angewiesen, um weiterregieren zu können. Die Christlichen Demokraten dagegen machten einen gewaltigen Sprung nach vorn und liegen nur noch knapp hinter der SPD. Wenn das in Hamburg passieren kann, so fragen sich Sozialdemokraten beklommen und Christliche Demokraten hoffnungsfroh, was kann dann in Niedersachsen geschehen, in Hessen und anderswo?

Ist diese Wahl das Signal für jene «Tendenzwende», von der manche Demoskopen sprechen? [...]

Nun vollziehen sich Machtwechsel selten derart, daß die Wähler der Regierungspartei den Abschied geben, weil sie von der Opposition begeistert sind. Der Verdruß über die Regierung ist meist das bestimmende Motiv. Und da die Opposition bisher so wenig getan hat, um sich als überzeugende Alternative in Erinnerung zu bringen, ist diese Regel gegenwärtig für die Bundesrepublik noch zwingender. Mit anderen Worten: Das Hamburger Wahlergebnis ist zwar insofern eine Tendenzwende, als sie ein weitverbreitetes Unbehagen an der Politik und am Zustand der SPD widerspiegelt, es ist aber noch kein endgültiger Urteilsspruch über den unabwendbaren Erfolg der Union. Noch hat die SPD eine Chance, das Blatt zu wenden.

Dreierlei Gründe gibt es gegenwärtig für den Vertrauensschwund der SPD. Einen Mangel an Solidarität, Führungsschwäche, die nicht zuletzt aus diesem Mangel entsteht, und schließlich ein Ungenügen in der Erfüllung der klassischen Aufgaben eines modernen Staats: Sicherheit, Inflationsbekämpfung, Garantie der Arbeitsplätze. Solange diese klassischen Funktionen nach dem Urteil der Bürger nicht ausreichend wahrgenommen werden, erscheinen alle Reformbemühungen nur als Flucht vor dringlicheren Geschäften. Sie werden am Bewußtsein der Wähler vorbeiproduziert, und wenn sie im Vokabular der Systemveränderung vorgetragen werden, erzeugen sie, selbst wo sie vernünftig sind, vor allem Angst [...]

Die SPD kann nicht darauf hoffen, daß sie alle Grenzgänger an ihrem linken Flügel zu disziplinieren vermag. Diese Auseinandersetzung wird die Sozialdemokraten weiter begleiten. Die SPD kann höchstens die Trennungslinie noch deutlicher machen und auch in Einzelfällen diese Trennung exekutieren. Trotzdem muß sie den Versuch der demokratischen Integration fortsetzen – auch im Interesse des Systems. Wichtiger und am Ende erfolgversprechender ist praktizierte Solidarität in der Führung und in der politischen Aktion. Wie will man denn von der Basis der SPD Solidarität und Disziplin verlangen, wenn sie im Vorstand der Partei und im Kabinett nicht vorhanden ist! Die SPD krankt nicht so sehr an ihrer aufmüpfigen Basis, als an der mangelnden Loyalität und Entschlossenheit in der Führung.

Von der SPD Solidarität zu fordern, läuft, zugegebenermaßen, im Augenblick auf den Ratschlag hinaus, sie möge sich am eigenen Schopf aus dem Sumpf ziehen. Aber wenn nicht der drohende Machtverlust die Partei zur Räson bringt – was soll dann eigentlich noch helfen? Es führt nichts daran vorbei: Wenn die Koalition im Bewußtsein der Wähler noch ein Erfolg werden soll, muß die SPD eine schmerzhafte Überprüfung ihrer politischen Praxis und ihrer politischen Theorie vornehmen. Mit besseren Verkaufstechniken ist der Vertrauensschwund nicht zu beseitigen.

Die SPD muß sich auch darauf einstellen, daß in der politischen Diskussion die konservativen Elemente wieder stärker geworden sind. Wenn sie nicht will, daß diese Diskussion an ihr vorbei oder über sie hinweggeht, muß sie diese Entwicklung in ihre Politik einkalkulieren [...]

Aber alle Reformen sind auf Sand gebaut, wenn sie nicht auf einer Basis ökonomischer Solidität und rechtlicher Sicherheit gründen. Nur wenn die Sozialdemokraten auch dieses beherzigen, haben sie eine Chance, den Trend, der jetzt gegen sie läuft, wieder zu stoppen.

Wenn die SPD diese Lektion nicht lernt, hilft ihr nichts mehr. Dann wird der Verdruß so groß werden, daß die Wähler aus Protest der Union ihre Stimme geben. Und dann bleibt nur die Hoffnung, daß die Christlichen Demokraten bis dahin ihre, wenngleich andere Lektion gelernt haben.

29. März 1974

NINA GRUNENBERG

Mit schwesterlichen Grüßen

Ich sehe die Männer grinsen: Feministinnen gibt es jetzt auch bei uns. In der zweiten Märzwoche, von ihnen zur nationalen Aktionswoche gegen den Paragraphen 218 erklärt, fielen sie auf den Straßen der Bundesrepublik massenhaft ins Auge. Den Mund mit Leukoplast verklebt, die Hände gefesselt, um den Fußknöchel eine Kette, an der eine Kugel als «Klotz am Bein» schleifte – so wanderten sie durch Hamburg, so demonstrierten sie in Berlin, in Köln, in München, in Frankfurt und in den meisten Universitätsstädten für die Abschaffung des Abtreibungsparagraphen. Männer durften mitmachen, als «Stimmvieh» waren sie willkommen, doch sonst sind sie ausgeschlossen von den Frauengruppen, die in den letzten drei, vier Jahren überall in der Bundesrepublik wild und ungeplant wie Gänseblümchen aus dem Boden schossen und von ihren Apologeten bereits zur neuen Frauenbewegung promoviert wurden.

Daß außer ihnen selber noch nicht allzu viele Leute Notiz von der Bewegung genommen haben, ist für die jungen Frauen offiziell nur ein zusätzlicher Beweis für ihre Unterdrückung in der Gesellschaft. Wer sie unter sich sieht und reden hört, merkt aber bald, daß sie zuviel mit sich selber zu tun haben, um die Aufmerksamkeit der Öffentlichkeit ernsthaft zu vermissen.

Der Stil, in dem sie isolierte Frauenarbeit treiben und dabei auf Männer und Institutionen pfeifen, macht erfahrene und in der politischen Arbeit bescheiden gewordene Partei- und Gewerkschaftsfrauen perplex und ratlos. Geduld, die beispielsweise jene Gewerkschaftsfrauen auszeichnete, die 1958 als erste mit der Diskussion über eine Reform des Abtreibungsparagraphen begannen und über fünfzehn Jahre lang in der rüden Männergesellschaft des DGB Max

Webers berühmte Bretter bohrten – diese Art von Engelsgeduld ist nicht nach dem Geschmack der Feministinnen. Als Waffe ist ihnen der Hammer lieber – auch wenn sie damit bei den Männern vorerst nur Heiterkeitserfolge erzielen.

Ihre Gruppen heißen F.R.A.U. (für: Forum zur Restlosen Abschaffung der Unterdrückung), S.O.F.A. (für: Sozialistisch-Feministische Aktion), S.F.O.M. (für: Sozialistische Frauen-Organisation München), und in Berlin trägt eine Gruppe den poetischen Namen «Brot und Rosen». Die Feministensaat geht überall auf: auch in Kleinstädten und auf dem Lande. In den großen Städten gibt es meist immer mehrere Gruppen. Frankfurt hat allein acht Feministen-Clubs. Sie heißen Frauenforum, Frauenzentrum, Aktionskreis Frau, Interessenkreis Frauenemanzipation, Rote Zelle Frau und Weiberrat. Ein Merkmal der Bewegung ist ihre Desorganisation, der viel Spontaneität entspricht. Deshalb weiß aber auch niemand, wie viele Mitglieder die Bewegung hat. Oft haben nicht einmal die Gruppen in ein und derselben Stadt untereinander Verbindung. Eine Adresse von einer Gruppe zu erfahren oder eine Telephonnummer aufzutreiben, ist schwierig, weil die Anschriften, sie sind meistens privat, wechseln und Telephone kaputt oder nicht besetzt sind.

Informationen von einer Stadt zur anderen vermitteln bisher nur die vier deutschsprachigen Emanzipationszeitschriften. In Köln erscheint *efa* (Abkürzung für: Emanzipation, Frauen, Argumente), in München das *Frauenforum – Stimme der Feministen*, aus wechselnden Orten kommt die *Frauenzeitung* und aus der Schweiz die *Hexenpresse – Zeitschrift für feministische Agitation*. Sie erscheinen in Selbstverlagen, selbst geschrieben, selbst illustriert, kurz: selbstgestrickt, ohne Anzeigen und ständig in Gefahr, nicht genügend Geld für die nächste Nummer zu haben. «Wenn Ihr beim Lesen dieser Nr. noch nicht das Geld für die 1. Nr. überwiesen habt, dann soll Euch beim Lesen vor Schreck das Blatt aus der Hand fallen», mahnt die *Frauenzeitung* in ihrer letzten Ausgabe; sie kostet eine Mark. Wie lieb die Feministinnen miteinander sind und wie verspielt, witzig und komisch sie auch sein können, solange Männer und Agitation nicht im Spiel sind, schimmert besonders in dieser Zeitung aus Frankfurt immer wieder mal durch.

Wodurch entstand die Bewegung? Als Anstoß wird heute die öffentliche Selbstbezichtigungsaktion der Frauen angesehen, die 1971 im *stern* bekannten: «Ich habe abgetrieben.» Seitdem gibt es die Aktion 218, die in jeder Stadt bis heute ihre Gruppen hat und an der sich auch SPD-Frauen, Gewerkschaftsfrauen und Frauen, die einfach nur empört waren, beteiligten.

Der erste Kongreß dieser Gruppen war 1972. «Da war schnell klar», rekapituliert Margit, eine junge Frau vom Frankfurter Weiberrat, «daß es nicht nur um Abtreibung ging, sondern daß alle Frauen noch andere Themen in petto hatten: Frauen und Gewerkschaften zum Beispiel, Frauen als Erwerbstätige, Frauen in der Familie und vor allem: Welche Funktion sollen autonome Frauengruppen haben? Sollen sie nur ein Durchlauferhitzer sein, wo die Frauen auf Trab gebracht werden, oder arbeiten die Frauen langfristig autonom auf der politischen Linken? Die Debatte wurde in den Schlagworten ‹Sozialismus gegen Feminismus› zusammengefaßt. Die Aktionsbündnisse der verschiedenen Gruppen lösten sich auf, als der allgemein kleinste Nenner, die ersatzlose Streichung des Abtreibungsparagraphen, von DKP und Gewerkschaften zugunsten der Fristenlösung aufgegeben wurde.»

Hier sprach der Profi: Margit ist eine «alte» SDS-Frau und gehörte schon dem ersten Weiberrat an. Die SDS-Mädchen gründeten ihn, als sie merkten, daß sie entweder ihren Verstand vergessen mußten, wenn sie für die Genossen als Freundin akzeptabel bleiben wollten, oder ungeliebt als Blaustrumpf auf die Barrikaden ziehen mußten. In jedem Fall wurden sie von ihren linken Patriarchen wie von jedem aufrechten Konservativen traktiert – frei nach Alexandre Dumas fils: «Illa sub, ille super. Dabei bleibt es.» Oder auf neomarxistisch: Sie hatten nur als «Nebenwiderspruch des gesellschaftlichen Grundwiderspruchs» etwas zu melden. Als sie das gelernt hatte, warf eine Genossin auf der 23. Delegiertenkonferenz des SDS 1968 Tomaten auf die Genossen. Das war der Start des Weiberrats.

Wie viele Narben die Feministinnen diesen linken Gemütskrüppelchen verdanken, läßt sich nur ahnen. «Das ist, glaube ich», sagte Simone de Beauvoir kürzlich in einem Interview, «für viele Frauen einer der Gründe, warum sie die Frauenbewegung geschaffen haben – daß selbst in den linken, ja sogar in den revolutionären Gruppen und Organisationen eine tiefe Ungleichheit zwischen Mann und Frau besteht.»

Die Tomatenwurf-Aktion der SDS-Mädchen wurde später von den SDSlern in unnachahmlicher Arroganz als der «antiautoritären Bewegung adäquat» analysiert: Sie «stellte den ersten hilflosen und von nur wenig neuen theoretischen Ansätzen begleiteten Versuch dar, dies allmählich erwachende Bewußtsein in die Praxis umzusetzen und an die Öffentlichkeit zu tragen». (Nachwort zu Clara Zetkin, Verlag Roter Stern Frankfurt).

In der Tat: Viele neue theoretische Gedankenarbeit haben die Feministinnen noch nicht geleistet. Was sie wollen, von der Forderung nach gleichem Lohn für gleiche Arbeit bis hin zur Aufhebung der «geschlechtsspezifischen Rollenverteilung, die die kapitalistische Gesellschaft Mann und Frau zudiktiert» – nichts ist neu, alles ist bei Clara Zetkin nachzulesen. Das macht die Forderungen der jungen Frauen von heute nicht überflüssig, es ist nur ein Beweis dafür, wie wenig in über hundert Jahren verändert wurde und daß die Feministinnen zumindest konsequent handeln, wenn sie das Heil in Praxis und Aktion suchen.

Was sie tun? Sie treten aus der Kirche aus – 102 Frauen meldeten sich in der Aktionswoche gegen den Paragraphen 218 beim Frankfurter Amtsgericht ab; wie viele es in anderen Städten waren, ist nicht bekannt. Sie denken sich Parolen aus: «Kinderzimmer, Heim und Herd sind kein ganzes Leben wert.» – «Eheliche Pflichten, wir verzichten.» – «Das Weib sei willig, dumm und stumm, diese Zeiten sind jetzt um.» – Ungeborenes wird geschützt, Geborenes wird ausgenützt.» Ein erfolgreicher Slogan hieß: «Müßten Männer Kinder kriegen, wäre Abtreibung längst ein Sakrament.» Sie beobachten den «Abtreibungsmarkt», warnen vor Pfuschern und vermitteln Adressen von Kliniken in Holland und England. In besonderen Notfällen, wenn die betroffenen Frauen das Geld für die Reise und den Eingriff nicht haben, gehen die Schwestern im Frankfurter Frauenzentrum sammeln. Sie organisieren gemeinsame Fahrten nach Holland, damit die Frauen nicht alleine sind, und wollen jetzt eine Frauenärzte-Kartei anlegen, um informieren zu können, welcher Gynäkologe empfehlenswert ist (Kriterien: sorgfältige Untersuchung und die Bereitschaft, auf die Probleme der Patientin einzugehen) und von welchem abzuraten ist (Kriterium: demütigende Behandlung, Beispiel: ein Arzt, der seiner Patientin rät: ‹Suchen Sie sich mal einen anderen Freund›).

Einer der neuen Aspekte dieser zweiten Frauenbewegung ist der Platz, der der weiblichen Sexualität eingeräumt wird. Die Gruppe «Brot und Rosen» in Berlin behandelt sie vor allem praktisch und beschäftigt sich vorrangig mit Fragen der Abtreibung und Verhütung, denn: «Die Frauen wissen über ihre eigene Sexualität nicht Bescheid.»

Die Hamburger Gruppe F.R.A.U. behandelt den Bereich der Sexualität theoretisch. In ihrem Grundsatzpapier erklärt die Gruppe: «Weibliche Sexualität ist fremdbestimmt. Die Art, in der sie angeboten wird, ändert sich mit dem jeweiligen Ziel, ob es sich zum Beispiel um Erhaltung des Ernährers, Durchsetzen im Beruf oder Prostitution handelt.» Natürlich kann man das so sehen, und die Feministen lieben das Absolute. Aber Aufklärung kann auch Verwirrung stiften. Irgendwann wird die erste Frau zu F.R.A.U. kommen und klagen wie jene junge Amerikanerin, die ihrer emanzipationsbesessenen Professorin am Ende eines Literaturkurses vorwarf: «Ich möchte Ihnen sagen, daß Sie mein Leben ruiniert haben. Alles, was ich nun lese, erfüllt mich mit Wut.»

Wer geht in die Gruppen? Karrierefrauen leihen der Bewegung ab und zu ihren Namen; Gattinnen mit progressiven Freizeitbeschäftigungen benutzen die «Emanzen» bei Bedarf als Podium. Aber im Normalfall sind sie unter sich: junge Frauen zwischen 25 und 35 Jahren alt, verheiratet, geschieden oder ledig, fast immer berufstätig und alle mit einem vagen Gefühl der Unzufriedenheit und dem Verdacht, daß sie in Beruf und Ehe als «Lasttiere des Mannes» mißbraucht werden.

Sie sind Sekretärin, Kosmetikerin, Sozialhelferin, Programmiererin, Krankenschwester, Lehrerin, Journalistin, Psychologin, die wenigsten sind «Nur-Hausfrau». Meistens waren es die Akademikerinnen, die die Gruppe gründeten, denn ihr Weg ist besonders dornig: Auf der Universität haben sie nicht nur einen qualifizierten Beruf gelernt, sondern auch ihr politisches und gesellschaftliches Bewußtsein entwikkelt. Wenn sie Mitte Zwanzig ohne Ahnung in das Leben der «Lohnabhängigen» einsteigen, wirkt das auf viele von ihnen wie eine kalte Dusche, vor der sie angewidert die Flucht nach links antreten.

Daß sie dort meistens auf Stellen herumtreten, auf denen ihre Schwestern vor Jahrzehnten, ja vor Jahrhunderten auch schon standen und kämpften, entmutigt sie nicht, sondern erfüllt sie mit Stolz. Auf der Suche nach ihrer Geschichte entdecken sie begeistert, daß es bereits die Suffragetten waren, die die Demonstrationen, die Störungen im Parlament und die Hungerstreiks als neue Taktik erfanden. Um die Fehler der Vergangenheit «aufzuarbeiten», lesen sie nicht nur Clara Zetkin, sondern lassen auch die bürgerliche Frauenbewegung gelten und Gertrud Bäumer. Mit Erstaunen und Bewunderung erfüllt sie, daß Madame Kollontai, Erziehungsminister im ersten Kabinett Lenin, in den zwanziger Jahren schon gültig beschrieb, was sie heute empfinden: «Der heutige Mensch hat keine Zeit ‹zu lieben›. In der Gesellschaft, die von vornherein auf Konkurrenz gegründet ist, im grausamsten Kampf um die Existenz, bei der unentrinnbaren Jagd um das armselige Stück Brot oder nach Vermögen oder nach Karriere bleibt keine Zeit für die Kultur des anspruchsvollen und empfindlichen ‹Eros›.»

Die Frauenbewegung ist auf der Suche nach Vorbildern. Der auffallende Mangel an Selbstvertrauen und Selbstbewußtsein, der die jungen Frauen in der Regel auszeichnet, macht diese Suche logisch. Sie müssen für die Männergesellschaft erst noch geschult werden, und sie sehen nicht ein, warum eigentlich. So zäh und politisch wie die Suffragetten sind sie nicht. Machtgefühle sind ihnen fremd. Lieber kehren sie allem den Rücken und kriechen in die warme, gemütliche Höhle eines Frauenzentrums (es gibt sie in Aachen, Göttingen, Frankfurt und Berlin, meist in ehemaligen Tante-Emma-Läden), um über sich zu reden und mit anderen Frauen Erfahrungen auszutauschen. Zu merken, daß es anderen so geht wie einem selber, trägt zur Bewußtseinsbildung bei. Viele finden, so scheint es, erst in der Frauenbewegung die Freundin, die sie vorher nicht hatten. Erst hier nehmen sie teil am Weiberklatsch, von dem schon immer bekannt war, daß er der Hygiene der Seele nützlich ist. Am Ende dienten nicht einmal die Bridgeklubs der Damen aus der Oberschicht einem anderen Zweck.

Ich sehe darin keinen Fortschritt. Doch was ist schon fortschrittlich an der neuen Frauenbewegung. «Ich weiß es nicht», sagte eine junge Gewerkschaftspolitikerin, die ich fragte, «es ist eine so hoffnungslose Diskussion.»

17. Mai 1974

Karl-Heinz Janssen

Wer stürzte Willy Brandt?

Willy Brandt hatte drei Möglichkeiten, aus der Affäre Guillaume herauszukommen: er konnte kämpfen und allen Anfeindungen die Stirn bieten – er konnte die Verantwortung auf andere abwälzen, Köpfe rollen lassen – er konnte zurücktreten.

Möglichkeit eins wird von gelehrigen Jüngern Machiavells noch immer in grandiosen Farben ausgemalt. Sie wären nach folgendem Konzept vorgegangen: allen Ministern Schweigen gebieten, alle Informationskanäle stopfen, den Fall zudeckeln (so ähnlich verfuhr Adenauer, als der Präsident des Verfassungsschutzamtes, Otto John, über die Sektorengrenze nach Ostberlin übergewechselt war und Kanzler wie Innenminister deshalb unter Beschuß gerieten): – sodann mit der DDR für ein paar Wochen einen Kalten Krieg vom Zaun brechen (um von den Peinlichkeiten der Affäre abzulenken); schließlich im niedersächsischen Wahlkampf die Bettgeschichten aufgreifen, um die Opposition und ihre Helfershelfer unlauterer Machenschaften bezichtigen zu können. Die solches vorschlagen, wissen selber am besten, daß Willy Brandt der Mann nicht war, in dieser Art und Weise zu reagieren.

Möglichkeit zwei hätte bedeutet, mindestens zwei Minister und einen Staatssekretär zu opfern: Ehmke, der für die Einstellung des Spions im Kanzleramt verantwortlich war, Genscher, der für die merkwürdigen Ratschläge und für die Pannen des Verfassungsschutzes geradezustehen hatte, Grabert, der als Kanzleramtschef seiner Sorgfaltspflicht nicht genügt hatte. Ehmke und Grabert haben in der Tat ihren Rücktritt angeboten – Brandt hat abgewinkt. Wie hätte er vor seiner eigenen Partei die Entlassung von zwei Genossen rechtfertigen sollen, wenn der freie Demokrat Genscher ungeschoren davonkam? Ein Rücktritt Genschers jedoch hätte die Koalition zerrissen. Ohnedies wurde Brandt von Tag zu Tag mehr von dem Gefühl durchdrungen, daß er selber fahrlässig gehandelt hatte, leichtgläubig oder ungläubig fatale Ratschläge befolgt hatte.

Also stand nur noch Möglichkeit drei offen. Doch der Rücktritt wurde von Brandt so lapidar begründet, daß in den ersten Tagen für alle möglichen Deutungen Raum blieb. Im Schreiben an Bundespräsident Heinemann übernahm Brandt lediglich die politische Verantwortung für Fahrlässigkeiten, im Brief an Vizekanzler Scheel «natürlich auch die persönliche». Auffällig war seine Eile: am späten Abend des 6. Mai noch wurde Staatssekretär Grabert mit dem Brief nach Hamburg geschickt, wo sich der Bundespräsident gerade aufhielt.

Die Entlassungsurkunde wurde aber erst am anderen Tag um 14 Uhr ausgestellt. Brandt vor der Fraktion: «In diesem Fall dachte ich, es ginge rascher, nämlich dann, wenn man den Brief geschrieben hat, sei man schon nicht mehr das, was man vorher war.» Dem parlamentarischen Geschäftsführer der CDU / CSU, Reddemann, kommt diese Eile immer noch verdächtig vor. Er vermutet, Brandt habe derart schwerwiegende Enthüllungen fürchten müssen, daß nur noch ein Rücktritt Hals über Kopf ihn davor habe retten können.

Vor der SPD-Fraktion erläuterte Brandt seinen Entschluß in dieser Reihenfolge: «aus der Erfahrung des Amtes, aus meinem Verständnis von Respekt vor ungeschriebenen Regeln der Demokratie und um meine persönliche und politische Integrität nicht zerstören zu lassen».

Vor dem Volk der Bundesrepublik erläuterte er diese Motive in drei Punkten, die indes so mißverständlich formuliert waren, daß man noch nachträglich Grund hat, an seiner Redigierkunst oder an der Weisheit seiner journalistisch geübten Berater zu zweifeln.

Erstens gab der Kanzler zu, daß während seines Urlaubs in Norwegen im Sommer 1973 auch geheime Papiere durch die Hände des Agenten gegangen seien. Er hatte also am 26. April dem Bundestag bewußt oder unbewußt die Unwahrheit gesagt, als er behauptete, Guillaume sei «nicht mit Geheimakten befaßt» gewesen. Wenn schon nicht «befaßt», so hatte er sie doch angefaßt. Hernach, im Gespräch mit Hans Ulrich Kempski von der *Süddeutschen Zeitung*, redete sich Brandt heraus, es sei ihm damals vor dem Bundestag überhaupt nicht gegenwärtig gewesen, daß der Spion zu seinen Begleitern in Norwegen gehörte. Solche Gedächtnislücken darf man indes auch einem Manne nicht durchgehen lassen, der mit seinen 60 Lebensjahren kokettiert. Oder hat er etwa bis zum Tage der Verhaftung des Agenten überhaupt nicht an den Verdacht geglaubt, das ganze Gehabe von Verfassungsschutz und Bundesanwaltschaft für unsinnig gehalten? Nach all den Äußerungen Brandts, die inzwischen bekanntgeworden sind, kann er jedenfalls lange Zeit die Sache nicht ernst genommen haben.

Zweitens war für den Rücktritt «mitentscheidend», so Brandt im Fernsehen, daß er sich für die Politik gegenüber der DDR und dem Warschauer Pakt «zeitweilig nicht mehr unbefangen genug fühlte». Man darf rätseln, ob das Wörtchen «zeitweilig» nur Brandts Überlegungen meint, die seinem Rücktritt vorausgingen, oder ob er mögliche Entwicklungen der Zukunft im Auge hatte.

Drittens bezog sich Brandt auf «Anhaltspunkte, daß mein Privatleben in Spekulationen über den Spionagefall gezerrt werden sollte». Wer sich der Schmutzkampagnen gegen Brandt im Wahlkampf 1961 erinnerte, unter denen er sehr gelitten hatte, dem mußte einleuchten, daß sich Brandt, ohnehin angeschlagen, einer neuen Diffamierungswelle nicht mehr gewachsen fühlte. Doch dem dritten Punkt ließ er einen Absatz folgen, der das eben Gesagte wieder in Zweifel zog: «Was immer auch darüber geschrieben werden mag, es ist und bleibt grotesk, einen deutschen Bundeskanzler für erpreßbar zu halten. Ich bin es jedenfalls nicht.» Wer ist nicht erpreßbar: der Parteivorsitzende oder der einstige Kanzler? Und wenn es der Kanzler nicht war, warum mußte er dann überhaupt zurücktreten?

Aber seit dem Gespräch mit Kempski sollte auch für die Geschichtsbücher klar sein, warum sich Willy Brandt nach gut einer Woche Bedenkzeit so und nicht anders entschieden hat. Man hätte die Affäre unterlaufen können, so gibt es Kempski wieder, wenn die Koalition in letzter Zeit erfolgreicher hätte operieren können, wenn bei der SPD weniger Flaute gewesen wäre, wenn manche Minister mehr Fortune gehabt hätten. Und auch seiner eigenen Kondition stellte Brandt nicht das beste Zeugnis aus. Mit den Worten eines seiner Mitarbeiter: «Er war am Ende.»

Obwohl Willy Brandt aus dem Fall Guillaume die Konsequenzen gezogen hat, sind die anderen Verantwortlichen noch nicht aus dem Schneider. Immerhin, Horst Ehmke hat, eingeholt von seiner Vergangenheit, den Schritt getan, den ihm Opposition und Springer-Presse sogleich nahegelegt hatten, er trat gleichfalls zurück. Er motiviert seinen Abgang mit Solidarität zu Willy Brandt, mit Rücksicht auf Helmut Schmidts Schwierigkeiten bei der Regierungsbildung, mit politischer Klugheit. Eine Woche lang hatte er als Winkelried alle Speere der Kritik auf sich gezogen, um den Kanzler zu decken, dann aber merkte er mit einem Male, wie der Wind der öffentlichen Meinung umschlug, wie der Kanzler selber ins Gerede kam. In der bevorstehenden Haushaltsdebatte wäre es nicht mehr um Ehmkes, sondern um Brandts Kopf gegangen.

So oder so – der Rücktritt wäre Ehmke nicht erspart geblieben, wollte er nicht seine eigenen Worte Lügen strafen. Dem jungen Rechtsgelehrten Horst Ehmke hatte vor zwanzig Jahren gefallen, was der FDP-Politiker Reinhold Maier in der Debatte über die Affäre John gesagt hatte: «daß jeder, der das hohe Amt eines Ministers übernehme, damit auch für alle Vorgänge in seinem Ressort die volle Verantwortung übernehmen müsse». Es gefiel ihm so gut, daß er es in einem öffentlichen, mehrmals nachgedruckten Vortrag wiederholte. Nun hatte er Gelegenheit, Theorie in Praxis umzusetzen, politische Verantwortung zu tragen, gleich ob er sich schuldig oder unschuldig fühlte. Den Vorwurf schuldhaften Verhaltens oder, wie es die Opposition sagt, «grober Fahrlässigkeit» weist er immer noch weit von sich. Das letzte Urteil darüber wird sich erst fällen lassen, wenn die Akte Guillaume voll aufgeblättert ist.

Ganz anders als Ehmke und Reinhold Maier schätzt der frühere Innenminister und jetzige Vizekanzler und Außenminister Genscher die Frage der Verantwortlichkeit ein. Sein Parteivorsitzender Scheel hat ihm unter dem Beifall der FDP-Fraktion «ein Höchstmaß an Verantwortung» bescheinigt; umsichtig und entschieden habe er die Sicherheitsinteressen der Bundesrepublik wahrgenommen. Genschers Selbstbeurteilung fällt nicht anders aus. Er hat dem Kanzler einen polizeitechnischen Rat weitergegeben, den ihm das Bundesamt für Verfassungsschutz entsprechend geheimdienstlichen Gepflogenheiten ausgestellt hatte. Ein Rücktritt, so meint Genscher, hätte den ihm unterstellten Verfassungsschutz desavouiert, seinen Beamten die Arbeit unmöglich gemacht – die Verantwortung des Ministers bestand darin, sich voll und ganz vor seine Untergebenen zu stellen.

Was die Verantwortlichkeit angeht, so ist der Fall Genscher vom Fall Ehmke verschieden. Dem Innenminister ist nicht zuzumuten, daß er für alles, was eine so große Spezialbehörde wie das Kölner Bundesamt für Verfassungsschutz tut oder unterläßt, einstehen muß. Im «Handbuch des Deutschen Staatsrechts» (Tübingen 1930) hat Fritz Freiherr Marschall von Bieberstein in einem Aufsatz über die Verantwortlichkeit der Reichminister klargestellt: «Nur eigenes (bewußtes und gewolltes) Verhalten, nicht aber fremdes, kann dem Minister zugerechnet werden; wie kann er für alles, was in seinem Ressort vor sich geht, verantwortlich sein?»

Eine ganz andere Frage ist es, ob der Innenminister nicht sofort im eigenen Hause hätte Ordnung schaffen müssen, nachdem in der Öffentlichkeit bekanntgeworden war, daß den Verfassungsschützern sowohl bei der Karteiprüfung Guillaumes als auch bei seiner Verfolgung grobe Schnitzer unterlaufen sind. In jenem Aufsatz über die Pflichten des Ministers heißt es dazu: «Dem fremden Tun gegenüber obliegt ihm: Leitung, Überwachung, Bestrafung der Schuldigen, Verhütung der Wiederholung von Mißgriffen; ihm obliegt insbesondere die Sorge dafür, daß fähige und zuverlässige Männer am richtigen Platze stehen, zumal wo ihm selbst vielleicht Sachkunde mangelt.» Und: «Erst wenn er von Pflichtwidrigkeiten oder Mißständen zuverlässige Kunde erhält, sich aber gleichwohl nicht rührt, wird er verantwortlich.»

Doch ist es müßig, noch länger darüber nachzusinnen, weil Genscher aus koalitionspolitischen Gründen auf keinen Fall an seinen Rücktritt denken konnte, vermutlich nicht einmal an eine Ablösung des Präsidenten Nollau vom Verfassungsschutzamt, der als Vertrauensmann Herbert Wehners gilt.

Der dritte Verantwortliche, Staatssekretär Grabert vom Kanzleramt, hat inzwischen seinen Posten verloren. Er war seinerzeit als einziger – neben Brandts persönlichem Referenten Wilcke – vom Kanzler über den Verdacht gegen Guillaume informiert worden. Seine Aufgabe wäre es gewesen, Verfassungsschutz oder Sicherungsgruppe oder Bundesnachrichtendienst um Amtshilfe zu bitten. Statt dessen ließ er seinen Kanzler mit einem unbeaufsichtigten Spion nach Norwegen ziehen. Referent Wilcke hat keineswegs, wie jetzt geschrieben wird, «vergessen», seinen Vertreter Schilling einzuweihen (Schilling hatte arglos geheimes Material über die normalen Kanäle nach Hamar weitergeleitet), sondern er ging davon aus, daß Guillaume doch längst vom Verfassungsschutz «observiert» werde, er also gar keinen Schaden mehr anrichten könne. Der Verfassungsschutz wiederum wurde von sich aus nicht tätig, weil er nach allen Erfahrungen mit Agenten annehmen durfte, daß sich Guillaume in Norwegen nicht mit seinem Nachrichtendienst in Verbindung setzen würde.

Die Opposition wird sicherlich gut daran tun, bei den kommenden Untersuchungen ihr Augenmerk nicht nur auf die Einstellungs- und Überprüfungspraktiken im Kanzleramt zu richten, sondern auch auf die offensichtlich mangelhaft koordinierte Sicherheitsüberwachung. Doch sie selber tappt weitgehend noch im dunkeln, sammelt Material, das aber mehr aus Fragen als aus Tatsachen besteht. So kapriziert sich die Opposition vorerst darauf, einen anderen «Schuldigen» aufzubauen, zu dem durchsichtigen Zwecke, Mitglieder und Wähler der SPD zu verunsichern: Herbert Wehner soll der Königsmörder sein – er hat die Geheimdienstaffäre Guillaume nur dazu benutzt, Willy Brandt den längst gezückten Dolch in den Rücken zu stoßen, ja, schlimmer noch, er soll den Verfassungsschutz mit eigenen Erkenntnissen versorgt haben, um Brandt zu Fall zu bringen.

Was darüber in *stern* und *Spiegel* zu lesen steht, haben Wehner, Brandt und Nollau dementiert. Da sich niemand in dem Wust von Gegendarstellungen, Dementis und redaktionellen Zusatzerklärungen mehr zurechtfindet, empfiehlt es sich, Wehners eigene Worte abzuklopfen. Sofort nach der Verhaftung Guillaumes hatte er im Bundestag verlangt, daß in dieser Affäre rücksichtslos ermittelt werden müsse – und das mußte sich nach Lage der Dinge auch gegen den Kanzler richten. Nicht dementiert hat Wehner bislang, was Kempski nach seinem Gespräch mit Willy Brandt und anscheinend auch mit Wehner selber berichtet hat. Demnach hatte der SPD-Fraktionschef am Samstag, dem 4. Mai, Willy Brandt mit einer Hiobspost aufgeschreckt, die ihm sein Parteifreund Nollau vom Verfassungsschutz zugeleitet hatte: Bei den Vernehmungen im Fall Guillaume hatten Leibwächter der Sicherungsgruppe Bonn zu Protokoll gegeben, daß der Kanzler bei seinen Reisen durchs Land zuweilen Damenbesuch zu empfangen pflegte – wohlgemerkt unter den scharfen Augen des DDR-Spions.

Während Brandt eigenem Bekunden nach diese Sache eher von der komischen Seite nahm, sah Wehner eine Pressekampagne auf den SPD-Vorsitzenden und damit auf die Partei zukommen. *Bild* hatte bereits angefangen, die Vorzimmerbekanntschaften des Spions und seine Porno-Leidenschaft ans Licht zu zerren; dunkle Andeutungen zielten noch weiter; *Bild am Sonntag* erwähnte so nebenbei eine Frauengeschichte des Kanzlers.

Inzwischen steht fest, daß Willy Brandt nicht nur von Wehner gewarnt, sondern zuvor schon von anderer Seite informiert worden war. Bereits vor dem 1. Mai – der Kanzler rüstete sich gerade in Hamburg für eine Wahlkampftour durch Niedersachsen und nach Helgoland – erfuhr er durch Justizminister Jahn von den für ihn peinlichen Ermittlungsergebnissen der Bundesanwaltschaft. Der nächste, der ihn verständigte, war Innenminister Genscher, dem es dienstlich vom Bundeskriminalamt mitgeteilt worden war. Brandt hatte also Muße genug, sich über die Folgen klar zu werden.

Bei dem mittlerweile von Legenden umwobenen Wochenendgespräch in Münstereifel, wo sich, ehe das Drama am vorletzten Montag seinem Höhepunkt zueilte, die Spitzen der SPD in Klausur versammelten, bedurfte es nicht mehr des Anstoßes durch Herbert Wehner, endlich zurückzutreten. Allenfalls bedurfte es seiner Ermunterung, doch zu bleiben. Und daran scheint es denn wohl doch gefehlt zu haben.

In der *Panorama*-Sendung dieser Woche befragt, wollte sich Wehner zu der Aussage verstehen, «daß wir dies *(den Rücktritt)* nicht für richtig hielten». Aber was sollen seine Schwüre, er habe Brandt seiner «uneingeschränkten Treue für jede denkbare Entwicklung» versichert, habe sich bereit erklärt, «mich für jede Lösung prügeln zu lassen»? Im Klartext kann das doch nur heißen: «Ich, Herbert Wehner, bin der letzte, der dich, Willy Brandt, vom Rücktritt abhält.»

In seinem begreiflichen Ärger über die amtlichen Schnüffeleien in seiner Privatsphäre soll Willy Brandt das Wort entfahren sein, die Sicherheitsbehörden hätten sich lieber mehr um den Spion als um seine menschlichen Schwächen kümmern sollen. Im Tonbandprotokoll seiner Abschiedsrede vor der Fraktion finden sich solche Äußerungen nicht; Genscher ist überzeugt, daß der Kanzler ihm derartige Vorwürfe ins Gesicht gesagt haben würde. Unbestritten hingegen ist, daß sich Brandt beim amtierenden Generalbundesanwalt Buback beklagt hat. Wie immer dem sei – die Sicherheitsbeamten des Kanzlers hätten sich eines schweren Versäumnisses schuldig gemacht, würden sie vor dem Privatleben ihres Schutzbefohlenen die Augen verschlossen haben.

Wenn denn jemand den Kanzler mit Hilfe eines Spions gestürzt haben soll – SED-Chef Honecker und SSD-Chef Wolf, indem sie ihren Agenten «auffliegen» ließen, Herbert Wehner, indem er sehenden Auges den Kanzler in die Affäre hineinschlittern ließ – nachweisen läßt sich nicht, daß die Geheimdienste und Sicherheitsdienste dem Kanzler ein Bein gestellt haben.

Die Affäre Guillaume war nur noch und nicht mehr als das: die letzte Station auf dem monatelangen Kreuzweg des Willy Brandt.

17. Mai 1974

Rolf Zundel

Pferdewechsel auf halber Strecke

Die neue Bonner Regierung bedeutet eine Zäsur in der Nachkriegsgeschichte, die in mancher Hinsicht jenem Einschnitt von 1966 vergleichbar ist, den der Beginn der großen Koalition markierte. Eine Regierungspartei, die schwere Wahlniederlagen hinnehmen mußte; ein Bundeskanzler, dem die Macht entglitt, dessen politisches Gestaltungsvermögen dahinschwand und an dessen Demontage die eigenen Parteifreunde kräftig mitwirkten; vor allem aber ein weitverbreitetes Gefühl, es sei Zeit für neue Männer und eine neue politische Orientierung – die Vorgeschichte weist viele Parallelen auf.

Im Unterschied zu 1966 wird Helmut Schmidt freilich nicht davon reden, dieser Regierungsbildung sei eine lange, schwelende Krise vorausgegangen; er müßte sich dann selbst als mitverantwortlich hinstellen. Eine seiner größten Schwierigkeiten besteht ja darin, die Kontinuität der Koalition zu plakatieren und zugleich klarzumachen, daß eine Erneuerung stattgefunden hat – ein Neuanfang, deutlich und vielversprechend genug, um schwankend, zweifelnd und abtrünnig gewordene Wähler zu überzeugen.

Wie damals wird die Finanz- und Wirtschaftspolitik das Kernstück des neuen Regierungsprogramms sein. «Die Ordnung der öffentlichen Haushalte, eine ökonomische, sparsame Verwaltung, die Sorge für das Wachstum unserer Wirtschaft und die Stabilität der Währung» – das waren die Hauptaufgaben der großen Koalition. Mit etwas anderen Worten nennt Helmut Schmidt nun dieselben Ziele.

Dem Vorrang der Wirtschafts- und Finanzpolitik wird manches von dem geopfert werden, was bisher als Kennzeichen der sozial-liberalen Koalition galt: Reformen, die Geld kosten, Vorhaben, die auf gesellschaftliche Veränderung abzielen. Ausgaben für Bildung, deren Nutzen nicht unmittelbar einleuchtet, werden gestrichen, die Pläne für eine Änderung der Vermögensverteilung verschwinden in den Schubladen. Nicht die Veränderung der Gesellschaft und ideologisch überhöhte Reformpolitik, nicht emanzipatorischer Schwung sind das Merkmal der neuen Regierung; sie treibt nüchterne Staatspolitik.

Wie stets bei solchen politischen Zäsuren herrscht Mitleidlosigkeit: Die Nachfolger haben immer recht. Jetzt kennen plötzlich alle die Fehler des bisherigen Kanzlers und seiner Regierung, selbst diejenigen, die sie mitverantwortet oder zumindest nicht verhindert haben. Zwar vermag sich Willy Brandt vor Loyalitätskundgebungen seiner Parteifreunde kaum zu retten; kühl analysierende Sozialdemokraten aber sagen schon jetzt, es sei nur noch eine Frage der Zeit, wann er den Parteivorsitz werde niederlegen müssen; die Schon- und Schamfrist dauere höchstens noch ein Jahr.

Und wie so oft, wenn es um das Gesetz der Macht geht, behält auch Herbert Wehner recht. Auf so plumpe Weise, wie es in manchen Zeitungen und Zeitschriften dargestellt wird, hat er gewiß nicht den Sturz Brandts herbeigeführt. Daß er aber mit der Entwicklung zufrieden ist, scheint kaum zweifelhaft. Halb Dornenkrone, halb Heiligenschein – so trägt er seine Verantwortung: ein Mitregisseur, der nach der Tragödie vor den Vorhang tritt, um zu zeigen, wie ihm das Herz blutet.

Das Stück ist aus; ein neues beginnt. Schon der Wechsel der Personen macht es deutlich. Das alte Zweigespann Brandt / Scheel, verbündet im gemeinsamen Wagnis der Koalition, verbunden durch eine über die Gemeinsamkeit der politischen Interessen hinausgehende Sympathie, war der Inbegriff der sozial-liberalen Koalition. Der eine, Scheel, wird auf die Höhen des Präsidentenamtes entrückt, der andere, Brandt, wird an den Rand der Politik gedrückt. Es folgt das neue Gespann Schmidt / Genscher, ein Bündnis kühler Praktiker, die füreinander allenfalls Respekt empfinden, aber keine Zuneigung, jedoch den Zwang zum gemeinsamen Erfolg vor Augen haben. Aus dem Bündnis von gestern wird heute eine schlichte Koalition zwischen Freien Demokraten und Sozialdemokraten: eine Zweckehe auf Zeit.

So paradox es klingt: die Distanz der Regierungspartner ist gewachsen, das gegenseitige Mißtrauen ebenfalls; dennoch wird die Politik der Koalition künftig vermutlich geschlossener wirken. Brandt hatte der FDP viel politischen Spielraum gelassen, Scheel samt der FDP Ministerriege nützten ihn weidlich aus. Schmidt wird straffer, schärfer führen, die Interessen der SPD genauer wahrnehmen und zu großmütigen Gesten nicht mehr bereit sein.

Bisher hat die SPD, relativ unbekümmert um die Wirkung auf die Wähler und ohne viel Rücksicht darauf, was in der Regierung machbar war, ihre Reformvorstellungen verkündet. Helmut Schmidt wird, das scheint gewiß, deutlicher machen, daß die Zeit der linken Reformexperimente vorüber ist. Damit vermindert sich auch die Chance der FDP, als Korrektiv in Erscheinung zu treten.

«Für Brandt, aber gegen sozialistische Übertreibungen» – dies war früher die Devise der FDP. «Für Schmidt, aber gegen den linken Flügel der SPD» – diese Parole ist vorläufig kaum zu erwarten. Auch wo sich aufmüpfige Linke künftig zu Wort melden, Schmidt wird keinen Zweifel daran lassen, daß sie in der Regierung und für die Regierung nichts zu sagen haben. Das Regierungsprogramm, das der Hamburger präsentiert, bietet in seiner Beschränkung auf das Notwendige und Machbare den Ideologen der Opposition kaum Angriffspunkte. Es ist im Grunde genommen das Programm für eine Große Koalition; es stellt den zweiten ernsthaften Versuch in der Bonner Geschichte dar, die politische Auseinandersetzung zu entideologisieren.

Ohne Zweifel werden sich manche Christliche Demokraten bemühen, auch in solcher Pragmatik sozialistische Pferdefüße zu entdecken und das ganze Unternehmen, ähnlich wie früher das Godesberger Programm, als raffinierten Tarnungsversuch darzustellen. Viel Erfolg verspricht diese Methode jedoch nicht. Nachdenkliche Vertreter der Opposition jedenfalls sind sich der Schwierigkeiten bewußt, die ihnen ein Kanzler Schmidt bereiten kann. Die Opposition wird künftig genauer und nachdrücklicher auf ihre personellen und politischen Alternativen befragt werden. Schmidt wird ihnen da nichts ersparen.

Ob die Union in ihrer gegenwärtigen Verfassung den Kanzler Schmidt in Bedrängnis bringen kann, mag man bezweifeln, Gefahr aber droht ihm gewiß von seinem eigenen Image. Auf ihn richten sich ähnlich überspannte Erwartungen wie früher auf Willy Brandt. Die Reform-Euphorie von damals mag jetzt bei manchen durch eine Stabilitäts-Euphorie abgelöst werden: Schmidt, der starke Mann, wird's schon schaffen.

Aber auch er wird vor fast unlösbaren Schwierigkeiten stehen. Auch er entgeht nicht dem dornigen Problem, daß fortan, bei sinkenden wirtschaftlichen Wachstumsraten, die Verteilungskämpfe besonders hart ausgetragen werden und deren inflationistische Schübe kaum zu bremsen sind. Auch er kann nur in mühsamem Kampf gegen Ressort-Egoismen und Interessenverbände den Haushalt knapp halten. Und schließlich vermag auch ein noch so starker Kanzler die Länder bei den Verhandlungen über die Neuverteilung der Steuermittel nicht einfach durch ein Machtwort zur Kapitulation zu zwingen.

Da gibt es keinen schnellen Durchbruch, keine totalen Siege, nur erträgliche Niederlagen und relative Erfolge – mit dem Risiko außerdem, daß die SPD-Linke, die jetzt aus Gründen der Loyalität stillhält, ebenso wie die Gewerkschaften der Regierungspolitik harten Widerstand entgegensetzen. Schon jetzt fragen sich manche linken Genossen, wenn auch hinter vorgehaltener Hand, was denn an der Politik des neuen Kanzlers noch sozialdemokratisch sei.

Im übrigen kann Helmut Schmidt auch in der Außenpolitik nicht einfach von vorn anfangen. Zwar wird er die ideologische Debatte um die Ostpolitik vermutlich etwas beruhigen können, aber er wird die Normalisierungspolitik weiterführen und damit auch unvermeidliche Kontroversen in Kauf nehmen müssen. Für die Krise der Europäischen Gemeinschaft gibt es kein Patentrezept; Europa wartet nicht auf Schmidts Kommando. Seine politische und persönliche Verbundenheit mit Giscard d'Estaing, auf dessen Präsidentschaft er kühn gesetzt hat, beseitigt nicht die nationalen Interessenunterschiede, sie schafft höchstens günstigere Voraussetzungen für einen neuen mühsamen Anfang. Auch in der Außenpolitik sind keine glänzenden und schnellen Durchbrüche zu erwarten.

Immerhin, die neue Regierung Schmidt / Genscher hat eine Chance zum Erfolg. Der Koalition ist es gelungen, die Krise, die Brandts Rücktritt vorige Woche auslöste, schnell und entschlossen zu meistern: Sie hat gezeigt, daß sie handlungs- und entscheidungsfähig ist. Der Bürger traut dieser Regierung – wenn schon nicht zündende Ideen und politische Visionen, die ein wenig außer Kurs geraten sind, Führung und Leistung zu. Rechtfertigt sie dieses Vertrauen über längere Frist, so kann sie sogar darauf hoffen, die nächste Bundestagswahl zu überleben – dann nämlich, wenn der Wähler zu der Überzeugung gelangt, die Veränderung der Politik und der Wechsel der Führung im Jahre 1974 mache 1976 den Regierungswechsel überflüssig.

1975

28. Februar 1975

HANS SCHUELER

Die Sittenwächter der Nation

Nun ist es endlich heraus, das Karlsruher Staatsgeheimnis. Die Offenbarung entspricht genau dem, was ein findiger Journalist schon Wochen zuvor den Wänden des Beratungszimmers abgelauscht und in die Welt gesetzt hatte: Fristenlösung verfassungswidrig. Das war zu erwarten, obgleich Präsident Benda («kein Schulmeister der Politiker») und sein Senat sich in den Wochen seit der Indiskretion benahmen, als würden sie am Ende vielleicht doch noch eine weiße Taube aus dem Hut hervorzaubern.

Welchen Sinn hatte da eigentlich die ganze Geheimnistuerei um eine längst gefallene Entscheidung? Die Schamhaftigkeit ging so weit, daß sogar der Bundesregierung die vorherige Zusendung einer Urteilsabschrift verweigert wurde, obwohl die versprochen hatte, das Kuvert in Bonn nicht vor Beginn der Verkündung in Karlsruhe zu öffnen. Hatte die für den Spruch verantwortliche Richtermehrheit Angst vor der eigenen Courage bekommen? Jetzt fühlen sich diejenigen unter den Anhängern der Fristenlösung, die bis zum Schluß hofften, daß es ganz so schlimm nicht kommen werde, doppelt enttäuscht.

Angesichts der Rechtslage in der Mehrzahl unserer europäischen Nachbarländer und in den Vereinigten Staaten wirkt das Karlsruher Urteil weniger als richterliche Erkenntnis denn als apodiktische Parole vom Feldherrnhügel des Naturrechts. Es erinnert fatal an den als Kuriosum in die Rechtsgeschichte eingegangenen Satz des Bundesgerichtshofs aus seiner Frühzeit: «Normen des Sittengesetzes gelten aus sich selbst heraus; ihre starke Verbindlichkeit beruht auf der vorgegebenen und hinzunehmenden Ordnung der Werte und der das menschliche Zusammenleben regierenden Sollenssätze; sie gelten unabhängig davon, ob diejenigen, an die sie sich mit dem Anspruch auf Befolgung wenden, sie wirklich befolgen und anerkennen oder nicht.»

Schließlich bekennt sich nicht nur das Bonner Grundgesetz zum Recht auf Leben. Auch die Europäische Menschenrechtskonvention und die Verfassungen der westlichen Demokratien geben dem Schutz des Lebens Vorrang vor allen anderen Rechtsgütern, weil der Mensch im Mittelpunkt ihres Ordnungsgefüges steht. Dennoch kamen der Österreichische Verfassungsgerichtshof im Oktober vergangenen Jahres und der Französische Verfassungsrat in diesem Januar zu dem übereinstimmenden Ergebnis, daß es nicht verfassungswidrig sei, die Entscheidung über den Schwangerschaftsabbruch für eine bestimmte Frist nach der Empfängnis in das eigenverantwortliche Ermessen der betroffenen Frau zu stellen.

Der *Supreme Court* der Vereinigten Staaten ging sogar noch weiter: Für die Zeit bis zum Ende des ersten Drittels der Schwangerschaft dürfe der Gesetzgeber allenfalls vorschreiben, daß der Eingriff durch einen Arzt vorgenommen werden müsse. Jede weitere Beschränkung oder gar Strafdrohung widerstreite dem Persönlichkeitsrecht der Frau auf ihre Privatsphäre und sei deshalb unzulässig. Und selbst nach Eintritt der Lebensfähigkeit des Ungeborenen sei der Staat nur *befugt*, keineswegs aber *verpflichtet*, im Interesse der Erhaltung des werdenden Lebens den Schwangerschaftsabbruch zu regeln und ihn – außer in den Fällen medizinischer Indikation – auch zu verbieten.

Die Richtermehrheit des Ersten Karlsruher Senats läßt das kalt: «Diese Erwägungen (ausländischer Gesetzgeber und ihrer Verfassungsgerichte) können die hier zu treffende Entscheidung nicht beeinflussen. Abgesehen davon, daß alle diese ausländischen Regelungen in ihren eigenen Ländern stark umstritten sind, unterscheiden sich die rechtlichen Maßstäbe, die dort für das Handeln des Gesetzgebers gelten, wesentlich von denen der Bundesrepublik Deutschland.»

Das Gericht bezieht die spezifisch deutschen Maßstäbe, die es anwendet, «aus der Erfahrung und der geistig-sittlichen Auseinandersetzung mit dem NS-Regime» – Kriterien, an denen es anderen Nationen fehle (als hätten die nicht gerade um sittlicher Werte willen Krieg gegen Hitler geführt). Der Anspruch, Leben und Menschenwürde seien hierzulande von anderer und offenbar höherer Qualität als in anderen Ländern, verbindet freilich nur die Fehlinterpretation der eigenen Geschichte mit anmaßender Selbstüberschätzung gegenüber dem humanitären Niveau westlicher Kulturnationen.

Zweifellos ist das Recht auf Leben in den Grundrechtskatalog der Verfassung vor allem deshalb aufgenommen worden, weil es in den zwölf Jahren nationalsozialistischer Herrschaft so sehr mißachtet wurde. Aber die Vernichtung menschlichen Lebens war damals ausnahmslos von Staats wegen organisiert: in den Konzentrationslagern, bei den Einsatzgruppen hinter der Ostfront, in den Anstalten zur Liquidation von Geisteskranken und Geistesschwachen. Es gab auch Zwangssterilisation und Zwangsabtreibung – auf behördlichen oder gerichtlichen Befehl. Davon hingegen, daß der NS-Staat etwa dem Wunsch deutscher Frauen nach Schwangerschaftsabbruch aus indizierten Gründen oder gar nach freiem Ermessen Vorschub geleistet hätte, kann keine Rede sein. Im Gegenteil: Nie wurde die Abtreibung strenger verfolgt als unter Hitler – bis hin zur Todesstrafe, wenn der «Täter dabei die Lebenskraft des deutschen Volkes fortgesetzt beeinträchtigt» hatte.

Die Lehre aus der Zeit des Totalitarismus konnte deshalb nur lauten: Grundrechte sind Abwehrrechte gegen die Willkür und Übermacht des Staates. Dafür, daß sie den Menschen vor sich selber und seinem möglicherweise fehlgeleiteten Gewissen schützen sollen, ist aus der Erfahrung mit der Gewaltherrschaft nichts zu gewinnen. Das Bundesverfassungsgericht aber leitet – und dies erstmals in der nahezu 25jährigen Geschichte seines Bestehens – aus den Grund- und Freiheitsrechten des Menschen nicht nur das Recht, sondern die Pflicht des Staates zur Strafe ab: ein wahrhaft sonderbares Ergebnis geistig-sittlicher Auseinandersetzung mit der Vergangenheit.

Doch das kommt aus tieferen Quellen. Die Richtermehrheit empfand einen missionarischen Zeitgeist wie Zeit-Ungeist überdauernden Auftrag, als sie sich ohne Illusionen über die zu erwartende Wirkungslosigkeit ihres Strafbefehls hinwegsetzte: «Ebenso wichtig wie die sichtbare Reaktion im Einzelfall ist die Fernwirkung einer Strafnorm ... Schon die bloße Existenz einer solchen Strafandrohung hat Einfluß auf die Wertvorstellungen und Verhaltensweisen der Bevölkerung.»

Wer hätte geglaubt, das Bundesverfassungsgericht könnte seine Funktion, den Gesetzgeber auf die Einhaltung der äußersten Grenzen legislativer Freiheit zu kontrollieren, je so mißverstehen, daß es sich selber zum Sittenwächter der Nation erhöbe? Die beiden überstimmten Richter, Frau Rupp von Brüneck und Helmuth Simon, ahnten die Gefahr schon vor zwei Jahren beim Urteil über das niedersächsische Vorschaltgesetz zur Hochschulreform. Damals warnten sie ihre Kollegen: «Mit dieser Entscheidung» – wonach es verfassungswidrig sei, wenn die Hochschullehrer nur 50 Prozent und nicht mindestens 51 Prozent Stimmen in den Entscheidungsgremien an der Gruppenuniversität hätten – «setzt sich das Bundesverfassungsgericht ... an die Stelle des Gesetzgebers.» Doch die Mehrheit hörte nicht auf sie und ließ auf die Prozentrechnung in Sachen Wissenschaftsfreiheit nun das Strafdiktat des Staates als vermeintlichen Ausfluß von Lebensrecht und Menschenwürde seiner Bürger folgen.

Damit sind zwei Grundrechte buchstäblich auf den Kopf gestellt, von Freiheitsrechten des einzelnen gegen den Staat zu Eingriffspflichten des Staates gegen den einzelnen umfunktioniert worden. Täuschen wir uns nicht: Das Gericht hat, indem es sich – so Frau Rupp und Herr Simon in ihrem *dissenting vote* – zur «Schiedsinstanz für die Auswahl zwischen konkurrierenden Gesetzgebungsprojekten» aufwarf, Hand an die Wurzeln seiner Existenz gelegt.

Der aktuelle Streitgegenstand – Fristenlösung oder Indikationenlösung – mag im Zuge naturwissenschaftlichen Fortschritts bald ebenso verblassen, wie sich seinerzeit die Leidenschaften in der Frage der Atombewaffnung und der Notstandsgesetzgebung beruhigt haben (den Demonstranten ins Stammbuch: Ihr Recht, gegen das Bundesverfassungsgericht auf die Straße zu gehen, haben sie nicht zuletzt den Karlsruher Richtern zu verdanken). Der Streit über Möglichkeiten und Grenzen der Verfassungsgerichtsbarkeit im demokratischen Parteienstaat aber wird nun erst richtig anheben.

Dabei wird es viel Wasser auf die Mühlen der Feinde der Demokratie von rechts und von links geben. Die längst verstummt geglaubten Unkenrufe aus der Ära eines Carl Schmitt werden sich aufs neue mit ihrer alten These zu Wort melden, wonach jede richterliche Kontrolle des Gesetzgebers entweder auf die Juridifizierung der Politik oder auf die Politisierung der Justiz hinauslaufe und beides gleichermaßen von Übel sei. Die Mehrheit der sechs Richter im Ersten Karlsruher Senat hat ihnen mit dem Urteil zu Paragraph 218 dazu frisches Unterfutter geliefert: weniger mit dem Ergebnis als mit den Gründen.

Ist Revision möglich gegen ein Urteil, das angemaßte Gesetzgebungskompetenz in garantierter Gesetzeskraft zu versteinern droht? Der Weg über eine Änderung oder Ergänzung des Grundgesetzes dafür dürfte auf absehbare Zeit versperrt sein. Ein neuer ad-hoc-Beschluß der einfachen Bundestagsmehrheit zugunsten der Fristenlösung aber liefe auf einen Staatsstreich gegen das vom Verfassungsgericht verordnete Naturrecht hinaus. So müssen wir den Dingen wohl noch Weile geben, bis sie von selber reifen.

7. März 1975

Theo Sommer

Erpreßt in alle Ewigkeit?

Peter Lorenz lebt und ist frei. Die Rechnung der Krisenmanager ist aufgegangen. Das Volk, so ergab die erste Umfrage, ist mit der Handhabung des Falles einverstanden: 31 Prozent nur plädierten für Härte, 56 Prozent indes für Nachgeben, trotz aller ohnmächtigen Wut über das makabre Schauspiel

Und es war ein makabres Schauspiel. Eine Woche lang tanzte die Staatsgewalt nach der Pfeife der Geiselbanditen. Was immer die Kidnapper des Berliner Oppositionsführers Peter Lorenz verlangten, ihre Forderungen wurden erfüllt, ihre Bedingungen wurden angenommen. Die Polizei führte förmliche Verhandlungen mit ihnen. Im Schöneberger Rathaus und im Kanzlerbungalow scheuchten sie die Spitzenpolitiker der Republik zu aufgeregten Krisensitzungen zusammen. Nach Belieben erhielten sie Sendezeiten in Funk und Fernsehen. Am Ende wurden ihre verurteilten fünf Genossen aus den Zellen geholt, auf eine bereitgestellte Lufthansa-Maschine verfrachtet, nicht ohne daß vorher als zweite Geisel, ein Unterpfand des guten Willens der Staatsgewalt, der tapfere Pfarrer Albertz an Bord gegangen wäre. Dann wurde das Kriminalquintett außer Landes geflogen; beflissen redete der Lufthansa-Sprecher von den «Gästen, die an Bord sind». In Aden aber bittelten und bettelten die Vertreter des Staates, dem die Anarchisten ihre Todfeindschaft erklärt hatten, den Gangstern politisches Asyl zu erwirken.

Eine peinliche Inszenierung staatlicher Selbstdemütigung? Oder eine zwar in tragischen Glanz getauchte, aber gleichwohl ehrenvolle, vielleicht sogar exemplarische Selbstverwirklichung jenes liberalen Staates, den wir wollen?

Wo immer die Bürger unseres Landes in den vergangenen Tagen

beisammensaßen, haben sie sich an diesen Fragen erhitzt; verwunderlich, wenn es anders wäre. Zwischen Anarchisten und Autoritären – jenen, die sich nach dem Terroristenstaat sehnen oder nach dem Polizeistaat – bleibt viel Raum für demokratisch legitimierte Differenzen. Es hat sie in den Krisenstäben gegeben, wo Nachgiebigkeit ja keineswegs der erste Reflex gewesen war. Sie ziehen sich quer durch Familien und Freundeskreise, auch durch Redaktionsteams. Sie verraten sich in der Brüchigkeit des grundsätzlichen Konsenses, in dem sich die Krisenmanager schließlich gefunden hatten. Und sie klingen nach in dem schlechten Gewissen, mit dem die Bundesregierung verkünden ließ, ihre Entscheidung schaffte keinen Präzedenzfall.

Zu solchem schlechten Gewissen besteht kein Anlaß. Die ohnmächtige Wut, die uns überkam, als wir die Obrigkeit hilflos sahen und ratlos, darf uns nicht der grundsätzlichen Einsicht verschließen: Hier ist der Staat in der unvermittelten Gegenüberstellung von Sein und Sollen nicht den Terroristen willfährig gewesen, er hat sich vielmehr dem Gesetz gebeugt, nach dem er angetreten ist: dem der Humanität. Es ist das Gesetz, daß der Staat für die Menschen da ist, nicht umgekehrt. Besser, daß die Obrigkeit hilflos ist, als daß sie herzlos sei.

«Jeder hat das Recht auf Leben und körperliche Unversehrtheit» – dieses Grundrecht verbürgt der Artikel 2 unserer Verfassung den Bürgern. Eben erst hat das oberste Gericht in seinem 218-Urteil unterstrichen, welcher Rang dem Leben in unserer grundgesetzlichen Ordnung gebührt. Der Rechtsstaat verlangt mit Verfassungskraft den Schutz des Lebens, und zwar des einzelnen Lebens.

Jetzt zeihen viele den Staat der Schlappheit. Selbst seine Sprecher trauen sich kaum, geradeheraus zu sagen, daß nicht seine Schwäche sich im Handeln der Verantwortlichen ausdrückte, sondern vielmehr seine Würde. «Es gibt nicht mehr Staat, als die Verfassung hervorbringt», hat Adolf Arndt einmal gesagt. Unsere Verfassung hat mehr Staat nicht hervorbringen wollen, als wir haben. Erpreßbarkeit, wo es um Menschenleben geht, ist ein Teil unseres Systems.

Insofern ist es wohl richtig zu sagen, das Nachgeben in Berlin sei kein Freibrief für Terroristen. Falsch aber wäre es anzunehmen, es gehe davon keine präjudizierende Wirkung aus. Natürlich will jeder Fall für sich beurteilt sein. Doch in gleichgelagerten Fällen wird dieselbe Rangfolge der Werte unweigerlich wiederum durchschlagen müssen – solange wir unseren Staat so verstehen, wie wir ihn verfaßt haben. Eine Rechtsordnung wird unglaubwürdig, die dem einzelnen nur abstrakte Garantien gibt, ihn jedoch in konkreter Notlage im Stiche läßt – nach dem Motto: «Das Leben ist der Güter höchstes nicht.»

Was wäre denn der Güter höchstes? Von Kritikern des Nachgebens werden drei ganz verschiedene Antworten gegeben: der Staat; das Recht; die Wirksamkeit obrigkeitlicher Praxis.

Der Staat – darf er sich selbst genügen? Ist er Selbstzweck? Keiner von denen, die in den vergangenen Tagen die leere Vollmundigkeit der amtierenden Politiker beklagten, hatte den Mut, ungeschützt das Leben von Peter Lorenz als Opfer auf dem Altar des Staates zu fordern. Alle vernebelten diese Konsequenz ihres Denkens mit Weihrauchkerzen aus Hegels Wachszieherei, die sie in siebenarmigen Leuchtern entzündeten – absolute Weigerung, israelische Lösung, predigten sie in romantisierender Breimäuligkeit. Aber Hegels Staat, der über die Leichen der Individuen seiner geschichtlichen Vollendung entgegenschreitet, ist tot; Gott sei Dank.

Das Recht jedoch – dient es sich selbst oder den Menschen, die unter ihm leben? Rangiert der staatliche Strafanspruch, die Vollstreckung von Urteilen wirklich über der Rettung von Leben? Kann ein Staat wie unserer, der die Todesstrafe für Kapitalverbrechen abgeschafft hat (und mit guten Gründen, auch wenn Richard Jaeger sie nie eingesehen und Alfred Dregger sie nie begriffen hat) – kann ein solcher Staat sie durch sein Verhalten für die *Opfer* von Kapitalverbrechen wieder einführen? Was verschlägt es wirklich, ob einige Gangster nun in Aden schmachten oder in Straubing? Nein, unsere Rechtsordnung kann auf Humanität nicht verzichten.

Bleibt das weniger prinzipiell aufgezogene, pragmatisch motivierte Argument für Härte mit eventueller Todesfolge: die Wirksamkeit der staatlichen Bemühungen, Wiederholungen solcher Mafiastücke zu verhindern. Sein Kern: das Leben des einzelnen sei nur schützbar, wenn der Staat nachweise, daß er sich nicht erpressen lasse, die Sicherheit der Gemeinschaft, des Kollektivs, des einzelnen, nur zu gewährleisten, wenn einzelne dafür notfalls mit dem Leben einträten. Unnachgiebige Härte sei daher der beste Weg, den Ausbruch südamerikanischer Zustände zu verhindern.

Die Erfahrung freilich spricht nicht dafür; im eigenen Lande nicht und nicht im Ausland, schon gar nicht die mit Politverbrechern.

Am 4. August 1971 verschanzten sich mit 18 Geiseln die Bankräuber Todorov und Rammelmayr in der Deutschen Bank München; auf dem Weg zum Fluchtwagen wurden eine Geisel und Rammelmayr erschossen. Dennoch gab es schon knapp fünf Monate später einen ähnlichen Banküberfall in Köln – wiederum wurde der Anführer erschossen. Im November 1972 kam es auf dem Frankfurter Flughafen zu einem neuen Geiselnahmeverbrechen; Scharfschützen töteten den Täter. In den nächsten drei Monaten wurden gleichwohl drei ähnliche Versuche unternommen; die Gangster konnten überwältigt werden. Im Februar 1973 kamen wieder Täter und Geisel ums Leben, aber die Serie der Überfälle riß auch danach nicht ab. Jeder Kriminelle bildet sich offenbar ein, er werde es besser machen als unglückliche Vorgänger. Fazit: die abschreckende Wirkung der Härte ist gleich null. Und die geopferten Geiseln lassen sich nicht wieder lebendig machen.

Im Ausland aber, und in politischen Fällen? Die Erfahrung mit palästinensischen Terroristen vermag die These von der präventiven Wirkung der Härte ebensowenig zu stützen wie die Vorgänge in Südamerika oder Kanada. München 1972 hat Khartum 1973 nicht verhindert. Durch Nachgeben wurden der amerikanische und der bundesrepublikanische Botschafter in Brasilien gerettet, durch Härte Bonns Vertreter in Guatemala, der kanadische Arbeitsminister in Quebec, eben erst der US-Konsul im argentinischen Cordoba ums Leben gebracht. Fazit: Wo politische Motive im Spiele sind, erscheint Abschreckung per Unnachgiebigkeit noch fragwürdiger als bei der Feld-, Wald-, Wiesenkriminalität.

Die Staatspraxis hilft also auch nicht viel weiter, weder die eigene noch die fremde. Letztlich sind wir zurückgeworfen auf Prinzipien –

die Prinzipien unseres Staates. Und zeigt nicht die zitierte Umfrage, daß sie einer Mehrheit durchaus einsichtig gemacht werden können?

Seien wir ehrlich zu uns selbst: Für manche Probleme gibt es keine saubere, klare Lösung. Der Rechtsstaat leidet, wenn er Verbrecher laufen läßt – aber leidet er etwa weniger, wenn er seine Bürger nicht zu retten versucht? Gibt man Erpressern nach, mag das zur nächsten Erpressung ermuntern – aber gibt man ihnen nicht nach, so ist man auch damit gegen Wiederholung nicht gefeit. Und wer wollte sich die Entscheidung anmaßen, was selbstzerstörerischer wäre: wenn nach aller staatlichen Nachgiebigkeit ein Entführer doch umgebracht wird – oder wenn der Staat fünfmal nein sagt, fünf Opfer fordert und dann beim sechstenmal, wie es in Demokratien jedenfalls unvermeidlich ist, doch weich wird?

Peter Lorenz ist frei. Die Taktik der Krisenstäbe hat sich ausgezahlt. Wäre Lorenz doch noch umgebracht worden, so hätte es wenigstens nicht an der Herzlosigkeit des Staates gelegen, sondern klar an der Brutalität seiner Entführer. Nun aber kann der Staat zeigen, daß Nachgeben um eines Menschenlebens willen nicht das Ende aller Sicherheit bedeutet. Er muß es sogar. Nicht die Härte in einzelnen Entführungsfällen macht dem Terrorismus den Garaus, sondern nur der konzentrierte, präventive Einsatz der staatlichen Machtmittel gegenüber jenen, die sich der Rechtsordnung widersetzen – Einsatz in den Formen des Rechts, versteht sich, das der Staat aufgerichtet hat.

Dabei müssen wir uns vor Illusionen hüten. Nicht alles ist im Bereich der inneren Sicherheit erzwingbar, verhinderbar oder garantierbar. Man darf die Möglichkeiten des Staates da nicht überschätzen. Manche Risiken sind unvermeidlich. Es gibt keinen Schutz vor Amokläufern; es kann auch nicht ein Wächter neben jeden Rentner auf jeder Parkbank gesetzt werden. Der totale Garnisonsstaat, in dem das Denunziantentum im Blockwartsystem organisiert ist, wäre unerträglicher als der liberale Rechtsstaat, der nicht sämtliche Risiken auszuschließen vermag, aber im ganzen funktioniert.

Denn schließlich muß ja auch einmal gesehen und gesagt werden: So schlimm, wie die Berufshysteriker tun, steht es keineswegs um unsere innere Sicherheit. Die Baader-Meinhof-Leute sitzen zum größten Teil hinter Schloß und Riegel. In der ganzen Bundesrepublik und Berlin gibt es noch ungefähr 40 bis 60 wirkliche Terroristen, aufgesplittert in Mini-Gruppen von zwei bis fünf Mann. Die Statistik der gemeinen Verbrechen liefert auch nicht eben Anlaß zur Verzweiflung. Die Steigerung des Unsicherheitsgefühls in weiten Kreisen der Bevölkerung findet jedenfalls in den Kripo-Ziffern keine Rechtfertigung.

Nächste Woche debattiert der Bundestag über innere Sicherheit. Vor Gemeinplätzen und bloßer Gefühlsaufwallung sollte er sich hüten. Geben wir, nach dem Drama der letzten Tage, ruhig zu: Manches, was vor den Irrsinnsfransen unseres politischen und gesellschaftlichen Spektrums sich abspielte, haben wir vielleicht nicht ernst genug genommen. Das ist reparabel. Aber gestehen wir uns auch ein: Mit markigen Appellen an den Staat, Stärke zu mimen, kann es sein Bewenden nicht haben. Stärke läßt sich allenfalls organisieren – und das bedarf präziser Ideen, nicht aufputschender Rhetorik.

Das Erpressungsschauspiel war makaber, gewiß. Doch dürfen wir nicht aus der Indignation über die Herausforderung unseres Gemeinwesens in seine Denunziation verfallen. Wir können nicht das Maß an Liberalität, das wir uns leisten, vom Grad des jeweiligen Verbrechensdrucks abhängig machen, nicht Kriminellen die Bestimmung überlassen, wie frei wir sind. Jetzt den Staat des Grundgesetzes autoritär umzubauen – das wäre die eigentliche Kapitulation vor seinen Erpressern.

7. März 1975

MARION GRÄFIN DÖNHOFF

«Besser wäre, daß einer stürbe ...»

Wo eigentlich waren sie alle, die so oft und gern vom Staatsbewußtsein, von fehlender Autorität und mangelnder Verantwortung dem Ganzen gegenüber reden? Was sagten die Jaegers und Dreggers, als beraten wurde, ob jene im barschen Ton gegebenen Befehle der Erpresser ausgeführt werden sollten oder nicht? Sie schwiegen. Erst als der Konsensus aller Parteien und Instanzen sichergestellt, die Entscheidung getroffen war und der Beschluß in die Tat umgesetzt wurde, da gab Jaeger die Mutmaßung zum besten: «Wenn die CDU in Berlin an der Regierung gewesen wäre, würde man die Terroristen schon vorher gefaßt haben.» Und Dregger verlegte sich darauf, unter bestimmten Voraussetzungen für zukünftige Fälle die Todesstrafe zu fordern.

Zugegeben, die Entscheidung, die da getroffen werden mußte, glich einem Balanceakt zwischen moralischen Motivationen, deren Priorität festzulegen einem Alptraum gleichkommt. Man kann gut verstehen, daß niemand sich danach drängte, an diesem Unternehmen freiwillig mitzuwirken. Es war – das spürte jeder – eine jener historischen Entscheidungen, die zu Bausteinen im Leben eines Volkes werden, weil sie Symbol und Substanz zugleich sind; weil sie den Stoff liefern, dem die Dichter ihre Gleichnisse entlehnen, aus dem der Teppich der Geschichte gewoben wird.

Da geht es nicht nur um Humanität: «Unter allen Umständen ein Menschenleben retten»; nicht nur um Pragmatismus: «Auf keinen Fall Präzedenzen schaffen und Anschlußtäter begünstigen.» Da geht es auch um den Rechtsstaat und damit um die Fundamente der Gesellschaft.

Der Staat sei dazu da, das Leben des einzelnen zu erhalten, sagen die meisten. Wie aber, wenn bei immer neuen Geiselnahmen ein Dutzend einzelner Leben erhalten, aber das Leben aller allmählich zur Farce wird? Man wird den Verdacht nicht ganz los, daß die Ausschließlichkeit, mit der jene Priorität betont wird, ein Alibi für die Negierung aller anderen Loyalitäten sein könnte. Und der Sinn des Staates? Ist er wirklich für den einzelnen da? Obliegt es ihm nicht gerade, den Bestand und das Funktionieren der Gesellschaft zu garantieren? Oder sind Staat und Gesellschaft überhaupt identisch?

Nein, Staat und Gesellschaft sind nicht dasselbe. In Holland heißt das Wort für Gesellschaft bezeichnenderweise *Samenleving*. Die Gesellschaft ist das Zusammenleben, der Staat aber ist die politische Organisation; es sind die Behörden, Gesetze und Institutionen, die diese Gesellschaft sich gibt. Da der Staat in der Verfassung wurzelt, ist für ihn Beständigkeit charakteristisch, denn die Verfassung kann ja nur mit Zweidrittelmehrheit verändert werden. Die Gesellschaft aber, also die politische Repräsentanz der Bürger, deren Maßstäbe, Anschauungen und Gepflogenheiten, sind stetem Wechsel ausgesetzt. Mit anderen Worten, das Haus, das die Architekten, die die Verfassung zimmerten, errichtet haben, ist auf Dauer angelegt, während diejenigen, die darin wohnen und regieren, wechseln.

Die Gesellschaft ist nicht nur die Summe der einzelnen, sie ist etwas qualitativ anderes, etwas, das unter Umständen auch einmal des Opfers bedarf. Es ist schwer, über die sozusagen «letzten Dinge» der Politik zu diskutieren, weil es natürlich auch in diesem Bereich Moden gibt, Meinungen darüber, was progressiv ist und was nicht. Und weil es Klischees gibt, mit denen bei gewissen Themen alle Nuancen überklebt werden; *law and order* ist so ein Begriff.

Vielleicht ist es leichter, sich im Bereich des Literarischen – was ja oft nur eine Übersetzung des Politischen ist – zu verständigen. Der Kurfürst in Kleists «Prinz von Homburg» ist gewiß keine simple *Law-and-order*-Figur. Wie Prometheus an den Felsen, so ist er an seine Autorität gekettet. Er weiß, daß ihn dies schwächt, weil er dadurch jegliche Bewegungsfreiheit einbüßt, aber er kennt auch die Kraft, die das Ethos des Gesetzes ihm verleiht und die er nicht aufs Spiel setzen darf. Darum wird der Prinz diesem Ethos bis zur Absurdität unterworfen, und erst seine Einsicht in die Notwendigkeit rettet ihn im Verein mit der Gnade des kurfürstlichen Oheims.

Im Kommunismus spielen subjektive Einsicht und obrigkeitliche Gnade gegenüber der Objektivität des geschichtlichen Prozesses keine Rolle. Aber es gibt auch für die Kommunisten ein höheres Gesetz. In seinem Lehrstück «Die Maßnahme» schildert Brecht einen solchen Konflikt. Die vier Agitatoren, die ausgesandt sind, die Lehre zu verbreiten, kehren heim und melden den Tod eines jungen Genossen. Sie haben ihn eigenhändig erschossen und in eine Kalkgrube geworfen. Warum? «Er wollte das Richtige und tat das Falsche ... Er hat Mitleid gehabt ... Er hat ein kleines Unrecht verhindert, aber das große geht weiter ... Er gefährdet die Bewegung.»

Soweit die Literatur – und die Geschichte? Die brandenburgisch-preußische kennt manches Beispiel, wo das eigene Leben nicht über alles andere gestellt wurde. Im Siebenjährigen Krieg hat Friedrich II. testamentarisch verfügt, daß, sollte er in Gefangenschaft geraten, keiner Lösegelderpressung nachgegeben werden dürfe. In vielen Konflikten hat das Gesetz über alle Einwände gesiegt. Das Schulbeispiel: Das Kriegsgericht, das in Berlin zusammentrat, um den Leutnant Katte, der in die Fluchtpläne des Kronprinzen eingeweiht war, abzuurteilen. Friedrich Wilhelm I. hatte 15 Offiziere bestimmt, die in fünf Ranggruppen – von den Kapitänen bis zu den Generälen – unabhängig voneinander richteten und deren Urteile schließlich in den Spruch: «Lebenslängliche Festung» zusammengefaßt wurden.

Der zornige König setzte sich kurzerhand über das Kriegsgerichtsurteil hinweg und befahl die Todesstrafe. In einem langen Schreiben begründete er, warum kein Präzedenzfall geschaffen werden dürfe; es schließt mit den Worten: «Seine Königliche Majestät seyend in Dero Jugend auch durch die Schule gelofen und haben das lateinische Sprüchwort gelernt: Fiat Justicia pereat mundus ... wenn das Kriegsgericht dem Katten die Sentence publicieret, soll ihm gesagt werden, daß es S. K. M. leid thäte, es wäre aber besser, daß er stürbe, als daß die Justiz aus der Welt käme.»

Jedes Gesellschaftssystem hat sein spezifisches Credo. Der demokratische Rechtsstaat anerkennt als seine höchsten Güter das menschliche Leben und die Unabhängigkeit seiner Institutionen und Organe, weil dadurch der größtmögliche Raum für die Freiheit garantiert wird. Aber es gibt kein demokratisches Modell, das, einmal entworfen, für alle Zeiten unveränderte Handhabung ermöglicht.

Geiselnahmen, die das Ziel haben, bestimmte politische Willensentscheidungen zu bewirken, sind ein Delikt, das heute die ganze Welt verunsichert. Die Reaktion der Gesellschaft darauf kommt in dem wachsenden Wunsch nach Rache und Sühne zum Ausdruck. Es wird auf lange Sicht aller Führungskunst bedürfen, die Gesellschaft zum Maßhalten zu bewegen. Nach der Bonner Entscheidung – als Antwort auf eine Erpressung fünf rechtskräftig verurteilte Kriminelle aus dem Gefängnis herauszulassen – dürfte diese Aufgabe nicht leichter geworden sein.

Drei oder fünf junge Terroristen, die den Staat in seinen Grundfesten erschüttern können – was das bedeutet, wird man erst nach und nach begreifen.

7. März 1975

Hans Schueler

Der Staat muß Leben schützen

Es ist merkwürdig, wieviel Doppelsinn doch in dem alten Wort steckt: «Staat machen.» Vielen von uns ist das in den letzten Tagen wohl so richtig aufgegangen. Da ging es nicht mehr bloß um Repräsentation, um Selbstdarstellung; da ging es um Selbstbehauptung. Zum erstenmal seit ihrem Bestehen war die Bundesrepublik auf eine ganz neue und existentielle Weise aufgefordert, Staat zu machen und damit zu zeigen, wer sie ist. Die totale Erpressung stellte das Gemeinwesen und seine verantwortlichen Politiker vor eine totale Alternative: Nachgeben zugunsten der ungewissen Aussicht, ein Menschenleben zu retten, oder hart bleiben mit dem bedingten Vorsatz, es zu opfern. Im letzteren Falle – wofür?

Eine vergleichbare Situation innerer und äußerer Entscheidungsfreiheit, aber auch des Zwanges zur Entscheidung zwischen beiden Möglichkeiten, hatte es für die Staatsorgane bis dahin noch nicht gegeben. Das Desaster von Fürstenfeldbruck war vorprogrammiert, weil die israelische Regierung sich geweigert hatte, dem Verlangen des Kidnapping-Kommandos auf Freilassung von 200 palästinensischen Gefangenen zu entsprechen; so mußte es zum Kampf mit den Entführern kommen. In den nicht politisch motivierten Fällen von Geiselnahme wie beim Kölner Bankraub oder bei der Entführung des Discount-Händlers Albrecht aber war die Staatsgewalt nur mittelbar betroffen: vom Zwang zur Untätigkeit bis zur Befreiung des Opfers per Lösegeld oder der Überrumpelung der Täter. Beim Münchner Bankraub führte nur polizeiliche Voreile zu dem nicht prinzipiell in Kauf genommenen Tod einer Geisel.

Diesmal ging es die Obrigkeit unmittelbar an: Nicht Frau Lorenz sollte Lösegeld für ihren Mann bezahlen. Dem Rechtsstaat wurde abverlangt, das Prinzip der Legalität und damit im Ergebnis auch das der Gleichheit vor dem Gesetz preiszugeben. Beide verpflichten ihn, Verurteilte unterschiedslos bis zu ihrem Strafende in Haft zu halten. Und dreister noch: Die Kidnapper von Peter Lorenz wollten nicht einmal freies Geleit für sich selbst, sondern für beliebig ausgewählte Dritte. Sie etablierten sich derweil am Tatort wie eine Nebenregierung. Größer konnte die Herausforderung kaum sein.

Dennoch scheint es, als wären sich die Verantwortlichen in den Berliner und Bonner Krisenstäben nach der Entführung von Peter Lorenz sehr rasch über das Nachgeben einig geworden, als wären die rechtlichen und politischen Einwände dagegen nur *pro forma* vorgebracht und alsbald zwar unter «schweren Bedenken», aber leichten Herzens zurückgestellt worden. Die Heuchelei, von der Willy Brandt sprach, beherrschte vor allem die publizistische Bühne. Tatsächlich haben nur selten rechte Zeitungsschreiber so hemmungslos-simultan auf die Tränendrüse der Nation gedrückt und im gleichen Atemzug an die Staatsraison appelliert: «Gewiß, es ging um das Leben des Opfers. Seine Rettung wurde zum obersten Gebot aller Handlungen. Aber wer rettet den Staat?» (*Bild*-Zeitung). So bleibt die Kindesmutter Jungfrau.

Im Verständnis dieser Leute hätten der Staat und seine Raison nur durch den bewußt in Kauf genommenen Tod des Entführten gerettet werden können. Sie wagten es nur nicht offen auszusprechen. Andere, die es durchaus ernst nehmen mit ihrem demokratischen Staatsverständnis, haben den tödlichen Ausgang hingegen offen ins Auge gefaßt und – schweren Herzens – bejaht. Im Vordergrund stand dabei die Erwägung: Wenn wir dieser ersten politischen Erpressung nachgeben, öffnen wir weiteren Erpressungen Tür und Tor.

Etwas Richtiges ist sicher daran. Das Wort der Bundesregierung, ihre Kapitulation und die der betroffenen Länder solle von den Entführern nicht als Freibrief mißverstanden werden, hat nur Demonstrationswert. Es ist eine salvatorische Klausel gegenüber der Öffentlichkeit. Sie überzeugt nicht. Die Täter wissen nun, daß sie – werden sie nicht vorher gefaßt – die nächste Entführung inszenieren und dabei mit dem gleichen Entgegenkommen rechnen können. Der Polizist, der laut dachte, man solle Terroristen in Zukunft erst gar nicht mehr verfolgen und einsperren, sie würden ja doch befreit, ist in der theoretischen Konsequenz seines Gedankens kaum zu widerlegen. Ob es auch in der Praxis so sein wird, können wir nur angstvoll abwarten.

Aber auch die andere These der Vertreter einer harten Linie ist empirisch keineswegs gesichert: Man müsse den Terroristen nur überzeugend klarmachen, daß ihnen nie und nirgends nachgegeben werde; dann verschwinde der Spuk von selbst. Israel hat diese Linie seit jeher verfolgt; es hat keinen der in seinem Gewahrsam befindlichen palästinensischen Freischärler je auf Erpressung freigegeben. Die Anschläge hörten gleichwohl nicht auf. Die Vereinigten Staaten verfahren ebenso hart – jedenfalls mit ihren Diplomaten im Ausland. Dennoch haben sie viele Blutopfer hinnehmen müssen.

Die Erfahrungen in Südamerika sind nahezu eindeutig: Wo eine Regierung der Guerilla nachgibt, kommt das Opfer mit dem Leben davon (Deutschlands Botschafter von Holleben 1970 in Rio), wo sie hart bleibt, wird es ermordet (Deutschlands Botschafter Graf Spreti 1970 in Guatemala). In Kanada ging der Terrorismus der franko-kanadischen Separatisten zwar nach der Ermordung des entführten Arbeitsministers Pierre Laporte zurück, aber es spricht wenig dafür, daß dies der Härte von Premierminister Trudeau zu verdanken gewesen wäre, der die Forderung der Kidnapper auf Freilassung verhafteter Separatisten mit der Verkündung des Kriegsrechts beantwortet hatte. Die pragmatische Sanktion also begründet keine Erfolgsgewißheit, sondern nur die Wahrscheinlichkeit des wiederholten Opfertodes – und wie lange wollten wir dem standhalten?

Das gilt noch mehr für die wie bestellt verkündete Todesstrafenparole der Unions-Ultras Alfred Dregger und Richard Jäger. Wer ihr folgte, würde nur das Todes*urteil* über jedes Kidnapping-Opfer vorwegnehmen. Kopf-ab-Dregger und Kopf-ab-Jäger ist die Lektüre einer Arbeit des Bonner Kriminologen Hans von Hentig «Zur Psychologie der Erpressung» zu empfehlen. Er schrieb schon 1959: «Die Tötung des zur Erlangung des Lösegeldes verwendeten Objekts ist eine bittere Konsequenz der neueren Technik in Staaten, die schon die Entführung mit dem Tod bedrohen, jenes Gesetzes, das schrecken möchte, das Gute will und doch das Böse schafft.»

So bleibt am Ende nur die Staatsraison, die es rechtfertigen oder gar notwendig machen könnte, das einzelne Leben zu opfern, damit ein höheres Gut erhalten bleibt. Und dieses höhere Gut wäre dann doch wohl der Staat selbst, ein über jeden einzelnen seiner Bürger erhobenes Wesen von unschätzbarem Eigenwert. Oder ist der Staat am Ende nur die Inkarnation der Furcht, seine Bürger könnten ihn bald als Hampelmann ansehen, weil er zu feige ist, ein einzelnes Leben zugunsten seiner höheren Zwecke, jedenfalls zugunsten seiner Selbstbehauptung, preiszugeben?

Es ist schwierig, das Abstraktum Staat gegenüber einem einzigen Menschenleben noch richtig in den Blick zu rücken. In der Verfassung, die der Staat Bundesrepublik sich an seinem Anfang gegeben und der er sich verpflichtet hat, steht der lapidare Satz: «Jeder hat das Recht auf Leben und körperliche Unversehrtheit.» Nur der Embryo, wie letzte Woche das Bundesverfassungsgericht entschied? Nicht auch ein Peter Lorenz, ein Kind oder ein Rentner, die demnächst gekidnappt werden könnten?

Mir scheint, daß ein Staat, der sich um des Lebens seiner Menschen willen für erpreßbar hält und sich zur Not erpressen läßt, der liebenswerteste von allen ist.

2. Mai 1975

MARION GRÄFIN DÖNHOFF

Von Gangstern und Geiseln

Selten – wahrscheinlich noch nie – hat eine in Bonn getroffene Entscheidung so viel Zustimmung gefunden wie der einmütig gefaßte Beschluß von Regierung und Opposition, den Forderungen der Stockholmer Terroristen nicht nachzugeben.

Anders als im Fall Lorenz hatte diesmal jeder das Gefühl, dieser Erpressung muß äußerste Härte entgegengesetzt werden. Denn, so spürten offenbar alle, geschieht dies nicht, würden wirklich 26 Terroristen – unter ihnen Mörder und Gewaltverbrecher – auf freien Fuß gesetzt, dann wäre in der Tat das Ende aller Sicherheit gekommen.

Die Erpresser allerdings, die in einer Welt leben, welche mit der Wirklichkeit nichts gemein hat, haben für die Wirkung, die sie auslösen, kein Empfinden. In ihrer Vorstellung waren sie es, die dort in Stockholm auf der Kommandobrücke standen und die bedingungslose Kapitulation diktieren wollten. Sie meinten, sie brauchten nur zu befehlen, und schon würde die Regierung in Bonn eilfertig springen, um gehorsam ihre Befehle auszuführen. Wie ein Hitlerscher Tagesbefehl lesen sich ihre Forderungen:

«Innerhalb von sechs Stunden, bis 21.00 Uhr, werden die gefangenen Genossen auf dem Rhein-Main-Flughafen zusammengebracht. Sie können dort ohne Kontrolle miteinander und mit ihren Anwälten sprechen ... Bis 1.00 Uhr werden die Gefangenen ausgeflogen. Sie werden nur vom Botschafter des Königreichs Schweden in der Bundesrepublik Deutschland und einem ihrer Anwälte begleitet. Das Ziel werden wir Ihnen während des Fluges mitteilen ... Der Abflug der Genossen wird vom BRD-Fernsehen und vom schwedischen Fernsehen direkt übertragen ...»

So sicher waren die jugendlichen Gangster in ihrem Größenwahn, daß sie das Nein aus Bonn gar nicht glauben konnten. In Berlin hatte doch alles so vorzüglich geklappt, war alles nach Wunsch gegangen: keine polizeiliche Fahndung, alle Gefangenen pünktlich zur Stelle und auch das Fernsehen immer dabei. Warum also diesmal nicht?

Es ist damals, während und nach den Berliner Ereignissen, viel über die Alternative «Nachgeben oder Hartbleiben» diskutiert worden – als könne man ein für allemal entscheiden, welches die richtige Methode ist, und brauche dann nur noch für die konsequente Anwendung des einmal festgelegten Prinzips zu sorgen. Aber so einfach ist es nicht. Es gibt, wie der Bundeskanzler im Parlament mit Recht feststellte, keine Patentlösung. Jeder Fall muß für sich analysiert und entschieden werden, wobei man immer nur hoffen kann, daß es gelingt, die Summe der Nachteile so gering wie möglich zu halten – denn nur darum handelt es sich: abzuwägen, was jeweils den größeren Schaden anzurichten droht.

Die Gefahren des Nachgebens, wenn Nachgeben als Prinzip deklariert wird, liegen auf der Hand:

a) Die Terroristen werden von jedem Risiko entlastet. Wenn der Schutz des individuellen Lebens unbedingte Priorität besitzt, dann weiß jeder, der eine Geisel in seine Gewalt gebracht hat, daß er unbesorgt alles fordern kann.

b) Die Regierung offenbart ihre Ohnmacht so augenfällig, daß bei einer Häufung der Fälle eine Erosion des Rechtsstaates unvermeidlich wird.
c) Ständiges Nachgeben facht den Volkszorn so lange an, bis der Bürger schließlich «rot sieht» und zur Selbsthilfe greift. Eine allgemeine Radikalisierung ist dann unvermeidlich.

Die Gefahren der Härte, wenn Härte als Prinzip deklariert wird, sind gleichfalls nicht zu übersehen:

a) Solidarisierung von Grenzgruppen mit den Terroristen als Reaktion auf «Polizeistaatmethoden».
b) Unmerkliche Verschiebung der Maßstäbe. Beispielsweise: Wo hören die Verhöre auf, wo beginnt die Folter?
c) Schließlich: Ständige Eskalation von Terror und Gegenterror.

Wie immer in der Politik ist auch in Fällen von Entführung und Erpressung alles eine Frage der Grenzen: Bis wohin muß, kann, darf unter Umständen nachgegeben werden? Ab wann gilt die Formel: Äußerste Härte? Im Fall Lorenz konnte man vielleicht noch verschiedener Meinung sein, in Stockholm aber war nur mehr eine Antwort möglich. Es war beeindruckend, daß die Führungsgremien aller Parteien, die sich doch noch am Vormittag im Wahlkampf mit gezückten Messern gegenübergestanden hatten, angesichts dieser Ereignisse nur die eine gemeinsame Sorge hatten: den Rechtsstaat zu verteidigen.

Angesichts von so viel Vernunft und Courage war die Kritik der *Frankfurter Allgemeinen Zeitung*, die Regierung hätte laut Verfassung eigentlich allein entscheiden müssen, also ohne Hinzuziehung der Opposition, im höchsten Grade unpolitisch. Ebenso unverständlich war es, daß man noch an jenem Abend im Rundfunk den Kommentar hören konnte: Wenn im Fall Lorenz nachgegeben wurde, müsse dies nun auch in Stockholm geschehen, das verlange die Gerechtigkeit gegenüber den Geiseln. Als treffe die Regierung politische Entscheidungen, wie das Bundesverfassungsgericht seine Entscheidungen fällt – *ex cathedra* und für alle Zeiten; und als sei der Unterschied der Umstände nicht letztlich ausschlaggebend für die Entscheidung der Regierung.

Botschaften sind in aller Welt für Terroristen ein beliebtes Ziel. Das erste Opfer war Botschafter Graf Spreti, der im März 1970 in Guatemala von Terroristen ermordet wurde. In den letzten drei Jahren sind sieben Botschaften überfallen worden.

- Im Herbst 1972 nahmen Palästinenser sechs Geiseln in der israelischen Botschaft in Bangkok gefangen und verlangten dafür die Freigabe von 36 Palästinensern; man einigte sich auf freien Abzug der Gangster und Freilassung der Geiseln.
- Im Januar 1973 wurden auf Haiti der amerikanische Botschafter und ein Konsul von Terroristen gefangengenommen; sie wurden gegen 12 politische Hälftlinge ausgetauscht.
- Zwei Monate später hielten Palästinenser fünf Diplomaten verschiedener Nationalität in der saudiarabischen Botschaft in Khartum als Geiseln fest – von ihnen wurden drei getötet.
- Im September 1973 verbarrikadierte sich ein Palästinenser-Kommando mit 15 Geiseln in der saudischen Botschaft in Paris.
- Ebenfalls im September 1973 brachten drei japanische Extremisten den französischen Botschafter in Den Haag und zehn weitere Botschaftsmitglieder in ihre Gewalt; sie gaben sie nach Freilassung eines in Paris inhaftierten Japaners wieder frei.
- Im September 1974 nahmen Terroristen sieben Personen im venezolanischen Konsulat auf Santo Domingo gefangen, die sie erst nach dreizehntägigen Verhandlungen wieder freiließen.

Die Täter von Stockholm nannten sich «Kommando Holger Meins». Sie haben also den Namen des im November 1974 nach monatelangem Hungerstreik gestorbenen Baader-Meinhof Terroristen angenommen. Zum erstenmal machten sie vierzehn Tage nach dessen Tod von sich reden: Sie meldeten sich verantwortlich für den Brandanschlag auf das deutsche Konsulat in Florenz. Auch die im Februar 1975 bei Mercedes in Paris angerichteten Verwüstungen buchten sie stolz auf ihr Konto.

Nach dem bisherigen Stand der Erkenntnisse geht die Stockholmer Tat weder auf das Baader-Meinhof-Konto noch auf das Konto der «Bewegung 2. Juni», die vierzehn Tage nach Holger Meins' Tod den

Berliner Kammergerichtspräsidenten Günter von Drenkmann ermordete und im März Peter Lorenz entführte. Da aber die Lorenz-Entführer vermutlich noch weitere Terrorakte vor dem Beginn des Baader-Meinhof-Prozesses am 21. Mai vorgesehen haben, rechnet man mit weiteren Verbrechen in allernächster Zeit – es sei denn, die Planung der Anarchisten wäre durch die offenbar nicht koordinierten Ereignisse in Schweden durchkreuzt worden.

Oft wird gefragt: Gibt es denn keine Möglichkeit, diesen Leuten das Handwerk zu legen? Andere Gesetze? Mehr Polizei? Irgendeine Wunderwaffe? Das ist ein begreifliches Begehren. Doch ist es auch typisch, daß die erste Reaktion bei vielen ist: «Da muß es doch irgend jemand geben, den man anstellen kann und der dafür bezahlt wird, daß er die Sache in Ordnung bringt.» Die einzige Frage wäre dann noch: «Was kostet das?» Es gibt aber Dinge, da ist es mit dem Bezahlen anderer nicht getan – da muß jeder etwas tun.

Sicherlich wird man den Terrorismus, wie er sich in den letzten Jahren entwickelt hat, auf lange Zeit hinaus nicht ausrotten können. Aber die Konditionen, unter denen er gedeiht, ließen sich doch weniger günstig gestalten.

Eine Gesellschaft kann als Gesellschaft nur überleben, wenn Konsensus über ein verbindliches Wertsystem besteht – und über die dazugehörigen Spielregeln. Wenn jeder entschlossen ist, den Rechtsstaat mit allen zulässigen Mitteln zu verteidigen, nicht nur als Held auf den Barrikaden, sondern tagtäglich und auch im kleinen, wäre schon viel gewonnen. Unter solchen Konditionen könnten die paar Dutzend Terroristen, die unser aller Sicherheit bedrohen, nicht mehr so leicht gedeihen wie heute, wo dieser oder jener ihnen Unterschlupf gewährt, ihnen als Beobachter dient, Autos zur Verfügung stellt oder Botendienste leistet und damit die Wirkung der kleinen Gruppe verhundertfacht.

2. Mai 1975

Rolf Zundel

In Stockholm war viel Glück dabei

Kanzler bleibe hart – Volk steht hinter Dir», so telegraphiert ein Bürger aus Nürnberg an den Bonner Regierungschef. Hunderte von Telegrammen sind im Kanzleramt eingetroffen, seit die Entscheidung gefallen ist, den Terroristen diesmal nicht nachzugeben, und aus beinahe allen spricht Zustimmung, Erleichterung. Einige Imagepfleger sind jetzt sogar schon zum Wettbewerb angetreten: Wer hat am frühesten, am konsequentesten für Härte plädiert?

Die Politiker wissen freilich, daß Stockholm noch nicht das Ende des Terrorismus bedeutet, daß die Entscheidung zwar richtig und unvermeidlich gewesen ist, daß aber auch das Glück mitgeholfen hat: Das befürchtete Massaker fand nicht statt.

Das Krisenritual des Stockholmer Überfalls glich nur äußerlich und nur ein Stück weit dem Ablauf nach der Lorenz-Entführung. Die Koalitionsabgeordneten steckten zunächst in einer tiefen Depression. Trotz Empörung, trotz Sorge um das Leben der Geiseln – der Wahlkampf geriet ihnen nicht aus dem Blick. «Ein Wahlgeschenk an die Opposition», grollte einer von ihnen. Entrüstung herrschte bei der Opposition: «Jetzt nach den Wahlchancen zu fragen, ist einfach unanständig.» Aber sie dachten alle daran, Koalition und Opposition – wie damals.

Die üblichen Gesprächsrunden mit der Opposition hinter den Mauern des Bundeskanzleramtes, die Melde- und Organisationszentrale im Innenministerium – das hatte sich schon eingespielt. Die Krisensüchtigen, die immer, wenn etwas los ist, sich vor der Einfahrt zum Kanzleramt versammeln und lärmend Auffahrt und Abfahrt von Ministern und Oppositionsführern kommentieren, die in einer Mercedes-Flotte vorbeirauschen – auch das war nicht neu. Anders aber war, daß diesmal lange Zeit nichts durch die Mauern drang, nicht einmal Gerüchte. Die Krisenrunde hielt dicht. Regierungssprecher Bölling lieferte Stunde um Stunde Variationen zum gleichen Thema: der Ernst der Lage verbiete Mitteilungen.

Anders aber war auch die innere Situation. Damals, bei der Entführung von Peter Lorenz, gab es eine Alternative, traten in der Krisenrunde «Harte» und «Weiche» auf, war die Entscheidung umstritten, ehe sich die Politiker entschlossen, auf die Forderungen der Terroristen einzugehen. Diesmal gab es keinen Widerspruch, als der Kanzler das Motto schon für die erste Krisenrunde ausgab: Der Staat stehe vor seiner bisher schwersten Herausforderung. «Mein ganzes Gefühl, mein ganzer Instinkt rät mir, daß wir hier nicht nachgeben dürfen.»

Aus dem Krisenstab im Innenministerium, der eine halbe Stunde nach dem Überfall in Stockholm zusammengetreten war, berichtete ein Teilnehmer: «Unsere erste Reaktion war: Auf diese Forderungen können wir nicht eingehen. Sechsundzwanzig Mitglieder der Baader-Meinhof-Gruppe, die meisten davon zum harten Kern zählend, jetzt in Freiheit zu setzen – das würde Jahre geduldiger Polizeiarbeit zunichte machen. Wir müßten wieder ganz von vorn anfangen. Der Staat hätte die Grenze zur Lächerlichkeit überschritten.» Der zweite Gedanke aber, und nicht weniger bedrückend: «Was geschieht, wenn die Terroristen ihre Drohung wahrmachen, jede Stunde eine der Geiseln zu erschießen, wenn ihre Forderungen nicht erfüllt werden. Wie läßt sich das Leben der Geiseln retten?»

Auch Helmut Schmidt ist nicht, wie ihn jetzt einige übereifrige Bewunderer porträtieren, als eiserner Kanzler aufgetreten oder als forscher Deichgraf nach Hamburger Sturmflut-Muster. Als er die Sitzung der Krisenrunde eröffnete, war er zwar bereit, einen harten Beschluß durchzusetzen, aber auch er, der etwa eine Dreiviertelstunde allein geblieben war, um seine Entscheidung noch einmal zu überdenken, trug an den Risiken nicht leicht. Eines Machtworts aus Kanzlermund bedurfte es nicht.

Nicht die grundsätzliche Entscheidung stand in der Krisenrunde zur Debatte, die Frage: hart bleiben oder nachgeben? Um die Abwägung der Risiken ging es, um die Rechtfertigung der Entscheidung – vor sich selbst und vor anderen. Hans-Dietrich Genscher, der ebenso wie die anderen die Unausweichlichkeit dieser Entscheidung sah, hatte vor Augen, daß sie für seine Beamten, für die ihm als Außenminister die Fürsorgepflicht oblag, das Todesurteil bedeuten konnte. Innenminister Maihofer riet dazu, Zeit zu gewinnen – nicht, weil er den Terroristen nachgeben wollte, sondern weil er am besten über die Situation in Stockholm informiert war, weil er wußte, daß vor Einbruch der Dunkelheit kaum eine Chance bestand, die Geiseln zu befreien.

Einige Propagandisten machten daraus einen Sieg des Kanzlers über die Koalitionspartner und provozierten in der FDP gefährliche Verbitterung. «Wenn da versucht wird, Helmut Schmidt auf unsere Kosten zum Eisernen Kanzler zu stilisieren», zürnte ein Freier Demokrat, «dann wird das moralische Fundament der Koalition zerstört.» Und ein anderer Liberaler warnte: «So macht man eine Koalition kaputt.»

Im übrigen ist auch der CDU-Vorsitzende Kohl Gegenstand ähnlicher Gerüchte: Er soll zunächst zögerlich und unentschlossen reagiert haben. Kundige orten die Quelle dieser Gerüchte in der Schwesterpartei. In Wirklichkeit war Kohl im Grundsatz von Anfang an mit Schmidt einig; und er war unbestritten der Wortführer der Opposition.

In Wirklichkeit waren sich alle Beteiligten darüber einig, daß die Berliner Entführung und der Stockholmer Überfall nicht nur graduell anders, sondern prinzipiell verschieden waren. In Berlin war der Schlupfwinkel der Anarchisten unbekannt; eine Weigerung, mit den Terroristen zu verhandeln, hätte den Tod von Lorenz bedeutet, ohne daß eine Chance bestanden hätte, der Entführer habhaft zu werden. In Stockholm operierten die Terroristen in aller Öffentlichkeit, hatten schon einen Mord begangen, waren umstellt. Es gab eine Chance, daß die Geiseln befreit werden konnten. Verschieden waren auch die Forderungen. Die von Berlin bedeuteten eine schwere Gefährdung des Rechtsstaates, die von Stockholm dessen Kapitulation.

Nach der ersten Sitzung der großen Krisenrunde schon bestätigte Schmidt dem schwedischen Ministerpräsidenten Olof Palme: Die Bundesregierung werde auf die Forderungen der Terroristen nicht eingehen, dies sei einhellige Meinung auch der Opposition. Aber die schwedische Regierung könne mit den Terroristen über deren freien Abzug verhandeln. Rückfrage Palmes: Stehe Bonn auch dann noch zu dieser Entscheidung, wenn die Terroristen anfingen, die Geiseln zu erschießen? Werde dann die Einigkeit in Bonn nicht zerbröckeln? Antwort Schmidts: Auch dann noch werde der Beschluß gemeinsam getragen.

Es begann die kritische Phase. Wie würden die Terroristen auf die Nachricht reagieren? Wann waren die Schweden zum Sturm bereit? Über eine Standleitung, die das Innenministerium mit der Residenz des Botschafters verband, berichtete ein Beamter nach Bonn: kurz nach 10 Uhr einige Schüsse. Das zweite Opfer? Dann wieder lange Zeit Schweigen. Inzwischen bereitete sich die schwedische Polizei zum Angriff vor. Drei Frauen verließen die Botschaft, die noch einmal die Drohung der Terroristen bestätigten. Dann kurz vor Mitternacht: «Eine Detonation, Schreie, die Fenster sind rausgeflogen, eine Handgranate, das Gebäude fängt an zu brennen, es fallen Schüsse.» Eine Zeitlang fürchtete man in Bonn das Schlimmste.

Es war wohl Glück, daß keine weitere Geisel sterben mußte. Wahrscheinlich haben die Terroristen, vielleicht in Panik, beim Anlegen der Sprengladung Fehler gemacht. Die Detonation kam für sie zu früh, aber auch für die Polizisten, die gerade dabei waren, die Gasmasken aufzusetzen, und auf das Angriffssignal warteten.

Kein Wunder, daß die Feiern über den Sieg des Rechtsstaates gedämpft ausfielen. Die Verantwortlichen wissen, daß ihnen schwierige und schreckliche Alternativen erspart geblieben sind. Schwierige, weil die Forderungen der Terroristen ganz außerhalb jeder Proportion waren; schreckliche, weil die Anarchisten nicht mehr die Zeit hatten, ihre Drohungen wahr zu machen. Aber niemand weiß, wann die Terroristen ihren nächsten Schlag führen und vor welche Alternative sie dann die Politiker stellen.

Der Wahlkampf ist inzwischen weitergegangen, auch das Thema des Terrorismus blieb dabei nicht ausgespart. Die Koalition war nach Stockholm wieder selbstbewußter. «Das hat der Helmut gut gemacht», meinte einer der Genossen nach der Regierungserklärung des Kanzlers. Das Protokoll der Rede ist in der Tat eine Besonderheit in Bonn: Es verzeichnet nur «Beifall bei allen Fraktionen». Oppositionsführer Carstens freilich hielt sich mit Gemeinsamkeit nicht lange auf. In untrüglicher Instinktlosigkeit brachte er die alten Wahlkampfparolen wie Kleingeld unter die Leute.

Aber jetzt störte es die Koalition nicht mehr. Die einen meinten: «Wir sind mit einem blauen Auge davorgekommen», die anderen hofften gar: «Das kann uns noch Stimmen bringen.» Bei der Opposition hieß es: «Viele Wähler hat Schmidt nicht gewonnen.» Oder: «Mit unserem Thema ‹Wir schaffen mehr Sicherheit› liegen wir jetzt genau richtig.» Die Bonner Prominenz schwärmte abermals zum Wahlkampf aus.

1976

26. November 1976

ROLF ZUNDEL

Kann Kohl über Strauß siegen?

Helmut Kohl verdient Unterstützung. Nicht, weil er von Franz Josef Strauß herausgefordert wurde; diese immer wiederkehrende Prüfung ist für CDU-Vorsitzende normal. Unterstützung und Respekt gebühren ihm, weil er die tiefgehende Veränderung der Parteienlandschaft, die Strauß will und die er mit dem Beschluß der CSU-Landesgruppe, die Fraktionsgemeinschaft der Union aufzukündigen, in Gang gebracht hat, nicht mehr mit dem Mantel einer vagen und weichen Loyalität zudeckt. Er will die CSU zwingen, sich öffentlich für oder gegen eine vierte Partei festzulegen, für eine volle Integration in die Union oder für eine klare Gegnerschaft. Das künftige Parteiensystem der Bundesrepublik ist zur Diskussion gestellt.

Helmut Kohl wirkt wie ein Feldherr, der sich fast schon damit abgefunden hat, einen bösen Krieg führen zu müssen. Was ihn einstweilen noch davon abhält, ist einmal die Furcht vor den vielleicht irreparablen Schäden, die dieser Feldzug hinterläßt, zum zweiten und vor allem aber der Umstand, daß die Kriegsschuldfrage noch nicht geklärt ist.

Die Frage nach der Kriegsschuld ist deshalb so wichtig, weil die Antwort darauf über die Stärke der Bataillone entscheidet. Nur ein CDU-Vorsitzender Kohl, der bewiesen hat, daß nicht er es war, an dem die Einheit der Union zerbrochen ist, darf hoffen, beim Einmarsch in Bayern dort starke und respektable Hilfstruppen zu finden. Nur wenn

Kohl alle Möglichkeiten der Verständigung ausgeschöpft hat, kann er erwarten, daß sich einer über die bayerische Landesgrenze hinausgreifenden CSU nur ein paar versprengte Wirrköpfe anschließen werden.

So mag beim Austausch der Erklärungen zwischen CSU und CDU die kleine Hoffnung, der endgültige Bruch könne vielleicht doch noch vermieden werden, hie und da die Feder geführt haben. Vor allem aber sind die Texte von der Absicht geprägt, die Position des Kontrahenten in der Kriegsschuldfrage zu schwächen. Nur so wird die mit treuem Augenaufschlag vorgetragene Versicherung von CSU-Politikern verständlich, die Aufkündigung der nun 30 Jahre währenden Fraktionsgemeinschaft sei genau besehen nur eine technische Verbesserung der Oppositions-Organisation – selbstverständlich mit dem Ziel, die Schlagkraft der Union zu steigern und Kohl zu unterstützen. Auf diese Weise soll die CDU-Invasion wenn nicht verhindert, so doch zumindest ungerechtfertigt erscheinen.

Ebenso sind die in schönstem Kohlschen Jugendstil abgefaßten Beteuerungen «in dieser ernsten Stunde» als Absicherung der Kriegserklärung zu betrachten. Wenn er demonstrativ die Friedenshand ausstreckt, so reicht er sie ja nicht Franz Josef Strauß, sondern dessen Gegnern in der CSU. Die bayerische Schwesterpartei, so lautet die Botschaft, möge doch, notfalls gegen den Willen von Strauß, die Einheit der Union wiederherstellen, die Strauß zerstört hat.

Mit anderen Worten: Kohl will jetzt den bisher unentschiedenen Streit, wer eigentlich die Union führt und wer der Erbe Adenauers ist, zu einem Ende bringen. Daß er dies wagt, läßt sich nicht damit erklären, daß Strauß ihn bis aufs Blut gereizt hat und dabei war, ihn der Lächerlichkeit preiszugeben. Zum erstenmal, so scheint es, hat Strauß sein Ziel überreizt. Solange er nur drohte und erpreßte, haben ihn seine bayerischen Parteifreunde großartig gefunden; betroffen war ja auch meist die CDU. Jetzt, da er mit der Spaltung Ernst macht und sie selber die Folgen im eigenen Land fürchten müssen, herrschen Angst und Ärger. Zum erstenmal seit vielen Jahren muß Strauß in Bayern mit ernsthaftem Widerstand rechnen. Diese Chance hat Kohl genützt.

Die CDU-Führung fühlte sich in ihrer Entschlossenheit bestärkt durch die Erkenntnis, daß einige Führer der CSU durch keinerlei Konzession von ihren Plänen abzubringen sind. Nach der Diskussion der CSU-Landesgruppe in Wildbad Kreuth geht es offenkundig nicht mehr darum, ob die Union sich spaltet, sondern nur noch um das Wann und Wie. Strauß möchte zuerst einmal, ungestört von der CDU, die Ernte der bayerischen Landtagswahlen einfahren und dann von der sicheren Basis eines Ministerpräsidenten in München aus den Angriff auf Bonn führen. Die CDU muß also vor dem bayerischen Wahlen den Widerstand gegen Strauß in der CSU mobilisieren. Nur dann kann sie hoffen, das Eigeninteresse von vielen CSU-Funktionären anzustacheln, die fürchten müssen, daß die Zerstörung der CSU, jener einzigartigen bayerischen Staats- und Ordnungspartei, auch zum Verlust ihrer eigenen Ämter führen wird.

Außerdem schien der CDU-Führung noch aus einem anderen Grund Härte angebracht: Alle bisherigen Erfahrungen mit Strauß zeigen, daß er weit entschlossener redet als handelt. Und zuletzt, aber gleichwohl entscheidend: In der CDU hatte sich so viel Groll über die Eskapaden von Strauß angesammelt, daß eine Explosion einfach nicht mehr zu verhindern war. Die CDU konnte sich dem befreienden Gefühl hingeben, es Strauß endlich einmal gründlich gezeigt zu haben. Der Zorn der Braven und Gerechten ist, wenn er erst einmal losbricht, fürchterlich. Eine ungeschickte Äußerung von Strauß in den letzten Tagen, und die CDU hätte ihre Truppen in Marsch gesetzt. Aber solcher Zorn ist schwer über Monate weg zu konservieren, und erst im März, auf dem Bundesparteitag, kann endgültig darüber entschieden werden, ob sich die CDU auf Bayern ausdehnen will. Die Abwiegelungsversuche der Strauß-Getreuen haben also ein doppeltes Ziel: nicht nur eine bessere Position in der Kriegsschuldfrage, sondern auch Zeitgewinn.

Die CSU kennt ihre Pappenheimer in der CDU. Sie weiß, daß der Wunsch nach Bequemlichkeit, Frieden und Sicherheit, und sei sie noch so vorläufig, immer stärker wirkt, je länger der Streit dauert. Da wird dann vorsichtig und staatsmännisch abgewogen, ob man wirklich wegen eines nicht ganz befriedigend ausgefallenen CSU-Beschlusses das schreckliche Risiko eines Bruderkrieges auf sich nehmen müsse. Noch hat Kohl die Partie nicht gewonnen; er wird in den nächsten Wochen mitleidlos geprüft werden. Schon bei der Debatte über die Regierungserklärung wird er ins Kreuzfeuer von Strauß und Schmidt geraten – und wehe, er bleibt in der Wirkung hinter Strauß zurück. Man muß sich das einmal vorstellen: eine CSU, die der Rede von Kohl stumm folgt, und unmittelbar darauf Strauß, der vielleicht viele Abgeordnete der CDU zum Beifall hinreißt; er spricht ja manchem von ihnen aus dem Herzen. Da werden sich Christliche Demokraten, die nur mit unsicherer Mehrheit in ihre Bundes-, Landes- und Kommunalämter gewählt sind, wiederum fragen, müssen wir gegen Strauß arbeiten, müssen wir denn so viel riskieren?

Die schwersten Monate stehen Kohl noch bevor. Und Strauß – kann er die Schlacht ohne Schäden überstehen? Nie mehr wird er es so günstig treffen wie bisher: eine in Bayern konkurrenzlos regierende Partei, die ihm aufs Wort gehorcht und deren Bonner Störpotential er ungestraft benutzen kann, um der Union seinen Kurs aufzuzwingen. Rücksicht auf Strauß war bisher oberstes Gebot in der Union; künftig gilt es nicht mehr.

Sollte Strauß die Konkurrenz von CDU und CSU in allen Ländern und im Bund herbeiführen, sind die Aussichten noch schlechter für ihn. Dieser Streit würde die bayerische CSU in ihrer jetzigen Form zerstören und die Rest-CSU von Strauß in eine gefährliche Isolierung treiben. Dann wäre nicht einmal mehr ganz sicher, ob Strauß noch bayerischer Ministerpräsident werden könnte. Die Strauß-Partei im Bundesgebiet aber wäre entweder bedeutungslos oder aber unfähig zur Koalition mit der CDU, weil sie nur auf deren Kosten wachsen könnte. Das Rezept «getrennt marschieren – vereint schlagen» erwiese sich als schlechter Rat, denn die Unionsparteien würden ihre Kraft im Kampf untereinander vergeuden, und Strauß geriete vollends in die Position eines von allen und vor allem in der CDU gefürchteten Störenfrieds.

Welche erfolgversprechende Strategie verfolgte Strauß bei seiner

Operation? Hat ihn der Machthunger überwältigt? Kaum. Nicht, daß ihm Macht wenig gälte, aber seine Mission bedeutet ihm mehr. Was aber hält er für seine Mission?

Die deutlichste Auskunft darauf hat er selbst gegeben, und zwar in seinem letzten Buch: «Deutschland deine Zukunft». Da zeigt sich ein Politiker, der die Bundesrepublik von Feinden im Osten und Versagern im Westen umgeben sieht, innerlich marode und eines Retters bedürftig. Diese dunkle Flut düsterer Ahnung steigt und droht, die kühlen, brillanten Analysen von Strauß zu überschwemmen. Realität wird nur noch in Ausschnitten wahrgenommen – soweit sie das Weltbild bestätigen. Auch die Fehleinschätzung der Stimmung in der CSU hat damit zu tun. Zu viele Gläubige und Ängstliche hatten ihn vor der Wirklichkeit abgeschirmt.

Eine vierte Partei kann für Strauß nur dann sinnvoll sein, wenn sie seiner Mission dient. Und die Partei wird, da Strauß die Apokalypse als normales politisches Werbemittel verwendet, fast zwangsläufig Sammelbecken aller nationalen und sozialen Ängste und Aggressionen werden: ein Sprengsatz im deutschen Parteiensystem. Nicht zufällig beschleicht manche Politiker die Erinnerung an Weimar. Ob es Strauß will oder nicht: Seine vierte Partei würde aller Wahrscheinlichkeit die Form einer Bewegung annehmen, die jene disziplinierenden Regeln des politischen Umgangs sprengt, die bisher für die Parteien galten und Stabilität ebenso wie Reformfähigkeit möglich machten. Der Radikalismus hätte wieder freie Bahn.

3. Dezember 1976

KURT BECKER

Wäre Spaltung nicht doch besser?

Helmut Kohl ist nicht zu Kreuze gekrochen, sondern in den letzten Tagen zu achtbarer Statur emporgewachsen. Er hat das Verlangen nach der Kapitulation von Franz Josef Strauß vor dem Vorstand der CDU erneuert und dabei die einhellige Rükkendeckung durch die Führungsgruppe seiner Partei erhalten.

Noch ehe sich die beiden Führer der Unionsparteien mit ihren Verhandlungskommissionen zusammensetzten, um die Möglichkeiten einer Beseitigung oder doch wenigstens einer radikalen Eindämmung des Übels von Kreuth zu erörtern, hatte die CDU die härtesten aller denkbaren Voraussetzungen fixiert: *erstens* die Wiederherstellung der Fraktionsgemeinschaft im Bundestag; *zweitens* die verbürgte Gewähr, daß die CSU weder selbst noch durch Hilfsorganisationen, sei es offen, sei es verdeckt, außerhalb Bayerns auftritt. An diesen anspruchsvollen Vorbedingungen wird sich die CDU bei allen Gesprächen mit der CSU, die noch bis zur konstituierenden Sitzung des neuen Bundestages am 14. Dezember stattfinden könnten, messen lassen müssen.

Dem CDU-Vorstand ist diese robuste Entschiedenheit nicht einmal schwergefallen. Seine Mitglieder teilen Kohls Einschätzung: «Die Auflösung der Fraktion läßt sich überhaupt nur mit der Absicht erklären, im Bundesgebiet zwei Parteien – CDU und CSU – auf Dauer zu etablieren. Dieses Ziel muß man klar erkennen, wenn man die jüngsten Ergebnisse in ganzer Tragweite beurteilen will. Wir werden es nicht zulassen, das diese Diskussion eine Entwicklung nimmt, die die wirklichen Absichten verschleiert und eine Klärung über die bayerischen Landtagswahlen 1978 hinausschiebt.»

Auch bangen in der CDU einige Parteifürsten und örtliche Mandarine schlichtweg um Mandate, Karrieren und Pfründen, wenn die CSU sich in anderen Ländern einnistet. Um so größer ist die Bereitschaft, hart aufzutreten. Selbst ein Mann wie der hessische CDU-Vorsitzende Alfred Dregger, der dem CSU-Vorsitzenden politisch äußerst nahesteht, gehört deshalb nach anfänglichem Zaudern zu den Gefolgsleuten des Ultimatums an Strauß. Strauß braucht sich darüber nicht zu wundern. Er hat das Klima mit seiner Rede vor der bayerischen Jungen Union völlig vergiftet; gegen «politische Pygmäen der CDU», «Zwerge im Westentaschenformat» und schließlich den «total unfähigen» Kohl zog er da vom Leder.

Allerdings regt sich unter führenden CDU-Männern nur geringe Hoffnung, daß den späten, aber nun um so rigoroseren Anstrengungen, Strauß endlich zur Unions-Räson zu bringen, ein nennenswerter Erfolg beschieden sein könnte. Die Kehrseite dieser pessimistischen Einschätzung ist nun die Entschlossenheit, einen CDU-Landesverband in Bayern zu gründen, falls Straußens Eigensinn nicht zu brechen ist. Zu einem solchen dramatischen Schritt bedarf es keiner großen Selbstüberwindung mehr.

Bei dem CSU-Vorsitzenden ist freilich keine Überraschung undenkbar. Frau Marianne Strauß, einst darauf angesprochen, welche Talente ihres Mannes sie für besonders beeindruckend halte, erwiderte treffend: «Seine Fähigkeit zum Kompromiß, wenn es keinen anderen Ausweg mehr gibt.» Strauß ist auch nicht einfach ein Berserker. Hat er seine Möglichkeiten überdehnt, wiegelt er ab, trachtet er nach De-Eskalation – so hatte er es seit Jahr und Tag mit der vierten Partei gehalten. Daran und an die Mutmaßung, Strauß habe den Beschluß des CSU-Treffens in Wildbad Kreuth nicht programmiert, sondern lediglich die Gelegenheit beim Schopfe ergriffen, als der Verlauf der Diskussion seinen langgehegten Wünschen entgegenkam, knüpften sich allerhand gewagte Spekulationen. Hier ein auf Konzession hindeutender Beschluß des CSU-Vorstandes, dort eine verschnörkelte Erklärung des Fraktionsvorsitzenden Zimmermann – sie werden nicht nur als Taktik, sondern auch als greifbare Bereitschaft zum Einlenken gedeutet.

Dabei lassen sich ja die Ereignisse seit dem Kreuther Sezessionsbeschluß nicht bloß als beispielloser verbaler Zusammenprall oder als grandiose taktische Finesse deuten. In Wahrheit stellt sich für die CDU die Frage, ob sie mit der Wiederherstellung der Fraktion überhaupt noch ein lebenswichtiges Interesse verficht. Fixiert sie den Blick vor allem auf die Einheit der Unionsparteien, die Kohl als Grundlage einer modernen Volkspartei und als die eigentlich neue Idee bei der Gründung der Bundesrepublik beschwört, dann kann sie ihre bisherige Härte kaum durchhalten; Strauß hat seine anfänglich erschreckten Gefolgsleute inzwischen wieder fest um sich geschart. Geht die CDU hingegen davon aus, daß sie nie in der Lage sein wird, Strauß als CSU-Vorsitzenden aus dem Amt zu katapultieren oder auch nur seine Macht zu schmälern, dann muß sie ein Ende mit Schrecken dem Schrecken ohne Ende vorziehen.

Der Verselbständigungsdrang der Bayern könnte vielleicht gebremst werden, wenn der CSU die Vorstellung einer rivalisierenden CDU in Bayern – im Vorfeld der herannahenden Landtagswahl – eine Gänsehaut über den Rücken jagte. Gleichwohl bliebe Strauß, ob nun in Bonn oder als Ministerpräsident in München, eine unübersehbare Figur der Bundespolitik. Sein Drang wächst gewaltig, sich als wichtigster Vorposten gegen östliche Machtausdehnung und gegen den Vormarsch des Eurokommunismus, als Trutzburg gegen wirtschaftlichen und politischen Verfall im Inneren zu verstehen. Sonthofen und Kreuth sind beunruhigende Symptome seines missionarischen Impulses. Eine erneute Gemeinschaftsfraktion hätte nur die Wahl, Strauß beherrschenden Einfluß einzuräumen oder seine integrationszerstörerische Wirkung zu ertragen. Der Kanzlerkandidat Rainer Barzel rieb sich einst an ihm ja ebenso wund wie jetzt Helmut Kohl – und jedem Nachfolger würde es nicht anders ergehen; für Strauß waren die Kanzler-Aspiranten allesamt bloß Fliegengewichte.

Noch eines kommt hinzu. Kohls Absicht, die Freien Demokraten auf freier Strecke oder spätestens bei der Bundestagswahl 1980 zur Union herüberzuziehen, läßt sich im Bunde mit Strauß, dem vehementen Gegner jeglicher Öffnung zur FDP, nicht verwirklichen. Die von Kohl geförderten Koalitionsverhandlungen mit Freien Demokraten in Hannover und Saarbrücken geraten jetzt schon in eine weniger originelle Beleuchtung. Bundespolitisch besteht der Effekt vielleicht nur noch darin, daß die sozial-liberale Koalition die Bundesratsmehrheit der von den Unionsparteien regierten Länder gelassener betrachten kann.

Jedenfalls müssen die Christlichen Demokraten überdenken, um welchen Preis es sich eigentlich lohnt, die Einheit der Unionsparteien zu erhalten. Die Bereitschaft der CSU, «lediglich» eine eigene Fraktion zu bilden, aber auf eine bundesweite Ausdehnung zu verzichten, genügt wohl nicht mehr. So ist es nur folgerichtig, daß die CDU damit begonnen hat, sich nüchtern darauf vorzubereiten, nun nach Bayern vorzustoßen. Schon haben die Demoskopen eine Zweiteilung der Sechzig-Prozent-Mehrheit in Bayern auf gleich große Anteile der CDU und der CSU ermittelt. Das mag Kohl Mut machen.

Der intern kursierende politische Rückschluß jedoch, die CDU besitze dann auf sich allein gestellt auch die reale Chance, 1980 zur stärksten Partei aufzurücken, ist ziemlich kühn, auf jeden Fall verfrüht. Gewiß, bliebe es bei der Spaltung, würde die parteipolitische Landschaft von Grund auf umgepflügt werden: Die CDU allein könnte dann künftig auch für die SPD und für die Liberalen eher bündnisfähig werden; die FDP hingegen verlöre ihren überdimensionierten Einfluß auf die machtpolitische Konstellation in der Bundesrepublik, weil sie als Mehrheitsbeschaffer nicht mehr unentbehrlich wäre.

Das freilich ist Zukunftsmusik. Zunächst einmal geht es um den Krach von heute. Der persönliche Zuschnitt der beiden Parteiführer erlaubt keinen glaubwürdigen und dauerhaften Brückenschlag mehr; zuviel Irreparables hat sich zwischen ihnen ereignet. Helmut Kohl fühlt sich durch die Ergebnisse des 3. Oktober in seinem langfristigen Anspruch auf das Kanzleramt bestärkt. Sein Stehvermögen im Kampf gegen Strauß hat Anfang dieser Woche sein Ansehen erhöht. Zugleich schwächt aber die Sezession der CSU seine Zukunftsaussichten; vor allem die Erklärung von Strauß, das Kapitel Kanzlerkandidat sei mit dem 3. Oktober beendet – getreu der Praxis, nach der zu kurz gesprungene Kanzlerkandidaten der Union nach der Wahl geschlachtet werden. Als einer der beiden Oppositionsführer hat Kohl seine große Bewährungsprobe noch vor sich: Er wird in den nächsten Jahren nicht nur an Helmut Schmidt, sondern auch an Strauß gemessen werden.

Und Strauß? In der Bundespolitik besteht die CSU nur aus ihm. Im Konflikt liegen Kohl und die CDU nicht mit der bayerischen Schwesterpartei, sondern mit deren Vorsitzendem. Niemand sonst besitzt dort die Spenglersche Vision vom Untergang des Abendlandes; niemand sonst hat seinen Glauben an den eigenen unaustauschbaren Beitrag zur inneren und äußeren Festigung der Bundesrepublik; niemand sonst verfügt über die Kraft, seiner Partei den eigenen Willen aufzuzwingen. Die Personalisierung des Streits ist unaufhebbar.

Da weder Kohl noch Strauß nach Canossa aufzubrechen trachten, ist der Konflikt – Gespräche hin, Gespräche her – auch kaum zu überzeugenden und glaubwürdigen Bedingungen lösbar. Die Spaltung der Union ist eine Tragödie, aber weder Zufall noch Irrtum.

17. Dezember 1976

THEO SOMMER

Doppelter Fehlstart in Bonn

Und den Wählern ein Wohlgefallen? Die zweite Regierung Schmidt/Genscher ist schon in den Startlöchern elend ins Stolpern geraten; die Opposition unter Kohl und Strauß steht nach vier Wochen Bruderkrieg nicht minder erbärmlich da. Ein Wunder ist es nicht, daß die Bürger sich verschaukelt fühlen. Zynismus, Mißmut, Verdrossenheit machen sich breit im Lande.

In der Tat haben uns die Parteien kein erbauliches Schauspiel vorgeführt.

Die beiden Hälften der Schrägstrich-Union CDU/CSU hatten einen Wahlkampf lang dem Volke Einheit und Geschlossenheit versprochen – aber hinterher war die Einheit wie weggeblasen. Da prügelten sie wild aufeinander ein und warfen sich gegenseitig Beschimpfungen an den Kopf, die nachträglich die schlimmsten Befürchtungen der Sozial-Liberalen zu bestätigen schienen.

Die beiden Regierungsparteien, die während des Wahlkampfes hoch und heilig geschworen hatten, die Renten würden am 1. Juli 1977 um zehn Prozent erhöht, komme, was da wolle – sie brachen plötzlich ihren Schwur und beschlossen etwas ganz anderes, ihrerseits damit im nachhinein die vor drei Monaten noch in den Wind geschlagenen Kassandrarufe der Opposition rechtfertigend.

Zur gleichen Zeit wußte der Bundestag nichts Besseres, als seinen Mitgliedern zum Nikolaustag eine saftige Einkommenserhöhung zu bescheren.

Bei solchen Ungereimtheiten darf es niemanden verblüffen, wenn der Mißmut vieler Bürger den Parteien an sich gilt, ihr Zynismus dem ganzen System, ihre Verdrossenheit dem Staate schlechthin. Auch ist die Unlust ja durch die hektische Flickschusterei der letzten Tage, als die christlichen Stiefzwillinge vor Toresschluß ihre Gemeinschaftsfraktion wieder kitteten und die Koalition ihre Rentenformel im Schweinsgalopp umtrimmte, eher vertieft als gemildert worden. Wurde vorher die waghalsige Bedenkenlosigkeit der Handelnden beklagt, so richtete sich die Skepsis alsbald gegen ihre opportunistische Anpassung. Im Regierungslager wie bei der Opposition sehen manche Verantwortliche mit Entsetzen diese Folge ihres Tuns, wobei die Echokammern ihres schlechten Gewissens die Unmutsäußerungen der Öffentlichkeit über jede Gebühr verstärken.

Lassen wir den Bundestag im Dorf. Es wäre Torheit, der Bundesrepublik eine Systemkrise anzudichten. Bei den Ereignissen der jüngsten Wochen ging es um Erscheinungen, die keineswegs den Zusammenbruch des Systems anzeigten, sondern im Gegenteil sein Funktionieren. Zwei Oppositionsparteien dividieren sich auseinander und raufen sich dann unter dem Druck des eigenen Fußvolks wie der öffentlichen

Meinung wieder zusammen – was wäre anstößig daran? Zwei Regierungsparteien beschließen angesichts neuer Erkenntnisse, ein Wahlversprechen zurückzunehmen, und lassen sich dann von dem Aufschrei der eigenen Gefolgsleute und des Publikums wieder auf ihre Ausgangsposition zurücktreiben – was wäre undemokratisch daran? Revidierbarkeit einmal gefällter Entscheidungen ist der Wesenskern aller Demokratie.

Zu einer Systemkrise summiert sich all dies auch des Zufalls wegen nicht, daß die Krisenerscheinungen in beiden Lagern gleichzeitig sichtbar wurden, daß eine Woche lang eine Regierungsalternative im Rahmen des bisher in der Bundesrepublik gültigen politischen Schemas nicht zur Verfügung stand. Das war ein vorübergehender Zustand. Hätte er sich als dauerhaft entpuppt, so hätte das System gewiß neue Koalitionsschemata produziert – einen Bund zwischen CDU und SPD etwa, warum nicht?

Es bleibt bei dem Befund: keine Systemkrise, auch diesmal nicht, vielmehr eine Krise der handelnden Figuren. Sie alle sind aus den Turbulenzen der vergangenen Wochen ein Stückchen kleiner herausgekommen, als sie hineingegangen waren: Schmidt und Genscher, Strauß und Kohl. Der Hauch von Hybris ist jäh verflogen, der eine Weile so aufdringlich und durchdringend wahrzunehmen war.

Bei Franz Josef Strauß war der Strich ins Vermessene am stärksten. Die funktionalen Erklärungen jedenfalls, die er für seinen Kreuther Kreuzzug feilbot, vermochten niemand recht zu überzeugen: daß die gemeinsame Organisationsform, wie sie in den Regierungsjahren nützlich war, in der Opposition sich als «unergiebig» und «politisch nicht optimal» erwiesen habe; daß nur durch die Trennung mehr «Beweglichkeit» und «größere Kraftentfaltung» möglich werden, mithin die absolute Mehrheit im Jahre 1980 in Sichtweite rücke; daß es darauf ankomme, einen «Denkanstoß» zu liefern, um «die Parteigrenzen wieder etwas flüssiger zu machen».

Auch das bairische Bramarbasieren über die «Nordlichter» und den eigenen «unaufhaltsamen Siegesmarsch», die Drohungen gegen den «Schranzenhaufen» in der Bundesrepublik und gegen Helmut

Kohl («wird nie Kanzler werden») bergen schwerlich des Pudels Kern. Nein, Strauß sah von Osten, im Süden und Westen die kommunistische Gefahr heraufdräuen, er steigerte sich in düstere Visionen hinein und bot sich als Retter des Vaterlandes, ja, des Abendlandes an («wie ein Herkules beinahe den Weltball auf den Schultern trägt»). In einer Art Torschlußpanik setzte er alles auf eine Karte: «Ich bin zu mehr entschlossen, als mir ja vielleicht jeder zugetraut haben mag ... Ein Zurück gibt es nicht mehr. Das ist der Gang nach Canossa. Das ist die Unterwerfung. Dafür müßt ihr euch eine Memme, einen Feigling suchen. Mit mir gibt es so was nicht.»

Am Ende holte die Nemesis den Vermessenen ein, sein Höhenflug endete mit einer Bauchlandung. Er unterwarf sich der Forderung nach der Wiederherstellung der Fraktionsgemeinschaft, auch wenn er sich hocherhobenen Hauptes unterwarf und obendrein Helmut Kohl Bedingungen aufzwang, die weder auf die Bußfertigkeit des Herausforderers hindeuten noch das Überleben des CDU-Chefs verbürgen. Immerhin: Da erfuhr ein aggressiver Macher die Grenzen des Machens und der Machenschaften.

Bei Helmut Schmidt und Hans-Dietrich Genscher liegt die Sache ähnlich. Auch in der Rentenfrage sind die Macher und die Manipulateure an ihre Grenzen gestoßen. Drei mildernde Umstände können sie vorbringen:

Erstens: Der Kanzler hatte sein Rentenversprechen im Wahlkampf nicht wider besseres Wissen abgegeben, sondern besten Glaubens, auf der Grundlage der ihm damals von seinem Arbeitsminister Arendt angedienten Zahlen.

Zweitens: Der Kanzler wollte den Bruch des Wahlversprechens dem Volke nicht verstohlen unterjubeln, schon gar nicht den Koalitionsfranktionen, sondern in einer Blut-Schweiß-und-Tränen-Rede die Notwendigkeit der Kursänderung überzeugend begründen und um Verständnis dafür bitten. Eine Bonner Indiskretion brachte ihm dies Konzept durcheinander; danach war nur noch Schadenseindämmung möglich.

Drittens: Die Lösung, für die sich die Koalitionsunterhändler in früher Morgenstunde nach stundenlanger nächtlicher Verhandlung unter mehreren Lösungen entschieden, einstimmig, erschien ihnen selber als die sozial gerechteste. Es lag ihnen fern, verrückt zu spielen wie Strauß. Sie wollten das Beste aus einer verfahrenen Geschichte machen – und die Kriterien der Funktionalität sprachen auch ganz für sie.

Gleichwohl bleibt die Behandlung der Rentenfrage durch das Tandem Schmidt / Genscher eines der ungeheuerlichsten Beispiele für Regierungspfusch, das wir in der Geschichte der Bundesrepublik erlebt haben. Für eine Regierung jedoch ist der Vorwurf, daß sie pfuscht, kein Gran leichter zu tragen als der Vorwurf, daß sie betrügt. Der Unterschied liegt nur in der Moralität oder Immoralität der Absicht, nicht in der Konsequenz des Handelns. Und Regierungspfusch ist besonders gravierend in einem modernen Staat wie dem unseren, der seine Legitimität nicht aus irgendeinem Gottesgnadentum ableitet, sondern letztlich einzig und allein aus seiner technischen Funktionstüchtigkeit und der Verläßlichkeit jener allgemeinen Wohlfahrtsgarantie, die er seinen Bürgern gibt. Gegen beides hat sich die Regierung in sträflicher Weise vergangen.

Zur Funktionstüchtigkeit gehört nun einmal, daß ein Arbeitsminister imstande ist, die Grundrechnung der Rentenversicherung mathematisch, statistisch und demographisch sauber aufzustellen. Walter Arendt war dazu nicht in der Lage. Er hat der Regierung die Suppe eingebrockt, die sie jetzt auslöffeln muß: das 83-Milliarden-Defizit der Rentenversicherung in den kommenden vier Jahren – schöne Steigerung für einen Mann, der seine Amtszeit vor sieben Jahren damit begann, daß er 50-Mark-Scheine an die Rentner verschenken wollte.

Aber bekam er den blauen Brief, den er verdient hätte? Mitnichten. Er mußte gehalten werden, weil sonst die ohnehin bestehenden Unsicherheiten der Kanzlerwahl ins Unermeßliche gestiegen wären; als besondere Prämie für erwiesene Unfähigkeit wird ihm nun obendrein auch noch das sieche Gesundheitswesen übertragen. Versuchsfeld für die zweite vorprogrammierte Pleite? Der Bürger kann da nur hoffen, daß in einem Vierteljahr geschieht, was die Bundestagsarithmetik heute verbietet: daß der Versager Arendt geschaßt wird. Es wird kaum ausreichen, ihm den Volkswirtschaftler Ehrenberg als Staatssekretär für das kleine Einmaleins beizugesellen.

Die andere Unbegreiflichkeit liegt darin, daß die Bonner Koalitionäre vergessen zu haben scheinen, was seit dem alten Rom jedem Politiker in Fleisch und Blut übergegangen sein sollte: daß der Brotpreis ein politischer Preis ist – wobei «Brotpreis», in zeitgenössische Begriffe übertragen, all das umfaßt, was unter der Überschrift «Daseinsvorsorge» steht. Der moderne Verteilerstaat sichert ja nicht mehr nur die Rechte des einzelnen, sondern teilt darüber hinaus auch gesellschaftliche Lebenschancen zu.

Daß den Verantwortlichen da eine so grobe Fehleinschätzung der Explosivität ihres Entschlusses unterlief, ist mit der fortgeschrittenen Stunde, mit Übermüdung und koalitionsinterner Verstimmung nicht ausreichend zu erklären. Da haben die Macher offenbar einen Filmriß erlebt: ein gravierendes Aussetzen ihrer Urteilsfähigkeit. Ein Stück Glaubwürdigkeit ist dabei verlorengegangen, das sich so schnell nicht wird wiederherstellen lassen.

Jetzt ist der Katzenjammer groß – in der Koalition wie in der Opposition. Beide sind auf den Ausgangspunkt zurückgeworfen, beide ein gehöriges Stück kleiner und kleinlauter. Die Demokratie hat in beiden Lagern gesiegt, wenn denn Demokratie sich nach der Dezibel-Stärke des öffentlichen Aufschreis bemißt. Die Frage muß gleichwohl erlaubt sein: Hat damit auch die Vernunft gesiegt oder zumindest doch die Räson des Staates?

Es ist zu bezweifeln im Hinblick auf die neuerliche Eheschließung der beiden Unionsparteien – die von Franz Josef Strauß in den Heiratskontrakt geschriebene Lizenz zum Fremdgehen läßt da Schlimmes ahnen. Die hartnäckige Vielfalt und Gegensätzlichkeit der Ansichten innerhalb der Opposition wird durch einen papiernen Kompromiß schwerlich überwunden; von einem Taumel der Versöhnung, der alle Unbill vergessen machte, kann ja im Ernst nicht die Rede sein. Es ist vorstellbar, daß wir eines Tages wünschen werden, die Trennung wäre vollzogen worden. Die Gefahr, daß Strauß dabei übermächtige Dimensionen gewonnen hätte, war ganz gering zu veranschlagen – ebenso gering wie die Gefahr, daß die eine Abspaltung ein Dutzend weitere gezeugt hätte.

Bonn ist nicht Weimar und wird es auch nicht werden: wegen der Fünfprozentklausel nicht, vor allem aber nicht wegen des Wählers. Der hat seit einem Vierteljahrhundert – Hut ab! – stets viel vernünftiger gehandelt, als ihm die Politiker und die Politologen zugetraut hätten.

Zu bezweifeln ist auch, daß der neue Rentenkompromiß wirklich besser ist als der alte. Ist er nicht in Wahrheit ein fauler Kompromiß: einer, der das unvermeidlich Notwendige und Negative in die Zukunft rückt, statt es dem Volke ehrlich und sauber gleich zuzumuten? Eine Übereinkunft ist ja nicht schon dadurch richtig, daß sie zustande kommt – diese Erkenntnis ist nicht neu; Politik ist nun einmal die bewegliche Regelung gemeinsamer Angelegenheiten. Aber wie weit darf die Beweglichkeit gehen, ohne daß die Substanz Schaden leidet, die unverzichtbare Festigkeit in den Grundsätzen verlorengeht?

Die Fähigkeit, Prinzipien so hoch zu hängen, daß man notfalls darunter durchmarschieren kann, haben Opposition und Koalition in der zurückliegenden Zeit hinlänglich bewiesen. Auf die Verlustliste ist dabei die Einsicht geraten, daß die Pragmatik politischen Handelns nicht in schieren Opportunismus ausarten darf. Mit dem Volke spielt man nicht – das wurde 1959 Adenauer vorgehalten, es muß jetzt Strauß und Schmidt und Genscher gesagt werden. Das Mögliche, das Machbare, das Manipulationsfähige darf jedenfalls nicht das Maßstäbliche ersetzen. Sonst ist es unausbleiblich, daß beim Bürger aus augenblicklichem Wohlgefallen ein permanentes Ärgernis wird.

1977

5. August 1977

MARION GRÄFIN DÖNHOFF

Wenn alles in Frage gestellt wird …

Als kürzlich in der Millionen-Metropole New York der elektrische Strom schlagartig versagte und einige Stadtteile von entfesselten Horden in ein Inferno verwandelt wurden, war es, als werde plötzlich ein Vorhang beiseite geschoben und gäbe den Blick frei auf dunkle, sonst verborgene Seiten der menschlichen Existenz und unserer technischen Zivilisation.

Und noch einmal geschah das gleiche, als jetzt die Nachricht von der brutalen Ermordung Jürgen Pontos die Bundesbürger aus der Wochenendruhe aufschreckte. Auch in diesem Moment schien es, als werde wieder für Sekunden das Abgründige in unserer Gesellschaft blitzartig beleuchtet: Jene Besessenen, die ohne Gott, ohne Gesetz, ohne Liebe leben, die nur einem Hirngespinst verpflichtet sind, das jedes Verbrechen rechtfertigt.

Von allen Terroristen-Taten ist dieser feige Judas-Mord wahrscheinlich der abgefeimteste und abscheulichste. Man fragt sich, wie wohl das Regime beschaffen sein würde, das diese Leute an die Stelle der heutigen Gesellschaft zu setzen bestrebt sind. Viele Menschen neigen heute dazu, die Gesellschaft für alles verantwortlich zu machen: Wer im Gefängnis sitzt, hat nicht selber schuld, die sozialen Umstände brachten ihn dorthin. Logischerweise müßte ja wohl der gleiche Sündenbock auch für die Terroristen verantwortlich sein.

Wie aber ist es möglich, daß die freieste Gesellschaft, die wir je hatten und die weiteste geistige Liberalität, die je bei uns zugelassen war, daß ausgerechnet sie immer neue Gruppen von Terroristen produzieren? Ja, daß, wie Hanna-Renate Laurien, die Kultusministerin von Rheinland-Pfalz, neulich klagte, Kinder sich untereinander in des Wortes wirklicher Bedeutung terrorisieren und erpressen; daß Kinder auf dem Schulweg nicht verprügelt, sondern zusammengeschlagen werden? Unbegreiflich ist auch die Tatsache, daß die meisten jener Terroristen, soziologisch gesehen, den oberen Klassen zuzurechnen sind. Sollten Wohlstand, Langeweile, das Fehlen spezifischer Anforderungen und jeglicher Grenzen im Materiellen und oft genug auch im Moralischen eine Rolle dabei spielen?

Wahrscheinlich hat auch die vorangegangene Epoche etwas damit zu tun: der Verschleiß an Autorität, der in der Nazizeit getrieben wurde, der Nachholbedarf an Widerstand, der dadurch entstanden ist und das Bedürfnis, alles in Frage zu stellen; und sicherlich trägt auch unser aller rasche Anpassung an die veränderten moralischen Maßstäbe zum allmählichen Abgleiten bei. Wie schnell haben wir alle die neue Wirklichkeit adaptiert!

Wie war man aufgebracht über die ersten Flugzeugentführungen. Jetzt liest man die Berichte schon kaum noch. Wie hat man sich erregt über Stacheldraht und martialische Befestigungen in unseren Städten und darüber, daß es notwendig wurde, Politiker und offizielle Persönlichkeiten ständig und überall durch handfeste Gesellen schützen zu lassen, wie dies bisher nur bei den Mafia-Bossen üblich war. Inzwischen hat man sich an dies alles gewöhnt – es ist zur Selbstverständlichkeit geworden.

Ohne daß wir es recht bemerkt haben, sind Grenzen verwischt, Kategorien vertauscht worden. Grauzonen sind entstanden. Juristen wie Klaus Croissant und Siegfried Haag, die Anwälte des Rechtes sein sollten, sind zu Assistenten der Verbrecher geworden; allgemeine Studentenausschüsse nannten den Mord an Generalbundesanwalt Buback «Hinrichtung». Terroristen, inspiriert durch die Genfer Verhandlungen, bezeichnen ihre Kumpels als «Kriegsgefangene». Und 28 evangelische Theologiestudenten schrieben seinerzeit anerkennende

Worte an den mutmaßlichen Buback-Mörder Sonnenberg und schickten ihm 28 rote Rosen – deutlicher kann sich die Verwirrung der Geister kaum manifestieren.

Als die zuständigen Theologie-Professoren voller Entsetzen dieser Einstellung entgegentraten, erklärte der Tübinger AStA, Sonnenberg und der verletzte Polizeibeamte seien austauschbar; sie seien «beide Opfer ein und desselben gesellschaftlichen Prozesses, der auf Gewalt basiert, wie diese gesamte Gesellschaft auf dem Gewaltverhältnis von wenigen Kapitaleignern und vielen abhängigen Lohnarbeitern basiert». Das ist der alte Hitler-Trick, mit dem alle dem Menschen innewohnenden Sperren entblockiert werden sollen: Wer dem verheißungsvollen Idealzustand im Wege steht, wird zum anonymen Stein des Anstoßes versachlicht, den zu beseitigen ein Verdienst ist – damals waren es die Juden, heute sind es die kapitalistischen Ausbeuter.

Verrückte gibt es überall, aber daß sie repräsentativ für die allgemeinen Studentenausschüsse, für den AStA als solchen, sprechen können, liegt doch allein daran, daß nur 25 bis 30 Prozent aller Studenten zu den Wahlen gehen. Von dieser Minderheit tritt dann eine knappe Mehrheit als Repräsentant auf. Die Gleichgültigen sind schuld, wir alle tragen Verantwortung.

Eine Gemeinschaft kann nicht ohne verbindende und verbindliche Grundüberzeugungen bestehen. Verfassung und Gesetz allein reichen nicht aus, es muß einen mindestens generellen Konsensus ethischen Bewußtseins der Bürger geben, anerkannte Regeln – Spielregeln – des Zusammenlebens.

Freiheit ja, soviel wie möglich, aber dennoch bestimmte Bindungen; Toleranz ja, aber nicht gegen Intoleranz; Eingrenzungen ja, aber nicht durch Vorschriften, sondern durch Einsicht; antiautoritäre Erziehung ja, aber nicht Preisgabe aller Grundsätze und Auslieferung an die eigenen Aggressionen; Abschaffung der Repressionen ja, aber nicht um sie sogleich wieder durch neue zu ersetzen. Die derzeit gültige Repression ist die Ächtung mit dem tödlichen Verdikt «reaktionär», diesem Henkerbeil, mit dem die Todesstrafe an jenen exekutiert wird, die sich für Erhaltung gewisser Sperren und Barrieren einsetzen, die das Gewissen und die überkommene Sitte fordern, durch die die Auflösung aller Werte verhindert wird.

Wer die Frage aufwirft, ob nicht vielleicht an der Relativierung des Tötens das Fernsehen mit schuld ist, weil es doch wohl nicht ohne Einfluß sein kann, wenn junge Menschen jeden Abend miterleben, wie ein halbes Dutzend Leute auf der Leinwand abgeknallt werden, und zwar meist von den Helden und nicht von den Scheusalen, dem wird entgegnet: «Wollen Sie sich vielleicht vorschreiben lassen, was Sie sehen dürfen und was nicht?» Als ob wir heute sehen könnten, was wir sehen wollen. Heute sind es kommerzielle Erwägungen, die das Diktat ausüben: Nicht was dient der Gesellschaft, sondern was füllt den Geldbeutel der Produzenten – das ist das Entscheidende.

Es gibt ein dialektisches Gesetz der Gesellschaftsordnung. Jedes System gebiert auf lange Sicht seine Antithese. Das liegt an der Unfähigkeit der Menschen, Maß zu halten: Der autoritäre Staat, der alles regelt, anordnet, befiehlt, der die Freiheit und schließlich die Menschen selbst stranguliert, wird eines Tages zusammengeschlagen – wenn nicht von außen, wie einst der deutsche, dann schließlich von innen.

Der demokratische Staat, der glaubt, jedes Tabu brechen zu müssen, weil Freiheit nur ohne Grenzen bestehen könne, führt zunächst zur *permissive society*, in der schlechthin alles erlaubt ist, und allmählich dann zur Zersetzung jedweder Strukturen und Werte. Aus diesem die Majorität nicht befriedigenden Zustand erwächst schließlich das Bedürfnis nach einer neuen Ordnung, nach einem starken Mann.

Warum in aller Welt können wir Aufgeklärten, die wir diese Gesetzmäßigkeit begriffen haben, nicht den Mittelweg der Vernunft gehen? Man könnte heulen vor Zorn.

9. September 1977

Kurt Becker

Nachgeben ist gefährlich

Mit dem Anschlag auf Hanns-Martin Schleyer sind die düstersten Vorhersagen eingetroffen. Und nach diesem Verbrechen in Köln müssen wir obendrein fürchten, daß die terroristischen Grausamkeiten sich – unaufhaltsam? – fortsetzen. Was eigentlich ist noch unmöglich? Jedenfalls erleben wir eine bestürzende Eskalation der Gewalt. Anfang April war es die Erschießung des Generalbundesanwalts Siegfried Buback und seiner dienstlichen Begleiter auf offener Straße, Ende Juli die Ermordung des Bankiers Jürgen Ponto im eigenen Hause und jetzt der Feuerüberfall auf die Fahrzeugkolonne des Präsidenten der Arbeitgeberverbände, bei dem drei Polizisten und ein Fahrer hingemordet wurden, damit Schleyer als Geisel entführt werden konnte. Schließlich gab es unlängst den vereitelten Raketenanschlag auf die Bundesanwaltschaft.

Der Terrorismus ist seit April in eine völlig neue Dimension hineingewachsen. Fanatiker und Desperados sind zur Hinrichtung führender Repräsentanten unserer Gesellschafts- und Wirtschaftsordnung entschlossen, oder sie wollen, wie bei Schleyer, durch ein spektakuläres Erpressungsmanöver den Staat in die Knie zwingen und als hilflosen Popanz dem allgemeinen Hohn und Spott preisgeben. Hier ist politischer Wahnsinn am Werk, hinter dem anderes als Vernichtungswut und verbrecherische Gewalttätigkeit nicht zu erkennen sind, nicht einmal in Denkansätzen.

Als der Kanzler am Dienstagabend dieser Woche den Krisenstab einberief, um über die Forderungen der Entführer zu beraten, gab es nicht schon einen Beschluß, der nur noch der allgemeinen Billigung bedurfte. Aber Helmut Schmidts voraufgegangene Erklärung, in der von einer schwerwiegenden Entscheidung die Rede war, wurde so gedeutet, als werde er sich für konsequente Härte einsetzen und die Erpressung zurückweisen. Doch die erste Sitzung des Krisenstabes endete Mittwochfrüh ohne Beschluß.

Ein Rückgriff auf die voraufgegangenen Geiselnahmen im Frühjahr 1975 erleichtert nicht die Abwägung zwischen Staatsräson und Risiko für das Leben von Geiseln, die nun dem Kanzler aufgebürdet wurde. Zweieinhalb Jahre später zeigt nicht nur der Terror ein grausameres Antlitz: Auch der Wille zur rigorosen Bekämpfung ist härter geworden. Als der Berliner CDU-Vorsitzende Peter Lorenz im Austausch gegen fünf inhaftierte Terroristen die Freiheit zurückerlangte, plagte nur wenige der Zweifel, ob die Kapitulation des Staates vor Verbrechern nicht schmachvoll und obendrein falsch sei. Damals überwog die Genugtuung darüber, daß ein Kernsatz unseres Grundgesetzes noch gerettet werden konnte: «Die Würde des Menschen ist unantastbar. Sie zu achten und zu schützen ist Verpflichtung aller staatlichen Gewalt.» Aber es bestand in Bonn auch Übereinstimmung darüber, daß der Fall Lorenz kein Präzedenzfall sein könne.

Schon wenig später, bei der Geiselnahme in der deutschen Botschaft in Stockholm, war die Stimmung umgeschlagen. Die Regierung war nicht mehr gespalten zwischen Zauderern und «Harten»; sie votierte, ebenso wie die Opposition, einhellig für die Einschätzung des Kanzlers: Der Staat stehe vor seiner bisher schwersten Herausforderung und müsse dem ultimativen Verlangen, 26 Terroristen aus den Gefängnissen zu entlassen, widerstehen.

Selten hat ein Bonner Beschluß so ungeteilten Beifall gefunden. Dabei war das Risiko ungleich größer als noch bei der Lorenz-Entführung: Das Leben von über zwanzig Geiseln war bedroht. Aber für die Geiseln bestand auch eine Chance. Sie erfüllte sich, als schwedische Polizei das Gebäude stürmte. Alle Welt war erleichtert – wenigstens diesmal kein schlapper Staat.

Bei Peter Lorenz ging es um die Freipressung von Randfiguren. Schleyer ist offenbar die Geisel für die Freisetzung der operativen Führungsgruppe der Bande, für vierzehn Terroristen. Mit ihrer Befreiung würde eine Phase neuer hemmungsloser Mordtaten und Anschläge beginnen. Anders als die Geiseln von Stockholm durfte Lorenz nicht auf einen Handstreich der Polizei hoffen. Ohne die Hintanstellung der Staatsräson wäre er nicht mehr am Leben. Es gibt keine unumstößlichen politischen Prinzipien in Fällen von Entführung und Erpressung, jeder neue Fall muß neu gesehen werden. Aber seit dem Drama von Stockholm hat die Überzeugung die Oberhand gewonnen, daß es die Pflicht des Staates sei, *alle* zu schützen, und daß dies bei dem Risiko einer erpreßten Freilassung von Terroristen sein eigenes Gewicht habe. Für Hanns-Martin Schleyer könnte dies von tragischer Konsequenz sein. Denn der Preis für die Milde im Fall Lorenz war der Überfall auf die deutsche Botschaft in Stockholm.

In Stockholm war dann viel Glück dabei, als sich Bonn gegen das Ultimatum der jugendlichen Gangster sperrte. Das hat vielen den Blick versperrt für die in der Substanz außerordentlich konsequente und harte Entscheidung. Schon damals wurde der Schutz des individuellen Lebens der Überzeugung untergeordnet, daß Terroristen nicht vom Risiko ihres verbrecherischen Tuns entlastet werden dürfen. Sonst könnten sie durch Geiselnahmen alles erzwingen. Und wo verläuft dann am Ende die Grenze des gerade noch Hinnehmbaren, wo beginnt der absolute Widerstand? Inzwischen ist auch die Furcht gewachsen, zu welchen Ungeheuerlichkeiten sich die Gewalttäter noch versteigen, wenn ihnen nicht ein stärkerer Wille des Staates entgegengesetzt wird. Es wächst die Sorge vor einem schwindenden Vertrauen in die Handlungsfähigkeit unseres Staates und vor der Entwicklung einer politischen Gegenradikalität – als Antwort auf die Ohnmacht des Staates im Kampf mit dem Terrorismus.

Die Entscheidung des Kanzlers war nicht programmiert. Aber die Umstände des Verbrechens in Köln und die neue Dimension des Terrors haben den Verantwortlichen die prinzipielle Richtung ihres Handelns aufgezwungen.

Die Verantwortlichen – das sind formaliter der Bundeskanzler und sein Kabinett. Aber ob bei der Antwort auf das Ultimatum der Entführer Schleyers oder bei der generellen Bekämpfung des Terrorismus: Ohne Konsens zwischen Regierung und Opposition ist auf diesem Felde kein Staat zu machen. Es wäre verheerend, wenn gerade von der Terrorismus-Debatte, bei der es doch um den Erhalt des liberalen Staates geht, keine einigende Kraft auf die Parteien ausginge.

Gesündigt haben freilich beide Seiten. Der Koalition, zumal den Sozialdemokraten, wurde die Unschärfe bei ihrer Abgrenzung gegenüber linksextremistischen Systemüberwindern vorgeworfen: Willy Brandt hat dabei allerhand Hiebe einstecken müssen. Und umgekehrt wurden Strauß und Dregger als *Law-and-order-Anhänger* heruntergeputzt, als forderten sie unter dem schützenden Deckmantel von Gesetz und Ordnung den totalen Polizeistaat. Diese ungehemmte Überzeichnung und Stimmungsmache rächt sich heute. Jedenfalls hängen diese Verdächtigungen den führenden Politikern wie Bleigewichte an, wenn sie couragierte Beschlüsse fassen müssen, weil sie das demagogische Klischee fürchten.

Schließlich kann der Terrorismus ja heute nicht mehr bloß mit organisatorischen Anstrengungen niedergehalten werden. Personelle Aufstockungen der Sicherheitsorgane sind gewiß überfällig. Ebenso organisatorische Überprüfungen. Der Streit um die bisherige Praxis zentraler Information und dezentralisierter Aktion wird neu aufleben. Denn die glanzlosen Ergebnisse der Fahndung seit dem Mord an Buback müssen die Frage aufwerfen, ob dies in der Natur der Sache liegt oder daran, daß die Zusammenarbeit der Behörden in Bund und Ländern nicht taugt. Brauchen wir ein deutsches FBI?

Hierüber müssen Politiker in der Tat entscheiden. Aber die wirklich politischen Entscheidungen liegen woanders. Helmut Schmidt hat sie in seiner Fernsehansprache gestreift, als er die Sympathisanten der Terroristen erwähnte. Sie bilden die hilfreiche Kulisse, sie liefern moralischen Rückhalt und Ermutigung, sie leisten auch praktische Unterstützung. Der Göttinger *Mescalero*-Artikel, in dem der anonyme Verfasser, ein Student, seine Freude über die Erschießung Bubacks ausdrückte und der von Professoren sogar noch als gesellschaftspolitisch relevantes Dokument in Umlauf gesetzt wurde, hat eine nachdenklich stimmende Resonanz gefunden. Wann werden die intellektuellen Brutstätten der gewalttätigen Radikalität einmal in Augenschein genommen? Geschieht dies nicht, wird nur an Symptomen operiert, nicht an Ursachen.

Die Waffenungleichheit im Kampf zwischen unserem liberal verfaßten Staat und den Terroristen müssen wir hinnehmen. Sonst landen wir dort, wohin uns die Terroristen drängen möchten: im Polizeistaat. Aber die Terroristen führen einen Kampf gegen die gesetzliche Ordnung, die uns allen ein Leben ohne Furcht vor Willkür verbürgt. Da stellt sich die Frage, ob wir die Liberalität ohne jede Einschränkung auch jenen zuteil werden lassen, die sie zerschmettern wollen. Dürfen wir hinnehmen, daß die Privilegien von Anwälten dazu mißbraucht werden, daß Terroraktionen aus den Gefängniszellen heraus geplant und gesteuert werden? Die in unser System eingebaute Toleranz gegenüber anarchistischen Gesetzesbrechern bedarf jedenfalls eines Überdenkens.

Wir haben uns schon an vieles gewöhnt, an Leibwachen, Stacheldrahtzäune und gepanzerte Fahrzeuge. Versickert auch jetzt wieder die Debatte über eine entschlossenere Bekämpfung des Terrorismus, dann drohen uns Verhältnisse, die sich von denen in Südamerika nicht mehr sonderlich unterscheiden.

16. September 1977

HEINRICH BÖLL

Wer Freude hat, birgt eine Bombe

Keine politische Gruppierung, wie immer sie sich definieren mag, sollte auch nur den geringsten Zweifel mehr lassen, daß die kaltblütig geplante Ermordung und Entführung von Mitbürgern nicht nur «kein Mittel im politischen Kampf» ist; Zwei- oder Vieldeutigkeiten sind nicht mehr am Platz, es ist nicht die Zeit für Frivolitäten oder Zynismus, und wer da «klammheimliche Freude» empfindet, sollte wissen, daß er eine Bombe in sich birgt; und ich setze diese heimliche Freude nicht nur bei einigen voraus, die sich «links» definieren, auch bei den anderen. Heimliche Trauer ist angebracht – demonstrative Trauer hat immer etwas Peinliches. Vielleicht sollte man bei *jeder* Entführung, bei *jedem* Mord öffentlich Signal geben: *alle* Ampeln auf Rot stellen – oder Grün, auf daß uns angezeigt werde, in welch einer chaotischen Welt wir leben. Südamerikanische Freunde haben mir erzählt, daß sie bei politischen Veranstaltungen, die im Saal und bei Licht stattfinden, alle zwanzig Sekunden das Licht ausschalten, denn alle zwanzig Sekunden stirbt auf dem südamerikanischen Kontinent ein Kind an Hunger, Krankheit, Vernachlässigung. Wahrscheinlich sind wir, umgeben von Ampeln und der Aufdringlichkeit der Werbeleuchtschriften, für Signale kaum noch erreichbar. An- und eingespannt, wie wir sind, sind wir in Gefahr, das Entsetzliche – vier Mitbürger ermordet, ein fünfter entführt – nur noch als spannend zu empfinden. Ich weiß nicht, welche und wieviel düstere Instinkte da wach werden. Der, der da irgendwo sitzt, wartet, um sein Leben bangt, Herr Schleyer, wird unwirklich, und ist in Gefahr, zum Vehikel zu werden für die, die sich da heimlich freuen. Schon gehen manche

Kommentare und publizistische Spekulationen an ihm vorbei, über ihn hinweg, und es ist diese Tatsache, die mich über das Verbrechen selbst hinaus, verstört.

Wir alle, alle wissen: Es ist der Segen und das Kreuz des Rechtsstaates, daß er auch die rechtmäßig behandeln muß, die sich gegen das Recht vergangen, das Gesetz gebrochen haben, ob als Mörder oder Diebe, als Entführer oder Betrüger. Das Recht steht über Stimmungen, Volksmeinungen, Umfragen, Statistiken, es steht über Schlagzeilendemagogie und tagespolitischer Spekulation. Das «gesunde Volksempfinden» hat sich in der Geschichte meistens als krank erwiesen, und nicht nur im Lande der häßlichen Deutschen. Wenn es – außer ihrem erklärten Ziel – das Ziel der Terroristen ist, innenpolitische Konfrontation zu schaffen, so sind sie auf dem besten Wege, dieses Ziel zu erreichen. Es geht hier nicht um polizeitechnische, kriminalistische Maßnahmen, es geht um eine Welle von Verdächtigungen, die hochschwappen kann, hochgepeitscht bis in die Wahlkämpfe hineinschlagen wird; im «gesunden Volksempfinden», diesem unermeßlichen Reservoir, verbergen sich viele Wählerstimmen. Und es gibt natürlich nicht nur solche, die begehrlich Stimmung machen, auch solche, die sich als Märtyrer dieser Stimmung ihre Rolle wünschen; unzählige aber gibt es, die, wie ich es gerade über Helga Nowak in den «Nürnberger Nachrichten» lese, als «Anarchistenhelfer» nachbarschafts- und heimatvertrieben werden. Es wäre wohltuend, etwa im «Bayernkurier» oder in der «Welt» – aufs «Deutschlandmagazin» wage ich nicht zu hoffen – Fälle ähnlicher und weniger prominenter Art ohne heimliche oder offene Genugtuung analysiert zu sehen.

Wenn man, wie Herr Maihofer ankündigt, die «geistige Auseinandersetzung» beginnt, sollte man sich nicht länger auf die falsche Alternative: Verbrecher – irregeleitete Idealisten stützen. Manch einer ist aus Idealismus zum Mörder und Verbrecher geworden; man sollte «Schuld und Sühne» noch einmal lesen, oder auch «Michael Kohlhaas», oder, wenn das als zu anstrengend empfunden wird, braucht man nur in einen Western hineinzuschauen, wo idealistisch motivierte Materialisten etwa bei einer Gefangenenbefreiung deren Wächter kaltblütig ermorden.

Wir sollten aus unserer Geschichte wissen, daß der Gegensatz Verbrecher – Idealist keiner ist. Ich weiß nicht, wie viele, wahrscheinlich Hunderttausende, aus Idealismus Nazis geworden sind; sie sind nicht alle Verbrecher geworden, und es sind nicht alle Verbrecher, die in der Naziwelle mitschwammen, Idealisten gewesen; es gibt da Mischungen, Übergänge, und es gibt – nicht nur in den Ländern, wo die häßlichen Deutschen wohnen – krude Formen des Materialismus, die einen jungen Menschen zum Idealisten machen können, ohne daß er ins Verbrecherische absinken muß. So einfach jedenfalls ist die Alternative nicht; es hat keinen Sinn, die geistige Auseinandersetzung auf diesem Niveau zu beginnen. Wenn alle, aber auch alle Vorschläge zur Behebung der Arbeitslosigkeit in einer Aufforderung zum Konsum bestehen (irgendeiner sprach sogar vom «fröhlichen Konsumieren»), wird es immer mehr «Idealisten» geben; ob sie irregeleitet werden, hängt von uns ab, von uns allen, ganz gleich, wie wir uns definieren, und es wäre nicht nur bedauerlich, es wäre verhängnisvoll, wenn sich «linke» und «rechte» Festungen bildeten.

Während ich dies schreibe, ist das Schicksal von Herrn Schleyer noch ungewiß (Informationsstand vom Mittag des 13. 9. 1977). Ich hoffe, daß er wohlbehalten bei seiner Familie ist, wenn dieser Artikel erscheint.

16. September 1977

Herbert Marcuse

Mord darf keine Waffe der Politik sein

In ihrer Stellungnahme zum Terror in der Bundesrepublik muß sich die Linke zunächst von zwei Fragen leiten lassen: 1. Können die terroristischen Aktionen zur Schwächung des kapitalistischen Systems beitragen? 2. Sind diese Aktionen gerechtfertigt vor den Forderungen revolutionärer Moral? Ich muß auf beide Fragen eine negative Antwort geben.

Die physische Liquidierung einzelner Personen, selbst der prominentesten, unterbricht nicht das normale Funktionieren des kapitalistischen Systems selbst, wohl aber stärkt sie sein repressives Potential – ohne (und das ist das Entscheidende) die Opposition gegen die Repression zu aktivieren oder auch nur zum politischen Bewußtsein zu bringen.

Gewiß, diese Personen repräsentieren das System: aber sie *repräsentieren* es nur. Das heißt, sie sind ersetzbar, auswechselbar, und das Reservoir für ihre Rekrutierung ist fast unerschöpflich.

Die Erzeugung von Unsicherheit und Angst in der herrschenden Klasse ist kein revolutionärer Faktor angesichts des schreienden Mißverhältnisses zwischen der im Staatsapparat konzentrierten Gewalt einerseits und der Schwäche der von den Massen isolierten terroristischen Gruppen andererseits. Unter den in der Bundesrepublik herrschenden Bedingungen (die der präventiven Gegenrevolution) ist daher die Provozierung dieser Gewalt destruktiv für die Linke.

Es mag Situationen geben, wo die Beseitigung von Protagonisten der Repression wirklich das System verändert – wenigstens in seinen politischen Manifestationen – und die Unterdrückung liberalisiert (zum Beispiel das erfolgreiche Attentat auf Carrero Blanco in Spanien; vielleicht auch die Tötung Hitlers). Aber in beiden Fällen war das System bereits in der Phase des Zerfalls, eine Situation, die in der Bundesrepublik sicherlich nicht existiert.

Aber der marxistische Sozialismus steht nicht nur unter dem Gesetz des revolutionären Pragmatismus, sondern auch der revolutionären Moral. Das Ziel: der befreite Mensch, muß in den Mitteln erscheinen. Revolutionäre Moral verlangt, solange die Möglichkeiten dafür bestehen, den offenen Kampf – nicht die Verschwörung und den hinterlistigen Überfall. Und der offene Kampf ist der Klassenkampf. In der Bundesrepublik und nicht nur dort ist die radikale Opposition gegen den Kapitalismus heute zum großen Teil von der Arbeiterklasse isoliert: Die Studentenbewegung, die «deklassierten» Radikalen der Bourgeoisie, die Frauen suchen die ihnen eigenen Formen des Kampfes. Die Frustrierung ist kaum erträglich: Sie entlädt sich in Terrorakten gegen Personen – in Aktionen, die von Individuen und kleinen isolierten Gruppen ausführbar sind.

Diese Individualisierung des Kampfes stellt die Terroristen vor die Frage der Schuld und Verantwortung. Die von den Terroristen als Opfer gewählten Vertreter des Kapitals sind ihnen für den Kapitalismus verantwortlich, wie Hitler und Himmler verantwortlich waren für die Konzentrationslager. Das macht die Opfer des Terrors nicht unschuldig – aber ihre Schuld kann nur gesühnt werden durch die Abschaffung des Kapitalismus selbst.

Ist der Terror in der Bundesrepublik eine legitime Fortsetzung der Studentenbewegung mit anderen Mitteln, angepaßt an die intensivierte Repression? Auch diese Frage muß ich negativ beantworten. Der Terror ist vielmehr ein Bruch mit dieser Bewegung. Die Apo war, mit allen Vorbehalten in bezug auf ihre Klassenbasis, eine Massenbewegung im internationalen Maßstab und mit einer internationalen Strategie: Sie bedeutet einen Wendepunkt in der Entwicklung der Klassenkämpfe im Spätkapitalismus: nämlich die Proklamation des Kampfes für die «konkrete Utopie», für den Sozialismus als qualitativ verschiedene, alle traditionellen Ziele übersteigende und doch reale

Möglichkeit. Die Bewegung schreckte nicht zurück vor der offenen Konfrontation, aber in ihrer großen Majorität verwarf sie den konspiratorischen Terror. Dieser ist nicht ihr Erbe: Er bleibt der alten Gesellschaft verhaftet, die er doch stürzen will. Er arbeitet mit ihren Waffen, die doch nicht ihren Zweck erfüllen. Zugleich spaltet er die Linke noch einmal zu einer Zeit, wo die Zusammenfassung aller oppositionellen Kräfte geboten ist.

Gerade weil die Linke diesen Terror verwirft, hat sie es nicht nötig, in die bürgerliche Verfemung der radikalen Opposition einzustimmen. Sie spricht ihr autonomes Urteil im Namen des Kampfes für den Sozialismus. In diesem Namen spricht sie ihr «Nein – das wollen wir nicht». Die Terroristen kompromittieren diesen Kampf, der doch auch ihr eigener ist. Ihre Methoden sind nicht die der Befreiung – nicht einmal die des Überlebens in einer Gesellschaft, die für die Unterdrückung der Linken mobilisiert ist.

16. September 1977

Rudi Dutschke

Kritik am Terror muß klarer werden

Im *Stern* wurde vor Monaten ein erst erwünschter Beitrag von mir über die sozialistische Kritik von Desperado-Aktionen nicht veröffentlicht. In ihm heißt es: «Als in Spanien der Franco-Minister Carrero terroristisch in die Hölle gejagt wurde, da atmete ein großer Teil eines ganzen Volkes auf, half der Anschlag das Ende der Despotie voranzutreiben.»

Unter unseren gesellschaftlichen Bedingungen ist die Lage völlig anders. Jede *Terroraktion* bei uns dagegen macht die geringe gesellschaftliche Luft noch enger und *vernebelt* ungeheuer die realen Widersprüche und politischen Klassenkampfmöglichkeiten.

In Spanien ist gewissermaßen ein Beginn der bürgerlichen Gesellschaft politisch und ökonomisch festzustellen. Jenen Spielraum freimachend, den die Arbeiterklasse und ihre Verbündeten benötigen, um die Sozialismusfrage angemessen stellen zu können.

Wir in der Bundesrepublik sind nicht am Beginn, wir sind viel eher in einer Endphase des bürgerlichen Rechtsstaates, der in einer tiefen Krise steckt.

Buback und seine Mitarbeiter saßen an zentralen Stellen, um gesellschaftlich unkontrollierte Macht auszuüben. Sie waren, um mit Marx zu sprechen, «gesellschaftliche Charaktermasken». Entfremdete Menschen – aber Menschen und nicht abzuschießende Schweine.

Als Sozialist bekämpfe ich die Vertreter der herrschenden Klasse politisch und den außerparlamentarischen und parlamentarischen Möglichkeiten gemäß – nicht mit der sich von der Bevölkerung abwendenden Methode des individuellen Terrors. Wenn Che Guevara sagt: «Schaffen wir zwei, drei, viele Vietnams», so hatte das einen tiefen sozialrevolutionären Sinn. Die Geschichte hat der Parole recht gegeben. Wenn verzweifelte oder beauftragte Desperados schreiben: «Schafft viele revolutionäre Zellen! Schafft viele Bubacks», so kann der Sozialist nur sagen: Höher kann die Zerstörung der kritisch-materialistischen Vernunft nicht mehr gehen.

1967 sprachen wir unzweideutig von Mord gegen Benno Ohnesorg.

Für Sozialisten und Kommunisten demokratischen Typus, die weder ein Bein in Moskau noch eins in Peking haben, ist das in den siebziger Jahren nicht anders geworden.

Nur zu gerne finden die herrschenden Parteien den sogenannten geistigen Nährboden des Terrorismus. Wieder sollen die Linken an den Universitäten und anderswo die letzte intellektuelle Verantwortung für den individuellen Terror «tragen». Die emanzipativ orientierte Intelligenz in die Mitgliederschaft oder den Sympathisantenkreis des individuellen Terrors einzuordnen, kann nur als Intellektuellen-Jagd verstanden werden.

Warum versucht man sich mit allen Tricks von dem Problem des sozialen Nährbodens terroristischer anderer Erscheinungsformen davonzustehlen? Wie kann man eigentlich einen «Terrorismus austrocknen», wenn auch sozialökonomisch und sozialpsychologisch Boden dafür geschaffen wird?

Was heißt das für uns Sozialisten? Unsere Kritik und Schärfe der Auseinandersetzung mit dem individuellen Terrorismus muß deutlicher als vorher werden. Wenn der Rahmen der objektiven Möglichkeiten in der anstehenden Zeit nicht genutzt wird, so wird das grauenhafte Spiel, das in der Tat kein Spiel mehr ist und nie eins sein konnte, einen Fortgang auf erhöhter Stufenleiter finden. Gerade um der bürgerlichen Demokratie den letzten Boden wegzunehmen – ohne im geringsten eine revolutionäre Situation für die Linken und deren Sympathisanten zu schaffen. Im Gegenteil: Wir werden uns zum größten Teil entweder in neuen Lagern oder im Exil wiedertreffen. Soll dort erst der Desperado davon überzeugt werden, daß der individuelle Terror der Pervertierung des politischen Kampfes dient, er ein brauchbares Objekt der herrschenden Klasse war? Oder ist es schon lange kein sozialistisches Ziel mehr, was die Terroristen bewegt? Letzteres ist nicht auszuschließen. Denn in ihren Argumentationen und Diskussionen, soweit sie überhaupt von außen durchschaubar und erkennbar sind, gibt es die Frage der sozialen Emanzipation der Unterdrückten und Beleidigten schon lange nicht mehr. Der individuelle Terror ist der Terror, der später in die individuelle despotische Herrschaft führt, aber nicht in den Sozialismus. Das war nicht unser Ziel und wird es nie sein. Wir wissen nur zu gut, was die Despotie des Kapitals ist, wir wollen sie nicht ersetzen durch Terrordespotie.

21. Oktober 1977

Theo Sommer

Frisch gewagt – erst halb gewonnen

Solche Augenblicke hat es in unserer Nachkriegsgeschichte wenige gegeben. Ein Aufatmen ging am Dienstag durch das Land, den Menschen fiel hörbar eine Last von der Seele, die Bürger fanden sich in der Solidarität gemeinsamer Gemütsbewegung. Die Ankunft der befreiten Geiseln in Frankfurt, die Gedenkfeier für den ermordeten Lufthansa-Kapitän, die Rückkehr des Grenzschutz-Kommandos und Hans-Jürgen Wischnewskis aus Mogadischu – diese Szenen konnten niemanden ungerührt lassen.

Und in die Erleichterung mischte sich Stolz: Bürgerstolz auf die Bundesrepublik Deutschland. Unser Staat hatte sich der Herausforderung eines ruchlosen Gegners erwehrt, aber er versagte sich jede triumphierende Geste und beschied sich mit knappster Feierlichkeit. Defiliermarsch, Deutschlandlied, jawohl, aber das wagemutige Einsatzkommando trat in zwanglosem Rocker-Zivil an, mannhafte Umarmungen wurden nicht unterdrückt – nichts hätte eindrucksvoller, wohltuender das Selbstverständnis der Republik widerspiegeln können als diese unpathetische Art.

In die Erleichterung mischten sich freilich auch Trauer, nachträgliches Erschrecken – und die Einsicht, daß im Kampf gegen den Terrorismus eine Schlacht gewonnen worden ist, aber noch nicht der Feldzug.

Die Geiseln von Mogadischu sind frei, die meisten unversehrt. Einer aber, Flugkapitän Jürgen Schumann, hat die Düsen-Odyssee nicht überlebt. Er war den Terroristen bereits entkommen, begab sich jedoch todesmutig wieder in die Maschine, damit die «Landshut» nicht mit allen Insassen brutal gesprengt werde, wie es die Entführer – Ultimatum im Ultimatum – für den Fall angedroht hatten, daß er nicht zurückkehre. Wenig später erschossen sie ihn vor aller Augen, da er sich weigerte, mit beschädigtem Fahrwerk aufs neue zu starten. Die Nation verneigt sich vor dem tapferen Mann. Seiner Familie gehört unser ganzes Mitgefühl. Wer sagt denn, daß eine demokratische Epoche nicht auch ihre Helden hervorbringt?

Die politisch Verantwortlichen – und das hieß in diesem Falle: nicht nur die Bundesregierung, sondern auch die vier Parteivorsitzenden, die Vorsitzenden der Bundestagsfraktionen und vier Länderchefs – haben ihre Entscheidung, die Geiselmaschine stürmen zu lassen, «gemeinsam und einmütig» getroffen. Sie wußten, daß sie ein hohes Risiko eingingen. Die «Landshut» hätte mitsamt Passagieren, Besatzung und Terroristen in die Luft gejagt werden können; oder es hätte zwanzig Tote geben können. Daß außer den Gangstern niemand ernstlich zu Schaden kam, war der glücklichste aller denkbaren Ausgänge des Unternehmens, nicht der wahrscheinlichste. Wäre es schlimmer gekommen – nun, der Krisenstab hat es offen gesagt, dann «wären uns viele kritische Fragen gestellt worden.»

Aber die Erstürmung der «Landshut» war die unausweichliche Konsequenz des Entschlusses, den der Bundeskanzler schon von Anbeginn des Falles Schleyer gefaßt und in den Beratergremien auch durchgesetzt hatte: den Terroristen nicht nachzugeben, ihre Forderungen nicht zu erfüllen. Wenn die Regierung hart blieb, so mußte sie doch gerade deswegen das Äußerste tun, um das Leben der Geiseln zu retten – danach trachten also, Hanns-Martin Schleyer zu finden und freizuschießen, und versuchen, die Lufthansa-Gefangenen gewaltsam zu befreien. Allein in der Aktion – und der Chance ihres Gelingens – lag die moralische Rechtfertigung der Härte.

An Helmut Schmidts Seite fanden sich dabei in den vergangenen sechs Wochen auch viele, die noch bei der Lorenz-Entführung zu Nachgiebigkeit geraten hatten. Die Unterschiede der beiden Fälle ließen sich ja nicht übersehen. Nicht länger war die Annahme vertretbar, es handele sich bei der Entführung in erster Linie um eine Solidaritätsaktion für die inhaftierten «Genossen», die sich nach ihrer Freipressung einem stillen Gangster-Ruhestand ergeben würden – inzwischen wissen wir, daß sie wiederkommen und weitermorden. Ferner drehte es sich Anfang September nicht um die Freipressung von wenigen Randfiguren der Terrorszene, sondern um deren denkendes, lenkendes Zentrum. Schließlich ging es diesmal nicht darum, daß sich der Staat zähneknirschend in einmalige Hilflosigkeit schicke – er soll die gesamte Fahndung einstellen und sich damit zu permanenter Wehrlosigkeit verpflichten; nach einem vierfachen Mord obendrein.

Diese Überlegungen waren so zwingend wie fürchterlich. Darin lag die Entscheidung beschlossen, Hanns-Martin Schleyers Lebenschance notfalls zu opfern, um die Lebenschancen der Gesamtheit aller Bürger zu verteidigen. So deutlich konnte, durfte das zuvor nicht gesagt werden. Seit Mogadischu ist es offenkundig. Die Bundesregierung, die sich weigerte, um 87 Menschenleben willen die Terroristen freizulassen, wird es auch nicht für Schleyer tun. Es bleibt ihr nur, weiter nach ihm zu fahnden und zugleich an seine Entführer zu appellieren, den Gefangenen freizugeben.

Nach dem Raub der Lufthansa-Boeing hätte man eine Zeitlang denken mögen, der Kanzler und seine Berater würden es aufs letzte nicht ankommen lassen. Doch blieben sie unbeirrt. Wissend, daß jegliches Handeln in dieser Lage das Risiko barg, sie in Schuld zu verstricken, entschlossen sie sich, an ihrer Linie festzuhalten. Die Vorstellung, in welch eisiger Einsamkeit die Verantwortlichen sich dabei bewegten, macht den Bürger im nachhinein schaudern; doch ist es der Schauder der Ehrfurcht, des Respektes, der sich da rührt.

Helmut Schmidt zitiert gern Max Webers Aufsatz «Der Beruf zur Politik». Er mag in diesen Tagen zuweilen an den Satz gedacht haben, der dort steht: daß alles Tun, zumal aber das politische Tun, in Tragik verflochten sei. In der Krise hat er bewiesen, was nach Max Weber den Staatsmann ausmacht: «die geschulte Rücksichtslosigkeit des Blickes in die Realitäten des Lebens und die Fähigkeiten, sie zu ertragen und ihnen innerlich gewachsen zu sein».

Der Bürde der Verantwortung innerlich gewachsen sein: dazu gehört nicht nur, das für notwendig Erachtete durchzusetzen. Dazu gehört auch, sich gegen die Versuchung zu feien, im Notstand die Grenzen staatlichen Handelns auszuweiten. Das Problem ist ernst und wirklich; Ernst Albrecht hat es mit seinen Überlegungen über die Zulässigkeit der Folter in Extremsituationen vor zwei Jahren öffentlich angeschnitten. Es muß Augenblicke gegeben haben in der jüngsten Krise, wer weiß, wo auch die in Bonn Verantwortlichen von der Empörung der Ohnmacht an diesen ungeheuerlichen Punkt gesteuert wurden.

Folkerts foltern, um Schleyer aufzuspüren? Die Stammheimer in die scharfe Frage nehmen, um sie zum Reden zu bringen? Der Kanzler und seine Berater haben derlei Versuchungen, wenn sie denn je sich regten, weit von sich gewiesen. Sie wissen, wo es endete, wenn man erst einmal damit anfinge. Es blieb der einst liberalen *Frankfurter Allgemeinen* überlassen, in einem Anfall hysterischen Kapitulantentums die zwischen Staat und Terroristen bestehende Ungleichheit der Kampfmittel zu beklagen und nach einem «Notrecht gegen Terroristen» zu jammern, in Wendungen, die jeder, der Deutsch kann, nur als Ruf nach der Folter und standrechtlicher Erschießung verstehen darf. Gott soll schützen, daß solche Philosophen je Könige werden.

Noch ist der Kampf gegen den Terrorismus nicht zu Ende. Das Drama Hanns-Martin Schleyers geht weiter. Die RAF lebt, obwohl Andreas Baader, Gudrun Ensslin und Jan-Carl Raspe Selbstmord begangen haben – ein neues Zeugnis übrigens für die stupende Unfähigkeit der Stuttgarter Justizverwaltung, daß so etwas passieren konnte, und wie es passieren konnte.

Die Freunde derer, die über «Isolationslöcher» klagen und selber achtzig Unschuldige tagelang im Kabinenkäfig eines Düsenjets einsperren; die dem Staate Brutalität vorwerfen und selber unmenschlich handeln; die über das «bigotte Mörderkartell aus Justizministern, Richtern, Staatsanwälten und Bullen» zetern und selber kaltblütig morden – sie werden bald genug auf den Plan treten und der Obrigkeit abermals vorbedachten Mord an Häftlingen vorwerfen.

Vor allem aber: Die Bandenmitglieder, die noch auf freiem Fuße sind, werden es tun. Und sie haben ja in dem Brief, in dem sie sich Anfang September zu dem versuchten Raketenanschlag auf die Bundesanwaltschaft in Karlsruhe bekannten, bereits gedroht: «Sollte einer der Gefangenen ermordet werden – und der Tod in der Isolationszelle ist nichts anders als Mord – werden wir sofort im In- und Ausland antworten. Sollten Andreas, Gudrun und Jan getötet werden, werden die Apologeten der harten Haltung spüren, daß das, was sie in ihren Arsenalen haben, nicht nur ihnen nützt, daß wir viele sind und daß wir genug Liebe – also Haß und Phantasie haben, um unsere und ihre Waffen so gegen sie einzusetzen, daß ihr Schmerz unserem entsprechen wird.» Allzu leicht ließe sich diese Drohung an dem verschleppten Arbeitgeberpräsidenten Schleyer wahrmachen.

Derlei Erwägungen müssen genügen, alle «klammheimliche Freude» über die Stammheimer Selbstmorde im Ansatz zu ersticken; sich auch böse Zeilen zu versagen, wie sie der Deutschland-Fresser Erich Fried auf den ermordeten Generalbundesanwalt Buback dichtete: *«Was er getan hat / im Leben / davon wurde mir kalt ums Herz / Soll mir nun warm ums Herz werden / durch seinen Tod?»* Es steht zu befürchten, daß der Tod der Drei bei ihresgleichen nicht Einsicht wekken und Umkehr bewirken wird, sondern die Herzen bloß noch mehr verhärtet – daß aus ihrem Sterben neue Morde wachsen.

Deswegen wird es nötig sein, sich zu wappnen. Das Erlebnis nationaler Gemeinsamkeit und Gemeinschaftlichkeit nach der Geiselbefreiung von Mogadischu hat unserem Volke gutgetan. Aber wir werden auch brauchen, was uns da an Solidarität zugeflogen ist. Die erste Euphorie wird nicht lange anhalten. Die Gemütsübereinkunft der Demokraten muß sich erst noch bewähren: als Festigkeit des Herzens im Kampf gegen alle, die mit Morden oder mit Worten eine andere Republik schaffen wollen als jene, die sich in den jüngsten Krisenwochen so achtenswert geschlagen hat, wie das fehlsamen menschlichen Einrichtungen überhaupt gegeben ist.

1978

12. Mai 1978

THEO SOMMER

Die Bürde der Vergangenheit

Hans Karl Filbinger, Ministerpräsident des Landes Baden-Württemberg, hat also in Norwegen nicht nur drei Wochen nach der Kapitulation des Deutschen Reiches den aufsässigen Obergefreiten Petzold, der sich die Hakenkreuzabzeichen von der Uniform trennte, wegen Verstoßes gegen die Manneszucht und Gesinnungsverfalls zu sechs Monaten Gefängnis verurteilt. Er hat als Marinerichter kurz vor Kriegsende auch an einem Bluturteil mitgewirkt und dessen Vollstreckung an dem 22jährigen Matrosen Walter Gröger als leitender Offizier persönlich überwacht. Leute, die es wissen könnten, sind der Ansicht, daß die Akten noch manchen ähnlichen Fall bergen.

Anlaß zur Treibjagd auf Filbinger? Keineswegs. Wohl aber: Anlaß zum Nachdenken über geschichtliche Schuld, moralische Lauterkeit und politische Erträglichkeit. Ein undankbares, quälendes Thema in unserem Lande.

Wer wollte von den Älteren den ersten Stein werfen – haben nicht die allermeisten irgendwie und irgendwo dem verbrecherischen Regime Hitlers gedient: Beamte, Offiziere, Professoren, Industrielle, Richter und Journalisten? Und wer von den Jüngeren dürfte schon mit Gewißheit von sich behaupten, daß er die Kraft besessen hätte, dem Räderwerk des Systems zu widerstehen? Da kann niemand den Weltenrichter spielen wollen. Ein jeder muß sich schaudernd sagen: *There but for the grace of God go I ...*

Auch können wir eine dritte Entnazifizierung nicht wirklich wollen. Die erste, von den Alliierten angeordnete, versackte in blindem Schematismus und wurde rasch von der Gastsiegerpose abgelöst, in die wir uns nach dem Beginn des Kalten Krieges werfen durften. Die zweite gab es anderthalb Jahrzehnte nach Kriegsende, eine kleine Säuberungswelle, die ein paar Minister und höhere Beamte ereilte. Oberländer und Krüger, Schrübbers und eine Reihe von Nazi-Richtern, die sich vorzeitig in Pension begaben. Ansonsten jedoch blieb es bei der großen Aussöhnung, der verzeihenden Integrierung der einstigen Hitler-Anhänger, sofern sie keine Verbrechen begangen hatten.

Und wer vermöchte schon mit der nötigen Trennschärfe zu urteilen, wo es nicht um kriminelle Schuld geht, sondern um moralische Schuld? Was ist denn schlimmer: die Dissertation grünschnäbeliger Juristen wie des vor kurzem gestolperten niedersächsischen Justizministers Puvogel, der Hitlers Justiz antrug, «großzügig» die Entmannung gefährlicher Sittlichkeitsverbrecher «durchzuführen», und des hessischen Landesarbeitsgerichtspräsidenten Joachim, der sich – nicht mehr oder minder korrupt als mancher heutige Dissertationsschreiber – der Herrenrassen-Ideologie verschrieb; oder der Todesurteils-Antrag eines 31jährigen Marinestabsrichters, der selbst dann, wenn man die Verworrenheit der Zeitläufte in Betracht zieht, nicht anders denn grausam genannt werden kann, rechtens zwar, doch schreiendes Unrecht, obendrein durch schnöden verwaltungsmäßigen Vollzug zur Unmenschlichkeit gestempelt, wo Bemühung, Mannhaftigkeit, vielleicht schon ein wenig Schläue genügt haben könnten, das nur scheinbar Unabwendbare abzuwenden?

Gleichwohl müssen wir uns im Umgang mit unserer Vergangenheit vor Fahrlässigkeit hüten, dürfen wir nicht einfach fünfe gerade sein lassen. Wenigstens von den führenden Staatsmännern unserer Republik müssen wir ein Mindestmaß an moralischer Lauterkeit verlangen. Und moralische Lauterkeit, auf gut deutsch, bedeutet: Einer muß das Glück gehabt haben, damals nicht in Schuld verstrickt zu werden, oder er muß, ist er verstrickt worden, heute die Demut aufbringen, es wenigstens zuzugeben. Doch nie hat man von Filbinger ein nachdenkliches, warnendes Wort vernommen wie das von Herbert Wehner: «Glaubt einem Gebrannten!»

Was den Fall des Hans Karl Filbinger so vertrackt macht, ist der Umstand, daß der Mann in der Tat nicht aus dem Geiste des Nazismus schuldig geworden ist. Damit es auch der letzte Referent in jenem Stuttgarter Staatsministerium begreift, das so fleißig und beflissen Persilscheine für den Ministerpräsidenten unters Volk streut: Hier soll nicht behauptet werden, Filbinger sei ein Nazi gewesen oder kein Anti-Nazi. Wir lassen gelten, was er in seinem larmoyanten Unschuldsgebaren Mal um Mal beteuert: daß er wegen antinazistischer Gesinnung 1933 aus der Studienstiftung des Deutschen Volkes ausgeschlossen wurde; daß er dem als regimefeindlich bekannten Freundeskreis um Reinhold Schneider angehörte; daß ihm deswegen bei der ersten juristischen Staatsprüfung Vorhalte gemacht wurden; daß ihm 1938 wegen politischer Unzuverlässigkeit verwehrt wurde, eine Stellung bei der Deutschen Handelskammer in Paris anzutreten. Und es soll auch gelten, daß er als Richter in einzelnen Fällen Milderung erwirkt hat.

Bloß besagt all dies nicht viel. Es dreht sich ja nicht darum, Filbinger Nazismus anzuhängen. Es dreht sich um die Feststellung, daß er, der Nichtnazi, der Antinazi, als Marinestabsrichter ein Als-ob-Nazi war: Er handelte, als ob er Nazi gewesen wäre. Ein Blutordensträger hätte Hitler nicht besser bedienen können (und hätte ja gewiß ebenfalls ein paar Fälle vorzuweisen, die er heute in ein Plädoyer auf mildernde Umstände einbauen könnte). Reinhold Schneider, seit zwanzig Jahren tot, hilft da nicht weiter. Der Ungeist, der aus Filbingers Urteilen spricht, die wir kennen, dem Manneszucht-Urteil und dem Gröger-Urteil (und vermutlich aus jenen, die wir nicht kennen) – es war nicht der nazistische Ungeist, doch war es gleichwohl Ungeist: reaktionär, unreflektiert traditionsgebunden, auf Ordnung im Glied um jeden Preis eingeschworen. Filbinger war ein Durchführer des Führers, wie Rolf Hochhuth formuliert hat. Er war ein Diener des Terrorstaates, ein Pflichterfüller im Befehlsverband; aus anderen Gründen, doch mit demselben Ergebnis.

Und so paradox dies klingen mag: Wäre Filbinger damals SS-Obersturmbannführer gewesen, und hätte er sich inzwischen vom Irrtum seiner frühen Jahre abgekehrt, es ließe sich leichter für ihn eintreten als so, das er sich in keinem Punkte gewandelt hat, sondern in allem nur immer bestätigt sieht. Er wehrt jede Schulderfahrung ab. Er gibt sich – Erhard Eppler hat da ganz recht – dem Genuß eines «pathologisch guten Gewissens» hin. Er lenkt, die Vergangenheit entwirklichend, mit Richtersprüchen über sein damaliges Denken von seinem damaligen Tun ab. Daß er an der Gemeinheit der Gewalt teilgenommen hat, verdichtet sich bei ihm nie zum Bekenntnis der Verstrickung. Er bleibt dem Obrigkeitsstaat hörig. Die politischen Umstände haben sich gewandelt; Filbinger hat sich nicht verändert.

Es führt in der Tat eine gerade Linie von Gröger-Urteil und Manneszucht-Verdikt zu dem Filbinger von heute: damals kein Nazi, heute nur ein obrigkeitlicher Demokrat. Er ist ein Mann von *law and order* geblieben: Zucht und Ordnung, sagte er früher, Ordnung und Recht heute; richtig übersetzt werden müßte wohl: rechts und Ordnung. Die schärfste Praxis des Radikalenerlasses im ganzen Lande wollte er zum Muster einer bundesweiten Regelung machen; von seiner Gesinnungspolizei ließ er armen Schweinen von Studenten Hilfsjobs in der Konstanzer Universitätsbibliothek verwehren, bloß weil sie als Oberschüler zum Schulstreik aufgerufen hatten. Im Streit mit seinen Universitätsprofessoren versuchte er eine Zeitlang, die Freiheit der Lehre unter die Fuchtel des Beamtenrechts zu stellen. Die Sozialdemokraten sind in seinen Augen Umstürzler. Zur Abwehr des Terrorismus – «Hier klafft eine Lücke!» – verlangte er dauernd neue, schärfere Gesetze, obwohl doch seine Verwaltung nicht einmal in der Lage war, die vorhandenen Gesetze ordentlich anzuwenden: «Wir werden uns keine Laxheit leisten.» Der Matrose Gröger, der Obergefreite Petzold haben am eigenen Leibe erfahren, wo solches Denken herkommt und wo es hinführt.

Und das ist der Punkt. Es geht nicht um Parteipolitik. Es geht um die Grundwerte unserer Gemeinschaft, von denen Hans Karl Filbinger so gern redet. Am Ende geht es um die sehr persönliche Frage, wie einer mit sich selbst und unserer Demokratie im reinen leben kann, der in Oslo hat vorführen, erschießen, «sargen» und abtransportieren lassen. Ist das eigentlich beides zugleich möglich, ist es menschlich, im Amte zu bleiben und keinerlei Einsicht, keinerlei Reue zu zeigen? Müßte Filbinger nicht zurücktreten – oder aber zu Mutter Gröger nach Langenhagen fahren und für die eigene Person jenen läuternden Kniefall vor der Vergangenheit tun, den Willy Brandt in Warschau für das ganze deutsche Volk vollzogen hat?

Nicht jedem mag dies gegeben sein. Aber schon die geringste Spur von Demut, von Einsicht, von Erschütterung wäre überzeugender als die eherne Selbstgewißheit und Selbstgerechtigkeit des Unerschütterlichen. Es hieße dies auf jeden Fall, Menschlichkeit über Juristerei stellen, hieße die Erinnerung an das Unmenschliche fruchtbar machen; hieße die sterile Beschwörung der Sittengesetze in einen befreienden Akt des Gewissens verwandeln.

Wollte Gott, es gäbe noch Philosophen hierzulande, die über Schuld, Scham und Sühne redeten wie einst Karl Jaspers nach dem Kriege; die Leitartikler könnten dann schweigen. So bleibt ihnen nur das Eingeständnis der Verlegenheit: Es gibt keine befriedigende Antwort auf die Fragen aus der Vergangenheit. Was immer Filbinger tut – es bleibt die Last des Gestern, die wir in unser Morgen mitschleppen. Allenfalls können wir, kann er uns die Bürde ein wenig erleichtern: indem wir bewältigen, anstatt zu verdrängen; erkennen, anstatt zu blenden; uns durch Wahrhaftigkeit mit der Wirklichkeit versöhnen, anstatt sie rechthaberisch zu leugnen.

21. Juli 1978

Hans Schueler

Im Zweifel für die Meinungsfreiheit

Der Ministerpräsident von Baden-Württemberg, Hans Karl Filbinger, hat seinen Prozeß gegen Rolf Hochhuth und die *ZEIT* verloren. Am Donnerstag letzter Woche wies die 17. Zivilkammer des Landgerichts Stuttgart die Unterlassungsklage ab, mit der Filbinger die Wiederholung des Satzes verbieten lassen wollte, er sei ein «furchtbarer Jurist» gewesen, der «sogar noch in britischer Gefangenschaft nach Hitlers Tod einen deutschen Matrosen mit Nazi-Gesetzen verfolgt hat».

Das Urteil gibt uns keinen Anlaß, einen Sieg zu feiern – es sei denn einen Sieg des Rechts auf freie Meinungsäußerung, wie es das Grundgesetz in seinem Artikel 5 verbürgt. Die Filbinger-Entscheidung reiht sich ein in eine lange Folge von Urteilen, die dieses verbriefte Recht im Laufe von nahezu zwanzig Jahren angereichert und unterfüttert haben. Dabei wurde nach und nach deutlich, daß die Meinungsfreiheit Vorrang gegenüber dem Ehrenschutz einzelner Personen hat, wenn es um wichtige öffentliche Belange geht und sachliche Anhaltspunkte dafür vorliegen, daß der Betroffene nicht schnöde geschmäht werden soll. Das Stuttgarter Urteil liegt auf dieser Linie, wenn es zugunsten der Beklagten feststellt: «Sie haben für ihre Wertung ausreichend sachliche Bezugspunkte angeführt, so daß die erhobenen Vorwürfe ... nicht als Schmähung anzusehen sind.»

Ehrenschutz-Prozesse erzeugen leicht den Anschein, als sei in einem gerichtlichen Beweisverfahren die Wahrheit ermittelt worden. Doch es geht dabei nicht um Wahrheit, sondern nur um die Abgrenzung der politischen Kampfarena, innerhalb derer Meinungsgegner den Kampf um die Wahrheit mit anderen als juristischen Mitteln austragen dürfen. So hat auch die Stuttgarter Kammer sich in ihrem Urteil sauber in den zwar schmalen, aber präzise markierten Spuren einer höchstrichterlichen Rechtsprechung gehalten, die seit knapp zwanzig Jahren der Meinungsfreiheit ihren gleichrangigen und, in öffentlichen Angelegenheiten, ihren vorrangigen Platz gegenüber den Belangen des persönlichen Ehrenschutzes einzuräumen bemüht ist. Es hat insofern keinen neuen rechtlichen Markstein gesetzt. Seine rechtspolitische Bedeutung indes ist kaum zu überschätzen: Hier haben drei Richter, deren Ernennungsurkunden die Unterschrift des Ministerpräsidenten Filbinger tragen, die äußere und innere Unabhängigkeit der rechtsprechenden vor der regierenden Gewalt jedermann glaubhaft vor Augen geführt.

Das Gericht hatte nicht die Frage zu beantworten, ob Hochhuths Wertung des Filbingerschen Verhaltens während der Kriegszeit und in den Monaten danach «richtig» war. Dies wäre auf den untauglichen Versuch hinausgelaufen, eine im politischen Raum geäußerte Meinung durch eine richterliche zu ersetzen oder zu widerlegen. Die Aufgabe der Gerichte als Schiedsrichter im politischen Meinungsstreit konnte nur darin bestehen, den Bereich zulässiger Kritik abzustecken – mit einem Höchstmaß an Freiheit für Werturteile einerseits, mit strikten Grenzen für die Wahrhaftigkeit von Tatsachenbehauptungen und vorsätzlichen Schmähungen anderseits.

Das Landgericht Stuttgart hat dies in vorbildlicher Weise getan. Es befand, daß «die Anforderungen an Angemessenheit und Verhältnismäßigkeit einer Kritik ... um so höher (seien), je schwerer der Vorwurf wiegt». Anderseits aber: «Es darf auch eine Meinung geäußert werden, die von anderen für ‹falsch› oder ‹ungerecht› gehalten wird, denn es ist nicht Aufgabe der Gerichte, der Überzeugungskraft von Ansichten nachzugehen oder zu prüfen, ob sie dieselbe Meinung vertreten, wie sie der Kritiker geäußert hat. Vielmehr kommt es darauf an, ob für eine kritische Äußerung ausreichend sachliche Bezugspunkte gegeben sind. Bei dieser Prüfung darf nicht außer Betracht bleiben, daß der Kläger als Ministerpräsident eines Bundeslandes im Blickpunkt der Öffentlichkeit steht und eine so herausragende Stellung einnimmt, daß an ihn nicht nur in fachlicher, sondern auch in ethisch-moralischer Beziehung besonders hohe Maßstäbe angelegt werden.»

Das Urteil knüpft an andere an, die in dieselbe Richtung zielten:

- Das Lüth-Urteil des Bundesverfassungsgerichts von 1958. Der Hamburger Senatspressechef Lüth hatte zum Boykott der Filme des NS-Regisseurs Veit Harlan aufgerufen. Das Bundesverfassungsgericht gab ihm recht: «Das Grundrecht auf freie Meinungsäußerung ist als unmittelbarster Ausdruck der menschlichen Persönlichkeit in der Gesellschaft eines der vornehmsten Menschenrechte überhaupt. Für eine freiheitlich-demokratische Staatsordnung ist es schlechthin konstituierend, denn es ermöglicht erst die ständige geistige Auseinandersetzung, den Kampf der Meinungen, der ihr Lebenselement ist.»
- Das Schmid-Urteil von 1961, bei dem es um das Recht zum «publizistischen Gegenschlag» ging. Der Stuttgarter Oberlandesgerichtspräsident Schmid war vom *Spiegel* kommunistischer Neigungen geziehen worden. Der Angegriffene schlug mit der Behauptung zurück, der *Spiegel* gehöre zu einer «Gattung von Publizistik, die auf dem Gebiet der Politik das ist, was die Pornographie auf dem Gebiet der Moral (sei) ...» Das Bundesverfassungsgericht ließ Schmids These passieren: Auf einen Schelmen dürfe man anderthalb setzen.

Wer die liberalen Prinzipien dieser Rechtsprechung akzeptiert, der muß auch das im Mai 1978 vom Bundesgerichtshof verkündete Böll-Walden-Urteil hinnehmen. Der Publizist Walden hatte am Tage der Beerdigung des von Terroristen ermordeten Berliner Kammergerichtspräsidenten Günter von Drenkmann in einem «Tagesschau»-Kommentar gesagt: «Der Boden der Gewalt wurde durch den Ungeist der Sympathie mit den Gewalttätern gedüngt.» Und er hatte den Literatur-Nobelpreisträger Heinrich Böll in den Kreis der Sympathisanten einbezogen – mit falschen und umstrittenen Zitaten. Das Gericht befand: Böll genieße gegen die Walden-Behauptung keinen Ehrenschutz. Zwar habe er keine Sympathie für Terroristen bekundet, unbefangene «Durchschnittsleser oder Durchschnittshörer» hätten ihn jedoch so verstehen können, als habe er dies tun wollen. Und auf deren Verständnis komme es an. Hier liegt die Vermutung nahe, daß die Richter den Freiheitsraum so weit gesteckt haben, um ihr eigenes Mißfallen gegenüber dem politischen Engagement des Schriftstellers ausdrücken zu können.

Dennoch: Es gibt Richter in Deutschland – und sie ducken sich weder vor leibhaftigen Ministerpräsidenten noch vor lorbeerumkränzten Nobelpreisträgern. Manche mag es stören, daß Hochhuth und Walden, Filbinger und Böll da in einem Atemzug genannt werden.

Der Graphiker und Gesellschaftskritiker Klaus Staeck, selber gelernter Jurist, meinte in einer Glosse zu beiden Entscheidungen, es sei «ein an Absurdität kaum noch zu überbietender Gedanke», daß Juristen «Filbinger und Böll in ein Boot gesetzt haben» – obgleich doch der Kritiker Filbingers sein Grundrecht der Meinungsfreiheit zur Wahrheitsfindung, der Kritiker Bölls das seine aber zur Verleumdung genutzt habe.

Hier ist das Bild so falsch wie der Gedanke. Filbinger und Böll sitzen nicht in einem Boot. Ihre Gemeinsamkeit besteht allein darin, daß ihnen der gerichtliche Schutz gegenüber öffentlicher Kritik versagt wurde, und zwar unabhängig von den Intentionen ihrer Kritiker. Ob einer, der in einer Streitfrage von erheblichem öffentlichem Interesse kämpferisch Stellung bezieht, dies um der «Wahrheit» oder um ihres Gegenteils willen tut, läßt sich mit gerichtlichen Beweismitteln kaum je feststellen. Eben darum ist es gut, daß sich die Gerichte aus dem Streit der Meinungen selbst zurückgezogen haben auf eine Position, in der sie nur mehr befugt sind, die äußersten Grenzen des Mißbrauchs abzustecken.

«Die Diskussion über öffentliche Angelegenheiten», so hat es der *Supreme Court* der Vereinigten Staaten fast zur gleichen Zeit wie das Bundesverfassungsgericht formuliert, «soll ohne Hemmungen, grob und gänzlich ungehindert sein. Sie kann sehr wohl vehemente, ätzende und gegebenenfalls unerfreulich scharfe Angriffe auf die Regierung und öffentliche Funktionäre in sich schließen ... Der verfassungsrechtliche Schutz der Pressefreiheit darf nicht davon abhängig gemacht werden, ob die geäußerten Ideen und Meinungen populär, gesellschaftlich nützlich oder wahr sind. Ein Maß von Mißbrauch ist mit dem rechten Gebrauch jeglicher Sache verbunden, und dies ist nirgendwo wahrer als auf dem Gebiet der Pressefreiheit. Trotz der Wahrscheinlichkeit ihres exzessiven Mißbrauchs ist diese Freiheit auf lange Sicht unentbehrlich für die Aufklärung und das richtige Verhalten der Bürger in einer Demokratie.»

Wir haben lange gebraucht, um diese Einsicht nachzuvollziehen. Das Filbinger-Urteil hilft ein Stück weiter auf dem Weg dorthin.

11. August 1978

Kurt Becker

Der Sturz von Stuttgart

Hans Karl Filbinger hat seinen Verzicht auf das Amt des Ministerpräsidenten von Baden-Württemberg ausgesprochen – zu spät, um die Autorität eines so hohen Staatsamtes und den Ruf seiner Partei noch vor Schaden bewahren zu können. Die Schroffheit seiner Rücktrittsbegründung – Rufmordkampagne ohnegleichen, Vertrauensentzug gegenüber der Gerichtsbarkeit, weil sie seine Menschenwürde nicht geschützt habe – enthielt nicht einmal einen Anflug von Einsicht in die wirklichen Ursachen seines unvermeidbar gewordenen Rückzuges vom Amt. Filbinger verweigert sich noch immer der Erkenntnis, daß er nicht wegen seines Dienstes als Marinerichter das späte Opfer eines neu aufwallenden, moralischen Rigorismus geworden ist, jedenfalls nicht wegen der Beteiligung an jenen Entscheidungen, die zu Beginn der Affäre bekannt waren, sondern wegen seines Verhaltens in den letzten Monaten. Und er hat brüsk ignoriert, daß es am Ende nicht Rolf Hochhuth war, der ihn stürzte, sondern seine eigene Partei.

Alles in allem war das öffentliche Urteil über Filbingers Anteil an der Durchhalte-Justiz gegen Ende des Krieges anfänglich eher nachsichtig denn aufgebracht. Der Stimmungsumschwung setzte erst ein, als der Ministerpräsident sich unwillig zeigte, aus der zeitlichen Entfernung von drei Jahrzehnten sich auch zu innerer Distanz gegenüber seinem damaligen Tun zu entschließen. Niemals hat er innere Bewegtheit bekundet, daß er damals glaubte, so handeln zu müssen, wie er, die Niederlage vor Augen, gehandelt hat. Statt dessen begann er, die aufflackernde Debatte als haltlose Polemik eines linksextremistischen Komplotts abzukanzeln. Die strafrechtliche Irrelevanz seiner Marinerichterzeit, die nirgendwo bestritten wurde, setzte er seiner politischen Unanfechtbarkeit gleich – und ward erst dadurch verwundbar.

Hätte er die nie zu tilgende Betroffenheit derer geteilt, die nach ihrer historischen Erfahrung des Dritten Reiches vor kaltschnäuziger Selbstrechtfertigung zurückschrecken, wäre Filbinger kaum ins Schlingern geraten. Wäre er nicht bei aller «Skrupulösheit» seiner Gewissensforschung ein Opfer seiner Verdrängungen geworden, das sich jeweils bloß an das entsann, was die Akten enthüllten – er wäre heute noch unangefochten. Er erkannte nicht, das war sein größter Fehler, daß gerade die junge Generation, aber nicht nur sie, sensibler darauf reagiert, wie führende Politiker ihre Vergangenheit einschätzen.

Sein zweiter Fehler: Filbinger gab sich herrisch, ja selbstherrlich, wo er, der doch die Tugend des hohen moralischen Anspruchs für sich in Anspruch nimmt, hätte herrenhaft auftreten müssen. Er reklamierte für sich die Zugehörigkeit zum Widerstand und verstärkte damit bloß die Irritation über sein früheres Handeln, über das die Akten plötzlich Aufschluß gaben. Seine Hakenschläge untergruben sein Ansehen.

Die Verwirrung erfaßte zuletzt auch seine eigene Partei und stürzte sie in schreckliche Verlegenheit. Nicht irgendein mysteriöses Linkskartell – die CDU war es, die nach anfänglichem Zaudern und innerem Sträuben, nach Bekundungen zunächst der blinden, später der kritischen Solidarität immer beharrlicher und schließlich mit unerbittlicher Strenge Filbingers Amtsverzicht erzwang. Als Handlanger einer Rufmordkampagne? Die Partei war erschrocken über Filbingers Selbstverteidigung. Sie fürchtete den Verlust an Glaubwürdigkeit, in Stuttgart und anderswo. Den Schaden einzudämmen, war am Ende ein Gebot vitalen Eigeninteresses.

Die Partei ließ ihm Zeit zur noblen Lösung. Sie wünschte nicht den trivialen Sturz, sondern den ehrenhaften Rückzug. Die Absicht wurde schließlich an Filbingers Hartnäckigkeit zuschanden. Viele bedauern dies. Immerhin war Filbinger einer ihrer erfolgreichsten Ministerpräsidenten, ein Landesvater von fast unvergleichlicher Volkstümlichkeit, obendrein mit bestechenden Wahlsiegen. Seine Führungskraft in der Landespolitik, wie er sie bei der Abschaffung der Konfessionsschule und bei der Verwaltungsreform bewiesen hatte, stärkten sein Ansehen. Binnen eines Jahrzehnts wurde er zu einer Figur der Bundespolitik, zum führenden Nationalkonservativen der CDU.

Nicht alle Parteifreunde folgten der von Filbinger mit besonderer Leidenschaft verfochtenen These «Freiheit oder Sozialismus» oder billigten sein Eingreifen gegen die Atomkraftgegner in Wyhl. Auch Filbingers Obrigkeitsdenken und die Allüren eines Barockfürsten weckten Kritik. Doch Popularität und Erfolg überstrahlten alles. Begreiflicherweise stieg ein Mann mit so viel Fortune in den kleinen Kreis der Präsidiablen auf. Er hätte der CDU-Kandidat für das Amt des Bundespräsidenten sein können.

Dahin ist es nicht gekommen. Der Beschluß der CDU, Filbinger zu stürzen, war von unnachgiebiger Konsequenz und von eisiger Kälte. Gleichwohl erleben wir keine Tragödie Filbinger. Es gibt da allenfalls die Tragödie des Politikers, dessen Leistungen auf einen Schlag dahinschmelzen, wenn seine Partei von ihm nicht mehr Nutzen erhoffen kann, sondern nur noch Schaden befürchten muß. Jeder Langstrekkenläufer kennt dies gnadenlose Risiko im voraus: Kommt er ins Stolpern, treten andere an seine Stelle. Jeder Politiker muß es kennen.

Adenauer und Erhard, auch Kiesinger und Barzel haben erlebt, wie sie plötzlich allein gelassen wurden, wie Schranzen und Karrieristen über Nacht von ihnen abfielen. Anderen erging es ähnlich. Die Länderchefs Nevermann, Osswald und Schütz mußten das Handtuch werfen. Bei jedem gab es einen anderen, meist plausiblen Grund: den Mißerfolg. Willy Brandt war eine seltene Ausnahme von der Regel: Er erkannte das allmählich heraufziehende Ende seiner Kanzlerschaft und trat zurück, ehe er dazu gedrängt wurde. Darum ist er bis heute unangefochten der Vorsitzende der Partei.

Auch Filbinger behält seine Parteiführungsämter im Bund und im Land – ein halbherziger, fauler Kompromiß, geschlossen auf Zeit, um unerwünschte öffentliche Wirkungen abzufedern. Indes bringt es die Halbherzigkeit mit sich, daß der Fall Filbinger noch längst nicht abgeschlossen ist. Die CDU aber bringt sich um die Chance, die Krise gründlich zu überwinden.

Die Affäre Filbinger nahm ihren Anfang, als die ZEIT im Februar eine Leseprobe aus einer unveröffentlichten Erzählung von Rolf Hochhuth abdruckte. Den darin enthaltenen Vorwürfen gegen «Hitlers Marinerichter» – von politischen Rücktrittsforderungen war keine Rede – wollte Filbinger nicht durch eine persönliche Stellungnahme begegnen. Er ließ klagen; er wünschte «einen Sieg» vor Gericht. Erst als Hochhuth und die ZEIT sich in dem Rechtsstreit zur Wehr setzen mußten, wurde publik, was bis dahin unter einer dicken Staubschicht in den Akten geschlummert hatte. Der Eigengesetzlichkeit, mit der sich die Affäre ausweitete, hätte allein Filbinger entgegenwirken können. Er tat es nicht. So aber zwang er seiner Partei die Bürde auf, seinen Sturz ins Werk zu setzen. Ein anderer als er hätte es dahin niemals bringen können.

1979

2. Februar 1979

Dieter E. Zimmer

Tränen wurden nicht protokolliert

Als ich in den USA im vorigen Jahr eine Aufzeichnung von «Holocaust» sah, war mir sofort klar, daß der Film trotz seiner eindringlich-primitiven, emotionalen, melodramatischen Machart, ja gerade ihretwegen, auch in Deutschland seine Wirkung tun würde; daß er auch in Deutschland eine Zäsur im zeitgeschichtlichen Bewußtsein der Massen setzen würde, ähnlich wie in Nordamerika, wo bei vielen Gesprächen die Zeit geradezu in eine Vor- und eine Nach-«Holocaust»-Phase auseinanderzufallen schien.

Die Wirkung ist eingetreten – und zwar wesentlich stärker noch, als ich es vorhergesehen hätte. Mehr Menschen, als wohl irgend jemand annehmen konnte, haben sich «Holocaust» ausgesetzt; man kann wohl sagen, daß kein Fernsehereignis das Volk je ähnlich aufgewühlt hat. Und während ich vermutet hätte, daß die Filmserie die Nation in zwei feindliche Lager spaltet – in ein größeres der wehrhaften Verdränger und ein kleineres, das bereit ist, der Wahrheit ins Gesicht zu sehen, einer Wahrheit, die schlimmer ist, als der schonend-beschönigende Film sie zeigen mochte – ist, soweit sich das heute schon überblicken läßt, diese Polarisierung ausgeblieben.

Die erste Folge hatte eine durchschnittliche Sehbeteiligung von 32 Prozent. Sie steigerte sich von Mal zu Mal. Beim Schlußteil betrug sie 41 Prozent – das sind etwa 15 Millionen Zuschauer. Besonders stark war die Zunahme des Interesses im Bereich des Bayerischen und des Saarländischen Rundfunks. Hier lag die Sehbeteiligung anfangs bei niedrigen 29 beziehungsweise 26 Prozent und am Ende bei 41 beziehungsweise 46. Noch nie hatten die Dritten Programme so viele Zuschauer, teilweise mehr als die beiden anderen zusammen.

Die ARD, insbesondere die Verantwortlichen beim Westdeutschen Rundfunk, sind in der Presse und von Politikern wegen ihrer Behandlung von «Holocaust» fast durchweg beschimpft worden: weil sie die Serie angekauft oder weil sie die Möglichkeit erwogen hatten, sie nicht anzukaufen; weil sie sie im Ersten Programm senden wollten oder weil sie sie dann in den Dritten Programmen «versteckten»; weil sie sie so hygienisch in Diskussionen und Dokumentationen verpackt oder im Gegenteil nicht hinreichend erläutert hätten. Die Fairneß gebietet es, heute festzustellen, daß sie richtig gehandelt haben. Angesichts der Einschaltquoten fällt besonders das Argument, die Serie sei in die Dritten Programme «verbannt» worden, zusammen. Nur die Bewohner der DDR, Ostberlin ausgenommen, konnten sie nicht sehen; unter anderem ihretwegen, ihres in vielen Anrufen bekundeten Interesses wegen, wird sie wahrscheinlich nun doch im Ersten Programm wiederholt werden.

Sechs Tage lang wurden auf zehn bis fünfzehn speziell eingerichteten Telephonleitungen des WDR von morgens bis spät in die Nacht Anrufe entgegengenommen. Viele sagten, sie hätten sich tagelang die Finger wundgewählt; andere riefen ihre lokalen Sender an, die alle ebenfalls Telephondienste einrichteten. Bis Samstagabend wurden knapp 32 000 Anrufe gezählt; «nur» 10 000 von ihnen konnten beim WDR auf grünen DIN-A5-Zetteln protokolliert werden. Und da viele ihre telephonischen Bemühungen sicher aufgegeben haben, dürfte die Zahl derer, die anrufen wollten, noch weit größer sein. Bei den Briefen, die mehrere Aluminiumcontainer füllen, rechnet man mit «einer hohen fünfstelligen Zahl». Vom WDR, von der Bundeszentrale für politische Bildung und von einem Institut an der Technischen Universität Berlin werden die Zuschauerreaktionen wissenschaftlich durchleuchtet.

Positive und negative Reaktionen hielten sich am Anfang die Waage. Der anfangs erhebliche Anteil derjenigen, die meinten, ob nun richtig oder falsch, man solle doch die Sache endlich auf sich beruhen lassen, nahm indes von Sendung zu Sendung weiter ab; dafür nahm der Anteil derjenigen zu, die – als Zeugen, Hinterbliebene oder doch nicht so ganz ahnungslose Zeitgenossen – einfach das Bedürfnis hatten, ihre Betroffenheit, Bestürzung, Scham, Wehleidigkeit, Selbstgerechtigkeit oder ihre Ratlosigkeit loszuwerden: Wie konnte es nur dazu kommen? Bei der Auswertung der Briefe zeichnet sich ab, daß die weitaus meisten in die Kategorie «persönliche Stellungnahme» gehören und daß in ihnen Zustimmung etwa viermal so häufig vorkommt wie Ablehnung.

Aber was besagen schon solche Zahlen? Ich habe stundenlang die Telephongespräche mitgehört. Es war, als habe eine ihrer Reputierlich keit bewußte Nation lange eine Leiche (eine? was für eine Redensart!) im Keller gehabt und es gewußt, und als wäre nun die Mauer endlich aufgebrochen. Für die überwiegend jungen Leute an den Telephonen war es eine harte Probe. «Es ist ganz schlimm» sagte mir eine Geschichtsstudentin nach zwei Tagen Telephondienst. «Sie wollen es sich alle endlich von der Seele reden. Viele weinen. Und das Weinen kann man nicht protokollieren.» Oder wie es ein härter gesottener WDR-Angehöriger ausdrückte: «Da kotzt sich jetzt ein ganzes Volk aus.»

«Das hat mich seit Jahren belastet. Damit wird man nie fertig», sagt eine weibliche Stimme aus dem Ruhrgebiet. Eine ältere Frau aus Süddeutschland erzählt: «Komischerweise heiße ich Eichmann, ja? Aber ich hatte nichts damit zu tun. Ich weiß genau, daß die Menschen damals alles wußten, sie haben sich nur davor versteckt.» Sie selber habe einer jüdischen Schulkameradin über die Grenze geholfen und sei dafür wochenlang in «Schutzhaft» genommen worden. «Daß es so was gab, Schutzhaft, davon hat der Film leider nichts gesagt.»

Ein Zigeuner bedankt sich im Namen seiner Sippe bei einem Diskussionsteilnehmer dafür, daß er auch der von den Nazis ermordeten Zigeuner gedacht hat. «Geben Sie es auch ganz bestimmt weiter?» Ein Litauer redet unbremsbar ins Telephon; hin und wieder ist seiner fast unverständlichen Rede ein Brocken zu entnehmen wie «sagt zu mir, stinkige Juden werden erschossen» oder «Massengrab».

Eine andere Stimme: «Was ist aus den Kindern der Dorfs geworden? Die glauben doch immer noch, ihr Vater war ein Held.»

Ein Mann berichtet, er sei aus Australien zurückgekehrt, weil seine Kinder dort auf Grund solcher Fernsehserien wie «Holocaust» immer wieder verprügelt worden seien. Ein ehemaliger Häftling, der in einer Granatenkiste versteckt aus dem Rhein gefischt wurde, fragt: «Was soll ich Ihnen sagen? Wie kann ich Ihnen das beschreiben? Wie kann einer das beschreiben?»

Mit bebender Stimme verliest eine Frau selbstgedichtete Verse. Ein Mann möchte die Debatte mit dem Hinweis bereichern, daß alles bereits in der Bibel geweissagt wurde.

Jemand beschwert sich, daß in der Diskussion viel zu spät der Unterschied zwischen den Bewachungs- und Mordtrupps einerseits und dem sonstigen uniformierten Personal andererseits klargemacht wurde. Ein junger Mann regt sich wenig später darüber auf, daß sich die Diskussion, mit Rücksicht auf irgendwelche mißtrauisch gewordenen Ehefrauen, überhaupt auf so feinsinnige Unterschiede eingelassen hat – «das war ja fast, als diskutiere man auf der Seite der Täter, nicht der Opfer».

Jemand möchte die Diskussion auf Heutiges erweitert wissen, auf den Völkermord in Kambodscha, die Folterungen in Lateinamerika. Ein anderer rügt die Ansätze, der Diskussion über den deutschen Judenmord auszuweichen durch Hinweise auf andere Grausamkeiten an anderem Ort und zu anderer Zeit. Schließlich bekomme ich doch noch einen von der anderen Seite zu Gehör: «Der Film sagt nur die halbe Wahrheit, nicht? Er sagt nichts über das negative Verhalten der europäischen Juden zum Nationalsozialismus. Sie haben schließlich zum Boykott deutscher Waren aufgerufen. Erst danach wurden die Juden in Deutschland boykottiert. Sie haben Deutschland 1939 den Krieg erklärt. Ich hab' mir das alles jetzt dreißig Jahre angehört. Jetzt langt's.»

Und zwischendurch immer wieder Stimmen wie diese: «Ich bin

vierunddreißig und hatte nichts damit zu tun und will damit auch nicht immer wieder belästigt werden» – richtig schlecht ist es dieser Altersgruppe zwar nie gegangen, aber da glaubt man, einen Anspruch darauf zu haben, weder von den Zeitläufen noch von der Erinnerung an die im Namen des von organisierter Umnachtung befallenen deutschen Volkes begangenen Morde inkommodiert zu werden. Oder jene, die larmoyant klagen: «Man hat uns ja nie richtig informiert» – eine verständliche Reaktion bei den ganz Jungen, bei den Älteren Ausdruck einer unleidlichen Versorgungsmentalität: Sie wußten, daß da etwas faul ist, aber sie tun so, als sei es Geheimsache geblieben; den Gang in den Buchladen oder in die Bibliothek haben sie gescheut; die Stunde, die etwa Gerhard Schoenberners Photodokumentation «Der gelbe Stern» in Anspruch nähme (eine Stunde, die das Leben verändert), haben sie nie übrig gehabt; die Geschichte muß ihnen schon in Bonanza-Manier ins Wohnzimmer gesendet werden, damit sie aufmerken.

Aber wie auch immer: Deutschland hat etwas gelernt. Auf dem Umweg über Hollywood ist ihm das weggeschobene Nahe nahegegangen.

9. März 1979

Hans Schueler

Lehrstück über die Verfassung

Kein Zweifel, das Mitbestimmungs-Urteil ist eine Sache für Auguren. Man darf raten. Präsident Ernst Benda und seine Kollegen haben alle Erwartungen enttäuscht, sie würden Verbindliches nicht nur über die Gegenwart, sondern auch über die Zukunft der Mitbestimmung sagen. Auch wir haben unrecht bekommen und freuen uns darüber: Kein Wort in den Gründen, wie denn ein

Gesetz zu beurteilen wäre, das den Arbeitnehmern volle Parität mit den Anteilseignern im Aufsichtsrat einräumte. Kein abweichendes, nicht einmal ein konkurrierendes Votum einzelner Richter. Wir dürfen davon ausgehen, daß der Senat sich einig war. *Dieses* Mitbestimmungsgesetz ist verfassungskonform; über ein anderes haben wir nicht zu befinden. Das Gericht hat zu seinem guten alten Stil zurückgefunden.

Für Auguren findet sich dennoch Lesbares im Gekröse: Durch die Argumentation des Gerichts zieht sich der immer wieder auftauchende Hinweis, Grundrechte der klagenden Unternehmen oder ihrer Verbände seien allein deshalb nicht verletzt, weil der Arbeitgeberseite bei allen Entscheidungen das letzte Wort zustehe.

Wenn also eine über den Status quo hinaus erweiterte Mitbestimmung – etwa nach dem Vorbild der Montan-Regelung – diesen Eckpfeiler aus der Kapitalbastion herausbräche und die Arbeitgeber abermals nach Karlsruhe gingen? Nun, dann ließe sich, käme der Fall vor dieselben Richter, das Ergebnis wohl voraussagen. Doch darauf kommt es nicht an. Der Senat hat weder dem Gesetzgeber die Hände gebunden noch die eigenen Nachfolger auf der Karlsruher Richterbank für alle Zukunft präjudiziert.

Statt dessen bekräftigt das Urteil eine Reihe von verfassungsrechtlichen Grundtatsachen, die im Bewußtsein der deutschen Unternehmerschaft, aber auch in weiten Teilen der CDU / CSU inzwischen nahezu vollständig verschüttet waren.

Erstens: Das Grundgesetz enthält keine «Wirtschaftsverfassung». Es ist deshalb weder auf die Marktwirtschaft noch auf ihr Gegenstück, die staatliche Planwirtschaft, festgelegt. Es überläßt die Ordnung des Wirtschaftslebens der Mehrheitsentscheidung des Wählers. Eine anachronistische Feststellung, könnte man meinen, zu einer Zeit, in der keine mehrheitsfähige Partei daran denkt, ihren Wählern etwas anderes als die soziale Marktwirtschaft zu empfehlen. Es stand auch nicht eine Systemveränderung zur Debatte, sondern die Behauptung der Systemverteidiger, schon das Jota der Mitbestimmung verletze sie in ihren Grundrechten.

Die Verfassungsrichter sahen sich dem massiven Ansinnen ausgesetzt, die derzeitige Art des Wirtschaftens als gleichsam gottgegeben und jede Beschränkung durch Arbeitnehmerrechte für inhuman ausgeben zu sollen. Da konnte es den Klägern nur guttun, wieder einmal zu erfahren, welchen Sinn die Grundrechte wirklich haben: «Nach ihrer Geschichte und ihrem heutigen Inhalt sind sie in erster Linie individuelle Rechte, die den Schutz konkreter, besonders gefährdeter Bereiche menschlicher Freiheit zum Gegenstand haben.»

Zweitens: Der Satz der Verfassung, wonach «Eigentum verpflichtet», gilt um so mehr, je weniger Nutzung und Verfügung darüber allein in der Sphäre des Eigentümers verbleiben. Auf gut deutsch: Mit seinem Auto und seinem Kühlschrank und seinem Sparkonto mag jeder tun, was er will. Wer aber zu seinem Eigentum die Arbeitsplätze von mehr als zweitausend Menschen zählt, muß sich auch erhebliche, vom Gesetzgeber auferlegte Beschränkungen gefallen lassen.

Das Gericht hat die Frage gestellt und beantwortet, welcher Bezug zum Eigentum wohl näher ist: Der des durchschnittlichen Anteilseigners (Aktionärs) in Form seiner Erwartung einer möglichst hohen Dividende oder der des Arbeitnehmers zu seinem Arbeitsplatz. Die Antwort zugunsten der Abhängigen fiel nicht schwer.

Drittens: Wirtschaftliches Eigentum kann ohne die Mitwirkung der Arbeitnehmer nicht genutzt werden. Wirtschaftliche Dispositionsbefugnis wird von ihnen – als leitende Angestellte – oft sogar ausgeübt. Hier findet die optimistische Prognose des Gesetzgebers zur Mitbestimmung ihren ökonomischen Grund. Es ist eine einseitige, weder durch Erfahrung noch durch vernünftiges Kalkül gerechtfertigte Unterstellung, die Arbeitnehmer würden oder wollten ihre Mitwirkungsrechte zum Nachteil des Unternehmens ausüben, dem sie angehören. Das Eigeninteresse des in den Aufsichtsrat eines mitbestimmten Unternehmens entsandten Arbeitnehmers an der Sicherung seines Arbeitsplatzes ist prinzipiell nicht geringer als das des Unternehmens oder Anteileigners.

Einleuchtende Erwägungen, dankenswerte Hinweise von den Hütern der Verfassung. Die Karlsruher Streitparteien täten gewiß gut daran, das Urteil nicht nur daraufhin abzuklopfen, welche Aussichten es dem einen zur Durchsetzung seiner äußersten Ziele und welche es dem anderen macht, schon die ersten politischen Schritte nach dorthin zu blockieren. Die Selbstbesinnung der Richter auf das, was ihres Amtes ist, könnte am Ende auch den Sozialpartnern den Rückweg zu vernünftiger Kooperation erleichtern.

13. April 1979

Thomas von Randow

Lieber warten bis zum Jahr 2000

Was wäre von einem Baumeister zu halten, der laufend Häuser errichtet, jedoch nicht dafür sorgt, daß die künftigen Bewohner dieser Häuser ihren Müll und ihre Abwässer beseitigen können? Töricht würden wir einen solchen Baumeister nennen.

Just so töricht haben sich Staaten in Ost und West verhalten, als sie zuließen, daß Kernkraftwerke gebaut und in Betrieb genommen wurden, ehe die Technik entwickelt worden war, mit der sich radioaktiver Abfall aus diesen Anlagen beseitigen ließe. Spätere Generationen werden – hoffentlich – über diesen gigantischen Schildbürgerstreich lachen können. Im Augenblick gibt es da nichts zu lachen. Jeden Tag fällt mehr strahlender Müll an. Noch kann er provisorisch gelagert werden, vermutlich noch zwei, drei Jahrzehnte lang, mit viel Umstand und entsprechend vergrößerter Gefahr vielleicht noch länger. Aber eines Tages muß das Teufelszeug von der Erdoberfläche verschwinden.

Das ist inzwischen auch den Politikern klargeworden, die den Kerntechnikern geglaubt hatten, man würde schon einen Weg finden.

Im Prinzip ist dieser Weg schon zu Beginn des Atomzeitalters gewiesen worden. Er führt tief unter die Erde in Hohlräume, die die Natur geschaffen hat, oder in alte Bergwerke. Dort sollen die Mülldeponien der Kernkraftwerke entstehen. Aber ob dieser Weg gangbar ist und welche Risiken damit verbunden sind, darüber streiten sich die Gelehrten noch heute.

Die Bundesregierung wollte sich dieser zweifelhaften Situation nicht länger aussetzen und beschloß vor ein paar Jahren, keine neuen Lizenzen für Kernkraftwerke mehr zu erteilen, ehe garantiert sei, daß der gefährliche Abfall sicher verbracht werden könne. Als gute Haushälterin mochte sie allerdings nicht einsehen, daß die verbrauchten Kernbrennstäbe, die noch verwendbares spaltbares Material und das im Reaktor neu entstandene, wertvolle Plutonium enthalten, einfach weggeworfen werden. Darum erteilte sie den Auftrag, die Möglichkeiten für die Errichtung einer chemischen Fabrik zu erkunden, in der die radioaktive Spreu vom radioaktiven Weizen getrennt werden kann. Die beste Lösung, so schien es alsbald, würde sein, eine solche Wiederaufbereitungsanlage gleich dort hinzustellen, wo der gefährliche Müll in sein ewiges Verlies versenkt werden kann.

So bekam Ernst Albrecht, Ministerpräsident von Niedersachsen, den Schwarzen Peter in die Hand. Denn in seinem Bundesland, an der Grenze zur DDR, wölben sich in über tausend Meter Tiefe große trockene Hohlräume, die allerlei geologischen Umwälzungen wie den Auffaltungen der Gebirge und den Eiszeiten standgehalten hatten und daher die Gewähr bieten, auch die kommenden Jahrmillionen zu überdauern. In einem solchen Salzdom unter dem Zonenrandgebiet um den Ort Gorleben könnte der Kernkraftmüll sein Grab finden. Oben würde dann die Fabrik stehen, die für die Wiederaufbereitung der noch verwendbaren Substanzen und damit für eine zwanzigprozentige Uraneinsparung sorgen könnte.

Albrecht muß sich – wenn nicht heute, so doch in ein paar Jahren – entscheiden, ob dieses nukleare Entsorgungszentrum in seinem Land entstehen soll. Als Entscheidungshilfen hat ihm die Deutsche Gesellschaft für die Wiederaufbereitung von Kernbrennstoffen (DWK) einen Plan der Anlage und eine Studie über die Sicherheit des Vorhabens ausgearbeitet. Zwei Kommissionen hatten diesen «Sicherheitsbericht» begutachtet und gutgeheißen.

Doch dann geschah etwas Unerwartetes. Alarmiert von Bürgerinitiativen, mochten die Landwirte im Gorleben-Gebiet nicht mitmachen. Sie hatten Angst, vor allem vor dem Plutonium, das gern – wenn auch zu Unrecht – mit dem Prädikat «giftigste aller Substanzen» versehen wird. Sie setzten sich gegen den Plan zur Wehr. Schließlich schlugen die Besonnenen unter ihnen dem Ministerpräsidenten vor, er möge sich von prominenten kritischen Wissenschaftlern aus verschiedenen Ländern über die Kehrseite der Medaille belehren lassen. Albrecht leuchtete dies ein.

So kam es zu der Veranstaltung «Rede – Gegenrede» im internationalen Kongreßzentrum auf dem Gelände der Hannover-Messe. Der österreichische Physiker Hirsch hatte die Creme der skeptischen Wissenschaftler ausfindig gemacht, die sich zur Gruppe *Gorleben International Review* formierte und ein 2200 Seiten langes Gutachten aus ihrer Warte verfaßte. Die Landesregierung lud schließlich 25 Kritiker ein, unter ihnen die Angehörigen dieser Gruppe, und 37 Befürworter des Projektes, die den Namen «Gegenkritiker» erhielten. Die Deutschen auf beiden Seiten waren eine kleine Minderheit.

Sechs Tage lang saßen die Sachverständigen auf einem Podest am runden Tisch, umringt von zweihundert Zuhörern, und brachten ihre Argumente in Englisch, Französisch und Deutsch vor. Stets war Ernst Albrecht dabei, immer geradesitzend, aufmerksam zuhörend und häufig nachfragend. Der Regierungschef nahm die Belehrung von Kritikern und Gegenkritikern ernst. Sie fand – von sehr wenigen Ausrutschern auf beiden Seiten abgesehen – in gesitteter, sachlicher Form statt, so ordentlich und fair, daß der mühsame Streit um Kompetenzen, Redezeiten und vorenthaltene Information, der im Vorfeld stattgefunden hatte, völlig in Vergessenheit geriet – das Verdienst des Diskussionsleiters Carl Friedrich von Weizsäcker. Mit physikalischem Sachverstand und philosophischer Ruhe dirigierte der Gelehrte das Gespräch meisterhaft durch die Sitzungstage.

Es ging um zwei schlichte Fragen, die Albrecht gelegentlich wieder stellte, wenn die Beiträge der Diskutanten ins allzu Technische abglitten:

- Ist das Konzept des Nuklearen Entsorgungszentrums überhaupt zu verwirklichen, sind also alle Probleme dieser Technik gelöst?
- Mit welchem zusätzlichen Risiko würde diese Anlage die Bevölkerung belasten?

Als technisches Hauptproblem schälte sich allmählich die Frage heraus: Lassen sich die Erfahrungen aus kleinen Wiederaufbereitungswerken auf eine Anlage vielfacher Größe übertragen, für die es in der ganzen Welt kein Vorbild gibt? Nein, sagen die einen, ja die anderen – wissen kann es niemand. Denn ob der Schritt vom kleinen Modell zur kommerziellen Großtechnik problematisch ist oder nicht, hat sich bisher stets als unvorhersehbar herausgestellt. Beim Schiffbau, in der Architektur wie in der Raketentechnik herrschten die Überraschungen vor. Hingegen vollzieht sich der Übergang vom Labor zur chemischen Fabrik meistens ohne Komplikationen technischer Art.

Die größte Sorge bereitet allen, die mit nuklearen Anlagen zu tun haben, die Radioaktivität innerhalb der Werkräume, in denen Menschen arbeiten müssen. Die Strahlendosen werden zwar ständig überwacht. Aber gelegentlich geht eben doch einmal etwas schief. Da reißt ein ungeduldiger Arbeiter seine Schutzmaske zu früh vom Gesicht, da wechselt einer seine Kleidung nicht vorschriftsmäßig, da wird entgegen den Bestimmungen ein Monteur zu früh in einen verseuchten Raum geschickt, weil die Zeit drängt – und so bekommt manch einer eben doch mehr Strahlung ab, als es das Gesetz erlaubt.

Die Gegenkritiker in Hannover hatten es schwerer als die Kritiker, weil sie sich mehr an Fakten halten mußten und ihrer Phantasie weniger freien Lauf geben konnten. Das ergab sich aus der Situation in diesem Hearing. Doch «Phantasie», so Weizsäcker bei einem Gespräch am Rande, «ist genau das, was ich in den Risikoanalysen etwa bei Rasmussen vermisse. Diese Leute kommen gar nicht auf den Gedanken, sich Szenarien auszumalen, in denen Terroristen oder Verrückte eine entscheidende Rolle spielen».

Ministerpräsident Albrecht will sich alles Gehörte einige Monate lang durch den Kopf gehen lassen. Zu welcher Schlußfolgerung wird er gelangen?

Das überzeugendste Argument der Kritiker lautet: Es besteht kein Anlaß, jetzt schon ein gewaltiges Entsorgungszentrum zu planen und mit dem Bau zu beginnen, solange entscheidende Probleme noch nicht gelöst sind. Unter dem Druck des fortschreitenden Baus würde man dann manche halbe Lösung zurechtwurzeln; hinterher sei dann kaum noch etwas zu verbessern.

Das wäre in der Tat angesichts des großen Inventars an höchst gefährlichen Stoffen im Entsorgungszentrum unverantwortlich. Und auch nicht nötig. Denn in einem waren sich Kritiker wie Gegenkritiker beim großen Gedankenaustausch in Hannover einig: Eile ist nicht geboten. Und als die Skeptiker den Vorschlag machten, die Nuklearabfälle in unterirdischen Lagern so aufzubewahren, daß sie sich später für eine Wiederaufbereitung mit ausgereifter Technik zurückholen lassen, sofern dann überhaupt noch ein Bedürfnis dafür besteht, hielt keiner der Befürworter ein Argument dagegen.

Also kann die verantwortungsvolle Entscheidung nur lauten: Laßt uns bis zum Jahr 2000 die Technik, die Sicherheit und das Gesundheitsrisiko gründlich studieren und erst dann das Entsorgungszentrum bauen. Vielleicht ist Europa bis dahin ja auch so weit, daß es eine gemeinsame Anlage finanzieren und betreiben kann – in Gorleben oder anderswo.

25. Mai 1979

HORST BIEBER

Ausweg aus der Sackgasse?

Scheintod» definiert der 16. Band des dtv-Lexikons, ist der «Zustand eines Lebewesens, in dem die Lebensäußerungen nicht unmittelbar wahrnehmbar sind; er kommt als Anpassungserscheinung an ungünstige Lebensbedingungen vor, kann aber auch krankhaft sein, zum Beispiel ... nach großen Blutverlusten ...» In eben diesen Zustand hat der niedersächsische Ministerpräsident Ernst Albrecht Mitte voriger Woche die Pläne für ein integriertes nukleares Entsorgungszentrum (NEZ) versetzt: Gorleben ist nicht tot, aber es rührt sich im Moment nicht.

«Ungünstige Lebensbedingungen» – die starke Oppositionsbewegung in der Bevölkerung und in den Parteien – wirkten dabei ebenso wie «große Blutverluste»; die im Gorleben-Hearing widerlegte Behauptung, Atomstrom könne künftig nur nach dem Bau des kompletten Entsorgungszentrums fließen. Ernst Albrecht hat bei dieser Aktion Punkte gewonnen, als gewiefter Taktiker und als bundespolitisch verantwortlich handelnder Landesfürst.

Die entscheidende Klippe für den Betrieb bestehender und den Bau geplanter Kernkraftwerke hat er elegant umschifft. Die Strom produzierenden Atommeiler müssen ihre abgebrannten Brennstäbe irgendwo nach den Vorschriften des Atomgesetzes abladen können; für die begonnenen Reaktoren, Brokdorf zumal, verlangen die Gerichte einen Entsorgungsnachweis, der zwei Fragen beantworten muß: Wo kann zwischengelagert werden? Wo wird der «Atommüll» endgültig untergebracht? Die hannoversche Entscheidung gibt auf beide Fragen eine positive Antwort: Zwischenlagerung könnte im nordrhein-westfälischen Ahaus oder auch in Gorleben, in einem Eingangslager, geschehen; für die Endlagerung bietet sich der Gorlebener

Salzstock an, der auf seine Eignung geprüft werden muß. Die dazu erforderlichen Tiefbohrungen wird Niedersachsen genehmigen; das Land erfüllt damit eine der richterlichen Vorbedingungen für den Bau neuer Kernkraftwerke.

Scheintot ist die Wiederaufbereitung, die Albrecht vorerst nicht in Gorleben sehen will. Es war nicht seine Schuld, daß die Bundesregierung in einer ersten, übereilten Stellungnahme dieses partielle «Nein» aufspießte und in ihrem Ärger die ausgestreckte Hand des niedersächsischen Ministerpräsidenten mit den beiden Zusagen übersah. Eine gründlichere Prüfung der Rede hätte die drei Bundesminister Baum, Hauff und Lambsdorff gewiß zu freundlicheren Worten vor der Bundespressekonferenz veranlaßt.

Prinzipiell hat Albrecht die Wiederaufarbeitung nicht verworfen. Er hat sich sogar dazu bekannt, daß nach Berücksichtigung bestimmter Änderungswünsche ein nukleares Entsorgungszentrum so gebaut werden könne, «daß die Bevölkerung und die Belegschaft nicht höheren Lebensrisiken ausgesetzt werden als durch andere industrielle und technische Einrichtungen, an die sich die Bevölkerung gewöhnt hat». Nach diesem sicherheitstechnischen «Ja» schränkte er allerdings ein: «Auch wenn eine Wiederaufarbeitungsanlage prinzipiell so sicher gebaut und betrieben werden kann, daß unzumutbare Risiken für die Bevölkerung nicht entstehen, bleibt doch die doppelte Frage, ob der Bau einer solchen Anlage unerläßlich ist und ob er politisch realisierbar ist. Hier liegt ... das wahre Problem.»

«Unerläßlich» ist der Bau in der Tat nicht. Eine «Langzeitzwischenlagerung» über mehrere Jahrzehnte ließe genügend Zeit, das Problem zu studieren, ob *nach* oder *ohne* Wiederaufarbeitung endgelagert werden soll. Denn bei dieser Entscheidung spielen nicht nur technische und wirtschaftliche Gesichtspunkte eine Rolle. Das bei der Wiederaufarbeitung gewonnene Plutonium verlangt den Schnellen Brüter, also eine Reaktorlinie, die nicht minder umstritten ist als das integrierte Entsorgungszentrum. Die Atomgegner wissen das, und jeder Politiker, der wie Albrecht für die Kernkraft eintritt, hat allen Grund, nicht mutwillig oder in einer «Jetzt-oder-nie»-Trotzreaktion deren doppelte Gegnerschaft auf den Plan zu rufen. Zeit gewinnen heißt in der Politik viel gewinnen; spätere Parlamente mögen, wenn das Öl noch knapper und teurer geworden ist, anders entscheiden. Albrechts Position verbaut keinen künftigen Weg.

«Politisch realisierbar» ist die Wiederaufarbeitung zur Zeit nicht. Über die Gründe diskutieren die Parteien in Bonn und Hannover gleichsam spiegelverkehrt: Wer die Regierung stellt, zeiht die Opposition der Zerstrittenheit und Schwäche; wer in der Minderheit ist, beruft sich auf den Widerstand der Bevölkerung. Diese in Bund und Niedersachsen unterschiedliche Interessenlage löste in der Gorleben-Diskussion das beliebte Spiel aus: «Wer hat den Schwarzen Peter jetzt?» Albrecht hat in der vorigen Woche immerhin angeboten, dieses Hin-und-Her zu beenden und sich auf ein Kompromißprogramm zu einigen: Langzeitzwischenlager, Forschung zur Endlagertechnik, Tiefbohrungen in Gorleben und alle weiteren Schritte erst, «wenn Klarheit über die energiepolitische Zukunft besteht».

Noch bleibt dieses «Angebot einer großen Atomenergie-Koalition» (so charakterisierte es ein FDP-Politiker) freilich im ungewissen. Das Atomgesetz gibt Bonn die Macht, dem Land Anweisungen zu erteilen – zum Beispiel die Anweisung, den Antrag der «Deutschen Gesellschaft für Wiederaufarbeitung von Kernbrennstoffen» (DWK) gutzuheißen oder abzulehnen. Dieses Weisungsrecht ist unbestritten; ebenso unbestritten ist aber auch das Recht der Länder, ihre eigenen Interessen zu wahren; bei unterschiedlichen Auffassungen müßte das letzte Wort dann wohl das Bundesverfassungsgericht sprechen. Deshalb hat die Bundesregierung wohlweislich darauf verzichtet, das Land Nordrhein-Westfalen anzuweisen, die nächste Teilerrichtungsgenehmigung für den Schnellen Brüter in Kalkar zu unterschreiben, und hat statt dessen die beinahe mißlungene Resolution des Bundestages herbeigeführt.

Der Taktiker Albrecht hat angesichts dieser Drohung seinen eigenen Knüppel gefunden und ihn eher beiläufig in der Debatte vorgezeigt: «Wir sagen: aus politischen Gründen (sind wir gegen Wiederaufarbeitung), weil wir das nicht ohne tiefgreifende Zerstörung des inneren Friedens unter den gegebenen Bedingungen – solche Bedingungen können sich ändern – erzwingen können.» Damit kommt wiederum das Atomgesetz ins Spiel, das radioaktive Stoffe (auch abgebrannte Brennstäbe) schlicht als Abfälle deklariert und ihre «geordnete Beseitigung» verlangt, wenn anders nicht verhindert werden kann, «daß ... die innere oder äußere Sicherheit der Bundesrepublik Deutschland gefährdet wird». Wollte Bonn also jetzt die Wiederaufarbeitung erzwingen, könnte es wegen der Protest-Unruhen dazu kommen, daß der potentiell wertvolle Brennstoff Plutonium in den Brennstäben von Rechts wegen zu seinem Abfall würde, der beseitigt werden müßte.

Daraus ergibt sich fast ein Zwang für das Zusammengehen von Bund und Ländern beim einstweiligen Verzicht auf Wiederaufarbeitung. Denn auch eine denkbare Novellierung des Atomgesetzes würde von allen Beteiligten in Bundestag und Bundesrat jene klare Stellungnahme verlangen, vor der sie sich bislang gedrückt haben. Es hängt jetzt nur von den Beteiligten ab, ob sie den Kompromiß so lauthals als «Sieg» bejubeln oder so zähneknirschend als «Niederlage» verurteilen, daß eine Verständigung unmöglich wird. Die Hauptbetroffenen, die Kernkraftwerk-Betreiber, geben sich jedenfalls optimistisch: Mit der hannoverschen Gorleben-Entscheidung, meinen sie, könne man leben, Strom erzeugen und neue Reaktoren bauen. Das Prinzip «Zwischenlager und weiter nachdenken über die endgültige Behandlung des angefallenen Materials» kopiert amerikanische Verhältnisse; nicht anders behandeln die Vereinigten Staaten ihre 70 Kernkraftwerke.

Die vom Gesetz und den Gerichten geforderte ausreichende Entsorgung mit dem Bau eines integrierten Zentrums einschließlich Wiederaufarbeitung zu koppeln, war nach den Worten eines Betreibers «schon vor zwei Jahren eine Sackgasse, in die wir sehenden Auges marschiert sind». Die in Gorleben nun vergeblich investierten Millionen sind der Preis für eine technologische Großmannssucht, der indes nicht sonderlich schmerzt, weil die Verbraucher ihn zahlen müssen.

Doch in diesen Wein mischt sich ein Wermutstropfen. Niemand weiß, wie künftig die Gerichte entscheiden werden. Nicht die Politiker, sondern die Verwaltungsrichter haben ja das faktisch bestehende Kernkraft-Moratorium erzwungen. Und sie haben es nicht aus Übermut oder ideologischer Überzeugung getan, sondern im Gehorsam gegenüber dem Atomgesetz.

Ihre Bedingungen: «Prüffähiger Antrag für ein Zwischenlager» und «Antrag auf Tiefbohrungen für ein Endlager» (nach allgemeiner Überzeugung ein Salzstock) waren eine überaus milde Mahnung an den Bund, seinen selbstauferlegten Pflichten zur Endbeseitigung radioaktiven Mülls endlich nachzukommen.

Wenn Bonn und Hannover jetzt unisono das Konzept Langzeitzwischenlagerung plus Tiefbohrungen als gesicherte Entsorgung propagierten, könnte dies auf die Meinungsbildung der Gerichte ebenso durchschlagen wie ein andauernder Streit zwischen Bund, Niedersachsen und anderen Ländern. Albrecht hat höflich, aber unzweideutig gewarnt: «Wir wissen, daß ein Teil dieser Aufgaben, zum Beispiel die Errichtung von Langzeitzwischenlagern, auch von anderen Bundesländern übernommen werden kann. Die (niedersächsische) Landesregierung würde es für falsch halten, diese Länder, insbesondere Nordrhein-Westfalen, aus der Pflicht zu entlassen.»

Wann eine Wiederaufarbeitung politisch realisierbar sein wird, blieb in der vorigen Woche offen. Albrecht mußte sich in der Debatte gegen den Oppositionsvorwurf verteidigen, er denke an zwei bis fünf Jahre; er sprach von «dieser Generation», was nicht wesentlich präziser ist, aber nach allgemeinem Sprachgebrauch doch Zeiträume zwischen fünfzehn und dreißig Jahren umschließt und damit jenes Jahrzehnt einbegreift, für das sich eine «inhärent sichere Zwischenlagerung» (mit Luftkühlung, ohne umfangreiche Anlagen für Wasserbecken) als technische Möglichkeit abzeichnet. Sie zu realisieren wird ohnehin einige Jahre konzentrierter Arbeit erfordern. Seit der vorigen Woche ist jedoch klar, daß die Zeit knapp geworden ist und daß selbst die Entscheidung, mit der Wiederaufarbeitung zu warten, schnell fallen muß.

Ein Bewohner des Landkreises Lüchow-Dannenberg hat Albrechts Rede, auf die Losung der Gorleben-Protestfahrt anspielend («Albrecht – wir kommen»), kurz und treffend kommentiert: «Albrecht – ich gehe heute, mein Sohn kommt morgen.»

25. Mai 1979

WOLFGANG EBERT

Lage der Nation

Und in welcher Größe bitte?» fragte die Verkäuferin den Kunden, der just zur Stunde der Bundestagsdebatte über die «Lage der Nation» das Spezialgeschäft für Landkarten betreten hatte. «So groß ungefähr», sagte er und demonstrierte einen Abstand von etwa 80 cm. Die Verkäuferin hatte aber die Größe Deutschlands gemeint und legte ihm eine Karte der Bundesrepublik vor.

Ob das die größte sei, die sie vorrätig hätten, fragt der Kunde. Keineswegs, gab sie ihm Bescheid. Wie wäre es denn mit dieser hier? «Aber auf der gehören ja Westpreußen und Elsaß-Lothringen zu Deutschland», stellte der Kunde erstaunt fest. Von wann denn diese Karte sei. Von 1914, erfuhr er, es sei die größte, die sie im Lager hätten, auf den späteren würde Deutschland immer kleiner.

Und was sei mit der von Großdeutschland, erkundigte sich der Kunde. «Sie meinen sicher die Anschlußkarte von 1938», sagte sie, «die wird eigentlich kaum noch verlangt. Aber wenn Sie unbedingt eine wollen – hier, bitte. Sogar mit dem Sudetenland. Und auf dieser etwas späteren, von 1940, gehören sogar noch Danzig und das Memelland dazu, aber die verkaufen wir nur unterm Ladentisch an gewisse Kunden zum Liebhaberpreis, wollen Sie ...?» Der Kunde winkte ab. Er habe eigentlich an etwas Aktuelles gedacht. Darauf legte sie eine weitere Karte auf den Tisch. Das sei die zur Zeit gültige, fügte sie hinzu.

«Aber auf der gehört ja Ostpreußen noch zu Deutschland», stellte er erstaunt fest. «Ja, und Pommern, Schlesien, Mecklenburg, Sachsen und Thüringen auch», ergänzte sie, «und in der Mitte liegt Berlin als Reichshauptstadt.»

Von wann denn diese Karte sei, wollte er wissen. Von 1937, erwiderte die Verkäuferin treuherzig. 1937 – das sei aber doch schon eine Weile her, fand der Kunde, inzwischen habe sich doch einiges geändert. Mag sein, meinte sie, aber das sei die amtlich anerkannte Karte vom Deutschen Reich in den Grenzen von 1937.

Aber das Deutsche Reich existiere doch gar nicht mehr, meinte der Kunde streitbar. Oh, doch, erwiderte sie. Wo denn? fragte er. In Karlsruhe, beim Bundesverfassungsgericht, erfuhr er.

Darauf sah er sich diese Karte noch einmal kopfschüttelnd an. «Sie wollen mir also eine Karte andrehen, auf der Kaliningrad Königsberg heißt, Pommern unter polnischer Verwaltung steht und Ostpreußen durch einen Korridor vom Reich abgetrennt ist?» – «Ich will Ihnen gar nichts andrehen», rief die Verkäuferin in heller Verzweiflung, «die in Karlsruhe wollen das, und da wir uns auf Schulatlanten spezialisiert haben, müssen wir uns nach Karlsruhe richten.»

Der Kunde nickte, als habe er das endlich kapiert. Sanft erkundigte er sich, ob sie eine Deutschland-Karte aus den letzten 34 Jahren habe, auf der die gegenwärtigen Grenzen markiert seien. Also DDR und BRD … Sie meinen: und Bundesrepublik Deutschland, korrigierte ihn die Verkäuferin streng. Ja, so eine, sagte er nickend. Doch, doch, so was gebe es schon, sagte sie beschwichtigend, ob es eine Karte sein solle, auf der die Grenzen von 1937 mit Strichelchen oder mit Pünktchen markiert seien.

Einem Zusammenbruch nahe, fragte der Kunde mit röchelnder Stimme, ob er eine ganz normale Karte von Deutschland haben könne, ohne Pünktchen, ohne Strichelchen und ohne die Grenzen von 1937. Die Verkäuferin dachte einen Augenblick nach. «Vielleicht meinen Sie so eine wie die hier», sagte sie etwas unwirsch, «das ist die einzige, die wir haben, sie gilt aber nur in Nordrhein-Westfalen.» Wenn ihm diese Karte von Deutschland groß genug sei … «Oh, mir als Schweizer durchaus», sagte der Mann und zückte seine Geldbörse.

1980

26. September 1980

DIETHER STOLZE

Plädoyer für den besseren Mann

I. Die Sache

Kann man ihn überhaupt wählen? Das Urteil über ihn steht fest: Er war in Affären verwickelt, hat im Parlament die Unwahrheit gesagt, zieht Vergleiche zwischen linken Literaten und allgemein wenig geschätzten Tieren, schimpft im Wahlkampf auf seine Gegner, weil sie ihm verweigern, was er am meisten begehrt – die Macht. Die Deutschen, so sagen uns die Demoskopen, wollen diesen Mann nicht, geht es nach ihnen: Franz Josef Strauß hat am 5. Oktober keine Chance.

Vor 42 Jahren haben die Briten auch Chamberlain zugejubelt, als er *«peace in our time»* versprach. Sir Neville war Abbild des englischen Gentleman, mehr als sein Gegenspieler Winston Churchill, der nach der Friedensreise des Premiers nach München im Unterhaus die bittere Feststellung traf: «Wir haben, ohne Krieg, eine Niederlage erlitten, deren Folgen uns für eine lange Strecke begleiten werden.» Chamberlain wollte das Beste, doch er bewirkte das Falsche.

So gehört denn die schlichte Pro-Schmidt-Parole «Der Lotse muß an Bord bleiben» gewiß zu den Dümmlichkeiten dieses Wahlkampfes. Der Wähler darf, nein besser, er muß fragen, auf welchem Kurs das Schiff gesteuert werden soll.

Die weitverbreitete These, wir lebten in einer Zeit der Sachzwänge und es gäbe deshalb keine Alternative, beruht auf dem Vorurteil, daß wir den Worten der Politiker nicht trauen können. Politiker sind jedoch keineswegs besonders verlogene Menschen: Zwar versprechen sie allemal mehr als sie halten können, aber sie geben doch einigermaßen zuverlässig die Richtung an, in der sie sich bewegen wollen. Als Willy Brandt 1969 versprach, die Nation aus dem Füllhorn der Reformen zu beglücken, war ihm damit ernst. So wurde denn auch alles mögliche «auf den guten Weg gebracht», bis am Ende die Realität die Träume überholte und Klunckers Müllmänner den Reformkanzler niederstreikten.

Die Leistungen der Koalition seit dem Machtwechsel in Bonn sind ebenso offenkundig wie ihre Versäumnisse. Sicher ist: Die Republik hätte heute ein anderes Gesicht, wenn auch in den Jahren nach 1969 in Bonn Kanzler der Union regiert hätten. Was für die Vergangenheit gilt, hat auch Gültigkeit für die vor uns liegenden Jahre. Die politischen Alternativen sind klar zu erkennen. Die Koalition zeigt Anzeichen von Zerfall: Ob Wehrdienstverweigerung oder Olympiaboykott, ob Türkenhilfe oder Kalkar-Entscheidung – immer wieder bildet sich eine Opposition in den eigenen Reihen. Der «Vorrat an Gemeinsamkeiten» ist bis auf Restposten verbraucht, er besteht im wesentlichen nur noch aus dem Willen, an der Macht zu bleiben. Die Union, noch vor Jahresfrist über Personen und Politik zerstritten, hätte heute dagegen wenig Mühe, als Regierung klaren Kurs zu halten. Nato-Nachrüstung, Vorrang der Bindung an Amerika, Übernahme zusätzlicher finanzieller, sogar militärischer Lasten, Orientierung des Osthandels an politischen Kriterien – dies und anderes wird von Fraktion wie Partei einheitlich gesehen.

Am deutlichsten werden die Alternativen in wichtigen Fragen der inneren Politik. Beim Energieforum in München konnte sich Strauß «ohne wenn und aber» zur Kernkraft bekennen, der Kanzler – der wohl genauso denkt – mußte mit Rücksicht auf seine Partei eine Sowohl-als-Auch-Formulierung wählen. Die Koalition dreht sich in der Energiepolitik ständig im Kreise, um zu verbergen, daß sie auf der Stelle tritt. Die Sozialdemokraten, die unter Brandt Sonntagsfahrverbote als angemessene Antwort auf den Ölschock von 1973 angesehen haben, sind unter Helmut Schmidt auch nicht viel weiter gekommen: sie «halten Optionen offen».

Überhaupt ist unverkennbar, daß die SPD in ökonomischen Fragen allenfalls noch zu verschwommenen Aussagen fähig ist. Im Wahlprogramm 1980 heißt es nach einem Bekenntnis zur «Marktsteuerung» schlicht: «Die Wirtschaft muß stärker als bisher gesellschaftliche Notwendigkeiten berücksichtigen.» Es bleibt nicht verborgen, was die Partei sich darunter vorstellt: mehr staatliche Lenkung (vornehm als «aktive Strukturpolitik» bezeichnet) und Unterstützung aller Gewerkschaftsforderungen vom Verbot der Aussperrung, das die Tarifautonomie bedrohen würde, bis hin zur Unterwerfung der gesamten Wirtschaft unter die sogenannte paritätische Mitbestimmung, die in Wahrheit nicht den Arbeitnehmern mehr Rechte, sondern lediglich Funktionären mehr Macht einbringt. Selbst die unsinnige These, wir müßten «unseren guten Lebensstandard durch Arbeitszeitverkürzungen erhalten», hat Eingang in das SPD-Wahlprogramm gefunden.

Da garantieren wohl nur noch Graf Lambsdorff und die Seinen, daß Marktwirtschaft weiter praktiziert werden kann und wir nicht in den Gewerkschaftsstaat abgleiten. Wohlgemerkt: Es sind nicht «die Linken» in der SPD, die diesen Kurs steuern wollen, es ist die ganze Partei. Der vielgelobte Nachwuchsminister Volker Hauff hat in einem Szenario dargelegt, daß wir künftig nur dann in Wohlstand werden leben können, wenn der Staat sich als eine Art ökonomischer Übervater betätigt und Milliarden und Abermilliarden – Steuergelder! – über die Wirtschaft gießt.

Elf Jahre Regierungserfahrung haben den Sozialdemokraten wenig genützt, im Gegenteil: Seit Karl Schillers Abgang haben sie offenbar vieles verlernt. Sie agieren, als seien Konjunkturen beliebig machbar, als habe Keynes nicht nützliche Erkenntnisse gesammelt, sondern eine Art Heilige Schrift der Nationalökonomie verfaßt, aus der man stets eine passende Stelle zitieren kann. Die psychologischen Auswirkungen der sich ständig beschleunigenden Staatsverschuldung haben sie nicht in Rechnung gestellt, die verhängnisvollen Folgen ihres Tuns verdrängt. Dabei ist seit langem klar: Was für Beamtengehälter und sozialen Wohlstand verbraucht worden ist, läßt sich nun einmal nicht mehr «in die Zukunft investieren».

Die «soziale Demontage» muß man nicht wollen, sie stellt sich von selbst ein. Zwar hat sich nach dem Schnitt von 1977 die finanzielle Lage der Rentenversicherung vorübergehend konsolidiert, aber die nächste Krise ist unvermeidbar. Wenn auch nur einige der Versprechungen aus dem Wahlprogramm der SPD verwirklicht werden, reißt das soziale Netz noch schneller. Und solange den meisten aus der Koalition zum Thema Stärkung der Wettbewerbsfähigkeit unserer Wirtschaft auf den umkämpften Märkten der Welt (Stichwort: japanische Herausforderung) nichts Besseres einfällt als böswilliges Gemäkel am eigenen Wirtschaftsminister, besteht wenig Hoffnung, daß wir durch ökonomische Leistung wenigstens nachträglich verdienen, was wir durch finanziellen Schlendrian bereits verpraßt haben.

Nun ist natürlich die Feststellung, daß die einen schlecht wirtschaften, noch kein Beweis dafür, daß die anderen es besser machen würden. Zweifel sind durchaus verständlich. Schließlich macht auch die Union munter Versprechungen – wenn der Kanzlerkandidat von Sanierung der Staatsfinanzen spricht, ficht der CDU-Generalsekretär für Erziehungsgeld und Partnerrente. Dennoch bleibt ein alles entscheidender Unterschied: Die Opposition wird im Zweifel stets mit einer Stimme für den Vorrang ökonomischen Wachstums, für eine unsentimentale Energiepolitik, für die Leistungsgesellschaft, für die Zurückdrängung des Staates plädieren – kurz für konsequente Marktwirtschaft, also für die einzige Wirtschaftsverfassung, die Freiheit des einzelnen und Leistungskraft für die Gemeinschaft garantiert.

Nichts von dem, was die Sozialdemokraten an programmatischen Worten anbieten, rechtfertigt die Vermutung, sie hätten die richtigen Antworten auf die Fragen der achtziger Jahre. Die «Orientierungsrahmen» taugen weder für heute noch für 1985. Die Alternative der Union ist in fast allen Punkten überzeugender: Wie oft sind die Konservativen eher bereit, Probleme auszumachen und – manchmal unangenehme – Konsequenzen auf sich zu nehmen. So ist also kein

Grund zu erkennen, warum die Bürger der SPD zu Beginn der achtziger Jahre weiter die Führung der Regierung anvertrauen sollten.

Viele werden fragen: Wird dabei nicht das Wichtigste vergessen? Müssen nicht alle Hoffnungen, daß in Europa die Entspannungspolitik zu einer Liberalisierung im Osten führt, zuschanden werden, wenn eine Partei die Macht in Bonn übernimmt, die die Ostverträge verworfen hat? Und dann noch dieser Mann: Muß nicht in Polen, dessen Arbeiter dabei sind, sich ein kleines Stück Freiheit zu erkämpfen, als Schock wirken, wenn die Deutschen einen Kanzler wählen sollten, den manche drinnen und draußen für den letzten Ritter des Kalten Krieges halten?

II. Die Person

Noch einmal: Kann man ihn überhaupt wählen? Murren doch manche in den eigenen Reihen, daß er ihnen die Kandidatur aufgezwungen hat, machen ihn für die geringen Siegeschancen verantwortlich. Doch die Vorstellung, Franz Josef Strauß sei irgendwo rechts vom Rande der Union aufgebrochen, um die Macht zu erobern, hält keiner Nachprüfung stand. In Bayern ist Strauß groß geworden auf dem liberalen Flügel der CSU, manchem Konservativen ist er so bis heute verdächtig geblieben, sein Stellungswechsel im Mannesmann-Konflikt beweist, daß er durchaus «links» vom CDU-Wirtschaftsrat agieren kann.

Nein, Strauß ist ein Mann aus der Mitte der Union, auch wenn sie ihn nicht immer gern erträgt, seine harschen Urteile und seine Ausbrüche gegen politische Gegner wenig schätzt. Doch es lohnt längst nicht mehr, über Stil im Wahlkampf zu räsonieren: Ob der Kandidat dem Kanzler vorhält, er sei «reif für die Nervenheilanstalt» oder der Kanzler dem Kandidaten, er betreibe Politik «wie ein pissender Bulle» – was macht's für einen Unterschied? Da spielen doch mittlerweile alle gegen die unglückselige Schiedsstelle nach der gleichen Regel: Durch treuherzige «So habe ich das nicht gemeint»-Entschuldigungen sicherzustellen, daß sie die Missetat erneut begehen können, für die sie gerade gerügt worden sind.

In den Inhalten der Politik jedenfalls unterscheiden sie sich nicht, Person und Partei. Die Anerkennung der Verträge hält der Kandidat für ebenso selbstverständlich wie einen absoluten Gewaltverzicht. Strauß zur ZEIT: «Selbst für den völlig utopischen Fall, daß wir militärisch weit überlegen wären, würde ich niemals eine Änderung der Oder-Neiße-Grenze durch Gewalt auch nur erwägen.» Also Anerkennung der durch Hitlers Krieg geschaffenen Tatbestände. «Der Verzicht auf Gewalt ist endgültig. Einen Verzicht auf Rechtspositionen können wir nur in einem Friedensvertrag aussprechen.»

«Zum Frieden nicht fähig?» Daß Strauß in Krisenzeiten unkontrollierbar reagiert, kann jeder behaupten und keiner beweisen. In den gefährlichen Tagen des Jahres 1961, als niemand wußte, ob es eine neue Blockade Berlins oder «nur» die Mauer geben wird, gehörte er gewiß nicht zu den Scharfmachern. Die Akten des Verteidigungsministeriums – einstweilen noch geheim – beweisen, wie besonnen der damalige Bundesminister der Verteidigung reagiert hat, im Gegensatz zu manchen Heißspornen.

Muß man noch aussprechen, daß Franz Josef Strauß kein Revanchist ist? Nicht einmal die Wiedervereinigung hält er für ein realistisches Ziel. Alles was er für künftige Zeit erhofft: «daß meine Kinder eines Tages von Braunschweig nach Magdeburg so reisen können wie ich heute von Mittenwald nach Innsbruck».

Muß man hinzufügen, daß Strauß auch kein Faschist ist? Die schrillen «Stoppt Strauß»-Schreie geben wenig Aufklärung. Was wären denn die Schrecken, die er über das Land bringen würde? «Das Demonstrationsrecht würde ich ändern – so, daß ich des Beifalls aller sozialdemokratischen Polizeipräsidenten sicher wäre.» Und die Abwehr von Extremisten im öffentlichen Dienst würde er konsequent handhaben – freilich dürfte das Verdikt kaum strenger ausfallen als jenes, das einst die Unterschrift des Kanzlers Brandt trug.

Sicher, manche Entwicklung in unserem Bildungswesen ist für Strauß ein Greuel – gilt ihm als «linke Indoktrination an Schulen und

Universitäten». Er plädiert für eine Renaissance des klassischen Geschichtsunterrichts, für Auslese durch Leistung, für Eliteausbildung – doch damit artikuliert der Kandidat wohl nur, was weit über die Union hinaus die Mehrheit der Bürger im Lande wünscht. Dies gilt gleichermaßen für seine Feststellung, daß die sogenannte Demokratisierung der Gesellschaft ein Irrweg ist: «Schließlich können die Krankenpfleger nicht mit Mehrheit entscheiden, wie der Chirurg operieren soll.»

Im Grunde interessiert ihn Gesellschaftspolitik im engeren Sinn wenig: Wirtschaftswachstum, Energie- und Rohstoffversorgung, Spitzentechnologie – das sind seine Themen. Wohlfahrtsstaat ist für ihn stets nur das, was man auch bezahlen kann – und Solidarität gehört sowieso in den Bereich der Familie. Doch daß «die Ineffizienz bürokratischer Sozialpolitik und die explodierenden Kosten eine totale Revision unserer Vorstellungen vom Sozialstaat erzwingen werden», dies formuliert nicht Strauß, sondern Ralf Dahrendorf.

Hat Europa überhaupt noch eine Chance, sich Freiheit und Wohlstand zu bewahren? Strauß gibt nicht die Antwort des Philosophen, sondern des Wahlkämpfers: «Nur, wenn überall die Konservativen, die liberalen Konservativen regieren.» Der Unionskandidat rüttelt, wie Rolf Zundel geschrieben hat, am «sozialdemokratischen Konsensus», den er zerbröckeln sieht. Richtig, Strauß möchte die Nation gerüstet sehen – nicht für den Krieg, aber für ökonomischen Wettbewerb in der Welt und die politische Auseinandersetzung mit dem Kommunismus. Zundel in der ZEIT: «So gesehen ist Strauß tatsächlich eine Alternative. Die Frage ist nur, ob man sie will.»

III. Die Wahl

Die Deutschen wollen ihn nicht. Umfragen zeigen konstant, daß etwa doppelt so viele Wähler lieber Helmut Schmidt als Franz Josef Strauß auf dem Posten des Bundeskanzlers sehen (jüngste Allensbach-Zahlen: 57 Prozent für Schmidt, 30 für Strauß). Was die Deutschen am liebsten hätten, ist unschwer auszumachen, ist auf jeder besseren Party zu hören: Helmut Schmidt an der Spitze einer «bürgerlichen» Koalition. Einem Unionskandidaten Schmidt (Strauß-Freund Golo Mann: «Ich würde dringend empfehlen, ihn zu wählen») wäre ein überwältigender Wahlsieg sicher.

Dieser Wunschtraum läßt Zweifel aufkommen, ob die Deutschen in drei Jahrzehnten Demokratie wirklich gelernt haben, politisch zu urteilen. Schmidt ist Sozialdemokrat: Ihm zu unterstellen, er spreche und handle gegen seine innere Überzeugung, hieße diesen bedeutenden Mann beleidigen. Zur Ausdehnung der Montan-Mitbestimmung auf alle großen Unternehmen, also zu deren Auslieferung an die Kontrolle durch Gewerkschaftsfunktionäre, hat er sich vor kurzem noch einmal ausdrücklich bekannt.

Die Linksdrift seiner Partei, die ihm gewiß zutiefst zuwider ist, vermag Schmidt nicht zu verhindern. In Hamburg haben SPD-Bürgerschaftsabgeordnete und Jusos sich an einer Demonstration beteiligt, die einer ihrer kommunistischen Initiatoren unter das Motto gestellt hat, Strauß sei «nicht durch Wahlen, sondern nur auf der Straße zu schlagen». Der Kanzler tut dann auch nicht mehr, als in Zeitungen einen Brief an die «lieben jungen Mitbürger» veröffentlichen zu lassen, in denen sie vor der Teilnahme an solchen Sachen gewarnt werden. Die Partei mag diese Leute nicht rügen, geschweige denn ausschließen – und beklagt sich dann noch, wenn ihr der Vorwurf gemacht wird, Volksfronttendenzen zu dulden.

Doch es bedarf nicht der Hinweise auf «die Linken». Die Mehrheit der SPD will Unsinniges genug. So ist dem Kanzler gewiß angenehm, daß er mit den Gruppierungen seiner Partei nicht allein gelassen ist: Mit einer Dreier-Koalition – aus FDP, SPD und linken Marxisten – läßt sich halt einigermaßen befriedigend regieren.

Die Liberalen sind nicht nur Stütze des Kanzlers, sondern auch Trost für die vielen im Lande, die Schmidt behalten, aber die SPD nicht auf den Hals bekommen möchten. Die FDP sagt ihnen ungehemmt, was sie hören möchten: Lambsdorff nennt eine Alleinherrschaft der SPD – also die Verwirklichung ihres Wahlprogramms –

schlicht «fürchterlich». Hildegard Hamm-Brücher, die in der FDP nicht von rechts gestartet ist, sieht eher als in einem Kanzler Strauß in einer absoluten SPD-Mehrheit «eine Gefährdung der Demokratie». Bei so deutlichen Worten darf man sich wundern, daß unter den CSU-Plakaten «Den Sozialismus stoppen» nicht auch die Unterschrift mit den drei Punkten steht.

An der Person des Kandidaten kann es nicht liegen: Denn 1976 war der ihr soviel sympathischere Kohl für die FDP kein Anlaß zum Wechsel, 1980 wäre es Albrecht auch nicht gewesen. Am Inhalt der Politik kann es eigentlich auch nicht liegen: Sicher – niemand wird daran zweifeln – kann Genscher in einer von der Union geführten Regierung Außenminister, Lambsdorff Wirtschaftsminister, Ertl im Agraramt bleiben – und können sie allesamt ihre Politik weiterführen. So wird nicht jeden überzeugen, daß die Liberalen das Übel erst befördern müssen, dem sie hinterher so mannhaft widerstehen wollen. Erklären freilich läßt es sich: Das Stigma des «Umfallens» lastet schwer, und außerdem kann man sich als «Bremser» sozialdemokratischer Übermacht allemal trefflich profilieren.

Helmut Schmidts gekränkt klingende Anmerkung in dem ZEIT-Gespräch mit Fritz Raddatz, «einer der Herausgeber» habe ihm vorgehalten, er habe das «Unternehmen Bundesrepublik» nicht gut geleitet, trifft nicht die Sache. Selbstverständlich ist Schmidt außergewöhnlich tüchtig – mit Brandt oder anderen säße die SPD längst wieder auf den harten Bänken der Opposition. Er hat das Land gut, angesichts der Schwierigkeiten mit der eigenen Partei sogar vortrefflich administriert. Nur: Vieles ist unterblieben, was hätte getan werden müssen – nicht nur in der Finanz- und Energiepolitik. Warum also die Koalition bestätigen, wenn wir doch eine Alternative wählen können? Franz Josef Strauß steht für die bessere Politik. So ist er dann auch der bessere Mann.

3. Oktober 1980

Theo Sommer

Ein Bundeskanzler für schweres Wetter

1. Die Lage

Am kommenden Sonntag muß der bundesdeutsche Wähler die simple Frage beantworten, wer die nächsten vier Jahre in Bonn regieren soll: eine SPD / FDP-Koalition unter Bundeskanzler Helmut Schmidt oder eine CDU / CSU-Regierung unter Bundeskanzler Franz Josef Strauß. Wohin soll da jener nachdenkliche Bürger seine beiden Kreuze setzen, der nicht unwandelbar auf eine bestimmte Partei festgelegt ist, sondern der sich die rivalisierenden Politiker und ihre Programme prüfend betrachtet und seine Wahlentscheidung vom Ergebnis dieser Prüfung abhängig macht?

Es ist fast auf den Tag genau elf Jahre her, daß die Koalition aus Sozialdemokraten und Freidemokraten die Unionsparteien aus der Macht verdrängt hat. Elf Jahre sind in der Politik eine lange Zeit. Verschleiß, Ermüdung, Betriebsblindheit bleiben da nicht aus. Parteien halten sich gern länger an der Regierung, als ihnen, vor allem aber dem Gemeinwesen guttut; CDU und CSU haben in dieser Hinsicht während der sechziger Jahre ein abschreckendes Beispiel gegeben. *«It's time for a change»* – ein Wechsel wäre an der Zeit – ist ein gesunder und urdemokratischer Reflex.

Im Wahljahr 1980 will sich dieser Reflex nicht einstellen. Dies liegt nicht allein, doch in erster Linie an den beiden Männern, die Koalition und Opposition gegeneinander ins Feld führen. In Helmut Schmidt hat die Bundesrepublik den «vielleicht fähigsten politischen Führer in der westlichen Welt» *(The Times)*. Franz Josef Strauß hingegen, seit einem Vierteljahrhundert die Skandalfigur Nummer eins der westdeutschen Politik, ist als Kandidat für das eigene Volk wie für das Ausland die größte Provokation, die sich die Opposition hätte einfallen lassen können. Daß sie den Bayern nicht aus freien Stücken auf den Schild hob, sondern dazu vergewaltigt wurde, macht die Sache nicht besser. Die Union verzichtete damit automatisch auf den Bonus, der ihr aus der natürlichen Erwartung, ja Befürwortung eines Wechsels bei vielen Wählern sonst zugeflossen wäre. Wie gering auch die Aussichten eines anderen Kanzlerkandidaten im Zweikampf mit Helmut Schmidt hätten veranschlagt werden müssen – die Unionsparteien machten auch sie noch zunichte, als sie Franz Josef Strauß nominierten.

2. *Die Männer*

Anders als in den Vereinigten Staaten, wo die Unberechenbarkeiten des politischen Prozesses zwei angelernte Außenseiter wie Jimmy Carter und Ronald Reagan in den Wettbewerb um das höchste Amt gespült haben, treten im Bundestagswahlkampf 1980 die beiden erfahrensten, intelligentesten und potentesten Politiker ihrer Generation gegeneinander an. Sie haben manches miteinander gemein: Stärken wie analytischen Scharfsinn, rednerische Gewalt, Durchsetzungskraft, unbändige Energie; Schwächen auch wie intellektuelle Ungeduld, verletzende Scharfzüngigkeit, einen Anflug von Arroganz. Gleichwohl sind sie Antipoden, wie sie in krasserer Gegensätzlichkeit sich kaum denken lassen: Strauß ein unberechenbarer, unkontrollierter Vulkan, Schmidt ein Muster an Beherrschtheit; Strauß ein Mensch, der sich aus tausend Unsicherheiten in permanente Aggressivität flüchtet, Schmidt ein Mann, der die Ungewißheiten, die ihn beschleichen mögen, in Gelassenheit und Selbstdisziplin erträgt, aus denen er sich einen Ausbruch nur selten gestattet; Strauß ein Politiker, der seine Intelligenz verabschiedet, wo sie ihn im politischen Geschäft zu Subtilität zwänge, Schmidt ein Staatsmann, der auch dort differenziert, wo der Holzhammer mehr Wirkung verspräche.

Franz Josef Strauß ist kein Faschist; dieser Vorwurf der freischwebenden Linken ist so unsinnig wie die Behauptung, er sei ein Kriegstreiber. Es gibt andere Gründe, ihn aus dem Palais Schaumburg fernzuhalten.

Zunächst einmal ist Strauß noch immer der Mann der Affären. Es bedarf da gar nicht der Leporello-Liste Rudolf Augsteins, um diese Feststellung zu belegen. Die Erinnerung an zwei Skandale genügt: wie er in der *Spiegel*-Affäre das Parlament belog (und deswegen sein Ministeramt verlor); und wie er – der Verteidigungsminister! – in der kritischen Nacht der Kuba-Krise sich betrunken im Park von Schloß Brühl hinter den Büschen erbrach. Die Sozialdemokraten haben sich schon vier Jahre später wieder mit ihm auf die Ministerbank gesetzt, aus Parteiräson oder Staatsräson; das muß Herbert Wehner mit seinem eigenen Gewissen abmachen. Dem Wähler des Jahres 1980 bleibt deswegen jedoch das eigene Urteil nicht erspart.

Es kann nur negativ ausfallen, denn Strauß hat sich nicht gewandelt. Der Hardthöhenchef, der 1958 den Polizeihauptwachtmeister Hahlbohm mit gehässigen Verfahren verfolgte, weil der an der Kreuzung vor dem Kanzleramt den Ministerwagen gestoppt hatte, der Verteidigungsminister, der 1962 unter Vorspiegelung falscher Tatsachen (und am zuständigen Bundesjustizminister vorbei) seinen Militärattaché in Madrid einspannte, um den *Spiegel*-Redakteur Conrad Ahlers in Torremolinos verhaften zu lassen, der bayerische Ministerpräsident, der 1980 Münchens stellvertretenden Polizeipräsidenten öffentlich anpöbelte, weil dieser keine Rechtsgrundlage dafür sah, «Stoppt-Strauß»-Plakate bei einer CSU-Kundgebung zu konfiszieren, und ihn von der Einsatzleitung entbinden ließ – das ist alles der gleiche Franz Josef Strauß, der Mann der krummen Touren, gestern wie heute.

Hinzu kommt: Straußens Regierungsbegabung wird übertrieben. Er ist, ganz entgegen seinem Ruf, ein Zögerer und Zauderer, «zu vielem entschieden und zu wenig entschlossen» (Ludolf Herrmann). Die ewig hinausgezögerte bayerische Festtagsregelung liefert da mehr als bloß Stoff für eine Posse: So drückt er sich gern um harte Entscheidungen. In Bonn hat er weithin die Beamten walten lassen; in München wird ihm «bohemienhafter Regierungsstil» nachgesagt. Bei der Auswahl seiner Freunde zeigt er wenig Talent. Im Vergleich zu seinen bajuwarischen Büchsenspannern wirkt Jimmy Carters Magnolien-Mafia geradezu weltläufig. Den Instinkt für die Macht hat Strauß noch, sein Instinkt für die Ausübung der Macht jedoch hat sich enorm abgeschwächt. Der Mann ist ausgebrannt. Kein Wunder auch: Er ist 65 und steht seit einem Menschenalter in der Politik. Das zehrt. Seine Reden, wenn er nicht einen besonders guten Tag hat, sind fahrig und belfernd. Selbst im persönlichen Gespräch wird er ausfällig, wiederholt er sich, legt er streitsüchtige Rechthaberei an den Tag. Neues ist ihm schon ewig nicht mehr eingefallen.

Das schlimmste freilich ist etwas anderes. Strauß leidet an einem Wallenstein-Komplex: «Nacht muß es sein, daß Friedlands Sterne strahlen.» Er taucht ringsum alles in Finsternis, auf daß seine Gestalt, die des Retters, um so heller erstrahle. Dabei schreckt er vor keiner Maßlosigkeit zurück, vor keiner niedrigen Unterstellung, vor keiner Brunnenvergiftung. Die Sozialdemokraten geraten ihm und seinen Spezis absichtsvoll zu Sozialisten, Schmidt zur Moskauer Marionette, die Entspannungspolitik zur Unterwerfungsgeste gegenüber dem Kreml. Mit dem niederträchtigen Schlagwort von der «Moskauer Fraktion», dem Gruselmärchen von der außenpolitischen Umorientierung der Bundesrepublik zur Vorbereitung der sonst nicht durchsetzbaren sozialistischen Evolution im Innern, will er die Deutschen an seine Seite ängstigen.

Das ist überhaupt sein Rezept: nicht überzeugen, sondern Angst einjagen, Ressentiments auslösen, das Denken im Schwall der Propaganda ersticken. Die Unredlichkeit hat Methode. In Sonthofen hat er es 1974 verraten: «Die vielen nüchternen, harten Fragen der Landespolitik, also der Strukturpolitik, der Regionalpolitik usw., wo man viel Sachkunde braucht, viel Detailkunde braucht und unendliches Maß an Fleiß aufwenden muß und trotzdem keine rauschenden Feste damit feiern kann, all das macht nicht die Wahlergebnisse für morgen aus, sondern die Emotionalisierung der Bevölkerung, und zwar die Furcht, die Angst und das düstere Zukunftsbild sowohl innenpolitischer wie außenpolitischer Art.»

Solch ein Mann soll Kanzler werden? Er versteht Wahlkampf als Einübung in die Apokalypse. Er verspricht, die Not zu wenden; aber da gar keine Not herrscht, sucht er sie herbeizureden. Er appelliert weniger an die Vernunft als an das Gefühl, vorzugsweise an die niedrigeren Instinkte. Sein Verhalten nach dem Münchner Mordanschlag hat abermals bewiesen, daß dem Humanisten Strauß ein wesentliches Element politischer Gesittung abgeht: Der Sinn für *pudenda* und *tacenda*, das Gespür dafür, wann Scham oder Schweigen am Platz wären.

«Er würde als Minister jede Regierung verpesten», schrieb Gerd Bucerius 1965 über Strauß. Das Wort bewahrheitete sich in der Großen Koalition, wo Strauß den Bundeskanzler Kiesinger sorgsam in den Käfig des Althergebrachten sperrte. Seitdem hat der Bayer die Unionsparteien verpestet, indem er sie kujonierte, paralysierte und in den Gräben der fünfziger Jahre einbetonierte. Und er hat die Republik verpestet, indem er bramarbasierte, provozierte, polarisierte. Das «Strauß – nein danke» hält er für eine teuflische Erfindung des KGB; in Wahrheit ist es das unvermeidliche Echo auf sein eigenes Wesen.

Solch ein Mann wird besser nicht Kanzler. Er muß es auch nicht. Wir schreiben nicht 1940; Schmidt ist nicht Chamberlain; und ob Strauß das Zeug zum Churchill hätte, lassen wir lieber unergründet. Was wir brauchen, ist nicht ein Bundeskanzler, der mit Schaum vor dem Munde Ausnahmesituationen heraufbeschwört, die große Wende verspricht und mit rettender Gebärde den Rückwärtsgang einlegt. Wir brauchen einen Mann, der Erfüllung darin findet, ein Kanzler der Normalität zu sein – ein Zustand, an den sich die Deutschen, wenn sie ihrer Umwelt erträglich bleiben wollen, endlich gewöhnen müssen; der Krisen, wenn sie auftreten, als Teil der Normalität begreift und sie mit unaufgeregter Entschlossenheit durchsteht – ohne durchzudrehen; und der sich im politischen Betrieb einen Sinn für Würde und Anstand bewahrt, der über die Routine des Protokolls hinausreicht. Wir haben diesen Mann: Helmut Schmidt.

Er ist kein Politiker, der Heil-Ovationen auslöst. «Franz Josef, gib uns Hoffnung und Aussicht, Chance und Zukunft» – solch odiose Oden, die peinlichsten, seit Baldur von Schirach den Führer besang, würde auf Schmidt keiner ausbringen. Der Hamburger löst freilich auch keine Haßausbrüche aus. Er genießt Achtung und Vertrauen, diesseits und jenseits der Grenzen. Er ist der bessere Mann.

3. Politik

Die Frage wäre nun, ob der bessere Mann vielleicht die schlechtere Politik vertritt. Die Antwort darauf ist auf drei Feldern zu suchen: Innenpolitik, Wirtschaftspolitik, Außenpolitik.

In der Innenpolitik hat die sozial-liberale Koalition 1969 einen überfälligen Anlauf zur Reform unternommen. Bildungsreform, Strafrechtsreform, Mitbestimmung – Wesentliches davon keimte schon in den Jahren der Großen Koalition und wäre wohl, wenngleich mit anderem ideologischem Zuckerguß, auch von einer CDU / CSU-Regierung angepackt worden. Vieles ist gelungen, manches danebengegangen, einiges steckengeblieben; das wäre unter Führung der Union ebenfalls nicht anders gewesen. In der Reform war die Reform der Reform schon angelegt, die Eindämmung ihrer Kosten, die Korrektur ihrer unerwarteten und unerwünschten Folgen, die Entbürokratisierung ihres Vollzugs. Helmut Schmidt hat damit vor sechs Jahren angefangen. Der CDU wäre die Konsolidierung gewiß auch zuzutrauen. Aber ihr Programm bleibt in dieser Hinsicht vage, und der Verdacht ist nicht unbegründet, daß sie in gegenreformatorischem Eifer ein Gutteil des Zugewinns an tatsächlicher Liberalitas im Lande wieder kassieren könnte.

Auch die Wirtschaftspolitik gibt an Argumenten für die Union wenig her. Das liegt zunächst einmal an den nüchternen statistischen Daten: Inflationsrate 5,5 Prozent, Arbeitslosigkeit 3,7 Prozent, Wachstum 2,5 Prozent. Die Welt blickt neidvoll auf die Bundesrepublik. So gut ist sonst niemand durch die Weltwirtschaftskrise gekommen (besser wohl nur die Schweiz). Die konservativen Regierungen der demokratischen Industrieländer würden sich jedenfalls glücklich schätzen, könnten sie solche Ziffern vorweisen. Im übrigen hat der Bundeskanzler bei der Festlegung der westlichen Wirtschaftspolitik eine respektheischende Rolle gespielt wie kein deutscher Staatsmann vor ihm.

Gewiß ballen sich dunkle Wolken am Zukunftshorizont zusammen. Die Leistungsbilanz der Bundesrepublik ist mit 25 Milliarden ins Minus geraten – Folge der unaufhörlichen Ölpreissteigerungen. Vor allem ist die Staatsverschuldung in schwindelnde Höhen gestiegen. Zwar schneidet auch da die Bundesrepublik, mißt man die jährliche Neuverschuldung und die absolute Höhe des Schuldenstands am Bruttosozialprodukt, im internationalen Vergleich gut ab, aber dies löst nicht das Problem. Die Opposition hat es zu Recht ins Blickfeld der Bürger gerückt. Ihr Pech ist es nur, daß sie auf dem Schuldenberg bloß einen Schaukampf veranstaltet. Ihre Protagonisten fordern einerseits Sparsamkeit, andererseits milliardenweise neue Staatsleistungen bei gleichzeitiger Senkung der Steuern – das Straußen-Ei des Kolumbus gleichsam. Zwischen Biedenkopfs Sparpolitik und Geißlers Sozialpolitik hat sich der Unionskandidat ins Abseits der Unglaubwürdigkeit manövriert. In der Praxis würde sich die Wirtschaftspolitik von Strauß und Schmidt (der sich ja ebenfalls auf Korrektur festgelegt hat) kaum unterscheiden. Hier gilt, mehr noch als für die Innenpolitik, das Wort Nina Grunenbergs: «Weder ist klar, was Franz Josef Strauß anders machen würde als Helmut Schmidt, noch ist bewiesen, was er besser machen könnte.»

Das stärkste Argument zugunsten der Koalition ergibt sich aus der Außenpolitik. Auf diesem Gebiet liegt die größte Stärke der Koalition und zugleich die größte Schwäche der Opposition.

Franz Josef Strauß hat hier mit Fleiß an einem monumentalen Lügenteppich gewirkt. Der Bundeskanzler und sein Außenminister erscheinen darauf als Vollzugsgehilfen Breschnjews, als offene oder verkappte Neutralisten, als Kapitulanten. Sie werden als Traumtänzer dargestellt, die das Band nach Amerika zu kappen suchen, die Sicherheitsgrundlage der Nato verkommen lassen, die Europäische Gemeinschaft unterminieren. Nichts davon ist wahr. Schmidt hat die Bundesrepublik keineswegs zur Wanderniere gemacht. Sie ist in der Neuner-Gemeinschaft so fest verankert wie im Atlantischen Bündnis. Ihr militärischer Beitrag zur Nato ist eindrucksvoll. Schmidts Philosophie des militärischen Gleichgewichts bleibt die Basis seiner Entspannungspolitik, die er ohne Illusionen betreibt. Wenn er gegenüber einem unsteten und oft unberechenbaren amerikanischen Präsidenten nachdrücklich deutsche und europäische – jawohl, europäische – Interessen verficht, so tut er dies in der völlig richtigen Erkenntnis, daß die Bündnisloyalität dort aufhören muß, wo die Narretei anfängt; daß Solidarität keine Einbahnstraße sein kann; und daß Konsultation das mindeste ist, worauf Verbündete Anspruch haben, wenn der US-Präsident Politik auf ihre Rechnung und Gefahr macht. Strauß unterschlägt, daß Westeuropa in der Beurteilung der Teheraner Geiselkrise wie in der Afghanistankrise hinter Helmut Schmidt stand – und er vergißt, daß er selber Anfang der sechziger Jahre sich nicht minder energisch mit den Amerikanern anlegte, als ihm die Strategie Kennedys und McNamaras deutsches Interesse zu verletzen schien.

Schlimmer als die Verzerrung der Regierungspolitik ist aber etwas anderes: die Verkümmerung des außenpolitischen Konzeptes der Union unter Franz Josef Strauß. In seiner Ägide hat die CDU/CSU ihren Rückweg in die glaubhafte Kontinuität bundesdeutscher Außenpolitik verlassen müssen, wie Richard von Weizsäcker, Walther Leisler Kiep, sogar Rainer Barzel und Ernst Albrecht ihn ja in den siebziger Jahren trassiert hatten. Strauß versichert zwar *«pacta sunt servanda»*, aber er macht dabei so lange Zähne, daß wieder nur das alte Nein zur Entspannungspolitik herauskommt. «Eine der größten Fehlleistungen ist die Ostpolitik», wettert sein *Bayernkurier*. Er selber tut sei Monaten so, als hülfe es Afghanistan, wenn in Mitteleuropa die mühsam ruhiggestellten Fronten wieder aufbrächen. Die Schwierigkeiten im Ost-West-Verhältnis bereiten ihm geradezu hämische Freude; ein wirklicher Realpolitiker müßte darüber Kummer und Verdruß empfinden. Und all seine Ratschläge laufen darauf hinaus, den Kalten Krieg wiederzubeleben. Käme er im gleichen

Augenblick ins Palais Schaumburg, da Ronald Reagan ins Weiße Haus einzöge – der Welt stünde mit Sicherheit eine neue Eiszeit bevor. Grund genug, nicht Strauß zu wählen. Das Staatsschiff dampft durch schweres Wetter. Da ist der Mann mit der Lotsenmütze genau der richtige.

4. Die Wahl

Bleibt schließlich doch die Frage, wo nun der Nicht-Strauß-Wähler am Sonntag seine Kreuze machen soll? Bei der SPD? Bei der FDP? Im Wege des Splittings bei beiden?

Für die SPD wird stimmen, wer Helmut Schmidt ganz direkt für seine Regierungsleistung honorieren will; wer keine Angst vor der sozialdemokratischen Parteilinken hat, sondern sich nüchtern sagt, daß die SPD noch nie so weit rechts stand wie unter Helmut Schmidt; wer sich darauf verlassen will, daß Schmidt unseren Staat auch seinen Freunden von der Gewerkschaft nicht ausliefern will.

Die FDP wird mit beiden Stimmen wählen, wer darüber hinweggehen kann, daß ihr geistiges Profil derzeit schwächer ausgebildet ist als seit vielen Jahren, der aber sieht, daß ihre Minister vorzügliche Arbeit leisten und daß vor allem ihre mechanische Funktion, das Organisationsschicksal der dritten Kraft, bedeutsamer geworden ist denn seit langem.

Splitten aber muß, wer es mit Schmidt *und* mit der FDP gut meint. Erststimme SPD, Zweitstimme FDP – das wäre ein Leistungshonorar für beide. Es würde den realistischen Flügel der Koalition gegenüber dem ideologischen stärken und den von Schmidt verkörperten Trend zur Mitte in der SPD befördern; darin liegt ein weiterer Schutz gegen linke Torheiten. Motto: «Helmut Schmidt zuliebe FDP wählen».

Im Jahre 1984 freilich, wenn Schmidt nicht wieder antritt und Brandt wie Wehner die Bühne verlassen haben werden, wenn die Union Franz Josef Strauß endlich ausgeschwitzt und sich ebenfalls in der Mitte wieder einen Standort und einen Kanzlerkandidaten gesucht haben wird – im Jahre 1984 ist es dann wohl Zeit zum Wechsel. Ein besserer Mann von der anderen Couleur hätte in vier Jahren jede Chance, eine bessere Politik zu machen.

10. Oktober 1980

NINA GRUNENBERG

Heiter, als wäre nichts gewesen

Hat sich ein Schicksal erfüllt? Ist ein Problem gelöst? Hat sich die Doktor-Eisenbart-Kur für die Union gelohnt? Ist Franz Josef Strauß «ausgeschwitzt», «zu Bett gebracht», ist seine «Ära zu Ende»?

Noch in der Niederlage beschäftigte der Bayer die Gemüter mehr als die Gehirne. Probeweise wurden in der Wahlnacht schon die Schicksalsmelodien angestimmt und die Nachrufe formuliert, in denen sich FJS glatt und restlos auflöste. Der einzige, der sich dem Bild entzog, war der Ex-Kandidat. Vielleicht war die Keule, die in der Sonntagnacht auf ihn niedergegangen war, nicht stark genug gewesen. Vielleicht war er aber auch nur aus anderem Holz geschnitzt als alle seine Vorgänger auf diesem Posten, die sich von ihm in die Resignation hatten treiben lassen: Gerhard Schröder – der Kampf mit ihm hat immerhin sechs, sieben Jahre gedauert und endete erst, als sich Strauß 1966 für Kurt Georg Kiesinger als Kanzler der Großen Koalition entschied; 1972 mußte Rainer Barzel daran glauben, 1976 Helmut Kohl, 1979 Ernst Albrecht. Daß Strauß am Ende der einzige war, der auf dem CDU-Paukboden übrigblieb, wurde von vielen ihrer kritischen Begleiter als Versagen der CDU-Führung angesehen. Aber wer wagt es schon, die Hand gegen ihn zu erheben?

Franz Josef Strauß lebt sein Leben in wachsenden Ringen, wie er in letzter Zeit mit Rilke zu sagen pflegt, das soll heißen: Die Kanzlerkandidatur war nur einer davon. Wie ein politischer Leichnam sah er am Wahlabend auch nicht aus, eher schon wie ein Mann, der sich einer Bürde entledigt hat und wieder Mensch sein darf. Anders als Helmut Kohl 1976 trug Franz Josef Strauß den Kandidatenballast nicht eine Minute länger als erforderlich. «Mich braucht niemand zu bedauern», wehrte er Beileidsbekundungen ab, «ich bin und bleibe bayerischer Ministerpräsident.» Am ungeniertesten wurden die Gefühle der Familie von Marianne Strauß formuliert. Resolut verkündete sie der Truppe im Konrad-Adenauer-Haus in Bonn, besser habe es gar nicht kommen können. Sprach's und eilte um 22 Uhr mit Mann und zwei Kindern beschwingt zum Flughafen: zurück nach Bayern, in das vertraute Chaos zwischen Staatskanzlei und CSU-Parteizentrale.

Als wäre nichts gewesen, präsentierte sich am Montagmorgen auch Friedrich Zimmermann, der Vorsitzende der CSU-Landesgruppe in Bonn. Locker, um nicht zu sagen, heiter, bestieg er das Flugzeug nach München, um mit dem CSU-Parteivorstand in München das Ergebnis der Wahl zu erörtern. Wichtig für ihn war: Die CSU in Bayern hatte nur ein Mandat verloren, die CDU außerhalb Bayerns aber sechzehn. Für die CSU war es das zweitbeste Ergebnis ihrer Geschichte, für die CDU das schlechteste seit 1949. Als Diskussionspunkte hatte Zimmermann vorgemerkt: das Nord-Süd-Gefälle und die Erfolge der FDP, die ihn als alten Fuhrmann am meisten überrascht hatten: «Was haben wir nicht alles gegen Baum gesagt», amüsierte er sich, «und es hat nichts gebracht.»

Das kann man betriebsblind finden oder mit dem bayerischen Hang zur komödiantischen Verstellung erklären – aber auch in München wurde die Niederlage mit verhaltener Gelassenheit quittiert. Es gab keine Schimpfkanonaden auf die «Nordlichter» wie noch vor vier Jahren, diesmal fehlte auch die Großspurigkeit. Lammfromm und willig ließen sich die CSU-Politiker von Strauß die Niederlage erklären. «Wir konnten doch gar nicht gewinnen», fand ein Bonner CSU-Mann. Rückschlüsse auf die reine Denkungsart der Bayern lassen sich daraus noch nicht ziehen. Ein wenig von dem, was insgeheim seit

Sonntagabend in ihnen vorgeht, scheint Paul Pucher, der Chefredakteur des *Münchner Merkur*, am Montag geschrieben zu haben: «Es gibt einen Typ des Wohlstandsbürgers – halb-informiert, halb-intellektuell, geschmäcklerisch, mit Trimm-Dich, Zweitwagen und Nouvelle Cuisine beschäftigt, mit sexuellen Problemen belastet – dem ist die SPD zu ‹sozialistisch› und die Union zu ‹reaktionär›, zumal wenn Strauß das Sagen hat. Er glaubt, die FDP verkörpere die beste aller Welten, er glaubt allen Ernstes, wenn er ihr die Stimme gibt, dann könne er seinen Hang zum Fortschrittlich-Liberalen mit seiner materiellen Habgier auf einen Nenner bringen.»

Für Franz Josef Strauß und die CSU ist das Wahlergebnis aus folgenden Gründen psychologisch erträglich:

Erstens: Mit 57,6 Prozent aller Stimmen blieb die CSU nur 2,4 Prozentpunkte unter ihrem letzten Ergebnis. Für Strauß, für den das Ergebnis in Bayern am wichtigsten war, liegen die Verluste noch innerhalb des *noise-level.* Mit dem Stimmenpotential, das er für die Opposition ins Feld führen kann, bleibt er ein Machtfaktor, gegen den «auch zukünftig nichts auszurichten sein wird» (ein CSU-Politiker). Für die SPD symbolisiert er nach wie vor den unverständlichen Süden, der sich der Ratio des Nordens nicht erschließt. Für die CSU bleibt er der Mann, «ohne den wir noch schlechter abgeschnitten hätten».

Zweitens: Eine Katastrophe wäre die Wahl erst gewesen, wenn die CDU/CSU nicht mehr als stärkste Fraktion aus ihr hervorgegangen wäre. So aber blieb der Lebensnerv unverletzt. Der Wahlkampf, so heißt es bei der CSU, hat die Schwesterparteien nicht nur zu neuer Geschlossenheit geführt, sondern der CDU auch wieder kämpferisches Profil gegeben – ein Wort, das die CDU nur noch aus dem Lexikon gekannt habe.

Drittens: Helmut Schmidt hat nicht so gut abgeschnitten, wie allgemein angenommen worden war. Sein Kanzlerbonus war von Franz Josef Strauß immer als Handikap empfunden worden. Daß er sich die Sorge hätte sparen können, erleichterte dem Bayern die Niederlage ebenfalls.

Was wird aus Strauß? «Er sitzt im Prinz-Carl-Palais *(dem Repräsentationssitz des bayerischen Ministerpräsidenten in München)* und schaut die Prinzregentenstraße herunter», sagte ein CSU-Politiker anzüglich. Er mag auf Normalmaß geschrumpft sein, aber seine Machtmittel als Ministerpräsident und Parteivorsitzender sind ihm geblieben. Er wird am Konsens mit der CDU und an seinen neu entdeckten freundschaftlichen Gefühlen für Helmut Kohl vorerst nicht rütteln. Aber irgendwann wird er seinen frustrierten Anhängern auch sagen müssen, wie der Kampf weitergeht. Irgendwann wird ihm bestimmt etwas einfallen. Für Ende Oktober ist die CSU-Landesgruppe zu einer Klausurtagung nach Kreuth eingeladen.

10. Oktober 1980

Gunter Hofmann

Ausbruch aus der Wagenburg

Helmut Schmidt, der kein Verstellungskünstler ist, zeigte sich in der Wahlnacht von der ersten Sekunde an mit dem Ergebnis sehr zufrieden. Er fühlte sich also als Sieger. Die SPD ist über das Resultat vom 5. Oktober nicht unglücklich, aber sie wird darüber auch nicht recht froh, weil sie die Schlacht gegen Strauß für gewonnen, aber ihren Sieg für verschenkt hält.

Diese unterschiedlichen Urteile spiegeln etwas von den Grundproblemen der SPD als Kanzlerpartei wider, und diese Probleme werden sie in die nächsten Jahre hineinbegleiten. Denn der SPD bescherten die Wahlen eben nur eine kleine Bestätigung, der FDP dagegen ein ungewöhnlich breites Fundament, der Koalition und dem Kanzler einen turmhohen Erfolg. Zwar zeigen sich die Sozialdemokraten fest, ja finster entschlossen, ausschließlich nach vorn zu blicken, nur Herbert

Wehner schwingt den Donnerkeil. Die SPD hat aber das berechtigte Gefühl, als Partei nicht richtig sichtbar geworden zu sein und vom Kanzleransehen nicht genug profitiert zu haben.

Eine offene Suche nach Sündenböcken verbietet sich, die Koalitionsgespräche haben längst begonnen. Aber über das mäßige Abschneiden der Sozialdemokraten wird natürlich debattiert. Die Partei, unzufriedener als der Kanzler, neigt zu dem Argument, sie habe sich geschlossen und wunschgemäß hinter Schmidt geschart, sei aber in seinem Schatten geblieben. Es habe wirklich an «Themen» gemangelt, aber in Kanzlerwahlen sei es nicht Sache der Kanzlerpartei, politisch voranzumarschieren. Ziemlich offen lautet also die Kritik, die Regierung sei gerade als Regierung nicht sichtbar geworden. Das war aber doch das Pfund, mit dem sie wuchern wollte.

Statt dessen gab es ein «Vakuum». Von solcher Kritik wird der Kanzler weitgehend ausgespart, ausgenommen die Frage, warum er erst kurz vor der Wahl mit dem Argument aufwartete, er würde «das alles noch einmal machen»; gemeint war die Wirtschaftspolitik der letzten Jahre.

Gewichtiger ist die Überlegung, anders als die Minister Baum, Lambsdorff und Genscher hätten die SPD-Minister die Chance nicht genutzt, mit ihrer Politik für sich und die Regierungspartei Profil und Kontur zu besorgen. Mit solchen Wünschen, klagen einige Genossen, sei man «wie gegen eine Wand gerannt». Die einzige Ausnahme, die in diesem Zusammenhang rühmend erwähnt wird, ist Jochen Vogel.

Stumme Fragen zielen dagegen vor allem auf die Minister, die für die großen Themen des Wahlkampfs und auch der nächsten Jahre – Renten und Finanzen – verantwortlich sind, also auf Herbert Ehrenberg und Hans Matthöfer. Das Urteil läßt sich mit den Worten eines prominenten Sozialdemokraten so zusammenfassen, es seien zu wenig Leute im Kabinett gewesen, die unverwechselbar sind.

Anders argumentiert die zweite Gruppe der Kritiker. Der Kanzler und seine Mannschaft, die mit dem Resultat spürbar zufriedener sind als die SPD-Basis, könnten auf die Idee kommen, der Wahlkampf sei zu sehr gegen Strauß und zu wenig für Schmidt geführt worden. In der Sache wäre das falsch. Eine sichtbarer profilierte SPD-Politik, so lautet die These, habe man nicht vorzeigen können, da Sparsamkeit das Gebot der Stunde und eben nicht attraktiv sei. Unschöne Bilder von der SPD aus Bremen oder Hamburg hätten gängige Vorbehalte gegen die Partei genährt – und die SPD müsse ohnehin gegen ein arges Negativbild ankämpfen. Schließlich wird unterstellt, ohne Schmidt wäre die SPD nach unten abgerutscht.

Stellvertretend für die unterschiedlichen Antworten bei der Suche nach den Ursachen für das Wahlresultat stehen die Namen von Egon Bahr und Hans-Jürgen Wischnewski. Für die Klage des stellvertretenden SPD-Vorsitzenden, er habe seine politischen Vorstellungen nicht hinlänglich durchsetzen können, dürfte es allerdings wenig Grund geben. Das Wahlprogramm, das nicht sehr erhellend war, stammt aus Wischnewskis Feder. Verständlich wäre es eher, wenn seine Unzufriedenheit daraus resultiert, daß er als SPD-Vize im Lauf des knappen Jahres keine richtige Rolle gefunden hat.

Egon Bahr hat die Aufgabe des Geschäftsführers mit Zielstrebigkeit und nicht ohne Erfolg wahrgenommen, dieser Platz war für Wischnewski nicht frei. Im übrigen gibt es zwar eine spürbare Neigung im Kanzleramt, Hans-Jürgen Wischnewski als brillantes politisches Feuerwerk hochzupreisen, aber richtig bestaunen konnte das kleine Wunder eigentlich noch keiner.

Allerdings wird Wischnewski noch eine Karriere vor sich haben, er bemüht sich vermutlich auch um das Amt eines stellvertretenden Fraktionsvorsitzenden in der neuen Fraktion. Egon Bahr, den vielleicht die, die es könnten, nicht halten wollen, macht mit seinen Rücktrittsplänen nun Ernst. Vielleicht schon Anfang nächsten Jahres will er eine neue Rolle, aber kein neues Amt suchen. Es drängt ihn danach, sich stärker in die Abrüstungsdiskussion einzumischen.

Zu den offen Unzufriedenen zählt Wehner. Vielleicht wollte er mit seiner Schelte Bahr und Wischnewski gleichermaßen treffen. Dem Parteivorstand ließ der Fraktionschef sein ausgedrucktes Deutschlandfunk-Interview vom frühen Montagmorgen auf die Tische legen, er meldete sich aber während der Sitzung dann nicht zu Wort. Wehners Klage über Wehners Rolle, die hier anklang, wird in der Parteispitze mit Schulterzucken quittiert. Jede gewünschte Gelegenheit, sich einzumischen und eine «Rolle zu spielen», hätte ihm offengestanden, heißt es. Interessanter ist schon, daß im Kanzlerlager viel Verständnis für Wehners Mißstimmung aufgebracht wird; anders als die SPD habe der Kanzler den Fraktionschef nie vergessen.

Auf alle Fragen indes, wie dringlich denn ein Verbleiben Wehners im Amt erscheine, lautet die auffallend einsilbige Antwort, dies sei einzig und allein seine Sache. Die heimlichen Auseinandersetzungen um die Nachfolgefragen, von denen Wehners Position derzeit die wichtigste ist, scheinen bereits zu beginnen.

Das alles kann man als Ausdruck der komplizierten Machtbalance zwischen Regierung, Partei und Fraktion verstehen. Das Problem ist nicht neu, stellt sich vielleicht jetzt aber noch schärfer. In einem Moment, als der SPD-Vorsitzende Willy Brandt das Gefühl hatte, nur wieder mal Front- und Frondienst für andere leisten zu müssen, worunter seine Reputation ohnehin beträchtlich gelitten hat, drohte er kürzlich mit Rücktritt. Brandt ächzt unter dieser Rollenzuweisung, die ihm kaum Spielraum als Parteiführer läßt. Aber darin spiegelt sich wiederum die Gewichtsverteilung zwischen Regierung und SPD wider.

Kein Katzenjammer, keine Blütenträume – so könnte man die Situation der SPD beschreiben. Die Sozialdemokraten wissen, daß sie überhaupt wieder ein eigenes Gesicht gewinnen müssen. Die Frage danach ist noch dringlicher, die Antwort noch schwieriger geworden als zuvor.

Ein Linksruck steht der SPD nicht bevor; es gibt auch keine finsteren Beschlüsse, den Konflikt mit den Regierenden zu suchen; die Schmidt-Jahre haben Spuren in der SPD hinterlassen. Sie neigt viel weniger zu Extremen, als das Klischee von der SPD vorgibt. Allerdings, die Sozialdemokraten müssen sich mit jenen politischen Fragen für die achtziger Jahre befassen, die teils wegen der Konfrontation mit Strauß, teils aus Rücksicht auf ein nach außen geschlossenes Bild der

Partei, nicht zuletzt aber aus eigenem Antrieb heraus verdrängt worden sind. Dazu zählen Abrüstungspolitik, Nord-Süd-Probleme, Ökologie, Arbeitslosigkeit, sinkende Wachstumsraten bei hoher Staatsverschuldung.

Für den «Millionentanker SPD» sind schnelle Bewegungen oder gar Kehrtwendungen schwierig. Das hängt zum Teil mit dem Negativbild zusammen, das die SPD schmerzhaft spürt. Die FDP, beispielsweise Gerhart Baum, kann links von der SPD agieren, und gilt zu Recht auch dann immer noch als bürgerlich-liberal. Die SPD könnte sich solche Seitenschritte nicht erlauben.

Auch beim Nachdenken über die Zukunftsprobleme des «Wohlfahrtsstaates» Bundesrepublik, das innenpolitische Schlüsselproblem der kommenden Jahre überhaupt, fallen die Antworten nicht sehr erhellend aus – oder sie klingen danach, als wolle die SPD sich den Ast absägen, auf dem sie heute sitzt. Auf Erhard Epplers Einwand im Vorstand der Partei, nach der Wahl vorgebracht, an der Gleichgewichtsphilosophie könne doch etwas nicht in Ordnung sein, wenn als Ergebnis immer Aufrüstung herauskäme, erwiderte Schmidt scharf, wer an dieser Position rütteln wolle, müsse sich einen anderen Kanzler suchen. Entweder fehlen plausible Antworten oder sie passen nicht zu den engen Rahmenbedingungen für das Alltagsgeschäft der Regierung.

Am Horizont entdeckt die SPD allerdings auch einen Silberstreif. Fast wichtiger als die Sorge, ob die FDP ihr Konto überzieht oder ganz ausbüchst, erscheint im Moment die Frage, wie aus den SPD-Erfolgen in Schleswig-Holstein und im Saarland Siege bei den Landtagswahlen gemacht werden könnten. Der Ruf, sich darauf mit möglichst viel Bonner Hilfe und vielleicht auch mit Bonner Namen zu konzentrieren, ist zur Stunde mindestens so laut zu hören wie der andere, die SPD müsse wieder besser als Partei kenntlich werden.

Beides kann man so deuten, daß die Sozialdemokraten den Eindruck haben, zu defensiv in der Ecke zu stehen. Sie wollen nicht mit immer mehr Kraftaufwand die alten Besitzstände verteidigen. Zumindest der gute Wille ist vorhanden, sich von der Wagenburg-Mentalität zu lösen.

1981

26. Juni 1981

KARL-HEINZ JANSSEN

«Weil Christus kein Killer ist ...»

Was war das Politikum am Kirchentag? Jene Fernsehszene in der Altonaer St. Trinitatiskirche, als ein Siebzehnjähriger dem Bundeskanzler frank und frei ins Gesicht sagte: «Herr Schmidt, ich habe Angst vor Ihrer Politik»? Oder die Friedenspredigt des Christen und Sozialdemokraten Erhard Eppler in der Harvestehuder St. Johanniskirche, eine sehr deutsche Rede, an die man sich vielleicht nach zwanzig Jahren noch erinnern wird? Wer freilich, wie Politiker und Journalisten, die Bedeutung eines Ereignisses nach Zahlen bemißt, der wird die Friedensdemonstration der 80 000 am Samstagnachmittag hervorheben, ohne Zweifel die größte seit den Anti-Atomtod-Kundgebungen von 1958.

Wie hatten einige Herren der Kirchentagsleitung, wie hatten auch Bischöfe vor dieser Demonstration gezittert, an der sich nicht nur das junge Kirchentagsvolk, sondern alle Gruppen der bundesdeutschen Friedensbewegung, bis hin zu den Kommunisten, beteiligen wollten. Doch nicht eine einzige Fensterscheibe wurde zerschlagen. Die Staatsmacht hielt sich auf angenehme Weise zurück, so daß Erhard Eppler, der um der Sache willen mitgezogen war, beglückt einigen Ordnungshütern die Hand schüttelte: «Ihr seid die besten Polizisten, die ich bisher erlebt habe», und sich dafür das Lob einhandelte: «Und ihr die besten Demonstranten.» Wo so viele bekenntnisfreudige Christen mitmarschieren, müssen selbst Politrocker zahm werden.

«Geht auf die Straße und schreit alle: Feuer, Feuer, unsre Erde wird

verbrannt.» Mit diesem Lied aus der Zeit der Ostermärsche hatten sich bereits am Freitag im Hamburger DGB-Haus die Wortführer der Friedensbewegung einstimmen lassen, zwar räumlich weit entfernt von den Hauptkundgebungen, aber «nicht am Rande, sondern im Zentrum unseres Kirchentags», so Pastor Konrad Lübbert («Christen für die Abrüstung»). Da saßen sie auf dem Podium, die «Krefelder» und die «Bielefelder», Linke und Liberale, Grüne und Geistliche, und ließen sich minutenlang feiern, in dem stolzen Gefühl, «daß wir, die wir noch eine Minderheit sind, als *die* Stimme der Kirche gewertet werden» (Altbischof Scharf).

General a. D. Gert Bastian setzte, militärisch knapp, das nächste Ziel: «Zehn Millionen Unterschriften für den Krefelder Appell»; Professorin Uta Ranke-Heinemann würzte ihr theologisch motiviertes Engagement mit den Pointen einer Büttenrede («Weil Christus kein Killer ist, haben die Apostel des Overkills mit seinem Evangelium nichts zu tun»); Petra Kelly vom Bundesvorstand der Grünen nahm, schärfer als alle anderen, die Rüstungsfanatiker in West *und* Ost ins Gebet («Nehmt den infantilen alten Männern im Kreml und im Weißen Haus das Kriegsspielzeug weg»); Juso-Chef Willi Piecyk, ungerührt durch die Rücktrittsdrohung des Bundeskanzlers, animierte alle zum Mitmachen, «damit sich die Bundesregierung ein bißchen fürchtet».

Angst vor dem Atomkrieg hatten sie, die Zehntausende junger Kirchentagsbesucher, und ihre Angst tat sich den Politikern kund, in schweigender Verachtung, oder schlimmer noch, in resignierter Abkehr, in höhnischem Gelächter, zuweilen in Pfeifkonzerten und Buh-Rufen. Bundeskanzler Schmidt und Verteidigungsminister Apel stemmten sich dieser Woge der Atomangst mit dem Mut des Gottvertrauenden entgegen: Angst sei ein schlechter Ratgeber in der Politik. Und doch wußten sie sich schon in der nächsten Minute keinen besseren Rat, als ihren Zuhörern angst zu machen: Angst vor den russischen SS-20, Angst vor einem Überfall.

Anders als sein Verteidigungsminister, der sich als Christ und als Pazifist mißverstanden fühlte und im ersten Zorn am liebsten aus der

Kirche ausgetreten wäre, räumte der Kanzler immerhin die Möglichkeit des Irrtums ein: Vielleicht werde sich der Doppelbeschluß eines Tages als «nicht zureichend» erweisen. Auf der anderen Seite war Erhard Eppler freimütig genug, seinen jugendlichen Bewunderern klarzumachen, daß es mit der Feindesliebe, mit einer Abrüstungspolitik einseitiger Vorleistungen auch «schiefgehen» könne. Aus solch eher beiläufigen Anmerkungen ließ sich ablesen, daß Befürworter wie Gegner des Nato-Doppelbeschlusses noch bereit sind, Positionen des anderen zumindest zu respektieren.

Die politischen Würdenträger mögen sich mit der Gewißheit trösten, daß die Jugend, wenn schon nicht auf sie, so doch auf andere Männer und Frauen der mittleren und älteren Generation hört. Pastor Heinrich Albertz darf den jungen Menschen raten, nicht mit Gewalt, sondern mit List, Klugheit und Geduld für den Frieden zu streiten. Professor Walter Jens darf sie bitten, das Schimpfwort «Bullen» aus ihrem Vokabular zu streichen. Professorin Dorothee Sölle darf ihnen zureden, nicht über dem verhaßten Weißen Haus das «andere Amerika» zu vergessen. Und Bruder Eppler darf sie ermuntern, einen General als einen Menschen anzunehmen, «der auf seine fragwürdige Weise dem Frieden dienen will».

Der Hamburger Etappensieg wird der Abrüstungsfronde in der sozialliberalen Koalition Auftrieb geben. Doch nicht allen Anführern der Friedensbewegung ist der jüngste Erfolg, der Rausch der großen Zahl zu Kopf gestiegen. Pastor Volkmar Deile von der «Aktion Sühnezeichen» fragt sich: «Würde die Friedensbewegung eine Entscheidung für seegestützte Raketen überleben?» Darum streben einige über das Nahziel – «Weg mit den Raketen aus unserem Haus» – hinaus zu verheißungsvollen Fernzielen: eine Internationale des Pazifismus; ganz Europa eine atomwaffenfreie Zone.

Das nächste Etappenziel ist bereits anvisiert: eine gemeinsame Demonstration niederländischer und deutscher Pazifisten am 10. Oktober in Bonn. Das kleine Holland, wo die Kirchen eine mächtige Kampagne gegen die Stationierung neuer Atomraketen mobilisiert haben, ist das Mekka der neuen Friedensbewegung. Ebenso wie dort geben auch hierzulande zur Zeit weder die Linken noch die Grünen den Ton an – voran marschieren die kirchlichen Gruppen. Ehe Erhard Eppler in der St. Johanniskirche vor den Altar trat, sang die Menge, verzückt wie beim Aufbruch zu einem Kinder-Kreuzzug, das Kampflied der Vietnamkriegsgegner: *«We shall overcome ...»*

26. Juni 1981

Rolf Zundel

Kirche auf der Wanderung

120000 beim Hamburger Kirchentag

Rund 120000 Dauerteilnehmer sind registriert, mehr als zwei Drittel davon Jugendliche in Jeans, ausgeleiertem Pullover, Windjacke. Zuweilen glaubt man, die Kirche habe sich auf Wanderschaft begeben. Jedenfalls sind viele ausgezogen aus dem vertrauten Gehäuse der Tradition. Die Kirche ist in Bewegung geraten.

Erfahrenen Kirchentagsbesuchern ist dies nichts Neues; beunruhigend, irritierend, mitreißend wirkt es dennoch – auf dem Hamburger Treffen mehr denn je. Endzeit, Entscheidungszeit – die Vorstellung hat immer schon im Christentum geschlummert, hier wurde sie zuweilen sichtbar und greifbar. Es ist kein Zufall, daß die offizielle Kirchentagslosung «Fürchte Dich nicht!» in den Appell verkehrt wurde «Fürchtet Euch!». Zukunftsangst, Angst vor der Selbstzerstörung dieser Welt – sie treibt, sie begleitet die neue Bewegung in der Kirche.

Unter der Weltuntergangsuhr – ihr Zeiger ist auf vier Minuten vor zwölf gerückt – haben Kirchentagsbesucher aufgeschrieben, was sie in diesen letzten Minuten tun wollen. Da steht in kindlicher Schrift: «Ich lasse meinen Wellensittich frei und gehe mit Leuten, die ich mag, in den Wald.» Oder: «Noch einmal das Gesicht zur Sonne wenden.» Oder: «Ich werde mich fest an meinen Freund anklammern und auf Gott vertrauen.» Daneben: «Ich auch», «Ich auch». Vom Weiterkämpfen für den Frieden ist die Rede, vom Versuch, doch noch das «Unmögliche möglich zu machen». Und neben «Schlafen» und «Spaghetti essen» steht «Beten», «Gott suchen» oder mit steiler Schrift und lutherischer Gewißheit: «einen Apfelbaum pflanzen».

Es ist nicht einfach so, daß hier eine aus der Tradition herkömmlicher Frömmigkeit ausbrechende Gemeinde sich politisiert hat und vagabundierende Religiosität in politischen Schwarmgeist flüchtet. Auch das gibt es, aber das erklärt diese Bewegung nicht zureichend. Im Grunde handelt es sich um den manchmal verzweifelten, zuweilen tumultuarischen, jedenfalls erstaunlichen Versuch, christlichen Geist in die Welt hineinzutreiben und sie zu verändern.

Da umschreibt einer der Prediger die Botschaft der Bergpredigt mit den Worten: «Die neue Menschheit hat angefangen ... Der Krieg ums Haben ist aus ... Jetzt ist das Reich Gottes tatsächlich dran ... Die Gegenwelt taucht auf.» Die Nachfolge Christi wird zum Widerstand gegen die Sachzwänge der Politik von heute, vor allem gegen das Kalkül der Sicherheitspolitik.

Dies geschieht in verschiedener Form. Wahrscheinlich gehört auch diese Szene dazu: In einer der Messehallen ist eine Ecke mit grünen Büschen abgeteilt; dort lagert eine Gruppe Jugendlicher, selbstvergessen, eng aneinandergerückt. Sie singen eines jener Lieder, in denen sich jene unscharf-zärtliche Religiosität von heute ausdrückt: «Herr, Deine Liebe ist wie Gras und Ufer, wie Wind und Weite und wie ein Zuhaus ...» In der vollen Halle, zwischen Ständen und Stellwänden, zwischen Trubel, Glas und Beton entsteht eine Stimmung wie auf einer Waldlichtung – halb wehmütig, halb fröhlich, brüderlich.

Natürlich gehören all die Versuche dazu, soziale Gerechtigkeit überall und jetzt zu schaffen, der Drang, etwas tun zu können, dem Idealismus etwas zum Anfassen zu geben. Und vor allem sammelt sich diese Bewegung um das Thema des Friedens, und meist wird es unter dem Stichwort Widerstand behandelt. Da formuliert Erhard Eppler:

«Die Kirchengeschichte lebt von den wenigen Epochen, in denen sie gegen den Strom zu schwimmen wagte.» Heinrich Albertz, als Glaubenszeuge aufgerufen, erinnert an den Widerstand im Dritten Reich – «so weit es ihn gab». Zwar, räumt er ein, der Staat von heute sei mit dem Unrechtsregime überhaupt nicht vergleichbar, aber stärker wirkt seine Warnung: «Haben wir immer noch nicht genug gelernt?» Und die Gemeinde singt im Kanon: «Herr, gib uns Kraft zu widerstehen ...»

Die Botschaft für diese Bewegung verkündet Erhard Eppler in der St. Johannis-Kirche, die schon eine Stunde vor Beginn überfüllt ist – keineswegs nur von Jugendlichen. Im Seitenschiff hängt, eben noch sichtbar über den Köpfen, das Bild eines früheren Pastors, in Talar und Bäffchen, ein weißhaariger mächtiger Kopf, leicht indigniert, ganz Pfarrherr. Über ihm auf der Empore ragen ein paar weißbesockte Beine über die Brüstung. Hier, in dieser Kirche, hämmert Eppler den Zuhörern die Grundsätze der Friedensbewegung ein. Er spricht zu den wirklichen «Realisten», zu denen, die vernünftiger sind als jene, die Raketen zählen. Und fast jeder zweite Satz wird bejubelt, beklatscht.

Die Politiker aus Bonn – sie hatten es schwer auf dem Kirchentag. Ihr Expertentum zählte wenig, ja, es machte sie schon verdächtig. Ein römischer Senator, der in eine Urchristengemeinde verschlagen worden wäre, hätte sich kaum fremder fühlen können. Am ehesten scheint es noch Helmut Schmidt gelungen zu sein, wenigstens hie und da eine Brücke zu schlagen, auch zuzuhören, nachzudenken. Hans Apel hatte einen schwierigen Part. – Ein Löwe, der den Christen vorgeworfen wurde? Wäre er doch ein Löwe gewesen! Natürlich, da war eine Minderheit, die ihn nicht zu Wort kommen lassen wollte, die pfiff und buhte, und die Mehrheit wollte ihn zwar sprechen lassen, aber war nicht dazu gestimmt, ihn anzuhören. Nur, das erklärt nicht, warum Apel so an den Zuhörern vorbeiredete, sich überhaupt nicht auf sie einlassen konnte und in Gesicht und Stimme deutlich ausdrückte, es sei ungehörig, ihn hier auf die Anklagebank zu setzen.

Nachdenklich müßte dieser Kirchentag die Politiker eigentlich machen, auch wenn ihnen die Friedensfreunde manche Selbstschutzargumente frei Haus lieferten. Der «Abbau von Feindbildern» wurde, trotz vieler Warnungen, oft mit dem Aufbau neuer Feindbilder erkauft: An die Stelle der Sowjets traten die Amerikaner, die moderne Politik überhaupt. Politische Demagogie floß mit ein, Medienspektakel wurde gesucht und gefunden, aber all dies ändert nichts daran, daß hier aus merkwürdigen Tiefen der Angst und des Glaubens eine Bewegung in Gang gekommen ist, die dieses Land ein Stück weit verändern kann, auch politisch.

Wer in der Welt der Zahlen und Fakten zu Hause ist, kann sich damit beruhigen, daß am gleichen Sonntag den 5. Lauf der Sportwagenmeisterschaft mehr Menschen verfolgten als zum Kirchentag kamen; Kirchentag – das sei eine kleine Insel im Gewässer bundesrepublikanischer, auch kirchlicher Normalität. Wer die Gesichter dieses Kirchentags noch in Erinnerung hat, jene oft stille, aber hartnäckige Bereitschaft, die Bergpredigt wörtlich und ernst zu nehmen, dem fällt es schwer zu glauben, daß der Kirchentag nur ein modisches Gewand übergeworfen habe, das er beim nächsten Anlaß wieder wechselt.

Es waren ja nicht zwei grundsätzlich verschiedene Gruppen, wie man sie bei früheren Kirchentagen beobachten konnte: die einen, die bei der Bibelarbeit Erbauung suchten, und die anderen, die christlichen Geist in diese Welt hineintragen wollten. Es waren dieselben Menschen, die inneren und äußeren Frieden suchten, die im Gebet versanken und die über Apel den Kopf schüttelten.

Die meisten, die aus den alten Burgen der Frömmigkeit auszogen, weil die Bilder des Glaubens verblichen und die Begriffe erblindeten, suchen nicht in erster Linie Politik. Sie können ihr nur nicht ausweichen, sie stellt sich ihnen in den Weg. Was sie suchen? Wahrscheinlich Frömmigkeit, erlebte Religion, Spiritualität, die nicht in den Wolken wohnt. Manchen ist die Religion in die Glieder gefahren. Zum Halleluja recken sie die Arme in die Höhe, die Hände gehen über den Köpfen hin und her wie Wasserpflanzen in der Dünung. Es wird getanzt und gesungen, und manchmal hört es sich so an, als ob jede Synkope ein Sprungbrett ins große Gefühl sei – zu Gott?

Gott, der Ferne, *deus absconditus*, wird herangeholt. Die alte protestantische Unsitte, Gott für alle Paradoxa dieser Welt in Anspruch zu nehmen, feiert fröhliche Urständ: Rilkes Stundenbuch in Multimediaversion zum Gitarrensound. Man geht Arm in Arm mit Bruder Jesus. Das ist manchmal zudringlich, manchmal naiv, meist rührend.

Wie könnte es anders sein, die Kirche auf ihrer Wanderung gerät in die Tempel der Massenkommunikation. Auf der großen Leinwand erscheint ein Farbfoto, Vater und Kind. Ein Text, Meditation genannt, wird dazu über Lautsprecher verlesen. Dann Stimmungsmusik, raffinierte Lichteffekte. Prediger, die sich nicht in der Gewalt haben, werden unversehens zu religiösen Animateuren. Da ist man fast dankbar, wenn alle zusammen das Vaterunser sprechen – menschliche Stimmen.

Kirche auf der Wanderung. Rast, um die alten Texte zu hören, ihre Verheißung, ihre Bedeutung für heute. Manchmal geschieht das in vertrackt verfremdeter Form: «Wenn man schon nicht genau weiß, was passierte, muß man es wenigstens gut erzählen.» Manchmal sind die Analogien zur Gegenwart ganz kurz geschlossen. Tausende drängen sich da – still zuhörend, auf dem kalten Rasen sitzend, oder auf dem Boden in den Hallen.

Fremdes, manchmal Unerhörtes gerät bei der Wanderung ins Blickfeld: Die eine Wahrheit, von der jeder nur einen Teil sieht. Warum eigentlich von den Indern die Technik der Meditation lernen? Warum nicht zur Kenntnis nehmen, daß neben fröhlichem Gottesglauben auch ein warmes Bad gegen Depressionen hilft? Was sagt das heute noch, was da in der Sprache der Alten Gott heißt?

Manchmal stehen Zeugen auf, um das Volk Gottes auf der Wanderung zu ermutigen. Da gibt es einige, die im Spiegel ihres Glaubens ein wenig zu prächtig aussehen, andere erzählen ganz schlicht ihr Schicksal, und plötzlich spürt man den Impuls, ihnen die Hand zu reichen.

Immer wieder versammelt sich der Kirchentag zum Gebet. Da wird in einer der großen Hallen plötzlich Stille hörbar. In der Sprache der Alten hätte es geheißen: Ein Engel geht durch den Raum.

Kirche auf der Wanderung. Kirche in der Wandlung.

26. Juni 1981

ERHARD EPPLER

«Der Geist des Friedens steht über aller Vernunft»

Auszüge aus der Predigt

Kirche hat durch Schweigen mindestens soviel Politik gemacht und auch Schuld auf sich geladen wie durch Reden. Die Politisierung der Kirche kann sich genauso im Schweigen ausdrücken wie im Reden.

Dies gilt auch für die Sache des Friedens. Kürzlich sagte ein Religionspädagoge: «Der christliche Friede ist ein Begriff, der ganz und gar abhängig ist von Gottes Handeln und ganz und gar unabhängig von unserem Handeln.» Und ein Theologe erwiderte: «Wie gottverlassen sind wir eigentlich, wenn der Friede Gottes nicht die Welt und uns meint?» Ich füge hinzu: Wie gottverlassen politisiert muß eine Kirche sein, die schweigt, wenn ein Mann wie Carl Friedrich von Weizsäcker schon resignierend über die Zeit nach der Katastrophe nachdenkt? Sicher ist der Friede Gottes höher als alle Vernunft, aber dürfen wir ihn erwarten, ohne uns aufzubäumen gegen eine Vernichtungsmaschinerie, die sicher niedriger ist als alle Vernunft?

Es ist gut und richtig, wenn wir singend beten: «Verleih uns Frieden gnädiglich». Aber dürfen wir dies tun, wenn wir uns gleichzeitig darin ergeben, daß der dritte Weltkrieg immer wahrscheinlicher wird?

Sollen wir wirklich nur im Gebet unsere Angst auf Gott werfen, ohne auch um die Kraft zu bitten, das Unsere zum Frieden beizutragen? Christliche Hoffnung ist kein Ruhekissen, sie ist der Grund christlichen Tuns.

Den Frieden, der höher ist als alle Vernunft, können wir nicht plötzlich in eine Welt hineinzwingen, in der mehr Sprengstoff als Lebensmittel gelagert sind. Aber wir können hier und heute nach vernünftigem Frieden trachten, einem Frieden, den eine von Angst und Haß befreite Vernunft anstreben kann ...

Es gibt noch etwas zwischen dem Frieden Gottes und dem vorläufigen Nichtkrieg, den ein brüchiger werdendes Gleichgewicht des Schreckens uns verschafft. Es gibt einen Geist des Friedens, der reflektiert, widerspiegelt, was Christen verheißen ist ... Natürlich, dieser Geist des Friedens führt, so wie unsere Welt beschaffen ist, notwendig in Konflikte, aber gerade die Art, wie diese Konflikte ausgetragen und ausgehalten werden, muß diesen Geist bezeugen.

Und da möchte ich Mut machen. Es stimmt nicht, daß all euer Mühen nichts bewegen könnte. Es hat sich schon einiges bewegt. Was man heute Friedensbewegung nennt, hat binnen kurzer Zeit eine Diskussion über all das erzwungen, was bisher für selbstverständlich gehalten wurde:

Daß man eben rüsten müsse, um ein – wie auch immer definiertes – Gleichgewicht zu erhalten oder zu schaffen, daß mehr Waffen eben auch mehr Sicherheit bedeuten, daß der Rüstungswettlauf wie ein Naturgesetz hingenommen werden müsse. Das ist schon ziemlich viel. Die Beweislast verschiebt sich zu denen, die einfach weiterrüsten wollen.

Und es zeigt sich, daß die Verfechter landläufiger Rüstung keineswegs die intellektuelle Überlegenheit an den Tag legen, die manche von ihnen erwartet haben. Sie können gar nicht umhin, die tiefe Irrationalität ihres Konzeptes erkennbar werden zu lassen. Bei vielen hat ein Umdenken begonnen, das durch den Holzhammer der Rüstungspropaganda eher beschleunigt als blockiert wird. Noch nicht bei der Mehrheit, so schnell geht dies nicht in einem Volk mit den Traditionen des Deutschen. Aber auch eine Minderheit wirkt, zumal, wenn sie wächst.

Und so müßt ihr dafür sorgen, daß die Minderheit wächst, langsam, aber eben jeden Tag ein bißchen. Sie wächst, wenn Friedensbewegung ansteckend wirkt. Sie wächst, wenn wir nicht nur Frieden fordern, sondern ihn auch praktizieren, den Geist des Friedens wirken lassen ...

Ich sehe es zum Beispiel als meine Aufgabe an, vor allem in meiner Partei den Wandel des Bewußtseins zu beschleunigen. Niemand muß mir dies nachtun, niemand soll es mir übelnehmen. Ich trage nicht das Abzeichen «Ohne Rüstung leben», aber ich finde, daß dieses Zeichensetzen zur Friedensbewegung gehören muß, denn wer nicht friedlich provoziert, bewegt nichts ...

Deshalb bin ich zur Demonstration gegangen – gegen den Rat mancher guten Freunde. Nicht weil ich alles billigen könnte, was schon in der Vorbereitung geschah. Sondern weil Friedensbewegung nur lebt, wo wir unsere Wünsche nicht absolut setzen. Frieden müssen wir praktizieren auch gegenüber denen, die anderer Meinung sind. Das heißt nicht, Konflikten auszuweichen. Aber es heißt, daß wir ihren Willen zum Frieden anerkennen, ernst nehmen müssen ...

Wenn Frieden mit Leben, Fülle, Geist zu tun hat, muß Friedensbewegung daran zu erkennen sein, daß sie Phantasie hat, Humor, Witz, Einfälle, die nicht verletzen, sondern auflockern, aufwecken, entkrampfen. Frieden praktizieren, heißt Feindbilder abbauen, ohne neue aufzubauen. Wo jede Uniform der Bundeswehr oder die Rangabzeichen des Offiziers Haß wecken, ist keine Friedensbewegung ...

Es ist gut, dem Russenhaß entgegenzutreten, aber es ist schlecht, ihn durch Haß auf Amerikaner zu ersetzen. Wer Frieden will, muß beide von ihren Interessen her erst einmal verstehen und sie dann mit unserem zentraleuropäischen, deutschen Friedenswillen konfrontieren. Laßt uns die Amerikaner an ihrer besten Seite packen: Es kann doch wohl nicht wahr sein, daß eine große demokratische Nation, mit der Tradition der amerikanischen, Satelliten statt Partner haben will. Den Feind zu lieben heißt ja nicht, sich ihm anzubiedern, sich ihm zu unterwerfen, sondern ihn als einen – wie wir selbst – fehlerhaften, irrenden, interessengebundenen, mit Vorurteilen geschlagenen Menschen anzunehmen, seine Ängst und Sehnsüchte nachzuvollziehen. Das gilt nach außen, aber auch für unsere eigene Gesellschaft.

Wenn uns dies alles auch nur ansatzweise gelingt, wird Friedensbewegung ansteckend. Und dann wird sie zu einer Kraft, an der kein Politiker mehr vorbeigehen kann. Mehr Christen als heute werden dann das Ringen um Frieden als Nachfolge Jesu erkennen und leben.

Der Geist des Friedens, der höher ist als alle Vernunft, kann dann unsere Gesellschaft ein bißchen vernünftiger machen, vielleicht sogar durch Gottes Barmherzigkeit so vernünftig, daß sie überlebt.

1982

27. August 1982

Theo Sommer

Klar zur Wende?

Es ist ein Jahr her, daß Hans-Dietrich Genscher für die deutsche Politik die Parole ausgab: Zeit zur Wende. Seitdem hat er an der Ruderpinne gesessen und gezögert. Er verpaßte eine Gelegenheit nach der anderen, sich des Kanzlers mit der Schiffermütze zu entledigen und auf neuen Kurs zu gehen: die Haushaltsoperation '81, dann den Konflikt um das Beschäftigungsprogramm, schließlich vor den Sommerferien den Etatstreit '82. Aber jetzt sieht es so aus, als wolle er endlich mit dem Bug durch den Wind. Die hessische Landtagswahl vom 26. September zeichnet sich immer deutlicher als Wendemarke ab.

Von dieser Wahl geht eine doppelte Wirkung aus: eine politische und eine psychologische. Sie addieren sich zu einer weiteren Lockerung der Koalitionsbande in Bonn. Unter dem Strich kommt eine Art Zwangsläufigkeit heraus: Der Machtwechsel vollzieht sich gleichsam von selbst.

Die politische Wirkung ergibt sich aus der Wahlaussage der hessischen Freidemokraten zugunsten der Union. Von der fadenscheinigen Begründung, daß sie damit bloß der sozial-liberalen Bundesregierung das Leben erleichtern wollten, sind sie inzwischen abgerückt; jetzt soll der angestrebte Partnertausch mit Bonn auf einmal nichts zu tun haben. Freilich, wenn Hessen denn ein «Modell» sein soll, wie es neuerdings heißt, kann es doch wohl nur als Modell für den Bund gedacht sein.

In der Tat gibt es nicht ein einziges FDP-Argument, das nicht ebensogut auf die Bundespolitik paßte wie auf die hessischen Verhältnisse – oder in Wahrheit viel besser. «Es ist unser Ziel», sagt Genscher, «in Hessen den Wechsel zu schaffen und für Hessen eine neue Mehrheit für eine zukunftsorientierte Wirtschaftspolitik zu bilden.» Aber die Wirtschaftspolitik wird nun einmal nicht in Wiesbaden gemacht, sondern in Bonn. Wenn Genscher es ernst meint mit der neuen Mehrheit und der zukunftsorientierten Wirtschaftspolitik, dann kann Hessen nur ein Vorgefecht sein. Dann muß die Entscheidungsschlacht in der Bundeshauptstadt geschlagen werden.

Vielleicht meint er es ja gar nicht ernst; vielleicht weiß er immer noch nicht, wohin er steuern soll. An diesem Punkte aber kommt die Eigengesetzlichkeit des hessischen Wahlkampfes ins Spiel. Was immer Genscher wollen mag, die Logik der Wahlkampfkonfrontation in einem Bundesland untergräbt die Fundamente der Regierungskooperation im Bund. Wahlkampf verführt zu rhetorischer Überhöhung und Enthemmung – Genschers trotziges Wort «Wir sind keine Leibeigenen» liefert den Beleg. Die Schimpfkanonaden aber lösen Verbitterung aus; die wachsende Verbitterung vergällt die Temperamente noch mehr; so wird, was als Familienstreit begann, leicht zur Scheidungsauseinandersetzung. Teils Partner, teils Gegner – das geht nicht in der Politik.

Kommt hinzu, daß der Koalition neuer Streit über den Etat ins Haus steht. Schon im Juli war erkennbar, daß der Haushaltsentwurf auf Phantasiezahlen beruhte. Wiederum hebt nun das Gezerre an. Wenn weitere Streichungen, wo? Wenn nicht – oder nur wenig – streichen, wieviel zusätzliche Schulden machen? Dabei geht es um Prinzipien. Es geht jedoch auch um Interessen, um die Rücksicht auf die eigene Klientel, um Grenzen der Kompromißwilligkeit und Kompromißfähigkeit. Die Koalitionsparteien sind bald an dem Punkte angelangt, wo sie einander nicht mehr nachgeben können, bloß um ihr Regierungsbündnis zusammenzuhalten.

Dieses Bündnis ist morsch geworden. Es hat keine Gestaltungskraft mehr. Die Innenpolitik erschöpft sich in Buchhalterei. Die Außenpolitik verkümmert aufs Deklaratorische; ihre innenpolitische Grundlage ist zu dünn, als daß kraftvolle Initiativen zu erwarten wären, seien sie auch noch so notwendig. Und Hans-Dietrich Genscher hat durch sein langes Zaudern den Vollzug des Machtwechsels, den die Verhältnisse am Ende wohl doch erzwingen, um seine Würde wie um seine Wirkung gebracht. Da regierte kleinkarierte Taktik; von neuem programmatischem Schwung keine Spur. Mannhafte Entschlußkraft? Der Wähler soll den «Befreiungsschlag» führen, oder die Sachprobleme sollen sich ihre Mehrheiten suchen. Selber handeln? Um Gottes willen: Lieber geschoben werden als schieben. Kein Hauch von Walter Scheels instinktsicherem Zupacken.

Elegant ist das Segelmanöver nicht, das der FDP-Vorsitzende vollführt. Er sitzt an der Ruderpinne und kann sich nicht entscheiden. So ist manches Mal schon aus einer beabsichtigten Wende unversehens eine Halse geworden: das gefährlichste Manöver. Dabei dreht das Boot mit dem Heck durch den Wind und gerät leicht in die Gefahr des Kenterns. Viel Blei hat die FDP ohnehin nicht im Kiel. In Hessen könnte sie nach all dem Gewackel und Gefackel untergehen.

17. September 1982

Gunter Hofmann

Scheiden tut weh

Mittwoch, 8. September

Gegen 22 Uhr verläßt Hans-Dietrich Genscher das Zimmer Helmut Schmidts im Kanzleramt. Das Gespräch zwischen Kanzler und Vizekanzler hat eine Stunde gedauert. Genscher weiß grob, was der Regierungschef mit seinem Bericht zur «Lage der Nation» sagen will, aber er weiß es nicht ganz genau.

Im ersten Teil der Rede steckt ohnehin kein Problem. Es handelt sich um die übliche *tour d'horizon*. Nur die Abschnitte über die Wirtschaftspolitik gefallen Schmidt noch nicht, er feilt bis in die Morgenstunden des Donnerstag daran. Der zweite Teil der Rede ist, von Feinheiten abgesehen, fertig. Schmidt hat diesen Teil, den er «in eigener Verantwortung» als Kanzler vortragen will, in Hamburg geschrieben. Er läßt Genscher wissen, daß er darin Helmut Kohl auffordern wird, noch in der nächsten Woche ein konstruktives Mißtrauensvotum gegen ihn anzustrengen, aber auch, daß er sich indirekt an die Spitze einer Neuwahlbewegung stellen wird, falls es zu einem Regierungswechsel in Bonn kommt.

Was Genscher an diesem Abend nicht erfährt ist, wie deutlich Schmidt das Binnenproblem der Koalition ansprechen wird. Oder wie gebieterisch er seinen Koalitionspartner antreibt, über das Stöckchen zu springen, das er ihm im Parlament hinhält. Immerhin stehen Sätze in der Rede wie dieser: SPD oder FDP dürften nicht «davonlaufen, wenn die Zeitläufe schwierig sind». Oder: Man dürfe «reisende Leute nicht aufhalten». Das erfährt Genscher im Wortlaut alles erst am frühen Morgen. Schmidt hat Weisung gegeben, dem Vizekanzler solle die Rede um fünf Uhr übermittelt werden. Es wird nur wenig später.

Die «Hamburg-Passagen» der Rede, wie sie im Kanzleramtsjargon heißen und die Genscher nun lesen kann, sind Originalton Schmidt. Daran haben keine Ghostwriter mitgewirkt. In Bonn wird Klartext gesprochen.

Donnerstag, 9. September

Was unterscheidet Krise und Krisenstimmungen heute von den Erschütterungen der Jahre 1972 oder 1974? Die Frage bewegt viele in der Koalition. Sie geht auch die Union an. Offenkundig ist es viel schwerer als damals, in all dem Staub, den die Koalition seit dem Herbst 1980 aufwirbelt, noch zu erkennen, was eigentlich ernst zu nehmen ist und um welche Politik es überhaupt geht.

Als im Jahr 1972 Willy Brandt mit Hilfe eines konstruktiven Mißtrauensvotums gestürzt werden sollte, war das ein historischer Augenblick. Das Pathos in der Stimme Walter Scheels und das Beben in der von Willy Brandt gaben öffentliche Stimmungen wider. Die Republik erlebte einen Aufruhr der Gefühle. Ähnlich 1974: der endgültige Sturz Brandts und der Wechsel zu Schmidt, dessen Kanzlerschaft sich jetzt dem Ende nähert, löste abermals Jubel und Tränen, Fackelzüge und Beklemmungen aus. Wiederum hatten alle das Gefühl, daß sie geschichtliche Tage miterlebten.

Diesmal ist das anders. Nach dem langen Verläppern der Koalition, nach vielen objektiven Widerständen und hausgemachten Schwierigkeiten, erscheinen die Tage der Krise vielen Abgeordneten, die Vergleiche anstellen, schon wie ein Stück Befreiung. Sie sind ganz froh, wenn endlich alles vorüber ist – egal wie.

Aber es zeigen sich plötzlich doch auch Parallelen. So solidarisch wie im Augenblick waren Helmut Schmidt und seine Partei vermutlich noch nie. Ähnlich rückten Willy Brandt und die SPD 1972 zusammen. Und unversehens breitet sich auch das Gefühl aus, im Parlament stehe nun doch ein historischer Tag bevor.

Das kann man an Helmut Schmidts Rede ablesen, die eine typische Schmidt-Rede geworden ist. Da spricht, ganz authentisch, der Kanzler. Er referiert breit und gründlich die Lage der Nation. Und er redet so offen und vorbehaltlos wie eben möglich über die Koalition und sich. Zum ersten Mal seit langem wird im Parlament in dieser Weise ganz ehrlich gesprochen.

Im Zeitraffer, wie Helmut Schmidt das macht, gewinnt die sozialliberale Ära, deren Konturen und Substanz in den vergangenen Jahren so schwer zu erkennen waren, plötzlich doch wieder Gestalt. Mit den Nachbarn in Frieden leben; nach der Aussöhnung mit dem Westen die mit dem Osten; Abrüstung statt Aufrüstung; der innere Friede als Resultat vieler kleiner Schritte; und eine Bereitschaft zu Kompromissen, auch wenn diese Politik «in den Verdacht des prinzipienlosen Durchwurstelns» gerate. Wie Schmidt das sagt, klingt es nicht nach Rechtfertigung, sondern nach selbstbewußtem Fazit. Er jedenfalls sieht keinen politisch plausiblen Grund, «hier etwas abzubrechen».

Auch Hans-Dietrich Genscher spricht so offen und ehrlich, wie das sein Naturell und die politischen Umstände eben zulassen. In diesem Rahmen wird Genscher deutlich genug. Wenn ein Partner oder beide in Gefahr geraten, ihre Identität zu verlieren, müßten da eben die «Grenzen liegen».

Den Oppositionsführer erwischt Schmidts Aufforderung, ihn doch mit einem Mißtrauensvotum zu stürzen, wenn er könne, und Neuwahlen anzustreben, auf dem falschen Fuß. Kohl zappelt nervös. Der Kanzler hat es sich versagt, ihm den Wortlaut seiner Rede rechtzeitig zuzuschicken. Rührt es daher, daß bei Kohl nichts davon zu spüren ist, wie geschichtsträchtig der Augenblick ist? ...

Sonntag, 12. September

Eilboten überbringen 52 Abgeordneten der FDP-Fraktion Post von Otto Graf Lambsdorff. Sie enthält das 34 Seiten starke Manuskript zur Wirtschafts- und Gesellschaftspolitik, das Lambsdorff dem Kanzler am Donnerstag zugesandt hat. Mit Recht wird es als Kündigungsschreiben verstanden.

Montag, 13. September

Viel Wirbel, aber in Wahrheit nichts Neues bei der FDP: Sie ist hin- und hergerissen. Das gilt auch für das Präsidium der Partei. Wie für ganz Bonn, so bildet auch für die Führung der Liberalen Lambsdorffs Papier das Thema Nummer eins. Was soll damit werden? Wird Schmidt, sollte Lambsdorff Konsequenzen ziehen?

Öffentlich reagiert das Präsidium zwiespältig. Lambsdorffs Thesen seien jedenfalls diskussionswürdig, heißt es. Intern erfolgt wieder Kritik ... Die Mitglieder des Präsidiums sind mit der «Grundphilosophie» des Grafen einverstanden. Aber zugleich schränken die Kritiker ein, der Aspekt der sozialen Ausgewogenheit gehe ganz unter. Das wiederum ist für sie eine Schlüsselfrage, ja, gehört zu ihrer eigenen Grundphilosophie wie zur Tradition der sozial-liberalen Koalition.

Gerhart Baum und Burkhard Hirsch machen kein Hehl daraus, daß sie auf der Basis eines solchen Papiers den Auszug aus der Koalition nicht begründen oder mittragen möchten. Man könne nicht, argumentiert der Innenminister, die Errungenschaften der siebziger Jahre aufs Spiel setzen. Und er fragt, ob sich die FDP nicht lächerlich mache, wenn sie nach Lambsdorffs Rat nennenswerte Veränderungen im Sozialsystem gegen den erbitterten Widerstand der Gewerkschaften durchsetzen wolle. Setzt eine Wende in der Politik nicht gerade Aufrechterhaltung statt Aufkündigung des sozialen Konsenses voraus? Kann die FDP Reagans Wirtschaftspolitik nachahmen, während sie doch in den Vereinigten Staaten gerade gestoppt wird? Es werden viele gescheite Fragen gestellt.

Wie verträgt es sich, daß Lambsdorff in einem Kabinett bleibt, dessen Politik er rundweg ablehnt? Darüber ist in diesem Kreis nicht gesprochen worden. Aber prominente Liberale geben hinterher ihre Zweifel zu Protokoll, ob es nicht eher eine Frage an Lambsdorff sei, wieso er auf seinem Stuhl sitzen bleibe, als eine Frage an Helmut Schmidt, wie lange er den Wirtschaftsminister noch akzeptieren will.

Auch Genscher findet eigentlich, vor den Wahlen in Hessen komme Lambsdorffs Entwurf unzeitgemäß. Und überhaupt komme er spät. Ein solcher Politik-Entwurf, argumentiert die eine Seite, hätte an den Anfang der Spar-Operation gehört. Vielleicht hätte sich die Diskussion dann gar nicht als Sprengsatz, sondern als Kitt für die Koalition erwiesen. Aber das ist jetzt zu spät.

Hans-Dietrich Genscher enthält sich eines Urteils zur Sache. Ein Teilnehmer dieser Runde versucht sich zu erinnern, aber er resigniert: Irgendwie könne man Genschers Position gar nicht in eigene Worte fassen.

Im Erich-Ollenhauer-Haus zieht zur gleichen Zeit der SPD-Vorstand die Daumenschrauben ein bißchen fester an. Einerseits ist das

Taktik, andererseits entspricht es der Stimmung. Von den meisten wird es als befreiende Wohltat empfunden, wenn sie auf die FDP unverblümt reagieren dürfen, aber auch wieder über eigene Politik-Vorstellungen reden können. So schließt sich plötzlich die Kluft zwischen Regierung, Partei und Gewerkschaften, jedenfalls für den Moment.

Was Helmut Schmidt später der Fraktion der SPD erläutert, schildert er ähnlich auch schon dem Vorstand seiner Partei. Er glaubt, Lambsdorff betreibe den Wechsel. Genscher wolle ihn, möchte sich aber das Geschäft von Hessens Wählern besorgen lassen. Wie Hans Apel findet auch Schmidt Lambsdorffs Papier in der Analyse «grandios einseitig», weil es die internationale wirtschaftliche Entwicklung fast ignoriert. Helmut Schmidt: «Das kann kein Volkswirt unterschreiben.»

Wenn es nicht aus dieser Sicht darum ginge, die Begründung zur Auflösung der Koalition zu liefern, könnte Schmidt zu den Thesen Lambsdorffs durchaus differenzierte Randbemerkungen machen. So ganz fern ist ihm ohnehin manches am Denken des Wirtschaftsministers nicht. Vernünftig findet er den Investitionskatalog. Diskussionswürdig erscheint ihm der Vorschlag, die Besoldungserhöhungen einzufrieren. Aber unakzeptabel findet er den großen Rotstift bei wichtigen Sozialleistungen. Und als provokativ schließlich empfindet der Kanzler die Töne gegen die Gewerkschaften, nicht zuletzt den Schwanengesang auf die Mitbestimmung, den Lambsdorff anstimmt.

Ohne den Namen des Grafen zu nennen, warnt der Kanzler vor einer SPD-Wahlversammlung am Abend in Kassel davor, in einer Krise «Klassenkampf von oben» zu machen. Jedenfalls für Sozialdemokraten sei der Sozialstaat Verfassungsgebot. Wer sich jetzt überspare, mache die Wirtschaft kaputt. Auch das klingt offen wie selten …

Dienstag, 14. September

Die Koalitionsspitze tagt. Drei Stunden lang beraten Schmidt, Brandt, Wehner, Glotz, Genscher, Mischnick, Verheugen. Die Herren gehen entspannt miteinander um, aber das spiegelt nicht die Situation wider. Direkt oder indirekt, immer wird in diesen drei Stunden auch über die Modalitäten der Scheidung gesprochen.

Die FDP kann Geschlossenheit nur mimen. Die Fraktion ist, wie sich am Nachmittag noch einmal bestätigt, völlig zerstritten über den Inhalt des Lambsdorff-Papiers. So nicht, sagen viele. Selbst in der Koalitionsrunde sitzen Gegner der Scheidungsidee.

Günter Verheugen zum Beispiel verschweigt es zwar hier, aber jeder in der Runde weiß, was er in *liberal* schreibt: Er finde die gesamte Koalitionsdiskussion «absurd». Der richtige politische Ansatz, auf neue sozio-ökonomische Rahmenbedingungen mit einer neuen Politik zu reagieren, sei zum Teil von den Liberalen selbst gefährdet, «vielleicht sogar zerstört worden». Die FDP müsse aufpassen, daß die Wende sie «nicht ans falsche Ufer» treibe. An dieses Ufer aber wollen Lambsdorff und Verheugens Vorsitzender. Genschers Weg trennt sich von dem seines Generalsekretärs.

Schmidt läßt in der Runde nicht locker. Was er in Kassel nicht sagen konnte, sagt er hier. Minister, argumentiert er, seien zur Regierungstreue verpflichtet. Lambsdorff bleibe es frei, seine Meinung zu formulieren. Aber läßt sie sich noch mit der Politik der Regierung vereinbaren?

Hans-Dietrich Genscher verteidigt Lambsdorff. Ein Minister müsse seine eigenen Ideen haben können. Auch Hans Matthöfer habe doch einmal Vorschläge zur Mineralölsteuer gemacht, die dann nicht Kabinettslinie geworden sind. Kurz, Genscher spielt die Sache herunter. Vor den Wahlen in Hessen möchte er keine Entscheidung; und er möchte nicht entscheiden. Aber nun sieht es so aus, als suche der Kanzler die Entscheidung – jetzt.

Willy Brandt sekundiert Helmut Schmidt hier und wenig später in der SPD-Fraktion. Dort fordert Brandt den Grafen Lambsdorff unverblümt auf, seinen Hut zu nehmen. Helmut Schmidt stimmt dem nicht nur zu, er will es auch so. Der Kanzler pokert nicht, es ist ihm ernst. Er versteht sich auf Krisen.

In der FDP-Fraktion herrscht Tohuwabohu. Es hagelt Klagen. Die Misere, schimpft einer, sei Lambsdorff zu verdanken. Nun stehe die SPD geeint da, die FDP zerrissen.

24. September 1982

Mittwoch, 15. September

Kein Pardon für Hans-Dietrich Genscher und seine FDP, die Gunst der Stunde für einen Untergang in Ehren nutzen: für den innersten Zirkel der SPD, Willy Brandt, Jochen Vogel, Johannes Rau und Peter Glotz, die im vornehmen «Frankfurter Hof» in Frankfurt dinieren, steht fest, daß es bei der Marschroute bleiben muß, die sie gemeinsam mit Helmut Schmidt bereits vor vierzehn Tagen beschlossen haben.

Ihre Argumentation lautet: Wie es im Jahr 1972 ein parlamentarisches Patt gegeben habe, das nur mit einer Vereinbarung über die Auflösung des Bundestags und die Vertrauensfrage zu beendigen war, so handele es sich diesmal um ein politisches Patt. Und wieder müsse der Ausweg über eine Vertrauensfrage des Kanzlers im Parlament und eine Vereinbarung über einen Neuwahltermin gesucht werden. Ob allerdings Helmut Kohl und Hans-Dietrich Genscher dabei mitspielen würden, erscheint zweifelhaft. Aber es gibt ja noch Strauß, die unbekannte Größe …

Zu diesem Zeitpunkt ist Helmut Schmidt entschlossen, einen Schlußstrich zu ziehen. Das erscheint so klar, daß es zu den Ungereimtheiten der letzten Etappe der sozial-liberalen Koalition gehört, weshalb sowohl Helmut Kohl als auch Hans-Dietrich Genscher noch weitere 48 Stunden im dunkeln tappen. Ein wenig verwunderlich bleibt allerdings auch die Inkonsequenz Schmidts. Lange ist es noch nicht her, daß er beteuert hat, er werde seine Hand «niemals zu Neuwahlen reichen» …

Donnerstag, 16. September

Bei der Etatrede im Parlament bekennt sich Otto Lambsdorff keineswegs so vorbehaltlos zur Koalition, wie Schmidt das von ihm verlangt hat. Wachsweiche Formulierungen interessieren den Kanzler zu dieser Stunde nicht mehr.

Hans-Dietrich Genscher denkt noch immer daran, den Bruch über den Tag der Wahlen in Hessen hinauszuschieben. Er läuft den Ereignissen hinterher. Aber zugleich eröffnet er im Parlament, nach Lambsdorff mit seinem wirtschaftspolitischen Scheidungspapier, eine zweite Front gegen die SPD. Er präsentiert sich als den wahren Hüter außenpolitischer Kontinuität. Einerseits läßt er seinen Artikel in *Foreign Affairs* über die Grundlinien seiner Politik von seinem Amt so interpretieren, als dürfe es an dieser Kontinuität keinen Zweifel geben. Andererseits erkennt auch die CSU darin ihre außenpolitischen Vorstellungen wieder. So vieldeutig liebt Genscher das. Willy Brandt fühlt sich in seiner Ahnung bestätigt, der FDP-Vorsitzende werde versuchen, den Bruch auch mit der Außenpolitik zu begründen.

Im Kanzleramt beraten ausnahmsweise Jochen Vogel und Horst Ehmke gemeinsam mit dem Kleeblatt. Den sechs Politikern ist klar, daß der Weg nicht zu erzwingen ist, der Schmidt jetzt am liebsten wäre: Neuwahlen herbeizuführen, um für die SPD und sich selbst noch das beste aus der Situation zu machen, aber auch um wieder für geordnete Verhältnisse zu sorgen …

Gegenüber Helmut Kohl, den er nicht für einen befähigten Nachfolger hält, verliert Helmut Schmidt in dem Gespräch unter vier Augen kein Wort darüber, wie er die sozial-liberale Koalition beenden will. Er spricht von der schwierigen internationalen Lage und den

Fatalitäten der Weltwirtschaft. Für Schmidt handelt es sich dabei nicht nur um eine Pflichtübung. Seit langem ist er davon überzeugt, daß es diese Rahmenbedingungen sind, die mehr als alles andere zum Vertrauensverlust für seine Regierung und für die SPD beigetragen haben.

Schmidt ist sich sicher, daß es zu seiner Politik nur Alternativen gäbe, die den sozialen Frieden zu Hause oder die Position des Landes in der Welt beeinträchtigen würden. Und ihn plagt die Ahnung, aus diesen Gründen erfolge der Wechsel zur Unzeit. Man hat damit auch die tieferen Gründe dafür beisammen, weshalb er in der Schlußetappe recht mühelos im Schulterschluß mit seiner Partei operiert.

Hans-Dietrich Genscher ahnt, was sich anbahnt. Er möchte das Blatt noch einmal wenden. Hans-Jürgen Wischnewski möge bitte mit dem Kanzler sprechen, doch bloß die Hessenwahl abzuwarten, vielleicht gebe es hinterher noch eine Chance ... FDP-Abgeordnete, die bis um zwei Uhr morgens in der Parlamentarischen Gesellschaft verzweifelt beraten, senden Konrad Porzner (SPD) als Emissär ins Kanzleramt. Er bringt Erklärungen guten Willens mit, aber Handfestes kann er natürlich auch nicht bieten. Schmidt schreibt weiter an seiner Rede, die den Schlußpunkt setzt.

Freitag, 17. September

Helmut Schmidt beendet die Koalition entsprechend dem Drehbuch, das er geschrieben hat. Es ist ein Tag voller Gefühle und Bitterkeiten, aber auch voll Erleichterung.

Nachträglich bemüht sich Genscher – vielleicht für die Geschichtsbücher – festzuhalten, wer eigentlich wem gekündigt hat. Schon in den frühen Morgenstunden hatte er Wolfgang Mischnick angekündigt, die vier Minister der FDP würden sich aus dem Kabinett zurückziehen. Aber es gibt begründete Anhaltspunkte für die Vermutung, daß das Gespräch so unmißverständlich nicht abgelaufen ist. Erst danach nämlich erfährt Genscher von Lambsdorff, was Schmidt wirklich plant: Weder Lambsdorff allein noch die FDP aus der Regierung zu werfen, ihr aber mitzuteilen, sie müsse sich selber zurückziehen, wenn nicht er die Konsequenzen ziehen solle.

Im Gespräch unter vier Augen, kurz vor den Fraktionssitzungen, findet Schmidt seinen Eindruck bestätigt, daß es richtig war, den Knoten jetzt durchzuhauen, Genscher zeigt sich – aus dieser Sicht – als Advokat, der routinemäßig einen Kontrakt auflöst. Kein Blick schweift zurück auf 13 Jahre.

Helmut Schmidts Rede im Bundestag fällt würdevoll aus und bringt ihm nicht nur bei seiner Partei noch einmal Respekt ein. Sie begründet das Ende einer Ära, sie bilanziert kurz, aber sie stellt auch die politischen Weichen für die Zukunft. Helmut Kohl lehnt den Vorschlag für die Neuwahlen kategorisch ab – vermutlich ahnt er noch nicht, daß Franz Josef Strauß zum gleichen Augenblick in München das Drehbuch für den Neubeginn umzuschreiben versucht. Willy Brandt attackiert Genscher, aber nicht die Sozialliberalen – die Tradition dieser Ära, die er mit eingeleitet hat, möchte er retten. Hans-Dietrich Genscher argumentiert, wie hinterher auch einige seiner Parteifreunde urteilen, rechthaberisch und taktisch. Vielleicht hängt das auch damit zusammen, daß in seiner Fraktion immerhin 18 Abgeordnete gegen einen «Königsmord» an Helmut Schmidt und gegen einen Kanzler Helmut Kohl plädierten, während sich 33 bereit erklärten, ihm zu folgen.

Helmut Schmidt hat politische Fakten geschaffen. Hans-Dietrich Genscher – von der rasanten Entwicklung der letzten Tage offenkundig doch überrascht – muß springen. Aber er hat der CDU/CSU keine Bedingungen gestellt. Vielleicht sind die Eckdaten des Wechsels mit Helmut Kohl vorgeklärt, aber wer weiß? ...

In der CDU ist seltsam wenig Euphorie zu spüren. Es scheint, als sei sie aus ihrer Oppositionsruhe noch gar nicht aufgewacht. Das spiegelt sich auch an Helmut Kohl wider. Für ihn scheint der Weg nach ganz oben, den er nun seit zehn Jahren anpeilt, plötzlich ganz leicht, selbstverständlich und mühelos zu sein. Das Notwendige ist mit Hans-Dietrich Genscher geklärt. Den Abend hält er sich frei ...

Sonntag, 19. September

Die Sozialdemokraten haben mit diesem Ausklang lange gerechnet, ihn herbeigewünscht, verhindern wollen oder für unausweichlich gehalten. Und trotzdem scheint es, als hätten sie die Tragweite des Geschehens, das nahende Ende einer Ära, noch gar nicht erkannt.

Die Schwierigkeiten, die auf die Oppositionspartei SPD zukommen, wenn sie einerseits glaubwürdig bleiben und mit der Politik von heute nicht brechen will, andererseits aber doch auch wieder neue Identität gewinnen möchte, lassen einige Äußerungen im Parteirat ahnen. Die SPD dürfe sich nun nicht vornehmen, warnt Willy Brandt, die Welt neu zu schaffen. Helmut Schmidt ergänzt, er bleibe bei seiner politischen Linie. Die Genossen wissen ohnehin, wie oft er in der Vergangenheit den Satz wiederholt hat, auch ohne die FDP hätten Sozialdemokraten keine wirklich andere Politik betreiben können …

Offen und unbestechlich fällt Jochen Vogels Urteil über die SPD aus. Ihr Machtverlust sei weitreichender als zu Zeiten Adenauers, in Ländern und Kommunen habe sie fast alle Bastionen verloren. Im Jahr 1969 habe die SPD die Meinungsführerschaft in fast allen großen, nationalen Fragen gewonnen, aber wo habe sie die heute noch? Es gebe keinen Grund zur Erleichterung.

Behutsamkeit und keine große Wende: So klingt zwar Willy Brandts erste Parole. Aber er läßt auch öffentlich erkennen, daß er nun die Zeit für gekommen hält, die SPD wirklich zu öffnen, vor allem für die Jungen: ein «neues Bündnis mit dem Teil des geistigen Deutschland schließen, der auf unserer Seite steht».

Was die Zukunft des Trios an der SPD-Spitze betrifft, bewegt sich Brandt zwischen Andeutungen und Zurückhaltung. Einige Fakten sind klar. Er hat in der Schlußetappe der Koalition nach 1980 manchmal daran gedacht, ob es nicht besser wäre, einen großen Wechsel an der Spitze, der Helmut Schmidt und Herbert Wehner einschließt, vielleicht auch ihn, innerhalb der Legislaturperiode zu versuchen. Brandt hat Helmut Schmidt nie stürzen wollen. Aber gewiß hätte er auch eine Chance darin gesehen, wenn die SPD eine Wende von sich aus gesucht und an der Spitze sichtbar gemacht hätte.

Daraus ergibt sich, daß es ihm kaum gelegen käme, wenn Helmut Schmidt bis 1984 als Nachfolger Herbert Wehners die Opposition anführt. Das will Schmidt aber auch selbst nicht. Beiden ist klar, daß der Kanzler – wenn noch in diesem Jahr Neuwahlen folgen sollten, was auch jetzt niemand völlig ausschließen möchte – als Kandidat der SPD in den Wahlkampf ziehen sollte. Unklar ist, ob das auch gilt, wenn die Wahlen, wie jetzt vorgesehen, Anfang März 1983 stattfinden. Vor allem Schmidt scheint nicht sicher zu sein. Die Sehnsucht nach mehr Muße ist in den letzten Monaten mindestens so gewachsen wie seine Kampfeslust.

Herbert Wehner hat Helmut Schmidt öffentlich in die Pflicht nehmen wollen, als er verkündete, er sei fertig mit der Politik – aber nur, wenn Helmut Schmidt ihm nachfolge. Im Kanzleramt wird das so verstanden, Wehner wolle alle anderen Nachfolgekandidaten blockieren: Horst Ehmke und Hans Apel, und nur für den Fall, daß es erst 1984 zu Neuwahlen käme, auch Willy Brandt.

Der Name, um den jetzt alle Überlegungen kreisen, ist der Jochen Vogels. Er hält sich bedeckt und beteuert glaubwürdig, in Berlin bleiben zu wollen. Aber bei Wahlen im Frühjahr könnte er ein Mandat als Berliner Abgeordneter für den Bundestag anstreben. Nichts ist entschieden, aber es kann keinen Zweifel geben, daß viele hoch oben in der SPD darauf drängen. Der nächste Kanzlerkandidat der Sozialdemokraten könnte Hans-Jochen Vogel heißen.

Am Abend teilt Franz Josef Strauß im ZDF Helmut Kohl mit, daß die CSU beim Neubeginn mitmischen will. Er nennt die CSU herausfordernd eine «Koalitionspartei»; und im Ton eines Dekrets spricht er von der «Übergangsregierung Kohl».

Montag, 20. September

… *High Noon* in Bonn: Aus dem Landesvorstand der CSU tickern Meldungen ins Konrad-Adenauer-Haus ein, die darauf hinauslaufen, die CSU wolle gleich Neuwahlen ansetzen, jedenfalls die FDP ganz kirre machen. Später zeigt das Fernsehen, wie Strauß die Beschlüsse der CSU-Landesgruppe verkündet. Die Kamera filmt ihn leicht von unten, er wirkt mächtiger als er ist: Eine Theaterkulisse?

Mag sein, daß Kohl die Hiobsbotschaft aus München im ersten Moment nicht ganz ernst genommen hat, die FDP ist gleich alarmiert. Strauß wünscht nicht, daß Helmut Kohl und Hans-Dietrich Genscher untereinander definieren, was Wende und Wechsel bringen sollen. Nun führt nicht mehr Helmut Schmidt Regie, aber Regie führen auch nicht Helmut Kohl und Hans-Dietrich Genscher allein. Sogar manchen der Akteure wird, wie es aussieht, erst in diesem Moment ganz bewußt, daß es um mehr als einen «ganz normalen Regierungswechsel» (Kohl), sondern auch um einen Machtwechsel geht …

1. Oktober 1982

Mittwoch, 22. September

Werden Helmut Kohl und Hans-Dietrich Genscher ihr Ziel erreichen und ihrer Koalition eine Plattform schaffen können, wie sie sich das vorgenommen haben? Christdemokraten und Liberale befinden sich seit Tagen im Wechselbad der Gefühle. Ein paar Stunden lang hofft die Genscher-Opposition in der FDP, das Blatt noch einmal wenden zu können. Das heißt für sie: zu Schmidt stehen, wie es den Wählern versprochen worden ist, Strauß die Tür nicht zu öffnen und die FDP vor dem Odium der Umfallerpartei zu bewahren.

Einer der Gründe für die neuen Hoffnungen: Hans-Dietrich Genscher hat seinen Innenminister Gerhart Baum in den Gesprächen mit der Union der CSU einfach geopfert. Die Bayern wollten Baum, das «Sicherheitsrisiko», nicht als Gesprächspartner akzeptieren, obwohl das FDP-Präsidium beschlossen hatte, er solle über Innen- und Rechtspolitik verhandeln. Aber davon ist keine Rede mehr. Genscher schluckt sogar, daß die CSU Friedrich Zimmermann zum Innenminister machen will.

Spannungen und Bandbreiten der neuen Koalition, das zeigt sich schon jetzt, werden künftig größer als in der sozial-liberalen sein, die nach dreizehn Jahren zerbrochen ist. Zwischen Willy Brandt und Walter Scheel, Helmut Schmidt und Hans-Dietrich Genscher wäre es undenkbar gewesen, daß der eine Partner den anderen für nicht gesprächsfähig erklärt hätte.

Zudem hat Gerhart Baum, der gemeinsam mit ein paar Sozial-Liberalen an einem *Spiegel*-Empfang teilnimmt, Grund, sich stellvertretend für viele Liberale von Genscher düpiert zu fühlen. Der FDP-Vorsitzende scheint es nicht einmal als Niederlage zu empfinden, daß seine Partei keinen Titel mehr auf dieses Ministerium und diese Politik haben soll. Im Vorübergehen hat er Baum soeben wissen lassen, da gebe es doch mit der Union «überhaupt kein Problem».

Enttäuscht zeigt sich auch die CDU, jedenfalls ihr liberaler Flügel. Die heimliche Hoffnung scheint eine große Rolle gespielt zu haben, Genscher oder die FDP würden Strauß und die CSU rasch zum Schweigen bringen. Aber so einfach ist das nicht.

Undeutlich bleibt, wer in dieser Dreierkoalition aus CDU, CSU und FDP in Fragen der Wirtschafts- und Gesellschaftspolitik den Ton angeben wird. Eine Ergänzungsabgabe – Tabu für den Lambsdorff-Flügel der FDP, an welchem die sozial-liberale Koalition scheitern sollte – wird es zwar nicht geben. Aber das Vorhaben wird im Grunde, wie FDP-Politiker es einschätzen, nur umetikettiert.

Tatsächlich murrt auch der rechte Flügel der FDP. Er wird künftig mit vielen Widersprüchen leben müssen. Es wird eine Konjunkturabgabe geben; eine Einkommensgrenze beim Kindergeld; vorgesehen ist eine höhere Mehrwertsteuer und eine Ausweitung der Kreditaufnahme. Bis vor vierzehn Tagen noch waren die Wirtschaftsliberalen gegen die SPD angetreten, um dies alles zu verhindern.

Jetzt zeigen sich ganz neue Fronten. Die CDU buchstabiert das Wort von der Wende gar nicht so völlig anders als die SPD. Gerhard Stoltenberg beschwört die soziale Symmetrie. Und Norbert Blüm möchte kein «Kürzungsminister» werden. In dieser Konstellation steht die FDP rechts außen.

Allmählich schält sich in all den Turbulenzen auch klarer heraus, welche politischen Dimensionen der Wechsel wirklich hat. Hans-Dietrich Genscher fehlt es, nachdem er nicht mehr zurück kann, an einem Faustpfand für die Verhandlungen. Erst recht mangelt es an plausiblen Begründungen für den Absprung, die aber bitter nötig wären. Die Chance dazu hat ihm Helmut Schmidt aus der Hand geschlagen. Und obendrein bekommt er zu spüren, daß er Schmidt nicht gegen Kohl, sondern gegen Kohl und Strauß eingetauscht hat.

Hat Genscher von der Dimension des Widerstands nichts geahnt? Es sieht so aus, als hätten Helmut Kohl und er den Wechsel vorab im Wege der Männerfreundschaft besiegelt. Aber die Probleme des Wechsels sprengen diesen Rahmen.

Donnerstag, 23. September

An diesem Abend richtet sich die letzte Hoffnung der Genscher-Gegner auf die Wähler in Hessen – und auf Strauß. Eine seltsame Koalition bildet sich da: Die sozial-liberale FDP hofft auf einen starken Strauß. Und die Kohl-Geißler-CDU paktiert, wie ein Christdemokrat klagt, mit der rechten FdP Lambsdorffs, dessen Thesen zur Gesellschaftspolitik in ihren Reihen für «nicht konsensfähig» gelten. Gibt das für einen neuen Start eine tragfähige Basis ab? ...

Sonntag, 26. September

Nachdem sich die ersten Hochrechnungen bestätigen, fließt Sekt bei der SPD im Erich-Ollenhauer-Haus. Bei den Liberalen starren Journalisten die Wände an. Und die Christdemokraten knabbern lustlos am kalten Büffet.

In dieser Nacht zeigt sich ein Spalt in allen drei Parteien. Jetzt erst recht, beteuern die Genscher-Liberalen nach dem Desaster in Hessen. So schon gar nicht, antwortet die Verheugen-FDP. Die einen stürzen sich begierig auf das Wort Willy Brandts, wenn schon die alte Koalition zerbrochen und eine Mehrheit rechts von der Mitte in Hessen nicht gewählt worden sei, müsse sich die SPD fortan eben um neue Mehrheiten bemühen. Die anderen interessiert nur, daß die FDP in Hessen «kein Mandat zum Wechsel» erhalten habe.

In der Union bricht der Zorn auf Strauß aus. Über Nacht holt für einen Moment der unausgetragene Machtkonflikt die CDU wieder ein: Wie konservativ und wie liberal soll die Union eigentlich sein? In welchem Maße kann Franz Josef Strauß darüber befinden? Die andere Frage lautet, wie es die Union mit der FDP halten solle. Das läßt sich noch schwerer beantworten. Für Strauß ist die Tücke, daß die CDU in Hessen die absolute Mehrheit klar verfehlt hat, womit er seine These hätte abstützen können, die Union könne von sich aus auf die Liberalen verzichten. Für die CDU besteht das Problem darin, daß die FDP in Hessen nicht überlebt hat und nicht wissen kann, ob sie dasselbe Schicksal nicht auch bald im Bund ereilt. Heiner Geißlers bekanntes Urteil zirkuliert wieder: Es bestätige sich, daß die Union mit Strauß nicht mehrheitsfähig sei.

Die SPD wird von ihrer Gretchenfrage eingeholt, wie sie es mit den Grünen halten soll. Mit ihnen gemeinsam hätte Holger Börner in Wiesbaden eine Mehrheit. Willy Brandt ist so zu verstehen, daß diese Chance auch genutzt werden sollte. Helmut Schmidt dagegen plädiert für Vorsicht und Zurückhaltung, wenn es um Kooperation mit Grünen oder Alternativen geht, die ihm nicht geheuer erscheinen.

Unwillentlich hat Willy Brandt mit einer Bemerkung über die Öffnung der SPD in einem Gespräch vor den Fernsehkameras das Feuer in seiner Partei neu entfacht. Er spricht von dem Wunsch, viele zu integrieren: das liberale Bürgertum; Frauen, die gleichberechtigt sein wollen; alle, die um den Frieden besorgt sind; die Umweltbewegung; überhaupt die junge Generation. Er spricht zwar nicht von neuen Bündnissen, aber für manche klingt das so heraus.

Bei Brandt mag dabei eine Rolle spielen, daß er die Bonner Manöver ziemlich widerlich findet. So scheint er es empfunden zu haben, als Kohl und Genscher im Fernsehstudio eintreffen. Genscher, von Brandt als Vorsitzender des Koalitionspartners FDP immer pfleglich behandelt, reicht ihm die Hand, aber schaut gar nicht hin. Kohl, der sonst immer jovial auf Brandt zugeht – «tut mir leid, daß Sie wieder mal die Wahl verloren haben» –, wirkt diesmal geschlagen und ruft: «Jagt die Photographen heraus!»

Dann setzen sich Kohl und Genscher nebeneinander vor den Frisiertisch und stimmen sich rasch darauf ab, was sie dem Fernsehvolk als neue Bündnispartner nach der Wahlniederlage in Hessen synchron mitteilen wollen. Das ist die Bonner Wirklichkeit, die Brandt haßt. Und da spricht er dann eben ein bißchen freimütiger, als es mit Rücksicht auf die Seelenlage der schwankenden FDP richtig sein mag, aus, was er von der jungen Generation hält, von der Kohl und Genscher manchmal den Eindruck erwecken, es handele sich um Republikfeinde.

Montag, 27. September

Die Positionen prallen auch im Präsidium der SPD aufeinander. Bei Helmut Schmidt spielen gleichfalls Emotionen hinein. Er war es gewesen, nicht Brandt, der die FDP «wegharken» wollte. Außerdem hat es ihn offensichtlich verletzt, daß am Wahlabend – von Holger Börner abgesehen – keiner so richtig erwähnte, in welchem Maße er am 17. September dazu beigetragen hat, die Tendenzwende für die SPD Hessens herbeizuführen.

Die Bayern lassen FDP und CDU schmoren. Aber dann steht fest: Die CSU will sich nicht verweigern, wenn die FDP bereit ist, mit einer tragfähigen Mehrheit Kohl zum Kanzler zu wählen. Bloß, was heißt «tragfähig»?

Die CDU entschließt sich, ungeachtet des Wahlresultats in Hessen, die Geschäftsgrundlage in Bonn unverändert gelten zu lassen. Helmut Kohl will den Sprung wagen. Jetzt oder nie, argumentiert er im Vorstand; nach diesem Freitag gebe es «keinen Freitag mehr». Er läßt offen, wie groß das *Quorum* derjenigen in der FDP-Fraktion sein muß, die bei der Abstimmung über das konstruktive Mißtrauensvotum dem Kanzlerkandidaten Kohl die Stimme geben müssen. Wahrscheinlich schwankt er da innerlich.

Intern kursieren wechselnde Zahlen. Mindestens 40 der 53 FDP-Abgeordneten müßten Kohl wählen, heißt es zunächst. Dann ist von 35 Stimmen die Rede. Schließlich wird gerechnet, es würden auch 30 genügen.

In der Nacht unternehmen die Sozial-Liberalen einen letzten Rettungsversuch. 22 FDP-Politiker schwören sich, Kohl nicht zu wählen. Sie wollen Genscher loswerden, ohne Ersatz zu haben. Hildegard Hamm-Brücher, als Botschafterin zu Hans-Jürgen Wischnewski gesandt, sieht nicht viel Chancen, daß Schmidt Chef einer Minderheitsregierung bliebe, auch wenn genügend Abgeordnete der FDP ihn bei Abstimmungen tolerieren.

Die Versammelten fühlen sich in ihrer Opposition gegen den Wechsel besonders von Genschers Verhalten, aber auch von einem Argument Walter Scheels bestärkt, das sie empört: «Eine Partei muß Macht haben, um Posten verteilen zu können. Alles andere ist reiner Dilettantismus.» Aber es sieht nicht so aus, als wolle Schmidt sich noch auf Manöver einlassen, er will berechenbare Verhältnisse.

Dienstag, 28. September

Kein Weg führt mehr zurück. Wie ein roter Faden durchzieht diese Einsicht die Diskussion in Fraktion und Vorstand der FDP. Und die Angst vor Neuwahlen ist übergroß.

Von neun Uhr früh bis kurz vor achtzehn Uhr diskutieren die Liberalen. Die Stimmung ist ruhig, fast jeder meldet sich zu Wort, die Kritiker dürfen besonders weit ausholen, die Toleranz Genschers ist grenzenlos, nur das Ergebnis muß feststehen. Ein einziges Mal explodiert der Vorsitzende, als Hildegard Hamm-Brücher ihn attackiert, aber er hat sich gleich wieder im Griff.

Besonders Günter Verheugen, Burkhard Hirsch und Andreas von Schoeler, die Wechselgegner neben Gerhart Baum, Ingrid Matthäus-Maier, Klaus Gärtner und Helga Schuchardt, beeindrucken mit nachdenklichen Argumenten. Mit ihrer Leidenschaft und Geradlinigkeit haben sich viele in diesen Tagen Respekt verdient, nur ändert das nichts daran: Die FDP ist zerfallen.

Hans-Dietrich Genscher lobt die Kompromisse mit der Union, aber sie geben nicht den Ausschlag. Zur Außenpolitik enthalten die Papiere vage Formeln, zur Deutschlandpolitik – ein Herzstück der alten Koalition – schweigen sie. In der Wirtschaftspolitik wird viel akzeptiert, was vorher tabu war, manches klingt ausgegoren, anderes geht an die Substanz des Sozialstaats. Soll das die Wende sein, fragt ein Liberaler, deretwegen wir wechseln mußten? Die Kompromisse zur Innen- und Rechtspolitik nennt Genscher «Ausdruck eines Waffenstillstandes». Aber die Wahrheit ist: Er hat nahezu alle Besitzstände kampflos geopfert. Manchen Liberalen schwant, sie erleben nun bald wahrlich eine andere Republik.

Die leidenschaftlichsten Plädoyers für den Wechsel kommen von Wolfgang Mischnick, dem alten Fuhrmann bei der sozial-liberalen Koalition. Der Wandel bei ihm ist erstaunlich. Irgendwie klingt es so, als orientiere er sich an seiner eigenen Maxime, immer das «voll und ganz» zu machen, wofür man sich einmal entschieden habe. Und er hat sich eben für den Wechsel entschieden.

Von den 22 Abgeordneten, die ursprünglich Kohl ihre Stimme verweigern wollten, bleiben bei der Abstimmung nur 18 übrig. Viele führen das auf Mischnicks Intervention zurück. Er argumentiert, die alte Koalition sei nicht mehr zu retten gewesen. Helmut Schmidt habe ihm das deutlich gemacht. Weder ist das die ganze Geschichte vom Ende der sozial-liberalen Koalition, noch ist sie neu, aber Mischnick bringt damit das Dilemma der Wechselgegner auf den Begriff: Sie können nicht genau sagen, wie die Alternative aussehen soll, die noch realistisch wäre.

Im Vorstand erhält Genscher nur eine hauchdünne Mehrheit: 18 Mitglieder stimmen gegen, 17 für den Antrag, einen Sonderparteitag noch vor dem Sturz Schmidts über das weitere Vorgehen entscheiden zu lassen. Die Stimme von Moritz Meyer fehlt. Er ist vor zehn Tagen im Zorn über Genscher aus dem Vorstand ausgetreten. Die Fraktion votiert deutlicher: 34 folgen Genscher, 18 bleiben beim Nein.

Wie lange dauert es bis zu Neuwahlen? Wirklich nur bis zum 6. März? Genscher gibt in diesem Kreis keine Antwort auf Fragen, ob die verfassungsrechtlichen Einwände gegen Neuwahlen – nachdem eine neue Regierung im Sattel sitzt – berechtigt seien. Ähnlich hat auch Kohl im Vorstand seiner Partei geschwiegen. Beide beteuern synchron – wie stets in diesen Tagen –, der 6. März bleibe Neuwahltermin. Warum sollen sie auch zur Unzeit an das heikle Thema rühren?

Was macht die FDP? Vielen erscheint ein Sonderparteitag überflüssig, weil er nach den vollendeten Tatsachen nur noch ein Alibi liefern könne. Was aus den Liberalen oder dem Liberalismus wird, weiß keiner so recht. Manche denken an ein neues Auffangbecken, vielleicht eine sozial-liberale Partei? Aber sie ahnen, daß das eine Sekte werden könnte. «Ich werde nicht meine eigenen Worte essen», beteuert einer der Abgeordneten, der daran denkt, was ihn in der neuen Koalition erwartet. Andere denken über den Rückzug ins Privatleben nach.

Zwanzig Jahre, argumentiert einer der Verlierer am Abend beim Weißherbst, habe es gedauert, um aus der nationalliberalen FDP eine wirklich liberale Partei zu machen. «Soll ich jetzt wieder zwanzig Jahre investieren?» Er sagt auch: Genscher habe er lange bewundert, nun habe er aber zu ihm kein Vertrauen mehr. Schmidt werde gegen alle Versprechen gestürzt. Helmut Kohl werde Kanzler, Strauß regiere mit, und Genscher sei in diesem Trio, das schon am Abend gemeinsam vergnügt vor die Kameras tritt, der «Kaiser ohne Kleider».

1983

8. April 1983

ROLF ZUNDEL

Tastend in die neue Zeit

Die Geschichtsschreibung hat sich mit der Entdeckung Amerikas durch Kolumbus ausführlich beschäftigt, über die Entdeckung des Kolumbus durch Amerika dagegen ist wenig überliefert. Da hat es der zehnte Deutsche Bundestag anders gehalten. Die vielfältige Reaktion der Bonner Alteingesessenen auf die Neuen, die Grünen, war mindestens ebenso berichtenswert wie der Versuch der Neulinge, in dem komplizierten politischen Mechanismus, genannt Bundestag, ihren Platz, ihre Rolle zu finden – «als erste wirkliche Opposition in diesem Parlament», wie die Abgeordnete Schoppe ihre Fraktion unter gönnerhaftem Gelächter der Regierungsparteien genannt hat.

Dieses Parlament hat aber nicht mit den Grünen begonnen. Der Plenarsaal mag ein Ort trister Sachlichkeit sein, kein Platz für Blumen, es sei denn Trauergebinde; auch die Flora der Grünen hielt nur einen Tag. Das Ritual mag abgeleiert sein, jedenfalls stöhnen viele darunter wie unter einer Pflicht, deren beschwerliche Unwandelbarkeit gesucht und beseufzt wird. Dieses institutionelle Gehäuse schafft aber nicht nur Enge, es gibt auch Sicherheit; Tradition, Geschichte haben sie ermöglicht.

So konnte Willy Brandt, Alterspräsident für zwei Stunden, den Satz wagen: «Die Demokratie in der Bundesrepublik hat sich als gefestigt erwiesen», und ganz unangestrengt erinnerte er an eine wichtige Leistung dieses Parlaments: «Wir haben jetzt mehr als einmal die demokratische Ablösung erlebt – gewaltlos, ohne gefährliche Krise, in der Bewährung des Grundgesetzes.» Wer Sinn für Geschichte hat, den rührte es an, als Brandt, den als Kanzler zu stürzen dem damaligen Oppositionsführer Barzel nicht gelungen war, den Präsidentensessel dem neugewählten Bundestagspräsidenten Barzel räumte. Oder als Barzel, einst in langjähriger Rivalität Helmut Kohl verbunden, niedersteigend im gemessenen Schritt vom Hochsitz des Präsidenten, seinem glücklichen Nachfolger, noch ehe die Stimmen endgültig ausgezählt waren, zur Kanzlerwahl gratulierte – bedeutungsschwer auch im protokollarischen Fauxpas.

Die Kanzlerwahl, bei früheren Parlamentseröffnungen im Mittelpunkt des Interesses – diesmal war sie fast eine Beiläufigkeit, Nachvollzug von schon Geschehenem. Daß da sieben Stimmen aus den Regierungsfraktionen fehlten, bei anderen Gelegenheiten Anlaß zu peinlichen Nachforschungen und zweifelnden Spekulationen, wurde kaum zur Kenntnis genommen. Zu sicher ist die Mehrheit. Das Bild des Abgeordneten Kohl, der beengt in der ersten Reihe saß und nervös an seiner Krawatte zupfte, gibt es nicht mehr. Während der Auszählung hielt er Hof, locker scherzend, umlagert von Abgeordneten, die an seinem Munde hingen, als gelte es, die letzte politische Weisheit zu erfahren. Wo er ist, ist das Zentrum der Macht.

Macht – davon ist die Opposition weit, weit enfernt, die SPD gleichermaßen wie die Grünen. Dafür spricht die fast nachsichtige Behandlung des sozialdemokratischen Vorbehalts gegen die Fraktionsgemeinschaft von CDU und CSU – das sei wohl «nicht so ernst gemeint» – oder des SPD-Verlangens, über neue Gremien für Umweltschutz, Rüstungskontrolle und die Gleichstellung der Frau nachzudenken – «eine Selbstverständlichkeit», über die abzustimmen sich eigentlich nicht lohne.

Die Regierungsfraktionen, voran die CDU/CSU, sind auf ihre Weise generös: Nun opponiert mal schön! Und so manchen sozialdemokratischen Abgeordneten beschleicht das Gefühl, jetzt und für lange einer ohnmächtigen Begleitkompanie der Bonner Politik anzugehören, die interessant eigentlich nur dann wird, wenn sie selbst mit sich nicht ins reine oder mit den Grünen nicht klarkommt.

Die Grünen: Die Mehrheit hält sich nicht wenig darauf zugute, daß sie die Neuen mit «Geduld und Güte», «aber natürlich korrekt» (Barzel) behandelt hat. Wie viele der Meinung sind, ins Hohe Haus gehörten diese Figuren eigentlich nicht? «Sie sind gewählt», so ruft sich ein Unions-Abgeordneter selber zur Ordnung, aber das klingt ein wenig so, als wolle er sagen: Auch mit den Pannen der Geschichte muß man leben.

Noch herrscht offizielle Höflichkeit, die sich nicht selten darin äußert, daß man bemüht aneinander vorbeisieht. Hier und da aber, wenn man unter sich ist, durchstößt ein Gemenge aus Angst und Haß die Oberfläche der Toleranz: «Mit Turnschuhen ins Plenum»; «Possenreißer»; «Ob sich der Kerl mit dem braunen Hemd gewaschen hat?»; «Der Schily ist wirklich gefährlich». In sozialdemokratischer Nestwärme nehmen sich die Grünen übrigens manchmal noch befremdlicher aus.

Eins ist sicher: Die ausführlichen Geschäftsordnungsdebatten schon in den ersten Sitzungen, die früher in feierlicher Diskussionslosigkeit absolviert wurden, auch die aktuelle Stunde über die Volkszählung, von den Grünen flugs beantragt – das läßt erwarten, daß im Plenum künftig länger und lebhafter diskutiert wird. Eine Gesetzesbehandlung, die zuweilen vor fast leerem Haus stattfand, weil niemand nach der Beschlußfähigkeit des Plenums fragte, wird es kaum mehr geben. «Die halten uns auch noch am Freitag fest», schwant einem. Der FDP-Abgeordnete Cronenberg bringt es auf den ökonomischen Begriff: «Der Stundenlohn im Bundestag sinkt.» Und ein sozialdemokratischer Kollege meint: «Wir werden mehr mit dem Hintern arbeiten müssen.»

Die Grünen selber sind keineswegs sicher, wie sie sich in den Bonner Parlamentarismus einfügen und zugleich sichtbar machen können, daß «eine neue Seite in der parlamentarischen Bundesrepublik aufgeschlagen wird». Auszug bei den Vereidigungen des Kanzlers und der Minister; hier handle es sich um ein «unglaubhaftes Lippenbekenntnis», das nicht im Einklang sei mit der tatsächlichen Politik. Aber fast geflissentliche Beachtung mancher Parlamentsregeln – bis hin zu der schon abgeschafften Floskel: «Ich zitiere mit Erlaubnis des Präsidenten».

Lassen sich Inhalt und Form so trennen? Was darf man, was soll man? Solche Fragen scheinen die Grünen in vielen Diskussionen umzutreiben. Da schüttelt die Fraktionssprecherin Marieluise Beck-Oberdorf dem neugewählten Kanzler die Hand und übergibt einen Tannenzweig – eine zum Protest verfremdete Gratulation. Nicht alle sind darüber glücklich. Wirkt das nicht wie Anbiederung, ist das nicht mißverständlich für die Freunde, für die Basis? Da zollt der Abgeordnete Schily einem guten Satz Barzels unbefangen Beifall, die anderen regen sich nicht. Da flaxen einige mit ihren sozialdemokratischen Banknachbarn, andere bleiben für sich. Berührungsängste gibt es auch in der Bankreihe der Grünen.

Bei ihnen ist noch manches verspielt oder betont demonstrativ. Ihre Reden beginnen nicht, wie gewohnt «Herr Präsident, meine Damen und Herren», angeredet werden die «lieben Bürgerinnen und Bürger im Lande», «liebe Freundinnen und Freunde», auch der «verehrten Gäste», etwa des Botschafters von Nicaragua, wird gedacht, die Abgeordnete Potthast adressiert einen Antrag an die «lieben Frauen». Dahinter verbirgt sich freilich mehr als Ungeschicklichkeit oder Marotte. Die Grünen halten sich nicht an die Fiktion des repräsentativen Parlamentarismus, dessen Abgeordnete in geschlossener Gesellschaft nach der richtigen Politik suchen. Sie reden ungeniert zum Fenster hinaus. Sind sie deshalb gefährlicher oder nur ehrlicher?

Die Prophezeiung des Geschäftsführers der CDU/CSU-Fraktion, Schäuble, «es wird ihnen nicht gelingen, uns zu provozieren», hat da wenig Aussicht, in Erfüllung zu gehen. Manche in der Union schlukken schon hart, als der grüne Abgeordnete Fischer vom bayerischen Ministerpräsidenten sprach, der «gewissermaßen als reisender Pistolero fremde Diktaturen besucht». Da wird es künftig nicht bei dem Zwischenruf «Unverschämtheit» bleiben. Immerhin, böse Polemik wäre besser zu ertragen als jenes Gelächter, das glucksend und breitmäulig aus der Unionsfraktion aufstieg, nachdem die Abgeordnete Potthast mit spitzer Stimme geklagt hatte: «Jährlich werden Tausende von Frauen vergewaltigt – der überwiegende Teil davon in der Ehe.»

Was aber soll ein guter Sozialdemokrat tun, wenn einer der Grünen schlicht zum Boykott der Volkszählung aufruft? Auf die grundsätzliche Notwendigkeit der Zählung und auf die Mängel des Verfahrens hinzuweisen, so der eine. Eine Verschiebung der Zählung verlangen, aber die von den Grünen verlangte Sondersitzung ablehnen, so ein anderer. Oder, wie der Abgeordnete Wernitz, hart jene Grenze markieren, die sozialdemokratisches Politikverständnis von dem der Grünen trennt: «Der Boykott eines gültigen Gesetzes wäre Rechtsbruch. Dazu sollte von diesem Pult nicht aufgerufen werden.» Begreiflich ist es schon, wenn da manche seufzen: «Die Grünen haben uns gerade noch gefehlt!»

Solche Sorgen plagen die Union nicht. Für sie ist die Politik und ihre Welt wieder in Ordnung. «Deshalb, meine Damen und Herren», verkündete der Unions-Abgeordnete Niegel, «möchte ich an alle Bürger in diesem Lande appellieren, diese Volkszählung so ernst zu nehmen, wie es Joseph von Nazareth vor rund 2000 Jahren getan hat, der mit seiner Maria nach Bethlehem gegangen ist.» Für ihn gibt es nichts Neues mehr zu entdecken.

8. April 1983

GUNTER HOFMANN, DANIEL RIEGGER, GERHARD SPÖRL UND HANNE TÜGEL

Der Protest im Jammertal

Kellinghusen

Kühn kurvt ein Dorfjunge mit seinem Fahrrad durch die bunten Reihen der Blockierer und fragt munter: «Hallo Leute, schon was passiert?» Knapp fünfzig Leute hocken konzentriert oder versonnen auf ihren Styropor- und Gummimatten vor der Liliencron-Kaserne, hinter deren Toren *Lance*-Raketen lagern sollen. Vom Dorf herauf ziehen immer mehr Demonstranten – es sollen 2000 sein –, gewappnet mit Schals, Plakaten und Eßbarem. Einer von ihnen hat seine Gitarre mitgebracht und schlägt das Lied vom Strand an, der unter den Pflastersteinen liegen soll. Aber die Pflastersteine werden in Kellinghusen, nördlich von Hamburg, nicht aus dem Boden gerissen. Ein Mädchen mit Latzhose jongliert mit drei Gummibällen; zwei kleine Jungen wärmen sich am Feuer, das ihre demonstrierenden Eltern am Zaun entzündet haben; einige Anhänger der DKP schwenken eifrig, aber ohne Resonanz, rote Fahnen.

Die drei Bundeswehrsoldaten, die auf der anderen Seite des eisernen Tores Wache schieben, sind ganz gelassen. Ab und zu gesellt sich ein Offizier zu ihnen, um die Lage leutselig zu inspizieren. «Unsere Jungs stehen ja doch unter schwerem psychischem Druck durch die Blockade», bemerkt ein Major mitfühlend. «Aber das Wetter ist auf unserer Seite.» Die Kälte läßt Aggressivität erst gar nicht aufkommen. Der «gewaltfreie Bürgerkrieg» findet in Kellinghusen lediglich auf Plakaten statt. «Das Spiel ist aus», heißt es auf einem Transparent, auf dem ein Gewehr – eine russische Kalaschnikow? – zerbrochen wird. «Alle reden vom Frieden, wir handeln», stellt ein anderes Plakat den Ostermarsch ins rechte Licht. Das liest sich wie eine Antwort auf das

Gegentransparent der Bundeswehr. Auf einem schweren Munitionstransporter, schwarze Lettern auf weißem Grund, steht akkurat geschrieben: «Alle reden vom Frieden, wir sichern ihn!» Ein liederlich gemaltes Poster erinnert an die Dinosaurier, die kläglich eingingen, weil sie «Viel Panzer, aber wenig Hirn» besaßen.

Aufsehen erregt ein junger Kellinghusener Vater, der – seinen kleinen Sohn huckepack – mit einem handgeschriebenen Schild vor die Kaserne zieht: «Wenn die Russen ihre Waffen vernichten, wollen wir auf unsere Raketen verzichten.» Das Fernsehen ist davon so angetan, daß es Vater und Sohn beiseite nimmt und separat filmt.

«Wie machen die das bloß?» fragt sich der erfahrene Soldat, «ganz ohne hierarchisches System kann das doch nicht klappen.» In Kellinghusen hatten die norddeutschen Friedensgruppen einen Meldedienst eingerichtet, der zwischen dem Dorf, wo das «Friedenscamp» stand, und der Liliencron-Kaserne hin- und herpendelte. Mitten im Ort parkte ein gemieteter Mercedes-Bus; dort konnten die Neuankömmlinge erfahren, wo wann was geplant war. Dort tagten auch die «Sprecherräte», die nichts dem Zufall überlassen wollten. Der «kleine Sprecherrat» galt als Krisenstab; sobald es Ärger mit der Polizei gab, sollte er schlichten. Der «große Sprecherrat» sorgte für Öffentlichkeitsarbeit; dann prüfte ein eigener Sprecherrat das Durchhaltevermögen der Blockierer vor der Kaserne; er durfte auch über einen eventuellen «geordneten Rückzug» entscheiden. Darüber hätte freilich vorher das Blockadeplenum abstimmen müssen …

Datteln

Am Nordrand des Ruhrgebietes, fünf Kilometer hinter Datteln, liegt das Jammertal. Seinen kläglichen Namen hatte es schon, ehe es zum Atomwaffenlager der amerikanischen Armee umfunktioniert wurde. Seitdem jammert man zweisprachig. Deutsche und amerikanische Wachsoldaten passen auf *Nike-Herkules*-Raketen auf, Luftabwehrwaffen, die nur 150 Kilometer weit fliegen.

Dattelns Bürgermeister, selber Major der Reserve, muß das Feld

300 Friedensfreunden aus dem Ruhrgebiet überlassen. Bald prangt vor dem Tor des Raketenlagers ein Transparent «Atomwaffenlager Jammertal. Heute geschlossen»; die strengen Regeln der Wehrbereichsverwaltung sind außer Kraft gesetzt. Man raucht, natürlich; auch die Polizisten spielen mit dem Feuer – es ist gar nicht so einfach, sich hoch zu Roß eine Zigarette anzuzünden. Trotz Photographierverbots kann sich das Lager vor Hobbyphotographen und Videofilmern kaum retten: die Demonstranten knipsen, die Polizisten holen Kameras hervor, die Presse photographiert, auch neugierige Spaziergänger lassen sich die bunten Bilder nicht entgehen.

Denn selten sah das Jammertal so fröhlich aus. Strampelhosen und Babyjäckchen zieren das Eingangstor. Flugs ist der Weg davor mit einem Riesennetz aus Wolle überspannt, von Baum zu Baum, über Masten und Drähte fliegen die bunten Knäuel. Nur wer sich bückt, kommt durch: Wollsperrung statt Vollsperrung.

Ein Demonstrantendackel schnüffelt in Richtung Polizeischnauzer; ein kleines Mädchen streichelt ein Behördenroß; ein Jungwachtmeister trifft einen Bekannten unter den Blockierern. Grüppchen aus Uniform-Grün und Bunt stehen zusammen und diskutieren über Krieg und Frieden: Ein Polizist kann die Ängste der Pazifisten nicht verstehen: «Sie wissen gar nicht, wie schön unser Land ist. Wir können essen, saufen, rauchen, spielen. Was wollen Sie denn noch?»

Einige Blockierer machen sich auf zu einem Rundgang um das Lager, entlang dem Drahtzaun – rechts frisch, links verrostet; im Lager stehen kleine grüne Baracken, Wachtürme mit Soldaten, die herübergrüßen. Dann Bunker, ein Asphalt-Tennis-Platz, ein Hundezwinger, aus dem Gekläff dringt. Plötzlich gellt eine hysterische Stimme über den Draht: *«I want to go home ... to Louisiana ... to my family. Give me a ticket.»* Ein schwarzer GI steht am Barackenfenster und brüllt weiter: *«Some other guys want to go to Alabama.»* Ein weißer Soldat rennt in die Baracke, das Fenster wird geschlossen, der Schwarze verschwindet.

Am verhangenen Himmel bricht die Sonne durch. Ein Demonstrant im Overall wertet das als gutes Zeichen: «Wenn Engel blockieren, lacht der Himmel.» Vorne am Tor wechseln sich die Blockierer ab. Jetzt sind die Gruppen aus Castrop-Rauxel, Dorsten, Marl und Datteln an der Reihe. Die anderen schwärmen aus und «verschönern den Wald» mit Transparenten: Eines heißt «Aktion Kehrpaket» und zeigt eine Rakete in Geschenkband und Schleife, die zurück in die USA fliegt, von einer weißen Taube begleitet.

Ein paar Stunden später: Aufbruchstimmung im Jammertal. Die Sonne ist weg. Aufräumer laufen mit Müllsäcken herum, die letzten Vollkornfladen kommen auf die Pfanne. Die Entrüstung wird eingerollt. Die dreihundert stimmen einen Kanon an: «Nach dieser Erde wäre da keine, die eines Menschen Wohnung wär' / Darum Menschen achtet, ja achtet, daß es so bleibt / Wem denn wäre sie ein Denkmal, wenn sie still die Sonn' umtreibt?» Die Vollsperrung bleibt. «Feierabend», rufen die Demonstranten den Polizisten zu.

Oberursel/Frankfurt

In Oberursel sind die Straßen noch leer; die Kirchenglocken rufen zur Neun-Uhr-Messe, die ersten Rolläden werden hochgezogen. Fünf Minuten später kommt Leben in die Kleinstadt. Ein Sonderzug der Bundesbahn aus Marburg und Gießen bringt 800 Ostermarschierer in den viel zu kleinen Bahnhof. «Leute, bitte stellt euch links vom Bahnhof auf. Wir wollen pünktlich losmarschieren, schließlich haben wir einen langen Weg nach Frankfurt vor uns», tönt es vom Lautsprecherwagen. Die drei Pinguine auf der Werbetafel für den Frankfurter Zoo weisen den Weg. «Wer braucht noch einen Strahlenschutzhut», wirbt ein Demonstrant mit Kniebundhosen und verteilt Flugblätter mit aufgedruckter Faltanleitung.

«Dieser Ostermarsch ist echt 'ne körperliche Leistung», stöhnt Kathrin. Sie marschiert seit Karfreitag mit mehreren Kilo Gepäck und Schlafsack auf dem Rücken. In Marburg sind die nordhessischen Ostermarschierer gestartet. «Im Schnitt sind es so tausend Leute, die bis heute durchgehalten haben.»

Kathrin ist über ihre Gewerkschaftsgruppe zum Ostermarsch gekommen. In Gießen war sie bei einem simulierten atomaren Massensterben dabei. Zu Sirenengeheul kippten die Marschierer in der Fußgängerzone um und stellten sich tot. «Und das am verkaufsoffenen Samstag.»

Kathrin hat die Umarmungsaktion am Camp King besonders beeindruckt, einem amerikanischen Militärstützpunkt bei Oberursel. «Wir haben den Kasernenzaun dort mit Luftballons behängt, Lieder gesungen. Da haben ein paar amerikanische Soldaten von innen durch den Zaun selbstgemalte Flugblätter durchgereicht. ‹Alles Freunde› stand da drauf und dazu war das Ostermarsch-Symbol gemalt. Die sind dann aber gleich von der Militärpolizei abgeführt worden.»

Auf dem Frankfurter Paulsplatz steht eine provisorische Bühne, umrahmt von riesigen Lautsprechertürmen, Luftballons und Transparenten. Neu eintreffende «Marschsäulen» müssen nach hinten auf den Römerberg ausweichen. 60 000 sind mittlerweile hier versammelt, sagen die Veranstalter. Die rechte Stimmung will dennoch nicht aufkommen. Die hessischen Ostermarschierer sind müde und durchgefroren.

Helmut Gollwitzer ist umlagert von Photographen und Journalisten. Als er die Bundesregierung vor dem «Landesverrat» warnt, den sie begehe, wenn sie der Stationierung amerikanischer Mittelstreckenraketen zustimme, kommt noch einmal Bewegung in die Menge. Als einziger gibt er zu, daß die Mehrheitsverhältnisse in Bonn ein schwerer Schlag für die Friedensbewegung sind. Er erzählt die Geschichte vom friedensbewegten Menschen, «der entdecken muß, daß die Verrückten nicht nur oben sind, sondern daß er umgeben ist von Verrückten, die alle die Parteien wollen, die für die Nachrüstung sind, aufrüstungswillige Parteien».

Vor der Resignation bewahrt den Theologen die Rückbesinnung auf den christlichen Ursprung: «Wir haben den Marsch ja auf Ostern gelegt, weil da eine Erinnerung ist an einen wichtigen Mann in der Menschheitsgeschichte. Der hat nicht aufgegeben, der hat bis zum Tod nicht aufgegeben. Wir alle geben nicht auf.»

Köln

Der Sozialdemokrat Oskar Lafontaine hat in Duisburg einen der Sternmärsche eröffnet, auf dem Neumarkt in Köln ist er bei der Abschluß-Kundgebung dabei. Seine Partei hat dagegen nichts mehr einzuwenden. Nicht, daß die SPD ihren Kurs verändert hätte; aber ihre Rolle hat sich verwandelt. Aus der Opposition heraus steht sie nun nicht mehr in Loyalitätskonflikten zur Regierung.

Der junge Saarbrücker Oberbürgermeister ist zum Watschenmann der Nation geworden. Für manche ist es obligatorisch, sich von ihm entrüstet zu distanzieren. So kommt es, daß ein bißchen untergeht, was sich hinter der frechen Deutlichkeit Oskar Lafontaines wirklich verbirgt. Er will nicht aus der Nato aussteigen, sondern fragt die Reagan-Regierung, ob die Geschäftsgrundlage des Bündnisses noch gelte. Er ist kein Pazifist, sondern argumentiert, wer einen Atomkrieg für führbar und gewinnbar halte, kündige gemeinsame Grundpositionen auf. Er ist kein Anti-Amerikaner, sondern er sagt, Reagan sei «nicht Amerika».

Auch in der CDU rumort es. Franz Alt, der Fernsehjournalist, steht dafür als Zeuge. Er will nicht seine Partei an den Pranger stellen, im Gegenteil, er will ihr helfen. Aber da nun mal seine «konservativen Freunde» regieren, sind sie auch die Adressaten seines Appells umzukehren, da die Politiker sich «am atomaren Fels verstiegen» hätten.

Manches klingt bei Alt wie eine Mischung aus Beschwörung und Predigt. Seine Positionen bettet er in einen «ganzheitlichen Friedensbegriff» ein, der vom «Mord im Mutterleib», der Schwangerschaftsunterbrechung über die Menschenrechte bis zu Pershing II und SS-20-Raketen reicht. Das ist eine Mischung, wie man sie am besten von den amerikanischen Bischöfen kennt. Alts «Nein» zur Raketenstationierung ist also ganz anders eingefärbt als das von Gewerkschaftern, die die «Rüstungshaie» anprangern, oder von Oskar Lafontaine, der eigentlich nur amerikanische Regierungspolitiker zitiert. Bafög statt Pershing, würden die meisten der hier Versammelten rufen. Franz Alts Alternative heißt: Bergpredigt statt Bomben.

Carola Stern, politisch engagierte Journalistin und das genaue Gegenbild eines «Partisanen der Kremlführung», wie die Ostermarschierer genannt worden sind, hat kürzlich einmal geschildert, warum sie schon in der ersten Stunde dabei war: Das war 1960. Damals haben die Ostermärsche begonnen.

Und heute? Die Verhältnisse, erklärt Carola Stern, hätten sich gewandelt. Aufrüstung bedrohe Frieden und Entspannung. Eine neue amerikanische Administration steuere auf «kalten Krieg». Dagegen richte sich die Friedensbewegung – und die Ostermarschierer seien ein Teil davon. Das seien keine «Kommunisten».

Blickt man sich am Ostermontag am Neumarkt in Köln um, gewinnt man den Eindruck, Carola Stern habe eine zutreffende Erklärung dafür geliefert, warum sich hier mehrere zehntausend Leute zum Abschluß eines Sternmarsches versammelt haben. Das ist keine Versammlung, die eine Null-Komma-Partei wie die DKP auf die Beine bekommt. An das friedliche Bild solcher Kundgebungen hat man sich nun schon gewöhnt. Die Kommentare der Bonner Politiker aber klingen sehr gereizt.

Auf dem Rückweg von Köln nach Bonn: Der Rundfunk berichtet vom Evangelischen Kirchentag. Erhard Eppler verteidigt ihn gegen den Vorwurf, das Treffen der Protestanten werde zu stark politisiert. Das pastorale Angebot sei noch größer geworden. Und im übrigen: Wo beginnt, wo endet Politik?

9. September 1983

MICHAEL SCHWELIEN

Leiden um jeden Preis

Schwäbisch Gmünd, im September

Kaum war im Morgengrauen des 1. September das Blitzlichtgewitter vor dem amerikanischen Raketendepot in Mutlangen verrauscht, da entspann sich auf der Wiese neben dem Stacheldrahtverhau ein kurzes, aber bedeutsames Gespräch.

Petra Kelly, die mit Stahlhelm und Plastikblumen ausstaffierte grüne Bundestagsabgeordnete: «Die haben uns auflaufen lassen.»

Klaus Vack, der Initiator der «Prominenten-Blockade»: «Nein, die Sache wird ein riesiger Erfolg, weil die ihr eigenes Rechtsdogma in Frage gestellt haben.»

Kelly: «Wie sollen wir denn unberechenbar bleiben? Polizei und Amerikaner haben das Geschehen in der Hand.»

Dieser Wortwechsel am Morgen des ersten Blockadetages offenbarte schlaglichtartig den entscheidenden Zwiespalt in der Friedensbewegung: Die einen wollen unmittelbare Ergebnisse ihrer Aktionen, die anderen möchten die Mehrheit der Bevölkerung für sich gewinnen, um noch mehr Menschen zur Teilnahme an Menschenketten, Arbeitsniederlegungen und Blockaden zu bewegen. Hier der Versuch, den Staat zur unbedachten Reaktion zu provozieren, dort das Bemühen, ihn durch den indirekten Druck einer wachsenden Massenbewegung in die Vertrauenskrise zu führen.

Die Grünen hatten eine Gruppe amerikanischer Pazifisten nach Mutlangen eingeladen, die schon bald auf eine «stärkere Aktion» drängten. Mandy Carter, eine seit 16 Jahren in der «War Resisters' League» engagierte Schwarze, befand kurz und bündig: «Dies hier ist doch keine Blockade; dies ist eine Mahnwache.» Die eher symbolische Belagerung kritisierte auch der ehemalige Pentagon-Experte

Daniel Ellsberg: «Wir schreiben nicht den Herbst 1982, sondern den Herbst 1983.» Den Zeitdruck verstärkte der frühere Kriegsplaner noch durch moralischen Druck, indem er an die Fastenden in Bonn erinnerte: «Sind sie Selbstmörder? Sind wir nicht alle Selbstmörder, wenn wir nicht mehr tun?»

Solche Beschwörung der Apokalypse zeigte Wirkung – nicht nur bei jungen Leuten. Andreas Buro, der Ostermarschierer der ersten Stunde: «Die Aktionen dieser Entschlossenen jagen mir immer wieder ein schlechtes Gewissen ein.» Doch was tun, um auf den Erfolg noch einen drauf zu setzen?

Die amerikanischen «Friedensfreunde» wollten den Stacheldrahtzaun zum Depot durchschneiden, um demonstrativ in das Gelände einzudringen. An ihrer Bereitschaft, mehr als nur den Arrest zu riskieren, ließen sie keine Zweifel. Der in Mutlangen blockierende Pater Philip Berrigan etwa zählt zur Gruppe «Plowshare Eight», jener acht beherzten Friedenskämpfer, die vor drei Jahren im amerikanischen Technologiezentrum «King of Prussia» mehrere Atomsprengköpfe zerstörten. Nur die unmißverständliche Drohung von Fernsehpfarrer Jörg Zink, er werde sich distanzieren, hielt die Ellsbergs und Berrigans von der «verständlichen, aber nicht mehr vermittelbaren Eskalation» (Zink) ab. Freilich nicht für lange. Wenn sie schon nicht in Mutlangen «über den Zaun gehen dürfen», dann halt woanders: im nahegelegenen Pershing-Stationierungsort Waldheide bei Heilbronn, oder in Neu-Ulm.

Der Eindruck von der frohgelaunten Mutlanger Friedfertigkeit täuschte also. Unter den Plastikplanen der tags in sengender Sonne und nachts im strömenden Regen Blockierenden fraß der Frust. Das hatten sie sich nicht vorgestellt: vier Wochen gewaltfreies Training, und dann im wahrsten Sinne des Wortes einfach sitzen gelassen werden.

Dieses fatale Gefühl verschaffte den Aktionisten Gehör. Herwig Jantschik, ein 23jähriger Zivildienstleistender sprach aus, was viele dachten: «Ziviler Ungehorsam heißt für mich, noch wesentlich mehr Leiden hinzunehmen.» Selbst für Besonnene wie den Berliner Professor Peter Grottian stand am zweiten Tag fest: «Die Aktionsform Blokkade ist überholt.» Längst fragten sich viele «Promis» und über die Hälfte aller «Bezugsgruppen»: Was kann die nächste Eskalationsstufe sein?

Wer sich Tag und Nacht im Friedenscamp aufhielt, konnte miterleben, wie sich die von der Polizei und den Organisatoren besprochene Befriedung ins Gegenteil verkehrte – Dialektik dieser drei Tage – und zur «konsequenteren Blockade» herausforderte. Damit keine falschen Anschuldigungen aufkommen: Niemand suchte die Randale. Aber etliche hofften auf die Verhaftung. Eine Frau konnte bei der Abschlußkundgebung nur mit Mühe daran gehindert werden, sich selbst zu verbrennen.

Damit wenigstens der stärkste Druck entweichen konnte, hatte Klaus Vack selbst im «Sprecherrat» eine Demonstration unten in Schwäbisch Gmünd und die «Umzingelung» der Bismarck-Kaserne vorgeschlagen. Dort regelten – kein Zufall – seine Freunde Andreas Buro und der Sprecher der Gruppe «Friedensmanifest», der Berliner Professor Wolf-Dieter Narr, den Verkehr so, daß kein Auto und kein Fußgänger behindert wurden.

Doch die aktionistischen Grünen, die von weither angereisten Amerikaner und die – in der Regel ungemein jungen – Ungeduldigen unter den Camp-Teilnehmern wollten mehr. *«A longer action is a stronger action»*, dichtete Ellsberg. Einer aus der Bezugsgruppe «Alpguerilla» sekundierte: «Die GI's haben die Raketen abtransportiert, jetzt müssen wir verhindern, daß sie wieder reingebracht werden.»

Eine permanente Blockade? Erhard Eppler beunruhigte der Gedanke derart, daß er, der sonst so Verbindliche, den Amerikaner wütend anherrschte: «Mr. Ellsberg, erteilen Sie der deutschen Friedensbewegung keine Ratschläge.»

Beim stundenlangen Disput der beiden stand nicht nur der in Feindesliebe erzogene deutsche Christ dem im Vietnamkrieg geschulten amerikanischen Strategen gegenüber. Dies war auch die Konfrontation zwischen den beharrlich überzeugenden Vermittlern und den spontan handelnden Aktionisten.

Ellsberg sah den sichtbaren Erfolg Mutlangens gefährdet: Er glaubt, mit dem Einsatz des eigenen Lebens lasse sich die Stationierung verhindern. Kein Wunder, daß er sich zum Sprecher der Fastenden für das Leben machte und Jurij Andropow in deren Namen einen Brief schrieb: Wenn Andropow für zwei Monate einen einseitigen Atomtest-Stopp verhänge und pro Monat eine SS-20 verschrotten lasse, um eine Abrüstungsspirale zu beginnen, dann würden die Fastenden ihre Aktion abbrechen.

Eppler hingegen sah den vorerst noch unsichtbaren Erfolg gefährdet. Er will jene «drei Viertel der Bevölkerung, die stillschweigend gegen die Stationierung sind, nicht verschrecken». Kein Wunder, daß er zwar «großen Respekt» für die Fastenden empfindet, zugleich aber sagt: «Ich sehe meine Aufgaben anders.»

Eppler zu Ellsberg: «Wir verfolgen unterschiedliche Strategien.» Ein Konflikt, der ebenso alt wie unauflösbar ist. Er zieht sich durch die Geschichte, zeigt sich bei jeder Revolution: Weitermachen? Oder erst das Erreichte sichern? Klaus Vack, einst Sekretär des Sozialistischen Büros, bestätigt in der Sprache der alten Linken: «Hier stellt sich tatsächlich die Frage, wie weit die Avantgarde der Basis vorauseilen darf.»

Am letzten Wochenende fand der Zufall einen Ausweg. Noch bevor die Entscheidung über eine Fortsetzung der Blockade von Mutlangen getroffen wurde, trudelten Nachrichten aus Bitburg ein. Dort, wo keine Prominenz zu sehen war, hatte die Polizei, obwohl die Blokkierer an beiden Orten ein und dasselbe taten, geräumt. Die Befürworter der «stärkeren Aktion», Ellsberg, Berrigan, die Nonne Anne Montgomery, die grünen Abgeordneten Vogt, Bastian und Kelly, der aus der DDR ausgebürgerte Roland Jahn eilten in die Eifel, um den Namenlosen dort beizustehen. «Zweimal Rechtsstaat» las man auf einem der mitgeführten Transparente: Im Schwäbischen konnten sie sitzen und singen; in der Pfalz spürten sie das heisere Geifern der Polizeihunde im Nacken. Die Spaltung wurde vermieden, weil sich jeder auf seine Weise bestätigt fand. Doch aufgeschoben ist nicht aufgehoben.

28. Oktober 1983

Theo Sommer

Und nun kommen Raketen

Wat nu? fragt die respektlose *tageszeitung*. Die Seriösen im Lande stellen sich dieselbe Frage, nur gewundener formuliert: Wie soll es weitergehen nach der herbstlichen Aktionswoche gegen die Nachrüstung?

Lassen wir die Petitessen beiseite: die zeternden Ausfälle gegen Willy Brandt, in denen sich Petra Kelly gemeinsam mit der Union gefällt, die krampfhaften Versuche des Bundesinnenministeriums, die Zahl der Teilnehmer zu bagatellisieren, das dumme Gerede über eine «Blamage der Blockierer». Niemand hat sich blamiert. Nicht die Friedensbewegung, die Millionen mobilisierte und bewies, daß hierzulande Demonstrieren nicht in Randale münden muß; nicht die Obrigkeit, die durchweg Gelassenheit an den Tag legte; nicht unsere Demokratie, die ein weiteres Mal den Nachweis lieferte, daß sie offen, diskussionsfähig und lebendig ist.

Aber mit den Selbstbeglückwünschungen ist es nicht getan. Bisher haben beide ja nur demonstriert – die Friedensbewegung ihre Gegnerschaft zur Nachrüstung, die Regierung ihre Entschlossenheit dazu. Der Knirschpunkt steht uns erst noch bevor: wenn nämlich in vier Wochen mit der Aufstellung der ersten neun Pershing-II-Raketen in der Bundesrepublik begonnen wird.

Heute sieht es nicht so aus, als ob uns irgend etwas den Stationierungsbeginn ersparen könnte. Wohl wäre es wichtig, daß der Westen Andropow beim Wort nähme und ein erstes Abkommen vorschlüge, wie es der Kremlchef zuweilen anzudeuten schien: Verminderung der sowjetischen Mittelstreckenraketen auf 54, was der Zahl der britischen und französischen Sprengköpfe entspräche, Verschrottung also von 190 gegen Westeuropa gerichteten SS-20, dafür keine Cruise Missiles und Pershing II im westlichen Teil des Kontinents. Solch eine Regelung wäre annehmbar. Egon Bahr, der für ähnliches eintritt, deswegen der Unterwürfigkeit gegenüber Moskau zu bezichtigen, ist schiere Narretei. Das Problem ist freilich ein doppeltes: Der Westen kann sich zu solch einem Vorschlag schwer durchringen, und wenn er es doch täte, so würden sich wohl die Russen nicht darauf einlassen, deren Genfer Unterhändler seit Wochen nur Fisimatenten machen, anstatt Andropows Vorschläge positiv zu präzisieren. Dies macht den Beginn der Stationierung unausweichlich.

Was tut dann die Friedensbewegung? Drei Szenarien sind denkbar. *Erstens*, es wird weiter demonstriert, blockiert, polarisiert – ohne jede Aussicht auf Wirkung. *Zweitens*, die Friedensbewegung macht die gleiche Entwicklung durch wie die Apo von 1968: die Masse ihrer Anhänger resigniert; einige Aktive treten den Marsch durch die Institutionen an; ein winziger Bruchteil flüchtet sich aus der Frustration in den Terrorismus. *Drittens*, die Bewegung läßt ab vom hektischen Aktionismus und konzentriert sich statt dessen auf eine langfristig angelegte Politik der Abrüstung, geht also nicht von einer Traumwelt aus, sondern von der Wirklichkeit, wie sie ist.

Diese dritte Entfaltungsmöglichkeit hätte Zukunft. Nicht nur die Demonstranten bangen ja um den Frieden, nicht nur sie halten das fortdauernde Aufrüsten für Wahnsinn. Millionen außerhalb der Menschenketten und Menschensterne teilen ihre Besorgnis. Diese Besorgnis wird sich verstärken, wenn Nachrüstung bloß Nach-Nachrüstung und Nach-Nach-Nachrüstung zeugt; wenn ein Wettrüsten auf unserem Hoheitsgebiet nun auch bei chemischen Waffen anheben sollte; wenn Rüstungskontrollpolitik der Ideologie geopfert würde. Nur dann auch könnte ins Wanken geraten, was heute unbezweifelbar ist: die Loyalität der Westdeutschen – selbst der Nachrüstungsgegner – zur Nato.

Gegenwärtig gibt es im Lande eine demokratisch gewählte Mehrheit, die der Regierung die Stationierung erlaubt, und eine demoskopisch ermittelte Mehrheit, die sie ihr verdenkt. Eine der großen innenpolitischen Fragen bis zu den nächsten Bundestagswahlen im

Jahre 1987 lautet: Wird die demokratisch gewählte Mehrheit die Ansichten der demoskopisch ermittelten Mehrheit in einen neuen sicherheitspolitischen Konsens einbauen – oder wird umgekehrt die ermittelte Mehrheit sich zur gewählten Mehrheit entwickeln? So oder so wird sich Integration vollziehen.

Wat nu? Vor der Frage steht nicht nur die Friedensbewegung, die zu erkennen beginnt, daß das «Mittel der immer größeren Massendemonstrationen ausgereizt» ist – so die *tageszeitung*. Immer mehr richtet da gar nichts aus. Auch die Bundesregierung muß über den Tag hinausdenken, an dem die ersten Pershing II bei uns aufgestellt werden. Der Herbst der Demonstrationen, der zum Glück bisher kein heißer Herbst war, die Meinungsumfragen, die Diskussionen, die allenthalben im Gange sind – dies zeigt, daß die alten Gewißheiten geborsten sind und «immer mehr vom selben» kein zukunftsträchtiges Konzept darstellt. In den nächsten Jahren wird entweder die bestehende Mehrheit umdenken – oder es wird sich eine neue Mehrheit herausbilden.

1984

9. November 1984

Peter Christ und Ursula Reinsch

Die unheimliche Verschwendung

Der Kanzler entledigte sich einer Routineübung: «Eine dauerhafte Gesundung der Wirtschaft verlangt auch, daß wir die Subventionen überprüfen», sagte Helmut Kohl in seiner Regierungserklärung im Mai 1983. Ähnlich hatte sich Helmut Schmidt in seiner Regierungserklärung im November 1980 geäußert. Bundeskanzler Willy Brandt hatte 1973 bereits den «schrittweisen Abbau nicht mehr gerechtfertigter Steuervergünstigungen und Subventionen» versprochen – so wie es der Interimskanzler Kurt Georg Kiesinger schon sieben Jahre vorher getan hatte, als er ankündigte, den Subventionen zu Leibe zu rücken, «die nur der Erhaltung von stagnierenden Bereichen dienten».

Solche Einigkeit der Demokraten sollte eigentlich jeden mit Genugtuung und Zuversicht erfüllen, der sich über die ständig steigenden Subventionen Gedanken macht. Doch diese Entwicklung reicht weiter, als der Sache zuträglich ist. In der Opposition, in Interviews und Sonntagsreden wird vehement gegen Subventionen gewettert, werden sie zutreffend als «Fremdkörper und Störfaktor in einer Marktwirtschaft» (Otto Graf Lambsdorff als Wirtschaftsminister) gebrandmarkt und wird ihnen gar mit einem «Schlachtfest» (Arbeitsminister Norbert Blüm) gedroht. Wenn dann den starken Worten Taten folgen sollen, geschieht wenig bis gar nichts, egal welche Partei nun gerade die Regierung anführt.

Klassische Umfaller: die Christdemokraten. In der Opposition hatten sie eine Idee des Deutschen Industrie- und Handelstages übernommen und mit dem üblichen Getöse eine pauschale Kürzung aller Subventionen um zehn Prozent gefordert. Für Helmut Kohl war das «ein Akt der Vernunft». Kaum an der Regierung, wollte er von soviel Vernunft nichts mehr wissen.

CDU-Fraktionschef Alfred Dregger fand Subventionen nun gar nicht mehr so schrecklich, viele Staatszuschüsse seien eigentlich keine Subventionen, sondern «wesentliche Instrumente der Wirtschafts-, Sozial- und Strukturpolitik», schwadronierte er. Und «wer künftig Kritik üben will, muß schon genau sagen, welche Subventionen er meint», sagte Dregger, der als Kritiker nie den eigenen Maßstäben genügt hatte. Kein Wort mehr davon, daß «die Bundesregierung fest entschlossen bleibt, den Subventionsabbau in Angriff zu nehmen», wie es Kanzler Kohl in einem *Handelsblatt*-Interview versprochen hatte. Kein Wort auch mehr davon, sechs Milliarden Mark der geplanten Einkommensteuerreform durch Streichungen bei den Subventionen hereinzuholen.

Beschlossen hat die Koalition, die alles zum Besseren wenden wollte, genau das Gegenteil ihrer Versprechungen. Wenige Wochen nach der Machtübernahme gab es erst mal Geld für den ohnehin schon hoch subventionierten Wohnungsbau, denn bis zur Bundestagswahl im März 1983 sollte die Konjunktur angeheizt werden, sei es auch nur mit einem Strohfeuer. Die wählerwirksame, aber ökonomisch ziemlich sinnlose Großzügigkeit kann bis 1986 rund acht Milliarden Mark kosten.

Dann unternahm die EG einen überaus zaghaften Sparversuch bei der Milchproduktion. Eilfertig kalmierte die Union – von Franz Josef Strauß heftig genötigt – die aufgeregten Stammwähler aus der Bauernschaft mit einem Subventionsgeschenk, das die Steuerzahler Jahr für Jahr drei Milliarden Mark kostet. Die Liberalen mauschelten mit bei dem üblen Kuhhandel. Drei Milliarden Mark gab es allein für die Förderung der Forschung in der Elektronik-Industrie, 250 Millionen Mark will Bonn den Reedern zahlen, wenn sie ihre Schiffe bei den maroden deutschen Werften bauen lassen und drei Milliarden Mark wurden der kränkelnden Stahlindustrie versprochen. Einen ausgeprägten Sinn für Ironie verriet Bundesfinanzminister Gerhard Stoltenberg, als er im vergangenen August seine Haushaltspolitik erläuterte und sagte: «Der Abbau von Subventionen bleibt ein wichtiges Ziel unserer Politik.»

Das Versagen der konservativ-liberalen Koalition beim Erreichen dieses hehren Zieles ist typisch für das Scheitern eigentlich aller Regierungen beim Kampf gegen die Subventionitis. Versprochen werden Kürzungen, beschlossen werden Erhöhungen. Es gibt nicht viele Indikatoren aus dem Wirtschaftsgeschehen, die schneller gewachsen sind als das Subventionsvolumen. 1973 förderten der Bund und die Länder die Wohlfahrt ihrer Bürger und das Wohlergehen der Wirtschaft mit 55,7 Milliarden Mark. 1981 gaben sie dafür sage und schreibe 113 Milliarden Mark oder 83 Prozent mehr aus.

Karl-Heinz Jüttemeier, Subventionsexperte und wissenschaftlicher Mitarbeiter am Kieler Institut für Weltwirtschaft (IfW), hat diese Zahlen ausgerechnet. Sie unterscheiden sich grundlegend von den Darstellungen der Bundesregierung, die in ihren Subventionsberichten mehr verschleiert als berichtet. Das ökonomische Gewicht der Staatshilfen von 113 Milliarden Mark für unsere Volkswirtschaft machen einige erschreckende Relationen deutlich: Die Subventionen machen fast ein Drittel aller Steuereinnahmen aus, sie kosten fast soviel, wie die Lohnsteuer insgesamt einbringt und sie übertreffen die von allen Unternehmen gezahlten Einkommen-, Körperschaft-, Vermögens-, Gewerbe- und Kapitalertragssteuern um dreißig Prozent; die Einnahmen aus der Mehrwertsteuer erreichen nicht einmal die Hälfte der Subventionen. «Welch eine Steuerreform wäre möglich, wenn man nur wollte», meint Jüttemeier angesichts dieses gewaltigen Finanzvolumens.

Man kann das alles natürlich auch sehr viel netter darstellen als die Wissenschaftler vom IfW. So weisen die Berichte der Regierung für 1973 Subventionen von neunzehn Milliarden Mark aus, das IfW kommt auf knapp das Dreifache. Für 1981 haben die Beamten im Finanzministerium 27,6 Milliarden Mark ausgerechnet, das IfW fast viermal soviel.

Da kann es auch nicht wundern, daß der Finanzminister den Subventionsbericht mit graphischen Darstellungen auflockern läßt, die schöner sind als die Realität: Alle Kurven zeigen abwärts. So zeigt die Zeichnung der Regierung, daß der Anteil der Finanzhilfen und Steuervergünstigungen am Bruttosozialprodukt (Wert aller erwirtschafteten Waren und Dienstleistungen) langsam aber stetig abnimmt, von 2,3 Prozent 1971 auf 1,7 Prozent 1984. Der Anteil der Steuervergünstigungen des Bundes an seinen gesamten Steuereinnahmen geht im Trend ebenso nach unten wie der Anteil seiner Finanzhilfen an seinen Ausgaben.

Wenn der unbefangene Steuerzahler all dies sieht, könnte er auf die Idee kommen, daß immer weniger von seinem sauer verdienten Geld mit leichter Hand verteilt wird. Das Gegenteil ist richtig, wie diverse Gutachten zeigen.

Der Dissens zwischen Politik und Wissenschaft hat Methode. Die Regierung stützt sich bei ihren Berichten auf das Stabilitäts- und Wachstumsgesetz von 1967, das Subventionen anders definiert, als die meisten Wissenschaftler es für sinnvoll halten. Die Folge: Viele Finanzhilfen und Steuervergünstigungen des Bundes tauchen im Bericht gar nicht erst auf. Das schönt das sonst triste Bild.

Das IfW hat eine Fülle von Beispielen dafür gesammelt. So fehlen im Subventionsbericht von 1981:

- Zuschüsse von 11,1 Milliarden Mark an die Deutsche Bundesbahn,
- Zuschüsse zur Forschungsförderung von rund 4,6 Milliarden Mark,
- Zuschüsse von rund 2,1 Milliarden Mark zur Altersversorgung für Landwirte,
- Zuschüsse von rund 987 Millionen Mark an die Krankenversicherungen der Landwirte,
- Zuschüsse von 640 Millionen Mark für Wehrforschung,
- Bundesmittel («Kassenhilfe») von rund 294 Millionen Mark für die beiden Rundfunkanstalten Deutsche Welle und Deutschlandfunk.

Bei oberflächlicher Lektüre des Subventionsberichts könnte auch leicht der Eindruck entstehen, daß die deutschen Landwirte immer schlechter abschneiden. 1973 bekamen sie noch 4,3 Milliarden Mark aus Bonn, 1981 nur noch 2,7 Milliarden. Des Rätsels Lösung: Inzwischen zahlt die EG, und zwar 5,3 Milliarden Mark 1981 und 4,9 Milliarden Mark ein Jahr später. Das Geld dafür hat die Bundesregierung zuvor nach Brüssel überwiesen. In den ausgewiesenen Subventionsmitteln ist diese Riesensumme aber nicht enthalten.

Im amtlichen Subventionsbericht fehlen auch die 2,1 Milliarden Mark (Stand 1981), die den Stromverbrauchern als «Kohlepfennig» abgeknöpft werden, um damit die nicht konkurrenzfähige deutsche Steinkohle so billig zu machen, daß sie unter den Kesseln der Kraftwerke verbrannt werden kann. Am Subventionsbericht vorbei mogelt der Bund auch Hilfsprogramme, die er über eigene Institutionen wie die Kreditanstalt für Wiederaufbau, die Lastenausgleichsbank oder die Berliner Industriebank abwickelt. Die Bundesländer haben sich vergleichbare Einrichtungen geschaffen, mit denen sie zum Beispiel den Wohnungsbau (Wohnungsbaukreditanstalten) fördern oder Regionalpolitik (Landeskassen) betreiben.

Die parlamentarische Kontrolle über die Subventionspolitik wird auf diese Weise unterhöhlt, der Informationswert des Subventionsberichts geschmälert. In dieses Bild paßt auch, daß die Bundesregierung beabsichtigt, die von ihr hektisch beschlossenen Bauernmilliarden nicht in den nächsten Subventionsbericht aufzunehmen. Ebenso folgerichtig wie niederschmetternd ist deshalb das Fazit von Klaus-Dieter Schatz, Abteilungsleiter am Institut für Weltwirtschaft: «Der Subventionsbericht ist ein politisches Instrument. Er dient nicht der Transparenz.»

Wie unangenehm der Bundesregierung das ganze Thema eigentlich ist, zeigen allerlei semantische Tricks. Im 320 Seiten starken «Bericht der Bundesregierung über die Entwicklung der Finanzhilfen des Bundes und der Steuervergünstigungen» beweisen die Bonner Subventionierer ungewöhnliches Talent als Sprachschöpfer. Sie umschreiben die Subventionen als Erhaltungs-, Anpassungs-, Produktivitäts-, Schuldendienst- oder sonstige Hilfen, als Zuschüsse, Erstattungen oder Zuweisungen. Da findet der arglose Leser Gewährleistungen an Unternehmen, Darlehensgewährungen, Steuererleichterungen, Schuldzinsenabzug, Sonderabschreibungsmöglichkeiten, Freibeträge und Maßnahmen.

Weshalb die Regierenden ihre Wohltaten an die Wirtschaft derart verschleiern, leuchtet unmittelbar nicht ein. Eigentlich müßten sie stolz darauf sein, denn die selbstgesteckten Ziele ihrer Subventionspolitik sind sehr vielversprechend. So sollen Subventionen:

- «nur wirtschaftliche Anstöße für das angestrebte wirtschaftliche Verhalten der Betroffenen geben (Hilfe zur Selbsthilfe)»;
- «keine Wettbewerbsverzerrungen zu Lasten anderer Unternehmen oder Wirtschaftszweige im Ausland schaffen»;
- «aufeinander abgestimmt sein und sich in ihren Zielsetzungen und Auswirkungen nicht widersprechen»;
- grundsätzlich befristet werden und degressiv sein;
- Mitnahmeeffekte sollen möglichst gering sein.

Bei alledem will der Staat natürlich nicht den Fortschritt behindern, sondern «dazu beitragen, den notwendigen Strukturwandel zu fördern». Daß seine Hilfen laufend kontrolliert werden, versteht sich ebenso wie die «besondere» Prüfung im Falle ihrer Verlängerung und die Kontrolle des angestrebten Erfolges.

Das klingt gut. Doch woher all die Kontrolleure nehmen? Die Parlamentarier, abhängig von der Beamtenschaft, sind hoffnungslos überfordert. Und so liefert der Bericht (der nur in Klammern Subventionsbericht heißt) eine Fülle von Beispielen, an denen deutlich wird, wie wenig ernst die Bundesregierung ihre eigenen Grundsätze nimmt.

Da gab es zum Beispiel 1984 für Landwirte 700 Millionen Mark «zur Angleichung des Gasölpreises». Zu welchem «wirtschaftlichen Verhalten» will die Bundesregierung die Landwirte anregen, wenn sie Diesel billiger macht? Welches wirtschaftliche Verhalten will die Regierung fördern, wenn sie die Fischer von der Salzsteuer befreit? Jährliche Mindereinnahmen: zwei Millionen Mark. Übrigens – die Salzsteuerbefreiung gilt seit 1866. Sie ist damit die älteste Subvention und ein Paradebeispiel dafür, wie ernst die Regierung ihre Pflicht nimmt, die Verlängerung von Vergünstigungen «besonders zu prüfen».

Geradezu absurd ist der Vorsatz, mit Subventionen nicht den Wettbewerb verzerren zu wollen. Denn Subventionen haben exakt zum Ziel, ganze Branchen, einzelne Firmen oder auch Personengruppen gegenüber anderen zu begünstigen, also deren Position im Wettbewerb künstlich zu verbessern.

Nicht erstaunen kann daher das Urteil einer unabhängigen Kommission zur Überprüfung von Subventionen in Schleswig-Holstein. Über Zahlungen für den Schiffbau schreibt sie: «Staatliche Hilfen haben zu ungleichmäßigen Vergünstigungen und damit zu Wettbewerbsverzerrungen innerhalb der deutschen Schiffbaubranche geführt.» Schleswig-Holstein subventioniert die Großwerft Howaldtswerke Deutsche Werft AG (HDW) seit 1972 mit vielen Millionen Mark. «Während die Eigentümer kleinerer Werften das unternehmerische Risiko alleine tragen müssen», heißt es in dem Bericht weiter, «kann die HDW auf die Abdeckung ihrer Verluste durch den Mitanteilseigner Land und den bundeseigenen Salzgitter-Konzern vertrauen.» Eine Wettbewerbsverzerrung par excellence.

Vermeiden will der Staat auch Widersprüche bei den Subventionszielen. Doch wie läßt sich dieses Ziel vereinbaren mit der «Struktur- und Konsolidierungsbeihilfe für die Seefischerei»? Dazu heißt es im Subventionsbericht: Die Mittel (7,2 Millionen Mark) sind bestimmt für die Gewährung von Abwrackhilfen für Kutter, von Zuschüssen für Neu- und Umbauten ...» Eine tolle Sache für den Fischer: Verschrottet er seinen alten Kutter, kassiert er Subventionen; kauft er einen neuen, kassiert er Subventionen. Doch damit nicht genug. Das Hilfsprogramm ist «nicht befristet». Ob heute, morgen oder übermorgen: Fischers Fritze darf wohlgemut auf staatliche Hilfe zählen. Eine Subvention wird zum Gewohnheitsrecht.

Von den 118 im Subventionsbericht aufgeführten Positionen tragen rund siebzig den Vermerk «nicht befristet». Damit handelt der Staat auch hier den eigenen Zielen zuwider. Doch selbst die befristeten Subventionen haben – das zeigt die Erfahrung – gute Chancen auf ein langes Leben. Ist ihre Zeit um, werden sie unter anderem Namen neugeboren – die Reinkarnation als Subventionsprinzip.

1985

26. April 1985

DIETRICH STROTHMANN

Gesichtsverlust mit Augenzwinkern

Es ist genug des grausamen, abstoßenden Spiels. Es sollte genug sein nach den Wochen des peinlichen, blamablen Gezerres und Gerangels um den Staatsbesuch des amerikanischen Präsidenten zur ersten Maiwoche in der Bundesrepublik. Der teils unbedachten, teils auch würdelosen Verlautbarungen sind in Bonn wie in Washington genug gewechselt. Jedes erklärende, entschuldigende Wort war schon ein Wort zuviel. Schwamm drüber!

Schwamm drüber? Geht das noch: vergeben und vergessen? Am Tag nach dem 40. Jahrestag des Kriegsendes sieht dann alles gleich anders aus, alles wieder normal, zurechtgerückt, in richtigen Bahnen? Kohls Land, ich hab' dich wieder? So, als lebten wir auf der anderen Seite des Mondes?

Dieses bedenkenswerte Jubiläum, ein tiefer Schnittpunkt in der deutschen Geschichte, sollte – so wollten es die deutschen und amerikanischen Regisseure gleichermaßen – nicht «alte Wunden wieder aufreißen», statt dessen «Versöhnung stiften» über Gräber und Gräben. Der Händedruck zwischen Reagan und Kohl auf dem Soldatenfriedhof Bitburg sollte gar zum Symbol für die «neu begründete deutsch-amerikanische Freundschaft» werden. Welch kühne Hoffnung, aber inzwischen auch welch dreiste Erwartung nach den niederdrückenden Vorspielen auf der Festbühne.

Von bloßer Ungeschicklichkeit kann nämlich nicht die Rede sein. Helmut Kohl hatte im letzten November dem amerikanischen Präsidenten in leuchtenden Farben jene ergreifende Szene von Verdun geschildert, wo der französische Staatschef François Mitterrand vor den Fernsehkameras seine Hand ergriff, und dabei, so nebenbei, erwähnt, Ronald Reagan sollte vielleicht auch ein deutsches KZ aufsuchen. Reagan ließ daraufhin dem «lieben Helmut» zu Gefallen lediglich den Besuch in Bitburg, in Kohls Heimatprovinz gelegen, auf sein Erinnerungsprogramm setzen; amerikanische Vorauskommandos übersahen auf dem Soldatenfriedhof noch in der Eile jene 50 Gräber gefallener Angehöriger der Waffen-SS, darunter auch ältere Jahrgänge.

Vollends unerträglich, in ihrer nachhaltigen Wirkung für Reagan und Kohl gleichermaßen schädlich, waren die nachgeschobenen Beschwichtigungssentenzen. So verteidigte sich der von Verbänden amerikanischer Juden und Kriegsveteranen in die Ecke gedrängte Präsident mit dem hanebüchenen Vergleich von denselben «Opfern»: der jungen deutschen Soldaten und der ermordeten Juden. Schlankweg behauptete er ebenso – wer nur mag ihn auf diesen Leim geführt haben? – in «Deutschland sind nur noch wenige am Leben, die sich an den Krieg erinnern können; es lebt ganz gewiß niemand mehr von jenen, die damals erwachsen waren und daran in irgendeiner Weise teilhatten».

Danach waren dann die Deutschen an der Reihe. Der CDU-Fraktionsvorsitzende Alfred Dregger schrieb jenen 53 US-Senatoren, die Reagan von dem Auftritt in Bitburg abgeraten haben, er sei «beleidigt». Und der Bitburger Bundestagsabgeordnete Alois Mertes, Staatsminister im Auswärtigen Amt, verstieg sich zu der Behauptung, in dem leichtfertig vom Zaun gebrochenen Streit seien die Sowjets die «lachenden Dritten».

Hinter dem grausamen Spiel, das da mit opportunistischen Befreiungsschlägen geführt wurde und dann ins Abseits, sogar ins Abseitige geriet, steckt ein Maß an Gedanken- und Gefühllosigkeit, das erschrecken muß. Gerade weil es sich eben nicht um bloße Tolpatschigkeit, um schiere Nachlässigkeit handelt.

Bitburg ja, Dachau (im ersten Vorbereitungsstadium) nein – das war keine Panne, das war Plan. Dahinter verbirgt sich ein Geschichtsbild purer Nützlichkeit. Bei dem einen: Wie kann ich am besten Zukunftsoptimismus demonstrieren vor den Fernsehkameras? Bei dem anderen: Wie läßt sich Freundschaft und Versöhnung am besten darstellen? Ein Kanzlerberater soll in Washington vorgetragen haben: «Wer sind wir denn? Zuerst Freunde und Alliierte oder Kinder und Enkel von Nazis? Das muß klargestellt werden.»

Sichtbare Betroffenheit wie auch «staatsmännische» Halsstarrigkeit bei Ronald Reagan nach den Attacken seiner Juden, Veteranen und Parteifreunde (er hält an Bitburg fest, geht aber außerdem nun doch nach Bergen-Belsen) machen die Sache nicht besser. Eine wohlgesetzte, auch ergreifende Ansprache in einem KZ, wie die von Helmut Kohl letzten Sonntag, vermag den Schaden nicht gleich wiedergutzumachen. Es handelte sich eben nicht um Entgleisungen, einfach um Unbedachtsamkeit und Unüberlegtheit.

Dahinter steht vielmehr jene Forderung, die in der Bundesrepublik zunehmend an Resonanz gewinnt: Vierzig Jahre sind genug! Das meint ja nicht allein, vollmundig und ehrlichen Herzens, der abwiegelnde Bonner Regierungssprecher. So ähnlich denkt und redet auch sein Herr und Meister – ob in Kiew oder in Jerusalem beim Staatsbesuch, ob in Berlin zur Erinnerung an Hitlers «Machtergreifung» oder in Frankfurt anläßlich der Buchmesse. Er vertrete schließlich, weil er 1945 gerade erst 15 Jahre alt gewesen sei, das «andere, das neue Deutschland». Und wie viele unter seinen Landsleuten mögen es ihm verdenken, stimmen ihm sogar vollen Herzens und reinen Gewissens zu? Die überwiegende Mehrheit der Alten, aber auch der Jungen will nichts mehr wissen von Auschwitz, erst recht nicht von der Verantwortung, die sich aus der Vergangenheit ergibt. Man will nicht «mit Auschwitz erpreßt» werden (etwa von Israel bei Waffengeschäften mit Arabern).

«Laßt die Toten ruhen», bittet nicht nur Bitburgs Bürgermeister die Amerikaner, die Gräber jener Waffen-SS eingeschlossen, der die Ermordung auch von hundert amerikanischen Kriegsgefangenen im belgischen Malmedy zur Last gelegt werden muß. Soll doch endlich und ein für alle Mal der Schlußstrich gezogen werden, verlangen die meisten. Das hat lange vor diesem Mai 1985 begonnen. Schon vor zwei Jahren hat der Parlamentarische Staatssekretär im Bundesinnenministerium, Carl-Dieter Spranger, die Hiag, die Veteranentruppe jener Totenkopf-Organisation Heinrich Himmlers, aus dem Verfassungsschutzbericht, Abteilung «Rechtsextremismus», gestrichen. Demnächst will die Bonner Koalition neben der «Auschwitzlüge» gleichberechtigt die «Vertreibungslüge» verfolgen lassen. Die «anständigen Dachauer» haben verhindern können, daß in dem benachbarten KZ ein Jugendzentrum errichtet wird.

Manches an der Regung, von der Vergangenheit nicht mehr behelligt zu werden, mag verständlich, wenn auch nicht verzeihlich sein. Schließlich sind «wir wieder wer» – als Wirtschaftsriese, als stabile Demokratie, als verläßlicher Verbündeter. Helmut Kohl, um griffige Zitate nie verlegen, die in sein Welt- und Geschichtsbild passen, erwähnt gern Bismarck – erst der sei ein wirklicher Staatsmann, der die «Perspektive seiner Enkel» ins Auge fasse – oder, wider einen «wehleidigen Kulturpessimismus», Gotthold Ephraim Lessing: «Geschichte soll nicht das Gedächtnis beschweren, sondern den Verstand erleichtern». Oder er zitiert Dietrich Bonhoeffer beim jüngsten Deutschen Bankentag, wo er das hoffnungsvolle Gebet des Theologen vor seiner Hinrichtung an einem der letzten Kriegstage im KZ Flossenbürg gegen die «in diesem Lande manchmal reichlich anzutreffende Miesmacherei» (Boenisch) vortrug und fortfuhr: «Was im KZ Flossenbürg möglich war, müßte heute auf einem Bankentag oder anderswo auch möglich sein.»

Merkt Kohl denn nicht, wie er damit die deutsche Geschichte verbiegt und verflacht? Nimmt es denn noch wunder, wenn er vom «Bürgerkrieg» spricht, den Hitler seit 1933 in Deutschland geführt habe? Als wenn die Juden bei der «Reichskristallnacht» bewaffnet gewesen wären, die Sozialdemokraten und Kommunisten, die Geistlichen und Schriftsteller, die in Lager verschleppt wurden oder fliehen mußten? Es erstaunt auch nicht, wenn Kohl von «Soldaten und Nicht-Soldaten» redet, die gleichermaßen Opfer gewesen seien. Gewiß, aber wenn nicht mehr dazu gesagt wird, wird es zu einer ungehörigen, unstatthaften Gleichsetzung. Von Hannah Arendt führte er zur Frankfurter Buchmesse das Wort an: «Der Unfähigkeit, Unterschiede zu hören, entspricht die Unfähigkeit, die Wirklichkeit zu sehen.» Dieser Kanzler kann offenbar selbst die Unterschiede nicht hören.

Natürlich kann die Regel des Alten Testaments «Schuldig bis ins siebte Glied» keine Handlungsanweisung für Politiker sein. Aber den Opfern, ihren Nachgeborenen und uns selber muß doch wenigstens erspart werden, sich über die Gedankenlosigkeit unserer Spitzenvertreter schämen zu müssen, über jene stupende Gleichgültigkeit gegenüber unserer Geschichte. Die alten und die neuen Ewiggestrigen spüren den Auftrieb, die trostlosen Gelangweilten und die selbstbewußten «Vergangenheitsbewältiger» sind's zufrieden. Und alle zeigen doch nur, wie wenig souverän gerade der schwierige Versuch zu trauern oft gewesen ist, wieviel unter den gnädigen Teppich gekehrt wurde.

Nun ist das Malheur passiert. Die «Kompensation» für Bitburg, der Präsidentenbesuch in Bergen-Belsen, wird es erst recht nicht aus der Welt schaffen können. Die alten Wunden, die doch geheilt werden sollten, sind wieder aufgebrochen. Das deutsch-amerikanische Verhältnis, das gefeiert werden sollte, ist neuen Belastungen ausgesetzt worden. Seit Tagen wird in den amerikanischen Medien über Deutschland berichtet, als wären die letzten vierzig Jahre nicht gewesen: «Bitburg über alles.» Und in der Bundesrepublik verstärkt sich der Kummer über die ohnehin so oft gescholtenen Amerikaner.

Könnten wir nur die Peinlichkeit dieser Tage vergessen machen! Doch das wird nicht gelingen. Wichtig bleibt jetzt, die Lektion zu lernen: Deutsche Geschichte darf niemand ungestraft verkürzen durch falsche Symbole. Sie kann nur gelebt und bewältigt werden in Ehrlichkeit.

3. Mai 1985

GUNTER HOFMANN

Des Kanzlers Doppelgesicht

Er habe «gelitten wie selten zuvor» in diesen Tagen und Stunden, hat Helmut Kohl dem *Time Magazine* gestanden. Man kann ihm das glauben, denn den Besuch Ronald Reagans in Bonn hat er sich – 8. Mai 1945 hin oder her – gewiß anders vorgestellt: als deutsch-amerikanisches Fest, außenpolitisch unproblematisch, innenpolitisch (vor wichtigen Wahlen) ein Segen.

Statt dessen mußte der Gastgeber des Gipfeltreffens, der seine Freundschaft mit Reagan so gerne rühmt, höhnische Kommentare aus Amerika verdauen wie kaum je zuvor: «Bitburg, Bitburg über alles», so oder ähnlich war der Tenor. Aus der anderen Ecke dröhnt Alfred Dreggers Anklage: Wer den Bitburg-Besuch absage, beleidige seinen im Weltkrieg gefallenen Bruder, von ihm, dem Ex-Bataillonskommandeur, der doch noch zuletzt gegen die Rote Armee gestanden hat, nicht zu reden.

Beides beschreibt die Extrempositionen. Dazwischen Helmut Kohl, von dem Wunsch beseelt, die Beziehungen zu Amerika nicht zu beschädigen und Reagan gerecht zu werden, «dem Mann, für den ich nur Gutes tun möchte». Und von der Sorge bedrängt, sich eine neue Front in der eigenen Anhängerschaft zu eröffnen, ja, «die Gefühle unseres Volkes tief zu verletzen». Wie konnte es – jenseits aller Fragen nach professionellen Fehlern und Pannen – zu diesem Debakel kommen?

Die deutsch-amerikanische Freundschaft, das kann man Kohl glauben, bildet das Grundaxiom, das fast schon den ganzen Kern seiner Außenpolitik ausmacht. Diese Westbindung Konrad Adenauers hat er als «Bub» erlebt und verinnerlicht.

So ist Kohl vermutlich auf den Gedanken gekommen, dem Pakt anläßlich des 40. Jahrestages des Kriegsendes den letzten Schliff zu geben: Die Idee also, Reagan auf dem deutschen Soldatenfriedhof in Bitburg die Hand zu reichen, wie François Mitterrand über den deutsch-französischen Gräbern von Verdun. Das Gefühl seiner Freundschaft zu Reagan, dem er das erläuterte, hat ihm vielleicht den Blick darauf verstellt, daß die prächtigsten persönlichen Beziehungen zwischen zwei verantwortlichen Politikern und die «Freundschaft» zwischen Staaten keineswegs zwei Seiten ein und derselben Medaille sind.

Jedenfalls: Die Bindungen der Bundesrepublik an den Westen und die Wertegemeinschaft des Westens seien irreversibel und «Teil unserer Staatsräson», hat Kohl in *Time* erläutert. So entspricht es auch seiner Überzeugung. Ja, dies und die Absage an jeden deutschen Sonderweg stiftet in seinen Augen geradezu unsere Identität. Michael Stürmer, der Kohl auf historischem Felde berät, hat das einmal auf die griffige Formel von der «Kongruenz äußerer Sicherheit und westlicher Werte» zugespitzt.

Kohl spricht da lieber einfacher, wie jetzt wieder von einer «Liebeserklärung an die Amerikaner», die eben auch Frustrationen verursachen könne. Diese Liebeserklärung aus Neigung und Überzeugung, dreißig Jahre Bündnis, die Raketenstationierung im Herbst 1983 unter der Regie des Kanzlers Kohl, die «Freundschaft» mit Reagan – es war wohl sehr verführerisch, aus alledem den Schluß zu ziehen, das könne oder müsse nun honoriert werden – vierzig Jahre danach. Washington und Bonn könnten endlich gemeinsam nach vorne sehen.

Dabei ist dann wohl übersehen worden, was möglich ist und was nicht: Die Fatalität der Formel vor allem, die in «Bitburg ja, Dachau nein» steckt. Wie nur hätte das je gutgehen können?

Dann Helmut Kohls Umgang mit der Geschichte: Wer nach den Ursachen für die Pannen sucht, muß vor allem hier Motivforschung betreiben. Kohl hat in Erinnerungen an das Dritte Reich nicht selten honorige, auch angemessene Worte gefunden. Zuletzt war das so im Konzentrationslager Bergen-Belsen und im Parlament. Er war auch früh empfindlich für die Risiken des Erinnerungsdatums 8. Mai, an dem Wunden wieder aufreißen oder gar bluten könnten, wie er mahnte.

Aber was den Umgang mit diesen Aspekten deutscher Geschichte betrifft, hat Helmut Kohl ein doppeltes Gesicht. Es war nicht falsch, was er zum 30. Januar 1933, dem Tag der nationalsozialistischen Machtergreifung, 1983 im Berliner Reichstag beisteuerte. Aber er tauchte die Geschichte eben auch in ein fernes, fast tröstliches Licht.

Adolf Hitlers Name kam nicht vor, er hieß immer nur «der Diktator». «Wir stellen uns der Erinnerung», behauptete Kohl da vage. Aber stimmt das? «Wir nehmen die Verantwortung für Gegenwart und Zukunft auf uns», beteuerte er. Was heißt das konkret? Nein, Helmut Kohl ging und geht nicht so weit, wie Alfred Dregger jetzt, zu behaupten, die Deutschen seien einer Diktatur «unterworfen» gewesen. Es ist nicht so, daß falsche, unglückselige Worte stören, sondern die Neigung zum Unverbindlichen, Unscharfen, die nicht kenntlich werden läßt, ob und wie wir heute für das Deutschland von damals haften. Bestärkt, ja beflügelt wird Kohl darin, weil er von der Überzeugung geprägt ist, das Jahr 1945 sei ein Nullpunkt gewesen; eine besondere deutsche Geschichte sei zu Ende gegangen, die Erfolgsstory der Republik und ihre Integration in den Westen begann.

Das eine Gesicht Helmut Kohls: Im Parlament hat er zwar die «blutjungen Soldaten» der SS, die auch in Bitburg begraben liegen, gegen eine Pauschalverurteilung 40 Jahre danach in Schutz genommen, er hat aber nichts beschönigt oder verdrängt, sich auch nicht das Urteil derer angemaßt, die unter der «Barbarei des Dritten Reiches in Auschwitz, Treblinka, in Bergen-Belsen» gelitten haben.

Das andere Gesicht Helmut Kohls: Da neigt er dann wieder dazu, den Eindruck zu erwecken, als könne man die Vergangenheit endlich ruhen lassen, als könnten wir darüber befinden – und als habe er damit herzlich wenig zu tun. Dann spricht er von der «Gnade der späten Geburt», als erster Kanzler der Nachkriegsgeneration; von den Aufbau- und Gründerjahren, auf die sich sein Geschichtsbild dann fast verkürzt.

Dieser andere Kohl neigt dazu, zu übersehen – woran die letzten Tage noch einmal erinnert haben –, daß Auschwitz näher rückt, je ferner es liegt. Je unbefangener Parallelen gezogen werden zwischen damals und heute – ob Heiner Geißler den Pazifismus für Auschwitz verantwortlich macht oder ob Strauß die Grünen als die besten Kinder des Joseph Goebbels beschimpft –, um so größer wird die sprachlose Kluft zwischen denen, die unterschiedlich denken über deutsche Vergangenheit und die Lehren für heute.

Helmut Kohl ist nie so weit gegangen, zu verlangen, daß ein Schlußstrich gezogen werde. Er hat aber oft genug anklingen lassen, daß es Zeit dafür sei. Er ahnt sicher auch, daß er dabei nicht wenigen aus dem Herzen spricht. Bei ihm heißt es dann lediglich, die Tatsache, «daß wir dreißig Jahre Verbündete sind», könne doch nicht einfach verhallen. Was er noch dezent formuliert, wird bei Alfred Dregger – von der *FAZ* nicht zu reden – zur verbitterten Warnung: Es soll endlich gefälligst honoriert werden, daß Deutsche und Amerikaner Schulter an Schulter (und mit Raketen in Bitburg) dieselben Werte gegen einen gemeinsamen Gegner verteidigen.

Solches Denken, dem Kohl mit seinen Unklarheiten oft genug Raum gibt, ist ja nicht neu. In seinem Aufsatz «Was bedeutet: Aufarbeitung der Vergangenheit?» hat Theodor W. Adorno schon im Jahr 1959 geschrieben: «Indem die westliche Welt als Einheit sich wesentlich durch die Abwehr der russischen Bedrohung bestimmt, sieht es so aus, als hätten die Sieger von 1945 das bewährte Bollwerk gegen den Bolschewismus nur aus Torheit zerstört, um es wenige Jahre danach wieder aufzubauen.» Das Bewußtsein, das damals kritisch aufgespießt wurde, scheint jetzt plötzlich voll zu erblühen.

Klagen über die Geschichtslosigkeit der jungen Deutschen (und nun auch der Amerikaner) stehen bei dem Historiker Helmut Kohl seltsam unverbunden neben einer Haltung, die ans Ahistorische grenzt. In Feiertagsreden beteuert er, die Deutschen hätten ihre Lektion aus der Geschichte gelernt, aber im Alltag läßt er sich dann auf endlose Diskussionen um das Heimatrecht der Schlesier ein. Es ist seine ernsthafte Absicht, die er vielfach belegen kann, die Freundschaft mit Amerika besonders zu pflegen. Aber gleichzeitig plagt ihn die kleine Sorge, es könnten zu wenig Rücksichten auf deutsche Empfindlichkeiten genommen werden.

Mit Bitburg ist, so gesehen, mehr als eine Panne passiert. Das ist eine Heimsuchung für Kohl. Bitburg – daran spiegeln sich Helmut Kohls Unsicherheiten und Ambivalenzen wider, die er oft genug hinter einem Schutzschirm aus Selbstsicherheit und Eindeutigkeit verbirgt. Diese Ambivalenzen betreffen gleich zwei deutsche Fragen: die nach der Freundschaft zu Amerika und die nach dem Verhältnis zur eigenen Vergangenheit.

Aber das ist nicht nur ein Problem des Kanzlers, der Fehler gemacht hat. Sind seine Fehler in gewissem Maß nicht auch unsere? Ist nicht Helmut Kohl selber repräsentativ für eine weitverbreitete, wenn nicht nationale Seelenlage, kurz vor dem 8. Mai?

1986

11. April 1986

Gunter Hofmann

Laßt Christo alles einpacken

Mein Bundeshaus würde ich nicht abreißen oder umbauen, seit langem wünsche ich es mir eingepackt. Christo muß her, endlich. Spätestens die wunderschönen Skizzen zum «Wrapped Reichstag» in Berlin müßten dem Parlamentspräsidenten die Augen geöffnet haben, welche Chance darin steckt, jenes gewisse Etwas, das dieses Bundeshaus bestimmt hat, aufscheinen zu lassen. In Christos kunstvoller Verpackung, stelle ich mir vor, würde alles konserviert, was dieses Besondere ausmacht. Zu ahnen wäre vielleicht sogar noch etwas von den ersten Eindrücken, die man sammelte, als man sich – die außerparlamentarischen Jahre verebbten eben – 1970 in die Zentrale des Parlamentarismus verschlagen fand.

Ahh!, so sieht das aus, so unscheinbar, so brav-bürgerlich-ordentlich, als wären die ganzen aufregenden Jahre fast spurlos am Parlament vorübergegangen. Hier wird also gerade die Stelle eines Leiters des Öffentlichkeitsreferates besetzt, für ein Gehalt, das ungefähr 15mal so hoch sein dürfte wie ein durchschnittliches Unistipendium. Aber ob man den «außerparlamentarischen» Zweiflern im Lande wirklich mit Öffentlichkeitsarbeit den Kopf zurechtrücken kann? Was ist überhaupt «Öffentlichkeitsarbeit»?

Zu ahnen wäre unter Christos Verpackung vielleicht auch etwas von dem Journalistenstammtisch im Bundeshausrestaurant, als Neuling ist man da aus freundlicher Distanz von den «Kollegen» beäugt worden. Einige von ihnen schienen so sehr dazuzugehören, zum Bundeshaus und zu Bonn, wie Eingeborene mit einer eigenen Sprache, rätselhaften Anekdoten, geheimnisvollen Kürzeln zur internen Verständigung.

Alle oder doch fast alle schienen heimlich davon überzeugt zu sein, die Politiker zappelten an ihrer Leine und nicht zuletzt sie hätten diese Republik geschaffen. Viele waren herzlich vertraut mit diesen Politikern, die hin und wieder grüßend vorbeieilten am Stammtisch zum Plenarsaal oder Gott weiß wohin.

Draußen, vor dem Plenarsaal, war es immer spannender. Das gilt auch für die kühle Lobby vor dem Saal. Vor den Türen geht's einfach ehrlicher zu. Da eilen Abgeordnete auf einen zu und fragen, scheinbar nebenher: «Haben Sie mich zufällig gehört? Wie war ich? Na, ist ja auch nicht so wichtig …» Hier, draußen, werden die Eitelkeiten klein und sympathisch. «Frau Kollegin», mildern dann Redner ab, was sie im Saal geäußert haben, «ich habe Sie nicht persönlich angreifen wollen, wir kennen uns doch, aber wissen Sie, ganz grundsätzlich …» Hin und wieder rennt währenddessen ein Kanzler vorbei oder andere ganz Bedeutende. Im Plenarsaal – klar, es bleiben auch Debatten in Erinnerung, bei denen es vibrierte. Stoffe für Zeitgeschichtler. Haften blieb sicher auch Joschka Fischers: «Mit Verlaub, Sie sind ein Arschloch, Herr Präsident.» Und die Not der Stenografen mit diesem Wort.

Aber vor allem ist der erste Eindruck eigentlich nie ganz verblaßt, dieses Erstaunen: Und das soll also «Politik» sein?! Authentische Politik hatte ich mir, ich weiß nicht wie, aber doch ganz anders vorgestellt.

In Wahrheit ist der Verdacht auch immer lebendig geblieben, wenn's schon Politik ist, dann ist es doch zugleich auch Theater, das beste, das Bonn (damals) zu bieten hatte. Mit Profis, Primadonnen, Möchtegernstars, Laien und Chargen. Ganz selten mal Wiener Burgtheater, in Glücksfällen Peter Zadek, nie Peter Steins Schaubühne, oft Willi Millowitsch.

Konservieren müßte man etwas davon, wie dieselben Leute, die in der Lobby so ungezwungen plauschen, von oben herab – aus der Sicht der Pressetribüne – betrachtet, schon entrückt wirken. Am Abend in der *Tagesschau*, wenn der Film noch einmal abläuft, sind sie schon nicht mehr wiederzuerkennen. Wenn das Fernsehen sich der Sache erst mal bemächtigt hat, wird etwas völlig anderes Fremdes daraus.

Überhaupt, das Fernsehen: als Günter Gaus Anfang der siebziger Jahre vergeblich im *Spiegel* dazu aufrief, das Fernsehen aus dem Parlament zu verbannen, auch Herbert Wehner kämpfte noch dafür, waren die Würfel längst gefallen. Jetzt haben die TV-Kameras ihren festen Standort, als die wahre große Konstante in dem Saal, in dem Herbert Wehner – früher stets in der ersten Reihe – schon längst nicht mehr dabei sitzt. Niemand ruft mehr wie er dazwischen: «Herr Präsident, der Gartenzwerg ist los!» (Gemeint war der kleine FDP-Abgeordnete Zoglmann, der Karl Schiller wegen einer Bemerkung über die neue Rechte und die Habsburger Front an die Krawatte wollte.)

Wie die Verhältnisse geworden sind, wäre es nicht verwunderlich, baute sich das Fernsehen seine eigene Bühne. Das Parlament zum Beispiel könnte im Studio des *ZDF* errichtet werden. Denn der Irrgarten Bundeshaus, durch den man schlendert wie durchs Regierungsviertel oder durch Bonn, man merkt kaum den Unterschied, alles solide und durcheinander, ein bißchen modern und ein bißchen abgeschabt, klein, aber nach Höherem strebend – also, das ist alles wirklich nicht fernsehgerecht. Zuerst möchte man da aus heutiger Sicht, anders als Gaus, eben rufen: Werft das Parlament raus! Es muß einfach für das Fernsehen neu gestaltet werden.

Irgendwo in diesem alten, neu verpackten Bau sitzen, wie ich es mir wünsche, natürlich alle weiter beisammen: die einen, die so viel von Geschichte reden, und zugleich das bißchen, das es davon gibt, kaputtsanieren möchten, wie die anderen, die wegen ihres wunderbaren Faibles für schöne und zeitgemäße Architektur alles ändern möchten, zum Beispiel Peter Conradi.

Sie alle hätten hier weiter ihr Plätzchen, es würde sich ja nicht viel ändern, wenn Christo alles atmungsaktiv einpackt, samt dem «Langen Eugen» natürlich, der besonders schön umwickelt werden müßte, und dem Präsidentenflügel, der ein eigenes Päckchen abgäbe, vielleicht mit rosa Schleife. Womit der Bundestag eingepackt werden soll?

Schwarzes Packpapier, wird gerade vorgeschlagen. Ich würde mich lieber für eine Folie in blaßnebligblaugrauer Farbe entscheiden, wie Bonn halt ist, aber über Einzelheiten kann man noch streiten.

13. Juni 1986

Jürgen Bischoff, Erwin Brunner, Karl-Heinz Janssen, Klaus Pokatzky, Michael Sontheimer, Ulrich Stock, Rolf Thym, Ulf Erdmann Ziegler

«So geht das nicht weiter»

Von Brokdorf bis Wackersdorf

Schwer und feucht und flach liegt die Marsch in dunklem Grün. Rostig steht der Sauerampfer auf den Wiesen, rötlich blüht der Klee, gelb der Hahnenfuß, weiß der Kälberkropf – in stumpfem Grau droht das Kernkraftwerk am Deich. Ein paar tausend friedliche Demonstranten haben sich zur Kundgebung auf dem Parkplatz versammelt.

In einiger Entfernung, an der Umzäunung des Kraftwerkes Brokdorf, ist ein Geplänkel im Gange: Autonome werfen mit Steinen, schießen Leuchtraketen ab. Doch sie können kaum Schaden anrichten. Vor ihnen ein hoch gefluteter Wassergraben, dahinter ein unüberwindlicher Bauzaun mit Natodraht. Auf einem fest installierten Wasserwerfer sitzt – hinter Plexiglas gut geschützt – ein behelmter Polizist und hält sie auf Distanz. Gegen 15 Uhr zieht eine Polizistenkette auf. Sie treibt die Gewalttäter in die friedliche Menge. Die Kundgebung läuft noch.

Ohne Vorwarnung fliegen plötzlich drei Gasgranaten aus der Polizeikette zwischen die völlig überraschten und verstörten Demonstranten. Frauen schreien, Männer weinen, Kinder klammern sich mit schmerzverzerrten, knallroten Gesichtern an ihre Eltern. Nur weg hier – doch wohin? Dichtgedrängt stehen Tausende auf dem Platz, rundherum doppelte Wassergräben, Stacheldraht und Elektrozäune – ein schnelles Entkommen ist unmöglich. Richter, Apotheker, Architekten, Lehrer, Ärzte, Landwirte, Studenten, Schüler, Handwerker – sie spukken und keuchen, versuchen sich mit Tüchern vor dem Gas zu schützen, das in weißen Schwaden über den Platz kriecht. Es brennt im Gesicht und in der Lunge und schnürt die Kehle zu – CS-Gas! Einige junge Leute ziehen Gasmasken auf, andere haben Wasser zum Spülen dabei. Einige behelfen sich mit Cola, die sie sich übers Gesicht gießen.

Dem besonnenen Mann am Mikrophon des Lautsprecherwagens ist es zu danken, daß die Menschen die Nerven behalten. Immer wieder mahnt er zur Ruhe. Nicht auszudenken, wenn Flüchtende jetzt stolpern, liegenbleiben, zertrampelt werden ... Erfahrene Demonstranten helfen an den Wassergräben. Einzeln springen die Menschen hinüber, von jeweils zwei Leuten auf der anderen Seite aufgefangen. Einige werden in Decken davongetragen.

15.30 Uhr. Der schleswig-holsteinische Innenminister Karl-Eduard Claussen erklärt den Journalisten im Polizei-Pressezentrum zu Itzehoe, zur Zeit werde das gesamte Gelände um das Kraftwerk geräumt. Betroffen seien nicht nur die gewalttätigen Demonstranten, sondern auch die friedfertigen. Die genehmigte Kundgebung auf dem Parkplatz sei schließlich von den Veranstaltern selbst für beendet erklärt worden. Die Polizei habe die Demonstranten aufgefordert, das Gelände zu verlassen. Wer sich nicht daran halte, müsse nun mit polizeilichen Maßnahmen rechnen. «Die werden wahrscheinlich auch über Gräben springen müssen.»

18 Uhr. Der Minister behauptet, auf dem Gelände unmittelbar vor dem Kraftwerk habe man, wie immer vor Räumungen und vor dem Einsatz von Wasserwerfern, «mindestens» dreimal «und eine ausreichende Zeit vorher», von drei bis zu 15 Minuten, die Menschen gewarnt. Als ein Journalist berichtet, er sei Zeuge des Gasangriffs

geworden, vor dem die Polizei *nicht* gewarnt habe, schränkt ein Polizeisprecher ein: «Wir können nicht beschwören, daß überall gewarnt wurde – keine Regel ohne Ausnahme.»

Vom Gas getroffen wurde auch der Hamburger Amtsrichter Bernd Hahnfeld, 46 Jahre alt. Gemeinsam mit anderen Richtern und Rechtsanwälten, die sich auf dem Platz befanden, will er bei der Staatsanwaltschaft Itzehoe wegen gefährlicher Körperverletzung Strafanzeige gegen den Einsatzleiter und die handelnden Polizisten stellen.

Brokdorf, einst Symbol des Bürgerwiderstandes gegen die Kernkraftwerke, aber auch seines Scheiterns, sollte an diesem 7. Juni 1986 für die neue Anti-Atomkraft-Bewegung zum Zeichen der Hoffnung und Stärke werden. Während die norddeutschen Kernkraftgegner in die Wilster Marsch an der Unterelbe zogen, versammelten sich zeitgleich die süddeutschen an der Baustelle der Wiederaufarbeitungsanlage in Wackersdorf, die westdeutschen vor dem Hochtemperaturreaktor Hamm-Uentrop, der seit Tagen von Ökobauern blockiert wurde. Motto: «Nach Tschernobyl ist Schluß! Keine WAA in Wackersdorf! Kein AKW in Brokdorf und auch nicht anderswo!» …

Was sich viele Bürgerinitiativen am Sonntag fragten – sind Großdemonstrationen für Atomkraftgegner noch ein taugliches Mittel des Protestes? –, diese Frage wurde in Brokdorf von der Polizei beantwortet, und die Antwort hieß nein. Theoretisch galt das Grundgesetz, durften sich Bürger frei versammeln und ihre Meinung äußern. Praktisch setzte die Polizei in Brokdorf die Grundrechte weitgehend außer Kraft.

Noch am Freitag hatte ein Polizeisprecher in Itzehoe treuherzig versichert, man wolle nur den Verkehr regeln und eine friedliche Kundgebung sicherstellen. Am Sonnabend dann taten dreißig Hundertschaften das Gegenteil. Die Autobahnen und großen Zufahrtsstraßen wurden mit Sandcontainern blockiert, die Fahrzeuge sollten durchsucht werden – jeder Demonstrant ist ein potentieller Gewalttäter.

In Göttingen gebe es einen kostenlosen Buspendelverkehr in die

Innenstadt zum verkaufsoffenen Sonnabend, meldete das *NDR*-Verkehrsstudio, doch kein Wort über die völlig verstopften Autobahnen. Um Mitternacht waren vierzehn Busse in Göttingen nach Brokdorf gestartet. Normale Verkehrsbedingungen vorausgesetzt, hätten sie morgens um fünf in Brokdorf sein müssen, um 13 Uhr sollte die Kundgebung beginnen. Aber die Göttinger kamen erst gegen 16 Uhr am Bauplatz an. Mehr als zehn Kilometer vom Reaktorgelände entfernt waren die Busse von der Polizei gestoppt worden. Die Straße war mit Containern so versperrt, daß nur jeweils ein Demonstrant hätte passieren können. Die Polizei wollte jeden einzeln untersuchen.

Bei dieser Prozedur wären die Demonstranten vor dem Abend nicht zum Ziel gelangt. Also wichen sie auf die vom Regen aufgeweichten Felder aus und machten sich, von der Polizei unbehindert, auf den beschwerlichen Fußmarsch nach Brokdorf.

Um 11.40 Uhr wird Innenminister Claussen gemeldet, Demonstranten-Konvois aus Berlin seien noch nicht über die DDR-Grenze hinausgekommen. Der Minister: «Die Vopo läßt sich ja nicht so viel bieten, wie wir es gewohnt sind.» Ein Polizeichef: «Herr Minister, da ist eine andere Rechtslage.»

Bis 15 Uhr, am Ende der Kundgebung, waren die Konvois aus Hamburg und Bremen noch nicht in Brokdorf eingetroffen, obwohl auch sie in den frühen Morgenstunden losgefahren waren ...

Samstagmittag, 12.15 Uhr an der Ortseinfahrt des Dörfchens Kleve, 25 Kilometer vor Brokdorf. Ein fünf Kilometer langer Konvoi aus Hamburg – 79 Busse und mehr als 300 Pkw mit rund 12000 Demonstranten – stoppt vor einer vierzig Mann starken Polizeisperre. Offizielle Begründung für die Absperrung: Man müsse den Zug nach Waffen und Straftätern durchsuchen. Die Leute an der Spitze des Konvois wollen eine Kontrolle, die Stunden beansprucht hätte, nicht zulassen.

Die Bürgerinitiative Umweltschutz Unterelbe (BUU) erklärt am Tag darauf, Polizisten seien «sofort auf einen der ersten Wagen losgegangen» und hätten die Insassen verprügelt. Erst danach hätten Demonstranten die Beamten attackiert. Augenzeugen berichten: Unmittelbar nach Beginn der Krawalle stürmten von rechts und links der Straße Polizeieinheiten hinzu. Die Pkw-Insassen wurden aus den Autos gezerrt und «sofort zusammengeschlagen». Anschließend fing die Polizei an, die Wagen zu demolieren: Reifen wurden zerstochen, Heckscheiben eingeschlagen, Spiegel abgeknickt, Steuer verbogen, Thermosflaschen zertrampelt, Nudelsalat zerstreut. Am Ende standen 68 Wagen manövrierunfähig auf der Straße.

Abends berichtet der Chef eines Sondereinsatzkommandos (SEK) aus Niedersachsen: Seine Einheit wurde mit Hubschraubern nach Kleve geflogen, nachdem dort Gewalttäter Polizisten mit Leuchtkugeln angegriffen hätten. (Zuvor hatte der Landrat in Itzehoe, aus dem Hubschrauber heraus, die «nichtgenehmigte Kundgebung» in Kleve für «aufgelöst» erklärt.) «Wir mußten in Kleve durch einen Regen von Steinen, Bierbüchsen, Molotowcocktails und sonstigen Sachen», erzählt der Einsatzleiter. «Unsere Schutzschilder sind geplatzt wie trokkenes Holz. Die Beamten gingen blutig zu Boden.» Der Kampf habe zwei Stunden gedauert, zum Schluß waren zwei Hundertschaften der Polizei eingesetzt. Festnahmen seien nicht möglich gewesen.

«Ich habe schon viele Demonstrationseinsätze mitgemacht – aber das, das war Bürgerkrieg. Das ging in offenen Zweikampf über. Ich gebe zu, ich hatte Angst», sagt der SEK-Offizier. Neben den «Störern» hätten sich «über 1000 sonstige Demonstranten» in Kleve befunden, die «teilweise verängstigt in den Autos» saßen. «Wir wußten nicht, ob das Friedfertige waren oder Chaoten. Teilweise wurden wir aus den Autos angegriffen.» Später gibt ein Polizeisprecher zu, es könnten «dem einen oder anderen Beamten die Nerven durchgegangen» sein. Allein von den 45 Mann dieses Kommandos wurden 25 verletzt: Gehirnerschütterungen, Platzwunden, Augapfelprellungen, Prellungen an Knie und Gesicht.

Die Hamburger Demonstranten zählten hernach etwa 150 Verletzte, von denen 50 im Kreiskrankenhaus Itzehoe behandelt werden mußten. Die meisten trugen «mechanische Verletzungen» davon, und zwar an den *«abgewandten» Körperteilen:* Brüche von Schulterblatt und Armen, Prellungen am Rücken, Platzwunden am Hinterkopf.

Lars Hennings, Anmelder der Brokdorfdemonstration und Mitglied des Landesvorstandes der Grünen Schleswig-Holstein, meint: «Das Ganze war eine Falle. Die Polizei wollte die Leute aus dem Hamburger Konvoi möglichst lange daran hindern, nach Brokdorf zu fahren.» In der Tat wurde der Konvoi nicht nur an der Spitze, sondern zeitweilig auch am Ende abgeriegelt. Nachdem vorne wegen der zerstörten Autos an ein Weiterkommen nicht mehr zu denken war, blieb auch ein Abzug in umgekehrter Richtung unmöglich.

Gewalttätiger als im Norden geht es im Süden zu, wo sich auf dem Bauplatz der geplanten Wiederaufarbeitungsanlage im bayerischen Wackersdorf trotz gerichtlichen Verbots 30 000 Demonstranten (laut Polizei nur 15 000) versammeln. Bei Kämpfen am Bauzaun werden 400 Demonstranten verletzt – sie haben schwere Augenreizungen von CS- und Tränengas, Prellungen, klaffende Platzwunden, schmerzende Hautreizungen. Einem jungen Mann zerfetzt ein Sprengkörper die Hand, als er ihn, im Glauben, es sei eine Tränengasgranate, der Polizei zurückwerfen will.

Ein Teufelskreis der Gewalt: Auf Steine folgt CS-Gas, auf CS-Gas folgen Molotowcocktails, auf Greiftrupps der Polizei und des Bundesgrenzschutzes hagelt es wieder Steine, Knüppel und Stahlmuttern. «So geht das nicht weiter», meint auch der Lehrer Hermann Meißner, ebenfalls im Vorstand der Bürgerinitiative. «Ich befürchte, daß nicht mehr die Zahl der Demonstranten beeindruckt, sondern die Zahl der Verletzten.»

In der Oberpfalz sind die Leute erschrocken, seit der bayerische Innenminister Karl Hillermeier nach den schweren Zusammenstößen an Pfingsten davon sprach, seine Beamten hätten aus Notwehr auch scharf schießen dürfen. Viele Einheimische nennen den Minister seither nur noch «Killermeier». Spricht er von auswärtigen «Chaoten», die am Bauzaun Steine auf die Polizei werfen, erntet er in diesem Landstrich nur Hohn: Es werden nämlich immer mehr Oberpfälzer, ältere zumal, die nach Steinen greifen. Frauen gehen mit Regenschirmen auf Polizisten los, um Festnahmen zu verhindern. Und am letzten Samstag warfen Polizisten Steine, die auf sie geschleudert worden waren, in die Menge zurück.

«Das ist ein gegenseitiges Aufschaukeln», findet der Rechtsanwalt und Vorsitzende des «Bürgerforums Landshut gegen Atomanlagen», Thomas von Taeuffenbach. «Die Staatsregierung will Chaoten und Militante schaffen, um den Widerstand zu kriminalisieren und das Demonstrationsrecht zu verschärfen. Die wollen den Polizeistaat.» Es könne aber in Bayern nicht mehr unterschieden werden zwischen autonomen Gruppen, die am Bauzaun die Polizei auf Trab halten, und der einheimischen Bevölkerung. Gelungen sei es nämlich, «die Bevölkerung in diesen Widerstand einzubauen, im Gegensatz zu Brokdorf».

Taeuffenbach hat vor dem vergangenen Wochenende allerdings auch erfahren müssen, wie schwer es einem wie ihm fallen kann, seine Art des Widerstands durchzusetzen – mit rechtlichen Mitteln nämlich. Seine Bürgerinitiative hatte zu der Großdemonstration am Baugelände aufgerufen. Als Antwort weitete die Regierung der Oberpfalz jedoch ihr Verbot, das bis dahin Zeltlager und Festivals in einem Sperrgebiet von 120 Quadratkilometern rund um das Baugelände betraf, auch auf Demonstrationen aus.

Vergeblich bemühte sich der Landshuter Anwalt vor dem Regensburger Verwaltungsgericht und dem Verwaltungsgerichtshof in München um eine einstweilige Anordnung gegen dieses Verbot. «Wegen der erkennbaren Gefahren für die öffentliche Sicherheit und Ordnung», so argumentierten die Verwaltungsrichter, dürfe in der Nähe des Baugeländes nicht mehr demonstriert werden. Taeuffenbach hat eine Verfassungsklage angekündigt, die sich auf den «Brokdorf-Beschluß» des Bundesverfassungsgerichts aus dem Jahr 1985 stützen wird, wonach zu erwartende Ausschreitungen einzelner noch kein Verbot rechtfertigen.

Wie in Holstein waren am Wochenende auch in der Oberpfalz die Zufahrtsstraßen zum Baugelände abgeriegelt, das Gepäck in Bussen und Autos wurde peinlich genau kontrolliert. Entsetzt beobachteten tatenlos viele Tausend Neulinge den wütenden Kampf gegen die Polizei, die etliche Hundertschaften vor den Bauzaun hatte ausrücken lassen. Fast schien es gleichgültig zu sein, einen Oberpfälzer oder einen aus den Reihen der Autonomen zu fragen, warum Steine fliegen. Einheitlich heißt es: Die Gewalt habe mit dem Bau der Wiederaufarbeitungsanlage angefangen, sich bei Einsätzen der Polizei fortgesetzt, und nun gebe es eben die Quittung dafür.

Wenn es heiß hergeht am Bauzaun, können auch die «Friedensfreaks» – sie sind immer noch bei weitem in der Überzahl – wenig ausrichten: Stellen sie sich zwischen Polizei oder Bauzaun und die Steinewerfer, verderben sie es sich mit beiden Seiten: Die Polizei sieht sie als Hindernis (und spült die Menschenketten oft genug mit CS-Gas-Duschen weg), und die Autonomen beschweren sich heftig, weil die Polizei so leicht die Steinewerfer (oder jene, die sie dafür hält) greifen könne.

Friedlich, fast idyllisch, eine andere Szene des Protests: In Hamm-Uentrop haben die 25 Bio-Bauern der Umgebung gegen den Hochtemperaturreaktor mobil gemacht, der wegen eines zunächst verheimlichten Austritts von radioaktivem Graphitstaub ins Gerede gekommen ist und vorübergehend stillgelegt wurde. Während in Brokdorf und Wackersdorf Steine und Gaspatronen fliegen, demonstrieren im westfälischen Hamm fast 5000 Menschen – völlig friedlich, ohne jeden Zwischenfall. Und am Tag darauf heben die Bio-Bauern ihre Blockade auf.

Genau eine Woche lang hatten sie mit alten Mähdreschern, verrosteten Anhängern und altertümlichen Traktoren zwei der drei Zufahrten zum Reaktorgelände versperrt; durch das dritte Tor lief der Nachschub ungehindert. Sympathisanten aus der näheren Umgebung, Studenten aus Münster, Bielefeld und Paderborn hatten sie unterstützt.

Jeden Abend beratschlagten die Blockierer in einer Vollversammlung. Mal nahmen daran auch Beamte der Hammer Kripo teil – nicht dienstlich, sondern weil sie, als Dauerkunden der Bio-Bauern, mit ihnen sympathisieren. Mal kam auch Schutzpolizei, die vor dem Reaktor aufgezogen war, hinzu und machte ihrem Unmut über Atomkraft und Politiker Luft: «Die Politiker lügen soviel – wenn die sich jedesmal dabei umdrehen würden, könnte man sie als Ventilator benutzen.»

Möglichen Militanten unter ihren Sympathisanten hatten die Blockade-Bauern von Anfang an unmißverständlich klargemacht, daß wilde Aktionen hier nicht toleriert würden. Sollte es dennoch dazu kommen, würden sich die Bauern nicht dazwischenstellen, wenn die Polizei gegen Gewalttäter vorginge.

150 Eier von seinen freilaufenden Hühnern hat Hubert Westhues für die Photographen und Kameraleute direkt vor dem Reaktortor auf dem Boden zerdeppert. Vor fünf Jahren hatte Westhues, heute 29 Jahre alt, den heruntergewirtschafteten Hof seiner Eltern übernommen, vier Kilometer Luftlinie vom Reaktor entfernt, in Lippstadt-Lippborg. Als vierter Bauer in Nordrhein-Westfalen stellte Westhues auf Bio-Landwirtschaft um, verwendet seither keine Pestizide und keinen Kunstdünger, sondern düngt nur organisch. «Irgendwo bist du doch ein Wächter für die Umwelt.»

Vielleicht nicht mehr lange. Denn mehr noch als die konventionell wirtschaftenden Landwirte leiden die Bio-Bauern unter den Folgen von Tschernobyl, denn ihre Kunden sind besonders umweltbewußt. Geschäftlich aber läuft seitdem so gut wie nichts mehr. Andrea Stephan-Westhues: «Und irgendwann kommt dann der Onkel mit dem Kuckuck.»

Im Wohnzimmer des Westhues'schen Hofes ist Anfang April die GAU gegründet worden, die «Gesellschaft für angewandten Umweltschutz». Sie will rund um das Reaktorgelände in Hamm-Uentrop Meßstationen postieren, weil das bisherige Meßsystem völlig unzureichend ist. Zwar gibt es einige öffentliche Meßstellen, deren Daten werden vorerst aber nur in das Reaktorgelände übertragen. Fernmessungen durch die Überwachungsbehörden sind aber erst dann möglich, wenn auf dem Reaktorgelände noch zusätzliche Meßapparate aufgestellt sind. Das soll noch im Laufe des Jahres geschehen.

Horst Wolf vom nordrhein-westfälischen Wirtschaftsministerium:

«Sorgfältige Technik braucht ihre Zeit.» Bauer Westhues: «50000 Mark brauchen wir, 18000 haben wir schon für unsere Meßgeräte. Hätten wir unsere GAU schon Anfang Mai gehabt, dann hätten die hier im Kraftwerk nicht so lange schummeln können.»

Seit Tschernobyl gehe ein Menschenbeben um die Welt, sagt der Zukunftsforscher und Kernkraftgegner Robert Jungk. Die Voraussetzungen sind heute für die Anti-AKW-Bewegung anders als in den siebziger Jahren. Damals hatte sie die Mehrheit des Volkes gegen sich, und den Politikern fiel es leicht, den Atomkraftgegnern vorzuwerfen, sie wollten mit illegalen Methoden den Volkswillen unterlaufen. Erstaunlicherweise war die friedliche Kernenergie, im Gegensatz zur Atomrüstung, bis dahin kaum angefeindet worden. Atomwirtschaft und Atompolitik weckten kein öffentliches Interesse, und Störfälle wurden zuweilen wochenlang verheimlicht.

Der Widerstand regte sich ausgerechnet zu einer Zeit, als in der Bundesrepublik – nach der Ölkrise und mit zunehmender Arbeitslosigkeit – geradezu ein Reaktorboom einsetzte, kräftig gefördert von der sozial-liberalen Koalition in Bonn, unter dem Beifall der Christdemokraten und mit begeisterter Zustimmung der Gewerkschaften. Aber der Übergang zu den Groß-Kernkraftanlagen und neue Erkenntnisse über Reaktorsicherheit ließen überhaupt erst breitere Kreise auf die Risiken aufmerksam werden.

Der Sozialhistoriker Joachim Radkau («Aufstieg und Krise der deutschen Atomwirtschaft 1945–1975», Rowohlt 1983) hat festgestellt, daß man die Protestwelle, die mit so heftiger Gewalt über die Bundesrepublik rollte, weder mit sozialen Ursachen noch romantischer Maschinenstürmerei oder linken Theorien erklären muß, sondern einfach aus der Singularität des Strahlenrisikos herleiten kann: «So war das Objekt der Anti-AKW-Bewegung eine mit den Sinnen gar nicht faßbare, auch noch nie am eigenen Leib erfahrene, sondern nur auf wissenschaftlichem Wege zu ermittelnde Gefahr.»

Möglich und denkbar geworden ist sie aber erst durch den Aufstand der Bauern und Winzer im badischen Kaiserstuhl, die zusammen mit Studenten der Freiburger Universität und Bürgerinitiativen aus dem benachbarten Elsaß den Bau einer Groß-Kernkraftanlage beim Dorfe Wyhl verhinderten. Neben der Angst vor Radioaktivität trieb sie die Sorge um, das Landschaftsschutzgebiet in den Rheinauen könne versteppen, der Rhein noch mehr verschmutzt werden und die Wein-, Obst- und Tabakernte durch eine Klimaverschlechterung Schaden nehmen. Sie wollten sich ihre Heimat nicht verschandeln lassen.

Die unpolitischen Dörfler, brave CDU-Wähler, fühlten sich düpiert, als die Regierung die erste Teilgenehmigung für den Bau sofort vollziehen ließ, damit die Umweltschützer nicht schon im voraus die Gerichte anriefen. Ähnlich verfuhr die Obrigkeit dann auch in Brokdorf an der Elbe und in Grohnde an der Weser, den Schauplätzen erbitterter «Schlachten». Die monatelange Besetzung des Bauplatzes Wyhl – die Demonstranten hatten sogar die Polizei in die Flucht geschlagen –, der Idealismus und die Entschlossenheit dieser basisdemokratischen Bewegung ließen es der CDU-Regierung in Stuttgart angeraten sein, vorsichtig zu operieren, zumal die Gerichte in der Folge einen zeitweiligen Baustopp verhängt hatten.

Nach Wyhl formierten sich auch an anderen Orten Bürgerinitiativen zum Kampf gegen die Reaktoren; Kommunen und Privatpersonen machten sich in der Fachliteratur kundig; Rechtsanwälte zogen mit ihnen vor die Verwaltungsgerichte. Und erst jetzt entdeckten auch die Ultralinken, die maoistischen K-Gruppen, die Kernenergie als Tummelplatz. Mit militärischer Präzision stürmten sie gegen die Bauzäune in Brokdorf und Grohnde. Ähnliches wie in Wyhl wiederholte sich 1979 in Gorleben, als die Wendland-Bauern ihre Traktoren bestiegen, um gegen die Absicht der niedersächsischen Landesregierung zu protestieren, in Gorleben einen «Entsorgungspark» für den Atommüll anzulegen. Ministerpräsident Albrecht mußte öffentlich erklären, das Projekt lasse sich politisch nicht durchsetzen. Gorleben war auch ein erster Triumph der Gewaltlosigkeit – als 1980 das Hüttendorf auf dem Bohrplatz in der «Freien Republik Wendland» von einem martialischen Polizeiaufgebot geräumt wurde, setzten sich die Demonstranten nicht zur Wehr, eine Strategie, auf die dann bald danach die Friedensbewegung bei ihren Sitzblockaden zurückgreifen sollte.

Ende Februar 1981 rüsteten die Bürgerinitiativen noch einmal zum Marsch auf Brokdorf. Trotz Demonstrationsverbots zogen siebzigtausend Demonstranten aus dem ganzen Bundesgebiet und Berlin bei eisiger Kälte in die Wilster Marsch – nur eine winzige Minderheit von ein paar hundert «Chaoten» legte sich am Wassergraben mit der Polizei an. Es war ein letztes Aufbäumen; enttäuscht wandten sich viele Gruppen, mitsamt den Grünen, nun der Friedensbewegung zu.

Weder die Steine- und Molli-Werfer noch die Gewaltlosen hatten den Gang der Dinge aufhalten, ihn allenfalls verzögern können. Schon 1984 konnten die Nordwestdeutschen Kraftwerke stolz verkünden: «Brokdorf hat sich zum Symbol für die wiedergewonnene Normalität der Kerntechnik in der Bundesrepublik entwickelt.»

Aber 1986 war nichts mehr normal. Rund fünfzig Anti-AKW-Gruppen aus ganz Norddeutschland, Landesverbände der Grünen und militante Autonome inklusive, einigten sich auf die Forderung «Sofortige Stillegung aller Atomanlagen! Brokdorf darf nie ans Netz!» «Solange das mörderische Atomprogramm weitergeführt wird», hieß es in dem Aufruf, «sind alle Formen des Widerstands – Demonstrationen und Großaktionen, Blockaden, direkte Aktionen, ziviler Ungehorsam und Volksentscheide sowie die Anti-AKW-Arbeit in den Parlamenten – legitim und notwendig.»

Die alte Diskussion über die Gewalt wurde bei der Vorbereitung der Brokdorf-Demonstration gar nicht erst geführt. Der Widerstand soll «wirkungsvoll sein, ohne daß Menschen gefährdet werden», hieß es kurz und bündig in dem Aufruf; die «Geschlossenheit» der Demonstranten solle Gewähr dafür sein, daß «niemand gegen seinen Willen einer direkten Gefährdung ausgesetzt ist».

Itzehoe, Talstraße 17: In Sichtweite des Polizeihochhauses residiert die autonom-anarchistische Gruppe «weiße rose», zwei Dutzend Leute, die sich seit 1979 einmal wöchentlich treffen. Zur Demonstration haben sie ein Flugblatt herausgegeben, in dem mit allen abgerechnet wird: dem Atomkraftwerk, dem Staat, der Polizei, den Grünen und der *taz.*

«Einige Anschläge» aus dem letzten Jahr werden dokumentiert: «16./17. 9.: Anschlag auf Firma Matthiesen, wobei umfangreiche Maschinen auf einer Baustelle bei Schleswig zerstört werden. 18. 9.: Während des Erörterungstermins werden NWK-Gutachtern alle Autoreifen zerstochen, das NWK-Schwimmbad in Brokdorf rot eingefärbt und vor dem NWK-Infozentrum eine Ladung Mist abgeladen.»

In einem anonymen Bekennerbrief, bei der Gruppe «eingegangen am 21. 5. 86», heißt es: «brokdorf-widerstand ist überall. wir haben bei 176 gebäuden in norddeutschland über 300 türen dichtgeklebt.» Unterzeichnet hat der «Gesundheitsdienst der Anti-Strahler-Kommission», Motto: «wir empfehlen widerstand bis der apparat zerstört ist.»

Die Leute, welche die Flugblätter drucken und verteilen, haben mit diesen Taten schon Ärger genug; mehr als einmal kam die Polizei zur Hausdurchsuchung. So beschränken sich die Mitglieder der Gruppe auf «legale Arbeit»; sie dokumentieren vor allem Anschläge auf Firmen, die am Bau des Atomkraftwerkes beteiligt sind. «Baufirmenliste», schreiben sie in ihrem Flugblatt, «bitte bei uns anfordern, da staatstragende wie *taz* und grün-rot-alternative sie unterdrücken.»

«Alles strahlt – und keiner freut sich.» In großen Lettern prangt dieser Spruch seit Anfang Mai im Fenster eines Frauen-Selbsthilfeprojektes in Berlin-Schöneberg. «Weg mit den AKWs, aber subito» heißt es auf einem Transparent eine Straße weiter, auf eine Telephonzelle ist das Radioaktivzeichen gesprüht. Sie sind in Berlin nicht zu übersehen, die Zeichen einer Renaissance der Anti-AKW-Bewegung.

Nur noch eine Handvoll Unentwegte hatten angesichts der Übermacht der Atomlobby nicht resigniert; einmal in der Woche traf man sich zum Anti-AKW-Plenum im «ökodorf». Zehn Tage nach dem Desaster in der Ukraine platzte die Fabriketage aus allen Nähten, an die 500 Menschen waren zusammengekommen, die sich daraufhin in über zehn Stadtteilgruppen organisierten. «Es war ein ungeheurer Druck da, etwas zu machen», beschreibt Renate Giese, Umwelt-Assistentin der Alternativen Liste (AL), die Situation.

Und wie überall wurde etwas gemacht. Vier große Demonstrationen mit 10000 Menschen, eine Blockade der «Kraftwerksunion» (KWU), Entsorgungsaktionen, bei denen Berge strahlenden Gemüses vor dem Rathaus oder dem Sitz des für Katastrophenschutz zuständigen Innensenats abgeladen wurden, oder ein «Milk out» auf dem Kurfürstendamm vor dem Café Kranzler, bei dem strahlende Milch vergossen wurde. Der Strompreisboykott («Strobo»), bei dem ein Teil der Elektrizitätsrechnung auf ein Sperrkonto überwiesen wird, wurde wiederbelebt.

Renate Giese fiel eines besonders auf: «Es waren ungeheuer viele Frauen dabei, viel mehr als sonst bei ähnlichen Treffen oder Aktionen. Bei Frauen ist die Betroffenheit größer», folgert sie daraus, «besonders bei den Müttern von kleinen Kindern, die einfach nicht mehr wußten, was sie kaufen sollten oder ob sie ihre Kinder rausschicken konnten oder nicht. Auffällig war auch, daß viele Leute kamen, die überhaupt nicht aus der Szene oder Bewegung kommen, junge Leute oder auch vergleichsweise biedere, die zum erstenmal auf eine solche Art politisch aktiv werden.»

Regelrecht von den Ängsten verunsicherter Bürger überrollt wurden seit Tschernobyl die Büros vom «Bund für Umweltschutz und Naturschutz Deutschlands» (BUND) und vom «Bund Bürgerinitiativen Umweltschutz» (BBU). «Bei uns geht es zu wie in einem Taubenschlag», erzählt Christa Reetz vom BBU-Vorstand in Bonn. «Tausende Anrufer wollen wieder Rat und Hilfe. Wir lassen schon die alten Info-Blätter und Bücher überarbeiten und nachdrucken.»

Nicht tatenlos blieb nach Tschernobyl auch das Freiburger Öko-Institut. Um «Alternativen aufzuzeigen, wie man vom Atomstrom wegkommt», so Institutsmitglied Jürgen Leuchtner, sind Bürgerinitiativen und politische Parteien im ganzen Land aufgerufen, «Energiewende-Komitees» zu gründen.

Keinen Aufruf zur Demonstration in Brokdorf gab es von den Sozialdemokraten. Die SPD in Schleswig-Holstein, die es sich zugute hält, schon gegen die Atomkraft gewesen zu sein, als es die Grünen noch gar nicht gab, hatte Mitglieder und Bürger zu einer «Volksversammlung» bereits am 1. Juni nach Wilster gebeten. Sie wollte um jeden Preis vermeiden, mit einer Demonstration in Berührung zu kommen, an deren Rand sich vielleicht Gewalttäter tummeln. Deshalb lud sie auch nach Wilster ein und nicht an den Kraftwerkszaun.

Das Echo blieb enttäuschend. Nicht einmal 5000 Menschen fanden sich an jenem Sonnabend in Wilster ein. Trotzdem konnte auf seine Kosten kommen, wer sich für die *alte* Anti-Atomkraft-Bewegung interessierte. Was die SPD da zeigte, hatte den Charme und die Langeweile der siebziger Jahre. Disco-Musik wurde über den Platz gedonnert, dann kamen stundenlang Reden, gesagt wurde nichts Neues. Die SPD aus Brokdorf aber blieb fein zu Hause, denn sie freut sich über die baldige Inbetriebnahme des Reaktors.

Die Waffeleisen dampften, die «Tass Kaff» kostete eine Mark, Guinness und Gewürzgurken gab es vom Faß. Kinder durften bunte Fähnchen umhertragen und «Tschernobyler» verspeisen – Negerkuß mit angeklebtem Keks. Eine Frau verkaufte SPD-eigene «Stoppt Kernkraft»-Plaketten, «Atomkraft? Nein danke»-Schildchen hatte sie nicht im Angebot.

Höhepunkt der Veranstaltung war der Auftritt der «bots». Als sie ihr Lied «Aufstehn» anstimmten, stiegen massenweise Luftballons auf, an denen Kärtchen hingen: «Ich fordere den Ausstieg aus der Kernenergie. Jetzt!» – in Plattdeutsch und acht anderen Sprachen.

Die Ballons flogen – vom Ostwind getrieben – auf die Nordsee hinaus.

Der Hamburger SPD war schon diese Vor-Demonstration zuviel. Im Landesvorstand gab es beim Aufruf zur Teilnahme ein Patt. Doch der Vorsitzende Ortwin Runde, ein Linker und alter Atomgegner, ermannte sich und trat in Wilster als Redner auf.

So «schwer sich die offizielle Hamburger SPD mit der Atomkraft tut» (Runde) – die Hamburgischen Elektricitäts-Werke (HEW) sind Mitbetreiber in Brokdorf –, so unmißverständlich fordert die Basis der Partei einen Ausstieg. Zwei Nahziele nennt Runde: «Nichtinbetriebnahme von Brokdorf, Stillegung von Stade.»

Unter erheblichem Druck von der Basis hat auch der DGB eine Wende vollzogen. Auf dem Bundeskongreß Ende Mai in Hamburg beschlossen die Gewerkschaften – «was keiner vorher geglaubt hätte» (Runde) – den Ausstieg aus der Kernenergie, ein Nein zum Schnellen Brüter in Kalkar und zur Wiederaufarbeitungsanlage Wackersdorf. «Da hat es», sagt Runde, «sehr viel Bewegung gegeben, die enorm wichtig ist, auch wenn sich das nicht vor dem Bauzaun in Brokdorf abgespielt hat. Wir haben eben andere Wirkungsebenen als die grüne Bewegung.» …

1987

20. Februar 1987

Robert Leicht

Schleifspuren eines Skandals

Drei Männer standen vor Gericht – Symbolfiguren unseres politischen Systems und seiner Fehler. Ob das Gemeinwesen mit dem Urteil genausogut leben kann, wie Otto Graf Lambsdorff sich das selbst glauben machen will? Wird der Duft von Bananen, der über einigen Rängen der Republik schwebt, sich nach dem Spruch des Bonner Landgerichts auflösen?

Vor elf Jahren kamen die ersten Steuerfahnder der Parteispendenaffäre auf die Spur, vor achtzehn Monaten begann jener «Flick-Prozeß», in dem erstmals zwei frühere Bundesminister für das Finanzgebaren ihrer Partei und ein hoher Industriemanager für seine «politische Landschaftspflege» vor Gericht geradestehen mußten. Die Urteile vom Montag: für den ehemaligen Flick-Manager von Brauchitsch zwei Jahre Freiheitsstrafe mit Bewährung und eine Geldstrafe von 550000 Mark; für den Ex-Wirtschaftsminister Lambsdorff eine Geldstrafe von 180000 Mark, für seinen Amtsvorgänger Hans Friderichs 61500 Mark Geldstrafe – dies alles wegen Steuerhinterziehung und der Beihilfe dazu.

Die Richter veranschlagten den angerichteten Steuerschaden bei Brauchitsch auf 16,7 Millionen, bei Lambsdorff auf 1,3 Millionen, bei Friderichs auf 1,6 Millionen. Die Urteile sind dafür milde ausgefallen. Es sind jedenfalls schon Leute hinter Schloß und Riegel gewandert, die weniger als zehn Millionen Mark «umgeleitet» haben. Die Richter haben keinen Hehl aus ihrem eigenen Zweifel am Strafmaß gemacht.

Sie waren sich im klaren, daß sie nicht das «einzig mögliche Strafmaß» gefunden haben: Lambsdorff sei zwar mit einer Geldstrafe davongekommen, aber dies sei «gerade noch vertretbar».

Schärfer als die Strafe selbst wirken deshalb viele Hauptsätze der Urteilsbegründung. Der Freispruch wegen der Bestechung und Bestechlichkeit, auf den es den Angeklagten so ankam, erging als Freispruch zweiter Klasse. Das Gericht protokollierte seinen fortbestehenden, «nicht unerheblichen» Verdacht; die Staatsanwälte hätten insofern zu Recht angeklagt. Und was die illegalen Spendenpraktiken angeht, so ist die Version vom gutgläubig begangenen Kavaliersdelikt energisch dementiert worden.

Es ging um Millionen; vor allem jedoch ging es um die politische Moral. In jeder Wendung erst der Parteispendenaffäre, dann ihrer justiziellen Aufarbeitung stand zugleich der gesamte politische Prozeß zur Debatte. Zwei Fragen rückten dabei in den Mittelpunkt. *Erstens:* Was können wir von unserer politischen Klasse verlangen? *Zweitens:* Welchen Weg haben unsere politischen Parteien genommen, von den Vätern der Verfassung zu den Wucherungen der Wirklichkeit?

Die Frage an die Politiker läßt sich auch anders formulieren: Soll in der Demokratie der Durchschnitt regieren oder braucht nicht gerade das parlamentarische System ein hervorgehobenes Personal – nicht bloß schiere Prominenz, sondern Leute mit politischem Profil? Ein Begriff, der lange Zeit verpönt war, hat seit einigen Jahren wieder Konjunktur: *Elite.* Vorerst gilt dies freilich mehr im Sinne von Privilegien und Prämien («Leistung muß sich wieder lohnen»), von Pflichten und von Selbstdisziplin ist dabei kaum die Rede – oder nur in Appellen an die anderen.

Politiker sind gewiß keine Übermenschen. Aber sie regieren zugleich über Menschen, nehmen sie in Pflicht. In einer Demokratie ist dies nur möglich, sofern die politische Klasse Maßstäbe nicht nur auferlegt, sondern sich ihnen zuallererst unterwirft.

Aus diesem Grunde war der Parteispendenskandal immer mehr ein Problem des Straf- und Steuerrechts. Die konspirativen und begehrlichen Finanzierungspraktiken griffen den Humus unserer politischen

Kultur an. Schlimm genug, daß jahrelang erst die verfassungsrechtlich gebotene Gesetzgebung verschleppt wurde, hernach die verspäteten Gesetze planvoll hintergangen wurden. Schlimmer aber noch, daß (als die kleinen Steuerfahnder die ersten Zipfel lüpften) auf der «politischen Ebene» zunächst die Ermittlungen behindert wurden, schließlich die Gesetze in zwei Amnestie-Versuchen von den Schuldigen selbst nachträglich um ihre Wirkung gebracht werden sollten.

Selten zuvor hat sich der Lehrsatz so kraß bestätigt, daß der Skandal mit seiner Aufdeckung meist nicht aufhört, sondern erst richtig beginnt. Dazu zählte die atemberaubende Tatsache, daß ein ehemaliges Staatsoberhaupt, daß Walter Scheel als Zeuge vor Gericht die Spendenpraktiken fröhlich rechtfertigte: «Dies war ein vom Gesetz erzwungener Umweg.» Seit wann ist das Verbot schuldig an der Missetat?

Das Defizit an Einsicht pflanzte sich fort bis zum letzten Verhandlungstag im Flick-Prozeß. Wußte Lambsdorff wirklich nicht, was er mit seinem Schlußwort vor dem Bonner Landgericht anrichtete? Wohl wahr, nicht alle, die in dem finanziellen Ringelpiez mitgespielt hatten, kamen vor ihren irdischen Richter. Der Graf trägt insofern ein Stück Zufallshaftung, aber nicht zu Unrecht. Doch als er vor Gericht ausrief: «Legionen müßten sie bestrafen, wenn das schon Beihilfe zur Steuerhinterziehung sein soll» – da stellte er der politischen Klasse unseres Landes ein verheerendes Urteil aus – ein Urteil, mit dem nun die Bürger leben sollen.

Autorität und Glaubwürdigkeit des Rechtsstaats hängen in erster Linie davon ab, daß die Imperative der Gesetze in jeder Richtung auf gleichem Niveau gelten. Deswegen war die beklemmendste Erfahrung in diesem Jahrzehnt der Parteispendenaffäre allemal der Tanz der Tartuffes.

Da mußten sich wahrlich Legionen von jungen Leuten unter dem Extremistenbeschluß bis in die dritte Instanz für ihre zum Teil albernen «Jugendsünden» rechtfertigen – vor Politikern, die das Gesetz beugten, gerade weil sie es kannten. Wer vermag Hausbesetzer und Demonstranten an die Regeln des Rechts binden, wenn er selbst dessen Fesseln heimlich abstreifte? Und – allerjüngstes Beispiel – wie will man wirkungsvoll einem rechtswidrigen Volkszählungsboykott entgegentreten, wenn man selbst jahrelang die gesetzlichen Normen für die Parteifinanzierung boykottiert hat?

Gewiß, es gibt keine Geschichte im Unrecht; niemand darf seine eigenen Pflichten mißachten, weil andere es tun. Aber wenn es in den vergangenen Jahren oft genug schwer war, jungen, aufsässigen Bürgern die friedensstiftende Funktion des Rechtsstaats verständlich zu machen, so hat dies viel mit den Schleifspuren des Parteispendenskandals zu tun gehabt, der darin offenbar gewordenen Scheinheiligkeit vieler Politiker.

Dieser Flurschaden ist angerichtet worden. Die Justiz kann allenfalls noch dem Strafrecht Genüge tun. Wirklich reinigend vermag der Skandal jedoch nur zu wirken, wenn alle Täter, Mittäter und Mitwisser endlich einsehen, daß sie mehr gutzumachen haben als die Verletzungen der Legalität. Doch bisher spricht wenig dafür, daß sie entschlossen sind, den normalen Anspruch unserer politischen Kultur frisch zu beglaubigen, den politischen Stil zu sanieren, die Disziplin der Elite zu erneuern. Die Phrase von der geistig-moralischen Erneuerung galt bisher nur dem «Weiter so!»

Graf Lambsdorff will weitermachen, er hält sich nun wieder bereit für alle politischen Ämter, Revision hin oder her. Welch' Hybris! So wichtig die Frage ist, ob ein Beamter mit einer solchen Strafe entlassen werden müßte (wohl nicht), ob ein Bürger mit einer solchen Vorstrafe überhaupt Beamter werden könnte (gewiß nicht) – den einfachen Bürgern muß es allein darauf ankommen, ob der Verurteilte, ob seine Partei, ob die ganze politische Klasse – nach dem jahrelang geübten Hohn auf die Justiz – wenigstens jetzt begreifen, daß Politiker sich vorbildlicher verhalten müssen, als es der Staatsanwalt verlangt. Tauglichkeit für ein politisches Amt ist nicht nur eine Frage der Zulässigkeit, sondern vor allem eine Frage der Zumutbarkeit.

Die Einsicht in das Zumutbare ist vielen Parteipolitikern offenbar in dem Maße abhanden gekommen, in dem sich die Parteifinanzen aufblähten. Wären die Parteien allein auf Beiträge angewiesen (und eine sparsame Wahlkampfkostenerstattung), sie hätten sich nie derart vom

Bewußtsein der Mitglieder abkoppeln können. Inzwischen haben sich ihre kumulierten Etats (Fraktionen, Stiftungen, Wahlkampfkosten, steuerbegünstigte Spenden) und Privilegien (vor allem in den öffentlich-rechtlichen Medien) derart gehäuft, daß die Parteipolitiker weniger auf ihre Mitglieder hören, als vielmehr die Bürger beschallen.

Daran hat auch das neue Parteienfinanzierungsgesetz wenig geändert. Die Rechenschaftsberichte fallen zwar inzwischen aussagekräftiger aus; für illegale Spenden gibt es jetzt empfindliche Sanktionen. Aber die läuternde Wirkung der Affäre ist ausgeblieben: Der Teufelskreis (die Parteien müssen sich – so oder so – Geld beschaffen, weil sie Geld brauchen) wurde nicht durchbrochen, sondern nur legalisiert. Schuld daran trägt der Gesetzgeber, auch wenn das Bundesverfassungsgericht in einer unbegründbaren Kehrtwendung seiner Rechtsprechung die Patenschaft dafür übernommen hat.

Drei Männer standen vor Gericht – das Urteil galt nicht ihnen, sondern auch dem politischen System, in dem ihre Taten möglich waren (in dem freilich am Ende doch die Justiz ihr Recht behält). Die drei waren keine Unschuldslämmer. Doch wer sie zu Sündenböcken abstempelt, verdrängt die Mitschuld vieler anderer.

6. März 1987

Ute Scheub

Sie hoffen noch immer auf Erfolg

Die Wolken reißen auf und geben die Februarsonne preis. Aber ihre Strahlen sind noch zu schwach, um die großen Schneeflecken wegzuschmelzen, in denen die Füße der Zuhörer kalt werden. Etwa dreihundert Leute lauschen zwischen kümmerlichen Kiefern einem Gedenkgottesdienst: Am Sonntag, dem 22. Februar 1987, sind auf den Tag genau zehn Jahre vergangen, seit der niedersächsische Ministerpräsident Ernst Albrecht Gorleben zum Standort für eine Wiederaufbereitungsanlage und ein Endlager für Atommüll erkor. Die beiden Fördertürme, die sich hinter dem einfachen Holzkreuz auf der dreifach umzäunten Endlager-Baustelle erheben, zeugen in den Augen des jungen Pastors Gottfried Mahlke und seiner fröstelnden Gemeinde von «industriellem Unrecht und bürokratischer Willkür». «Unser Glaube hat etwas mit Widerstand gegen Unrecht und Gewalt zu tun», ruft er; die versammelten Bauern und Hausfrauen, Lehrerinnen und Schüler, darunter auch manch einer, der sonst nie zur Kirche geht, antworten mit einem Lied von Wolf Biermann: «Du laß dich nicht verhärten, in dieser harten Zeit.»

Ob das Lied diejenigen erreicht, die nur wenige hundert Meter entfernt die Erde verhärten? Im mittlerweile schon knapp hundert Meter tiefen «Vorschacht» werden wasserführende Schichten mittels eisiger Calciumchloridsole eingefroren, um das Grundwasser herauszudrükken. Noch hat das Bohrgestänge den Salzstock nicht erreicht. Wenn die «Erkundung», ob der Salzstock zur Lagerung von hochradioaktivem Müll taugt, 1992 abgeschlossen ist, werden die Schächte knapp eine Milliarde Mark verschlungen haben und somit wohl die teuersten Löcher der Republik sein. Deshalb und auch weil kein anderer Salzstock untersucht wird, befürchten Kritiker, daß nirgendwoanders als in Gorleben endgelagert wird, obgleich die Geologen Klaus Duphorn und Eckhard Grimmel beispielsweise den Salzstock aus vielerlei Gründen als Lagerstätte für denkbar ungeeignet halten.

Salz scheint das Schicksal des Landkreises Lüchow-Dannenberg zu sein. Der Abbau von Kalisalz bei Wustrow zu Beginn dieses Jahrhunderts verhalf der Region zur wirtschaftlichen Blüte, ohne die Existenz des Salzstockes hätte die Atomindustrie hier nie Einzug gehalten. Auch der Pastor verteilt Salz und Brot an die vor dem Holzkreuz ausharrende Gemeinde, doch hat für sie das Salz seine jahrhundertealte Aura von Reinheit verloren. Schon bald werden die Menschen hier statt auf Waldboden vor Salzmüllbergen stehen – vor einer gewaltigen, 35 Meter hohen und 17 Hektar breiten Halde von insgesamt 1,1 Millionen Kubikmetern Abfall aus der Schachtaushebung; weitere

15 000 Kubikmeter Salzwasser sollen jährlich in die bis dahin nur von der DDR versalzene Elbe geleitet werden. Vergeblich hatten Atomkraftgegner vor genau einem Jahr den Rodungsbeginn auf der geplanten Ablagerungsfläche aufzuhalten versucht und dort bei minus 25 Grad in Zelten übernachtet.

Es war nur eine von unzähligen Aktionen, die seit jenem 22. Februar 1977, als Gorleben zum Standort für die Wiederaufbereitungsanlage und die Atommülldeponie bestimmt wurde, die Lüchow-Dannenberger aus ihrem abgeschiedenen Leben aufgeweckt haben. Schon einen Tag später protestierten 500 Leute mit einem Autokorso nach Hannover, drei Tage danach zogen 200 Trecker durch Lüchow, und gut zwei Wochen später brachte die Bürgerinitiative, die sich schon zwei Jahre zuvor wegen eines damals und inzwischen wieder geplanten Atommeilers in Langendorf gegründet hatte, 20 000 Menschen zu einer Großkundgebung auf die Beine. Zum Abschluß wurden 2000 Bäumchen gepflanzt. «Wiederaufforstung statt Wiederaufbereitung» war auch das Motto des ersten Sommerlagers auswärtiger Atomkraftgegner, die sich von der langsam entstehenden Idee einer «ökologischen Modellregion Wendland» begeistern ließen.

Die Aufbruchstimmung von damals ist Geschichte. Das Zwischenlager mit seiner Kapazität für 35 000 Fässer mit leicht- und mittelaktivem Müll und 450 «Castor»-Behälter mit hochradioaktiven Brennelementen ist schon seit 1984 fertiggestellt. Allerdings sind nach den ersten rund 1000 Fässern weitere Einlagerungen durch Gerichtsbeschlüsse blockiert. Gleich nebenan soll eine «Pilot»-Konditionierungsanlage mit einem 60 Meter hohen Kamin für radioaktive Edelgase entstehen, in deren «heißer Zelle» die Brennelemente für die Endlagerung zerschnitten werden. Den Antrag für diese Anlage hat die «Deutsche Gesellschaft zur Wiederaufbereitung von Kernbrennstoffen» (DWK) nur wenige Tage nach dem Unfall in Tschernobyl eingereicht.

Marianne Fritzen, 62jährige Aktivistin der ersten Stunde, läßt sich nicht verdrießen. Sie ist in der «Initiative '60» aktiv, deren Mitglieder, allesamt älteren Jahrgangs, mit Klappstühlen ausgerüstet immer noch an Blockaden teilnehmen. «Ich bin eben eine unverbesserliche Optimistin und hoffe immer noch auf Erfolg», sagt sie, und ihre Augen blitzen. Lilo Wollny, 60 Jahre alt und «im Widerstand ergraut», wie sie sagt, bindet nachdenklich ihre langen Haare zusammen. «Das Zwischenlager und die Vorbereitungen für das Endlager hätten bestimmt nicht so fristgerecht fertiggestellt werden können, wenn wir uns nicht dauernd um die Wiederaufbereitung als das gefährlichste Ding hätten kümmern müssen», glaubt sie.

Gemeinsam wohnen die Frauen dem Gottesdienst bei. «Ja, wir sind schon alt, aber mit euch haben wir die Zukunft noch vor uns», hat Frau Fritzen mit Blick auf die 29jährige Vorsitzende und die 23jährige Pressesprecherin Marianne Tritz vorher gesagt. «Weibliches Beharrungsvermögen», denkt die 50jährige Undine von Blottnitz, sei der Grund dafür, daß der hiesige Widerstand fast immer von Frauen angeführt wurde.

Die grüne Kreistagsabgeordnete Marianne Fritzen, die grüne Bundestagsabgeordnete Lilo Wollny, die grüne Europaparlamentarierin Undine von Blottnitz repräsentieren weibliches Selbstbewußtsein und neue Karrieren – auch das sind Effekte von zehn Jahren Standort Gorleben.

Doch so viel Aufopferung für den Parlamentarismus stößt im Landkreis keineswegs nur auf Begeisterung: «Mir ist aufgefallen, daß der Widerstand geschwächt worden ist, seitdem die kräftigsten Figuren, die am meisten gearbeitet haben, entweder aus persönlichem Ehrgeiz oder weil sie überredet worden sind, von der Basis abgezogen wurden», meint einer der alten Aktivisten in Wolfgang Ehmkes Gorleben-Buch «Zwischenschritte», das gerade noch rechtzeitig zum Jubiläum erschienen ist. «Damit geht ihre Institutionalisierung und ihre Kontrolle durch den Staat einher. Man kann den Widerstand auf diese Weise herrlich integrieren.» Martin Mombaur, der sich von der parlamentarischen Arbeit wieder zurückgezogen hat, ist auf andere Weise skeptisch: «Ich wollte meine Wut und meine Betroffenheit in das Parlament tragen. Aber das ist nicht möglich. Der Anpassungsdruck auch im eigenen Lager ist zu stark. Ich persönlich könnte nie mit einer Partei wie der SPD zusammenarbeiten, die ein Zwischen- und Endlager und eine Konditionierungsanlage akzeptiert.» Martin Mombaur diskutiert nun lieber wieder in der Volkshochschule Göhrde über Tschernobyl und Waldsterben.

Die vielen Mandate sind nicht der einzige Grund, warum es im Wendland ruhiger geworden ist. Nachdem Dragahn bei Dannenberg zum Standort der Wiederaufbereitungsanlage bestimmt worden war – bis dann doch die Entscheidung zugunsten Wackersdorf fiel – war vor allem die zukünftige Atommüll-Bahnstrecke nach Dannenberg das Ziel zahlreicher Sabotageakte. Der Schaden belief sich 1983/84 auf über fünf Millionen Mark. Das niedersächsische Landeskriminalamt setzte eine Sonderkommission ein.

Mit deren Überwachungsmethoden haben im Landkreis mittlerweile selbst Atomkraftbefürworter ihre Erfahrung gemacht. Nur weil er in der Nähe der Dannenberger Bahnlinie sein Fahrzeug parkte, geriet zum Beispiel ein Bürger in das Spurendokumentationssystem des LKA Hannover, kurz «Spudok» genannt. Wie diese Datei aussieht, die auch die Erstellung von «Bewegungsbildern» ganzer Gruppen erlaubt, konnte Marianne Fritzen in dem ihr zugespielten Auszug nachlesen: «PER: FRITZEN MARIANNE GEB BUCHMANN ... HAUSFRAU, TXT: 1 VORSITZENDER BIU LUE DGB ...» Gemeint war ihre Funktion als frühere Vorsitzende der Bürgerinitiative Umweltschutz Lüchow-Dannenberg. 3600 von insgesamt 48 000 Einwohnern des Landkreises sind so gespeichert worden – der «Atomstaat» nimmt Konturen an. Gleichzeitig jedoch hat sich das Wendland zur «ökologischen Modellregion» gemausert.

Im Dorf Quickborn ist eine Biogas-Verbundanlage entstanden, und eine Heizungsanlage mit Waldrestholz für das Schulzentrum Gartow. Kulturelle Projekte sind aus dem politischen Engagement gewachsen; die «Wendländische Filmkooperative», die «Theaterwehr Brandheide», der Verlag «Summa Summarum», der Werkhof in Kukate, das – allerdings illegale – «Radio Freies Wendland». Und im Café «Grenzbereiche» in Platenlaase tummeln sich am Sonntagvormittag die Sprößlinge der Landkommunen, die einst aus der Großstadt kommend hier ein besseres Leben suchten. «Bitte spenden – Frieders Hof ist abgebrannt» steht auf einem Schild neben dem Tresen.

Das alternative Leben im Wendland, Geburtsort und Projektionsfläche vieler ökologischer Utopien, hat sich an harte Realitäten anpassen müssen. Über eine naive Müsli-Kultur sind die hier Ansässigen hinaus, spätestens seit Tschernobyl. Daß die eigenen Prophezeiungen zur bedrückenden Wirklichkeit wurden, hat viele Landbebauer eher gelähmt denn erneut zum Kampf angestachelt. Dennoch: «Wir haben die letzten zehn Jahre für Unruhe gesorgt, es wird uns auch die nächsten zehn Jahre geben.» Die Vorsitzende der Bürgerinitiative, Susanne Kamien, kann es sich jedenfalls nicht anders vorstellen.

24. Juli 1987

Helmut Schmidt

Einer unserer Brüder

Die westdeutsche Publizistik muß achtgeben, daß ihre Berichte und Kommentare aus Anlaß des bevorstehenden Besuches von Erich Honecker nicht uferlos und nicht würdelos werden. Es handelt sich schließlich nur um einen seit 1982 fälligen Gegenbesuch, um einen weiteren Schritt auf einer nur sehr langsam, sehr mühsam begangenen Straße, die zur Normalisierung im Zentrum Mitteleuropas führen soll.

Der Weg wurde durch Willy Brandt in Erfurt, durch Willi Stoph in Kassel und durch den Grundlagenvertrag anfangs der siebziger Jahre begonnen, fortgesetzt 1975 in Helsinki und 1981 am Werbellin-See; er wurde durch vielerlei kleinere Abkommen im Laufe von fünfzehn Jahren begleitet. Er führt nicht zur staatsrechtlichen Vereinigung der beiden deutschen Staaten, aber er kann zu größerer Freiheit für die

Deutschen in der DDR führen. Er kann auch die Freiheit der Deutschen in der Bundesrepublik ausweiten, nämlich ihre Freiheit, in die DDR zu reisen.

Die andere, von Millionen Deutschen erhoffte Straße, welche zur Vereinigung führen soll, ist in der ganzen zweiten Hälfte dieses Jahrhunderts niemals zu erkennen gewesen; im Jahre 1952 hat Stalin einigen Deutschen die Ahnung eingegeben, es könne sie geben – aber jene vage Ahnung hat damals keineswegs ein emsiges Suchen im Gestrüpp der beiderseitigen Beschuldigungen und Rechthabereien ausgelöst, ganz im Gegenteil. Sehr wahrscheinlich hat für Stalin eine Straße zur Vereinigung überhaupt nicht existiert. Das bedeutet keineswegs, daß es sie auch im einundzwanzigsten Jahrhundert nie geben wird.

Denn die internationalen Konstellationen der Mächte ändern sich, wir wissen das aus der Geschichte: Das vom Wiener Kongreß nach dem Sieg über Napoleon geschaffene Gleichgewicht von fünf großen europäischen Mächten hat nur für wenige Jahrzehnte Bestand gehabt; die Anti-Hitler-Koalition der Vereinigten Staaten, Englands, der Sowjetunion und anderer ist nach dem Sieg über Hitlers Drittes Reich einer scharfen Konfrontation zwischen Amerika und der Sowjetunion gewichen; zumindest auf dem Felde der Abrüstung ist daraus inzwischen ein antagonistisches Duopol geworden. Gleichzeitig aber ist in Westeuropa eine anziehungskräftige Europäische Gemeinschaft von unerhörter, einmaliger weltwirtschaftlicher Bedeutung entstanden. Und weit hinter unseren östlichen Horizonten entwickelt sich die Volksrepublik China mit über einer Milliarde Menschen zur dritten Weltmacht.

Konstellationen ändern sich – durch neue Kräfte, neue Ideen und neue Staatslenker. Es ist möglich, daß ihr Wille zur Selbstbestimmung die Staaten Westeuropas im Laufe der nächsten Jahrzehnte dazu führt, die Europäische Gemeinschaft zur vierten Weltmacht zu entwickeln – die Bevölkerungszahlen, das ökonomische Potential und vor allem die Grundlage einer gemeinsam geschaffenen kulturellen Tradition wären dafür eine voll ausreichende Basis.

Jedenfalls wird unsere deutsche Nation abwarten müssen, ob sich im Laufe kommender Generationen nicht doch ein Weg zur Gemeinsamkeit unter einem Dach öffnen wird. Aber erzwingen können wir ihn nicht. Wir sollten ihn auch nicht durch scharfsinnige Juristerei selbst vortäuschen. Darin hat sich Kurt Schumacher geirrt, ebenso wie noch zwanzig und dreißig Jahre nach dessen Tod Franz Josef Strauß und Helmut Kohl, als sie Willy Brandts und meine Politik gegenüber der DDR auf das schärfste kritisierten und herabsetzten. Sie schienen damals zu glauben, wir Westdeutschen könnten durch Verweigerung vor der Wirklichkeit den Weg zur Wiedervereinigung offenhalten. Aber diesen Weg gab es gar nicht. Inzwischen sind sie klüger geworden. Der Druck der Verantwortung, der auf dem Nacken einer Bundesregierung liegt, zwingt jeden Bundeskanzler zum Realismus – ohne Rücksicht auf seine früheren Oppositionsreden. Dies gilt notabene für alle Regierungen, die von einer früheren Oppositionspartei gebildet werden.

Auch Erich Honecker ist längst ein Realist geworden. Er weiß, daß Kohl den Wunsch nach dereinstiger Vereinigung aller Deutschen zwar erwähnen, diese aber vom Staatsratsvorsitzenden der DDR nicht verlangen wird. Er weiß längst, daß die Bürger seines Staates mehr Freiheit und mehr Rechtsstaatlichkeit wollen, vor allem die Freiheit, auch in den Westen zu reisen. Er weiß, daß die DDR längst international anerkannt ist – weitgehend mit unserer stillschweigenden Hilfe – und daß sein früheres Beharren auf formaler Anerkennung der DDR-Staatsbürgerschaft als einer Vorbedingung für weitere Normalisierung auch nur deutsche Juristerei ist. Er weiß inzwischen aber auch, daß Änderungen von Verfassung oder Hymne den Willen zur nationalen Identität in der Seele seiner Staatsbürger genausowenig auslöschen konnten wie vier Jahrzehnte penetranter Erziehung in Jugendorganisationen und Schulen.

Honecker weiß, daß sein Staat zwar innerhalb des Ostblocks wirtschaftlich an der Spitze steht, daß aber der Lebensstandard seiner Bürger deutlich niedriger liegt als der unsrige, daß seine Staatsbürger dies mindestens über das Westfernsehen genau verfolgen können, so daß er jede finanzielle Hilfe (in harter Währung!) der Bundesrepublik nur allzu gern in Anspruch nimmt. Er weiß auch, daß wir Gegenleistungen in Richtung auf mehr Freiheit verlangen.

Ihm ist völlig klar, daß seine Gegenleistungen zwei prinzipiellen Begrenzungen unterliegen. Zum einen müssen sie der sowjetischen Führung akzeptabel erscheinen, Moskau darf nicht in die Lage kommen, negative Folgewirkungen für sich selbst oder für seine Verbündeten befürchten zu müssen; zum anderen dürfen seine Gegenleistungen nicht sein eigenes Werk gefährden – und wenn er selbst in Altersweisheit ein Risiko unterbewerten sollte, so sind im Politbüro oder im Zentralkomitee andere SED-Genossen zur Stelle, mit denen er rechnen muß, zumal sie ihre eigenen Verbindungen zum Moskauer Apparat der KPdSU unterhalten.

Glasnost und *perestrojka* ändern nichts daran, daß der Schatten Moskaus gewaltig und sein Arm sehr wirksam ist. Die Souveränität der DDR und der SED ist sehr viel stärker eingeschränkt als diejenige der Bundesrepublik und jeder Bundesregierung. Trotzdem – auch dies weiß man längst in Ost-Berlin – reicht der Arm Moskaus keineswegs aus, um die DDR-Führung von dem für sie leidigen Monstrum der eingemauerten Enklave West-Berlin zu befreien. Dagegen stehen die Vereinigten Staaten, Frankreich und England und das Risiko des Krieges.

Sein eigenes Werk ... Es war Erich Honecker, der auf Ulbrichts Geheiß die Mauer gebaut hat – vor einem Vierteljahrhundert. Inzwischen ist er ein alter und kluger Mann geworden, nächsten Monat wird er seinen fünfundsiebzigsten Geburtstag feiern. Er hofft auf Egon Krenz als Nachfolger – aber wer weiß? Honecker möchte sein Haus bestellen und sein Werk abrunden. Auch bei ihm spüre ich inzwischen die deutsche Identität, nicht nur das Quentchen Heimweh nach Wiebelskirchen und dem Saarland.

Ich habe ihn im Laufe der letzten zwölf Jahre fünfmal getroffen, insgesamt wohl zwanzig Stunden des Gesprächs zu zweit. Er ist im Laufe der Jahre sicherer geworden, weniger formelhaft und dafür persönlich, er ist verbindlicher geworden – und er wirkt sehr viel deutscher als damals 1975 in Helsinki. Vielleicht tut ihm heute innerlich die Mauer sogar leid – aber beseitigen kann er sie nicht, er darf nicht einmal darüber sprechen.

Wer gegen Hitler Widerstand geleistet hat, wer dabei sein Leben und seine Freiheit riskiert hat, der hat recht gehabt – ob er Konservativer war oder Sozialdemokrat, ob ein adliger Offizier oder ein Kommunist. Honecker hat recht gehabt. Er hat dafür acht Jahre im Zuchthaus zu Brandenburg gesessen. Wenn es ihm gelungen wäre, ins Ausland zu entkommen, vielleicht auf Umwegen nach Moskau, wenn er dann in Moskau in Konflikt mit Menschen der KPdSU geraten und dafür in die Lubjanka eingesperrt worden wäre, vielleicht hätte dies eine ähnliche Umkehr bewirkt, wie sie aus solchem Grunde Herbert Wehner erlebt hat.

Aber das sind theoretische Hirngespinste, denn der Zufall des Lebensweges hat ihn in Hitlers Zuchthaus geführt – Gott sei Dank nicht in die physische oder die psychische Vernichtung durch Hitler. Aber natürlich hat er sich in der Haft an seine kommunistische Grundüberzeugung geklammert – woran denn sonst? Als der Krieg zu Ende und er befreit war, wollte er sein Teil dazu beitragen, daß sich die Schrekken der Vergangenheit niemals wiederholen können – beitragen natürlich auf der politischen und moralischen Grundlage, die ihm in jahrelanger Haft ermöglicht hatte, seelisch zu überleben. Wer in der sicheren Freiheit des Westens will ihm das vorwerfen? Honecker ist ein Deutscher, der seine Pflicht erfüllen will – seine Pflicht, so wie er diese als ihm auferlegt empfindet.

Wer im sicheren Westen will Honecker dafür schelten, daß weder Hegel noch Marx noch Lenin dem Kommunismus die Grundwerte von persönlichen Freiheitsrechten und Demokratie mit auf den Weg haben geben können? Honecker ist ein Kommunist geblieben. Für uns im Westen dagegen stehen die Grundrechte der Person als oberster Wert an der Spitze, wir sind Demokraten geworden und wollen Demokraten bleiben. Das trennt uns. Wir wollen von Honeckers Kommunismus nichts wissen. Das ist unser Recht, das muß Honekker akzeptieren; er muß auch akzeptieren, daß wir deswegen weder Imperialisten noch kapitalistische Unterdrücker noch Faschisten sind. Auch dies weiß er übrigens schon lange.

Der Bundesminister Schäuble hat die Ermahnung ausgegeben, man solle an Honeckers Besuch keine übertriebenen Erwartungen knüpfen. Er hat recht. Die gleiche Ermahnung hatten wir auch 1981 vor meinem Besuch am Werbellin-See ausgesprochen, ebenfalls zu Recht. Denn beide Besuche waren und sind nur kleine Schritte auf dem Wege zur Normalität. Wenn der heutige Bundeskanzler Herrn Honecker mit militärischem Zeremoniell in der Bundeshauptstadt empfängt, so ist auch dies ein kleiner Schritt nach vorn; Kohls Gegenbesuch braucht danach nicht mehr in einem Schloß in der Mark Brandenburg stattzufinden, sondern er kann dann den Staatsratsvorsitzenden an dessen Amtssitz in seiner Hauptstadt aufsuchen. Kohl hat dabei Glück, denn der Oppositionsführer Hans-Jochen Vogel empfindet diese Schritte Kohls in Richtung auf Normalität noch stärker als Notwendigkeit als der Kanzler selbst. Helmut Kohl muß sich der reaktionären Kritik im eigenen Lager erwehren – von Vogel braucht er in diesem Punkte keine Kritik zu erwarten, gegen die er sich verteidigen müßte.

Honecker und ich haben seinerzeit mehrfach übereinstimmend und auch gemeinsam gesagt, wir wollen alles tun, damit von deutschem Boden nie wieder Krieg ausgehen kann. Dies bleibt auch in Zukunft ein wegweisendes Wort. Es hat damals den mecklenburgischen Landesbischof Rathke im Güstrower Dom bewegt, «dem Marxisten Erich Honecker und dem Christen Helmut Schmidt» zu sagen, er bete für beide «zum Gott des Friedens und der Versöhnung», und er hoffe auf Frieden und Verständigung, auf Gleichklang und Gleichberechtigung. Auch dies bleiben Worte, die den Weg für die Zukunft weisen.

Seit Jahren haben wir an die tausendmal von den Deutschen in der DDR als von unseren Brüdern und Schwestern geredet. Laßt uns damit Ernst machen. Auch wenn Erich Honecker und wir politisch und parteipolitisch nie Freunde werden können, laßt uns ihn würdig empfangen – empfangt ihn als einen unserer Brüder!

4. September 1987

THEO SOMMER

Deutschland: gedoppelt, nicht getrennt?

Es ist gut, sich gegen Überschwang zu wappnen: Der Besuch Erich Honeckers in der Bundesrepublik und das «Papier» der SPD und der SED über den «Streit der Ideologien und die gemeinsame Sicherheit» werden die Welt der Deutschen nicht grundstürzend verändern. Aber trotzdem haben beide Ereignisse ihr politisches Gewicht. Sie markieren einen historischen Einschnitt. Sie machen Fortschritte in den deutsch-deutschen Dingen augenfällig, die noch vor einer halben Generation kaum jemand für möglich gehalten hätte. Und sie weisen auch die Richtung, in der noch mehr Annäherung und Ausgleich möglich wäre.

Zwanzig Jahre sind vergangen, seitdem ein CDU-Bundeskanzler die DDR ein «Phänomen» nannte, ein «Gebilde, kein Staat». Jetzt empfängt ein anderer CDU-Kanzler das Staatsoberhaupt eben dieser DDR in der Bundeshauptstadt; er hat sich, der Staatsräson der Bundesrepublik folgend wie der Räson des Herzens, voll in die deutschlandpolitische Kontinuität seiner SED-Vorgänger gestellt. Inzwischen hat sich über Erwarten gut eingespielt, was die sozial-liberalen Urheber der neuen Ostpolitik Ende der sechziger Jahre gegen den erbitterten Widerstand der Union anzustreben wagten: das «geregelte Nebeneinander» der beiderlei Deutschen. Die Teilung der Nation ist nicht überwunden, wohl aber sind ihr die schrecklichsten Schärfen genommen – nicht alle, doch viele; und es besteht begründete Aussicht auf weitere Verbesserung.

Die Welt darf es zufrieden sein. Nicht länger sind die beiden deutschen Staaten in jeder internationalen Krise die Scharfmacher, die ihre jeweiligen Bündnisvormächte in die Konfrontation hineinstachelten. Im Gegenteil, sie sind zu Faktoren der Mäßigung geworden, zu Protagonisten des Dialogs und Verfechtern pragmatischer Zusammenarbeit, allen Systemgegensätzen zum Trotz. Sie leugnen nicht die Unterschiede, doch ignorieren sie auch nicht vor lauter Verkrampfung die Gemeinsamkeiten. Sie nutzen die Spielräume, die ihnen die Einbindung in ihre verschiedenen Bündnisse läßt, um Zusammenarbeit zu organisieren. Und sie haben die «deutsche Frage», die bis weit in die sechziger Jahre hinein das Ost-West-Verhältnis belastete, von der aktuellen Tagesordnung gestrichen. Die deutsche Frage ist heute eine Frage an die Geschichte, nicht an die operative Politik.

Auch die Deutschen – die hüben wie die drüben – dürfen über die Entwicklung der letzten zwei Jahrzehnte Genugtuung empfinden. Noch steht die Mauer, noch schneidet die verhaubewehrte Grenze mitten durch Deutschland. Doch Mauer und Grenze sind durchlässiger geworden, in beiden Richtungen. Erich Honecker hat die Zahl der Westreise-Genehmigungen dramatisch erhöht: Rund eine Million DDR-Bürger unterhalb des Rentenalters dürfen in diesem Jahr zu uns kommen, gegenüber 66000 vor zwei Jahren; Städtepartnerschaften mehren sich; eine Fülle neuer Abkommen regelt das Nebeneinander von Bundesrepublik und DDR; der Handel hat sich seit 1967 verfünffacht. Vor allen Dingen jedoch: Der ideologische Kleinkrieg, das vergiftende Gegeneinander, das Aufeinander-Herumhacken mit Gänsefüßchen und Agitprop-Keulen hat so gut wie aufgehört. Es hat sich eine Normalität in der Teilung herausgebildet, die verbesserungsbedürftig ist, aber auch verbesserungsfähig.

Erich Honeckers Reise in den Westen Deutschlands mag man als protokollarische Besiegelung des Vollzogenen sehen. Der Mann, der einst auf Ulbrichts Befehl die Berliner Mauer baute und eifernd Abgrenzung predigte, kommt nun als Exponent einer behutsamen Öffnungspolitik, die für ihn nicht ganz risikofrei ist; er folgt da dem Diktat der eigenen Staatsräson wie der Räson des eigenen Herzens. Zugleich aber schafft das gemeinsame Papier der SPD-Grundwertekommission und der Akademie der Gesellschaftswissenschaften beim

SED-Zentralkomitee so etwas wie eine theoretische Ausgangsposition für die nächste Etappe deutsch-deutscher Politik.

An Einzelheiten dieses Papiers läßt sich trefflich herumnörgeln. In manchen Passagen wirkt es leicht salbadrig. Begriffe, die Kommunisten und Sozialdemokraten mit ganz unterschiedlichen Inhalten füllen, bleiben undefiniert: Selbstbestimmungsrecht der Völker, Demokratie und Menschenrechte, Nichtangriffsfähigkeit. Aber die Sozialdemokraten haben nicht verleugnet, wo sie hingehören. Sie bekennen sich zur pluralistisch organisierten Demokratie; sie verschließen nicht die Augen vor der Tatsache, daß der Streit über Grundfragen weitergehen wird; sie wollen ganz bewußt die Gegensätze nicht verwischen. Indessen plädieren sie für eine «Kultur des politischen Streits und des kontroversen Dialogs», der den Wettstreit der Systeme an Regeln bindet und seinem Absturz in den militärischen Konflikt vorbeugt. Die SED-Vertreter haben dies unterschrieben. Wer fände daran etwas zu kritisieren? Oder an folgenden Sätzen:

- «Beide Seiten müssen sich auf einen langen Zeitraum einrichten, währenddessen sie nebeneinander bestehen und miteinander auskommen müssen. Keine Seite darf der anderen die Existenzberechtigung absprechen. Unsere Hoffnung kann sich nicht darauf richten, daß ein System das andere abschafft. Sie richtet sich darauf, daß beide Systeme reformfähig sind ... Koexistenz und gemeinsame Sicherheit gelten also ohne zeitliche Begrenzung.»
- «Jedes der beiden Systeme kann die von ihm beanspruchten Vorzüge nur durch das Beispiel zeigen, das die Menschen innerhalb und außerhalb seiner Grenzen überzeugt.»
- «Die offene Diskussion über den Wettbewerb der Systeme, ihre Erfolge und Mißerfolge, muß innerhalb jedes Systems möglich sein.»

An alledem ist wahrhaftig nichts auszusetzen. Die DDR wird daran – wie vor zwölf Jahren an der KSZE-Schlußakte – mehr zu kauen haben als die Bundesrepublik; um so mehr wiegt ihre Unterschrift. Gewiß müssen aus den Absichtserklärungen erst noch Handlungsanweisungen werden. Doch fängt jeglicher Wandel immer zuerst in den Köpfen an – und hier ist ein Anfang gesetzt, der nicht nur die deutsche Welt verändern kann.

Im übrigen ist ja auch der Grundgedanke richtig, der das SPD/SED-Papier von Anfang bis Ende durchzieht: «daß die Menschheit nur noch gemeinsam überleben oder gemeinsam untergehen kann»; daß deswegen Friedenssicherung, Abrüstung und eine Neubelebung des Entspannungsprozesses Vorrang haben müssen; daß nur so die neuen Menschheitsaufgaben zu meistern sind: die Überwindung der ökologischen Krise, die Bekämpfung des Hungers, die Entwicklung der Dritten Welt. Nur Narren können die Logik des Arguments bestreiten. Jeder Vernünftige aber wird es begrüßen, daß Kommunisten sich nach Jahrzehnten verblendeter Selbstisolierung gemeinsam mit dem Westen den neuen Herausforderungen stellen wollen.

Fügen wir hinzu: Es gibt auch keinen anderen Weg, das Los der Deutschen im gespaltenen Deutschland zu erleichtern und das geregelte Nebeneinander der zurückliegenden anderthalb Jahrzehnte in ein unverkrampftes Miteinander zu verwandeln. Der Weg in eine hellere Zukunft führt über Verminderung der Streitkräfte und Waffenarsenale in Europa. Nur so läßt sich die Teilung mildern, Deutschlands und des Kontinents, ja: ein Stück Teilung überwinden.

Die deutsche Einheit aber, die manche jetzt wieder an die erste Stelle der internationalen Tagesordnung rücken wollen, für die andere sogar ausgeklügelte Fahrpläne entwerfen? Sie steht auf unüberschaubare Zeit nicht ernsthaft zur Debatte. Da gilt wohl Gorbatschows Wort: «Heute sind die beiden deutschen Staaten eine Realität … Mag die Geschichte entscheiden, was dann in hundert Jahren wird.» Heute kann die Parole nur heißen: Einigung, nicht Vereinigung; Verzahnung, nicht Zähnezeigen.

Abrüstung ist die nächste, dringlichste Aufgabe: Abbau militärischer Überlegenheit, wo sie besteht, Schaffung von Stabilität auf niedrigerem Niveau. Das wird eine Generation dauern, bis sich danach die Pakte auflösen, kann noch einmal eine halbe Generation vergehen. Und dann bleiben immer noch die unterschiedlichen politischen und wirtschaftlichen Systeme. Näherten sie sich – worüber wiederum viel Zeit ins Land gehen wird – einander an, so hätten wir wohl die von vielen ersehnte «europäische Friedensordnung». Bis dahin mögen fünfzig Jahre verstreichen, vielleicht Gorbatschows hundert Jahre. Wer kann wissen, ob die deutsche Einheit dann möglich wird – oder selbst den Deutschen unnötig erscheint? Ob wir unter diesen Umständen nicht die Europäische Union der Deutschen Union vorziehen? Ob nicht an die Stelle einer einheitsstaatlichen Lösung der deutschen Frage eine bescheidenere Regelung der deutschen Verhältnisse trifft: friedliche Teilung? Deutschland gedoppelt, doch nicht getrennt?

Nächste Woche werden Erich Honecker und Helmut Kohl in Bonn miteinander reden. Sie sollten die Sprechzettel ihrer Räte beiseite legen, die «deutsche Frage» ignorieren und sich den existentiellen Fragen der Deutschen widmen. Der Ostberliner Konsistorialpräsident Stolpe hat sie jüngst unübertrefflich formuliert: «Wie kann von deutschem Boden zuverlässig Frieden gesichert werden? Wie kann die Mauer überflüssig werden? Was ist der Deutschen Vaterland? Kann verantwortlich von Wiedervereinigung gesprochen werden?»

11. September 1987

Carl-Christian Kaiser

Viele Wahrheiten, kein Augenzwinkern

Erich Honecker in Bonn: Im Umgang miteinander sind die beiden deutschen Staaten erwachsen geworden

Bonn, im September

Schon am Abend des ersten Tages zeigte sich auf den Gesichtern der Fahrensleute der Bonner Deutschlandpolitik stille Genugtuung. Auch ihre Gäste aus der allerersten Garnitur des anderen deutschen Staates wirkten ganz entspannt. Mehr zu zeigen, verbieten ihnen freilich die Verhältnisse und die Rollen. Sie sind ja immer auch die Repräsentanten zweier völlig verschiedener Systeme, die den Globus teilen, selbst wenn die Deutschen, die da im barockisierenden Redouteschlößchen in Bad Godesberg beieinanderstanden, nun einmal Landsleute und unmittelbare Nachbarn sind.

Erich Honecker hielt auf einem schmalen Sofa, das wie eigens für seine zierliche Gestalt gezimmert schien, sogar ein bißchen Hof. Aber auch während dieser informellen Stunde nach dem offiziellen Essen im großen Redoutensaal, der so vollgestopft war, daß die Ober den Wildlachs und die Medaillons gar nicht auflegen konnten, weshalb sich die mehr als 150 Spitzen der bundesrepublikanischen Gesellschaft von den dargereichten Platten selber bedienen mußten, regierte eisern das Protokoll, das gerade bei Kommunisten eine so große Rolle spielt. Erich Honecker, als Vorsitzender des DDR-Staatsrates der Chef eines kollektiven Staatsoberhauptes, wandte sich nur an ranggleiche Gäste, zum Beispiel den Bundespräsidenten a. D. Karl Carstens. Von gleich zu gleich – darauf legten die Spitzenpolitiker aus der DDR auch beim Mokka Wert.

Dennoch: entspannte Atmosphäre. Es war alles gutgegangen in diesen ersten zwölf Stunden von morgens zehn bis abends zehn, den ersten heiklen Moment eingeschlossen, als der SED-Generalsekretär im Geviert vor dem Kanzleramt in der allergrößen Version jener Nobelmarke vorfuhr, die nicht nur die Flotte der Bonner Staatskarossen bestimmt, sondern als Gefährt des bundesdeutschen Kapitalismus gilt. Da stand das Wachbataillon der Bundeswehr stramm, da erklangen die beiden Hymnen, im Hintergrund das Spalier der gleichfarbigen Fahnen, jede zweite mit Hammer und Zirkel im Ährenkranz, und das alles für Hunderte von Okularen, zur weltweiten Dokumentation auf die Szene gerichtet.

Auf diesen Augenblick, auf diese zehn Minuten währende Zeremonie, kam es dem Gast zunächst und vor allem an: augenfälliger Beweis der Anerkennung, der Gleichberechtigung, der Souveränität. «Erichs Krönung», zitierte jemand halblaut den Volksmund der DDR. Wie viele der Augen- und Ohrenzeugen, besonders in der Begrüßungsreihe der Bonner Politiker, haben in diesem Moment im Herzen einen Stich verspürt? Ihre Mienen waren ebenso wie die der DDR-Gäste undurchdringlich. Gerade die Reglosigkeit der Gesichter spiegelte die Spannung wider.

Befangenheit auch in den Anfangsminuten, als sich die Delegationen im Kanzleramt zur ersten Gesprächsrunde zusammensetzten. Soweit ist keiner ein eiskalter Profi, daß er sich vollkommen in der Gewalt hätte – und sei es, daß ihm nur das Bedürfnis nach jovialer Auflockerung kleine Streiche spielt. Nicht einmal Honecker war frei davon, als er sich erkundigte, fast als sei er der Gastgeber, wer denn Kaffee oder Tee wünsche.

Die Nervosität wich schnell. Zunächst wurde sie aufgefangen durch die Grundsatzerklärungen, die erst Helmut Kohl und dann sein Gast zu verlesen begannen. Je länger dieser offizielle Austausch dauerte, desto häufiger wichen beide von ihren sorgsam formulierten, ja ziselierten Texten ab. Am Ende sprachen sie sogar passagenweise ganz frei. In die innere Anspannung mischte sich ein Gran Unangestrengtheit.

Wie die Stimmungen, Gefühle und Eindrücke lassen sich auch die Sachgespräche im großen Kreis, unter vier, sechs oder zwölf Augen und die öffentlichen Reden nur in Widersprüchen und Paradoxien beschreiben. Denn beide Seiten haben sich nichts geschenkt – weder zu Beginn, als die offiziellen Stellungnahmen noch wie auf ganz verschiedenen Schienen auf die oft so entgegengesetzten Grundsatzpositionen zuliefen, noch dann, als der eigentliche Dialog begann.

Was die Gegensätze angeht, so bewegte sich Erich Honecker zwar mehr im Allgemeinen, etwa bei der Binsenwahrheit, daß sich Kapitalismus und Sozialismus wie Feuer und Wasser zueinander verhielten, nicht zu reden von der Betonung der Gleichberechtigung und der eigenen Souveränität. Dennoch, zumindest beim Gastmahl in der Redoute, hätte es wie ein Affront wirken können. Aber alle Gesichter blieben höflich.

Grundsätzlicher noch der Kanzler: Er hatte ja an das verbreitete Unbehagen in den eigenen Reihen zu denken, daß sich ausgerechnet unter seiner Regierung die faktische und mit allen protokollarischen Insignien ausgestattete Anerkennung des DDR-Regimes noch einmal vollzog. Also wurde er mit seiner Prinzipienfestigkeit genauer als sein Gast. Ohne Umschweife sprach er davon, daß «an der Grenze die Waffen auf Dauer zum Schweigen gebracht werden» müßten; oder: wie sehr die Menschen unter der Mauer litten, so daß «Hindernisse jedweder Art abgeräumt» gehörten. Auch da blieben die DDR-Gäste allenfalls in sich gekehrt.

Für solche offenherzige Grenzziehung hatte Richard von Weizsäkker ein Beispiel gegeben – mit seinem Satz beim Mittagessen für den Staatsratsvorsitzenden, daß es zwar nicht um den Verzicht auf Werte und Grundsätze gehe, daß er aber glaube, Prinzipien würden um so überzeugender wirken, «je mehr sie sich in einer menschenfreundlichen Praxis bewähren». Das war recht starker Tobak – zumal derlei direkt in die Fernsehkameras gesprochen und auch in die DDR übertragen wurde. Kaum anders ist es in den internen Gesprächsrunden zugegangen: viele Wahrheiten, kaum Augenzwinkern.

Aber wen deshalb ein unbehagliches Gefühl ankam, weil soviel

Wahrheitspflege das deutsch-deutsche Verhältnis vielleicht doch wieder ins Schwanken bringen könnten, der fand sich, jedenfalls fürs erste, nicht bestätigt. Wie es scheint, hat sich dieses Verhältnis über die letzten Jahre hinweg derart gefestigt und eingespielt, daß es Offenherzigkeit verträgt. Gegensätze und Unvereinbarkeiten können beim Namen genannt, kritische Vergleiche angestellt werden, eben weil sich die Beziehungen so sehr normalisiert haben.

Darin liegt ein Unterschied zu früher. Als die sozial-liberale Regierung mit der neuen Deutschland- und Ostpolitik ernst machte, hat sie sich auf dem damals noch so brüchigen deutsch-deutschen Terrain überaus vorsichtig bewegen müssen, auch verbal. Dank ihrer langen und behutsamen Vorarbeit, nach der allmählichen Entkrampfung, ist zunehmende Offenheit möglich. Jetzt profitiert die christlich-liberale Regierung davon.

«So was von normal, sogar mit Frechheiten», staunte und freute sich Günter Gaus auf dem Redouten-Abend, einst der erste Ständige Bonner Vertreter in der DDR, der mit der Umsicht eines Sprengmeisters ehedem viele Minen entschärfen mußte. Die besondere deutsch-deutsche Brücke trägt, auch wenn Ost-Berlin offiziell von Besonderheiten nichts wissen will, sondern von Beziehungen wie zwischen zwei fremden Staaten spricht.

Doch genau besehen, zementiert sie sich sogar selber, bei den vielen schon bestehenden und weiter in Aussicht genommenen speziellen innerdeutschen Regelungen oder ihrer indirekten EG-Zugehörigkeit sowieso, aber auch im weltpolitischen Zusammenhang. In den zugespitzten Zeiten der Raketennachrüstung hat sich diese Brücke ja als haltbar erwiesen, nicht zuletzt dank Honecker, der damals von der «Notwendigkeit der Schadensbegrenzung» sprach. Jetzt werden auf ihr vorsichtig weitere Schritte erprobt oder anvisiert – auch aus der von beiden Seiten ein um das andere Mal bekräftigten Erkenntnis, daß unter den nuklearen Vorzeichen die Friedenssicherung das höchste Gebot sei.

Gemeinsam ist Kohl und Honecker die aktuelle Sorge, daß wegen des amerikanischen Wahlkampfkalenders ein Zeitverlust von mehreren Jahren drohen könnte, falls die Null-Lösung bei Mittelstreckenraketen nicht bald zustande kommt. Ost-Berlin zielt offenkundig weit darüber hinaus auf eine Verknüpfung von Deutschland- und Sicherheitspolitik, etwa durch regelmäßige und intensive Konsultationen, wie sie im Ansatz schon der Grundlagenvertrag zwischen den beiden Staaten vorsieht. «Keiner kann seinen Frieden allein haben», hat Honecker wiederholt in Bonn gesagt – also auch keinen Frieden gegeneinander. Und die Rede war, bei aller Loyalität zum jeweils eigenen Bündnis, sogar von einer partnerschaftlichen Haltung beider Staaten, Stichwort gemeinsame Initiativen bei den Vereinten Nationen.

Allein die ganz Hartgesottenen in Bonn halten sich noch daran fest, daß Honecker bei alledem bloß als Herold und Beauftragter Michail Gorbatschows auftritt. Der SED-Chef weiß: Jede Rakete in seinem Land ist immer auch ein Ziel. Die Bundesregierung indes mag sich mit dem Gedanken an eine solche Partnerschaft noch nicht recht anfreunden – selbst wenn sich Außenminister Genscher mit seinem Kollegen Fischer fortan auch in der DDR und nicht nur bei Gelegenheit internationaler Konferenzen treffen wird.

Auch in den Reihen der Bonner waren einige neue und Nuancen zu vernehmen. Am einprägsamsten formulierte abermals Richard von Weizsäcker. Er sprach davon, wie schon früher ein paar Schritte vor der Regierungslinie, daß der Grundsatz der Kriegsverhinderung nicht genüge; es gehe auch um die Förderung «systemöffnender Zusammenarbeit». Mit anderen Worten: Friedenssicherung auf eine Weise, die über Abrüstung weit hinausreicht.

Dieser Gedanke ist in der DDR virulent. Er ist sogar von der SED bereits mehrmals artikuliert worden. Aber wie in der Bundesrepublik die Auseinandersetzung um jenes SPD-Papier, das zwischen Friedenssicherung und ideologischem Streit Brücken zu schlagen versucht, an Leidenschaft zunimmt, so sind auch die Debatten in der SED darüber sehr kontrovers, wenngleich sie bisher nicht an die Öffentlichkeit dringen. Mit Schritten auf Neuland, über die von der Faustregel «menschliche Erleichterungen gegen finanzielle Vorteile» bestimmte klassische Deutschlandpolitik hinaus, tun sich beide Seiten noch schwer.

Das gilt um so mehr, als sich selbst der Ertrag der beiden Bonner Tage, der nach diesem klassischen Grundmuster zustande gekommen ist, einstweilen einigermaßen vage ausnimmt. Die drei Abkommen über Umweltschutz, wissenschaftlich-technische Zusammenarbeit und den Erfahrungsaustausch beim Strahlenschutz zimmern vorläufig nur den Rahmen. Er muß sich erst allmählich mit Mosaiksteinchen füllen. Konkret: Die Abkommen führen nicht gleich zu einer Kooperation im großen Stil, schon gar nicht, wenn es dabei, was notwendig wäre, um millionenschwere Investitionen geht, wie im Fall Rauchgasentschwefelung der DDR-Kohlekraftwerke. Ansonsten: Kein Zufall, daß in dem gemeinsamen Kommuniqué hauptsächlich von «Gesprächen» die Rede ist, sei es nun über Verbesserungen im Eisenbahnverkehr, der wirtschaftlichen Zusammenarbeit oder im Tourismus.

Nein, wichtigster Punkt war der Besuch an sich. Für Erich Honekker und Ost-Berlin bildet er den Schlußstein für die faktische Anerkennung und für Bonn bedeutet er die Stabilisierung der Beziehungen. Wie bei dem Treffen zwischen dem SED-Generalsekretär und Helmut Schmidt am Werbellinsee vor sechs Jahren wird er seine praktischen Auswirkungen erst auf längere Sicht zeigen. Schon damals wurden ja die Ansätze geschaffen zu jener geradezu sensationellen Ausweitung des DDR-Besuchsverkehrs, der dem deutsch-deutschen Umgang eine wirkliche humane Qualität zu geben begonnen hat und noch mehr zu geben verspricht. Erst über die Jahre hinweg wird das Ausmaß des Wandels, der Veränderungen und Verbesserungen deutlich.

Wird es nun, vielleicht binnen kürzerer Fristen, zu so etwas wie einem freien Reiseverkehr kommen? Und zu einem Stromverbund? Zu einer Einbeziehung der Großstädte Hannover, Hamburg und Kiel in den kleinen Grenzverkehr? Zu innerdeutschen Fluglinien? Und zu einer Lösung des Elbe-Problems, über die sich Erich Honecker und der in dieser Sache noch immer widerborstige niedersächsische Ministerpräsident Ernst Albrecht in der Redoute unterhielten? Das sind Fragen an die Zukunft, aber manche davon sind schon ziemlich konkret gestellt.

Andererseits: Auf eine Reduzierung oder gar Abschaffung des Mindestumtausches bei Reisen in die DDR gibt es keine Aussicht; auch nicht darauf, daß West-Berliner bei Kurzbesuchen 48 Stunden im anderen Teil der Stadt bleiben dürfen, also auch übernachten können. Da wuchert noch Mißtrauen, die Furcht vor einer unkontrollierbaren Flut. Immer wieder gibt es Punkte, an denen der innerdeutsche Fortschritt einer Schnecke gleicht.

Trotz alledem: Was für Unterschiede! Das erste deutsch-deutsche Treffen in Erfurt 1970: Der Schrei der Landsleute nach Willy Brandt. Wenige Monate später die zweite Zusammenkunft in Kassel: Eine von Demonstranten dafür und dagegen vollgestopfte Stadt, daß die Begegnung auch deshalb zeitweise an den Rand einer Krise geriet. Darauf 1981 die intensiven Gespräche am Werbellinsee, doch dann der plumpe Mummenschanz der Staatssicherheit bei Helmut Schmidts Abstecher nach Güstrow.

Nun Bonn 1987, nach drei gescheiterten Anläufen zu Erich Honeckers Gegenbesuch: Selbst wenn man den Generalsekretär und Staatsratsvorsitzenden nicht meistens durch die Luft transportiert hätte – Aufzüge und Proteste wären wohl kaum über das Häuflein hinausgewachsen, das am Montagabend vor der Redoute, am Dienstag vor dem Hotel «Bristol» bei Honeckers Essen für Kohl den Abbau der Mauer forderte.

Vor dem Hotel also, abgesehen von den wenigen Rufern und Transparenten, Ruhe, gewohntes abendliches Leben. Drinnen noch einmal die Markierung der grundsätzlichen Unterschiede. Im gleichen Atemzug bekräftigt man den Vorsatz, jenseits aller Differenzen dort mit Vernunft und Augenmaß zusammenzuarbeiten, wo es möglich ist. Deutliche Worte ohne unnötige Verhärtungen in der Sache. Im Umgang miteinander sind die beiden deutschen Staaten erwachsen geworden.

16. Oktober 1987

THEO SOMMER

Von der Pietät der Demokraten

I.

Der Ruin eines Lebensschicksals erschüttert die Zeitgenossen – desto mehr, je höher der vorangegangene Aufstieg, je tiefer der nachfolgende Fall. Vollends, wo dieses Schicksal über den Bezirk des Privaten hinausragt, geht von seinem Ende bewegende Wirkung aus. Zuweilen bringt der polternde Sturz eines Hochmögenden die Fundamente ins Beben, auf denen das Gemeinwesen gründet. Der Niedergang und Tod des Uwe Barschel gehören in diese Kategorie.

Hier vollendete sich eine persönliche Tragödie, wie sie die Bundesrepublik in den fast vier Jahrzehnten ihres Bestehens noch nicht erlebt hat. Ein Günstling der Götter, der jung in höchste Würden hineinwächst, gerät mit einem Male unter einen düsteren Schatten. Er überlebt als einziger ein schweres Flugzeugunglück, stürzt sich, kaum genesen, in einen brutalen Wahlkampf, bei dem es um sein Überleben im Amt geht – da verschlingt ihn binnen zweier Wochen der Strudel des Pfeiffer-Skandals. Er verliert erst Amt, dann Würde. Wenig später ereilt ihn in Genf der Tod. Ob es die *moira* der Griechen war, die da waltete, unausweichliche Verstrickung also, oder der Fluch der eigenen bösen Tat, die sich gegen ihn kehrte – wir werden es womöglich nie erfahren. Uwe Barschel nimmt seine subjektive Wahrheit mit ins Grab, und an dessen Rand gebietet die Pietät auch dem Zweifel Schweigen.

Aber allenfalls zeitweilig. Denn hinter der privaten Tragödie scheint zugleich ein größeres, ein politisches Drama auf, dessen *dénouement*, wenn denn das Gemeinwesen nicht Schaden nehmen soll, es erfordert, daß nach dem Begräbnis nicht der Mantel der Barmherzigkeit über die ganze Affäre gebreitet wird. Der Tod einer Hauptfigur erledigt die Fragen nicht, die vor deren Ende Antwort heischten. Er sollte Stil und Tonart der eben erst angelaufenen Untersuchung mäßigen, sollte sachliche Rigorosität an die Stelle parteipolitischer Rabiatheit setzen; abschneiden darf er die Suche nach Klarheit und Wahrheit keineswegs. Es genügt nicht, das Grab Barschels zu bekränzen, aber das Giftkraut der in seinem Umkreis eingerissenen Mafia-Methoden unbekümmert weiter wuchern zu lassen. Daher tut rückhaltlose Aufklärung not.

Wir schulden sie den Lebenden, die mit den in der Schwäche der menschlichen Natur angelegten Mängeln unserer Institutionen auf die Dauer nur werden leben können und leben wollen, wenn sie in Krisen immer wieder entschlossen deren Einsichtsfähigkeit und Korrekturfähigkeit erleben. Darin liegt ja der entscheidende Unterschied zwischen Demokratie und Diktatur: daß die demokratisch verfaßte Gemeinschaft ihre Legitimationsbasis gerade in Stunden der Anfechtung erneuern kann. Freilich, sie muß solche Stunden auch nutzen; sonst geht es schnell bergab mit ihr.

Rückhaltlose Aufklärung schulden wir aber auch dem toten Uwe Barschel. Darin liegt die einzige Chance, sollte er denn ungerecht behandelt worden sein, daß ihm nachträglich Gerechtigkeit widerfährt, genauer: daß am Ende zutage kommt, es seien die widerlichen Machenschaften, die von seiner Staatskanzlei ihren Ausgang nahmen, nicht auch seiner persönlichen Initiative entsprungen. Spräche einzig die Wahrheit gegen ihn, so wäre dies kein Verstoß gegen die Pietät.

II.

Das Stück «Die Macht und die Machenschaften», das nun seit vier Wochen auf der Kieler Landesbühne gegeben wird, erregt und erschreckt die Öffentlichkeit. In den ersten Akten ist ein Held nicht aufgetreten, nur eine gebrochene Figur nach der anderen. Rückgratverkrümmung als Rollenvoraussetzung?

Warum ist der CDU-Finanzminister Asmussen, der Uwe Barschels Ehrenwort ins Zwielicht stellte, erst jetzt damit herausgerückt, daß der Ministerpräsident seit Anfang des Jahres über die anonyme Steueranzeige gegen Björn Engholm Bescheid wußte? Stand er dermaßen unter der Fuchtel des Kabinettschefs, daß er unterließ, was längst seine im Amtseid beschworene Pflicht nach Recht und Gesetz gewesen wäre? Oder wollte er Barschel bewußt ins Messer laufen lassen? Wie kommt die Union, unverfroren den Spieß umdrehend, eigentlich dazu, von den Kieler Sozialdemokraten zu verlangen, sie hätten Barschel hindern müssen, wo nicht einmal die eigenen Leute es wagten?

Dann der Landesvorsitzende Gerhard Stoltenberg samt dem Fraktionschef und Ministerpräsidenten-Kandidaten Klaus Kribben. Warum haben sie Uwe Barschel am Freitag voriger Woche fallenlassen und ihm den Verzicht auf sein Landtagsmandat nahegelegt, ehe er noch vor dem Untersuchungsausschuß aussagen konnte? Stand nur die herzlose Schnödigkeit dahinter, die alle Politik durchweht, die aber bei der CDU immer schon besonders ausgeprägt war? Oder wußten Stoltenberg und Kribben, daß Barschels Ehrenwort wertlos war? Hatten sie den «rauchenden Colt» entdeckt? Wenn ja – warum haben sie nichts davon verlauten lassen?

Und die schleswig-holsteinische FDP: Da prangerte sie lautstark den Kieler «Sumpf und Saustall» an, doch zimmerte sie sich darin sogleich eilfertig einen Koben, wie die *Süddeutsche Zeitung* maliziös anmerkte. Die Koalition wurde hinter dem Rücken des öffentlichen Bewußtseins unter Dach und Fach gebracht, die Ministerposten wurden seelenruhig verteilt. Von Ausmisten war mit keinem Wort die Rede.

Schließlich, ebenso unbegreiflich, die schleswig-holsteinischen Sozialdemokraten. Welcher Teufel ritt ihren Sprecher Klaus Nilius, daß er sich im Juli und August gleich viermal mit Reiner Pfeiffer traf und diesem Anfang September auch noch eine Zusammenkunft mit dem Landesvorsitzenden Günther Jansen vermittelte? Hätte ein einziges Gespräch den Sozialdemokraten nicht genügen müssen, um sich einen angemessen schlechten Eindruck von ihm zu verschaffen und den Staatsanwalt einzuschalten? Was führten sie denn im Schilde? Die Beurlaubung des Pressesprechers Nilius ist keine Antwort. Auch Björn Engholm, das Opfer des Pfeifferschen Kesseltreibens, ist mittlerweile bei einer Lüge ertappt worden. Er leugnete den dubiosen Kontakt noch fünf Tage, nachdem er – viel zu spät – darüber unterrichtet worden war.

Überhaupt Pfeiffer: Keine Woche ohne die Enthüllung eines neuen Komplotts, dessen Inszenierung er sich auch noch selbst bezichtigt; kein Tag ohne seine Stellungnahme aus dem portugiesischen Urlaubsort; seit Uwe Barschels Tod keine Fernsehnachrichten und kein Funkmagazin ohne ein Interview mit ihm, eines widerlicher als das andere. Viele Fragen müssen da geklärt werden. Hat er mit oder gegen Barschel konspiriert? Warum hat er, der dauernd sein Gewissen beschwört, nicht ein einziges Mal «Nein» zu einer der von ihm behaupteten Anmutungen gesagt? Warum hat er noch einen Tag nach seinem Gespräch mit Jansen, einen Tag bevor er zum *Spiegel* ging, eine «Wanze» aufzutreiben versucht – nicht beim Elektronik-Trödler, sondern so, daß sein Tun aktenkundig werden mußte? Ein Selbstbezichtiger, der sich offenbarte und dann lustig weiterwühlte?

Die allgemeine Betroffenheit nach Barschels Tod, all die bemühte Bestürzung vor den Fernsehkameras – sie entheben die Politiker nicht der Anstrengung, sich um Antworten auf alle Fragen zu bemühen.

III.

Am Anfang der Affäre Pfeiffer / Barschel stand die Alternative: politischer Skandal oder Presseskandal? Sie ist mittlerweile so gut wie entschieden. Die Schändlichkeit geht aufs Konto der Politik.

Auch jetzt zeigt sich allerdings wieder, daß viele Politiker den Akt der Enthüllung skandalöser finden als den Zustand, den sie offenbart. Was die Politiker zu beschweren scheint, ist weniger die Korruption der politischen Welt; es ist die Aufdeckung der Korruption durch die Medien. Bis in die letzten Tage hinein war Empörung gegen die «linke Kampfpresse» zu hören, die Uwe Barschel «in den Tod gehetzt» habe. Zum Teil war derlei aus dem Munde von CDU-Leuten zu vernehmen, die eben erst dem zurückgetretenen Ministerpräsidenten den letzten Tritt versetzt hatten. Ist es ihnen nie in den Sinn gekommen, daß sie damit dem *Spiegel* im nachhinein recht gaben? Daß sie, hätten sie die Veröffentlichung für völlig aus der Luft gegriffen erachtet, Barschel hätten halten und stützen müssen?

Die *ZEIT* hat kein Hehl daraus gemacht, daß sie die Pfeiffer-Story des *Spiegel*, gemessen an den Regeln der Zunft, in ihrer Präsentation für fragwürdig hielt. Aber inzwischen hat sich vieles bestätigt, und manches ist zusätzlich herausgekommen. Es bleibt bei der professionellen Kritik. Darüber wird das journalistische Gewerbe auch weiter reden müssen (ebenso wie jetzt wohl über die Art der *stern*-Reporter, in fremde Zimmer zu treten, dort zu verweilen und, ungeniert trotz ihrer grausigen Entdeckung, erst einmal ihre Photos zu schießen).

Gewiß, gegen einen bloß erfolgsqualifizierten Journalismus, nach dem Motto «Feuern wir mal eine Salve ab, vielleicht trifft sie ja», müßte sich das Publikum wehren. Aber nach allem, was wir heute wissen, hat der *Spiegel* mit seinen Enthüllungen der Republik dennoch einen Dienst erwiesen. Er hat, in der Tradition des *muckraking*, den Giftschlamm aufgewühlt, der unserer Demokratie den Atem abzuwürgen droht; das schafft Luft.

Daß der *Spiegel* damit auch Auflage gemacht hat, wer wollte es ihm vorwerfen? Die Politiker dürften es am allerwenigsten: Ihre Jagd nach Stimmen ist nichts kategorial anderes.

Daß der *Spiegel* seine Story zur Unzeit – «Ausgerechnet zu Wahlen!» – veröffentlicht habe, wer wollte es ihm verdenken? Wie besser wäre publizistische Kontrolle zu bewerkstelligen als dadurch, daß dem Wähler notwendige Informationsgrundlagen für seine Entscheidung geliefert werden? Schlimmer wäre der Vorwurf zu ertragen, es seien solche Informationen aus taktischem Kalkül allzulang zurückgehalten worden.

Und daß Uwe Barschel das Opfer einer «Hetzjagd» geworden sei, wer vermöchte dies schon zu glauben? Er wußte, worauf er sich einließ, als er in die politische Arena stieg, und er ist selbst dort ja auch nicht gerade durch Zimperlichkeit aufgefallen. «*If you can't stand the heat, get out of the kitchen»*, pflegte Harry Truman zu sagen: Wer die Hitze nicht aushält, gehört nicht in die Küche. Außerdem hat Barschel die Möglichkeit weidlich genutzt, seinen Standpunkt der Öffentlichkeit darzulegen. Und nicht eine linke Kampfpresse hat ihn «fertiggemacht». Das sollte auch die rechte Presse begreifen: die Blätter des Hauses Springer, das doch den famosen Reiner Pfeiffer dem Kieler Ministerpräsidenten überhaupt erst angedient hat; und die *Frankfurter Allgemeine*, die nun Krokodilstränen vergießt, nachdem sie ziemlich als erste Zeitung Barschels Rücktritt gefordert hatte. Was ist das für ein Konservatismus, der mit den Hunden hetzt und mit den Hasen läuft?

Eine Veröffentlichung, die ja der Durchleuchtung und Nachprüfung unterliegt, ist noch kein abschließendes Urteil, so wenig allein der Tod einen Freispruch begründen kann. «Wo Herrschaft ist, da ist auch Unbehagen», hat Theodor Eschenburg einmal geschrieben. Die Presse ist dazu da, es zu artikulieren. Dies ist nicht ihre einzige Aufgabe, aber eine ihrer vornehmsten. Sie leistet damit ein Stück demokratischer Kritik und Kontrolle – wie jede Opposition, von der Helmut Thielicke – ein Konservativer, wohlgemerkt – einst sagte, sie gehöre zum Leben des freiheitlichen Rechtsstaates, «weil die menschliche Schwäche dem Trieb nach Macht nicht gewachsen ist, und weil sie ohne Kontrolle und Begrenzung der Korruption durch die Macht erliegt. Diese Wunde der menschlichen Natur darf sich nicht schließen, wenn gefährlichste Illusionen und Fehlentwicklungen vermieden werden sollen. Darum hat die Opposition die Bedeutung einer Gaze, die in diese Wunde gelegt wird, um sie offenzuhalten und keine latenten Eiterherde aufkommen zu lassen.»

Natürlich ist auch die Presse an die Gesetze gebunden; sie kann keine Sonderrechte beanspruchen. Aber sie ist keine juristische Instanz. Die Unschuldsvermutung im Strafprozeß gilt als Prinzip des Staates gegenüber dem Bürger. Sie hat keinen Anspruch auf Geltung, wo es um den Staat selbst geht. Der immer wieder durchschlagende Selbstzweck der Institutionen und das überwältigende Machtinteresse ihrer Träger können einen solchen Anspruch schwerlich begründen;

dies jedenfalls ist die Lehre aus allen Skandalen unserer jüngeren Geschichte. Journalistische Sorgfaltspflicht – jawohl; doch wo ihr Genüge getan ist, da hat das *«J'accuse!»* sein Recht.

IV.

Wie soll es nun weitergehen – in Kiel, überhaupt in der Politik unseres Landes?

Es ist unvorstellbar, daß in Schleswig-Holstein einfach so getan wird, als sei nichts geschehen. Vor zwei Wochen noch ließ sich argumentieren, aus dem Parellelogramm der Kräfte, das sich in der Wahl vom 13. September ergeben hat, ließe sich eine lebenskräftige Regierungs-Resultante herausmendeln. Diese Chance ist dahin.

Die Parteien in Schleswig-Holstein stecken in einer tiefen Legitimationskrise. Unter diesen Umständen wäre der Versuch, nächste Woche im Kieler Landtag einen Ministerpräsidenten zu wählen, bloß eine alberne Scharade. Helfen können jetzt nur noch Neuwahlen. Aber erst muß so weit wie möglich Klarheit geschaffen werden; muß der Untersuchungsausschuß seine Arbeit abschließen; müssen die Wähler neue Entscheidungsgrundlagen zur Hand bekommen. In acht oder zehn Wochen müßte dies politisch zu bewältigen sein, mögen auch die Mühlen der Justiz langsamer mahlen. Im Januar könnte dann gewählt werden. Bis dahin soll der geschäftsführende Ministerpräsident weiteramtieren. Der mündige Bürger muß nun das Wort erhalten. Allein eine Wahl, wie immer schwierig angesichts der Undurchschaubarkeit der Dinge, kann den nötigen Neubeginn legitimieren.

Wichtiger aber ist die Frage, wie wir es denn überhaupt fortan mit der Politik halten wollen. Der ganze politische Prozeß ist in Verruf geraten; seine Träger sind in die Schummerzone des Zweifels gerückt. Erschrocken werden wir gewahr: All ihre Feinde haben der Republik nichts anhaben können; aber jetzt sind es die Exponenten der Demokratie selbst, die ihr ans innerste Mark gehen: in Kiel wie zuvor schon in der Flick-Affäre und bei der Parteispenden-Amnestie.

Alle reden nun von Einkehr und Umkehr. Was aber ist wirklich vonnöten?

Erstens: Hören wir auf, aus der Politik eine Freund-Feind-Veranstaltung zu machen. Wer mit Lagertheorien hantiert und hausiert, fördert eine Wagenburg-Gesinnung, die nur eines kennt: das zerstörerische Gegeneinander. Wer allein auf die krampfhafte Eroberung und Bewahrung der Macht aus ist, darf sich nicht wundern, wenn am Ende die Macht sich aller Mittel bedient, auch der schmutzigsten. Dabei geht unter, was demokratische Politik eigentlich sein soll: das geistige Miteinanderringen um die zweckmäßigste Daseinsordnung innerhalb einer alle Bürger umspannenden Rechtsgemeinschaft; die Einhaltung der politischen Spielregeln, die wichtiger ist als die Durchsetzung bestimmter politischer Inhalte; der Wechsel der konkurrierenden Kräfte im Amt.

Zweitens: Hören wir auf damit, in der Politik mit hohlen Worten Werte zu proklamieren, sie aber nicht im politischen Alltag vorzuleben. Um noch einmal Theodor Eschenburg zu zitieren: «Die politische Erziehung des Volkes geschieht im wesentlichen durch die Politik selbst.» Die Politiker müssen sich bewußt bleiben, daß von ihrem Handeln im guten wie im bösen ungeheure Wirkungen ausgehen. Majorität genügt nicht, sie ist nur die rechnerische Qualifizierung zur Macht. Autorität jedoch setzt ein stabiles und praktiziertes Koordinatensystem der Werte voraus; daraus nur kann sie erwachsen. Hier hat die gegenwärtige Bundesregierung, die doch unter dem Panier der geistig-moralischen Erneuerung angetreten ist, sträflich gefehlt. Allerdings ist die politische Klasse da auch von der denkenden Klasse im Stich gelassen worden. Jene Intellektuellen, die sich nicht genug auf ihre postmoderne Beliebigkeit, Desorientierung und Standpunktlosigkeit zugute halten können, dürfen sich schwerlich darüber erregen, wenn ihre Parole «Alles geht, alles ist relativ» im Bezirk des Politischen verwirklicht wird.

Drittens: Hören wir auf, Politik zur detektivischen Schnüffelei zu degradieren. Es geht um die öffentlichen Dinge, nicht um die Bloßstellung menschlicher Fehlsamkeit. Es ist wesentlicher, daß ein Politiker die Verfassung einhält als das sechste Gebot; er schuldet uns seine öffentliche, nicht seine private Moral. Machen wir uns endlich zu eigen, was Perikles einst an Athen pries: «Wir sind im öffentlichen Leben nicht engherzig und im täglichen Verkehr untereinander keine Duckmäuser, nehmen es unserem Nächsten nicht übel, wenn er mal über die Stränge schlägt, und machen darüber kein sauertöpfisches Gesicht, um ihn dadurch, wenn auch nicht umzubringen, doch moralisch zu vernichten. Im persönlichen Verkehr sind wir nichts weniger als Splitterrichter, im öffentlichen Leben aber schämen wir uns jeder Ungesetzlichkeit.»

V.

Der Ruin eines Lebensschicksals ist entsetzlich für den einzelnen; der Verfall unserer politischen Kultur wäre eine Katastrophe für uns alle. In der Stunde der Erschütterung täten daher alle Demokraten gut daran, bei Joseph Schumpeter die vier Vorbedingungen für den Erfolg der demokratischen Methode nachzulesen. Nummer eins: «daß das Menschenmaterial der Politik – die Leute, die die Parteimaschine bedienen, ins Parlament gewählt werden und zu Kabinettsposten aufsteigen – von hinreichend hoher Qualität ist». Nummer zwei: «daß der wirksame Bereich politischer Entscheidung nicht allzu weit ausgedehnt wird». Nummer drei: «eine gut ausgebildete Bürokratie von hohem Rang, guter Tradition, starkem Pflichtgefühl und einem nicht weniger starken *esprit de corps* – die Hauptantwort auf das Argument: Regierung durch Amateure». Nummer vier: «demokratische Selbstkontrolle» und «ein großes Maß an Toleranz gegenüber anderen Ansichten».

Von Schumpeter stammt auch der Satz: «Die Sache der Demokratie kann durch die Betrachtung der Alternativen nur gewinnen.» Diese Einsicht sollte uns davor bewahren, das herrschende System in Bausch und Bogen zu verwerfen. Es ist schlecht, da es von Menschen bedient wird, doch es gibt kein besseres. Die Rückbesinnung auf

Schumpeters vier Grundbedingungen würde es uns erleichtern, in Anstand damit zu leben. In der Verständigung darauf ließe sich die Pietät der Demokraten am besten beweisen.

16. Oktober 1987

NINA GRUNENBERG

Ein Kampf für sich allein

«Die Zurückgewünschten sind selten. Wenige geleitet das Glück bis an die Schwelle; so höflich es gegen die Ankommenden zu sein scheint, so schnöde gegen die Abgehenden.»

Baltasar Gracián, Handorakel der Weltklugheit

Der Tod schützt ihn nicht, auch nicht vor seinen Freunden. Noch in ihrem Beileid verrieten sie panische Angst vor taktischen Fehlern. Sich dem Ende Uwe Barschels und der persönlichen Katastrophe seiner Familie menschlich gewachsen zu zeigen und gleichzeitig das Geschäft der Machtbehauptung in Kiel nicht aus den Augen zu verlieren, war ein Anspruch, der sie sichtlich überforderte. Dabei mochte sich jeder zur eigenen Exkulpierung sagen, daß Uwe Barschel an dieser Stelle, in dieser Situation nicht anders ausgesehen hätte. Er war einer von ihnen – als ihr Exponent höchstens noch rigoroser als sie überzeugt davon, daß das Leben ein Durchsetzungskampf ist, der nach dem Motto entschieden wird: Wer oben ist, gewinnt und hat deshalb recht.

Aber auch für einen Journalisten ist dies einer der Augenblicke, in denen er sich ungewöhnlich unwohl fühlt. Auch unser Gewerbe hat eine Gewerbeordnung: Uwe Barschel, seit vierzehn Tagen Ministerpräsident außer Diensten von Schleswig-Holstein, ist im Alter von 43

Jahren tot aufgefunden worden und muß nun, auch der Ordnung halber, gewürdigt werden. Vorher war er schon sechs Wochen lang, seit die Affäre Pfeiffer ans Licht kam, stückchenweise den politischen Tod gestorben. Längst vor seinem physischen Ende sind alle Stäbe über ihn gebrochen worden. Woher kommt jetzt noch das Recht und der Maßstab, zu einer gerechten Charakterisierung des Dahingeschiedenen anzusetzen?

De mortuis nil nisi bene: Verbirgt sich hinter der Aufforderung, über die Toten nur gut zu reden, nicht auch das Eingeständnis, daß unser Urteilsvermögen kaum ausreicht, um bis in die letzten Seelenfalten zu verstehen, was einen Menschen umgetrieben hat?

Wer könnte schon sagen, was Uwe Barschel bewogen hat, im *FAZ*-Fragebogen Dubslav von Stechlin als seinen «liebsten Romanhelden» zu nennen? Die Phantasie reicht nicht aus, um sich zwischen dem Typ des angepaßten, in seine Karriere verliebten Aufsteigers aus Kiel und dem alten Preußen Stechlin, dem Angehörigen eines «Adels, wie er bei uns sein sollte» (Fontane), eine geistige Verbindung zu denken. Oder läßt sich seine Antwort auch als Hinweis auf die «unterentwickelte Schattenseite seiner Person» verstehen – wie die Psychologen sagen –, die er immer eisern unterdrückt hat? Verrät der «Stechlin» gar jene zehn Prozent Sehnsucht, die auch Uwe Barschel sich heimlich erlaubt hat? Oder war die Erwähnung nur ein Werbegag, gedacht für die Bildungsbürger unter seiner Wählerklientel?

Erst als der Erfolg ihm nicht mehr recht gab, hat Barschel als Politiker die Neugier der Öffentlichkeit geweckt. So genau hatte vorher niemand hingeschaut. Von Bonn aus gesehen liegt Kiel weit ab, eben hoch oben im Norden, und wird als Hauptstadt eines «besseren Landkreises» ironisiert. Schon Gerhard Stoltenberg waren die Klimmzüge, die ein Ministerpräsident von Schleswig-Holstein machen muß (vom Oppositionsführer gar nicht zu reden), um bundespolitisch wahrgenommen zu werden, schmerzlich bewußt gewesen. Daß es Stoltenberg während seiner Zeit als Landeschef dennoch gelang, in den Medien präsent zu bleiben, verdankte er ausschließlich seiner Kompetenz als wirtschafts- und finanzpolitischer Sprecher der Bundes-CDU.

Uwe Barschel war Stoltenbergs Zögling. Daß er außerdem noch jung, forsch und talentiert war und im «unaufhörlichen Konkurrenzkampf um die Erringung und Behauptung des Amtes» schon im Alter von 38 Jahren alle hinter sich gelassen hatte, wurde zur Kenntnis genommen. Aber wer sich und seine Zeit – frei nach Jakob Burckhardt – «vom Bedürfnis nach großen Männern emanzipiert» hat, der hat auch keine Sehnsucht nach politischen «Spitzenprodukten», die nur auf ihre Chance bei der Vermarktung warten. Barschel hat diese Gleichgültigkeit erbittert. In der Welt, die er sich zurechtgemacht hatte, sah er gut aus.

Das verdeutlichte sein Bruder noch einmal, als er am Montagabend in einem Fernsehinterview die psychische Verfassung von Uwe Barschel am Abend vor seinem Tode schilderte. In dem letzten Telephongespräch, das er mit ihm führte, habe er die alten Kämpfereigenschaften in Uwe Barschel wiederentdeckt, berichtete er. Zu den Vokabeln, mit denen er seinen – positiven – Eindruck schilderte, gehörten sein «altes Durchsetzungsvermögen», «allein», «ohne Rücksicht», «ehrgeizig», «kämpferisch». Wie im Brennglas wurde da in wenigen Worten die Erziehung zum Aufsteiger als eherner Familienkodex deutlich.

Uwe Barschel, 1944 bei Berlin geboren, ist in der Politik immer der Jüngste gewesen und hat nie etwas anderes als seine politische Suppe gelöffelt. Zwar war ihm wichtig, sagen zu können, daß er sein Geld auch als Rechtsanwalt und Notar verdienen konnte. Aber er hat es nie ernsthaft getan. Seine Karriere begann 1960 mit dem Eintritt in die Junge Union. Als Kreistagsabgeordneter im Herzogtum Lauenburg (1970 bis 1974) sammelte er kommunalpolitische Erfahrungen. Schon 1969 war er stellvertretender Landesvorsitzender der CDU in Schleswig-Holstein. Als 27jähriger zog er in den Landtag ein. Zwei Jahre später wurde er zum CDU-Fraktionsvorsitzenden gewählt. Sechs Jahre später – in der Zwischenzeit hatte er beide juristische Staatsexamen abgelegt und war zweimal promoviert – holte ihn Gerhard Stoltenberg als Finanzminister ins Kabinett. Sieben Monate später wechselte er als Chef in das Innenministerium über. Als Stoltenberg 1982 nach der Wende dem lange ersehnten Ruf nach Bonn folgte, schlug er Barschel als seinen Nachfolger im Amte des Ministerpräsidenten vor. Widerspruch wurde nicht laut.

Das ist jetzt anders. Die Kälte, mit der ihn seine politischen Freunde fallenließen, läßt ahnen, wie viele er bei seinem Aufstieg verletzt am Wegesrand zurückgelassen hatte. Einer der wenigen, der daraus Konsequenzen zog, war Jürgen Westphal, der ehemalige Wirtschaftsminister von Schleswig-Holstein. Er nahm seinen Hut und widmete sich in Hamburg seiner Anwaltskanzlei. Weil er ein vornehmer Mann ist, schwieg er über seine Gründe. Nur die wenigsten muckten auf. «Es war ein Umfeld da», heißt es, «in dem vieles nicht mehr gesagt wurde.» Auch Roger Asmussen, der Finanzminister, packte erst aus mit seinem Wissen über die anonyme Anzeige wegen Steuerhinterziehung, mit der Oppositionsführer Björn Engholm bloßgestellt werden sollte, als Uwe Barschel nicht mehr die Macht hatte, ihm zu schaden.

Für einen intelligenten Menschen waren die Lügen und Intrigen lächerlich, in die sich Barschel während seines letzten Wahlkampfes verstrickte. Sie betrafen nicht politische Sachverhalte, sondern liefen auf eine üble Nachrede gegen den politischen Konkurrenten hinaus. Schwer begreiflich bleibt, warum sich in Barschels nächster Umgebung, die ihn wegen seines unreflektierten Umgangs mit den Instrumenten der Macht offenbar nur bewunderte, kein Freund mehr fand, der ihn in die Realität zurückgeholt hätte. Auch sein Staatssekretär Hebbeln hielt ihn offenbar für ein Talent höchster Stufe, dessen Kampf um die schwindende Macht jede Methode rechtfertigte.

In einem bewegten Nachruf auf Uwe Barschel schrieb Kai-Uwe von Hassel, auch er ein ehemaliger Ministerpräsident von Schleswig-Holstein und dazu ein altes Schlachtroß der CDU, das viele Niederlagen überlebt hat: «Die große Krise, die jetzt über unser Land fegt, ist Uwe Barschel persönlich nicht allein anzulasten. Er war ein junger, höchst intelligenter, fleißiger und erfolgreicher Mann, der genau in das politische Milieu hineinpaßte, welches sich ihm bot.» Uwe Barschel konnte nur reüssieren, weil er in der Regierung und in seiner Partei das entsprechende Umfeld fand.

Über die Bedeutung von Talent und Charakter zu sinnieren, liegt nahe. Aber wer der Versuchung nie ausgesetzt war, hat gut höhnen: Charakter zu zeigen, ist nur in der Krise schwer. Barschels Karriere ist so glatt verlaufen, die Mehrheiten, die er dafür brauchte, stellten sich so pünktlich ein, daß politische Niederlagen in seiner Biographie noch gar keinen Platz gefunden hatten. Aber sie kündigten sich an.

In der schleswig-holsteinischen Kommunalwahl 1986 hatte Barschel zum ersten Mal schwere Verluste der CDU verantworten müssen. Er tat damals, was nahelag, aber unklug war: Er gab den Bonner Verhältnissen die Schuld. Einer wie er konnte auch in seinen eigenen Augen vor den Parteifreunden nicht mehr bestehen, sobald er fürchten mußte, die Macht zu verlieren. Sie war seine einzige Legitimation. Ob er sie brauchte, um in der Sache etwas zu bewirken, oder ob sie ihm nur wichtig war, um selber als ein Mächtiger in Erscheinung treten zu können, war trotz seines großen Engagements in der Landespolitik nie ganz eindeutig zu bestimmen: Aber das wäre noch kein Barschel-Phänomen gewesen, sondern nur eine für seine Politiker-Generation bezeichnende Geschichte.

Als Person blieb er blaß. Eine Aura stellte sich nicht ein. Auch deshalb rückte Björn Engholm, sein Gegner im Wahlkampf, ihm bedrohlich nahe: Engholm wirkte sympathisch. Er wurde gemocht. So sprach von Barschel niemand. Um ihn herum herrschte Distanz: «Spröde und scheu übte er Hautkontakt», hieß es in einer Wahlkampfreportage über ihn. Das Freund-Feind-Verhältnis, in dem er den Konkurrenzkampf um die Führung in Schleswig-Holstein sah, machte Toleranz und Offenheit gegenüber dem politisch Andersdenkenden immer schwieriger. Dabei entsprach die Intensität der feindlichen Gefühle in keiner Weise mehr der Verschiedenheit in den politischen Auffassungen. Was könnte Björn Engholm schon anders machen als Uwe Barschel? So groß sind weder die Unterschiede noch die Möglichkeiten der Enkel.

Niemand weiß, welche Folgen der Flugzeugabsturz, den er im Mai als einziger Insasse einer Charter-Cessna überlebte, für Uwe Barschels physische und psychische Gesundheit hatte. Anmerken ließ er sich nichts. Er war nicht nur hart gegen andere, sondern auch gegen sich selbst.

Überlassen wir das Schlußwort dazu dem weise gewordenen Kai-Uwe von Hassel. «Keiner von uns hat den Tod von Uwe Barschel direkt ‹verschuldet›. Daß aber in unserer politischen Landschaft eine Situation entstanden ist, entstehen konnte, in der ein Mensch wie Uwe Barschel trotz seiner jugendlichen Willensstärke im wirklichen wie im übertragenen Sinne nicht ‹überleben konnte› – das ist zu einem großen Teil die Schuld von uns allen.»

23. Oktober 1987

Theodor Eschenburg

Die Anmaßung der Medien

Otto von Bismarck starb am 30. Juli 1898. Er lag auf dem Totenbett, das Gesicht entstellt durch eine Kinnbinde, die den Schädel umschlang und den Unterkiefer hochhielt. Das imposante Antlitz war nicht wiederzuerkennen. Ein Berufsphotograph drang mit seiner sperrigen Apparatur durch die unverschlossene Terrassentür in das Sterbezimmer ein und photographierte. Die Photos wurden verkauft. Bismarcks Familie war entsetzt und aus ganz Deutschland tönte Empörung. Herbert von Bismarck, der Sohn des Altkanzlers, stoppte den Verkauf. Er stellte Strafantrag gegen den Photographen. Im Dezember 1899 wurde der Photograph wegen Hausfriedensbruchs verurteilt. Ein Persönlichkeitsrecht, wie es heute im Grundgesetz verankert ist, gab es damals noch nicht.

Im Februar 1984 starb in Sheernes auf der englischen Insel Sheppey der Schriftsteller Uwe Johnson. Der *stern* entsandte im März einen jungen Journalisten zum Recherchieren. Er war noch ein Anfänger im

Beruf, aber in moderner Literatur beschlagen, bar aller Rechtskenntnisse, doch abenteuerlustig, mehr naiv als gerissen. Ein Polizist schloß ihm und seinem Photographen Johnsons Haus auf; ob er amtlich handelte oder privat half, steht dahin. Die beiden Journalisten, besessen von der «Spurensuche», blieben zwei Stunden. Sie fanden ein «Braunbuch» der Ehefrau, das allein für den Mann und keineswegs für die Öffentlichkeit bestimmt war, und sahen es durch. Auch Aufnahmen wurden gemacht. Der *stern* veröffentlichte die Photos und eine Story.

Um nach weiterem Material für ein von ihm geplantes Buch über Johnson zu suchen, fuhr der Reporter noch einmal auf die Insel, diesmal ohne Auftrag des Verlages. Das Haus war inzwischen versiegelt. Der Reporter schlug eine Fensterscheibe im Erdgeschoß ein. Damit erfüllte er den Tatbestand des Hausfriedensbruchs. Das Buch – ein biographischer Essay – erschien noch im Herbst desselben Jahres: «Unterwegs an den Ort, wo die Toten sind – Auf der Suche nach Uwe Johnson in Sheernes». Story und Essay erregten die Öffentlichkeit wegen der Verletzung der Intimsphäre des toten Autors.

Heinrich Böll schrieb dazu in einem Artikel sehr milde: «Meinem Geschmack entspricht die Methode nicht. Es könnte als Methode Mode werden.» Günter Grass war einer der wenigen, der sagte, daß «auf kriminelle Weise recherchiert» wurde. Er sprach von «widerrechtlichem Einblick in den dort lagernden Nachlaß».

Woran es jedoch der öffentlichen Meinung mangelte, war Empörung über die Verletzung eines elementaren Rechtes auf Schutz der eigenen Wohnung und der «Geheimsphäre Verstorbener». Da regt man sich unentwegt in den Medien über die Gefährdung des Datenschutzes auf – aber viele Journalisten ignorieren ihn einfach. Sie fühlen sich *legibus absolutus*: unabhängig von den Gesetzen, wie einst im 17. und 18. Jahrhundert eine Reihe von Fürsten. Diese Journalisten entscheiden selbst, was für sie geltendes Recht wäre; sie beanspruchen eine besondere «Journalistenmoral». Welchen umständlichen Verfahrens bedarf doch der Staat, um eine Haussuchung durchzuführen? Hat der Pressemann mehr Rechte?

Aus dem Artikel 2 des Grundgesetzes hat sich, abgeleitet vom Zivilrecht, der Anspruch auf Persönlichkeitsschutz entwickelt. Nach der Rechtsprechung gilt er auch für Verstorbene, deren Recht die Nachkommen wahrzunehmen vermögen. Aber der Sheernes-Reporter hat Glück gehabt. Die Witwe Johnsons erhob keinen Einspruch. Ihre Begründung: «Ich bin der altmodischen Auffassung, daß private Angelegenheiten nicht öffentlich behandelt werden sollen.»

Weitgehend anerkannt wurde damals, daß *stern*-Story und Buch-Essay keinen Schaden angerichtet hätten, weil nichts gesagt wurde, was Johnson nicht schon «öffentlich verkündet hatte». Der *stern* hat dem Reporter nach dem zweiten Einstieg gekündigt. Ob mit oder ohne Abfindung, ist nicht bekannt. Aber der Reporter selbst will auch gekündigt haben. Sein mysteriöser erster Einstieg hatte den Verlag nicht gestört. Ein Polizist war ja dabei. Im Vergleich einigten sich die beiden Kündigenden, daß der Reporter aus privaten Gründen ausgeschieden sei.

Für den *stern* mag der Fall Johnson intern peinlicher gewesen sein, als er es nach außen zeigte, aber gelernt hat er daraus nichts. Dies zeigte sich am 11. Oktober 1987 in Genf. Der Tatbestand ist hinreichend bekannt. Ein Redakteur und ein Photograph des *stern* suchen vergeblich nach Barschel, mit dem sie im Auftrag der Redaktion ein Interview führen sollen. Der Eintritt des Redakteurs ins Zimmer, sogar ins Badezimmer, erfüllt den Tatbestand des Hausfriedensbruchs – auch wenn die Tür unverschlossen war (an der Klinke hing das Schild «Bitte nicht stören»). Doch es ist sehr viel mehr geschehen: Die Leiche wurde photographiert, persönliche Papiere wurden auf dem Nachttisch abgelichtet, Aufnahmen und Ablichtungen veröffentlicht. Eine perfekte Haussuchung, wie sie der Polizei mit einer gerichtlichen Ermächtigung zusteht, wurde durchgeführt. Das alles nennt der *stern* «korrekte Recherche». Im Editorial seiner jüngsten Ausgabe behauptet er: «... das mysteriöse Ende von Uwe Barschel in Genf rechtfertigt jeden Versuch, die Umstände seines Todes restlos aufzuklären – auch die Veröffentlichung der Photos von der Leiche in der Badewanne und der persönlichen Aufzeichnungen des ehemaligen Ministerpräsidenten.» Wohlbemerkt: Nicht der Staatsanwalt und die Kriminalpolizei sollen dies von Amts wegen dürfen, sondern vor ihnen und womöglich gegen sie die Presse – aus eigenem Recht! Der *stern* rühmt sich dessen, was er im Dienste der Öffentlichkeit entdeckt hat. Dasselbe hätte freilich die Polizei, nur etwas später, erreicht. Liegt hier Amtsanmaßung vor? Und konnte nicht darüber hinaus auch der Verdacht der Schadensanstiftung aufkommen? Wer sich ohne Zeugen länger als unbedingt notwendig bei einer Leiche aufhält, kann sich dem Verdacht aussetzen, an deren Zustand oder an dem Zustand der Umgebung Änderungen vorgenommen zu haben. Dadurch können Ermittlungen der Polizei gestört werden.

Und noch eine weitere Frage zum Punkte Persönlichkeitsschutz drängt sich auf: Darf eine Leiche, sofern sie nicht im zugänglichen Bereich aufgebahrt oder Folge eines Unglücks ist, ohne Einvernehmen mit den Angehörigen photographiert, dürfen die Aufnahmen publiziert werden? Gilt hier vielleicht eine Ausnahme für Persönlichkeiten des öffentlichen Lebens?

Der *stern* hat in zwei Ausgaben das Verhalten seines Redakteurs vollauf gebilligt. Darüber mag das Gericht urteilen. Natürlich hat die professionelle Versuchung den Rechercheur bestimmt, so zu handeln, wie er es getan hat; vielleicht auch die Angst vor der Hamburger Redaktion für den Fall der Unterlassung. Aber auch für Journalisten muß gelten: Widerlager unseres Handelns sind rechtliche Institutionen, Verfassung, Gesetz und Justiz. Rudolf Augstein – Journalist, Herausgeber und Verleger mit Erfahrung aus vier Jahrzehnten – hat das Verhalten des *stern*-Reporters in Genf mißbilligt. Hingegen schreibt Henry Nannen, der frühere Herausgeber des *stern*, im *stern* (Nr. 43) zum Fall Barschel: «Wir müssen uns unsere Freiheit und Unabhängigkeit bewahren, und sei es um den Preis, daß die Mächtigen sich zu Tode fürchten müssen.» Das ist ein beängstigender Ton.

Die staatliche Macht ist strengen Regeln unterworfen. Dieser Begrenzung kann sich auch die Pressefreiheit nicht entziehen. Das Recht der politischen Freiheit ist ohne die Pressefreiheit undenkbar. Aufgabe der Presse ist es, den Staatsbürger zu informieren, auch meinungsbildend und kontrollhelfend. Aber die Kontrolle auszuüben, ist Sache des Parlaments, der Gerichte und des Rechnungshofes. Deshalb kann aus der Kontrollhilfe kein besonderes Presserecht abgeleitet werden.

Die Öffentlichkeit darf aus dem ganzen Spektakel freilich keine verallgemeinernden Schlüsse ziehen. Es spricht für die Freiheit der Presse und ihr Funktionieren, daß der Kieler Wahlkampfskandal zumindest in seinen groben Umrissen ans Licht kam und nun vielleicht vollends aufgeklärt werden kann. Wenn ein einzelnes Presseorgan bei seinen Anschlußrecherchen zu weit gegangen ist, wird damit die Funktion der «vierten Gewalt» durchaus nicht in Frage gestellt.

30. Oktober 1987

ROLF ZUNDEL

Grund zu trauern

Es waren viele, die sich das gewünscht hätten: Uwe Barschel wäre – wie es in vielen Traueranzeigen immer noch heißt – in aller Stille beigesetzt worden. Nicht begleitet von einem, wenn auch etwas lückenhaften, Aufmarsch der politischen Klasse dieses Landes, ohne die Reden, die in dem pastoralen Ungefähr von Verstrickung und Heimsuchung, von Ermahnung und Ermutigung die Person des ehemaligen Ministerpräsidenten von Schleswig-Holstein und seine Tragödie verschwinden ließen. Schweigen hätte mehr bewirkt. Die Trauerfeier im Lübecker Dom aber ist eine öffentliche, politische Veranstaltung geworden; Teilnahmepflicht, jedenfalls für Parteifreunde. Und deshalb steht sie auch nicht außerhalb kritischer Betrachtung.

Vor dem Tod, das ist wahr, versagen unsere Maßstäbe. Wie die Ehre des Uwe Barschel, um einen Gedanken von Bischof Wilckens aufzugreifen, sich im Angesicht Gottes ausnimmt, wissen wir nicht. Es könnte sogar sein, daß «Ehre» dort überhaupt nicht zählt, auch die Unehre nicht. Und wieviel Gutes Barschel gewollt und bewirkt hat, wie die Schlußrechnung seines Lebens aussieht, können wir letztlich nicht beurteilen. Glücklicherweise. Es könnte sogar sein, daß dort, wo Barschel jetzt ist, anders oder überhaupt nicht mehr gerechnet wird. Unsere Kategorien reichen da nicht aus. Das politische Umfeld seines Todes aber darf betrachtet werden, nicht nur weil die politische Verwertungsindustrie es nach den Vorstellungen der Parteistrategen zu bestellen versucht, sondern weil auch Barschel selbst, so scheint es, und seine Familie es nach ihrem Bilde zu gestalten versucht haben.

Die Frage ist schon berechtigt, die der geschäftsführende Kieler Ministerpräsident Henning Schwarz gestellt hat: «Waren seine Freunde stark genug, in der Not und Einsamkeit seiner letzten Wochen zu ihm zu stehen, wie in guten Tagen?» Aber wie soll die Antwort lauten – Loyalität mit geschlossenen Augen; Durchhalten, auch wenn immer mehr Fakten gegen Barschel sprachen? Doch wohl kaum, auch wenn es sich manche so gewünscht hatten. Genauer gestellt müßte die Frage lauten: Wo waren die Freunde, die ihn gewarnt haben, auch vor sich selbst? Wer hat eigentlich offen mit ihm geredet? Aber wer mag so fragen, wenn die politische Wirkung der Betroffenheit nicht aus dem Auge verloren werden darf?

Es tut weh, das jetzt zu sagen, gleichwohl ist es wahr: Ehe Barschel leblos in dem Genfer Hotelzimmer aufgefunden wurde, hatte ihn seine Partei für politisch tot gehalten. Deshalb hat sie sich von ihm abgesetzt. Und wer ehrlich ist, wird nicht behaupten können, daß dies ohne Grund geschah. Wäre Barschel noch am Leben und müßte vor dem Untersuchungsausschuß aussagen, würde kaum jemand in der CDU die Distanzierung von damals beklagen. Nach seinem Tode sieht das anders aus.

Wahr allerdings ist, die CDU hat nicht nur den Politiker, sondern auch den Menschen Barschel fallengelassen. So unverständlich ist es nicht, daß dies manche in der CDU Schleswig-Holsteins erbittert hat. Aber wer in Bonn und anderswo erlebt hat, wie Menschen, die politisch als erledigt galten, plötzlich allein waren, wird darüber nicht überrascht sein können. Da sind viele einen leisen Tod gestorben; bei Barschel waren nur die Begleitumstände dramatischer, das Echo lauter.

Leicht ist es nicht, mit der Erkenntnis umzugehen: Weil der Mensch Uwe Barschel in eine andere Dimension gerückt, ungreifbar und auch unangreifbar geworden ist – und niemand kann dies anders wollen –, wurde er als Politiker wieder interessant.

Die Trauerfeier wurde deshalb auch zur politischen Demonstration, der Bund und die CDU-Länder ordneten Trauerbeflaggung an. In den SPD-Ländern dagegen gingen die Flaggen nicht auf halbmast. Politisch konsequent: Die CDU muß ihren Wählern zeigen, daß ihre Loyalität, die sie dem Lebenden nicht zugebilligt hat, dem Toten reichlich gewährt wird. Die SPD schickte ihre Ministerpräsidenten, die Sozialdemokraten Schleswig-Holsteins fehlten – Halbdistanz. Positionen für den künftigen Wahlkampf werden abgesteckt – Pietät hin oder her.

Jene Erschütterung jedenfalls, die in vielen Kommentaren und Reden beschworen wurde, hat sich schnell mit dem politischen Tagesgeschäft amalgamiert. Und konnte dies anders sein, wenn am Vortage der Feier die CDU versuchte, die SPD weiter in den Kieler Skandal hineinzuziehen und die mit neuen Enthüllungen antwortete? Wenn die Leiche Barschels ein zweites Mal obduziert wurde und der Untersuchungsausschuß diese Woche weiter im Sumpf wühlen muß?

So hätten wir uns die Politik nicht vorgestellt? Das haben wir nicht gewußt? Was soll diese Wehleidigkeit? Politik spielt sich nicht in einem Raume ab, zu dem wir keinen Zutritt haben. Und die Politiker gehören auch nicht einer anderen Gesellschaft an, die fern vom Volk nach eigenen Gesetzen lebt. Uwe Barschel war, auch wenn wir das nicht gerne wahrhaben, einer von uns. Es gibt Grund zu trauern.

4. Dezember 1987

THEO SOMMER

Die verlorene Ehre des Uwe Barschel

Der Untersuchungsausschuß des schleswig-holsteinischen Landtages hat seine Arbeit noch nicht abgeschlossen, aber die wesentliche Aufklärung ist geleistet. Er mag noch zusätzliche Einzelheiten zutage fördern, noch weitere Windigkeiten der Machterhaltungs-Mafia in der Kieler Staatskanzlei enthüllen; manches wird wohl auch in mildtätiges Dunkel gehüllt bleiben. Schon heute jedoch steht unbezweifelbar fest: Uwe Barschel hat nicht die Wahrheit mit ins Grab genommen, sondern die Lüge. Sein großes Fernseh-Ehrenwort ist in sich zusammengebrochen.

Und schon heute dürfen jene Kieler Parlamentarier, die ihre Ermittlungen mit bohrender Beharrlichkeit vorangetrieben haben, für sich in Anspruch nehmen, was der amerikanische Kongreß-Ausschuß, der die Iran-Contra-Affäre untersuchte, vor zwei Wochen nicht ohne Genugtuung für seine Arbeit reklamierte: «Wiewohl unsere Suche nach Wahrheit nicht ohne Mängel war, und wiewohl unser Bericht nicht ohne Unvollkommenheiten ist, dürfen wir doch einigen Stolz auf das Geleistete empfinden, denn wir wissen nun viel mehr über die Affäre als vorher. Überdies sind grundsätzliche nationale Fragen ventiliert, debattiert und zur Kritik gestellt worden. In dem Maße, in dem wir dazu beigetragen haben, war unsere Mühe in der Tat nicht vergebens.»

Uwe Barschels Vermummung als Ehrenmann ist gefallen. Ein Zeuge nach dem anderen hat die anfänglichen Darstellungen umgestoßen: der Chauffeur, der stellvertretende Pressesprecher, die Sekretärin. Wir wissen nun, daß die entlastenden Aussagen, zu denen sie ihr früherer Chef nötigte, nicht das Papier wert waren, auf dem sie getippt wurden: Lügen auch sie. Lebte Barschel noch, es würde ihm das Recht genommen, weiterhin als Notar und Anwalt zu praktizieren.

Das wohlfeile Schutz-Argument «Vorverurteilung», mit dem so viele Politiker die Wahrheit selbst dann noch von sich fernzuhalten suchten, als sie nicht länger zu übersehen war, zieht nun nicht mehr. Barschel ist der Unwahrhaftigkeit und Unehrenhaftigkeit überführt: in Sachen anonyme Steueranzeige gegen den Oppositionsführer Engholm; in der Wanzen-Affäre; in puncto Zahl und Dauer seiner Gespräche mit dem fürs Grobe angeheuerten Reiner Pfeiffer; hinsichtlich der Aufgaben-Palette des dubiosen Wahlhelfers, von dem man heute annehmen muß, daß er erst *mit* seinem Ministerpräsidenten konspiriert hat, dann *gegen* ihn.

Angesichts der erdrückenden Beweise, die der Ausschuß im Laufe der letzten Wochen ans Licht brachte, hat auch der Rechtsbeistand der Familie jetzt sein Mandat niedergelegt; er fühlt sich getäuscht und enttäuscht. Angesichts dieser Beweise wirken das hartnäckige Beschönigen, die fortdauernden Entlastungsangriffe gegen die Sozialdemokraten, die anhaltende Empörung über die «linke Kampfpresse» als schierer Zynismus – kaum besser als der erschreckende Satz des Franz Josef Strauß: «Wenn alle, denen man Vergleichbares vorwerfen kann, die Parlamente verlassen müßten, gäbe es vermutlich keine beschlußfähigen Mehrheiten mehr.» Derart katilinarisch möchte sich der schlichte Bürger seine Abgeordneten nun wirklich nicht vorstellen müssen.

Was soll man von einem christdemokratischen Politiker halten, der seine Sekretärin fragt, ob sie religiös sei, und ihr dann, damit sie eine falsche eidesstattliche Erklärung billigt, erpresserisch die nächste Frage stellt: «Ja wollen Sie denn, daß die SPD an die Macht kommt?» Die unwirkliche Szene liefert den Schlüssel zum Verständnis des ganzen Skandals.

Da hatte einer Angst, die Macht zu verlieren, die ihm Lebensinhalt und existentieller Legitimationsgrund geworden war; sie zu wahren, war ihm fast jedes Mittel recht. Er korrumpierte und pervertierte den demokratischen Wahlprozeß, um sein Abonnement auf das Regierungsmandat zu verlängern. Als seine Machenschaften ruchbar wurden, flüchtete er sich erst in die Lüge und am Ende in den Freitod (an dem die Genfer Untersuchungsbehörden keinen vernünftigen Zweifel mehr lassen). In der Zuspitzung von Ehrgeiz zu Unehrenhaftigkeit vollendete sich seine persönliche Tragödie. Uwe Barschel hat Anspruch auf die Fürbitte der Christen; Anspruch auf die Nachsicht der Demokraten hat er nicht.

In der Demokratie regieren nicht Heilige, sondern fehlsame, verführbare, irrende Menschen. Deswegen bleibt sie anfällig: für Korruption, Durchstechereien, Schurkerei. Auch die beste Verfassung bietet keinen Schutz dagegen, daß Unwürdige an die Spitze gelangen, skrupellose Ehrgeizlinge, die dem süßen Gift der Macht verfallen. Aber sie hält, solange die Demokraten Rückgrat zeigen, auch das Instrumentarium bereit, mit derlei Verfehlungen fertig zu werden; kein anderes politisches System kann es mit der Demokratie an Kraft zur Korrektur aufnehmen. Darin liegt ihre Stärke: daß aus Einsicht Läuterung wachsen kann.

Es gibt in der Politik kein Gesetz gegen unlauteren Wettbewerb. Allerdings haben die Bürger ein untrügliches Gefühl dafür, was sich gehört und was nicht. Der Verfassungspatriotismus hat im Land Wurzeln geschlagen. Gegen ihn hat Uwe Barschel in alkibiadischer Selbstherrlichkeit verstoßen. Kein Wunder, daß viele heute zutiefst erschüttert, verunsichert, ja angewidert sind. Sie spüren: Nicht von den Irrsinnsfransen unserer Gesellschaft geht die eigentliche Gefährdung des Staates aus, sondern von seinen ungetreuen Dienern. Zweifel befallen sie, ob das demokratische System Bestand haben kann.

Die Zweifel sind verständlich, doch sie verstellen den Blick auf das Eigentliche. Barschel hat sich am Grundgesetz des Gemeinwesens vergangen, das auf Streit angelegt ist, dessen Austragung indessen an strikte Regeln bindet. Der Verstoß allein spricht nicht gegen die Regeln. Im Gegenteil: Seine rückhaltlose Aufdeckung befestigt sie aufs neue. Insofern ist jeder Skandal auch nützlich. Er läßt uns wach werden, wo wir lasch geworden sind. Er schärft unsere Maßstäbe. Wir brauchen an den Affären nicht zu verzweifeln, solange wir sie als Chance zur Selbstreinigung und zu erneuertem Engagement begreifen. Die Demokratie stirbt nicht daran; sie wächst daran.

In der Barschel-Affäre hat die Demokratie funktioniert. Ein Politiker ist ins Mafiose abgeglitten, aber die kontrollierenden Instanzen haben verhindert, daß auch das System ins Straucheln geriet. Der *Spiegel* hat den Skandal aufgedeckt. Die Republik schuldet ihm dafür Dank; kritische Fußnoten handwerklicher Art verblassen nachträglich zu belangloser Beckmesserei. Der Kieler Untersuchungsausschuß hat nach dem Hamburger Nachrichtenmagazin die Aufklärung in die Hand genommen und sie unverdrossen, unerschrocken vorangetrieben; Hut ab vor dem demokratischen Lehrstück, das er da inszenierte. Die schleswig-holsteinischen Politiker bewiesen damit, daß wahre Demokratie keine «Provinz» kennt – wie zuvor Barschel gezeigt hatte, daß Ruchlosigkeit auch auf dem flachen Lande angesiedelt sein kann. Im Mai nächsten Jahres soll nun der Wähler noch einmal entscheiden. Es ist dies der einzig saubere Ausweg aus einer heillos verfahrenen Lage; eine bloße Koalitions-Rochade hätte nicht ausgereicht, den notwendigen Neubeginn zu legitimieren.

Viele Politiker hierzulande fühlen sich heute bedrängt. Klagend, ja kläglich fragen sie: Wer soll denn überhaupt noch in die Politik gehen, wenn einem aus jedem Fehler, jedem Fehltritt ein Strick gedreht wird? Wenn alles erbarmungslos ans Tageslicht gezerrt wird? Sie vergessen: Wo Macht sich in Machenschaften einläßt, herrscht auch nicht gerade Zimperlichkeit. Gebrechen verdienen Nachsicht, Verbrechen nicht. In der Erbarmungslosigkeit der Demokraten liegt die einzige Überlebenschance der Demokratie. Wer dies nicht einsieht oder nicht aushält, sollte lieber gar nicht erst in die politische Arena steigen.

Dem Untersuchungsbericht des US-Kongresses über die Iran-Contra-Affäre hat der Senator William Cohen eine persönliche Bemerkung angefügt, die sich jeder hinter den Spiegel stecken sollte, der an den öffentlichen Dingen Anteil nimmt; auch bei uns. In klassischer Verdichtung formuliert der amerikanische Politiker dort, was überall die moderne Demokratie ausmacht:

«Die Existenz einer freien und kraftvollen Presse stellt sicher, daß Versuche, die Regierungsgewalt zu mißbrauchen, am Ende aufgedeckt werden. Sind sie erst einmal enthüllt, werden die Regierungsprozesse eingreifen, um die notwendigen Korrekturen zu bewirken. So liegt eine gewisse Unvermeidlichkeit in unserem Verfassungssystem, das eine freie, gründlich forschende Presse verbürgt und daneben eine Regierungskonstruktion von unverwüstlicher Spannkraft, die fähig ist, das Gleichgewicht der verfassungsmäßigen Gewalten wiederherzustellen, sobald es gestört worden ist. In der Tat: Dies ist der Genius unseres Systems und die Essenz unserer Demokratie.»

1. Januar 1988

CARL-CHRISTIAN KAISER

Ein kleines Wunder für die Deutschen

Am Ende dieses deutsch-deutschen Jahres steht ein paradoxes Ergebnis. Zum einen ist die Teilung durch den von allen protokollarischen Weihen begleiteten Besuch Erich Honeckers in der Bundesrepublik festgeschrieben worden. Zum anderen aber hat es, ungefähr je zur Hälfte, nicht weniger als rund zehn Millionen Reisen hinüber und herüber gegeben. Gerade durch die Anerkennung der Zweistaatlichkeit sind Freizügigkeit und Zusammenhalt, das oberste Ziel aller Bonner Deutschlandpolitik, gefördert worden.

Das gilt um so mehr, als in den fünf Millionen Besuchen aus der DDR eine Zahl steckt, von der bis vor ganz kurzer Zeit niemand auch nur geträumt hätte. Etwa 1,2 Millionen Landsleute haben im abgelaufenen Jahr kommen können, obwohl sie noch keine Rentner sind und ihnen deshalb eigentlich nur das Nadelöhr einer «dringenden Familienangelegenheit» als Rechtfertigung ihres Reisewunsches blieb. Doch dieses Maß wird von den DDR-Instanzen immer großzügiger angelegt, wenn es denn überhaupt noch eine Rolle spielt. Die 1,2 Millionen Besuche vor dem Rentenalter fallen auch deshalb besonders ins Gewicht, weil es sich in aller Regel um einmalige Reisen handelt, die Zahl der Besuche also mit der Zahl der Besucher weithin identisch ist – anders als bei den Rentnern, die, zumal in Berlin, mehrmals zu kommen pflegen. Ihre Reisen addieren sich in diesem Jahr auf 3,8 Millionen Besuche.

Welche Sensation die Ziffern anzeigen, wird erst im Vergleich vollends deutlich. Zwar liegen die Angaben aus Ost-Berlin höher als die Bonner Zahlen, weil auf seiten der Bundesrepublik nach der Maxime, daß die beiden deutschen Staaten für einander nicht Ausland sind, sondern völlige Freizügigkeit herrschen soll, nur nach Augenschein und Erfahrung geschätzt wird. Erst demnächst sollen eine umfangreiche demoskopische Umfrage und genauere Methoden präzisere Daten bringen.

Aber abgesehen davon, daß es zu Zweifeln an den DDR-Daten keinen vernünftigen Grund gibt, weil sich Ost-Berlin mit ihrer Bekanntgabe vor aller Welt festlegt, spiegelt sich die Entwicklung auch in den Bonner Schätzwerten wider: Gab es ehedem nur wenige zehntausend Besucher unterhalb der Rentenschwelle, so schnellten die Reisen jüngerer Landsleute schon 1986 auf eine Viertelmillion und nun auf den Millionenrekord in diesem Jahr hinauf.

Um diesen Rekord liegt ein Kranz anderer eindrucksvoller Zahlen. Auch 1987 sind mehr als 60 000 junge Leute aus der Bundesrepublik bei Jugendaustauschreisen und Klassenfahrten für längere Zeit in der DDR gewesen; allerdings sind nur knapp 4000 Jugendliche aus der DDR zu uns gekommen. Bei 104 Gelegenheiten haben sich Sportler getroffen. 34 Städtepartnerschaften sind vereinbart oder in Aussicht genommen. Von den 1470 Telephonnetzen der DDR lassen sich inzwischen 1221 aus der Bundesrepublik direkt anwählen. Und selbst wenn Berliner Gespräche davon ein Drittel ausmachen, so hat es in diesem Jahr mehr als 30 Millionen Telephonate in die DDR und nach Ost-Berlin gegeben.

Kein Nachdenklicher in Bonn, der diese Entwicklung nicht mit angehaltenem Atem verfolgte. Setzt man den steilen Anstieg der Besuche und Reisen von Ost nach West zu den nur 16,7 Millionen DDR-Einwohnern in Beziehung, bedenkt man außerdem den millionenfachen und tagtäglichen Empfang des Westfernsehens, dann zeigt sich, auf welch beispielloses Öffnungsexperiment sich das SED-Regiment eingelassen hat.

Im Politbüro der SED ist diese Öffnung freilich nicht unumstritten, und wenn Erich Honecker für sie einsteht, dann in erster Linie, weil er seinem Regiment damit innen- und außenpolitisch weitere Zustimmung, Legitimation und Reputation verschaffen will. Aber je mehr Landsleute aus dem anderen Teil Deutschlands zu Besuch kommen können, besonders jüngere, um so stärker wachsen auch die Besuchswünsche. Die Reiseerleichterungen lassen zudem das Verlangen nach einer Liberalisierung der Verhältnisse in der DDR immer lauter werden.

Offenbar haben die jüngsten Aktionen gegen kirchliche Friedensgruppen schon deutlich machen sollen, wo die SED Grenzen erreicht sieht. Ebenso signalisiert die wieder auf das Normalmaß früherer Jahre zurücksinkende Zahl der Übersiedler aus der DDR (1987 rund 10000), daß es keine echte Freizügigkeit geben wird. Das Ventil ist weit geöffnet worden, aber es bleibt in Funktion.

Unter dieser Gewißheit stehen auch alle Zukunftshoffnungen. Zwar deutet nichts darauf hin, daß die DDR die Besuchsmöglichkeiten demnächst wieder einschränken will. Aber so wie bisher werden sie nicht weiter zunehmen. Zwar sind auch 1987 nur 0,03 Prozent der Besucher nicht zurückgekehrt. Aber die SED wird den nicht seltenen Zusammenhang zwischen Reisen und Ausreisewünschen weiter genau beobachten und es sich dreimal überlegen, ob sie fortan auch ganze Familien oder mehr Ehepaare als bisher reisen läßt. Zwar ist sogar in dem Kommuniqué über den Besuch Honeckers von einer Weiterentwicklung des Tourismus die Rede. Aber wenn damit auch Gegenseitigkeit gemeint sein soll, eine Chance also auch für jene DDR-Bürger, die hierzulande keine Verwandten oder Bekannten haben, dann wird man die Ansätze dazu noch lange mit der Lupe suchen müssen. Eher schon werden sich die Städtepartnerschaften ausbauen und neue Verknüpfungen schaffen lassen, zum Beispiel von Verein zu Verein, zwischen Briefmarkensammlern oder Taubenzüchtern. Manche Gesellschaften, literarische und wissenschaftliche, könnten wieder ein gemeinsames Dach erhalten.

Wunder dauern immer etwas länger, besonders in der deutsch-deutschen Politik. Von ihrem Auftakt unter Willy Brandt über das Treffen zwischen Helmut Schmidt und Erich Honecker am Werbellinsee bis zum Empfang des Generalsekretärs im Bonn Helmut Kohls sind bald zwei Jahrzehnte verstrichen. Aber am Ende, in diesem Jahr, haben sich die günstige politische Großwetterlage, die Eigeninteressen des SED-Staates, kluge Selbstüberwindung in Bonn und das Engagement Honeckers in der Deutschlandpolitik durchaus zu einem kleinen Wunder verbunden – zugunsten der Millionen Menschen, die nicht nur hinüber, sondern vor allem auch herüber reisen können.

1988

13. Mai 1988

Robert Leicht

Engholms Erfolg – ein Sieg des politischen Anstands

Auch diese Kieler Wahl wird in die Geschichte der Republik eingehen – als Nachspiel zu der miserablen Barschel-Affäre. Doch wird das Ergebnis auch wirklich Geschichte machen? Einen solchen politischen Sturzbach hat das Land noch nicht gesehen: Mehr als neun von hundert schleswig-holsteinischen Wählern schwenkten von einer Partei zur anderen, von der Union zur SPD. Björn Engholm, der künftige Ministerpräsident, ist mit seinen 54,8 Prozent exakt bis auf einen Punkt an Franz Josef Strauß herangekommen. Doch der Katarakt von Kiel – was löst er wirklich aus?

Die Bürger zwischen Ost- und Nordsee vollzogen einen rituellen Reinigungsakt. Er dient der politischen Hygiene. Wie anders sollten sie sich auch vom Schmerz des Kieler Skandals befreien? Die Eindeutigkeit ihres Urteils spricht auch all jenen Unionspolitikern hohn, die – mit Barschel als Sünder und Sündenbock zugleich – ihre eigene Mitverantwortung bequem verwischen wollten. Was immer sie von der «Tragödie Barschel», einer «Heimsuchung» oder vom «Fehlverhalten des früheren Ministerpräsidenten» raunten, überzeugen konnten sie damit nicht mehr. Selbst Heiko Hoffmanns, des CDU-Kandidaten, tapferes Exerzitium in politischer Hochkultur mußte für dieses Mal wie ein leiser Aufruf wirken: Leute, wählt Engholm …

Björn Engholm hat einen eindrucksvollen Sieg für den demokratischen Anstand errungen. Doch sein Auftrag umfaßt mehr, als die Selbsteinschätzung der Partei auf den ersten Blick erkennen läßt. Der SPD wird der Erfolg ihres Spitzenkandidaten noch zu schaffen machen. Den Konflikt zwischen Erwartungen und Möglichkeiten wird sie in doppelter Weise zu spüren bekommen.

Zum ersten: Im Hochgefühl nach 38 Jahren der Landtagsopposition dürfen sich die Sozialdemokraten nicht einreden, sie hätten – neben dem klaren Entscheid für einen sauberen Wechsel – auch ein ebenso breites Mandat für ihren politischen Kurs in der Tasche. Im Gegenteil: Sie haben viele Wähler auf ihre Seite gezogen, die von ihnen ein hohes Maß an Selbstdisziplin und Bescheidenheit im Umgang mit der Macht verlangen. Schon seit einiger Zeit versucht die SPD in Bund und Ländern erneut den Anschluß zur politischen Mitte zu finden. An dieser schwierigen Aufgabe hat sich in der Kieler Wahlnacht nichts geändert.

Zum zweiten: So hoch die Erwartungen im Vollgefühl des Triumphs fliegen, so gering sind die Handlungsmöglichkeiten einer Landesregierung, zumal in einem Bundesland, das zu den Armenhäusern der Republik zählt. Da wird der größte Sieger wieder klein. Nach der ersten Aufbruchstimmung kommt es bald wieder auf die Überzeugungskraft der minimalen Schritte an.

Im übrigen gilt zwar immer noch: Kiel ist nicht Bonn, seit der Bundestagswahl von 1983 hat die konservativ-liberale Koalition in keiner Bundesumfrage ihre demoskopische Mehrheit verloren. Trotzdem kann der Kanzler den neuerlichen Rückschlag nicht – wie gehabt – gelassen aussitzen.

Am Sonntag wurde Gerhard Stoltenberg, der CDU-Landesvorsitzende, ein weiteres Stück demontiert, folglich in Personalunion auch der Bonner Finanzminister, dessen Steuerreform schon längst kein Ruhmesblatt der Koalition mehr darstellt. Die Union behält wohl auf längere Sicht ihre Mehrheit im Bundesrat. Doch jeder einzelne Ministerpräsident der Union – ob Strauß, Späth oder Albrecht – hat es nun in der Hand, seine Bedingungen höher anzusetzen. Die Regierung Kohl gerät also unter verschärften Überzeugungsdruck.

Vor allem aber wird die Profilneurose der FDP immer akuter. Wie schon zuvor in Baden-Württemberg hat sich nun auch in Kiel gezeigt: Ob Schmusekurs oder Rempelrhetorik – die Liberalen können nicht mehr all die Wähler einsammeln, die der Union abhanden kommen. Die Lagertheorie geht in die Brüche.

Wer wie die FDP als Minderheit stets auf der Regierungsbank sitzen will, braucht besondere Überzeugungskraft, personell wie sachlich. Programmatisch aber sind die Liberalen längst abgeschlafft. Nun zeigt sich auch erbarmungslos das personalpolitische Defizit. Was Möllemann, Döring und Zumpfort in den Ländern sind, ist Bangemann im Bunde: die Profillosigkeit in Person. Genscher, der einzige Aktivposten der Liberalen, soll nun von der Union an die Leine genommen werden. Lambsdorff aber als neuer Parteivorsitzender, der Sünder und Sündenbock des Parteispendenskandals, brächte die FDP in neue Zerreißproben, zumal nach ihrem Koalitionsgetapse im Kieler «Saustall» (Zumpfort).

Der Kieler Gerichtstag hat fürs erste die politische Kleiderordnung wiederhergestellt. Doch die Frage: Wozu und zu welchem Ende betreiben die Sieger wie die Verlierer Politik, ist so offen wie zuvor.

27. Mai 1988

Rolf Zundel

Die hält kein Beton mehr auf

Auf was ich mich da eingelassen hatte, wurde mir so richtig erst klar, als es schon zu spät war. In einer Diskussion über das Erinnerungsjahr 1968 hatte eine Kollegin gefragt, ob es nicht interessant sei, auch zu beschreiben, was dieses Datum für die Frauenbewegung bedeute, was damals begonnen habe und was daraus geworden sei. Ich sagte schnell ja, sogar mit blitzenden Augen, wie mir später vorgehalten wurde. Eine nicht untypische Situation, wie Feministinnen wissen: Frauen haben die Idee, und Männer eignen sie sich an.

Inzwischen, nach vielen Gesprächen – und jedes Gespräch zog die Empfehlung nach sich, unbedingt ein ganz wichtiges Buch zu lesen –, ist das Thema noch spannender, aber auch sehr viel schwieriger geworden. Über die Frauenbewegung zu schreiben bedeutet für einen Mann eine Reise in ein fremdes, ein feindliches Land. Richtig beobachtet, antworten darauf Feministinnen, aber das kann uns nicht sehr beeindrucken; wir müssen unser ganzes Leben auf feindlichem Territorium zubringen, im Männerland. Die Verständigung, so freundlich die Gespräche sein mögen, stößt auf Barrikaden. Es ist kein Zufall, daß Männer in Frauenversammlungen fast stets den falschen Ton treffen; Oskar Lafontaine hat dies schmerzlich erfahren. Wenn Frauen in Männertreffs über ihre Probleme reden, ist es wohl nicht viel anders. Sogar im persönlichen Gegenüber lassen sich Charaktermasken – in ihrer krudesten Form: die Herren und die Unterdrückten – nicht einfach abnehmen. Und es gibt eine andere Grenze des Verstehens. Wie einer Frau zumute ist, wie sie fühlt, denkt, handelt, läßt sich zwar erfragen, aber nicht nacherleben. Anders ausgedrückt: Ein Mann, und habe er die Empathie mit Löffeln gefressen, kann nicht die Geschichte der Frauenbewegung schreiben; er kann nur Gehörtes und Gelesenes spiegeln und nach seinem Verständnis ordnen.

«Die Tomate flog am 13. September 1968, und sie traf nicht nur voll ins Gesicht, nämlich des SDS-Theoretikers Hans-Jürgen Krahl, sondern ebenso voll ins Schwarze.» Mit diesem Satz beginnt Alice Schwarzer ihre Darstellung der neuen Frauenbewegung, erschienen unter dem Titel «So fing es an».

Natürlich fing nicht alles damit an. Wahrscheinlich hat von Anfang an der Protest von Frauen die Geschichte des Patriarchats begleitet, meist stumm und hoffnungslos, spät erst breiter werdend und die Ebene der öffentlichen, der politischen Reflexion erreichend. Immerhin hat Hedwig Dohm, in der die Feministinnen von heute eine frühe

Vorkämpferin sehen, schon 1876 die angeblich «ursprünglichen, angeborenen» Eigenschaften der Frau bezweifelt und sie als «eine von ihrer Lebensweise und Stellung bedingt und abhängige Eigenart» betrachtet, als ein Ergebnis der Zurichtung durch Männer. In der Geschichte der deutschen Frauenbewegung gab es große Namen lange schon vor dem Entstehen der Bundesrepublik: Clara Zetkin, Helene Lange. Und schon vor 1968 war außerhalb der Bundesrepublik das Thema wieder angeschlagen worden. Simone de Beauvoir hatte über «Das andere Geschlecht» geschrieben, Betty Friedan über den «Weiblichkeitswahn». Kate Millett («Sexus und Herrschaft: Die Tyrannei des Mannes in unserer Gesellschaft») hat 1970 schon eine ganze Serie moderner feministischer Literatur verarbeitet.

Auch galt für die Frauen, die sich damals in der Studentenbewegung engagierten, noch mehr als für den SDS selbst: sie waren eine kleine radikale Minderheit. Und denen, die am Frankfurter SDS-Kongreß teilnahmen, war der Tomatenwurf eher peinlich. Helke Sander, damals Sprecherin des Berliner Aktionsrates der Frauen, erzählte Alice Schwarzer: «Wir dachten, da fänden wir ein Forum, das uns wohlgesonnen ist.» Und sie hatte ihre Beschwernis im schönsten SDS-Deutsch vorgetragen: «Der Mann übernimmt die objektive Rolle des Ausbeuters oder des Klassenfeindes, die er subjektiv natürlich nicht will, da sie ihm ja auch wiederum nur aufgezwungen wird von einer Leistungsgesellschaft, die ihm ein bestimmtes Rollenverhalten auferlegt.» So versöhnlich würde eine Feministin von heute nicht mehr über die Männer reden; sie sieht deutlicher deren aktiven Anteil am Patriarchat, das ihnen ihre Privilegien sichert. Die Herren am Vorstandstisch jedenfalls, beschäftigt, den Hauptwiderspruch zwischen Kapital und Arbeit zu lösen, wollten sich mit dem «Nebenwiderspruch» der Frauen nicht aufhalten; sie übergingen ihn einfach. Und da flogen die Tomaten, ganze drei an der Zahl. Das spricht nicht gerade für die große Auseinandersetzung, und auch die Begründung, die Sigrid Rüger, eine hochschwangere Romanistikstudentin, für die Verwendung von Tomaten gab, klang noch nicht sehr feministisch: «Genosse Krahl, du bist objektiv ein Konterrevolutionär und ein Agent des Klassenfeindes dazu.»

Dennoch hatte die Szene symbolhafte Bedeutung: Es begann die Emanzipation der Frauen aus der scheinbar geschlechtslos gedachten allgemeinen Emanzipationsbewegung, die aber nicht nur die alten Rollenzuweisungen übernommen, sondern sie unerträglich verschärft hatte. In ihrer leisen und unerbittlichen Art hat Antje Vollmer im letzten Jahr auf dem «SDS-Revival» diese Verknüpfung von «Revolte und Machismo» bloßgelegt: «Von Anfang an hatten die Frauen bei euch keinen Platz. Jedenfalls nicht da, wo wir ihn wollten, nämlich in der ersten Reihe und neben euch ... Ihr wart natürlich in den bequem ausgetretenen Pantoffeln eurer Väter. Eurer realen Nazi-Mitläufer-Täter-Väter und auch eurer geistigen Frankfurter-Schule-Väter der intellektuellen Linken. Daß erst die Klassenfrage und dann allerlei und dann erst viel später die Geschlechterfrage kommt, das haben Marx und Engels längst klargestellt in alter proletarischer Patriarchen-Herrlichkeit ... Der linke Macho-Mann, ausgewiesen durch eine brillante Rhetorik, eine leicht ins Zynische kippende Moral und eine flotte Freundin ... wurde zum bestimmenden Männertyp der deutschen Linken ... Unsere eigenen Utopien einer anarchischen, und das hieß auch männerherrschaftsfreien Revolution verloren sich Stück für Stück in der Alltagsmaloche der Organisiererei, und sie verloren sich in euren, im übrigen immer ungemachten Betten und in jenen gänzlich unerotischen Sprachkolossen, die ihr so befreiend unbürgerlich fandet.»

Der Widerwille gegen die «tausend Marx-Seminare», in denen die Spontaneität grau wurde, taucht in vielen Berichten von Frauen auf, die sich damals vom SDS emanzipierten. Vom fehlenden Spaß, vom Gefühl, als Sexualobjekt benutzt zu werden, ist die Rede. «Wer zweimal mit derselben pennt, gehört schon zum Establishment», hieß ja einer der flotten Sprüche von damals. Und immer wieder hakt die Erinnerung daran fest: wir hatten keine eigene Sprache, wir waren eingebunden in die Sprachmuster eines intellektuellen Sozialismus, «wir waren in den Worten nicht vorhanden» (Barbara Köster). Die Familie, das Private, Lebenswelt wurde es später genannt – all das kam nicht vor. Die Antwort der Frauen darauf hieß: «Wir haben die Schnauze voll; das Private ist politisch.»

Seither ist viel geschehen. Während die emanzipatorische Linke in den Drahtverhauen der bürgerlichen Gesellschaft hängenblieb oder sich deren Annehmlichkeiten zunutze machte, jedenfalls im Wandel durch Annäherung sich selber und ihre Gegner soweit veränderte und müde machte, daß an produktiver politischer Spannung nur wenig übrigblieb, ist die Frauenbewegung politisch interessanter und produktiver geworden. Und sie hat mehr durchgesetzt. Die letzten zwanzig Jahre sind eine Erfolgsgeschichte, jedenfalls im Blick der Männer. Der amerikanische Soziologe Daniel Bell stellt kühl fest: «Die sechziger Jahre trugen dazu bei, das Patriarchat zu beenden», im veränderten Status der Frauen sieht er den «großen fundamentalen und strukturellen Wandel» der letzten Jahrzehnte, eine irreversible Entwicklung. Nicht so gelehrt, aber kaum weniger eindrucksvoll drückte dies ein Mitarbeiter des SPD-Vorstands angesichts eines Frauentreffens aus: «Die hält kein Beton mehr auf.»

«Der letzte Krähwinkel ist vom Grundgedanken der Frauenbewegung erfaßt» (Gisela Erler), auch wenn die Ausdrucksformen dort strenge Feministinnen die Stirn runzeln lassen. Der von Heiner Geißler – schon wieder ein Mann! – durchgesetzte Frauenparteitag der CDU war nicht, wie viele Konservative in der Partei meinten, eine unnötige modernistische Abirrung; die CDU erwischte den letzten Augenblick und nutzte ihn geschickt, um wenigstens einen Teil der unaufhaltsamen neuen Strömung auf ihre Mühlen zu leiten. Der Frauenministerin Rita Süssmuth gestehen auch ihre politischen Gegnerinnen zu, «daß sie von Frauenfragen wirklich was versteht». Die SPD hat ein Frauenkapitel in den Entwurf ihres Grundsatzprogramms aufgenommen, das selbst scharfäugige Genossinnen einigermaßen zufriedenstellt, so unzureichend sie den Entwurf insgesamt finden. Die traditionell selbstbewußten Frauen der FDP haben schon lange gelernt, «strategisch zu denken» (Uta Würfel). Die Grünen haben sogar schon ein Feminat erlebt. Auf einem Plakat der «Katholischen Frauengemeinschaft», es hängt im Zimmer einer CSU-Abgeordneten, steht der Spruch: «Die alte Eva gibt's nicht mehr.» Freie Demokratinnen bescheinigen grünen Kolleginnen, sie seien großartige

Frauen; Sozialdemokratinnen anerkennen die Courage von CSU-Frauen.

Im Bundestag werden immer häufiger fraktionsübergreifende Initiativen und Gespräche der Frauen registriert. In allen Bundesländern gibt es inzwischen Gleichstellungsbeauftragte, auch in vielen Behörden, in den Kommunen sind es inzwischen fast 300. Die Frauenforschung hat sich in den letzten zwanzig Jahren gewaltig ausgedehnt. Noch nie waren so viel Frauen erwerbstätig wie heute; und noch nie waren so viele Mütter darunter mit Kindern unter achtzehn Jahren. Am deutlichsten und am wichtigsten aber ist die Veränderung in Bildung und Ausbildung. Der Anteil der Frauen an den Schulabschlüssen, die zum Studium berechtigen, liegt mittlerweile bei 45 Prozent; das sind fast zwanzig Prozentpunkte mehr als vor zwei Jahrzehnten. Etwa 40 Prozent aller Studienanfänger sind Frauen. «Von daher läßt sich nichts mehr zurückdrehen» (Ursula Männle). Es stimmt schon, was in den Berichten des Süssmuth-Ministeriums zu lesen ist: «Noch nie waren die Mädchen und Frauen so gut ausgebildet wie heute.» Und sie nutzen, was sie gelernt haben: jeder dritte neue Betrieb wird von Frauen gegründet; vor zehn Jahren war das noch jeder zehnte.

Auch die Sprache gegenüber den Frauen hat sich geändert. Viele erinnern sich noch, und es ist erst ein paar Jahre her, als in den Parlamenten die ersten Debatten über Frauenhäuser und Gewalt in der Ehe geführt wurden, oft vor der Kulisse glucksenden Männergelächters und körpernaher Zwischenrufe. Heute ist der Ton freundlicher, ruhiger geworden, es wird viel von «Partnerschaft» gesprochen, und auch ein wenig Angst vor der Macht der Frauen spielt mit. Als Macho möchte keiner in der Öffentlichkeit erwischt werden. Das nimmt mitunter auch Züge einer neuen, komischen Servilität an. Die Berliner Gleichstellungsbeauftragte Carola von Braun erzählt zum Beispiel, daß sie in einem Männergremium (und das ist immer noch die Regel) Geld für Frauenförderung lockermachen wollte. Sie fiel mit ihrem Plan, der von Wirtschaftsexperten als durchaus vernünftig eingeschätzt worden war, zunächst glatt durch. Daraufhin mobilisierte sie «ihre Frauen» in den verschiedenen Organisationen. Die nächste Sitzung, in der das Projekt gebilligt wurde, begann mit dem Satz: «Gnädige Frau, wir sind keine Chauvis.»

Es gibt eine Erfolgsbilanz. Allerdings sehen die Frauen sie nicht so strahlend, sie erkennen im übrigen auch den Preis, den sie dafür bezahlen müssen, und sie spüren einen wachsenden Widerstand der Männer, geschmeidiger, auch geschlossener. Die Männer haben instinktiv begriffen, auch wenn sie es nicht öffentlich sagen: «Die Frauen stellen heute die Machtfrage» (Waltraud Schoppe). So überwältigend ist der Frauenanteil in den Parteien auch heute noch nicht, im Bundestag etwas über fünfzehn Prozent; in den oberen Etagen der Verwaltung wird die Luft dünn für die Frauen. Die Seilschaften der Männer funktionieren noch immer. An den Universitäten ist nur jeder zwanzigste Lehrstuhl von einer Frau besetzt. Frauen verdienen im Durchschnitt zwei Drittel von dem, was Männer nach Hause bringen, die Arbeitslosigkeit der Frauen dagegen – und sie spiegelt die Tatsache wider, daß Frauen weithin noch als industrielle Reservearmee benutzt werden – ist beträchtlich höher als die der Männer. Von einer eigenen Rentenbiographie, die auch einen erträglichen Lebensabend sichert, sind die meisten Frauen noch weit entfernt.

Der Preis für die fortschreitende Gleichheit ist hoch. In der Regel wird sie bezahlt mit doppelten Anstrengungen, Rollenunsicherheit, Machtverlust (so schwach und harmlos – mamma mia – waren die Frauen in ihrer traditionellen Rolle ja wirklich nicht) und auch mit wachsender Brüchigkeit dessen, was einmal die heile Familie war. Da die Arbeit in der Familie ganz überwiegend von Frauen geleistet wird, einschließlich der Pflege von Alten und Kranken, bedarf es schon ungewöhnlicher Energie und besonderer persönlicher Umstände, um auch im Beruf erfolgreich zu sein. Eine der Frauen formulierte es so: Das kann klappen, wenn die Frau sehr begabt und erfolgreich ist, wenn die Kinder (möglichst nur eins) gut geraten sind, wenn der Arbeitgeber sehr viel Verständnis zeigt, und wenn sich der Mann wirklich als Partner erweist.

Aber wie viele Männer sind dazu bereit? Vor einem guten Jahrzehnt hat die Soziologin Helge Pross die Männer befragt. Damals war das Ergebnis ziemlich niederschmetternd. Die Männer lebten noch ganz zufrieden in ihren traditionellen Rollen. «Die Männer sind nicht angekratzt von den Forderungen der Frauen. Sie interessieren sich einfach nicht dafür. Sie haben eine beachtliche Fähigkeit entwickelt, die Wirklichkeit nicht zur Kenntnis zu nehmen. Die Phase, in der sie nicht umhinkönnen, die Probleme der Frauen zu sehen, hat noch nicht begonnen.»

Vor zwei Jahren haben Sigrid Metz-Göckel und Ursula Müller eine ähnliche Untersuchung durchgeführt. Inzwischen sehen die Männer die Probleme der Frauen, fast zu gut. Partnerschaft stellt für sie einen hohen Wert dar, immerhin 83 Prozent der Männer sagen, Berufstätigkeit sei für Mann und Frau gleich wichtig. Das gilt freilich nur, solange keine Kinder da sind. Nur 49 Prozent der Männer sind der Meinung, daß Frauen in jedem Fall berufstätig sein sollten, auch wenn sie Kinder haben. Noch deutlicher wird diese Einstellung, wenn gefragt wird, auf welche Weise eine Familie mit Kindern unter zehn Jahren das Leben organisieren soll. Etwa 80 Prozent der Männer sprechen sich dann für das traditionelle Modell aus: Der Mann geht Geld verdienen, die Frau bleibt zu Hause. Spitz, aber zutreffend formuliert Ursula Müller: «Die Mehrheit der deutschen Männer würde, ernstlich befragt, nicht mehr behaupten, daß die Frauen dumm, schüchtern, schwach oder in sonstiger Weise unzureichend seien, um erfolgreich mit Männern im Berufsleben zu konkurrieren. Sogar die geschlechtsspezifische Zuweisung von Berufen ist auf dem Rückzug. Daß Kinderkriegen Frauensache ist und daher die Kindererziehung ebenfalls, tritt an die Stelle aller Argumente, die früher geäußert wurden. Dieses Argument ist das letzte Faustpfand, über das Männer verfügen, und daß sie so an diesem Argument hängen, zeigt, daß sie über seinen strategischen Wert gut Bescheid wissen.»

Erziehungszeiten werden, wie immer sie organisiert und finanziert sind, bisher fast ausschließlich von Frauen in Anspruch genommen. Männer unterbrechen ihre Karriere fast nie. Die aufmunternde Versicherung, wieviel Männer in der Familie doch eigentlich gewinnen könnten an Erfahrung und an neuen Fähigkeiten, verfängt bisher kaum. Wer in der Gesellschaft nach oben kommen will, jedenfalls nach den Kriterien, die wirkliches soziales Prestige bestimmen, also nicht die Preisreden auf Mütterlichkeit und Familie, sondern beruflicher Aufstieg, Einkommen, öffentliche Geltung, darf sich nicht viel mit und in der Familie aufhalten.

Viele Frauen versuchen, oft mehr schlecht als recht, sich eine berufliche Karriere zu zimmern oder wenigstens durch Teilarbeit Anschluß an die industrielle Gesellschaft zu halten. Meist mit schlechtem Gewissen, vor allem gegenüber den Kindern, und im Gefühl, an beiden Orten den Anforderungen nicht nachzukommen. Nicht nur, daß die Berufschancen der Frauen zu Beginn ihrer Karriere schlechter sind, «genau in den Jahren, wo die Kinder kommen, fallen in der Regel auch die wichtigen Berufsentscheidungen, werden für die Karriere Überstunden geleistet, zusätzliche Kurse absolviert. Nach der Unterbrechung wegen der Kinder ist es, wenn überhaupt noch ein Anschluß an die Berufskarriere gefunden wird, für den Weg zur Spitze meist zu spät» (Inge Wettig-Danielmeier).

Die reine Hausfrauenehe aber ist zu einer «trügerischen Existenzgrundlage» geworden, so die Bonner Rechtsanwältin Barbelies Wiegmann: «Fast jede dritte Ehe wird geschieden, Hausfrauen mit ihren Kindern geraten nach der Scheidung meist in wirtschaftliche Not, auf Unterhalt ist kein Verlaß. Falls überhaupt Unterhalt gezahlt wird, ist er in der Regel kaum mehr als ein Almosen, von dem die geschiedene Hausfrau nicht leben kann. Frauen, die der Familie zuliebe ihren Beruf aufgaben oder in Erwartung der Familienrolle keinen Beruf erlernten, sind in den meisten Fällen nach der Scheidung zu Erwerbstätigkeit gezwungen, wollen sie nicht aufs Sozialamt angewiesen sein oder den Rest ihres Lebens mit Unterhaltsprozessen verbringen. Da ihnen Berufsausbildung und / oder Berufserfahrung fehlt, müssen sie oft mit einfachen und schlecht bezahlten Erwerbstätigkeiten vorliebnehmen. Ihre wirtschaftliche Situation ist entsprechend miserabel, ihre Alterssicherung minimal.»

Schon diese erste, oberflächliche Musterung der gesellschaftlichen

Entwicklung in den letzten zwanzig Jahren zeigt, wie breit und wie brisant die Frauenbewegung geworden ist und wie dramatisch der Konflikt, der fast alle Familien erreicht hat. Aber der Konflikt geht noch tiefer.

Von allen Wirkungen der Emanzipationsbewegung ist vielleicht die wichtigste und folgenreichste: Frauen entdeckten Frauen. Ihr erster Zusammenschluß im Januar 1968 hieß, durchaus noch in den Konventionen von damals, «Aktionsrat zur Befreiung der Frau». Er traf sich, auch das entsprach dem vorgegebenen Muster, im Berliner Republikanischen Club. Aber der Unterschied zu den typischen SDS-Veranstaltungen, wo «Kopfsoldaten» (Antje Vollmer) in Form gebracht wurden, springt ins Auge. Alice Schwarzer hat den Bericht von Helke Sander aufgezeichnet: «Hunderte von Frauen kamen und gingen. Diese Freude am Reden, am Sich-Austauschen! Wir konnten uns nie voneinander trennen, gluckten bis in die Nacht miteinander ... Daß es im 19. Jahrhundert schon einmal eine Frauenbewegung gegeben hatte, wußte niemand von uns ... Wir lasen dann zunächst die sozialistischen Texte zur Frauenfrage, Bebel, Zetkin, und fanden das eigentlich recht unbefriedigend, trauten uns aber nicht so recht, das zuzugeben.»

Wenig später entstanden in vielen Städten «Weiberräte», und der Name ist kein Zufall. Das andere, das Besondere der Frauensitution wurde in der Form ironischer Provokation angenommen. Die Gründungen und Neugründungen, die Spaltungen, die schmerzhaften und komischen Versuche, das Wertvolle der Emanzipation festzuhalten, die Solidaritätskonflikte – all das ist selbst für Insider kaum noch zu entwirren. Wichtiger ist die Tatsache, daß Frauen einen Raum für sich selber schufen, unter Ausschluß der Männer.

Die Weiberräte wurden zum Ausgangspunkt einer eigenen Frauenkultur. Frauenzentren entstanden, inzwischen fast eine Selbstverständlichkeit, damals aber manchmal sogar im Verdacht, dem Terrorismus Unterschlupf zu gewähren. Frauenbuchläden wurden gegründet, Kneipen, Cafés, Ferienhäuser für Frauen organisiert, Kabarett- und Songgruppen bildeten sich, Straßentheater, eine eigene Frauenforschung entstand, ein Netzwerk begann zu wachsen.

In vielen Gesprächen taucht der Begriff auf: «Eigener Raum». Das war nicht nur ein Sinnbild. Ein eigenes Haus zu finden und zu gestalten war praktische Arbeit. Und dabei erwiesen sich die «Nichtintellektuellen» als unersetzlich. Sie wußten Bescheid, wie eine Kaffeemaschine gewartet und wie die Weinlieferung am besten organisiert wurde. «Wir wußten, was wir aneinander hatten» (Eckart). Der eigene Raum hatte eine doppelte Funktion. Einmal als Schutzzone, in der sich die Frauen «ungehindert durch den männlichen Blick» (Köster) begegnen konnten. «Wir brauchen den liebevollen Blick», sagt Christine Thürmer-Rohr noch heute, «ein freundliches Territorium; das geht nicht mit Männern zusammen.» Ein neues Bewußtsein vom Körper entstand, Zärtlichkeit wurde entdeckt. Zum anderen war der eigene Raum eine Art Experimentierbühne, um herauszufinden, was Frauen können – gemeinsam feiern zum Beispiel oder aggressive, aber nicht gewalttätige politische Aktionen vorbereiten.

Aktionen: Barbelies Wiegmann erzählt, wie das «Frauenforum Bonn» die Eröffnung des internationalen Jahrs der Frau 1975 begleitete. Am Eingang der Beethovenhalle lärmten etwa zwei Dutzend Gestalten im Putzfrauenhabit mit Löffeln, Töpfen und Eimern und skandierten: «Kinder, Küche und Fabrik – wir scheißen auf das Frauenglück.» Die vorüberschreitenden Honoratioren beiderlei Geschlechts waren peinlich berührt. Bundespräsident Scheel lächelte gequält, Annemarie Renger war empört, und Katharina Focke schaute geradeaus.

Nicht nur Mänenr waren in diesen Frauengruppen unerwünscht, die Frauen hielten auch Distanz zu Institutionen und Parteien. Sie waren «selbstverständlich autonom». Nicht wenigen Frauen ist die Skepsis gegenüber den offiziellen Organisationen geblieben, auch die Skepsis gegenüber sogenannten «gemischten Zusammenhängen». Auch heute noch erzählen Frauen, die längst diese Phase hinter sich gelassen haben, von der besonderen Atmosphäre in den Frauengruppen, in die sie immer wieder zurückkehren. «Sie geben Kraft.»

Ob die Frauengruppen immer ein Hort des Friedens waren, ist ein wenig zweifelhaft. Von Zänkereien und informeller Hierarchie wird gesprochen. Als Gesamteindruck bleibt doch, daß dort ein Stück Solidarität unter Frauen erlebt wurde, daß anders geredet wurde als unter Männern: persönlicher, mehr biographisch, mehr auf den Alltag, auf Erfahrung bezogen, weniger hierarchisch.

Den eigentlichen Mobilisierungsschub für die Frauenbewegung aber brachte die Kampagne gegen das Abtreibungsverbot, den Paragraphen 218. Alice Schwarzer transportierte die Idee der öffentlichen Selbstbezichtigung – im April 1971 hatten einige hundert Französinnen öffentlich erklärt: wir haben abgetrieben, und wir fordern das Recht auf freie Abtreibung für jede Frau – in die Bundesrepublik. «So kam die heikle, aber doch letztendlich geglückte Mesalliance zwischen dem Hamburger Männerblatt und der Frauenaktion zustande: die Frauen hatten ihr Forum, und der *stern* hatte seinen Skandal.» Diese Kampagne hat viele erschreckt und viele empört, auch viele Frauen. Manche, die damals die Kampagne mittrugen, finden sie heute furchtbar, was freilich nicht heißt, daß sie ihr Engagement von damals bedauern. «Wir haben uns damals Schmerz, Trauer und Ethik verboten» (Schoppe); damals wurde auf eine «humanitäre Begründung verzichtet, es ging um den Gesetzesbruch als solchen» (Vollmer).

Die Abtreibungskampagne läßt sich auf verschiedene Weise betrachten. Sie ist zum einen die Konsequenz eines Denkens, das in der Tradition des Wahns von Unabhängigkeit und Machbarkeit steht, in dem letztlich alles verfügbar wird – auch das Leben. Horst-Eberhard Richter nennt das den Gotteskomplex. Dieser Wahn, den Frauen, und nicht ohne Grund, mit der Entwicklung des Patriarchats in Verbindung bringen, wurde auch in der Emanzipationsbewegung mittransportiert.

Die Kampagne läßt sich freilich auch anders betrachten. Die Sprache war damals ohnehin nicht eben fein, und hier ging es außerdem um den ersten massenhaften und öffentlichen Aufstand von Frauen gegen eine von Männern geordnete Welt, genauer: gegen ein von Männern für Frauen gemachtes Gesetz, das überdies die Verantwortung der Männer für das Kind kaum berücksichtigte – sowohl bei der Zeugung wie auch später bei der Abtreibung: noch heute wird in der Mehrzahl der Fälle die Abtreibung von Männern gewünscht.

Das bedeutet nicht, daß die Kampagne kein ethisches Motiv gehabt hätte, im Gegenteil. Damit ist allerdings weniger die im Kampagnenlärm ziemlich untergegangene, nicht immer nachdrückliche Versicherung gemeint, die sich auch bei Alice Schwarzer findet: «Wir wünschen die Abtreibung nicht.» Im Grunde, so jedenfalls lautet die Interpretation vieler Frauen, wurde damals die männliche Besitz- und Verfügungslogik zu Ende und ad absurdum geführt: «Mein Bauch gehört mir.» Die Benutzung des weiblichen Körpers als Ressource, seine Instrumentalisierung als Sexualobjekt wurde bewußt gemacht. Oder noch etwas verzweifelter: Die moderne Welt, die von den Frauen Nachwuchs fordert, aber sie dafür mit Verzicht auf die Teilhabe an dieser Welt bestraft, treibt die Frauen in ein unlösbares Dilemma. In manchen Gesprächen fiel der Satz: «Ich liebe meine Kinder», aber er klang oft traurig. Familie im alten Sinn des Wortes und zugleich volle Teilhabe an dieser Welt, in Politik und Beruf, werden «unlebbar, unleistbar».

Schließlich scheint noch eine andere Dimension in dieser Debatte durch, und darin werden die traditionellen ethischen Kategorien blaß. Manche Frauen erinnern daran, daß in früheren Zeiten (und in manchen Kulturen ist es heute noch so) die Entscheidung über das ungeborene Leben Sache der Frauen war, bei der Männer nichts zu suchen hatten. Auch die Verteidigung dieses Bereichs ist in der Debatte zu spüren.

Die verschiedenen Ebenen der Diskussion verknäuelten sich fast unentwirrbar. In der Konsequenz jedenfalls hat die Abtreibungskampagne das Bewußtsein der Frauen von sich selber geschärft – und die Wahrnehmung der Männer verändert. Was da bei der Abtreibungsberatung in den Frauenzentren an lange verschwiegenem Leid laut wurde, was da an finsterem Bodensatz von Gewalt, der jahrhundertelang unter der Decke der Konvention verborgen lag, emporquoll, hat das Bild geprägt. Eine Beraterin von damals erinnert sich: «Ich habe nächtelang mit wildfremden Frauen geweint.» Ein Stück des Männerhasses, der in der Frauenbewegung steckt, erklärt sich daraus. Und so wird auch verständlich, warum die Frauen im Parlament, trotz großer

Unterschiede im Urteil über die geplanten Beratungsvorschriften zum Paragraphen 218, eine gemeinsame Front gegen die von Männern bilden, vor allem gegen deren Vermutung, die Kriminalisierung der Gewalt in der Ehe solle eine neue Tür zur Abtreibung öffnen. Da werden auch CSU-Frauen böse: «Als ob wir nichts lieber wollten als abtreiben!»

25. November 1988

ROBERT LEICHT

Erste Frau und zweiter Mann

Ein Stoßseufzer von zeitloser Wahrheit, als sei's ein Satz von Rita Süssmuth angesichts ihres neuen Amtes: «Ich sträubte mich dagegen. Es war mir klar, daß es den Verzicht auf vier Fünftel meiner bisherigen politischen Arbeit zur Folge haben müsse. Aus Loyalität hatte ich endlich ja gesagt! Aus Loyalität gegen meine Partei und ihren Vorsitzenden.»

Eugen Gerstenmaier war es, der mit solch widerstrebenden Gefühlen das hohe Amt antrat, das er – trotz seines am Ende peinlichen Abganges – so eindrucksvoll versah wie bisher kein anderer Bundestagspräsident. Doch bis ans Ende seiner Tage fühlte er sich um seine wahre politische Ambition gebracht: Außenminister, wenn nicht gar Kanzler – das waren die Ämter, die in seinen Augen zählten. Präsident des Parlaments – das war die reinste Entsagung.

Am Tag nach seiner Wahl las Gerstenmaier in einem Brief seines Parteivorsitzenden und Bundeskanzlers – und wir sehen noch heute die Krokodilstränе quellen: «Den Vorsitz im Außenpolitischen Ausschuß werden Sie nunmehr ja abgeben, leider, leider! – Ich danke Ihnen von Herzen für Ihre bisherige Arbeit und für das Opfer, das Sie gestern brachten, und bin mit recht herzlichen Grüßen wie immer Ihr Adenauer.» Wie der Ahn, so der politische Enkel.

Sympathie und Respekt aus allen Lagern begleiten die neue Bundestagspräsidentin. Doch in die Erleichterung darüber, daß für Philipp Jenninger eine würdige Nachfolgerin gefunden wurde (vor allem darüber, daß mancher Anwärter abwinkte, der vorher gefragt worden war), mischt sich doch die Erkenntnis: Rita Süssmuth tritt einen Opfergang an.

Schon als Ministerin für Jugend, Familie, Frauen und Gesundheit konnte sie zwar viel Vernünftiges sagen, aber nur wenig ausrichten, zumal ihr die nötigsten, zusätzlichen Kompetenzen schnöde verweigert wurden. Was will sie künftig noch bewegen? Gewiß, in Kohls Kabinett kann – außer Genscher – eigentlich niemand eigene Autorität ansammeln; nach den bevorstehenden Wechseln dürfte die Ministerrunde eher noch farbloser werden. Aber wenn es schon kaum gelingt, innerhalb des Kabinetts politisch eigenständig zu wirken, wie soll dies dann außerhalb der Regierung und gegen deren trägen Gang möglich sein?

In einer verständlichen Mischung aus Trotz und Trost setzen Rita Süssmuth und alle, die von ihr noch vieles erwarten, auf die Möglichkeiten des neuen Amtes. Kann nicht auch die Bundestagspräsidentin durch nachdenkliche Reden manche Anstöße geben? Bevor jedoch die Erwartungen so hoch gesetzt werden, daß Enttäuschungen gar nicht ausbleiben können, sollten wir uns lieber an Eugen Gerstenmaier erinnern und uns vor Illusionen hüten – vor Illusionen über das zweite Amt im Staate, über das Parlament und über die Kraft der Rede in der Politik.

Das zweithöchste Amt im Staat: Schon dieser Anspruch ist rein rhetorischer Natur. Brauch und Protokoll vermögen manches im Zeremoniell zu ordnen, aber sie können an politischem Einfluß nicht ersetzen, was in der Verfassung und in der politischen Mechanik nicht vorgesehen ist. Und selbst die protokollarische Stellung des Bundestagspräsidenten war anfangs nicht klar geregelt. Erst als am 16. November 1954 Eugen Gerstenmaier im dritten Wahlgang gewählt worden war, brachte der amtierende Vizepräsident Carlo Schmid die seither so oft bemühte Formel in Umlauf: «Ich beglückwünsche Sie zu Ihrer Wahl. Dieses Amt ist das zweite in der Ämterfolge der Bundesrepublik.»

Dies war zunächst nicht mehr als eine schlichte Behauptung. Wie künstlich sie wirkte, ließ Gerstenmaier dadurch erkennen, daß er für die Amtszeit Adenauers den Vorrang vor dem Kanzler nicht in Anspruch zu nehmen wagte. Worauf sollte er sich auch stützen? Darauf, daß schließlich das Parlament den Kanzler wählt, dieser also nach jener Institution rangieren müsse, die ihn kürt?

Soeben hat sich wieder einmal in aller Deutlichkeit gezeigt: Das Parlament kann sich nicht einmal souverän seinen eigenen Präsidenten wählen. Sofern dieser Posten der größeren Regierungspartei als der größten Bundestagsfraktion «zusteht», betrachtet der Kanzler den zweiten Mann im Staate als Teil seiner Patronage und als Gegenstand seiner Kabinettspolitik. Und auch was die Kanzlerwahl angeht, ist das Parlament in aller Regel und weitgehend an die Vorgaben gebunden, die sich aus der Bestimmung der Spitzenkandidaten durch die im Wahlkampf konkurrierenden Parteien ergeben.

Der zweite Mann im Staate: Wenn sich darin ein gewisser zivilisatorischer Abstand zur Macht als solcher ausdrücken soll, so mag diese Formel in den Traditionsbestand unserer politischen Kultur eingehen. Freilich sollten wir sie zu Ende denken: Der symbolisierte Abstand zur Macht setzt dann auch die Machtlosigkeit voraus.

Der Bundestagspräsident, so Gerstenmaier in seiner klugen Antrittsrede, hat die Würde und die Rechte des Parlaments zu wahren und seine Verhandlungen gerecht und unparteiisch zu leiten. Er ist, mit anderen Worten, der erste Diener des Parlaments. Er kann sich nicht direkt am politischen Kampf beteiligen, sondern muß sicherstellen, daß der Bundestag seine Rolle richtig versteht und wahrnimmt. Der Schiedsrichter mag gelegentlich über den Sinn des fairen Spiels reden. Zuweilen kann er auch pfeifen, doch an den Ball kommt er nicht.

Das Parlament und sein Präsident: Welcher Amtsinhaber könnte mehr bewirken als die Institution, die er repräsentiert? Der Bundestag hat über die Jahrzehnte an Bedeutung nicht eben gewonnen. Abgeordnete wie Adolf Arndt oder Thomas Dehler suchen wir heute vergebens. Vielleicht sind die heutigen Parlamentarier im Durchschnitt kompetenter als in den Anfangsjahren der Republik, aber eben im Durchschnitt ...

Allerdings werden die Volksvertreter heute nicht mehr im gleichen Maße als Zwischenträger zwischen Regierten und Regierenden benötigt. In der modernen Demokratie mit ihren Massenmedien können sich die Machtinhaber und ihre Rivalen den Wählern viel wirkungsvoller direkt in Erinnerung bringen, die Demoskopen schauen den Bürgern genauer aufs Maul als weiland die Volksvertreter.

Vor allem wegen dieser quasi-plebiszitären Entwicklung und nicht nur wegen der vom Grundgesetz gestärkten Stellung des Regierungschefs (konstruktives Mißtrauensvotum) hat bei uns das Schlagwort von der «Kanzlerdemokratie» (gemäßigt allenfalls durch Koalitionszwänge und föderative Gegengewichte) seine Berechtigung erwiesen. Wie vergleichsweise wenig sich Helmut Kohl um das Parlament, ja sogar um seine eigene Fraktion kümmert, hat in jüngster Zeit nicht nur der Streit ums Flugbenzin bewiesen, sondern auch die Tatsache, daß er inzwischen schon vier Minister außerhalb des Parlaments rekrutiert hat. Erst jetzt, bei der Nachfolgeregelung für Rita Süssmuth, muckt die Unionsfraktion hörbar auf.

Der Bundestagspräsident kann fast nichts gegen diesen Funktionsverlust des Parlaments unternehmen. Die Aufstellung der Bundestagskandidaten liegt ausschließlich in den Händen der Parteimaschinerie. Die Mehrheitsvertreter verstehen sich in erster Linie als Fußvolk und Nachwuchsreservoir der Regierung; demgegenüber tritt ihr Bewußtsein als Mitglieder einer von der Exekutive unabhängigen Institution zurück. Diese Tatsache liegt mehr in der Logik des Systems begründet als in irgendwelchen schlechten Vorsätzen.

All die schönen Anläufe zu einer Parlamentsreform versprechen bestenfalls kosmetische Korrekturen. Der Traum vom Parlament als einem intellektuellen und moralischen Oberhaus der Nation, als einem Zirkel frei deliberierender Geister und Charaktere bleibt weltfremd. Gewiß nicht durch Reden und Reformen, sondern höchstens durch «Störfälle» – wie den Einzug der Grünen – kommt neues Leben ins Hohe Haus.

Rita Süssmuth hätte schon vieles erreicht, wenn es dem Bundestag künftig erspart bliebe, ein Monsterwerk der Gesetzgebung wie die Gesundheitsreform in wenigen Tagen durchpauken zu müssen, oder wenn die Grünen endlich einen Sitz im Parlamentspräsidium erhielten und im Ältestenrat nicht mehr so eklatant geschnitten würden wie nach dem Eklat der Jenninger-Rede. Ab und an ein strenges Wort gegen die ausufernde Parteienfinanzierung – aber nein, das wäre wohl schon vermessene Illusion.

Die Kraft der Rede in der Politik: Bundespräsident Richard von Weizsäcker hat gezeigt, zu welchen Höhen sich die Kunst der Staatsrede auch heutzutage noch aufschwingen kann. Philipp Jenninger hingegen mußte erfahren, wie tief man bei einem noch so wohlgemeinten Versuch fallen kann, wenn der oratorische Aufschwung mißlingt. Rita Süssmuth darf nicht mit der Erwartung überfrachtet werden, als zweiter Mann, als erste Frau im Staate Seite an Seite mit dem Staatsoberhaupt für das Gute, Schöne und Wahre in der Politik zu sorgen. Die Kunst der großen Rede steht seit einiger Zeit hoch im Kurs. Das kann nicht nur an Weizsäckers Exzellenz liegen und nicht nur an Kohls Farblosigkeit. Es spiegelt sich darin wohl auch der kompensatorische Charakter der politischen Rhetorik: Nach den Jahren der modernen Macher also die postmoderne Epoche der Redner? Kluge Reden zum Ausgleich kruder Politik? Sinnstiftung als Politik-Ersatz – das jedenfalls müßte sich bald als Illusion erweisen.

Die Wahl eines neuen Bundestagspräsidenten hat viel mit Politik und wenig mit Macht zu tun. Eine solche Entscheidung drückt einiges aus, bewirkt aber am Ende kaum etwas. Rita Süssmuth geht einen Opfergang. Die Bürger haben ihr dafür mehr zu danken als der Kanzler.

1989

23. Juni 1989

THEO SOMMER

Quo vadis, Germania?*

Sind wir wieder wer? Als «Partner in der Führung» bezeichnete der amerikanische Präsident Bush die Bundesrepublik Deutschland, eine «Schlüsselrolle» im Ost-West-Verhältnis wies ihr der sowjetische Präsident Gorbatschow zu. Die Bundesrepublik ist kein politischer Zwerg mehr – ins Negative oder ins Positive gewendet, bestimmte dieser Befund die jüngsten Kommentare der Weltpresse.

Sind wir wirklich wieder wer? Wenn ja: Welches Gewicht haben wir in der Weltpolitik, welchen Einfluß, wieviel freie Hand? Mit welchen Ängsten unserer Nachbarn müssen wir rechnen, auf welche Hoffnungen dürfen wir bauen?

Kein Zweifel, die Bundesrepublik ist ein wirtschaftliches Schwergewicht. Sie ist mit einem Bruttosozialprodukt von 1206 Milliarden Dollar (1988) die drittgrößte Industrienation der Erde, und mit einem Ausfuhrvolumen von 323 Milliarden Dollar die größte Exportnation – größer als Japan oder die Vereinigten Staaten. Darin liegt unbestreitbar Stärke. Doch ebenso unbestreitbar liegt darin Verwundbarkeit. Wer ein Drittel seines Sozialprodukts ausführt, ist abhängig vom Funktionieren fremder Märkte. Er ist stark nur so lange, wie die Partner nicht schwach werden. Der Zusammenhang zwischen Wirtschaftsmacht und politischem Gewicht bleibt heikel. In der Weltpolitik bemessen sich Macht und Einfluß und Rang eines Landes nicht unbedingt nach seiner ökonomischen Kraft.

* Germania auf wilhelminisch: Niederwalddenkmal bei Rüdesheim

Politisch ist die Bundesrepublik eine Macht zweiter Ordnung. Sie rangiert weit hinter den Vereinigten Staaten und der Sowjetunion. Doch sie rangiert wohl vor Frankreich und Großbritannien (wenngleich deren karge Kernwaffenarsenale, beide auf das Wohlwollen und die technische Hilfestellung Washingtons angewiesen, und ihre nostalgisch verklärte Selbststilisierung den Blick auf die Wirklichkeit verstellen). Sie rangiert auch vor Japan, das sich bis heute schwertut, eine politische Rolle zu finden, die über bloße Marketing-Interessen hinausreicht.

Aber dieser herausragende Rang trägt der Bundesrepublik nicht viel ein. Das hat zum einen damit zu tun, daß die westeuropäischen Staaten heute allesamt einzeln viel zu klein sind, um eine große Rolle zu spielen. Sie müssen ihre Kraft bündeln, wenn sie etwas zuwege bringen wollen; selbst der größte Zwerg vermag allein nichts. Zum anderen aber ist es bedingt durch die besonderen Gegebenheiten der deutschen Geschichte und der deutschen Geographie.

Die Deutschen sind in der Mitte Europas immer eine kritische Masse gewesen, ganz gleich, ob sie zerstückelt waren oder vereint. Waren sie schwach, führte dies ihre Nachbarn in Versuchung, über sie herzufallen; waren sie stark, fielen sie selber über die Nachbarn her. In der Fortdauer der harschen Teilung Deutschlands mögen viele im Ausland einen Risikofaktor sehen, doch eine Wiedervereinigung der beiden deutschen Staaten käme ihnen nach aller geschichtlichen Erfahrung noch bedrohlicher vor. In dieser Zwickmühle wird die deutsche Frage unlösbar – es sei denn, eine menschlich erträgliche Form der staatlichen Teilung ließe sich unter einem Ost und West überwölbenden europäischen Dach einrichten.

Dann die Geographie, die allemal mindestens so stark ist wie die Politik. Sie plaziert uns ins Zentrum des europäischen Kontinents, und insofern kommt in der Tat keiner an uns vorbei. Unsere Lage bringt es mit sich, daß ohne uns nichts geht: weder Europäische Gemeinschaft und Nato heute noch Gemeinsames Europäisches Haus und ost-westliche Sicherheitspartnerschaft morgen. Ohne uns hat nichts Bestand und nichts Aussichten. Wir sind nicht mächtig, aber unentbehrlich.

Deswegen umwerben uns alle – aber alle behalten uns zugleich mißtrauisch im Auge. Darin liegt eine klare Begrenzung unseres Spielraums – am Ausgang des zwanzigsten Jahrhunderts nicht minder als 300 Jahre zuvor. Aus diesem Grund müssen sich die Deutschen in ihren beiden Staaten den Gedanken an einen nationalen Sonderweg in die Einheit aus dem Kopf schlagen. Ihr Schicksal, wenn es über die Trostlosigkeit des brutalen Zerrissenseins hinausführen soll, kann sich nur im größeren Rahmen eines gesamteuropäischen Verbundes erfüllen, in dem die Einheit der Deutschen sich trotz staatlicher Teilung ausprägen kann. Die Zusammengehörigkeit der deutschen Nation muß aufgehen in der Zusammengehörigkeit der europäischen Nationen, in der Grenzen keine Funktion mehr haben und deswegen auch nicht mehr abgeschafft werden müssen.

Die Entstaatlichung der deutschen Frage birgt die einzige Lösung. Je deutlicher wir dies der Welt machen, desto weniger werden wir bei den Nachbarn in Ost und West Mißtrauen wecken oder Angst. Desto mannhafter können wir auch den Unterstellungen des Wankelmuts, des Abdriftens nach Osten, des Wanderns zwischen den Welten entgegentreten.

Derlei Unterstellungen hat es in letzter Zeit in einer gedrängten Fülle gegeben, wie sie lange nicht mehr zu erleben war. Aus Frankreich ist man regelmäßige Anwandlungen des Argwohns gegenüber dem Nachbarn östlich des Rheins ja gewöhnt. Die Franzosen applaudierten, solange Charles de Gaulle *détente, entente, coopération* predigte, aber als Willy Brandt die Parole des Generals aufgriff und seine Ostpolitik in Gang brachte, da schlug die Stimmung plötzlich um. Worauf waren die Deutschen wohl aus? Wollten sie aussteigen aus der Nato (deren Militärorganisation de Gaulle verlassen hatte) oder aus der Brüsseler Gemeinschaft (wo der General oft genug den französischen Stuhl hatte leerstehen lassen)?

Die Franzosen schüttelten ungläubig den Kopf, wenn ihnen versichert wurde, dies sei keineswegs die Absicht der Westdeutschen; wir stellten die Freiheit über die Einheit; unsere neuen Bindungen und Loyalitäten stünden uns höher als historische Erinnerungen an die deutsche Einheit. Daß wir anders denken könnten über die DDR als sie nach 1871 über das annektierte Elsaß-Lothringen, es wollte ihnen nicht in den Kopf. Derzeit macht wieder einmal ein intellektueller Salon-Feuerwerker Furore mit seiner These, die Deutschen seien im Abschwimmen begriffen: Alain Minc in seinem Buch «La grande illusion».

In Großbritannien tauchen Zweifel dieser Art höchst selten auf. Schwer zu sagen, ob sich dahinter Gleichgültigkeit gegenüber dem Geschehen auf dem Kontinent verbirgt, gelassenes Vertrauen in die westdeutschen Vettern oder aber die Einsicht, daß der Lauf der Dinge sowieso nicht in Richtung deutsche Einheit weist. Jedenfalls kennen die Briten, sieht man von dem jüngsten Raketenzwist ab, keine Anfälle von Deutschland-Hysterie. Aus dem besorgten Kommentar Disraelis zu Bismarcks Reichsgründung 1871 («Das Gleichgewicht der Kräfte ist völlig zerstört») ist jedenfalls keine Schulmeinung entstanden, die wiederkehrend wie Malaria die öffentliche Meinung schüttelte. Eine Ansicht wie die des *Economist*, dessen Titelblatt in der vorigen Woche eine schwarzrotgoldene Bundesflagge mit dem Aufdruck «Ein Deutschland?» (in Fraktur) schmückte, mag gleichwohl nicht untypisch sein: «Es wäre klüger, der alten Instabilität in Zukunft dadurch zu entgehen, daß die Trennlinie erhalten bleibt, wenn schon nicht die beiden Systeme.»

Die massivste Kanonade aber kam jüngst aus den Vereinigten Staaten. Es zeigte sich dabei, daß die veröffentlichte Meinung auf die amtlichen Wiedervereinigungs-Floskeln pfeift; die Verantwortung für «Deutschland als Ganzes», wie sie in den Verträgen von 1955 festgeschrieben ist, beschränkt sich im Verständnis der meisten kritischen Kommentatoren darauf, daß die Wiederherstellung der deutschen Einheit um der Stabilität und des europäischen Gleichgewichtes willen verhindert werden muß. Die Westdeutschen wurden als «gorboman», als unzuverlässig, als ostsüchtig hingestellt: politische Wandernieren wie eh und je; diesmal darauf aus, Arm in Arm mit Michail Gorbatschow auf den Trümmern der Nachkriegsordnung ein Viertes Reich zu errichten (A. M. Rosenthal in der *New York Times*:

«Die deutsche Räson ist der Traum von der Vorherrschaft im Osten»).

Die Kampagne der US-Medien sagt mehr über die amerikanische Seelenverfassung aus als über die deutsche. Es manifestierte sich darin jener «Rudeljournalismus», nach dessen Gesetzen die Meute sich immer in die gleiche Wade verbeißt: einer auf die Deutschen, alle auf die Deutschen. Es kommt darin auch die Verbitterung zum Ausdruck, daß ausgerechnet die beiden Verlierer des Zweiten Weltkrieges, Japan und Deutschland, die doch ursprünglich in Kartoffeläcker und Reisfelder hätten verwandelt werden sollen, heute einen Grad von Reichtum und Einfluß wiedererlangt haben, der den Amerikanern schmerzlich zum Bewußtsein bringt: Sie sind heute der größte Schuldner der freien Welt, nicht länger deren unangefochtene Vormacht. Und es spiegelt sich darin auch die Verwirrung darüber, daß die Allianz nicht mehr so leicht auf Vordermann, geschweige denn in Alarmbereitschaft zu halten ist, seit die Bedrohung aus dem Osten von Jahr zu Jahr mehr dahinschwindet.

Man möchte sie beinahe trösten, die kritischen Kollegen jenseits des Atlantiks. Sind denn nicht in Wahrheit Glückwünsche am Platze? Der Westen hat in vier Jahrzehnten entschlossenen Zusammenhaltens und Gegenhaltens die Speerspitze des Sowjetsystems abgestumpft; die «Sänftigung» des bolschewistischen Regimes, wie sie George F. Kennan zu Beginn des Kalten Krieges als Ziel westlicher Politik beschrieb, ist in vollem Gange. Das Wiedererblühen Japans und Westdeutschlands, ermöglicht durch die Großherzigkeit und Weitsicht jener amerikanischen Führungselite, die Morgenthaus Kartoffelacker- und Reisfeld-Pläne kurzerhand zu den Akten schrieb, ist es nicht ein grandioser Erfolg?

Die schrillen Attacken der Kolumnen-Gurus verraten denn auch eher eine amerikanische Identitätskrise als analytische Kraft. Gorbomanie? Ein Talmi-Argument. Der erste Gorbomane hieß schließlich Ronald Reagan. Und wer sich ein bißchen Mühe macht und die Umfrage-Ergebnisse in Amerika, England und Westdeutschland vergleicht, der stößt rasch darauf, daß die Einschätzung der Person Gorbatschow, der sowjetischen Bedrohung, des Moskauer Friedenswillens in den drei Ländern heute verblüffend identisch ist. Die Deutschen sind keineswegs besonders naiv und euphorisch, die Amerikaner und Briten keineswegs besonders verbohrt und argwöhnisch.

Dennoch enthält die Kanonade von Talmi eine Lehre für die Deutschen. Wir werden mißtrauisch beäugt. Wenn wir jubeln, wird die Welt hellhörig; es hängt uns nach, daß wir früher zu oft begeistert «Hurra!» oder «Heil!» gerufen haben. Dabei gibt es ganz unschuldige Erklärungen. Daß Gorbatschow eindrucksvoller ist als seine Vorgänger; eindrucksvoller gewiß als Erich Honecker und sein Greisen-Team, das frische Luft in der DDR nur in Gestalt der Mehrschritt-Sauerstoff-Therapie Manfred von Ardennes zuläßt; «besser als Kohl», wie eine Frau am Bonner Straßenrand bemerkte. Daß er Visionskraft ausstrahlt – wie einst Kennedy oder de Gaulle, denen die Westdeutschen auch zugejubelt haben, und Millionen mehr als jetzt dem Kreml-Herrscher. Daß er ihrer Sehnsucht nach einem friedlicheren, ruhigeren Leben entgegenkommt, weil er Frieden will, oder, was verläßlicher ist: weil er Frieden dringend braucht.

Die allgemeinen europäischen Perspektiven, die Gorbatschow bei seinem Besuch eröffnete, stimmen hoffnungsvoll. Aber machen wir uns nichts vor: Speziell für die Deutschen hatte er nichts in seinem Marschgepäck. Selbst die Tatsache, daß in der Gemeinsamen Erklärung uns nun die Ehre unseres richtigen Namens erwiesen wurde, löst sich unter der Lupe der Grammatik in Nichts auf: Bundesrepublik Deutschlands (*Federatiwnaja Respublika Germanii*) enthielt als *genitivus partitivus* immerhin einen Bezug auf das ganze Deutschland; bei dem erstmals benutzten Nominativ *Germanija* fällt er weg. Da haben unsere Diplomaten, die in der Neuerung einen großen Sieg erblicken, jahrelang vor dem falschen Baum gebellt.

Sonst aber ist nichts gewonnen, auch nicht in den Selbstbestimmungsformeln der Bonner Erklärung. Das Selbstbestimmungsrecht wird da ausdrücklich den «Völkern und Staaten» zugesprochen – zu den Staaten aber, deren Souveränität, Integrität und Sicherheit verbürgt wird, zählt auch die DDR. Nichts Neues also. Keine «deutsche Karte» im Ärmel Gorbatschows, keine Posaunenstöße à la Jericho, die in Berlin die Mauer zum Einsturz bringen, kein Druck auf Ost-Berlin, endlich auf Lockerung zu schalten. Gewiß, die Geschichte mag walten, sie ist nach vorne offen; aber was ist, das bleibt erst einmal, was kommen mag, steht im Belieben der Zukunft. Die Dinge werden nicht so bleiben, wie sie sind, doch werden sie auch nie wieder so werden, wie sie einmal waren.

Fazit: Im Osten besteht so wenig Neigung wie im Westen, die deutsche Frage auf die Tagesordnung zu setzen. Keiner unserer Nachbarn will am Status quo rühren. Um in dieser Hinsicht sicher zu gehen, schluckt Gorbatschow auch die Anwesenheit der Nordamerikaner in Westeuropa. Perestrojka setzt Ruhe in der Alten Welt voraus. Die Grenzen bleiben. Ihre Öffnung ist das höchste, das in absehbarer Zeit zu erreichen ist, nicht ihre Abschaffung.

Dies gilt auch für die Mauer. Bloß ihren Abriß zu verlangen ist Scharlatanerie, nicht Politik. So nötig es ist, das Ziel ihrer Beseitigung anzuvisieren, so unseriös wirkt die Forderung, wenn sie nicht verbunden ist mit einer Vorstellung, wie man dort hingelangen kann. Es hilft alles Zetern nichts: Erst muß drüben Wandel geschaffen, muß das Wohlstands- und Freiheitsgefälle gegenüber dem Westen ausgeglichen sein, ehe die Mauer fallen kann. Bis dahin sollte sie poröser werden, doch niedergelegt werden kann sie noch nicht. Sie ist in der gegenwärtigen Ordnung eine tragende Wand. Bevor nicht ein neues europäisches Gerüst aufgebaut ist, bestünde bei ihrem Abriß Einsturzgefahr.

Romantiker, Rechte, Rabulisten meinen, es sei nun an der Zeit, in der Deutschlandpolitik mit der gebetsmühlenhaften Wiederholung der ewig gleichen Formeln Schluß zu machen und sich auf eine operative Wiedervereinigungs-Diplomatie zu verlegen. Nichts wäre weltfremder als das. Denn nicht ein diplomatischer Akt oder eine diplomatische Akte wird den gegenwärtigen Zustand beenden und einen neuen begründen. Vielmehr wird der neue Zustand das Resultat langwieriger Prozesse sein – gesellschaftlicher Prozesse, auf die Diplomaten nicht den geringsten Einfluß haben. Die Hoffnung auf Wandel läßt sich nun einmal nur auf langfristige soziale Entwicklungen gründen, nicht auf das Walten noch so tüchtiger wirklicher und Geheimer Räte.

Wohl aber könnte eine «operative Deutschlandpolitik», zur Abwehr der Republikaner konzipiert und teutonisch-klobig ins Werk gesetzt, die Entfaltung eben jener Prozesse behindern oder gar stoppen, auf die wir setzen müssen. Wer heute das Gerippe der deutschen Einheit aus dem Schrank holt, kann alle anderen nur in Angst und Schrecken versetzen. Nichts wäre geeigneter, die sich anbahnende Entkrampfung und Differenzierung in Osteuropa aufzuhalten. Was wir anstelle nationalen Eigensinns demonstrieren sollten, sind europäischer Gemeinsinn, Verträglichkeit und die Bereitschaft zu weniger als hundertprozentigen Lösungen.

Die Bundesrepublik kann nicht Schiedsrichter sein oder Schulmeister, nicht Makler noch Brückenbauer; dazu ist sie zu klein. Doch kann sie Schrittmacher sein und Katalysator eines fortschreitenden Ausgleichs. In Bismarcks schönem Bild: «das Bleigewicht am Stehaufmännchen Europa». Dazu reicht unser Pfund, wenn wir damit wuchern – fest verankert in der Nato, der Assekuranzversicherung für den Frieden (Bismarck über den Deutschen Bund), unauflöslich eingeschmolzen in die Europäische Gemeinschaft, zugleich jedoch, wie die EG-Partner, offen nach Osten: zur DDR, zu der entstehenden osteuropäischen Vielfalt, zur Sowjetunion. Unsere Interessen sind eindeutig: Annäherung zwischen Ost und West (Entfeindung); Abrüstung im übermilitarisierten Mitteleuropa (Entmilitarisierung); Überwindung der Trennung in der Spaltung (Entbrutalisierung der Grenze, Emanzipierung der DDR-Gesellschaft aus der Bevormundung der Partei).

Die DDR versucht, sich der neuen Entwicklung entgegenzustemmen. Bei der Abrüstung macht sie mit – aus eingefleischter Abneigung gegen das atomare «Teufelszeug» (Honecker), aus wirtschaftlicher Notwendigkeit auch, denn nur wenn sie in die Kriegskasse greift, kann sie ihre chronische Wirtschaftsschwäche überwinden. Aber die Entfeindung bereitet ihr Schwierigkeiten. Die zwischen SED und SPD vereinbarte «Streitkultur» setzt das Regime in Verlegenheit, Margot Honecker fordert ideologische Wachsamkeit und lobt den chinesischen Kasernen- und Kartätschen-Kommunismus. Unterdessen macht die Entbrutalisierung der Grenze nur langsame Fortschritte, und dem Volk wird strikte Nichteinmischung in die Angelegenheiten der regierenden Kaste nahegelegt.

Aber auch Ost-Berlin kann seine Politik nicht ewig in Beton gießen. Es bewegt sich dort unter der Zementkruste mehr, als dem Regime lieb ist. Wenn Honecker und seine Riege abtreten, wird sich diese Bewegung Luft schaffen. Die Nachfolger werden sich hoffentlich freier fühlen, Freiheit zu gewähren. Wir sollten sie nicht von vornherein in die Ecke treiben, indem wir ihnen bei ihren Lockerungsübungen mit Einheitsanmahnungen in den Arm fallen.

Wir leben in einer post-nationalistischen Gesellschaft (der Erfolg der Republikaner widerlegt diese Behauptung nicht, ihre Minderheitsposition bestätigt sie geradezu). Wir sollten laut sagen: Wenn erst einmal die Mauern und Stacheldrahtsperren fallen, spielen die Grenztafeln keine Rolle mehr. Es läßt sich deutsche Einheit auch in der Form der Zweistaatlichkeit denken. Die Erwägungen der Vernünftigen in allen Bundestagsparteien gehen heute bereits in diese Richtung. Erhard Eppler sprach da für viele, als er am 17. Juni sagte: «Je souveräner deutsche Politik wird, desto weniger bedarf sie des souveränen Nationalstaats, um die Einheit der Deutschen darzustellen und zu festigen.»

Freilich muß sich da in der DDR noch vieles bewegen, ehe der Gedanke zur Wirklichkeit wird. Und die beiden Hälften Europas müssen noch ein gehöriges Stück Weg aufeinander zugehen. Dann aber kann unter dem Dach einer paneuropäischen Gemeinsamkeit deutsche Einheit in einer erträglichen staatlichen Doppelung etabliert werden, die auch all jenen Nachbarn und Partnern keine Gänsehaut verursacht, die von einem neuen Großstaat der Deutschen ebensowenig halten wie von der Mauer (und es gibt deren mehr, als unsere Amtsträger wahrhaben wollen).

Bismarcks Diplomatie – hundert Jahre ist es her – war ein Jonglieren mit fünf Kugeln. Im Konzert der Mächte spielte der alte Kanzler geschickt jeden gegen jeden aus, um Gleichgewicht und Frieden zu erhalten. Seitdem hat sich die Welt gründlich verändert. «Führungspartnerschaft» hin, «Schlüsselrolle» her – selbst wenn wir wollten, fehlte uns die Muskulatur, die anderen Mächte gegeneinander auszuspielen. Wir dürfen es auch nicht wollen.

Unser Interesse muß es sein, die übrigen Mitspieler im europäischen Spiel zu Annäherung und Ausgleich zu bringen und Deutschland als Friedensfaktor zu etablieren. Dies gebietet die Staatsräson der Bundesrepublik. Wir sollten die Aufeinanderzu-Entwicklung der beiden Hälften Europas nicht mit einem nationalstaatlichen Ehrgeiz belasten, der über die Forderung nach Freiheit für alle Deutschen hinausginge. Gäben wir diese Antwort – die Frage *Quo vadis, Germania?* verlöre für viele ihren Schrecken.

30. Juni 1989

Gerd Bucerius

Die andere Hälfte verstoßen?

Niemals davon reden, immer daran denken, sagten die Franzosen – nämlich an die Wiedervereinigung der Provinzen Elsaß und Lothringen mit dem französischen Mutterland. Weil die Deutschen, ohnmächtig, nicht handeln können, schwätzen sie ohne Unterlaß über die Wiedervereinigung. Natürlich gibt es Gelegenheiten, bei denen man, gewissermaßen zu Protokoll, feststellen muß, daß die Deutschen hüben und drüben einen Anspruch auf Wiedervereinigung haben, wenn sie es denn beide wollen. Kein Kanzler hat das je unterlassen. Aber es ist schlimm, wenn Deutsche einfach den Ruf ausstoßen: «Die Mauer muß weg.»

Als ob man die Wiedervereinigung durch Abriß der Mauer erreichen könnte. Die Mauer fällt, wenn die Wiedervereinigung beschlossene Sache ist. Im Augenblick gibt es dafür die Voraussetzungen nicht; auch ist nicht zu erkennen, wann sie eintreten werden. Zuvor muß sich das Verhältnis der Mächte in der Welt grundlegend ändern.

Freilich, so unverrückbar, wie die Machtverhältnisse vor einem Jahr noch erschienen, sind sie heute nicht mehr. Sie können sich morgen ändern. Eine Wende zum schlechteren, nach dem Peking-Modell, ist allerdings in Moskau nicht zu erwarten. Dafür sind Perestrojka und Glasnost zu weit gekommen und haben das Bewußtsein in Moskau bereits sehr geformt. Der Osten – alle Länder im Osten – ist in Bewegung geraten. Niemand weiß, wo diese Bewegung enden wird. Also weiß auch niemand, was aus der gewaltigen Schicksalstrommel schließlich herauskommt.

Zu denen, die es drängt, über die offene deutsche Frage zu reden, gehört auch mein Freund Theo Sommer. Er schrieb in der vorigen Woche: «Es läßt sich die deutsche Einheit auch in der Form der Zweistaatlichkeit denken ... Dann kann unter dem Dach einer paneuropäischen Gemeinschaft deutsche Einheit in einer erträglichen Doppelung etabliert werden, die auch jenen Nachbarn und Partnern keine Gänsehaut verursacht, die von einem neuen Großstaat der Deutschen ebensowenig halten wie von der Mauer.»

Sicher müssen wir die Sorgen unserer Nachbarn – aller Nachbarn – in Rechnung stellen. Unsere Verbrechen in der Zeit der Nazis werden nicht vergessen werden, solange Geschichte geschrieben wird. Deshalb werden wir im Fall der Wiedervereinigung Beschränkungen der Souveränität des wiedervereinigten Deutschland in Kauf nehmen müssen. Etwa: daß der DDR-Teil Deutschlands auf fünfzig Jahre von den Sowjetrussen besetzt bleibt und nicht zur Nato gehört. Daß die Nato bestehen bleibt mit Kontingenten der einst gegnerischen und jetzt befreundeten Nationen auf unserem Gebiet.

Aber ich bin erschrocken darüber, daß die uns nachfolgenden Generationen so beliebig mit den Gefühlen derer umgehen, um deretwillen die Wiedervereinigung eigentlich angestrebt wird: nämlich der

Bürger der DDR. Es gibt einen Beweis dafür, daß die überwiegende Mehrheit der DDR-Bürger die Wiedervereinigung will. Wäre es anders, hätten uns die Machthaber drüben längst durch eine freie, kontrollierte Abstimmung das Gegenteil nachgewiesen. Wir haben auch genug persönliche Verbindungen nach drüben, um zu wissen, daß die Abneigung der DDR-Bürger gegen den SED-Zwangsstaat eher größer geworden ist – es wird uns jedenfalls immer versichert.

Erschrecken müssen gerade jetzt die Bürger drüben, wenn sie lesen, daß «ihre» Volkskammer den Mord an mehreren hundert, vielleicht sogar tausend für Demokratie und Freiheit demonstrierenden chinesischen Bürgern gebilligt hat. Und daß die Frau des Generalsekretärs Honecker verkündete, in der DDR müßten notfalls die sozialistischen Errungenschaften mit der Waffe in der Hand verteidigt werden. Wozu sind diese Leute noch fähig? Da wird abermals das Wort zur Lüge, das Wort «Niemals darf von deutschem Boden Krieg ausgehen».

Kann man sich ein Verfahren für den Prozeß der Wiedervereinigung denken, wenn sie denn möglich wird? Dazu schrieb ich 1983: «Die Wiedervereinigung mit den Deutschen in der DDR halte ich für unaufhaltsam, wenn auch fern. Sie setzt voraus, daß die Bürger dort sich in freier Abstimmung für die Wiedervereinigung entscheiden. Da werden wir vielleicht Konzessionen hinsichtlich unserer Gesellschaftsordnung machen müssen – die Wiedervereinigung soll das wert sein. Die Freiheit muß unantastbar bleiben. Über die Wirtschaftsform muß man reden können. Das kann dann weh tun.» Und: «Östlich der Oder-Neiße, 700 Jahre deutsches Siedlungsland, haben heute die Polen Heimatrecht – das Heimatrecht gab uns einst Rechte. Der Jahrzehnteablauf hat es definitiv gegen uns gewandt. Auch nur der Gedanke an die Rückkehr dorthin verbietet sich als menschenrechtswidrig.»

Mag schon sein, daß mancher Politiker in den uns befreundeten Ländern erleichtert wäre, wenn wir förmlich auf die Wiedervereinigung verzichteten. Aber Achtung erwirbt man durch Beharrlichkeit. Das Recht der DDR-Bürger, sich mit uns zu vereinigen, machen wir für sie geltend bei allen außenpolitischen Partnern. Wenn wir da heute aufgeben, würden sich Freunde und Gegner fragen: «Was morgen?» Und sie werden uns verachten. Was ist eine Nation schon wert, wenn die eine Hälfte die andere verstößt? In die Müllkiste der Geschichte befördert?

Ich fürchte, die Bürger in der DDR werden uns verfluchen, die Geschichte wird uns verfluchen, wenn wir mit Theo Sommer sagen: «Wer heute das Gerippe der deutschen Einheit aus dem Schrank holt, kann alle anderen nur in Angst und Schrecken versetzen.» Die Sorgen der anderen sind hinzunehmen und zu berücksichtigen. Sie dürfen uns, nach tausend Jahren deutscher Geschichte, nicht zwingen, die andere Hälfte zu verstoßen.

17. September 1989

THEO SOMMER

«O Freiheit! kehrest Du zurück?»

In den Herzen der Deutschen läuten die Glocken. Die Nation lebt, ihr Zusammengehörigkeitsgefühl ist ungebrochen; die größte Wiedersehensfeier des 20. Jahrhunderts hat es aller Welt kundgetan. Die Mauer steht noch, aber sie ist vielfältig durchlöchert, ein Bauwerk auf Abbruch. Auch der Todesstreifen quer durch Deutschland verliert seinen Schrecken; Sperrzone und Schießbefehl sind aufgehoben.

Ironie der Geschichte, Zufall der Begebenheit oder schlüssiges Zusammentreffen: Vor 28 Jahren wurde der «antiimperialistische Schutzwall» unter der Oberaufsicht Erich Honeckers errichtet, jetzt hat, drei Wochen nach dessen Sturz, seine Demontage begonnen. Im August 1961 mußte die SED die Mauer bauen, um das Ausbluten ihres Staates zu verhindern: Nur die totale Abschottung vermochte die hunderttausendfache Westflucht zu stoppen. Im November 1989 aber sah sich die SED gezwungen, die Mauer zu öffnen: Nur die Reisefreigabe versprach, die neue Massenwanderung nach Westen einzudämmen.

Freilich, die Rechnung von Egon Krenz kann nur aufgehen, wenn es nicht allein bei der Öffnung nach außen bleibt. Damit einhergehen muß eine ebenso dramatische Öffnung nach innen, zur Herrschaft des Rechts, zu politischem Pluralismus und einer marktorientierten Wirtschaft. Das Lenkungsmonopol der SED, das alle anderen zum Kuschen verdammt, muß fallen, mithin der Artikel I der DDR-Verfassung, in dem die «Führung der Arbeiterklasse und ihrer marxistisch-leninistischen Partei» festgeschrieben ist. Menschen, die in die Freiheit und den Wohlstand reisen dürfen, wollen beides auch zu Hause erleben.

Das Eingeständnis vergangener Fehler wird den Bürgern der DDR nicht ausreichen, um wieder Vertrauen zu fassen; ändern müssen sich die Strukturen. Es mag ja etwas Rührendes an sich haben, wie die Volkskammer plötzlich Demokratie spielt, aber sie bleibt in ihrer derzeitigen Zusammensetzung doch ein Parlament von Marionetten. Am Ende wird an freien Wahlen nichts vorbeiführen. Dabei aber muß die SED, wenn sie Respekt gewinnen will, genau das tun, was Egon Krenz noch immer weit von sich weist – sich selbst zur Disposition stellen. Nur wenn sie den Mut zum Selbstmord glaubhaft macht, hat sie eine Überlebenschance.

Die polnischen Kommunisten haben diese bittere Lektion gelernt, ebenso die ungarischen. Auch die deutschen Kommunisten werden sie lernen müssen. Wenn sie es nicht freiwillig tun, werden die Massen auf den Straßen sie dazu zwingen – wie sie Honeckers Nachfolger ja in den zurückliegenden vier Wochen schon Schritt um Schritt zum Zurückweichen gezwungen haben. Reisegesetzentwurf, Rücktritt der Regierung und des Politbüros, Umbesetzung des neuen Politbüros, Einberufung eines Sonderparteitages anstelle einer bloßen Parteikonferenz, urplötzliche Gewährung von Reise- und Ausreisefreiheit – eine Kaskade von Konzessionen ist das Markenzeichen von Egon Krenz geworden. Handelt er aus Schwäche oder aus Stärke? Ist er opportunistisch oder ehrlich? Will er den Wandel oder muß er ihm abgetrotzt werden?

Eines nur ist sicher: Kein Gorbatschow wird den ostdeutschen Kommunisten helfen, ihr Orthodoxie zu retten. Vierzig Jahre lang galt in den Bezirken, die bis vor kurzem «der Ostblock» waren, die Parole: «Verschiedene Wege zum Sozialismus». In den nächsten Jahren wird die Entwicklung unter dem Motto stehen: «Verschiedene Wege hinweg vom Sozialismus». Gorbatschow läßt es geschehen. Gelassen sagt er den einstigen Satelliten, was weiland der König von Sachsen seinen aufmüpfigen Bürgern sagte: «Macht Euren Dreck alleene.» Die Breschnjew-Doktrin ist tot. An ihre Stelle hat Gorbatschows geistreicher Sprecher Gerassimow die «Sinatra-Doktrin» gesetzt, nach der alle sozialistischen Länder gemäß der Devise handeln dürfen: *I did it my way.* Voraussetzung ist allerdings, daß sie nicht an ihrer Mitgliedschaft im Warschauer Pakt rütteln – und daß keine Grenzen, auch nicht die deutsch-deutschen, verrückt oder verändert werden.

Wie soll es nun weitergehen in Deutschland, mit Deutschland?

Manche meinen, wir müßten jetzt ohne Umschweife und Umwege direkt auf die Wiedervereinigung der beiden deutschen Staaten losgehen, das Glockengeläut in den Herzen diesseits und jenseits transportieren in die Nationalhymne eines neu geeinten Deutschlands. Es sind nicht viele, die so denken, wie überhaupt bei allem Überschwang der Gefühle die Nüchternheit der allgemeinen Lageeinschätzung hervorstach. Überschäumende Freude, tiefe Genugtuung, tränenvolle Erleichterung – jawohl; in ihren Emotionen fand die Nation in den Tagen, da die Mauer fiel, ohne jedes Fremdeln zusammen. Aber es gab im westlichen Deutschland keinerlei nationalistischen Ausbruch, keinen Ruf nach Anschluß, kein ungeduldiges Verlangen, die deutsche Frage an die Spitze der weltpolitischen Tagesordnung zu setzen. Auch im Bundestag ordnete sich die Raison des Herzens dem Ratschlag der Vernunft unter.

Selbst jene, die sich mit einem Deutschland zu zweit nicht abfinden mögen, sind sich darüber im klaren, daß die Einheit bestenfalls am Ende einer langen Entwicklung kommen wird, die eben erst begonnen hat; daß sie nicht unter Bedingungen zustande kommen darf, die uns von jenen Ankerketten in der Atlantischen und der Europäischen Gemeinschaft losreißen, an denen wir in den vergangenen Jahrzehnten Halt und Schutz gefunden haben; daß sie sich wohl in viel loseren Formen verwirklichen wird, als das an die Vorstellung des Deutschen Reiches von 1871 bis 1945 geheftete Denken nahelegt; und daß überhaupt die deutsche Frage nicht den Deutschen allein gehört.

Und auch in der DDR schlug die Wiedersehensfreude ja keineswegs in ein dringliches Wiedervereinigungsverlangen um. Auf all den Hunderten von Transparenten, die bei den Massendemonstrationen der letzten Wochen gezeigt wurden, tauchte das Thema der nationalen Einheit zum ersten Mal am Montag abend dieser Woche auf («Wiedervereinigung – der Anfang ist gemacht»). In den Manifesten der Opposition kommt er überhaupt nicht vor. Einige Bürgerinitiativen haben sich ausdrücklich auf fortdauernde Zweistaatlichkeit festgelegt. Ihr Reformziel ist es auch keineswegs, in der DDR bundesdeutsche Zustände heraufzuführen; sie suchen nach einem Sozialismus mit menschlichem Gesicht.

Mag sein, daß in der Welt der Intellektuellen andere Vorstellungen im Schwange sind als unter der Masse der DDR-Bürger. Noch sagen sie, der Wiedervereinigung gelte nicht ihre Hauptsorge, jetzt gehe es erst einmal um Reformen. Kämen sie voran, so könnte von der Krise eine identitätsstiftende Kraft ausgehen, die das Selbstbewußtsein der DDR-Bürger stärkt. Aber wenn die Reformen steckenbleiben? Dann könnten sich die Prioritäten abrupt ändern. Dies ist eine der Unbekannten in der gegenwärtigen deutschen Gleichung.

Gesetzt jedoch den Fall, die Reformen in der DDR gelängen, ein Mehrparteiensystem etablierte sich, die Wirtschaft würde entkalkt, die Herrschaft des Rechts wäre unbezweifelbar – in einem Wort: es entstünden zwischen Eisenach und Eisenhüttenstadt Verhältnisse, die denen in der Bundesrepublik glichen, wiewohl vielleicht um ein paar

Zoll nach links versetzt: Wäre die Wiedervereinigung dann die automatische Folge?

George Kennan, der Nestor unter Amerikas Diplomaten und Historikern, ein großer Freund der Deutschen, doch ein profunder Kenner auch der europäischen Unwägbarkeiten, hat die Frage eben in der *Washington Post* mit Bestimmtheit verneint. Vor vierzig Jahren seien sich alle Sieger einig gewesen, daß es nie wieder ein vereintes Deutschland geben solle, schon gar nicht ein bewaffnetes, das nicht fest eingebunden wäre in eine umfassendere Struktur, die seine Energien absorbierte und seine Nachbarn beruhigte. Heute stelle sich die Frage: «Sollte Deutschland dieser größeren Struktur als einheitliche Größe eingefügt werden? Oder wäre es nicht besser, böte es den anderen nicht mehr Sicherheit, wenn die beiden Teile Deutschlands, kulturell und ökonomisch zwar vereint, sich dem größeren Gefüge doch als zwei separate politische Einheiten einordnen?»

Kennans Antwort ist eindeutig: Erst müssen die Umrisse der kommenden europäischen Ordnung sichtbar werden: das politische und wirtschaftliche Verhältnis Osteuropas zur Europäischen Gemeinschaft; die Zukunft der Nato und des Warschauer Paktes; der Ausgang der verschiedenen Abrüstungsverhandlungen in Genf und Wien. Dann könne man in der deutschen Frage weitersehen.

Diese Ansicht wird im Westen weithin geteilt, zumal in den Hauptstädten der Siegermächte. George Bush, François Mitterrand, Margaret Thatcher – sie alle sagen prinzipiell ja zum Gedanken der Wiedervereinigung. Aber sie alle fügen hinzu: Nicht jetzt schon, und nicht ohne Auflagen.

Sie wollen Garantien haben gegen ein Wiederaufleben des aggressiven deutschen Nationalismus. Sie wollen erst wissen, was aus dem Nordatlantikpakt wird und was aus der Brüsseler Gemeinschaft. Und sie wollen eine *structure d'accueil* sehen, im Westen wie im Osten, ein Gefüge, in das sich das geeinte oder gedoppelte Deutschland langfristig einpassen kann. Ihr Eintreten für die Wiedervereinigung ist ein Wechsel auf die Zukunft, dessen Bedienung außerdem an Bedingungen geknüpft ist. Dies engt den Handlungsspielraum der Deutschen –

beiderlei Observanz – kräftig ein. Ein Alleingang verbietet sich ihnen, schon weil er ihnen verboten würde.

Jeder Kremlherrscher wäre da mit von der Partie. Aus Angst vor den Folgen würde er sich hüten, die vielbeschworene «deutsche Karte» zu spielen; zu vieles könnte ins Rutschen kommen.

Aber deswegen müssen die Deutschen nicht die Hände in den Schoß legen. Unterhalb der Schwelle der internationalen Anstößigkeit gibt es vieles, das sie tun können, ja tun müssen.

Erstens sollten Mauer und Todesstreifen-Barriere nicht nur durchlöchert, sondern völlig geschleift werden: Fort mit dem Berliner Monstrum und der asiatischen Grenze! Dafür könnten die Muskelkräftigen jedweden Alters hüben und drüben Sondereinsätze leisten: in einem gemeindeutschen Befreiungsschlag nach dem Motto: Macht kaputt, was Euch kaputt macht. Je ein Stück Mauer und Grenze könnten ja nach Willy Brandt stehen bleiben, als Denkmäler menschlicher, unmenschlicher Verblendung. Ansonsten jedoch sollten die deutsch-deutschen Grenzen werden – nun, wenn nicht wie die Grenzen zwischen Bundesländern, wie das Bundesverfassungsgericht 1973 pontifizierte, so doch wie normale Grenzen zwischen zivilisierten Staaten: Schilderhäuschen und Schlagbaum, Wechselstube und Waschräume – mehr braucht es nicht.

Zweitens müssen die neue Durchlässigkeit, die Entbürokratisierung des Übergangs, die Unmittelbarkeit der Einreise schleunigst auch den Westberlinern und Westdeutschen zugute kommen.

Drittens müssen Bonn und Ost-Berlin ihre Zusammenarbeit auf eine neue Stufe heben, sobald der Reformwille der neuen DDR-Führung seinen Niederschlag in gesetzlichen Regelungen gefunden hat. Auf der Basis der Zweistaatlichkeit sind Vereinbarungen möglich, die völlige kulturelle Offenheit bringen und eine enge wirtschaftliche Verzahnung. Dazu gibt es vielerlei Anregungen. Von «Sachkonföderationen» (Umwelt, Verkehr, Energie, Wirtschaft) spricht Günter Gaus, vom Ausbau und Aufbau «kontinuierlich funktionierender, stets verfügbarer und damit stabilisierender Kooperationsinstanzen» der frühere

Außenamts-Staatssekretär van Well, von «funktionaler Einheit trotz fortdauernder Teilung» die Chicagoer Deutschland-Professorin Anne-Marie Burley.

Solch ein deutsch-deutscher Kooperationsverbund dürfte nicht als teutonisches Ausscheren, als Sonderweg, als Abkehr vom Westen verstanden werden. Er müßte eingegliedert sein in einen größeren westeuropäisch-osteuropäischen Kooperationsverbund; dieser wiederum in einen amerikanisch-sowjetischen Kooperationsverbund: drei Etagen, die nicht voneinander abgetrennt wären, sondern eng miteinander verfugt, koordiniert und konzertiert. Der deutsch-deutsche Verbund wäre unser Beitrag zu einem Europa der Nähe.

Niemand weiß, wohin sich die Dinge entwickeln, mit welcher Gewalt, in welchem Tempo. Wir alle spüren: Die bisherige Ordnung wankt, die Epoche geht schwanger mit einer neuen.

Als der Kalte Krieg begann, vor 41 Jahren nach dem Prager Fenstersturz, zitierte Ernest Bevin, der britische Außenminister, düster die Worte, die sein Vorgänger Edward Grey im August 1914 gesprochen hatte: «Die Lichter gehen über ganz Europa aus, und sie werden zeit unseres Lebens nicht wieder angezündet werden.» Jetzt, so scheint es, gehen die Lichter wieder an. Auch über dem Potsdamer Platz.

In den Herzen der Deutschen klingen die Glocken der großen Wiedersehensfeier noch nach. Sie übertönen das kleinliche Bonner Parteiengezänke. «O Freiheit! kehrest Du zurück?», sang der Chor der Gefangenen letzte Woche bei einer Leipziger Fidelio-Aufführung. «Wir werden frei, wir finden Ruh'.» Darum geht es in der Tat: um die Freiheit, die zum ersten Mal seit 1933 ins Land jenseits der Elbe zurückkehrt. Sie muß sich nun wieder einwurzeln können. Alles andere ist zweitrangig.

1990

23. Februar 1990

ROBERT LEICHT

Einheit durch Beitritt

Nach dem ersten Rausch der Kater: Die deutsche Einheit, zunächst als große und unverhoffte Möglichkeit gefeiert, erweist sich immer deutlicher als schwieriges und mühseliges Projekt, außenpolitisch wie innenpolitisch, vor allem aber psychologisch. Der Drang zur Einheit ging zwar zuallererst vom Volk der DDR aus, aber gerade in der DDR fürchtet man sich nun vor der Anpassung an die ebenso gepriesene wie gefürchtete Bundesrepublik. Es muß alles schnell gehen – und doch geht alles viel zu schnell.

Zuletzt hat auch noch der enttäuschende Verlauf des Bonn-Besuchs von Ministerpräsident Hans Modrow die Stimmung in der DDR weiter gedrückt. Die neuen Oppositionsgruppen, die von freien Wahlen auch nicht viel mehr zu erwarten haben als die alte Staatspartei, verlegen sich auf die Klage: Uns bleibt ja nur noch der Anschluß!

In diesem gereizten Klima fällt es nicht leicht, einigermaßen sachgerecht über die Wege zur Einheit zu diskutieren, die das Bonner Grundgesetz weist. Und erst recht wirkt es auf viele Menschen in der DDR irritierend, daß ihnen empfohlen wird, sie sollten doch einfach nach Artikel 23 den Beitritt zur Bundesrepublik erklären – obgleich sich dies am Ende als die schnellste, einfachste und vor allem vernünftigste Lösung erweisen wird. Die Parteien am Ostberliner Runden Tisch haben am Montag dieser Woche in ihrer Mehrheit gegen den Beitritt votiert. Ob dies das letzte Wort bleibt, wird man sehen, wenn die Wahl erst einmal zu demokratisch legitimierten Mehrheiten geführt haben wird.

Schon der Gedanke, daß sich alles nach unserer Verfassung richten solle, mag auf manchen in der DDR wie eine Zumutung wirken. Aber alles Zartgefühl kommt nicht an der Tatsache vorbei: Nur das Grundgesetz ist sowohl auf Freiheit als auch auf Einheit hin angelegt. Die Verfassung der DDR hingegen taugt als Blaupause weder für die Vereinigung noch für die Befreiung. Und schließlich zeigt das *plébiscite de tous les jours*, der plebiszitäre Wanderungsstrom von Ost nach West, auch die verfassungspolitische Tendenz des Vereinigungsprozesses an.

Jedenfalls wird kaum noch ein Schreiben wie dieses verschickt werden: «Gegenstand der Konferenz soll die Beratung von Maßnahmen sein, die von den verantwortlichen Ministerpräsidenten den alliierten Militärregierungen in Vorlage gebracht werden, um ein weiteres Abgleiten des deutschen Volkes in ein rettungsloses wirtschaftliches und politisches Chaos zu verhindern. Die bayerische Regierung schlägt vor, durch diese Tagung den Weg zu ebnen für eine Zusammenarbeit aller Länder Deutschlands im Sinne wirtschaftlicher Einheit und künftiger politischer Zusammenfassung.»

So lauteten die Kernsätze eines Briefes, mit denen der damalige bayerische Ministerpräsident Dr. Ehard am 7. Mai 1947 die Vertreter aller deutschen Länder zur Münchner Ministerpräsidentenkonferenz einlud. Das Treffen begann zwar am 5. Juni 1947, doch der Versuch, der Wiedervereinigung näher zu kommen, scheiterte sehr schnell, vordergründig an einem antiföderalistischen Antrag der ostdeutschen Länderchefs, es gelte die «zentrale Verwaltung» durch einen «Einheitsstaat» anzusteuern.

Jene «gesamtdeutsche» Ministerpräsidentenkonferenz fand freilich vor der Verabschiedung des Grundgesetzes vom 23. Mai 1949 und vor dem Beschluß über die erste Verfassung der DDR vom 7. Oktober 1949 statt, also zwei Jahre vor dem staatsrechtlichen Vollzug der deutschen Teilung. Die deutsche Einheit läßt sich seither nicht mehr vom staatsrechtlichen Nullpunkt aus entwerfen.

Welche Wege weist also das Grundgesetz zu jenem Ziel, das seine Präambel mit dem Satz umreißt: «Das gesamte deutsche Volk bleibt aufgefordert, in freier Selbstbestimmung die Einheit und Freiheit Deutschlands zu vollenden»?

Der erste Weg zur Einheit – die Beitrittsvariante – führt über Artikel 23 des Grundgesetzes:

> «Dieses Gesetz gilt zunächst im Gebiete der Länder Baden, Bayern, Bremen, Groß-Berlin, Hamburg, Hessen, Niedersachsen, Nordrhein-Westfalen, Rheinland-Pfalz, Schleswig-Holstein, Württemberg-Baden und Württemberg-Hohenzollern. In anderen Teilen Deutschlands ist es nach deren Beitritt in Kraft zu setzen.»

Der zweite Weg zur Einheit – die Neuschaffungsvariante – ist in Artikel 146 des Grundgesetzes vorgezeichnet:

> «Dieses Grundgesetz verliert seine Gültigkeit an dem Tage, an dem eine Verfassung in Kraft tritt, die von dem deutschen Volke in freier Entscheidung beschlossen worden ist.»

Auf den ersten Blick stehen beide Vorschriften gleichrangig und unvermittelt im Grundgesetz. Aus Gründen der Systematik wie der Entstehungsgeschichte kommt freilich dem Artikel 23 ein gewisser Vorrang zu. Während Artikel 146 als letzte Vorschrift zu den Übergangsartikeln des Grundgesetzes zählt, haben die Verfassungsväter im Parlamentarischen Rat sich ganz bewußt wiederholten Anläufen widersetzt, auch die Beitrittsnorm in die Schlußvorschriften abzudrängen. Sie kam statt dessen als tragende Elementarbestimmung für die Wiedervereinigung in das Kapitel «Der Bund und die Länder».

Deshalb ist es abwegig, davon zu sprechen, die Beitrittsvorschrift des Artikel 23 habe sich lediglich auf das Saargebiet bezogen. Zwar geistert nach wie vor der Satz des SPD-Abgeordneten Karl Mommer durch die Literatur, der am 14. Dezember 1956 – an jenem Tag, an dem das Saarland seinen Beitritt zum Grundgesetz erklärte – im Bundestag behauptete: «Mit der Einbeziehung des Saarlandes in den Geltungsbereich des Grundgesetzes wird die dafür geschaffene Vorschrift des Artikel 23 des Grundgesetzes gegenstandslos. Der Artikel 23 Satz 2 des Grundgesetzes ist konsumiert.» Diese These ging in die Irre.

Schon als der Hauptausschuß des Parlamentarischen Rates über den Artikel 23 beriet, hatte Dr. Robert Lehr schlicht und deutlich gesagt: «Wir wollen die Wiedervereinigung so einfach wie möglich gestalten.»

Freilich ändert alles Auslegen und Hin- und Herwenden nichts an dem Befund: Es gibt zwei Varianten – und folglich kann und muß verfassungspolitisch frei entschieden werden. Bei näherer Betrachtung neigt sich die Waage allerdings eindeutig zugunsten der Beitrittsvariante des Artikel 23, obwohl die Neuschaffungsvariante zunächst den Charme der voraussetzungslosen Freiheit in sich zu tragen scheint.

Aber handelt es sich bei solchem Beitritt nicht in Wirklichkeit um einen Anschluß? Die Gedankenlosigkeit, mit der dieses Wort «Anschluß» verwendet wird, hat die Diskussion schon bisher unnötig belastet. Als Adolf Hitler 1938 Österreich dem Nazireich anschloß, hatte sich in der Tat ein Staat den anderen mit militärisch demonstrierter Macht einverleibt. Nichts davon droht der DDR. Es ist allein an ihr, sich nach der Wahl einer demokratisch legitimierten Regierung für die Einheit zu entscheiden. Sie kann dies insgesamt tun, in der Gemeinschaft ihrer wieder herzustellenden Länder oder gar Land für Land. Sie kann dies auch unterlassen. Wie immer ein Antrag nach Artikel 23 des Grundgesetzes demokratisch zustande käme – die Wahl hat die DDR, nicht die Bundesrepublik. Um Beitritt geht es, nicht um Anschluß.

In dem führenden Grundgesetz-Kommentar von Maunz-Dürig-Herzog-Scholz heißt es dazu: «Es ist nicht in das Belieben des Bundes gestellt, ob er eine Beitrittserklärung annehmen will oder nicht. Vielmehr gewährt Art. 23 Satz 2 dem sich anschließenden Teil Deutschlands ein Recht auf den einseitigen Erwerb der Bundeszugehörigkeit, genauer: er versagt offenbar den Organen des Bundes die Möglichkeit, einen ordnungsgemäßen Beitritt zurückzuweisen. Art. 23 Satz 2 gibt auch kein bloßes Recht auf die Annahme der Beitrittserklärung, sondern er geht davon aus, daß die Erklärung des Beitritts diesem gleich ist.»

Der Bundesrepublik bliebe nur noch die Aufgabe der Abwicklung: Das Grundgesetz ist, gegebenenfalls stufenweise und in Anpassungsfristen gestaffelt, im Beitrittsgebiet in Kraft zu setzen, jedenfalls sobald die Homogenitätsvoraussetzungen des Artikel 28 annähernd erfüllt sind:

> «Die verfassungsmäßige Ordnung in den Ländern muß den Grundsätzen des republikanischen, demokratischen und sozialen Rechtsstaats im Sinne dieses Grundgesetzes entsprechen. In den Ländern, Kreisen und Gemeinden muß das Volk eine Vertretung haben, die aus allgemeinen, unmittelbaren, freien, gleichen und geheimen Wahlen hervorgegangen ist ...»

Wie angesichts dieser Lage in abfälliger Weise von «Anschluß» die Rede sein kann, ist unerfindlich. Dennoch bleibt die Frage zu beantworten, ob nicht die Neuschöpfung einer gesamtdeutschen Verfassung der bessere Weg zur Einheit wäre.

Wenn man sich in beiden deutschen Staaten noch einmal in Ruhe das Bonner Grundgesetz anschaut, wird man allerdings – und dies ohne westdeutschen Triumphalismus – bald zu dem Ergebnis kommen: Der Versuch, sich eine völlig neue Verfassung auszudenken, käme dem Bestreben gleich, das Rad neu zu erfinden. Und wer weiß, ob das Rad beim zweiten Mal nicht schlechter gelingt als beim ersten? Rein als Verfassung und im rechtsgeschichtlichen Zusammenhang betrachtet, stellt das Grundgesetz nämlich nach wie vor das Optimum des bisher in Deutschland und anderswo je Erreichten dar. Weshalb beim Einigungsprozeß diese Garantien gegenüber dem völlig offenen Ausgang einer neuen Verfassungsgesetzgebung aufs Spiel setzen?

Freilich, wie wenig die verfassungspolitische Qualität des Grundgesetzes bei Politikern und Bürgern der DDR bisweilen bekannt ist, zeigt eine fast schon törichte Äußerung von Wolfgang Ullmann, der zwar der Bewegung Demokratie Jetzt angehört, aber für die Regierung Modrow am Runden Tisch sitzt: Die Bundesrepublik müsse lernen, daß es zu wenig ist, ein Grundgesetz zu haben, «das nicht mehr ist als eine verbesserte Weimarer Verfassung».

Das Grundgesetz ist eben nicht bloß eine leicht modifizierte Variante der gescheiterten Weimarer Verfassung, sondern vielmehr deren kategoriales Gegenstück.

Anders als in der Weimarer Verfassung sind die Grundrechte für alles staatliche Handeln unmittelbar bindendes Recht, auf das sich die Bürger nach Ausschöpfung des Rechtsweges mit einer Verfassungsbeschwerde direkt berufen können.

Anders als in Weimar steht sogar der demokratische Mehrheitsgesetzgeber unter der Kontrolle eines Verfassungsgerichts.

Anders als in Weimar ist die «legale Verfassungsabschaffung» unmöglich – kein Gesetzgeber darf die Grundrechte in ihrem Wesensgehalt antasten (Artikel 19 Absatz 2). Und der Artikel 79 Absatz 3 legt außerdem fest: «Eine Änderung des Grundgesetzes, durch welche die Gliederung des Bundes in Länder, die grundsätzliche Mitwirkung der Länder bei der Gesetzgebung oder die in den Artikeln 1 und 20 niedergelegten Grundsätze berührt werden, ist unzulässig.»

Das heißt also: Die Menschenwürde als oberstes Gebot, die direkte und nicht nur deklamatorische Verpflichtung von Gesetzgebung, Exekutive und Rechtssprechung auf die Grundrechte, der Rechtsstaat sowie der demokratische und soziale Bundesstaat – dies alles ist, soweit das an einer Verfassungsurkunde überhaupt liegen kann, gegen Putsch und Aushöhlung sicher kodifiziert. Gewiß: Im Alltag der Verfassungswirklichkeit steht auch die Bundesrepublik nicht immer glänzend da. Doch eine Verfassung, deren existentielle Grundentscheidungen dem Grundgesetz überlegen wären, ist nicht einmal am fernen Horizont erkennbar.

Demgegenüber wirkt die Absicht, angesichts des deutsch-deutschen Schleusenbruchs und der dringenden sozialen Nöte in der DDR, ja, des Risikos der Destabilisierung beider deutscher Staaten, auf dem leeren Papier eine neue gesamtdeutsche Verfassung zu entwerfen, wie der Versuch, auf einer Glatze Locken zu drehen. Im übrigen wäre dieser Versuch mit erheblichen Risiken befrachtet.

Gustav Heinemann, der damalige Bundespräsident, sprach am Verfassungstag des Jahres 1974 den seither immer wieder zitierten Satz: «Das Inkrafttreten des Grundgesetzes vor 25 Jahren zählt zu den Sternstunden unserer Geschichte. Es unterbreitet uns das große Angebot, zum ersten Mal eine freiheitlich-rechtsstaatliche und soziale

Demokratie zu verwirklichen.» Dieser Sternstunde war die tiefste Schuld und Schmach vorausgegangen, in die deutsche Politik jemals geführt hatte. Schmach und Sternstunde – dieser unauflösbare Zusammenhang prägte auch das Beratungsergebnis des Parlamentarischen Rates. Das Grundgesetz hat sich zu seiner verfassungspolitischen wie verfassungsgeschichtlichen Höhe entwickelt, weil die Frauen und Männer des Parlamentarischen Rates wußten, aus welcher Tiefe sie ihre Arbeit anzutreten hatten.

Niemand vermag vorauszusehen, ob ein neuerlicher Versuch der Verfassungsgebung das gleiche hohe Bewußtsein und die gleichen einzigartigen Garantien nochmals hervorzubringen vermöchte. Eher steht zu befürchten, daß ein zweiter Anlauf zu einer gesamtdeutschen Verfassung matter ausfallen und manchen Freiheitswert relativieren würde. Niemals mehr, um nur ein Beispiel zu nennen, würde ein derart großzügiges Asylrecht kodifiziert werden wie der Artikel 16 des Grundgesetzes.

Um es einmal «verfassungstaktisch» auszudrücken: Wer das Grundgesetz, wo dies wenigstens theoretisch überhaupt möglich ist, verwässern will, braucht eine Zweidrittelmehrheit. Wer aber bei der Beratung über eine neue Verfassung die Garantien relativieren will, dem reicht schon die Sperrminorität von einem Drittel der Abgeordneten aus.

Im übrigen bleibt auch dieses anzumerken: Es gibt im anderen deutschen Staat seit 1933 nicht nur keine demokratische Verfassung mehr, sondern auch keine nennenswerte Wissenschaft und Kultur des Verfassungsrechts. Schon deshalb würde die Debatte in einer verfassungsgebenden Nationalversammlung sehr einseitig geführt werden, wenn sie über die oberflächlichen Bekundungen des guten Willens hinausführen soll.

Die Befürchtung, eine neue gesamtdeutsche Verfassung werde weniger liberal ausfallen als das Grundgesetz, läßt sich nicht zuletzt mit den Urteilen des Bundesverfassungsgerichts zur Grundrechtsauslegung begründen. Denn diese Urteile zeigen zumeist sehr deutlich, wie weit Verfassungspolitik und Gesetzgebung nach und nach hinter dem

Anspruch der Verfassungsurkunde zurückbleiben würden, wenn nicht ein Gericht eingreifen würde.

Die Bestandskraft unserer Grundrechte wurde gerade durch die Rechtsprechung aus Karlsruhe gefestigt, jedenfalls in der Gesamtbilanz der Urteile. In der Frühzeit der Bundesrepublik galt dies für die Richtersprüche zur Gleichberechtigung von Mann und Frau und zur Pressefreiheit, später für die Mitbestimmung, für das Demonstrationsrecht, für das Volkszählungsurteil mit dem «Grundrecht auf informationelle Selbstbestimmung», das der Gefahr der Gesamtverdatung aller Bürger entgegenwirkt. Wer sich zugunsten einer vagen neuen Verfassungsgebung vom Grundgesetz verabschieden will, muß wissen: In diesem Falle ginge die gesamte Rechtsprechung aus Karlsruhe, ginge die verfassungsgerichtliche Armierung unserer Grundrechte verloren. Die Karlsruher Urteile – sie würden als Makulatur in die Archive wandern.

Im Grunde ist die Lage einfacher, als sie sich manchem darstellt. Entweder würde eine neue Verfassung das Grundgesetz kopieren – dann lohnte sich der Aufwand nicht, im Gegenteil, die Bilanz wäre wegen der verlorengegangenen Rechtsprechung negativ; oder aber die neue Verfassung bliebe hinter dem Grundgesetz zurück – dann hätten zumindest die Westdeutschen sich zu fragen, ob ihnen eigentlich die Einheit mehr wert ist als ihre freiheitlich optimierte Verfassung. Schließlich sind wir Verfassungspatrioten und nicht bloße Nationalpatrioten.

Im Verlauf des «Historiker-Streits» hatte Jürgen Habermas notiert: «Die vorbehaltlose Öffnung der Bundesrepublik gegenüber der politischen Kultur des Westens ist die große intellektuelle Leistung unserer Nachkriegszeit, auf die gerade meine Generation stolz sein könnte.» Wer da das Grundgesetz als bloß redaktionelle Variante zur Weimarer Verfassung belächelt, hat nicht wahrgenommen, daß in dieser Verfassungsurkunde die Deutschen die guten Bestandteile ihrer Verfassungstradition verspätet zwar, aber auf kongeniale Weise mit der Zivilisation der westlichen Demokratien verbunden haben.

Es gibt keinen Grund, dieses geistige Band wieder zu kappen oder zu relativieren. Im Gegenteil, gerade die über vierzigjährige Praxis unter dem Grundgesetz hat bei unseren Nachbarn den Grundstock des Vertrauens gelegt, das es ihnen jetzt ermöglicht – unter großen Besorgnissen zwar, aber ohne Widerstand –, Zeugen der deutschen Einigung zu werden. Weshalb sollten die Deutschen ausgerechnet in dieser heiklen Phase des Übergangs ihre Beitrittsurkunde zum Kreis der Demokratien ganz und gar revidieren?

Gerade angesichts der Besorgnisse unserer Nachbarn und Bündnispartner berufen wir Westdeutschen uns gern auf den Deutschlandvertrag von 1954, in dessen Artikel 7 sich die drei Westmächte auf das Ziel der Wiedervereinigung festgelegt haben. Doch da heißt es über das angestrebte Ziel auch: «ein wiedervereinigtes Deutschland, das eine freiheitlich-demokratische Verfassung, ähnlich wie die Bundesrepublik, besitzt und das in die europäische Gemeinschaft integriert ist.» Es mag sein, daß heute mancher vor lauter deutschem Drang und angesichts der unvermeidlichen Einheit solche Verträge nicht mehr ganz ernst nimmt. Aber versprochen haben wir es schon: Im Falle der nationalen Einheit bleiben wir unserer Verfassung im Kern treu. Weshalb also daran rühren?

Es mag sein, daß das Verhalten mancher Bonner Politiker bei Bürgern der DDR – über das Maß ohnedies vorhandener Angst hinaus – für zusätzliche Verunsicherung gesorgt hat. Aber wenn wir vom Gesamtprozeß der Einigung sprechen, und dabei nicht nur vom lieben Geld die Rede sein soll, dann ist das Grundgesetz, das «große Angebot», noch das Beste, was wir einzubringen hätten. Weshalb sollten wir dieses Licht unter den Scheffel stellen? Im Gegenteil: Gerade das Grundgesetz könnte dabei helfen, den Landsleuten drüben ihre Ängste zu nehmen.

Es wäre jedenfalls ein merkwürdiger Vorfall, wollte sich die DDR der Wirtschafts- und Währungsunion mit der Bundesrepublik anheimgeben, aber ausgerechnet die verfassungsrechtliche Bändigung dieser Ökonomie abweisen. Wer sich vor dem harschen Rationalisierungsprozeß der Marktwirtschaft fürchtet, dem können wir sagen: Gerade der Sozialstaat des Grundgesetzes bietet eine Garantie und verfassungsrechtliche Schranke.

Und wenn es um den angeblichen «Ausverkauf» geht, um das angebliche «Billiglohnland DDR»: Das Grundgesetz verpflichtet in seinem Artikel 72 den Bund zur Wahrung der Einheitlichkeit der Lebensverhältnisse über die Grenzen der Länder hinweg. Einen besseren Finanzausgleich als den des Grundgesetzes würden die Länder der DDR jedenfalls nicht bekommen. Das Grundgesetz würde die Anpassungsprobleme der DDR allenfalls mildern, in keinem Fall verschärfen.

Wie man es also dreht und wendet: Der beste wie der schnellste Weg zur Einheit, wenn man sie denn wirklich will, führt über den Artikel 23 des Grundgesetzes, über den Beitritt. Danach bleibt noch gut Zeit zur Anpassung, übrigens auch zu mancher Verfassungsänderung. Zumindest die Präambel, der Artikel 23 und der Artikel 146 wären zu streichen. Dann wären nämlich wirklich alle Einigungsartikel «konsumiert». Und längst vorher müßten wir verbindlich zusichern, daß dann von «anderen Teilen Deutschlands», von weiteren Beitrittskandidaten nicht mehr die Rede sein kann.

«Kein Grundgesetz kann die Nöte der Welt im ganzen lösen», sagte Gustav Heinemann damals. Aber er fuhr fort: «Das Grundgesetz bietet uns Demokratie, es bietet uns den Rechtsstaat, es bietet uns den Sozialstaat, es bietet uns Regeln für deren ständige Verbesserung ... Das mag bescheiden erscheinen und ist doch zugleich ein Höchstmaß dessen, was eine Verfassung bieten kann. Von einer Staatsverfassung mehr zu verlangen, halte ich für wirklichkeitsfremde Utopie.»

Wenn wir in den kommenden Monaten als Verfassungspatrioten für dieses Grundgesetz auch gegenüber unseren Landsleuten in der DDR eintreten, brauchen wir uns dessen nicht zu schämen.

6. April 1990

Roger de Weck

Falsche Fuffziger statt der D-Mark?

Hat Bonn das ernst gemeint mit der «sozialen» Marktwirtschaft? Die bange Frage stellen sich fast alle Bürger der DDR. Sie haben an die Währungsunion mit der Bundesrepublik große Hoffnungen geknüpft: «Kommt die D-Mark, bleiben wir; kommt sie nicht, gehn wir zu ihr.» Im Wahlkampf erweckte Helmut Kohl den Eindruck, er werde Großzügigkeit walten lassen. Damit verhalf er der Ost-CDU zu ihrem Triumph. Kaum sind jedoch die Wahlen vorbei, schlagen plötzlich die Fachminister in Bonn und der Zentralbankrat zu Frankfurt einen ganz anderen Ton an.

Bundesfinanzminister Theo Waigel, Bundeswirtschaftsminister Helmut Haussmann und der Bundesbankpräsident Karl Otto Pöhl wollen nicht zulassen, daß die Menschen in der DDR aus dem Umtausch ihrer minderwertigen Ost-Mark in die begehrte D-Mark einen Gewinn ziehen: Ein Umtauschkurs von eins zu eins komme nicht in Frage. Gerade das aber hatten sich die DDR-Bürger erhofft; sie dachten, daß sie dank der Währungsunion sofort bessergestellt würden. Dennoch bestehen die Minister und der Bundesbankier auf einem Kurs von zwei zu eins: Zwei Ost-Mark für eine D-Mark, das sei allemal ein vorteilhaftes Angebot an die ostdeutschen Brüder und Schwestern.

Für die Arbeitnehmer in der DDR bedeutet «zwei zu eins» zunächst einmal die totale Verunsicherung. Werden die Löhne und Gehälter halbiert? Verarmen vollends die Rentner, die jetzt schon am Rande des Existenzminimums stehen? Verlieren die Sparer tatsächlich siebzig Milliarden Ost-Mark, die mit einem Federstrich aus dem Verkehr gezogen werden? Den Eintritt in die soziale Marktwirtschaft haben sich die DDR-Bürger wohl anders vorgestellt. Sie wollen die deutsche Einheit eins zu eins – und sie haben recht.

Zwar sind Waigel, Haussmann und Pöhl um Argumente nicht verlegen: Geringe Lohnkosten seien für die kränklichen DDR-Betriebe gleichsam ein Überlebenselixier; der Währungsschnitt «zwei zu eins» halbiere zudem die Schulden der tief in der Kreide stehenden Unternehmen. Gleichwohl sprechen gewichtigere Gründe für den Kurs von eins zu eins.

Die Beschäftigten in der DDR haben ein niedriges Durchschnittseinkommen. Sie verdienen brutto knapp 1300 Ost-Mark im Monat, das sind vierzig Prozent der Einkünfte bundesdeutscher Arbeitnehmer. Der Umtauschkurs von zwei zu eins aber ließe die 1300 Ost-Mark auf magere 650 D-Mark schrumpfen. Damit kann nun wirklich niemand auskommen, zumal nach der Streichung der Subventionen für Lebensmittel und andere Leistungen die Preise steigen werden. Also müssen die Löhne – wie auch immer – kräftig erhöht werden. Das Wirtschaftsministerium sieht ein, daß sich «die Kaufkraft der DDR-Bürger nicht verringern darf». Die Bundesbank verheißt ihnen gar «ein Netto-Realeinkommen nach Einführung der D-Mark, das eher höher ist als bisher». Dies auszuhandeln wird freilich den Tarifpartnern zugeschoben – als seien die dafür schon gerüstet oder als könne die DDR jetzt lange Lohnkämpfe brauchen. Also wird das höhere Realeinkommen ohne Subventionen aus dem Westen ein Wunschtraum bleiben. Nicht von ungefähr hatte 1948 Ludwig Erhard als Virtuose der Währungsreform die Löhne eins zu eins umgestellt.

Der Kurs von zwei zu eins ändert auch nichts daran, daß die qualifizierten Fachkräfte nur dann zu halten sein werden, wenn sich ihre Löhne und Gehälter schnell dem bundesdeutschen Niveau anpassen - sonst werden viele in die Bundesrepublik übersiedeln. Den Daheimbleibenden aber, die sich mit einem Billiglohn begnügen müssen, wird es an der nötigen Arbeitsmotivation fehlen; ihr Unmut und ihre massiven Lohnforderungen werden das Investitionsklima verderben.

Die westdeutschen Unternehmer wären unglaublich kurzsichtig, wenn sie bei ihren Investitionsentscheidungen darauf abstellten, daß die DDR lange ein Billiglohnland bleiben wird. Auf die Dauer kann und soll sich Ostdeutschland nicht an Portugal oder Polen messen. Im

Gegenteil: Die DDR steht unter dem Zwang, rasch eine hochmoderne und produktive Wirtschaft aufzubauen. Der Umtausch eins zu eins wird – allerdings auf unbarmherzige Art und Weise – diese Entwicklung beschleunigen.

Wird eins zu eins umgestellt, müßte theoretisch ein Trabi 13000 D-Mark kosten – zu diesem Preis will ihn niemand haben. Wird aber der Kurs von zwei zu eins bevorzugt und halbiert sich dabei der Preis auf 6500 D-Mark, mag das vorsintflutliche Fahrzeug noch eine Zeitlang Käufer finden. Dies liefe freilich auf die vorläufige Aufrechterhaltung eines Defizit-Betriebs hinaus. Völlig unproduktiven Branchen wie der Chemie oder der Stahlindustrie kann auch der Umtausch zwei zu eins keine Gnadenfrist gewähren. Alles in allem steht der politische und psychologische Schaden, den «zwei zu eins» stiftet, in keinem Verhältnis zum zweifelhaften wirtschaftlichen Ertrag. Dabei geht es nicht nur um das Einkommen, sondern auch um die Ersparnisse der DDR-Bürger, insgesamt 176 Milliarden Ost-Mark. Namentlich die alten Menschen, die nach 40 oder 45 Arbeitsjahren eine karge Pflichtrente von wenig mehr als 450 Ost-Mark bekommen, sind existentiell darauf angewiesen. «Um den besonderen sozialen Aspekten Rechnung zu tragen», gönnt die Bundesbank jedem DDR-Bürger den Umtausch von 2000 Ost-Mark zum Kurs von eins zu eins. Der Rest der Ersparnisse aber soll zwei zu eins umgestellt und damit halbiert werden.

Der «Freibetrag» von 2000 Mark ist viel zu knapp bemessen. Den Rentnern, die für ihre Alterssicherung ein paar Hunderter oder Tausender mehr auf die Seite gelegt haben, ist die Vernichtung eines Teils ihrer Ersparnisse nicht zuzumuten. Ohnehin stellt sich die Frage, ob nicht die gesamten Sparguthaben eins zu eins umgetauscht (aber nicht gänzlich freigegeben) werden sollten. Im Durchschnitt hat jeder Bürger der DDR 10000 Ost-Mark auf die hohe Kante gelegt – in der Bundesrepublik sind es 40000 D-Mark. Ist es staatspolitisch vertretbar, mit der Teilentwertung der DDR-Spargelder das Gefälle weiter zu verstärken? Dies beschwört die Gefahr herauf, daß sich Gesamtdeutschland in eine «Drei-Viertel-Gesellschaft» verwandelt: drei

Viertel Westdeutsche, die im Vergleich gut verdienen und verhältnismäßig wohlhabend sind; ein Viertel einkommensschwache Ostdeutsche, die kaum Ersparnisse besitzen. Eine solche Diskrepanz birgt noch mehr Sprengstoff als die der Bundesrepublik eigene «Zwei-Drittel-Gesellschaft».

Dafür hat die Bundesbank keinen Sinn. Ihre staatspolitische Verantwortung liegt auf einem ganz anderen Gebiet: der Sicherung des Geldwerts. Die Bundesregierung aber muß der explosiven gesellschaftlichen Entwicklung vorbeugen.

Ohnehin setzt Bonn sein Vertrauen auf den Mittelstand, um die DDR zu erneuern. Schätzungsweise achtzig Prozent der (sehr ungleich verteilten) Sparguthaben gehören den Handwerkern, den kleinen Gewerbetreibenden und den haushälterischen Bauern. «Das Handwerk allein müßte 1,3 Millionen Arbeitsplätze bringen», beteuerte erst kürzlich der designierte Wirtschaftsminister der DDR, der West-CDU-Politiker Elmar Pieroth. Da wäre es absurd, mit dem Umtauschkurs von zwei zu eins das Spar- und Startkapital der künftigen Mittelständler zu beschneiden. Für den Kurs von eins zu eins spricht ganz schlicht, daß die DDR soviel Eigenkapital wie nur möglich braucht, damit sie zu einer leistungsfähigen Volkswirtschaft gedeihen kann.

Allerdings stellen sich bei der Umstellung eins zu eins Schwierigkeiten ein. Die Sparguthaben der Bürger hat das SED-Regime zur Finanzierung von Darlehen an die Betriebe und Kombinate verwendet. Die allermeisten von ihnen werden aber niemals in der Lage sein, diese Kredite – netto über 200 Milliarden Ost-Mark – zu tilgen oder auch nur einen marktgerechten Zins dafür zu zahlen. Der Staat hat das Geld der Sparer verpulvert. Wer soll nun den Schaden tragen?

Die Betriebe wären dazu nicht einmal in der Lage, wenn dank eines Umtauschkurses von zwei zu eins die Schulden halbiert würden. Weil sie praktisch ihren gesamten Gewinn an die Zentralverwaltung ablieferten, mußten sie sich haushoch verschulden. Was betrieben wurde, war die laufende Expropriation der Staatsunternehmen durch den Staat. Die Expropriierten nun noch einmal zur Kasse zu bitten wäre absurd. Damit die Firmen eine Überlebenschance haben, müssen ihre Schulden schlichtweg gestrichen werden. Das Riesenloch, das dadurch entsteht, werden wohl oder übel diejenigen stopfen müssen, die Geld haben: die ostdeutschen Sparer und die westdeutschen Steuerzahler.

Der Streit um den Umtauschkurs ist nichts anderes als ein Verteilungskampf. Ein Kurs von zwei zu eins würde bedeuten, daß die Sparer in der DDR für einen Großteil des Schadens aufkommen – ein gutes Stück ihrer Ersparnisse verschwindet in der Versenkung. Finden sie sich damit ab? «Eins zu eins» wiederum käme den DDR-Sparern entgegen; die Schuldenlast von 200 Milliarden oder mehr würde gänzlich dem (gesamtdeutschen) Staat aufgebürdet, vornehmlich also dem bundesdeutschen Steuerzahler. Läßt er sich das gefallen?

Acht Monate vor der Bundestagswahl mag Bundeskanzler Kohl geneigt sein, den Sparern in der DDR mehr Opfer abzuverlangen als den Wählern in der Bundesrepublik. Täte er dies, könnte er sich freilich auf keinem Marktplatz jenseits der Elbe mehr blicken lassen. Obendrein müßte er sich mit einem CDU-Ministerpräsidenten de Maizière anlegen, der sich der Unterstützung aller Parteien gewiß sein dürfte, nicht nur der nun doch zustande kommenden großen Koalition. Es wird alles nichts helfen: Kohl muß die Bundesbürger zur Kasse bitten.

20. Juli 1990

NINA GRUNENBERG

Ohne Euphorie und Überschwang

Nein, darauf war keiner vorbereitet. Diejenigen, die seit Montagabend von sich sagen können, daß sie im Kaukasus dabeigewesen sind, hatten keine Ahnung, daß sie im Auditorium der Lungenheilanstalt von Shelesnowodsk, in einem der hintersten Winkel des östlichen Europa, Bismarcks «Mantel Gottes» durch die Geschichte rauschen hören würden, diesmal wirklich.

Nachrichten aus dem Jagdhaus in Archys, dem Ort, an dem Michail Gorbatschow mit seinem Gast Helmut Kohl tagte, hatte niemand erhalten. Selbst Eduard Ackermann, der getreue Eckehard des Kanzlers, und Kohls Bürochefin Juliane Weber, eine Dame fürs Feuer, saßen diesmal auf dem Trockenen, genauso wie die Journalisten. Dafür waren sie mit großer Polizeibegleitung seit Sonntagnachmittag in vier Omnibussen durch die endlosen Felder und gewaltigen Steppen des Nordkaukasus gerollt. In den Luftkurorten der Region Stawropol, über die Gorbatschow in den siebziger Jahren als erster Parteisekretär herrschte – ein Gebiet, das mit 80000 Quadratkilometer doppelt so groß ist wie die Schweiz –, probierten sie pflichtschuldig von den verschiedenen Heilwassern aus den zahlreichen Mineralquellen. In dem Araber-Gestüt von Tersk wurden ihnen die edelsten Pferde der Welt vorgeführt. Doch die Anteilnahme, die den Schönheiten gebührt hätte, brachte Kohls Gefolgschaft nur schwer auf: Was sind Journalisten schon ohne ihre Protagonisten?

In Stawropol, einer Stadt mit 140000 Einwohnern, deren Marktplatz von einem Lenin-Denkmal beherrscht wird, war der Kanzler am Sonntagnachmittag zum letzten Mal gesehen worden. Als er 24 Stunden später in Shelesnowodsk wieder auftauchte, war Deutschland nicht nur de facto vereinigt – die Einheit hatte Gorbatschow den

Deutschen schon bei Kohls Moskau-Visite im Februar zugestanden –, sondern auch souverän. Der Kanzler gab es in acht Punkten und in geschäftsmäßigem Tonfall zu Protokoll. Die Journalisten glaubten im ersten Moment, ihren Ohren nicht trauen zu können. Entgeistert begriffen sie langsam, daß der rote Zar, der straff, energisch und offensichtlich bei bester Gesundheit vor ihnen saß – die braunen Augen nahmen das Publikum immer wieder prüfend ins Visier – sie zum Zeugen nahm, um im hohen Bogen alles auf den Müllhaufen der Geschichte zu werfen, was seit 45 Jahren das deutsch-sowjetische Verhältnis bestimmt hat: die Siegerrechte, die Berlin-Klausel, die Bündnisfrage, die Truppenstärke. Von der DDR war nicht einmal mehr die Rede. Sie ist ein abgeschlossenes Kapitel. Es war schon viel, daß Helmut Kohl daran dachte mitzuteilen, daß er die Regierung der DDR «unverzüglich nach Rückkehr» von den Ergebnissen der Verhandlung unterrichten werde. «Wir haben Realpolitik betrieben», bestätigte Gorbatschow, «und die fordert die Berücksichtigung der gesamten Lage.»

Die in Bonn akkreditierten Journalisten aus dem europäischen Ausland, von denen einige den Kanzler auf seiner Reise begleitet hatten, begriffen die Tragweite der Verhandlungen als erste. «Das ist eine Kapitulation», sagte ein französischer Kollege beim Hinausgehen bedrückt. Für ihn wurde erst an diesem Abend endgültig jene rote Fahne eingeholt, die am 2. Mai 1945 auf dem Berliner Reichstagsgebäude von einem Soldaten der siegreichen Roten Armee aufgepflanzt worden war.

Das Ende der Nachkriegsgeschichte? Seit dem 9. November ist es schon oft beschworen worden. An diesem denkwürdigen Abend im Kaukasus schrieben der sowjetische Präsident und der deutsche Kanzler wohl endgültig das letzte Kapitel. «Es könnte so scheinen, als ob hier jemand einen Rettungsring brauchte», rückte Gorbatschow mögliche Einwände beiseite. «Nein, es geht hier vielmehr um eine strategische Frage von höchster Priorität ... Ein Land mit so vielen alten Völkern, die teilweise eine über tausendjährige Kultur haben, müssen wir jetzt auf die breite Straße der Demokratie und der Zivilisation bringen. Das ist sinnvoll, gut und günstig, auch für alle anderen Länder. Wir erwarten keine Almosen und keine Gefallen. Es geht nur darum, die Rückzahlung unserer Schulden etwas zu prolongieren.»

Erkenne die Lage! Nur dem Finanzminister Theo Waigel, der den Kanzler begleitete und die Reise geschickt nutzte, um Punkte für den bayerischen Wahlkampf im Herbst zu sammeln, verschlug das Eingeständnis nicht die Sprache. Im Gegenteil, auch er ist ein Realist: Für ihn war es schon ein Erfolg, daß der Fünf-Milliarden-Kredit – von den Deutschen auf den Weg gebracht, um die Liquiditätsschwierigkeiten der Moskauer zu erleichtern – dazu benutzt wird, die Schulden bei deutschen Geschäftsleuten abzuzahlen. Für Prestige und Bonität der Sowjets sei das wichtig.

Aber Waigel erzählte auch noch eine andere Geschichte. Auf dem Weg von Stawropol in die Jagdhütte in Archys ließ der Präsident die Hubschrauber auf einem Getreidefeld niedergehen, auf dem Bauern bei der Ernte waren – «eine inspirierende Begegnung» nannte der Kaukasier das am Abend. Die Bauern brachten Gorbatschow und seinen Gästen Brot und Salz. Nachdem Gorbatschow das Brot geküßt und Helmut Kohl in das Salzfaß gegriffen und ein Kreuz auf das Brot gemalt hatte – «so wie früher meine Mutter» –, brachen die Umstehenden davon ab und aßen es gemeinsam. Das ist der Stoff, aus dem die politischen Mythen sind.

Anschließend unterhielt sich die Gesellschaft über die Qualitäten von Mähdreschern, über die Größen von Feldern und über die Geschicklichkeit, mit der Gorbatschow, Kohl und Waigel mit der Sense umgehen können. Dabei machte der Schwabe Waigel bei Gorbatschow Punkte, wie der Kanzler zugab – von Bauernsohn zu Bauernsohn. «Es war eine Stimmung wie auf dem Ausflug eines Kegelvereins», schilderte ein Teilnehmer, «richtig aufgekratzt und sehr aufgeschlossen.»

Seit seiner ersten offiziellen Begegnung mit Gorbatschow im Oktober 1988 – zum ersten Mal waren sie sich 1984 bei der Beerdigung

Andropows, des Nachfolgers von Breschnjew, begegnet – hatte der Bundeskanzler gehofft, in Gorbatschows Heimat eingeladen zu werden. Zuteil wurde diese Ehre bisher noch niemandem. Kohl hat sie genossen. Den Deutschen aus der Pfalz und den Russen aus dem Kaukasus verbindet das gleiche starke Gefühl für den Wert und die Wurzeln der Heimat. Auch Helmut Kohl hätte sagen können, was Gorbatschow seinen Landsleuten am Montagabend zurief: «Ich fühle mich hier wie der Riese Antäus, der durch die Berührung mit der Muttererde neue Kräfte in sich wachsen fühlt.»

Anders als die Delegierten auf dem eben zu Ende gegangenen Moskauer Parteitag stand die Bevölkerung am Montagabend vor dem Sanatorium in dem Luftkurort Spalier, um ihm ohne Arg und mit viel Herz zuzuwinken. Die Landbevölkerung vertraut ihm. Auch Helmut Kohl kam dabei auf seine Kosten. Er entdeckte in der Menge fünfzehn jubelnde Dresdner. Als eine Frau ihm auch noch zurief, sie habe ihn vor der Frauenkirche reden gehört, war für ihn «alles gelaufen». Der Auftritt, den er im Dezember vor der Ruine der Frauenkirche hatte, gehört für ihn zu den bewegendsten Erlebnissen des Einigungsprozesses. Die Erinnerung daran nahm er als gutes Omen mit in die Pressekonferenz.

«Es war ein guter Tag», befand er zufrieden hinterher. Politische Ästheten werden bei diesem Kanzler niemals auf ihre Kosten kommen. Seine Worte sind immer lapidar. Aber das kann täuschen. Bei keinem anderen Kanzler sind Inhalt und Ausdruck je so weit auseinandergefallen.

In einer Verhandlungspause sei Kohl am Montagvormittag an die Luft gegangen, so wurde später berichtet, und habe Michail Gorbatschow beiläufig das viel strapazierte Bismarck-Wort weitergegeben: «Wenn ein Führer seines Volkes den Mantel Gottes rauschen hört, so muß er zufassen und einen Zipfel packen.» Er habe hinzugesetzt, die erste Einheit der Deutschen sei mit kriegerischen Mitteln erreicht worden, die zweite komme friedlich und mit voller Zustimmung der Nachbarn. Daß es auch ein paar gequälte Stimmen gibt, räumt er bereitwillig ein.

Das Gespenst von «Rapallo» dagegen bedrückt ihn nicht: «Ich kann niemanden daran hindern, Unsinn zu kommentieren und schreiben», sagte er am Montagabend in brüsker Kanzlermanier. «Deutschland ist heute nicht mehr ein Teil neben der Gemeinschaft. Der Vertrag, an den wir denken, richtet sich nicht gegen Dritte. Alle Welt wünscht, daß Deutschland und die Sowjetunion gute friedliche Beziehungen eingehen. Wir haben schon einige gute Kapitel in unserer Geschichte. Wenn wir daran anschließen, werden alle Nutzen daraus ziehen.» Jeder, der ihn auf seinem Hürdenlauf zur deutschen Einheit in den letzten Wochen begleitet hat, kennt diesen Gedankengang inzwischen und auch sein Ceterum censeo: «Wir müssen aus der Gunst der Geschichte etwas machen.»

Auf die Energie, mit der am Montagabend auch der Kremlchef den Mantel Gottes ergriff, war zwar niemand gefaßt, doch als die Journalisten auf dem Heimweg daran gingen, die Überraschung zu analysieren, stellte sie sich im Gespräch mit den Beamten in der Begleitung Kohls schnell auch als Kabinettstück hoher Diplomatie heraus – ein Kompliment, das gern gehört wird. Die letzten Monate waren hart.

Wer den Kanzler zum EG-Gipfel nach Dublin (25./26. Juni), zum Nato-Gipfel nach London (5./6. Juli) und zum Weltwirtschaftsgipfel nach Houston (9.–11. Juli) begleitete, erinnerte sich jetzt plötzlich an Monologfetzen, die für sich allein genommen wenig Sinn ergaben und sich erst im Rückblick erklären. So hatte er mehr als einmal sinniert: «Es wäre eine fatale Politik, wenn wir als Land des Westens dem Osten nur unser Hinterteil zukehren würden. Wir müssen die Brückenfunktion wahrnehmen. Es ist ein friedliches Werk für ganz Europa.»

Der «umfassende Vertrag» mit Moskau, den er in Shelesnowodsk ankündigte, beschäftigt den Kanzler schon seit Gorbatschows Bonner Besuch im Juni 1989. Damals gewann er den Eindruck, daß ein solcher Vertrag für den Kremlherren wichtiger sei als alles andere. Im Februar dieses Jahres, bei Kohls Besuch in Moskau – «der Schlüssel zur Einheit» – einigten sich die Deutschen mit den Sowjets auf eine Bestandsaufnahme ihrer Beziehungen. Kohls Marschroute war dabei klar: «Den Schutt der Geschichte abräumen, sich nicht in Dinge verhaken, die nicht zu ändern und nicht zu verhindern sind.»

In einem intensiven Dialog, den er telefonisch mit Gorbatschow führte, in Briefen und über «Zwischenkontakte» und in den Gipfelgesprächen, die er hatte, schälten sich für ihn schließlich drei Problembereiche heraus: erstens die Stärke der sowjetischen Truppen auf dem Territorium der DDR – eine Frage, die er für lösbar hält, sofern darüber ein Abkommen zwischen Bonn und Moskau geschlossen würde, das die Souveränität des «neuen» Deutschland nicht verletzt. Zweitens beschäftigte ihn die Truppenstärke im vereinigten Deutschland. Um keinen Preis wollte er Analogien zum Hunderttausend-Mann-Heer der Reichswehr aufkommen lassen. Die 370 000 Mann, auf die sich Kohl und Gorbatschow am Montag verständigten, lassen den Gedanken jedenfalls nicht mehr aufkommen.

Das dritte Problem betraf die wirtschaftliche Unterstützung. Dafür rührte er auf dem Dubliner Gipfel, in London und in Houston so energisch die Trommel, daß ein britischer Diplomat in Dublin pikiert äußerte: «Die Deutschen benehmen sich wie die Botschafter Gorbatschows persönlich.» Auf der Suche nach Bausteinen für den Einigungsprozeß beeindruckte diese Kritik weder Kohl noch Hans-Dietrich Genscher, aber von großem Erfolg waren ihre Anstrengungen bisher nicht gekrönt. Hinter den Deutschen stehen bisher zwar Frankreich, halbentschieden auch Italien, und die Kommission in Brüssel – Jacques Delors erklärte die Hilfe für die Sowjetunion sogar zum Test für die Politikfähigkeit der Gemeinschaft –, aber auf großzügige Angebote warten die Bonner noch. Der Kanzler läßt sich davon nicht beirren, er hofft auf den Winter. Ein Eckdatum sind die Teilwahlen zum amerikanischen Kongreß am 6. November. Danach hat Präsident Bush wieder Handlungsspielraum. Bis dahin will Gorbatschow auch für die notwendigen Gesetzesänderungen auf dem Weg zur Marktwirtschaft sorgen.

Doch das entscheidende Signal für Gorbatschow kam vom Nato-Gipfel in London. Zaudernde von der «Transformation der Militärbündnisse» zu überzeugen, war auch hier das Ziel von Genschers Diplomaten. «Die Amerikaner haben dabei eine hervorragende Rolle gespielt. Sie sind mit eingestiegen und haben ihre Vorbehalte gegen eine Institutionalisierung des KSZE-Prozesses aufgegeben. Das mußte geschehen, um den Sowjets als Ersatz für die nichtig gewordenen Vier-Mächte-Rechte eine verbriefte Grundlage zur Mitsprache in Europa zu geben.»

Das Nato-Treffen in London war von der britischen Premierministerin Margaret Thatcher «erfunden» worden, um ihre Sorgen über Deutschland in Taten umzusetzen. Am Ende wurde daraus die Botschaft von der «ausgestreckten Hand der Freundschaft und Zusammenarbeit» – ein Leitmotiv, dessen Erfolg sich die deutschen Diplomaten ebenfalls gerne aufs Konto schreiben lassen. Kritikern im Westen war das Signal zu wohlfeil und bescheiden, den Sowjets reichte es dennoch aus, um von einer friedlichen Veränderung der Nato zu sprechen.

Nach den langen Gesprächen, die Hans-Dietrich Genscher mit seinem sowjetischen Kollegen Eduard Schewardnadse in Genf, Brest und zuletzt am 19. Juni in Münster führte, lagen die Probleme alle auf dem Tisch. Jede Seite wußte genau, worüber gesprochen werden mußte. Die Frage war am Ende nur noch, wie die Waagschalen ausbalanciert werden konnten, damit jeder das Notwendige erhielt: Gorbatschow einen starken europäischen Partner, der der Weltmacht aus der Misere helfen kann, und Kohl die volle Souveränität für Deutschland. Klar war außerdem, daß die entscheidenden Verhandlungen erst nach dem Moskauer Parteitag stattfinden konnten. Die Voraussetzungen, die er schuf, waren für die Deutschen ideal. Gorbatschow wirkte bei dem Besuch im Kaukasus auf sie entschlossen wie nie zuvor – wie ein Mann, der alle Brücken hinter sich abgebrochen hatte und zum Durchbruch bereit war. Wie das alles klang? Wie nackter Interessenabgleich in vollem gegenseitigen Vertrauen.

Die Verhandlungsstunden im kaukasischen Jagdhaus – die deutschen Gäste schilderten es als einfach und karg möbliert, den Kanzler erinnerte die Landschaft an Tirol – waren dicht und intensiv. Beim

Abschied nahm sich Kohl vor, zwei Fastentage einzulegen. Er ißt zu viel und zu gern. Aber die Sorge über sein Gewicht war auf dem Heimweg kein Thema mehr. Die Hauptsache war die gewaltige Erleichterung, die die Delegation ergriff. Ohne Schlips, mit offenem Kragen, nur mit dem höchsten Orden der Republik im Knopfloch, stand der Kanzler unter den Journalisten und versuchte, seinen Sieg nicht auszukosten. Er habe Fortune gehabt, aber: «Wir dürfen nicht ruhmgierig sein», warnte er diejenigen, die pathetisch werden wollten – ja, nicht ruhmgierig.

Auf dem Hinweg hatte er noch die Fernsehleute angefrotzelt: «Wir Politiker sind für euch doch ein billiges Programm – eure Show-Stars sind teurer.» Auf der Heimreise wäre das nur noch ein schlechter Witz gewesen, auch deswegen, weil noch niemand weiß, was der Besuch im Kaukasus und seine Folgen am Ende kosten werden. Auch diesmal gab der Kanzler eine Runde Champagner aus, aber «auf ganz Deutschland» – wie der Trinkspruch im Februar auf dem Flug von Moskau nach Bonn noch geheißen hatte – wurde nicht mehr angestoßen. Keine Euphorie, kein nationaler Überschwang: Der Kanzler blieb ein gefaßter Mann.

Gegen ihn wirkte Hans-Dietrich Genscher fast überschwenglich. Als der Außenminister kurz vor der Landung in Bonn aus seiner Schlafkoje kroch und die Journalisten ihn erwartungsvoll anblickten, hob er nur das Glas, strahlte vergnügt und sagte: «Schön, wa?»

28. September 1990

KARL-HEINZ JANSSEN

Keine Läutseligkeit

Jubel, Glockenläuten, Choral ‹Nun danket alle Gott›, Fackelzug, Tagesschau-Titel. 1. November 1976: Ganz Deutschland feiert den Beginn der Wiedervereinigung.» So fängt das Drehbuch einer politischen Fiktion an, die im Herbst 1966 im deutschen Fernsehen gezeigt wurde. Der Publizist Rüdiger Altmann hatte es geschrieben. Beide deutschen Staaten, so das Szenario, hatten sich geeinigt, einen Deutschen Bund zu bilden. Der Einigungsprozeß dauerte zehn Jahre. Noch 24 Jahre mußten die Deutschen in der Wirklichkeit auf die Wiedervereinigung warten. Dann kam sie wie ein Wunder über Nacht, und der Einigungsprozeß dauerte nicht zehn Jahre, sondern nur zwölf Monate.

Was damals als selbstverständlich galt – Jubel, Glocken, Choral –, scheint vielen heute als anachronistisch und deplaziert. Der 3. Oktober soll nach dem Willen des «läutseligen» Einheitskanzlers ein Tag der Freude für alle Deutschen sein. Aber viele spüren gar keine Lust zum Feiern, vornehmlich jene Menschen in der verbleichenden DDR, die von Sorgen um Arbeitsplatz, Einkommen und Rente geplagt werden. Und hierzulande mögen etliche ihre Freude nicht mit den Kohls und Schäubles und Lambsdorffs teilen.

Kanzlerkandidat Lafontaine ist der Nationalstaat, der am Mittwoch aus der Taufe gehoben wird, so verdächtig, daß er lieber beim Provisorium bliebe: die Bundesrepublik als bloße Warte- und Übergangsstation zu den Vereinigten Staaten von Europa. Kühlen Köpfen wie ihm ließe sich mit dem Ostberliner Schriftsteller Lutz Rathenow entgegnen: «Ein Staat weniger sollte für kosmopolitisch eingestellte Leute immer ein Grund zur Freude sein.»

Aber die Deutschen, ganz für sich, haben sich ja längst gefreut – in jener Novembernacht, als die Mauer geöffnet wurde, in jener Woche, als die Trabi-Fahrer mit Kind und Kegel die westdeutschen Städte überfluteten und sich die Dörfer an der Zonengrenze wiedervereinigten, damals im Advent, als das Brandenburger Tor wieder offenstand («Berlin, freue dich») und schließlich zu Silvester in der alten Reichshauptstadt. Was jetzt noch folgt, ist der geschäftsmäßige, rechtliche Vollzug einer de facto schon bestehenden Einheit.

Als Bismarck, mitten im Krieg, das kleindeutsche Reich nach schwierigen Verhandlungen zusammenfügte, hielt sich der Jubel in Grenzen. In den von Preußen annektierten Ländern war der Zorn noch zu groß, und die anderen hatten sich nach dem Schlachtensieg bei Sedan schon heiser geschrien. Selbst die Kaiserproklamation in Versailles brachte die Berliner nicht aus dem Häuschen. «Ein ekelhaft blasiertes, nüchternes Volk», entrüstete sich die württembergische Baronin Spitzemberg, «um sie zu begeistern, muß man ganze Heere und Kaiser fangen.»

Die vereinigten Deutschen haben keine Erfahrung, patriotische Gefühle zu leben. Der Schriftsteller Patrick Süskind berief sich in seiner Freudlosigkeit auf Gustav Heinemann, der bei seinem Amtsantritt als Bundespräsident gesagt habe, er liebe seine Frau, nicht Deutschland. Tatsächlich war es der «Staat», den er nicht liebenswert fand. An seiner Vaterlandsliebe hätte er so wenig rütteln lassen wie die «vaterlandslosen Gesellen» Heine und Tucholsky oder wie Konrad Adenauer, ein Ausbund an Nüchternheit, der seine Memoiren «Meinem Vaterland» widmete. Der britische Historiker Harold James hat dieser Tage ratlosen deutschen Kollegen eine Lektion erteilt: Man brauche die Nation, um die Vergänglichkeit der menschlichen Dinge zu kompensieren.

Nicht Pathos ist angesagt, wohl aber Besinnung und Demut. So wie 1757 die friderizianischen Krieger nach dem unverhofften blutigen Sieg bei Leuthen, so wie 1955 die Menge in Helmstedt nach der Rückkehr der letzten Gefangenen aus Rußland, dürfen die Deutschen auch jetzt, wo Unfaßbares, scheinbar Unmögliches Realität geworden ist, ihrem Gott danken, «der große Dinge tut an uns und allen Enden».

1991

26. September 1991

Thorsten Schmitz

Fremdenhaß in Deutschland

Die braven Bürger von Hoyerswerda

Hoyerswerda, im September

Familie D. aus Bukarest fürchtet sich vor den Deutschen. Die Mutter hat ihren fünf Töchtern verboten, auf die Straße zu gehen. Seit über einer Woche müssen die Mädchen in der Dreißig-Quadratmeter-Wohnung bleiben. Auch Frau D. verläßt nur dann die enge Unterkunft, wenn es unbedingt sein muß. Vor dem Einkaufen im nahegelegenen Stadtzentrum von Hoyerswerda schließt sich ihr Mann mit anderen Bewohnern des Asylbewerberheimes in der Thomas-Müntzer-Straße zusammen. Weil sich viele der siebzig Jugoslawen, Mosambikaner und Türken überhaupt nicht mehr vor die Tür wagen, ist der Einkaufszettel ziemlich lang. Die Telephonnummer der Polizei hält Frau D. stets in ihrer Rocktasche bereit. Wenn die Männer länger ausbleiben als abgesprochen, soll sie um Hilfe rufen.

Es zieht in der Bleibe der rumänischen Familie; die Fensterscheiben wurden zertrümmert, die Löcher nur notdürftig mit Pappe und Holzbrettern abgedichtet. Die dreijährige Tochter leidet seit einer Woche an psychosomatischen Herzschmerzen, wie ein Arzt in Hoyerswerda diagnostiziert hat. Die seit Dienstag voriger Woche immer wieder auflodernden Straßenschlachten rauben den Kindern den Schlaf. Sie sehen blaß aus, haben dunkle Augenringe und wirken verstört. Die 39 Jahre alte Mutter klagt: «Meine Kinder liegen nachts mit offenen

Augen im Bett und weinen.» Sie verstehen nicht, was in ihrer Straße passiert. Und auch ihre Eltern fragen sich voller Angst: «Was haben wir nur getan? Warum wollen uns die Faschisten umbringen? Kommen heute nacht wieder Neo-Nazis?»

In Windeseile hatte sich am Wochenende im Wohnheim das Gerücht verbreitet, Skinheads aus Leipzig und Dresden seien auf dem Weg nach Hoyerswerda. Das Gerücht wurde zur traurigen Wahrheit. Bis in die frühen Morgenstunden hinein lieferten sich etwa 150 Rechtsradikale eine Schlacht mit den Polizeibeamten. Molotowcocktails zerplatzten an der Fassade der Notunterkunft, angetrunkene, vermummte Jugendliche schmissen Pflastersteine und Stahlkugeln. Schlachtrufe und Morddrohungen hallten durch die Thomas-Müntzer-Straße: «Ihr Niggerschweine, verpißt euch! ... Wir bringen euch alle um!»

In ohnmächtiger Angst flohen die Asylbewerber auf das Dach des Wohnheims. Gut 150 Bürger von Hoyerswerda zeigten ganz unverhohlen ihre Sympathie für die Gewalttäter. Sie klatschten jedesmal, wenn eine Scheibe zerbarst oder eine Leuchtrakete das Haus traf. Die Stimmung, sagt Polizeisprecher Wolfgang Kießling am nächsten Tag, hätte zeitweise «Volksfestcharakter» gehabt.

Die bedrängten Asylbewerber baten die Polizei, nach Berlin verlegt zu werden, aber das Landratsamt sperrte sich zunächst gegen diesen Wunsch. Auch die 150 Gastarbeiter aus Mosambik und Vietnam, die seit mehreren Jahren in einem Wohnblock in der Albert-Schweitzer-Straße leben, wollen so schnell wie möglich weg aus Hoyerswerda. Viele von ihnen sollten ohnehin in den nächsten Wochen in ihre Heimatländer zurückfliegen; ihre Arbeitsverträge bei der Lausitzer Braunkohle AG laufen am 3. Oktober aus. Nach den Krawallen wurden nun bereits am vorigen Samstag etwa sechzig mosambikanische Arbeiter in Bussen nach Frankfurt am Main gefahren. Von dort sollten die «Flüchtlinge» dann in ihr Herkunftsland «verbracht» werden, wie es hieß.

Die Aktion sollte eigentlich geheimgehalten werden, erklärt ein Busfahrer. Aber die überstürzte Flucht vor dem Mob hatte sich offenbar herumgesprochen. Die Bürger von Hoyerswerda verfolgen die

Abschiedsszenen. Als die Busse abfahren, schreit ein vielleicht 25 Jahre alter Mann ihnen hinterher: «Wir bringen euch alle um, ihr dreckigen Negerschweine!»

Nach dem Willen des sächsischen Innenministers Rudolf Krause (CDU) sollten die Asylbewerber in Hoyerswerda bleiben. Am vergangenen Wochenende ordnete er an, alle Asylunterkünfte in Sachsen einzuzäunen, «wo immer das möglich ist». Ins Ghetto will er die Ausländer damit nicht sperren. Ihren Schutz kann er aber auch nicht garantieren: «Absolute Sicherheit für die Ausländer gibt es nicht. Die verlassen ja auch das Heim, und dann können wir sie nicht schützen.»

Bei den Krawallen in Sachsen sind bislang 13 Ausländer und Passanten verletzt und 24 «Randalierer» vorläufig festgenommen worden. Das sei «Durchschnitt», meint ein Polizeibeamter. Im Krankenhaus von Hoyerswerda wollen weder die Nachtschwester noch der diensthabende Arzt Auskünfte erteilen über die Art der Verletzungen. Hinter der Hand räumt eine Krankenschwester aber ein: «Inzwischen ist das doch hier normal, daß jede Nacht Verletzte eingeliefert werden.»

Hoyerswerda liegt dreißig Kilometer südlich von Cottbus. 1956 hatte die Stadt nur 7000 Einwohner, heute sind es knapp zehnmal so viele. Die meisten Bürger sind im Braunkohle-Veredelungswerk «Schwarze Pumpe» oder als Kumpel bei der Lausitzer Braunkohle AG beschäftigt; nicht immer freiwillig, denn auch Schwerverbrecher und Kritiker des SED-Regimes wurden zum Außendienst nach Hoyerswerda abgeschoben. Weil Anfang der sechziger Jahre immer mehr Menschen aus allen Teilen des Landes hierher zogen, um zu arbeiten, wurde die Stadt zu einem der größten Wohnungsbauplätze der DDR. In Rekordzeiten wurden Plattenhochhäuser errichtet. «Jede Großplatte, jeder Kubikmeter Beton ist ein Politikum, ist geschaffen, um Menschen Freude zu schaffen», hieß es in einer Propaganda-Schrift der SED. Hoyerswerda galt in den Augen der Mächtigen als Vorzeige-Projekt, in dem Wohnen und Arbeiten vorbildlich miteinander verbunden waren. Entstanden ist allerdings eine Stadt ohne soziale Infrastruktur. Es gibt kein Kino, keine Diskothek; die Kneipen machen um 22 Uhr dicht. Triste Wohnbunker und öde Straßen prägen das Bild der Stadt. Ende der siebziger Jahre wurden zusätzlich Arbeiter aus den «sozialistischen Bruderländern» geholt, vor allem Vietnamesen und Mosambikaner. «Arbeiterintensivhaltungsregale» nennen die Bürger von Hoyerswerda die Betonburgen, in denen auch die Gastarbeiter einquartiert wurden.

Nach dem Fall der Mauer haben sich auch in Hoyerswerda die Zeiten geändert. Die Arbeitslosenquote liegt heute bei sieben Prozent. In den nächsten Wochen will die «Schwarze Pumpe» 5000 Arbeiter entlassen. Immer mehr Einwohner leben von Sozial- oder Arbeitslosenhilfe, viele Jugendliche finden nach der Lehre keinen Job.

Warum in Hoyerswerda seit anderthalb Wochen eine «Menschenjagd» (*Hoyerswerdaer Wochenblatt*) stattfindet, dafür haben die verantwortlichen Politiker Erklärungen parat, die bei den Einheimischen ungeteilte Zustimmung finden. Innenminister Krause erklärte, es gebe nicht nur «Fehlverhalten» von Bürgern und «Übergriffe» von Rechtsradikalen. «Es gibt auch Asylbewerber, die sich in ihren Unterkünften und in dem Umfeld nicht so verhalten, wie es zum normalen Umgang und zum Kulturniveau hier gehört.»

Vorurteile gegen Ausländer hat es auch schon zu SED-Zeiten gegeben. Aber erst seit den brutalen Überfällen der Skinheads machen auch «normale» Bürger ihren aufgestauten Aggressionen Luft. «Die Neger kriegen doch Zucker in den Arsch geblasen», erregt sich eine Angestellte. Erst wenn «der letzte Ausländer» Hoyerswerda verlassen habe, werde wieder Ruhe einkehren in «unserer deutschen» Stadt. Die Frau «kann einfach nicht verstehen, was die Ausländer hier sollen: Ich gehe ja auch nicht nach Mosambik, um da zu arbeiten.» Die Überfälle auf die Fremden heißt sie gut: «Die sollen merken, daß wir sie hier nicht haben wollen.» Ein etwa vierzig Jahre alter Mann, der die Straßenschlacht vor dem Gastarbeiter-Wohnheim aus sicherer Distanz verfolgt, feuert die Rechtsradikalen an. «Die nehmen uns Arbeit und Wohnungen weg», erklärt er seine Ressentiments gegen die Ausländer. Und die jungen Frauen würden «von den Negern mit Aids infiziert».

Die rechten Schläger, die am Samstag nachmittag die Thomas-Müntzer-Straße belagern, können einen «Teilerfolg» verbuchen: In Fahrzeugen aus dem alten Fuhrpark der Nationalen Volksarmee werden zwischen zwanzig und dreißig Kinder und Mütter aus dem Asylbewerberheim an einen unbekannten Ort gebracht. Auch Frau D. aus Bukarest steigt mit ihren Töchtern in einen Kübelwagen. Ihre Kinder sind völlig verwirrt, heulen und schreien. Ein Pfarrer verweigert jede Auskunft darüber, wer den Transport organisiert hat und wo die Frauen und Kinder hingefahren werden. Er schreit nur: «Wenn Sie nicht so einen Medienrummel machen würden, wäre es erst gar nicht soweit gekommen.»

1992

29. Mai 1992

Nikolaus Piper

Last mit dem Ausgleich

Es hätte ein «Entlastungsangriff» in Sachen nationaler Solidarität werden sollen. So jedenfalls verstanden die Berater Richard von Weizsäckers dessen dreiviertelstündiges Interview im ZDF vom Mittwoch voriger Woche. Der Appell des Bundespräsidenten für einen «wahren Lastenausgleich» im vereinten Deutschland bewirkte zumindest zwei Dinge: Es wird wieder über deutsch-deutsche Solidarität diskutiert. Und die großen Differenzen zwischen Staatsoberhaupt und Bundesregierung in Grundsatzfragen der Politik sind erneut offen zutage getreten.

Genau wie beim ersten Lastenausgleich 1952, so der Vorschlag des Präsidenten, sollen die Westdeutschen einen Teil ihrer Vermögenserträge – nicht des Vermögens selbst – abgeben, um ein «zweites Wirtschaftswunder» im Osten möglich zu machen. Kernsatz des Interviews: «Das heißt, das man nicht primär durch höhere Steuern oder durch eingefrorene Löhne und Gehälter, sondern insbesondere aus den Vermögenserträgen – auch aus den privaten Vermögen – und nicht nur aus dem Bundeshaushalt einen erheblichen Beitrag leistet für Investitionen etwa in der Bauwirtschaft, im Wohnungsbau und bei Existenzgründungen, aber auch um Ausgleichsleistungen für die Erwerbsunfähigen zahlen zu können.»

Die Reaktion aus dem Regierungslager kam schnell und war dafür, daß sie sich gegen das Staatsoberhaupt richtet, ziemlich deutlich. Bundesfinanzminister Theo Waigel warnte vor einer drohenden Kapitalflucht, der FDP-Vorsitzende Otto Graf Lambsdorff meinte, der Vorschlag sei «sicherlich wohlgemeint, aber ökonomisch nicht praktikabel». Auch der Vorsitzende des Sachverständigenrates der «Fünf Weisen», Herbert Hax, wandte sich ebenso wie sein Vorgänger Hans Karl Schneider gegen Weizsäcker.

Aber es gab auch Unterstützung. Etwa von der SPD-Finanzexpertin Ingrid Matthäus-Maier – kein Wunder, sie hatte schon im August vorigen Jahres gefordert, die Einheit müsse «nach dem Gedanken des Lastenausgleichs» finanziert werden. Beistand kam ebenfalls von Arbeitsminister Norbert Blüm und von Helmut Kohls Stellvertreterin im CDU-Vorsitz, Angela Merkel. Und die Grünen hatten schon im März einen «Lastenausgleich Deutsche Einheit» gefordert.

Das Thema Lastenausgleich polarisierte erneut die beiden ideologischen Lager, in die Deutschland beim Streit um die Einigungskosten zerfallen ist. Auf der einen Seite die westdeutsche Wirtschaft und die Mehrheit von CDU, CSU und FDP; weil der Schlüssel zum Aufschwung Ost die Privatinvestitionen sind, sollen die Unternehmen weitgehend entlastet werden: durch niedrige Lohnabschlüsse, Verzicht auf Steuererhöhungen oder auch durch eher skurrile Maßnahmen wie den Verzicht auf einen Urlaubstag – so vorgeschlagen vom Vorsitzenden des Bundestags-Wirtschaftsausschusses, Friedhelm Ost (CDU).

Die Gegenseite sammelt sich unter der Losung «Die Teilung durch Teilen überwinden», die der damalige DDR-Ministerpräsident Lothar de Maizière im April 1990 formulierte und die im Westen vor allem der Bundespräsident aufnahm. In diesem Lager finden sich neben Sozialdemokraten und Grünen vor allem ostdeutsche CDU-Politiker. Deren Argumentation bündelte Weizsäcker nun höchst wirksam in dem Wort «Lastenausgleich».

Einen ganz ähnlichen Streit gab es schon einmal – während der Debatten um das erste Lastenausgleichsgesetz 1952. Damals war es unstrittig, daß die durch Bomben, Vertreibung und Währungsreform Geschädigten einen Ausgleich erhalten sollten. Bereits 1949 hatte der Bundestag daher ein Soforthilfegesetz beschlossen. Doch beim Wie des endgültigen Lastenausgleichs gingen die Meinungen weit auseinander. Vor allem Unternehmer, CDU und FDP verfochten das Konzept der «quotalen Restitution». In Anlehnung an das Konkursrecht sollten jene, die ihr Vermögen verloren hatten, einen Teil von denen zurückerhalten, denen der Zufall einen solchen Verlust erspart hatte. Wobei die Quoten vermutlich sehr klein geblieben wären, hätten die Politiker der jungen Bundesrepublik nicht Angst gehabt, daß die Vertriebenen ins rechtsextreme Lager abdriften könnten.

Die Gegenfraktion – hauptsächlich Sozialdemokraten – forderte dagegen einen sozialen Ausgleich für alle Kriegs- und Vertreibungsopfer, eine «Lebenslagen-Restitution», wie es der SPD-nahe Kölner Wirtschaftsprofessor Gerhard Weisser formulierte.

Das am 14. August 1952 in Kraft getretene Lastenausgleichsgesetz (LAG) ist ein Kompromiß beider Positionen. Vermögensverluste wurden zu einem Teil individuell über die sogenannte «Hauptentschädigung» ausgeglichen (28,6 Milliarden Mark). Den weitaus größten Teil seiner Mittel (bis heute 138,6 Milliarden Mark) zahlte das Bundesausgleichsamt in Bad Homburg aber für andere Zwecke: Renten für Erwerbsunfähige, Existenzgründer-, Wohnungsbau- und Arbeitsplatzdarlehen, Hausratsentschädigung, Ausbildungshilfen, Bau von Altersheimen, Lehrlingsheimen und Internaten.

Das Geld wurde hauptsächlich über eine Abgabe von fünfzig Prozent auf alle Vermögen aufgebracht. Diese Schuld wurde verzinst und mußte binnen 27 Jahren abgetragen werden. Wer zum Beispiel 1948 ein Vermögen von 100 000 Mark besaß, mußte von 1952 bis 1979 einmal im Vierteljahr 600 Mark bezahlen. Der Zahlungsmodus und der Boom der fünfziger Jahre führten dazu, daß die Vermögenden die Abgabe meist spielend aus der Rendite bezahlen konnten. Jedenfalls brachten die Vermögensbesitzer auf diese Weise anfangs jährlich rund zwei Prozent des Bruttosozialprodukts auf.

Legt man diesen Maßstab an das heutige Sozialprodukt Westdeutschlands von 2,6 Billionen Mark an, so wären dies 52 Milliarden Mark – genug, um den Finanztransfer nach Ostdeutschland um ein Viertel aufzustocken. Und die Westdeutschen könnten es sich leisten: Ihre Vermögen haben sich seit 1948 verfünffacht. Die Geldvermögen werden in diesem Jahr auf 3,1 Billionen Mark geschätzt. Im Laufe dieses Jahrzehnts werden Westdeutsche vermutlich allein eine Billion Mark erben.

Von der Größenordnung her ist Weizsäckers Vorschlag also durchaus ernst zu nehmen. Aber auch Grundsätzliches spricht für ihn. Betrachtet man, wie der Präsident, die vierzig Jahre DDR im Kern als eine Folge des Zweiten Weltkriegs, so ist es nur konsequent, die Ostdeutschen heute ähnlich zu behandeln wie die Heimatvertriebenen, die sich nach 1949 eine neue Existenz aufbauen mußten. Im Sinne der «Lebenslagen-Restitution» könnte eine Vermögensabgabe also durchaus zum Beispiel für den sozialen Wohnungsbau in Ostdeutschland verwendet werden, woran Weizsäcker bei der Vorbereitung seines Interviews angeblich vor allem dachte.

Trotzdem gibt es eine Reihe ernstzunehmender Bedenken gegen diese Form des Lastenausgleichs. Meinhard Miegel, Direktor des Instituts für Wirtschaft und Gesellschaft (IWG) in Bad Godesberg, sagt: «Es wäre zwar schon sinnvoll, bei der Finanzierung der deutschen Einheit mehr auf die Vermögen statt auf die Erwerbseinkommen zurückzugreifen. Aber dann würde man sofort mit dem Problem der extremen Ungleichbehandlung der verschiedenen Vermögensarten konfrontiert, und die ist so schnell nicht zu beheben.»

Geldvermögen sind, falls der Staat die Banken zu Kontrollmitteilungen verpflichtet, relativ leicht zu erfassen. Ganz anders Häuser und Grundstücke. Immobilien werden steuerlich nach dem Einheitswert erfaßt, und der macht meist nur einen Bruchteil des tatsächlichen Verkehrswertes aus. Selbst wenn die Abgabe auf alle Vermögenden ausgedehnt würde, wären die Hausbesitzer also viel besser gestellt als die Geldsparer.

Es gibt noch mehr Probleme: Anders als 1952 besitzen heute die meisten Normalbürger Vermögen; der Widerstand wäre also viel breiter als damals. Zudem sind Ersparnisse, besonders bei Selbständigen, oft als Alterssicherung unverzichtbar. Und schließlich ist die Bundesrepublik heute ein Land mit freiem Kapitalverkehr; anders als 1952 können die Anleger ihr Geld also ins Ausland bringen, wenn die Erträge zu gering werden. Es ist daher durchaus möglich, daß der Staat dann das Kapital mit höheren Zinsen im Land halten müßte und so für eine Vermögensabgabe mit einem teureren Schuldendienst büßen müßte.

Vor diesem Hintergrund birgt eine Vermögensabgabe einige erhebliche Risiken. Sie ist allerdings allemal besser als der bisherige Kurs – nämlich die Einheit auf Pump zu finanzieren.

Ganz unabhängig davon werden jedoch schon bald zahlreiche Deutsche eine Vermögensabgabe anderer Art bezahlen müssen. Das Finanzministerium arbeitet zur Zeit am Entwurf für ein Entschädigungsgesetz zugunsten ehemaliger DDR-Eigentümer, die ihr Vermögen nicht zurückerhalten. Diese Entschädigungen sollen über eine Vermögensabgabe finanziert werden: Wer sein Immobilien-Eigentum im Osten zurückerhält, muß dreißig Prozent des pauschal ermittelten Verkehrswertes bezahlen. Alle anderen ostdeutschen Grundbesitzer – mit Ausnahme der Eigenheimer – sollen eine Abgabe von siebzehn Prozent leisten.

Diese Pläne dürften so massive Proteste hervorrufen, daß die Bundesregierung keine Lust mehr haben wird, eine große – und finanziell viel ergiebigere – Vermögensabgabe einzuführen.

28. August 1992

ROBERT LEICHT

Anschlag auf die Republik

Da streitet sich die Republik seit Wochen über die Frage, ob die Deutschen nicht demnächst militärisch dazu beitragen müßten, allüberall in der Welt Frieden zu schaffen. Doch gleichzeitig zeigt es sich: Unsere Politiker und unsere Polizeibeamten sind offenbar noch nicht einmal imstande, im eigenen Lande den Frieden zu wahren. Die Krawallnächte von Rostock, die Verhöhnung von Recht und Ordnung vor laufenden Fernsehkameras, die Kapitulation des Staates vor den Rechtsterroristen, ein Abgrund von Landfriedensbruch – dies alles beweist nur eines: Wir haben viel vor der eigenen Tür zu kehren, bevor wir andere Mores lehren könnten.

Von Hoyerswerda nach Rostock: Haben wir in den elf Monaten seither nichts begriffen? Warum wurden damals nicht die richtigen Konsequenzen gezogen? Wie kann man heute wahrheitsgemäß über die politischen Hintergründe reden, ohne klammheimlich dem im Lande frei vagabundierenden rechten Terror-Mob und seinem klatschenden Anhang an Ort und Stelle auch noch Verständnis nachzuliefern?

Auf keinen Fall dürfen wir zulassen, daß die Zusammenhänge auf den Kopf gestellt werden. Klar muß sein: Es geht hier nicht in erster Linie um das Asylrecht, sondern um den Terrorismus von rechts. Wenn der Rechtsstaat erst einmal außerstande ist, das wilde Wuchern der Gewalt zu unterbinden, kommt es auf die Vorwände der Verbrecher gar nicht mehr an. Heute die Asylbewerber, morgen die anderen: Falls man die Neonazis erst einmal gewähren läßt, werden sie um beliebige weitere Anlässe nicht verlegen sein. Deshalb ist der Angriff auf die Menschen und Häuser in Rostock zugleich ein Anschlag auf die Republik.

Und deshalb wiegen das Versagen des Schweriner Innenministers, des Rostocker Polizeichefs und das tumb-dreiste Gerede des Ministerpräsidenten Seite so schwer. Obwohl sie seit Tagen vorgewarnt waren, obwohl die Krawalle schon Nächte lang währten, haben sie nicht mehr zustande gebracht als unverständliche Stümperei und stümperhaftes Verständnis für die Militanz. Gewiß, die aus der Diktatur in die Demokratie entlassene Polizei im Osten hat es schwer. Aber fällt es denn ihren dienstlichen und politischen Vorgesetzten so schwer zu begreifen, daß der Terror unter gar keinen Umständen siegen darf? Und wenn sie schon so übereifrig Verständnis für die Täter und ihre Claque hegen, hätten sie dann nicht viel früher erkennen können, was auf dem Spiele steht?

Von Rostock nach Hoyerswerda: Der Rückblick legt ein erschrekkendes Politikversagen offen. Denn so notwendig es ist, daß Gewalt ohne Rücksicht auf ihre vorgeschobenen Motive rigoros unterbunden werden muß, so sehr trifft auch dies zu: Wer vorbeugen will, muß die Vorwände eingrenzen. Schon damals war zum Beispiel klar, daß man den von Nöten und Ängsten geschüttelten neuen Bundesländern nicht dieselbe Quote von Asylbewerbern zuweisen durfte wie dem Westen der Republik. Doch Einigungsvertrag bleibt Einigungsvertrag – gerade so, als wollte man die Krise willentlich heranreifen lassen.

Aber haben nicht CDU und CSU unablässig gefordert, das im Grundgesetz geschützte Asylrecht im ganzen Deutschland zu beschneiden? Und dreht nicht die SPD gerade in diesen Tagen bei – was sie, wenn schon, denn schon vor Jahren viel billiger hätte haben können? Die Wahrheit freilich ist bitter und wird noch bitterer werden. Die Asyldebatte sollte im Machtkampf den Konservativen dienen – hat ihnen aber nur geschadet und allein den Rechtsextremen genutzt. Auch das jüngste Einknicken der SPD geschieht, getarnt unter tausend windigen Kautelen, aus flauem Opportunismus – und wird sich als grandioses Manöver der Selbsttäuschung wie der Wählertäuschung entpuppen.

Denn richtig ist zwar: Verglichen mit dem Vorjahr hat sich die Zahl der Asylbewerber verdoppelt, von 112828 auf 233904 in den ersten sieben Monaten. Nach wie vor aber werden im ersten Anlauf nur etwas mehr als vier Prozent von ihnen anerkannt. Der erdrückenden Überzahl der unberechtigten Anträge gilt es energisch zu wehren.

Aber falsch ist die Behauptung, dazu bedürfe es in erster Linie einer Verfassungsänderung. Was wollen wir denn tun, wenn diese Illusion erst einmal vor aller Augen geplatzt ist?

In der Woche nach Hoyerswerda hatten sich die Bonner Politiker zu einem Allparteiengespräch getroffen. Damals wollten sie sich auf ein praktisches Programm gegen den Asylmißbrauch verständigen; alles, was auch ohne Verfassungsänderung möglich ist, sollte schnell ins Werk gesetzt werden. Es spricht für den sittlichen Ernst unserer politischen Klasse, daß dieses Programm bis auf den heutigen Tag noch nicht in Kraft gesetzt ist; erst zur Jahreswende soll es wirksam werden.

Anderes war eben taktisch wichtiger gewesen. Die Union wollte lieber die Verfassung als die Praxis ändern, wollte – trotz einer scharfen Verwarnung durch den Bundespräsidenten – ihr populistisches Pulver für den Landtags-Wahlkampf im Norden und Süden trocken halten; mit der bekannten Folge, daß der Schuß nach hinten losging. Einige SPD-regierte Länder weigerten sich seinerzeit, den ursprünglichen Kompromiß zu vollziehen. Damals wollten sie den finanziellen Druck an den Bund weitergeben. Jetzt stehen sie statt dessen unter dem politischen Druck ihrer eigenen Bürgermeister. Allzu schlau hat lange Ohren.

Seit Jahren streiten wir rein symbolisch, rein taktisch und mit verheerenden Folgen für das politische Klima im Lande um den Artikel 16 des Grundgesetzes. Statt dessen hätten zum Beispiel längst jene 2400 Beamten nach Zirndorf geschickt werden müssen, die man dort braucht, damit die Asylanträge endlich schnell bearbeitet werden können. Denn nicht die Verfassungsänderung auf dem Papier wehrt dem Mißbrauch, sondern allein die praktische Gewißheit für die Schlepper wie die unberechtigten Antragsteller: Wer durch die Hintertür herein will, fliegt auf der Stelle wieder hinaus. Aber so ist das eben in der Politik: Gelöste Probleme kann man dem Gegner leider nicht mehr um die Ohren hauen.

Das ist die bohrende Frage, die – fast ein Jahr nach Hoyerswerda – sich nun in Rostock um so vieles beklemmender stellt: Auf welche Weise eigentlich wollen unsere Politiker der Gewalt von rechts so massiv entgegentreten, wie sie es nach links doch stets gefordert hatten, solange sie den Kampf gegeneinander immer noch wichtiger nehmen als die praktische Auseinandersetzung mit den realen Problemen? Unterdessen wächst die Politikverachtung und verdichtet sich das Netz der rechtsterroristischen Reisekader von Mal zu Mal. Bis es dann ganz unabhängig wird von irgendwelchen Vorwänden.

30. Oktober 1992

GUNTER HOFMANN

Berlin schreckt

Den Feiertagen zum Einzug in das neue Bonner Parlament ging der Trauerakt im Berliner Reichstag voraus, der Abschied von Willy Brandt an dem Ort, den er sich gewünscht hatte. Vor Augen hat man damit die beiden Pole, die sich noch einige Zeit gegenüberstehen werden: das Transitorium Bonn und das Endgültige in Berlin.

Wenn man Günter Behnischs lichte Demokratiehalle, die ausdrücklich zu keinerlei raschen Identifikationen einlädt, auch nur einigermaßen ernst nimmt, muß man auch den Gedanken zu Ende denken, wie sich das Parlament im Berliner Bundesreichstag ausnehmen wird. Die Wettbewerbseingaben der Architekten werden gerade gesichtet.

Zunächst einmal ist die Vorstellung, die überaus transparente Mitte (in Bonn) zugunsten des Reichstags (in Berlin) aufzugeben, der innen neu gestaltet, aber außen erhalten bleiben soll, ein ziemlicher Schock.

Da prallt Unvereinbares hart aufeinander. Der unprätentiöse Bau Behnischs ist das genaue Gegenteil dessen, wofür der Wallotsche Reichstag in seiner ganzen Massivität steht, mit oder ohne Riesenkuppel. Auch keine äußerliche Geschichtscollage könnte das Monument so auflösen, daß sich dieser Eindruck verflüchtigt. Vor Augen hat man auf den ersten Blick eine gewaltige kulturelle Differenz, wenn man den Tatort der Politik, Bundestag und Reichstag, gegeneinander hält.

Gewiß muß man die Symbolwirkung nicht überbewerten. In dem Augenblick aber, in dem die Abgeordneten vom Wasserwerk hinüberziehen in Behnischs unordentliche Übersichtlichkeit, wird offenbar, wieviel in den vergangenen zwei Jahren versäumt oder falsch gemacht worden ist. Es war eben ein großer Fehler, daß über den Reichstag als Sitz des Parlaments fast ohne wirklich offene Debatte entschieden worden ist.

Wenn man aber meint, der Neubau drücke das gewachsene demokratische Selbstverständnis der Republik auf außergewöhnliche Weise aus, kann man sich nicht vorstellen, wie das ohne Folgen für die Reichstag-Debatte bleiben sollte. Mehr noch: Es wirkt einfach nicht ehrlich, wenn dieselben Bauherren, die das Bonner Parlament als grandiose Bühne der Demokratie preisen, es zugleich auch schon wieder abwickeln mit der Bemerkung, der Saal tauge auch vorzüglich für Vorlesungen.

Es war falsch, den Gedanken nicht weiter zu verfolgen, daß Deutschland vorerst zwei Hauptstädte hat – obwohl es de facto so ist –, und diese Zweiheit im integrativen Sinne zu nutzen. Berlin hätte sofort und also provisorisch zum Ort des Parlaments bestimmt werden können. Dann säßen die Abgeordneten bereits im Reichstag, und den Bauherren bliebe genügend Zeit, über Ort und Gesicht des Parlaments zu streiten.

So aber hat sich der Gedanke, daß das Parlament das vereinte Deutschland repräsentieren werde, in das künftige Berlin verlagert. Die Abgeordneten ließen die Gelegenheit verstreichen, das Parlament dort, wo es ist, zu ihrem eigenen Haus zu machen. Gerade für die Abgeordneten aus dem Osten gilt, daß sie damit das Parlament (bis heute das Wasserwerk) gar nicht richtig besetzt haben. Sie wirken immer noch allzuoft wie schweigende, verwunderte Fremdlinge.

Der neue Bundestag ist seit zwanzig Jahren mehr gewachsen als wirklich geplant worden. Es handelt sich um einen gebauten «Prozeß». Nun kann man dem Bundestag / Reichstag in Berlin nicht wünschen, gleichfalls zwanzig Jahre zu wachsen. Aber daß Demokratie etwas damit zu tun hat, möglichst viele mitreden und teilnehmen zu lassen, auch etwas reifen zu lassen und das Chaos allmählich zu ordnen, müßte gleichwohl bedacht werden.

Davor steht die Angst in Berlin, es könne alles noch einmal umgedreht werden. Bonn-Funktionäre und, wie der *Spiegel* kolportierte, inzwischen auch Helmut Kohl, befördern noch dieses Trauma. Also möchten die Berliner Politiker Fakten schaffen. Deshalb verzichteten sie schon auf einen zeitraubenden städtebaulichen Ideenwettbewerb. In hohem Tempo müssen nun die vielen hundert Wettbewerbsbeiträge (für Reichstag und Spreebogen, wo das Kanzleramt entsteht) gesichtet werden. Zeit möchten auch die Bonner sparen. Das FDP-Bauministerium überträgt einer privaten Trägergesellschaft anstelle der Bundesbaudirektion die Regie beim Reichstagsumbau. Auch das Stadtforum in Berlin, das den Planungsprozeß öffentlich begleitet, erscheint immer mehr als bloßer Zierat am Rande.

Wenn man aber die These ernst nimmt, eine Hauptstadt müsse wachsen und könnte nicht unter Druck «geplant» werden, landet man schnell bei der Warnung des Städteplaners und Architekten Rem Koolhaas (*Lettre*, Nr. 18), die Stadt Berlin, dieser Junkie, sei umgestiegen vom Heroin des Geldes auf Methadon – «dem Faszinosum, Hauptstadt zu sein», Berlin lasse sich keine Zeit, meint Koolhaas. Die Idee von Zentralität, die wieder aufkomme, werde in sich zusammenfallen. Berlin werde wahrscheinlich «eine Potemkinsche Stadt – die erste Stadt, die tatsächlich gebaut wird, aber eine Potemkin-Stadt bleibt».

In diesem Sinne ist auch der Bonner Bundestagsneubau eine Mahnung für den Reichstag in Berlin. Das Parlament, das einmal dort arbeiten soll, ist aus vielerlei Gründen an den Rand gerückt, die Parlamentarier stehen, wie die Politik überhaupt, in Mißkredit. Dazu tragen strukturelle Gewichtsverlagerungen in modernen Demokratien bei, aber auch die Dominanz der Parteien oder der Bürokratie und das Fehlen einer breiten, liberalen Öffentlichkeit, die das Unterfutter abgäbe für einen lebendigen Parlamentarismus.

Das ist alles richtig, aber dennoch kein Einwand dagegen, mit dem Umzug vom alten Wasserwerk in die neue Werkstatt eine Spur von Neuanfang in den Parlamentsalltag zu tragen. Trotz des gesammelten Pauschal-Unmuts über die Politiker werden die demokratischen Institutionen ja nicht in Frage gestellt. Es gibt keinen außerparlamentarischen Protest, der dem Parlament seine demokratische Kompetenz abspräche.

Allerdings ist eben die Chance nach der Vereinigung, den Bundestag stärker zum Ort der Politik zu machen, an dem man sucht, orientiert und nachdenkt, nicht wirklich genutzt worden. Es gelang auch nicht, wenigstens hier die starren Politikfronten aufzulösen in einem großen kontroversen Gespräch. Wenn schon die Exekutive nicht zu einer Politik des runden Tisches (der kein Harmonieunternehmen gewesen wäre) bereit war, hätte das Parlament davon etwas aufnehmen können. Vielleicht gelingt das jetzt, im Kreis?

Ein demokratischer Bau garantiert keine demokratischen Inhalte, eine kreisrunde Sitzanordnung bürgt nicht für ein offenes Gespräch. Aber eine kleine Vorgabe steckt dennoch darin. Man muß sie nur nutzen wollen.

Das aber gilt trotz der Einwände, die naheliegen, daß nämlich das Parlament in Bonn immer mehr zum arbeitsteiligen, ausdifferenzierten Dienstleistungsunternehmen geworden sei, zum reinen Arbeitsparlament. Nicht zufällig sind die vielen Abgeordneten-Spezialisten, die sich hier tummeln, stolz auf Kenntnisse, Einfluß und Leistung und schauen ein bißchen ironisch auf die palaver-verliebten Generalisten herab.

Der neue Plenarsaal liefert zu dem, was sich praktisch entwickelt hat, fast ein Kontrastmodell. Er zwingt – wenn er richtig genutzt wird – zur Aussprache in großen Fragen, vielleicht sogar zu einem Stück Selbstreflexion. An dieser Stelle könnte man sich durchaus eine Debatte darüber vorstellen, weshalb das Parlament nicht mehr eine souveräne, autonome Instanz der Politik ist und auch nicht mehr werden kann.

Wenn in Behnischs Parlament die Generaldebatten stattfänden, ließe sich das Wasserwerk als «kleines Plenum» nutzen, in dem Fachdebatten im Stil von öffentlichen Ausschußberatungen stattfinden. Sie sind ein Hauptteil des Parlamentsalltags. Diese Idee, über die nachgedacht wird, hätte im übrigen den Vorteil, daß die Minidebatten dann nicht vor leeren Reihen in dem Maxisaal stattfänden. Es müßte dem Parlament doch möglich sein, ein Stück von der zerfaserten Debatte in der Öffentlichkeit zurückzuholen unter das matte Glasdach. Warum denn nicht ein bißchen mehr Demokratie wagen?

Gerade die Vorzüge, Offenheit und Pluralität, werden nun allerdings auch von klugen Beobachtern dem Bauwerk angekreidet. Vermißt wird jeder Anflug von Geschichtlichkeit. Das rein Transitorische der alten Bundesrepublik, das sich hier darstelle, biete wider Willen das ideale Sprungbrett für den Umzug nach Berlin.

Nur hat das Parlament geschichtliche Formen, die allerdings ganz anders zu lesen und auch von anderer Art sind als die Geschichtlichkeit eines Reichstags. Es steckt Geschichte der Westrepublik darin. In dem Sinne erscheint gerade der Umstand, daß man nicht mit Sinnstiftung und Identitätszumutungen bombardiert wird, als der ganz große Gewinn. So besehen, steht der Reichstag, ob es seiner Geschichte gerecht wird oder nicht, nun erst recht für ein Zurück in die andere Geschichtlichkeit oder ins rein Nationalpolitische. Wenn aber erst einmal der neue «Zeitgeist», ein nationales Wir-sind-wieder-Wer, und der alte Reichstag zusammentreffen, bleibt nur noch, auf Architekten vom Schlage eines Günter Behnisch zu hoffen, die dem couragiert widersprechen.

Und man muß auf ein Parlament setzen, das wacher und selbstbewußter wird, sich ernst nimmt und sich vergegenwärtigt, daß der Neubau Erwartungen weckt, denen der Alltag noch folgen müßte. In Bonn wie in Berlin.

1993

9. April 1993

KARL-HEINZ JANSSEN

Blei in der Luft

Zum erstenmal seit 1945 will eine deutsche Regierung wieder in einen Krieg eingreifen. Die Offiziere in den Awacs-Maschinen sind nur der Anfang, morgen sollen «Blauhelme» losgeschickt werden, übermorgen – wenn es nach dem Willen der CDU / CSU und der Bundeswehrführung ginge – auch Kampftruppen. All das unter der Tarnkappe «humanitärer Operationen».

Völkerrechtler führen den Begriff der «humanitären Intervention», mit dem in Somalia und in Bosnien gespielt wird, auf die Zeit der Kreuzzüge zurück. Kein Historiker würde bestreiten, daß es sich damals um Kriege handelte. Für Generalinspekteur Klaus Naumann sind denn auch humanitäre Einsätze und militärische Einsätze ein und dasselbe. Niemand in Bonn scheint es mehr zu stören, daß dieses Mehrzweckwort «Einsatz» aus dem «Wörterbuch des Unmenschen» stammt.

Bei ihrem letzten Einsatz auf dem Balkan hat die deutsche Wehrmacht blutige Spuren hinterlassen. Allein deshalb geböte die Vernunft den Deutschen, sich militärisch nicht einzumischen. Doch Bundesaußenminister Klaus Kinkel entnimmt der schrecklichen Nazi-Vergangenheit den Auftrag einer besonderen Verantwortung, «an der Wiederherstellung von Frieden, Gewaltlosigkeit und Menschenrechten mitzuwirken».

Als ehrlos, verachtenswert, als feige Pfeffersäcke müssen sich jene Deutschen beschimpfen lassen, die lieber die Offiziere aus den Awacs-

Maschinen abziehen als die Verfassung brechen wollen. In der bewährten Manier Adenauers, der mit dem Rückzug der Amerikaner aus Europa drohte, sobald die Opposition in Sachen Wiederbewaffnung nicht kuschen wollte, malen auch heute Regierungspolitiker und ihre militärischen Berater Schreckensbilder an die Wand: Verteidigungsminister Volker Rühe sieht ohne unseren Wehrbeitrag die Großmacht Deutschland zur «politischen Randgröße» verkümmern. Noch schriller tönt es aus dem Munde seines Generalinspekteurs: Die Bundesrepublik verspiele ihren Ruf als glaubwürdiger, berechenbarer Bündnispartner; unser Ansehen im Bündnis schwinde «beinahe von Tag zu Tag». Es ist für die deutschen Nato-Offiziere in Brüssel scheinbar unerträglich, wenn ihre alliierten Kameraden sie zu den Einsatzplanungen für den Balkan gar nicht mehr hinzuziehen.

Den wackren Schwaben Kinkel ficht anderes an: Er schämt sich, wenn bei Sitzungen der europäischen Außenminister eine Gedenkminute für gefallene UN-Soldaten eingelegt wird: «Die fairen, aber fragenden Blicke meiner Kollegen kann jedenfalls ich nicht vergessen.» Wäre zu fragen, ob er auch die Blicke einer Mutter aushielte, wenn eines Tages auf dem Rhein-Main-Flughafen der erste schwarzrotgolden verhängte Zinksarg eines deutschen UN-Soldaten ankäme.

Denn darauf läuft alles hinaus: Wehrpflichtige deutsche Soldaten, die gelobt haben, das Vaterland zu verteidigen, sollen sich «draußen im Felde», wie General Naumann zu sagen pflegt, also außerhalb des Nato-Bereichs, der Gefahr des Todes aussetzen. Man sollte ernst nehmen, was der Oberbefehlshaber der alliierten Streitkräfte Europa Mitte, General Henning von Ondarza, sagt: «Auch ‹Blauhelm›-Einsätze können schnell in Kampfeinsätze übergehen.» Eben wegen des fließenden Übergangs von Frieden *bewahrenden* «Blauhelm-Einsätzen» zu Frieden *erzwingenden* «Kampfeinsätzen» hat sich die CDU/CSU unzweideutig auf beide Varianten festgelegt.

Unsere Armee, die Kriege *verhindern* soll, mausert sich zu einer Armee, die Kriege *führen* soll, sei es im Auftrag der Uno oder regionaler Organisationen. Darum plant die Bundeswehr eine «kriegsnahe» Ausbildung. Was das bedeutet, hat General Naumann jüngst im

Tagesspiegel kundgetan: In alliierten Berufsarmeen üben Einheiten, ehe sie intervenieren, sechs bis acht Wochen «in scharfem Schuß».

Wie immer, wenn Blei in der Luft ist, blasen deutsche Professoren die Trompete. Historiker wollen uns die Angst vor der Macht austreiben. Politologen werfen der politischen Klasse der Bundesrepublik vor, sie habe den Krieg als außenpolitisches Instrument tabuisiert, und beklagen die «illusionäre, moralisierend-pazifistische Grundhaltung» der Bevölkerung. Aus der wilhelminischen Requisitenkammer haben sie auch jene Worte hervorgekramt, die einst in die Kanonen des preußischen Königs eingeritzt wurden: «ultima ratio», das letzte Mittel. Und Kinkel greift es behende auf: Gegen die neuen nationalistischen Regionalkonflikte empfiehlt er militärische Gewalt, «wenn es gar nicht anders geht».

Das ist die Remilitarisierung der deutschen Außenpolitik. Sobald eine Regierung militärische Argumente den politischen und diplomatischen vorzieht, macht sie sich abhängig vom Rat der Militärs. Das humanitäre Feigenblatt verdeckt den Wiedereinstieg in eine traditionelle Großmacht- und Weltpolitik. Drängelte Reichskanzler von Bülow zu Beginn dieses Jahrhunderts nach einem Platz an der Sonne, so sucht Außenminister Kinkel zum Ende einen vorderen Platz auf der Feuerwehrleiter. Aber haben, nach Churchills Worten, die Deutschen in diesem Jahrhundert nicht schon für die Weltgeschichte genug getan? Würden sich Bescheidenheit, Zurückhaltung, Behutsamkeit nicht immer noch für die deutsche Außenpolitik ziemen, wie zu Genschers Zeiten?

9. April 1993

ROBERT LEICHT

Kämpfen nur mit klarem Ziel

Es wäre so schön, klare und heroische Antworten zu haben auf Fragen, die sich in Wirklichkeit viel komplizierter stellen. Soll der Westen in Bosnien militärisch intervenieren? Und wenn ja, sollen die Deutschen sich daran beteiligen? Einfach hat es, wer entweder beide Fragen verneint oder beide Male ja sagt. Komplizierter wird es, wenn die Antwort einmal ja, das andere Mal nein lautet.

Auch für dieses gespaltene Votum gibt es allerdings zwei Varianten. Die häufiger zitierte der beiden liest sich so: Zwar gibt es Fälle der notwendigen militärischen Intervention – aber keinesfalls dürfen die Deutschen daran teilnehmen.

Doch weder so noch mit einem heroischen Ja oder Nein läßt sich die Frage im Jugoslawien-Konflikt entscheiden. Die politisch richtige Antwort muß lauten: Es könnte wohl sein, daß auch die Deutschen sich künftig jenseits der nationalen Selbstverteidigung mit ihren Soldaten auch einmal an direkten militärischen Interventionen beteiligen sollten; doch im Bosnien-Krieg gibt es für niemanden einen überzeugenden Grund, sich von außen militärisch einzumischen.

Sowohl die bedingungslosen Gegner jedes deutschen Militäreinsatzes *out of area* als auch die entschlossenen Befürworter einer deutschen Mitwirkung berufen sich letztlich auf die nationale Souveränität, obwohl sie daraus völlig gegenteilige Konsequenzen ableiten. Aber weder bedeutet die wiedergewonnene Souveränität der Deutschen, daß sie nun an allem und jedem mitzuwirken hätten, noch ergibt sich daraus, daß sie imstande wären, immer von vornherein nein zu sagen. Souveränität – das kann nur bedeuten, daß wir uns von Fall zu Fall selber politisch entscheiden müssen: Liegt die Mitwirkung in unserem Interesse, und bewirkt sie das Richtige?

Der bedingungslose Pazifist verdient moralischen Respekt, wenngleich er mit anderen politischen Mehrheiten leben muß – und unter Umständen vielleicht gerade deshalb sicher leben kann. Wer aber sagt, Deutschland dürfe seine Truppen ausschließlich zur unmittelbaren Verteidigung des eigenen Territoriums einsetzen, begibt sich der strikten moralischen Position, ohne statt dessen eine ebenso schlüssige politische Logik zur Seite zu haben. Nicht nur, daß wir seit langem in einem Bündnis leben und folglich Sicherheit ein Prozeß des Nehmens und Gebens ist. Nein, Truppen allein zur nationalen Selbstverteidigung heißt zugleich: nationale Selbstverteidigung nur allein – gegen den Rest der Welt und zugleich mit Truppen, die jedem Nachbarn zu groß erscheinen müssen.

Die Deutschen können also keine prinzipielle Sonderrolle spielen. Sie können sich weder so noch so ausklinken: Weder vermögen sie, ihre Sicherheit allein auf ihre eigene Kappe zu nehmen, noch können sie ihre Nachbarn mit deren Sicherheitsbedürfnissen allein lassen. Vor allem dürfen sie als Mitglied der UNO nicht so tun, als könnten sie die moralischen Prinzipien für sich monopolisieren, die riskanten politischen Aktionen hingegen den anderen zuschieben. Aber paradoxerweise wollen gerade jene «fortschrittlichen» Kräfte bei uns, die sich im postnationalistischen Zeitalter wähnen, in Fragen der Sicherheits- und Außenpolitik eine «nationalistische», eine singularisierte Position einnehmen.

Der Verfassungsstreit um den Einsatz der Bundeswehr *out of area* ist legitim und notwendig. Denn im Wege der Verfassungsgebung ist die Sache nie im Ernst und bewußt entschieden worden. Seinerzeit wäre jeder für verrückt erklärt worden, der sich Gedanken gemacht hätte über deutsche militärische Aktionen jenseits der nationalen Selbstverteidigung im Bündnis. Nur eines wäre Illusion: Die Vorstellung, der für die Zukunft erst noch zu formulierende Verfassungskonsens könnte uns noch einmal und auf Dauer die jeweils konkrete politische Entscheidung so bequem abnehmen, wie dies zu den Zeiten der Teilung, des Kalten Krieges und der alliierten Vormundschaft notwendigerweise der Fall war.

Diese Einsicht hat nichts zu tun mit Großmachtambitionen, sondern im Gegenteil ausschließlich damit, daß Deutschland – weil eben nicht mehr Großmacht – nicht so tun kann, als existierte es allein für sich selbst. Wer sich im Prinzip integrieren will, muß sich auch im Einzelfall integrieren wollen. Wenn die Parteien dafür nicht gemeinsam die notwendigen verfassungsrechtlichen Voraussetzungen schaffen und anschließend nicht auf einen breiten politischen Konsens in konkreten Entscheidungen hinarbeiten, gerät die Bundesrepublik außenpolitisch ins Abseits, aus dem uns kein noch so dickes Scheckbuch mehr heraushelfen kann.

Freilich: Jugoslawien ist nicht der konkrete Anwendungsfall – und zwar nicht nur wegen der Erinnerungen an den Zweiten Weltkrieg. Vielmehr gibt es dort mit militärischen Mitteln politisch nichts auszurichten.

Wozu setzt man Streitkräfte tatsächlich ein? Erstens um zu siegen. Zweitens um durch die Drohung mit der bevorstehenden Niederlage einem Gegner den eigenen Willen aufzuzwingen. Drittens und vor allem aber, um dadurch ein klar gestecktes politisches Ziel zu erreichen. An allen drei Voraussetzungen fehlt es, wenn man ernstlich an einen Kriegseinsatz im Kampf um Bosnien denkt. Niemand kennt – soweit zum Ziel – eine politische Friedenslösung, die sich im Rest-Jugoslawien militärisch auf Dauer und mit vertretbaren Mitteln durchsetzen und sichern ließe. Und wen wollte man besiegen, wem mit welchen Mitteln den eigenen Willen aufzwingen? Serbischen oder kroatischen Freischärlern in Bosnien? Oder bosnischen Muslimen, wenn sie einer bestimmten Kantonisierung der Herzegowina nicht zustimmen? Der sogenannten serbischen Republik in Bosnien oder gar Serbien? Oder den panslawischen Kräften auf dem Boden der früheren Sowjetunion, die sich hinter die Serben stellen?

Hilfe für die Opfer: Ja! Frieden sichernde Maßnahmen, wenn erst einmal ein Frieden vereinbart worden ist: Ja! Aber niemals kämpfen ohne klares Ziel und ohne eindeutigen Gegner und ohne kühl kalkulierte Relation zwischen Zweck und Mitteln. Und bloß kein halbherziges Eingreifen in einen Konflikt, den man weder entscheiden kann noch will. Eine militärische Durchsetzung des Flugverbotes kann den Krieg, ebenso wie letztlich das Embargo, weder beenden noch verkürzen, sondern den Westen allenfalls in Kämpfe hineinziehen, in denen er nichts zu gewinnen hat.

Dies gilt für Bosnien. Vielleicht im Kosovo, eher noch in Mazedonien kann dies schon anders aussehen. Hier kann der Westen drohen: Wer angreift, bekommt es mit uns zu tun!

Zum Beispiel Mazedonien. Wenn die Serben dort einmarschierten, wäre vieles klar: der Gegner zuerst. Das Ziel zugleich: die serbische Armee wieder aus Mazedonien zu vertreiben – wie weiland Saddam Hussein aus Kuwait. Und die Aufgabe wäre militärisch «machbar», das Ergebnis ließe sich halten. Es wäre dem Interesse sowohl des Westens als auch der internationalen Ordnung gedient: Ein klarer Kampf würde entschieden, eine Eroberung zurückgeschlagen – alles Vorhaben, die im Sezessions- und Bürgerkrieg von Bosnien, jenem Mikrokosmos des zerfallenen Jugoslawiens, scheitern müßten.

Dies ist gewiß keine ausschließlich moralische und schon gar keine heroische Position. Aber darauf kommt es in der Frage einer militärischen Intervention auch nicht allein an. In der Ultima ratio des Kriegsfalls braucht es keine Helden (das reicht nicht aus!), sondern Sieger. Und wo man nicht zu siegen hoffen kann, greift man auch nicht ein. Auch nicht als Deutscher.

23. April 1993

SUSANNE MAYER

Wo, bitte, bleiben die Kinder?

Bei allem Ärger bleibt ein kleiner Trost – ein buchstäblich winziger Teil der Leidtragenden schwappt zur Zeit noch, lau umspült von Fruchtwasser, im Bauch der Mutter durch die Welt und ahnt von dem Problem noch gar nichts: Wohin mit ihnen, wenn sie da sind?

Die Kinder, die in diesen Monaten geboren werden, haben in drei Jahren das Recht auf einen Kindergartenplatz, und nicht nur sie: «Ein Kind vom vollendeten dritten Lebensjahr an hat bis zum Schuleintritt Anspruch auf den Besuch eines Kindergartens.» So jedenfalls steht es in der Bundesratdrucksache 451/92 vom 26. 6. 1992 unter dem Titel: «Änderung des Kinder- und Jugendhilfegesetzes. 1. § 24 des Achten Buchs Sozialgesetzbuch Kinder- und Jugendhilfe».

Der neue Passus, der am nächsten Tag Gesetz wurde, hat erst vom 31. Dezember 1995 an Geltung. Er war als flankierende Maßnahme zum neuen Paragraphen 218 gedacht, über den das Bundesverfassungsgericht in diesen Tagen entscheiden wird. Das neue Kinderhilfegesetz (das in Karlsruhe übrigens nicht zur Disposition steht) sollte den Frauen die erneute strafrechtliche Regelung der Abtreibungsfrage schmackhaft machen, gleichsam mit der Versicherung, daß keine eine Schwangerschaft abbrechen müsse aus Sorge, nach der Geburt des Kindes den eigenen Lebensunterhalt nicht verdienen zu können.

Ob Frauen dieser Versicherung je glaubten? Zu hoffen ist: nein. Die *Blätter der Wohlfahrtspflege* versuchten im vergangenen Monat auf den Punkt zu bringen, warum Mißtrauen geboten ist: «Die Auseinandersetzung um den Anspruch auf Besuch eines Kindergartens ist mehrdimensional, verwirrend, finanzpolitisch problematisch, jugendhilfeplanerisch nicht leicht und treffsicher zu realisieren und letztlich noch nicht endgültig ausgetragen.» So ist es.

Das Gesetz, das jahrelang ersehnt wurde, ist schlampig gemacht. Die besten Absichten, die seine Initiatoren bewegten – Kindergartenplätze für alle –, haben geringe Chancen auf Realisierung. Es wird, so ist zu fürchten, eine Entwicklung in Gang setzen, die vor allem Frauen und Kinder auf Jahre hin schädigen könnte.

Das Debakel war vorauszusehen. «Angesichts der Beschränkung auf die genannten Altersjahrgänge verwundert es, wenn der Rechtsanspruch auf den Kindergartenplatz im Zusammenhang mit der Diskussion um den Schutz des ungeborenen Lebens (Schwangerenhilfegesetz) eingeführt werden soll», formulierte Jürgen Knauer schon im September 1991 warnend in *Der Städtetag*.

Der Autor ist Hauptreferent des Städtetages im Dezernat Soziales, Jugend und Gesundheit und denkt offensichtlich praktisch. Ihm war aufgefallen, was allen Lesern des Gesetzes auf den ersten Blick hätte auffallen müssen – daß eine Frau nach Ablauf der achtwöchigen Mutterschutzfrist mit einem monatlichen Erziehungsgeld von 600 Mark, zahlbar auf zwei Jahre, nicht drei Jahre lang existieren kann, um dann das Recht zu haben, einen Kindergartenplatz einzuklagen. «Für die Zeit ihrer berufsbedingten Abwesenheit benötigen Frauen eine kindgerechte Betreuungsform, und zwar nicht erst dann, wenn das Kind drei Jahre alt geworden ist», schreibt Jürgen Knauer. Genau das aber sieht das Gesetz nicht vor: Kinder dieser Altersgruppe sind, ebenso wie Schulkinder, vom Anspruch auf Betreuung explizit ausgenommen.

«Für Kinder im Alter unter drei Jahren und Kinder im schulpflichtigen Alter sind nach Bedarf Plätze in Tageseinrichtungen und, soweit für das Wohl des Kindes erforderlich, Tagespflegeplätze vorzuhalten», heißt es im Gesetz wachsweich, wohl kalkulierend, daß über «Bedarf» und «Wohl des Kindes» ein Streit fruchtlos und endlos verlaufen wird. Auch gibt das Gesetz keinesfalls Anspruch auf eine Ganztagsbetreuung im Kindergarten – oder auch nur auf eine, die der Mutter einen Halbtagsjob ermöglichen würde: «Kindergarten» heißt in Deutschland «Regelkindergarten» – mit einer auf vier Stunden beschränkten Öffnungszeit. Auf solche Kritik reagieren Initiatorinnen und Verfechterinnen des Gesetzes mit der in frauenpolitischen Dingen üblichen Demut: «Mehr war nicht drin.» Es sei ja so schon so teuer.

Die Betreuung von Kindern ist nicht immer ein reines Vergnügen, auf jeden Fall jedoch ein teures. Frauen zahlen dafür, schon immer, allein und zuviel: mit Ausschluß vom gesellschaftlichen und beruflichen Leben («brave Mutti»), Mißachtung («doofe Mutti») und einer Rente, die meist unter dem Existenzminimum liegt («arme Mutti»). Seit das Gesetz auf dem Tisch liegt und die Verteilung dieser Kosten auf die Schultern der Allgemeinheit verlangt, ist ein Schreien und Zetern losgebrochen, das komödiantischen Genuß bereiten könnte, wenn die Angelegenheit nicht eine so traurige wäre. Kommunen sind verzweifelt («nicht mehr kalkulierbare Kostenrisiken!»). Oberbürgermeister werden derb («Verfassungsklage!» droht Manfred Rommel). Sozialdemokraten süddeutscher Städte reisen der Frauen- und Jugendministerin durchs halbe Ländle nach, um sie zur Rede zu stellen. «Mein Lieblingsthema!» ruft Angela Merkel in ihrer fröhlichen Art, wenn sie auf das Kindergartengesetz angesprochen wird.

Es sei, sagt die Ministerin der *ZEIT*, ihr «erstes und wichtigstes Anliegen», den Rechtsanspruch auf einen Kindergartenplatz zu sichern und mit Leben zu erfüllen – nicht nur aus frauenpolitischen Gründen, sondern auch weil Kinder «in dieser Gesellschaft, die so ist, wie sie ist» – voller Gewalt, autobeherrscht, erwachsenenzentriert – Orte für sich brauchten. Ihre Einfühlsamkeit endet indes beim Thema Geld: Es sei nicht Aufgabe des Bundes, ein vierzigjähriges Versäumnis der Kommunen beim Thema Kindergärten aufzufangen. Sie verweist die Kommunen kühl auf den Länderfinanzausgleich, ungerührt davon, daß er in diesem Jahr sich um Millionen reduzieren wird.

Die Planungsstäbe der Kommunen befinden sich im Zustand chaotischer Verwirrung. Wie viele Kinder wird es 1996 geben? Wie viele Jahrgänge sind einzuplanen? Muß jedes dreijährige Kind am Tage des Geburtstags aufgenommen werden? Verwaltungen, die einst mit leichter Hand breite, zweifellos notwendige Straßen durch Wohnviertel schlugen (Verkehrsaufkommen in zehn Jahren!), Biotope mit Flugzeuglandebahnen trockenlegten oder, wie Hamburg, zu Zeiten des Geburtenrückgangs ganze Kindergärten schlossen (statt die Versorgung auf europäischen Standard zu heben), sie versagen im Angesicht von Gleichungen mit so viel unbekannten Kleinen. Bekannt ist ihnen nur, wieviel es kostet: bundesweit Investitionen von über zwanzig Milliarden, laufende Kosten von zehn Milliarden. Zuviel jedenfalls für Kommunen wie Hamburg, wo man sich auf den neuen Naturstein an der Bahnhofsunterführung freut (orange-grün, dreißig Millionen), oder Bonn, das sich im neu gestalteten Opernhaus (rund zwanzig Millionen) für entgangene hauptstädtische Bedeutung hinwegtrösten muß.

Es kommt also, wie es kommen muß: Das Geld für die Kinder wird bei den Kindern gespart. Die Rezeptur ist einfach.

(1) Wegrechnen: Das neue Gesetz sieht Plätze für dreieinhalb Jahrgänge vor, doch die Einführung von geschickt plazierten Stichtagen ermöglicht den Ausschluß eines halben Jahrgangs. Drastische Gebührenerhöhungen wie in Hamburg (Spitzensatz 750 Mark) legen wohlhabenderen Eltern nahe, lieber gleich eine private Betreuung anzuheuern.

(2) Zusammenrücken: Wo vorher 20 Kinder in der Gruppe waren, sollen jetzt bis zu 25 sein. Nordrhein-Westfalen hat bereits die alte Richtlinie aufgehoben (ein Vorgang, der sich auch in bezug auf parkende Autos empfehlen würde, ließen sie sich in gleicher Weise praktisch zusammenknautschen.

(3) Nischen stopfen: Wo kein Platz für Kinder ist, müssen Lücken gefunden werden: nachmittäglich leerstehende Schulen (Hamburg), schlecht genutzte Rathäuser, Container (Augsburg).

(4) Alles zusammenstreichen: Der Ausbau von Krippen- und Hortplätzen wird gestoppt. Geplante Ganztagsplätze werden in vierstündige Regelkindergartenplätze umgewandelt. Die Gemeinden drohen, freiwillige Leistungen der Jugendhilfe zu stornieren – Jugendtreffs, Sorgentelefone, Drogenhilfe, die Liste ist verlängerbar. Da wird auch die Ministerin unruhig und fragt, sich und uns, ob denn die Kinder davon noch etwas haben. Die Skepsis ist berechtigt, wie eine kleine Umfrage zeigt, Stichproben in vier Städten, in Köln, Hamburg, Augsburg und Potsdam.

7. Mai 1993

Gisela Dachs

Wahrheitssuche im Küstennebel

In Björn Engholms ursprünglichem Drehbuch sollte der *Spiegel* überhaupt nicht vorkommen. Seit dem 20. April – der Tag, an dem er seinen Anwalt Peter Schulz gänzlich von der Verschwiegenheitspflicht entbunden hatte – arbeitete Engholm an einer Erklärung, in der er die Wahrheit verkünden wollte. Er wollte endlich eingestehen, daß er damals doch noch vor der schleswig-holsteinischen Landtagswahl am 13. September 1987 von den Machenschaften des CDU-Medienreferenten Reiner Pfeiffer gegen ihn erfahren hatte. Auf dieses Szenario hatte sich Björn Engholm in der vergangenen Woche nach Beratungen mit engen Vertrauten jedenfalls geeinigt.

Jetzt aber sieht das Ganze so aus, als habe Engholm mit seinem Rücktritt lediglich auf die Vorabmeldungen des Nachrichtenmagazins vom vergangenen Freitag reagiert. Dort stand, daß «Vertraute des SPD-Chefs» besorgt seien, der Kanzlerkandidat habe vor dem ersten Kieler Untersuchungsausschuß zur Aufdeckung der Barschel-Affäre «die Wahrheit gebeugt». Denn Engholm habe ihnen in den letzten Tagen eine andere Version erzählt.

Nach der Pressekonferenz in Bonn eilte Engholm mit seiner Frau nach Rendsburg, wo die Führungsgremien der schleswig-holsteinischen SPD trauerten. Nicht nur über den Verlust. Gerd Börnsen ist auch traurig und enttäuscht darüber, daß Engholm in der *Spiegel*-Geschichte nicht einmal ein «honoriger Abschied» gewährt wurde. Allerdings komme die «Indiskretion», da ist sich der Kieler Fraktionschef ganz sicher, nicht aus Schleswig-Holstein, sondern aus Bonn. Die «Eiseskälte in der Bonner SPD» erschrecke ihn zutiefst. Er habe Angst, «daß der Landesverband davon infiziert werden könnte».

Vor den laufenden Kameras wiederholt Börnsen, was im Laufe des turbulenten Abends untergehen wird, weil es an den Tatsachen nichts ändert: Engholms Pressekonferenz sei ein geplanter Termin gewesen. «Es sollte heute, auf unseren gemeinsamen Wunsch, umfassend dargelegt werden, was Sache ist.» Neben Börnsen sitzt der Landesvorsitzende Willy Piecyk, der ebenfalls vor einigen Tagen von Engholm eingeweiht wurde. Er habe ihm geraten, sagt er, «das durchzustehen». Denn eine «spät korrigierte Notlüge» mache aus dem Opfer keinen Täter, erst recht keinen Mittäter. In Relation zum Anlaß gesehen, sei der Preis für seine «Korrektur hoch».

Um die «Heckenschützen aus Bonn» ging es auch bei der Sitzung der etwa siebzig Genossen. Wer hat geplaudert? Und vor allem – warum, wenn er doch wußte, daß Engholm ohnehin vorhatte, sich zu offenbaren? Oder wollte da jemand sicherstellen, daß Engholm auch wirklich zurücktritt und sich nicht vielleicht doch im letzten Augenblick überreden läßt weiterzumachen? Ist da jemand leichtfertig mit Informationen umgegangen? Oder brauchte der *Spiegel* vielleicht gar keine plaudernden Vertrauten, weil das Nachrichtenmagazin bereits seit der Enthüllung der Barschel-Affäre von dem Wissen Engholms Kenntnis hatte?

Ein wenig hat Engholm das vereinbarte Drehbuch dann auch selbst noch verändert. Zur Verblüffung seiner Vertrauten ließ er sich am Samstag auf ein Gespräch mit einem Redakteur von *Bild am Sonntag* ein: Die Sache von damals sei für ihn eine «Petitesse gewesen».

Auch jetzt noch bleibt unbegreiflich, warum Engholm den parlamentarischen Untersuchungsausschuß 1987 belogen hat und warum er selbst Anfang März, als die «Schubladenaffäre» an die Öffentlichkeit kam, nicht reinen Tisch gemacht hat. Sein Zögern trug nur dazu bei, neuen Verdacht zu nähren. Er habe das alles fünf Jahre lang verdrängt, sagt Engholm am späten Abend mit ruhiger, gefaßter Stimme. Das habe seinem Selbstschutz gedient.

Engholm scheint gelassen, wie erleichtert in diesen hektischen Stunden nach dem spektakulären Fall. Nur die Hände verraten, daß es in ihm auch anders aussehen mag: Seine Gesten wirken verkrampft, wenn er sich nicht gerade an der Pfeife oder einem Zigarillo festhalten kann. Er muß häufig den Platz wechseln, vor eine andere Kamera, er tritt vor die versammelten Genossen, spricht in kleiner Runde mit Freunden.

Die Gleichzeitigkeit der Ereignisse erscheint gespenstisch: Während der gefallene Hoffnungsträger Erklärungen abgibt, die auch durch Wiederholen nicht glaubwürdiger erscheinen, bekundet Gerhard Schröder auf dem Bildschirm seinen wie immer ungebrochenen Willen zur Macht, wird drinnen im Saal über den neuen Ministerpräsidenten beraten. Der Kieler Bundestagsabgeordnete Norbert Gansel wirft seinen Hut in den Ring – allerdings nur unter der Bedingung einer Urabstimmung der schleswig-holsteinischen SPD. Die Idee wird abgeschmettert, sie würde viel zuviel Zeit kosten. Schließlich geht es darum, schnell den «Knoten zu durchschlagen». So wird beschlossen, noch an diesem Abend die Finanzministerin Heide Simonis zur ersten Ministerpräsidentin Deutschlands zu nominieren.

Der neuen Kieler Regierung werden – ohne Engholm und ohne Sozialminister Günther Jansen – die beiden «besten Köpfe» fehlen. Wie die neue Mannschaft künftig aussehen wird, steht noch offen. Oppositionschef Ottfried Hennig jedenfalls hat sich beeilt, die Entlassung einiger Minister zu fordern, so wie die des Chefs der Staatskanzlei Stefan Pelny – «unzweifelhaft die graue Eminenz im mißlungenen Krisenmanagement des zurückgetretenen Ministerpräsidenten».

Der zurückgetretene Ministerpräsident selbst würde gerne sein Mandat als Landtagsabgeordneter behalten, «wenn es die Fraktion mir gestattet», und zumindest so lange, bis die Beratungen des Untersuchungsausschusses abgeschlossen seien. Engholm schiebt eine Begründung nach, hinter der sich hoffentlich nicht mehr verbirgt als ein mißglückter Scherz: Er wolle dadurch auch seine parlamentarische Immunität bewahren.

Die letzte Frage, die Engholm vor den unzähligen Kameras gestellt wird, weist darauf hin, daß ihn die verdrängte Vergangenheit so schnell auch jetzt nicht loslassen wird. Es geht wieder um einen Vorabdruck, diesmal im *stern*. Dort heißt es, der frühere Engholm-Vertraute Klaus Nilius habe möglicherweise von seiner Partei Geld dafür erhalten, daß er vor dem Untersuchungsausschuß über sein Zusammenwirken mit Reiner Pfeiffer falsch ausgesagt habe. Das soll aus einem Vermerk des Verfassungsschutzes hervorgehen, der dies aus Stasi-Quellen erfahren haben will. Was Engholm dazu sagte? Kopfschüttelnd läßt er sich das Papier geben, liest es und sagt zum Abschluß: «Dies ist eine Ente.»

Auch wenn Volkes Stimme inzwischen wahrscheinlich gar nicht daran interessiert ist, welcher Politiker noch «die Wahrheit gebeugt» hat, werden die Genossen in Kiel – und nicht nur dort – erst zur Ruhe kommen, wenn der neue Untersuchungsausschuß die versprochene «restlose Aufklärung» betrieben hat. Dabei geht es jetzt nicht mehr um das politische Schicksal Engholms, sondern grundsätzlich darum, die Geschichte endlich zu den Akten zu legen. Sonst könnte es passieren, sagt FDP-Obmann Bernd Buchholz, «daß womöglich in fünf Jahren wieder jemand etwas auspackt».

Durch das Eingeständnis Engholms und den Rücktritt haben sich die Fronten in Kiel verhärtet, hat die CDU Auftrieb bekommen. Schon vor Beginn der Beratungen gab es keine Einigkeit darüber, wie schnell der Untersuchungsausschuß arbeiten solle. Die SPD will die Sache sobald wie möglich hinter sich bringen, während die CDU von einem langsamen Vorgehen zu profitieren hofft.

Worum es in Wirklichkeit geht, macht die Reaktion Ottfried Hennigs deutlich, der auch nach dem Rücktritt des Ministerpräsidenten bei seiner Kernfrage bleibt: Wann wußte Engholm was? Für die Christdemokraten stehe fest, heißt es in einer Erklärung: «Die Übernahme einer Regierungsverantwortung in Schleswig-Holstein durch die SPD im Jahre 1988 ist auf einem Fundament von Lügen und Halbwahrheiten aufgebaut.» Der Untersuchungsausschuß stehe erst ganz am Anfang seiner Arbeit.

Bei den Sozialdemokraten, die am Nachmittag mit blassen Gesichtern herbeigeeilt waren, ist die Bestürzung nach dem Rücktritt Engholms groß. Drei Leute seien es gewesen, Jansen, Engholm, Nilius, zählt Gerd Börnsen auf, drei Leute «haben zum Teil unabhängig voneinander etwas gewußt. Niemand von uns kann etwas dafür.» Niemand habe versucht, anders als damals die CDU, etwas zu vertuschen. Er könnte «schon platzen», so der Fraktionschef, daß er, «weil ich im ersten Untersuchungsausschuß präzise Fragen gestellt habe», nun verdächtigt werde, etwas zu wissen. Tatsächlich hat das Eingeständnis Engholms auch die Glaubwürdigkeit anderer Genossen weiter erschüttert und regt Spekulationen über das Wissen mancher Sozialdemokraten geradezu an.

Hinzu kommen neue Erkenntnisse, nach denen die ersten SPD-Kontakte zu Pfeiffer zeitlich immer weiter zurückliegen. So hat der ehemalige Chef des Bremer Landeskriminalamtes, Herbert Schäfer, am Montag vor dem Untersuchungsausschuß berichtet, daß Reiner Pfeiffer bereits im März 1987 einem SPD-Mitarbeiter in der Bremer Senatspressestelle namens Pape von den «schrecklichen Dingen» am Telephon berichtet habe. Schon wieder gibt es einen Zufall, der nach Erklärung verlangt. Der Name Pape steht auch in Reiner Pfeiffers Terminkalender am 7. September 1987.

Herbert Schäfer, dem die ehemalige Pfeiffer-Freundin Elfi Jabs von den Geldern (die angeblich in Günther Jansens Schublade gesammelt wurden) berichtet hat, ist allerdings selbst auch kein ganz objektiver Zeuge. Der Kriminologe, der aus seiner heftigen Abneigung gegenüber Reiner Pfeiffer kein Hehl macht, ist nämlich auch Autor des Buches «Barschel kontra Pfeiffer». Das zeigt nur ein weiteres Mal, wie schwierig die Wahrheitsfindung sein wird.

Eine andere Spekulation, von der am Montagmorgen Journalisten sprachen, läßt sich indes schnell der Boden entziehen: Ob denn die dumpfen Klavierklänge, die durch das Landhaus an der Kieler Förde hallten, als Abgesang für Björn Engholm zu verstehen seien? Das war nicht der Fall. Das Klavier wurde lediglich für die abendliche Probe des Polizeichors gestimmt.

7. Mai 1993

Gunter Hofmann und Werner A. Perger

Die Lähmung nach der Lüge

Vielleicht ist er wirklich kein Vollblutpolitiker, und es könnte durchaus sein, daß er das immer ahnte. Nach vierundzwanzig Jahren in der Politik ist Björn Engholm tief gestürzt. Von fast ganz oben, vom Parteivorsitz der SPD, von der Kanzlerkandidatur seiner Partei, beinahe ins Nichts. Plötzlich, beinah überzogen konsequent, möchte er sich am liebsten aus allem zurückziehen.

I.

Björn Engholm, Lübecker wie der Sozialdemokrat Willy Brandt, 1939 geboren, gelernter Schriftsetzer, später Student der politischen Wissenschaften und ab 1969 im Bundestag, unter Helmut Schmidt auch Minister, war der erste, wie sich unsereins erinnert, der offen darüber sprach, er sei «Berufspolitiker». Er verknüpfte das mit abwägenden Bemerkungen über die Zwänge und Loyalitätskonflikte, die entstünden, wenn die Politik früh zur Einbahnstraße geworden sei.

Engholm hat sich nie gedrängt. In Bonn fühlte er sich wohl, auch nach der Wende von 1982, so daß die Kieler Mühe hatten, ihn als Spitzenkandidaten gegen Stoltenberg für den Norden zu gewinnen. Er mußte überredet werden, den SPD-Vorsitz von Hans-Jochen Vogel zu übernehmen, der Ende 1990 überraschend aufgab. Und in die Kanzlerkandidatur wurde der Zaudernde regelrecht gepreßt, diesmal nicht von Vogel, sondern von Hans-Ulrich Klose. Politik als Beruf.

Aus der SPD hat Engholm in den knapp zwei Jahren seines Vorsitzes keine Partei gemacht, der man anmerkte, daß sie die Dimension der großen Zäsur des Jahres 1989 in Europa wirklich begriffen oder gar verarbeitet hätte; und gewiß auch keine Partei, die erkennen ließ, daß sie des Opponierens müde und hungrig aufs Regieren sei.

Das hatte Engholm nicht zu verantworten, schon gar nicht er allein. Die große Umstellung fällt der ganzen Politikergeneration schwer, deren Biographien jeweils im Westen oder im Osten geprägt worden sind.

Einen größeren Einschnitt mit folgenreicheren Problemen hatte schon lange keine Generation zu bewältigen als diese der Enkel und der «Berufspolitiker», der Nachfolger Brandts oder Wehners. Wie für die Alten war Politik nun plötzlich wieder etwas, was in dramatischer Form geschah. Von den Ereignissen überrollt, wirkten die Politiker dann oft nur wie Zuschauer.

Der Vorwurf lag nahe, diese Enkel seien eben allesamt Hedonisten und bliesen in der Toscana ihre Pfeifenrauchkringel in den Himmel. Zu dieser Tunix-Welt wurde oft – unwahr und ungerecht – auch Björn Engholm gezählt. Die populären Anwürfe, er oder seine Mitstreiter frönten nur ihren Eigeninteressen, weckten häufig den Verdacht, daß die Kritiker von ihren eigenen Schwächen und Unterlassungen ablenken wollten.

In dieser Situation einen Konsens bei großen Streitfragen zu organisieren, ob es um die Migration in Europa geht, um Deklassierungsängste im westdeutschen Mittelstand und in Ostdeutschland insgesamt, um Arbeitslosigkeit oder soziale Friktionen, ist besonders schwierig geworden. Engholm, aber eben auch seiner Partei, haben Zielstrebigkeit und Autorität gefehlt, die man braucht, um im Zweifel auch aus Minderheitspositionen heraus für Mehrheiten zu werben. Gegen einen Zeitgeist, der nach rechts tendiert.

Immer wieder hat Engholm in Streitfragen den Knoten durchhauen wollen, es aber nur selten geschafft. Die große Wende, im vorigen Sommer auf dem Petersberg beschlossen, führte zum Kompromiß im Asylstreit, in Sachen Bundeswehr blieb die SPD stecken. Noch der jüngste Versuch Engholms im *Spiegel*, beim Streit um deutsche Soldaten den SPD-Kurs zu korrigieren, hin zur vollen Übernahme von Pflichten unter dem Dach der Vereinten Nationen, nahm sich halbherzig aus und wurde gleich wieder zum Mißverständnis zurückgestuft.

II.

Solche Schwächen finden möglicherweise nachträglich eine neue Erklärung: Engholm trug eben das Wissen mit sich herum, vor dem Untersuchungsausschuß über die Barschel-Affäre nicht die Wahrheit darüber gesagt zu haben, daß er schon vor dem Wahltag am 13. September 1987 von den Mafiamethoden des Herrn Pfeiffer gehört hatte. Ein Fehler mit Folgen.

Wollte man psychologisieren und fragen, warum Engholm die Wahrheit nicht über die Lippen kam, bietet sich als Erklärung an, daß er intuitiv das Falsche gemacht habe. Um nämlich die Last wieder loszuwerden, die er, der Berufspolitiker neuen Typs, nicht wirklich tragen wollte.

In seiner kleinen «Psychologie und Soziologie der Lüge» hat Georg Simmel skizziert, wie sehr es eine Persönlichkeit spalte, die von sich selbst weiß, daß sie in zwei Wahrheiten lebt – der realen Wahrheit und der, die sie öffentlich vertritt, «um andere daran Glauben zu machen».

Die lähmende Macht der Lüge – gerade weil Engholm mit seiner Vorstellung von Moral und Integrität durchaus verschmolzen war, muß diese Situation an ihm auch ganz besonders gezehrt haben.

Engholm selber führt alles Verdrängen auf eine «existenzielle Grenzsituation» zurück. Als er am Abend des 7. September 1987 von den unsäglichen Operationen gegen ihn gehört habe, habe er sich innerlich «erstmals in meiner politischen Laufbahn entschlossen, alles aufzugeben».

Er gab damals nicht auf. Daß er den Schritt jetzt nachholt, erklärt er damit, nicht die Wahrheit gesagt und damit das Vertrauen vieler Menschen verloren zu haben. Aber erinnert eben auch daran, seine Familie und er wollten nicht noch einmal einer solchen Situation und

Veröffentlichungen ausgesetzt sein, «die nicht mehr davor zurückschrecken, erneut das Privatleben auszuforschen und zu vermarkten».

Im Präsidium redet er sich nicht schön. Zu seiner Bilanz gehört auch die Bemerkung, künftig solle sich möglichst keiner auf ein zu hohes moralisches Podest stellen oder befördern lassen, von dem er dann nur leicht herunterzustoßen sei.

Auf die Frage, ob mit ihm auch ein politischer Stil gescheitert sei, reagiert Engholm verhalten. Er hoffe, nicht. Er wolle nicht den Helden markieren, hatte er sich im Lauf seiner Berufsjahre in Bonn und Kiel zu sagen angewöhnt, und es bringe auch nicht viel, ständig mit der Faust auf den Tisch zu schlagen. Seitdem galt Engholm als Softie oder als Schwächling. Aber das war bei Willy Brandt oft genug ähnlich.

Nun kippt die Stimmung, auch bei manchen Sozialdemokraten. Die Hamletjahre seien vorbei, heißt es (auch Fraktionschef Klose gerät dabei in den Blick), jetzt kommen harte Zeiten. Kein Pardon für niemanden! Schon gar nicht für die Regierenden. Nun wird nach dem Gegenmodell gerufen, nicht zuletzt in der Bundestagsfraktion, als seien Stil, Kurs und Kooperationsbereitschaft ein einziger Fehler gewesen.

Der Fehler war aber doch wohl, daß es zu dem Diskurs, den Engholm befördern wollte, nicht richtig gekommen ist (schon gar nicht zu unbefangenen Gesprächen an der Parteispitze). Insofern ist Engholm auch Opfer seiner eigenen Stilisierung geworden: Der Diskurs-Mensch, der er sein wollte, ist er nicht.

III.

Jetzt also möchten die Sozialdemokraten offensiv werden. Aber mit wem? Und womit? Ist das alles egal? Noch haben sie es nicht einmal geschafft, eine Mehrheit für den Asylkompromiß in den eigenen Reihen sicherzustellen. Würde Hans-Ulrich Klose, der den Kompromiß am Ende betrieben hat, damit scheitern, könnte die SPD schon bald auch den parlamentarischen Oppositionsführer verlieren.

Mit einem Befreiungsschlag möchten sich manche Sozialdemokraten am liebsten aus dieser Lage retten. Nach Engholm muß ein «Starker», ein «Machthungriger» her! Und zwar sofort!

In dieses Bild paßt Gerhard Schröder, der Hannoveraner, der so lange klarmachte, daß er an Engholms Erbe Interesse habe, bis Oskar Lafontaine dazwischenfunkte: Geier, die kreisen, würden nicht geliebt.

Wenn Schröder für Zielstrebigkeit und Machtorientierung steht, dann Rudolf Scharping für Zähigkeit und Zurückhaltung. Beide hatten in ihren Ländern mit ihren Methoden Erfolg. Scharping spricht nicht öffentlich darüber, aber neben Schröder ist er der zweite Anwärter auf den Parteivorsitz und die Kanzlerkandidatur. In der starken SPD Nordrhein-Westfalens dürfte der Mainzer mehr Freunde haben als der Hannoveraner.

Sie sind nicht die einzigen Interessenten. Die kleine Trauerrunde um Engholm im Ollenhauerhaus ist beispielsweise von Heidemarie Wieczorek-Zeul mit der Ankündigung überrascht worden, auch sie wolle sich um den Parteivorsitz bemühen. Viele Freunde hat sie nicht, die ihr diese Aufgabe zutrauten.

Unmöglich könnte sie jetzt «so oder so» etwas sagen zu der Frage, ob sie ins Rennen gehe, meldete auch Renate Schmidt sich zu Wort. Aber damit schließt sie eine Bewerbung nicht aus. Auch gegen sie kommen schon Einwände. Es ist nicht unbedingt ein Vorbehalt von Machos, wenn argumentiert wird, sie solle erst einmal die Misere der CSU als Spitzenkandidatin der SPD bei den Wahlen in Bayern nutzen.

In Konkurrenz bei der Suche nach dem Vorsitzenden und Kandidaten, ob nun in einer Hand oder getrennt, treten am Ende vermutlich doch Rudolf Scharping und Gerhard Schröder. Der eine, Schröder, erklärte frank und frei in die Fernsehkameras von ZDF und ARD, natürlich habe er Interesse. Aus einer Verkopplung beider Funktionen mache er kein Dogma. Nur rasch geklärt müsse die Sache werden. Alle, die auf langsames Beraten und gründliches Suchen drängen, zählt er, wie man im Gespräch heraushört, zu seinen Gegnern.

Der andere, Scharping, beharrt darauf, sich nicht öffentlich zu äußern. Das verstieße gegen die Regeln, für die auch er plädiert habe. Johannes Rau soll die Kandidatensuche koordinieren. Mit ihm wird er über seine Ambitionen sprechen. Basta.

Der eine, Schröder, hat noch kürzlich einem *Spiegel*-Kollegen gestanden, sein Herz sei nicht klein und rein, das habe er auch Engholm gestanden, und er halte es für besser, ehrlich zu sagen, was er im Sinn habe.

Der andere, Scharping, hatte Engholm noch vor wenigen Tagen zum Bleiben bewegen wollen. An seiner Gemütslage nach dem großen Engholm-Finale blieben wenig Zweifel: Er war einfach traurig.

Der eine, Schröder, regiert in Hannover an der Spitze einer rot-grünen Koalition. Sie ist erfolgreich, und er wird in seinem Land populär. Zum Motto hat er sich gemacht, neben aller Sachlichkeit zunächst einmal eine Machtperspektive zu formulieren und seinen Machtsinn dabei nicht zu verbergen. Seine Parole lautet also, eine rot-grüne Allianz müsse Helmut Kohl ablösen, alles andere laufe auf eine große Koalition heraus. Falls es am Ende dann doch nicht reicht, müßte man noch einmal neu rechnen.

Der andere, Scharping, steht an der Spitze der rheinland-pfälzischen SPD / FDP-Koalition. Er erklärt sie nicht zum Modell, schon gar nicht, um damit 1994 einen Machtwechsel in Bonn zu erreichen. Aber er findet seit langem, die Sozialdemokraten müßten als erstes mit überzeugender Politik verlorenen Boden gutmachen, über Koalitionen könne man dann immer noch reden; er ist für alles offen.

Wieviel Zeit hat die SPD? Vor allem Schröder will die rasche Entscheidung, weil er meint, die Zeit arbeite gegen ihn, und weil die Frage beizeiten vor seinen Landtagswahlen in Niedersachsen geklärt sein muß. Auch viele in der Bundestagsfraktion wünschen sich nach den Wirren der letzten Zeit endlich Klarheit. Offen ist, ob demgegenüber Johannes Rau sich mit seiner Idee durchsetzen wird, den Kandidaten erst im kommenden Frühjahr zu benennen, damit er sich nicht verschleiße. Schröder sieht darin den Versuch, ihn zu stoppen.

Es läßt sich nicht ausschließen, daß die Diskussion sich zunächst einmal festläuft. Die Bataillone zu zählen wäre zu früh. Dann könnten sich aber die Augen nicht nur auf Schröder und Scharping, Wieczorek und Schmidt (Renate) oder Thierse richten, sondern auch wieder auf Lafontaine.

Er ist beschädigt, und er weiß es. Eine zweite Kanzlerkandidatur wäre ein Bergaufrennen für Lafontaine. Aber dennoch, er würde antreten, zumindest für den Parteivorsitz. Allerdings nur dann, wenn er unterstützt würde von denjenigen, deren Rat viel zählt, und das sind nur ganz wenige. Eine Kandidatur Gerhard Schröders würde der Saarbrücker nicht unterstützen. Sein Trauma mit Parteifreunden, die nicht loyal genug seien, habe er seit 1990 nun einmal weg, hört man bei ihm heraus.

Ein Comeback Oskar Lafontaines? Das wäre, wie er weiß, dann allerdings auch eine politische Entscheidung, die noch einmal zurückblendet auf das Jahr 1990 und den Weg der Vereinigung. Lafontaine, der vor dem ökonomischen Blitzzusammenschluß warnte, fühlt sich von der Entwicklung heute bestätigt. Programmatisch hält er die SPD im übrigen für ziemlich modern und weit, und den Mumm, die SPD erfolgreich aus dem Tief führen zu können, traut er sich schon zu. Man erlebt im Gespräch einen wiedererwachenden Lafontaine und – trotz aller Blessuren – ein politisches Allroundtalent; die SPD verfügt nicht über allzu viele.

IV.

Aber die Sozialdemokraten werden sich nicht einreden dürfen, daß sie mit einer strahlenden Heldenfigur an der Spitze Bäume ausreißen oder das Blatt wenden könnten, ähnlich dem bewunderten Beispiel Bill Clintons aus den Vereinigten Staaten.

Sicher, Helmut Kohl steht nicht gut da. Die CDU ist fast unsichtbar. Die CSU fürchtet, überflüssig zu werden. Die FDP hat stolze Demoskopiewerte, aber sie wirkt wenig originell und kaum liberal. Zu den Wahlvoraussetzungen für das kommende Jahr zählt auch die Prognose, das Wachstum werde 1993 um 1,5 Prozent sinken und das Heer der Arbeitslosen auf 3,5 Millionen steigen.

Das machte es für die Regierung nicht einfach. Aber für sich genommen hilft das der SPD herzlich wenig. Der Wind bläst eher von rechts. Das spürt auch die CDU.

Relativ leicht könnte es noch sein, sich in manchen Fragen zu verständigen, in denen es überfälligen Klärungsbedarf gibt. Das gilt nach dem Asylstreit vor allem für die künftige Rolle der Bundeswehr, aber auch für sämtliche Fragen, die mit der inneren Sicherheit zusammenhängen. Weit schwieriger wird es sein, eigene Prioritäten zu finden und einen Konsens in Fragen zu organisieren, in denen die Republik so uneins ist wie ihr Spiegelbild, die kleiner gewordenen Volksparteien.

Ob der berühmte ökologische Umbau der Industriegesellschaft, den die SPD so gerne auf Umweltpapier verkündet, wirklich ganz ernst gemeint ist und auch konkret werden könnte, muß noch bewiesen werden. Zur Zeit erleben diejenigen eine politische Renaissance, die Ökologie schon immer für einen Luxusartikel von Lehrern und Leuten mit Wohlstandsbauch hielten.

Ein großer Bedarf an Neuorientierung besteht zugleich in allen Fragen, welche die Zukunft des Sozialstaates betreffen. Nach dem Ja zum Solidarpakt herrscht in der SPD die Neigung, sich nun wieder als Hüter der kleinen Leute auszuweisen. Die Gefahr ist aber, daß das blind macht für die radikal veränderten Problemlagen oder für schwierige Fragen wie die, wie heutzutage Grundsicherungen für alle zu garantieren seien.

Wenn es stimmt, daß die vorhandenen «Solidaritätspotentiale» ungenutzt seien (Karl Otto Hondrich), dann wartet auf die SPD nicht zuletzt die Aufgabe, das zu ändern und «Gerechtigkeit» noch einmal neu zu buchstabieren.

Zu den unausgesprochenen Konfliktlinien zählt die über Nation und Patriotismus. Die SPD fährt keinen klar antinationalen, europäischen Kurs, die CDU noch keinen eindeutig deutschnationalen. Wer wie denkt, das müßte sich beispielsweise beim Streit um Migration und Einbürgerungsrechte zeigen.

Schließlich schwelt auch noch der Streit um die neue «Normalität». Es muß doch möglich sein, sich allmählich auf eine offene, nicht provinzielle Politik zu verständigen, die dennoch wegführt vom Militärischen und sich nicht einreden läßt, die vierzig Jahre außenpolitischer Zurückhaltung der Bundesrepublik seien ein Versteckspiel gewesen.

V.

Es gibt in der Politik keinen völligen Neuanfang. Aber ein Stück von dem nachzuholen, was die radikal veränderte Realität seit 1990 an Umdenken erzwingt, das kann nicht zuviel verlangt sein. Voraussetzung ist allerdings auch ein Versuch, aus dem Fiasko zu lernen, das die SPD derzeit erlebt. In Zeiten einer schwierig gewordenen Legitimationsbeschaffung, hat der junge Soziologe Sighard Neckel kürzlich in einem Essaybändchen («Die Macht der Unterscheidung», Fischer Verlag) argumentiert, setzten Politiker «immer häufiger auf die Karte einer symbolischen Politik, die mit um so größerem moralischem Aufwand (Glaubwürdigkeit) auftritt, je tiefer man den Stachel des Zweifels im Fleisch der Bevölkerung wähnt».

Die offizielle Rhetorik habe die moralische Meßlatte selbst nach oben gelegt, an der die politischen Machtträger jetzt bewertet würden. Eine Atmosphäre gespannter Erwartung und ehrlicher Freude breite sich dadurch im Publikum aus, resümiert Neckel, «wenn wieder einmal die Inszenierung moralischer Vorbildlichkeit mißlingt».

Engholms Fall spielt sich in dieser Atmosphäre und vor diesem Hintergrund ab. Sein Problem: Die Latte, die er selbst so hoch gehängt hat, wurde ihm zum Verhängnis. Man wird aber auch ehrlich hinzufügen müssen, daß er mit seinem sehr persönlichen Rat an die versammelten Journalisten durchaus recht hatte, die Kritik an der politischen Klasse möge immer besser bleiben als das, was die politische Klasse zu leisten imstande sei.

Die Politik, auch die der SPD oder der Grünen, hat eben nicht so viele Talente, jedenfalls nicht in dieser Generation, und wer weiß schon, ob in der nächsten. Engholms Bemerkung zum Schluß seiner Karriere, die so bitter endete, enthält einen berechtigten und verständlichen Wunsch in maßstabslosen Zeiten. Aber das ist ein anderes Kapitel.

14. Mai 1993

WILFRIED HERZ

Die Lage war noch nie so ernst

Wissen eigentlich die Verantwortlichen in der Wirtschaft, in den Gewerkschaften und in der Politik, wie ernst es um dieses Land steht? Im Osten drohen die Folgen eines Arbeitskampfes die Ansätze der mühseligen Erneuerung zunichte zu machen. Zehntausende von Metallarbeitern traten in den Streik, um Lohnerhöhungen durchzusetzen, die von den ums Überleben kämpfenden Unternehmen nicht erwirtschaftet werden können. Gleichzeitig bricht im Westen die wirtschaftliche Basis weg, ohne die der Aufbau in den neuen Ländern nicht zu finanzieren ist. Und dennoch tun die Tarifpartner so, als könne man ausgerechnet im krisengeschüttelten Osten Lohnkämpfe aufführen wie anno dunnemals im reichen Westen.

Noch nie war die Lage so ernst wie heute. Das vereinte Deutschland steht vor dem wirtschaftlichen Niedergang. Anders als in früheren Wirtschaftskrisen der alten Bundesrepublik überlagern sich gleich vier gefährliche Entwicklungen:

○ Westdeutschland erlebt nach dem Auslaufen des Einigungsbooms, an dem Unternehmer und Arbeitnehmer noch gut verdient haben, die tiefste Rezession nach dem Krieg. Die Wirtschaft in den alten

Ländern wird in diesem Jahr voraussichtlich um zwei Prozent schrumpfen, die Zahl der Arbeitslosen wieder deutlich steigen. Noch sehr viel düsterer fällt das Ergebnis aus, wenn sich nicht schon bald das Umfeld verbessert – sei es durch eine Belebung in den anderen Industrieländern, sei es durch weiter sinkende Zinsen.

- In Ostdeutschland ist die Lage im dritten Jahr der deutschen Einheit unverändert kritisch. Ein sich selbst tragender – das heißt: ein aus eigener Kraft erwirtschafteter – Aufschwung ist noch immer nicht in Gang gekommen. Nach wie vor macht ein Großteil der Unternehmen Verluste, viele verdienen nicht einmal die Löhne und Gehälter, die sie ihrer Belegschaft zahlen müssen.
- Die Finanzierung der deutschen Einheit ist der größte Umverteilungskonflikt, den die Bundesbürger je erlebt haben. Er ist noch lange nicht bewältigt. Allein in diesem Jahr wird der West-Ost-Transfer auf 170 Milliarden Mark steigen. Auf Jahre hinaus werden die Westdeutschen fünf Prozent ihres Bruttosozialprodukts in die neuen Länder überweisen müssen – Geld, das in den alten Ländern verdient werden muß, aber dort weder für Investitionen noch für den Konsum zur Verfügung steht. Wegen der Lasten der Einheit steigt der Anteil, den selbst Durchschnittsverdiener im Westen an Staat und Sozialversicherungen abgeben, auf fast die Hälfte ihres Bruttoeinkommens.
- Zum ersten Mal müssen die Deutschen mit Billiglohnländern in ihrer unmittelbaren Nachbarschaft konkurrieren, nicht mehr nur mit Ländern in der fernen Dritten Welt. Polen, Tschechen, Slowaken, Ungarn produzieren zu Löhnen, die rund ein Zehntel der westdeutschen und immer noch rund ein Fünftel der ostdeutschen Einkommen betragen. «Hongkong», sagt ein Unternehmer, «liegt jetzt achtzig Kilometer östlich von Berlin.» Schon heute verlagern Betriebe vor allem lohnintensive Produktionen in diese Länder; das hilft zwar dort, kostet aber zusätzlich viele Arbeitsplätze im Westen wie im Osten Deutschlands.

Trotz der gewaltigen Herausforderungen bieten die Verantwortlichen in Politik und Wirtschaft ein wenig überzeugendes Bild. Der

Finanzminister hangelt sich von Schuldenberg zu Schuldenberg. Auch der Solidarpakt war kein Beleg für eine verläßliche Finanzpolitik. Der neue Wirtschaftsminister will erst einmal abwarten, daß die Rezession von allein zu Ende geht – ein Motto, auf das auch die Bundesbank vertraut. Und wie wenig wichtig der Kanzler die Forschungspolitik nimmt, beweist er, indem er das Ressort gerade wiederum einem Minister-Azubi anvertraut hat.

Allerdings dürfen sich die Unternehmer und Manager nicht wundern, daß ihre Warnungen und Mahnungen nicht ernst genommen werden. Denn zu häufig haben sie sich in der Vergangenheit über Gefahren für den Wirtschaftsstandort Deutschland durch zu hohe Lohnkosten und Steuern beklagt – und wurden dann doch immer wieder Exportweltmeister oder zumindest -vizeweltmeister. Und waren es nicht die Unternehmen und ihre Leiter selbst, die es versäumt haben, durch eine effizientere Arbeitsorganisation die Lohnkosten zu senken? Nach einer seriösen Untersuchung sind die im internationalen Vergleich zu hohen Lohnstückkosten in Westdeutschland nur zu vierzig Prozent auf überhöhte Tarifabschlüsse zurückzuführen. Haben nicht die Unternehmen selbst wichtige Innovationen in der Mikroelektronik, der Telekommunikation, der Optoelektronik, der Biotechnologie verschlafen?

Doch was ist jetzt zu tun? Im Westen müssen die Tarifparteien auf dem bereits eingeschlagenen Kurs moderater Lohnerhöhungen bleiben, im Osten muß die Anpassung an die Westlöhne hinausgezögert werden. Vor allem darf der öffentliche Dienst nicht der Vorreiter bleiben. Solange die Lohnstückkosten in Ostdeutschland wegen der geringeren Produktivität noch um achtzig Prozent über dem Westniveau liegen, so lange werden die Fabriken in den neuen Ländern nicht wettbewerbsfähig sein. Und so lange werden weitere Arbeitsplätze verlorengehen, wenn nicht der Steuerzahler mit neuen Subventionen einspringt, die wiederum die gesamte Volkswirtschaft belasten.

Auch Bundesregierung und Bundesbank müssen ihren Beitrag zur Bekämpfung der Konjunkturschwäche leisten. Die Zentralbank muß endlich dafür sorgen, daß auch die kurzfristigen Zinsen sinken. Wenn dadurch die Mark leicht abgewertet würde, wäre das durchaus wünschenswert, denn zur Zeit ist die deutsche Währung international überbewertet. Eine Abwertung würde die Ausfuhren verbilligen und damit die Absatzchancen der Exporteure verbessern. Die Regierung muß darauf achten, daß sie in der Rezession nicht zu sehr spart (wozu sie allerdings ohnehin nicht neigt); sie sollte außerdem die Bedingung für Investitionen verbessern – entweder durch Investitionszulagen auch im Westen oder durch eine Korrektur ihres «Standortsicherungsgesetzes»: Die Kürzung der Abschreibungssätze sollte verschoben werden.

Neben den kurzfristig wirkenden Konjunkturmaßnahmen ist jedoch umgehend auch ein langfristig wirkendes Programm zur Stärkung des Wachstums notwendig. Sein Ziel muß es sein, Innovationswillen und Innovationsstreben zu fördern. Denn nur mit Produkten von morgen können die Unternehmen gegenüber den Nachbarn mit Billiglöhnen noch konkurrenzfähig sein.

Dazu gehört eine ebenso intelligente wie effiziente Forschungspolitik und eine Bildungspolitik, die für eine gute, aber schnellere Ausbildung sorgt – und für eine ständige Weiterbildung im Berufsleben. Wenn es schon nicht möglich sein sollte, Subventionen und öffentliche Etats zu kürzen, dann sollten sie wenigstens hin zu wachstumsfördernden Ausgaben umgeschichtet werden. Zu einem solchen Konzept gehört ferner eine echte Steuerreform, die das Dickicht der Vorschriften lichtet und auf falsche Anreize verzichtet. Schädliche Reglementierungen müssen abgeschafft werden: Wozu braucht man für den Bau eines Hauses oder einer Fabrikhalle fünfmal mehr Vorschriften als in den sechziger Jahren?

Wenn die Regierenden mit einem solchen Programm überfordert sind, dann wird die gesamte Volkswirtschaft mit den Risiken überfordert sein. Und das werden alle zu spüren bekommen – in einer Krise bisher nicht gekannten Ausmaßes.

4. Juni 1993

Gunter Hofmann und Werner A. Perger

Die Ängste kommen aus der Mitte

Die Eskalation der Gewalttaten gegen Ausländer

Wäre es so, daß die Morde von Solingen die Tat von jugendlichen «Wahnsinnigen» sind, wie Klaus Kinkel laut überlegt, dann handelte es sich zwar immer noch um eine schreckliche Tragödie, aber auch um ein eingrenzbares Problem. Solingen, hieße das nämlich, hat mit der Politik, mit den Medien, mit uns allen letztlich doch nichts zu tun.

Aber die Liste der Namen, die Schreckensbilder aus Deutschland wachrufen, Hünxe und Rostock, Hoyerswerda und Mölln und jetzt Solingen, verbietet Ausflüchte. Beunruhigend erscheinen eher die Beruhigungstheorien, wie sie die Politik so liebt. Allmählich tröstet auch nicht mehr die Rhetorik von der «unnachsichtigen Härte», mit der nun geahndet und gestraft oder mit der künftig die Skinheads observiert werden müßten. Wer von Solingen spricht, kann über Zusammenhänge nicht schweigen.

Einiges von dem, was den ausländischen Inländern in diesem Land widerfährt, haben Politiker – leichtfertig, eigensüchtig oder machttaktisch denkend – losgetreten. Medien haben es aufgegriffen, verstärkt oder zugespitzt. Manche derjenigen, die in zentimeterhohen Schlagzeilen «Schreckensasylanten» brandmarkten und Aggressionen schürten, zeigen sich heute mit Krokodilstränen in den Augen.

In der Rückblende auf die Geschichte der Fremden in diesem Land, die in den späten fünfziger Jahren mit den «Gastarbeitern» begann, zunächst Italiener, Jugoslawen und Spanier, später auch Türken, die dann in den achtziger Jahren auch die Asylsuchenden umfaßte, setzen sich viele Mosaiksteine zu einem ziemlich tristen, deprimierenden Bild zusammen. Die Fremden sind fremd geblieben in Deutschland, sie werden noch fremder.

Seit 1969 (!) vergeht fast kein Wahlkampf, in dem nicht Angst vor der Überfremdung geschürt wird. Es begann damals in Baden-Württemberg mit dem Aufstieg der NPD. Aus heutiger Sicht – nicht erst seit Solingen – kann man das Experiment, beinahe sechs Millionen Fremde in dieser Gesellschaft zu integrieren, nicht als geglückt bezeichnen. Das hat Gründe: Es ist die gesellschaftliche Mitte, aus der die Ängste stammen, die Sehnsucht nach Abstand und in Wahrheit auch die neue Radikalität. Es sind auch gutbürgerliche Gazetten, die sich wie viele Politiker – vornehmlich, aber nicht nur in der Union – seit Anfang der achtziger Jahre (!) mit Vorschlägen hervortun, wie man Dämme bauen könne gegen die «Asylantenflut». Das Wort, verräterisch, wie es ist, hat sich längst eingenistet im neuen Wörterbuch des postmodernen Unmenschen.

Johannes Rau, der spröder, ehrlicher und einfühlsamer auf Solingen reagierte als die meisten seiner Kollegen, hat ganz gewiß recht, es stehen Gesinnungsfragen zur Debatte. Unsicherheiten werden offenbar. Entweder wurde zum Feind gemacht, «was anders war, oder aber zum Freund, was bis vor kurzem noch Feind war». So urteilt im Rückblick der Soziologe Uli Bielefeld in einer Untersuchung über «Neuen Rassismus in der alten Welt». Wir hätten kein unbelastetes Verhältnis gefunden zu den entstehenden Minderheiten, zu Fremden vor allem, die weder Freunde noch Feinde waren. Fremdenfeindlichkeit sei mit einer oberflächlichen Liebe zu den anderen – den «Gastarbeitern» – verdeckt worden. So weit wurden sie an den Rand gedrängt, daß man sie gar nicht mehr ausgrenzen mußte.

Immerhin 51 Prozent der Befragten gaben im Herbst 1992 zu erkennen, mit der Formel «Deutschland den Deutschen» zu sympathisieren. Nachdem die Grenzen und Mauern gefallen sind, wächst ganz offensichtlich das Bedürfnis, neue Grenzpflöcke im Inneren aufzustellen, Differenzen zu markieren, Feinde zu finden. Dem ist die Politik nicht entgegengetreten. Hat sie die Entwicklung übersehen?

Nach dem Handlungsdefizit der Politik läßt sich auch so fragen:

Würden neue Bürgerrechtsgesetze das Verhältnis zwischen Deutschen und Fremden wirklich verbessern? Können mehr Rechte für Ausländer ein neues Solingen verhindern?

Wer für eine stärkere Integration der Eingewanderten und hier heimisch Gewordenen eintritt, verbindet damit viel Hoffnung. Herbert Schnoor, der Innenminister des Landes Nordrhein-Westfalen, ein kämpferisch liberaler Mann und Sozialdemokrat, hat soeben wieder davon gesprochen. Er ist kein Schwärmer. Kommunales Wahlrecht für Ausländer, beispielsweise, schützt nicht gegen Unbelehrbare, Verhetzte und Kriminelle. Natürlich weiß Schnoor das. Aber es könnte ein Beitrag zur Normalisierung der Verhältnisse sein, hat er am Pfingstmontag gesagt. Wenn die Kinder zusammen Fußball spielen und dieselbe Schule besuchen, warum sollten die Eltern nicht zusammen wählen gehen?

Über das Kommunalwahlrecht für Ausländer wird lange schon gestritten. Stets waren es, von den Rechtsextremisten abgesehen, vor allem Vertreter der «christlichen» Politik, die sich mit wütendem Eifer dagegen verwahrt haben, am liebsten in Wahlkämpfen, aber auch, wie die CDU Schleswigs-Holsteins, vor dem Verfassungsgericht. Das Zusammenleben im Viertel und in der Stadt, die gemeinsamen kommunalen Probleme, die nachbarschaftlichen Interessen, das alles zählt in dieser Weltsicht nicht, gemessen an der Zugehörigkeit zur «Volksgemeinschaft». Deutschland den Deutschen!

Sofern die Maastrichter Verabredungen je wirksam werden, würde sich das für EG-Bürger ändern. Für sie ist das aktive und passive Wahlrecht vorgesehen, bei Kommunal- und Europawahlen. Für die rund 1,8 Millionen Türken in Deutschland – und andere Nicht-EG-«Inländer» – wäre das jedoch folgenlos. Mit und ohne Maastricht bleiben sie Arbeitnehmer, Steuer-, Abgaben- und Beitragszahler, ab 1995 auch Solidarbeitragszahler, im übrigen aber «Bürger zweiter Klasse».

Zweitklassig sein: Man muß nicht aus dem Orient kommen, wo der Mythos von Ehre und Ansehen ein ungleich wichtigerer sozialer Faktor ist als im kühleren Mitteleuropa, um sich in dieser Position nicht behaglich zu fühlen. Weniger Rechte, weniger Ansehen – und nun auch weniger Sicherheit. Der Botschafter in Bonn, Onur Öymer, wirbt um Verständnis: «Türken sollten sich nicht als Bürger zweiter Klasse fühlen.» Aber sie tun es, weil sie es sind.

Von Zweitklassigkeit will die offizielle deutsche Rhetorik freilich nichts wissen. Da wird vor allem der türkische Beitrag zum deutschen Bruttosozialprodukt lobend herausgestellt und beteuert, daß sie alle «geachtete Bürger unseres Landes» seien, wie Helmut Kohl es bei seinem offiziellen Besuch in der Türkei wiederholt tat. Klar, daß er auch seine Heimatstadt Ludwigshafen als Beispiel zitierte, wo, wie er sagte, 7000 Türken unter 150 000 Einwohnern lebten (es sind, genaugenommen, 9046 von 171 377) und «unseren Wohlstand mit erarbeitet haben». Ausländer ohne politische Bürgerrechte – das paternalistische Lob soll nur zu oft darüber hinwegtäuschen.

Eine dringend nötige Reise war das, hat man hinterher versichert. Notwendig, um zerschlagenes Porzellan zu kitten oder wenigstens beiseite zu kehren, zur Not auch unter den Teppich. Menschenrechte, Waffenlieferungen, Kurdenproblem, Terrorismus, Fundamentalismus, EG-Mitgliedschaft, der Fall des Freiburger Journalisten Stefan Waldberg, der in der Türkei im Gefängnis sitzt, das waren genügend Probleme – «Irritationen und Mißverständnisse», sagte der Diplomat Kohl – für offene Worte hinter verschlossenen Türen. Hinüber und herüber. Dazu gehörte auch die Sicherheit der Türken in Deutschland. Nach Mölln. Vor Solingen.

Erst nach Kohls Rückkehr, am Beginn der großen Parlamentswoche, platzte ein fast vergessenes Thema in die aufgeregte Öffentlichkeit: Kohl denke nun, so berichtete die *FAZ* von der Reise, an die Möglichkeit einer Doppelstaatsbürgerschaft. Jedenfalls für Türken. Begrenzt auf fünf Jahre. Das habe er den Regierenden in Ankara in Aussicht gestellt. Welch ein Fortschritt zu Beginn einer Woche, in der es politisch sonst in die andere Richtung gehen sollte.

Es gab Beifall von vielen Seiten. Ignatz Bubis beispielsweise, sonst eher bedrückt ob der Asylrechtsentscheidung, sah darin ein Zeichen der Hoffnung. «Das ist ein Einstieg in die unbegrenzte Doppelstaatsbürgerschaft», schwärmte er, «wie ein Fuß in der Tür.» Kohl, glaubte der Vorsitzende des Zentralrats der Juden, wollte damit die Sozialdemokraten noch vor der Asylabstimmung wissen lassen, daß mit ihm zu reden sei.

Die Freude könnte verfrüht gewesen sein. Am Ende der heißen Bonner Pfingstwoche wirkte Kohls Doppelstaatsbürgerschaft eher wie eine orientalische Luftspiegelung, so real und doch unwirklich. Hatte der Kanzler ein Phantom in die Welt gesetzt? In seinem Amt wollte zunächst niemand etwas davon wissen. Kohl selbst, so wird erzählt, habe in der Koalitionsrunde die Berichte als übertrieben bezeichnet.

Ein Sprecher raunte später etwas von «überinterpretiert». Er wolle nur deshalb nicht offiziell dementieren, damit das Thema nicht noch zusätzliches Gewicht bekäme. Am Pfingstmontag schließlich, als der türkische Botschafter die angebliche Kohl-Überlegung begrüßte, fühlte Klaus Kinkel sich zu einem klärenden Wort veranlaßt: Der Kanzler habe lediglich gesagt, man müsse über diese Möglichkeit «nachdenken». Nicht mehr.

Beim «Nachdenken» wäre Kohl allerdings nicht allein. Gesetzentwürfe zur Erleichterung der Einbürgerung und über die Möglichkeit einer unbegrenzten Doppelstaatsbürgerschaft liegen bereits vor. Einer stammt von der FDP-Abgeordneten Cornelia Schmalz-Jacobsen, die zwar Ausländerbeauftragte der Bundesregierung ist, im Kabinett bisher aber keine Lobby und in der eigenen Fraktion keine starke Unterstützung hat. Einen anderen hat die SPD-Rechtsexpertin Herta Däubler-Gmelin in diesem Frühjahr im Bundestag eingebracht.

Die offizielle Ablehnungsfront steht bisher festgefügt quer durch die Union, von einigen unabhängigen Köpfen wie Geißler abgesehen. Und natürlich reicht das Nein-Lager von der CDU über die CSU weit nach rechts, dorthin, wo die Stammtische sind, und auch dorthin, wo unter den Deklassierten und Abstiegsbedrohten die politisch geschürte Angst vor dem Fremden in den Seelen haust oder auf den Straßen der monokulturelle Haß wächst.

Einbürgerung und Doppelstaatsbürgerschaft: Ist dies jetzt die Zeit, Flagge zu zeigen?

Klaus Kinkel ist bei dem Gedanken offenkundig nicht wohl. «Wir müssen aufpassen, daß wir nicht das Gegenteil bewirken.» Er zögert noch, ob er das auf dem FDP-Parteitag in seiner Antrittsrede als neuer Parteivorsitzender zum Thema machen soll. «Die Rechten werden aufheulen.» Schon wahr. Doch wer sich nicht in Gefahr begibt, kommt darin um.

Längst sei die Bundesrepublik ein Einwanderungsland, urteilt Herbert Schnoor. Konsequenzen sind aus der Einsicht, die viele Fachleute seit langem teilen, allerdings nicht gefolgt.

Wie Fremde, Ausländer, Flüchtlinge als Bürger zweiter Klasse behandelt werden, hat beispielsweise auch Volker Rühe in seiner Rolle als CDU-Generalsekretär demonstriert. In dem berühmten Rundbrief an die Kommunalpolitiker seiner Partei, dem ein Musterformular beigefügt war, regte er an, wie sie sich an der Antiasylkampagne beteiligen könnten. Rühes Aktion war nicht die Ursünde in dieser Frage. Aber er, der Erfinder der «SPD-Asylanten», hat damit doch wie kein anderer auf den Begriff gebracht, in welchem Maße die Politik instrumentell denkt, wenn es ihr nützen könnte.

Nach rechts zu rücken, um einen Rechtsruck zu verhindern, nach dieser Devise handeln viele, und mit ihr entschuldigen sie alles. Viele waren auch daran beteiligt, in Worten Tabugrenzen zu senken. Edmund Stoiber sprach von der «durchmischten» und «durchrassten» Gesellschaft und nahm es hinterher natürlich entschuldigend zurück.

Wirklich couragierte Ausnahmen kann man an einer Hand abzählen. Daniel Cohn-Bendit und Thomas Schmid, denen man nicht vorwerfen kann, sich gegenüber den realen Migrationsproblemen von heute blind zu stellen oder einem schwärmerischen Antirassismus zu huldigen, haben die ganze Geschichte folgendermaßen resümiert: «Die gesamte Diskussion über die Anwesenheit von Ausländern in Deutschland beweist bis auf den heutigen Tag: Es war und ist nicht vorgesehen, Ausländer in Deutschland als eine im wesentlichen willkommene, nützliche und sogar übers Vorteilskalkül hinaus vorteilhafte neue Bevölkerungsgruppe zu betrachten.»

Die Ausländer wurden dennoch oft Deutsche, aber das haben sie sich mühsam erkämpft. So besehen, bleibt es eher erstaunlich, wie relativ spannungsfrei ihre Einstellung gegenüber der deutschen Mehrheit ist. Bisher.

Den Arbeitern folgten die Flüchtlinge. Bis in die frühen achtziger Jahre kamen sie überwiegend aus Osteuropa. Sie wurden auch akzeptiert.

Das Bild änderte sich, als immer mehr Asylsuchende aus Sri Lanka und dem Libanon, aus dem Sudan und Somalia, aus dem Iran oder dem kurdischen Grenzgebiet kamen. In den Medien wurde über den «Linienflug zum Sozialamt» gehöhnt, und zu oft machte die Politik dabei auch noch mit. Der Streit um das Asylrecht, liberales Herzstück des Grundgesetzes von 1949, begann.

Die Debatte hat viele Jahre gedauert, zu lange, um ein gutes Ende zu finden. Der Sieger in der vergangenen Woche war schließlich die Union. Sie hatte ihr Thema – die Notwendigkeit einer Verfassungsänderung – endlich durchgesetzt, die SPD hielt dem Druck nicht stand. Von der FDP ganz zu schweigen. Rückgrat in Fragen der Liberalität ist ihre Sache schon lange nicht mehr.

Nach der Abstimmung am Mittwoch sprachen viele von Erleichterung und «innerer Befreiung», besonders führende Sozialdemokraten. Nicht jedem ging es so. Der ostdeutschen Abgeordneten Christel Hanewinckel, neues Mitglied des SPD-Fraktionsvorstands, war eher zum Heulen zumute. Am Abend zuvor hatte sie noch, als Vertreterin der Neinsager ihrer Fraktion, auf dem Bonner Münsterplatz zu einer Protestversammlung gesprochen. «Austreten! Austreten!» skandierte die Menge.

Raus aus der SPD wegen des Asylkompromisses? «Ich bin auch aus der DDR nicht ausgetreten», antwortete die gelernte Pastorin dem Chor, «ich habe dort für Veränderungen gekämpft.» Nur nicht den Kopf in den Sand stecken: «Eintreten müßt ihr!»

Ein bedrückender Tag, dieser Bonner Mittwoch vor Pfingsten. Asyltag. Er begann mit Polizeisirenen und dem Geknatter von Hubschraubern. Das Parlamentsviertel im Belagerungszustand. Eine neue, keine schöne Erfahrung.

Die Nötigung, ein Lernspiel: Die Bannmeile war, von Belagerern und Verteidigern umzingelt, wie eine Festung, von den Demonstranten gewolltes Symbol für die *Festung Europa*, Bauabschnitt Deutschland, zu Lande praktisch unerreichbar, für wenige Privilegierte aber zugänglich über den Wasser- und Luftweg. Die meisten Abgeordneten wurden per Schiff und mit Hubschraubern des Bundesgrenzschutzes zur Debatte gebracht.

Später wurde gestritten, ob die Polizei zu flexibel gewesen sei. Der Innenminister kündigt im Kabinett einen Bericht an. Für manchen politischen Würdenträger hat der Staat an Respekt eingebüßt, weil er die Straße kampflos preisgegeben habe und keiner der Blockierer festgenommen worden sei. Keine Schlagstöcke, keine Wasserwerfer, kein Tränengas – wo blieb denn da die wehrhafte Demokratie?

Der Streit ist nicht ausgestanden. Aber seine Bedeutung ist am darauffolgenden Wochenende jäh verblaßt. Andere Polizeiaufgaben wurden wichtiger: der Dauereinsatz gegen nächtliche Marodeure und die Fahndung nach den Mördern von Solingen.

Auch der Streit um den Artikel 16 war eine Selbstverständigungsdebatte, nur wurde sie nicht so gesehen. Auf eine solche Standortbestimmung nach der großen Zäsur von 1989 hatten Politik und Gesellschaft verzichtet. Sie wurde nachträglich erzwungen, von Fall zu Fall. So war es nach Rostock, so wird es nach Solingen kommen.

Die lange verschleierten Konfliktlinien, die verdrängten Kontinuitäten, das alles holt die Gesellschaft jetzt ein. Politiker der Mitte, die das spüren, blicken ängstlich und desorientiert, manchmal auch kalt und aggressiv auf das schwankende bürgerliche Publikum, das selber oft desorientiert und radikal mißgelaunt wirkt.

Besorgt warnen Helmut Kohl und Johannes Rau vor Gewalt und Selbstjustiz. Herbert Schnoor droht den Rädelsführern, die einen Keil zwischen Türken und Deutsche treiben wollten, mit Ausweisung. Aber ob die «Amerikanisierung der Verhältnisse», die wachsende Neigung zur Gewalt als Folge großer gesellschaftlicher Brüche, wirklich noch aufzuhalten ist? Wolfgang Thierses skeptische Frage kann man gut verstehen.

Ist Solingen ein Fall von verirrten einzelnen? Es gibt, wie der Brandanschlag wieder gezeigt hat, Rassismus im Lande. Es gibt auch eine klammheimliche Renaissance von Deutschnationalem. Und es gibt seit der Gründung im Jahr 1949 und der Vereinigung nach 1989 ein Grundeinverständnis, wonach Nationalismus und Rassismus, autoritäres Ausgrenzen von Minderheiten, aggressive Intoleranz gegenüber Fremden zu den abgeschlossenen Kapiteln gehören. Diese Illusion aber zerbricht an der Wirklichkeit. Solingen ist davon ein Ausschnitt. Wie Mölln, Rostock, Hoyerswerda und Hünxe und wie der namenlose Alltag in Deutschland.

Für die Entwicklung sind viele verantwortlich, nicht nur Politiker. Zu viele in der Öffentlichkeit haben aufgewiegelt, zu wenige haben abgewiegelt. Man sieht die Bilder der ausgebrannten Ruine, die Blumen, sieht Ohnmacht und Traurigkeit, die Aggressionen – und blickt in einen Spiegel. Dieser Blick geht mitten in die Gesellschaft, ins fremde Innere der eigenen Republik.

4. Juni 1993

THEO SOMMER

Fremde zu Bürgern machen

Eberswalde, Hoyerswerda, Hünxe, Rostock, Mölln – und nun Solingen. Die Kette der Schandtaten gegen Ausländer reißt nicht ab. Der Schatten der Gewalt verfinstert die Erinnerung an die Lichterketten, mit denen drei, vier Millionen Menschen vor einem halben Jahr erst ihre Abscheu vor Fremdenfeindlichkeit und Brutalität bekundeten. Plötzlich drängt sich der Welt wieder das Bild des häßlichen Deutschen auf.

Es ist noch keine zwei Wochen her, da gab der Kanzler den Türken eine «Garantie», Mölln werde sich nicht wiederholen. Dies leichtfertig ausgesprochene Wort wurde binnen weniger Tage zu Asche in seinem Munde. Nach der Mordbrennerei von Solingen ersterben uns die Floskeln der Betroffenheit auf den Lippen. Die Ehrlichkeit zwingt zu dem Eingeständnis, daß wir feige Anschläge gegen unsere nichtdeutschen Landsleute nicht mit absoluter Sicherheit verhindern können.

Resignation also? Beileibe nicht. Was tun? Auf diese Frage kann es nur eine einzige Antwort geben: Was tun!

Symbolik ist dabei nicht ohne Bedeutung. Helmut Kohl, der Hand in Hand mit Mitterrand auf das Schlachtfeld von Verdun trat, weiß das genau. Es wäre kein «Beileidstourismus», um die fatale Formel seines Pressesprechers Vogel aus dem vorigen Herbst zu zitieren, hätte er es über sich gebracht, an der Kölner Trauerfeier teilzunehmen, wo schon nicht an dem Begräbnis in Anatolien. Nun demonstriert wieder einmal der Bundespräsident Einfühlsamkeit und Solidarität. Und wenn sich aufs neue Lichterketten im Lande formierten, so könnte auch dies die Gewalt dämpfen und ein neues Zeichen der Versöhnlichkeit setzen.

Aber mit Symbolik kann und darf es nicht sein Bewenden haben.

- Es sollte in jeder Stadt und jedem Dorf mit einem wahrnehmbaren ausländischen Bevölkerungsanteil ein Runder Tisch eingerichtet werden, um Probleme und Problemzonen zu identifizieren, Nachbarschaftshilfe zu organisieren und staatliche Organe wie Polizei und Verfassungsschutz auf Krisenpunkte aufmerksam zu machen. Der Dialog sollte dabei weit über den Kreis der Räte und Beiräte hinaus geöffnet werden.
- Es müßte jede Gemeinde nach dem Vorbild der bayerischen Landeshauptstadt München den Beitrag der ausländischen Mitbürger zum Leben der Gemeinschaft untersuchen und öffentlich bekanntmachen – nicht nur deren Beitrag zum Bruttosozialprodukt, zur Schöpfung materieller Werte, sondern auch zur Vielfalt, zur bereichernden Buntheit, zur inneren Kraft unseres Landes.
- Schließlich ist es höchste Zeit, einige störende staatsrechtliche Zöpfe abzuschneiden. Wir müssen den nichtdeutschen Einwoh-

nern – sechzig Prozent sind über 10 Jahre hier, fast die Hälfte über 15 Jahre, ein Viertel über 25 Jahre – das Tor zur Einbürgerung weit aufstoßen. Der bloße Mitbürger-Status, aufgelockert für Fußballprofis, genügt nicht. Es ist ein rechtloser Status, der die nichtdeutschen Inländer zum Leben in einem Apartheidsystem verurteilt. Laßt sie Deutsche werden, wenn sie fünf oder acht Jahre bei uns waren und bestimmte Mindestvoraussetzungen erfüllen. Laßt die hier geborenen Kinder von Geburt an Deutsche sein, wenn die Eltern dies wünschen – sonst sollten sie sich mit achtzehn Jahren selbst entscheiden dürfen. Laßt allen, die im Herkunftsland rechtliche Schwierigkeiten gewärtigen müssen, beispielsweise bei Erbfällen, ruhig die ursprüngliche Staatsbürgerschaft; ihre Doppelstaatsbürgerschaft braucht uns ebensowenig zu genieren wie das Doppelstaatlertum bei anerkannten Volksdeutschen. Und auch eine «kleine Einbürgerung» wie in Belgien, das Ausländern nach drei Jahren das Kommunalwahlrecht einräumt, dürfte die Einfallskraft unserer Juristen nicht überfordern.

Sicherlich würde ein Abbau der bestehenden rechtlichen Diskriminierung nicht mit einem Schlage alle Schwierigkeiten überwinden. Unverbesserliche Neonazis würden einen Türken mit ihrem Rassenhaß wohl auch dann verfolgen, wenn er einen deutschen Paß besäße. Dennoch: Es käme darauf an, den Willen der anständigen Mehrheit endlich über alle Zweifel hinaus zu verdeutlichen: daß die sechs Millionen Ausländer keiner offenen oder heimlichen ethnischen Säuberung ausgesetzt werden sollen; daß wir ein Zehntel der Bevölkerung nicht auf die Dauer einem politischen System unterwerfen wollen, in dem es keinerlei Mitsprache hat; und daß deutschblütiger Stammesstolz nicht den Frieden des Gemeinwesens behindern darf, indem er dessen Schutz jenen Mitbürgern verweigert, die keine andere Heimat wollen als Deutschland – oder keine andere Heimat haben, wie die zwölf Prozent Ausländer unter den hierzulande Geborenen.

Einbürgerung ist in Deutschland noch immer ein Hindernislauf. Sie steht ganz im Ermessen der Behörden, und der Ermessensspielraum ist eng. Klare rechtliche Regelungen sollten diese Ermessenseinbürgerung durch eine berechenbare Anspruchseinbürgerung ersetzen. Nur die Staatsbürgerschaft bildet den gemeinschaftsstiftenden Rahmen, in dem die soziale und politische Integration der Zuwanderer gelingen kann. Und dabei darf niemand die Augen vor der Tatsache verschließen, daß Zuwanderer in nicht allzu ferner Zukunft auch Einwanderer umfassen werden – dann jedenfalls, wenn die Deutschen ihren heutigen Bevölkerungsumfang, ihren Lebensstandard, ihr soziales Netz erhalten wollen.

Die Abwehrhaltung der Eingesessenen gegen die Wanderer – die Geschichte kennt dieses Phänomen seit Jahrtausenden. Doch heute geht es nicht darum, die Deutschen vor den Ausländern zu schützen. Umgekehrt müssen wir die Ausländer vor der schlimmsten Sorte der Deutschen beschützen. Dies sind wir uns übrigens selbst schuldig: unserem Verständnis von Deutschland, von Demokratie, von Menschlichkeit. Unsere Politiker sollten nicht den bösen Eindruck erwecken, wir müßten uns in erster Linie deswegen aufregen und regen, weil unser Ansehen im Ausland Schaden nehme. Nein: Aufregen und regen müssen wir uns, damit wir als Deutsche uns selber noch in die Augen blicken können. Nicht unser Image steht auf dem Spiel, sondern unsere Selbstachtung.

10. September 1993

Helmut Schmidt

Aus fürs Modell Deutschland?

Der Bericht zur Sicherung des Wirtschaftsstandortes Deutschland, den die Bundesregierung vorgelegt hat, ist in Wahrheit bloß eine Neuauflage des Lambsdorff-Papiers aus dem September 1982, angereichert um einige Langzeitperspektiven.

Die Tatsachen: Die durch unzulängliche Eigentums-, Steuer- und Finanzpolitik unnötig vertiefte Vereinigungskrise hat uns eine Staatsquote von 54 Prozent des Bruttoinlandsproduktes beschert. Die öffentlichen Hände verbrauchen insgesamt fast die ganz private Sparquote unseres Volkes. Die Defizite aller öffentlichen Hände erreichen zusammen fast acht Prozent des Bruttoinlandsproduktes. Dennoch wäre ein tiefgreifender finanzpolitischer Kurswechsel heute, im Tiefpunkt der konjunkturellen Krise, noch verfrüht.

Unsere Leistungsbilanz mit dem Ausland ist stark negativ; gleichwohl verbreiten Bonn und Frankfurt immer noch Stolz auf die «harte D-Mark», die jedoch ihre stetige Aufwertung entscheidend den hohen deutschen Geldmarktzinsen verdankt und die unseren Export beeinträchtigt.

Die wichtigste Tatsache: Selbst wenn auf das böse Schrumpfungsjahr 1993 ein Wachstumsjahr 1994 folgen sollte, selbst bei einem hoch optimistisch unterstellten Wachstum von zwei Prozent werden wir nächstes Jahr einen weiteren Anstieg der Arbeitslosigkeit erleben. Unser Land verfehlt also gegenwärtig alle vier Ziele des «magischen Vierecks»: Weder haben wir eine hohe Beschäftigungsquote noch stabile Preise, weder Wachstum noch außenwirtschaftliches Gleichgewicht – von einer sozial gerechten Einkommensentwicklung ganz zu schweigen. Mit vollem Recht hat uns der *Economist* unter den dreizehn wichtigsten Industrieländern lediglich den zwölften Rang zuerkannt, gerade eben noch vor Spanien, aber bereits hinter Italien.

Es war ein katastrophaler Fehler des fälschlich so genannten Solidarpaktes im März, auf die Beteiligung und auf Konsens zwischen Arbeitgebern und Gewerkschaften, Unternehmern, Banken, Bundesbank, Kommunen und Regierung zu verzichten. Tatsächlich wurde nicht einmal die vom Kanzler damals verkündete Sicherung der Finanzgrundlagen «über das Jahr 1995 hinaus» erreicht.

Für einen echten Solidarpakt ist es immer noch nicht zu spät. Zwar haben beide Lohntarif-Vertragsparteien inzwischen etwas dazugelernt. Aber immer noch sind unsere Arbeitszeiten allzu unflexibel. Immer noch sind die Maschinenlaufzeiten in Deutschland die zweitkürzesten in der ganzen EG, unterboten allein von Portugal; immer noch benötigen viele ostdeutsche Betriebe eine Öffnung der Tarifverträge, welche ihnen – im Einvernehmen mit der Belegschaft – erlaubt, niedrigere Löhne einer massenhaften Entlassung von Arbeitnehmern vorzuziehen.

Die deutsche Wirtschaftsgesellschaft hat weiterhin potentiell wesentliche Vorteile gegenüber der Konkurrenz aus Billiglohnländern, ob diese nun in Ost- und Südostasien oder in der östlichen Hälfte Europas liegen. Dazu gehört unser duales gewerbliches Ausbildungssystem der Kombination von Lehre und Berufsschule, dazu gehören unsere Betriebsverfassung und Mitbestimmung, dazu gehört unser partnerschaftliches soziales Klima. Dieses Klima gilt es heute zu nutzen.

Wirtschaftsminister Rexrodt jedoch handelt fahrlässig, wenn er das soziale Klima, mitten in der Krise, mit Katastrophen-Ankündigungen für die weitere Entwicklung unseres Rentensystems belastet. Ganz gewiß werden hierzu neue Rechnungen und Überlegungen nötig werden, aber Entscheidungen sind weder nächstes noch übernächstes Jahr fällig. Und Sozialminister Blüm wie auch CDU und SPD miteinander sollten einsehen, daß die Einführung der Pflegeversicherung als vierte Säule unserer Sozialversicherung mitten in der Krise dann ökonomischer Unfug ist, wenn keiner einen überzeugenden Vorschlag vorlegen kann, wie man dabei eine Steigerung der Sozialabgaben oder eine Schmälerung bisheriger Sozialleistungen vermeiden kann.

Das Standort-Sicherungskonzept der Bundesregierung geht souverän an der tiefgreifenden Strukturkrise im Osten des Vaterlandes vorbei, als ob es sie gar nicht gäbe. Ein Zukunftsinvestitionsprogramm für den Osten fehlt. Ein Umzug eines Teils der Bundesministerien von Bonn nach Berlin – ohne Neubauten, vielmehr in angemietete Büroräume – ist nicht vorgesehen; er würde im Osten eine starke wirtschaftspsychologische Wirkung haben.

Die im Osten unerträglich schleppenden Rechts- und Verwaltungsvorschriften sollen lediglich durch eine Kommission «geprüft» werden; lediglich «längerfristig» soll ein kunden- und kostenorientiertes Verwaltungsmanagement «erwogen» werden, um Planungs- und Genehmigungsverfahren abzukürzen. Warum geben wir dem Bundeswirtschaftsminister nicht eine *echte* Aufgabe, nämlich ihn dadurch zum Anwalt von Wirtschaft, Gesellschaft und Kommunen zu machen, daß ihm federführend die Vereinfachung der Verfahren in sämtlichen von den Fachministerien betreuten Bereichen übertragen wird? Und wenn die Entschlußkraft des Kabinetts dafür nicht ausreichen sollte: Welch ein Betätigungsfeld für eine einfallsreiche Opposition!

In der Schwerfälligkeit unserer Verwaltung liegt einer der Gründe unserer Strukturkrise. Auf längere Sicht liegt der Hauptgrund freilich im zunehmenden Verlust unserer Wettbewerbsfähigkeit infolge technischen Rückstandes unserer Produktpaletten. Einfache Textilien, Stähle, Schiffe – sie werden inzwischen in den Billiglohnländern in gleicher Qualität, aber zu weitaus niedrigeren Kosten hergestellt und auf den Weltmärkten angeboten.

Wer dem mit Protektionismus und Importquoten begegnen will, der kuriert nur am Symptom. Denn was heute für Autos und Computer aus Japan oder Korea gilt, wird morgen für Maschinen aus Tschechien gelten und übermorgen sogar für einfache Flugzeuge aus Indonesien. Deshalb ist – trotz konjunktureller Rezession – der Appell an die Innovationskraft unserer Unternehmungen richtig und notwendig. Wir müssen schrittweise unsere traditionellen, konventionellen Güter durch neue Produkte ersetzen, wie sie in der Dritten

Welt und in Osteuropa einstweilen noch nicht hergestellt werden können.

Wir haben offenbar die Herstellung von Halbleitern verschlafen; aber wir haben Chancen in der Medizin-Elektronik und in der apparativen Medizin insgesamt, in der Pharmazie, der Biochemie, der Gentechnik, in der Entwicklung neuer Werkstoffe, in Photovoltaik und Umweltschutz, in der Luftfahrtindustrie, Weltraumtechnik, Kernkraft. Natürlich muß der Staat Forschung und Entwicklung fördern, die Hauptsache aber müssen die Unternehmen leisten.

Lean management und *lean production* sind richtige Stichworte, aber sowohl die Bundesregierung als auch unsere Unternehmen müssen begreifen: Die deutsche Strukturkrise ist keineswegs bloß ein Ergebnis hoher Produktionskosten, sondern sie ist auch eine Folge unseres Festhaltens am Althergebrachten, das für heute und erst recht für morgen nicht mehr ausreicht.

1994

7. Januar 1994

Christoph Dieckmann

Wenn die Heimat vor die Hunde geht

Bischofferode

Dann klarte es auf. Der Schnee, den der schwarze Mittagshimmel wie von Sinnen ausgeschüttet hatte, floß zu Tal. Die weiße Halde wurde wieder rot. Dem Thomas Müntzer vor der Pförtnerbude schmolz der Hut, und das qualmende Stumpenfeuer belebte sich in seinem eisernen Korb.

Da kamen sie. Zu Hunderten strömten die Kumpels heran. Die Polizisten am Werkstor, biedere Wachtmeister, harrten in Gleichmut.

Wir wollen hier rein.

Hier geht keiner rein.

Das ist heute immer noch unser Werk.

Dicht, hörste doch.

Sagt mal, spinnt ihr?

Drinne laufen kriminaltechnische Untersuchungen. Könnt euch bei dem Vandalen bedanken, der heute nacht dem Betriebsleiter sein Büro demoliert hat.

Und das waren wir, was? Kommt doch wieder wie gerufen für Kali + Salz. Is nischt Neues, Repse und Bombenleger sollten wir auch schon sein, immer wennse verhandeln.

Sie verhandelten wieder seit Stunden, per Fax und Telefon – hier auf dem Schacht der Betriebsrat, in Kassel die Herren von Kali + Salz. Das Dudel-*Radio Brocken* plärrte aus unerklärtem Grund, der Kampf der Kalikumpel sei beendet, ein Kompromiß perfekt. Betriebsrat Heiner Brodhun erschien am Tor: Es dauere noch lange.

Dann kam Werner Kunze, die Seele vom Widerstand, und wischte sich die Augen. Ich kann nicht mehr. Ich bin fertig. Wenn bis Mitternacht nichts unterschrieben ist, stehen wir da ohne alles. Und als gemeine Kriminelle, falls wir die Grube Montag wieder anfahren. Mensch, du faßt es nicht. Ein Gesunder soll seinen Totenschein unterschreiben. Wir haben für 47 Jahre Lagerstättenkapazität, und Bedarfsmeldungen. Da könnten wir jahrelang Tag und Nacht fördern. Aber wir sterben, weil sich die BASF von der Treuhand den Markt gestalten läßt. Kann nicht Helmut Schmidt noch helfen? Den verehren wir, der ist doch sehr sozial.

Walter, denkt ihr immer noch, Deutschland wird von Politikern regiert?

Ach, ich hab schon zu Vogel gesagt: Herr Ministerpräsident, es tut mir als Thüringer weh, daß Ihre Kompetenzen dort enden, wo unsere Probleme anfangen. Mensch, es bringt einen um, daß man am Marktwettbewerb gar nicht erst teilnehmen darf. Ersatzarbeitsplätze: Gerede, nichts zu sehen. Johannes Peines Mittelstandskonzept: weggebügelt. Bisher bin ich abends heimgegangen und hatte was Sinnvolles getan. Über Geburtenmangel klagen die Flickschuster in Bonn. Wer soll denn hier in Zukunft Kinder kriegen und die Renten sichern? Wenn bloß das Geld regiert, stimmt's weder im Koppe noch im Herzen.

Da hob die Pastorin Christine Haas ihre Bibel wie des Moses Stab. Die Wache wich zurück. Das Tor schwang auf. Die Menge strömte aufs Werk, hin zur großen Kantine, wo die Hungerstreiker lagen. Dann saßen sie beieinander und schauten auf das große Kreuz und sprachen: Herr, erbarme dich unser und unserer Zeit, und dein Friede, der größer ist, als wir begreifen, bewahre uns vor jeglicher Gewalttätigkeit und führe uns zum Ziel, das keinen Abend kennt. Und sie sangen und sangen. *Wer ist hier, der vor dir besteht / der Mensch, sein Tag, sein Werk vergeht / nur du allein wirst bleiben / nur Gottes Jahr währt für und für / drum kehre jeden Tag zu dir / weil wir im Winde treiben.* Dann sangen sie das Eichsfeldlied. *Schlägt meine letzte Stunde / es sei auf Eichsfelds Grunde.* Und Werra und Leine rannen über die harten Gesichter.

Daß sie verloren hatten, wußten sie längst, bevor der Betriebsrat einzog und der Schlichter Ramelow dartat, was man unterschrieben hatte: ein verknotetes System von nachgebesserter Abfindung, Demontage-Jobs am Schacht und vier Wochen Bedenkzeit. Ein kleiner Sieg, verkündete der Gewerkschafts-Profi aus der Pfalz. Niederlage, sagte Kumpel Lothar Wedekind. Nun sind wir dort, wo wir nie hinwollten. Der Dampf war raus. Hundert Leute können nicht siebenhundert ziehen. Gerhard Jüttemann, der Sprecher, brüllte, ja, man habe Geld herausgehandelt, JUDASLOHN, den kriegten nun auch jene, die ihn nicht verdienten, weil sie um Mammon gezittert hätten statt um die Grube.

Plötzlich ist Gregor Gysi von der PDS da. Ihr habt alle gelernt, sagt er. Ihr wißt jetzt, wie Politik funktioniert: daß Versprechen nichts gelten, daß man Fusionsverträge nicht einsehen darf, daß ein Bundestagsausschuß beurteilt, was er nicht kennt. Ihr geht erhobenen Hauptes. Ihr habt nichts eingebüßt, im Gegenteil, sie mußten draufzahlen. Auch im Westen können sie mit Belegschaften künftig nicht mehr so umspringen wie bisher. In Bonn führt das Wort Bischofferode zu hysterischen Anfällen. Aber der Flächenbrand ist ausgeblieben. Es gab Grußadressen und schöne Aktionstage, alles toll, doch den Kampf hat man weitgehend euch überlassen. Wo stehen denn draußen die Tausende, die rufen: Macht weiter!?

Alles trottet an die Tische. Mann für Mann unterschreibt die Kapitulation. Dann hockt nur noch einer in der Kantine. Hände vors Gesicht, als dürfte man nicht heulen nach 24 Jahren auf dem Schacht. Das war's nu! Wie 'n dummen Jungen sagen die dir: Das war's, ab, raus! Jetzt mach ich heime und nehm de Wäscheleine.

Mensch, laß den Mist. Da jubeln die doch noch, die Verbrecher, da sparnse deine Abfindung. Los, kommste mit runter in de Halle, zu Walter seine Feier.

Mir is nich nach Feiern.

Isses kei'm, kannste annehmen, komm man mit.

Ich mach erst heime.

Aber laß den Mist.

Aber ich muß den Vogel füttern.

Aber denn kommste.

Langsam füllt sich der Dorfsaal. Die Propan-Kanone befeuert den kargen Raum und wärmt die müden Knochen. Das Bier ist aus dem Osten, auch das Salatbuffet spendet Trost, und die Wildecker Herzbuben, diese Ikonen des Hungerstreiks, singen «Herzilein, du mußt nicht traurig sein». Wedekind verlangt nach Ernst Mosch, Kunze läßt seine Frau den Schneewalzer spüren, Gysi schwenkt die Mütter. Das war die niederträchtigste Ausrede von der Erfurter CDU, sagt Kunze: Wir würden bei der PDS von Schoß zu Schoß hutschen, für solche Leute täten sie nichts. Wer hier zu uns gekommen ist von den Politikern, der hat keine Parteipropaganda betrieben, der wollte helfen.

Jüttemann grinst, zu Beginn des Arbeitskampfes seien die evangelische Pastorin und der katholische Pfarrer fast schreiend davongerannt, als sie einander dieselbe Veranstaltung segnend entdeckten. Konfession trennt längst nicht mehr, und falls sie ein Wahlbündnis «Bischofferode ist überall» gründen, würde das keine Ostpartei, denn, weißte, Deutschland ist ganz anders geteilt als in Ost und West. Über die Regierungsparteien zu Erfurt und Bonn läßt sich erfahren, sie hätten verwirkt bis zum Jüngsten Gericht; selbiges beginne 1994. Und behüt' uns Gott vor den Rechten!

Dann ging es hart auf Mitternacht. Wedekind rief: Wer seiner Frau oder ihrem Mann noch was zu beichten hat, der tue das jetzt. So was schleppt man nicht mit. Und nun ein PROSIT NEUJAHR! Ein Hoch den Kalikumpeln von Bischofferode! Und sie stiegen auf die Bänke und brüllten, daß die Gläser sprangen: BISCHOFFERODE IST ÜBERALL, BRINGT DIE TREUHAND DOCH ZU FALL! Und obschon dies eine Lüge war, ist über die Zukunft nichts beschlossen, außer daß sie kommt.

Feiernd verpaßten sie Kanzlers Fernsehpredigt zum Altjahrsabend. Es sei ihnen also geschrieben, daß 1993 das stolzeste Jahr ihres Lebens war. Daß Größe kein bezahlter Adel ist, sondern die Beständigkeit des Herzens. Daß Menschen, die Wurst und Stulle mit den Fingern essen, ihre Hände häufig sauberer halten als die manikürten Trüffelspießer zu Häupten weißer Tische. Daß *die Wirtschaft* zwar nicht öffentlich diniert, aber auch nicht anonym. Daß Gewerkschaftsführer keine Hungerkumpel sind, sondern Aufsichtsräte der Arbeitsplatzbesitzer. Daß *die deutsche Einheit* am wenigsten von denen kommt, die sie am häufigsten im Munde führen. Daß auf *Nation* geschissen ist und das liebe *Vaterland* ein Furz, wenn die Heimat vor die Hunde geht. Es war in dieser kalten Neujahrsnacht kein wärmeres Fleckchen Deutschland zu finden als der Dorfsaal von Bischofferode.

4. Februar 1994

WILFRIED HERZ

Die Schleifspur wird immer tiefer

Die nackten Zahlen erinnern an Weimarer Verhältnisse: Rund vier Millionen Menschen sind als Arbeitslose registriert – so viele wie nie zuvor in der Geschichte der Bundesrepublik. Darüber hinaus werden über zwei Millionen auf Kosten des Arbeitsamtes beschäftigt, weitergebildet, umgeschult oder sind vorzeitig in den Ruhestand geschickt worden. In Deutschland fehlen also mehr als sechs Millionen Arbeitsplätze. So viele Erwerbslose waren – eine furchterregende Parallele – auch im Deutschen Reich zu Beginn der Jahre 1932 und 1933 gemeldet.

Trotz der erschreckenden Bilanz, die der Präsident der Bundesanstalt für Arbeit kommende Woche für den Janaur vorlegen muß, und trotz der Ähnlichkeit der Zahlen ist Deutschland im vierten Jahr der wiedergewonnenen Einheit nicht mit der zusammenbrechenden Weimarer Republik gleichzusetzen. Damals betrug die Arbeitslosenquote (wegen der geringeren Bevölkerungs- und Erwerbstätigenzahl) über dreißig Prozent, im Deutschland des Jahres 1994 wird sie rund zehn

Prozent erreichen – knapp neun Prozent im Westen und über fünfzehn Prozent im Osten. Noch schwerer aber wiegt: Die Not der Arbeitslosen war Anfang der dreißiger Jahre unvergleichlich größer, auch wenn niemand die Probleme der heutigen Erwerbslosen verharmlosen darf.

Gleichwohl greift die Formel «Bonn ist nicht Weimar», mit der Helmut Kohl die Bürger beschwichtigt, zu kurz. Die Schleifspur der Krise wird immer tiefer. Keine Gesellschaft kann Massenarbeitslosigkeit auf Dauer verkraften. Steigende Kriminalität, Fremdenhaß, zunehmender Rechtsradikalismus haben ihre Ursache auch in der Vernichtung beruflicher Existenzen und im Mangel beruflicher Perspektiven für junge Menschen. Massenarbeitslosigkeit ist eine Gefahr für den gesellschaftlichen Frieden. Sie ist außerdem auch ökonomisch verhängnisvoll, weil sie selber immer stärker das Wachstum und den künftigen Beschäftigungszuwachs bremst.

Zum einen müssen die Empfänger von Arbeitslosengeld und Arbeitslosenhilfe gezwungenermaßen ihren Konsum einschränken; damit verschlechtern sie die Absatzmöglichkeiten von Handel, Handwerk und Industrie. Zum anderen müssen die noch verbliebenen Arbeitsplatzbesitzer und ihre Arbeitgeber immer mehr Arbeitslose durch Beiträge und Steuern alimentieren – und das wiederum macht die Arbeit noch teurer, verstärkt also den Druck in Richtung Arbeitsplatzabbau um ein weiteres. Ein Teufelskreis!

Allein auf den Aufschwung von irgendwoher zu hoffen reicht aber nicht aus, auch wenn erste vage Anzeichen für eine leichte Besserung sprechen. Selbst wenn die von der Regierung vorausgesagte bescheidene konjunkturelle Erholung tatsächlich einsetzen sollte, wird die Arbeitslosigkeit in diesem Jahr noch kräftig zunehmen. Mag sein, daß viele Unternehmen in der Krise zu sehr auf die Senkung ihrer Kosten fixiert sind und deshalb bei der Verminderung ihrer Belegschaften überreagieren. Doch darf man nicht darauf hoffen, daß sich diese Übersteuerung bald von selbst wieder ausgleichen werde. Schon die vergangenen Konjunkturzyklen hinterließen einen immer höher werdenden Sockel an Arbeitslosen. Nicht einmal in den Wachstumsphasen wurden die Zahlen wieder auf den alten Stand gedrückt.

Was ist also zu tun? Instrumente zur kurzfristigen Konjunktursteuerung stehen der Regierung angesichts der leeren Kassen nicht zur Verfügung. Die Bundesbank hat mit den Zinssenkungen der zurückliegenden Monate ihren möglichen Beitrag weitgehend geleistet – wenn auch verspätet und noch nicht im vollen Ausmaß. Notwendig ist eine Doppelstrategie, die erstens mehr Wachstum und mehr Arbeit schafft und die zweitens die Arbeit auf mehr Hände und Köpfe verteilt.

Mit anderen Worten: Die Gesellschaft darf sich nicht mit der Größe des vorhandenen Arbeitsvolumens zufriedengeben und es nur in kleinere Stücke aufteilen. Der Umfang der zu leistenden Arbeit selber muß zunächst größer werden. Ein Beispiel: Das VW-Modell mit seiner drastischen Reduzierung von Arbeitszeit und Einkommen für die Beschäftigten führt nur dann langfristig zum Erfolg, wenn es den Wolfsburgern gelingt, mit attraktiven Produkten zu konkurrenzfähigen Preisen wieder mehr Kunden zu finden und die Erlöse zu steigern. Andernfalls müßte VW die Produktion nochmals nach unten fahren und – soll die Belegschaft nicht abgebaut werden – Arbeitszeit und Einkommen noch weiter kürzen. Der Ausweg würde zur Sackgasse.

Der Dreh- und Angelpunkt für eine zukunftsweisende Entwicklung sind innovative Investitionen. Doch daran fehlt es. Voriges Jahr sind die Ausrüstungsinvestitionen in Westdeutschland real um 13,5 geschrumpft. Hier sind der Bundesregierung schwere Versäumnisse vorzuwerfen. Solange der Fiskus Risikokapital schlechter behandelt als die risikoarme Finanzanlage, darf sich niemand über das Verhalten der großen und der vielen kleinen Kapitalisten wundern. Auch über Deregulierung wurde mehr geredet, als daß gehandelt wurde. Wer kann es einem Unternehmen verdenken, wenn es seine neue Fabrik lieber im Ausland baut (und damit dort Arbeitsplätze schafft), weil es hierzulande jahrelang auf die Genehmigungen warten muß? Warum gibt es denn bis heute nur vereinzelt Ansätze, solche Fristen zu verkürzen, ohne daß der Umweltschutz leiden müßte?

Wenn alles getan wurde, um das Wachstum zu stimulieren, ist es sinnvoll, auch über neue Arbeitszeitregelungen zu reden. Immerhin ist ein Großteil der drei Millionen Arbeitsplätze, die im alten Bundesgebiet zwischen 1983 und 1991 entstanden sind, den Verkürzungen der Arbeitszeit zu verdanken. Hier müßten die Arbeitgeberverbände und Gewerkschaften, müßten Unternehmen und Belegschaften mehr Phantasie entwickeln. So könnten, bei entsprechender Organisation im Betrieb, weitaus mehr Teilzeitarbeitsplätze geschaffen werden. Kürzere Arbeitszeiten vertragen sich durchaus mit längeren Maschinenlaufzeiten, die erheblich zur Verbilligung der Produkte beitragen können. Dort, wo es sinnvoll ist, müßten auch längere Arbeitszeiten sein: mehr Flexibilität, mehr Arbeitsplätze.

Selbst Niedriglohnarbeitsplätze dürfen am Ende nicht mehr tabu sein, wenn die Arbeitnehmer dann durch staatliche Zuschüsse ein bescheidenes, aber ausreichendes, jedenfalls eigenständiges Einkommen erzielen können. Es ist für die Betroffenen, aber auch für die Gesellschaft besser, daß jemand, der sonst vollständig auf die Sozialkassen angewiesen wäre, wenigstens einen Teil seines Lohnes selbst erarbeitet.

Daß Beschäftigungsgrad und Lohnniveau zwei Seiten einer Medaille sind, haben viele erst in der gegenwärtigen Krise des Arbeitsmarkts erkannt. Jetzt aber würde ein flächendeckender Arbeitskampf um wenige Lohnprozente, wie er in der Metallindustrie droht, in der Bevölkerung auf Unverständnis stoßen. Allerdings: Löhne sind eben nicht nur betriebswirtschaftliche Kosten, sondern auch gesamtwirtschaftliche Nachfrage. Die Arbeitgeber müssen zwar an ihre Betriebe denken, sie dürfen die Krise aber nicht als Freibrief zur Lohndrückerei und zum Abräumen sozialer Schutzvorschriften mißbrauchen, die sie schon immer gestört haben. Was sie im Augenblick sparen, müßten sie später wieder draufzahlen – wenn der gesellschaftliche Konsens zerbrochen ist.

4. März 1994

ANDREAS KILB

Des Teufels Saboteur

Und Zahlen waren mitverwoben in das Unzählbare
Paul Celan

Die Woche vor fünfzig Jahren, 3. März 1944: Kinobilder, schwarzweiß, aus Europa, Asien, Amerika. Die üblichen Aufrufe («Sammelt Blech!» – «Zeichnet Kriegsanleihen!» – «Aluminium für die Front!»), vermischt mit Kurzberichten aus Sport und Kultur; dahinter, meist ganz am Schluß, Bilder vom Krieg: «im Osten», «auf dem Weg nach Rom», «im Südpazifik». Seit Anfang Februar ist Leningrad aus der deutschen Umklammerung befreit; man feiert jetzt, wie in anderen russischen Städten auch, den 26. Geburtstag der Roten Armee mit einem Grußwort «vom Marschall der Sowjetunion und Vorsitzenden des Politbüros, Genosse Stalin». Die *Deutsche Wochenschau* spricht von «planmäßigen Absetzbewegungen» und «Gegenstößen», man sieht brennende Bauernhäuser und Panjewagen im Schnee. Vor den Ruinen des Klosters von Monte Cassino, das vor sechs Wochen von amerikanischen Bombern zerstört wurde, verbluten vier alliierte Divisionen; die *Paramount News* berichten statt dessen vom erfolgreichen Einsatz des neuen Desinfektionsmittels DDT gegen die Typhusepidemie in Neapel.

So geht es weiter: Boxmeisterschaft in Berlin, Luftschlacht über Rabaul, Fronttheater in Tarent. Bilder von 1944, Bilder aus Wochenschauen, russische, deutsche, amerikanische Kinobilder mit vertrauten Botschaften: durchhalten, weitermachen, weitermarschieren bis zum Schluß.

Natürlich sieht man die Züge nicht. Die Züge, die zu dieser Zeit aus fast allen Ländern Europas ins besetzte Polen fuhren, ins «Generalgouvernement»: Züge aus versiegelten, mit Stacheldraht umwikkelten Viehwaggons, in denen sich jenes menschliche Transportgut staute, dessen Reichsbahntickets die SS bezahlt hatte, Auschwitz einfach, dritter Klasse, Kinder umsonst …

Und natürlich sieht man nichts von jenem Ort zwischen Krakau und Kattowitz, an dem die Züge ankamen, von der Rampe, an der sie entladen wurden, von der Vorhalle, durch die die Passagiere gehen mußten, von den luftdicht verschließbaren Kammern im Innern der Gebäude, von den Öfen, aus denen alle paar Monate das menschliche Fett herausgekratzt wurde, von den Schloten, welche die Knochenasche über das Land verteilten, Tag und Nacht, drei Jahre lang.

Denn so sollte es sein: keine Bilder, keine Zeugen, keine Erinnerung. Tabula rasa: die Spuren getilgt, die Zeugen verscharrt, die Zeugnisse ausgelöscht. Und beinahe wäre es auch gelungen: Gras wuchs schon in Sobibor, Kiefern in Treblinka, und die Ghettos waren leer. Daß es trotzdem nicht klappte, lag nicht an der SS, nicht an der Reichsbahn und kaum am Kriegsverlauf. Es lag an Leuten wie Oskar Schindler.

In jenen Tagen des Jahres 1944 war Schindler auf Dienstreise. Um die Betriebsgenehmigung für das mit 800 Menschen gefüllte Arbeitslager zu verlängern, das er auf dem Gelände seiner Krakauer Emailwarenfabrik DEF betrieb, mußte er in der Nebenstelle des SS-Wirtschaftsverwaltungshauptamtes in Oranienburg bei Berlin vorsprechen, dem das «Stammlager» Krakau-Plaszów samt Nebenlagern seit neuestem unterstand. Sein Gesuch war erfolgreich.

Zu diesem Zeitpunkt war Schindler nur einer von vielen deutschen Industriellen, die in Polen, Rumänien und in der Ukraine Fabriken besaßen, in denen jüdische Arbeitskräfte ausgebeutet wurden. Nichts deutete darauf hin, daß er dereinst zur Legende werden, daß er sein Grab auf dem katholischen Friedhof von Jerusalem finden und ein Denkmal in der Allee der Gerechten von Yad Vashem bekommen würde. Schindler war ein Kapitalist mit menschlichen Zügen, ein Frauenheld und Lebemann, der dafür sorgte, daß seine Arbeiter gesund genug blieben, um die Maschinen bedienen zu können. Doch das galt für viele.

Ein Jahr später, im Mai 1945, war Oskar Schindlers historische Mission erfüllt. Schindler hatte Hitlers «Endlösung» sabotiert, indem er elfhundert jüdische Männer, Frauen und Kinder unter dem Vorwand, eine Munitionsfabrik zu errichten, ins tschechische Brünnlitz verfrachtet und bis zuletzt vor den Erschießungskommandos der SS bewahrt hatte. Nach der deutschen Kapitulation wurde er von seinen Arbeitern in Häftlingskleidung gesteckt und über die österreichische Grenze nach Linz eskortiert, wo ihn die amerikanischen Behörden in Empfang nahmen.

Im Deutschland der Nachkriegszeit hätte ein Mann wie Oskar Schindler berühmt werden müssen, sein Schicksal ein Filmstoff, sein Verhalten ein Vorbild für jedermann. Aber nichts dergleichen geschah. Schindler scheiterte als Pelzzüchter in Argentinien, ging zurück nach Frankfurt und lebte dort im Bahnhofsviertel bis zu seinem Tod. Als er einmal einen Passanten verprügelte, der ihn als «Judenknecht» beschimpft hatte, wurde er zu einer Geldstrafe verurteilt. 1966 bekam er das Bundesverdienstkreuz, ab 1968 empfing er eine Monatsrente von 600 Mark, 1974 starb er in einem Krankenhaus in Hildesheim. *And that was that.*

Einer der Juden, die Schindler gerettet hatte, hieß Leopold Pfefferberg. Nach dem Krieg wanderte Pfefferberg mit seiner Frau Mila nach Amerika aus, wo er den Namen Leopold Page annahm. Lange Jahre betrieb er in Beverly Hills, dem Villenviertel Hollywoods, ein Koffergeschäft. 1980 betrat der australische Schriftsteller Thomas Keneally den Laden von Page, um eine Aktenmappe zu kaufen. Page erzählte dem Australier von Oskar Schindler. So fand Schindlers Geschichte ihren Autor.

1982 erschien Keneallys Tatsachenroman «Schindler's List» in Amerika und bald darauf auch in Deutschland, ohne übermäßiges Aufsehen zu erregen. Wenig später erwarb Sidney Sheinberg, der Chef des Unterhaltungskonzers MCA, die Filmrechte an «Schindler's List» für seinen ehemaligen Schützling Steven Spielberg, der längst mit

«Der weiße Hai», «E.T.» und «Jäger des verlorenen Schatzes» zum erfolgreichsten Filmregisseur aller Zeiten geworden war.

Zwei Jahre darauf erklärte Spielberg in Interviews, er wolle als nächstes einen Film über Oskar Schindler drehen. Doch dann kamen «Die Farbe Lila» (1985) und «Das Reich der Sonne» (1988), Spielbergs bitterste Niederlagen als Autor und Regisseur, und das Schindler-Projekt wurde zugunsten der erfolgsträchtigeren Indiana-Jones-Filme zurückgestellt. Erst vor eineinhalb Jahren, nachdem er den Kinder-Schocker «Jurassic Park» gedreht hatte, dem ein Hauptgewinn an der Kinokasse von vornherein sicher war, bekam Spielberg von seiner Produktionsgesellschaft Universal das Budget, um «Schindler's List» zu verfilmen.

Im März 1993 begannen die Dreharbeiten in Krakau. Der Film, sagte Spielberg, werde die Behauptung widerlegen, er sei nur ein Unterhaltungsregisseur. «Schindler's List» werde eine Wende in seinem ganzen bisherigen Schaffen sein: ein Bekenntnis, ein Geständnis, ein Dokument.

Man durfte mit dem Schlimmsten rechnen.

Da brennt eine Kerze, und vier Menschen stehen um einen Tisch, und ein Mann spricht ein jüdisches Gebet. Dann ist der Tisch leer, der Sabbat vorbei, und die Kerze brennt nieder, verglimmt und verlischt, und der letzte Rauch steigt auf und kräuselt sich – und wird zum Qualm einer Lokomotive, die jetzt, schwarzweiß, in den Bahnhof von Krakau einfährt, im Oktober 1939, die Waggons voller Juden mit schwarzen Mänteln und langen Schläfenlocken, die ihre Häuser auf dem Land verlassen mußten, um sich in der Stadt von den deutschen Eroberern registrieren und einweisen zu lassen. Dann werden Tische, Stühle, Schreibmaschinen und Tintenfässer aufgestellt, Papier und Federn bereitgelegt, ein ganzes Regiment von Schreibern setzt sich in Positur, und es entsteht die erste von vielen Listen, die in diesem Film geschrieben werden: Horowitz, Horn, Weizman, Zuckerman, Zukker, Klein, Stein, Mandel, Mandelbaum, Faber … Es ist Hitlers Liste, die Todesliste, die da entsteht, aber die Opfer, die Gezeichneten wissen es noch nicht. So beginnt «Schindlers Liste».

Zur gleichen Zeit rüstet sich ein Mann in seinem Hotelzimmer für den Abend. Er zieht ein weißes Seidenhemd und einen glänzenden schwarzen Anzug an, fixiert die Krawatte mit einer goldenen Nadel, steckt sich ein großes NS-Parteiabzeichen an die Brust und einen dikken Packen Geldscheine in die Jackentasche. In einem Nachtklub, in dem polnische Prostituierte mit deutschen Offizieren Tango tanzen und jüdische Mädchen zu deutschen Liedern die Beine schwingen («Im Grunewald, im Grunewald ist Holzauktion»), setzt sich der Mann an einen Einzeltisch, bestellt Kognak («den besten»), besticht den Kellner, läßt Champagner und Kaviar auffahren – und hat im Handumdrehen Gesellschaft, Freunde, Gönner, Gespielinnen. Es dauert eine Weile, bis die Kamera zum ersten Mal sein Gesicht zeigt; und dann vergehen noch ein paar Minuten, bevor ein neugieriger Gast den Kellner fragt: «Wer ist dieser Mann?» – «Na, das ist Oskar Schindler!» Noch ehe wir Oskar Schindler kennenlernen, ist er schon bekannt.

Von Anfang an herrscht in diesem Film eine Atmosphäre perverser Eleganz, beschwingter Brutalität und sadistischen Frohsinns, die mit nichts, was man sonst aus dem Kino kennt, vergleichbar ist. Es ist die böse, verbissene Fröhlichkeit der Naziverschwörer aus Hitchcocks «Berüchtigt», vermischt mit der lähmenden Trauer von Andrzej Wajdas Ghettofilm «Korczak»; die schillernde Dekadenz der Untergangsgesellschaft in Jean Renoirs «Spielregel», gepaart mit der zermürbenden Monotonie von Theodor Kotullas Höß-Portrait «Aus einem deutschen Leben». Nur in Rick's Café Américain in «Casablanca» gibt es Momente, in denen eine ähnliche Stimmung vibriert; aber Humphrey Bogarts Rick, der mit Spielbergs Schindler im übrigen manches gemeinsam hat, lebt in einem ganz anderen Ghetto, einem Ort des Übergangs zwischen Freiheit und Tyrannei, während rings um Oskar Schindler die Kolonie des Grauens entsteht.

Die erste der gut drei Stunden von «Schindlers Liste» gehört Oskar, dem *player* und *womanizer*, dem Kriegsgewinnler und Salonlöwen. Seine Wendigkeit, seine Geldgier und sein Erfolg sind grenzenlos; in der anbrechenden Dämmerung des Terrors entwickelt er gerade jene

Chuzpe, die man den Juden immer angedichtet hat. Während die jüdischen Einwohner Krakaus erst entrechtet, dann enteignet und schließlich ins Ghetto gesperrt werden, übernimmt Schindler eine bankrotte polnische Tuchfabrik, rüstet sie mit jüdischem Geld zum Emailwarenbetrieb um und beginnt mit billigen jüdischen Arbeitskräften die Produktion von Töpfen und Pfannen für die Feldküchen der Wehrmacht. Als sein Buchhalter Itzhak Stern (Ben Kingsley) ihn fragt, was er selbst denn für das Wohl der Firma zu tun gedenke, antwortet Schindler (Liam Neeson) grinsend: «Ich besorge die Präsentation!» Und so geschieht es. Geschenkkörbe voll Belugakaviar, Bordeauxwein, Pralinen und Geflügelpastete gelangen an die zuständigen Heeresinspekteure und SS-Chargen, Aufträge werden erteilt, Gratifikationen entgegengenommen – die «Deutsche Emailwarenfabrik» blüht.

Doch es geschieht auch anderes. Mit ein paar kleinen, wie zufällig wirkenden Szenen beschreibt Spielberg die ersten Phasen jenes Prozesses, den der Historiker Raul Hillberg in drei Stichworten zusammengefaßt hat: «Definition – Konzentration – Liquidation.» Deutsche Soldaten schneiden ein paar orthodoxen Juden die Locken ab; Lautsprecherwagen verkünden das Verbot der Stadtverwaltung, fortan koschere Speisen zu essen, eine jüdische Familie wird aus ihrer Wohnung vertrieben, so rasch und brutal, daß die Familienphotos auf den Tischen und Schränken zurückbleiben; ein kleines Mädchen ruft den Vorüberziehenden nach: «Verschwindet, ihr Juden!» – und während es sich Schindler in seiner neuen Bleibe auf dem Bett bequem macht, drängen sich die Vertriebenen zu zehnt in einem schmutzigen Elendsquartier zusammen. Das Unfaßbare geschieht in «Schindlers Liste» zuerst ganz beiläufig, dann immer öfter, lauter und schrecklicher; es kommt wie eine Woge auf die Opfer zu, und sein langsames Anschwellen ist die Bewegung des Films. Seine Form ist dem Schrekken abgeschaut, den er beschwört und bannt.

Nur Oskar Schindler hat von dem nahenden Unheil noch nichts bemerkt. Das Gesicht von Liam Neeson, in dem sich die Faulheit des Genießers mit der Profitgier des Ausbeuters paart, spricht Bände:

Schindler wäre gern ein guter Mensch, wenn es nur nicht so anstrengend wäre; also bleibt er lieber Fabrikant. Als vor seinem Fenster ein einarmiger alter Mann erschossen wird, dem Itzhak Stein ein Auskommen in der Emailfabrik verschafft hatte, sagt Schindler nur: «Ich habe einen Arbeiter verloren.» Und vor seiner Frau Emilie (Caroline Goddall) prahlt er, er werde die Stadt Krakau, die er ohne einen Pfennig betreten habe, mit zwei Schrankkoffern voller Geld wieder verlassen.

Das ist, vorerst, sein einziges Ziel.

Als die Alliierten die Lager befreiten, filmten sie, was sie vorfanden, und zeigten die Aufnahmen der deutschen Bevölkerung. An einigen Orten in der amerikanischen Besatzungszone gab es, wie Billy Wilder Hellmuth Karasek erzählt hat, Lebensmittelkarten nur gegen den Nachweis des Kinobesuchs. In Gefangenenlagern, Schulen, Konzerthallen und Scheunen wurden die Bilder aus Auschwitz, Dachau und Bergen-Belsen gezeigt. Die Angeklagten der Nürnberger Prozesse, die sie sahen, brachen in Tränen aus oder wandten sich ab. Und so reagierte auch das deutsche Volk.

Wer diese Bilder einmal gesehen hat, in der Schule, im Fernsehen oder anderswo, wird sie jetzt sofort wieder vor Augen haben: die Knochenreste in den Verbrennungsöfen; die Leichenhaufen, die Körper wie Pergament; die Bulldozer, die die grausigen Gebeine mit Erde zuschütten. Die «Unzulänglichkeit unseres Fühlens», wie Günther Anders es einmal nannte, wird angesichts jener Zeugnisse schlagend offenbar.

Der Streit über die Darstellbarkeit des Grauens, über die Frage, ob man «Auschwitz» nacherzählen, nachempfinden, nachinszenieren darf, die Diskussion über das Bildertabu und den Respekt für die Würde der Opfer – sie hätten bei diesen Aufnahmen ansetzen müssen. Aber das ging nicht, denn die Aufnahmen waren selber tabu. Sie waren Dokumente, sie zeigten die Wahrheit, sie blieben in ihrer Entsetzlichkeit unwiederholbar. Und so entstanden in den sechziger und siebziger Jahren zahllose Dokumentationen, die den Weg der Deutschen und ihrer jüdischen Opfer hin zu diesen entsetzlichen Bildern nachzeichneten – die Geschichte des «Dritten Reiches», der Todeslager, der SA und SS, die Geschichte der Mitläufer, Mittäter, der Widerstandskämpfer, der Überlebenden.

Diese Filme leisteten Trauerarbeit durch Recherche und Analyse, sie untermauerten das Ungeheuerliche mit Zahlen und Fakten, aber so erschütternd wie Alain Resnais' und Jean Cayrols «Nacht und Nebel» (1952), der «klassische» (ein unpassendes Wort) Dokumentarfilm über Auschwitz, waren sie nie. Das typisch deutsche Tabu, welches Volksaufklärung durch Fiktionen verbietet, war in ihnen versteinert, die Unzulänglichkeit des Fühlens war ihr Formgesetz.

Bis «Holocaust» kam, die trivialste aller Auschwitz-Geschichten – und die erfolgreichste. Nicht daß das Melodrama vom Leben und Sterben der Familie Weiß in Deutschland so viele Zuschauer hatte wie zuvor in Amerika, war das eigentliche Ereignis von «Holocaust» – sondern daß es so viele Münder zum Sprechen, so viele Augen zum Weinen, so viele Fragen zum Vorschein brachte; daß es Geschichten aufweckte, indem es Geschichte verfälschte. Die wenigsten Deutschen, das bewies «Holocaust», hatten bis dahin genau begriffen, wie die Vernichtungsmaschinerie des «Dritten Reiches» eigentlich *wirkte*: wie es sich *anfühlte*, ausgestoßen, angespuckt und schließlich abgeholt zu werden, wie der Weg von Berlin nach Theresienstadt, von Theresienstadt nach Auschwitz, von Warschau nach Treblinka wirklich aussah, wie man dort, wo man hinkam, um zu sterben, noch ein paar Tage oder Wochen oder Monate *lebte* – all das, was auch in den besten Dokumentationen nicht zu erfahren war. «Holocaust» enthielt kein einziges authentisches Bild, aber die Serie lieferte die Gefühle, die Stimmungen, die Anschauungen zu dem, was aus den Originalzeugnissen sprach.

Doch wer erinnert sich heute noch, trotz der vielen Wiederholungen, an «Holocaust»? So schnell die Rührung und die Trauer kamen, so leicht war es auch, sie wieder zu vergessen. Gerade weil die Serie so perfekt an die Strickmuster der Fernsehdramaturgie angepaßt war, ging sie rasch wieder unter im allgemeinen Fernsehbrei. Heute ruht sie irgendwo zwischen «Roots» und «Dallas» in jenem Bildergedächtnis, das keins mehr ist, nur ein Haufen Schutt. Niemand muß sie dort mehr ausgraben. Denn mit «Schindlers Liste» sind wir von «Holocaust» erlöst.

Die zweite Stunde des Films gehört Amon Göth. Er ist der schwarze Gegenspieler Schindlers, die dunkle Hälfte des Doppelgestirns, der Teufel, der den anderen erst wirklich zum Engel macht. Und durch ihn, den Verlegerssohn aus Wien, den Schlächter von Plaszów, bekommt auch Spielbergs Film eine eisige und grandiose Wahrhaftigkeit. Wenn es einen Schauspieler gibt, der für «Schindlers Liste» einen Oscar verdient hat, dann ist es Ralph Fiennes als Amon Göth.

Göth ist nach Krakau gekommen, um ein KZ zu errichten. Als er nach der Ankunft das Ghetto inspiziert, schnaubt er angeekelt in sein Taschentuch. Aber bei der Räumung, die in Wahrheit ein Massaker ist, läuft er mit den Hunden vorneweg. Als das Lager Plaszów aufgebaut und mit jüdischen «Untermenschen» gefüllt ist, holt er sich morgens wie zum Spiel sein Gewehr, geht auf die Veranda seiner Villa, legt an und erschießt den ersten Häftling, der ihm ins Visier gerät. Als Schindler ihm später erklärt, daß die wahre Allmacht im Gewähren der Gnade liege, begnadigt er als erstes den Stallburschen, der sein Bad reinigt, und dann, im Spiegel, sich selbst. Kurz darauf erschießt er den Stallburschen ohne Grund.

Wenn Göth spricht (in jenem verkorksten Wienerisch, das die deutsche Synchronisation ihm unnötigerweise aufgeklebt hat), werden seine Augen schmal, seine Lippen steif, und aus seiner Kehle kommt das Quäken einer gefolterten Katze. «Ist das das Antlitz einer Ratte?» fragt er seine jüdische Haushälterin, während er mit der Hand über ihr Gesicht streicht. «Sind das die Augen einer Ratte? Ich habe Mitlied mit dir, Helene. Nein, eigentlich doch nicht. Du jüdische Schlampe! Beinah hättest du mich rumgekriegt.»

Amon Göth ist kein auffälliger Psychopath. Er gehört zu jener Sorte Menschen, die zu allen Zeiten, in allen Ländern durch Terrorregimes an die Macht gelangen. Göth ist ein böses, gelangweiltes

Kind, das Lager Plaszów sein täglicher Spielplatz, das Töten seine Droge. Er spürt sich fast nur noch, wenn er schießt. Die absurde Launenhaftigkeit, die infantile Quälsucht, der Narzißmus und das rasende Selbstmitleid des durchschnittlichen SS-Schergen sind durch zahllose Aussagen von Zeitzeugen überliefert, aber erst Fiennes macht aus diesen vereinzelten Zügen ein Portrait.

Am 13. März 1943 wird das Krakauer Ghetto liquidiert. Die zwanzig Minuten Film, die Spielberg diesem Blutbad widmet, machen ohne große Worte verständlich, warum er «Schindlers Liste» drehen mußte. Überall, wo etwas geschieht, ist die Kamera in Augenhöhe dabei, mitten unter den Opfern, auf den Stiegen der Häuser, im Dreck der Hinterhöfe, am Straßenrand, wo die Leichen sich stapeln, in der Abstellkammer, die von MP-Geschossen durchsiebt wird. So entsteht ein rhythmisches Mosaik des Mordens, das keine Illustration des Geschehens mehr ist, sondern die reine, zum Bild geronnene Panik, das pochende Entsetzen, der Amoklauf der Angst.

Es ist nicht die Ästhetik der alten Wochenschauen, die da wiederkehrt, sondern das Prinzip der Fernsehreportage, die Schnappschuß-Realität der Straßenbilder aus Sarajevo und Phnom Penh, zurückgespiegelt in eine Vergangenheit, in der es kein Fernsehen gab. Mit diesen Bildern, die in der Filmgeschichte ohne Gegenstück sind, hat Spielberg den Kampf um die Erinnerung gewonnen, den er in «Schindlers Liste» ausficht. Von nun an wird der Film all die Phasen des großen Schlachtens nachzeichnen, die man aus den Dokumenten kennt, von der Selektion über den Transport bis zur «Desinfektion» in Auschwitz, und der Bann, der bis heute über der Darstellung dieser Hölle lag, wird endgültig gebrochen sein.

Hoch zu Roß, von einer Anhöhe aus, beobachtet Oskar Schindler, was im Ghetto geschieht. Er sieht ein kleines Mädchen im roten Mantel, das verschreckt durch das Gemetzel irrt und sich schließlich in einen Hauseingang verkriecht. Ein Jahr später wird er den roten Mantel wiedersehen – auf einem Karren, der die wieder ausgescharrten Toten des Ghettos zu einer Grube fährt, in der sie verbrannt werden.

Irgendwann zwischen diesen beiden Augenblicken muß sich Oskar Schindler entschlossen haben, Hitlers Plan zu durchkreuzen und eine eigene, ganz andere Liste aufzustellen. Aber Spielberg, der sonst mit Filmfiguren wenig zimperlich ist, zeigt Schindlers Entscheidung nicht. Er wahrt das Geheimnis dieses Mannes, der vor fünfzig Jahren beschloß, auf eigene Faust zu handeln, und sein gerade gewonnenes Vermögen wieder ausgab, um elfhundert Menschenleben zu retten. So rettet Spielberg Schindler vor Hollywood.

Die letzte Stunde des Films ist seine schwächste. Denn statt endlich die Geschichte der jüdischen Familien zu erzählen, die nicht die Hauptfiguren, aber die wahren Helden von «Schindlers Liste» sind, windet Spielberg einen Strahlenkranz nach dem anderen um Oskar Schindlers Haupt. Auf der Rednertribüne in Brünnlitz, nach der Bekanntgabe der deutschen Kapitulation, wird Schindler endgültig zu der Ikone, die er niemals war: ein Tycoon des Mitleids, ein Boß und König aller geretteten Juden. Unter Tränen verflucht er seine Großmannssucht und seinen mangelnden Mut, und tränenreich versichern ihm seine Arbeiter, wieviel er für die Welt getan hat. Durch dieses flaue Ende verspielt der Film einen Teil jener Wahrhaftigkeit, mit der er bis dahin allen Versuchungen seines Stoffes getrotzt hat. Aber auch so ist «Schindlers Liste» noch immer viel mehr, als sich das Kino je von Steven Spielberg erträumt hat.

Zum Schluß, in Farbe, treten die echten «Schindler-Juden» von damals mit ihren Darstellern von heute vor Spielbergs Kamera und legen Steine auf Schindlers Grab. Nur viertausend Juden, so erfährt man aus einer Einblendung, leben heute noch in Polen, doch aus den Familien auf Schindlers Liste ist ein Volk von sechstausend Menschen geworden. So endet alle Erinnerung in Daten und Zahlen, Jahrestagen und Geschichten. Zurück bleibt das Unzählbare, von dem kein Buch und kein Film erzählt.

18. November 1994

JOACHIM NAWROCKI

Schlag ins Wasser

Einen heftigen Sturm hat die Nachricht entfacht, der Schriftsteller und PDS-Bundestagsabgeordnete Stefan Heym habe der Stasi zugearbeitet. Diese Meldung war windig, und daß sie nur einen Tag vor der konstituierenden Sitzung des Bundestages aufkam, bei der Heym als Alterspräsident die Eröffnungsrede halten sollte, sieht natürlich nach einer gezielten Aktion aus.

War es so? Seit längerem ermittelt die für DDR-Regierungskriminalität zuständige Berliner Staatsanwaltschaft in zahlreichen Fällen von Menschenraub. Auch der Gewerkschaftsfunktionär Heinz Brandt, der im September 1958 aus der DDR geflüchtet war, wurde aus West-Berlin verschleppt, am 16. Juni 1961. Während des Besuchs bei einer Bekannten wurden ihm K.-o.-Tropfen im Whisky verabreicht, vor der Haustür kidnappten ihn vier Männer und schafften ihn nach Ost-Berlin. Wegen angeblicher Spionage verurteilte ihn ein DDR-Gericht zu dreizehn Jahren Zuchthaus; im Mai 1964 kam er nach zahlreichen Protesten frei.

Bei den Ermittlungen über diesen Fall nun fanden Beamte der Zentralen Ermittlungsstelle für Regierungs- und Vereinigungskriminalität der Berliner Polizei (ZERV) in der Gauck-Behörde zufällig Hinweise auf Stefan Heym, als sie die Stasi-Akten von Heinz Brandt einsahen. Beide Männer hatten sich 1957 in Ost-Berlin kennengelernt. Heym wollte ein Buch über den Aufstand vom 17. Juni 1953 schreiben. Brandt hatte diese Zeit im inneren Zirkel der SED miterlebt. Zu Heym sagte er: «Entweder schreibst du die Wahrheit, dann ist es ein großer Stoff, der dir mehr Knast einbringen dürfte als Zaster – oder du bastelst die Legende aus, dann schrumpft der Stoff zusammen wie Balzacs Chagrinleder.»

Als Brandt im Westen war, schrieb er an Heym und andere Bekannte und bot sich an, über die Gründe seiner Flucht zu berichten. Diesen Brief hielt Heym, so sagt er jetzt, für eine Falle der Staatssicherheit. Er leitete ihn weiter an einen Mann, der ihm als Polizist bekannt war: den Ehemann seiner Sekretärin. Karl Heine aber, so sein Name, war Oberstleutnant bei der Stasi und tauchte eine Woche später, am 16. Oktober 1958, zusammen mit seinem Kollegen, Major Kienberg, bei Heym auf. Man sprach über Heinz Brandt, über sozialistischen Realismus und über die Unsicherheit der Schriftsteller. Dann notierte Kienberg über Heym: «Da er über einige Probleme der Feindtätigkeit gegen die DDR schreiben möchte, möchte er einige Unterlagen vom MfS haben, ohne dabei unsere Arbeit zu gefährden.» Ahnte Heym doch, mit wem er da redete?

In den Stasi-Akten über Brandt entdeckten die Polizeibeamten der ZERV Anfang November auch Heyms Brief an Heine, in dem er das Brandt-Schreiben übermittelt und Auskünfte über Brandt anbietet, sowie Kienbergs Aktennotiz über das Treffen in Heyms Wohnung. Mehr nicht. Die Gauck-Behörde lehnte es sogar zunächst ab, diese Papiere für die Polizei abzulichten, weil kein Zusammenhang mit der Verschleppung Brandts erkennbar sei.

Die tatsächlich relevanten Akten gingen am 4. November an die ZERV und am 8. November an die Staatsanwaltschaft. Erst auf erneute Bitten übermittelte die Gauck-Behörde dann auch die Heym-Papiere der Staatsanwaltschaft – da waren sie aber längst bekannt, und die Bundestagssitzung war vorbei.

Der Kriminalbeamte aber, der in der Brandt-Akte blätterte, hat sich den Inhalt gemerkt und sogleich seinem Vorgesetzten Kittlaus davon Kenntnis gegeben. Der fühlte sich verpflichtet, eilig den Berliner Innensenator einzuweihen, dieser informierte den Bundesinnenminister, jener die Bundestagspräsidentin. Da waren es nicht einmal mehr 24 Stunden bis zur konstituierenden Sitzung des Bundestages am 10. November.

Eine Rechtsgrundlage gibt es für den ganzen Vorgang nicht. Nach dem Stasi-Unterlagen-Gesetz sind personenbezogene Informationen zweckgebunden und dürfen nur unter genau definierten Voraussetzungen genutzt oder weitergegeben werden. Die PDS erwägt eine Dienstaufsichtsbeschwerde gegen die Berliner Polizei.

Die Leitung der Gauck-Behörde ist offenbar nicht glücklich über diesen Vorgang. Wenn Akten, die noch nicht einmal genau bekannt sind, als politische Keule benutzt werden, um eine möglicherweise unbequeme Rede zu verhindern, wird der Ruf nach Schließung der Stasi-Archive gewiß nicht leiser werden. Stefan Heym würde das nicht mehr berühren. Er hat seine Opfer-Akte von einigen Dutzend Bänden bereits gelesen.

18. November 1994

CHRISTOPH DIECKMANN

Stimme der Würde

Drei Elemente bilden des Ostkindes archetypische Erinnerung an *den Westen:* Micky-Maus-Hefte, Kaba der Plantagentrank (mit Micky-Maus-Sammelbildern) und der Deutsche Bundestag. Der Deutsche Bundestag residierte in einem Holzradio vom Typ «Staßfurt», wo er schimpfte, fuchtelte und schrie. Worüber? Nicht erinnerlich. Das Ostkind träumte von einer Reise nach Bonn, wo es Micky-Maus-Hefte kaufen wollte und dem Deutschen Bundestag eine Rede halten. Vertragt euch! wollte es rufen. Ihr habt's doch so gut hier – Kaba und alles! Wir im Osten schütteln nur den Kopf über euch! – Dann wollte es Blumen verteilen. Wenn sie zu rühren wären, die Brüller, dachte das Ostkind, dann hätte ihr Fuchteln ein Ende.

Zwischenruf von der Union: Unverschämtheit! Wollen Sie etwa den lebendigen Austausch eines demokratisch gewählten Parlaments mit der Totenstille des stalinistischen Friedhofs Volkskammer vergleichen?

Heute mal nicht, Genosse. Ich will sagen, daß Ideologen nur unter ihresgleichen Freund und Feinde finden. Und daß, wer eifert, willentlich weniger versteht, als er könnte.

Diese Traumversöhnungsrede vor dem Deutschen Bundestag ist vorigen Donnerstag endlich gehalten worden. Wie mickrig sie gewesen sei und wie politisch unbedarft der alte Heym, war landauf, landab zu hören und zu lesen. Die Union saß stumm und stramm wie tausend Mann und ein Befehl, derweil ihr Oberkommandierer, der die Vergatterung zum parlamentarischen Stil erhoben hatte, angestrengt bekümmert war um eine Maske souveräner Süffisanz. «In Würde ertragen» wollte Kohl Heyms Rede. Das mißlang glänzend.

Die Würde betrat den Reichstag, den sie vor einem Menschenalter selber hatte brennen sehen. Die Würde tappte schloh, gebeugt ans Hohe Pult. Und wie die greise Stimme anhob, war's, als läse das Jahrhundert vor. So *wollte* sie klingen. Stefan Heym ist immer ein Narziß gewesen. Deshalb lebt er noch, und darum hat keine Partei und keine Ideologie ihn jemals ganz gekriegt. Er war immer schon vergeben: an sich selbst. Für einen solchen Charakter hat er sehr viel Altruismus entwickelt. Er ist nicht, aber zeigt Gewissen. Seine Prosa nennen manche griffig, manche Kolportage. Am besten war Heym immer, wenn er sich vorgesattelte Pferde zureiten konnte: das Luther- und das SED-Deutsch in «Ahasver», die bärtige Weisheit des Alten Testaments im «König David Bericht», die Historie des 20. Jahrhunderts, das, wer H.s Autobiographie «Nachruf» las, unmöglich anders zu nennen vermag denn «das Jahrhundert Stefan Heyms».

Für seine Jungfernrede hatte der Abgeordnete Heym «Überraschungen» angekündigt. Dachte wirklich wer, hier würde Tatter-Thor den Hammer schwingen? Da hat er, die ihn wählten, vielleicht weniger enttäuscht als jene, die ihn schmähen wollten – auch dafür, daß noch vor kurzem sie, nicht er, mit der SED zu kungeln wußten. Stefan Heym ist eben sturer als die Geschichte. Aber begriff denn keiner, wie wert den Alterspräsidenten dies flüchtige Amt bedünkte, das ihn seine Rede reden ließ? Indem er statt für sich für alle sprach, hat Heym der PDS ein Bekenntnis zur parlamentarischen Demokratie vorgebetet.

Was sagte er denn? Richtiges. Chauvinismus, Rassismus, Antisemitismus, Stalinismus seien zu bannen. Den Wert von DDR-Leben müsse man getrennt von Wirtschaftsdaten bilanzieren. Das Ende des Stalinismus löse nicht die Krise der Industriegesellschaft. Nicht die Flüchtlinge der Welt seien Deutschlands Feinde, sondern jene, die flüchten machen. Die Menschheit kann nur in Solidarität überleben, sprach Heym und las Brechts «Kinderhymne» vor: *Und nicht über und nicht unter / andern Völkern wolln wir sein / von der See bis zu den Alpen / von der Oder bis zum Rhein / und weil wir dies Land verbessern / lieben und beschirmen wir's / und das liebste mag's uns scheinen / so wie andern Völkern ihr's.* – Singt sich übrigens prima zur Melodie des Deutschlandlieds.

Werner Schulz (Bündnis 90/Grüne) nannte das Ganze «eine kleine, belanglose Rede». Wolfgang Thierse, im Wahlkampf Heym unterlegen, lobte seinen Bezwinger knapp und warm. Das ist Größe. Das ist Thierse, nicht der Bundestag. Präsident Heym aber herrschte so gewaltig, daß er in der Pause vergaß, sein Mikrophon auszuschalten. Haben Sie noch eine Geschäftsordnung? hörte sich das deutsche Fernseh-Volk gefragt. Ich find' meine nicht mehr. Was für eine schöne Klingel! So eine möcht' ich auch zu Hause haben.

Zu Hause, im Osten, haben wir sehr gelacht am vorigen Donnerstag.

1995

30. Juni 1995

Petra Kipphoff

Verweile nicht! Du bist so schön!

Christo verhüllt den Reichstag

Der Künstler. Manchmal, wenn alle anderen durcheinanderwirbeln, kann man mit Christo auch heute noch reden. Wir sitzen auf dem Asphaltboden des Reichstagsgeländes, lehnen uns an den Kombiwagen, mit dem der Trupp zwischendurch über das Territorium der Kunst kurvt, das während der Arbeitstage weiträumig von einem gelben Gitterzaun umstellt ist. Die silbern schimmernden Stoffbahnen um den Turm an der Südwestecke hängen locker herunter, sind noch nicht vertäut; die eine oder andere Windbö bauscht das Gewebe zu einer barocken Wolke, die sich für einen Moment über das bereits gebändigte Faltenwerk der Westfassade schiebt.

Mit dem ausgestreckten Arm und Zeigefinger, seiner kombinierten Entdecker- und Feldherren-Geste, zeigt Christo auf den fast verhüllten Reichstagsbau, an dem die Arbeit wegen des starken Windes gerade unterbrochen werden mußte: «Ich habe ein Gebäude eines Gebäudes gemacht, ein Stück Architektur, keine Attrappe. Und ein Bild. Ein ungeheuer reiches, abstraktes, sich wandelndes Bild. Dazu brauche ich Stoff, das Gewebe eines Materials. Ich liebe die Dynamik dieses Materials, das in der Bewegung zu einem lebenden Objekt wird. Im Wind, in der Bewegung erhält das Gewebe eine malerische Qualität, wie Kaskaden fallen die Stoffbahnen vom Gebäude herunter» – und müssen, weil es zu stürmisch wird, später in der Mitte wieder wie eine Gardine gerafft werden. Nur 28 Stunden verhängte der große orangefarbene Vorhang «Valley Curtain» im August 1972 ein Tal in Colorado, dann riß ein Sturm, der mit neunzig Stundenkilometern daherkam, ihn herunter. Wie ein vom Himmel heruntergefallenes Band zog sich, vom Wind leicht moduliert, 1976 das weiße Nylongewebe des «Running Fence» fast vierzig Kilometer lang durch die sonnenverbrannte Hügellandschaft von Kalifornien. Bewegt von Wind und Wellen lagen 1983 elf mit pinkfarbenem Polypropylengewebe «Umsäumte Inseln» in der Biscayne Bay vor Florida, Seerosen *american style*. Wegen eines Regensturms mußte im Oktober 1991 das komplizierte Doppelprojekt der «Umbrellas, Japan–USA» um einen Tag verschoben werden.

Der Wind ist eine Konstante in Christos Arbeit. Er verzögert die Fertigstellung des Werkes, vollendet die Ästhetik, verkürzt die Lebensdauer. Je nachdem.

Die Geschichte. Sie wird von den 1200 Helfern, die in der Amtssprache Monitor heißen und in 6-Stunden-Schichten um den Reichstag herum als Wächter und Informanten zugleich tätig sind, auf Zetteln verteilt. Es begann damit, daß Michael S. Cullen, ein Amerikaner in Berlin, 1971 eine Ansichtskarte vom Reichstag an Christo schickte. Pack den Reichstag ein, so der Vorschlag. Warum nicht, so die Antwort. Und die wohl längste Geburtsgeschichte eines Kunstwerks nahm ihren mühseligen Lauf, der nach der dritten Ablehnung, diesmal durch Bundestagspräsident Philipp Jenninger, im Jahr 1987 im Unhappy-End zu kulminieren schien. Da allerdings war das Christo-Projekt schon zu einem Thema der Kunst und auch einem Stück *ZEIT*-Geschichte geworden.

Im Jahr 1977 hatte das Feuilleton, im Hause selber mit der Stereotype «Das Feuilleton ist immer so schwierig» dekoriert, seinem Ruf mal wieder Ehre gemacht und sich geweigert, bei einer heiter-besinnlichen Anzeigenaktion mitzumimen. Statt dessen wollten wir Kunst für die Kunst und Christo für uns. Als Anzeige. Ein Vorschlag, der von allen Seiten akzeptiert wurde. Christo kam mit drei Ideen nach

Hamburg, wir verbrachten einen strammen Abenteuertag mit ihm und seiner Frau Jeanne-Claude, hingen, unter anderem, für eine halbe Stunde in einem Bananennetz am Kran über einem Becken im Hamburger Hafen, hatten die Feuilleton-Werbung fürs Feuilleton. Und konnten ein Jahr später den Verleger Gerd Bucerius begeistern für die Gründung eines «Kuratoriums für Christos Projekt Reichstag», die im April 1978 in Hamburg stattfand. Ernst Hauswedell und Reimar Lüst, Michael Otto und Arend Oetker, Tilmann Buddensieg und Karl Ruhrberg, Marie-Christine Metternich, Heinrich Senfft und Wieland Schmied waren, unter anderen, dabei.

Der Fall der Mauer am 9. November 1989 veränderte auch die kunstpolitische Situation. Eines der Argumente gegen die Verhüllung des Reichstags, demzufolge eine derart westlich-kapitalistische Kunst-Geste jenseits der Mauer, wo sie ja sichtbar sein würde, nur als reiner Zynismus verstanden werden könne, galt nicht mehr. Das Pro-Argument aber, auch von Christo, dem Flüchtling aus Bulgarien, selber leise präludiert, daß gerade dieses Haus an dieser Stelle (die Stufen des Eingangs der Ost-Fassade endeten direkt auf DDR-Territorium) das Symbol der Trennung von Ost und West und deshalb der einzig wahre Ort für die Verhüllung sei, war mit der Vereinigung null und nichtig geworden. Was nun? Das Projekt, so schien es, war der Wiedervereinigung schönstes Opfer.

In dieser Situation zeigte Christo sich als der wahre Künstler. Und dem ist nämlich, solange er nur seine Kunst machen kann, fast alles egal. Wird die Würde des Reichstagsgebäudes, in dem die schmerzhafte Geschichte der deutschen Demokratie ihren Anfang nahm, verletzt oder nicht? Die deutschen Traumata, so Christo im Gespräch mit André Müller, interessieren ihn überhaupt nicht, müssen ihn auch nicht interessieren, denn er hat seinen Traum. Investiert seine ganze Kraft in die Umsetzung seiner Idee, die Rekrutierung von Befürwortern in der Politik, der Wirtschaft, der Presse. Und gewinnt 1989 in der Bundestagspräsidentin Rita Süssmuth eine engagierte Befürworterin des Projekts (später wird Frau Jeanne-Claude die Vermutung äußern, sie habe das nur getan, um Helmut Kohl zu ärgern). Am

20. Juni 1994 stimmt der Deutsche Bundestag nach zwölfstündiger Debatte für die temporäre Verhüllung des Reichstags: 292 Jastimmen, 223 Neinstimmen, 9 Enthaltungen, eine ungültige Stimme. Daß Gegner wie Befürworter sagten, sie hätten nicht ein Kunsturteil abgegeben, muß dankbar vermerkt werden. Wo kämen wir hin, wenn Politiker über Kunst abstimmen?

Augenblicke. In der ersten Morgensonne steht der «Verhüllte Reichstag» im Grün der Wiese da wie ein gefrorener Wasserfall. Oder ein aus allen Himmeln gefallener Riesendiamant, klotzig im Umfang, delikat im Schliff und in den Konturen. Der Reichstag ist immer noch der Reichstag und doch auch etwas anderes. Nicht nur durch die Verhüllung mit dem schimmernden Tuch, die ihn zwar nicht, wie vorauseilende Heimlyriker meinten, zum Entschweben bringt, sondern ihm eine grandiose Theatralik, eine Materialität der dritten Art verleiht. Der Reichstag ist verändert auch durch eine neue, Akzente setzende und das Volumen optisch vergrößernde Linienführung, die entstanden ist durch die Montage von Metallkäfigen, mit denen man die Vasen und Statuen geschützt hat, und eine Stahlkonstruktion rund um das Dach, mit der das Gewebe einen halben Meter Abstand gewinnt vom Gebäude. Der Reichstag, der den Demokraten und Ästheten Harry Graf Kessler an eine «schlecht imitierte Augsburger Truhe» erinnerte, ist jetzt und für zwei Wochen eine Skulptur geworden, die man aus Zeichnungen und Collagen zwar erahnen konnte, deren Anblick aber jede Phantasie hinter sich läßt.

Deshalb wollte Christo dieses Gebäude. Weil es gewaltig ist in den Dimensionen, mitten in der Hauptstadt liegt und dennoch allein auf freiem Gelände, weil man das Grün sieht und die gleich dahinter anbrechende Ödnis der Baustellen ahnt, weil die Spree hier vorbeifließt und man das Kunstwerk zu Wasser, zu Lande und aus der Luft sehen kann. Weil man aus der Nähe die Struktur des mit Aluminium beschichteten Gewebes erkennt, die unregelmäßigen, Luxus und Ordnung zugleich stiftenden Falten, die lockere Erdhaftung der Paneele, die mit außen unsichtbaren Schlingen, Seilen und Eisenklötzen am Boden gehalten werden, und die kornblumenblauen Seile, die alles zusammen- und festziehen. Weil man aus der Ferne das Objekt sieht, die Architektur über der Architektur; oder das abstrakte Gemälde, das strukturiert wird von den Horizontalen und Vertikalen der Seile und Falten; oder auch, bei flachgrauem Himmel, die Grisaille-Malerei, auf der die Falten und die Fläche ineinander übergehen, aus Licht und Schatten plastische Formen wachsen.

Am Abend verwandelt die Reflexion der letzten Sonnenstrahlen den Reichstag in ein großes Orangensorbet. Junge Leute verkaufen Zeitungen, Sandwiches, Äpfel zur Nacht. Andere rollen eine Decke aus, klemmen sich ein Kissen unter den Kopf, wollen sehen und schauen, zwischen den Tages- und Nachtzeiten. Die friedliche Neugierde, die beschwingte Stimmung breitet sich aus, die immer dort wahrzunehmen ist, wo Christo eine Arbeit zu Ende bringt – bei Alten und Jungen, Habitués und Neulingen der Kunst, auf dem Land und in der Stadt, in Japan und Kalifornien. Und nun auch in jenem Berlin, dessen Kontrastprogramm man vom Dach des Reichstagsgebäudes in einer Drehung von 180 Grad im Blick hat. Da sieht man den Soldaten vom frisch restaurierten russischen Ehrenmal, die Quadriga auf dem Brandenburger Tor, die im Goldglanz strahlende Kuppel auf der wiedereröffneten jüdischen Synagoge, den Fernsehturm Ost, die Kuppel des Deutschen Doms, die Schriftzeichen CHARITÉ und Kräne, Kräne, Kräne.

Und man sieht auch, was man beim Gang um das Gelände gesehen hat, was aber niemanden groß zu interessieren scheint: an der Südwestecke des Hauses die Reihe der im Boden steckenden Bronzetafeln, auf deren schmalem Rand die Namen von kommunistischen und sozialdemokratischen Reichstagsabgeordneten stehen, die von den Nationalsozialisten ermordet wurden. An der Nordwestecke des Geländes hinter einem kleinen Gitterzaun die armseligen weißen Kreuze mit den Namen der Menschen, die zwischen 1961 und 1989 beim Fluchtversuch getötet wurden: Peter Fechter und Chris Gueffroy zum Beispiel. Ein Kreuz steht für «10 unbekannte Flüchtlinge in der Spree ertrunken». Jetzt fahren auf der Spree die weißen Ausflugsdampfer und die schmutzigen Lastkähne, und die Passagiere schauen auf den verhüllten Reichstag.

Die Firma. Christo und Jeanne-Claude, die neuen und alten Mitarbeiter und Freunde waren früher die Familie, sind jetzt die Firma. Eine Frage der Dimension. Es gibt eine «Verhüllter Reichstag GmbH», und die ist wiederum eine Tochtergesellschaft ihrer selbst sozusagen, Christo ist Assistent des Vorstandes, ein steuerlicher und versicherungs- und wechselkurssicherer Inzest ersten Ranges, hoffen wir. Es gibt einen Projektleiter (den Photographen und langjährigen Christo-Mitarbeiter Wolfgang Volz), einen Geschäftsführer (den ehemaligen Berliner Immobilienkaufmann Roland Specker), einen Projekthistoriker (den Journalisten und ehemaligen Galeristen Michael S. Cullen). Und es gibt 90 Gewerbekletterer und 120 Installationsarbeiter.

Um den Reichstag herum (Gebäudeumfang 463,4 m, Dachhöhe 32,2 m, Höhe der vier Türme 42,5 m) hatten sie 100 000 qm Gewebe mit einem Gesamtgewicht von 61 500 kg auf 70 Paneelen herabzulassen, mit 15,6 km Seilen zu verschnüren, das Ganze durch 110 Fensterhalterungen und 270 Dachhalterungen im Gebäude, mit 477 Bodengewichten von 1 000 000 kg am Boden zu sichern. Ein Paneel wiegt knapp zwei Tonnen, und dieses Gewebegewicht zum gleichmäßigen Abrollen zu bringen ist eine heikle Präzisionsarbeit, besonders an den Ecktürmen, wo das Material teils zwischen, teils über die Metallkäfige fallen muß. Fünf Kletterer hingen an zwei Seilen, das rote war das Arbeitsseil, das grüne das Sicherungsseil, sie pendelten hin und her, bewegten die Rolle, die an drei Seilen hing, mit ihren Füßen, zogen am Material, verschwanden in den Falten, bekamen vom Dach und vom Boden per Walkie-talkie Anweisungen. Manchmal ging alles rasch, der silberne Vorhang fiel makellos und majestätisch, die Männer in den Seilen hinterher, sprangen auf den Boden, purzelten übereinander, die Zuschauer applaudierten. Aber manchmal war die Arbeit mühselig und langwierig, zum Beispiel, wenn der Wind dazwischenkam oder eine Papprolle unter dem Gewicht in der Mitte gebrochen war.

Für die Gewerbekletterer war die Verhüllung des Reichstags eine neue, aber nicht besonders schwere Aufgabe. Einige von ihnen kamen aus Bayern, versteht sich. Die meisten aber aus Sachsen. In der DDR, wo es kaum Baugerüste und Hebebühnen gab, haben sie das Klettern gelernt auch ohne die Alpen, und gut zu tun gehabt. Sagte der Mann, der sich als Bodenkoordinator der Brigade 4 a vorstellte und hinzufügte, daß ihnen die Arbeit hier viel Spaß mache. Später traf ich beim Gang auf dem fast verlassenen Gelände einen jungen Mann, der prüfend in die Luft schaute. «Ich mache hier die Eulen in der Stadt», sagte er, und so war er, obwohl eigentlich Landwirt auf einem Hof in Mecklenburg-Vorpommern, auch zu dem Nebenberuf als Reichstags-Ornithologe gekommen.

Seit Jahren schon gibt Christo für seine Projekte auch Umweltstudien in Auftrag, Ökologen und Tierschützer im voraus befriedend. In Berlin wurde festgestellt, daß um den Reichstag herum und in seinen Nischen die Elster, der Turmfalke, die Ringeltaube, die Haustaube, der Hausrotschwanz, der Mauersegler und der Haussperling ihr Wesen treiben. Für den Turmfalken, den einzigen Vogel, der sich wirklich irritieren ließ und der nicht, wie die Spatzen, einfach unter die Silberplanen kroch, wurde ein grüner Kasten auf dem Dach des Präsidentenpalais gleich hinter dem Reichstag gezimmert. Aber er verzichtete auf die Visite. Unten im ehemals edlen Haus war «La Cantine» eingerichtet, ein Restaurant nur für leitende Angestellte und Freunde. «Wir werden», hieß es in einem Informationsschreiben von Christo und Jeanne-Claude, «versuchen, während der Mahlzeiten unseren Freunden kurz hallo zu sagen.»

Die Terminologie. Es begab sich aber, das genaue Datum wird der Projekt-Historiker wissen und publizieren, irgendwann nach dem Votum des Bundestags für die Reichstagsverhüllung, daß der Umwelt mitgeteilt wurde: Ab sofort heißt der Künstler nicht mehr Christo, es heißt auch nicht mehr Christo und seine Frau Jeanne-Claude, es heißt Christo und Jeanne-Claude, es sind zwei Künstler. Als ob man Jeanne-Claude je hätte auslassen wollen oder können. «Der Künstler, der die Dinge verhüllt, zieht die Hüllen weg von seiner Frau», schrieb der *Guardian*, und die Autorin eines Interviews konstatierte: «So ist sie nun aus den Hüllen hervorgekommen und unterbricht ihn dauernd.» Das allerdings tat sie auch schon, als sie noch keine Künstlerin war.

Zur neuen Sprachregelung gehört auch, daß das Wort Verpackung tabu, nur das Wort Verhüllung erlaubt ist. Ein Terminus mit einer alten Geschichte und von nobler Abstammung. In seinem Traktat über die Malerei beschreibt Leonardo die Dialektik des Verhüllens und Enthüllens: «Sehen wir nicht die großmächtigsten Könige des Orients verschleiert und verhüllt einhergehen, weil sie glauben, sie minderten ihren Ruhm und Ansehen, indem sie ihre Gegenwart öffentlich und vulgär machen? Nun wohl, sieht man nicht ebenso die Malereien, welche Bilder heiliger Gottheiten darstellen, fortwährend verhüllt gehalten?» Die Verhüllung, so zeigt es die Kunst- und Kulturgeschichte, schafft eine Distanz, eine Aura des Mysteriums, ist das notwendige Vorstadium der Erkenntnis, der nackten Wahrheit.

Die Verpackung ist die säkulare Variante der Verhüllung. Daß der künstlerische Akt mit dem Terminus der sakralen und festlichen Prozesse kongenialer beschreiben ist als mit einem Wort der Geschenkeindustrie, ist richtig. Trotzdem erscheint auch hier eine obrigkeitlich verordnete Sprachregelung oder gar, wie bei der doppelten Künstlerschaft, Rückdatierung wenig sinnvoll. Christos frühe Arbeiten sind zum großen Teil Verpackungen, verpackt (und *package* genannt) wurden nicht nur Gegenstände des täglichen Lebens, sondern auch ein Stapel alter Tonnen in Köln und die Luft auf der documenta IV in Kassel. Der Berliner Reichstag ist natürlich verhüllt, verschleiert, auch wenn die blauen Seile die Verhüllung verschnüren helfen.

Die Vergänglichkeit. Christo solle, so der Vorschlag eines kunstsinnigen SPD-Abgeordneten aus Ingolstadt, den Reichstag auf ewig verhüllt lassen, der Bundestag könne in den Preußischen Landtag ziehen. Dem Manne kann nicht geholfen werden. Sein Wunsch nach einer Denkmalsewigkeit ignoriert nicht nur die Verträge, sondern auch die Ideologie des Christoschen Kunstbegriffs. Daß die Kunst der Moderne «radikal dem Augenblick des Entstehens verhaftet» sei und gerade deshalb «den gleichmäßigen Fluß der Trivialitäten anhalten, die Normalität durchbrechen und das unsterbliche Verlangen nach

Schönheit für den Augenblick einer flüchtigen Verbindung des Ewigen mit dem Aktuellen befriedigen» könne, schrieb Charles Baudelaire in seinem Essay «Der Maler des modernen Lebens». Von der Einzigartigkeit seiner nur für eine begrenzte Zeit existierenden Kunstwerke sprach Christo im Zusammenhang der «Umbrellas» und fügte hinzu: «Diese Unwiederholbarkeit, diese Sterblichkeit, ist die Chance unseres Lebens. Meine Projekte sind Kunstwerke auf Zeit, in allen ist auch die Erfahrung des Verlustes. Und diese Erfahrung des Verlustes ist auch ein Teil unserer Freiheit.» Es ist die Freiheit, wechselnde Wirklichkeiten zu erkennen.

Man muß heute kein Faust sein, um die Ewigkeit dranzugeben. «Werd' ich zum Augenblicke sagen: Verweile doch! Du bist so schön! Dann magst du mich in Fesseln schlagen, Dann will ich gern zugrunde geh'n.» Ein Schwur mit umstrittenem Ausgang. Christos Credo geht in die gleiche Richtung: nur im Augenblick ist die Ewigkeit, nur in der Vergänglichkeit die Erinnerung aufgehoben. Verweile nicht! Du bist so schön!

Das war es wirklich.

10. November 1995

Marion Gräfin Dönhoff

Keine Bösewichte

Groß war der Jubel auf beiden Seiten der Mauer, als das trennende Unikum fiel. Heute, sechs Jahre danach, stellt sich heraus, daß die Mauer geistig noch immer die politische Wirklichkeit prägt: Die PDS, Nachfolgerin der SED, erhielt bei der jüngsten Berliner Wahl im Osten 38,2 Prozent. Von 36 Direktwahlkreisen wurden dort 34 vom PDS-Kandidaten erobert.

Warum ist das so? Ein Teil der östlichen Wähler wählte die PDS vermutlich aus Trotz: So schlecht war das alles doch gar nicht, auch wir haben damals viel geleistet; und ein anderer Teil – zu dem 35 Prozent der Erstwähler gehören – tut dies aus Protest gegen die «arroganten Westler», die glauben, alles besser zu wissen.

Was kann man tun, um zu verhindern, daß diese Verärgerung sich verfestigt? Jedenfalls darf man nicht weiter so handeln wie bisher. Man darf die Andersdenkenden nicht als Bösewichte in die Ecke drängen. Schließlich ist die Partei ja nicht verboten. Wir müssen versuchen, die Motive der Wähler zu beeinflussen. «Abtrünnige» heranzuziehen anstatt sie wegzustoßen. Warum soll die PDS auf Bezirksebene nicht mitregieren?

Und auf Länderebene? Vielleicht wird Mecklenburg-Vorpommern demnächst eine Regierung unter Einschluß der PDS bilden, und in Sachsen-Anhalt hat Ministerpräsident Hoeppner, der mit Duldung der PDS regiert, keine schlechten Erfahrungen gemacht. Eigentlich würde es der PDS recht geschehen, wenn sie in einem Land Verantwortung übernehmen müßte, wenn sie selber mit Arbeitslosigkeit, Überschuldung und anderen Problemen fertig werden müßte, anstatt nur von Ferne mit dem Finger auf Fehler der anderen zu zeigen.

Im Grunde müßte Deutschland mit dem Problem einer Häretiker-Partei besser umzugehen wissen als irgendein anderes Land. Schließlich haben wir viele Jahrzehnte mit Hilfe von Alleinvertretungsrecht und Hallsteindoktrin die DDR ausgegrenzt, und wenn sich der Wunsch nach Entspannung nicht durchgesetzt hätte, wäre es wohl nicht zur Wiedervereinigung gekommen.

Das Resümee jener Erfahrung lautet: Stigmatisieren ist *counterproductive*: Feindbilder erzeugen Bedrohungsängste; emotionale Empörung schädigt die Demokratie. Notwendig sind darum Entemotionalisierung und Pragmatisierung.

17. November 1995

GUNTER HOFMANN

Vom Elend der Enkel

Wir werden gebraucht – das ist die Botschaft Rudolf Scharpings an die SPD. Wozu? Von wem? Eine Antwort, die ein paar Millimeter über das zu Erwartende hinausginge, hat der Vorsitzende nicht gegeben. Scharping hat nur noch die Kraft, nach innen zu sprechen, als sein eigener Geschäftsführer.

Die Selbstblockade an der Spitze der Partei, auf die ihre Basis wütend und verzweifelt schimpft, wird vermutlich anhalten. Wenn man Gerhard Schröder richtig verstanden hat, denkt er jedenfalls nicht daran, seine Rolle als großer Unkontrollierbarer zu revidieren. An der Spitze gibt derzeit keiner eine mutige Antwort auf die Frage, wozu die Partei in den kommenden zehn Jahren dringend gebraucht wird.

Als Partei ist die SPD dennoch, und das zeigte sich auch in Mannheim, keineswegs leblos. Während Rudolf Scharping das Kunststück fertigbrachte, kein einziges Wort über Europa zu verlieren, fuhren ihm die Delegierten mit Zorn, Leidenschaft und Zielstrebigkeit in die Parade. Sie wollen sich die Idee Europa nicht kaputtmachen lassen. Solche Ordnungsrufe von unten lassen hoffen, daß die Volkspartei SPD noch nicht endgültig den inneren Kompaß verloren hat. Aber zur Artikulation einer Politik, die unter schwierigeren Bedingungen als früher das Eigene wieder deutlich machen könnte, reicht das noch nicht.

Aber ist diese Lähmung nicht zugleich ein hilfloser Ausdruck der Zeitverhältnisse? Jeder regiert, jeder opponiert, in beinahe jeder Partei wird beinahe jede Position vertreten. Vielleicht ist der hypnotisierte Blick auf die SPD nur ein Reflex auf den derzeit überall fälligen Abschied vom Gewohnten. Nicht nur die SPD, die ganze Bundesrepublik steuert auf unbekanntes Gelände zu. Schröder stellt sich nicht nur als Alternative zu Scharping dar, sondern als Gegenfigur zur überlieferten Parteiendemokratie: Künftig müssen alle modern und alle Medienhelden sein. Der Applaus bleibt dünn – in der SPD. Die Sozialdemokraten sind sich offenbar keineswegs sicher, ob sie den Wechsel der Systeme, weg von den Parteien, hin zur Mediendemokratie, wollen sollen.

Wer aber eine linke Volkspartei behalten möchte, der müßte die Differenzen neu klarmachen. Die SPD weiß das. Aber sie kann es nicht. Aberwitzig wäre es zu behaupten, es gebe keine streitwürdigen politischen Unterschiede mehr. Haben die Sozialdemokraten denn das kleine politische Einmaleins verlernt? Die Unterschiede fangen an bei der Frage, ob Politik überhaupt noch gestalten soll oder der Weltmarkt alles regelt. Und sie enden nicht bei Europa: es ist schon ein Elend, mit welcher Leichtfertigkeit heute – gerade in der SPD-Spitze – über Europa gesprochen wird. Die Ostpolitik seinerzeit war vergleichsweise «einfacher» zu erklären. Aber mit welchem Ernst und welcher Zielgenauigkeit, mit welcher Risikobereitschaft und welchem moralischen Impuls ist sie erstritten worden. Wer nimmt es heute mit Ost-West-Europa ähnlich ernst? Allerdings gibt es auch eine überschießende, fast demoralisierende Kritik an der SPD, mit der die Parteiführung schlicht nicht umzugehen weiß. Dabei ist sie nur eine Folge der großen – und enttäuschten – politischen, ja moralischen Erwartungen. Gleichwohl – wer wagte denn die Prognose, die SPD sei am Ende?

Die Bundesrepublik erscheint nicht minder fragil und labil als diese eine Partei. Stürzt morgen die CDU in eine Malaise, sieht es für die SPD schon wieder ganz anders aus, Machtwechsel folgten hierzulande immer nur einer Schwächeperiode der Regierenden. Nicht nur die SPD, die Politik insgesamt entzieht sich den Prognosen. Unbequem für uns Chronisten, besorgniserregend für die Parteiendemokratie, aber für ein Land mit selbstbewußten Republikanern im Prinzip gar kein Schade. Die allerdings werden in solchen Zeiten dringend gebraucht.

24. November 1995

ROBERT LEICHT

Große Rolle

Ob Männer Geschichte machen? Oskar Lafontaine, der neue SPD-Vorsitzende, wird jedenfalls für viele Geschichten gut sein. Nicht allein die Sozialdemokraten wurden mit seiner Wahl aus ihrer beklemmenden Lähmung befreit. Seit dem Mannheimer Paukenschlag lädt sich die gesamte innenpolitische Auseinandersetzung mit neuer Spannung auf. Das Geheimnis erfolgreicher parlamentarischer Politik liegt im richtigen Verhältnis von Polarisierung und Integration, von Frontbildung und Brückenschlag. Johannes Rau war vor Jahren mit der Botschaft angetreten: Versöhnen statt spalten. Dabei lautet das eigentliche politische Paradox: Versöhnen *und* spalten.

Willy Brandt konnte beides – deswegen wurde er ein bedeutender Kanzler. Franz Josef Strauß konnte nur das eine – deswegen blieb er ein bedeutender Kandidat. Jetzt muß es sich herausstellen, ob das maliziöse Diktum Brandts über Lafontaine bestätigt oder widerlegt wird: «Der wird unser Strauß des Saarlandes.»

Unter ihrem neuen Vorsitzenden wird die SPD gewiß wieder zu einer richtigen Oppositionspartei – wie denn überhaupt die Bonner Opposition künftig mit den drei politischen und forensischen Urtalenten Oskar Lafontaine, Joschka Fischer und Gregor Gysi der zunehmend müder und fahriger agierenden Koalition kräftig einheizen dürfte. Aber wie soll aus dieser ganz anderen Troika eine neue Regierungsformation werden?

Natürlich sähe es die konservativ-liberale Koalition lieber, ihre Gegner blieben auf ewig dreigeteilt. Außerdem dient es der moralischen Aufrüstung des Regierungslagers, wenn man sich doppelt entrüsten kann: über das «rotgrüne Gespenst» und die «roten Socken» zugleich. Doch wer selber mit Blockflöten musiziert und mit schwarzgrünen Perspektiven immerhin schon kokettiert hat, wirkt mit instrumenteller Empörung auf Dauer kaum überzeugend.

Wenn Lafontaine von der rotgrünen Option des Machtwechsels redet und mit der PDS vielleicht sogar mehr als nur reden will, dann gewiß nicht, um die SPD noch unter die Scharping-Schwelle zu drükken. Er weiß, daß er gerade wegen der makabren Umstände seiner Wahl unter besonderem Rechtfertigungszwang und Erfolgsdruck steht. Trotzdem sind die Dilemmata seiner Strategie nicht zu übersehen.

Im Westen der Republik will Lafontaine den Grünen Wähler abjagen, im Osten der PDS. Im einen Fall muß er das postmoderne Milieu der Ökologen überzeugen, im anderen die Probleme einer postsozialistischen Gesellschaft lösen. Gleichzeitig gilt es, sowohl die traditionellen Sozialdemokraten bei der Stange zu halten, als auch traditionslose Modernisierer aus dem bürgerlichen Lager zu gewinnen: der Spagat wie gehabt.

Daß Lafontaine polarisieren und Spannung erzeugen kann, braucht er niemandem mehr zu beweisen. Aber wie steht es um seine Fähigkeit zur Integration? Was immer er im «linken Lager» zugunsten der SPD bewegen kann – wird es im Verhältnis zur Regierungskoalition mehr sein als ein Nullsummenspiel? Der inneren Mobilisierung muß das grenzüberschreitende Vertrauen folgen.

Lafontaine steht vor seiner größten Rolle – und vor seinem größten Rollenwechsel. An die Spitze zu drängen ist das eine – an der Spitze zu stehen etwas ganz anderes. Wer derart komplizierte Integrationsleistungen zustande bringen soll, muß vor allem aus der politischen Substanz überzeugen, nicht nur mit taktischer Rhetorik. Seine Mannheimer Kandidatenrede verkündete *vodoo economics*, lauter wirtschaftliche Absonderlichkeiten. Künftig muß er vor Industriellen und Gewerkschaftern gleichermaßen bestehen.

Vor allem aber muß er, wenn er je in die Nähe der Regierungsfähigkeit gelangen will, außenpolitisch die Fesseln der Provinzialität sprengen, in denen er und seine Partei gegenwärtig gefangen sind. Lafontaines Internationalismus ist bisher nicht mehr als eine Parole. Sein Wahlkampf im Jahr 1990 litt daran, daß er die nationale Frage nicht auf den richtigen Begriff brachte. Kanzler des vereinigten Deutschland kann nur jemand sein, der die europäische Einigung voranbringt und die Gewähr dafür bietet, daß die Nation nicht neuerlich nach Sonderwegen sucht. Kanzler aber muß er werden wollen, wenn der Parteivorsitz nicht eine interessante Nebenrolle bleiben soll.

24. November 1995

GUNTER HOFMANN

Der richtige Mann zur rechten Zeit

Déjà vu. Alles schon gesehen, denkt man im ersten Augenblick, alles tausendmal gelesen und geschrieben. Jedes Detail aus dem Leben des Oskar Lafontaine glaubt man zu kennen, jeden Widerspruch, in den er sich verwickelte, und davon gibt es wahrlich viele, jedes Wort, mit dem er sich Gegner machte, und jedes Widerwort, beispielsweise von Helmut Schmidt über den Kandidaten des Jahres 1990, der seine Wahlniederlage «verdient» habe. Im ersten Moment schmeckt einfach alles nach Wiederkehr.

Auch das Stück unter dem Titel «Lafontaine gegen Kohl» hat man bereits erlebt. Jetzt ist er zwar nicht Kandidat, sondern frisch gekürter Parteivorsitzender, aber seine Rolle als Herausforderer des ewigen Amtsinhabers wird er schon jetzt ähnlich verstehen. Sphinx gegen Buddha.

Und kennt man nicht auch längst schon von Lafontaine diese Mantel-und-Degen-Stücke, wie damals, als er (1987) in den Parteivorstand stürmte, um mitzuteilen, er habe Hans-Ulrich Klose als Schatzmeister gewonnen – ein Versuch, an dem Willy Brandt gescheitert war? Es wirkte wie der Handstreich des heimlichen, wahren Parteichefs. Solche Mosaiksteine fügten sich zum Bild. Da paßt es auch schön, jetzt von «Brutus Lafontaine» zu sprechen, der seinen «Bruder» Scharping gemeuchelt habe. Keiner bedient so perfekt wie er die Klischees, die es über ihn gibt. Mit keinem allerdings macht man es sich auch so einfach.

Oskar Lafontaine ist, so oder so, wieder da. RUMMS! schreibt *Bild.* Der Retter? fragt der *Spiegel.* Dummer Oskar! antwortet Augstein. Der Mann belebt, und an ihm scheiden sich die Geister. Schon hat er selbst das Klischee wieder in Umlauf gesetzt, die SPD sei eine «Linkspartei». Und plötzlich gilt er wieder als Nato-Gegner, als Amerika-Feind, als Antipode des «bürgerlichen Lagers», als sei die Welt einfach stehengeblieben in all den Jahren.

Lafontaine, ein Antibürgerlicher? Ganz im Gegenteil. Er verkörpert exakt einen Teil der Bürgerlichkeit, wie sie in der Republik (West) gewachsen ist, ja er ist geradezu ein Spiegelbild dieser Erfolgsgeschichte.

Interessanter als Klischees oder Wiedersehensgefühle erscheint doch die Frage, wie sich das politische Profil Lafontaines und das der Republik sechs Jahre nach dem Mauerbruch miteinander vertragen. Seinerzeit nannte Theo Sommer auf der Titelseite dieser Zeitung den Kandidaten lakonisch den «falschen Mann zur falschen Zeit».

Es ist zwar in der Geschichte der SPD zum ersten Mal vorgekommen, daß sie einen Vorsitzenden abwählte und einen anderen inthronisierte, so blitzschnell, daß die Satzung dazu eigens außer Kraft gesetzt werden mußte; aber ein weltgeschichtlicher Umbruch ist der Wechsel im Vorsitz einer Volkspartei dennoch nicht. Woher dann die allgemeine Faszination?

Ihm traut man den Putsch auf offener Bühne ganz einfach immer noch zu. Die Wahrheit sieht ein bißchen anders aus. Dazu gehört, daß der Parteitag im Mannheimer Rosengarten nach Monaten der Demoralisierung an der Basis schlicht außer Kontrolle geriet. Dazu gehört auch, daß Lafontaine seit zwei Monaten in vielen internen Gesprächen eine Ämteraufteilung empfahl, um den Abwärtstrend der SPD endlich zu stoppen.

Er wollte an die Spitze, das gewiß, während Scharping nicht teilen wollte. Aber er wollte das nur im Konsens. Zum Schluß konnte der zaudernde Lafontaine nicht mehr zurück, ohne seinen Einfluß endgültig einzubüßen. Seitdem funktioniert das System Lafontaine wie in den alten Zeiten. Die Republik streitet über ihn, als herrsche jetzt schon Wahlkampf. Unverkrampft, so rät er nämlich, solle man mit der PDS umgehen. Keiner zwingt heute wie er dermaßen dazu, daß man sich zu ihm «verhält». Plötzlich kommt etwas in Bewegung. Alles wegen Oskar L.?

Ehre, wem Ehre gebührt, aber das ist zuviel. Eine wahre Stimmungsdemokratie ist aus der Bundesrepublik längst geworden. Der Parteitag der SPD liefert davon doch nur ein getreuliches Spiegelbild. Klare politische Konturen sind abhanden gekommen. Es fehlt das Gegenüber.

Das könnte anders werden. Wo er auftritt, gibt es fast immer ein Visavis. Durch alle Stationen des selbstbewußten Saarländers läßt sich dieses Muster verfolgen. Wo er ist, sind auch Antagonismen. Wir und die! Ich und die dummen anderen! Die Konservativen, empört er sich, reisen nach China und schütteln den Generalen die Hände, wir nie! Er braucht dieses Gegenüber.

Der Fluch kann jeden treffen. Hans-Jochen Vogel bekam das zu spüren, der ja wirklich in all seiner ernsthaften Verantwortlichkeit und Solidität das Gegenbild abgab zum wendigen, frechen Oskar. Zu spüren bekam das natürlich auch Helmut Schmidt, dessen Begriff von Realpolitik Lafontaine für «technokratisch verkrustet» hielt.

Gegner Lafontaines war zeitweise die ganze Nato. Die Außenpolitiker der eigenen Parlamentsfraktion schimpfte er «Kinkelchen». Entschuldigung! Den Sozialpolitikern warf er «Verantwortungsimperialismus» vor. Ganz zu schweigen von den Journalisten als Visavis. Wo er konnte, nämlich im eigenen Land, hat er ihnen mit einem schärferen Presserecht Revanche dafür angedroht, daß sie rüde und grell seine diversen Affären beleuchteten.

Wenn er kein Gegenüber hatte, schuf er sich eins. Aber meistens fand es sich ja. Oskar Lafontaine hat dafür schließlich seine lange

Nase. So war das bereits 1979 beim Raketen-Parteitag der SPD und fortan fast durch die ganzen achtziger Jahre: Keiner hat ähnlich leidenschaftlich wie Lafontaine den Nato-Doppelbeschluß und seine Apologeten bekriegt. So geriet er an die Spitze der Friedensbewegung. Ganze Kirchentage riß er mit seinen Auftritten hin. Den SPD-Parteitag 1983 um den Nachrüstungsstreit mit Helmut Schmidt brachte er hinter sich.

Die Gewerkschaften empfanden es als Verrat, als er 1988 für kürzere Arbeitszeiten ohne Lohnausgleich plädierte. Als sie aufschrien, legte er nach: Das Sonntagsarbeitsverbot sei auch nicht tabu. Herrliche Eindeutigkeit: Die Welt schien immer in Freunde und Widersacher zu zerfallen, ob er nun einen Ausstieg aus der Kernenergie oder einen ökologischen Umbau empfahl.

Plötzlich war alles anders. Am 25. April 1990, inmitten des Vereinigungsjahres, mit dem er sich ohnehin schwertat, stach ihn die geistesgestörte Adelheid Streidel mit dem Messer nieder. Lafontaine, eine tiefe Wunde im Hals, rang mit dem Tod. Der war jetzt für sieben unendliche Stunden sein Gegenüber.

In den sechs folgenden Jahren bis heute schien das politische Temperament, dieser Kobold, das Zeitgeistkind, das dauernd anderen Themen nacheilte, irgendwie da und weg zu sein. Es gab die Mantel-und-Degen-Bilder nicht mehr, die von ihm haftengeblieben waren. Lafontaine machte weiter, aber er ordnete sich ein. Parteivorsitzende wurden nach Brandt Vogel, Engholm und Scharping. Er zögerte immer.

An kein einziges Wort kann man sich erinnern, das illoyal geklungen hätte gegenüber Scharping oder das eigene Ambitionen verriet. Mal wirkte Lafontaine melancholisch, mal happy. Mal flegelhaft und leicht stilvergessen, mal verantwortungsbewußt und rücksichtsvoll, gelegentlich mit einem Anflug von Unglücklichsein. Immer noch konnte man ahnen, daß er über mehr Power verfügt als andere, aber er sonnte sich auch gern in der Karibik – jedenfalls war er nicht mehr der alte.

Ein Visavis hatte Lafontaine in derart pointierter Form erstmals wieder in Mannheim. Dort teilte er entschiedener als all die Jahre zuvor, seit 1990, die Welt wieder in «wir» und «ihr» ein. Wir wollen die ökologische Steuerreform, die CDU verabschiedet sich von dem Projekt! Wir sind die Europapartei! Wir bleiben die Friedenspartei. Das war Lafontaine, wieder ganz in seiner alten Rolle.

Ob die Bundesrepublik nach mehr Unterscheidbarkeit lechzt, sei dahingestellt. Aber liegt nicht mindestens so etwas wie eine Renaissance des Politischen in der Luft? In diesem Moment tritt Lafontaine wieder an. Die Welt allerdings sieht ganz anders aus als vor der europäischen Zäsur und dem Attentat. Sie ist nicht mehr bipolar.

Im Osten wird er heute besser verstanden mit seiner Warnung vor den Folgen der raschen Währungsunion und vor «nationaler Besoffenheit». Aber noch hat er sich die selbstkritische Distanz nicht erlaubt, um sein allzu einfaches Urteil, was ökonomisch falsch sei, könne politisch nicht richtig sein, ohne die Pose des Rechthaberischen zu beleuchten. Der Mann, der von der Basis kam, haderte ausgerechnet mit der Basis im Osten, die «Wir sind das Volk!» rief. Das bleibt für ihn ein Problem.

Blättert man zurück in den Büchern des Autors Lafontaine, die er seit 1983 publizierte («Angst vor den Freunden» hieß das erste, ein Plädoyer für die Entnuklearisierung der Bundesrepublik und den Ausstieg aus der militärischen Integration der Nato), fällt auf, mit welchem Instinkt für Zeitverhältnisse Lafontaine ausgestattet ist. Er ist darin Willy Brandt ähnlich, der ihn lange Zeit (bis zur Einheit) mit Vorrang beförderte, ein Osmose-Politiker. Er hört zu und reagiert. Manchmal knüppeln die Widersacher wegen irgendeiner Keßheit noch auf ihn ein, ohne zu bemerken, daß er sich längst still vom Tatort entfernt hat.

Die hehren Grundsätze haben Lafontaine im Alltag nie daran gehindert, mit schier ungebremstem Pragmatismus in der Sache vorzugehen. Sicher, er ist in den Jahren in die Politik gewachsen, als die «Basis» Mitsprachewünsche anmeldete, weil sie sich nicht mehr repräsentiert fühlte von den Parteien. Aber seinen SPD-Kollegen in der Ministerpräsidentenkonferenz erscheint er heute oft genug zu kompromißlerisch.

Vielleicht weil das so ist, möchte er dann wieder gerne Prinzipien dokumentieren, so wie damals, als er empfahl, den Staatsvertrag zur deutschen Einheit im Bundestag abzulehnen, ihn aber im Bundesrat passieren zu lassen. Einen ähnlichen Balanceakt scheint er im Streit um die «Kampfeinsätze» der Tornado-Flugzeuge vorzuhaben.

Seit 1989 schien es beinahe so, als führe die Geschichte Regie – schlechte Zeiten für Politiker, die sich als Voluntaristen verstehen. Vielleicht liegt auch darin der Grund, daß Lafontaine als Erneuerer in diesen sechs Jahren nicht mehr recht sichtbar wurde. Er hat das Heft jedenfalls nicht in die Hand genommen. Allerdings gilt das auch für andere. Kohl regiert doch, erklärte Lafontaine stets gerne. Oder Engholm und Scharping. Daß da viel brachlag, haben in der SPD vermutlich wenige so klar und besorgt registriert wie er. Allerdings wirkte er erschöpft.

Die Zweifel an der 68er-Generation, die in der Politik nach oben kam, erstrecken sich gleichwohl auch auf ihn. Hatte er nicht, Carl Améry zitierend, Helmut Schmidt einmal vorgehalten, mit Sekundärtugenden wie Ehrlichkeit, Pünktlichkeit, Sauberkeit und Zuverlässigkeit könne man auch ein KZ leiten? So war er, der Prinzipienheld! Auch da folgte die Entschuldigung. Jetzt aber, in der Stunde der Krise seiner Partei, wird die ganze Enkelriege gefragt, ob mit ein paar ordentlichen Sekundärtugenden, vor allem mit Gemeinsinn, nicht doch eine Menge geholfen wäre.

Die Kritik an Lafontaine als Gegner der Einheit, die er selbst «Verleumdung» nennt, hatte – wie man im Rückblick sieht – neben allem Verständlichen auch ein stark projektives Moment. Manche von denen, die mit dem Finger auf ihn zeigten, den Schuft, der die «Deutschtümelei» haßte, wollten doch bloß verdecken, wie schwer ihnen der Vereinigungsprozeß fiel. Ungern ließen sie sich daran erinnern, mit einer Politik der kleinen Schritte, die nur unter Kumpaneiverdacht stand, die Wiederannäherung der deutschen Staaten gesucht zu haben. Wenn die SPD sich heute traut, ihn an ihre Spitze zu holen, hängt das auch damit zusammen, daß sich das Verhältnis zur Vereinigung und ihrer Vorgeschichte normalisiert.

Auch der Prioritätenkatalog der Republik ändert sich wieder, nicht im Sinne einer Rückkehr der achtziger Jahre, aber doch in Erinnerung an das, was kollektiv gelernt worden ist. Die Stichworte dafür: Wachstum, Arbeit, Ökologie, Europa unter neuen Bedingungen und die Krise der nationalen Politik überhaupt. Wie Wolfgang Schäuble hat Oskar Lafontaine gelegentlich über den gesellschaftlichen Immobilismus geklagt und Veränderungsbereitschaft angemahnt. Aber wo und wie genau, das ist nicht ausdiskutiert.

Die Bonner Republik, sagt er mit Recht, sei kein Sonderweg gewesen. Wenn das Land seine außenpolitischen Pflichten im Blick auf die eigene Vergangenheit anders definiere als andere, so sei das nur gutes Recht. An der Stelle freilich wird Lafontaine noch viel genauer werden müssen. Die Zeiten, in denen die Friedenspolitik Willy Brandts dominierte, sind vorbei und lassen sich allenfalls rhetorisch verlängern.

Auf Lafontaines SPD wie auf Kohls CDU kommt zu, daß im Osten der Republik die Emanzipationswünsche wachsen. Im Westen nehmen die Bedenken zu, der Transfer von vielen Milliarden jährlich werde sich fortsetzen, da es zu einer großen Reindustrialisierung nicht kommt. Welche Antwort hat die SPD darauf? Und Europa muß wohl erstmals gegen viel Skepsis erstritten werden. Das hat Oskar Lafontaine offensichtlich in letzter Sekunde gesehen.

Die Bundesrepublik ist desorientiert und verführbar, und sie blickt neugierig auf Leute mit Lebenslust, Politiklust und Machtlust. Bisher genoß das Joschka Fischer alleine. Vom Kanzler natürlich zu schweigen. Seine eigenen Schwächen und Defizite wird Lafontaine wohl kennen. Vielleicht hindert ihn das daran, den Fehler Scharpings zu wiederholen, alles auf sich zu ziehen. Autorität muß er sich neu erarbeiten, ein Stück mehr Glaubwürdigkeit auch.

Ein Meister der Ambivalenzen: Prinzipien hochhalten, aber ohne schlechtes Gewissen unter ihnen durchwandeln, das ist Lafontaines Art. Die Art und Weise seiner Rückkehr in die Arena und sicher auch seine Wende-Rede in Mannheim mit ihren Stereotypen, die einem allzu vertraut vorkommen, scheinen das Klischee zu bestätigen, das man von ihm hat. Aber er ist anders geworden, nicht bloß, weil er das von sich selber sagt. Was dieses «andere» ist, das läßt sich ahnen, er kann es nun beweisen.

Ein Rat für den Oppositionsführer ohne Parlament steht unsereins natürlich nicht an. Sonst würde man jetzt glatt hinschreiben: weg mit dem Maulkorb für die Presse! Und im übrigen auf Christa Müller hören, seine Frau.

1996

12. Januar 1996

Helmut Schmidt

Rezepte gegen die deutsche Krankheit

Die ökonomische und soziale Lage Deutschlands muß Besorgnis erregen. Wir waren einmal «Exportweltmeister» – heute geht unser Anteil am Weltmarkt stetig zurück, und unsere Exportbeschäftigung sinkt. Mehr als die Hälfte unseres Sozialproduktes fließt inzwischen durch die öffentlichen Hände, die Staatsquote hat alle bisherigen Rekorde in den Schatten gestellt: Der Staat bestimmt, wofür jede zweite D-Mark des Sozialproduktes ausgegeben wird. Zugleich hat der Staat die Quote der Steuern und Sozialabgaben auf eine Rekordhöhe von über 45 Prozent getrieben. Gleichwohl reichen seine Einnahmen bei weitem nicht aus – deshalb verschulden sich Bund, Länder und Kommunen jedes Jahr in unerhörtem Ausmaß.

Aber so viele Ersparnisse stehen im Inland gar nicht zur Verfügung – deshalb ist Deutschland schon seit fünf Jahren auf Ersparnisse anderer Nationen angewiesen. Wir sind zu einem Netto-Kapital-Importland abgesunken und konkurrieren mit Mexiko um den zweitschlechtesten Platz, übertroffen allein durch die seit Reagan gleichfalls haushaltskranken USA. Unsere staatliche Rentenversicherung, unsere Arbeitslosenversicherung und auch die leichtfertig eingeführte neue Pflegefallversicherung sind finanziell angekränkelt.

Die Arbeitslosigkeit ist höher als seit Generationen. Sie wird auch 1996 steigen, vor allem in den östlichen Bundesländern. Sie ist im wesentlichen ein Skandal der staatlichen Politik, die den Wirtschaftsprozeß in höherem Maße dominiert als jemals in Jahrzehnten. Die Arbeitslosigkeit muß unsere größte Sorge sein, denn aus den frühen dreißiger Jahren kennen wir ihre seelischen und politischen Langzeitwirkungen.

Die Stimmung ist noch schlechter als die tatsächliche Lage, dabei trägt negative Stimmungsmache zur Dämpfung unternehmerischer Initiativen und somit zur weiteren Verschlechterung der Situation bei. Seit Jahr und Tag machen einige Verbandspolitiker die Lohnpolitik der Gewerkschaften verantwortlich – obwohl alle Tariflöhne und Manteltarife immer von beiden Seiten gewollt und unterschrieben worden sind.

Neuerdings wendet sich die Kritik vermehrt an die Bundesregierung. Das ist zwar die richtige Adresse. Wenn aber die *Bild*-Zeitung einen Autor schreiben läßt: «Der Wohlfahrtsstaat hat abgewirtschaftet», wenn der Präsident des DIHT eine Rentenkürzung und dazu die Abschaffung von nicht weniger als drei Steuern und die Senkung von zwei weiteren Steuern ohne jegliche Deckungsvorschläge für die öffentlichen Haushalte verlangt, wenn die *Frankfurter Allgemeine Zeitung* ein «Notprogramm» verlangt, wenn die Präsidenten des BDI gegen die Bundesregierung Front machen, wenn die *Süddeutsche Zeitung* von einem «Aufstand gegen Kohl» spricht, dessen Regierung «ihr Geschäft nur noch als Reparaturbetrieb» betreibt, dann sind wir von Panikmache nicht mehr weit entfernt.

Weil aber die schlechte Lage und die miese Stimmungsmache hausgemacht sind, können wir sie auch mit unseren eigenen Mitteln überwinden. Freilich gehören dazu ein fester Wille der Regierenden, Mut zur Wahrheit über die Krankheitsursachen und Beharrlichkeit bei der Durchsetzung der nötigen Therapien.

Die Krankheitsursachen sind vielfältig, deshalb gibt es kein Allheilmittel, man benötigt einen ganzen Rezeptblock. Einige der Rezepte werden alsbald wirken, andere können erst mittelfristig ihre Wirkung entfalten. Die Ärzte an unserem Krankenbett heißen Waigel, Blüm und Tietmeyer, der Oberarzt Kohl schwebt lose über ihnen.

Ein Notprogramm: Das Bundesbankgesetz schreibt der Bundesbank die allgemeine Unterstützung der ökonomischen Politik der Bundesregierung vor. Weil eine zusammenhängende ökonomische Politik – über den Maastrichter Vertrag hinaus – bisher nicht erkennbar war, konnte die Bundesbank ihren Geldmengen-Fetischismus voll ausleben. Der von ihr zu verantwortende überhöhte Wechselkurs unserer Währung ist gegenwärtig der durchschlagende negative Standortfaktor. Von 1990 bis heute ist der reale Außenwert der D-Mark um zehn Prozent gestiegen; das heißt: Ein deutsches Exportgut ist – egal ob gegen D-Mark oder gegen Dollar verkauft – um zehn Prozent teurer geworden, auch wenn sein Inlandspreis sich nicht erhöht hat. Eine so starke Wettbewerbsbeeinträchtigung können keineswegs alle exportierenden Branchen und Unternehmen durch innerbetriebliche Rationalisierung auffangen. Die Bundesbank ist durch Gesetz auf die Stabilität der Währung verpflichtet – aber keineswegs bloß der *Binnen*währung. Die Bundesbank muß zukünftig auch auf die Stabilität der *Außen*währung achtgeben.

Der Bundesfinanzminister schwankt unterdessen zwischen Steuersenkungen, Steuererhöhungen, Einsparungen und der immer undurchsichtiger werdenden Verschiebung von Finanzmassen zwischen Bund, Ländern, Gemeinden, Schattenhaushalten und Zweigen der Sozialversicherung. Wer aber heute Steuern senken will, der muß zuerst Ausgaben senken! Waigel ist in ähnlicher Lage wie der französische Ministerpräsident Juppé. Die USA, Japan, England, selbst Italien haben erheblich niedrigere Staatsquoten als Frankreich und Deutschland. Bonn muß wissen: Keineswegs bloß wegen der Stabilitätskriterien für die Wirtschafts- und Währungsunion darf unsere Verschuldungsquote nicht weiter steigen. Also braucht Waigel ein weitgespanntes Kürzungsprogramm! Alle konsumtiven Ausgaben des Staates, alle Leistungen, alle Subventionen (natürlich *einschließlich* der Landwirtschaft) und alle Steuererleichterungen gehören unter seine Lupe – und dann muß ein Haushaltssicherungsgesetz folgen!

Der Bundesminister für Arbeit und Sozialordnung darf nicht mehr zulassen, daß die Beiträge zur Renten- und Arbeitslosenversicherung für sachfremde staatliche oder unternehmerische Zwecke, zum Beispiel Frühpensionierung, verwendet werden. Der Generationenvertrag zielte ursprünglich auf das 65. Lebensjahr. Keineswegs kann er heute einen millionenfachen Vorruhestand finanzieren. Wenn wir zum Beispiel hören, daß bei Krupp auf 68000 aktive Arbeitnehmer mehr als 80000 Rentner und Versorgungsempfänger kommen, so ist dies ein Menetekel, besonders für die engagierten Transfer-Akrobaten im Hause Blüm. Will die Regierung versicherungsfremde Zwecke finanzieren, so hat sie dies aus allgemeinen Haushaltsmitteln zu tun – *wenn* denn der Finanzminister an anderer Stelle ausreichend einspart.

Blüm muß die «Zumutbarkeits»-Vorschriften entschärfen: selbstverständlich kann einem gesunden jüngeren Arbeitslosen zugemutet werden, Äpfel und Birnen zu pflücken! Der Minister sollte die Strafbarkeit von Schwarzarbeit wesentlich verschärfen. Und grundsätzlich sollte er darauf hinarbeiten, daß zwischen Fürsorgeleistungen und den unteren Lohngruppen Abstand gehalten wird.

Die Lohntarifpartner müssen endlich wesentlich längere Maschinenlaufzeiten und flexiblere Arbeitszeitregelungen vereinbaren. Wir brauchen Öffnungsklauseln in den Tarifverträgen. Schon in der alten Bundesrepublik waren die de facto das ganze Staatsgebiet überdeckenden Einheitstarife strukturell unzweckmäßig, heute sind sie in den östlichen Bundesländern Gift für viele gefährdete Betriebe. Allgemeinverbindlichkeits-Regelungen von Tarifen müssen für den Arbeitsminister zur seltenen Ausnahme werden. Die Vorschläge des Vorsitzenden der IG Metall haben den Zusammenhang zwischen Lohnhöhe und Beschäftigung anerkannt, ein mutiger Schritt – man nehme ihn beim Wort.

Kein Unternehmer darf sich dem Wunschtraum hingeben, dies alles bedeute das «Ende des Sozialstaates». Im Gegenteil: Weil wir ihn erhalten wollen, müssen wir einige Übertreibungen beseitigen. Einer der größten deutschen Standortvorteile sind die weitgehende Abwesenheit von Streiks und unser hervorragendes soziales Klima. Dazu trägt unser weitgefächertes System sozialer Sicherheitsnetze bei, dazu tragen Betriebsverfassung und Mitbestimmung und unser hervorragendes System dualer gewerblicher Ausbildung bei, das gleichzeitig ein wichtiger positiver Standortfaktor ist. Alles dies wollen wir behalten.

Das oben skizzierte Notprogramm enthält Zumutungen an bisher privilegierte Steuerzahler, an bisher subventionierte Unternehmen, an bisher auf einen frühen Vorruhestand hoffende Arbeitnehmer. Falls der Oberarzt Kohl sich den Rezeptblock für das Notprogramm zu eigen machte, werden sie alle laut schreien. Und viele Journalisten dazu. Viele Politiker aller Parteien werden sich von dem Geschrei ins Bockshorn jagen lassen und sich lieber dem Opportunismus ergeben. Deshalb ist vom Kanzler Richtungsweisung zu verlangen – und Standfestigkeit.

Ein mittelfristiges Programm: Der Kanzler hat die tiefe Rezession 1992 und 1993 auf die leichte Schulter genommen, das Wahljahr 1994 hat ihn zur Gesundbeterei verführt, aber Rezession und Arbeitslosigkeit haben sich 1995 fortgesetzt. Erst jetzt hat er endlich die Gewißheit verloren, der Markt allein werde der deutschen Wirtschaft auf die Sprünge helfen; jetzt will er «alte Gewißheiten überprüfen» und «neue Antworten» finden. Er wird statt aller bisherigen Palliative und Placebos viele akute Krankheiten zugleich ernsthaft angehen müssen, siehe oben. Zugleich aber muß er an die tief eingefressenen chronischen Krankheiten herangehen, um nachhaltigen Optimismus zu erzeugen.

Erstens: Die Flut von Gesetzen, Verordnungen, Erlassen und Einspruchsverfahren hemmt jedes Unternehmen beim Investieren, jeden Arbeitnehmer und Steuerzahler bringt sie durcheinander. Sie hat unsere Wirtschaft zu einem gefesselten Gulliver gemacht. Der Präses der Handelskammer Hamburg hat jüngst vorgerechnet, das Bundesgesetzblatt umfasse allein an reinen Gesetzestexten 80 000 Seiten. Der Bundeskanzler sollte deshalb seinem ansonsten überflüssigen Wirtschaftsminister den Auftrag geben, binnen Jahresfrist dem Kabinett und dem Parlament eine Streichungs- und Vereinfachungsliste vorzuschlagen – von der Steuergesetzgebung bis zum Baurecht und vom

Sozialversicherungsrecht bis zum Verfahrensrecht der Gerichte –, und zwar ohne Rücksicht auf Ressortzuständigkeiten. Ein großes Zähneklappern aller Verbände und Bürokraten wäre danach abzusehen.

Aus diesem Grunde sollte der Kanzler seinem Wirtschaftsminister versprechen: Ich helfe dir, innerhalb des Jahres 1997 werden wir wenigstens die erste Hälfte deiner Vorschläge verwirklichen. Natürlich braucht man dazu die Opposition. Also muß sie rechtzeitig zur Mitarbeit eingeladen werden. Die SPD würde sich nicht verweigern können.

Zweitens: Parallel zu diesem radikalen Abbau des Überregulierungsstaates ist die Verschlankung der Bürokratie von Bund, Sozialversicherungen, Ländern und Gemeinden anzupacken. Viele freiwerdende Stellen sind zu streichen, viele freiwerdende Beamtenstellen sind durch Stellen für Angestellte zu ersetzen. Natürlich braucht man den Bundesrat und die SPD dazu. Also müssen sie rechtzeitig eingebunden werden.

Drittens: Wir brauchen viele neue Produkte, solche, welche die Niedriglohnländer einstweilen noch nicht herstellen können. Leder, Textilien, Massengut-Schiffe, Massenstähle oder Kohle können viele andere längst genausogut produzieren wie wir und obendrein billiger, weil sie geringere Löhne und Renten zahlen. Auch viele andere Produkte lassen sich anderswo preiswerter herstellen. Und morgen wird dieser Wettbewerb noch härter. Deshalb brauchen wir für neue Arbeitsplätze die neuen Produkte der Gentechnik für Medikamente und für Enzyme, Photovoltaik, Avionik, Hochleistungskeramik, Kohlenstoff-Faserverbund-Werkstoffe, umweltschutzorientierte Materialien und Geräte, Lasertechnologien, Endoskopie, Mikrochirurgie, Optoelektronik, Solar- und Elektroautos, Magnetschwebebahnen und so weiter und so weiter.

Deshalb müssen unsere Forschungs- und Entwicklungsetats viel schneller wachsen als alle anderen, auch in der Industrie. Wir müssen einige der alten Ministerien abschaffen – zugunsten *eines* neuen Ministeriums für Forschung, Technologie *und industrielle Entwicklung.* Forschung bedeutet sowohl Grundlagen- als auch anwendungsorientierte Forschung. Die Japaner mit dem Miti und ähnlich die Amerikaner mit dem Pentagon haben uns das doch schon vorgemacht. Beide haben deutlich geringere Arbeitslosigkeit als wir. Ohne neue Produkte gibt es keine neuen Arbeitsplätze!

Zugleich müssen wir die weitverbreitete Abneigung gegen Reformen und Innovationen überwinden. Dazu ist eine große Kampagne wider ererbte Vorurteile und Besitzstände nötig.

Viertens: Die Kultusminister der Länder und die Landtage sollten endlich aufhören, alle Hochschulen über den gleichen bürokratischen Kamm zu scheren, so als ob wir einen Zentralverwaltungsstaat hätten. Schaffen wir Wettbewerb zwischen den Universitäten! Geben wir endlich – wenigstens versuchsweise – einigen Universitäten ein Globalbudget statt Stellenplänen und Ausgabentiteln. Geben wir ihnen endlich ein professionelles Management; an der viel zu langen Studiendauer sind doch weniger die Studenten schuld als vielmehr die Hochschulorganisation. Erlauben wir den Universitäten, was viele Fachhochschulen längst praktizieren: Eingangsprüfungen oder Zwischenprüfungen, damit sich die Universitäten den großen, teuren Ballast von vierzig Prozent Studienabbrechern (in manchen Fällen bis zu sechzig Prozent) vom Halse schaffen können. Wir haben dafür gesorgt, daß alle Begabten studieren können. Jetzt kommt es darauf an, daß die weniger Begabten *rechtzeitig* in einen gewerblichen Beruf gehen – und daß unter den Begabten Leistungswettbewerb entstehen kann.

Die größte Innovationsfeindschaft finden wir auf den Feldern der Technik. Immer neue Angstpsychosen werden geschürt – besonders von fehlgeleiteten Idealisten.

Zwar werden inzwischen neunzig Prozent des Insulins, das die Ärzte den Zuckerkranken verabreichen, gentechnisch aus Hefe hergestellt – und nicht mehr aus toten Tieren –, aber immer noch sind viele Menschen in diesem Lande grundsätzlich gegen Genforschung und Gentechnologie. Und behindern diese Forschung so, daß sie ins Ausland abwandert. Das kostet neue Arbeitsplätze in der Pharmaindustrie. Aber wenn in zehn Jahren ein gentechnisch erzeugtes Medikament geschaffen werden könnte, das gegen Krebs oder gegen Alzheimer oder Parkinson wirksam wäre – sind die Deutschen auch dann dagegen? Wer diese Forschung unterbindet, der macht sich schuldig. Es gibt nur eine, allerdings entscheidend wichtige Ausnahme: Eingriffe in die menschliche Keimbahn müssen verboten sein.

Der aggressive Argwohn gegen neue Forschungen und neue Technologien, der vor allem von den linken Parteien geschürt worden ist, ist das krasse Gegenteil des Geistes jener Sozialdemokratie, die seit eh und je an der Spitze des Fortschritts stand und immer gewußt hat: Der soziale Fortschritt hängt vom wirtschaftlichen und technischen Fortschritt ab. Gerhard Schröder soll ironisch gesagt haben, der Farbfernseher sei die letzte technische Neuerung gewesen, die wir akzeptiert haben. Aber Millionen jüngerer Menschen arbeiten heute mit Computern und mit modernster Telekommunikation. Die meisten von ihnen sind auch nicht der Anti-Kernkraft-Ideologie verfallen, die doch nur ein letztes Überbleibsel all der fabelhaften Anti-Bewegungen aus dem Jahre 1968 ist. Gerade weil wir fürchten müssen, daß die zunehmende Verbrennung von Öl, Erdgas, Kohle und Holz das Weltklima aufheizen wird, können wir einstweilen auf Kernkraftwerke nicht verzichten. Das haben ja auch alle anderen demokratischen Industrienationen nicht getan – sind wir etwa klüger als der Rest der Welt? Wenn aber gleichzeitig die Errichtung von Windrädern reglementiert und beschränkt wird – die bisher unter unserem bedeckten Himmel einzig wirtschaftliche «alternative» Energieerzeugung –, dann wird Landschaftsschutz zur Hysterie.

Die Manager, die Gewerkschaften, die politische Klasse, der Kanzler an der Spitze, wir alle müssen eine breite Überzeugungskampagne auslösen: Wir brauchen dringend modernste Technik, damit wir unsere Arbeitsplätze, unsere Renten, unseren Sozialstaat erhalten können.

Wir stehen vor einer schleichenden Erosion unserer ökonomischen Grundlagen. Wir selbst haben sie zugelassen – ähnlich wie die Franzosen, die Engländer, die Italiener oder die Amerikaner. Wenn wir aber nicht demnächst römische Zustände erleben wollen, keine endlosen Streiks wie in Paris, keinen Klassenkampf wie in England und keine Lahmlegung der öffentlichen Dienste wie in den USA, dann müssen wir uns 1996 endlich aufraffen. Unsere Lage ist ernst, aber sie muß keineswegs hoffnungslos werden.

6. September 1996

THOMAS HANKE

Wider die Ignoranten

Die Sozialdemokraten scheinen es nie zu lernen: Mittlerweile haben sie zwar anerkannt, daß nicht der politische Gegner, sondern die Globalisierung der Wirtschaft das deutsche Lohnniveau und Sozialsystem auf den Prüfstand stellt. Doch statt die Konsequenz zu ziehen und im Inland am nötigen Umbau mitzuwirken, wollen sie deutsche Besitzstände zum Nabel der Welt machen: Globale Ausdehnung der sozialen Marktwirtschaft deutscher Prägung ist die neue Losung.

So oder ähnlich wird Oskar Lafontaines Forderung abgetan, auf das Zusammenwachsen der Märkte mit verstärkter internationaler Zusammenarbeit zu reagieren. Dabei fordert Lafontaine weder einen neuen Protektionismus, noch sucht er Vorwände dafür, sozialpolitischen Reformen auszuweichen. Die Notwendigkeit dafür hat er sogar explizit anerkannt. Man kann ihm und der SPD vorwerfen, sie hätten bislang wenig konkrete Vorschläge für diesen Umbau gemacht. Der Vorwurf träfe allerdings auch die anderen Parteien.

Die wirtschaftspolitische Debatte, wie sie von einigen Professoren und Publizisten hierzulande geführt wird, ist schon kurios: Wer in vollem Ernst verlangt, man müsse hinter die Bismarckschen Sozialgesetze zurückgehen, gilt als modern. Wer dagegen meint, Deutschland könne auch mit dem heutigen Lohnniveau auf dem Weltmarkt bestehen, hält angeblich an Tabus fest. Wer gar glaubt, daß die Internationalisierung der Märkte über kurz oder lang zu einem stärkeren internationalen Ordnungsrahmen führen muß, ist ein Traumtänzer oder unmodern.

Doch jenseits unserer Grenzen läuft die Diskussion ganz anders. Wenn sich Mitte Dezember die Delegationen von 150 Nationen in Singapur zur ersten Ministerkonferenz der Welthandelsorganisation (WTO) treffen, werden auch einige der Themen zur Debatte stehen, die Lafontaine angemahnt hat, beispielsweise Mindeststandards für Arbeitnehmer und für den Umweltschutz.

Der Zug in Richtung internationale Kooperation ist nämlich in voller Fahrt. In Singapur wird nicht nur über Umwelt- und Sozialnormen diskutiert, sondern auch über gemeinsame internationale Regeln für staatliche Beschaffungen, über Investitionsschutz und sogar über globale Wettbewerbspolitik. Das weltweite Regelwerk ist längst dabei, über die traditionelle Handelspolitik hinauszuwachsen. Wer das noch immer ignoriert oder mit fundamentalistischen Argumenten ablehnt, ist schlicht nicht auf der Höhe der Zeit. Lafontaine ist in diesem Sinne moderner als viele seiner Kritiker.

In letzter Minute hat er deshalb auch die Kurve in Richtung Europäische Währungsunion gekriegt: Internationale Kooperation zu fordern, sie aber in der Europäischen Union zu verweigern, wäre allzu widersprüchlich gewesen. Mit der für ihn typischen Flexibilität macht der frühere EWU-Kritiker Lafontaine die Währungsunion nun sogar zum Exempel für das eigene Streben nach stärkerer internationaler Zusammenarbeit.

Das Beispiel Währungspolitik macht allerdings auch die Grenzen einer globalen Kooperation deutlich. Die Europäische Währungsunion stellt viel mehr dar als nur eine Zusammenarbeit souveräner Staaten. Sie besteht ja in der Aufhebung nationalen Geldes, das durch gemeinsames ersetzt wird. So weit wird man in weltweitem Rahmen nicht kommen. Es wäre auch kaum erstrebenswert.

Weltweit haben die Devisenhändler den Zentralbanken die Macht entwunden. Nach zwanzig Jahren Deregulierung und Liberalisierung bestimmen ihre Entscheidungen das Kursgeschehen, nicht die Beamten in Notenbanken und Finanzministerien. Daran würde sich auch nicht viel ändern, wenn die Entmachteten gemeinsam lautstark ihre Meinung äußerten.

Auch in anderen Bereichen sollte man sich keine Illusion über das Erreichbare machen. Schon den Staaten der Europäischen Union fällt es schwer, sich auf Sozial- und Umweltnormen zu einigen. Das Problem besteht besonders bei quantitativen Vorgaben: Diese dürfen wirtschaftlich schwächere Länder nicht überfordern, sollen aber auch nicht zu einem Abbau bestehender Schutzniveaus in den reicheren Ländern führen. Hinzu kommt, daß eines der reichen Länder, nämlich Großbritannien, sich grundsätzlich gegen mehr gemeinsame Vorschriften wendet.

Europäische Sozialgesetzgebung ist deshalb Stückwerk geblieben. Wirkungen hat sie dennoch, wenn auch indirekt. Den Arbeitnehmern wurden Anhörungs- und Mitwirkungsrechte eingeräumt, die sie in diesem Jahr genutzt haben, um mit den europäischen Arbeitgeberverbänden eine Vereinbarung über Erziehungsurlaub abzuschließen.

Wenn überhaupt, dann sind weltweite Arbeits- und Sozialstandards wohl nur in diesem Sinn denkbar: als Handhabe für die jeweiligen Arbeitnehmerorganisationen, sich national wie gegenüber internationalen Unternehmen Gehör zu verschaffen. Diese Grundfreiheit nicht nur auf dem Papier, sondern faktisch zu respcktieren würde kein Land überfordern.

Bundeswirtschaftsminister Günter Rexrodt hat nichts dagegen, diese fundamentalen Rechte, die in Konventionen der Internationalen Arbeitsorganisation enthalten sind, bislang aber wirkungslos blieben, unter das Dach der WTO zu bringen. In diese Richtung geht auch der amerikanische Vorstoß, selbst wenn er möglicherweise nicht frei ist von handelspolitischen Hintergedanken. Die Europäische Union bereitet eine ähnliche Initiative für das Treffen in Singapur vor.

Noch klingt das wie Zukunftsmusik, weil viele asiatische Länder sich sträuben. Ähnliches galt vor einigen Jahren aber auch noch für die Verbindung von Umweltschutz und Handel. Doch nachdem nicht nur nationale Umweltbestimmungen, sondern auch das Verbraucherverhalten immer stärkeren Einfluß auf die Handelsströme gewonnen haben, sind die ursprünglich ablehnenden WTO-Mitglieder bereit, das Thema innerhalb der Handelsorganisation zu behandeln. Es läßt sich nicht abstreiten: Die globalisierte Wirtschaft erhält über kurz oder lang ihren eigenen politischen Rahmen. Statt sich in Prinzipienreiterei zu verlieren, sollte sich die Debatte auch in Deutschland mit den konkreten Zielen und Wegen beschäftigen.

6. September 1996

HANS SCHUELER

Alles normal?

Also sprach Volker Rühe: «Es gehört zur Normalität einer Bündnisarmee, sich bei ihrem Einsatz nicht nur mit Sanitätern und Transporteinheiten zu beteiligen.» So knapp kündigte der Bonner Verteidigungsminister in der vorigen Woche an, die Bundeswehr werde nach einer Verlängerung des Nato-Mandates für Bosnien dort auch mit Kampftruppen auf den Plan treten. Bei seinem ersten Beschluß über die Entsendung deutscher Bodentruppen in das ehemalige Jugoslawien Ende 1995 hatte der Bundestag noch streng auf die Unterscheidung zwischen Kampf- und Unterstützungseinheiten geachtet – auch aus Gründen der Pietät. Das wird er wohl kaum noch einmal tun. Selbst der verteidigungspolitische Sprecher der SPD-Fraktion meinte nur flapsig, seine Partei habe mit der Entsendung von Kampftruppen «nicht unbedingt was am Hut».

So verkommt ein politischer Diskurs, bei dem es eigentlich um Grundfragen des nationalen Selbstverständnisses und um die Grenzen militärischer Kraftentfaltung geht, zur administrativen und parlamentarischen Farce. Man verfährt nach der Methode: Wenn es kein öffentliches Interesse am Thema gibt, warum sollte es künstlich entfacht werden? Die umgekehrte Salamitaktik der Regierung und ihrer Militärs ist voll aufgegangen: Wir brauchen nur eine Scheibe auf die andere zu pappen, und schon wird eine Wurst daraus.

Sie heißt «Normalität». Als wäre es normal, daß eine deutsche Regierung ihre Soldaten verpflichtet, auf dem Balkan zu kämpfen, obgleich keines der Länder des ehemaligen Jugoslawien auch nur andeutungsweise die Absicht kundgetan hat, die inzwischen gewachsene Bundesrepublik Deutschland mit Waffen anzugreifen. Es ist vollkommen klar: Zum ersten Mal nach dem Zweiten Weltkrieg wird deutschen Bodentruppen demnächst befohlen, aus nicht präzise definiertem Grund auf ausländische Soldaten zu schießen, die Deutschland nicht bedrohen. Allenfalls als Nothilfeaktion für schwerbedrängte Menschen auf dem Balkan läßt der Bosnieneinsatz sich rechtfertigen.

Ein Bündnisfall für die Nato ist er natürlich nicht. Auch das Bundesverfassungsgericht hat die Bundesrepublik nur ermächtigt, keineswegs verpflichtet, deutsche Soldaten in Nato-Verbände zu integrieren, die im Rahmen einer Aktion der Vereinten Nationen eingesetzt werden. «Normalität» heißt also im Bündnis jetzt: Wir dürfen ab sofort alles, was die anderen im Namen des Friedens schon jahrzehntelang getan haben.

Ob auch die betroffenen Soldaten das Ganze verstehen? Soweit bekannt, hat bisher nur ein Berufssoldat mit dem Dienstgrad Oberstabsarzt dem Verteidigungsminister schriftlich erklärt, er werde auf keinen Fall an Bundeswehr-Einsätzen *out of area* teilnehmen. Zur Begründung berief er sich auf seinen Soldateneid, der alle militärischen Operationen ausschließe, die nicht mit der Verteidigung Deutschlands oder seiner Nato-Partner gegen einen Aggressor zu tun hätten. Die bis heute für Berufs- und Zeitsoldaten gültige Eidesformel lautet:

«Ich schwöre, der Bundesrepublik Deutschland treu zu dienen und das Recht und die Freiheit des deutschen Volkes tapfer zu verteidigen.»

Das Bundesverfassungsgericht hat den Soldateneid mit keinem Wort erwähnt, als es vor zwei Jahren friedenssichernde *out of area*-Einsätze der Bundeswehr unter dem Vorbehalt parlamentarischer Zustimmung erlaubte. Die Frage, ob den Soldaten ungeachtet ihrer auf die Landes- und Bündnisverteidigung beschränkten Pflicht zur Abwehr einer Aggression auch Kampfeinsätze gegen fremde Bürgerkriegs-Soldateska befohlen werden dürfen, ist bis heute von Politik und Gesetzgebung nicht beantwortet. Jetzt hat der zweite Wehrdienstsenat des Bundesverwaltungsgerichts in München eine vermeintliche Antwort gegeben: Der Befehl an die deutschen Soldaten, gegebenenfalls in Bosnien zu kämpfen, dürfe allein auf ihre Eidespflicht gegründet werden, der Bundesrepublik Deutschland treu zu dienen. Dieser Pflicht unterliegt freilich auch jeder deutsche Beamte vom Staatssekretär bis zum Studienrat, ohne daß er dafür eine Kriegswaffe zur Hand nehmen darf oder muß. Dennoch: Der Oberstabsarzt wurde durch Disziplinarurteil wegen schwerer Dienstpflichtverletzung («Beeinträchtigung des Ansehens der Bundeswehr») degradiert. Die Entscheidung fiel zufällig in derselben Woche, in der Volker Rühe den Willen seiner Regierung kundtat, der Bundeswehr demnächst Kampfeinsätze in Bosnien zu befehlen.

Über Jahrzehnte hinweg bestand in der Bundesrepublik ein zuletzt vom damaligen Bundesaußenminister Hans-Dietrich Genscher bekräftigter Verfassungskonsens, «daß Einsätze der Streitkräfte grundsätzlich nur zur Verteidigung der Bundesrepublik Deutschland einschließlich der kollektiven Selbstverteidigung im Rahmen der Bündnisse, denen die Bundesrepublik angehört, in Frage kommen.» Dieser Konsens ist bis heute von keiner Bundesregierung aufgekündigt – ebensowenig wie der Soldateneid. Er wird nur stillschweigend unterlaufen. Nun hat die Justiz den ersten deutschen Soldaten bestraft, weil er sich an das Recht hält, das zu verteidigen er geschworen hat.

13. September 1996

VOLKER ULLRICH

Goldhagen und die Deutschen

Daß einem historischen Werk und seinem Autor eine so große Aufmerksamkeit zuteil würden, sei präzedenzlos, befand der Historiker Norbert Frei im Mozartsaal der Alten Oper Frankfurt. Und in der Tat: Der Andrang zu allen vier Diskussionsforen mit Daniel Jonah Goldhagen war außerordentlich. In Hamburg, Berlin und Frankfurt reichten die Säle bei weitem nicht aus; die Münchner Philharmonie war am Dienstag abend mit über 2000 Besuchern bis auf den letzten Platz gefüllt.

Woher das Interesse? Was zog die vielen Menschen in die Veranstaltungen? War es die Neugier auf den Mann, dessen Buch «Hitlers willige Vollstrecker» nun schon seit Monaten die Gemüter erhitzt? War es der Reiz, dem erwarteten Schaukampf des so heftig kritisierten Harvard-Dozenten mit seinen Kritikern beizuwohnen? Oder ist es die immer noch offene Wunde unserer Nationalgeschichte, das bohrende, wohl nie aufhörende Fragen, warum das monströse Verbrechen des Holocaust gerade in Deutschland möglich war?

Zum Auftakt in den Hamburger Kammerspielen am Mittwoch vergangener Woche legte Goldhagen die Rollen fest. In seinem in deutscher Sprache verlesenen Vortrag präsentierte er sich als nachdenklicher Wissenschaftler, der gemeinsam mit seinen deutschen Kollegen Antworten auf schwierige Fragen der Holocaust-Forschung finden wolle. Die Podiumsteilnehmer gingen bereitwillig auf dieses Angebot ein. Nicht der Streit, sondern die Suche nach Gemeinsamkeiten und Berührungspunkten stand zunächst im Vordergrund.

Am weitesten ging hierin Jan Philipp Reemtsma, der Leiter des Hamburger Instituts für Sozialforschung. Er sprach von einem breiten «antisemitischen Konsens» in der deutschen Gesellschaft vor 1945, nannte den Holocaust eine «kollektive Anstrengung», womit er der Goldhagen-These vom «nationalen Projekt» recht nahe kam. Auch der Berliner Historiker und Publizist Götz Aly stimmte Goldhagen ausdrücklich darin zu, daß es sich bei den Tätern nicht um «besonders ausgewählte Bestien», sondern eben um ganz gewöhnliche Deutsche gehandelt habe, einen «repräsentativen Querschnitt der Gesellschaft».

So viel Harmoniebedürfnis schien dem Moderator des Abends, Robert Leicht, Chefredakteur dieser Zeitung, unangemessen. «Einwände auf den Tisch!» forderte er die Teilnehmer auf. Am entschiedensten tat dies Reinhard Rürup, Historiker an der TU Berlin und Vorsitzender der Stiftung Topographie des Terrors. Er warf Goldhagen eine selektive Auswahl des Quellenmaterials vor, kritisierte vor allem dessen Verkürzung des deutschen Antisemitismus auf die «eliminatorische» Variante. Götz Aly pflichtete ihm bei: Die einleitenden Kapitel des Buches stünden «auf ungeheuer schwachen Füßen»; das differenzierte Bild von staatlichem Terror und individuellen Verhaltensweisen, wie es die Tagebücher Victor Klemperers böten, würde durch Goldhagen «in wissenschaftlich unzulänglicher Weise glattgebügelt».

Goldhagen reagierte auf die vorgetragene Kritik verbindlich, räumte hier Mängel ein, machte dort Konzessionen; an seiner Grundthese aber, daß die Täter primär durch einen mörderischen Antisemitismus motiviert waren, ließ er nicht rütteln. Das Hamburger Premierenpublikum, sichtlich angetan von der sanften Entschiedenheit des 37jährigen Amerikaners, applaudierte freundlich.

Besonders gespannt durfte man auf Goldhagens Auftritt am Abend des folgenden Tages in Berlin sein. Hier traf er auf seinen schärfsten Kritiker, Hans Mommsen, den Bochumer Doyen der deutschen Holocaust-Forschung. Der ließ sich denn auch durch die versöhnlichen Einleitungsworte Goldhagens nicht beirren, er ging ihn, unterstützt von Jürgen Kocka von der Freien Universität Berlin, gleich frontal an.

Mommsen legte die methodischen Schwächen des Buches bloß und kritisierte die «Zirkelschlüsse» Goldhagens: Vom Holocaust schließe er auf die «eliminatorische» Natur des deutschen Antisemitismus; von det Tatsache, daß die Mitglieder der Polizeibataillone sich aus allen gesellschaftlichen Schichten zusammensetzten, auf die Gesamtheit der Bevölkerung: «Als gelernter Historiker kann ich mich mit derlei Generalisierungen nicht anfreunden.»

Hier geriet Goldhagen in Bedrängnis. Doch dann warf sich Kockas Berliner Kollege Wolfgang Wippermann, der zuvor noch die Verengung des nazistischen Rassismus auf den Antisemitismus bemängelt hatte, für den Angegriffenen in die Bresche. Immerhin habe der doch mit seinem Buch die Tendenz zur Historisierung und Relativierung der NS-Verbrechen gestoppt und die Forschung auf die entscheidende Frage zurückgestoßen, warum der Holocaust nur in Deutschland und nirgendwo sonst stattfinden konnte. «Goldhagen hat sich um die politische Kultur unseres Landes verdient gemacht», rief er in den Saal der Jüdischen Gemeinde. Die Zuhörer dankten es ihm mit donnerndem Applaus.

An diesem Abend wurde deutlich: Je härter Goldhagen von den deutschen Historikern attackiert wird, desto stärker ergreift das Publikum für ihn Partei. Mit seinem Beharren auf der individuellen Verantwortung der Täter spricht Goldhagen die Gefühle der Menschen eher an als Mommsen und Kocka, die nach komplexen Strukturen und Systembedingungen fragen – und dies in einer Sprache, die den Opfern gleichsam noch einmal die Rolle des Objekts zuweist. Als Kocka bemerkt, daß in den Vernichtungslagern anders «gearbeitet» wurde als bei den von Goldhagen beschriebenen Massakern der Polizeibataillone, regt sich erster Unmut. Er steigert sich zu lautem Protest, als Mommsen behauptet, viele Täter seien sich über ihre Motive selbst im unklaren gewesen.

Goldhagen versteht es, die Situation für sich zu nutzen: «Gibt es jemand hier im Saal», fragt er, «der mit Professor Mommsen meint, daß die Leute, die Juden mordeten, nicht wußten, was sie taten?» Mit hochrotem Kopf und zornbebender Stimme verwahrt sich der Bochumer Historiker gegen die Mißdeutung seiner Aussage – die Konfrontation hat ihren Höhepunkt erreicht.

In der Aufregung geht fast unter, was Jürgen Kocka am Ende an kluger Analyse über den Erfolg des Goldhagen-Buches vorträgt: Dessen Stärke liege vor allem in der Darstellungsweise, die ohne Scheu die alltägliche Wirklichkeit der Mörder und das an der Grenze des Beschreibbaren Liegende ihrer Mordtaten zur Sprache bringe. Kocka sieht hier eine jüngere Generation von Forschern am Werk, die in der Schilderung des Grauens sich der Ästhetik der Medien annähert. Erklärt dies vielleicht, warum Goldhagens Buch gerade auch bei einer jüngeren Generation von Lesern Anklang findet?

Am Freitag vormittag diskutierte Daniel Goldhagen mit einer Gruppe von Geschichtsstudenten am Friedrich Meinecke-Institut in Berlin-Dahlem. Auch hier, wo einst Ernst Nolte lehrte, der geistige Mentor des neorechten Geschichtsrevisionismus, schlug dem Harvard-Dozenten eine Welle der Sympathie entgegen. Ob er denn auch mit Ernst Nolte diskutieren würde? Nein, Nolte habe sich doch gar nicht zu seinem Buch geäußert, und überdies: Noltes Position bewege sich jenseits dessen, was er, Goldhagen, zu diskutieren bereit sei.

Ob er nicht die Zustände im wiedervereinigten Deutschland zu positiv sehe angesichts von Ausländerfeindlichkeit, angesichts auch der hysterischen Abwehrreaktionen auf sein Buch? Nein, sagt Goldhagen, Deutschland habe sich nach 1945 grundlegend gewandelt; auch wenn der Antisemitismus noch nicht völlig verschwunden sei, habe er doch mit dem vor 1945 nichts mehr zu tun. Ist es vielleicht Daniel Goldhagens unerschütterliches Vertrauen in die demokratische Lernfähigkeit der Deutschen, das ihn zum Sympathieträger macht?

Frankfurt, die dritte Station, war eine Enttäuschung. Es gab kein nachdenkliches, die Positionen klärendes Gespräch wie in Hamburg, keinen heftigen Streit wie in Berlin – statt dessen endlose Monologe. Alle auf dem Podium Versammelten – der Heidelberger Erziehungswissenschaftler Micha Brumlik, der Essener Politologe Dan Diner, der Münchner Historiker Norbert Frei – kennen Goldhagen persönlich, sprachen ihn mit du an und redeten in wohlabgewogenen Statements aneinander vorbei. Bei Daniel Goldhagens langatmiger Replik auf die aufgeworfenen Probleme verdichtete sich der Eindruck, daß er Kritik, für die er sich immer artig bedankt, nur selektiv aufnimmt. Das Publikum hörte sich das alles geduldig an und spendete am Ende Beifall.

Diese Zustimmungsbereitschaft wird anscheinend von dem untergründigen Gefühl getragen, hier spricht einer endlich einmal aus, was so lange tabuisiert war: daß die Unterscheidung zwischen «verbrecherischen Nazis» und «normalen Deutschen» falsch ist; daß die Bereitschaft zum millionenfachen Judenmord aus der Mitte der deutschen Gesellschaft kam; daß Hitler und Himmler Hunderttausende von freiwilligen Vollstreckern fanden und die große Mehrheit der Bevölkerung dieses Verbrechen zwar nicht aktiv gefördert, aber durch moralische Indifferenz überhaupt erst möglich gemacht hat. Daß einer diese einfache Wahrheit ausspricht, wirkt auf nicht wenige Deutsche offenbar wie eine Art Befreiung. Die Befürchtung, Goldhagens Studie könne aufs neue antisemitische Ressentiments schüren, erweist sich als unbegründet. Im Gegenteil: Sie öffnet Schleusen und bricht Verhärtungen auf – wie einst die «Holocaust»-Serie aus Hollywood.

Daniel Goldhagens Wirkung in Deutschland liegt gewiß auch, das wurde tags darauf in dem vom ZDF veranstalteten Aschaffenburger Gesprächskreis deutlich, in seiner telegenen Ausstrahlung. Wie er da in der Runde der etwas ältlich wirkenden deutschen Historiker (Arnulf Baring, Klaus Hildebrand, wieder Hans Mommsen) und zweier Zeitzeugen (Ritterkreuzträger Erich Mende auf der einen, der Holocaust-Überlebende Ralph Giordano auf der anderen Seite) sitzt, ganz aufmerksam und mit gewinnendem Lächeln, wie er seinen Gesprächspartnern durch leichtes Kopfnicken, nur selten durch unmerkliches Kopfschütteln das Gefühl gibt, sie ganz ernst zu nehmen – das wirkt in hohem Maße entwaffnend. Allein Arnulf Baring versucht sich dem Sympathiesog entgegenzustemmen. «Sie haben ja Ihren wissenschaftlichen Ruf aufs Spiel gesetzt», kanzelt er den Harvard-Assistenzprofessor mit peinlicher Arroganz ab. Das Publikum protestiert, und da läßt sich Baring zu einer Geste der Anbiederung herab: «Wissen Sie, ich mag den Mann ja, ich finde ihn sympathisch.»

Auch in München, der letzten Station der Goldhagen-Reise, lagen am Dienstag abend die Sympathien des Publikums bei dem Amerikaner, obwohl die auf dem Podium sitzenden Historiker – Christian Meier, Manfred Messerschmidt und Moshe Zimmermann – ihn äußerst respektvoll behandelten, ihm geradezu liebevoll Verbesserungsvorschläge machten und Kritik nur noch verhalten äußerten. *FAZ*-Herausgeber Frank Schirrmacher, der das Buch im Frühjahr noch verrissen hatte, machte dem Autor am Ende ein dickes Kompliment: Sein Buch markiere «eine Zäsur – auf ganz anderem Niveau als der Holocaust-Film».

Der Moderator Guido Knoop sprach in Aschaffenburg von «Daniel in der Löwengrube». Aber stimmt dieses Bild? Eher glich Goldhagens Deutschlandtournee einem Triumphzug. Mit so viel freundlicher Aufmerksamkeit, mit so viel offener Sympathie konnte der zuvor von Rudolf Augstein als «Scharfrichter» etikettierte amerikanische Politologe nicht rechnen, und nicht nur er war davon überrascht und beeindruckt. Man muß das nicht gleich ins Negative ziehen und darin wiederum nur einen typischen deutschen Hang zur Bußfertigkeit und Schuldbeflissenheit erkennen. Man sollte sich umgekehrt auch davor hüten, das Ereignis zu einem Reifetest unserer demokratischen Gesellschaft zu stilisieren.

Das ungewöhnliche Echo zeigt: Auch nach der Wiedervereinigung und den Feiern zum 50. Jahrestag des Kriegsendes ist die Auseinandersetzung mit dem Holocaust noch nicht von der politischen Tagesordnung abgesetzt. Vielmehr kündigt sich eine neue Sensibilität für das Thema an. Darauf deutete bereits der unerwartete Erfolg der Tagebücher von Victor Klemperer hin. Goldhagens Wirkung in Deutschland macht die Vermutung zur Gewißheit.

20. Dezember 1996

NIKOLAUS PIPER

Flüchtige Unternehmer

Das Verhältnis von Wirtschaft und Politik ist prekär geworden. Wie prekär, das zeigt die jüngste Philippika des Bundespräsidenten vor den Arbeitgeberverbänden. Erst bauten die Unternehmer Arbeitsplätze ab und zahlten keine Steuern, so las Roman Herzog den Wirtschaftsführern die Leviten, dann wollten sie auch noch von ihm auf Auslandsreisen mitgenommen werden. Ein wenig mehr staatsbürgerliche Loyalität täte nach Herzogs Meinung not: Selbst in Zeiten der Globalisierung müssen sich Unternehmer nicht nur um den Gewinn, sondern auch um das Gemeinwohl kümmern. Die spannende Frage ist nur: Können sie das auch?

Just zu der Zeit, da Roman Herzog in Bonn vor den Unternehmern sprach, wurde in Singapur bei der Ministerkonferenz der Welthandelsorganisation (WTO) klar, wie sehr der Globalisierungsdruck auf die Unternehmen in Zukunft zunehmen wird. Eine zufällige, aber durchaus bezeichnende Gleichzeitigkeit der Ereignisse. Die Handelsminister der 127 WTO-Mitgliedstaaten leiteten die nächsten, weitreichenden Schritte zur Liberalisierung des Welthandels bis zur Jahrtausendwende ein. Womit auch Herzogs Problem wächst: Der Zugriff der Regierungen auf das Kapital lockert sich weiter, die Investoren können sich in kürzester Zeit das ihnen genehme Land aussuchen. Schon heute ist es ja sprichwörtlich leicht, sich mit Geld den Zwängen des deutschen Steuerstaats zu entziehen und trotzdem dessen Früchte zu ernten: Die Kinder gehen in Bayern zur Schule, die neue Fabrik entsteht in Florida.

Jeder Schritt zur Handelsliberalisierung macht die internationale Arbeitsteilung effektiver, er schafft Exportchancen und sichert so Arbeitsplätze in allen Ländern, die am multilateralen Handelssystem teilhaben. Aus dieser Sicht war die WTO-Konferenz in Singapur unzweifelhaft ein Fortschritt. Die Zölle auf Computer, Glasfaserkabel, CD-ROMs und andere Produkte der Informationstechnik sollen in den wichtigsten Abnehmerländern bis zum Jahr 2000 abgeschafft werden. Auch die Zölle für Arzneimittel sinken. Handelsschranken für Telekom-Anbieter fallen, Expertengespräche über verbindliche Regeln für den Schutz von Auslandsinvestitionen beginnen. Vor allem jedoch wurde die Rolle der WTO als Schiedsrichterin im Welthandel gestärkt: Der Ministerkonferenz gelang es, die befürchtete Generalabrechnung zwischen alten Industrie- und jungen Schwellenländern zu vermeiden.

Mit der Autorität der WTO gewinnen auch deren zwei Grundprinzipien des multilateralen Handels an Bedeutung: Jede Nation muß ihre Handelspartner gleich behandeln («Meistbegünstigung»), Ausländer dürfen gegenüber Inländern nicht benachteiligt werden («Inländerbehandlung»). Die beiden Prinzipien werden auf immer mehr Sektoren ausgedehnt, die bis vor kurzem noch vor dem Weltmarkt geschützt waren: Telekommunikation, öffentliche Aufträge, Dienstleistung. Die Unternehmen werden dadurch notgedrungen vaterlandsloser, sie müssen es, bei Gefahr ihres Untergangs. Ein Großunternehmen, das in Asien nicht investiert, verliert Weltmarktanteile und stellt damit auch seine Position zu Hause in Frage.

Für Unternehmen kann die Botschaft von Singapur nur sein: nicht weniger, sondern mehr Verlagerung der Produktion. Tatsächlich ist die Globalisierung ja eine Chance, auch für die Länder, aus denen scheinbar Arbeitsplätze verlagert werden. Für jeweils drei Arbeitsplätze, die im Ausland geschaffen werden, so eine Faustregel, entsteht ein Arbeitsplatz im Inland.

Aber, und das ist die andere Seite der Medaille, die Globalisierung erzeugt einen ungeheuren ökonomischen, gesellschaftlichen und kulturellen Anpassungsstreß. Unter diesem Streß löst sich der Zusammenhalt der Gesellschaft. Der Wettbewerb bringt auch Verlierer hervor, und die Wut derer, die aus objektiven oder subjektiven Gründen nicht mehr mithalten können, kann sich gegen die Globalisierung, die Gesellschaft und auch gegen die Demokratie selbst richten. Der kurzfristige Erfolg des amerikanischen Rechtsextremisten Pat Buchanan mit seinen Anti-Globalisierungs-Parolen war ein Warnzeichen. Vor diesem Hintergrund sind die Mahnungen Herzogs alles andere als naiv. Seine Sorgen vor schweren politischen Rückschlägen werden von vielen nachdenklichen Politikern in Europa und Amerika geteilt.

Dies zeigt zum Beispiel die Debatte um Sozialstandards, für die sich in Singapur besonders die amerikanische Delegation einsetzte. Dabei ging es zwar vordergründig um Arbeiterrechte in Entwicklungsländern, also etwa das Recht auf freie Gewerkschaften und kollektive Lohnverhandlungen, Gleichberechtigung am Arbeitsplatz und das Verbot der Kinderarbeit. Niemand wäre jedoch auf den Gedanken gekommen, dies alles in der WTO zu behandeln, hätte es nicht die Furcht gegeben, Arbeitsplätze im Norden könnten durch «Sozialdumping» des Südens gefährdet sein. Zwar kann mit Sozialstandards wohl kein einziger Arbeitsplatz im Norden erhalten werden, geschweige denn die Verhältnisse in der Dritten Welt verbessert werden, insofern ist die Debatte heuchlerisch. Aber dank dieser Debatte wurde vielen die soziale Dimension des Freihandels überhaupt einmal ins Gedächtnis gerufen.

Letztlich geht es hier und bei den Anmerkungen von Herzog um dieselbe Frage: Wie lassen sich soziale und kulturelle Standards, wie läßt sich der Zusammenhalt einer Nation unter den Bedingungen der Globalisierung wahren? Einerseits müssen die Unternehmen global werden, wenn sie Arbeitsplätze sichern wollen, andererseits gefährdet dieser Schritt die Wurzeln des ökonomischen Erfolges, denn diese liegen ja oft in nationalen Standards und in Institutionen, die außerhalb des Marktes entstanden sind: dem System der beruflichen Bildung, den Schulen, Universitäten, den sozialen Sicherungssystemen, der Rechtssicherheit.

Diesen Widerspruch aufzulösen, vermag nur die Politik. Institutionen so zu gestalten, daß sie unter radikal veränderten Bedingungen Bestand haben, ist deren ureigenste Aufgabe, nicht die der Unternehmen. Hier entsteht Gemeinwohl, zu dem dann durchaus auch die Unternehmen beitragen müssen. So gesehen war der Appell Roman Herzogs völlig richtig. Nur richtete er sich an die falsche Adresse.

1997

19. Dezember 1997

Matthias Geis

Verschanzen oder aufklären

Irgendwann reißt jede Glückssträhne. Seit April 1992 amtiert Volker Rühe auf der Hardthöhe, und lange Zeit sah es so aus, als könne er seine schwierige Aufgabe nicht nur meistern, sondern sogar als Karrieresprungbrett nutzen. An Selbstsicherheit hat es ihm nie gemangelt. Wie oft hat er mit den Risiken kokettiert, die das Amt für seinen Chef bereithält. Wenn er besonders guter Dinge war, hat er die Reihe seiner Vorgänger Revue passieren lassen – und kaum einer fand sich da, der es mit ihm hätte aufnehmen können. Stolz präsentierte er seine politischen Erfolge und genoß es immer wieder, seine Ambitionen auf die Kohl-Nachfolge dementieren zu dürfen.

Jetzt hat Volker Rühe andere Sorgen. Man merkt es am Gestus: Noch ein wenig einschüchternder reagiert er auf unliebsame Fragen, im Verteidigungsausschuß haut er mit der Faust auf den Tisch, entschiedener als sonst weist der ausgestreckte Zeigefinger die Richtung. Doch das ist Gehabe, Volker Rühes Zukunft ist unsicher geworden. Er weiß das längst. Der Neonazi Manfred Roeder hat vor der Führungsakademie der Bundeswehr einen Vortrag gehalten und damit eine Frage auf die Tagesordnung gesetzt, die der Minister bisher nicht einmal zu stellen erlaubte: Gibt es rechtsradikale Tendenzen in der Bundeswehr?

Dabei muß sich der Minister nicht vorwerfen lassen, er habe lax reagiert. Wann immer in den letzten Monaten rechtsradikale Umtriebe in der Truppe an die Öffentlichkeit kamen, hat Rühe schnell und entschieden Konsequenzen gezogen. Er hat geahndet, versetzt und entlassen, kompromißlos, wie es seine Art ist. Seine Intention im Umgang mit rechten Ausfällen war klar: Da sollte hartes Vorgehen demonstriert werden.

Als im sächsischen Schneeberg ein Gewaltvideo auftauchte, ließ Rühe den dortigen Divisionskommandeur ablösen, obwohl der zum Zeitpunkt der Aufnahmen für die betreffende Garnison gar nicht verantwortlich war. So entschieden hat Rühe dort und in anderen Fällen reagiert, daß mittlerweile selbst seine Soldaten unruhig werden. Sie fühlen sich ungerecht behandelt und eingeschüchtert. Auf einem Treffen von 130 Generälen, vergangene Woche in Köln, wurden die Vorwürfe der Militärs gegen Rühe erstmals öffentlich.

Aber vielleicht übersehen die Soldaten, daß Rühes harte Maßnahmen bei bekanntgewordenen rechtsextremen Ausschreitungen nur die eine Seite seiner Strategie ausmachen. Die auftrumpfenden Reaktionen und die Verweigerung einer systematischen Untersuchung rechtsradikaler Tendenzen in der Bundeswehr gehören zusammen. Das kompromißlose Vorgehen in «Einzelfällen» sollte die generelle Frage nach möglichen Zusammenhängen, nach dem Ausmaß rechter Neigungen, nach der Anziehungskraft der Bundeswehr für Rechtsradikale gar nicht erst aufkommen lassen. Rühe demonstrierte Problembewußtsein und negierte zugleich das Problem. Eine Weile lang ließ sich die Öffentlichkeit durch Härte im nachhinein beruhigen.

Bis zur Roeder-Affäre: Ein republikbekannter Neonazi als Referent in der wichtigsten Bildungsstätte der Bundeswehr? Keiner der dreißig Zuhörer kennt den Mann? Auch während des Vortrags fällt niemandem etwas auf? Das Materialamt der Bundeswehr schenkt ihm ein paar ausgemusterte Fahrzeuge für sein Siedlungsprojekt in Ostpreußen? Nein, die Sache ist zu unglaubwürdig, oder vielleicht einfach zu skurril, als daß Volker Rühe zur Tagesordnung übergehen könnte.

Zwar hegt niemand ernstlich den Verdacht, die Bundeswehr sei von Rechtsradikalen unterwandert. Aber der Minister muß nun, über die Klärung des Falles hinaus, Auskunft über den politischen Zustand der Bundeswehr geben. Und siehe da: er kann es nicht. Zu lange hat er solche Fragen als Zumutung abgetan. Er selbst hat verhindert, daß interne Studien angestellt werden konnten.

Dabei hatten schon die wenigen Untersuchungsansätze des Sozialwissenschaftlichen Instituts der Bundeswehr unangenehme Wahrheiten zutage gefördert: Die Auswahl der Wehrpflichtigen ist politisch signifikant. Vor allem rechte Jugendliche zieht es zur Bundeswehr. Eine andere Studie ergab rechtsradikale Ansichten bei sechs Prozent der Offiziersjahrgänge 91–94. Vielleicht sind das noch keine dramatischen Ergebnisse. Aber als Begründung, die interne Forschung einzustellen, können sie kaum dienen.

Doch wann immer Rühe in diesem Jahr auf die Notwendigkeit sozialwissenschaftlicher Untersuchungen angesprochen wurde, reagierte er empört: Wer über politische Orientierung forschen wolle, solle das für die gesamte Gesellschaft der Bundesrepublik tun. Wer Studien zur politischen Orientierung seiner Soldaten anrege, der stelle die Bundeswehr unter «Generalverdacht».

Mit dieser Abwehrhaltung hätte Rühe vielleicht durchkommen können, hätte es nicht in den vergangenen Monaten zu viele Vorkommnisse gegeben, an die sich grundsätzlichere Fragen knüpften. Da machen Wehrpflichtige in Detmold Jagd auf Ausländer. Im bayerischen Altenberg feiern Soldaten «Führers Geburtstag». Auf dem Dachboden einer Kaserne findet sich ein Waffenlager. In Hammelburg inszenieren Bundeswehrangehörige ihre Gewaltphantasien vor der Kamera. 130 rechtsextremistische Vorfälle hat die Wehrbeauftragte im laufenden Jahr registriert.

Alles nur Einzelfälle? Plausibler klingt inzwischen die Vermutung, die Bundeswehr wirke anziehend auf Rechtsradikale. Ihre Instinkte jedenfalls und die des Militärs sind verwandt: Kämpfertum, Gehorsam, Ordnung, Vaterlandsverteidigung. Möglicherweise haben auch die neuen Aufgaben der Bundeswehr – zum ersten Mal müssen Soldaten sich im gefährlichen Einsatz beweisen – ihre Attraktivität für rechte Jugendliche gesteigert. Genaues weiß man nicht. Gerade darin liegen Rühes Versäumnis und seine politische Verantwortung.

Immerhin, auch den Militärs ist in diesem Jahr klargeworden, daß rechtsradikale Umtriebe für die Bundeswehr ein ernstes Problem sind. Ein «Arbeitskreis Rechtsextremismus» unter Leitung des Generalinspekteurs Hartmut Bagger legte vor einem Monat ein «Gesamtkonzept anzuwendender Maßnahmen» vor. «Offensiv und präventiv», so erklärte Bagger, müsse «dem rechtsextremistischen Unwesen entgegengetreten werden». Es gelte, Gewalttäter und Extremisten aus den Streitkräften fernzuhalten, Mitläufer «durch Aufklärung, Erziehung und Disziplinarmaßnahmen vom falschen Weg abzuhalten» und alle Soldaten durch politische Bildung in ihrem rechtsstaatlichen Bewußtsein zu festigen.

In der Analyse blieb Bagger jedoch ganz auf der Linie seines Ministers: Als gesellschaftliches, nicht als spezifisches Problem der Bundeswehr müßten rechtsextremistische Tendenzen ernstgenommen werden. Bei den bekanntgewordenen Fällen handelt es sich in der Regel um «Grundwehrdienstleistende, die häufig in ihrer Freizeit außerhalb der Kaserne das fortsetzen, was sie – bevor sie zur Bundeswehr eingezogen wurden – bereits in ihrem zivilen Umfeld taten».

Ob rechte Neigungen aus der Gesellschaft in die Bundeswehr nur eingeschleppt werden oder ob der militärische Alltag selbst solche Neigungen fördert, auch darüber wird ab Januar ein Untersuchungsausschuß zu befinden haben. Noch hoffen Volker Rühe und mit ihm die Unionsabgeordneten, die Arbeit des Ausschusses auf die Aufklärung der Roeder-Affäre begrenzen zu können. Doch schon Rühes Versuch, den Untersuchungsausschuß durch das Angebot einer «unabhängigen», von ihm selbst einberufenen Kommission zu verhindern, ist gescheitert. So wird sich die Opposition auch nicht allein auf den Fall Roeder konzentrieren. Zu viele «Einzelfälle» machen das Ansinnen plausibel, den Gesamtkomplex Bundeswehr und Rechtsradikalismus unter die Lupe zu nehmen.

Ein Untersuchungsausschuß im Wahljahr, der sich bis zur Sommerpause hinziehen wird – keine schönen Aussichten für die Union. Dabei haben sich SPD und Grüne bislang mit allzu plakativen Äußerungen zurückgehalten. Vor allem für die SPD, die an ihrer Bundeswehrtreue keinen Zweifel aufkommen lassen will, könnte die Arbeit im Ausschuß zum Balanceakt werden. Auch mit der Forderung nach Rühes Rücktritt hält sich die Opposition zurück. «Wir werden Volker Rühe die

Chance geben, aufzuklären», erklärt Walter Kolbow, verteidigungspolitischer Sprecher der SPD, vielsagend.

Die Gegenoffensive war trotzdem abzusehen. «Kampagnenartige Züge gegen die Bundeswehr» beklagt jetzt der Minister. Es dürfe nicht sein, «daß ständig Gerüchte verbreitet werden». Leute, «die prinzipiell gegen die Bundeswehr seien», witterten jetzt «eine Chance». Generalinspekteur Bagger sieht «Denunzianten» am Werk. Rühes Staatssekretär Bernard Wilz ahnt: «Die ganze Bundeswehr soll in Zweifel gezogen werden.»

Da ist es schön, wenn wenigstens einer keine Zweifel kennt. Er habe keinen Grund zur Selbstkritik, erklärt Volker Rühe nach seinem Besuch bei der Hamburger Führungsakademie. So ist er eben. So überspielt er die neue Situation. Nicht mehr er selbst hat die Fäden in der Hand. Seine politische Zukunft ist fraglich geworden. Wie viele neue «Einzelfälle» wird der Untersuchungsausschuß zu behandeln haben? Wie viele kann Rühe überstehen?

Die Wehrbeauftragte Claire Marienfeld jedenfalls blickt skeptisch in die Zukunft. «Ich fürchte leider, daß da noch einiges ans Tageslicht kommt.»

19. Dezember 1997

Wolfram Wette

Brisante Tradition

Nein, von rechtsradikalen Machenschaften dieser Qualität hat man in der «alten» Bundesrepublik nichts gehört. Gewiß, eine rechtsradikale Minderheit, die von einem größeren nationalkonservativen Umfeld augenzwinkernd geduldet wurde, hat es auch in der Bundeswehr früherer Jahrzehnte gegeben. Aber das Ausmaß und die Dreistigkeit der rechtsradikalen Aktivitäten von heute sind neu. Wir haben es mit einem Tabubruch zu tun. Eine Reihe von Soldaten testet offenbar aus, wie weit sie heute im Milieu der Bundeswehr gehen kann.

«Alles, was nicht arisch ist und in Deutschland lebt, gehört erschossen oder in die Gaskammer.» Es war ein Kapitänleutnant der Reserve der Bundeswehr, der vor seinen Untergebenen diesen rassistischen Mordphantasien freien Lauf ließ. Geschehen vor ein paar Jahren auf einem Schiff der Bundesmarine. Der Mann wurde erwartungsgemäß hart bestraft. Was dem Fall über den Tag hinaus jedoch eine beklemmende Bedeutung verleiht, ist der Tatbestand, daß dieser Reserveoffizier offenbar der Ansicht war, im Milieu einer Marinebesatzung könne er sich skandalöse Sprüche dieser Art leisten.

Bei den Fallschirmjägern im bayerischen Altenstadt wurde jahrelang «Führers Geburtstag» gefeiert mit Nazifahnen, Hitler-Bildern, dem Horst-Wessel-Lied und NS-Propagandafilmen. Man beging auch den 1. September als Beginn des Zweiten Weltkriegs im Jahre 1939 sowie den 20. Mai als den Tag, an dem deutsche Fallschirmjäger im Jahre 1941 auf Kreta landeten. Ob sie wissen, daß die Wehrmachttruppen auf der griechischen Insel Kreta eine wahre Schreckensherrschaft errichteten? Daß sie dort mordend, sengend und plündernd über zahllose Dörfer herfielen und Tausende von Zivilisten unter dem Vorwand von «Sühnemaßnahmen» als «Banditen» töteten? Ob sie nicht mehr feiern würden, wenn sie es wüßten? Jedenfalls glauben auch besagte Fallschirmjäger der Bundeswehr, sich Führer-Andachten und Wehrmachtsnostalgien leisten zu können. Sie versteckten ihr Tun nicht einmal sonderlich.

Dem Auftritt des schwerkriminellen Neonazis Roeder in der renommierten Führungsakademie der Bundeswehr in Hamburg liegt ein ähnliches Verhaltensmuster zugrunde. Der einladende Oberst und die etwa dreißig Offiziere des Stammpersonals dieser Generalsschmiede, die den Vortrag Roeders hörten, vermuteten ebenfalls, sie könnten sich diesen Besucher leisten. Sie dinierten und parlierten mit ihm. Den Bericht des Neonazis über die neueste Variante des «deutschen Drangs nach Osten», nämlich eine privat organisierte Regermanisierung der russischen Region Kaliningrad, ehemals Ostpreußen, fanden sie informativ und lobten anscheinend sogar den Idealismus des rechtsradikalen Redners.

Diese und die vielen anderen Fälle haben einen gemeinsamen Nenner: Etliche Soldaten verstehen die seit 1990 von politischer Seite verkündete «Neue Normalität» als Erlaubnis zum Rückgriff auf Traditionen aus der Zeit des deutschen Sonderwegs vor 1945, besonders auf Traditionen der Wehrmacht des NS-Staates. Beginnend mit dem Historikerstreit von 1986/87, verstärkt seit der deutschen Einigung von 1989, häufen sich in der hiesigen Öffentlichkeit die Relativierungen und Beschönigungen des NS-Gewaltregimes. Daran beteiligen sich nicht nur die alten Rechtsextremisten, sondern auch Publizisten, Hochschullehrer und Militärhistoriker, die man bislang noch zum demokratisch-konservativen Lager rechnete.

Der Geschichtsrevisionismus blieb im militärischen Milieu nicht folgenlos. Für rechtsextremistisches Denken anfällige Soldaten, die bislang wußten, daß sie sich zurückhalten mußten, wollten sie ihre Karriere nicht gefährden, sahen sich nun ermutigt. Die Vielzahl der «besonderen Vorkommnisse mit rechtsradikalem Hintergrund» aus den letzten Jahren ist insoweit auch zu lesen als ein Verwischen der Grenzen zwischen konservativen und rechtsradikalen Positionen. Manche sehen sich legitimiert, nun wieder braunes Theater spielen zu dürfen.

Was die Bundeswehr angeht, so wird im Zeichen der «Neuen Normalität» mit der Perspektive weltweiter Militäreinsätze das Traditionsproblem neu vermessen. Damit aber kommt die Wehrmacht der NS-Zeit in einer ganz anderen Weise ins Spiel, als dies aufgrund der Traditionserlasse und Ministerreden eigentlich sein sollte.

Die Verantwortlichen tun gut daran, sich zu vergegenwärtigen, in welchem Ausmaß die Wehrmacht allen anderslautenden politischen Vorgaben zum Trotz die Truppentradition geprägt hat. Die große Mehrheit der sogenannten Traditionalisten in der Bundeswehr, gegen deren Einfluß die Militärreformer um den Grafen Baudissin letztlich nie eine Chance hatten, verfochten über die Jahrzehnte hinweg ein positives, vom Nationalsozialismus künstlich abgehobenes Bild der Wehrmacht. Diese Erinnerungsstrategie wurde von den Generälen der Wehrmacht noch während des Zweiten Weltkrieges entworfen, im Zuge der Kriegsverbrecherprozesse in Nürnberg und anderswo praktisch angewendet und in den Generalsmemoiren der fünfziger Jahre zu öffentlicher Wirksamkeit gebracht. Die – dem Kalten Krieg und der Wiederbewaffnung geschuldeten – Ehrenerklärungen Eisenhowers und Adenauers für die Masse der Wehrmachtsoldaten von 1951/52 prägten das geistige Klima der Bundeswehr in ihrer Aufbauphase. Seinerzeit griffen die Truppenkommandeure bei der Namensgebung von Kasernen wie selbstverständlich auf hitlertreue Generäle der Wehrmacht zurück. Das zähe Festhalten an Namen wie Dietl und Kübler bis in die allerjüngste Vergangenheit hinein läßt den enormen Einfluß der Traditionalisten innerhalb der Bundeswehrführung erkennen.

1998

5. März 1998

Jochen Buchsteiner und Gunter Hofmann

«Wir setzen auf Personen»

Joschka Fischer: Wollen Sie die wirklich wichtigen News dieses Sonntags hören? Ich bin meinen ersten Halbmarathon in einer sensationell guten Zeit gelaufen.

DIE ZEIT: War nicht noch wichtiger, daß der 1. FC Köln gegen die Bayern gewonnen hat?

Fischer: Das waren die Top-News vom Samstag – und es bestätigt eine alte Regel: Selbst eine überlegene Mannschaft kann verlieren, wenn sie aus reichlichen Torchancen nichts macht.

ZEIT: Jetzt sind wir doch noch bei der Politik gelandet: Ist in Niedersachsen die Entscheidung für den rotgrünen Sieg in Bonn gefallen?

Fischer: O nein. Wir haben jetzt die echte Chance, zu gewinnen und zum ersten Mal durch Abwahl einen Bundeskanzler auf das wohlverdiente Altenteil zu schicken. Aber wir können auch noch alle Fehler dieser Welt machen. Für uns muß es jetzt heißen: mit aller Kraft um den Macht- und Politikwechsel kampfen.

ZEIT: Herr Fischer, was ist die politische Botschaft der Niedersachsenwahl?

Fischer: Das ist die Entscheidung für einen Kandidaten, der in die Mitte einbrechen kann, der das Wählerpotential für Rot-Grün erweitern und damit Kohl die Macht kosten kann.

ZEIT: Aber die Grünen haben doch verloren!

Fischer: 0,4 Prozent. Ich halte unser Ergebnis für ein sehr gutes – angesichts der Konstellation, mit der wir es zu tun hatten. Es ist, erstens, extrem schwer, als kleine Partei eine absolute Mehrheit anzugreifen und gleichzeitig zu sagen: Wir wollen mit denen koalieren. Zweitens war da diese alles überwölbende Personalisierung. Daß wir bei sieben Prozent geblieben sind, ist für mich überhaupt kein Anlaß zur Klage. Zu bedauern ist allenfalls, daß es nicht zu einer rotgrünen Mehrheit in Hannover gekommen ist.

ZEIT: Drohen die Grünen im Schatten des Medienriesen Schröder zu verblassen?

Fischer: Das hängt allein von uns Grünen ab. Diese Wahl hat über den Tag hinaus den Mechanismus von Politik im Übergang zur Berliner Republik verändert. Wir erleben derzeit eine Amerikanisierung der Politik. Das heißt: eine verstärkt medial transportierte Politik mit plebiszitärem Charakter, eine Politik, die an Personen gebunden ist und Programm- und Gremienparteien in den Hintergrund rückt. Diese Wahl wird die SPD langfristig verändern – und die Parteien insgesamt. Auch wir, als Grüne, müssen uns darauf einstellen.

ZEIT: Wie?

Fischer: Schröder stieß als Hoffnungsträger in das Vakuum, das Kohl seit einem Jahr produziert. Gleichzeitig räumt er für uns inhaltliche Felder frei, auf denen wir nun unsere programmatischen Positionen transportieren können. Aber wie? Die Transportfrage stellt sich jetzt neu für uns: In diesem Wahlkampf, der Duellcharakter haben wird, in dem es viel um Symbolik gehen wird, um personifizierte Hoffnungsträgerschaft, um das Eindampfen von programmatischen Botschaften in emotionale – in diesem Wahlkampf wird die Bindung an Personen eine ganz neue Bedeutung erhalten. Für unsere an Spiegelstrichen haftende Partei wird das zu einer großen Herausforderung.

ZEIT: Wie soll die gemeistert werden? Mit mehr Personalisierung? Soll ein großer Fischer von den Wahlplakaten lächeln?

Fischer: Von einer Personalisierung, so, wie sie bei uns in der Partei debattiert wird, halte ich nichts. Entweder man macht es richtig, oder man sollte es lassen. Ich glaube schon, daß wir gegenhalten können.

ZEIT: Wenn sich die Grünen nicht ändern, könnten sie dann – Stichwort Spiegelstriche – in die Rolle der alten SPD, der papiernen Programmpartei, geraten?

Fischer: Halt! Ich sage, daß es bei uns im Mittelbau eine gewisse Verliebtheit in Spiegelstriche gibt, aber wir sind nicht in dem Sinne Programmpartei – und werden in diese Rolle auch nicht geraten. Auch wir Grüne werden unsere emotionalen Botschaften überbringen müssen, auch wir werden personalisieren müssen – wie weit, wird man sehen. Auch wir werden mit den Medien mehr oder weniger virtuos spielen müssen, und da sind wir ja auch nicht von vorgestern. Nein, man kann diese Entwicklung nicht aufhalten. Die Kommunikationsstrategien verändern sich, die emotionalen Botschaften treten in den Vordergrund, neue Medien kommen – jetzt lassen wir den Prozeß doch mal laufen.

ZEIT: Welche Rolle sehen Sie für Ihre Partei neben der SPD eines Gerhard Schröder?

Fischer: Die größte Gefahr für uns besteht darin, daß wir uns selbst zu Schröders Jusos machen. Das hätten die gerne, daß wir als Mündel wahrgenommen werden, das manchmal komische Dinge beschließt und das man nur dazu braucht, um die Erbschaft, sprich: die Mehrheitsbeschaffung, zu wahren. Daß es zu dieser Jusoisierung nicht kommt, haben allein wir in der Hand. Unsere große Chance besteht darin, zum Reform- und Veränderungsmotor in einer rotgrünen Koalition zu werden, zum Garanten für den Politikwechsel innerhalb des Machtwechsels. Das müssen wir erreichen sonst kommen wir unter die Räder.

ZEIT: Werden Sie nicht vor allem streiten mit der Schröder-SPD? Von der inneren Sicherheit über die Ausländerpolitik bis zur Ökosteuer haben Sie unterschiedliche Ansichten.

Fischer: Mit Gerhard Schröder koalieren heißt, in der rotgrünen Koalition auch eine schwarzgrüne zu haben. Es ist ein bißchen so, als hätte man mit Helmut Schmidt koaliert. Das ist nicht einfach, aber es ist möglich. Wir haben viel Übereinstimmung, aber eben auch viele Unterschiede. Vom Atomausstieg über Rechtsstaatsfragen bis zur Verkehrspolitik: Der Kandidat Schröder ist bekanntlich kein großer Fan einer Ökosteuer und einer Energiewende, ich bin auch gespannt, wie weit er gehen wird etwa bei der Veränderung der sozialen Sicherungssysteme, besonders bei der Rente. Da huldigen die Sozialdemokraten ja bis heute der Illusion, das alte System könne so weiterfinanziert werden.

ZEIT: Ist nicht die offene Flanke einer rotgrünen Regierung die Außenpolitik? Schröder kokettiert gern mit der Bemerkung, er verstehe davon nichts. Und Sie müssen am Wochenende, auf dem Parteitag in Magdeburg, Ihre Partei davon abbringen, die Auflösung der Nato ins Wahlprogramm zu schreiben. Kann so eine rotgrüne Regierung im Ausland akzeptiert werden?

Fischer: Eine rotgrüne Regierung wird auf der Grundlage der außenpolitischen Verpflichtungen und Traditionen der Bundesrepublik Deutschland stehen – oder es wird diese Regierung nicht geben. Die strategischen Grundlinien dieses Landes – Selbstbeschränkung, europäische Integration als oberstes nationales Interesse, Transatlantismus, Verzicht auf jeden Sonderweg, Verpflichtung auf Gewaltfreiheit und Einhaltung der Menschenrechte –, diese Grundlagen sind unverrückbar.

ZEIT: In der Partei klingt das anders. Bleibt die Außenpolitik nicht Ihre Achillesferse?

Fischer: In meiner Partei klingt das nicht anders. Ich will nicht darum herumreden: Wir machen es uns in der Außenpolitik unnötig schwer. Aber wir bewegen uns in die richtige Richtung. Ich habe keine Probleme, wenn sich meine Partei grundsätzlich gegen Friedenserzwingung ausspricht. Ich will nur, daß wir Ausnahmen – ich denke an Extremsituationen wie in Bosnien – zulassen.

ZEIT: Sie stehen da – ähnlich wie Gerhard Schröder in anderen Fragen – gegen die eigene Partei. Halten Sie es mit Schröders Bonmot: «Erst das Land, dann die Partei»?

Fischer: Nur weil Gerhard Schröder einen glänzenden Wahlsieg hatte, wird er für mich noch nicht zum Zitatenschätzlein. Aber natürlich geht es bei der Außenpolitik um die Interessen unseres Landes. Eine Partei ist frei zu entscheiden, aber eine Bundesregierung und die Mehrheit des Bundestages sind es nicht. Deutsche Außenpolitik ist in hohem Maße europäisch verankert und muß es bleiben.

ZEIT: Kanzlerkandidat Schröder schwankt in der Europa-Frage gelegentlich, vor allem, wenn es um den Euro geht.

Fischer: Was ich Gerhard Schröder entgegenhalte, ist, daß er manchmal fast altertümlich national denkt. Wenn er sagt, er sei Europäer, nicht weil er Europäer sein müsse, sondern weil er es sein wolle, dann unterstellt er, in Deutschland könne man als Bundeskanzler auch Nichteuropäer sein. Das ist ein Irrtum. Wenn er sagt: erst das Land, dann die Partei, ohne Europa im gleichen Atemzug zu nennen, dann muß er als Bundeskanzler noch einiges dazulernen. Jede Abkehr von der Grundposition, daß die Interessen Deutschlands nur durch Europa zu definieren sind, wird in Teufels Küche führen. Dies muß ein Bundeskanzler immer klar im Kopf haben. Ein Ministerpräsident kann sich da noch eher etwas erlauben, auch wenn es nicht sehr klug ist.

ZEIT: Trauen Sie ihm diese Lernfähigkeit zu?

Fischer: Aber ja. Ich traue ihm vieles zu.

1. Oktober 1998

GUNTER HOFMANN

Ein Kulturbruch, mit links

Der Wechsel hat noch keinen Begriff. Gerhard Schröder und Joschka Fischer, von Ende Oktober an Kanzler und Vizekanzler, greifen bereitwillig nach dem großen Wort der Berliner Republik, mit dem Helmut Kohl ausdrücklich «nichts anfangen» kann.

Der künftige grüne Außenminister beläßt es bei der Andeutung, der Erfolgsdruck sei «unter den Bedingungen einer Berliner Republik» besonders groß, gelegentlich spricht er auch ahnungsvoll vom Aufbruch ins 21. Jahrhundert. Der künftige Kanzler sieht, kaum viel genauer, die «demokratische Kultur, die sich in 50 Jahren bewährt hat», in der Berliner Republik verbunden «mit dem ungeheuren Maß an Zivilcourage im Osten», das zum Mauerbruch führte.

Aber das ist Theaterdonner. Vermutlich liegt die wahre Dimension dieses Wechsels, der mit so viel Kontinuitätsversprechen abgefedert worden ist, zunächst einmal und vor allem auf einer Ebene, die gar nicht politisch ist. Was da geschieht, ist ein Kulturbruch.

Vielleicht hätte man das in jedem Fall ähnlich empfunden nach einer 16 Jahre währenden Kanzlerschaft. Aber mit Rot-Grün hat es dennoch etwas zu tun. Mit einem solchen Bündnis geht die Ära Kohl, damit gehen aber auch definitiv die Schmidt-Jahre zu Ende. Zur Erinnerung: Aus den großen sozialen Bewegungen (Ökologie, Kernenergie, Frieden, Feminismus) war Ende der siebziger, Anfang der achtziger Jahre die grüne Partei entstanden. Eine Alternative wollte sie sein vor allem zur herrschenden SPD, die aus Sicht der Grünen jede utopische Lust oder auch nur Bereitschaft verloren hatte, sich auf neue Fragen wie die Zukunft der Lebenswelt oder die Grenzen des Wachstums einzulassen. Der SPD brach eine Generation weg. Und das war erst der Anfang. Willy Brandt litt.

Dann verlor das «Modell Deutschland» seine hegemoniale Kraft. Die Grünen haben das nicht kompensiert, aber sie haben für ein Stück Anschlußfähigkeit zwischen Politik und Gesellschaft gesorgt. Sie zwangen die anderen Parteien erfolgreich zum Mitlernen in Sachen Ökologie. Sie brachten Lust am Diskurs mit, wurden zum geglückten demokratischen Experiment.

Jetzt sitzen sie, klein, aber erwachsen, an der Seite der Sozialdemokraten. Fast könnte man von einer Art Wiedervereinigung sprechen, wenn man das sieht. Es findet da, irgendwie, eine Versöhnung in letzter Sekunde statt. Wäre der 27. September anders verlaufen, wäre die Zeit für ein solches Bündnis dieser Generation – Schröder, Lafontaine, Fischer – vermutlich verstrichen.

Die kulturelle Dimension macht der glatte, sanfte, moderate Machtwechsel deutlich. Eine «Leichtigkeit des Seins» ausgerechnet in dem seltenen Moment, staunt Antje Vollmer, ein schönes Wort zu der großen Transformation. Sie bezieht das auch auf den noblen Abgang des Kanzlers. Er habe die Republik nicht mit einem schlechten Gewissen belastet. Ein heiterer, blendender Abschied. Oft genug war die Republik zerrissen, was sich in die Wahljahre fortpflanzte, ob es wie vor 30 Jahren um die Ostpolitik oder die Integration der Apo ging oder später um den RAF-Terrorismus, um Kernenergie oder Nachrüstung. Die Art des Wechsels heute verrät etwas. Es findet da eine Versöhnung statt – und das heißt keineswegs, die Konfliktdemokratie werde beerdigt. Diese demokratische Qualität des selbstverständlichen Wechsels ist keine schlechte Plattform für die neue Regierung und die neue Opposition.

Ein rotgrünes Bündnis also: In der Arena der Politik, die es selber nicht offen anzupeilen wagte, wird damit etwas nachgeholt, was sich in der Gesellschaft bereits vollzogen hat. Die Bundesrepublik hat sich in den vergangenen Jahren (im Osten ohnehin, aber auch im Westen) im sozialen und beruflichen Alltag dramatischer verändert und energischer von Regeln befreit, als die Politik wahrhaben wollte. Jetzt werden die Akteure mit der Nase darauf gestoßen. Eine Gesellschaft erfindet sich ihre Politik.

Machtwechseltage nach 16 Jahren der Stabilität und der europäischen Umbruchsdramatik: keine Euphorie, nirgends. Jedenfalls nicht in der Welt der politischen Klasse. Wie sich das erklärt? Sie mögen wie Novizen auf der Bühne der Bundespolitik wirken, und aus der Provinz kommen die neuen Helden sowieso alle, genau wie einst Kohl. Aber in Bonn tritt nun eine Generation an, die nicht im Abseits stand, sondern das Handwerk gelernt hat. So lange, bis manche, der Saarbrücker zum Beispiel, schon von einem Einstieg in den Ausstieg aus der Politik träumten.

Dies ist der dritte Machtwechsel, wenn man von der unerhörten Begebenheit des 9. November 1989 einmal absieht. Machtwechsel I fand 1969 statt, aus der Großen Koalition wurde eine sozialliberale Koalition mit dem ersten SPD-Kanzler, Willy Brandt. Zu Machtwechsel II kam es 1982, einem Bündnis von CDU, CSU und FDP. Die Bundesrepublik liebt vielleicht die Veränderungen, aber in 1000 kleinen Schritten und gut verpackt. Die großen Umwälzungen liebt sie bekanntlich nicht.

Selbst Machtwechsel I und II haben davon noch etwas verraten. Ihre Inkubationszeit war sehr lang. Endlose Oppositionsjahre und mehrere Anläufe gingen der Kanzlerschaft Brandts voraus, und selbst dann mußte die SPD sich noch in einer Großen Koalition testen lassen. Brandt holte sich um Mitternacht das Ja Walter Scheels zur Koalition aus SPD und FDP mit ihrer 12-Stimmen-Mehrheit. Er war ein Mann für große Anfänge. Nicht weil er als Veränderer von oben kommen wollte, sondern weil er fähig war, viel von dem aufzusaugen, was Politik werden wollte. Die Republik hatte sich damals in ihrem kulturellen Habitus gewaltig verändert, überprüfte erstmals ihre Tauglichkeit als Konfliktdemokratie, Staat und Gesellschaft rückten zusammen, Brandt spürte das.

Nicht zufällig fand dieser große Machtwechsel seine pathetische Formel in dem Versprechen, die Regierung wolle «mehr Demokratie wagen». In den Schubladen lag eine Menge, vor allem lagen dort Egon Bahrs ostpolitische Papiere. Bahr wie Brandt wollten diese Politik möglichst sofort wahr machen, vielleicht aus der Ahnung heraus, wie schwierig und kurz die Kanzlerschaft sein würde, oder auch, weil Brandt so gerne «seiner Melancholie Termine einräumte» (Günter Grass).

Auch der zweite Machtwechsel bedurfte eines großen emotionalen, politischen Anlaufs. Zuerst mußte die CDU als Partei modern werden, dann, 1980, wollte Franz Josef Strauß sein Glück als Kanzlerkandidat versuchen. Am Ende sagte sich die FDP in ihrem Wendepapier inhaltlich los, bevor Hans-Dietrich Genscher sich entschloß, den Kanzler zu stürzen und den Partner zu tauschen. Ein Drama voller Intrigen, echten und vorgetäuschten Seelenqualen. Erst auf dieser Basis konnten dann die Bundestagswahlen 1983 als nachgeholtes Plebiszit den Wechsel von Schmidt zu Kohl ratifizieren.

Seine Pathosformel fand dieser Anfang im Wort von der «geistig-moralischen Wende». Nun sollten nicht mehr Demokratie, sondern weniger Staat und mehr Leistung gewagt werden. Die Gesellschaft wurde von der Politik entlastet, jeder, der wollte, fand seine Nische, und die Politik verlernte das öffentliche Argumentieren. Zum undefinierten Konservativismus, eher eine Sache der Mentalitäten und des selbstzufriedenen Justemilieus, nichts da von geistiger Wende, lieferte die intellektuelle Postmoderne noch die Begleitmusik.

Seine eigene Formel hat der jüngste Machtwechsel noch nicht gefunden. Das Wort von der Berliner Republik ist jetzt noch eine Verlegenheitslösung. Vielleicht ist das auch gut so. Und was ließe sich schon vergleichen mit der Kühnheit einer neuen Großarchitektur namens Ostpolitik oder dem überschießenden Reformoptimismus der Wende von 1969, die 1972, kurz vor dem Ende, von den Wählern noch einmal demonstrativ bekräftigt worden ist?

Rot-Grün hat kein Projekt. Die beiden Parteien kommen in einem Moment zusammen, in dem sie sich fast auseinandergelebt hatten. Die rotgrünen Koalitionen in Hessen und Nordrhein-Westfalen leuchten nicht. Teils, weil die Sozialdemokraten eindimensional modernistisch sind, teils, weil die Grünen den Wald vor lauter Bäumen nicht sehen oder ungeniert der Macht frönen. Endlich dabei!

Nun braucht es auch gar kein Projekt. Einen amtierenden Kanzler loswerden, und noch dazu Kohl, war schon Projekt genug. Das einmalige Abwahlexperiment ist gelungen. Aber die SPD kehrt in einem Moment an die Macht zurück, in dem sie noch nicht wirklich ihre sehr widersprüchlichen Modernitätsvorstellungen durchbuchstabiert hat. Schröder war sicher, nur erfolgreich zu sein, wenn er nicht näher beschreibe, was der Wechsel bedeute.

Nicht zum ersten Mal, gerade in jüngerer Zeit, haben die Wähler ihren vorsichtigen politischen Eliten Mut gemacht und Klarheit geschaffen. Das gilt übrigens für viele der Medien auch. Die rotgrünen Sieger saugen es sich nicht aus den Fingern, wenn sie sagen, in der Regel hätten doch auch die Kommentatoren eine Große Koalition vorgezogen. Die Wähler haben sich davon abgekoppelt. Mehr noch: Ob es einem gefällt oder nicht, sie haben auch dafür gesorgt, daß die PDS zur Normalpartei wird, und zudem, daß die Kleinen überleben.

Wenn es stimmt, daß in den Kohl-Jahren die Politik ausgewandert ist aus den Institutionen, aber sich abgelagert hat in der Gesellschaft, und dafür spricht ja der sanfte Machtwechsel III – was heißt das für einen rotgrünen Neuanfang? Wenn es eine Rückkehr zur klassischen Parteiendemokratie nicht mehr gibt, wo ist der Ort der Politik dann? Es könnte gut sein, daß die Grünen, die als Antipartei begonnen haben, dazu beitragen müssen, die beschädigten Institutionen zu reparieren.

Helmut Kohls Wort übrigens, irgendwann könne er sich auch eine schwarzgrüne Zukunft vorstellen, muß man sich nach der Wahl noch einmal auf der Zunge zergehen lassen. Das heißt ja auch, daß Kohls Partei gegen ein rotgrünes Bündnis nicht aus prinzipiellen Gründen anrennen kann. Kohl hat sozusagen in letzter Sekunde die Grünen voll anerkannt. Die Eltern entdecken, wer ihre Kinder sind.

Aber diese «Kinder» sind anders. Es sieht schon so aus, als gehe die Zeit einer bestimmten Bürgerlichkeit, die Kohl verkörpert, zu Ende. Und auch, wenn die Begriffe für das Neue darin noch nicht gefunden sind, gerade an der Stelle wird man die Dimension des kulturellen Umbruchs wohl suchen müssen. Es geht nicht darum, mit dem Vorsitzenden der Jungen Union, Klaus Escher, der Kohl-CDU nachzurufen, sie sei «spießbürgerlich». Biedermeierlich, das war sie. Aber ob aus dem Neuen auch eine neue Bürgerlichkeit wird, die sich den Widersprüchen der Moderne offensiv stellt, das soziale Auseinanderklaffen nicht ignoriert, die Zukunft der Lebenswelt im Auge behält, Selbstbewußtsein auf internationalem Parkett nicht mit Großmäuligkeit verwechselt, das alles ist ja noch offen.

Rot-Grün ist das Wagnis der Wähler. Der Vorhang ist weg, man sieht eine Leerfläche. Der Rahmen muß feststehen, es muß klar sein, für wen wir stehen, sagt Oskar Lafontaine. Innerhalb dieser Grenzen kann man sich viele Suchbewegungen, auch Überraschungen vorstellen.

Es klaffen keine Welten zwischen dem, was Oskar Lafontaine und Christa Müller (*Keine Angst vor der Globalisierung*) oder der Grüne Hubert Kleinert und der Sozialdemokrat Siegmar Mosdorf (*Die Renaissance der Politik*) beschrieben haben. Ob es nun um höhere Energieproduktivität, eine ökologische Dienstleistungsgesellschaft, nachhaltiges Wirtschaften und langlebige Produkte oder eine andere Unternehmenskultur geht – eine Verständigungsebene ist da. Oskar Lafontaine, Joschka Fischer und Walter Riester in einem Kabinett Schröder – sie kann man sich als Kern einer Reformwerkstatt, die Unorthodoxes riskiert, durchaus vorstellen. Aber Rot-Grün wird auch mit einigen Traditionen brechen müssen.

Noch einmal zurück zur Berliner Republik. Wie der Zufall so will, und Schröder wird ihn gewiß hervorheben, verknüpft sich der Neuanfang mit dem Wechsel von Bonn nach Berlin. National aufgetrumpft hat die vereinigte Republik bisher nicht. Die Freude darüber sollte man sich auch nicht von denen verderben lassen, die, vom Machtwechsel beseelt, die alte Debatte über die krämerselige Bundesrepublik noch einmal neu auflegen möchten.

Wenn man das richtig versteht, heißt es: Die Linke könnte zwar jederzeit in «reichsdeutschen Dimensionen» zu denken anfangen, ein «linker Wilhelminismus» liege in der Luft, und das soll nicht sein. Wohl aber sollen wir heraus aus der Puppenstube Bundesrepublik, weg vom ironischen Staat, wie manche sagen. Jetzt wird es ernst, wenn nicht tragisch. Kein Platz mehr für Gesellschaftskritik, es geht um

Existentielles und um Entscheidung. «Vor der Zukunft stehen wir im freien Feld», hat der Soziologe Heinz Bude in der *FAZ* geschrieben. Also die Stunde Null in Berlin? Und was sollte das heißen? Verbirgt sich wirklich «Zukunftsangst» vor der Größe Berlins und der großen Republik dahinter, wenn man den Wiederaufbau des Schlosses nicht gerade für die frischeste aller Ideen hält? Wie erklärt es sich, daß man so wenig kulturelle, intellektuelle Signale aus Berlin erhält, die etwas davon verraten, daß man sich couragierter den Brüchen der Moderne stellt? Woher die falschen Maßstäbe?

Eine wirkliche kulturelle Hegemonie hatte in den Kohl-Jahren bekanntlich niemand mehr. Aber es herrschte eben ein zu selbstgerechtes, am Status quo orientiertes Klima, und die intellektuelle Welt separierte sich von der politischen – im beiderseitigen Einvernehmen. Rot-Grün wird es schwer haben. Der wirtschaftliche Rahmen verheißt nichts Gutes, Spielraum für eine sozialdemokratische Klientelpolitik alter Art bleibt da nicht.

Diese Regierung, und das macht den Reiz des Wechsels aus, ist die Antwort auf 16 Jahre, in denen sich Stabilität mit Lähmung und zuviel Autismus verband. Der Blick ging nach innen. Schröder, Fischer, Lafontaine: Sie kommen nicht gespickt mit Plänen, das ist wahr. Der Wechsel ist, beinahe, eine Art Blankoscheck.

Das ist auch eine Chance. Sie verdient Neugier, aus Kritiklust. Nicht jeder Kritik muß unterstellt werden, sie komme aus dem unpolitischen Abseits, der «Schwermutshöhle». Für die Berliner Republik hat es keine Vorgaben gegeben, auch der «linke Wilhelminismus» ist nicht die Formel für das Neue. Die rotgrüne Regierung von morgen wird es hoffentlich freuen, wenn diejenigen, die am Wahltag für klare Verhältnisse trotz unklaren Angebots gesorgt haben, auch weiterhin mitsprechen.

1. Oktober 1998

KLAUS HARTUNG

Dem Morgenrot entgegen

Jetzt hat sich für uns die Einheit gelohnt!» André Brie sagt es, der Wahlkampfleiter der PDS. Er kann nur noch heiser krächzen, vor Glück und Erschöpfung. Wahlparty in einer rot illuminierten verfallenden Großgarage im Berliner Zentrum; auf den schrägen Rampen tanzt das johlende Jungvolk, eine Großstadtjugend, modisch in alle Richtungen, aber mit deutlichem Affekt gegen den Westen. Drei Gesichter auf dem Großbildschirm werden ausgebuht und prompt gelöscht: Guido Westerwelle, Joschka Fischer und Michael (Schumi) Schumacher.

Es ist der Abend des Triumphes. Der Sprung über die Fünfprozenthürde hat eine ganz besondere symbolische Bedeutung für die PDS. Das heißt: «westeuropäische Normalität», Ankommen im Westen, Ende des Sonderstatus – und vor allem Anerkennung und nochmals Anerkennung. Daß Gregor Gysi vom Gruppenvorsitzenden zum Fraktionsvorsitzenden aufgestiegen ist, wird immer wieder gefeiert. Brie hält die kürzeste Rede seiner Laufbahn: «PDS. Geil!» Das Defilee der Sieger, die roten Nelken und Umarmungen nehmen kein Ende. Am längsten mußte Petra Pau, die Ex-Pionierleiterin mit dem roten Kurzhaarschopf, warten. Kurz vor Mitternacht war klar, daß sie mit 278 Stimmen Vorsprung dem stellvertretenden SPD-Vorsitzenden Wolfgang Thierse den Symbolwahlkreis Mitte / Prenzlauer Berg abgejagt hatte.

Aber ahnten jene, die da jubelten, daß sich gerade in Berlin die Grenzen ihrer Partei zeigten? Die PDS hat zwar vier Direktmandate erobert, aber bei den Zweitstimmen alle Wahlkreise, auch die sichere Burg von Gregor Gysi in Berlin-Marzahn, an die SPD verloren. Selbst auf die besserverdienende ehemalige Funktionärselite der DDR ist kein Verlaß mehr: In allen Ostberliner Bezirken hat das linke Wahlvolk Stimmensplitting betrieben. Die PDS sollte zwar im Bundestag vertreten sein, aber die Partei der Wahl war die SPD. Zwar zeigt sich bei dem Wahlergebnis in Ostdeutschland, insbesondere in Sachsen, daß die PDS wohl noch nicht überall ihren Zenit erreicht hat. In Berlin aber hat sie ihn bereits überschritten. Während die PDS in Sachsen 140000 Nichtwähler-Stimmen mobilisieren konnte, rutschte sie in Berlin von 14,8 auf 13,5 Prozent gegenüber 1994 ab. Auch in Mecklenburg-Vorpommern, wo sie sich längst als künftige Regierungspartei mit einer landesweit anerkannten Funktionselite darstellen konnte, erreichte sie nur das Ergebnis der vergangenen Bundestagswahl. André Brie warnt im *Neuen Deutschland*: «Die PDS muß in die Lage kommen, noch viel, viel intensiver an den realen modernen geistig-politischen Auseinandersetzungen teilzuhaben. Sie braucht eine neue intellektuelle Kraft.»

Die SPD hat nicht nur *im* Osten, sie hat auch *den* Osten gewonnen, als neue Volkspartei. Sie bedroht jetzt die PDS, die immer mit der Rolle einer Sozialdemokratie des Ostens spielte. Vor allem aber hat die SPD die CDU als östliche Arbeiterpartei abgelöst – ein prägender Erfolg. Die SPD-Stimmen kamen aus allen Lagern, von der CDU, von den Grünen und der PDS; von den Nichtwählern und den Protestwählern aus der rechtsradikalen Ecke. Die knapp 13 Prozent DVU-Wähler in Sachsen-Anhalt sind unter Gerhard Schröders Sonne dahingeschmolzen. Noch eindeutiger ist der Trend in Sachsen. In dem Land, wo mit der legendären Dresdener Rede Anfang 1990 vor dem Schloß Kohls Erfolg im Osten begann und wo die SPD immer nur eine marginale Rolle als Klage- und Vorwurfspartei spielen konnte, brach die CDU am stärksten ein. In «König Kurts» Reich verlor sie 15,3 Prozent. Hier holte die SPD von der CDU 68000 und von der PDS 16000 Stimmen.

Noch dramatischer wirkte sich das Wählerverhalten in den Wahlkreisen aus: Die Christdemokraten haben, mit Ausnahme von 17 Kreisen (in Sachsen, Rügen und der katholischen Hochburg im Thüringer Eichsfeld) alle Direktmandate verloren. Die Kandidaten sind regelrecht abgestraft worden – ein Plebiszit des Ostens gegen Helmut Kohl. Mit Bitterkeit konstatieren die CDU-Politiker, daß die Strafaktion zu einem Zeitpunkt stattfand, als das Wort von den «blühenden Landschaften» allmählich Realitätsnähe bekam und die Wirtschaftsdaten eine Trendwende zu verheißen begannen. Die Ära der Wende-Partei CDU ist definitiv beendet, und in den östlichen Landesverbänden wachsen schon die rebellischen Stimmen gegen die Generation der «Blockflöten» und Wendehälse. Die jungen CDU-Mitglieder fordern eine Parteirevision und ein Stühlerücken.

Der Osten hat sich allerdings nicht besonders energisch für Rot-Grün entschieden. Bündnis 90/Grüne verloren fast überall noch einmal bis zu einem Prozentpunkt. Besonders in den ostdeutschen Flächenstaaten hat der Benzinpreisbeschluß von Magdeburg tiefe Empörung ausgelöst. Es war nicht nur der symbolische Angriff auf die Haupterrungenschaft der deutschen Einheit: das Auto, der da Wut auslöste, sondern vor allem die verhaßte Volkspädagogik von oben. Ohnehin sind die Ost-Grünen zu einer hauptsächlich ökologischen Sekte verkümmert. Die Bürgerrechtler, die sich inzwischen auf alle Parteien verteilt haben, dominieren nicht mehr das Parteibild. Außerdem fehlt im Osten der grüne Mittelstand, der sich im Westen gebildet hat und der die Partei auch über unsinnige Beschlüsse hinwegtragen könnte.

Der größte Erklärungsbedarf bezieht sich auf den SPD-Erfolg. Inwieweit ist die CDU abgewählt worden, inwieweit wurde die SPD gewählt? Analysen wie die des Emnid-Institutes in Frankfurt/Oder weisen darauf hin, daß die SPD als Partei gar nicht so hochgeschätzt wird. Nur 20 Prozent in Ostdeutschland bejahen die Oppositionsrolle der Sozialdemokraten. Die «Schröder-Thermik» also, wie es die PDS-Chefin von Sachsen-Anhalt, Petra Sitte, nennt? Ost-Wähler haben, das ist immer wieder nachgewiesen worden, nur eine lockere Parteibindung. Stammwählertraditionen, außer bei der PDS, gibt es nicht.

Der Ostdeutsche reagiert pragmatisch entschieden. Helmut Kohl, das war ein Votum für die Einheit, für die D-Mark, für die Wirtschaft und Investitionen. Wofür steht Schröder im Osten? Er hat wenig versprochen: die «Verstetigung» der ABM-Maßnahmen, einen effizienteren Einsatz der Transfer-Mittel, das Bündnis für Arbeit. Und der Osten soll «Chefsache» werden. Hat er mit seinem Realismus überzeugen können? Gewiß gibt es im Osten einen viel stärkeren Affekt gegen Politikerversprechen als im Westen – und ein tiefsitzendes Mißtrauen gegen Politiker überhaupt. Zugleich hält eine Mehrheit der Ostdeutschen ihre persönliche Situation für gut (und die der Ostdeutschen im allgemeinen für schlecht), so daß die Sehnsucht nach einem Retter und seinen Gaben sich in Grenzen hält.

So kam Schröder im Osten eher deswegen an, weil er Optimismus überhaupt und insbesondere den Stolz auf die nationale Leistung der Einheit ausstrahlte. Sein immer erfolgreicher Tenor: «Keine Volkswirtschaft der Welt hätte das geschafft.» Auch der Verzicht auf Feinderklärungen gegen die CDU bediente das Harmoniebedürfnis im Osten. Insbesondere seine Botschaft, daß «wir Deutschen» alle Probleme bewältigen können, wenn «wir» nur zusammenarbeiten, wurde regelmäßig in den Kundgebungen bejubelt.

Genau diese Kraft des Zusammenhalts traute man Kohl nicht mehr zu. Natürlich stand Schröder auch für soziale Gerechtigkeit. Nicht zuletzt deswegen konnte er die DVU-Protestwähler marginalisieren. Aber das Aufatmen des Magdeburger Innenministers Manfred Püchel darüber, daß Sachsen-Anhalt nun doch nicht die Hochburg der Rechtsradikalen sei, muß nicht lange anhalten. Wie maßvoll oder unmäßig sind Ansprüche der Ostdeutschen auf soziale Gerechtigkeit? Wie werden sie auf den Umverteilungsverzicht und auf den Finanzierungsvorbehalt einer Schröder-Regierung antworten? Der ostdeutsche Protestwähler, der jetzt die SPD wählte, ist womöglich alles andere als ein Sozialdemokrat.

1. Oktober 1998

Marion Gräfin Dönhoff

Brief aus dem Süden

Wenn man ausgerechnet den so entscheidenden Wahlsonntag auf einer Insel in Süditalien verbringt, dann wird die gesuchte und geschätzte Abgeschiedenheit plötzlich zur Last. Es fehlen die Diskussion und der Austausch von Argumenten.

Natürlich kennt man die konkurrierenden Meinungen: *Für* die große Koalition spricht, so sagen die einen, daß Entscheidungen, die längst fällig sind, getroffen und durchgesetzt werden. Die anderen argumentieren, die Voraussetzung dafür sei der sichtbare Wechsel. Eine echte Wende, die könne nur Rot-Grün bringen. Ich denke, die haben recht.

Warum? Wenn man einen Blinden und einen Lahmen zusammenspannt, erwächst daraus wenig Zugkraft. Wir brauchen aber einen Aufbruch. Es gibt genug ungenützte Energien unter den Bürgern. Sie warten nur darauf, daß ihnen jemand das Gefühl gibt: Jetzt geht's los, jetzt lohnt es sich.

Viele meinen, die Grünen werden unrealistische Ziele verfolgen, der SPD das Regieren schwermachen, die Entwicklung hemmen. Aber das dürfte eine übertriebene Sorge sein. Der Sachzwang, *la nature des choses*, wie de Gaulle das nannte, ist in diesem Moment stärker als die Ideologie.

Seit Jahren haben wir darauf warten müssen, daß nach einem der seltenen großen Umbrüche jemand das Steuer in die Hand nehmen und den Weg weisen würde – nichts dergleichen geschah. Wie ein reißender Strom rast die Geschichte an uns vorüber, wir – die Regierenden und das Volk – stehen ratlos am Ufer und fragen, wo der uns wohl hinträgt?

Liebe Freunde, seid nicht kleinmütig, seid voller Hoffnung. Chancen sind immer auch mit Risiko verbunden. Wer darum auf Stillstand und Bewahren setzt, über den geht die Geschichte gnadenlos hinweg – denn die Geschichte ist ein Prozeß. Das Motto «Verweile doch, du bist so schön» gilt für sie nicht.

1. Oktober 1998

HELMUT SCHMIDT

Des Kanzlers Mutprobe

Wenn die Regierung gebildet sein wird, dann ist ein Appell des Kanzlers an Urteilskraft und Moral der Nation fällig. Nach schonungsloser Bestandsaufnahme wird Schröder um die Einsicht bitten müssen, daß viele Wünsche einstweilen unerfüllbar sind und manche Steckenpferde ungesattelt bleiben müssen.

Schröder weiß: Seine «neue Mitte» hat nur dann Zukunft, wenn er keiner der großen Interessengruppen zu Gefallen ist.

Auch das weiß Schröder: Die Massenarbeitslosigkeit plagt den Osten unvergleichlich mehr als den Westen. Er muß deshalb an die Solidarität der Westdeutschen appellieren.

Aber nicht nur die rotgrüne Regierung, sondern wir alle brauchen Mut zur Wahrheit – auch die neue Opposition.

Der zaghafte Aufschwung ändert nichts an den schweren strukturellen Fehlentwicklungen in Deutschland; darin liegt der Grund für die Massenarbeitslosigkeit. Schröders Bündnis für Arbeit kann sie mildern. Dafür gibt es Vorbilder in Holland oder Dänemark, nicht jedoch in Amerika oder England.

Unsere Wirtschaftsgesellschaft kann nicht allein dank arbeitsmarkt-, steuer- und haushaltspolitischer Korrekturen wieder gesunden. Vielmehr bedarf sie der Deregulierung unserer tausend Genehmigungsverfahren. Und sie bedarf einer großen Anstrengung in Forschung und Entwicklung. Wegen der Globalisierung fast aller Märkte müssen wir uns mit neuen Produkten und Leistungen behaupten, denn herkömmliche Güter werden mehr und mehr auch draußen in der Welt hergestellt, zu niedrigeren Kosten; so sind viele Arbeitsplätze ins Ausland abgewandert.

Wer hohe Beschäftigung erreichen und zugleich unseren Lebens- und Sozialstandard aufrechterhalten will, der muß endlich Deutschland modernisieren. Dazu ist vorweg Schröders «Kassensturz» notwendig; er muß auch alle Zweige der Sozialversicherung und alle Schattenhaushalte einschließen. Man wird erkennen, daß nur dann Steuern und Abgaben gesenkt werden können, wenn zuvor Subventionen und andere Ausgaben gestrichen werden.

In drei Monaten übernimmt der Bundeskanzler den Vorsitz sowohl im Europäischen Rat als auch auf dem Weltwirtschaftsgipfel.

Ringt sich die EU zum Realismus durch? Die Erweiterung um ein Dutzend neuer Mitgliedstaaten bleibt so lange Unfug, wie die unsinnige Finanzierung von Agrarüberschüssen – sie frißt die Hälfte des EU-Haushalts auf – und andere Wohltaten beibehalten werden. Denn jedes neue Mitglied erwartet finanzielle Hilfe. Allein der Beitritt Polens, Tschechiens und Ungarns erfordert eine tiefgreifende Reform der EU. Das Europäische Parlament muß gestärkt werden. Und: zwanzig EU-Kommissare, zwanzig Ministerräte (nur zwei davon stehen in den Verträgen!), das ist zuviel.

Bei alledem liegt die enge Zusammenarbeit mit unserem historischen Partner Frankreich in unserem vitalen Interesse. Solange sich Großbritannien dem Euro versagt, so lange kann die Führung der EU nur gemeinsam von Paris und Berlin ausgehen.

Wegen der weltweiten Finanzkrise kann ein Sonder-Weltwirtschaftsgipfel nötig werden. Die Aufsicht über Banken und Fonds muß wiederhergestellt werden – weltweit. Einer gemeinsamen Initiative von Lionel Jospin, Tony Blair und Gerhard Schröder könnten sich die anderen nicht entziehen. Die drei sollten darauf drängen, daß China und Rußland eingeladen werden.

Ungewisse Zeiten. Wer glaubt, man könne sich auf vier Jahre für alle Eventualitäten in einem detaillierten, endlos langen Koalitionsvertrag festlegen, der geht in die Irre. Das meiste kommt anders als erwartet. Grüne und Sozialdemokraten müssen wissen: Das Grundgesetz hat dem Kanzler die Macht verliehen, die Richtlinien der Politik zu bestimmen. Und es hat jedem Mitglied des Bundestages völlige Unabhängigkeit gegeben.

Wir sind keine Basis- oder Parteitags- oder Funktionärsdemokratie, sondern eine parlamentarische Demokratie. Der Abgeordnete hat nicht auf alle Zukunft der Ziffer X oder Y oder Z eines Koalitionsvertrages zu gehorchen. Sondern allein seinem Gewissen.

1. Oktober 1998

MATTHIAS GEIS

Die Kronprinzen sind alt geworden

Eines verbindet die Verlierer mit den Gewinnern des 27. September. Beiden Seiten dämmert erst allmählich die Dramatik dessen, was der Wähler über sie verhängt hat. Kein Rausch der Sieger, kein helles Entsetzen bei den Verlierern. «Erleichterung» ist das Wort, mit dem Unionspolitiker in diesen Tagen ihre Stimmung beschreiben. Andere sprechen von «Erlösung»: Der Bann ist gebrochen. Aber das Ende der Ära Kohl ist als Desaster über die Partei gekommen. Anders ließ sich der Rückzug des Kanzlers nicht erzwingen. Jetzt wissen es alle. Merkwürdig unaufgeregt nähert sich die CDU den neuen Realitäten, als ahnte sie schon, daß sie nichts überstürzen muß. Sie wird Zeit haben, sich nach 16 Jahren auf die ungewohnte Oppositionsrolle vorzubereiten. Vier Jahre? Die meisten denken eher an acht und deuten an, selbst diese Annahme könne sich noch als zu optimistisch erweisen.

Am Tag danach spricht Wolfgang Schäuble im Parteivorstand von seiner Trauer über die Niederlage. Dem Kanzler bezeugt er «Dank, Respekt und Bewunderung». Später revanchiert sich Kohl auf seine Art mit dem denkwürdigen Satz: «Wir bleiben die alten.» Zum Abschied eine absurde Aufmunterung an die Granden der Partei. Kohls Fassung nach der Niederlage, die geschäftsmäßige Vorbereitung der Amtsübergabe, die Altersspäße, die er einfach weiter macht, als sei nichts geschehen – all das kann nicht darüber hinwegtäuschen, daß sich für die Partei jetzt alles ändert: Sie wird Konflikte austragen, von denen sie noch kaum ahnt, daß sie ihr bevorstehen, und sie wird kämpfen müssen, um mit der Macht nicht auch ihren politischen Sinn, ihre Perspektive und selbst die Einheit der Union zu verspielen.

«Das Vakuum, das er hinterläßt, wird so groß sein wie der Raum, den er in der Partei ausgefüllt hat», so hatte schon vor Jahren ein junger CDU-Abgeordneter vorhergesagt. Nur, funktioniert hat das System bis zum Schluß. Es gab keine Erosion, der Aufstand blieb aus – wenn man von Heiner Geißlers Bitten einmal absieht, der Kanzler solle «in sich gehen» und die Machtübergabe an seinen Kronprinzen doch wenigstens ankündigen.

Jetzt steht er bevor, der lange erwartete Übergang auf Wolfgang Schäuble. Doch räumt Helmut Kohl das Kanzleramt für einen anderen. Seinem Wunschnachfolger übergibt er den Vorsitz einer entmachteten und wohl auch erschöpften Partei. Schäuble tritt aus dem Schatten des Kanzlers – um die Trümmer seiner Herrschaft beiseite zu räumen.

Immerhin kann Schäuble jetzt endlich seinen Führungsanspruch erheben. Er will nicht nur das Parteiamt antreten, sondern auch den Fraktionsvorsitz behalten. Kohl befürwortet die Personalunion. Überraschend ist, daß die Achse zwischen Wolfgang Schäuble und Volker Rühe, die sich mit Blick auf die Nach-Kohl-Ära im Wahljahr gebildet hat, auch die Niederlage überdauert. Für den Fall einer Großen Koalition unter Schröder hatten sich die beiden schon auf Rühe als Vizekanzler und Außenminister verständigt. Jetzt aber, da die CDU außer dem Partei- und Fraktionsvorsitz keine machtvollen Ämter zu vergeben hat, akzeptiert Rühe offenbar klaglos den Anspruch Schäubles. Der habe «in allen Fragen das absolute Prä», sagt die künftige Nummer zwei der CDU und verspricht, auf gar keinen Fall werde er Probleme machen. Rühe demütig? Hat der scheidende Verteidigungsminister eingesehen, daß er sich weder in der Partei noch in der Fraktion gegen Schäuble durchsetzen könnte? Oder findet er die Kombination der beiden Ämter sinnvoll und notwendig?

Die Doppelrolle wird Schäuble widerstreitende Eigenschaften abverlangen. Als Parteichef der Nach-Kohl-Ära kann er sich mit generalistischer Kompetenz und dem nachdenklichen, diskursiven Stil der letzten Jahre problemlos von seinem Vorgänger abheben. Die offene Debatte in der CDU wird das befördern, um so mehr, als die disziplinierende Klammer der Macht von ihr abfällt. Die Partei muß sich nicht mehr an den Erfordernissen der Regierung orientieren, dem ewigen Koalitionsgezerre, den Rücksichten, den Absprachen. Aber in der Rolle des Oppositionschefs gegen eine rotgrüne Regierung wird Schäuble gleichzeitig den konfrontativen, polarisierenden Politikstil pflegen müssen. In dieser Rolle hätte man sich auch Volker Rühe vorstellen können. Er verzichtet.

Aber vielleicht gestaltet sich das Arrangement zwischen beiden auch deshalb so problemlos, weil beide wissen, daß die Union ihre glorreichen Jahre erst einmal hinter sich hat. Jetzt geht es um Konsolidierung. Und Schäuble, der Hoffnungsträger von einst, tritt an die Spitze als Mann des Übergangs.

Nach der Niederlage hat sich die Perspektive schlagartig gewandelt. Die Kronprinzengarde der Union – selbst der gerade noch strahlende Sieger Edmund Stoiber – wirkt plötzlich gealtert. Von Theo Waigel, der mit in den Strudel gerissen wurde, übernimmt Stoiber den CDU-Vorsitz. Immerhin, Waigel durfte seinen überraschend schnellen Rückzug mit einem Hauch von Selbstbestimmung verkleiden. «Der nächste Kanzlerkandidat der Union kann Schäuble, Rühe oder Stoiber heißen, der nächste Kanzler nicht», sagt mitleidslos einer aus der Generation der 40jährigen.

Brandts Enkel beerben Kohl. Dessen Kronprinzen, die Zwischengeneration der Rüttgers und Wissmanns, die schon an Kohls Kabinettstisch eher blaß wirkten, macht auch jetzt nicht von sich reden. Und die Jungen in der Union, die Generation der 30- und 40jährigen? In den Ländern und im Bundestag sorgten vor allem sie bisher dafür, daß die CDU interesssanter und zukunftsfähiger wirkte als die Konkurrenz.

Aber auch der Blick auf die Jüngeren hat sich mit dem Fall aus der Macht verändert. Die Müllers, Eschers, Wulffs und Altmaiers, die Röttgens und Oettingers, sie alle sahen hoffnungsvoller aus, als die Union noch regierte. Die Erneuerung aus der Opposition heraus wird ungleich schwieriger. Statt langsam in die Macht hineinzuwachsen, werden sie diese erst wieder erringen müssen.

«1972, nach der Willy-Wahl, hätte auch niemand mehr einen Pfifferling auf die Union gewettet», sagt einer aus dieser Generation. Die Erinnerung ist als Ermutigung gedacht, obwohl seinerzeit noch zehn Jahre vergingen, bis Helmut Kohl die Kanzlerurkunde in Händen hielt. Zehn Jahre, das könnte diese Generation schon verkraften. Aber Anfang der siebziger Jahre gab es junge CDU-Ministerpräsidenten, die sich – an der Spitze der 42jährige Helmut Kohl – mit aller Macht nach höheren Aufgaben drängten. Heute hingegen hat noch keiner der Jungen eine Landesregierung erobert. Aufmerksamkeit haben sich die Nachwuchspolitiker häufig mit ihrem Widerspruch gegen die Parteilinie erworben. Wirkliche Macht, Einfluß und politische Erfahrung an der Spitze konnte bislang keiner von ihnen gewinnen. Für Schäuble kommt der Wechsel zu spät, für die Jungen zu früh.

Einige von ihnen werden jetzt darangehen, sich eine Position in den Ländern zu schaffen. Zuerst in Hessen der schneidend-intelligente Roland Koch, den in gesellschaftspolitischen Fragen mehr mit Manfred Kanther verbindet als mit dem Rest seiner Altersgruppe. Schon im kommenden Februar will er das rotgrüne Regierungsbündnis in Wiesbaden ablösen: Der «sozialökologische Versorgungsstaat hat keine Zukunft», weiß Koch.

Danach, bei den Landtagswahlen im Saarland, will Peter Müller die erste schwarzgrüne Koalition schmieden. Rot-Grün schlagen oder

Schwarz-Grün realisieren – beides würde sie schnell in den Kreis künftiger Herausforderer bringen. Jetzt schon wollen die Jungen ihre Zurückhaltung aufgeben, die sie im Wahljahr – an der Seite Kohls – geübt haben.

Einen «klaren Auftrag zur personellen Erneuerung» liest Müller aus dem Wahlergebnis heraus. Und Koch fordert mit Blick auf Wolfgang Schäuble «keine Ein-Mann-Oppositions-Show, sondern ein kraftvolles Team». Man ahnt, daß er seinen Platz im Team finden will.

Die Nachwuchspolitiker sind weit genug vom Epizentrum des Bebens entfernt, um schonungsloser und offener als die Schäubles und Rühes die Niederlage zu analysieren. Die Kohlsche Aura des Immobilismus, die «16 Jahre», der hausbacken stochernde Wahlkampf, das versteht sich als Grund für die Niederlage von selbst – und hat sich erledigt. Den tieferen Grund sehen viele darin, daß die Union, die sich in den siebziger Jahren zu einer modernen Volkspartei wandelte, im Laufe ihrer Herrschaft den Kontakt zur Gesellschaft verloren habe. Klassische Ansprechpartner wie die Kirchen oder die Gewerkschaften habe die Partei verloren, analysiert Peter Altmaier die «schleichende Erosion ihrer Machtbasis». Und nicht nur Heiner Geißler macht «den Rauswurf» der Gewerkschaften aus dem Bündnis für Arbeit und das Einknicken der Union vor dem «anarcholiberalen Koalitionspartner» für den Machtverlust verantwortlich.

Selbst wo sich die CDU in der vergangenen Legislaturperiode neuen Themen öffnete, blieb das oft nur die Sache einer schnell marginalisierten Gruppe. Als sich die Jungen erfolglos für ein neues Staatsbürgerschaftsrecht einsetzten, baute das den Eindruck der Union als erstarrter Partei nicht ab, sondern verstärkte ihn. In der Auseinandersetzung mit ihren jungen Hoffnungsträgern präsentierte sich die Partei besonders borniert. Aber selbst Leute aus dem Zentrum der Macht wie Wolfgang Schäuble blieben mit kleineren Vorstößen – etwa zur ökologischen Steuerreform – chancenlos. Im Austarieren der Interessen in der Koalition, aber auch innerhalb der Union blieben alle Ansätze auf der Strecke, mit denen die Christlich Demokratische Union ihre inhaltliche Erneuerung und gesellschaftliche Öffnung hätte demonstrieren können.

Der Machtverlust gibt der Partei jetzt die Freiheit, sich zu öffnen, sich zu erneuern und den Generationswechsel zu vollziehen. Nun kann sie auch die gekappten Fäden in die Gesellschaft wieder anknüpfen und neue Ideen zulassen. Zugleich verliert sie mit dem Regierungszweck das einigende Band. Die Frage, was die Union zusammenhält, hatte in den vergangenen Jahren etwas Abgehobenes. Der Zweck stiftete die Einheit, zumindest verhinderte er, daß die auseinanderdriftenden Interessen je zu einer ernsten Gefahr geworden wären. Liberale Modernisierung versus sozialstaatliche Verantwortung, Nation versus Europa, Ausländerintegration versus Abschottung – das waren auch bisher deutlich erkennbare Konfliktlinien innerhalb der Union. Aber Helmut Kohl konnte sich darauf verlassen, daß es Wolfgang Schäuble gelingen würde, tragfähige Regierungskompromisse auszuhandeln und durchzusetzen.

Öffnung und Formierung, in dieser Balance wird sich Schäuble künftig üben. Er muß die Union erneuern, ohne ihre Einheit zu gefährden. Ein Übermaß an Angriffslust gegenüber der neuen Regierung wird vielleicht den Zusammenhalt der Union stärken. Die Perspektive einer klugen Erneuerung aber ließe sich so kaum eröffnen. Umgekehrt wird das freie Spiel der Interessen und Meinungen die zentrifugalen Kräfte fördern, die Kenntlichkeit der Opposition zugleich verringern. Fast klingt das nach einer Quadratur des Kreises. Die Verführung liegt nahe, den Schock der Niederlage durch Polarisierung zu mildern.

Schon einmal, bei ihrem Kampf gegen die Ostpolitik Anfang der siebziger Jahre, hat die Union dieser Verführung nachgegeben – aus Wut über den Machtverlust und wider besseres Wissen. Nichts deutet derzeit auf eine solche Polarisierungsstrategie, die reflexartig Gegenpositionen besetzt. Wolfgang Schäuble würde dem wohl kaum einen Reiz abgewinnen. Der blinden Lagerlogik, die im Wahlkampf der Union so glorios scheiterte, dürfte er auch in der Rolle des Oppositionsführers eine Absage erteilen.

Wird die Union nach Kohl der nationalen Interessenpolitik stärkeres Gewicht verschaffen oder sich auch künftig für die Erweiterung und Integration Europas einsetzen? Wird sie sich gegen das neue Staatsbürgerschaftsrecht stemmen, das Rot-Grün einbringen wird? Wird sie auf die Fragen nach der wirtschaftlichen Modernisierung liberale, soziale oder etatistische Antworten suchen?

Im besten Falle könnte sie eine unberechenbare Strategie entwikkeln, mal links, mal rechts von der neuen Koalition auftauchen, polarisierend und konstruktiv agieren. Für einen wie Schäuble wäre das die wirkliche Herausforderung.

Die Union wird sich darauf einlassen, sich sogar «mit der Opposition anfreunden» müssen, meint JU-Chef Klaus Escher. Und der Abgeordnete Norbert Röttgen formuliert die skeptische Perspektive auf die künftige Oppositionsrolle gegen Rot-Grün: «Deren Intelligenz schränkt unseren Spielraum für intelligente Oppositionspolitik ein.»

1. Oktober 1998

ROBERT LEICHT

Vier Jahre auf Bewährung

Vier Jahre Opposition auf Bewährung – so lautet das Wähler-Urteil über die Liberalen. Die FDP wäre gewiß nicht mehr im Bundestag vertreten, gäbe es nicht auch Bürger, die ungefähr so gedacht haben: An sich hat die Partei die Wiederwahl nicht verdient; aber ein für allemal auf eine liberale Partei im Parlament zu verzichten – dafür ist es noch zu früh. Deshalb: eine letzte Chance in der Opposition. Aber was heißt dabei «Bewährung»?

Die FDP hat seit 1961 – mit einer kurzen Unterbrechung zwischen 1966 und 1969 – im Bund mitregiert, einmal so, das andere Mal so. Dies addierte sich zu immerhin 34 Jahren netto. Sie war darüber zur bloßen *Funktionspartei* geworden: ohne sie ging halt nichts. Vier Jahre

Opposition ohne die Chance, aus der Exekutive heraus eine Klientel mit Entscheidungen (oder deren Verhinderung) zu beglücken, vier Jahre auch ohne Patrona gemacht und anschließend einen Wahlkampf – das übersteht die FDP nur unter einer Bedingung: daß sie endlich wieder zur *Überzeugungspartei* wird.

Eine liberale Überzeugungspartei, die ihre Sitze im Parlament wert ist – das setzt voraus, daß sich die FDP aus ihrem Minderheitsdenken befreit. Gewiß, sie wird auch in Zukunft immer nur von einer Minderheit gewählt werden. Aber eine liberale Partei, die ihr Programm von vorneherein nur auf die Befriedigung (um nicht zu sagen: Begünstigung) einer kleinen Klientel ausrichtete (zuzüglich einiger Leihstimmen, eben der Funktion wegen), eine solche Partei grübe sich ihr eigenes Grab – in das sie spätestens fällt, wenn sie, verbannt in die Opposition, keine Macht mehr hat, noch irgend jemanden zu begünstigen.

Nein, eine liberale Überzeugungspartei müßte ein aufklärerisches, emanzipatorisches und radikaldemokratisches Programm auflegen, von dem eine Mehrheit der vernünftig und aufgeschlossen Denkenden, ohne Rücksicht auf ihre augenblickliche Partei- und Interessenbindung, nur sagen könnte: Die haben eigentlich recht!

Es gibt kein liberales Denken ohne universellen Anspruch. Gefordert ist also beides: Freisinn *und* Gemeinsinn. Eine liberale Partei hingegen, die nicht nur faktisch, sondern auch geistig um die Fünfprozentmarke kreist, könnte man wirklich vergessen.

Freisinn und Gemeinsinn – einige Beispiele für den universellen Anspruch:

Bildungspolitik: Nur der gebildete Bürger kann seine Chancen wahrnehmen, seine persönlichen, wirtschaftlichen und politischen. Und nur eine Gesellschaft hervorragend ausgebildeter Bürger kann sich im internationalen Wettbewerb behaupten. Die FDP müßte deshalb ein Konzept erarbeiten, das jedem begabten jungen Menschen, unabhängig von seiner Finanzlage, den Zugang zu höherer Bildung eröffnet und ein zügiges Studium ohne Job-Verzögerung ermöglicht. Soviel zum Freisinn. Der Gemeinsinn würde es verlangen, daß anschließend ans Studium jeder nach seinem Verdienst nachträglich zur Finanzierung seines Studiums beiträgt. Und Entscheidungsfreiheit wie Wettbewerb erfordern es, daß jeder Student seine (zur Not vorfinanzierten) Studiengebühren zu jener Hochschule tragen kann, die er für die beste hält.

Wirtschaftspolitik: Eine wirklich liberale Wirtschaftspolitik wirkt darauf hin, daß *jeder* Bürger Chancen erhält und wahrnehmen kann, nicht bloß «das Kapital». Die genuin neoliberale Wirtschaftspolitik der Nachkriegszeit muß endlich gegen die böswillige (oder ahnungslose) Karikatur des «Neo-Liberalismus» in Schutz genommen – und modernisiert werden, vor allem in Richtung einer ökologischen *Markt*-Wirtschaft. Der rechtlich geordnete Markt und der vom Staat offengehaltene Wettbewerb sind ein universalistisch gemeintes Projekt, sie sollen also *allen* dienen, den Anbietern wie den Konsumenten, den Unternehmern wie denen, die Arbeit suchen. Und ein liberaler Politiker weiß: Wer seine Arbeit verliert, verliert de facto auch seine selbstbewußte Stimme als politischer Bürger.

Staatsbürger: Wer arbeitet, Steuern und Beiträge zahlt, muß auch politisch beitragen können: *No taxation without representation.* Auch aus der Opposition heraus müssen die Liberalen zur Modernisierung des Staatsbürgerschaftsrechts beitragen.

Dies sind nur wenige und grob skizzierte Beispiele für beides: dafür, daß es die Möglichkeit einer liberalen Überzeugungspartei gibt, und dafür, wieviel Arbeit zu leisten wäre, damit aus der FDP eine solche wird. Es gibt Bürger und Wähler, die sich dafür gewinnen ließen. Aber hat die Partei noch Politiker, die sich für ein solches Experiment eignen könnten? Die noch einmal umlernen wollen? Und die nicht schon über aller Koalitions- und Überlebenstaktik ausgebrannt sind?

Wenn eine solche Rekonstruktion des Liberalimus gelingen soll, müßte sich die FDP wieder weit öffnen – nicht nur «ideologisch» in der Richtung ihres abgestorbenen, abgestoßenen «linksliberalen» Flügels, sondern auch gesellschaftlich in Richtung auf die technische, kulturelle und sozial engagierte Intelligenz. In der Opposition hätte sie Zeit dazu. Ob sie auch Lust dazu hat? (Aber gänzlich untergehen, in vier Jahren dann, macht ja auch keinen Spaß.)

Irgendwie, in einem «ordinären» Sinne, sind fast alle Parteien liberal; aber sie sind in mancher Hinsicht auch illiberal. Die FDP muß ihre Bewährungsfrist nutzen und zeigen, daß der Liberalismus einen größeren geistigen Zusammenhang sieht und auf mehr zielt als nur auf fünf Prozent. Es geht um ihren politischen Mehrwert. Sonst ist sie nichts wert.

1. Oktober 1998

HILDEGARD HAMM-BRÜCHER

«Laßt die Bürgergesellschaft wachsen!»

Das Ende dieses Wahlkampfes, der die Bürger verdrießt und Abermillionen Steuergelder kostet, ist gar kein schlechter Zeitpunkt, um erneut über den Zustand unserer Demokratie nachzudenken.

Denn der Kontrast zwischen geschriebener und von den Parteien vorgelebter Verfassung wurde in den vergangenen Wochen schmerzhaft deutlich. Dieses Nachdenken über die Verfassung des Demokratiestandorts Deutschland möchte ich aus gegebenem Anlaß mit Überlegungen zu einer Wahlkampfreform beginnen. Zum Beispiel ließen sich Wahlkämpfe auf vier Wochen befristen; die Ausgaben pro Kandidat könnten limitiert werden, die Veröffentlichung von Umfrageergebnissen in einem Zeitraum von zehn Tagen vor der Wahl könnte zum Tabu erklärt werden. Bürger könnten ihre Vertreter für die Zeit der Ausübung ihres Mandats verpflichten, alljährlich öffentlich über ihr Stimmverhalten Rechenschaft abzulegen – und so weiter; denn wer einmal anfängt, über Reformen nachzudenken, dem fällt noch vieles mehr ein. Auch könnten wir die Parteien befragen, ob unser Wahlrecht samt parteiinterner Nominierung und unabänderlicher

Reihung der Kandidaten auf den Listen – ohne jede Chance des Wählers, sie zu korrigieren – nicht eine Ursache für die wachsende Entfremdung zwischen Wählern und Gewählten sei.

Es gibt allerdings über den Wahlkampf hinaus weitaus mehr Stoff zum Nachdenken über Zustand und Verfassung des demokratischen Gemeinwesens. Da ist zuerst – und vor allem! – die Frage nach der Funktionstüchtigkeit und Belastbarkeit unserer um hundert Jahre verspätet eingeführten repräsentativen Demokratie. Sie tut sich heute, nach beinahe fünfzig vergleichsweise fetten Jahren, ausgesprochen schwer, auf Neues zu reagieren. Sie kann die gewohnten Segnungen des Sozialstaates nicht mehr garantieren und verliert darüber hinaus auch noch im Zuge der Globalisierung Kompetenzen und Handlungsfähigkeiten. Das sind keine abstrakten Fragen. Die Bürger selbst spüren sie, instinktiv oder am eigenen Leibe.

Schon müssen wir lesen, daß Politikverdrossenheit in Demokratieverdrossenheit umschlage; für den Satz «Mit der Demokratie können wir die Probleme lösen, die wir in der Bundesrepublik haben» ging Umfragen zufolge die Zustimmung seit 1992 im Westen von 75 auf 56 Prozent zurück, im Osten gar von 52 auf 30 Prozent.

Damit will ich kein Szenario des Untergangs der Demokratie beschwören. Wohl aber plädiere ich dafür, die sich offenbar verschlechternde Verfassung unserer Demokratie nicht länger zu ignorieren, zu bagatellisieren oder als Produkt populistischer Politikerschelte abzutun.

Zum 40. Geburtstag des Grundgesetzes hatte Richard von Weizsäcker gesagt: «Ja, wir haben eine gute Verfassung. Sind wir aber auch in guter Verfassung?» – nur leider wurde diese Frage in dem seither verstrichenen Jahrzehnt von den Verantwortlichen nicht aufgegriffen, ja es wurde sogar die Chance versäumt, den Vereinigungsprozeß für eine Verjüngungskur der Demokratie zu nutzen. Nun, die nächste Chance bietet sich jetzt: Zum 50. Geburtstag des Grundgesetzes im Mai 1999 könnten wir uns in neuer Weise auf die Verfassung einlassen, Fehlentwicklungen und Defizite erkennen und über Reformen nachdenken.

Könnten? Werden!

Just das ist es nämlich, was wir, die Initiatoren der für 1999 geplanten *Woche der Bürgergesellschaft*, uns vorgenommen haben – bundesweit, landauf, landab, in den Tagen zwischen dem 8. Mai (dem Tag der Annahme des Grundgesetzes im Parlamentarischen Rat) und dem 23. Mai (dem Tag des Inkrafttretens vor fünfzig Jahren). Zu den ersten Trägern dieser Aktion zählen die Theodor-Heuss-Stiftung, die Stiftung Mitarbeit, die Aktion Gemeinsinn und das Forum Bürgerbewegung. Die zentralen Veranstaltungen werden in Berlin stattfinden, um zu bekunden, daß unsere Hauptstadt nicht nur Regierungssitz, sondern auch Zentrum einer Bürgerdemokratie werden soll.

Die Deutschen und die Demokratie, das ist eine Beziehung, die es schon immer schwer hatte und die auch heute wieder nur durch viel Engagement erneuert werden kann. Die Schwierigkeit beginnt ja schon damit, daß wir Deutschen uns nie eine dauerhafte Demokratie erkämpft haben; diese Erfahrung fehlt uns ganz einfach. Zwei demokratische Staatsversuche sind gescheitert, nämlich in den Jahren 1849 und 1933.

Zwar enthielt die liberale Weimarer Verfassung umfassende bürgerrechtliche Garantien, auch hatte sie die zuvor geforderte konstitutionelle Gewaltenteilung und bahnbrechende Grundrechte postuliert, zum Beispiel die «grundsätzliche» staatsbürgerliche Gleichberechtigung von Frauen und Männern und die Zuerkennung ihres aktiven und passiven Wahlrechts. Alle Errungenschaften aber fruchteten wenig vor dem Hintergrund der wirtschaftlichen und sozialen Krisen; letztlich war ausschlaggebend, daß es dem «Weimarer System» – ziemlich von Anbeginn – an der Verankerung unter den Bürgern und nun auch den Bürgerinnen fehlte. Weimar scheiterte am antidemokratischen Denken des Bürgertums. Die große Mehrheit der Deutschen erlag den Verheißungen des Faschismus.

Die zarten Sprosse eines zaghaft gewachsenen zivilgesellschaftlichen Engagements wurden nach Hitlers Machtergreifung in kürzester Frist zertreten. Und die meisten Deutschen folgten gehorsam und begeistert ihrem Diktator – bis zum eigenen und zum europäischen Untergang. Deshalb fiel uns der demokratische Neuanfang nach 1945 so schwer.

Nach der Gründung der Bundesrepublik folgte eine Epoche des materiellen Aufbaus – doch mit folgenreichen Fehlern: keine vertiefte Auseinandersetzung mit der Vergangenheit, Amnestie der Täter, Vernachlässigung der Opfer. Dennoch, immerhin, wuchs die Zustimmung zur Demokratie. Es folgte 1968 die Zeit der Studentenunruhen, des Nachholens der versäumten Reformen und der Entspannungspolitik, die gegen Ende der achtziger Jahre reiche Früchte trugen. Bereits ab Mitte der achtziger Jahre erlebten wir dann in den Bürgerrechtsbewegungen der mittel- und osteuropäischen Staaten und der DDR, was Bürgerengagement bewirken kann.

Das Ende des Kalten Krieges und die Wiedervereinigung Deutschlands wären nun eine Chance gewesen, neue demokratie- und verfassungspolitische Konsequenzen zu ziehen. Das ist leider versäumt worden, und so blieb der Vereinigungsprozeß verfassungspolitisch unvollendet. Die Versäumnisse wirken sich auf das deutsch-deutsche Klima aus. Im Osten wird «Protest» gewählt, hier befinden sich auch die Zentren rechtsradikaler Gewalt. Die Initiatoren der Woche der Bürgergesellschaft bekommen im Osten folgende Vorbehalte zu hören: Fünfzig Jahre Grundgesetz, was gibt es denn da für uns zu feiern, wo wir doch keine Gelegenheit hatten, dieses Grundgesetz auch zu unserer Verfassung zu machen? Und weshalb sollen wir uns angesichts der Arbeitslosigkeit und der sozialen Nöte bürgergesellschaftlich engagieren, wenn wir daran doch nichts ändern können? Das sind Vorbehalte, die sehr ernst genommen werden müssen. Überdies: Mag die Demokratie im Osten ihre spezifischen Probleme haben – prekär ist ihre Lage im ganzen Land.

Wenn man bedenkt, daß weniger als vier Prozent unserer Wahlbevölkerung Mitglieder von politischen Parteien und von diesen bestenfalls ein Viertel innerparteilich aktiv sind, dann sind das schon beunruhigend wenig Bürger. Und was ist das für eine repräsentative Demokratie, die nur von einer hauchdünnen Parteienoligarchie bestimmt wird?

Etwa sechsmal so viele Bürger engagieren sich außerhalb der Parteien. Das wären dann immerhin über zwanzig Prozent aller Bürger. Dennoch, die Diskrepanz zwischen aktiven und – aus welchen Gründen auch immer – passiven Bürgern ist eklatant und für die Legitimation eines von Bürgern getragenen demokratischen Gemeinwesens keinesfalls befriedigend.

Wie aber ließe sich das politische Fundament des Gemeinwesens festigen?

Es gibt vielfältige Ansätze, der Verdrossenheits- und Zuschauerdemokratie, der oligarchischen Nur-Parteien-Demokratie entgegenzuwirken. Drei seien hier genannt. Erstens: Die Bürgergesellschaft. Obzwar ihr Wirken im etablierten Staats- und Parteiengefüge nicht immer geliebt, gelegentlich gefürchtet, nur selten dankbar anerkannt wird, ist sie sichtlich im Kommen und trägt in vielen Bereichen bereits zur Vitalisierung unserer Demokratie bei. Bürger gründen Initiativen mit sozialen, ökologischen, kommunalen, kulturellen Zielen, ohne darum gebeten zu werden – «Nichtregierungsorganisationen» im eigenen Land, jenseits von Parteien, Verbänden und Gewerkschaften.

Freilich hat diese sich ausbreitende und vernetzende Bürgergesellschaft im Gefüge unserer Verfassungswirklichkeit neben den Parteien und Institutionen noch keinen definierten Standort gefunden. Doch mit ihr kann unsere Verfassung als Alltagsdemokratie wieder lebendig werden – lebendiger als mit noch so gutgemeinter Staatsbürgerkunde oder mit Festtagsverkündigungen von oben.

Diese demokratische Bürgergesellschaft birgt ein enormes Reformpotential. Ehrenamtliches Bürgerengagement ist nämlich durch und durch konstruktiv. Es verharrt, auf welchem Felde, in welcher Lücke oder Nische auch immer es stattfindet, nicht im Protest; es ist eine Quelle sachkundiger Innovationen, das Talente für Organisation, Konzeption und Aktion weckt. Es vermag an sozialen Brennpunkten erste und neuartige Hilfe zu leisten, läßt Solidarität in neuen Formen für alle Beteiligten erfahrbar werden. Die wichtigste Wirkung ist aber diese: gemeinsames Engagement schafft Zusammenhalt, und Zusammenhalt begründet demokratische Identität.

Zweitens: Es wächst die Einsicht, daß Bürgerengagement der finanziellen Unterstützung – des *seed-money*, wie es die Amerikaner nennen – durch gemeinnützige Stiftungen und Stifter bedarf. Die einen stiften freie Zeit, also soziales Kapital, die anderen wiederum stiften Geld; gemeinnützige Stiftungen sind es, die – eine geeignete Steuergesetzgebung vorausgesetzt – auf neue Herausforderungen flexibel, undogmatisch und unbürokratisch reagieren und vom Staat vernachlässigte oder gar nicht erst geleistete Aufgaben zumindest anfinanzieren können. Sie sind es, die weitere wohlhabende Mitbürger zum Stiften anstiften und ihnen die Genugtuung verschaffen können, Nützliches zu bewirken.

Drittens: Es entsteht so etwas wie eine gemeinsame politische Tendenz des bürgergesellschaftlichen Engagements, auch wenn sie noch nicht klar und deutlich zutage tritt. Sicher ist jedenfalls, daß die meisten Gruppen ihre sozialen oder politischen Projekte heute keinesfalls mehr nur als Reparaturwerkstätten für staatliche Versäumnisse verstehen, sondern als Antriebskräfte für und Teilhaber von demokratischer Erneuerung.

Unter ihnen fordert eine wachsende Zahl mehr partizipatorische Rechte wie die Stärkung des Petitionsrechtes, Volksinitiativen, Volksbegehren und Volksentscheide. Andere plädieren für die Einrichtung von institutionalisierten runden Tischen mit Verwaltungen, Parlamentariern und gewählten Abgesandten aus Bürgerinitiativen und Organisationen.

Gemeinsam ist allen die Überzeugung, daß die Überwindung des Formtiefs nicht nur unserer, sondern fast aller westlichen Demokratien, keineswegs von politischen Parteien, Parlamenten, Regierungen und Verwaltungen allein geleistet werden kann. Nein, nicht nur die Institutionen sind gefordert, sondern vor allem Bürgerinnen und Bürger, die mit Rat und Tat für unsere demokratische Ordnung – nun eben: *bürgen* wollen.

Das 20. Jahrhundert hat uns Westdeutschen vier, den Ostdeutschen fünf Staats- und Gesellschaftsformen, zwei Weltkriege und zahlreiche Katastrophen beschert. Zu guter Letzt hat es uns die Wiedervereinigung und eine allen Deutschen gemeinsame Demokratie geschenkt, die aber nach all diesen Um- und Abbrüchen wieder und immer wieder unserer bürgergesellschaftlichen Beglaubigung und politischen Fürsorge bedarf.

Wie also sollten wir den 50. Jahrestag unseres Grundgesetzes feiern?

Ganz praktisch: durch Reformen von unten. Dadurch, daß der Bürger sich nicht nur für die Demokratie ausspricht, sondern daß er sie praktiziert. Und damit er das nicht nur am Wahlsonntag, sondern auch im Alltag tun kann, sind neue Formen zu finden.

Inhalt